최이진의

◆ CUBASE

큐베이스 PRO 9

최이진 지음

노하우
도서출판

큐베이스와 누엔도 사용자들의 스테디셀러!

최이진의 CUBASE 9

Advanced Music Production System - CUBASE 9 of E-Jin Choi

초판 발행 2017년 3월 8일

지은이 최이진

펴낸곳 도서출판 노하우
기획 현음뮤직
진행 노하우
편집 덕디자인

주소 서울시 관악구 행운1길
전화 02)888-0991
팩스 02)871-0995

등록번호 제320-2008-6호
홈페이지 hyuneum.com

ISBN 978-89-94404-33-2

값 44,000원

Thanks to readers
Steinberg CUBASE 9

인생을 바꾸는 한 권의 서적!

멀티 미디어 출판 부문 1위!
독자 여러분! 고맙습니다.

세상을 살다 보면
차라리 죽고만 싶을 만큼
힘들고, 괴로울 때가 있습니다.

하지만, 누가 봐도
힘들고, 괴로워 보이는 사람들은
오히려 그 속에서 피와 땀을 흘려가며
가슴속 깊이 전해지는 감동을 만들어냅니다.

도서출판 노하우는
힘들게 공부하는 사람들과
함께하는 작은 디딤돌이 되겠습니다.

힘들고, 괴로울 때
내가 세상의 빛이 될 수 있다는
꿈과 희망을 품고 열심히 공부하세요
멈추지 않는다면, 꿈은 반드시 이루어집니다.

그 곁에 도서출판 노하우가 함께 하겠습니다

고맙습니다.

책의 구성 미리보기

Steinberg CUBASE 9

본서는 40개 이상의 Chapter와 300개 이상의 따라하기 실습을 12개의 파트로 나누어 구성하고 있습니다. 10년 이상 큐베이스와 누엔도 사용자들의 꾸준한 사랑을 받아온 스테디셀러로 입문자에게는 전문가로 안내하는 최고의 가이드가 될 것이고, 실무자에게는 필요할 때 찾아볼 수 있는 바이블이 될 것입니다.

[Chapter]
학습 내용을 안내합니다

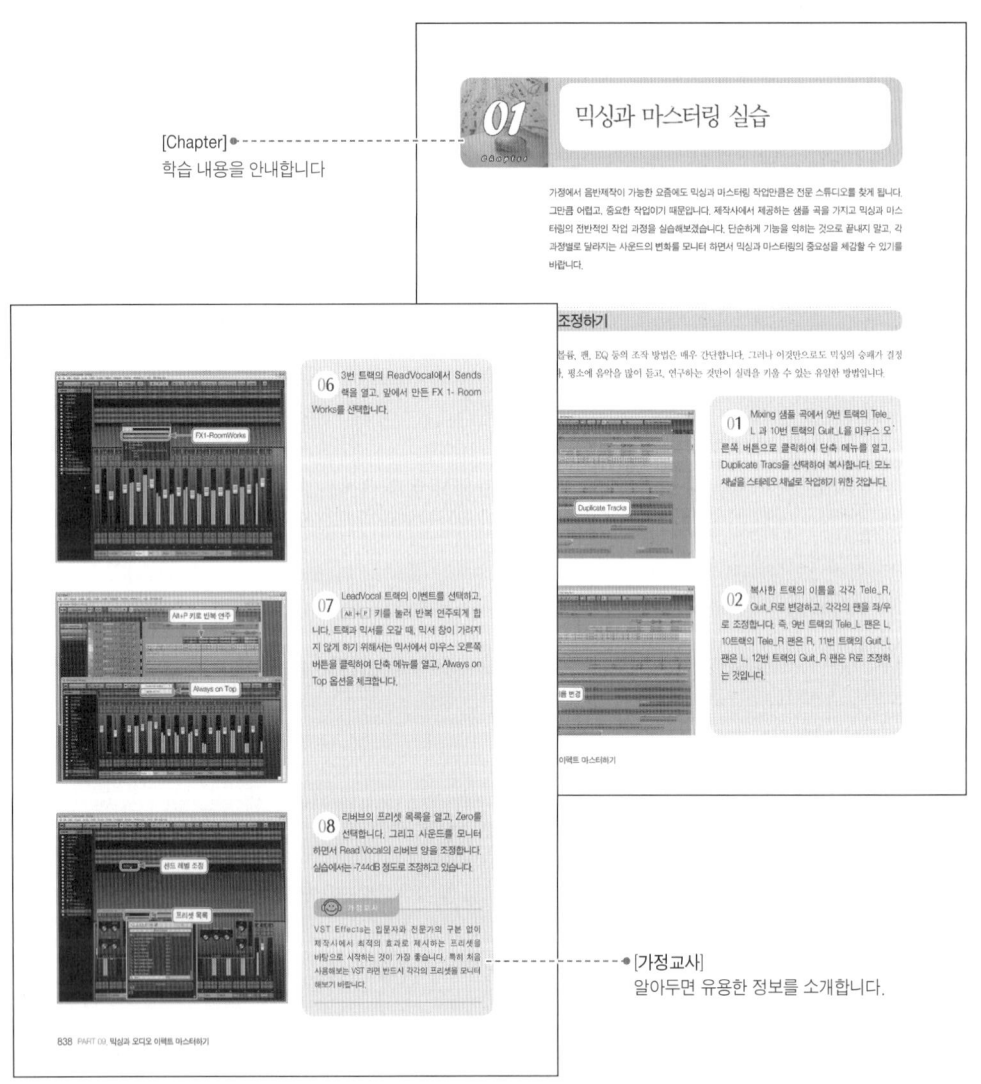

[가정교사]
알아두면 유용한 정보를 소개합니다.

[따라하기 제목]
실습 내용을 안내합니다.

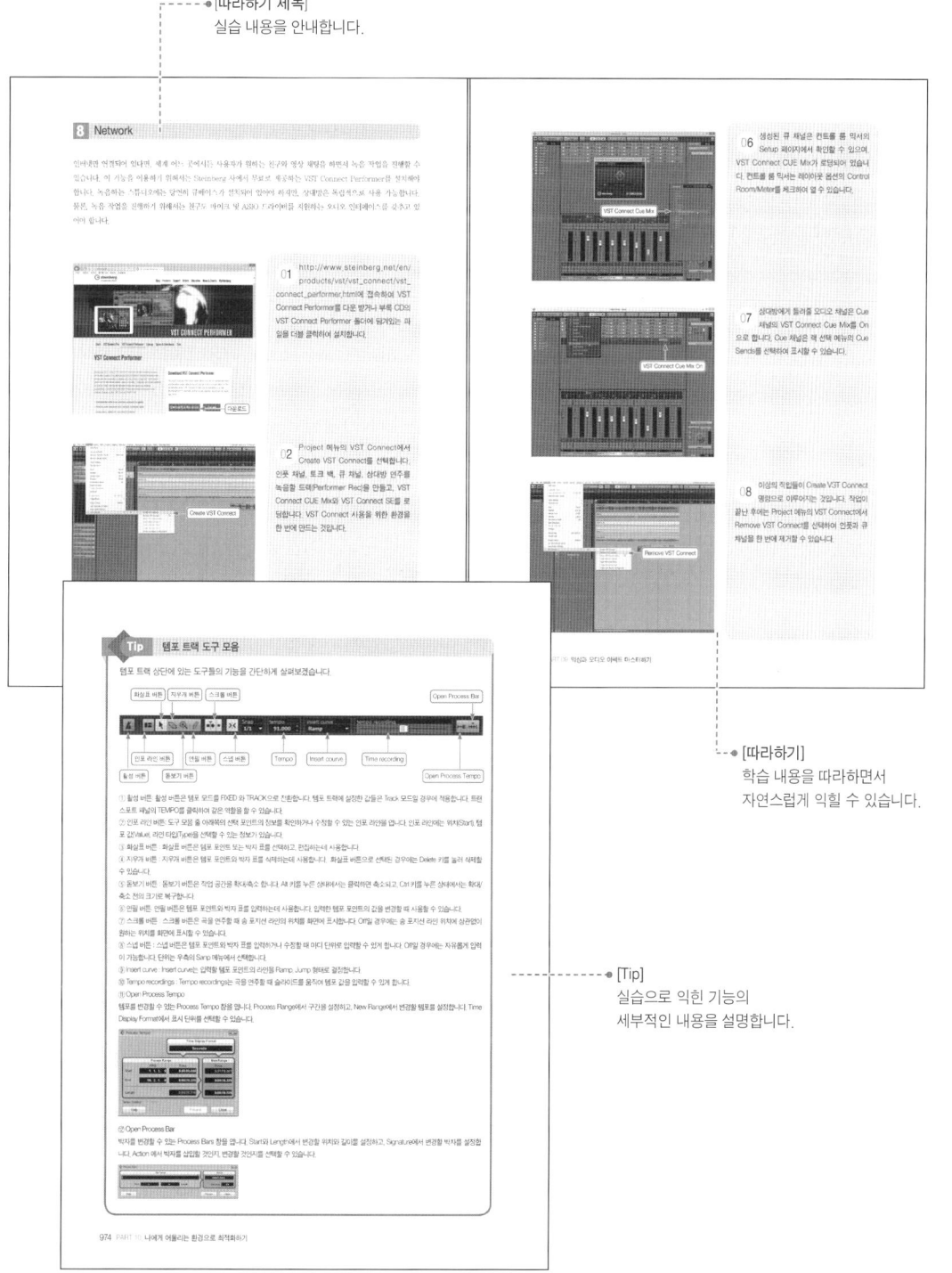

● [따라하기]
학습 내용을 따라하면서
자연스럽게 익힐 수 있습니다.

● [Tip]
실습으로 익힌 기능의
세부적인 내용을 설명합니다.

실습 샘플 다운 받기
Steinberg CUBASE 9

USB 메모리 사용이 일반화되면서 CD 사용자가 급격하게 줄었습니다. 노트북 같은 경우에는 아예 CD-ROM 드라이브가 없습니다. 그래서 대부분의 프로그램들은 다운로드 방식으로 판매 형태가 바뀌는 추세이며, Cubase도 버전 9에서부터 제품에 CD를 포함하지 않고, 다운로드 방식으로 판매를 시작했습니다. 제품을 구입하면 복사 방지를 위한 동글 키와 다운로드에 필요한 코드만 들어있습니다.

멀티미디어 및 음악 서적을 전문으로 출판하는 저희 도서출판 노하우(Know-How)도 대세에 따라 다운로드 서버를 두고, 2017년부터 출간되는 모든 서적의 실습용 샘플 파일을 hyuneum.com 자료실에서 다운로드 받을 수 있도록 하였습니다. 단, 서적 출간이후 3년이 지나면 파일이 삭제될 수 있으므로 유의하기 바랍니다.

큐베이스 프로 9의 부록으로 제공되는 파일은 Sample, VST Expression Map, Libraries의 3가지 입니다. 여기서 샘플 파일은 입문자를 위한 것이며, 간단한 데이터 입력이 가능한 경우라면 직접 음악을 만들어보면서 학습하는 것이 효과적입니다.

▲ 샘플 다운로드 : hyuneum.com 자료실

● 현음뮤직

학습을 하면서 궁금한 사항이 있으면 언제든 hyuneum.com의 질문과 답변 코너를 이용합니다. 저자를 비롯한 16명의 전문가들이 성심껏 답변해드립니다.

● Sample

실습에 필요한 샘플 파일을 제공합니다. 부록으로 제
공되는 샘플은 간단한 음악 작업도 할 수 없는 초보
자를 위한 것이며, 가능하면 직접 음악을 만들어보면
서 실습을 진행하는 것이 좋습니다.

● VST Expression Map

악보에 기호를 입력하는 것 만으로도 다양한 주법을 연출
할 수 있는 VST Expression 기능을 이용하기 위해서는 미
리 원하는 맵을 만들어야 합니다. VST Expression Map
폴더에는 악기별 맵을 제공하고 있으며, VST Expression
Demo Song 폴더에는 VST Expression이 어떻게 이용되
고 있는지를 체험 수 있는 데모 곡이 있습니다.

● Libraries

큐베이스와 누엔도용 디바이스 파일을 모아놓은 폴더입니
다. 자신이 사용하는 장치의 맵 디바이스 파일은 C:\사용
자\AppData\Roaming\Steinberg\CUBASE 9\Scripts 폴
더에서 복사해서 사용합니다.

CONTENTS
Steinberg CUBASE 9

CONTENTS
Steinberg CUBASE 9

PART

03

트랙과 인스펙터 창의 역할

PART 04 미디 편집 창 살펴보기

CONTENTS
Steinberg CUBASE 9

PART

06

미디 편집 기능과 VST Instruments

CONTENTS

PART 07 오디오 편집 창 살펴보기

CONTENTS
Steinberg CUBASE 9

CONTENTS

Steinberg CUBASE 9

PART

10

나에게 어울리는 환경으로 최적화하기

CONTENTS
Steinberg CUBASE 9

CONTENTS

CUBASE PRO 9

Advanced Music Production System

01
PART

큐베이스 및 누엔도와 친해지기

큐베이스 및 누엔도를 설치하고, 미디와 오디오 드라이버를 설정하면서 툴
을 사용하기 위한 준비 과정을 살펴봅니다. 그리고 큐베이스와 누엔도를
이용한 음악 작업의 전반 적인 과정을 이해하기 위한 실습을 진행합니다.

안정적인 사용을 위한 준비

컴퓨터 음악의 이해와 큐베이스 및 누엔도를 사용하기 위한 준비와 설치 과정, 그리고 큐베이스 및 누엔도를 실행하고 기본적으로 설정해야 할 것 등, 큐베이스와 누엔도를 처음 사용하는 사용자들을 위한 기초적인 내용들을 살펴봅니다. 특히, 입문자에게 많은 질문을 받았던 레이턴시 해결, 악기 리스트 만들기, 미디 컨트롤러 설정 등에 관한 방법도 살펴봅니다.

1 컴퓨터 음악의 이해

과거에는 작곡가, 작사가, 편곡가, 연주인, 녹음 엔지니어 등, 각 분야별로 참여 인원이 명확하게 구분이 되어 있었습니다. 그러나 요즘에는 이 모든 것을 혼자서 해내고 있으며, 녹음 작업을 위해서 엄청난 비용의 스튜디오를 빌려야 했던 일까지 집에서 해결하고 있습니다. 이런 일이 가능한 것은 컴퓨터의 성능이 높아지고, 소프트웨어의 기능이 막강해졌기 때문입니다. 결국, 어떤 분야에서든 음악 관련 일을 하기 위해서는 컴퓨터음악 프로그램을 필수적으로 다룰 줄 알아야 하는데, 그 대표적인 것이 큐베이스와 누엔도입니다.

● 작곡 및 작사

컴퓨터 음악 프로그램은 미디와 오디오 데이터를 입력하고 편집하는 툴입니다. PC에서 가장 많이 사용하는 컴퓨터 음악 프로그램으로는 YAMAHA사의 CUBASE와 ROLAND사의 SONAR가 있습니다. 두 프로그램 모두 가상 악기인 VST Instruments와 가상 이펙트인 VST Effects를 포함하고 있지만, 미디와 오디오의 작업 비중이 크기 때문에 컴퓨터 음악 프로그램으로 구분합니다. 녹음기를 틀어놓고, Piano 또는 Guitar를 연주하면서 흥얼거리는 노래를 녹음합니다. 그리고 녹음한 음악을 모니터 하면서 마음에 드는 부분을 악보로 옮기는 과정을 반복하여 멜로디와 코드를 완성해가는 것이 작곡가들의 전형적인 작업 방식이었습니다. 그러나 요즘에는 악기와 녹음기 대신에 노트북 하나 달랑 들고 작업하는 작곡가들의 모습을 흔하게 볼 수 있습니다.

대중의 사랑을 받는 히트곡의 대부분이 오랜 시간 작업실에서 만들어진 것 보다는 이동하는 자동차 안이나 친구를 기다리는 커피숍 등에서 문득 떠오르는 악상으로 탄생한 것들이 더 많다는 일화를 많이 들어보았을 것입니다. 이것은 늘 음악을 생각하는 열정을 가지고 있으며, 언제 어디서든 악상을 기록할 수 있는 장치를 휴대하고 있다는 증거입니다. 작곡가의 꿈을 가지고 있다면, 큐베이스가 설치되어 있는 노트북이나 큐베이시스가 설치되어 있는 패드 정도는 늘 소지하고 다니는 습관을 가져야 할 것입니다. 물론, 간단하게 악상을 기록하는 도구로는 늘 휴대하고 다니는 스마트 폰의 녹음 기능이 최적입니다. 참고로 큐베이시스(Cubasis)는 큐베이스 축소판으로 간단한 음악 작업이 가능한 아이패드 용 어플입니다. 그 밖에 Steinberg 사는 큐베이스를 무선으로 컨트롤할 수 있는 Cubase IC Pro를 비롯한 다양한 어플을 출시하고 있습니다.

▲ Cubasis 2 (ISO Apps)　　　　　　　　　　　　　　▲ Cubase IC Pro (Remote Control)

● 편곡 및 녹음

작곡된 악보 또는 음악은 편곡을 의뢰합니다. 편곡가는 작곡가가 보내준 악보를 반복 연주해 보면서 드럼은 어떻게 연주하는 것이 좋은지, Guitar와 Piano 등의 솔로 악기를 첨가할 것인지의 여부를 고민하면서 각 악기 파트의 연주 악보를 완성합니다. 그리고 스튜디오를 빌리고, 수십 명의 연주자들을 섭외하여 편곡한 악보에 맞추어 음악을 녹음합니다. 이것이 과거의 음악 작업 형태입니다. 그러나 요즘에는 마우스 드래그 만으로도 편곡 작업을 진행할 수 있기 때문에 전문적인 음악 지식보다는 감각이 요구되는 시대가 되었고, 곡의 특징을 누구보다도 잘 알고 있는 작곡가가 직접 편곡을 하는 추세입니다. 이렇게 자신이 작곡한 곡에 편곡 작업을 진행할 때 필요한 것이 본서에서 학습할 큐베이스 및 누엔도 또는 Roland 사의 SONAR와 같은 컴퓨터 음악 프로그램입니다.

▲ 큐베이스 및 누엔도를 이용한 음악 작업　　　　　　　▲ 소나를 이용한 음악 작업

● 홈 스튜디오

작사, 작곡, 편곡, 녹음이 끝난 곡은 믹싱과 마스터링 작업을 진행합니다. 믹싱은 각 트랙에 녹음한 악기 연주의 볼륨과 EQ, 그리고 다양한 이펙트를 사용하여 현장감 있는 사운드를 연출하기 위한 작업이며, 마스터링은 CD나 DVD에 담을 곡의 다이내믹 범위를 조정하고, 각 곡들간의 색채를 일치시키는 작업입니다.

결국, 믹싱과 마스터링 작업을 하기 위해서는 스튜디오의 음향 시설과 각종 음향 장치들이 필요한데, 큐베이스와 누엔도에는 실제 수 천만 원 상당의 스튜디오 장비와 대등한 기능의 음향 장치들을 제공하고 있습니다. 물론, 장비보다 중요한 것이 음향에 대한 전문 지식이기 때문에 아직도 녹음과 믹싱 작업은 스튜디오의 엔지니어와 함께 작업을 하는 경우가 많습니다. 그러나 사용자가 열심히 공부한다면, 안방에서 작곡, 편곡, 녹음, 믹싱 등의 모든 작업을 해결할 수 있는 것이 큐베이스와 누엔도의 역할입니다.

▲ 스튜디오의 믹싱 콘솔

▲ 큐베이스 및 누엔도의 믹싱 콘솔

● 미디 작업

마우스 드래그만으로 음악을 만들 수 있는 시대에 미디 학습을 거론한다는 것이 조금은 뒤떨어지는 것이 아니냐는 의견이 있을 수 있습니다. 그러나 미디는 입력한 데이터를 사용자가 원하는 스타일로 쉽게 편집할 수 있기 때문에 연주 실력에 상관없이 작/편곡에 많은 도움이 됩니다. 미디 작업을 대부분의 학생들이 컴퓨터를 처음 배울 때 익히는 워드 작업과 비교해보면 키보드를 이용해서 컴퓨터에 글자를 입력하고, 워드 프로그램의 다양한 기능을 활용하여 입력한 글자를 수정하거나 꾸민 다음에, 컴퓨터에 연결한 프린터로 인쇄하는 것과 비슷하다는 것을 알 수 있습니다.

(1) 연주 정보 입력

사람이 연주해야만 하는 악기를 컴퓨터가 연주하게하는 것이 미디 음악입니다. 독자가 작곡한 곡을 연주자에게 연주하게 하려면, 악보라는 연주 정보를 그려줘야 하듯이 컴퓨터에 연결한 악기를 연주하게할 미디 정보를 컴퓨터에 입력해야 합니다. 이때 사용하는 프로그램이 큐베이스나 누엔도입니다. 게임을 할 때 마우스 보다는 조이스틱을 사용하며, 그림을 그릴 때도 마우스 보다는 타블렛이라는 도구를 사용하듯이 큐베이스나 누엔도에 미디 정보를 입력할 때는 마스터 건반을 많이 사용합니다.

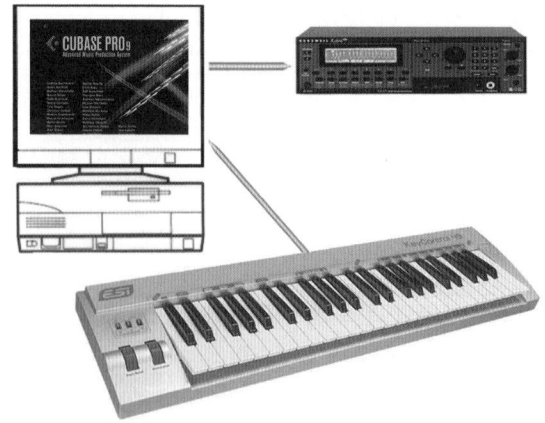

▲ 마스터 건반을 이용하여 큐베이스나 누엔도에 미디 정보 입력

(2) 연주 정보 편집

디카로 찍은 사진을 컴퓨터에 입력하여 배경을 바꾸고, 밝
기를 조정하면, 좀 더 멋진 사진을 만들수 있듯이, 큐베이스
나 누엔도에 입력한 어설픈 연주를 훌륭하게 편집하는 기술
을 익히는 것이 미디 학습의 핵심입니다. 큐베이스와 누엔도
는 대부분의 음악 프로그램에서 채택하고 있는 '키 에디터',
악보에 익숙한 사용자를 위한 '스코어 에디터', 드럼 리듬을
빠르게 제작할 수 있는 '드럼 에디터', 전문가들을 위한 '리스
트 에디터'의 4가지와 효과적인 미디 작업을 위한 In-Place
Editor 기능을 제공하고 있습니다.

▲ 큐베이스 및 누엔도에서 제공하는 다양한 미디 편집 창

(3) 연주 정보 출력

큐베이스 및 누엔도에서 편집한 연주 정보로 외부 악기를
연주하는 것은 재생 버튼을 클릭하는 간단한 동작으로 할
수 있습니다. 이때 악기의 성능이 사운드를 결정하기 때문
에 프로 뮤지션들이 악기를 장만하는데 많은 돈을 쓰고 있
으며, 대부분의 학생들이 여기서 꿈을 접는 경우가 종종있
습니다. 그러나 컴퓨터의 발달로 하드웨어 악기를 소프트웨
어로 구현하는 시대가 되었기 때문에 고가의 하드웨어 악기
를 장만해야만 하는 부담감을 크게 줄일 수 있게 되었습니
다. 결국, 경제적인 이유로 꿈을 접는다는 이유는 실력없는
사람들의 핑계일 뿐입니다. 소프트웨어로 구현하는 악기를
VST Instruments라고 하는데, 큐베이스와 누엔도에서 제공
하는 것 외에도 타사에서 출시되고 있는 것들을 자유롭게
추가하여 사용할 수 있습니다.

▲ 큐베이스 및 누엔도에서 제공하는 다양한 VST Instruments

● 하드 레코딩

연주가 목적이라면 미디 작업만으로 목적을 이룰 수 있겠지만, 음반을 제작하기 위해서는 악기 연주를 사운드로 녹음하는
두 번째 과정이 필요합니다. 취미로 음악 작업을 하는 경우라면 카세트 테이프나 CD 레코더 등에 음악을 한번에 녹음해도
상관이 없지만, 상업 음악을 하기 위해서는 기타, 베이스, 피아노 등, 각각의 악기 사운드를 개별적으로 편집하기 위해서 따
로 녹음을 해야 합니다. 즉, 20가지의 악기 사운드를 사용하고 있다면, 20개의 녹음기가 필요하다는 것입니다.

(1) 레코더를 이용하는 경우

20개의 카세트 테이프를 이용해서 녹음한다고 가정할 때, 각각의 연주 타이밍을 맞추거나 컨트롤 하는 것이 불가능하다는 것은 쉽게 짐작할 수 있을 것입니다. 그래서 하나의 장비로 동시에 16개 또는 24개의 녹음기 역할을 하는 멀티 하드 레코더(HDR)라는 장비를 많이 사용합니다. HDR은 언제 어디서든 멀티 녹음이 가능한 이동성과 안전성이 있지만, 가격이 고가라는 단점이있어서 일반인이 접하기는 쉽지 않습니다.

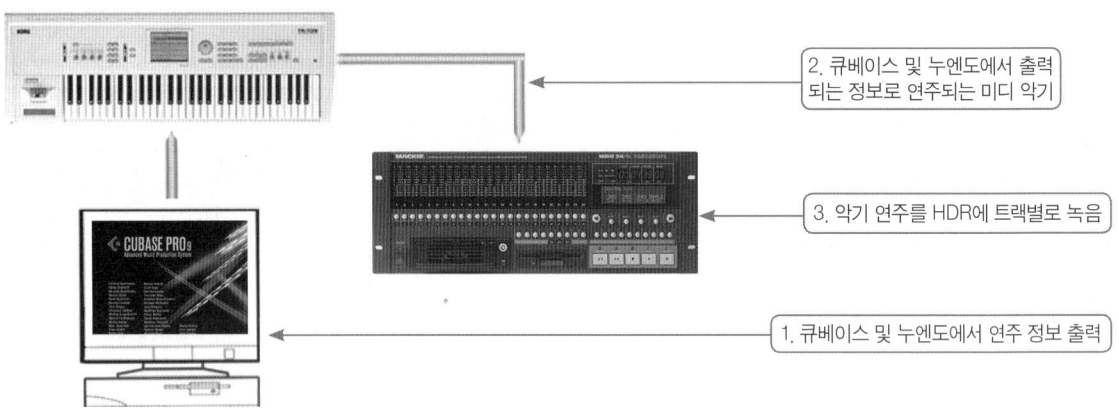

▲ HDR을 이용한 레코딩

(2) 큐베이스와 누에도를 이용하는 경우

큐베이스와 누엔도는 미디 작업외에도 사운드를 녹음할 수 있는 레코더 기능이 있습니다. 녹음 방식은 컴퓨터 하드디스크를 이용한다는 점에서 HDR과 동일합니다. 큐베이스와 누엔도는 녹음 트랙에 제한이 없고, 녹음한 사운드를 자유롭게 편집할 수 있다는 것 등, HDR과 비교해서 수 없이 많은 장점을 가지고 있습니다. 단, 높은 컴퓨터 시스템 사양을 필요로 합니다. CPU와 RAM의 용량도 중요하지만, 하드 디스크에 녹음하는 것이므로 많은 수의 녹음 트랙을 사용하려면 빠른 속도의 하드 디스크를 갖출 필요가 있습니다.

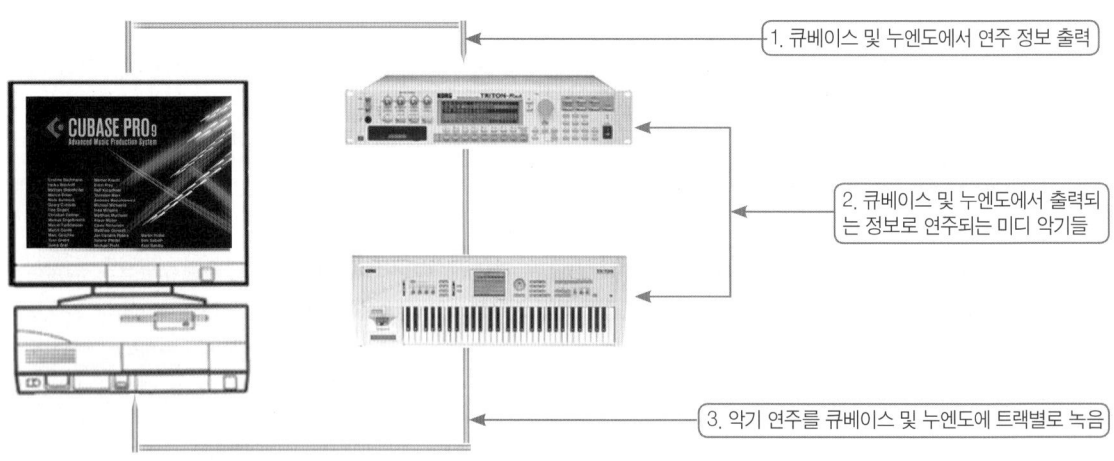

▲ 큐베이스 및 누엔도를 이용한 레코딩

(3) 스튜디오와의 호환 작업

컴퓨터 음악 프로그램은 큐베이스와 누엔도 외에도 Roland사의 Sonar, Apple사의 Logic Pro, Digidesign사의 Pro Tools 등이 있습니다. 각각의 프로그램 마다 장/단점이 있기 때문에 사용자 폭도 다양합니다. 문제는 독자가 큐베이스나 누엔도로 작업한 음악을 스튜디오에 가져가서 믹싱과 마스터링 작업을 하고 싶을 때, 스튜디오에서 사용하는 프로그램이 다를 수 있다는 것입니다. 그러나 Premiere Pro나 Fianl Cut Pro 등의 영상 프로그램과도 호환이 가능한 OMF 및 AAF 파일 제작이 가능하기 때문에 별다른 문제없이 작업을 진행할 수 있습니다.

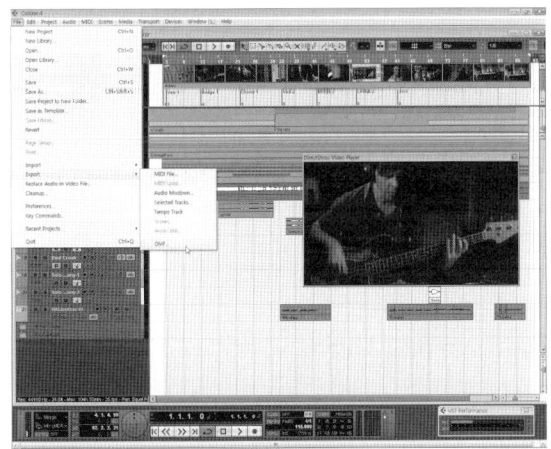

▲ 큐베이스 및 누엔도의 프로젝트를 OMF 파일로 익스포팅

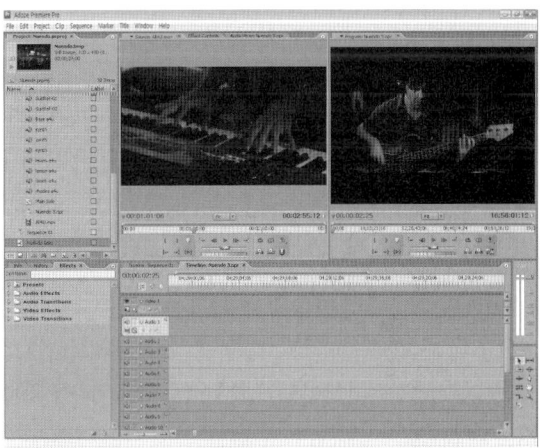

▲ 영상 편집 프로그램에서 OMF 파일을 임포팅

● 믹싱과 마스터링 작업

멀티 녹음을 완료한 후에는 디지털 컨텐츠를 위한 사운드 파일이나 오디오 CD 제작을 위한 믹싱과 마스터링 작업을 진행합니다. 믹싱은 각 트랙 별로 녹음한 사운드에 각종 이펙트를 사용하여 정위감과 공간감을 만드는 작업이고, 마스터링은 CD에 담길 각 곡의 레벨과 색체를 다듬어 가장 인상 깊고, 듣기 좋은 앨범을 만들기 위한 작업입니다.

(1) 믹싱 작업

각 트랙으로 녹음한 사운드의 레벨을 조정하고, 다양한 이펙트를 사용하여 정위감과 공간감을 만드는 믹싱 작업은 오랜 경험이 필요할 만큼 어려운 작업이기 때문에 많은 뮤지션들이 전문 스튜디오를 찾습니다. 큐베이스 및 누엔도는 녹음 스튜디오의 환경을 그대로 옮겨놓은 듯한 믹싱 콘솔과 다양한 이펙트를 내장하고 있기 때문에 녹음실에서의 모든 작업이 가능한 프로그램입니다.

▲ 녹음실 전경

(2) VST Effects

실제 하드웨어 악기를 소프트웨어로 구현하는 VST Instruments가 있듯이 하드웨어 이펙트를 소프트웨어로 구현하는 VST Effects가 있습니다. 특히, VST Effects의 기술은 이미 하드웨어와 대등하다는 평가를 듣고 있기 때문에 라이브 공연이 아니라면 굳이 하드웨어 이펙트가 필요없을 정도입니다. 큐베이스와 누엔도는 믹싱과 마스터링 작업에 필요한 다양한 VST Effects가 내장되어 있으며, 별다른 플러그-인이 필요없을 만큼의 성능을 가지고 있습니다.

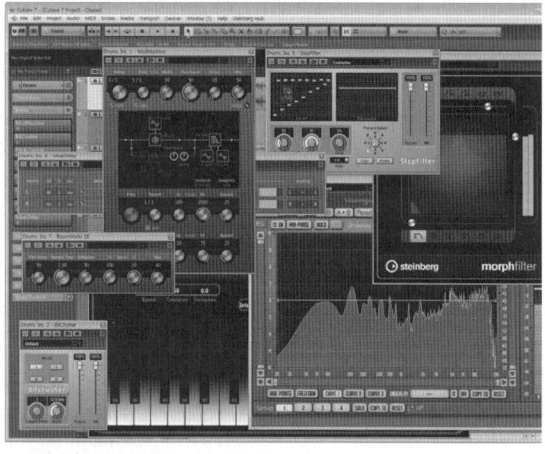

▲ 큐베이스 및 누엔도의 VST Effects

(3) 마스터링 작업

각각의 트랙 사운드를 조정한 후 최종 마스터 트랙에서 사운드 파일 제작을 위한 익스포팅 작업을 하기전에 EQ나 컴프레서를 사용하여 전체 사운드의 색깔과 다이내믹을 조정하는 마스터링 작업을 합니다. 일반적으로 믹싱 작업과 동시에 하기 때문에 국내에는 마스터링 전문 엔지니어가 없지만, 세계 동향을 보면, 전문직으로 급부상할 수 있는 분야이기도 합니다. 큐베이스 및 누엔도 학습자는 지금까지 살펴본 미디, 하드레코딩, 믹싱, 마스터링 등의 모든 분야에 욕심을 내어 진정한 컴퓨터 뮤지션이 될 수 있어야겠습니다.

▲ 큐베이스와 누엔도에서의 마스터링 작업

● 그 밖의 작업

큐베이스와 누엔도는 미디, 하드레코딩, 믹싱과 마스터링 작업은 물론 멀티미디어 파일 제작의 익스포팅까지 음악 제작에 필요한 모든 것을 하나로 해결할 수 있는 컴퓨터 음악 프로그램입니다. 그 밖에 사용자의 센스에 따라 악보 작업, 리믹스 작업, 영상 음악 작업 등이 가능합니다.

(1) 악보 작업

실제 음악 작업과 거리가 있어서인지 대부분의 컴퓨터 음악 프로그램은 악보 제작 기능이 형편없습니다. 그래서 악보 제작이 필요한 사용자는 '피날레'와 '시벨리우스'와 같은 악보 제작 프로그램을 따로 공부해야만 하는 부담이 있습니다. 하지만, 큐베이스는 전문 사보 프로그램 못지않은 악보 제작 기능을 갖추고 있으며, 누엔도 역시, Nuendo Expansion Kit을 추가 설치하면, 큐베이스와 동일한 악보 제작이 가능합니다. 다만, 큐베이스와 누엔도에서 악보를 제작하는 것과 전문 툴을 이용해서 악보를 제작하는 수고가 비슷하다는 것입니다. 결국, 악보 제작을 위해서 하나의 툴을 더 공부할 것인지, 큐베이스와 누엔도를 활용할 것인지의 여부는 개인이 선택해야 할 몫입니다.

▲ 시벨리우스 제작사 (avid.com)

▲ 피날레 제작사 (finalemusic.com)

(2) 리믹스 작업

원곡의 리듬을 바꾸는 리믹스 작업에 가장 많이 사용하는
프로그램에는 Sony사의 Acid Pro나 VST Instruments로
유명한 Native사의 Traktor Scratch Pro등이 있습니다. 큐
베이스와 누엔도는 자체 기능만으로도 전문 믹싱 프로그램
못지않은 작업이 가능하지만, Acid Pro를 리와이어로 연결
하여 사용할 수 있습니다. 결국, 시간을 내어 Acid Pro를 학
습을 해둔다면, 음악 작업을 한 단계 업그레이드 시킬 수 있
는 노하우를 체험하게 될 것입니다.

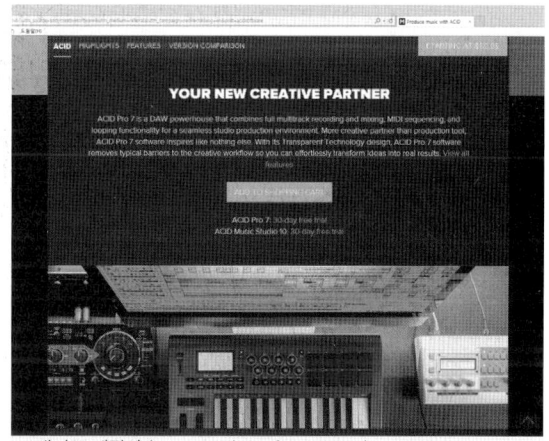

▲ 애시드 제작사 (sonycreativesoftware.com)

(3) 믹스다운 작업

마스터링 작업까지 끝난 음악은 오디오 CD 제작을 위한
Wave 파일을 만드는 믹스다운 과정이 필요합니다. 큐베이
스와 누엔도는 자체적으로 오디오 CD를 제작하는 기능이
없지만, 디지털 컨텐츠 사업을 위한 MP3, OGG, RM, WMA
등의 미디어 파일 제작이 가능하며, 이렇게 제작된 파일은
네로(Nero)와 같은 툴을 이용해서 오디오 CD를 제작할 수
있습니다. 큐베이스 및 누엔도를 학습하는 목적이 뚜렷해졌
으면 하는 마음으로 어떤 작업들을 할 수 있는지에 관해서
살펴보았습니다.

▲ 네로 제작사 (nero.com)

2

시스템 준비하기

큐베이스나 누엔도를 학습하기 위해서 특별한 장치가 필요한 것은 아니지만, 좀 더 편리한 미디 데이터 입력과 상업용 음악과 같은 음질을 구현하기 위해서는 몇 가지 갖추어야 할 장비가 있습니다. 음악 작업에 필요한 장비와 역할을 살펴보겠습니다. 다만, 이제 막 공부를 시작하는 경우라면 컴퓨터에 내장되어 있는 사운드 카드만으로 학습을 진행하기 바라며, 뭔가 부족함을 느낄 때쯤 하나씩 장만하는 것이 좋습니다. 자신에게 필요한 것이 무엇인지도 모른 채 남들 말만 듣고 장비를 갖춘다면, 반드시 후회하게 됩니다.

● 마스터 건반

큐베이스와 누엔도를 이용한 음악 작업의 첫 번째 단계는 컴퓨터에 내장된 사운드 카드의 음원 또는 컴퓨터에 연결한 외부 음원을 자동으로 연주 시켜줄 미디 정보를 입력하는 것입니다. 큐베이스와 누엔도에 미디 정보를 입력하는 도구로는 컴퓨터의 기본 장비인 키보드와 마우스를 이용할 수도 있지만, 컴퓨터 게임을 할 때 '조이스틱'이라는 게임 컨트롤러를 이용하면, 보다 자유롭게 게임을 즐길 수 있듯이, 미디 정보 입력을 리얼하게 할 수 있는 미디 정보 입력 장치를 사용하는 것이 편리합니다. 미디 정보 입력 장치로 많이 사용하는 것에는 피아노와 같은 모양의 마스터 건반입니다. 외관상으로는 신디사이저라는 건반 악기와 비슷하지만, 대부분 미디 연주 정보 입력용으로 사용하는 장치이기 때문에 내장된 음색이 없습니다. 마스터 건반 외에 미디 정보 입력 장치로 사용하는 것에는 가격은 부담스럽지만, 음원을 내장하고 있기 때문에 미디 정보 출력용으로도 사용이 가능한 신디사이저가 있습니다. 그리고 많이 사용하지는 않지만, 각종 연주 테크닉을 리얼하게 입력할 수 있는 드럼 패드, 미디 기타, 윈드 컨트롤러 등 연주자에게 적합한 미디 정보 입력 장치도 있습니다.

▲ 마스터 건반

▲ 드럼 패드

▲ 신디사이저

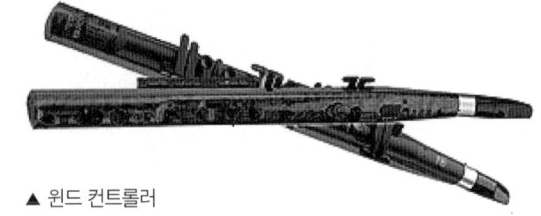

▲ 윈드 컨트롤러

● 미디 음원

큐베이스와 누엔도에 입력한 미디 연주 정보로 연주되는 악
기를 미디 음원이라고 합니다. 미디 음원에는 앞에서 살펴본
신디사이저 외에도 건반 없이 음원만 내장되어 있는 모듈이
라는 것을 많이 사용합니다. 즉, 신디사이저에서 건반만 떼
어놓은 것을 마스터 건반, 음원만 떼어놓은 것을 모듈이라고
이해하면 됩니다.

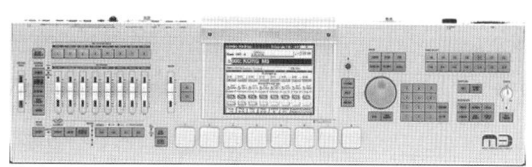

▲ 모듈

모듈은 최소한 백여 가지 이상의 음색이 내장되어 있으며,
큐베이스와 누엔도에서 음색 번호를 선택하는 것 만으로도
쉽게 사용할 수 있다는 장점이 있습니다. 그러나 이미 내장
된 음색 이외의 사운드를 만들어 사용할 수 없다는 단점이
있기 때문에 원하는 음색을 만들어 사용할 수 있는 샘플러라
는 장치를 미디 음원으로 많이 사용하기도 합니다.

▲ 샘플러

모듈과 샘플러는 가격이 높다는 단점이 있기 때문에 라이브 연주가 필요 없는 컴퓨터 뮤지션이라면 VST Instruments를 권
장합니다. VST Instruments는 하드웨어 악기를 소프트웨어로 구현하는 기술을 의미하며, 실제 하드웨어와 대등한 음질을
가지고 있습니다. 큐베이스와 누엔도는 상업용 음원 작업에 사용되고 있을 만큼의 뛰어난 음질을 가진 VST Instruments가
내장되어 있으며, 타 회사에서 제작된 VST Instruments를 자유롭게 사용할 수 있습니다. 현재 다양한 VST가 여러 회사에
서 쏟아지고 있지만, 이것 저것 구경하기 보다는 단 하나라도 자신만의 사운드를 디자인할 수 있을 정도로 익숙하게 다루는
것이 훨씬 효과적입니다.

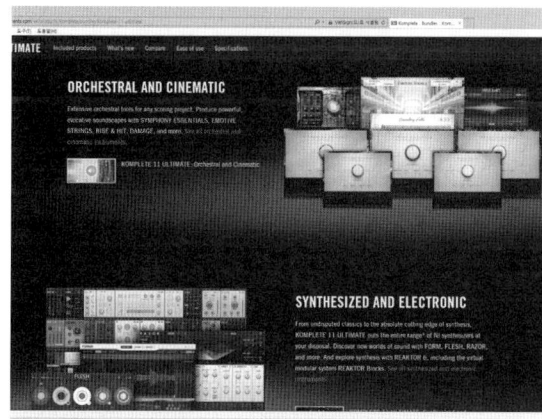

▲ KONTAKT 제작사인 native-instruments.com

▲ REASON 제작사인 propellerheads.se

● 미디 인터페이스와 케이블

미디 연주 정보 입력 장치인 마스터 건반과 미디 연주 정보 출력 장치인 모듈을 서로 연결하기 위해서는 미디 인터페이스라는 장치와 미디 케이블이 필요합니다. 연결할 장치가 한 두 대 뿐이라면 케이블이 포함되어 있는 USB 타입의 미디 인터페이스를 사용하는 것도 비용을 절감할 수 있는 요령이며, USB를 지원하는 마스터 건반만 사용하고 있다면, 별도의 미디 인터페이스가 필요 없습니다.

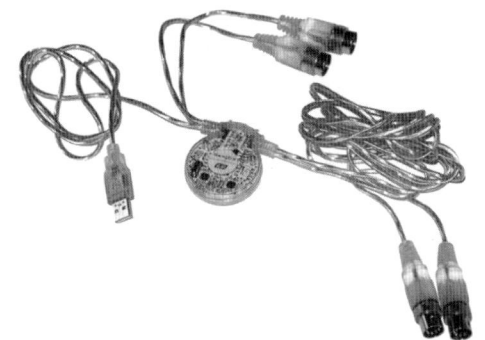

▲ 두 대의 장치를 연결할 수 있는 2포트용

요즘 출시되는 대부분의 미디 장치들의 USB를 지원하기 때문에 여러 대를 사용하고 있어도 USB 허브만 준비하면 됩니다. 그러나 이를 지원하지 않는 구형 모델을 두 대 이상 연결할 필요가 있다면, 4포트 또는 8 포트 등의 멀티 미디 인터페이스와 전용 미디 케이블이 필요합니다.

▲ 멀티 미디 인터페이스

● 오디오 인터페이스

사운드 카드는 사운드의 입/출력, 미디 인터페이스, 미디 음원 기능 등을 포함하고 있는 멀티 제품이기 때문에 컴퓨터 음악 공부를 시작하는 독자에게는 아주 유용한 장치입니다. 그러나 작업에 어느 정도 익숙해지다 보면, 레이턴시 해결을 위한 ASIO 드라이버 지원 제품과 좀더 깨끗한 사운드를 원하게 됩니다. 오디오 인터페이스는 사운드의 입/출력만을 다루는 전문 제품이기 때문에 컴퓨터에 내장된 사운드 카드 보다 깨끗한 사운드를 구현할 수 있으며, 마이크 프리 기능이 있는 오디오 인터페이스는 별도의 마이크 프리 앰프를 구입하지 않아도 스튜디오 급 녹음이 가능합니다.

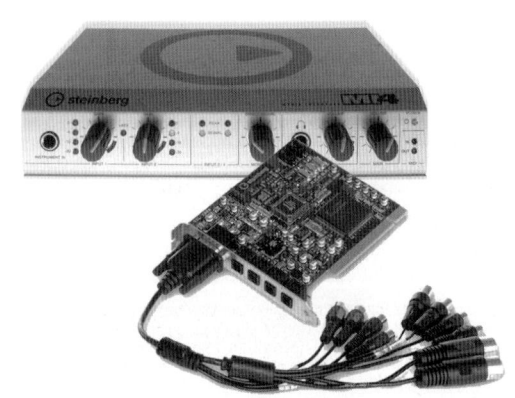

▲ 오디오 인터페이스

● 마이크

사람의 목소리와 같이 라인으로 연결할 수 없는 아날로그 신호를 큐베이스나 누엔도에 디지털 신호로 녹음할 수 있는 방법은 마이크를 이용하는 것 밖에 없습니다. 특히, 대중 가요에서는 가수의 역할이 음악의 승패를 좌우하므로, 마이크의 성능이 다른 무엇보다도 중요한 역할을 합니다.

마이크는 스튜디오에서 많이 사용하는 콘덴서 마이크와 충격에 강하기 때문에 라이브 공연에서 많이 사용하는 다이내믹 마이크 등이 있습니다. 마이크를 구입할 때는 다른 장비와 마찬가지로 주변에서 많이 사용하는 제품을 선택하는 것이 요령입니다.

▲ 무선 마이크　　　　　　　　▲ 콘덴서 마이크

전문 녹음실의 경우에는 좀 더 질 높은 마이크 녹음을 위해서 마이크 프리 앰프와 컴프레서라는 장비를 사용하고 있습니다. 일부 뮤지션의 경우 "실력 없는 것들이 장비 탓 한다" 라는 말들을 하곤 하는데, 이것을 액면 그대로 받아들여 "실력만 있으면 아무 장비나 사용해도 질 좋은 사운드 작업을 할 수 있다"라고 오해하면 안 됩니다. 좋은 장비는 좋은 결과를 만들고, 나쁜 장비는 나쁜 결과를 만드는 것이 당연합니다. "실력 없는 것들이 장비 탓 한다" 라는 말은 자신이 사용하고 있는 장비에 대한 충분한 학습조차 하지 않고, 무조건 비싸고, 좋은 장비만을 구입하려고 하는 일부 사람들을 비난 하는 말로 이해하는 것이 좋겠습니다. 독자는 가지고 있는 장비를 충분히 연구하고, 학습하여 최대의 작업 성과를 이룰 수 있도록 하기 바랍니다. 그리고 부족함을 느낄 때쯤 여건이 허락하는 한도 내에서 전문 장비에 욕심을 내는 것이 바람직한 태도입니다.

▲ 마이크 프리 앰프

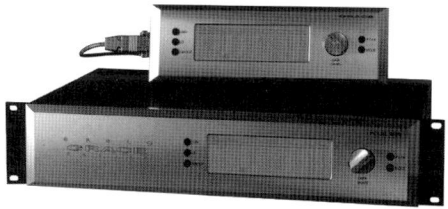

▲ 8채널 마이크 프리 앰프

▲ 컴프레서

● 믹싱 콘솔

멀티 트랙을 지원하는 오디오 인터페이스를 사용하고 있으며, 심플한 작업의 홈 스튜디오를 구성하고 있는 독자라면 필요 없을 수도 있는 믹싱 콘솔은, 여러 대의 악기를 사용할 때, 각 악기의 LINE OUT을 하나의 앰프로 소리를 모아 내는 역할을 합니다. 요즘에 대중화되고 있는 디지털 방식의 믹싱 콘솔은 다양한 이펙트와 EQ, 프리 앰프, 컴프레서 기능 등이 탑재되어 있으며, 큐베이스와 누엔도의 믹싱 콘솔을 외부에서 조정할 수 있는 편리함을 갖추고 있는 제품들이 주류를 이루고 있으므로, 믹싱 콘솔을 구입할 계획인 독자에게는 디지털 방식의 믹싱 콘솔을 추천합니다. 그리고 하드웨어 보다는 큐베이스와 누엔도의 믹서와 VST 등의 소프트웨어를 주로 사용한다면, 이를 외부 장치로 조정할 수 있는 미디 컨트롤러를 이용하는 것도 요령입니다.

▲ 디지털 믹싱 콘솔

▲ 미디 컨트롤러

● 모니터 스피커

큐베이스와 누엔도를 이용해서 음악 작업을 할 때 가장 중요한 역할을 하는 것이 바로 독자의 '귀' 입니다. 그리고 큐베이스와 누엔도에서 작업하는 음악을 귀로 들려주는 역할을 하는 장비가 소리를 증폭시켜 주는 앰프와 증폭된 소리를 전달하는 스피커로 구성된 모니터 시스템입니다. 입문자들이 많이 사용하는 모니터 시스템으로는 가정용 오디오와 컴퓨터용 스피커가 있습니다. 그 이유는 적은 비용으로도 모니터 시스템을 구성할 수 있기 때문입니다. 그러나 요즘에 출시되는 모니터 스피커는 앰프가 내장되어 있는 저렴한 제품들이 많이 있으므로 구입을 고려해보는 것이 좋겠습니다. 모니터용으로 나와 있는 제품들의 특징은 가정용 오디오 스피커나 라이브용 스피커와는 다르게 주파수 대역이 고르기 때문에 독자가 원하는 사운드를 구현하는데 효과적입니다.

3 시스템 연결하기

앞에서 컴퓨터 음악 작업에 필요한 시스템의 종류를 몇 가지 살펴보긴 했지만, 학습을 시작하는 독자가 처음부터 모든 장비를 준비하는 것은 참으로 어리석은 행동입니다. 처음 공부하는 독자라면, 가능한 최소한의 장비로 시작을 하면서 능력이 향상됨에 따라 느껴지는 부족함을 하나씩 채워나가는 것이, 자신에게 적합한 장비를 효과적으로 구축할 수 있는 방법입니다. 오디오 인터페이스 하나로 꾸미는 최소 시스템 구성과 프로 급 시스템 구성의 연결 방법으로 나누어 살펴보겠습니다.

1. 최소 시스템 구성과 연결

사운드 카드를 기반으로 하는 최소 시스템은 미디 연주 정보를 입력할 수 있는 마스터 건반, 오디오 신호를 입력할 수 있는 마이크, 최종 사운드를 모니터 할 수 있는 모니터 스피커 정도로 구성합니다.

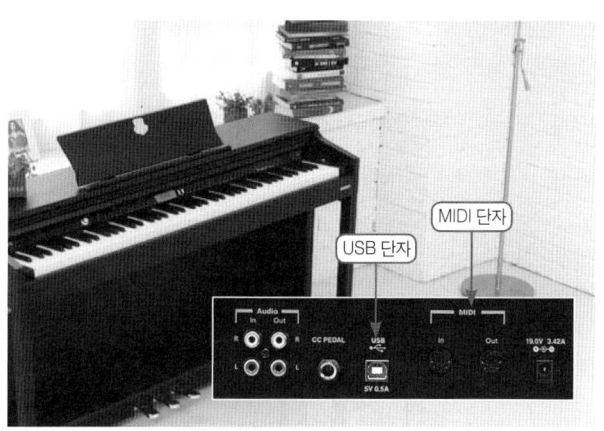

01 요즘 출시되는 대부분의 마스터 건반 및 디지털 피아노는 USB를 지원하고 있기 때문에 별도의 미디 인터페이스 없이 컴퓨터와 연결 가능합니다. 단, 이를 지원하지 않는 제품도 있으므로, 확인을 합니다.

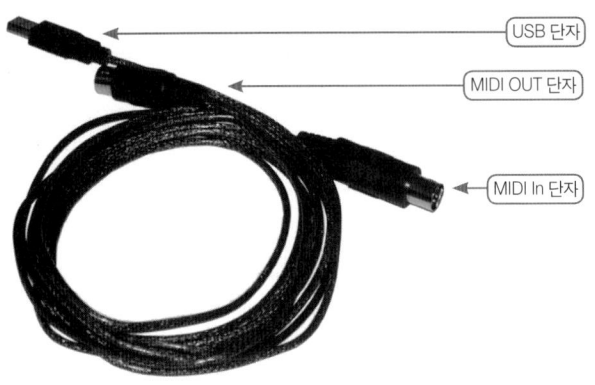

USB 단자

MIDI OUT 단자

MIDI In 단자

02 MIDI 단자만 지원하는 모델이라면 별도의 미디 인터페이스를 이용해서 연결합니다. 이것도 장치를 한 두 대 연결할 수 있는 USB 케이블 타입과 4대 이상을 연결할 수 있는 멀티 타입이 있으므로, 환경에 맞추어 구매 합니다.

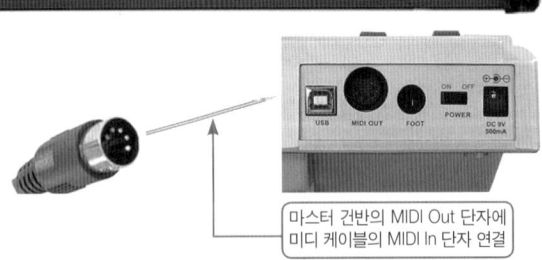

마스터 건반의 MIDI Out 단자에
미디 케이블의 MIDI In 단자 연결

03 미디 케이블의 IN 단자를 마스터 건반의 MIDI OUT 단자에 연결합니다. 마스터 건반에서 전송하는 정보가 OUT 단자를 통해서 컴퓨터로 전송되도록 하는 것입니다.

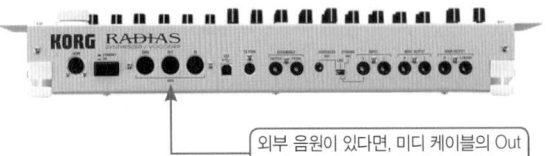

외부 음원이 있다면, 미디 케이블의 Out
단자를 음원의 MIDI IN 단자에 연결

04 미디 케이블에는 마스터 건반과 연결한 IN 단자 외에도 OUT 단자가 하나 더 있습니다. 이것은 사운드 카드의 내부 음원이 아닌 모듈이나 샘플러 등의 외부 음원 MIDI IN 단자에 연결하는 용도 입니다.

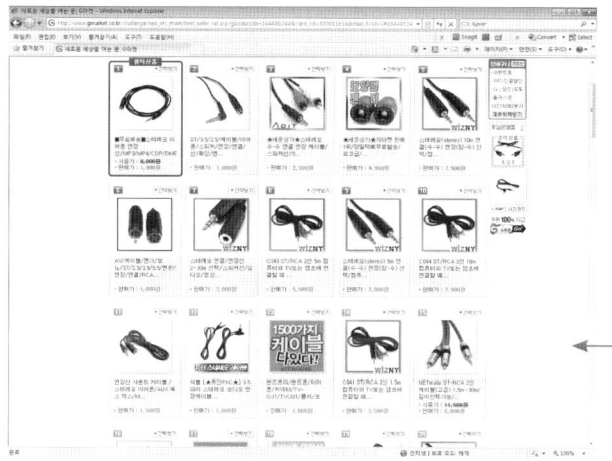

05 사운드 카드의 Line Out 단자에서 가정용 오디오 또는 모니터 스피커에 연결할 수 있는 오디오 케이블을 준비합니다. 이때 연결할 모니터 스피커의 LINE IN 단자가 어떤 형식인지 케이블을 준비하기 전에 확인합니다.

케이블은 인터넷 쇼핑몰에서 쉽게 구매할 수 있다

06 준비한 오디오 케이블의 '폰잭' 단자를 사운드 카드의 LINE OUT 단자에 연결합니다. 일부 사운드 카드의 경우에는 LINE OUT 단자가 핀잭(RCA) 또는 55잭(TRS)을 연결할 수 있도록 되어 있는 것도 있습니다.

사운드 카드 Line Out 단자에 케이블 연결

07 사운드 카드 LINE OUT 단자에 연결한 케이블을 모니터 스피커의 LINE IN 단자에서 연결합니다. 가정용 오디오는 LINE IN 외에도 VCR, AUX 등으로 표시되어 있는 경우가 많으며, 컴퓨터용 스피커는 이미 선이 연결되어 있을 것이므로, 이 과정이 필요 없습니다.

사운드카드 Line Out에 연결한 케이블을 모니터 스피커의 Line In에 연결

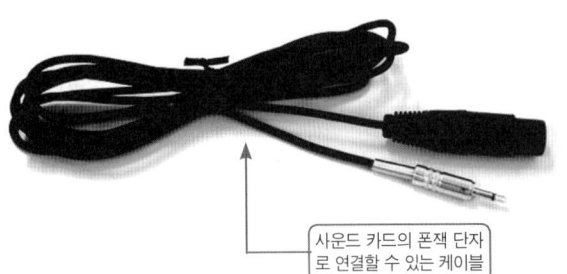

사운드 카드의 폰잭 단자
로 연결할 수 있는 케이블

08 외부 오디오 신호를 입력할 수 있는 55 타입의 마이크를 사운드 카드의 폰 타입인 MIC IN 단자에 연결하기 위한 변환잭을 준비합니다. 물론, 폰 단자로 되어 있는 마이크이거나 55단자를 연결할 수 있는 사운드 카드라면, 이들을 연결하기 위한 변환잭은 필요 없습니다.

마이크의 55잭을 사운드 카드의 단
자로 연결할 수 있게 하는 보조잭

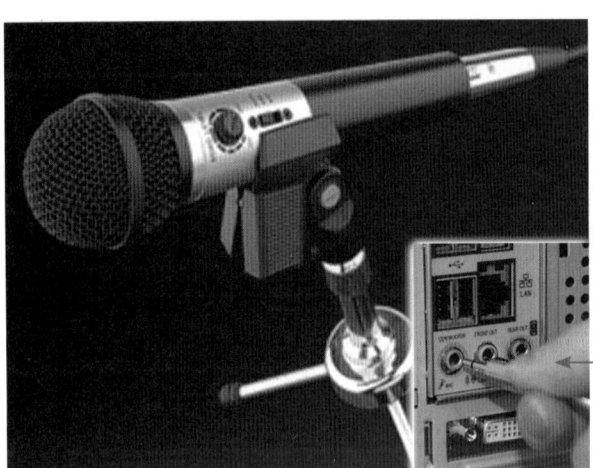

09 준비한 보조잭에 55 타입의 마이크 단자를 연결을 하고, 사운드 카드의 MIC 단자에 보조잭을 장착한 마이크를 연결합니다. 여기까지 사운드 카드 중심의 최소 시스템 구성과 연결 방법을 살펴보았습니다. 계속해서 프로급 시스템 구성과 연결 방법을 살펴보겠습니다.

사운드 카드 MIC
단자에 마이크 연결

2. 프로급 시스템 구성과 연결

프로급 시스템을 구성한다는 것은 그 끝이 없기 때문에, 상업 음악을 만들기에는 조금 부족한 사운드 카드의 기능을 한 단계 발전시킨 형태로 멀티 포트 미디 인터페이스, 오디오 카드, 콘솔 정도를 추가하는 정도만 살펴보겠습니다. 독자가 사용하고 있는 제품과 연결 방식에서 차이가 있을 수 있으므로, 자세한 것은 제품 설명서를 참조하기 바랍니다.

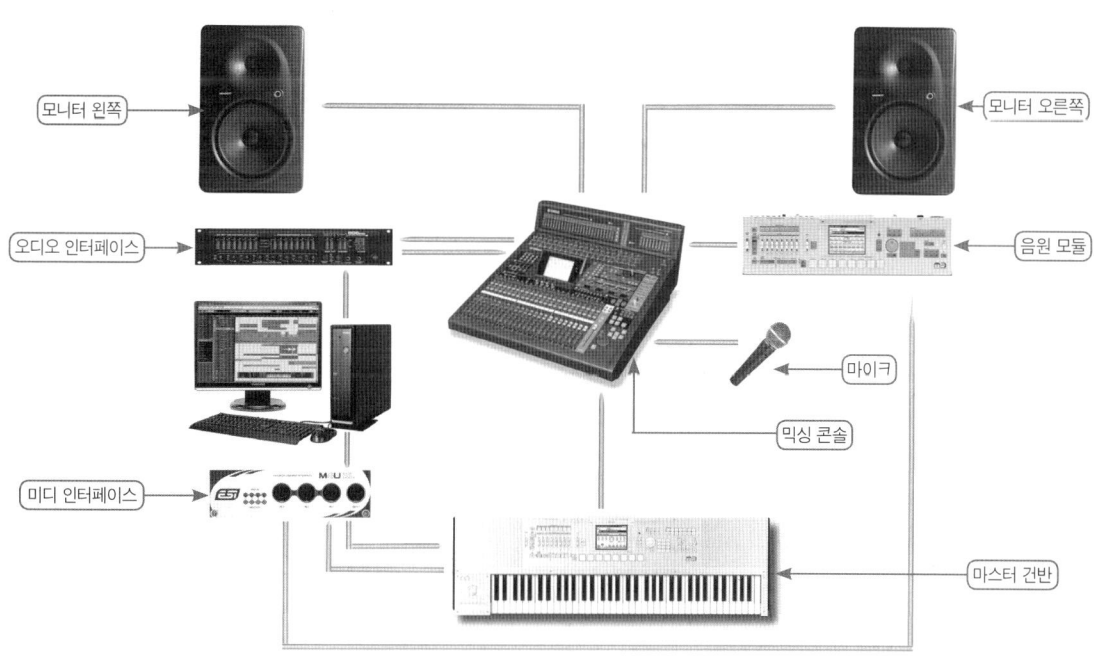

모니터 왼쪽
모니터 오른쪽
오디오 인터페이스
음원 모듈
마이크
믹싱 콘솔
미디 인터페이스
마스터 건반

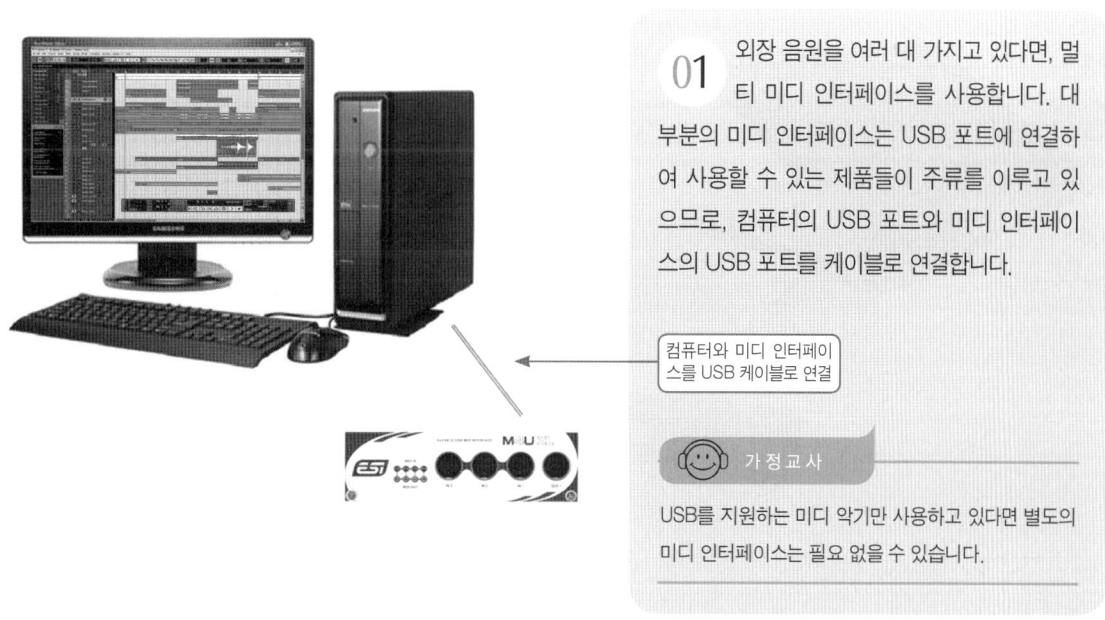

01 외장 음원을 여러 대 가지고 있다면, 멀티 미디 인터페이스를 사용합니다. 대부분의 미디 인터페이스는 USB 포트에 연결하여 사용할 수 있는 제품들이 주류를 이루고 있으므로, 컴퓨터의 USB 포트와 미디 인터페이스의 USB 포트를 케이블로 연결합니다.

컴퓨터와 미디 인터페이스를 USB 케이블로 연결

😊 가정교사

USB를 지원하는 미디 악기만 사용하고 있다면 별도의 미디 인터페이스는 필요 없을 수 있습니다.

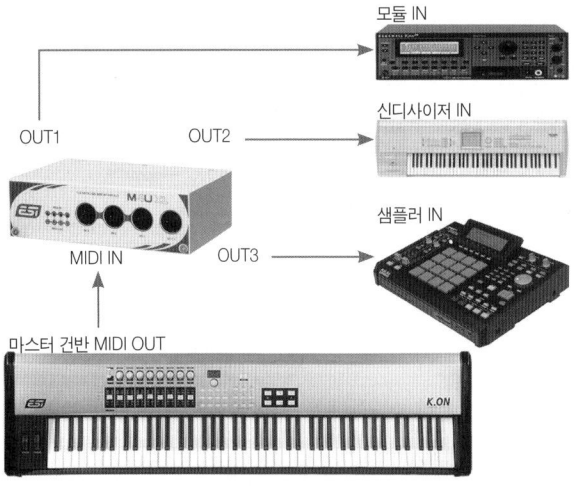

모듈 IN

신디사이저 IN

OUT1   OUT2

샘플러 IN

MIDI IN   OUT3

마스터 건반 MIDI OUT

02 미디 인터페이스의 연결이 끝나면 마스터 건반의 MIDI OUT 단자에서 미디 인터페이스의 MIDI IN 단자에 미디 케이블을 연결하고, 미디 인터페이스의 MIDI OUT 단자에서 외부 미디 음원의 MIDI IN 단자에 미디 케이블을 연결합니다. 외부 음원에는 모듈, 신디사이저, 샘플러 등, 여러 종류가 있을 수 있습니다.

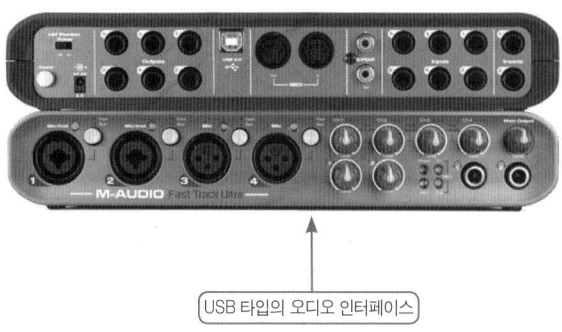

USB 타입의 오디오 인터페이스

03 사운드 카드보다 깨끗한 음질을 얻기 위한 오디오 카드를 사용합니다. 요즘 판매되고 있는 오디오 카드는 외장 박스와 내장 카드가 함께 구성되어 있는 것도 있고, 사운드카드와 같은 내장 카드 방식이나 USB 또는 IEEE 1394 포트에 연결하는 외장 박스 타입 등 다양합니다.

컴퓨터와 오디오 인터페이스 연결

04 내장 카드 타입이라면 컴퓨터 내부에 장착하고, 외장 박스 타입이라면 USB 포트에 연결합니다. 외장 박스와 카드로 구성되어 있는 제품이라면 컴퓨터 내부에 장착한 카드와 외장 박스를 제품에 포함되어 있는 케이블로 연결합니다. 제품 마다 차이가 있으므로, 자세한 것은 제품 설명서를 참조하기 바랍니다.

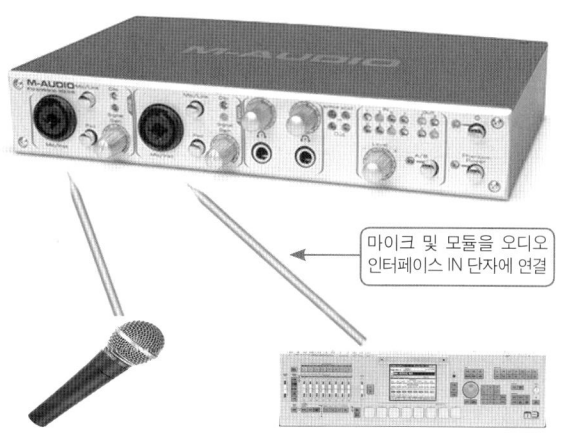

마이크 및 모듈을 오디오
인터페이스 IN 단자에 연결

05 외부 음원의 LINE OUT을 오디오 카드
의 LINE IN 단자에 연결합니다. 프리
앰프 기능이 있는 오디오 카드라면 마이크를 직
접 연결합니다. 프리 앰프 기능이 없다면, 별도
의 프리 앰프를 이용하거나 믹싱 콘솔을 이용합
니다.

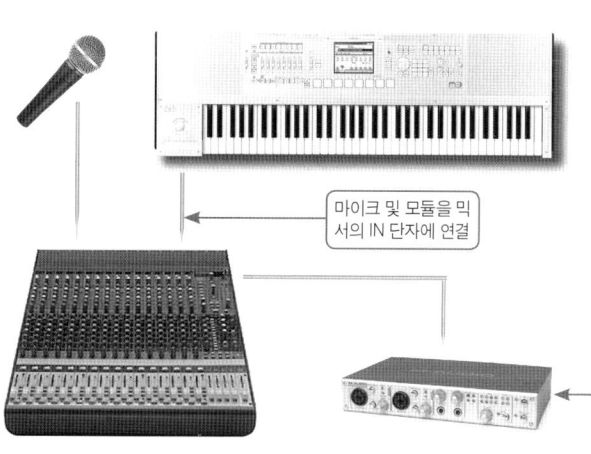

마이크 및 모듈을 믹
서의 IN 단자에 연결

믹서 OUT을 오디오 인
터페이스의 IN으로 연결

06 믹싱 콘솔을 사용하는 경우에는 외부
음원의 LINE OUT과 마이크를 믹싱 콘
솔의 LINE IN으로 연결하고, 믹싱 콘솔의 LINE
OUT을 오디오 카드의 LINE IN으로 연결하여
더 많은 채널을 확보할 수 있습니다. 믹싱 콘솔
의 LINE OUT은 제품에 따라 Bus, Aux, Send,
Omni 등으로 표기되어 있는 경우도 있습니다.

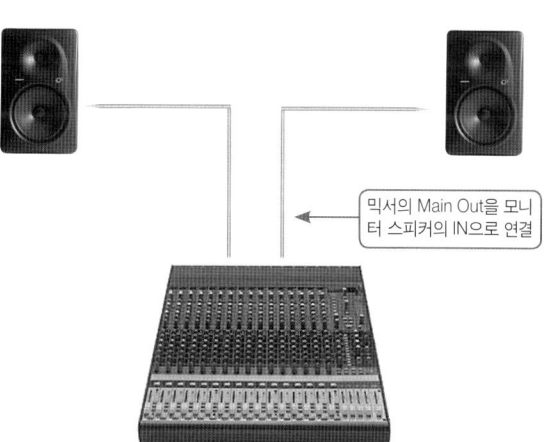

믹서의 Main Out을 모니
터 스피커의 IN으로 연결

07 오디오 카드의 입력 부분 연결이 끝나
면, 오디오 카드의 LINE OUT을 앰프
가 내장된 모니터 스피커의 LINE IN으로 연결
합니다. 믹싱 콘솔을 사용하는 경우에는 오디오
카드의 LINE OUT을 믹싱 콘솔의 LINE IN으로
연결하고, 믹싱 콘솔의 Master Line Out 을 모
니터 스피커로 연결하는 것으로 프로 급 시스템
구성을 마칩니다.

4 큐베이스 및 누엔도 설치하기

큐베이스 9은 64Bit만 지원 하므로, 윈도우 사용자라면 설치 전에 시스템 종류를 확인할 필요가 있습니다. 맥은 기본적으로 지원합니다. 윈도우 시스템 종류는 시작 버튼을 마우스 오른쪽 버튼으로 클릭하면 열리는 단축 메뉴에서 시스템을 선택하면 열리는 기본 정보에서 확인할 수 있습니다. 그리고 프로그램도 다운 로드 방식으로 바뀌어 제품에는 복사 방지를 위한 USB 동글키와 다운 로드에 필요한 DAC (Download Access Code)만 들어있습니다.

01 프로그램 복사 방지를 위한 USB 타입의 복사 방지용 키를 컴퓨터 USB포트에 삽입합니다.

> USB 포트에 동글 키 연결

😊 가정교사

큐베이스 및 누엔도의 복사 방지용 키를 동글키라고도 부릅니다.

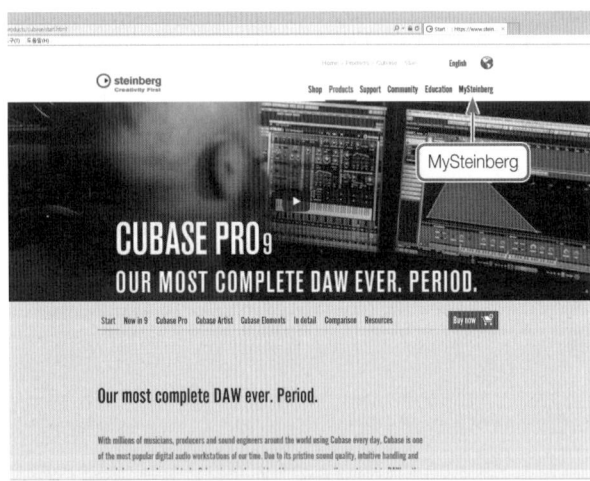

02 프로그램은 Steinberg.net에서 다운 로드로 제공되므로, MySteinberg 페이지에 접속하여 회원 가입을 해야 합니다. 이 때 제품에 포함된 Download Access Code가 필요합니다.

03 다운 로드가 완료되면 압축을 해제하는 과정이 진행됩니다. 프로그램은 컴퓨터에 문제가 있을 때 다시 설치할 필요가 생길 수 있으므로, Browse 버튼을 클릭하여 별도로 보관하는 것이 좋습니다.

Browse

04 압축 해제가 완료되면 설치 실행 창이 열립니다. Next 버튼을 클릭하여 진행합니다.

Next

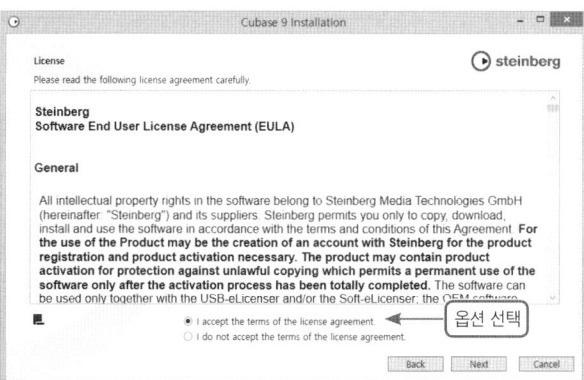

05 사용자 동의를 구하는 라이센스 창이 열립니다. I accept the terms of the lidense agreement 옵션을 선택하고, Next 버튼을 클릭하여 진행 합니다.

옵션 선택

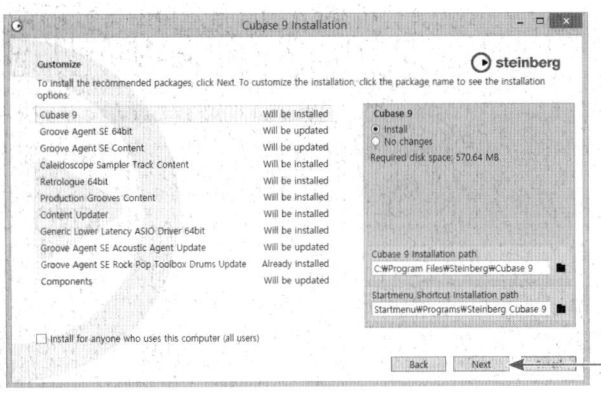

06 설치 목록 및 경로를 선택할 수 있는 창이 열립니다. 특별한 경우가 아니라면 그대로 Next 버튼을 클릭하여 진행 합니다.

Next

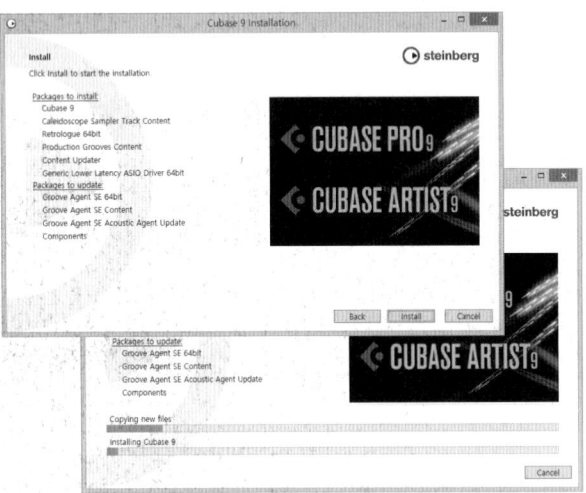

07 설치 과정이 진행 됩니다. 시간은 시스템에 따라 차이가 있으므로, 완료 창이 열릴 때까지 차분히 기다립니다.

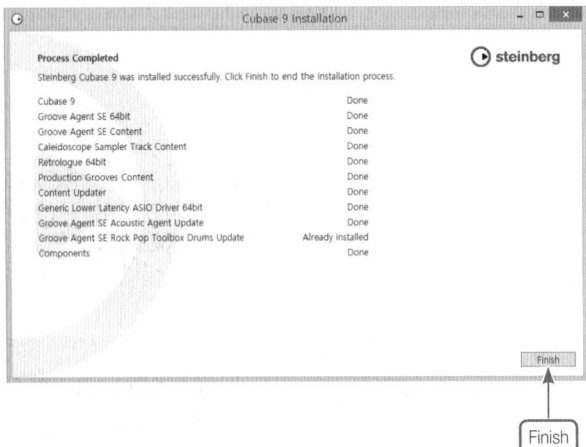

08 완료 창이 열리면 Finish 버튼을 클릭하여 설치를 마칩니다.

Finish

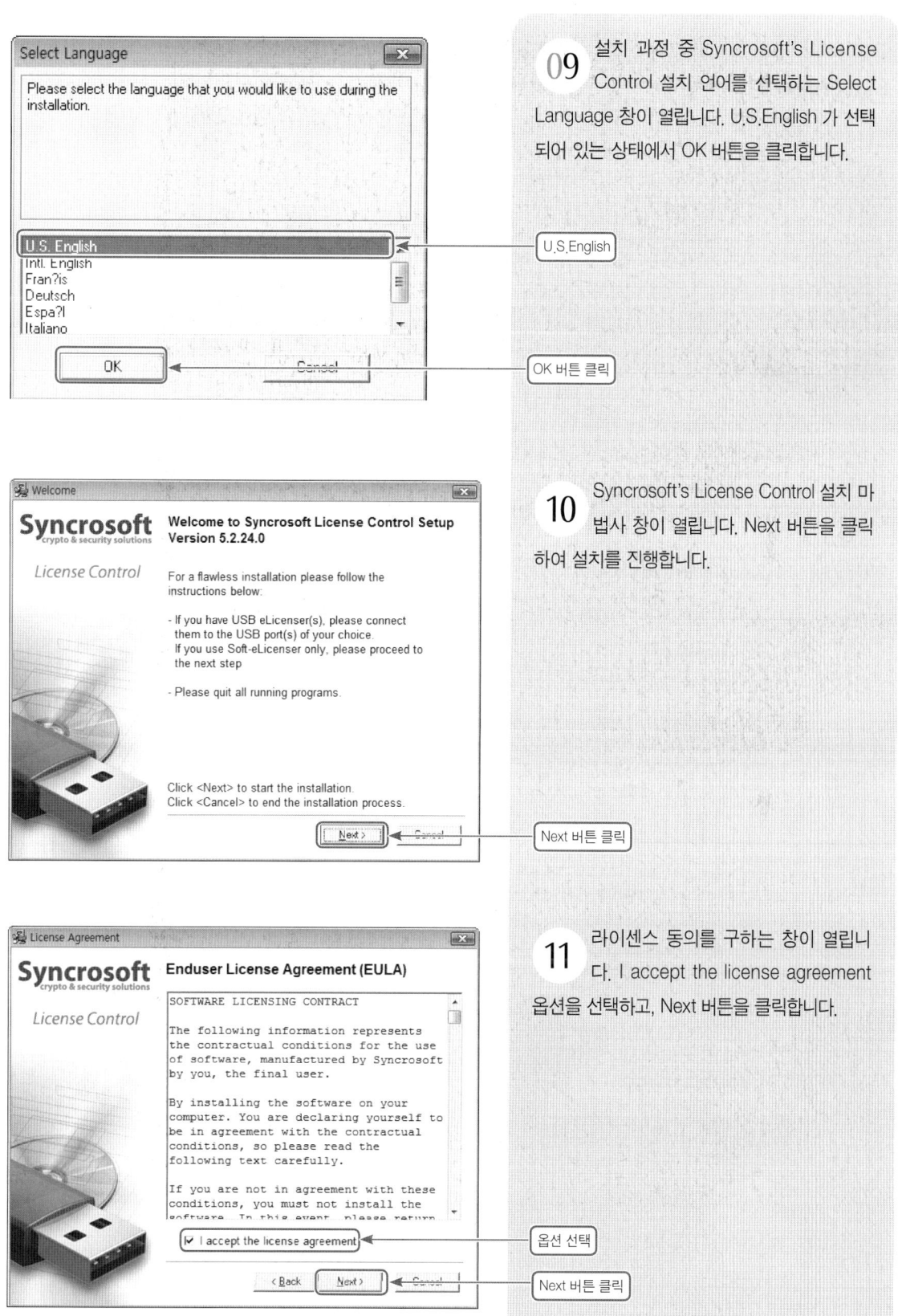

09 설치 과정 중 Syncrosoft's License Control 설치 언어를 선택하는 Select Language 창이 열립니다. U.S.English 가 선택되어 있는 상태에서 OK 버튼을 클릭합니다.

U.S.English

OK 버튼 클릭

10 Syncrosoft's License Control 설치 마법사 창이 열립니다. Next 버튼을 클릭하여 설치를 진행합니다.

Next 버튼 클릭

11 라이센스 동의를 구하는 창이 열립니다. I accept the license agreement 옵션을 선택하고, Next 버튼을 클릭합니다.

옵션 선택

Next 버튼 클릭

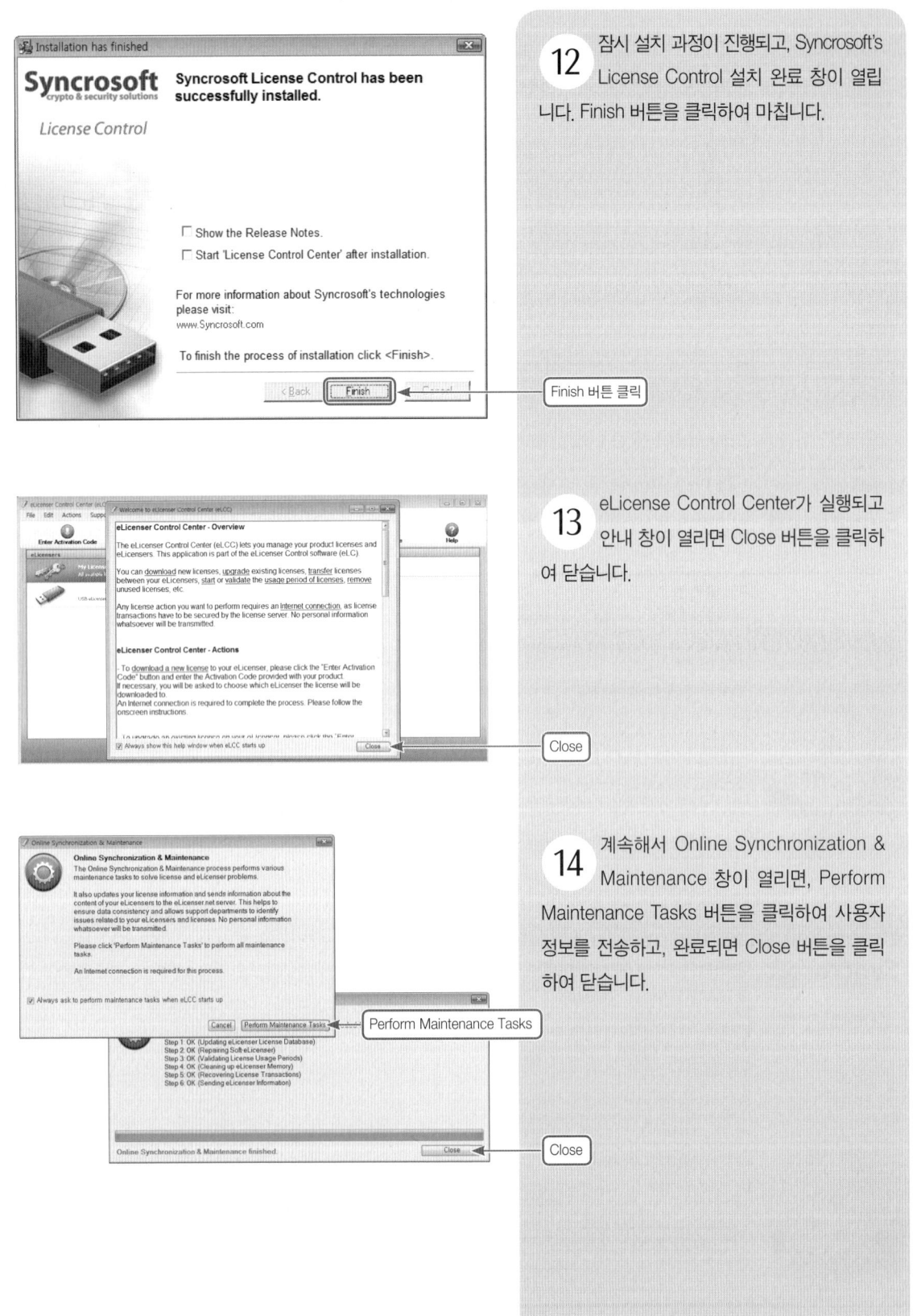

12 잠시 설치 과정이 진행되고, Syncrosoft's License Control 설치 완료 창이 열립니다. Finish 버튼을 클릭하여 마칩니다.

Finish 버튼 클릭

13 eLicense Control Center가 실행되고 안내 창이 열리면 Close 버튼을 클릭하여 닫습니다.

Close

14 계속해서 Online Synchronization & Maintenance 창이 열리면, Perform Maintenance Tasks 버튼을 클릭하여 사용자 정보를 전송하고, 완료되면 Close 버튼을 클릭하여 닫습니다.

Perform Maintenance Tasks

Close

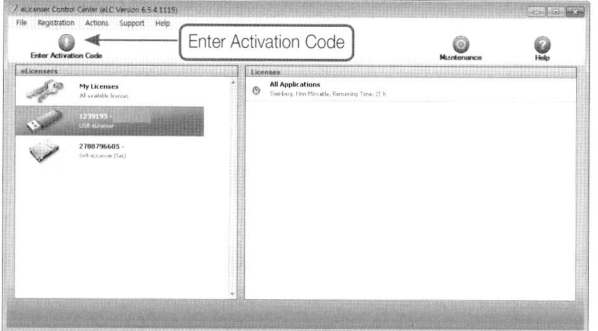

15 eLicenser control center가 실행되면, 도구 바에 보이는 Enter Activation Code 버튼을 클릭합니다.

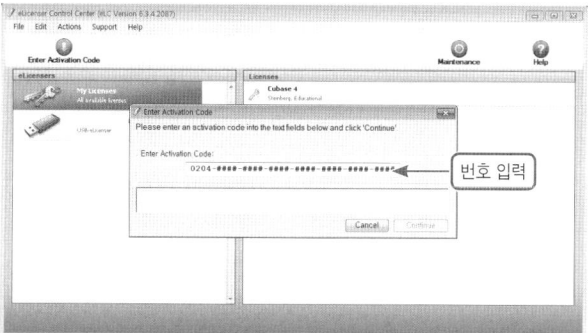

16 Activation Code 입력 창이 열립니다. 제품에 포함되어 있는 Activation Code 를 입력하고, Continue 버튼을 클릭합니다.

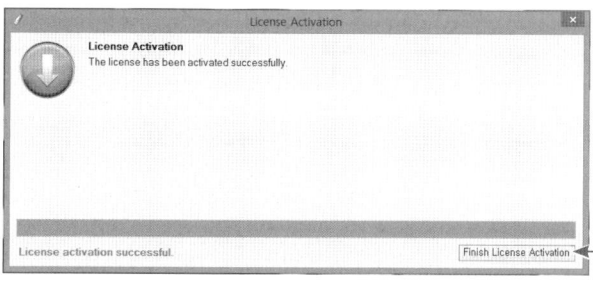

17 License Activation이 완료되면 Finish License Activation 버튼을 클릭하여 창을 닫습니다. 이 과정은 제품 구입 후 한 번만 해주면 됩니다.

Finish Lecense Activation

😊 가정교사

큐베이스를 업그레이드 할 때도 라이센스 취득 과정은 동일합니다.

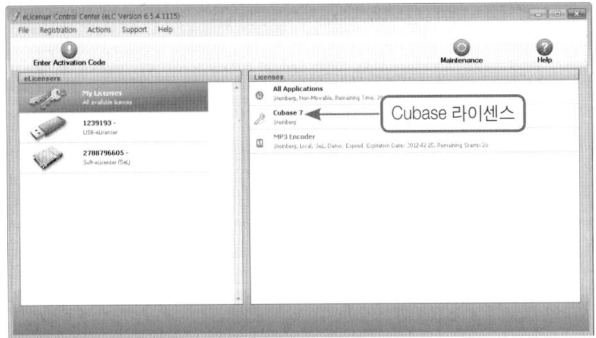

18 동글 키에 Cubase 라이센스가 등록된 것을 확인할 수 있습니다. 나중에 컴퓨터를 포맷하더라도 라이센스를 다시 취득할 필요는 없습니다.

Tip 큐베이스와 누엔도의 차이

누엔도는 RS-422 디바이스를 지원하는 영상 장비를 컴퓨터 시리얼 포트에 연결하고, Devices 메뉴의 9-Pin Device로 패널을 열어 컨트롤하거나 텔레시네(Telecine) 작업에서 발생할 수 있는 오디오 편차를 맞추는 기능 등, 영상 음악 작업에 적합한 포스트 프로덕션 용이며, 큐베이스는 녹음 스튜디오 용으로 구분하고 있습니다. 그러나 이것은 제작사의 입장일 뿐, 실제로 포스트 프로덕션과 녹음 스튜디오에서 두 프로그램을 구분해서 사용하지는 않습니다. 결국, 두 프로그램을 같은 것으로 보아도 좋으며, 파일도 완벽하게 호환됩니다. 본서는 큐베이스와 누엔도의 구분 없이 학습이 가능합니다.

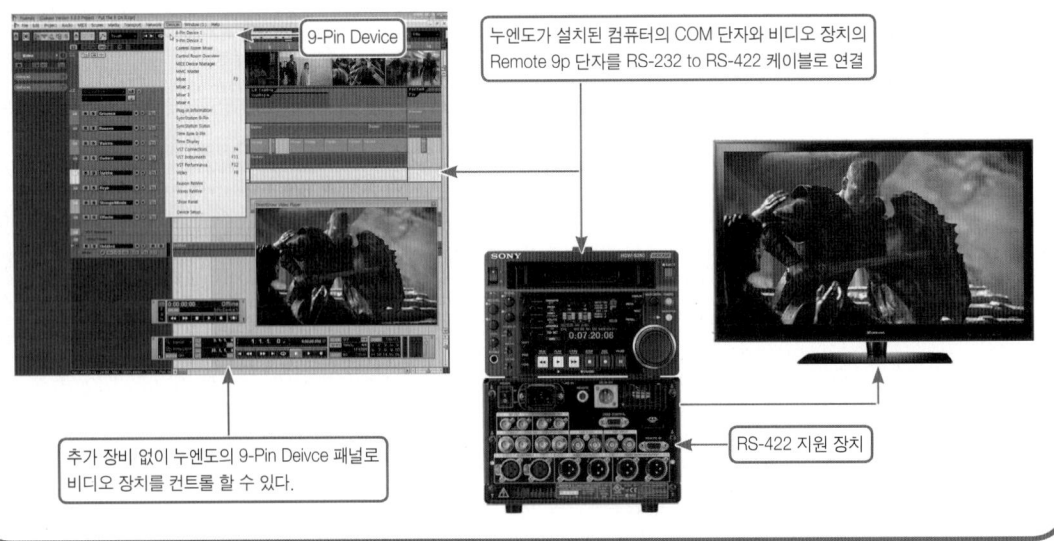

추가 장비 없이 누엔도의 9-Pin Deivce 패널로 비디오 장치를 컨트롤 할 수 있다.

9-Pin Device

누엔도가 설치된 컴퓨터의 COM 단자와 비디오 장치의 Remote 9p 단자를 RS-232 to RS-422 케이블로 연결

RS-422 지원 장치

5

미디 드라이버 설정하기

큐베이스 및 누엔도 설치 후 바탕화면에 만들어진 아이콘을 더블 클릭하여 실행하며, 사용자 등록을 요구하는 창이 열립니다. 정품 사용자라면 Register Now 버튼을 클릭하여 사용자 등록을 하는 것이 좋습니다. 이미 등록을 했거나 등록할 생각이 없다면, Already Registered 버튼을 클릭하여 창을 닫습니다. 그리고 가장 먼저 해야할 것이 사용자 시스템에 연결되어 있는 미디와 오디오 드라이버를 설정하는 일입니다. 미디 드라이버부터 설정해보겠습니다.

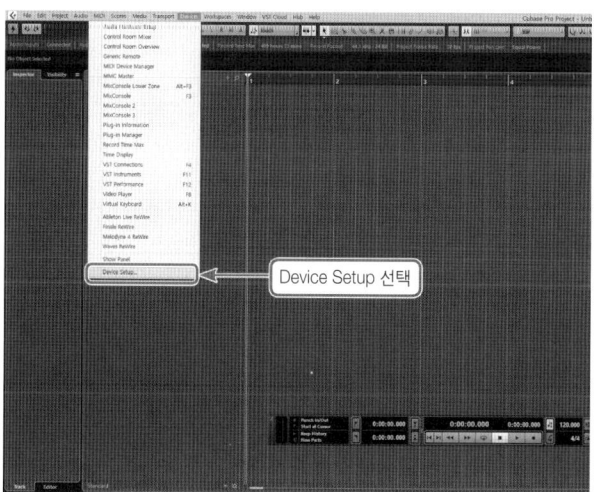

Device Setup 선택

01 큐베이스 및 누엔도를 실행하면 열리는 템플릿 선택 항은 Cancle 버튼을 클릭하여 다고, Devices 메뉴의 Device Setup을 선택합니다.

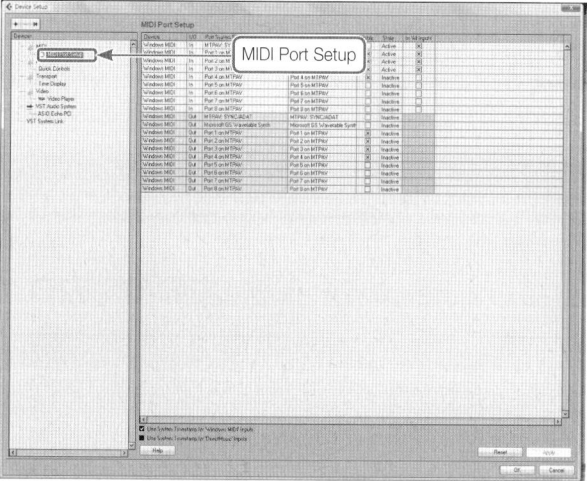

MIDI Port Setup

02 MIDI 폴더의 MIDI Port Setup을 선택하면, 사용자 컴퓨터에 설치되어 있는 마스터 건반 또는 미디 인터페이스의 목록이 열립니다.

 가정교사

미디 인터페이스의 목록은 사용자 컴퓨터에 설치되어 있는 것이 표시되는 것이므로, 그림과 다를 것입니다.

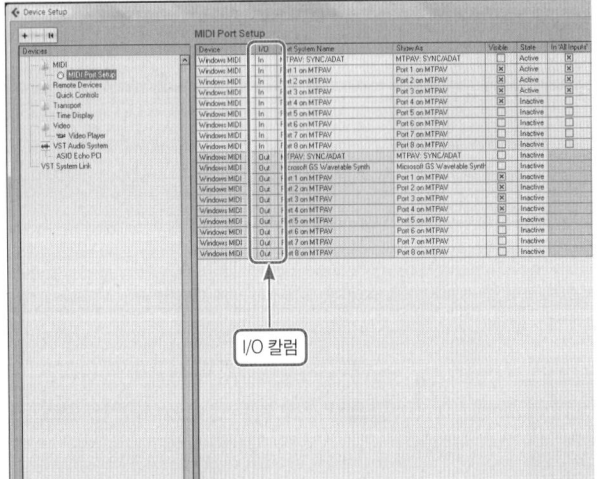

03 I/O 칼럼을 보면, 노란색의 In과 파란색의 Out 목록을 확인할 수 있습니다. 사용자 컴퓨터에 4in/4out을 지원하는 미디 인터페이스가 장착되어 있다는 가정하에 설명을 진행하겠습니다.

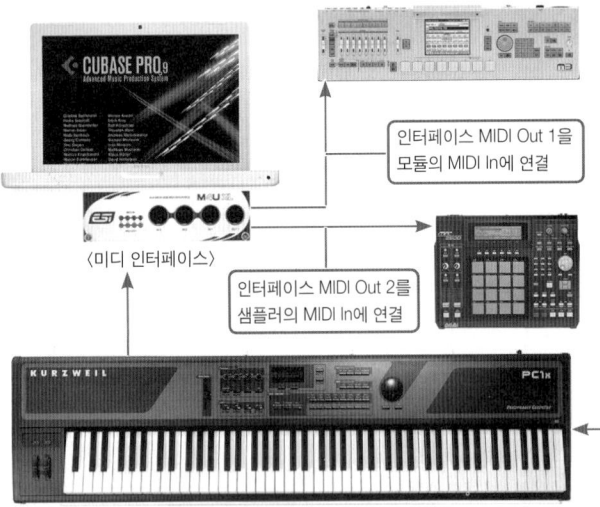

〈미디 인터페이스〉

인터페이스 MIDI Out 1을 모듈의 MIDI In에 연결

인터페이스 MIDI Out 2를 샘플러의 MIDI In에 연결

마스터 건반의 MIDI Out을 미디 인터페이스의 MIDI In 1에 연결

04 일반적으로 4in/4out 제품을 사용하고 있더라도 실제로 가지고 있는 악기는 1~2대뿐인 경우가 많습니다. 예를 들어 마스터 건반을 MIDI In 1포트에 연결하고, MIDI Out 1에 모듈, MIDI Out 2에 샘플러를 연결했다고 가정합니다.

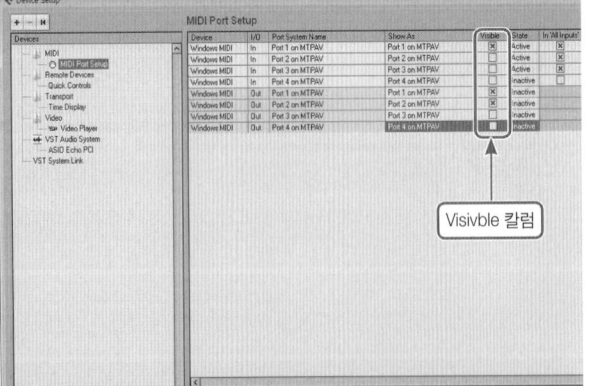

Visivble 칼럼

05 각각 4대의 악기를 연결할 수 있는 4In/4Out의 미디 인터페이스를 사용하고 있지만, In 포트 2, 3, 4와 Out 포트 3, 4는 사용하지 않고 있는 것입니다. 이렇게 사용하지 않는 포트는 Visivble 칼럼의 X 표시를 해제합니다.

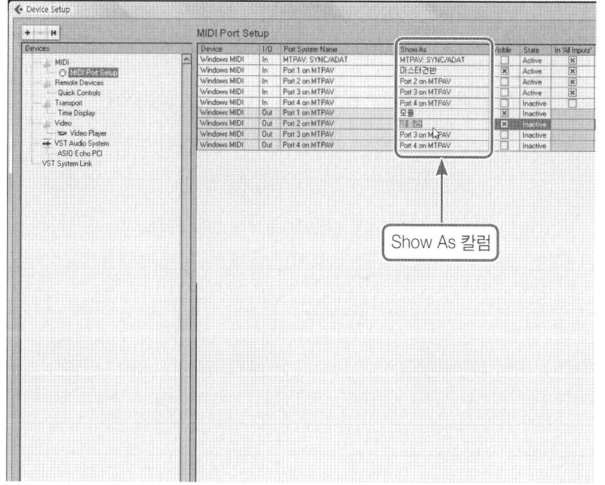

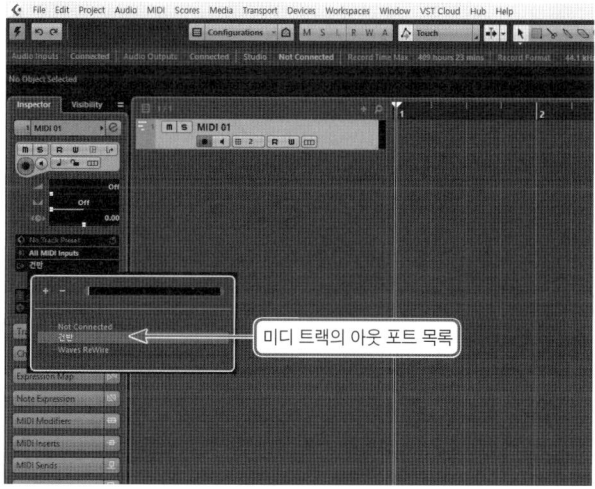

미디 트랙의 아웃 포트 목록

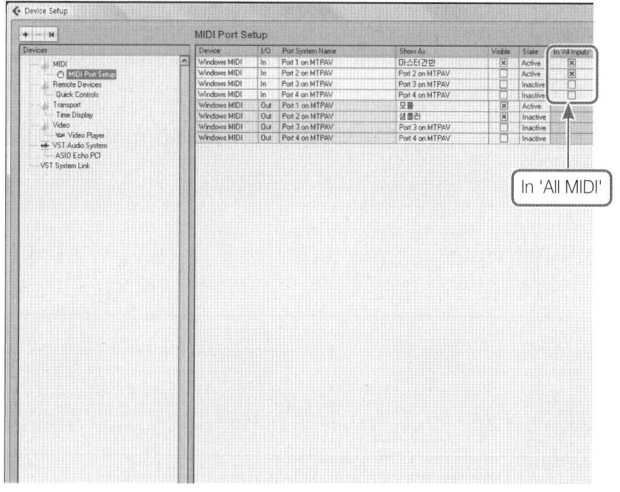

In 'All MIDI'

06 악기를 자주 바꿀 일이 없는 개인 사용
자라면 Show As 칼럼의 미디 인터페
이스 이름을 클릭하여 각 포트에 연결되는 있는
악기 이름으로 변경하는 것이 편리할 것입니다.

07 자세한 것은 미디 트랙을 학습할 때 알
아보겠지만, Visivble 칼럼과 Show As
칼럼을 편집하면, 미디 트랙의 In/Out 목록에
그대로 적용되어 매우 편리합니다.

08 미디 트랙의 In 항목에는 In 'All MIDI'
라는 칼럼이 있는데, 이것은 목록에
서 체크한 미디 인 포트의 신호를 모두 받겠다
는 의미입니다. 즉, 미디 트랙의 인 항목에서 All
MIDI Inputs를 선택했을 때, In 'All MIDI' 칼럼에
서 체크된 모든 포트의 미디 신호가 입력된다
는 의미입니다.

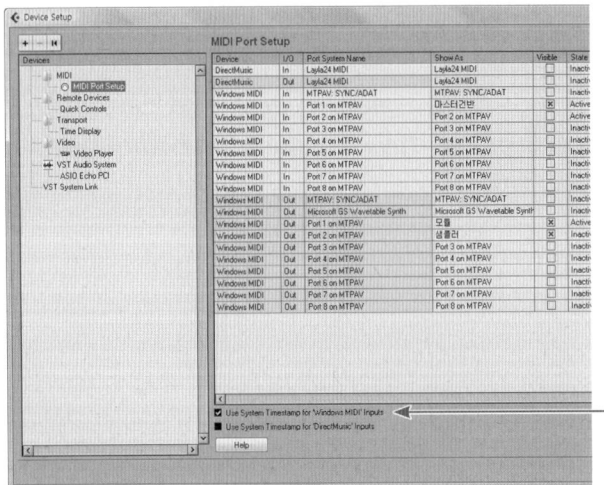

Use System Timestamp 옵션

09 미디 인터페이스에 따라 리얼로 입력하는 미디 이벤트가 정확한 타임에 입력되지 않고, 조금 밀리거나 당겨지는 경우가 있습니다. 이런 현상이 발생한다면, MIDI Port Setup 창 아래쪽에 있는 Use System Timestamp for windows MIDI Inputs 옵션을 체크합니다.

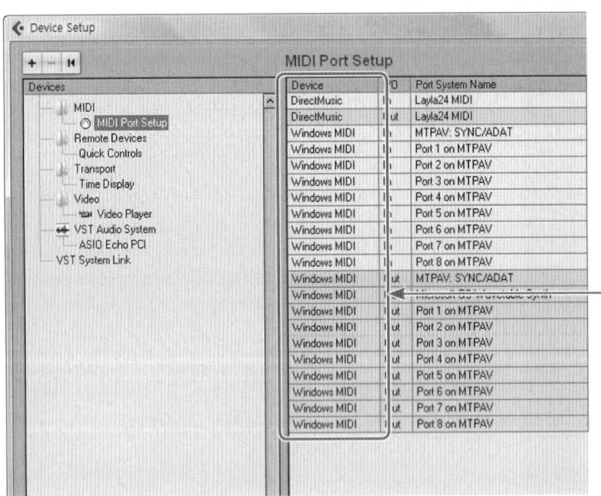

Device 칼럼

10 컴퓨터에 연결한 미디 인터페이스가 Windows MIDI로 설치되어 있는지 DirectMusic으로 설치되어 있는지의 여부는 Deivce 칼럼에 표시된 내용으로 확인할 수 있습니다.

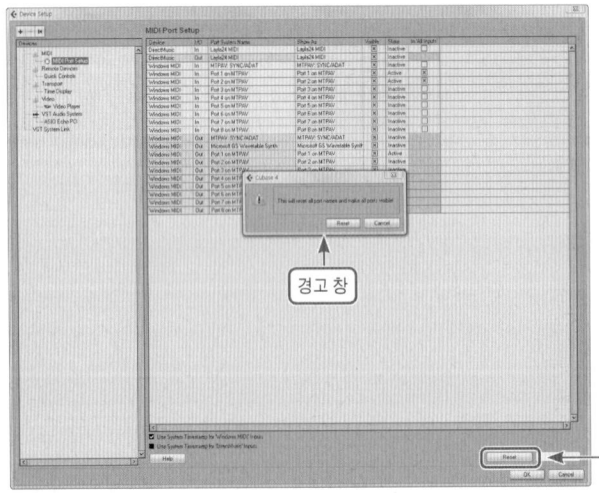

경고 창

Reset 버튼

11 미디 디바이스 설정이 끝나면, OK 버튼을 클릭하여 Device Setup 창을 닫습니다. 만일, 초기값으로 복구하고 싶다면, Reset 버튼을 클릭하고, 계속해서 열리는 경고 창의 Reset 버튼을 클릭합니다.

6

오디오 드라이버 설정하기

미디 드라이버의 경우에는 시스템에 장착되어 있는 모든 드라이버를 자동으로 인식하기 때문에 별다른 설정을 하지 않아도 사용이 가능합니다. 그러나 오디오 드라이버는 목록에서 가장 위에 위치한 Direct X 드라이버가 잡혀있을 수 있으므로 확인할 필요가 있습니다. 특히 컴퓨터에 내장되어 있는 사운드 카드 외에 오디오 카드를 추가로 장착한 경우라면, 해당 장치를 큐베이스에서 사용할 수 있도록 설정해야 합니다.

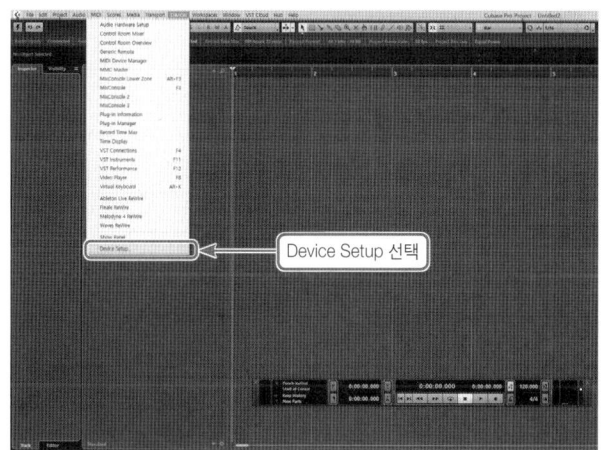

Device Setup 선택

01 오디오 드라이버를 설정하기 위한 칭은 미디에서와 같습니다. Deivce 메뉴의 Device Setup을 선택하여 창을 엽니다.

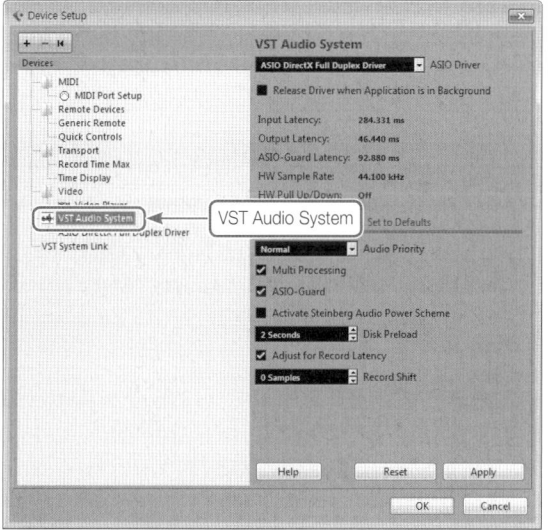

VST Audio System

02 MIDI, Remote Device, Transport, Video 등의 폴더 구성되어 있는 Deivce Setup 창이 열립니다. 오디오 드라이버 설정을 위한 VST Audio System 폴더를 선택합니다.

ASIO 드라이버를 지원한다는
내용의 오디오 카드 광고

03 큐베이스와 누에도는 Driect X와 ASIO 드라이버를 지원하는 사운드 카드를 모두 사용할 수 있지만, 레이턴시 해결을 위해서는 ASIO 드라이버를 사용하는 것이 좋습니다. 자신이 사용하는 사운드카드가 ASIO 드라이버를 지원하는지의 여부는 매뉴얼을 참조하여 확인하기 바랍니다.

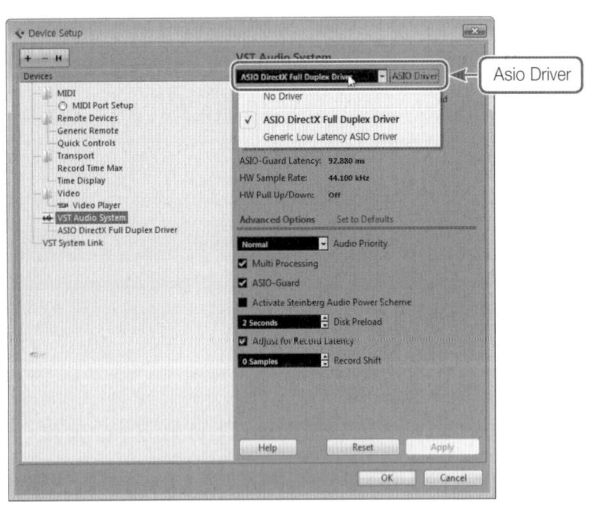

Asio Driver

04 자신이 사용하는 사운드카드가 ASIO 드라이버를 지원한다면, ASIO Driver 목록에서 자신이 사용하는 사운드카드의 이름을 선택합니다. 목록은 사용자 컴퓨터에 설치되어 있는 사운드카드의 이름이 표시되는 것이므로, 그림과 다를 수 있습니다.

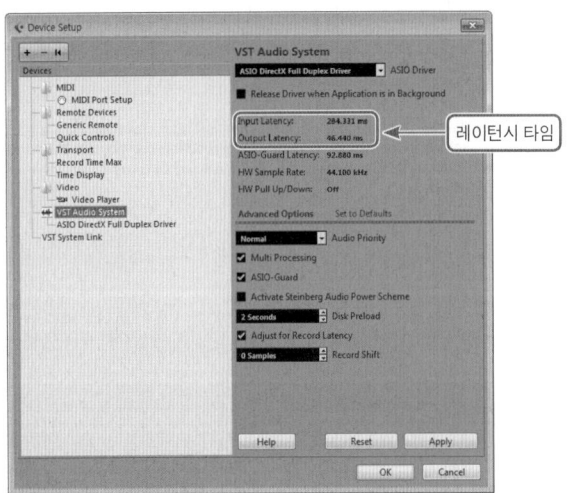

레이턴시 타임

05 기본적으로 선택되어 있던 DirectX 드라이버보다 Input Latency와 Output Latency가 짧아지는 것을 확인할 수 있습니다. 일반적으로 10ms 이하이면, 음악 작업을 하는데 불편함이 없습니다.

😊 가정교사

ms는 1000분의 1초를 의미하는 단어로 10ms면 0.01초가 됩니다.

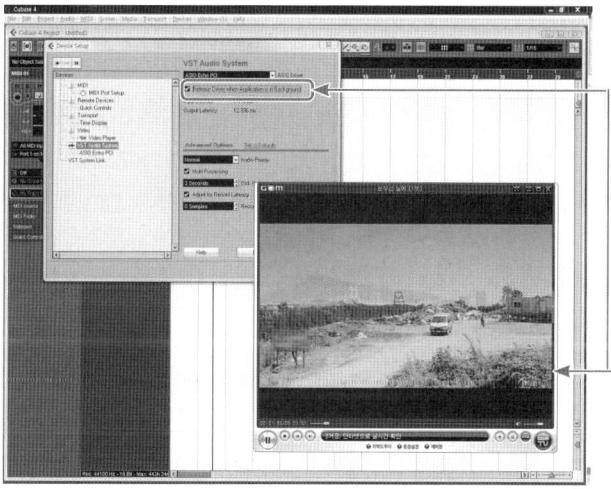

06 Release Driver when Application is in Background 옵션을 체크하면, 큐베이스및 누엔도가 실행되어 있는 상태에서 곰 플레이어와 같은 프로그램을 사용할 수 있게합니다. 단, 드라이버의 권한이 해당 프로그램으로 넘어가기 때문에 큐베이스 및 누엔도의 작동은 일시 정지됩니다.

옵션을 체크하면 같은 사운드카드를 사용하는 프로그램을 실행 시킬 수 있다

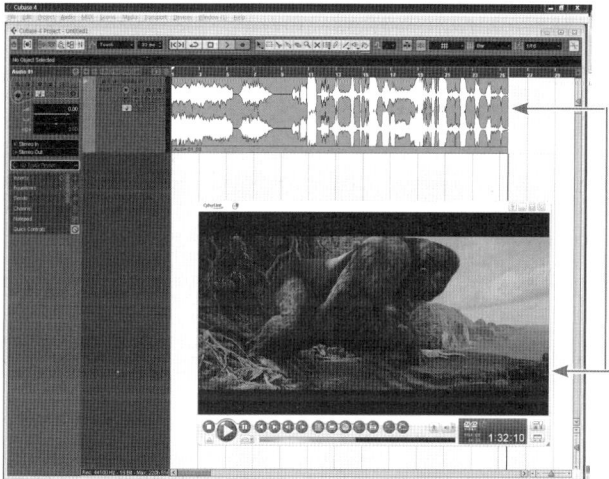

07 만일, 동시에 사용이 가능하도록 하고 싶다면, Full Duplex를 지원하는 사운드카드를 사용하거나 컴퓨터에 내장된 사운드카드 이외의 오디오카드를 추가로 장착하고, Release Driver when Application is in Background 옵션을 해제합니다.

옵션을 해제하면 감상중인 영화의 사운드를 녹음할 수 있다

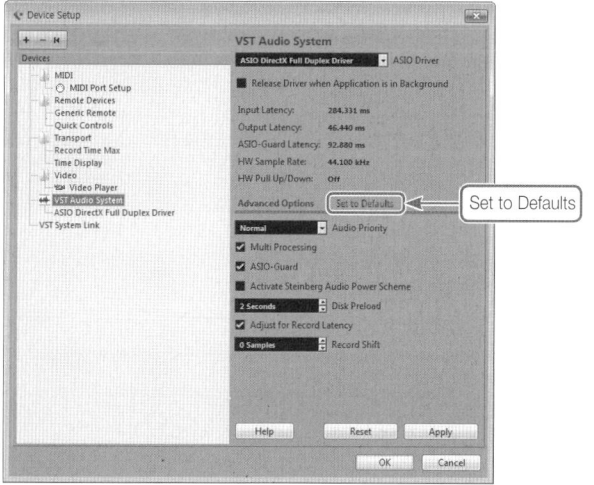

Set to Defaults

08 그 밖의 Advanced Options은 기본값을 그대로 사용해도 무관하지만, 각각의 의미는 알아두는 것이 좋습니다. 설정 값을 변경한 뒤에 기본값으로 복구하고 싶다면, Set to Defaults 버튼을 클릭합니다.

● **Activate Multi Processing :** 큐베이스와 누엔도는 듀얼 CPU를 지원합니다. 요즘에는 8개의 코어를 제공하는 CPU 가 판매되고 있는 추세이므로, 극히 일부분을 제외한 대부분의 사용자 시스템에서는 이 옵션이 체크되어 있을 것입니다.

● **Activate ASIO-Guard :** 많은 플러그-인을 사용하고 있을 때 발생하는 프로세스를 실시간으로 계산하지 않도록 하여 안정적인 시스템 확보를 가능하게 합니다. 이 옵션을 사용하지 않을 VST는 Plug-in Manager 창의 Information 패널에서 Inactive로 설정합니다. 처리 속도는 ASIO-Guard Level 옵션의 Low, Normal, High 중에서 선택할 수 있습니다.

● **Audio Priority :** 오디오 작업과 미디 작업의 우선권을 선택합니다. Normal은 미디 작업에 우선권을 부여하고, Boost 는 오디오 작업에 우선권을 부여합니다.

● **Activate Steinberg Audio Power Scheme :** 작은 버퍼 사이즈에서도 최상의 오디오 성능을 위해 윈도우 전원 처리 를 최적화 합니다. 단, 소비 전력이 증가합니다. 이 옵션을 사용하지 않을 때는 버퍼 크기를 한 단계 정도 늘립니다.

● **Disk Prload :** 오디오를 연주할 때, 미리 읽을 데이터의 양을 최대 6초까지 설정할 수 있습니다. 이것은 시스템이 부족 한 환경에서 오디오 연주를 보다 원활하게 할 수 있는 옵션입니다.

● **Adjust for Record Latency :** 오디오 드라이버의 레이턴시 값을 낮춥니다. 만일, 오디오 데이터를 연주할 때 클릭 잡음이 발생한다면, 옵션을 해제하여 해결할 수 있습니다.

● **Record Shift :** 오디오를 녹음할 때 발생할 수 있는 시간차를 최대 100,000 Samples까지 조정할 수 있습니다. 하지만, 이러한 문제가 발생할 경우에는 대부분 드라이버가 문제이므로, 사용하고 있는 카드의 홈페이지를 방문하여 최신 드라이버로 업그레이드 하는 것이 좋습니다.

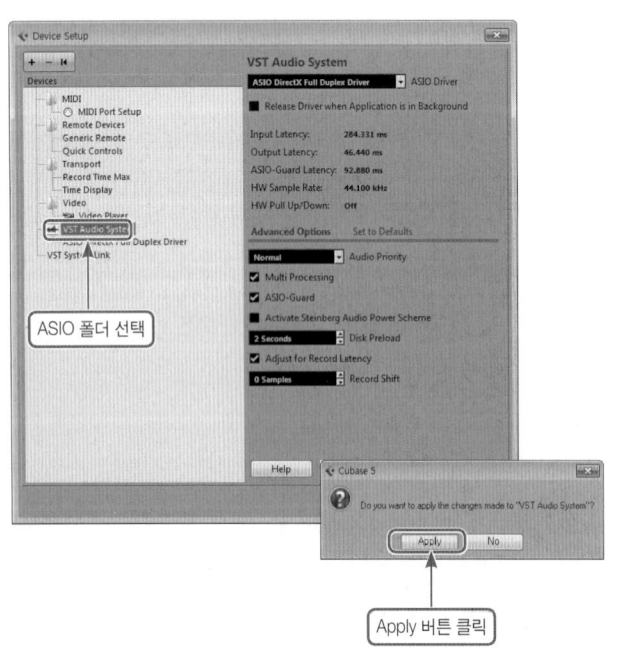

09 VST Audio System은 ASIO Driver만 설정하고 나머지는 기본값을 그대로 사용해도 좋습니다. 계속해서 하위 목록의 사운드카드 이름을 선택합니다. 이때 설정값의 적용 여부를 묻는 창이 열리면, Apply 버튼을 클릭하여 닫습니다.

😊 **가정교사**

VST Audio System 목록의 이름은 VST Audio System에서 선택한 드라이버의 이름이므로 그림과 다를 수 있습니다.

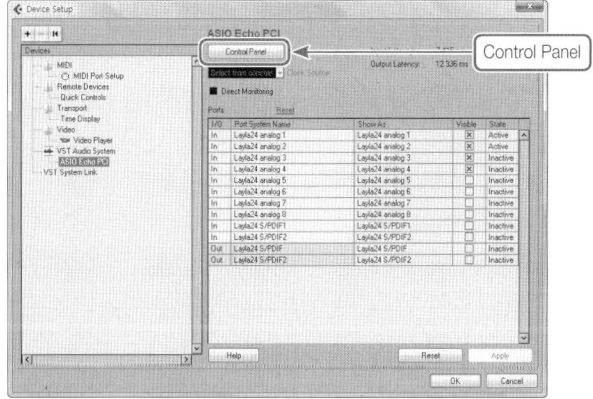

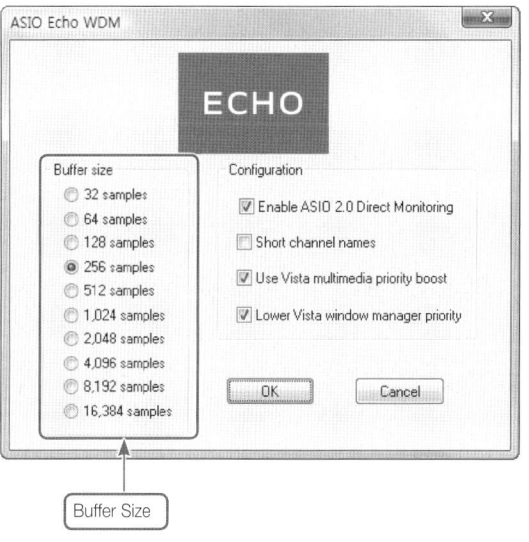

Buffer Size

모니터 버튼

10 사운드카드의 버퍼 사이즈와 인/아웃 포트를 선택할 수 있는 화면이 보입니다. Control Panel 버튼을 클릭하여 사운드카드의 컨트롤 패널을 엽니다. 컨트롤 패널의 모습은 장치에 따라 다르므로, 사용하고 있는 사운드 카드의 설명서를 참조하기 바랍니다.

Control Panel

11 사운드카드 전용 컨트롤 패널에서 핵심적인 부분은 Buffer Size입니다. ASIO Driver에서 사운드카드를 선택했을 때, 레이턴시가 10ms 이하로 떨어지지 않으면, 버퍼 사이즈가 너무 크게 잡힌 것이므로, 기본값 보다 한 단계씩 낮춰보면서 테스트 합니다.

가정교사

버퍼 사이즈는 작을수록 좋지만, 시스템에 따라 잡음이 발생할 수 있으므로, 몇 차례 실험을 해보면서 적당한 값을 찾아야 합니다.

12 Direct Monitoring 옵션을 체크하면, 오디오 입력 신호를 큐베이스와 누엔도의 엔진을 거치지 않고 바로 모니터할 수 있습니다. 결국, 오디오 트랙에서 모니터 버튼을 On으로하여 입력 사운드를 모니터할 때, 해당 트랙에 적용한 이펙트 사운드를 모니터할 수 없습니다.

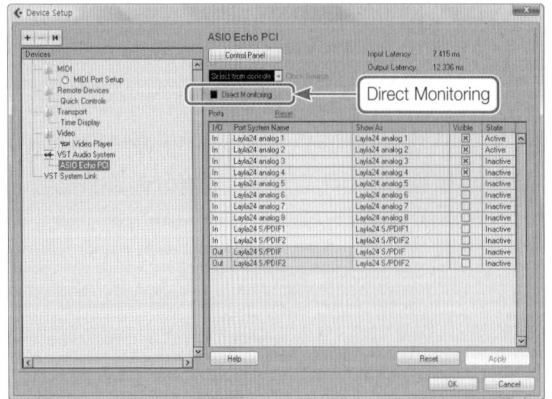

13 하드웨어 이펙트를 사용하지 않는 사용자라면, 약간의 지연 현상이 발생하더라도 Direct Monitoring 옵션을 해제하여 VST Effects의 입력 사운드를 모니터 할 수 있게하는 것도 요령입니다.

Direct Monitoring

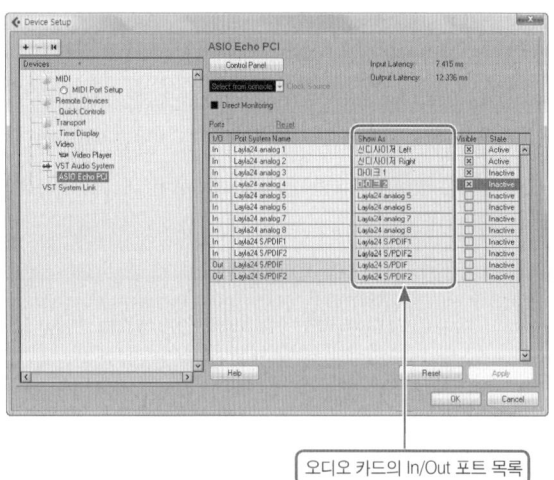

오디오 카드의 In/Out 포트 목록

14 Port 목록은 독자의 시스템에 장착되어 있는 오디오 카드의 In/Out 포트를 나타냅니다. Show As 칼럼은 실제로 연결되어 있는 장치의 이름으로 변경 할 수 있고, Visible 칼럼의 체크 여부로 큐베이스와 누엔도에서 사용할 포트를 선택할 수 있습니다.

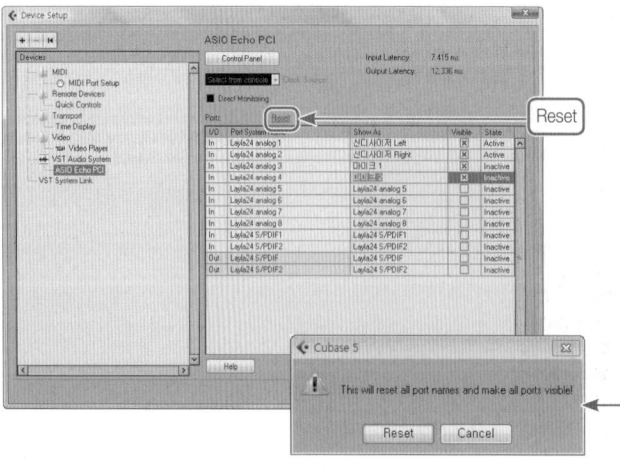

Reset

경고 창

14 편집한 내용은 초기화로 복구하고 싶을 때는 Reset 문자를 클릭하고, 이때 열리는 경고 창의 Reset 버튼을 클릭합니다. 각 칼럼의 역할은 앞에서 살펴본 MIDI Port Setup 과 크게 다르지 않습니다.

7 미디 컨트롤러 설정하기

큐베이스와 누엔도에서 믹싱 작업을 할 때는 외부 미디 컨트롤러를 이용해서 조정하는 것이 편리합니다. 기본적으로 Mackie, Steinberg Houston, Tascam US-428 등의 대표적인 미디 컨트롤러와 Yamaha 01V, O2r96v2, DM2000 등, 자사 제품의 디지털 믹서는 해당 컨트롤러를 선택하는 것 만으로도 별다른 설정없이 이용할 수 있습니다. 그 외, 기본 프리셋으로 제공하지 않은 제품이나 마스터 건반을 이용해서 큐베이스와 누엔도를 컨트롤하기 위해서는 약간의 설정이 필요합니다. 이것들에 관해서 살펴보겠습니다.

마스터 건반의 노브를 움직여
큐베이스 및 누엔도를 조정하고 있다

01 미디 컨트롤러는 미디 인터페이스에 연결하여 큐베이스와 누엔도의 믹서나 VST의 파라미터를 조정할 수 있게 해주는 장치입니다. 미디 컨트롤러는 믹서와 비슷한 모양의 전문적인 장치들도 있지만, 마스터 건반의 슬라이드나 노브를 이용할 수도 있습니다.

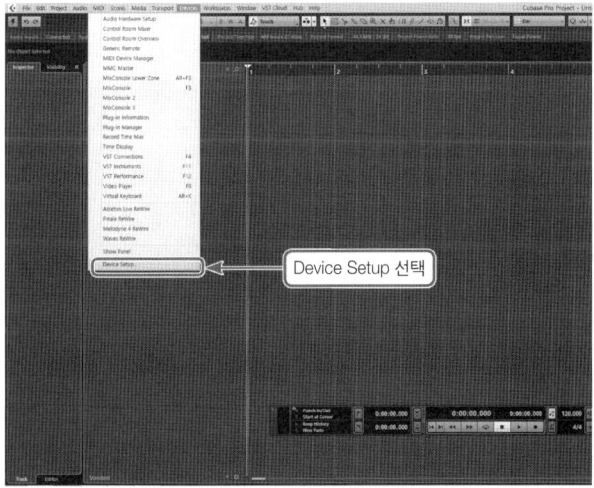

Device Setup 선택

02 미디 컨트롤러를 설정하기 위한 창은 미디 및 오디오 드라이버를 설정했던 창과 동일합니다. Deivce 메뉴의 Device Setup 을 선택하여 창을 엽니다.

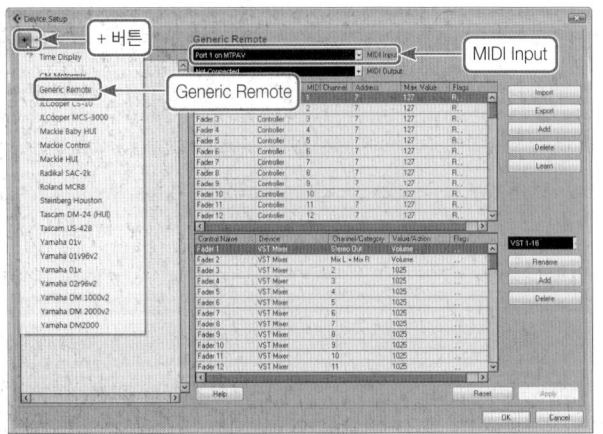

03 + 기호 버튼의 디바이스 등록 버튼을 클릭하여 목록을 열고, 사용하고 있는 장치를 선택합니다. 기본 프리셋에 없는 장치라면, Generic Remote를 선택합니다. 그리고 MIDI Input과 MIDI Output에서 장치가 연결되어 있는 미디 포트를 선택합니다.

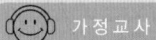 가정교사

데이터 입력용의 마스터 건반은 MIDI In을 가지고 있지 않은 경우가 많으므로, 신호를 받기 위한 MIDI Input만 선택하면 됩니다.

04 사용하고 있는 마스터 건반에서 큐베이스와 누엔도의 프리셋을 제공한다면, 해당 장치의 프리셋 번호를 맞추고, Import 버튼을 클릭하여 제품에서 제공하는 프리셋 파일을 불러오면, 모든 설정이 끝납니다. 큐베이스와 누엔도의 지원 여부 및 프리셋 설정 방법은 제품마다 다르므로, 해당 장치의 설명서를 참조하기 바랍니다.

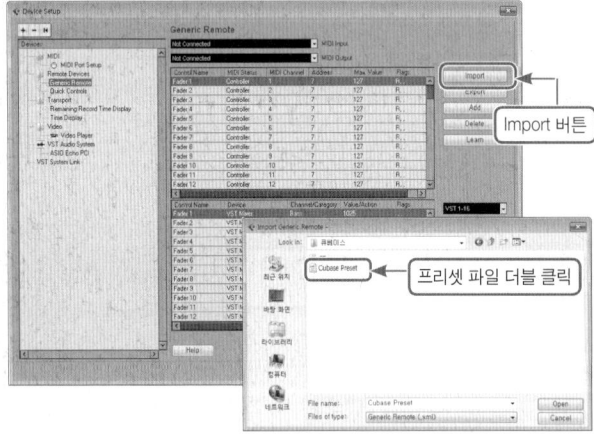

05 프리셋을 제공하지 않거나 설정된 프리셋을 사용자 취향에 맞게 수정하기 위한 옵션들을 살펴보겠습니다. 상단의 목록은 장치에서 전송할 정보를 설정하는 것입니다. 먼저 Control Name 칼럼은 장치의 이름을 표시하는 것은 사용자가 구분하기 쉬운 이름으로 변경해도 좋습니다.

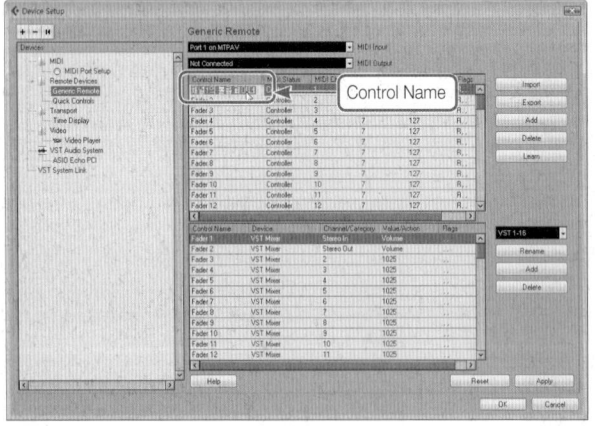

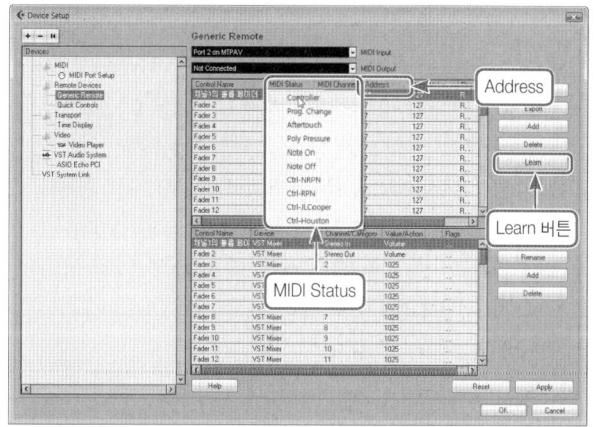

06 MIDI Status과 Address 칼럼은 장치에서 전송할 정보를 선택합니다. 예를 들어 마스터 건반의 페이더가 컨트롤 정보 11번을 전송한다면, MIDI Status를 Controller로 선택하고, Address를 11로 설정하는 것입니다.

😊 **가 정 교 사**

장치에서 전송하는 정보를 모른다면, 장치의 파라미터를 움직이고, Learn 버튼을 클릭하여 자동으로 설정되게 합니다.

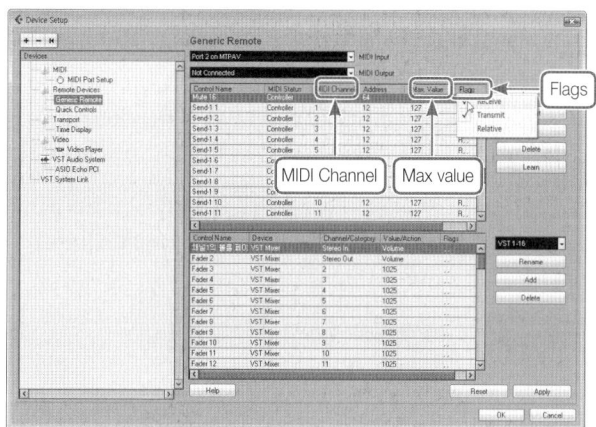

07 그 외, 장치에서 전송하는 채널(MIDI Channel), 최대 값(Max Value), 방식(Flags)을 선택합니다. Flags는 큐베이스와 누엔도가 신호를 받는 Receive, 보내는 Transmit, 노브가 계속 돌아가는 타입의 장치 사용자를 위한 Reletive가 있습니다. 일반적으로 신호를 받는 것이 목적이므로 Receive를 선택합니다.

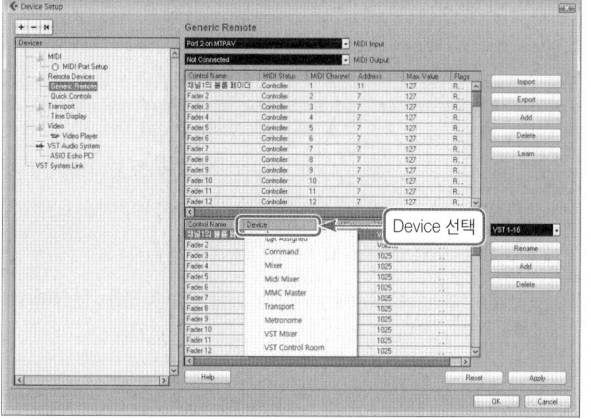

08 아래 목록은 큐베이스와 누엔도에서 조정할 파라미터를 설정하는 것입니다. Control Name에서 사용자가 설정한 항목을 찾고, Device 칼럼에서 큐베이스와 누에도의 어떤 파라미터를 조정할 것인지를 선택합니다.

😊 **가 정 교 사**

아래 목록은 프로젝트의 내용을 표시하는 것이므로, 작업 상황에 따라 다르게 표시됩니다.

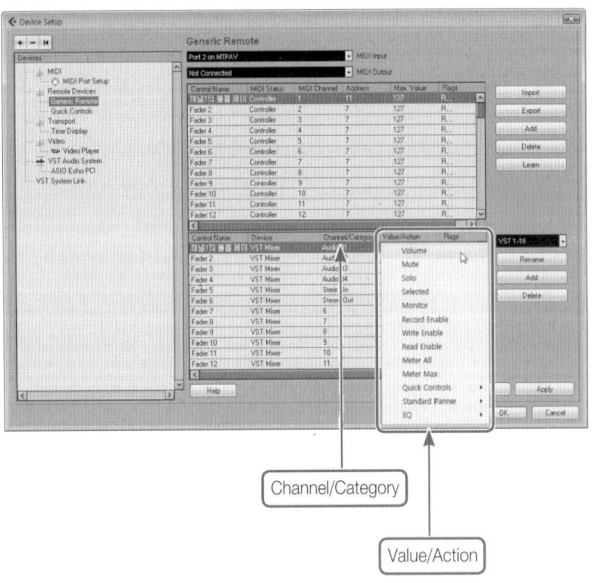

Channel/Category

Value/Action

09 Channel/Category는 Device에서 선택한 패널의 채널을 선택하고, Value/Action에서 파라미터를 선택합니다. 그림에서는 Mixer의 Audio 1번 채널에서 Volume을 선택하고 있습니다. 즉, 외부 장치로 믹서 1번 채널의 볼륨 슬라이드로 조정하겠다는 것입니다.

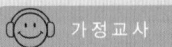 가정교사

Channel/Category 목록은 프로젝트 환경에 따라 달라집니다. 예를 들어 오디오 채널이 16개라면 16개의 오디오 채널을 볼 수 있고, VST 를 로딩했다면, VST 이름을 볼 수 있습니다. 즉, 큐베이스와 누엔도에서 제공하는 파라미터 외에 VST 장치들도 외부 장치로 컨트롤 할 수 있다는 의미입니다.

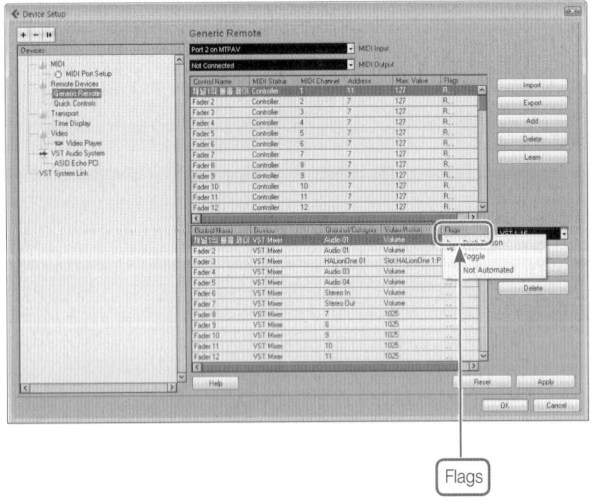

Flags

10 필요하다면 Flags 칼럼에서 버튼(Push Button), On/Off(Toggle), 오토메이션 기록 않하기(Not Autonated)의 동작 방식을 선택합니다. 사용하고 있는 장치에 페이더와 노브가 많다면, 각각의 파라미터마다 지금까지의 과정을 반복합니다.

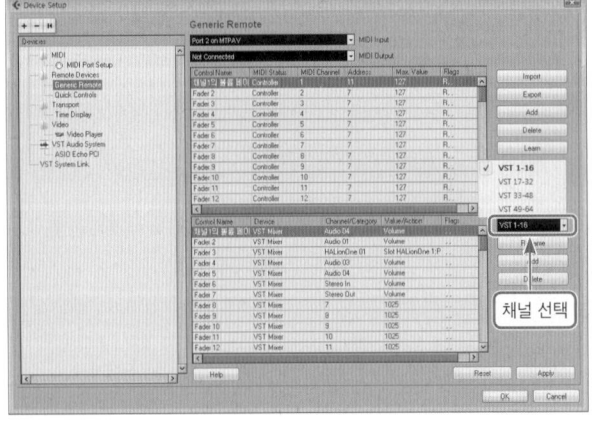

채널 선택

11 조정할 채널이 16채널 이상이라면, 16 채널 단위로 선택하여 설정합니다. 기본적으로 64채널을 지원하며, Add와 Delete 버튼을 이용하여 추가/삭제 할 수 있습니다. 그리고 Rename은 채널의 이름을 변경하는 역할을 합니다.

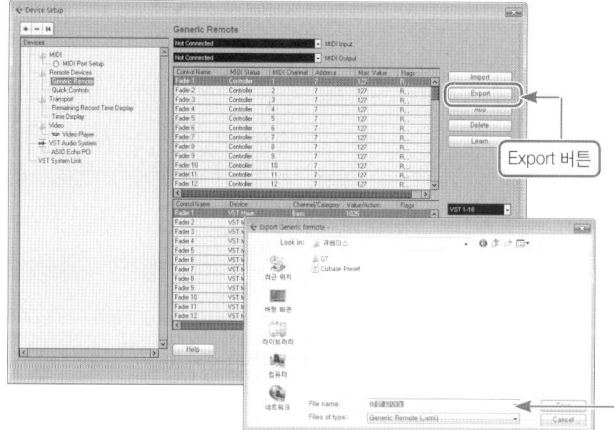

프리셋 저장

12 이제 마스터 건반이나 미디 컨트롤러를 이용해서 큐베이스와 누엔도의 믹서나 VST 등을 조정할 수 있습니다. 완성한 프리셋은 Export 버튼을 클릭하여 저장하여 동일한 제품을 사용하는 유저들을 위해 인터넷 자료실에 올려 공유할 수 있습니다.

Export 버튼

Generic Remote

채널 선택

13 많은 채널을 만들었거나 사용하고 있는 장치의 파라미터가 모잘라서 채널을 구분한 경우에는 Devices 메뉴의 Generic Remote를 선택하여 창을 열고, 설정한 채널을 바꿔가면서 컨트롤합니다.

마스터 건반의 노브를 움직여 큐베이스 및 누엔도의 믹서와 VST를 조정한다

14 미디 컨트롤러가 많이 보급되면서 가장 많은 질문이 있었던 내용으로, 큐베이스와 누엔도에서 제공하지 않는 미디 컨트롤러의 프리셋 설정 방법을 살펴보았습니다. 사용하고 있는 마스터 건반이나 미디 컨트롤러를 효율적으로 이용할 수 있기를 바랍니다.

8 프로젝트와 템플릿 만들기

큐베이스와 누엔도를 이용한 음악 작업의 시작은 프로젝트를 만드는 일입니다. 큐베이스와 누엔도에서는 기본적으로 Recording, Scoring, Production, Mastering 등의 폴더 단위로 다양한 템플릿을 제공하고 있지만, 모든 사용자의 작업 환경을 충족시킬 수는 없습니다. 결국, 자신에게 필요한 환경은 직접 만들어서 사용해야 합니다. 새로운 프로젝트를 만드는 방법과 개인 작업 환경에 어울리는 템플릿 제작 방법을 살펴보겠습니다.

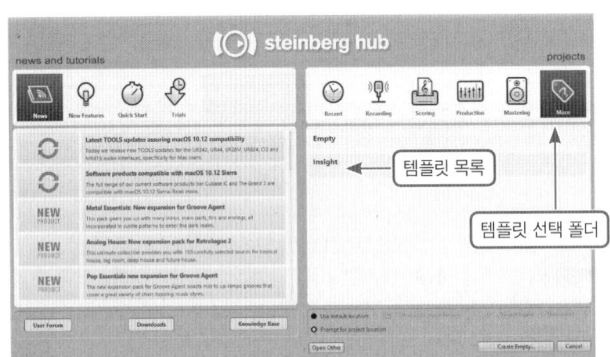

01 큐베이스를 실행하면 Steinberg hub 창이 열리며, 왼쪽에는 최근 소식 및 영상 강좌를 볼 수 있는 News and tutorials 목록이 있고, 오른쪽에는 새로운 프로젝트를 만들거나 기존에 작업하던 프로젝트를 불러올 수 있는 템플릿 창이 열립니다.

02 큐베이스 및 누엔도를 실행하고, 프로젝트를 만든 상태라면, File 메뉴의 New Project를 선택하거나 단축키 Ctrl + N 를 눌러서 Steinberg hub 창을 열 수 있습니다.

 가정교사

새 프로젝트를 만들 때 이전 버전에서와 같이 템플릿 창만 열리게 하고 싶은 경우에는 File 메뉴의 Preferences를 선택하여 창을 열고, General의 Use Steinberg Hub 옵션을 해제합니다.

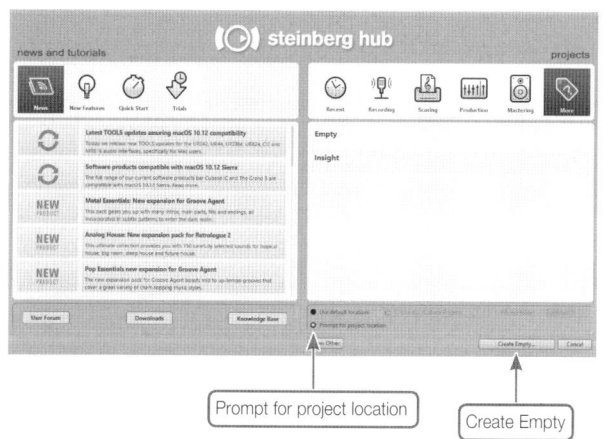

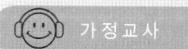
Prompt for project location

Create Empty

03 프로젝트를 폴더 단위로 관리할 수 있도록 Prompt for project location 옵션을 선택하고 Create Empty 버튼을 클릭하여 비어있는 프로젝트를 만듭니다.

가정교사

큐베이스와 누엔도를 실행할 때 열리는 창을 변경하고 싶다면, Preferences 창의 General에서 선택합니다.

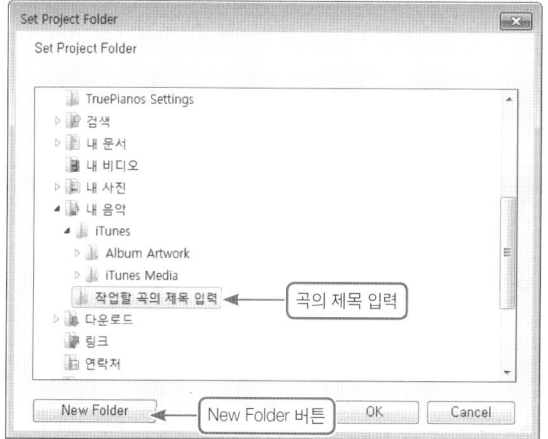

곡의 제목 입력

New Folder 버튼

04 프로젝트를 저장할 폴더를 선택할 수 있는 창이 열립니다. 프로젝트는 폴더 단위로 만드는 것이 좋습니다. New Folder 버튼을 클릭하여 새 폴더를 만들고, 폴더의 이름은 작업할 곡의 제목으로 입력합니다.

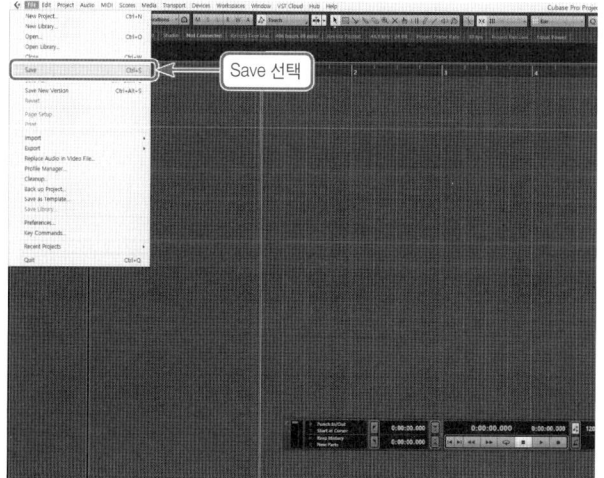

Save 선택

05 Empty 템플릿을 선택했으므로, 비어있는 프로젝트가 만들어집니다. 우선 프로젝트를 저장하겠습니다. File 메뉴의 Save를 선택하거나 Ctrl+S 키를 누릅니다.

가정교사

프로젝트를 저장하는 습관은 작업한 데이터를 보존하는 최선의 방법입니다. 작업 도중에 Ctrl+S키를 틈틈이 누르는 습관을 갖길 바랍니다.

06 앞에서 만든 폴더에 저장할 프로젝트 이름을 입력할 수 있는 Save As 창이 열립니다. File Name 항목에 작업할 곡의 제목으로 이름을 입력하고, Save 버튼을 클릭합니다.

 가 정 교 사

프로젝트를 저장한 폴더에는 작업을 진행하면서 녹음하는 오디오 파일이 저장될 Audio 폴더와 파형을 표시하는 Image 폴더, 편집 작업을 저장하는 Edit 폴더 등이 자동으로 생성됩니다.

Add Audio track

07 계속해서 작업할 프로젝트의 환경을 꾸며보겠습니다. 트랙 리스트에서 마우스 오른쪽 버튼을 클릭하여 단축 메뉴를 열고, Add Audio Track을 선택합니다.

 가 정 교 사

Add Instrument Track은 VST 악기, Add MIDI Track은 미디 연주를 위한 트랙을 만듭니다.

채널 선택

트랙 수 선택

08 오디오 트랙의 수와 채널 등을 선택할 수 있는 Add Audio Track 창이 열립니다. Count를 20으로 하고, Configuration은 Stereo를 선택합니다. 그리고 OK 버튼을 클릭합니다.

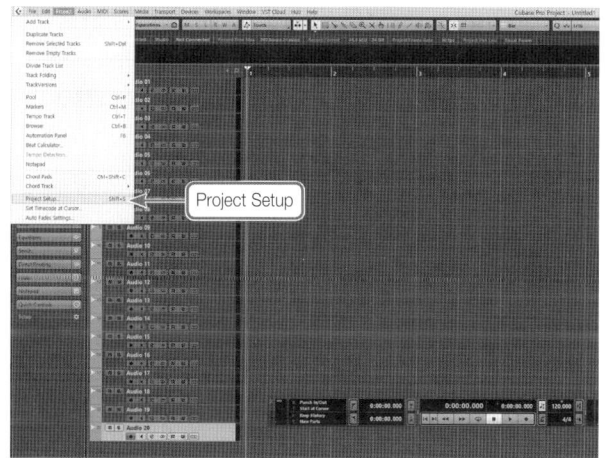

09 스테레오 채널의 오디오 트랙이 20개 만들어 졌습니다. 계속해서 프로젝트 환경을 변경하겠습니다. Project 메뉴의 Project Setup을 선택합니다.

😊 가 정 교 사

Project Setup 창은 도구 모음 줄의 Record Format 항목을 클릭하여 열 수 있습니다.

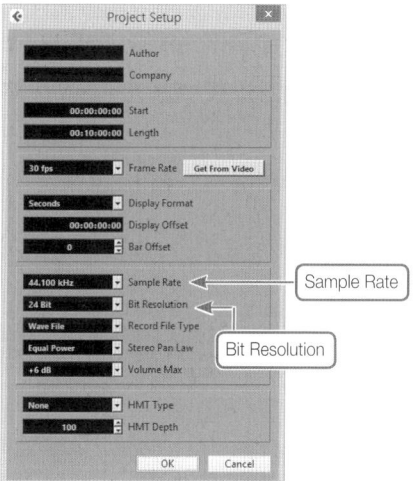

10 프로젝트 환경에서 가장 중요한 부분은 오디오를 녹음할 때 사용할 포맷입니다. 일반적으로 Sample Rate는 44.1KHz, Bit Resolution은 24Bit를 많이 사용하지만, 자신의 작업 목적에 적합한 포맷을 선택합니다.

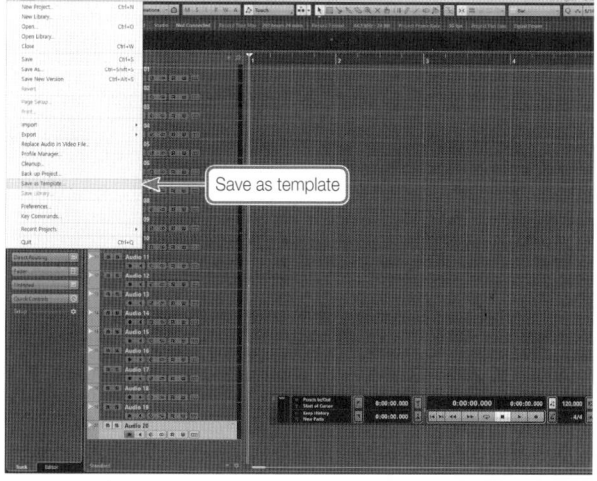

11 지금까지 만든 프로젝트 환경을 언제든 사용할 수 있게 템플릿으로 저장해 보겠습니다. File 메뉴의 Save as Template를 선택합니다.

Template 이름 입력

12 Save as Template 창이 열립니다. New Preset 항목에서 알아보기 쉬운 이름으로 입력을 하고, OK 버튼을 클릭합니다.

프로젝트 닫기 버튼

Don't Save

13 템플릿이 제대로 만들어졌는지 확인해 보겠습니다. 현재 열려 있는 프로젝트의 닫기 버튼을 클릭하면, 저장 여부를 묻는 창이 열립니다. 저장할 필요는 없으므로 Don't Save 버튼을 클릭합니다.

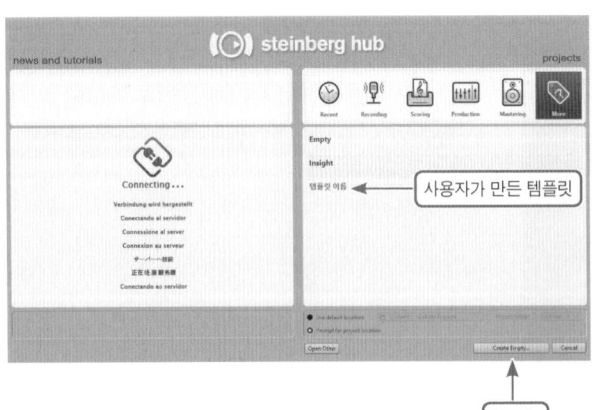

사용자가 만든 템플릿

Create

14 File 메뉴의 New Project를 선택하여 Project Assistant 창을 엽니다. 앞에서 만든 템플릿이 More 폴더에 등록되어 있는 것을 확인할 수 있습니다. 사용자가 만든 템플릿을 선택하고, Create 버튼을 클릭합니다.

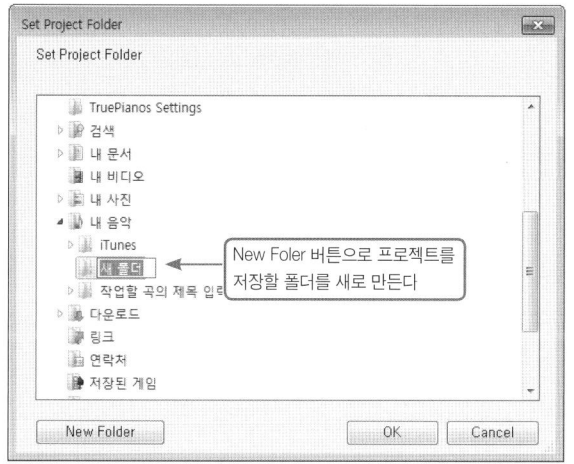

15 프로젝트 저장 위치를 선택하는 과정이 동일하게 수행됩니다. 새 폴더를 만들고, OK 버튼을 클릭하여 프로젝트를 엽니다.

New Foler 버튼으로 프로젝트를 저장할 폴더를 새로 만든다

16 사용자가 만들어 놓은 대로 20개의 오디오 트랙과 Project Setup에서 설정한 Record Format을 확인할 수 있습니다.

Record Format

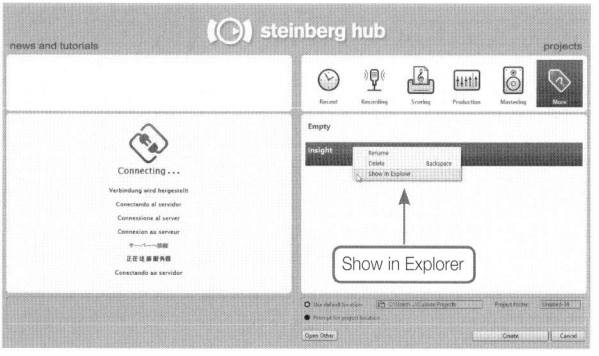

17 기본적으로 제공하는 템플릿과 사용자가 만든 템플릿은 마우스 오른쪽 버튼을 클릭하여 이름을 변경(Rname)하거나 삭제(Delete)할 수 있습니다.

Show in Explorer

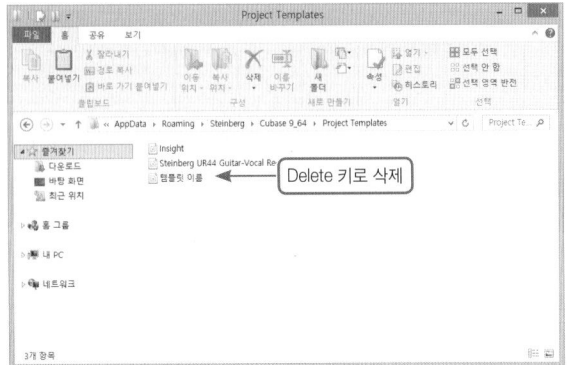

18 단축 메뉴에서 Show in Explorer를 선택하면 템플릿이 저장되어 있는 폴더를 바로 열 수 있습니다. 단, 사용자 템플릿과 기본 템플릿이 저장된 위치는 다르므로, 착오 없길 바랍니다.

Tip **사용자 환경 설정 초기화**

프로그램에 문제가 발생하여 사용자 환경 설정을 초기화 할 필요가 있다면 Safe Mode로 실행합니다. 실행 방법은 프로그램이 실행될 때 Shift+Ctrl+Alt 키를 동시에 누르고 있는 것입니다. 키를 누른 상태에서 실행하는 것이 아니라 프로그램을 실행하고, 로고가 보일 때 누른 것입니다.

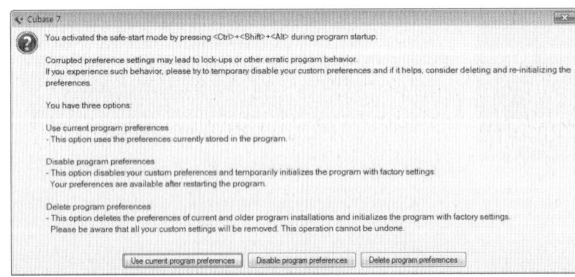

● Use current program preferences

User Settings Data Folder에 저장되어 있는 사용자 환경설정을 그대로 사용합니다. .

● Disable program preferences

사용자가 설정한 환경을 사용하지 않고, 임시로 프로그램을 초기화 상태로 실행합니다. 물론, 다시 실행하면 사용자 환경 설정을 그대로 이용할 수 있습니다.

● Delete program preferences

User Settings Data Folder에 저장되어 있는 사용자 환경 설정을 모두 삭제하고, 프로그램을 초기화 상태로 실행합니다. 모든 설정이 삭제되는 것이므로, 필요한 설정을 다시 해야 합니다.

악기 리스트 만들기

미디 트랙 리스트에서 프로그램을 선택할 때 뱅크와 프로그램 번호를 입력하는 방식은 미디에 능숙한 독자들에게는 아무런 문제가 되지 않지만, 초보 학습자에게는 악기의 음색을 선택하는 것부터 막연해 집니다. 그래서 악기의 음색을 번호가 아닌 이름으로 선택할 수 있는 방식을 선호합니다. 여기서는 음색을 선택하는 프로그램 항목에서 번호가 아닌 이름이 표시되게 하는 방법을 살펴보겠습니다.

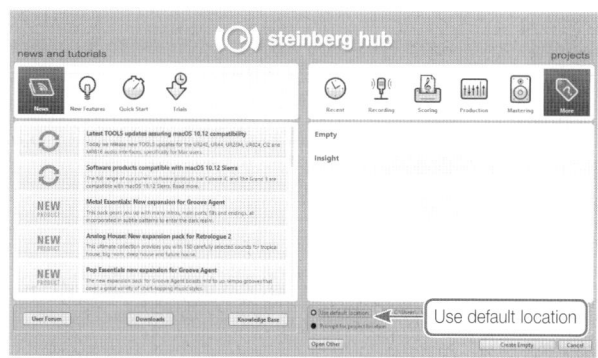

01 File 메뉴의 New Project를 선택하여 허브 창을 엽니다. 폴더를 새로 만들 이유는 없으므로, Use default location을 선택하고 Create Empty 버튼을 클릭합니다.

02 빈 프로젝트가 생성되었습니다. 트랙 리스트에서 마우스 오른쪽 버튼을 클릭하여 단축 메뉴를 열고, Add MIDI Track을 선택합니다. 계속해서 열리는 창은 Add Track 버튼을 클릭하여 닫습니다. 외장 악기 연주를 위한 1개의 미디 트랙을 만들어 보는 것입니다.

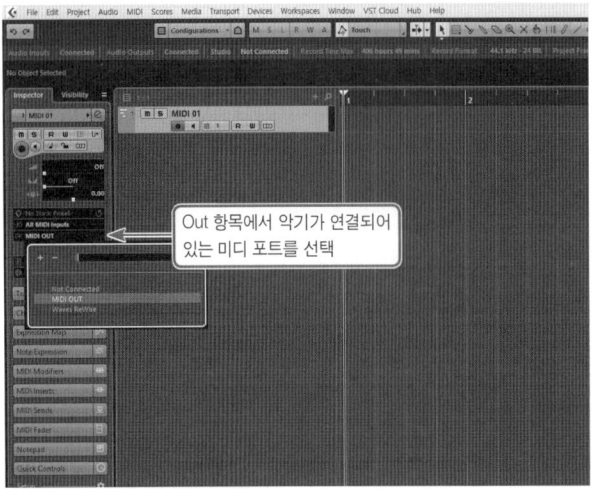

03 생성된 MIDI 01 트랙의 인스펙터 창 Out 항목에서 악기를 연결한 미디 인터 페이스 포트를 선택합니다. 인터페이스 포트 목 록은 독자가 사용하고 있는 장치의 이름이 표시 되므로 그림과 다를 것입니다.

04 계속해서 연주할 음색을 선택하는 bnk 와 prg 항목에서 악기 음색에 해당하는 뱅크와 프로그램 번호를 선택합니다. 이 경우 사용하고 있는 악기의 매뉴얼을 참조해야 하는 불편함이 있습니다.

05 음색 선택을 좀 더 편리하게 하기 위해 서 bnk와 prg에 음색 이름이 표시되 게 하겠습니다. Devices 메뉴의 MIDI Device Manager를 선택합니다.

06 MIDI Device Manager 창이 열립니다. Install Device 버튼을 클릭합니다.

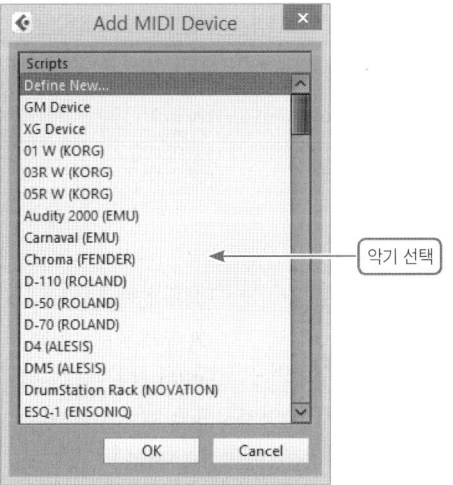

악기 선택

07 Add MIDI Device 창이 열립니다. 독자가 사용하고 있는 악기의 제품 모델을 찾아 선택하고, OK 버튼을 클릭합니다.

 가정교사

기본적으로 제공하고 있지 않은 악기를 사용하고 있다면, 해당 악기 제조사 홈페이지를 방문하여 큐베이스 및 누엔도용 패치 파일을 다운 받아 User Settings Data Folder의 Scripts -Patchnames 폴더에 복사합니다

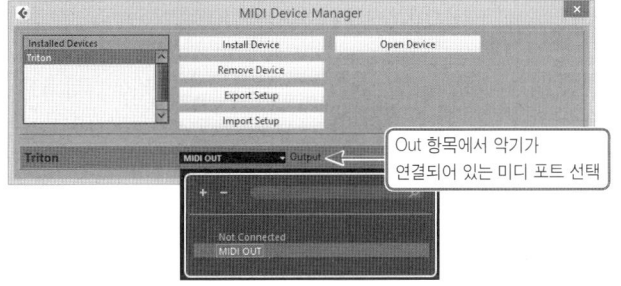

Out 항목에서 악기가 연결되어 있는 미디 포트 선택

08 Installed Devices 항목에 선택한 악기가 등록된 것을 확인할 수 있습니다. 계속해서 Output항목을 클릭하여 악기를 연결한 미디 인터페이스 포트를 선택합니다.

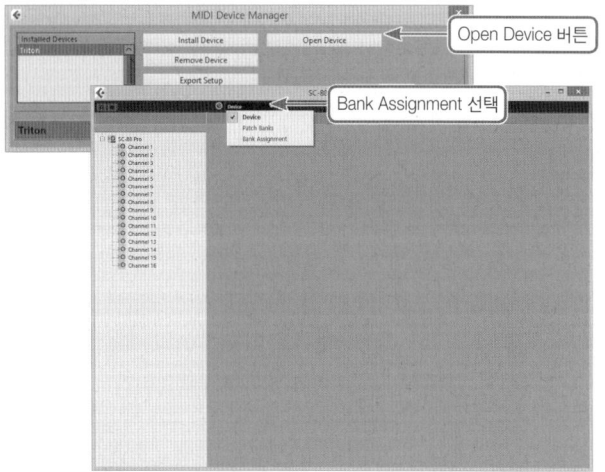

Open Device 버튼

Bank Assignment 선택

09 GM/GS 모드 악기는 10번 채널이 드럼 사운드로 설정되어 있습니다. 이것을 설정하려면 Open Device 버튼을 클릭하여 열고, Bank Assignment 을 선택합니다.

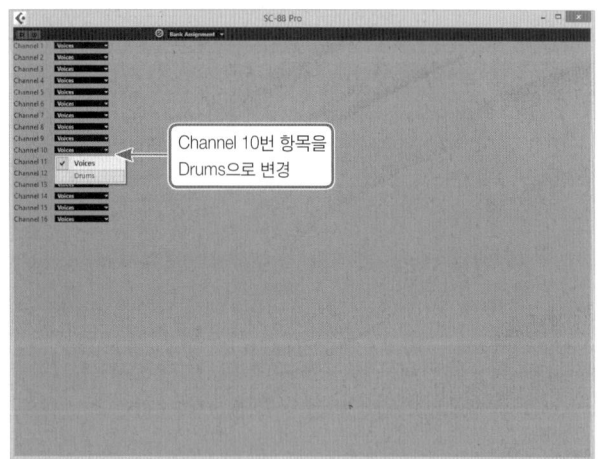

Channel 10번 항목을 Drums으로 변경

10 Bank Assignment 페이지가 열립니다. Channel 10번 항목을 Drums으로 변경하고, 닫기 버튼을 클릭하여 MIDI Device Manager 창을 닫습니다. 드럼 채널이 10번이 아닌 악기를 사용하고 있다면, 해당 악기의 드럼 채널을 선택합니다.

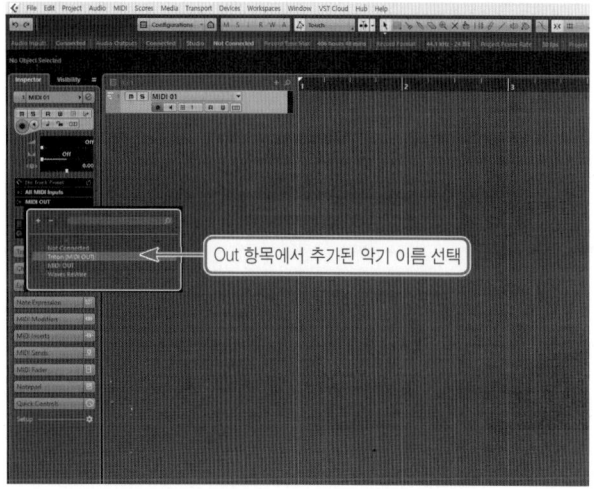

Out 항목에서 추가된 악기 이름 선택

11 미디 트랙의 인스펙터 창에서 Out 항목을 클랙해 열어보면 새롭게 등록한 악기와 포트의 이름이 추가된 것을 확인할 수 있습니다. 추가한 악기를 선택합니다.

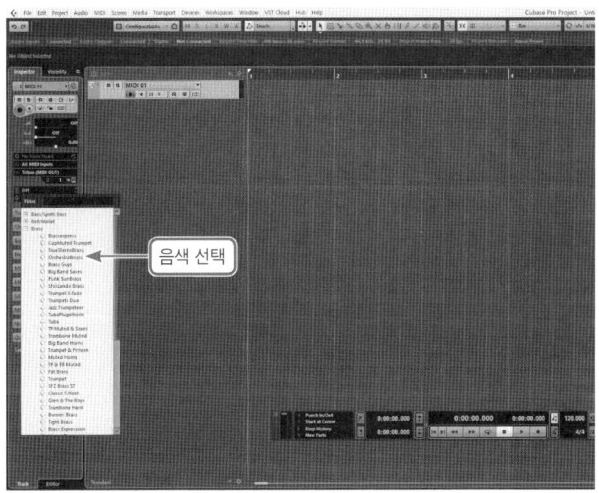

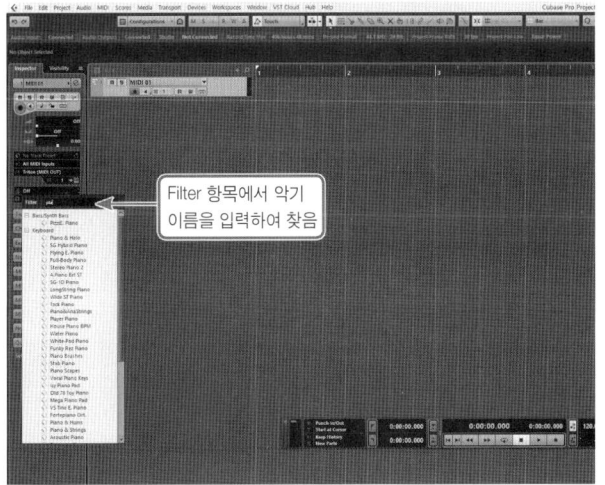

12 bnk와 prg 항목이 하나로 통합되는 것을 확인할 수 있습니다. 통합된 항목을 클릭하면 설정한 악기의 이름을 리스트로 표시하는 목록이 열립니다.

13 리스트에서 악기를 선택하는 방법의 첫 번째는 Preset과 Group을 더블 클릭하여 악기 리스트가 보이게하고 원하는 음색을 선택하는 것입니다. Preset과 Group의 형태는 악기마다 차이가 있습니다.

14 두 번째는 리스트의 Filter 항목에서 찾고자 하는 악기 음색 이름을 입력하고 Enter 키를 누르는 것입니다. 대부분 두 번째 방법을 많이 사용합니다.

작업 과정을 이해하기 위한 실습

Steinberg에서 제공하는 기초 학습 샘플을 가지고, 큐베이스와 누엔도를 이용한 음악 제작의 전반적인 과정을 학습합니다. 음악 제작 과정은 사용자마다 환경과 목적이 다르기 때문에 다소 차이가 있을 수 있겠지만, 일반적으로 미디와 오디오 데이터를 입력하고, 편집한 다음에 믹싱과 마스터링 작업을 거쳐서 오디오 CD 제작을 위한 WAV 파일나 MP3 파일을 만들기 위한 믹스다운 작업으로 마무리합니다.

1 오디오 녹음하기

큐베이스 및 누엔도를 공부하려고 하는 학생들의 대부분은 Guitar나 노래 등, 어느 정도 음악에 관심이 있기 때문일 것입니다. 이때, 큐베이스 및 누엔도를 어느 정도 익힌 후에, Guitar를 어느 정도 연습한 후에 음악을 만들어 보겠다는 생각보다는 지금 당장 자신의 연주나 노래를 녹음하고 모니터 해보는 훈련을 하는 것이 좋습니다. 특히, 친구들과 밴드를 결성한 경우라면, 구성원중에 큐베이스 및 누엔도를 포함시켜보기 바랍니다. 밴드를 향샹시켜줄 디렉터가 될 것입니다.

01 앞의 프로젝트와 템플릿 만들기 학습 편을 참조하여 Empty 환경의 새로운 프로젝트를 만들고 저장합니다. 그리고 트랙 리스트에서 마우스 오른쪽 버튼을 클릭하여 단축 메뉴를 열고, Add Audio Track을 선택합니다.

02 Add Audio Tack 창이 열립니다. count 는 1로 설정되어 있고, configuraion은 Stereo로 설정되어 있는 기본 값을 확인하고, Add Track 버튼을 클릭합니다. 스테레오 채널 의 오디오 트랙을 한 개 만드는 것입니다

03 기본적으로 1/2번 스테레오 포트가 Inputs 으로 설정되어 있기 때문에 악 기를 다른 포트에 연결했거나 모노의 마이크 녹 음이 필요한 경우에는 In 포트 설정을 해야합니 다. Devices 메뉴의 VST Connections을 선택 하거나 F4 키를 누릅니다.

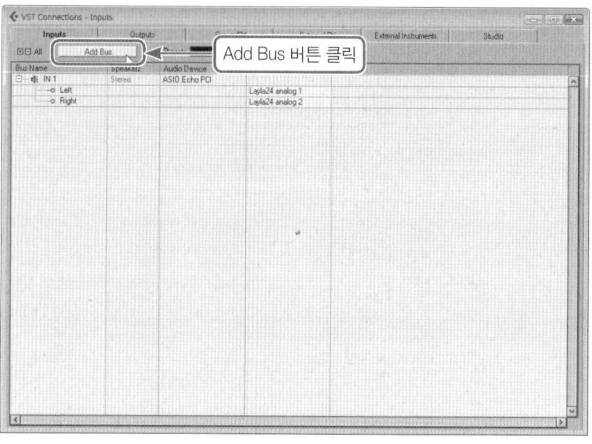

04 In/Out 포트를 설정할 수 있는 VST Connections 창이 열립니다. Inputs 탭을 클릭하여 페이지를 열고, Add Bus 버튼을 클릭합 니다.

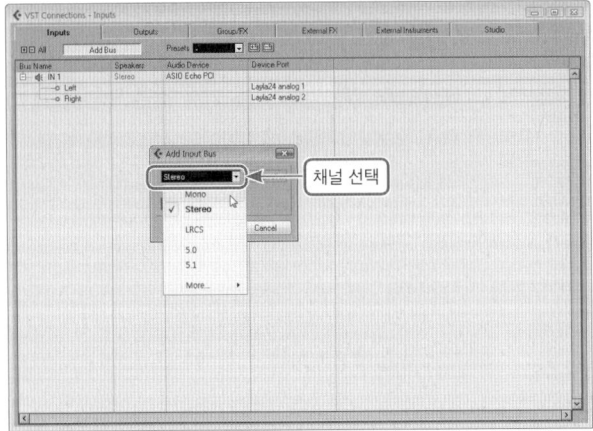

05 채널과 포트 수를 설정할 수 있는 Add Input Bus 창이 열립니다. Configuraiton 에서 채널을 선택하고, Count에서 포트 수를 선택합니다. 실습에서는 Configuraiton에서 Mono를 선택하고, Count에서 2를 입력하여 2 개의 모노 채널을 만들어 보겠습니다.

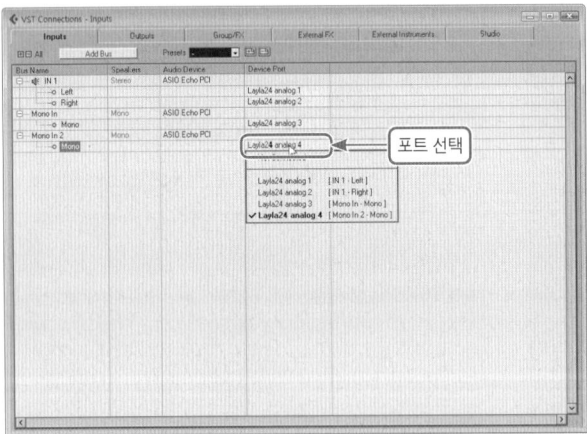

06 두 개의 모노 채널이 추가되었습니 다. Aduio Device에서 시스템에 장착 되어 있는 사운드 및 오디오 카드를 선택하고, Device Port에서 마이크 또는 모노 악기를 연 결한 포트를 선택합니다.

😊 가정교사

사운드 카드 사용자는 Line In이나 Mic 단자를 이용해서 녹음할 것이므로, 기본적으로 설정되어 있는 1/2번 포트를 설정되어 있는 Stereo In 환경을 그대로 사용합니다.

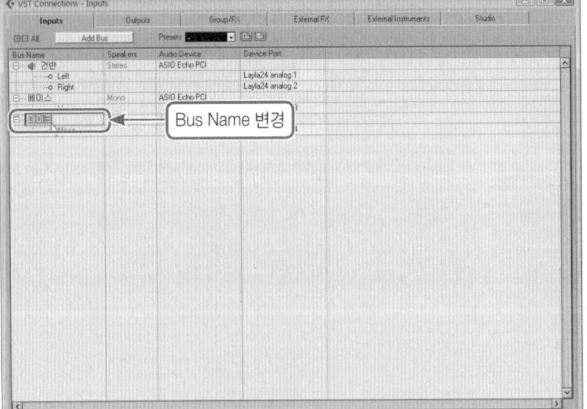

07 Bus Name은 사용자가 구분하기 쉬 운 이름으로 변경할 수 있습니다. 일반 적으로 포트에 연결되어 있는 악기의 이름이나 마이크로 녹음할 소스의 이름을 입력합니다. Inputs 설정이 끝나면, VST Connections 창을 닫습니다.

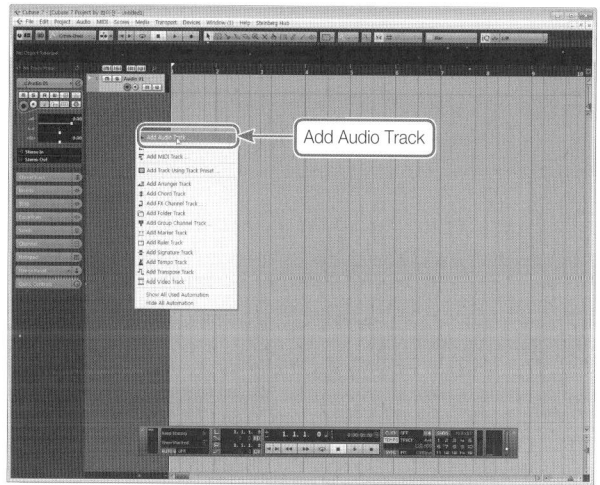

08 프로젝트에 모노 채널의 오디오 트랙을 추가해보겠습니다. 트랙 리스트에서 마우스 오른쪽 버튼을 클릭하여 단축 메뉴를 열고, Add Aduio Track을 선택합니다.

09 Add Audio Track창의 Confitfuration 에서 녹음할 트랙의 채널을 결정합니다. 모노 채널의 악기나 마이크를 녹음하겠다면, Confitfuration에서 mono 를 선택합니다. 즉, 오디오 트랙 인풋 채널은 여기서 결정되는 것이며, 제작 방법은 모두 동일합니다.

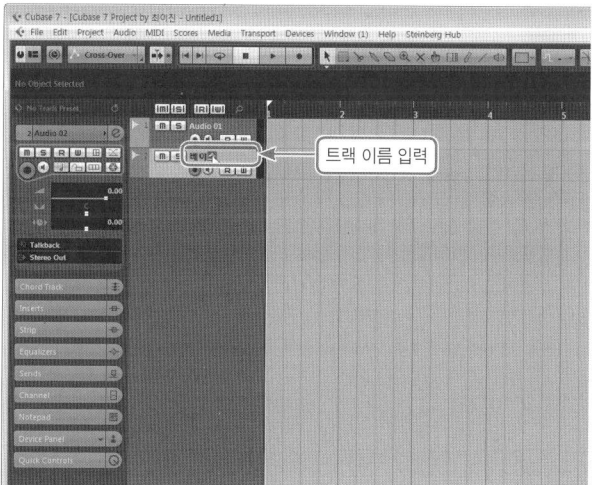

10 본격적인 녹음을 시작하기 전에 트랙의 이름을 구분하기 쉬운 것으로 변경하는 것이 좋습니다. 트랙의 이름 항목을 더블 클릭하고, 녹음할 악기 이름을 입력합니다.

11 인스펙터 창의 인풋 항목에서 악기 및 마이크가 연결되어 있는 인 포트를 선택합니다. 인 포트의 목록은 VST Connections 에서 만들었던 Bus Name으로 표시됩니다.

12 디지털 녹음은 가급적 최대 볼륨이 -3dB에서 -6dB 정도를 유지할 수 있게 큰 소리로 녹음하는 것이 좋습니다. F3 키를 눌러 믹서를 열고, 악기가 가장 크게 재생될 부분을 연주해보면서 입력 레벨을 조정합니다.

가정교사

입력 레벨을 체크할 때는 연주하는 악기의 볼륨을 최대로 하는 것이 좋습니다. 만일 보컬을 녹음한다면, 프리 앰프 기능이 있는 오디오 카드를 사용하거나 믹서 또는 마이크 프리 앰프 등의 보조 장치가 필요합니다.

13 사운드 카드의 라인-인 이나 마이크 입력 단자를 이용해서 녹음을 하는 경우라면, 사운드 카드 컨트롤러의 입력 레벨을 먼저 체크해야 합니다. 윈도우 트래이 항목의 스피커 아이콘을 마우스 오른쪽 버튼으로 클릭하여 단축 메뉴를 열고, 녹음 장치를 선택합니다.

스피커 이이콘

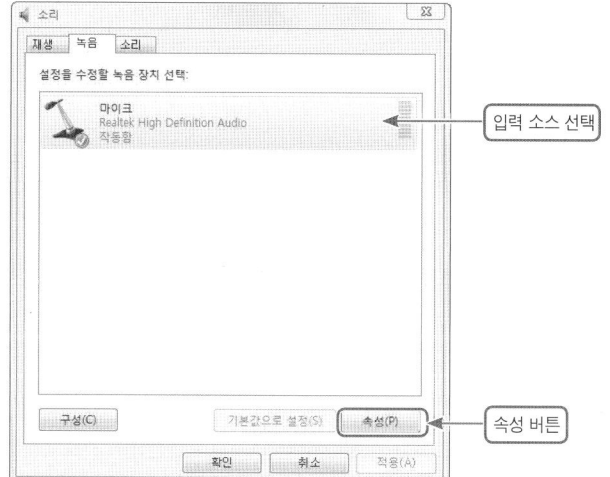

입력 소스 선택

속성 버튼

14 사용자 컴퓨터에 장착되어 있는 입력 장치의 목록이 보입니다. 사운드 카드의 마이크 인 단자로 녹음하는 것이라면, 마이크를 선택하고, 속성 버튼을 클릭합니다. 목록은 시스템에 장착된 사운드 카드 및 오디오 카드를 나타내므로 그림과 다를 수 있습니다.

볼륨 조정

15 선택한 장치의 볼륨을 조정합니다. 사운드 카드 사용자는 마이크 증폭 값을 조정하여 마이크 프리 앰프의 역할을 대신할 수 있습니다. 단, 일부 사운드 카드의 경우에는 볼륨을 너무 크게하면, 잡음이 발생할 수 있으므로, 모니터를 해보면서 조정합니다.

😊 가정교사

별도의 컨트롤 패널을 제공하고 있는 사운드 카드 및 오디오 카드 사용자는 해당 패널에서 입력 레벨을 조정합니다.

Ctrl 키를 누른 상태로 Click 버튼 클릭

16 사운드 컨트롤 패널의 값은 사용자가 임의로 변경하기 전에는 바뀌지 않으므로 매번 조정할 필요는 없습니다. 계속해서 메트로놈을 설정하겠습니다. 트랜스포트 패널의 Click 버튼을 Ctrl 키를 누른 상태로 클릭하여 창을 엽니다.

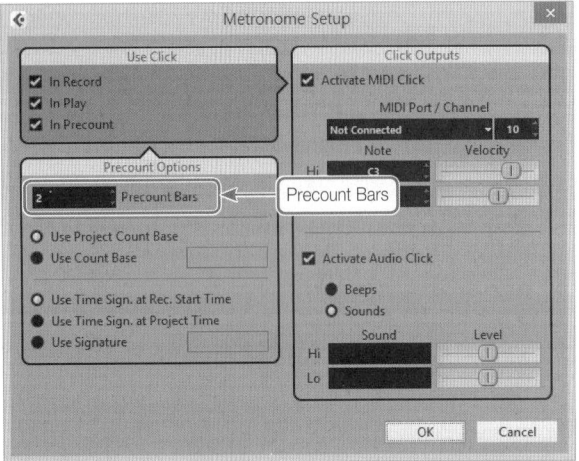

17 Metronome Setup 창이 열립니다. Activate Audio Click 옵션을 체크하고, Precount Bars 항목의 값을 2로 설정합니다. 즉, 메트로놈 사운드는 사운드 카드의 출력을 이용하고, 프리 카운트는 2마디로 하겠다는 의미입니다.

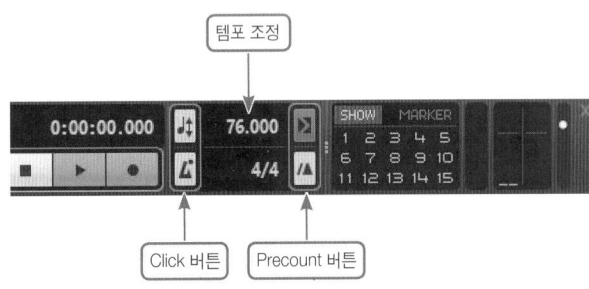

템포 조정

Click 버튼   Precount 버튼

18 Click 버튼과 Precount 버튼을 클릭하여 On으로 합니다. 그리고 템포를 설정합니다.

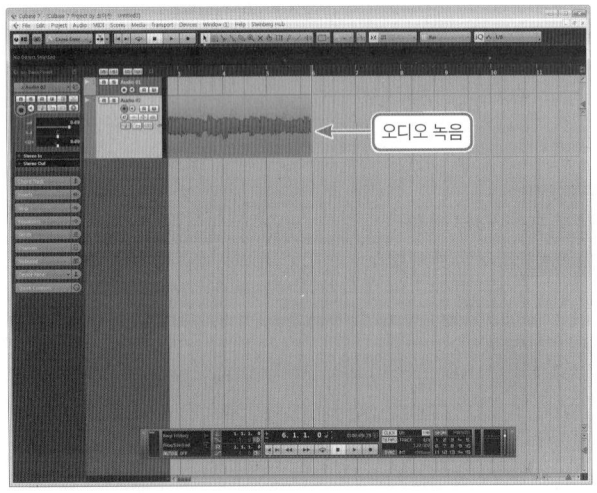

오디오 녹음

19 키보드 숫자열의 ⊡ 키를 눌러 송 포지션 라인을 처음으로 이동시키고, ⊡ 키를 눌러 녹음을 시작합니다. 메트로놈 설정 창에서 Precount Bars 값이 2였으므로, 2마디 길이의 카운트가 들린 후에 녹음이 시작됩니다. 즉, 2마디 길이의 카운트를 듣고, 메트로놈 템포에 맞추어 연주나 노래를 시작하면 됩니다.

20 만일, 보컬을 녹음할 때 에코 효과를 넣고 싶다면, 녹음할 트랙과 인 포트를 선택하고, Inserts 파라미터의 빈 슬롯을 클릭하여 이펙트 목록을 엽니다. 그리고 Reverb 계열의 RoomWorks를 선택합니다.

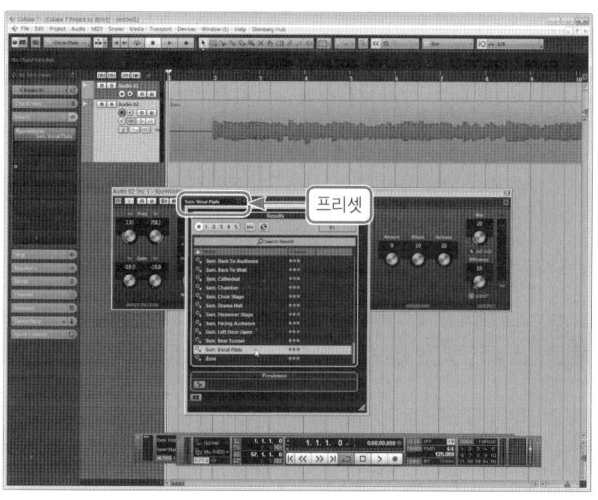

21 이펙트에 관한 내용은 뒤에서 자세히 살펴보기로 하고, 실습에서는 프리셋을 이용하겠습니다. 프리셋 목록을 클릭하여 창을 열고, 녹음할 악기에 적합한 프리셋을 선택합니다. 그림에서는 보컬 녹음에 적합한 Surr. Vocal Plate를 선택하고 있습니다.

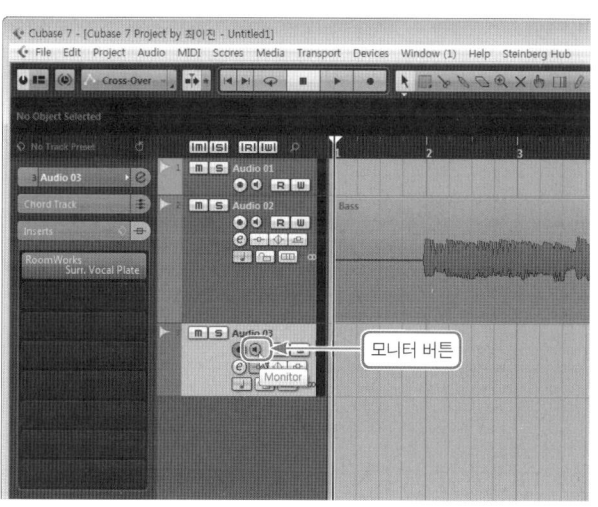

22 계속해서 녹음할 트랙의 모니터 버튼을 On으로 합니다. 이제 사운드 카드에 연결한 마이크로 노래를 해보면, 별도의 장치를 이용하지 않아도 리버브가 걸린 사운드로 녹음할 수 있다는 것을 알 수 있습니다. 리버브의 양은 녹음 후에 수정할 수 있습니다.

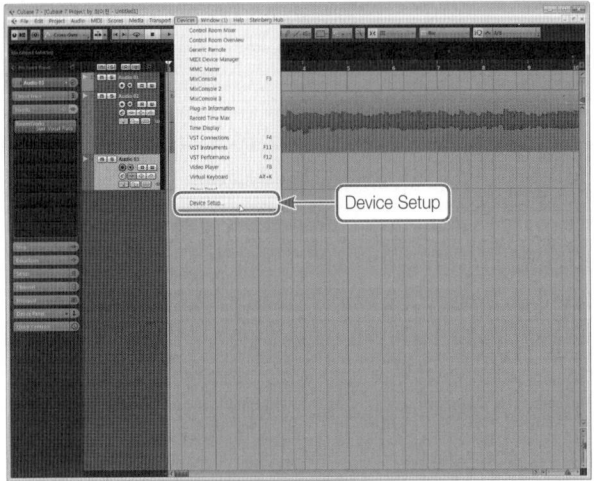

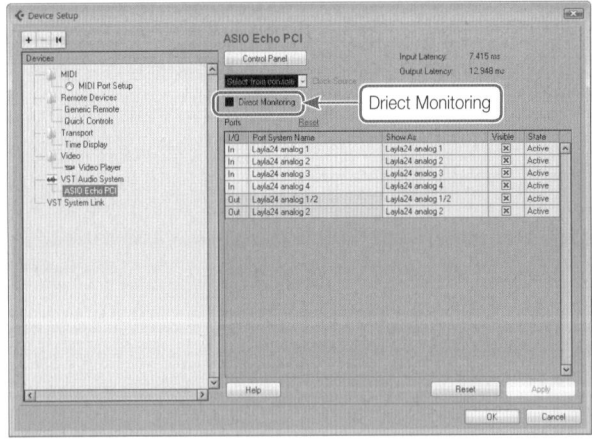

23 모니터 버튼을 On으로 했을 때, 리버브가 적용된 사운드를 들을 수 없다면, 다이렉트 모니터 옵션을 확인합니다. Devices 메뉴의 Device Setup을 선택합니다.

24 VST Audio System의 하위 목록에 있는 폴더를 선택하여 창을 열고, Driect Monitoring 옵션을 확인합니다. 녹음을 할 때 VST 이펙트를 사용하고 싶다면, 옵션이 해제되어 있어야 하며, 외장 이펙트를 사용하는 경우라면 옵션을 체크하여 입력 사운드를 지연없이 모니터 할 수 있게하는 것이 좋습니다.

25 키보드 숫자열의 0 키를 눌러 녹음을 정지하고, 0 키를 다시 한번 눌러 송 포지션 라인을 녹음을 시작했던 위치로 이동시킵니다. 그리고 재생 버튼이나 Enter 키를 눌러 녹음한 사운드를 모니터 합니다.

26 녹음한 사운드를 모니터하면서 마음에 안 드는 부분을 다시 녹음하는 방법에는 펀치 녹음, 사이클 녹음 등이 있습니다. 자세한 것은 트랜스포트 패널에서 살펴보기로 하고, 여기서는 기본적인 방법을 이용하겠습니다. 키보드 문자열의 ③ 키를 눌러 가위 버튼을 선택합니다. 그리고 다시 녹음하고 싶은 이벤트의 시작과 끝 지점을 클릭하여 자릅니다.

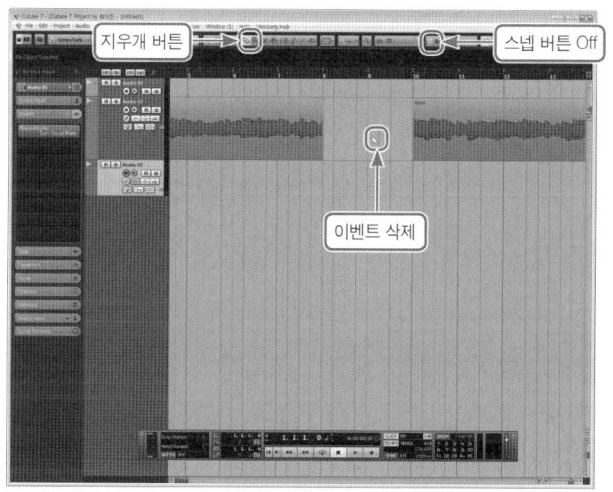

27 ⑤ 키를 눌러 지우개 버튼을 선택하고, 가위 버튼으로 잘라낸 오디오 이벤트를 클릭하여 제거합니다. 참고로 이벤트를 자르거나 이동시킬 때, 미세하게 조정하고 싶다면, 스냅 버튼이 Off로 되어 있어야 합니다.

28 룰러 라인을 클릭하여 다시 녹음하고 싶은 위치에 송 포지션 라인을 가져다 놓습니다. 그리고 키보드 숫자열의 ＊ 키를 눌러 녹음을 시작합니다. 다시 녹음한 것도 마음에 들지 않으면, Ctrl + Z 키로 취소하고 마음에 들때까지 녹음을 반복 하면 됩니다.

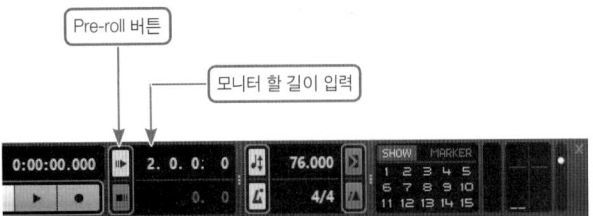

Pre-roll 버튼

모니터 할 길이 입력

29 이벤트의 일부분을 다시 녹음할 때, 연주 및 보컬의 흐름을 깨지않기 위해서는 녹음을 시작하는 위치에서 2~4 마디 정도의 앞 부분을 모니터할 필요가 있습니다. 트랜스포트 패널의 Pre-roll 버튼을 On으로 하고, 모니터하고 싶은 길이를 설정합니다.

 **가 정 교 사**

Pre-roll 버튼이 보이지 않는다면, 트랜스포트 패널에서 마우스 오른쪽 버튼을 클릭하여 단축 메뉴를 열고, Pre-roll&Post-roll이 체크되어 있는지 확인합니다.

29 예를 들어 Pre-roll 값을 2.0.0.0으로 하여 두 마디 길이로 설정을 하면, ＊ 키를 눌러 녹음을 시작할 때, 송 포지션 라인이 2 마디 전으로 이동하여 사운드를 들려주고, 송 포지션 라인이 있던 위치에서부터 녹음이 시작되는 것입니다.

녹음이 시작되는 위치 2 마디 전부터 재생

29 계속 같은 방법으로 오디오 트랙을 추가하고, 인 포트를 선택한 다음에 기타, 베이스, 건반, 노래 등 하나의 트랙씩 악기 연주를 녹음합니다. 건반 연주가 가능하거나 밴드를 결성한 친구들과 함께 작업하는 사용자라면, 오디오 녹음 만으로도 음악을 완성할 수 있게 될 것입니다.

미디 녹음하고 편집하기

미디는 악기를 다룰 수 없는 사용자들만 이용한다는 편견이 있는데, 그렇지 않습니다. 미디는 외장 악기뿐만 아니라 VST Instruments를 다룰 수 있는 유일한 수단이며, 어설픈 연주를 수정하는 단계를 넘어서 인간이 연주할 수 없는 테크닉을 묘사하는데도 중요한 역할을 합니다. 특히, 혼자서 작곡과 편곡 등의 작업을 처리할 수 있는 컴퓨터 뮤지션이 되기 위해서는 지루한 미디 학습을 꼭 마스터 해야할 것입니다.

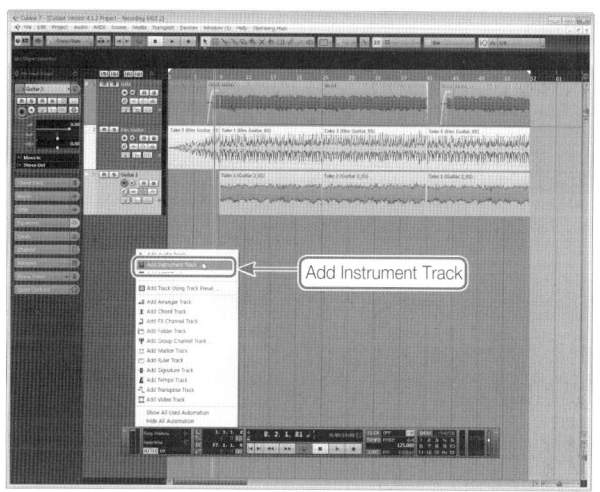

01 베이스와 두 개의 Guitar 연주가 녹음되어 있는 Recording MIDI 샘플을 불러옵니다. 이것을 독자가 녹음한 것이라고 가정하고, 미디 작업을 진행해보겠습니다. 트랙 리스트에서 마우스 오른쪽 버튼을 클릭하여 단축 메뉴를 열고, Add Instrument Track을 선택합니다.

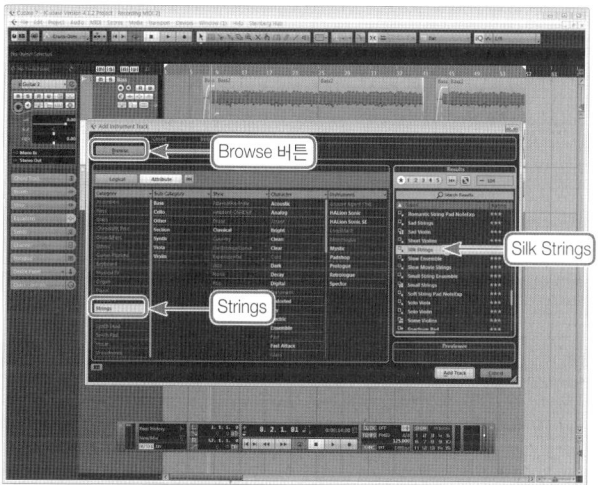

02 Add Instrument Track 창이 열리면, Browse 버튼을 선택하여 카테고리 타입으로 표시합니다. 그리고 Category에서 Strings을 선택하여 스트링 계열의 음색 목록이 표시되게 하고, Silk Strings을 선택합니다.

03 Add Track 버튼을 클릭하여 창을 닫으면, 미디 아웃이 HALion Sonic으로 설정되어 있고, 음색이 Silk Strings으로 선택되어 있는 인스트루먼트 트랙이 생성됩니다. 악기와 음색은 해당 항목을 클릭하여 사용자가 원하는 것으로 바꿀 수 있으며, 악기 세팅을 바꾸고 싶다면, 편집 버튼을 클릭하여 패널을 엽니다.

04 VST Instruments에 관해서는 뒤에서 살펴보기로 하고, 여기서는 실습 악보를 연주하여 녹음해봅니다. 녹음 방법은 오디오와 동일하게 키보드 숫자열의 ✳ 키를 누르고, 컴퓨터에 연결한 마스터 건반을 연주하면 됩니다.

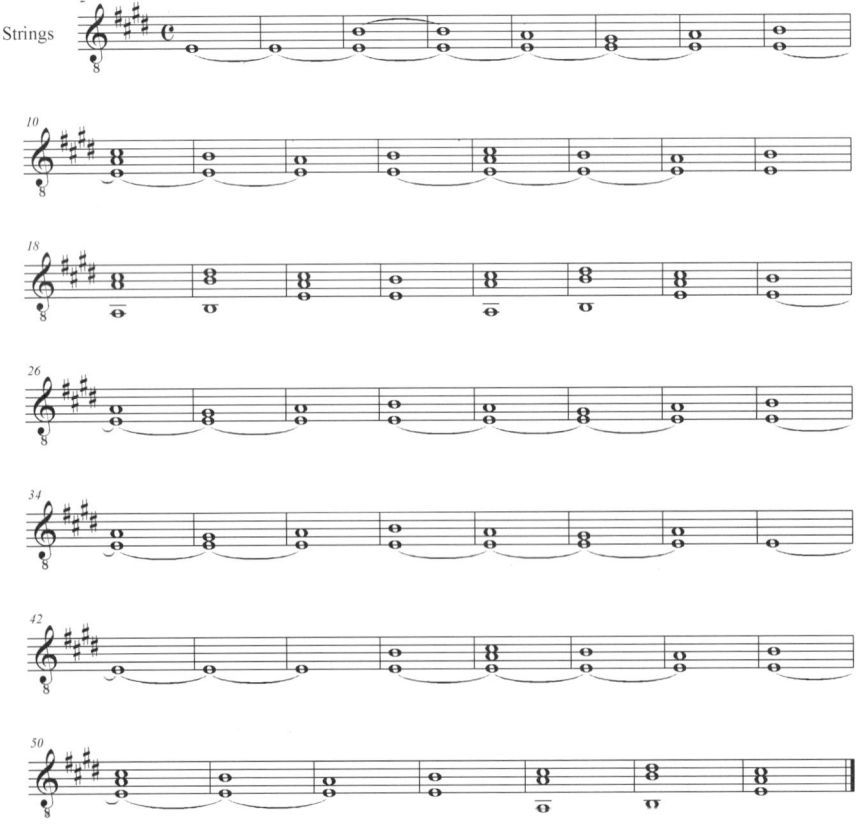

05 화음 연주가 어려운 사용자라면, 트랜스포트 패널의 미디 녹음 모드를 Merge로 선택하고, 한 음씩 반복 녹음합니다. 즉, 2마디부터 시작하는 아래쪽 음(E)를 끝까지 녹음하고, 다시 4마디부터 시작하는 중간음(B)을 끝까지 녹음하고, 다시 10마디부터 시작하는 위쪽음(C#)을 끝까지 녹음하는 방법으로 3번 반복하는 것입니다.

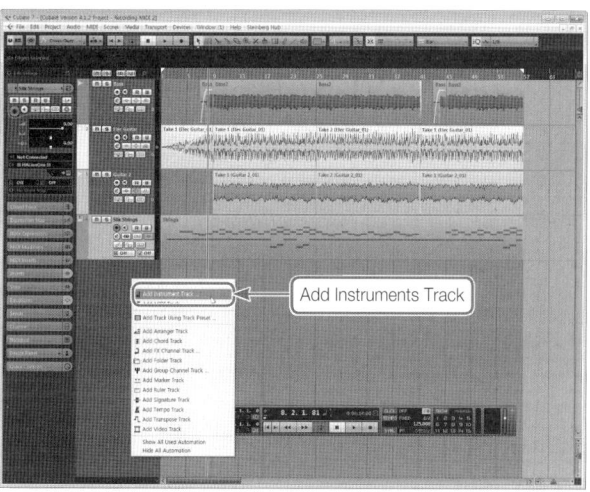

06 드럼 입력에 편리한 사이클 녹음 방법을 살펴보겠습니다. 트랙 리스트에서 마우스 오른쪽 버튼을 클릭하여 단축 메뉴를 열고, Add Instruments Track을 선택합니다.

07 Add Instrument Track창이 카테고리 형식을 열립니다. 드럼을 입력해볼 것이므로, Categoty에서 Drum&Perc을 선택하고, 음색 리스트에서 GM Kit을 선택합니다. 마스터 건반을 연주하여 각 음색의 사운드를 모니터할 수 있으므로, 사용자 마음에 드는 것을 선택해도 좋습니다.

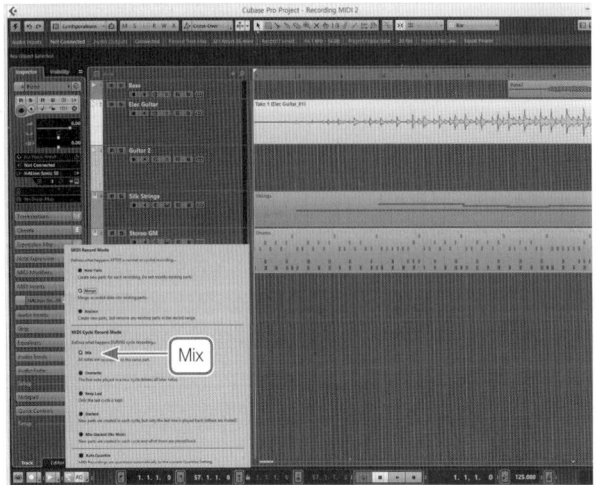

08 Add Track 버튼을 클릭하여 창을 닫으면, 미디 아웃이 Groove Agent으로 설정되어 있고, 음색이 GM Kit으로 선택되어 있는 인스트루먼트 트랙이 생성됩니다. 트랜스포트의 미디 녹음 모드 버튼을 클릭하여 MIDI Cycle Record Modr가 Mix로 선택되어 있는지 확인합니다.

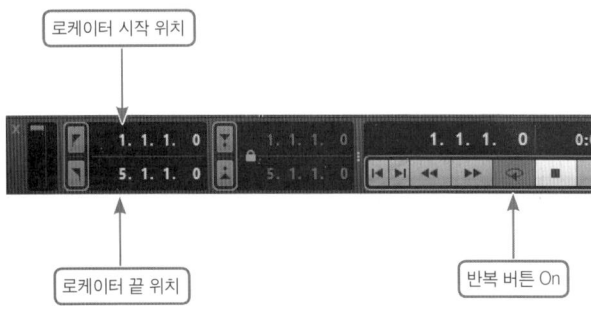

로케이터 시작 위치

로케이터 끝 위치

반복 버튼 On

09 로케이터 범위 설정 항목의 상단(로케이터 시작 위치)을 더블 클릭하여 1로 입력하고, 하단(로케이터 끝 위치)을 더블 클릭하여 5로 입력하여 4마디 길이를 반복되게 합니다. 그리고 반복 버튼을 클릭하여 On으로 합니다.

퀀타이즈 단위

Auto Q

10 녹음을 할 때 자동으로 퀀타이즈가 되도록 Auto Q 버튼을 On으로 하고, 도구 모음 줄에서 퀀타이즈 단위를 1/8로 선택합니다. 즉, 녹음하는 미디 노트를 8비트 단위로 자동 정렬되게 하는 것입니다.

11 키보드 숫자열의 ① 키를 눌러 송 포지션 라인을 로케이터 시작 위치로 이동시키고, ✳ 키를 눌러 드럼 연주를 녹음합니다. 4마디가 계속 반복되므로, 처음에 HH을 연주하고 두 번째 S.Dr, 세 번째 B.Dr을 연주하여 차례로 녹음합니다.

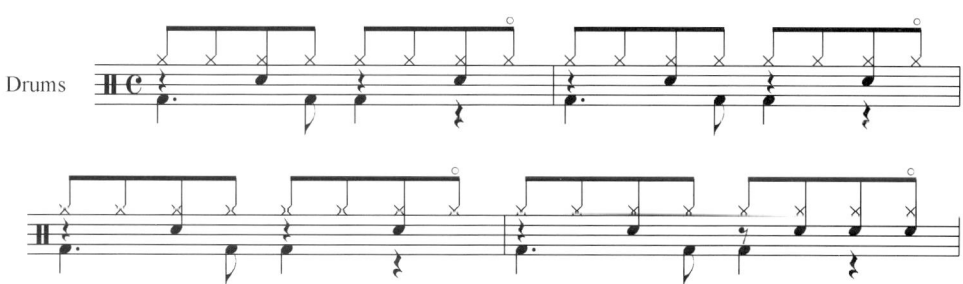

12 반복 녹음하여 완성한 미디 파트 오른쪽의 Repeat Count 포인트를 드래그하여 곡의 끝 부분까지 반복시킵니다.

13 키보드 문자열의 ④ 키를 눌러 풀 버튼을 선택하고, 반복 시킨 미디 파트를 드래그하여 선택합니다. 그리고 선택한 미디 파트를 클릭하여 하나의 파트로 붙입니다.

화살표 버튼

미디 파트 더블 클릭

분리 버튼

14 미디는 녹음한 이벤트를 자유롭게 편집할 수 있기때문에 자신있게 연주할 수 있는 악기 이외의 파트는 미디로 데이터를 입력하고, 편집하는 방법을 선호합니다. 키보드 문자열의 1 키를 눌러 화살표 버튼을 선택한 다음에 미디 파트를 더블 클릭합니다. 키 에디터가 아래쪽에 열리면, 분리 버튼을 클릭하여 독립 창으로 엽니다.

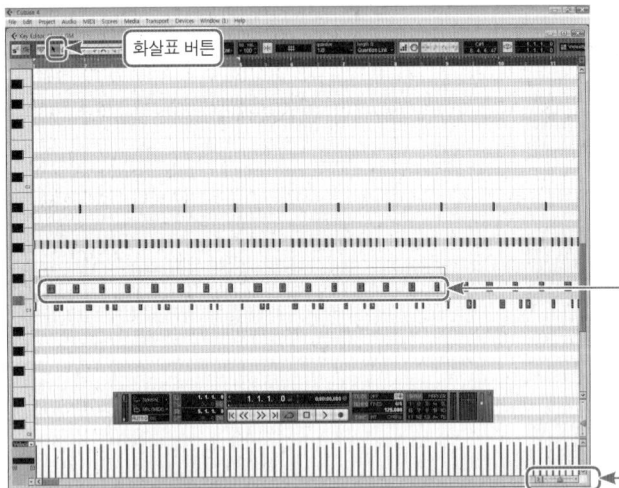

화살표 버튼

마우스 드래그로 선택

줌 바

15 줌 바를 드래그하여 8마디 길이의 파트가 화면에 보이게 조정하고, 화살표 버튼을 이용하여 1마디에서 8마디까지의 스네어 드럼에 해당하는 D1 노트를 마우스 드래그로 선택합니다. 그리고 Delete 키를 눌러 삭제합니다.

지우개 버튼

룰러 라인에서 마우스를 아래쪽으로 드래그하여 확대

업 비트 삭제

16 룰러 라인에서 마우스를 아래쪽으로 드래그하여 1, 2 마디가 한 화면에 보이도록 확대합니다. 그리고 지우개 버튼을 이용해서 1, 2마디의 업비트에 해당하는 HH(F#1)를 클릭하여 삭제합니다.

😊 가정교사

작업 공간 확대/축소 단축키는 H/G 입니다. 자주 사용하는 키이므로, 기억을 해두기 바랍니다.

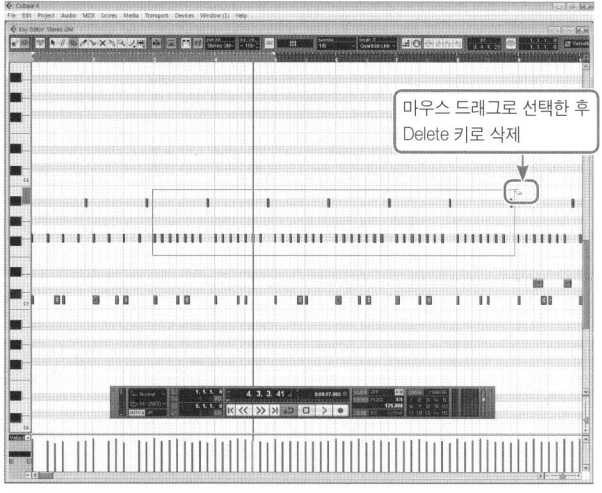

마우스 드래그로 선택한 후
Delete 키로 삭제

17 룰러 라인에서 마우스를 위쪽으로 드래그하여 8마디의 길이가 한 화면에 보이도록 축소합니다. 그리고 3마디에서 6마디 범위의 HH 연주를 마우스 드래그로 선택하고, Delete 키를 눌러 삭제합니다.

 가정교사

작업 화면을 확대/축소하는 기능은 줌 바를 이용하는 것 보다 룰러 라인에서 위/아래로 드래그하는 방법을 많이 사용합니다.

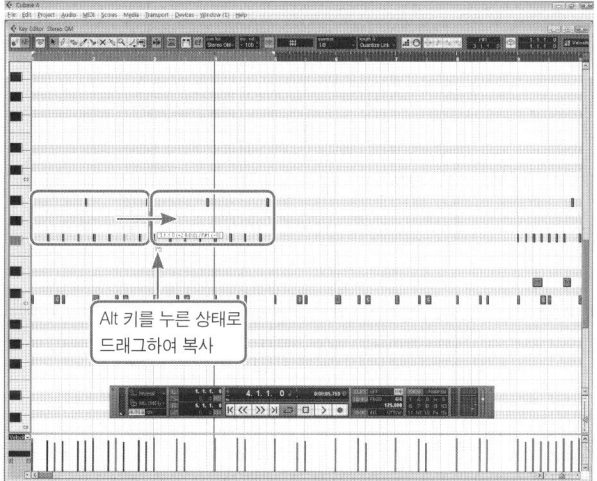

Alt 키를 누른 상태로
드래그하여 복사

18 업 비트를 삭제했던 1, 2마디의 HH를 화살표 버튼으로 드래그하여 선택합니다. 그리고 Alt 키를 누른 상태로 드래그하여 3마디 위치로 복사합니다. 이 과정을 두 번 반복하여 5마디, 7마디 위치에도 복사합니다.

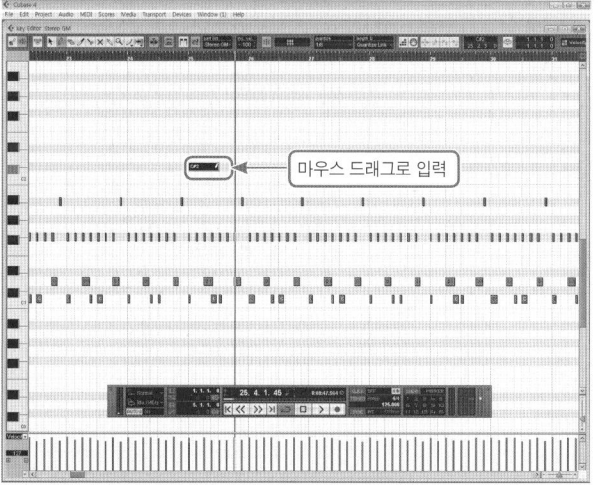

마우스 드래그로 입력

19 이동 바를 오른쪽으로 드래그하여 25마디 위치가 화면에 보이게하고, 연필 버튼을 선택합니다. 그리고 심벌 음색에 해당하는 C#2 노트를 마우스 드래그로 입력하여 드럼 패턴을 완성합니다.

 가정교사

연필 버튼을 이용해서 마우스 클릭으로 노트를 입력하면, 퀀타이즈에 선택되어 있는 길이로 입력되지만, 마우스 드래그로 입력하면, 사용자가 원하는 길이로 입력할 수 있습니다.

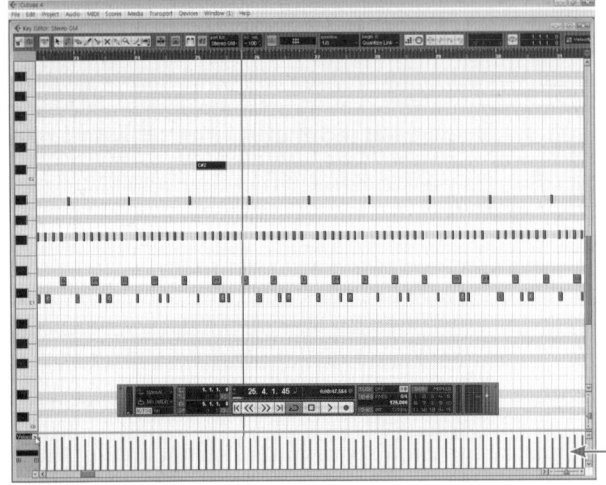

20 키 에디터의 아래쪽에 보이는 컨트롤 라인은 노트의 강약을 표현하는 벨로시티 값이 표시되어 있습니다. 미디 연주를 사실적으로 표현하기 위해서는 다양한 컨트롤 정보를 다룰 수 있어야하는데, 이것에 관해서는 컨트롤 정보편에서 자세히 살펴보겠습니다.

> 컨트롤 정보

21 참고로 VST Instruments를 이용하면, 오디오로 녹음할 필요가 없지만, 외장 악기를 이용하는 경우에는 오디오로 녹음하는 과정이 필요합니다. 하지만, 익스터널 기능을 이용하면, 외장 악기도 VST Instruments와 같은 방식으로 이용할 수 있습니다. Devices 메뉴의 MIDI Device Manager를 선택합니다.

> MIDI Device Manager

22 Install Deivce 버튼을 선택하여 Add MIDI Device 창을 열고, 독자가 사용하고 있는 악기를 선택합니다. 그리고 Output에서 악기가 연결되어 있는 미디 포트를 선택합니다. 이것은 악기 리스트 만들기에서 살펴본 내용입니다.

> 악기 선택

> 아웃 포트 선택

23 MIDI Device Manager 창을 닫고, Devices 메뉴의 VST Connections을 선택하거나 F4 키를 누릅니다. 이미 악기 리스트 만들기 편에서 악기를 등록한 상태라면, 앞의 디바이스 연결은 생략하고, 여기서부터 진행하는 것입니다.

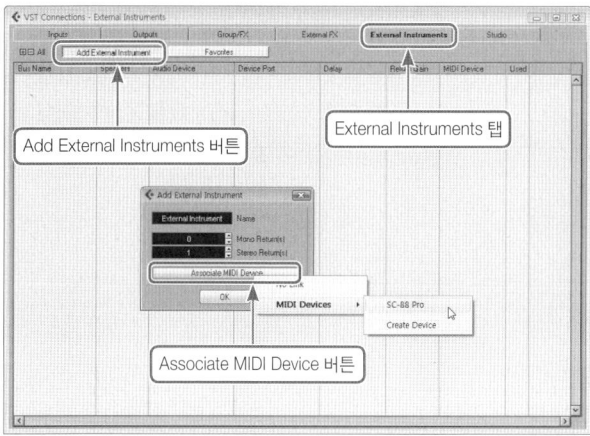

24 VST Connections 창의 External Instruments 탭을 클릭하여 페이지를 열고, Add External Instruments 버튼을 클릭합니다. 그리고 Associate MIDI Device 버튼을 클릭하여 디바이스 연결된 미디 악기를 선택합니다.

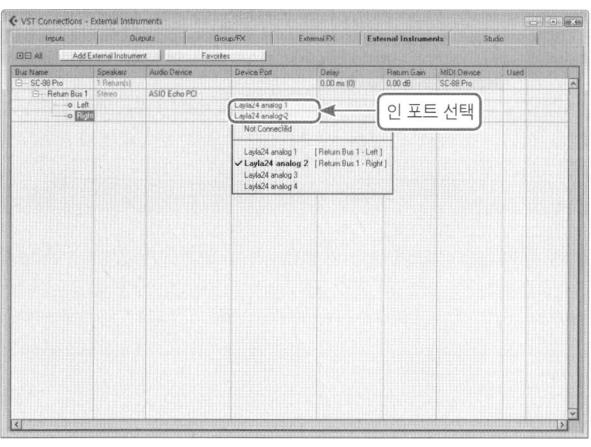

25 Aduio Divice에서 사용자 컴퓨터에 설치되어 있는 오디오 카드를 선택하고, Device Port에서 외장 미디 악기의 출력 라인이 연결되어 있는 인 포트를 선택합니다. 그리고 창을 닫습니다.

26 트랙 리스트에서 마우스 오른쪽 버튼을 클릭하여 단축 메뉴를 열고, Add Instrument Track을 선택합니다. 외장 악기를 연주를 위한 미디 트랙이 아닌 VST Instruments 트랙을 추가하고 있습니다.

27 Browse 버튼을 Off하여 악기를 선택할 수 있는 화면으로 만듭니다. 그리고 Instruments 항목을 클릭하여 열어보면, 앞에서 등록한 외장 악기가 VST 목록에 추가되어 있는 것을 확인할 수 있습니다.

28 미디 아웃이 외장 악기로 선택되어 있는 VST Instruments 트랙이 만들어집니다. 즉, VST 악기를 이용하듯이 외장 미디 악기를 사용할 수 있으며, 오디오로 다시 녹음할 필요가 없습니다. 음색은 프로그램 항목에서 선택합니다.

3 샘플 이용하기

음악을 만들 때, 자신이 연주할 수 있는 악기는 직접 오디오로 녹음을 하고, 자신이 연주할 수 없는 악기는 미디 데이터로 입력을 합니다. 그리고 또 한 가지 빼놓을 수 없는 것이 오디오 샘플을 그대로 가져다가 사용하는 것입니다. 음악 제작용으로 판매되는 샘플을 자신의 음악에 섞어서 사용하는 기법은 간단하지만, 뮤지션의 센스와 테크닉이 필요하므로, 어떤 곡에 어떤 샘플이 어떻게 사용되었는지 체크할 수 있을 정도로 평소에 음악과 샘플을 많이 들어보기 바랍니다.

01 앞의 실습 작업이 끝난 Recoding MIDI 2 파일을 불러옵니다. 그리고 Media 메뉴의 MediaBay를 선택하거나 [F5] 키를 눌러 오디오 샘플 파일을 불러올 수 있는 MediaBay 창을 엽니다.

02 개인적으로 보관하고 있는 샘플 파일이 있다면, Define Locations에서 샘플이 있는 위치를 찾아 선택합니다. 실습에서는 큐베이스 및 누엔도에서 기본적으로 제공하는 샘플을 이용하기 위해 VST Sound 폴더를 선택하겠습니다.

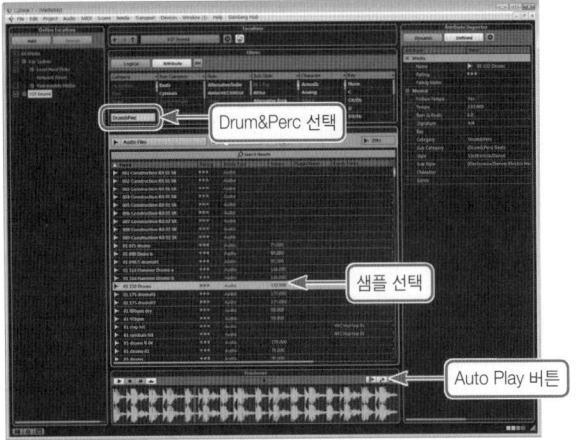

03 Category에서 Drum&Perc을 선택하여 드럼 사운드만 표시되게 하고, 작업 중인 곡에 어울릴만한 샘플을 찾습니다. Auto Play 버튼이 On으로 되어 있으면, 샘플을 선택할 때 자동으로 모니터 할 수 있습니다.

04 적당한 샘플을 찾았다면, 곡에 어울리는지의 여부를 확인하기 위해서 Wait for Project Play와 Align Beats to Project 버튼을 On으로 하고, 키보드 숫자열의 Enter 키를 눌러 모니터 합니다.

05 선택한 샘플이 마음에 든다면, 9마디 위치로 드래그하여 프로젝트 창에 가져다 놓습니다. 댄스곡 같은 경우에는 샘플로만 완성된 곡이 있을 정도로 빈번하게 사용되는 테크닉이므로, 평소에 다양한 샘플에 관심을 가져보는 것이 좋습니다.

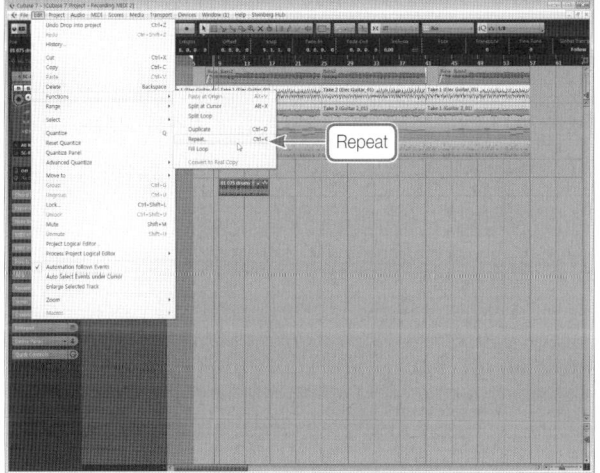

06 오디오 트랙이 자동으로 생성되며, MediaBay에서 선택한 샘플이 임포팅 되는 것을 확인할 수 있습니다. 샘플을 반복시 키기 위해서 Edit 메뉴의 Function에서 Repeat 를 선택하거나 Ctrl + K 키를 누릅니다.

Repeat

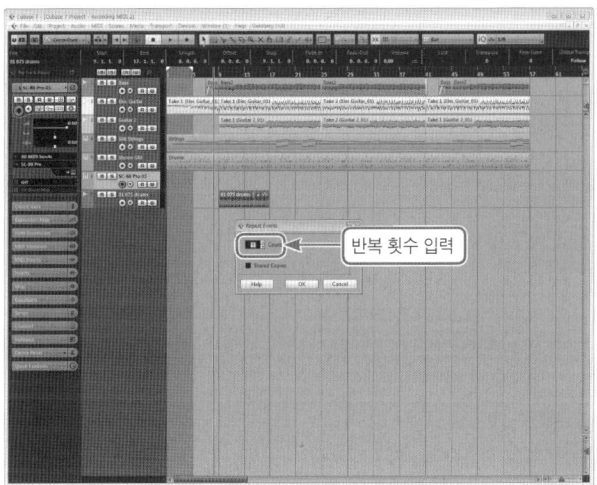

07 선택한 이벤트를 반복시키는 역할의 Repeat Events 창이 열립니다. Coun 에서 몇 번 반복시킬 것인지를 입력하는데, 실 습에서는 23을 입력하여 곡의 끝가지 반복되게 합니다.

반복 횟수 입력

Tip 윈도우 탐색기 이용하기

큐베이스에서 제공하는 라이브러이 이외에 사용자가 가지 고 있는 오디오 샘플은 윈도우 탐색기에서 프로젝트 창으로 드래그하여 사용할 수 있습니다.

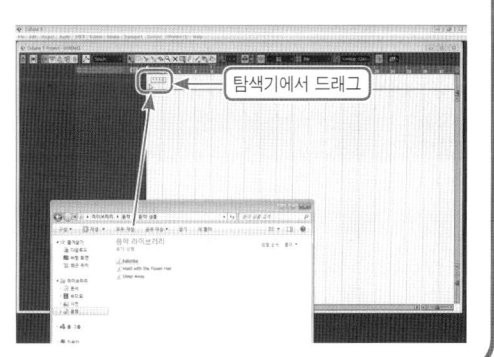

탐색기에서 드래그

4 믹싱과 믹스다운

완성된 곡은 각 트랙의 볼륨과 팬, 그리고 EQ등을 조정해서 사운드의 밸런스를 조정하고, 다양한 이펙트를 이용해서 공간감을 연출하는 믹싱 작업과 전체 사운드의 다이내믹 범위를 조정하는 마스터링 작업을 거쳐서 오디오 CD 제작을 위한 Wav 포맷의 파일이나 MP3 파일등을 제작하는 것이 목적입니다. 자세한 실습은 믹싱과 마스터링 편에서 살펴볼 것이므로, 여기서는 작업 과정을 이해하는 정도만 익혀두기 바랍니다.

01 지금까지의 학습과정으로 만들어진 Recording MIDI 3 샘플 파일을 불러옵니다. 믹싱 작업에 편리한 믹서를 Devices 메뉴의 MixConsol를 선택하거나 F3 키를 눌러 엽니다.

02 키보드 숫자열의 Enter 키를 눌러 곡을 재생하면서 각 트랙의 볼륨을 조정합니다. 각 트랙의 사운드가 골고루 들릴 수 있게 조정하고, 최종 출력의 마스터 트랙 볼륨을 Clip 경고가 나타나지 않는 한도로 줄입니다.

😊 가정교사

Clip 경고는 사운드가 너무 커서 찌그러지고 있다는 의미이며, 일반적으로 마스터 볼륨을 줄이기보다는 리미터라는 이펙트를 이용하여 보정합니다.

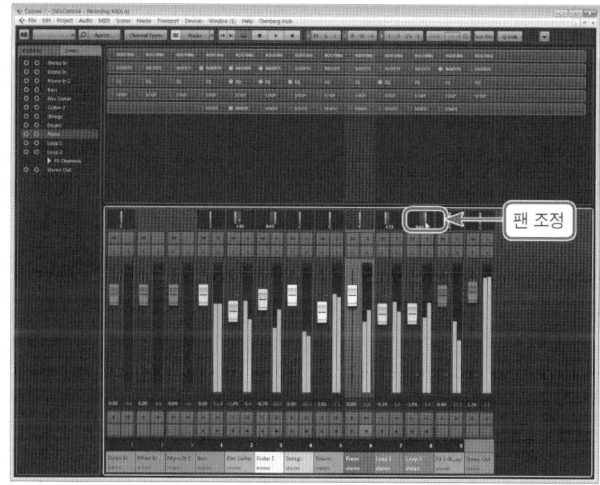

03 평소에 음악을 들어보면 어떤 악기는 왼쪽 스피커에서 들리고, 어떤 악기는 오른쪽 스피커에서 들리는 경험을 해보았을 것입니다. 이것은 팬 정보를 이용해서 조정하며, 곡의 스테레오 방향감을 만듭니다.

04 곡의 주파수를 평균화시켜 안정된 사운드를 만드는 EQ 작업은 프로 엔지니어도 많은 시간을 투자하는 작업입니다. 트랙의 채널 믹서 창 열기 버튼을 클릭하여 창을 엽니다.

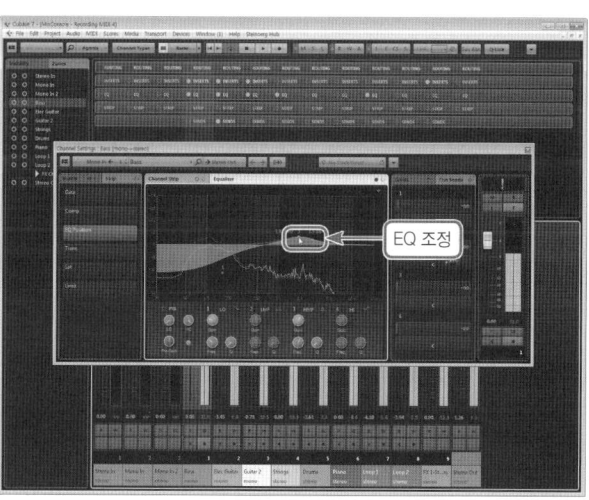

05 Equalizers 패널을 클릭하여 총 4개의 포인트를 만들 수 있고, 각각의 포인트를 드래그하여 주파수를 조정할 수 있습니다. 음악을 하는 사용자는 주파수를 음정과 연관시킬 수 있어야 하는데, Guitar 튜닝에 많이 사용하는 440Hz가 A음인 것을 알고 있을 것입니다. 결국, 440Hz를 높이면, A음이 커지고, 낮추면 작아집니다.

06 하지만, A음이 440Hz만 연주되는 것이 아니라 660Hz, 880Hz 등의 배음을 포함하고 있기 때문에 EQ작업은 그리 만만하지 않습니다. 입문자는 큐베이스나 누엔도에서 제공하는 프리셋을 이용해서 전체 주파수 대역이 고르게 연주될 수 있도록 조금씩 수정해보는 훈련을 해보는 것이 좋습니다.

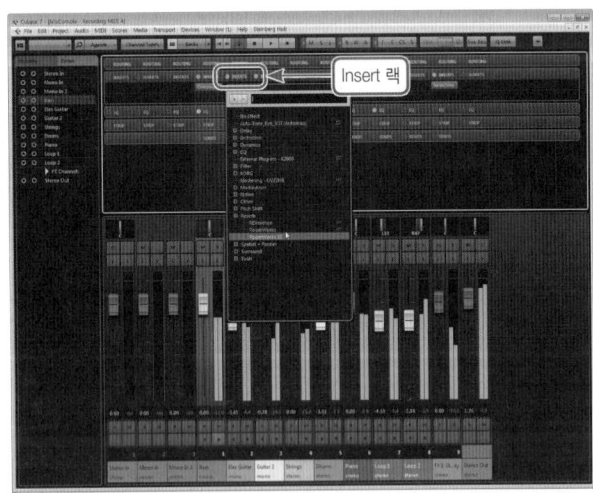

07 레벨과 팬, 그리고 EQ를 조정하여 곡의 전체적인 밸런스를 평균화 시킨다음에는 이펙트를 이용해서 공간감을 연출합니다. Guitar 채널의 Inserts 랙을 클릭하여 열고 Reverb 계열의 RoomWorks를 선택합니다.

08 이펙트 역시 오랜 경험과 훈련이 필요하므로, 입문자는 각 이펙트 패널에서 제공하는 프리셋을 선택하여 사운드를 모니터하고 연구해보는 훈련을 게을리 하지 말기를 바랍니다.

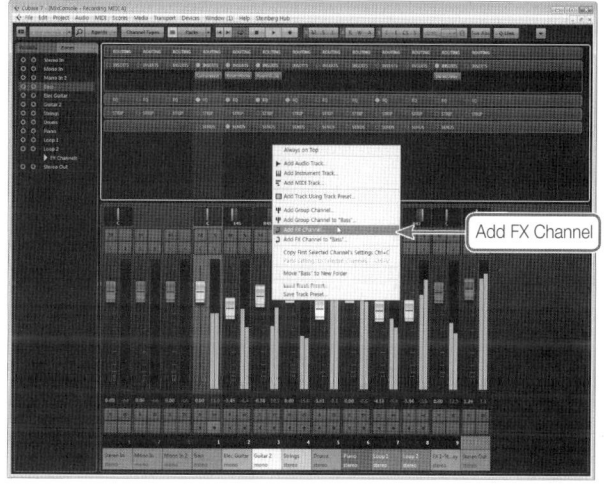

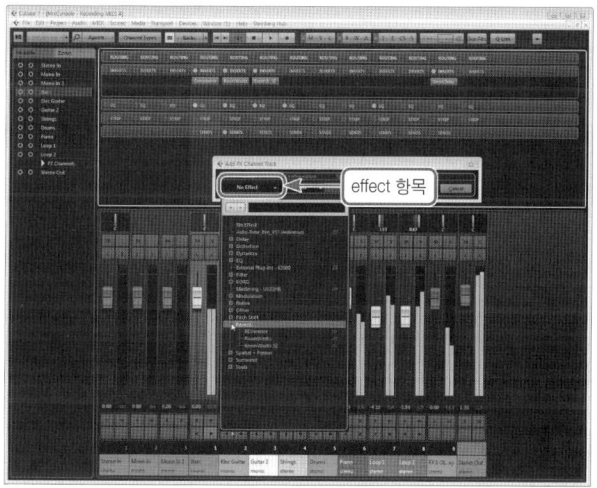

09 이펙트는 각 채널마다 사용하는 인서트 방식과 하나의 이펙트를 여러 트랙에서 동시에 사용하는 센드 방식이 있습니다. 센드 방식을 살펴보기 위해서 믹서에서 마우스 오른 쪽 버튼을 클릭하여 단축 메뉴를 열고, Add FX Channel를 선택합니다.

10 Add FX Channel Track 창이 열립니다. effect 항목을 클릭하여 목록을 열고, 센드 방식으로 사용할 이펙트를 선택합니다. 일 반적으로 센드 방식으로는 이펙트의 양만 조정 해서 사용할 수 있는 리버브나 딜레이와 같은 공간계열 장치를 많이 사용합니다.

11 사용자가 선택한 이펙트가 장착된 FX Channel 트랙이 생성됩니다. 이제 FX 채널의 이펙트를 사용할 트랙의 Sends 랙에서 새로 추가한 FX 1을 선택합니다.

Sends On

이펙트의 양 조정

12 센드 이펙트의 On 버튼을 클릭하고, 이펙트의 양을 조정합니다. 나머지 채널에서도 같은 방식으로 FX 채널의 이펙트를 이용할 수 있습니다. 즉, 하나의 이펙트로 여러 트랙에서 동시에 사용하는 것입니다. 물론 세팅 값은 모두 동일하지만, 이펙트의 양은 서로 다르게 조정할 수 있으며, 시스템을 최소화 시킬 수 있다는 장점이 있습니다.

전체 구간을 로케이터로 설정

13 믹싱 작업이 끝나면, 오디오 CD 제작을 위한 Wav 파일이나 MP3 파일로 믹스 다운합니다. 큐베이스와 누엔도는 로케이터 구간만 믹스 다운되므로, Ctrl + A 키를 눌러 모든 이벤트를 선택하고, P 키를 눌러 선택한 범위가 로케이터로 설정되게 합니다.

가정교사

이펙트 사용으로 잔향이 길게 남는 곡을 믹스다운 할 때는 잔향의 길이만큼 로케이터 구간을 연장시켜야만 잔향이 잘리는 실수를 피할 수 있습니다.

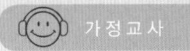
Audio Mixdown

14 믹스 다운은 File 메뉴의 Export에서 Aduio Mixdown을 선택하여 실행합니다. 볼륨, 팬, EQ 등의 믹싱 작업 결과는 Recording MIDI 4 샘플로 확인해보기 바랍니다.

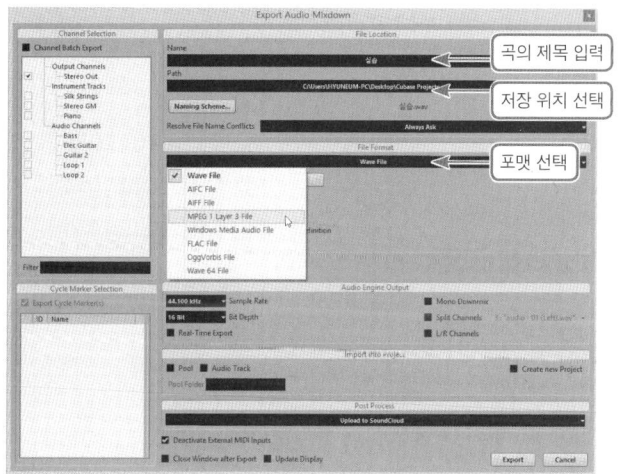

15 File Name에서 믹스 다운될 파일의 이름을 입력하고, Choose 버튼을 클릭하여 저장될 위치를 선택합니다. 그리고 File Format에서 만들고 싶은 파일 타입을 선택합니다. 그림에서는 MP3 파일 제작을 위한 MPEG 1 Layer 3 File을 선택하고 있지만, 오디오 CD 제작을 위한 웨이브 파일을 제작하겠다면, Wave File을 선택하면 됩니다.

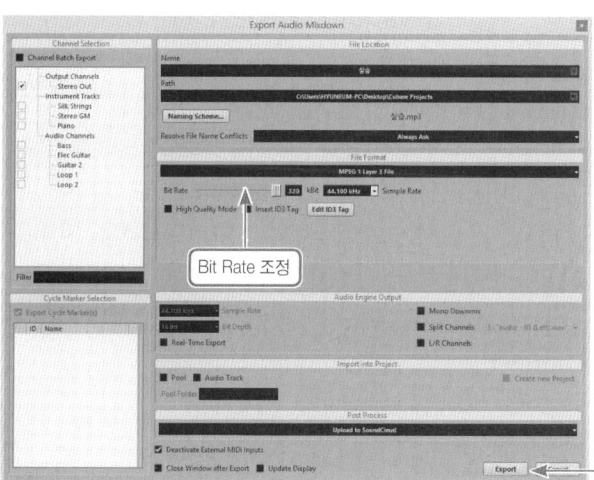

16 MP3 포맷의 기본 비트 레이트는 160kBit으로 설정되어 있습니다. 일반적으로 많이 사용하는 320KBit로 제작하고 싶다면, Bit Rate 슬라이드를 드래그하여 설정하고, Export 버튼을 클릭하여 믹스다운 합니다.

17 앞으로 독자가 만든 음악은 음원 유통 업체를 통해서 멜론이나 지니와 같은 음원 사이트에 등록할 수 있습니다. 음원 유통 업체는 검색 사이트에서 쉽게 검색할 수 있으며, 회사마다 배분 계약의 차이가 있습니다. 그러나 돈 보다는 개인 작업자라도 친절하게 대해주는 업체를 선정하는 것이 좋을 것입니다.

CUBASE PRO 9

Advanced Music Production System

트랜스포트 패널과 프로젝트 창

큐베이스를 실행하면 볼 수 있는 첫 번째 화면은 곡을 연주하거나 녹음하는 등의 컨트롤 기능을 담당하는 트랜스포트 패널입니다. 트랜스포트 패널은 어떤 편집 창에서 작업을 하든지 항상 볼 수 있게 다른 작업 창에 가려지지 않는 특성이 있어 편리하지만, 좁은 화면에서는 오히려 작업 공간을 가리는 불편함도 있습니다. 그러므로 트랜스포트 패널을 열고, 닫을 수 있는 단축키 F2 정도는 외워 두고 학습을 시작하는 것이 좋겠습니다.

트랜스포트 패널 익히기

Chapter
01

곡을 연주하거나 녹음하는 등의 컨트롤 기능을 담당하는 트랜스포트 컨트롤은 프로젝트 창 상단
의 도구 모음 줄 또는 하단의 트랜스포트 라인에 표시하거나 별도의 패널로 열 수 있습니다. 대부
분의 작업은 프로젝트 창에서 이루어지지만, 작업 창에 상관 없이 트랜스포트 패널을 열었다 닫을
수 있는 단축키 F2 정도는 외워두고 학습을 시작하는 것이 좋겠습니다.

1 트랜스포트 라인

트랜스포트 컨트롤은 프로젝트 존 상단의 도구 모음 줄, 하단의 트랜스포트 라인, 그리고 독립 창으로 제공되는 트
랜스포트 패널이 있습니다. 기본적으로 도구 모음 줄에는 보이지 않으며, 하단의 트랜스포트 라인과 독립 창 역시 화
면에 보이지 않게 감추고 작업 공간을 좀 더 넓게 사용할 수 있습니다. 모든 트랜스포트 컨트롤은 닫아 두고, 단축키
를 이용하는 것이 일반적이지만, 그 전까지는 자신이 편한 곳에 열어 놓는 방법은 알아야 할 것입니다.

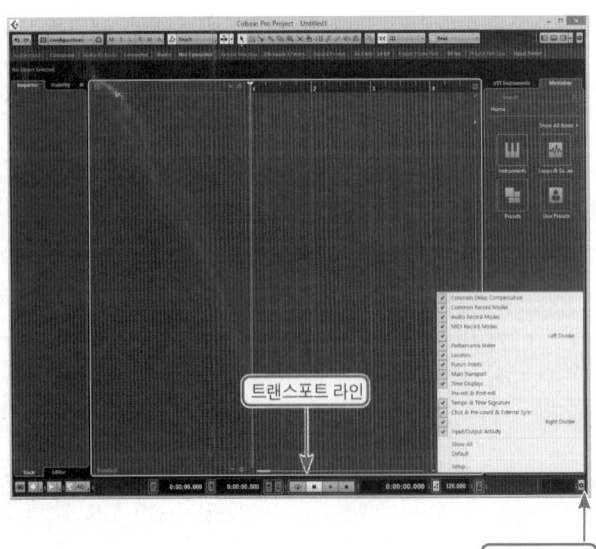

트랜스포트 라인

Setup Toolbar

01 프로젝트 아래쪽의 트랜스포트 라인은
왼쪽에 Contain Delay Compensation,
Common Record Modes, Audio Record
Modes, MIDI Record Modes, Automatic
MIDI Record Quantize, 가운데 Locator,
Punch Points, Main Transport, Tempo&Time
Signature, Click&Pre-count& External Sync,
오른쪽에 Input/Output Activity로 구성되어
있으며, 오른쪽 끝에 톱니 바퀴 모양의 Setup
Toolbar 버튼을 클릭하여 사용자가 원하는 것
으로 재구성 할 수 있습니다.

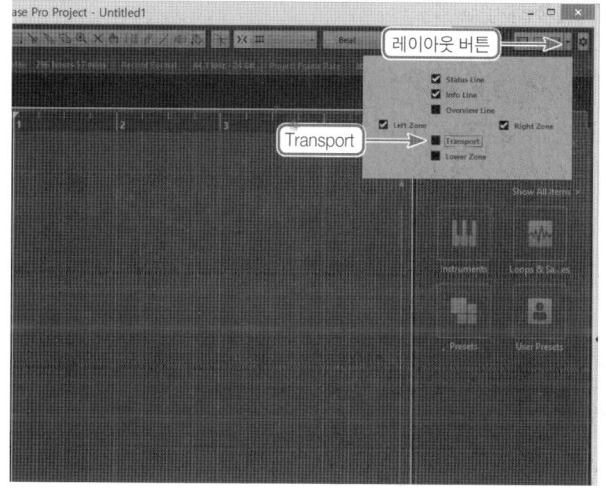

02 트랜트포트 라인을 감추고자 할 때는 도구 모음 줄 오른쪽의 작은 역삼각형 모양을 하고 있는 레이아웃 버튼을 클릭하여 옵션 창을 열고, Transport의 체크 표시를 해제하면 됩니다.

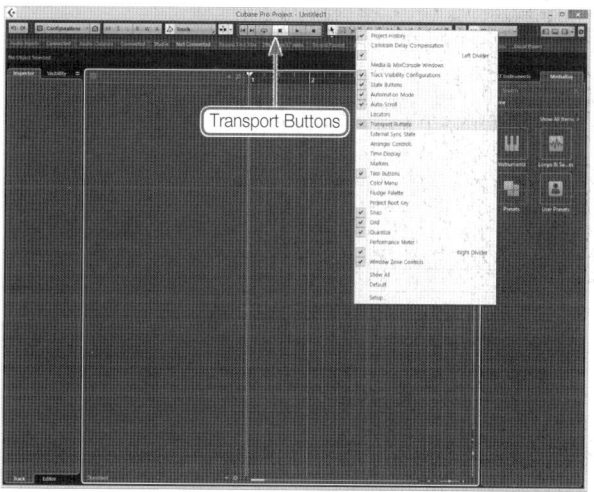

03 트랜스포트 컨트롤을 도구 모음 줄에 열고 싶은 경우에는 도구 모음 줄에서 마우스 오른쪽 버튼을 클릭하면 열리는 단축 메뉴에서 Transport Buttons을 선택합니다.

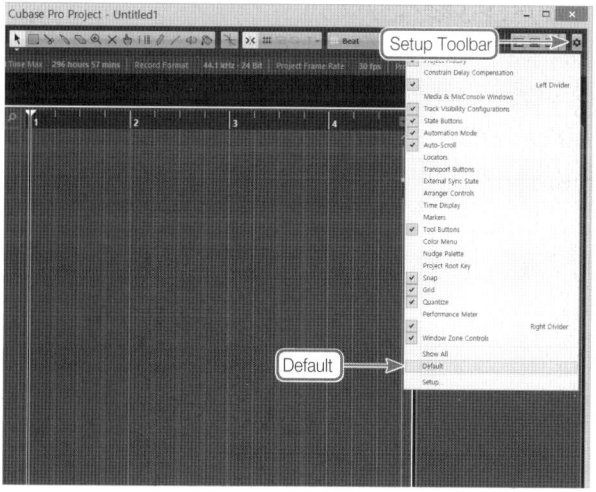

04 각 버튼의 역할은 트랜스포트 패널 및 프로젝트 편에서 자세히 다루겠습니다. 오른쪽 끝에 톱니 바퀴 모양의 Setup Toolbar 버튼을 클릭하여 메뉴를 열고, Default 프리셋을 선택하여 초기값으로 복구합니다. 마우스 오른쪽 버튼의 단축 메뉴와 Setup Toolbar의 기능은 동일한 것이며, 트랜스포트 라인에서도 마찬가지 입니다.

단축키 F2를 누르면 트랜스포트 패널을 독립된 창으로 열거나 닫을 수 있습니다. 각 버튼들의 기능은 프로젝트 상단의 도구 모음 줄에 열어 놓은 것이나 하단의 트랜스포트 라인과 동일합니다. 즉, 작업 상황이나 개인 취향에 따라 표시 위치만 다르게 설정하는 것입니다. 트랜스포트 패널을 구성하고 있는 컨트롤 기능을 살펴보기 전에 자신에게 필요한 것들로 재구성 할 수 있는 방법을 살펴보겠습니다.

01 트랜스포트 패널의 Default 프리셋은 Performance, Locators, Punch Points, Tempo & Time Signature, MIDI Activity, Audio Activity, Audio Level Control로 8개의 섹션을 열며, 초기 화면은 여기에 Record Mode와 Marker 섹션이 추가된 10개의 섹션으로 구성되어 있습니다.

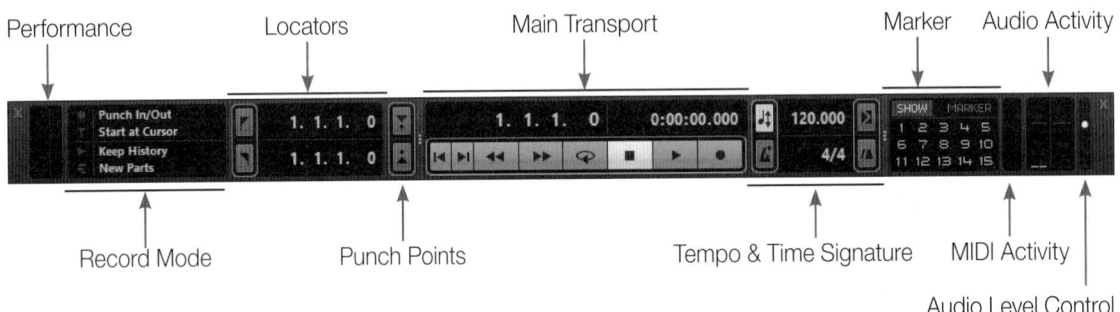

Performance　　Locators　　　Main Transport　　　Marker　Audio Activity

Record Mode　　Punch Points　　Tempo & Time Signature　MIDI Activity

Audio Level Control

02 초기 화면 외에 제공되는 섹션은 Virtual Keyboard, Arranger, Pre-roll & Post-roll이 있습니다. 참고로 Punch Points, Pre-roll & Post-roll, Tempo & Time Signature 섹션은 오른쪽에 3개의 점이 표시되어 있으며, 마우스 클릭으로 섹션을 열거나 닫을 수 있습니다.

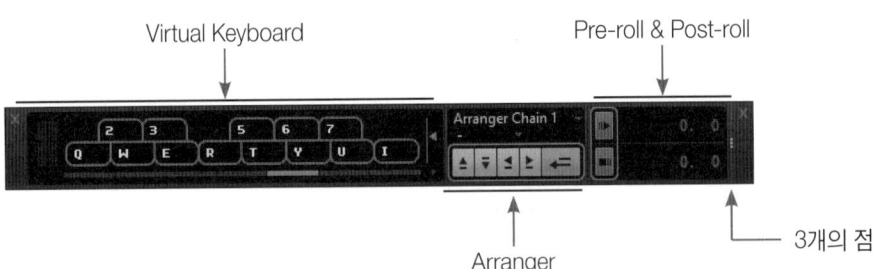

Virtual Keyboard　　　　Pre-roll & Post-roll

Arranger　　　3개의 점

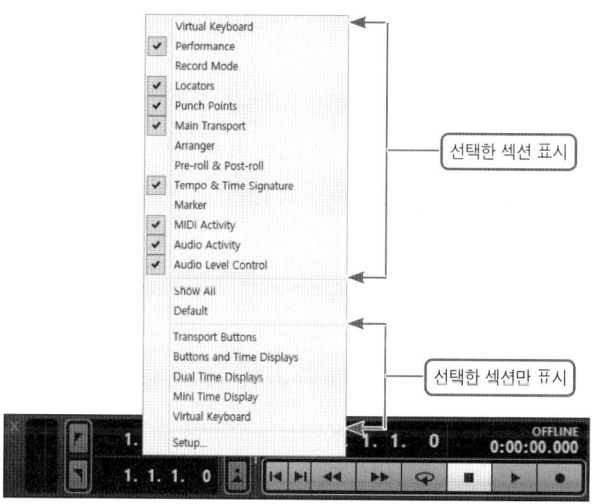

선택한 섹션 표시

선택한 섹션만 표시

03 트랜스포트 패널에서 마우스 오른쪽 버튼을 클릭하면 섹션을 구성할 수 있는 단축 메뉴가 열리며, Show All과 Default 프리셋 위쪽은 선택한 섹션을 표시하는 것이고, 아래쪽은 선택한 섹션만 표시합니다.

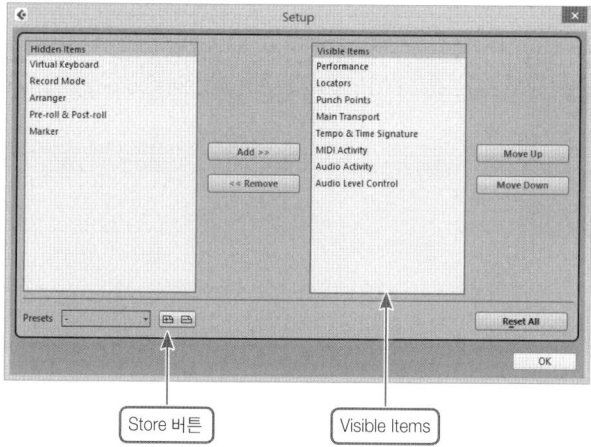

Store 버튼

Visible Items

04 단축 메뉴에서 Setup을 선택하면 사용자 프리셋을 만들 수 있는 창이 열립니다. 오른쪽의 Visible Items 목록이 표시되는 것들이며, Add 및 Remove 버튼으로 구성할 수 있습니다. Move Up/Down 버튼은 표시 순서를 결정하는 것이며, 사용자 프리셋은 Store 버튼을 클릭하여 저장할 수 있습니다.

사용자 프리셋

05 트랜스포트 패널에서 마우스 오른쪽 버튼을 클릭하여 단축 메뉴를 열어보면 사용자가 저장한 프리셋 이름이 추가된 것을 확인할 수 있습니다.

3 가상 키보드

지하철 안에서 노트북을 들고, 음악 작업을 하고 있을 때, 마스터 건반이 있었으면 좋겠다는 생각을 해본적이 있을 것입니다. 큐베이스와 누엔도에서는 가상 키보드(Virtual Keyboard)를 제공하여 컴퓨터 키보드를 마스터 건반처럼 사용할 수 있습니다. 익숙해지는데는 약간의 시간이 필요하겠지만, 매우 유용하게 사용할 수 있는 기능입니다.

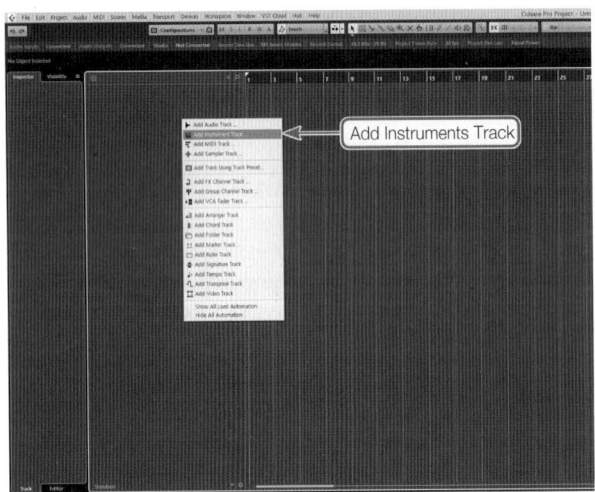

01 Create Empty로 새로운 프로젝트를 만들고, 트랙 리스트에서 마우스 오른쪽 버튼을 클릭하여 단축 메뉴를 엽니다. 그리고 Add Instruments Track을 선택합니다.

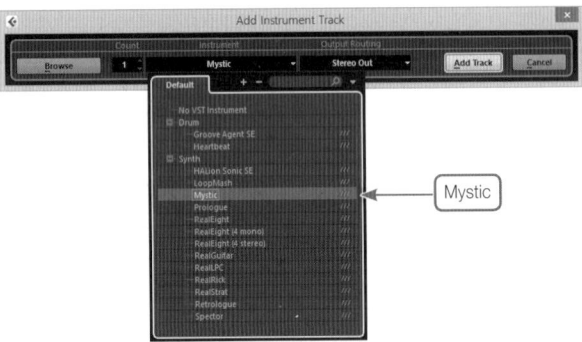

02 악기를 선택할 수 있는 Instrument Track configuration 창이 열립니다. Instrument 항목을 클릭하여 목록을 열고, Synth 폴더에서 큐베이스의 기본 악기인 Mystic을 선택합니다. 독자가 주로 사용하는 악기가 있다면, 해당 악기를 불러와도 좋습니다.

프로그램 항목

악기 카테고리

음색 목록

03 악기 패널의 프로그램 항목을 클릭하면 악기 음색이 카테고리 별로 정렬되어 있는 창이 열립니다. 적당한 카테고리의 음색을 선택합니다.

Vitraul Keyboard

04 트랜스포트 패널의 가상 키보드는 기본적으로 열려있지 않습니다. Device 메뉴의 Virtual Keyboard를 선택하거나 트랜스포트 패널의 단축 메뉴에서 Virtual Keyboard를 선택합니다. 가상 키보드를 열거나 닫는 단축키는 Alt + K 입니다.

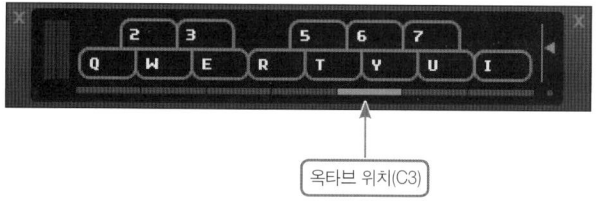

옥타브 위치(C3)

05 트랜스포트 패널 왼쪽에 각 키의 음 배열을 쉽게 알 수 있는 Virtual Keyboard 패널이 보이며, 옥타브의 위치는 키 아래쪽에서 선택합니다. 옥타브를 선택할 때는 마우스보다 키보드의 ←/→ 키가 편할 것입니다.

06 다음의 학교 종이 악보를 연주한다고 가정했을 때, T, T, Y, Y, T, T, E... 형식으로 컴퓨터 키를 누르면 됩니다. 직접 연주를 해보고, ✱ 키를 눌러 녹음도 해봅니다. 참고로 버추얼 키보드를 열었을 때는 재생과 정지 기능은 Space bar 키를 이용합니다.

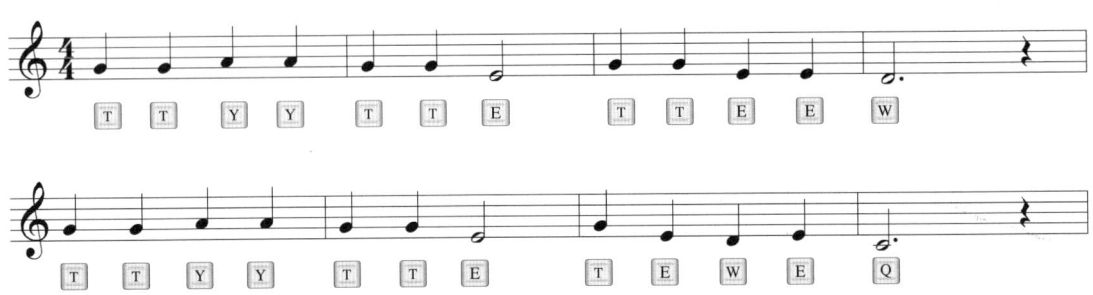

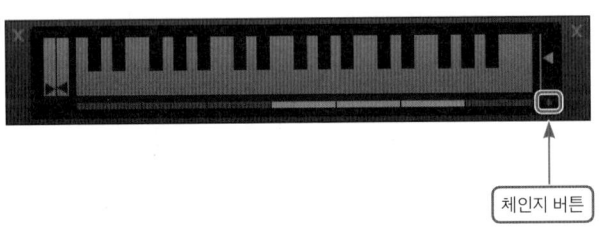

체인지 버튼

07 버추얼 키보드의 기본 모드는 한 옥타브 범위이기 때문에 실제 연주에서는 효과적이지 못합니다. Tab 키를 누르거나 체인지 버튼을 클릭하여 건반 모드로 바꿉니다. 옥타브 표시 항목을 보면, 3옥타브 범위인 것을 확인할 수 있습니다.

08 건반 모드일 경우에는 키보드의 Z 열을 포함하여 3옥타브 범위로 연주를 할 수 있기 때문에 왠만한 가요 정도는 물론이고, 양손을 모두 이용하는 피아노 및 드럼 연주까지 가능합니다.

S 열의 ; 키까지 한 옥타브 아래 연주

키보드 모드와 동일한 2열에서 0까지 사용 가능

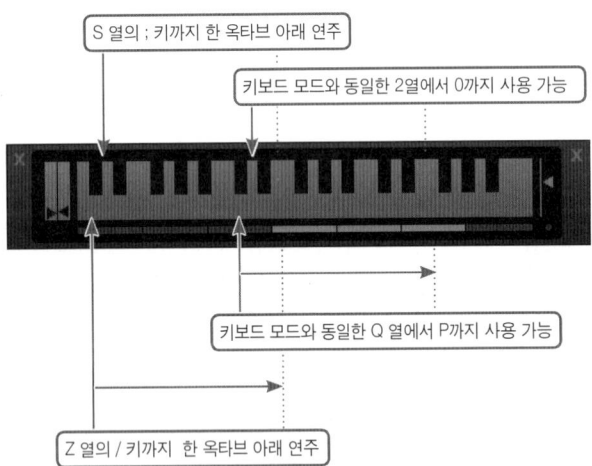

키보드 모드와 동일한 Q 열에서 P까지 사용 가능

Z 열의 / 키까지 한 옥타브 아래 연주

09 이번에는 검은 건반을 확인하는 의미로 검은 건반 연주가 많은 아리랑 입니다. 한쪽 손은 2, 3, 2, 3, 5, 6, 5, 6... 키의 멜로디를 연주하면서 다른 한 손은 G, D, X, G... 키로 베이스 음을 연주해보기 바랍니다. 버추얼 키보드로 화려한 연주를 할 일도 없고, 필요한 경우에는 두 번에 나누어 입력을 하면 되지만, 연습삼아 해보는 것입니다. 좀 더 익숙해지면, 아르페지오 연주도 가능해 질 것입니다.

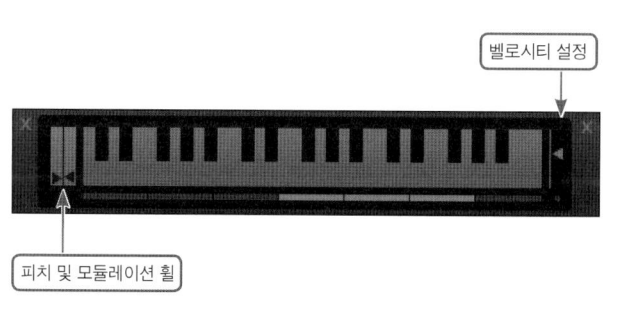

벨로시티 설정

피치 및 모듈레이션 휠

10 버추얼 키보드 오른쪽의 슬라이드는 벨로시티 값을 설정하는 것이고, 왼쪽의 두 슬라이드는 피치 휠과 모듈레이션 입력 장치를 시뮬레이션 하고 있는 것입니다. 건반을 누른 상태에서 위/아래로 드래그하여 모듈레이션 휠을 움직일 수 있고, 좌/우로 드래그하여 피치 휠을 움직일 수 있습니다. 정말 노트북로 음악을 만들 수 있는 시대가 된 것입니다.

4 시스템 사용량 모니터

트랜스포트 패널 가장 왼쪽에 위치한 ASIO Time Usage와 Disk Cache Usage 레벨 미터는 큐베이스 및 누엔도가 사용하는 컴퓨터 시스템 자원의 사용량을 표시합니다. 만약 이곳에 붉은색 경고 레벨이 보이는데도 확인하지 않은 상태에서 작업을 계속 하면, 시스템이 정지되어 작업한 내용을 잃어버릴 수 있습니다. VST를 사용할 때 마다 ASIO Time Usage와 Disk Cache Usage 레벨 미터를 확인하고, Ctrl+S 키를 자주 눌러 작업한 내용을 저장하는 습관을 들이기 바랍니다.

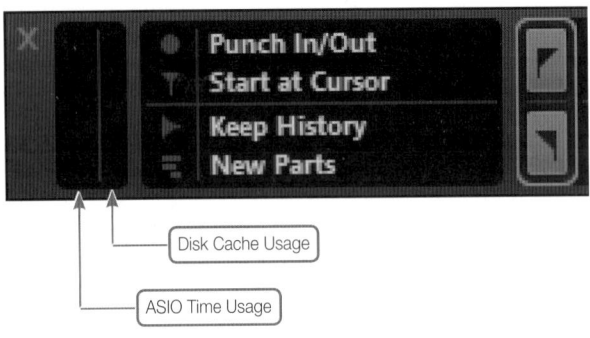

01 사용자 시스템에 따라 차이는 있지만, 음악 작업을 하면서 오디오 트랙 수가 늘어나고, VST 사용이 많아지면, ASIO Time Usage와 Disk Cache Usage 레벨 미터에 붉은 색 경고 레벨이 표시됩니다. 이 경우에는 사운드에 레이턴시 현상이 발생하거나 시스템이 정지되어 아무것도 할 수 없는 상태가 될 수 있으므로, 습관적으로 Ctrl+S 키를 눌러 프로젝트를 저장하는 것이 좋습니다.

😊 가정교사

오디오 트랙 및 VST를 많이 사용하지 않는데도 Average Audio-Processing Load 와 Disk Cache Load 레벨이 50%를 넘는다면, 컴퓨터 시스템을 업그레이드 할 필요가 있습니다.

02 보통은 트랜스포트 패널을 닫아 놓고, 작업을 하기 때문에 Performance 섹션은 프로젝트 창에 열어놓는 것이 일반적입니다. 도구 모음줄에서 마우스 오른쪽 버튼을 클릭하여 단축 메뉴를 열고, Performance Meter 를 선택하면 프로젝트 창에서 Average Audio-Processing Load 와 Disk Cache Load를 체크할 수 있습니다.

5 공동 녹음 모드

새로 녹음할 때 또는 이미 이벤트가 존재하는 트랙 위에서 녹음할 때 기존의 이벤트를 어떻게 처리할 것인지를 선택할 수 있는 것이 녹음 모드 섹션이며, 큐베이스는 Common, Audio, MIDI 및 MIDI Cycle의 3가지 녹음 모드를 제공합니다. 먼저 미디와 오디오 트랙에 공동으로 적용되는 Common Record Mode에 관해서 살펴보겠습니다. 옵션은 Punch In/Out, Re-Record, Start Recording at Cursor, Start Recording at Left Locator의 4가지를 제공합니다.

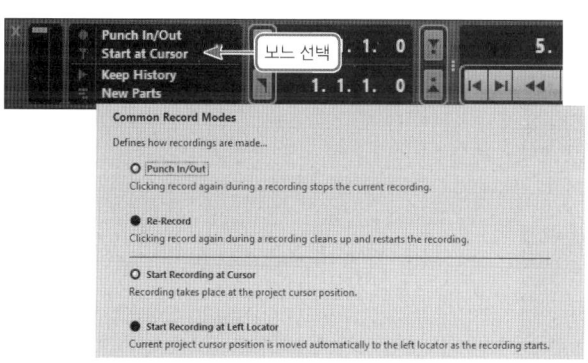

01 모드 선택

트랜스포트 패널의 녹음 모드 섹션은 기본적으로 공동 모드는 Punch In/Out과 Start at Cursor, 오디오 모드는 Keep History, 미디 모드는 New Parts로 선택되어 있으며, 각 항목을 클릭하면 모드를 변경할 수 있습니다.

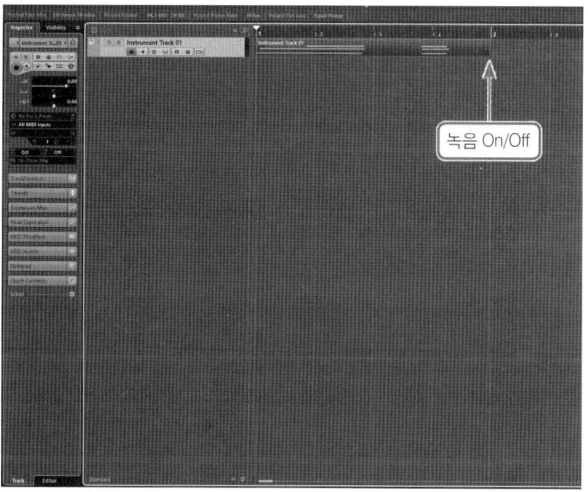

02 Punch In/Out

Punch In/Out은 기본적으로 녹음을 진행하는 도중에 키를 이용해서 녹음 기능을 On/Off 할 수 있는 모드 입니다.

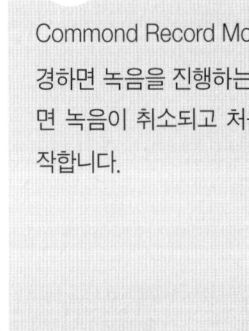

03 Re-Record

Commond Record Mode를 Re-Record로 변경하면 녹음을 진행하는 도중에 ⊡ 키를 누르면 녹음이 취소되고 처음부터 다시 녹음을 시작합니다.

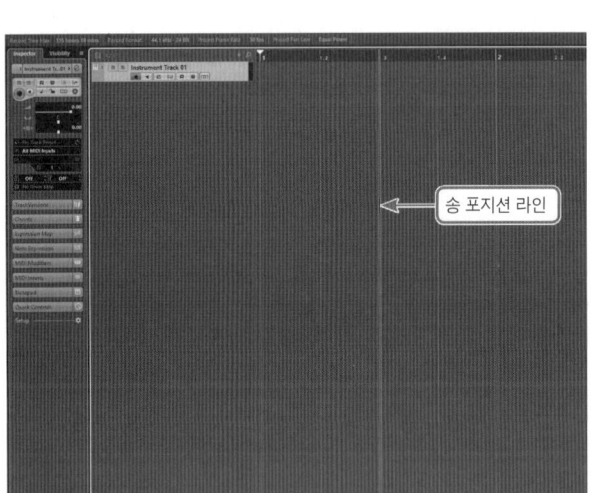

04 Start Recording at Cursor

Common Record Modes에서 기본적으로 선택되어 있는 Start Recording at Cursor는 녹음 키를 누르면 송 포지션 라인 위치에서부터 녹음이 시작되도록 합니다. 송 포지션 라인은 룰러 라인을 클릭하여 위치시킬 수 있습니다.

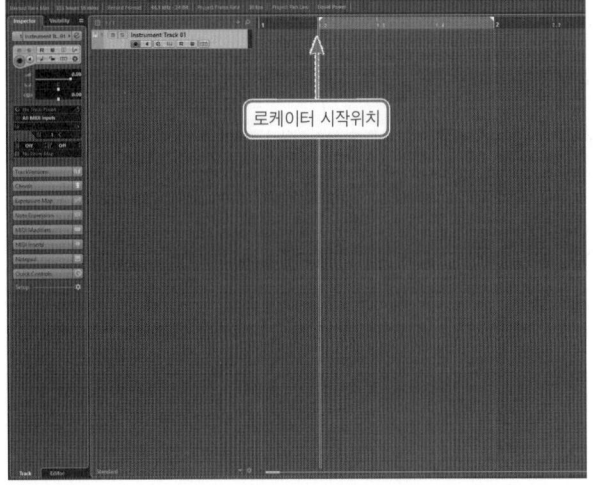

05 Start Recording Left Locator

Commond Record Mode를 Start Recording Left Locator로 변경하면 녹음 키를 누르면 로케이터 시작 위치에서부터 녹음이 시작되도록 합니다. 로케이터 구간은 송 포지션 라인을 드래그하여 설정할 수 있습니다.

6 미디 녹음 모드

New Part, Merge, Replace의 3 가지 옵션이 있는 MIDI Record Mode는 파트가 있는 트랙에서 녹음할 때, 새롭게 녹음하는 이벤트가 어떤 방법으로 겹치게 할 것인지를 선택합니다. New Part는 기존 파트 위에 새로운 파트를 만들어 겹치게 하고, Merge는 기존 파트에 새로운 이벤트를 합칩니다. 그리고 Replace는 기존 파트를 제거합니다. 각 모드의 차이점을 비교해 보겠습니다.

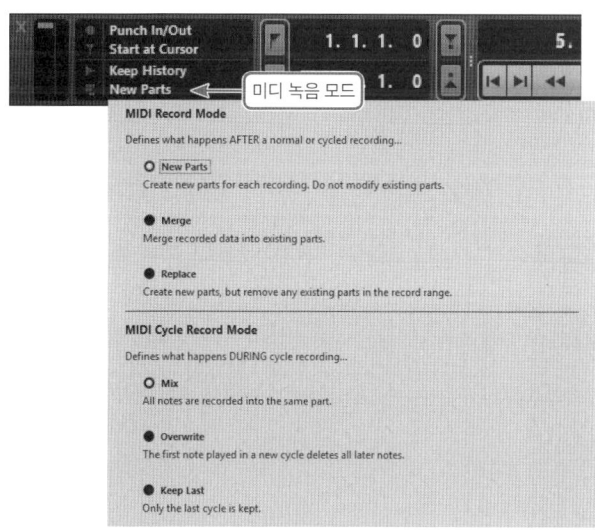

미디 녹음 모드

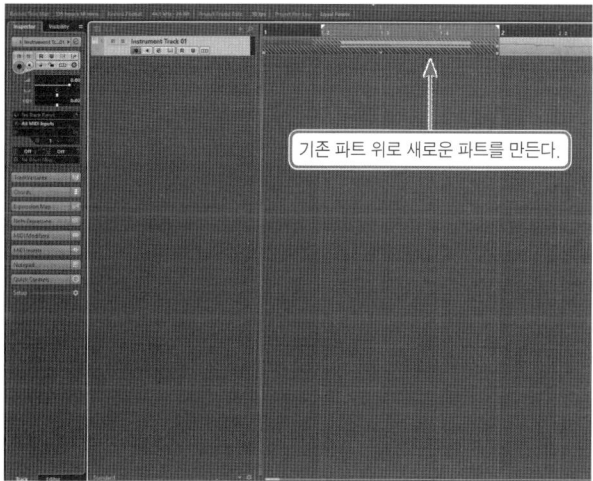

기존 파트 위로 새로운 파트를 만든다.

01 New Part

기본적으로 선택되어 있는 New Parts는 녹음을 할 때 항상 새로운 파트를 만듭니다. 미디 파트가 있는 트랙에 새로운 미디 이벤트를 녹음한다고 가정합니다. MIDI Record Mode가 New Part 인지를 확인합니다.

02

이미 파트가 있는 트랙에서 녹음을 해보면 새로 녹음하는 미디 이벤트는 새로운 파트로 생성되는 것을 확인할 수 있습니다. 참고로 미디 파트는 밑에 감춰진 파트도 소리가 함께 납니다.

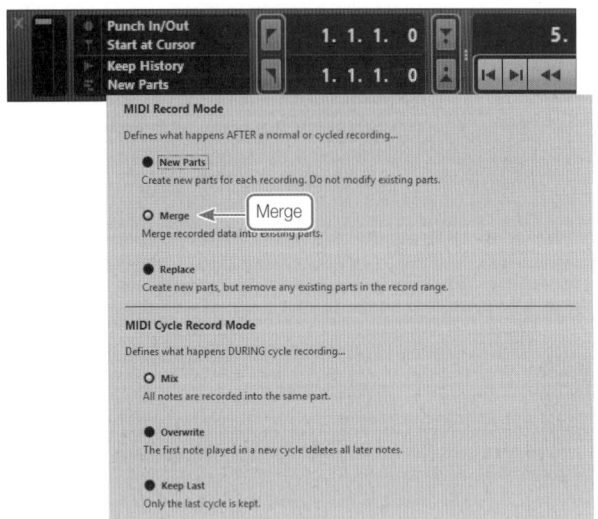

03 Merge

Ctrl + Z 키를 눌러 앞에서 녹음한 이벤트를 취소합니다. 그리고 MIDI Record Mode 모드를 Merge 모드로 바꿉니다.

새로 녹음하는 데이터가 혼합된다

04

키보드 숫자열의 별표 키를 눌러 녹음을 해보면, 기존 파트에 새로 녹음하는 미디 이벤트가 혼합되는 것을 확인할 수 있습니다. 드럼 파트를 나누어 연주할 때 유용한 모드입니다.

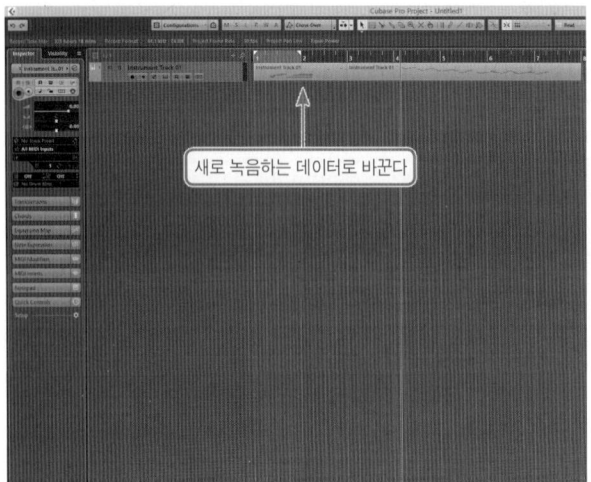

새로 녹음하는 데이터로 바꾼다

05 Replace

Ctrl + Z 키를 눌러 앞에서 녹음한 이벤트를 취소합니다. 그리고 MIDI Record Mode 모드를 Replace 모드로 바꾸고, 녹음을 해보면 기존의 파트가 새로 녹음하는 이벤트로 바뀌는 것을 확인할 수 있습니다. 이벤트를 수정할 때 유용한 모드 입니다.

7 미디 반복 녹음 모드

Mix, Overwrite, Keep Last, Stacked, Mix-Stacked의 5 가지 옵션이 있는 MIDI Cycle Record Mode는 일정 구간을 반복 녹음 할 때, 녹음하는 이벤트를 어떻게 처리할 것인지를 선택하는 모드 입니다. MIX는 입력하는 미디 정보들을 추가하고, Overwrite는 교체합니다. 그리고 Keep Last는 마지막에 반복 녹음한 이벤트를 제외시키고, Stacked와 Mix-Stacked는 반복하는 모든 이벤트를 기록합니다.

룰러 라인에서 마우스 드래그

01 Mix

미디 트랙을 하나 만들고, 프로젝트 창의 룰러 라인에서 눈금이 있는 부분에 마우스를 위치하면 마우스가 연필 모양으로 바뀝니다. 이때 원하는 길이를 드래그하여 로케이터 구간을 설정합니다.

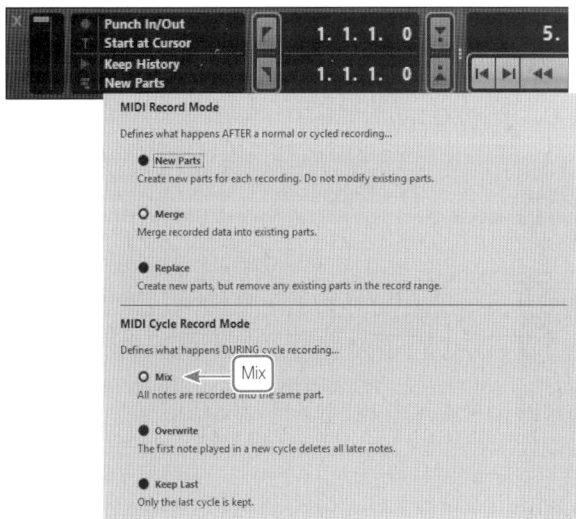

02 트랜스포트 패널에서 사이클 버튼을 클릭하여 로케이터 구간이 반복되게하고, 미디 녹음 모드의 아래쪽에 있는 MIDI Cycle Record Mode에서 MIX가 선택되어 있는지 확인합니다.

녹음하는 이벤트가 하나의
파트에 모두 기록된다

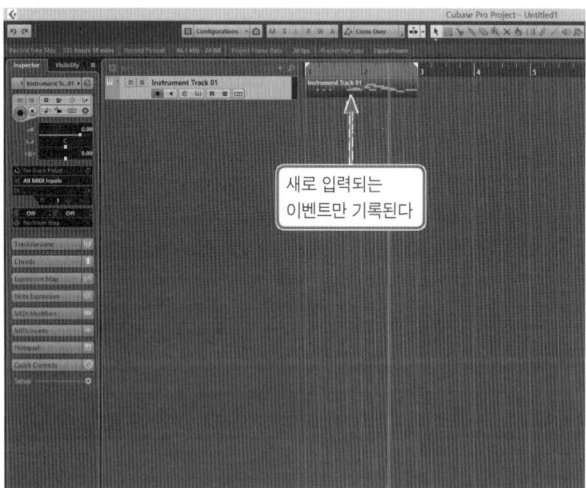

새로 입력되는
이벤트만 기록된다

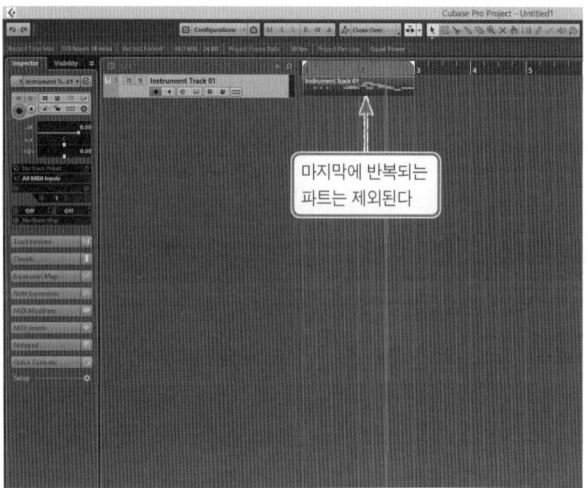

마지막에 반복되는
파트는 제외된다

03 키보드 숫자열의 [*] 키를 눌러 녹음을
합니다. 로케이터 범위가 반복되면서
녹음이 되고, 녹음하는 모든 이벤트가 하나의
파트에 기록됩니다. 한 번에 연주하기 어려운 드
럼과 같은 악기를 녹음할 때 편리합니다.

04 Overwrite

[Ctrl]+[Z] 키를 눌러 녹음한 이벤트를 취소하고,
MIDI Cycle Record Mode에서 Overwrite를
선택합니다. 그리고 녹음을 해보면 MIX와는 다
르게 기존의 이벤트는 삭제되고, 새롭게 입력하
는 이벤트만 기록하는 것을 확인할 수 있습니
다. 마음에 드는 연주를 찾을 때까지 반복해서
녹음할 때 편리합니다.

05 Keep Last

[Ctrl]+[Z] 키를 눌러 녹음한 이벤트를 취소하고,
MIDI Cycle Record Mode에서 Keep Last를
선택합니다. 그리고 녹음을 해보면 마지막에 반
복되는 파트가 제외되는 것을 확인할 수 있습니
다. 마지막에 빈 파트가 만들어지는 것을 방지
합니다.

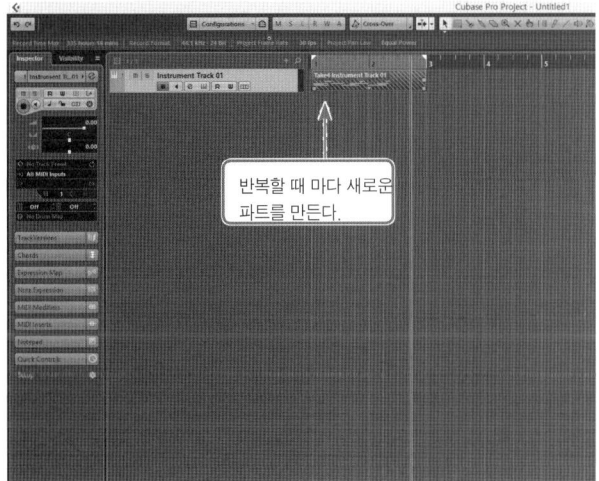

반복할 때 마다 새로운
파트를 만든다.

06 Stacked

Ctrl + Z 키를 눌러 녹음한 이벤트를 취소하고,
MIDI Cycle Record Mode에서 Stacked를 선
택합니다. 그리고 녹음을 해보면 반복 녹음하는
파트들이 새롭게 생성되는 것을 확인할 수 있습
니다.

Show Lanes

07

인스펙터 패널의 Show Lanes 버튼을
ON으로 하면 반복 녹음한 파트들이 라
인으로 표시되는 것을 확인할 수 있으며, 각 파
트별로 편집하여 하나의 완성된 연주를 구현할
수 있습니다.

뮤트되지 않는다

08 Mix-Stacked (No Mute)

마지막 Mix-Stacked 모드는 앞에서 살펴본
Stacked 모드와 동일합니다. 단, 반복 녹음할
때 이전 파트를 뮤트하지 않는다는 차이가 있습
니다.

8 오디오 녹음 모드

Audio Record Mode에는 오디오 녹음을 할 때 적용되는 Keep History, Cycle History+Replace, Replace의 3가지 모드를 제공합니다. 기본값 Keep History는 녹음을 할 때 마다 새로운 파트를 만들고, Cycle History+Replace는 반복 녹음을 진행할 때 기존에 만들어진 파트를 제거하고, 새로 반복되는 파트들을 만듭니다. 그리고 Replace는 반복될 때 마다 기존의 파트를 제거하고 마지막에 녹음한 내용만 새로운 파트로 만듭니다.

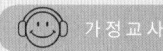
Remove Selected Tracks

01 미디 녹음 모드를 실습하던 트랙은 마우스 오른쪽 버튼으로 클릭하여 단축 메뉴를 열고, Remove Selected Tracks을 선택하여 삭제합니다.

가정교사

선택한 트랙을 삭제하는 단축키는 Shift+Delete 입니다.

Add Track

02 트랙 리스트에서 마우스 오른쪽 버튼을 클릭하여 단축 메뉴를 열고, Add Audio Track을 선택하여 창을 엽니다. 그리고 Add Track 버튼을 클릭하여 하나의 오디오 트랙을 만듭니다.

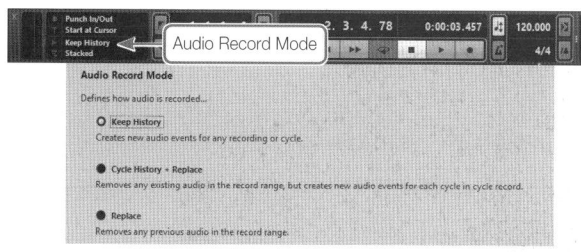

03 Keep Histroy

Audio Record Mode가 Keep History인 것을 확인하고 반복 녹음을 시도해 봅니다. 녹음되는 이벤트들이 새로운 Take로 생성되는 것을 확인할 수 있습니다.

04 Cycle Histroy+Replace

Audio Record Mode를 Cycle History +Replace로 변경하고, 녹음을 다시 시도합니다. 앞에서 녹음한 Take가 제거되고, 새로 반복되는 Take가 생성되는 것을 확인할 수 있습니다. Show Lanes 버튼을 On으로 해서보면 쉽게 구분할 수 있습니다.

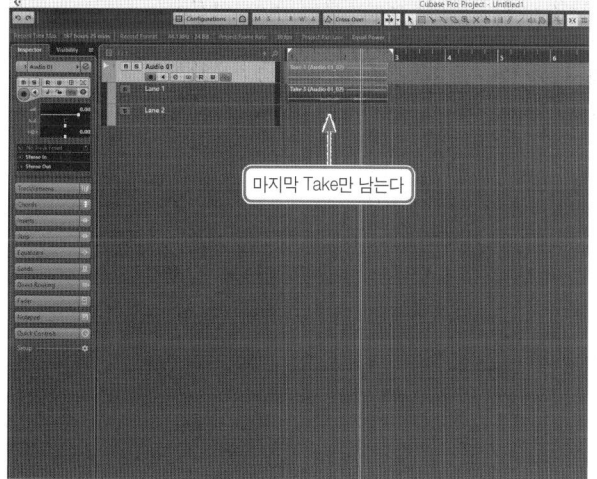

05 Replace

Audio Record Mode를 Replace로 변경하고, 녹음을 시도해 봅니다. 마지막에 녹음한 Take가 남는 것을 확인할 수 있습니다. 각 녹음 모드의 차이점을 정확히 이해하고, 작업을 응용할 수 있기를 바랍니다.

9 자동 퀀타이즈

미디 녹음 모드의 Auto Quantize 옵션은 리얼 타임으로 입력하는 미디 이벤트를 자동으로 퀀타이즈할 것인지의 여부를 결정하는 기능입니다. 퀀타이즈 기능을 이용해서 곡을 완성하면 어딘가 비어있는 느낌이 들기 때문에 대부분의 뮤지션들은 곡의 일부분에서만 제한적으로 이용하고 있지만, 댄스 뮤직의 드럼 루프와 같이 전체적인 퀀타이즈가 상관없는 경우에는 자동 퀀타이즈 기능을 이용해서 미디 이벤트를 입력하면 편리합니다.

01 트랙 리스트에서 마우스 오른쪽 버튼을 클릭하여 Add Instruments Track을 선택합니다. 하드웨어 악기를 가지고 있는 사용자는 Add MIDI Track을 선택하여 미디 트랙을 만들어도 좋습니다.

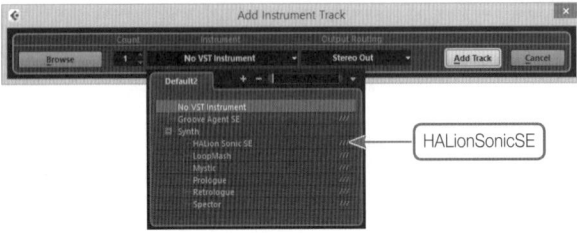

02 트랙을 만들면서 악기를 장착할 수 있는 Add Instrument Track 창이 열립니다. Instrument 항목을 클릭하여 목록을 열고, 큐베이스와 누엔도에서 제공하는 HALion Sonic SE을 선택합니다.

03 1번 슬롯의 Load Program 버튼을 클릭하여 적당한 음색을 로딩합니다. 실습에서는 GM 모드 드럼 음색인 Rock Standard Kit1을 선택하고 있습니다. 프로그램 목록을 카테고리 타입으로 표시하려면 왼쪽 하단의 Catefories 옵션을 체크합니다.

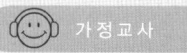

04 녹음 단축키인 * 키를 누르고 간단한 드럼 패턴을 연주합니다. 그림에서는 GM 모드 악기의 베이스 드럼에 해당하는 C1 노트를 연주하고 있습니다.

😊 **가정교사**

일반적으로 가운데 도를 C4로 부르지만, 큐베이스 및 누엔도에서는 가운데도를 C3로 표시하며, 본서에서도 가운데 도를 C3로 표시하므로, 착오없길 바랍니다.

05 녹음한 파트를 더블 클릭하여 키 에디터를 열어봅니다. 연주자에 따라 다르겠지만, 녹음한 노트가 스넵 라인에서 조금씩 어긋나 있는 것을 확인할 수 있습니다.

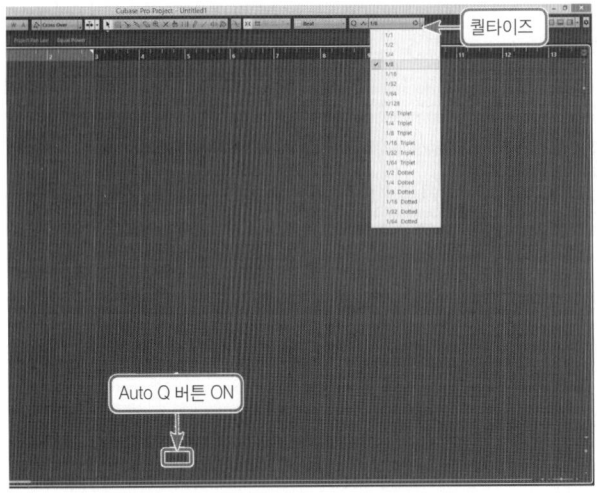

Auto Q 버튼 ON

퀀타이즈

06 Ctrl + Z 키를 눌러 녹음한 이벤트를 취소합니다. 도구 모음 줄의 퀀타이즈 항목에서 원하는 비트를 선택합니다. 그림에서는 1-8 Note를 선택하고 있습니다.

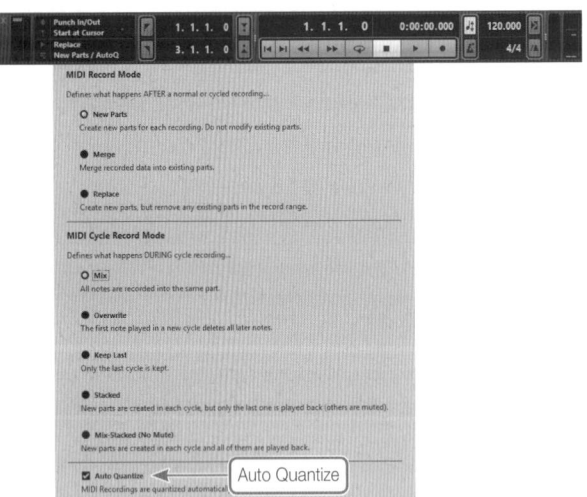

 Auto Quantize

07 미디 녹음 모드 선택 메뉴를 열면 맨 아래쪽에 입력 사운드를 실시간으로 퀀타이즈 시킬 수 있는 Auto Quantize 옵션을 제공합니다. 옵션을 체크합니다.

가정교사

노트를 정확한 박자에 맞춰주는 퀀타이즈 기능은 연주가 서툰 입문자들이 가장 좋아하는 기능입니다. 하지만, 음악이 기계적으로 연주된다는 단점이 있기 때문에 댄스곡의 드럼 연주나 프레이즈의 시작 위치 정도만 맞추는 것이 좋습니다.

08 앞에서와 같은 방법으로 드럼 패턴을 녹음하고, 파트를 더블 클릭하여 키 에디터를 열어보면 퀀타이즈 기능에 의해서 녹음한 노트가 스냅 라인에 정확하게 일치되어 있는 것을 확인할 수 있습니다.

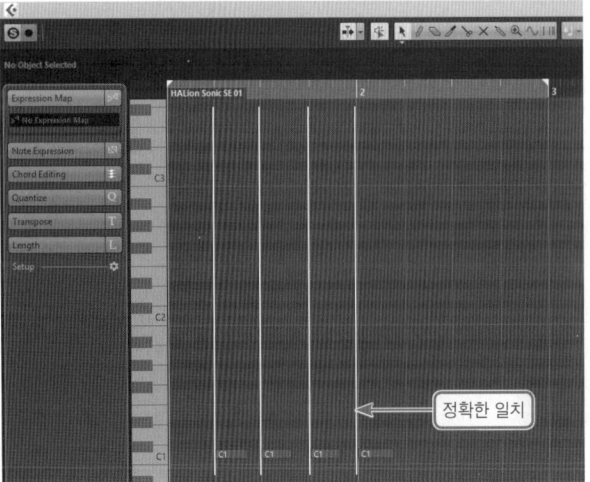

정확한 일치

10 반복 구간 설정

Locator 표시 창은 반복 구간, 펀치 IN/OUT 구간의 위치를 표시하거나 설정하는 역할을 합니다. 상단은 시작 위치를 표시하고, 하단에 있는 것은 끝 위치를 표시합니다. 로케이터 구간은 룰러 라인에서 직접 설정하는 방법을 더 많이 사용하므로, 이것에 관해서도 살펴보겠습니다.

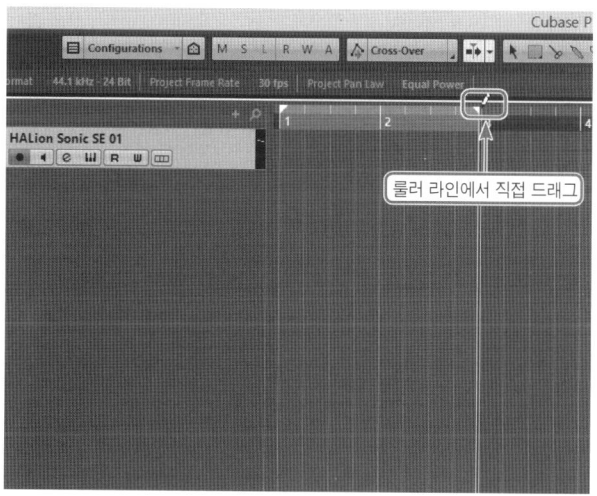

01 룰러 라인에 보면 마디와 박자를 표시하는 눈금이 있습니다. 이 부분에 미우스를 가져가면 포인트가 연필 모양으로 바뀌는 위치가 있습니다. 이때 마우스를 드래그하여 로케이터 구간을 설정할 수 있습니다.

02 로케이터 구간을 설정한 경우, 로케이터 구간 안쪽에 마우스를 위치하면 포인트가 손 모양으로 바뀌는 위치가 있습니다. 이때 드래그하여 로케이터 구간의 위치를 변경할 수 있습니다.

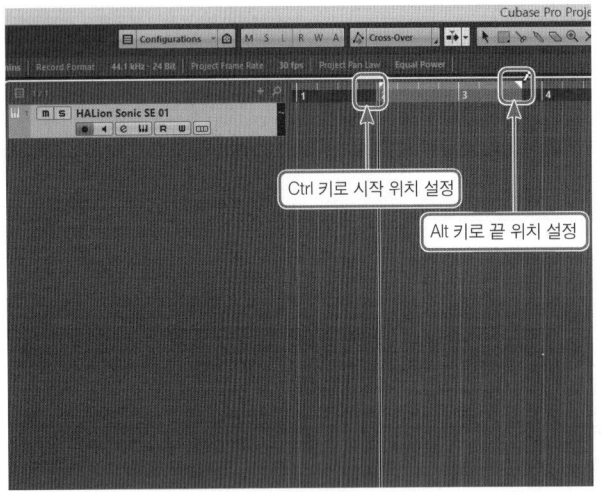

Ctrl 키로 시작 위치 설정

Alt 키로 끝 위치 설정

마우스 드래그로 범위 조정

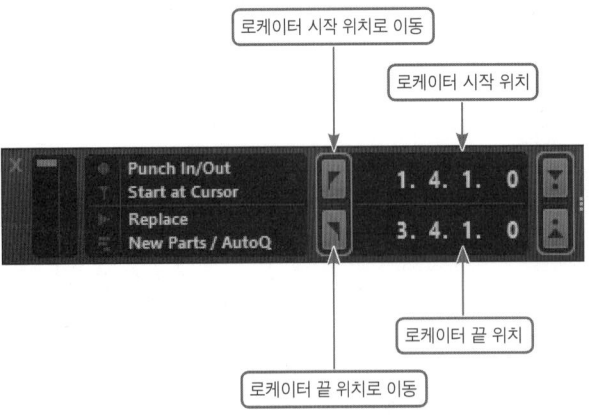

로케이터 시작 위치로 이동

로케이터 시작 위치

로케이터 끝 위치

로케이터 끝 위치로 이동

03  키를 누른 상태에서 룰러 라인을 클릭하면 로케이터의 시작 위치를 설정할 수 있고, Alt 키를 누른 상태에서 룰러 라인을 클릭하면 로케이터의 끝 위치를 설정할 수 있습니다.

가정교사

로케이터의 시작과 끝 위치를 반대로 설정하면, 곡을 연주할 때 설정된 구간을 건너뛰는 역할을 합니다.

04 룰러 라인에서 로케이터 구간의 시작과 끝 위치를 보면 작은 삼각형 표시가 있습니다. 이것을 드래그하여 로케이터 구간의 범위를 변경할 수 있습니다.

05 트랜스포트 패널의 로케이터 섹션은 위쪽이 시작 위치이고, 아래쪽이 끝 위치입니다. 위치는 직접 입력하거나 마우스 휠로 조정할 수 있으며, Go to 버튼을 클릭하면 송 포지션 라인을 로케이터 시작 및 끝 위치로 이동시킬 수 있습니다.

가정교사

로케이터의 시작 및 끝 위치로 이동하는 단축키는 숫자열의 1번과 2번 입니다.

완벽을 추구하는 편치 녹음

Punch In/Out 버튼은 사용자가 원하는 부분에서만 녹음이 이루어지게 하는 편치 녹음 기능으로 마음에 들지 않는 부분을 수정할 때 많이 사용합니다. 예를 들어 가수의 녹음을 마치고, 모니터를 해보니 전체적으로 마음에 들기는 하지만, 한 부분이 마음에 들지 않는다고 가정을 해봅시다. 이때 새로운 트랙을 만들어 마음에 들지 않는 부분을 다시 녹음하고, 먼저 녹음한 부분을 삭제한 다음, 새로 녹음한 부분을 가져다 놓는 방법을 사용해도 되지만, 새로 녹음할 때부터 편치 기능을 이용하면 녹음과 수정을 동시에 할 수 있기 때문에 편리합니다.

로케이트 범위 설정

01 새로운 프로젝트에 오디오 트랙을 하나 만들어 자신의 목소리를 녹음해봅니다. 그리고 특정 부분을 앞에서 살펴본 다양한 방법 중에서 독자가 편하다고 생각하는 방법으로 로케이터 범위를 설정합니다.

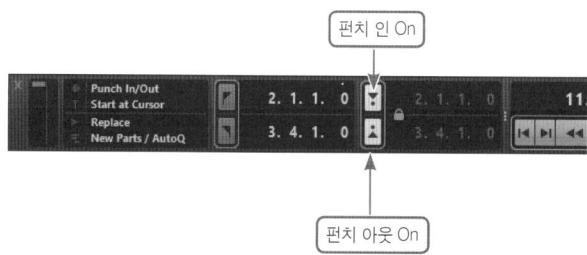

편치 인 On

편치 아웃 On

02 룰러 라인을 클릭하여 송 포지션 라인을 로케이터 범위 시작 이전에 위치하고, 편치 인/아웃 버튼을 클릭합니다.

로케이터 구간에서만 녹음됨

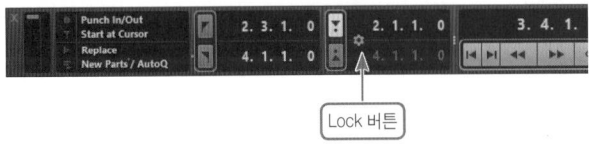

Lock 버튼

03 이제 녹음 버튼을 클릭하는 것이 아니라 연주 버튼 또는 숫자열의 Enter 키를 누릅니다. 로케이터로 설정한 부분에서 자동으로 녹음이 시작되고, 끝나는 것을 확인할 수 있습니다.

04 펀치 인/아웃 섹션에서 자물쇠 모양 Lock 버튼을 Off 하면 로케이터 범위와 별도로 펀치 인/아웃 구간을 설정할 수 있습니다. 룰러 라인에 주황색 역삼각형 모양의 펀치 포인트가 보입니다.

Tip 녹음 모드 선택 버튼

공동 녹음 모드

오디오 녹음 모드

미디 녹음 모드

오토 퀀타이즈

프로젝트 로우 존의 트랜스포트 라인을 열어 놓은 경우라면 공동 녹음 모드, 오디오 녹음 모드, 미디 녹음 모드, 오토 퀀타이즈 버튼을 바로 선택할 수 있는 버튼을 볼 수 있습니다.

Preroll과 Postroll 버튼은 연주 또는 녹음을 할 때 모니터 할 구간을 설정하는 기능입니다. 프리롤과 포스트롤은 연주 보다는 녹음을 할 때 많이 사용합니다. 녹음을 하는 위치 이전 음악을 연주자 또는 보컬에게 들려줌으로써 카운터의 역할을 수행할 수 있고, 감정을 놓치지 않게 할 수 있습니다.

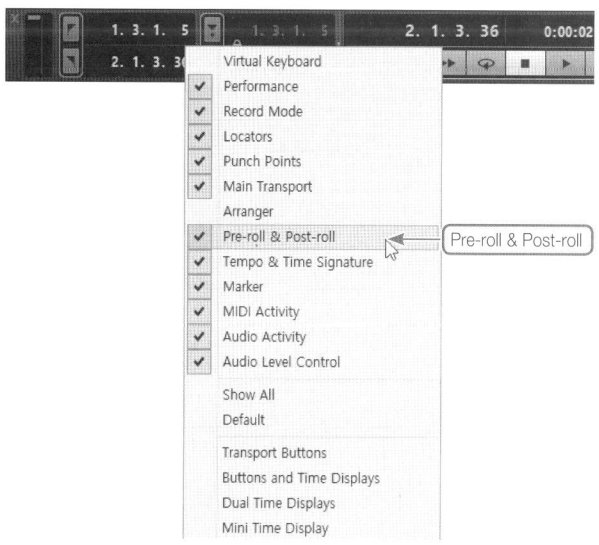

01 Pre-Roll & Post-Roll 섹션을 기본 프리셋에 열려 있지 않습니다. 트랜스포트 패널에서 마우스 오른쪽 버튼을 클릭하여 단축 메뉴를 열고, Pre-Roll & Post-Roll 섹션을 선택합니다.

02 녹음을 4마디 위치에서부터 다시 한다고 가정합니다. 그래서 송 포지션 라인을 4마디에 놓고 녹음을 시작하면 4마디 위치에서 녹음을 바로 시작합니다. 하지만, 이것이 보컬이나 연주 녹음이라면 녹음을 시작하는 위치 이전의 음악을 들려줘야 할 것입니다.

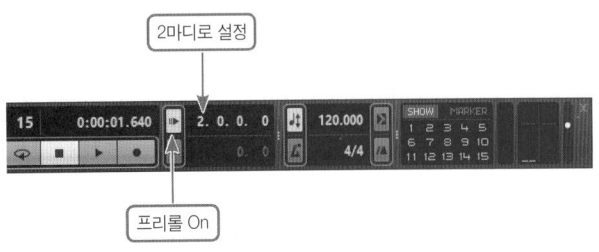

2마디로 설정

프리롤 On

03 그래서 대부분은 송 포지션 라인을 2마디 전 위치에 놓고 녹음을 시작합니다. 하지만, 하드 용량 낭비는 물론이고, 녹음하는 위치까지 모니터 되지 않는 불편함이 있습니다. 이것에 대한 해결책으로 Pre-roll을 2마디로 설정하고, ON 버튼을 클릭합니다.

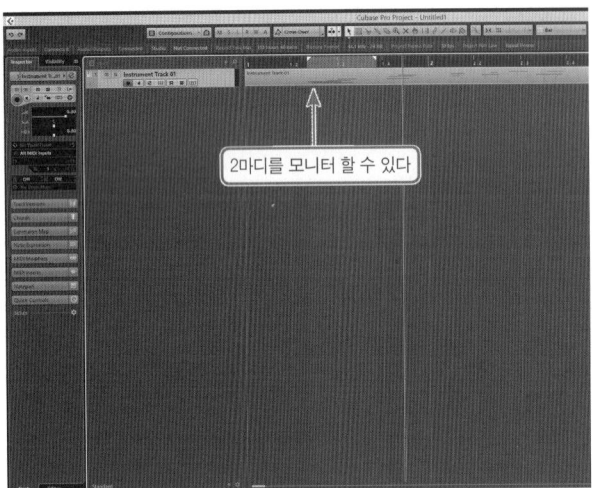

2마디를 모니터 할 수 있다

04 이제 송 포지션 라인을 4마디에 위치하고, 녹음을 시작하면 프리롤에서 설정한 2마디 이전에서부터 연주가 되고, 4마디 위치에서 녹음이 시작되는 것을 확인할 수 있습니다.

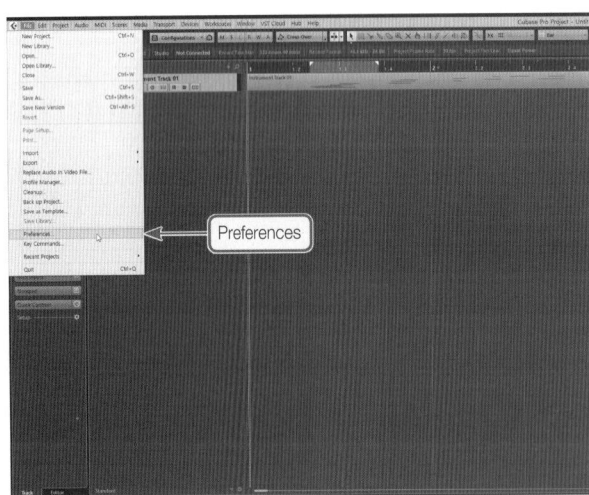

Preferences

05 Post-roll은 쉽게 짐작할 수 있듯이 녹음을 완료한 후에 원하는 범위를 모니터 할 수 있게 합니다. 이것을 실험해보기 위해서 File 메뉴의 Preferences를 선택합니다.

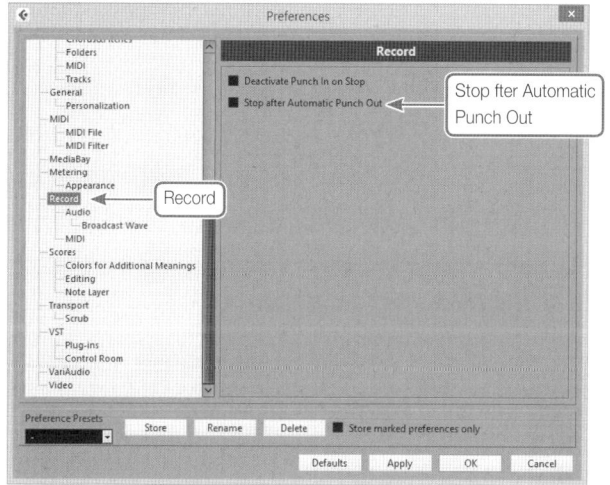

06 Preferences 창에서 Record 카테고리를 선택하고, Stop after Automatic Punch Out 옵션을 체크합니다. 이것은 펀치 아웃 위치에서 녹음을 자동으로 정지하게 하는 옵션입니다.

07 Preferences 창은 OK버튼을 클릭하여 닫고, 펀치 아웃 버튼을 클릭하여 ON 으로 놓습니다. 이제 녹음을 시작하면 자동으로 펀치 아웃 위치에서 정지하는 것을 확인할 수 있습니다.

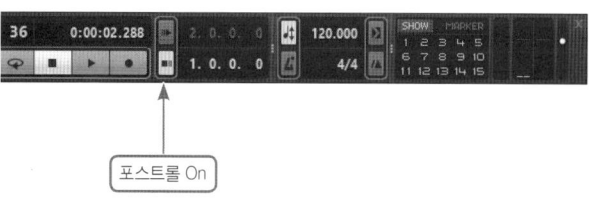

08 포스트롤 값을 1.0.0.0으로 설정하고, 버튼을 클릭하여 ON으로 놓습니다. 그리고 녹음을 해보면 펀치 아웃 지점에서 녹음은 종료되지만, 그 뒤로 한 마디를 더 모니터 할 수 있다는 것을 확인할 수 있습니다.

메인 트랜스포트 섹션의 Primary Time displayer와 Secondary Time displayer는 각각 서로 다른 단위를 표시할 수 있습니다. 기본적으로 표시하는 Bars+Beats는 마디, 박자, 비트, 틱 단위로 음악 편집에 있어서 아주 중요한역할을 하는 것이므로, 초보 학습자는 반드시 이해하고 있어야 합니다. 여기서는 Bars+Beats 각각의 단위가 무엇을나타내는지 살펴보겠습니다.

01 첫 번째 단위는 마디를 나타냅니다. 마디는 룰러 라인에 숫자로 표시되어 있으므로 쉽게 구분할 수 있습니다. 그림은 송 포지션 라인이 5마디 위치에 있다는 것을 나타내고 있으며, 오른쪽에 위치한 세컨 디스플레이는 8초라는 시간 단위를 표시하고 있습니다.

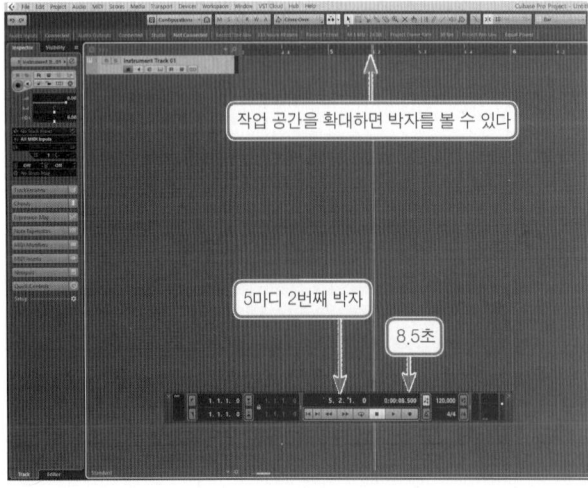

02 두 번째 단위는 박자를 나타냅니다. 큐베이스 기본값인 4/4박자의 경우 한 마디를 4분 음표 단위로 4등분 한다는 것이므로각 박자의 표시 방법은 1, 2, 3, 4 로 표시합니다. 룰러 라인에서도 작은 글씨로 박자 표시를확인할 수 있습니다. 그림은 5마디의 2번 째 박자에 송 포지션 라인이 위치하고 있다는 것을나타내고 있으며, 세컨 디스플레이는 8.5초라는 시간 단위를 표시하고 있습니다.

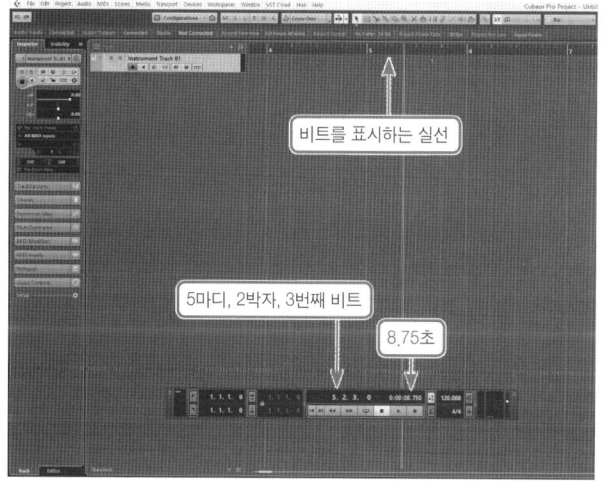

비트를 표시하는 실선

5마디, 2박자, 3번째 비트

8.75초

03 세 번째 단위는 비트를 나타냅니다. 기본 비트는 16비트입니다. 즉, 한 박자를 4개의 단위로 나눕니다. 룰러 라인을 보면 가는 실선으로 비트 단위가 표시되어 있습니다. 만일 작은 실선이 보이지 않는다면 [Ctrl] 키를 누른 상태로 마우스 휠을 돌려 작업 공간을 확대합니다. 그림은 송 포지션 라인이 5마디 2번째 박자에서 3번째 비트에 해당하는 위치에 있다는 것을 표시하고 있으며, 세컨 디스플레이는 8.75 초라는 시간 단위를 표시하고 있습니다.

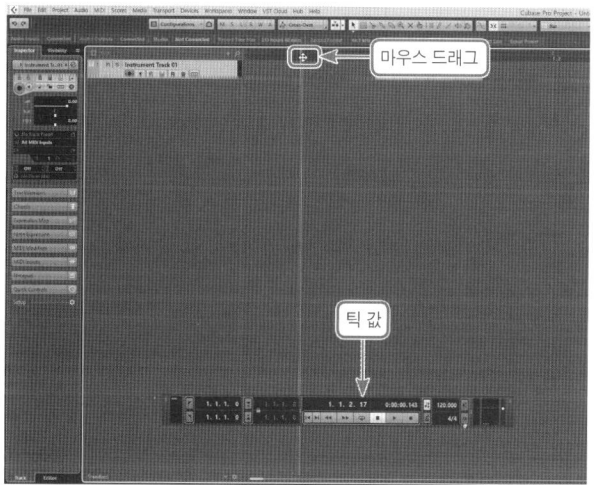

마우스 드래그

틱 값

04 각 단위의 의미를 살펴보면서 쉽게 짐작할 수 있듯이 마지막 단위인 틱은 바로 전에 살펴본 비트를 분할하는 단위입니다. 큐베이스와 누엔도의 기본값은 0에서 119까지 16 비트를 200단계로 표시합니다. 룰러 라인의 비트 눈금이 표시될 정도로 확대를 한 후에 천천히 드래그 해봅니다. 각 비트 사이를 이동할 때 200 단계의 틱 값을 확인할 수 있습니다.

노트의 위치

05 틱 값은 미디 노트를 편집하는데 있어서 매우 중요한 역할을 합니다. 그림의 악보를 보면 음표가 1마디 2번째 박자의 3번째 비트에 위치하고 있는 것으로 보입니다.

가정교사

큐베이스와 누엔도의 틱 단위는 Preferences 창의 MIDI 폴더에서 MIDI Display Resolution: 1/16 값으로 최대 4000 틱까지 설정할 수 있습니다.

실제로 연주되는 노트의 위치

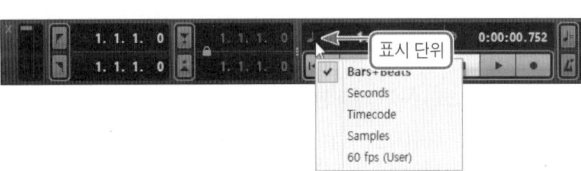

표시 단위

✓ Bars+Beats
Seconds
Timecode
Samples
60 fps (User)

06 하지만, 키 에디터 창에서 확인해보면 스넵 라인에서 벗어난 노트로 5마디 2박자의 3번째 비트 보다 13틱 정도 늦게 연주되고 있다는 것을 확인할 수 있습니다. 이러한 미묘한 변화는 인간적인 연주 테크닉을 표현하는 데 중요하므로 틱의 개념을 정확하게 이해하기 바랍니다.

07 타임 디스플레이 패널은 기본값인 Bars+Beat 외에도 시간(Seconds), 30 프레임(Time code), 샘플(Samples), 사용자 프레임(기본값60 fps) 단위로 변경하여 작업에 필요한 단위로 표시할 수 있습니다. 디스플레이의 음표 및 시계 그림을 클릭하면 단위를 선택할 수 있는 메뉴가 열립니다.

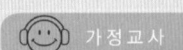 가정교사

타임 디스플레이 목록의 사용자 프레임(60fps)은 Preferences 창의 Transport 페이지에서 User Definable Framerate 값으로 변경할 수 있습니다.

14 트랜스포트 컨트롤

곡을 연주하고, 녹음하는 메인 트랜스포트 컨트롤 버튼은 작업중에 가장 많이 사용하는 버튼입니다. 그래서 화면에 보이는 트랜스포트 컨트롤 버튼을 클릭해가면서 작업을 하는 경우 보다는 컴퓨터 키보드에 할당된 단축키를 많이 사용합니다. 여기서는 각 컨트롤에 해당하는 단축키를 중심으로 살펴보겠습니다. 각각의 컨트롤 키들은 반드시 외워 두기 바랍니다.

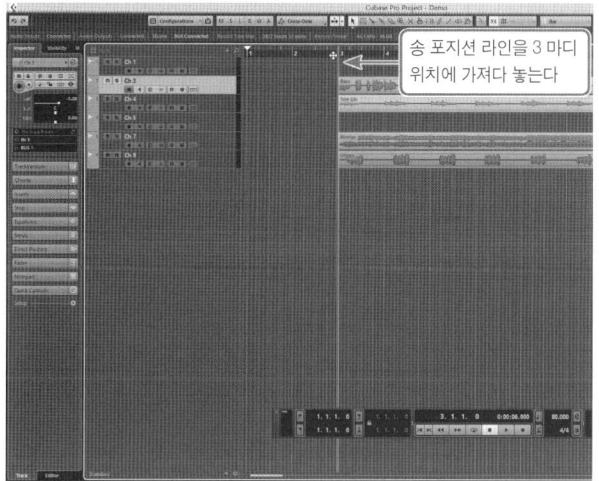

송 포지션 라인을 3 마디
위치에 가져다 놓는다

01 각각의 버튼을 실험하기 위해서 적당한 샘플을 불러옵니다. 그림은 Demo 파일을 불러와 곡의 시작 위치인 3마디에 송 포지션 라인을 위치시키고 있는 모습입니다.

😊 가정교사

Preferences 창의 Transport 페이지에서 Locate when Clicked in Empty space 옵션을 체크하면, 작업 공간을 클릭하여 송 포지션 라인을 이동시킬 수 있습니다.

시작 기능의 Enter 키

02 컴퓨터 키보드 숫자 열에서 Enter 키를 누르면 송 포지션 라인이 있는 3마디 위치에서 곡을 연주합니다. 즉, 시작 컨트롤 버튼에 해당하는 키는 Enter 입니다.

정지 기능의 0번 키

03 연주 또는 녹음 정지 버튼은 숫자열의 ⓪ 번 키입니다. 그리고 곡을 정지한 상태에서 ⓪ 번 키는 연주 또는 녹음을 시작한 위치로 송 포지션 라인을 이동합니다. 예제의 경우 3마디 위치에서 곡을 연주했으므로 송 포지션 라인을 3마디 위치로 이동합니다.

룰러 라인을 더블 클릭하여 연주와 정지 기능 수행

04 룰러 라인을 더블 클릭하여 곡을 연주하거나 정지할 수 있습니다. 곡이 정지 중일 때는 연주를 하고, 연주 중일 때는 정지합니다. 그리고 곡이 연주 중일때, 클릭만으로도 연주 위치를 빠르게 이동할 수 있기 때문에 곡을 탐색할 때도 많이 사용합니다.

Forward와 Rewind 기능의 +/- 키

05 송 포지션 라인을 빠르게 앞/뒤로 이동 할 수 있는 Fast Forward와 Fast Rewind 버튼에 해당하는 키는 숫자열의 플러스(+)와 마이너스(−)키 입니다. Ctrl 키를 누른 상태에서는 한 마디 단위로 이동할 수 있고, 단축키 B 와 N 키를 이용해서 이벤트 단위로 이동 할 수 있습니다.

06 송 포지션 라인을 곡의 맨 앞으로 이동할 수 있는 Return to Zero 버튼에 해당하는 키는 숫자열의 ⌐·⌐ 키 입니다. 이것은 현재 위치에 상관없이 곡의 시작 지점으로 송 포지션 라인을 이동합니다. 곡의 끝 부분으로 이동하는 Go to End 버튼의 단축키는 ⌐Shift⌐+⌐N⌐ 입니다. 단, 마커가 있는 경우에는 마커의 위치로 이동합니다.

Return to Zero 기능의 점(.) 키

07 로케이터로 설정한 구간을 반복 연주하거나 녹음할 때 사용하는 사이클 ON/OFF 단축키는 숫자열의 ⌐/⌐ 키 입니다.

사이크 On/Off 기능의 슬래시(/) 키

08 녹음 버튼에 해당하는 컨트롤 키는 숫자열의 ⌐*⌐ 키 입니다. 이것은 녹음 기능을 ON/OFF하는 기능이므로 곡을 연주하면서 필요한 부분에서만 녹음을 하는 수동 펀치 녹음 기능으로 사용할 수 있습니다.

녹음 기능의 별표(*) 키

큐베이스와 누엔도의 모든 기능은 키보드 단축키를 이용해서 컨트롤 할 수 있습니다. 물론, 모든 단축키를 외워둘 필요는 없지만, 자주 사용하는 기능은 단축키로 익혀두는 것이 편리합니다. 특히, 키보드 숫자열의 모든 키와 원하는 위치로 바로 이동할 수 있는 Shift+P 키는 아주 많이 사용되는 단축키가 될 것입니다. 다음은 트랜스포트 기능의 단축키 목록입니다.

단축키	역할
I / O	펀치 인/아웃 버튼의 On/Off
/	반복 버튼의 On/Off
+ / -	송 포지션 라인을 빠르게 앞/뒤로 이동. Ctrl 키를 누른 상태에서는 한 마디 단위로 이동
P	선택한 이벤트의 길이만큼 로케이터 구간 설정. Ctrl 키를 누른 상태에서는 풀 윈도우가 열리고, Shift 키를 누른 상태에서는 송 포지션 위치 입력이 가능
T	싱크 버튼 On/Off. Ctrl 키를 누른 상태에서는 템포 편집 창이 열리고, Shift 키를 누른 상태에서는 템포 입력 가능
Insert	송 포지션 라인 위치에 마커 삽입
R	선택한 트랙의 녹음 준비 버튼 On/Off
B / N	이전 또는 다음 이벤트 위치로 이동. 마커가 있을 경우에는 마커로 이동
Shift + G	선택한 이벤트의 길이에 맞추어 로케이터 구간이 설정되고, 자동으로 반복 연주
C	메트로롬 On/Off
Alt + Space bar	선택한 이벤트 연주
Shift + 번호 키	해당 마커로 이동
*	녹음
·	처음으로 이동
Enter	연주
0	정지

녹음을 할 때 템포 가이드 역할을 하는 메트로놈과 프리 카운트 기능은 ON/OFF 스위치로 제공하고 있어 필요할 경우에만 사용할 수 있습니다. 대중 가요는 간단한 드럼 루프를 깔아놓고 작업을 하는 경우가 대부분이기 때문에 메트로놈을 사용할 일이 드물겠지만, 작업자의 취향에 따라 피아노 리듬을 먼저 입력하는 경우에는 메트로놈이 필요할 것입니다. 여기서는 메트로놈과 예비 박을 설정할 수 있는 클락 버튼에 관해서 살펴보겠습니다.

녹음 진행

01 새로운 프로젝트에서 미디 또는 오디오 트랙을 만듭니다. 그리고 키보드 숫자 열의 ＊ 키를 눌러 녹음을 해봅니다.

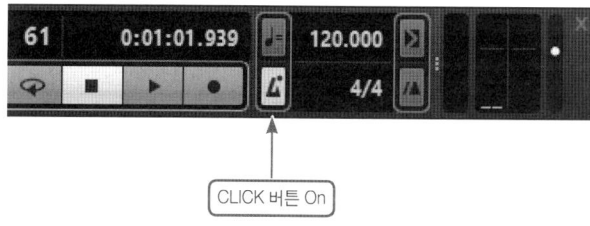

CLICK 버튼 On

02 큐베이스와 누엔도는 기본적으로 메트로놈 소리가 들리지 않습니다. 트랜스포트 패널의 CLICK 버튼을 클릭하거나, C 키를 눌러 메트로놈을 ON으로 합니다.

메트로놈 소리에 맞추어 녹음

03 Ctrl + Z 키를 눌러 앞에서 녹음한 이벤트를 취소합니다. 그리고 녹음을 다시 해보면 오디오 메트로놈 소리가 들리는 것을 확인할 수 있습니다.

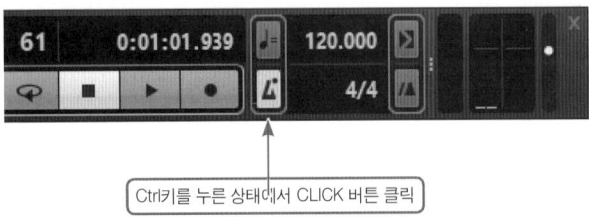

Ctrl키를 누른 상태에서 CLICK 버튼 클릭

04 기본적으로 들리는 오디오 메트로놈 소리 외에 미디 음원을 이용한 메트로놈 소리를 사용해 보겠습니다. Ctrl 키를 누른 상태에서 CLICK 버튼을 클릭하여 Metronome Setup 창을 엽니다.

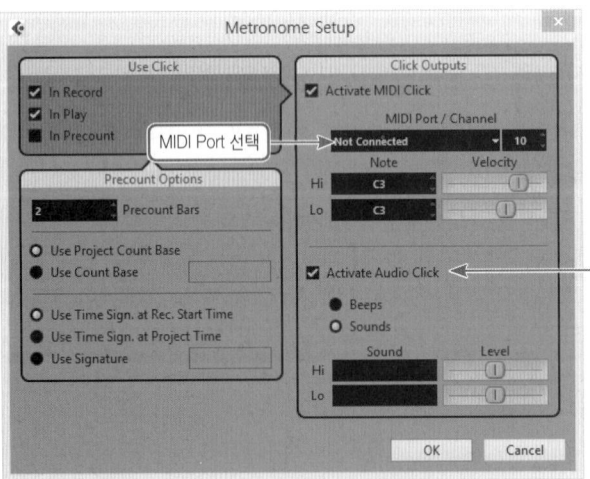

MIDI Port 선택

Activate Audio click 해제

05 Metronome Setup 창에서 Activate Audio Click 체크 표시를 클릭하여 해제하고, MIDI Port/Channel은 미디 음원을 연결한 포트로 선택합니다. 그리고 Hi(첫 박)와 Lo(나머지 박)으로 사용할 음정을 설정합니다.

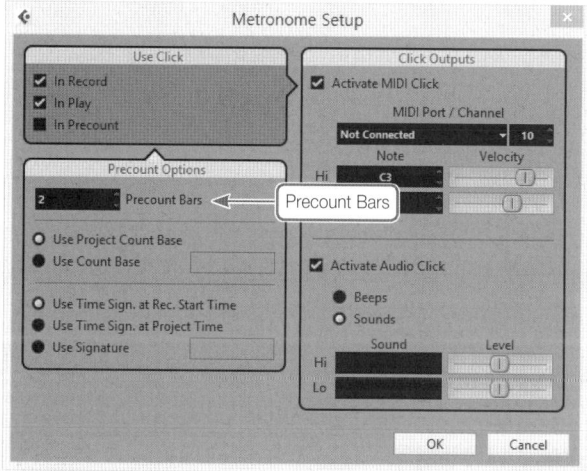

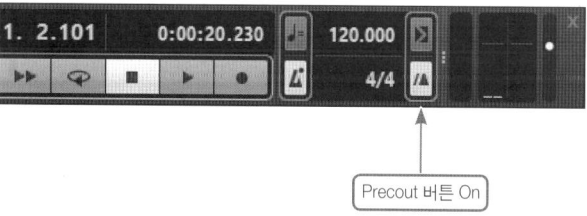

Precout 버튼 On

예비 박이 들린 후에 녹음이
진행된다

06 Metronome Setup 창을 닫기 전에 왼
쪽 하단의 Precount Options 항목을
보면 Precount Bars가 2로 설정되어 있는 것을
확인할 수 있습니다. 이것을 1로 변경하고, OK
버튼을 클릭하여 창을 닫습니다.

07 트랜스포트 패널의 Click 버튼 오른쪽
에 있는 프리 카운트 버튼을 클릭하여
ON으로 설정합니다. Metronome Setup 창에
서 Precount Bars를 1로 설정했던 것을 기억하
기 바랍니다.

08 이제 녹음을 해보면 메트로놈 소리는
앞에서와 다르게 미디 음원에서 들리
고, 메트로놈 소리가 1마디 들린 후에 녹음이
진행되는 것을 확인할 수 있습니다. 즉, 프리 카
운트 버튼은 녹음을 진행하기 전에 예비 박을
들리게 할 것인지의 여부를 결정하는 것입니다.

Tempo/Time Signature Section 버튼은 곡을 연주하거나 녹음할 때의 기준인 템포와 박자를 설정합니다. 큐베이스 및 누엔도의 경우 템포 설정은 FIXED와 Track 두 가지 모드가 있습니다. FIXED는 트랜스포트 패널에서 템포를 조정할 수 있는 방식으로 템포 변화가 필요 없는 경우에 사용하며, Track은 Tempo Track 창에서 설정한 템포를 기준으로 동작하는 방식으로 템포 변화가 필요한 경우에 사용합니다.

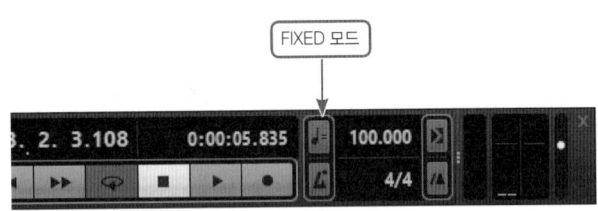

FIXED 모드

01 Tempo 샘프 파일을 엽니다. 템포 모드는 음표 오른쪽에 = 표시가 있는 Fixed 모드 입니다. 템포를 변경해보면 전체 템포가 변경되는 것을 확인할 수 있습니다.

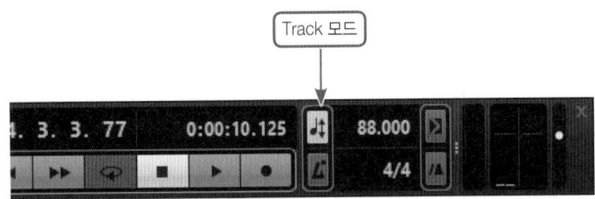

Track 모드

02 템포 버튼을 클릭하면 음표 오른쪽에 방향키 모양이 표시되며, 템포 창에서 설정된 템포에 맞추어 변경됩니다. 템포 창은 Ctrl 키를 누른 상태에서 Tempo 버튼을 클릭하여 엽니다.

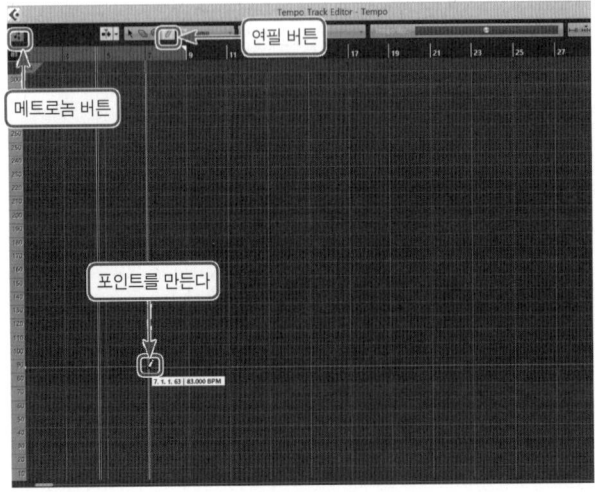

연필 버튼

메트로놈 버튼

포인트를 만든다

04 템포를 점점 느리게 하는 리타르단도 기법을 테스트하기 위해서 연필 버튼을 선택하고, 7마디 정도의 위치를 클릭하여 포인트를 만듭니다. 템포는 메트로놈 버튼이 On일 경우에만 편집이 가능합니다.

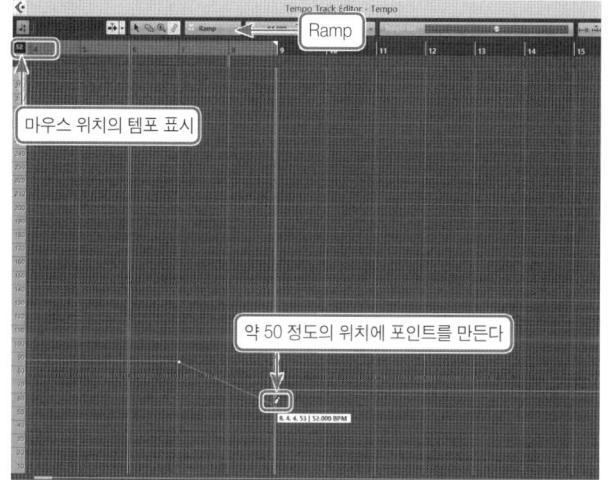

05 그림과 같이 곡의 끝 부분에 템포 50정 도의 포인트를 만듭니다. 클릭하는 위 치의 템포는 룰러 라인 왼쪽에 있는 작은 사각 표시 안에 보입니다. 그리고 템포가 점점 느리 게 변하도록 하기 위해서는 타입이 Ramp로 선 택되어 있어야 합니다.

06 Tempo Track 창을 닫고, 곡을 연주해 보면 7 마디 위치에서 템포가 점점 느 리게 변하는 것을 확인할 수 있습니다.

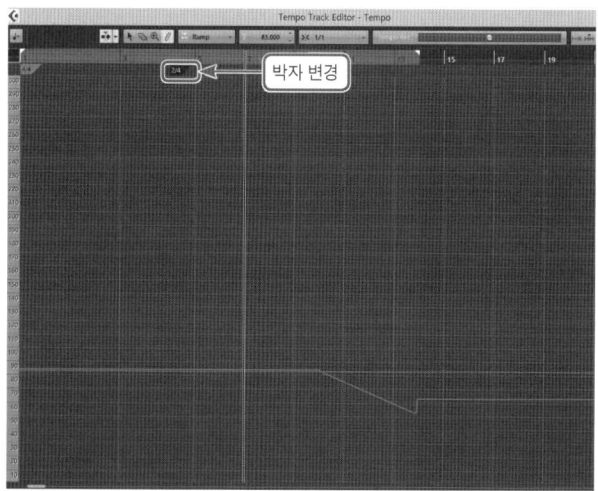

07 템포 창의 Time Signature 라인을 클릭 하면 중간에 박자가 변하는 악보도 쉽 게 만들 수 있습니다. 물론, 큐베이스 사용자는 별도로 제공되는 템포 및 박자 트랙을 사용하는 경우가 많겠지만, 에디터 창의 기능도 알아두는 것이 좋습니다.

External Sync는 큐베이스 및 누엔도를 외부 장비와 동기할 수 있게 하는 버튼입니다. 동기란 하나의 장비에서 여러 대의 장비를 동시에 컨트롤 할 수 있는 것을 말합니다. 이때 조정하는 쪽을 마스터라고 하고, 조정되는 쪽을 슬레이브라고 합니다. 예를 들어 큐베이스와 MTR를 연결한 경우, 큐베이스 컨트롤 조정으로 MTR이 함께 움직이게 설정했다면 마스터는 큐베이스이고, 슬레이브는 MTR입니다. 큐베이스와 누엔도는 마스터와 슬레이브의 역할을 모두 수행 할 수 있습니다.

Ctrl 키를 누른 상태로 SYNC 버튼 클릭

01 독자가 MMC를 지원하는 멀티 트랙 레코더(MTR)를 사용하고 있다고 가정합니다. MTR에 있는 컨트롤 버튼을 이용해서 큐베이스나 누엔도를 동작하게 하려면, Ctrl 키를 누른 상태로 트랜스포트 패널의 SYNC 버튼을 클릭합니다.

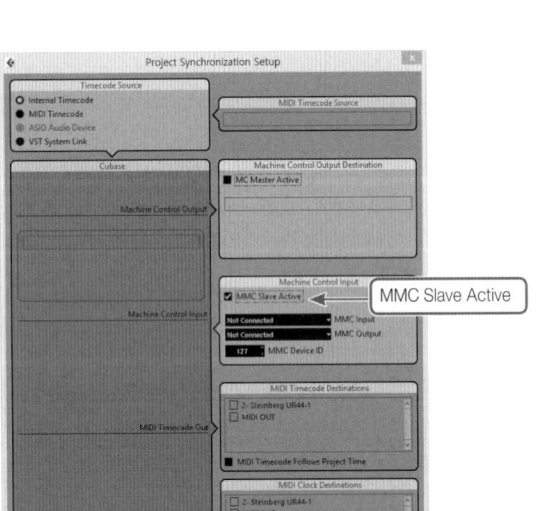

MMC Slave Active

02 Project Synchronization Setup 창이 열립니다. Machine Control Input에서 MMC Slave Active 옵션을 선택합니다.

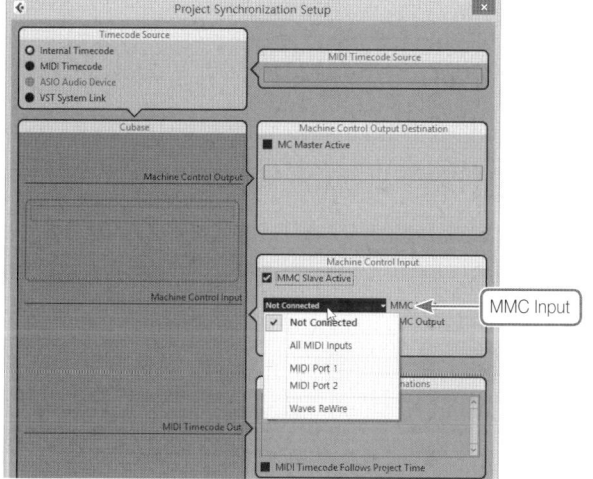

03 MMC Input에서 MTR을 연결한 미디 포트를 선택합니다. MTR를 마스터로 설정할 것이므로, MMC Input 항목만 설정해도 되지만, 큐베이스나 누엔도를 마스터로 사용하고 싶다면, MMC Output도 설정합니다.

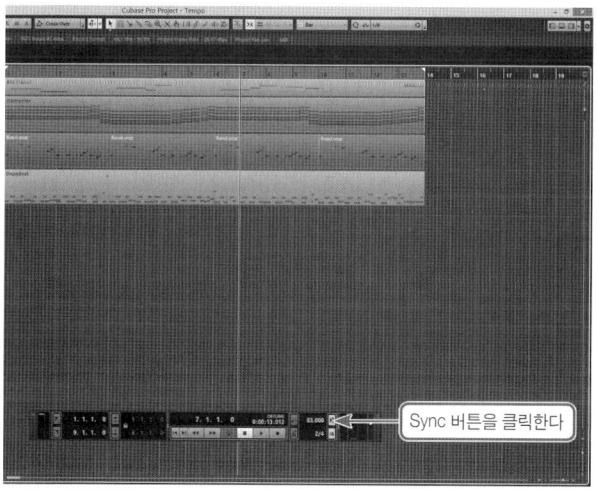

04 OK 버튼을 클릭하여 Synchronization Setup 창을 닫습니다. 그리고 SYNC 버튼을 클릭하여 큐베이스 또는 누엔도를 슬레이브로 설정합니다. 그러면, 큐베이스와 누엔도의 컨트롤 버튼들은 동작하지 않습니다.

05 독자가 사용하고 있는 MTR의 컨트롤 버튼을 이용해서 큐베이스 또는 누엔도가 동작하는 것을 확인합니다. MTR에 따라 별도의 설정이 필요한 경우가 있으므로, 자세한 사항은 메뉴얼을 참조하기 바랍니다.

큐베이스나 누엔도의 마커 섹션은 마커의 필요성을 알면서도 귀찮아서 사용하지 않던 사용자들도 간편하게 마커를 사용할 수 있게 배려하고 있습니다. 마커는 '여기서부터는 노래', '여기서부터는 기타 솔로' 등 곡의 위치를 메모하는 역할을 합니다. 마커 섹션은 마커 위치를 만들거나 이동 할 수 있는 기능의 버튼과 마커 창을 여는 Show 버튼으로 구성되어 있습니다.

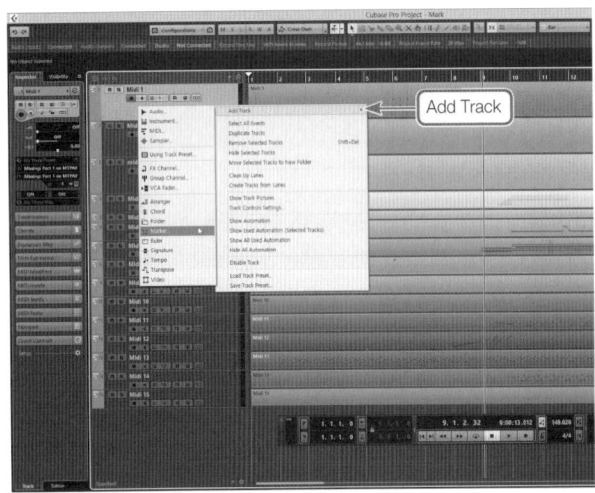

01 Mark 샘플 파일을 불러온 후 트랙 리스트에서 마우스 오른쪽 버튼을 클릭하여 단축 메뉴를 열고, Add Track의 Marker를 선택합니다.

02 마커 트랙이 만들어집니다. 마커 트랙을 드래그하여 가장 위쪽에 위치시키고, 룰러 라인을 클릭하여 마커를 삽입할 위치로 송 포지션 라인을 이동합니다.

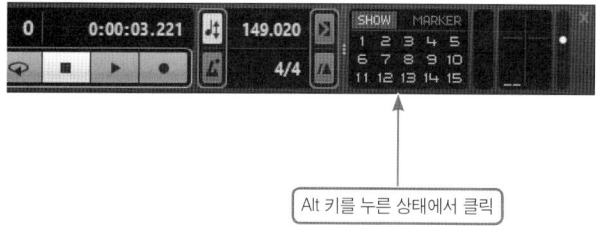

Alt 키를 누른 상태에서 클릭

03 트랜스포트 패널의 마커 섹션에 있는 1에서 15까지의 버튼 가운데 하나를 Alt 키를 누른 상태에서 클릭합니다. 송 포지션 라인 위치에 마커가 삽입되는 것을 확인할 수 있습니다.

이름 입력

04 마커의 목적은 곡의 위치를 표시하는 것입니다. 그러므로 인포 라인의 Description 항목에서 알아보기 쉬운 이름을 입력합니다. 같은 방식으로 마커를 몇 개 만들어 봅니다.

Show 버튼

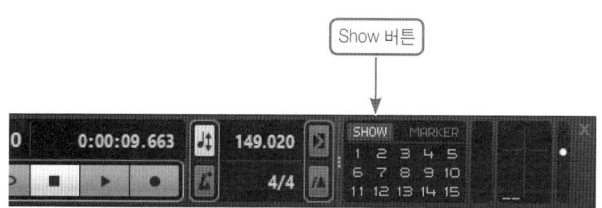

05 마커를 몇 개 만들었다면 트랜스포트 패널의 마커 섹션에 있는 번호를 클릭해 봅니다. 송 포지션 라인이 해당 위치로 이동하는 것을 확인할 수 있습니다. 마커 섹션의 Show 버튼을 클릭하면 마커를 관리하거나 편집할 수 있는 마커 창이 열립니다.

마커 창에는 마커를 편집할 수 있는 Functions 메뉴와 화면에 표시할 마커 종류를 선택할 수 있는 Type의 두 가지 메뉴로 구성되어 있으며, 칼럼은 ID, Position, End, Length, Description으로 구성되어 있습니다.

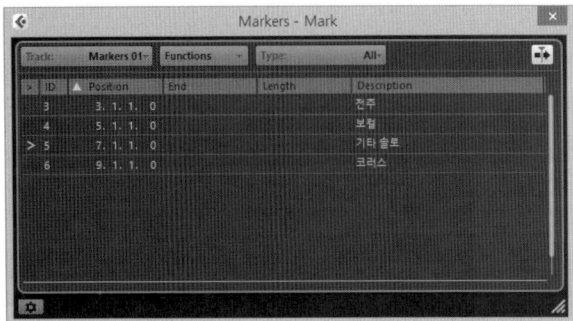

● Functions

Insert : 새로운 마커를 만듭니다. Insert 또는 Insert Cycle Marker를 선택하면, Description 칼럼에 커서가 깜박입니다. 이때 마커의 이름을 입력하고, Enter 키를 눌러 새로운 마커를 만들 수 있습니다.

Remove Marker : 선택한 마커를 삭제합니다. 마커는 마우스 클릭으로 선택할 수 있으며, 선택된 마커는 반전된 색상으로 구분합니다.

Move : 선택한 마커의 위치를 이동시킵니다. Move Markers to Cursor은 송 포지션 라인 위치로 이동시키고, Set Marker start to cursor과 Set Marker end to cursor은 사이클 마커에 적용됩니다.

Reassign : 마커 순서에 따라 ID를 재설정 합니다. 일반 마커의 Reassing Position Marker IDs와 사이클 마커의 Reassign Cycle Marker IDs가 있습니다.

● Type

마커는 일반 마커와 사이클 마커의 두 종류가 있습니다. Type 메뉴를 클릭하면 모든 마커를 표시하는 All, 일반 마커만 표시하는 Markers, 사이클 마커만 표시하는 Cycle Markers 목록을 볼 수 있습니다.

● 칼럼

ID : 마커 번호를 표시하며 마커 세션의 번호를 클릭하여 이동 가능합니다.

Position : 마커의 위치를 표시하며, 마우스 클릭으로 위치를 변경할 수 있습니다.

End : 사이클 마커의 끝 위치를 표시하며, 마우스 클릭으로 위치를 변경할 수 있습니다.

Length : 사이클 마커의 길이를 표시하며, 마우스 클릭으로 변경할 수 있습니다.

Description : 마커의 이름을 표시하며, 마우스 클릭으로 변경할 수 있습니다.

19 인/아웃 체크하기

트랜스포트 패널 마커 섹션 오른쪽에 가느다란 레벨 미터는 미디 인/아웃을 체크하는 것이고, 그 오른쪽의 약간 굵은 레벨 미터는 오디오 인/아웃을 체크하는 것입니다. 이것은 각 항목의 IN/OUT 연결 상태와 레벨을 체크할 수 있습니다. 만일 이곳에 아무런 레벨이 보이지 않는다면 연결 상태와 케이블을 확인해야 합니다.

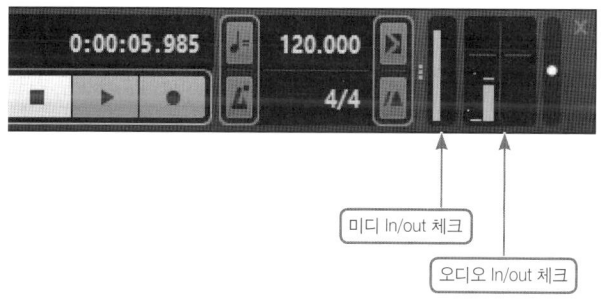

미디 In/out 체크

오디오 In/out 체크

20 메인 레벨 조정하기

트랜스포트 패널의 마지막 항목으로 오른쪽 끝에 있는 슬라이드는 오디오 트랙의 메인 레벨을 조정합니다. 메인 레벨의 트랙 이름은 VST Connection 창의 Out 페이지에서 설정한 Bus Name 이므로, 사용자마다 다르게 표시 될 수 있습니다. 기본값을 바꾸지 않았다면, Stereo Out 이라는 이름으로 표시되며, 오디오 카드 1/2번 아웃 포트 또는 사운드 카드의 Line Out에 해당합니다.

볼륨 컨트롤

Stereo Out

Pro-09 샘플 파일을 불러온 후에 F3 키를 눌러 믹서 창을 엽니다. 그리고 곡을 연주하면서 트랜스포트 패널의 레벨 슬라이드를 위/아래로 조정해보면 믹서의 Stereo Out슬라이드가 함께 움직이며, 오디오 최종 출력 레벨이 조정되는 것을 확인할 수 있습니다.

프로젝트 창 익히기

02 Chapter

큐베이스 및 누엔도에서의 음악 작업은 프로젝트 창을 만드는 것에서부터 시작합니다. 음악 편집
과정에서 사용하는 모든 작업 창도 프로젝트 창에 종속된 것이므로, 뛰어난 연주 실력을 갖춘 사용
자라면 대부분의 작업을 프로젝트 창에서 시작해서 프로젝트 창으로 끝낼 수 있습니다. 프로젝트
창의 기본적인 사용법과 도구의 역할을 살펴보겠습니다.

1 프로젝트 창의 구성

프로젝트 창은 위쪽으로 도구 모음 줄이 있고, 아래쪽으로는 트랜스포트가 있습니다. 실제 작업이 이루어지는 프로
젝트 존을 중심으로 왼쪽, 오른쪽, 아래쪽으로 4개의 존이 존재합니다. 도구 모음 줄에는 스테이터스 라인(Status
Line), 인포 라인(Info Line), 오버 뷰 라인(Overview Line)을 추가로 표시할 수 있으며, 메인 창도 프로젝트 존을
제외한 나머지 존을 감추거나 표시할 수 있습니다. 프로젝트 왼쪽 존(Left Zone)에는 인스펙터(Inspector)와 비저빌
리티(Visibility) 탭이 있고, 오른쪽 존(Right Zone)에는 VST 인스트루먼트(Instruments), 미디어베이(MediaBay)
탭이 있고, 아래쪽 존(Lower Zone)에는 믹스 콘솔(MixConsole), 에디터(Editor), 샘플 컨트롤(Sampler Control),
코드 패드(Chord Pads) 탭이 있습니다. 가장 아래쪽에 위치한 트랜스포트(Transport) 라인도 열거나 닫을 수 있습
니다. 즉, 도구 모음 줄과 프로젝트 존을 제외한 나머지 존들은 필요에 따라 열거나 닫을 수 있으며, 레이아웃 버튼
으로 결정합니다. 자주 사용하는 왼쪽, 아래쪽, 오른쪽 존은 열기/닫기 버튼을 추가로 제공합니다.

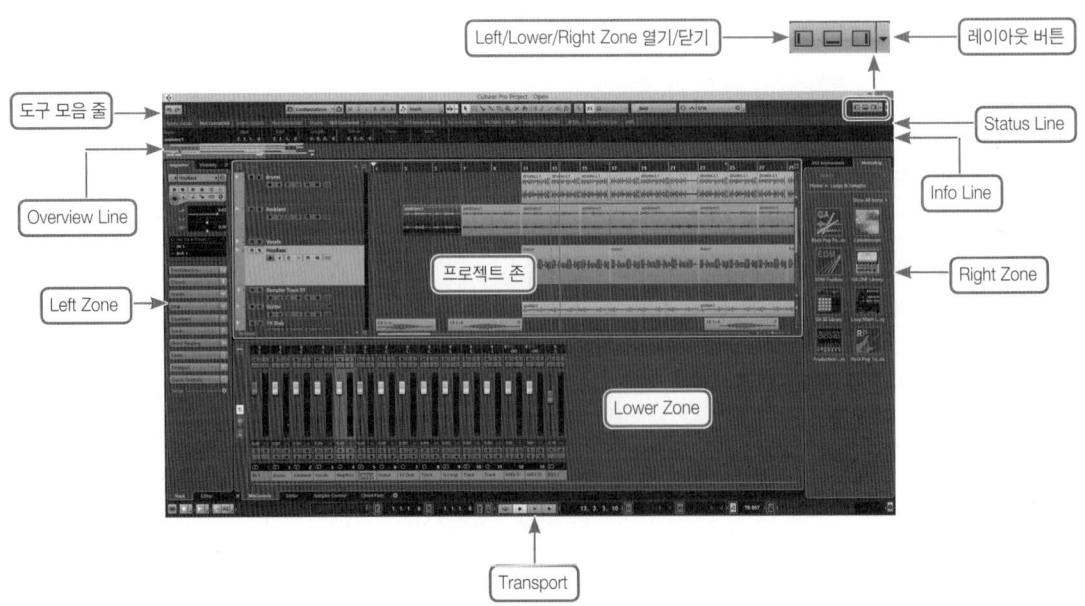

1. 도구 모음 줄

프로젝트 창 상단에 위치하고 있는 도구 모음 줄에는
여러 가지 기능을 빠르게 실행할 수 있는 버튼으로
구성되어 있으며, 오른쪽 끝에 위치한 톱니 바퀴 모
양의 Setup Toolbar 버튼을 클릭하면 사용자가 원하
는 버튼들로 구성 할 수 있습니다.

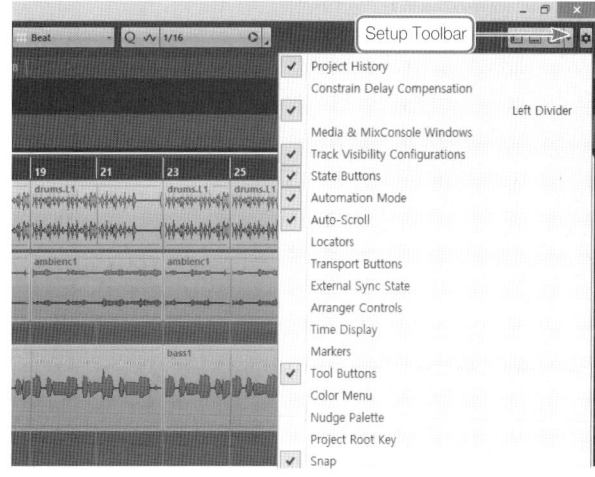

도구 모음 줄 아래쪽으로 스테이터스 라인(Status
Line), 인포 라인(Info Line), 오버 뷰 라인(Overview
Line)을 표시할 수 있으며, 각각 Setup Toolbar 왼쪽
에 작은 삼각형 모양으로 되어 있는 레이 아웃 버튼
을 클릭하여 표시 여부를 결정합니다.

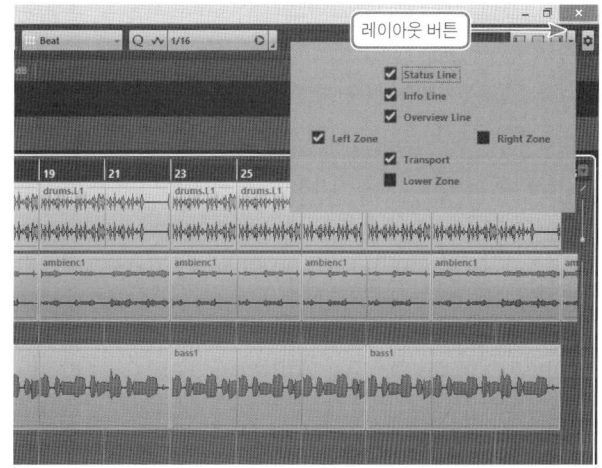

Status Line은 프로젝트 환경 정보를 표시하며, Info
Line은 선택한 이벤트의 정보를 표시합니다. 그리고
Overview Line은 프로젝트 존의 이벤트를 한 눈에
탐색할 수 있는 정보를 표시합니다.

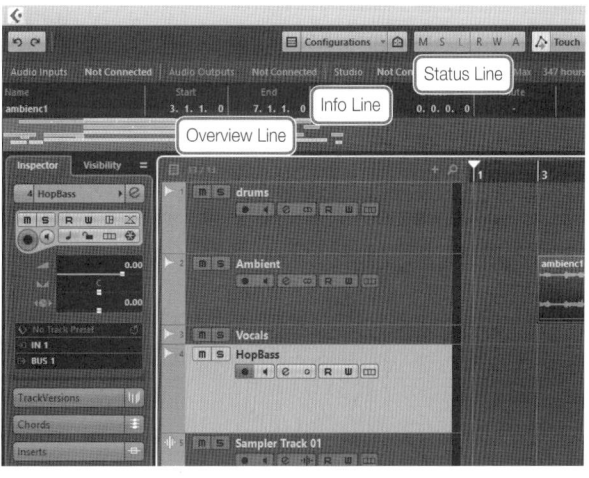

2. 프로젝트 존

프로젝트 존은 사용자가 입력한 미디 및 오디오 이벤
트를 트랙별로 기록합니다. 기록된 이벤트는 시간 단
위의 가로 바 형태로 표시되며, 미디 및 오디오 데이
터를 묶은 것은 파트로 구분됩니다.

3. 트랙 리스트

프로젝트 존의 세로 라인은 트랙으로 구성되며, 사용
자가 입력하는 모든 이벤트는 선택한 트랙에 만들어
집니다. 그림은 Vocal 이라는 이름의 트랙을 만들고,
녹음을 진행하는 모습입니다.

4. 룰러 라인과 송 포지션 라인

프로젝트 존의 가로 라인은 시간 단위로 구성되며, 룰
러 라인에서 마디 및 시간 단위로 표시합니다. 곡을
재생하거나 사용자 연주를 녹음할 때 움직이는 세로
선은 편집 위치를 표시하는 송 포지션 라인 입니다.

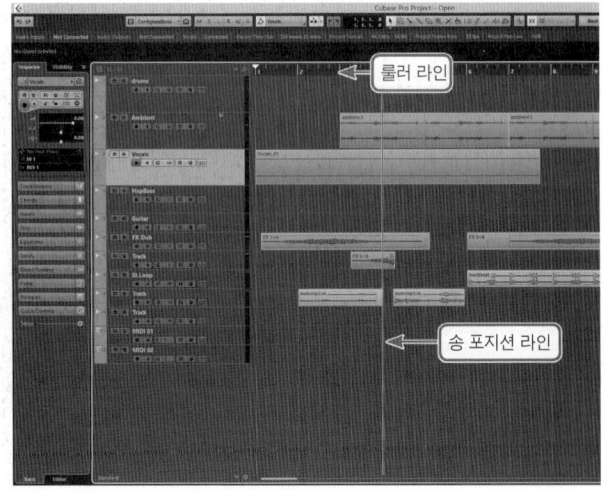

5. 인스펙터 탭

프로젝트 왼쪽 존은 인스펙터(Inspector)와 비저빌리티 (Visibility) 탭으로 구성되어 있습니다. 인스펙터 탭은 선택한 트랙의 연주 정보를 컨트롤 할 수 있는 각종 파라미터들로 구성되어 있으며, 파라미터들의 종류와 기능은 선택한 트랙에 따라 차이가 있습니다.

6. 비저빌리티 탭

트랙 목록이 표시되며, 라디오 버튼 On/Off로 프로젝트 존에 표시할 트랙을 신택할 수 있습니다. 많은 드랙을 사용할 때 유용한 기능입니다.

7. VST Instrumnets 탭

프로젝트 오른쪽 존은 VST Instruments와 Media Bay 탭으로 구성되어 있습니다. VST Instruments 탭은 작업에 사용하는 모든 가상 악기를 랙 타입으로 표시하며, 마치 스튜디오 랙 장식장에 진열해 놓은 악기를 컨트롤하는 느낌으로 사용할 수 있습니다.

8. 미디어 베이 탭

미디어 베이 탭은 큐베이스에서 제공하는 라이브러리
및 사용자 컴퓨터에 저장되어 있는 샘플을 모니터하고,
빠르게 액세스할 수 있도록 합니다.

9. 믹스 콘솔 탭

프로젝트 아래쪽 존은 믹스 콘솔, 에디터, 샘플 컨트
롤, 코드 패드 탭으로 구성되어 있습니다. 믹스 콘솔
은 스튜디오의 믹스 콘솔을 그대로 재현하고 있는 것
으로 모든 입/출력 라인을 컨트롤합니다. F3 키를 누
르면 믹스 콘솔을 독립 창으로 열 수 있습니다.

10. 에디터 탭

선택한 미디 파트 또는 오디오 이벤트를 편집할 수 있
는 창입니다. 오디오 이벤트를 선택하면 자동으로 샘
플 에디터 창이 열리고, 미디 파트를 선택하면 키 에
디터가 열립니다. 미디의 경우에는 Editor 탭 이름 오
른쪽의 작은 삼각형을 클릭하면 에디터 창의 종류를
변경할 수 있으며, 인스펙터 파라미터는 프로젝트 왼
쪽의 Editor 탭으로 열립니다.

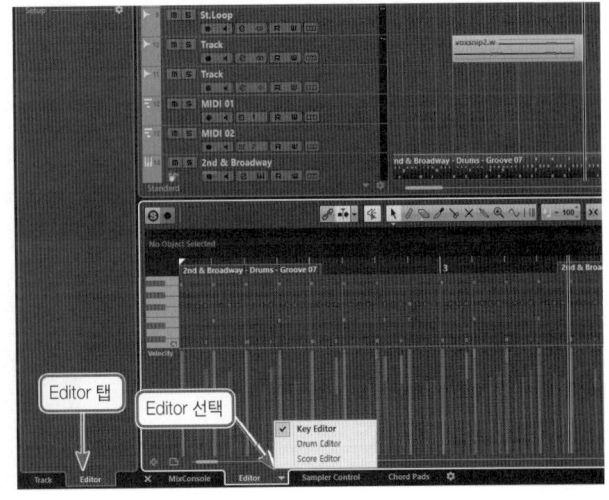

11. 샘플러 컨트롤 탭

오디오 샘플을 악기처럼 사용할 수 있습니다. 실제 하드웨어 샘플러보다 뛰어난 성능과 손쉬운 편집이 가능하기 때문에 음악 작업의 퀄리티를 단숨에 끌어올릴 수 있는 기능입니다.

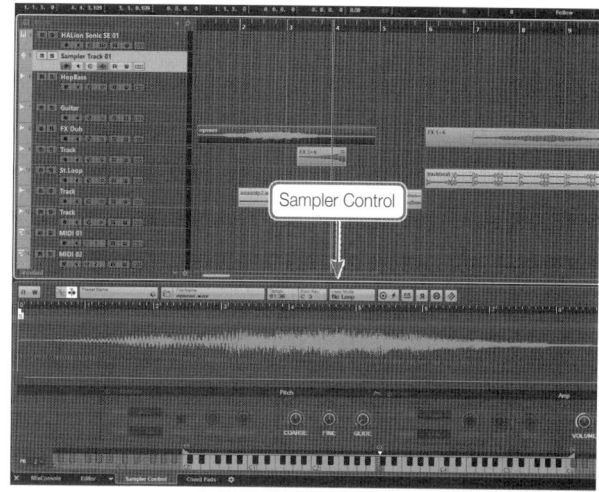

12. 코드 패드 탭

코드 연주를 건반 하나로 구현하는 것은 기본이고, 코드 진행 패턴을 안내합니다. 이론이 부족한 입문자도 프로 못지않은 작/편곡을 가능케하는 기능입니다.

13. 트랜스포트 라인

프로젝트 가장 아래쪽에는 재생 및 녹음 등의 컨트롤을 담당하는 트랜스포트 라인이 있습니다. 큐베이스에 익숙해지면 단축키를 이용하기 때문에 일반적으로는 닫아 놓는 경우가 많습니다.

프로젝트 창의 기본 사용법

프로젝트 창의 기본 포맷은 위/아래로 형성된 트랙 리스트와 좌/우의 타임 위치를 나타내는 룰러 라인입니다. 음악 작업 도중에 만드는 이벤트와 파트들은 위/아래 트랙 리스트와 좌/우 룰러 라인으로 위치가 정해지는 것입니다. Open 샘플 파일을 가지고 프로젝트 창에서 이벤트와 트랙 다루는 방법을 살펴보겠습니다.

1. 이벤트 선택하기

이벤트를 선택하는 방법은 편집하고자 하는 이벤트를 마우스로 클릭하는 것이며, 선택한 이벤트는 검은색으로 구분합니다. 그림은 6번 트랙(FX Dub)의 1마디 위치에 있는 FX 5+6이라는 이름의 이벤트를 선택한 모습입니다.

2. 트랙 선택하기

이벤트를 선택할 때와 마찬가지로 트랙을 선택하는 방법은 선택하고자 하는 트랙을 마우스로 클릭하는 것입니다. 선택한 트랙은 다른 트랙 보다 밝은 색으로 구분합니다. 그림은 1번 트랙(drums)을 선택한 모습입니다.

3. 여러 개의 이벤트를 선택하기

2개 이상의 이벤트를 동시에 선택하는 방법은 Shift 키를 누른 상태에서 이벤트를 클릭하는 것입니다. 그림은 6번 트랙(FX Dub)의 1마디 위치에 있는 FX 5+6 이라는 이름의 이벤트를 클릭하여 선택하고, Shift 키를 누른 상태에서 8번 트랙(St. Loop) 의 6마디 위치에 있는 backbeat 라는 이름의 이벤트를 클릭하여 모두 2개의 이벤트를 선택한 모습입니다.

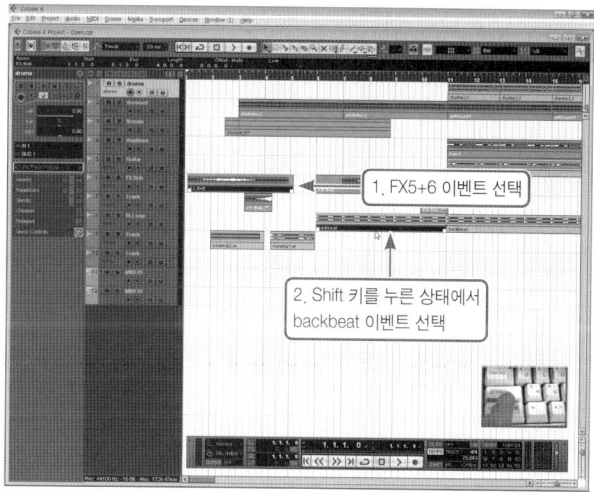

1. FX5+6 이벤트 선택

2. Shift 키를 누른 상태에서 backbeat 이벤트 선택

4. 여러 개의 트랙 선택하기

2개 이상의 트랙을 동시에 선택하는 방법은 Ctrl 키를 누른 상태에서 트랙을 선택히는 것입니다. 그림온 1번 트랙(drums)을 클릭하여 선택하고, Ctrl 키를 누른 상태에서 3번 트랙(Vocals)을 클릭하여 모두 2개의 트랙을 선택한 모습입니다.

1. drums 트랙 선택

2. Ctrl 키를 누른 상태에서 vocal 트랙 선택

5. 근접한 파트 선택하기

근접한 이벤트들을 동시에 선택하는 방법은 비어있는 작업 공간에서부터 선택하고자 하는 이벤트를 사각 실선에 포함되게 마우스로 드래그하는 것입니다. 그림은 곡 앞쪽에 있는 FX 5+6(2개), Voxsnop2.w, Voxsnop1.w라는 이름으로 근접해 있는 4개의 이벤트를 마우스 드래그로 선택하는 모습입니다.

마우스 드래그로 선택

6. 근접한 트랙 선택하기

근접한 트랙을 동시에 선택하는 방법은 첫 번째 트랙을 마우스 클릭으로 선택하고, 선택하고자 하는 끝 트랙을 Shift 키를 누른 상태에서 클릭하는 것입니다. 그림은 1번 트랙(drums)을 클릭하여 선택하고, 6번 트랙(FX Dub)을 Shift 키를 누른 상태에서 클릭하여 6개의 근접해 있는 트랙을 선택하는 모습입니다.

7. 개별 이벤트 선택하기

근접한 이벤트들과 떨어져 있는 이벤트들을 동시에 선택하는 방법은 앞에서 학습한 방법들을 조합하는 것입니다. 즉, 근접해 있는 이벤트는 마우스 드래그를 이용하고, 떨어져 있는 이벤트들은 Shift 키를 이용합니다. 그림은 2번째 트랙(Ambient)의 7마디에 위치한 ambienc1 이벤트를 마우스 클릭으로 선택하고, 곡의 앞쪽에 있는 FX 5+6 이벤트(2개), voxsnop2w와 voxsnop1.w의 4개 이벤트를 Shift 키를 누른 상태에서 마우스 드래그로 선택하는 모습입니다.

8. 개별 트랙 선택하기

근접한 트랙들과 떨어져 있는 트랙을 동시에 선택하는 방법은 앞에서 학습한 방법들을 조합하는 것입니다. 즉, 근접해 있는 트랙은 첫 번째 트랙을 클릭하여 선택하고, 끝 트랙은 Shift 키를 누른 상태에서 클릭합니다. 그리고 떨어진 트랙은 Ctrl 키를 이용합니다. 그림은 1번 트랙(drums)을 클릭하여 선택하고, Shift 키를 누른 상태에서 3번 트랙(Vocals)을 클릭하여 근접한 3개의 트랙을 선택한 뒤에 Ctrl 키를 누른 상태에서 떨어져 있는 6번 트랙(FX Dub)을 동시에 선택하는 모습입니다.

9. 모든 이벤트 선택

작업 공간에 존재하는 모든 이벤트와 파트를 선택하는 방법은 단축키 Ctrl+A 가 가장 편리합니다. Ctrl +A 키는 Ctrl 키를 누르고 있는 상태에서 A 키를 누르라는 표시입니다.

Ctrl+A 키로 모든 이벤트 선택

10. 트랙에 있는 모든 이벤트 선택하기

트랙에 존재하는 모든 이벤트를 선택하는 방법은 해당 트랙에서 마우스 오른쪽 버튼을 클릭하여 단축 메뉴를 열고, Select All Events를 선택하는 것입니다. 그림은 두 번째 트랙인 Ambient 트랙에서 마우스 오른쪽 버튼을 클릭하여 단축 메뉴를 열고, Select All Events메뉴로 Ambient 트랙에 있는 모든 이벤트를 선택하는 모습입니다.

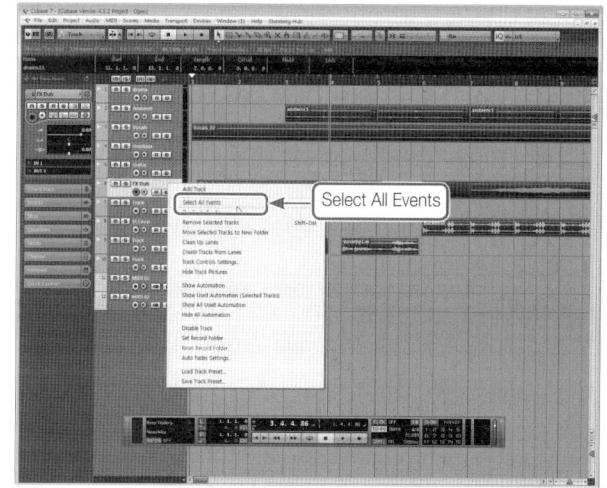

Select All Events

11. 마우스로 이벤트 이동하기

선택한 이벤트를 다른 위치로 이동하는 방법을 알아봅니다. 선택한 이벤트를 좌/우로 드래그하면 이벤트의 연주 시간대를 이동할 수 있고, 선택한 이벤트를 위/아래로 드래그하면 이벤트의 연주 트랙을 변경할 수 있습니다. 그림은 6번 트랙(FX Dub)의 1마디 위치에 있는 이벤트를 위쪽으로 드래그하여 4번 트랙(HopBass)의 2마디 위치로 이동하여 트랙과 위치를 동시에 변경하고 있는 모습입니다. 단축키 Ctrl+Z 키를 눌러 이동하기 전에 있던 위치로 되돌려 놓습니다.

마우스 드래그로 이벤트 이동

12. 단축키로 이벤트 이동하기

마우스를 이용한 이벤트의 이동은 한 화면에 보이는
거리를 이동할 때는 편리하지만, 먼 거리로 이동할 때
는 단축키를 이용하는 것이 편리합니다. 이동 명령에
사용하는 단축키는 Ctrl+X와 Ctrl+V 입니다. 실습
으로 voxsnip2 이벤트를 선택하고, 단축키 Ctrl+X
키를 눌러 자릅니다. 자른 이벤트는 컴퓨터가 기억을
하게됩니다.

이벤트를 선택하고 Ctrl+X키를 누른다

작업 공간 아래쪽에 있는 이동 바를 25마디가 보일
때까지 우측으로 드래그 합니다. 그리고 룰러 라인에
서 25마디를 마우스로 클릭하여 송 포지션 라인을
25마디에 위치합니다.

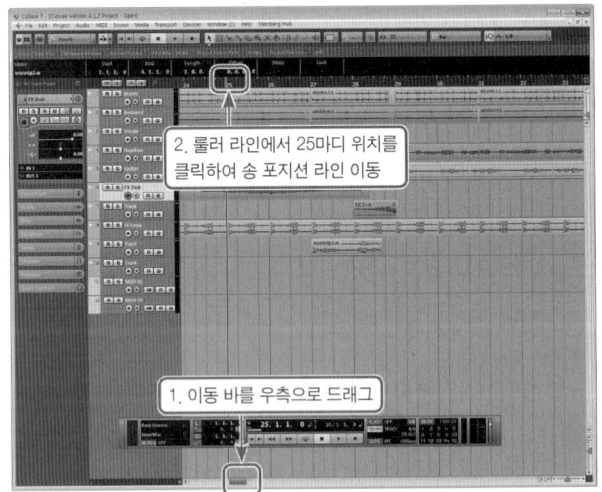

2. 룰러 라인에서 25마디 위치를
클릭하여 송 포지션 라인 이동

1. 이동 바를 우측으로 드래그

단축키 Ctrl+V 키를 누르면 앞에서 잘라냈던 이벤
트가 송 포지션 라인이 있는 위치로 이동하는 것을
확인할 수 있습니다. 이때 붙여지는 트랙의 위치는 선
택한 트랙입니다. 단축키 Ctrl+Z 키를 눌러 이동한
이벤트를 원래의 위치로 되돌려 놓습니다.

트랙 선택

Ctrl+V 키로 이동

13. 트랙 이동하기

트랙을 위/아래로 드래그하여 위치를 변경할 수 있습니다. 그림은 두 번째 트랙의 Ambient 트랙을 맨 아래쪽으로 드래그하여 이동하고 있는 모습입니다. 트랙을 이동하면 트랙에 있는 모든 이벤트들도 함께 이동된다는 사실을 기억하기 바랍니다. 단축키 Ctrl+Z 키를 눌러 이동하기 전에 있는 위치로 되돌려 놓습니다.

트랙을 드래그하여 이동

14. 마우스로 이벤트 복사하기

이벤트를 복사하는 방법은 Alt 키를 누른 상태에서 복사할 이벤트를 원하는 위치로 드래그하는 것입니다. 그림은 6번 트랙(FX Dub)의 1마디 위치에 있는 FX 5+6이라는 이벤트를 Alt 키를 누른 상태로 드래그하여 복사하고 있는 모습입니다. 단축키 Ctrl+Z 키를 눌러 이벤트를 복사하기 전으로 되돌립니다.

Alt 키를 누른 상태로
드래그하여 이벤트 복사

한 두 마디의 드럼 패턴을 입력하고, 계속 반복되게 복사하는 경우도 많습니다. 이때는 Ctrl 키를 누른 상태에서 원하는 수만큼 D 키를 누르거나 이벤트 오른쪽의 루프 포인트를 드래그하는 방법이 있습니다

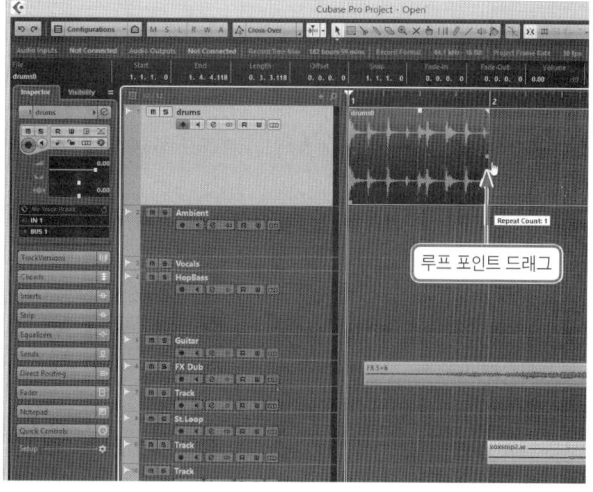

루프 포인트 드래그

15. 단축키로 이벤트 복사하기

마우스를 이용한 이벤트의 복사는 작업 영역이 한 화
면에 모두 보이는 거리일 때 편리하지만, 먼 거리로
복사할 경우에는 이동에서와 마찬가지로 단축키를
이용하는 것이 편리합니다. 복사 단축키는 Ctrl + C 와
Ctrl + V 입니다. 실습으로 voxsnip2 이벤트를 선택하
고, 단축키 Ctrl + C 키를 누릅니다. 이때 화면에는 아
무런 변화도 없지만, 컴퓨터는 선택한 이벤트를 기억
하고 있게됩니다.

선택한 이벤트 Ctrl+C키로 복사

작업 공간 아래쪽에 있는 이동 표시줄의 이동 바를
우측으로 드래그하여 20마디 위치가 보이게합니다.
20마디가 보이면 룰러 라인에서 20마디 위치를 클릭
하여 송 포지션 라인을 위치합니다.

룰러 라인을 클릭하여
송 포지션 라인 이동

이동 바를 오른쪽 으로
드래그하여 화면 이동

단축키 Ctrl + V 를 눌러 앞에서 선택한 이벤트를 20
마디 위치에 복사합니다. 이동과 마찬가지고 선택한
트랙에 복사합니다. 단축키 Ctrl + Z 키를 눌러 복사
하기 전으로 되돌립니다

선택한 트랙

Ctrl+V키를 눌러 복사한
이벤트를 가져다 놓는다

16. 트랙 복사하기

선택한 트랙을 복사하는 방법은 마우스 오른쪽 버튼을 클릭하여 Duplicate Track라는 단축 메뉴를 선택하는 것입니다. 이때 단순히 트랙의 환경만을 복사하는 것이 아니라 선택한 트랙에 존재하는 모든 이벤트들도 함께 복사한다는 것을 기억하기 바랍니다. 단축키 Ctrl + Z 을 눌러 복사하기 전 상태로 되돌립니다.

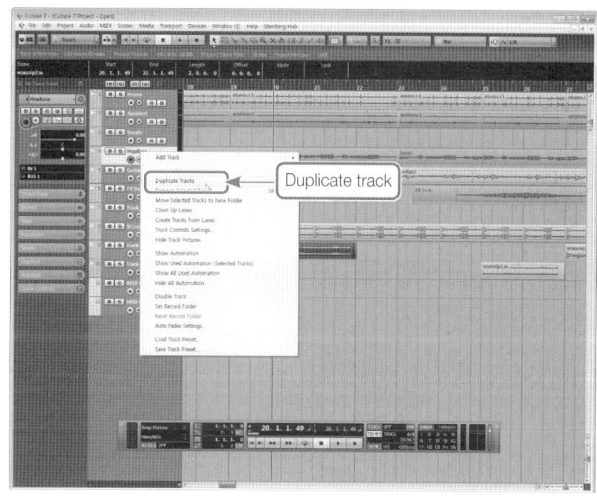

17. 이벤트와 트랙 삭제하기

선택한 이벤트를 지우는 가장 간단한 방법은 Delete 키를 이용하는 것입니다. 삭제할 이벤트를 선택하고, Delete 키를 누릅니다. 선택한 이벤트가 없을 경우에는 선택한 트랙이 지워지므로 주의하기 바랍니다. 잘못 지웠을 경우에는 Ctrl + Z 키를 눌러 이벤트 또는 트랙의 삭제 작업을 취소할 수 있습니다.

Delete키로 선택한
이벤트 또는 트랙 삭제

18. 작업 공간의 크기 변경

오디오 이벤트와 미디 파트를 편집하다 보면, 작업 공간의 크기를 수시로 변경할 필요가 있습니다. 작업 공간의 크기는 이동 표시줄 끝에 있는 줌 슬라이드를 이용해서 확대/축소할 수 있습니다.

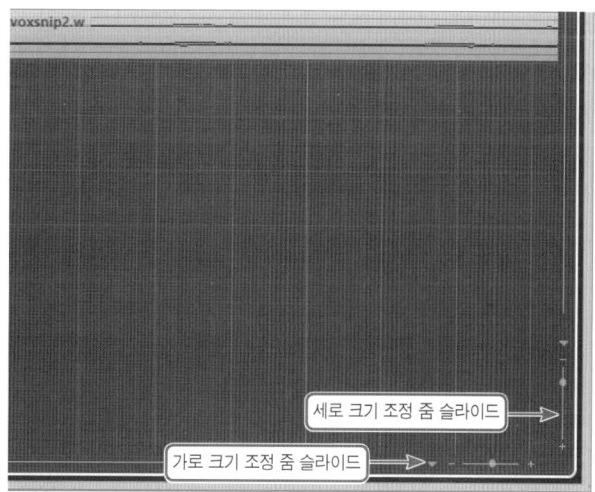

세로 크기 조정 줌 슬라이드

가로 크기 조정 줌 슬라이드

19. 이벤트 크기 변경

세로 이동 표시줄 상단에 있는 이벤트 줌 슬라이드를 드래그하여 이벤트 안에 있는 파형을 확대/축소할 수 있습니다. 파형을 확대하는 것은 작업의 편리성을 위한 것으로, 실제 볼륨이 커지는 것은 아닙니다.

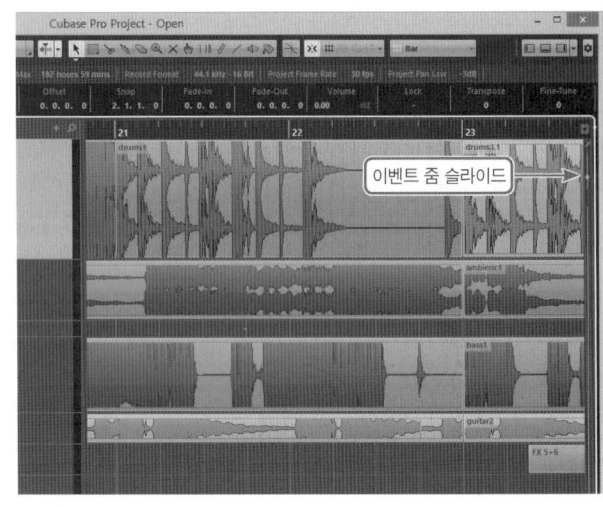

20. 트랙의 크기 변경하기

트랙 리스트와 작업 공간 사이에 있는 경계선을 좌/우로 드래그하면 트랙 리스트의 가로 크기를 조정할 수 있습니다. 이때 각 트랙의 도구들은 가로 크기에 맞추어 자동으로 정렬합니다. 트랙과 트랙 사이의 경계선을 상/하로 드래그하면 선택한 트랙을 세로 크기로 조정할 수 있습니다. Ctrl 키를 누른 상태에서 드래그하면 모든 트랙이 같은 크기로 변경됩니다.

22. 오토메이션 트랙 열기

트랙의 왼쪽 모서리에 마우스를 가져가면, 오토메이션 트랙 보기 버튼이 나타나는데, 이것을 클릭하여 오토메이션 트랙을 볼 수 있습니다. 오토메이션 트랙에서도 같은 위치에 마우스를 가져가면 + 기호의 버튼이 나타나는데, 이것을 클릭하여 필요한 모든 오토메이션 트랙을 열어놓고 작업할 수 있습니다.

23. 오토메이션 트랙의 역할 바꾸기

작업 화면에 필요한 오토메이션 트랙을 모두 열어놓고 작업하는 것보다는 열려있는 오토메이션 트랙의 역할을 바꿔가면서 작업하는 것이 효과적입니다. 오토메이션 트랙의 기능을 표시하는 목록을 클릭하여 원하는 역할을 선택합니다.

오토메이션 트랙 목록

24. 단축 메뉴

큐베이스와 누엔도의 모든 작업 창에서는 Ctrl 키를 누른 상태에서 마우스 오른쪽 버튼을 클릭하면 해당 작업에 필요한 단축 메뉴가 열립니다. 기능은 메뉴와 동일하지만, 익숙해지면 메뉴를 이용하는 것보다 편리합니다. 그림은 프로젝트 창의 작업 공간에서 단축 메뉴를 열어본 것입니다.

Ctrl 키를 누른 상태에서 마우스 오른쪽 버튼 클릭

25. 도구 모음

단축 메뉴를 열기 위해 그냥 마우스 오른쪽 버튼을 클릭하면 해당 작업 창에서 이용할 수 있는 도구 모음 창이 열립니다. 이것이 혼동된다면, Prepferences 창 Editing의 Tools 페이지에서 Popup Toolbox on Right Click 옵션을 해제합니다. 참고로 도구는 문자열의 숫자 1-9를 이용하여 선택할 수 있으며, 두 개 이상의 기능이 있는 도구는 같은 숫자를 반복해서 누르면 됩니다. 자주 사용하는 기능이므로, 기억을 해두기 바랍니다.

마우스 오른쪽 버튼 클릭

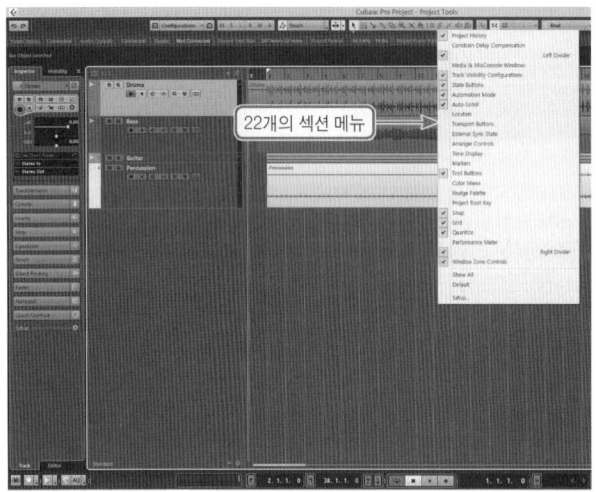

3 프로젝트 창의 도구 모음

프로젝트 창의 도구는 모두 22가지 섹션을 제공하며, Default 프리셋은 Project Histroy, Track Visibility Configurations, State Buttons, Automation Mode, Auto-Scroll, Tool Buttons, Snap, Grid, Quantize, Window Zone Controls의 10가지 섹션이 표시되어 있습니다. 각 도구의 역할을 살펴보기 전에 프로젝트의 도구를 자신이 원하는 것들로 구성하여 프리셋으로 만드는 방법을 살펴보겠습니다.

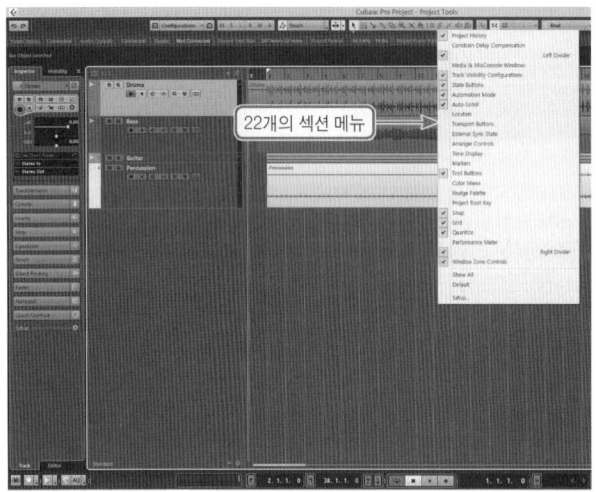

22개의 섹션 메뉴

01 도구 모음 줄에서 마우스 오른쪽 버튼을 클릭하면 22개의 섹션 중에서 10 가지가 선택되어 있는 메뉴가 열립니다. 체크된 섹션이 도구 모음 줄에 보이는 것이고, 해제된 섹션이 보이지 않는 것입니다.

 가정교사

Left Divider 위쪽의 섹션은 도구 모음 줄 왼쪽에 표시되게 하고, Right Divider 아래쪽의 섹션은 도구 모음 줄 오른쪽에 표시되게 합니다.

Setup 메뉴

02 그룹 메뉴 아래쪽의 Show All은 모든 섹션이 보이게 하는 프리셋이고, Default는 기본값으로 체크되어있던 10개의 섹션만 보이게 하는 프리셋입니다. 도구를 사용자가 원하는 섹션으로 구성하기 위해서는 아래쪽의 Setup 메뉴를 선택합니다

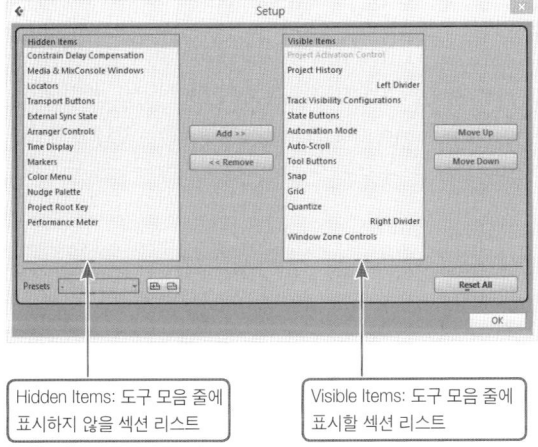

Hidden Items: 도구 모음 줄에
표시하지 않을 섹션 리스트

Visible Items: 도구 모음 줄에
표시할 섹션 리스트

03 사용자가 원하는 섹션을 구성할 수 있는 Setup 창이 열립니다. 도구 모음 줄에 표시하고 싶은 섹션은 Add 버튼을 클릭하여 Visible Items 리스트에 추가합니다.

왼쪽에서 오른쪽으로 표시

04 Move up과 Move Down 버튼은 Visible Items 리스트에서 선택한 섹션을 상/하로 이동시키는 역할을 하며, 도구 모음 줄 왼쪽에서부터 순서대로 표시됩니다. Left 및 Right Divider 위치를 바꾸어 왼쪽과 오른쪽에 표시되는 섹션을 구분할 수 있습니다.

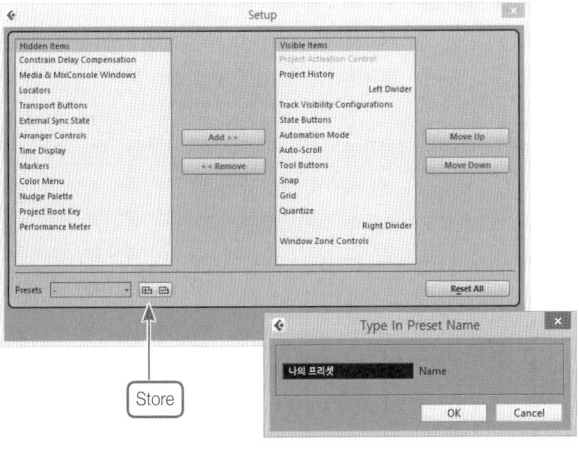

Store

05 사용자가 원하는 것들로 구성한 섹션은 Presets에 보이는 Store 버튼을 클릭하여 저장할 수 있습니다. Type In Preset Name 창에서 구분하기 쉬운 이름을 입력하고 OK 버튼을 클릭합니다.

사용자 프리셋

06 Setup 창의 OK 버튼을 클릭하여 창을 닫고, 도구 모음 줄에서 마우스 오른쪽 버튼을 클릭해보면, 앞에서 저장한 프리셋이 메뉴로 등록되어 있는 것을 확인할 수 있습니다.

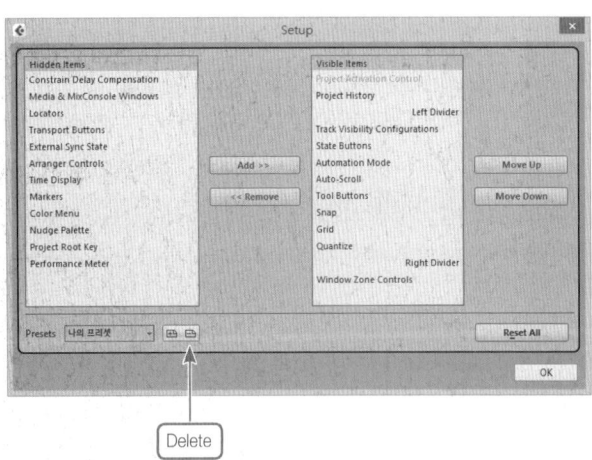

Delete

07 사용자 프리셋은 Setup 창의 Presets 에서 Delete 버튼을 클릭하여 삭제할 수 있습니다. 계속해서 큐베이스의 기본값인 default 프리셋의 도구들을 하나씩 살펴보겠습니다.

활성 버튼은 두 개 이상의 프로젝트를 열어 놓았을 때 표시되며, 프로젝트의 On/Off를 결정합니다. 복사나 이동 등의 작업을 위해서 두 개 이상의 프로젝트를 열어 놓았을 때, 모든 프로젝트가 시스템 자원을 차지한다면, 동시에 두 개 이상의 프로젝트를 열어놓고 작업 한다는 것이 불가능 할 것입니다. 이를 방지하기 위해서 큐베이스는 작업 중인 프로젝트만 활성화시키는 기능을 제공합니다.

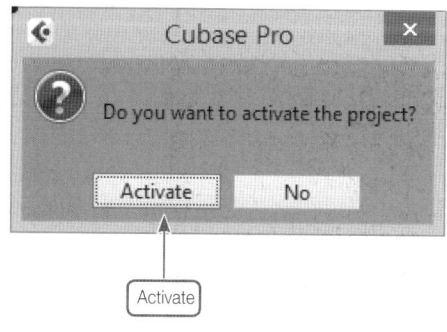

01 프로젝트가 열려 있는 상태에서 또 다른 프로젝트를 열면, 활성 여부를 묻는 창이 열립니다. Activate 버튼을 클릭하면 새로 여는 프로젝트로 전환되고, No를 누르면 열려 있던 프로젝트가 유지됩니다.

02 프로젝트 도구 모음 줄에는 번개 모양의 활성 버튼이 표시되고, 선택 되어 있는 프로젝트의 활성 버튼이 주황색으로 표시됩니다.

활성 버튼이 ON으로 되어
있는 프로젝트가 동작한다

03 Enter 키를 눌러서 곡을 연주하면 활성
버튼이 켜져 있는 프로젝트 창의 송 포
지션 라인만 움직이며, 재생되는 것을 확인할
수 있습니다. 즉, 두 개의 프로젝트를 열었지만,
실제로 사용되는 것은 활성 버튼이 On되어 있는
것뿐입니다.

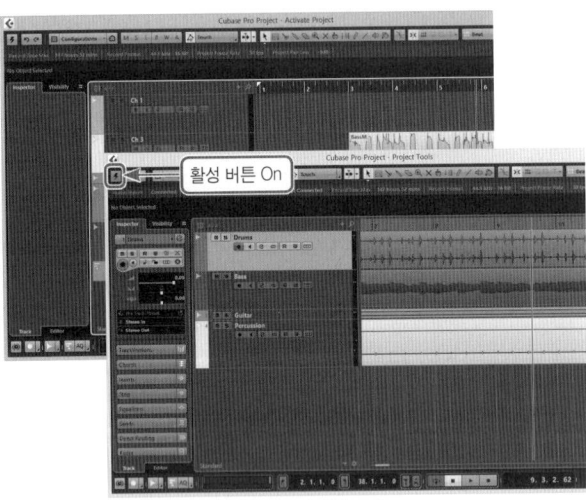

활성 버튼 On

04 다른 프로젝트 창의 활성 버튼을 클릭
하여 On으로 합니다. 활성 버튼이 주황
색으로 켜지는 것을 확인할 수 있고, 송 포지션
라인의 움직임이 바뀌는 것을 확인할 수 있습니
다. 즉, 작업 프로젝트를 이동한 것입니다.

프로세스 사용량

05 Ctrl + Alt + Delete 키를 동시에 눌러 윈도
우 작업 관리자를 엽니다. 프로세스 탭
의 앱 카테고리를 보면, 현재 실행되어 있는 프
로그램들이 CPU와 메모리를 얼마나 사용하고
있는지 확인할 수 있는데, Cubase 9 항목을 보
면, 두 개의 프로젝트를 열어놓았지만, 하나의
프로젝트를 열어놓은 것과 같다는 것을 확인할
수 있습니다.

↶ ↷ **히스토리 버튼**

히스토리 섹션은 실행 작업을 취소하는 Undo 버튼과 취소한 작업을 다시 실행하는 Redo 버튼으로 구성되어 있습니다. 트랙이나 이벤트를 삭제했을 때 Undo 버튼을 클릭하여 복구할 수 있고, 마음이 바뀌어 Redo 버튼으로 취소한 내용을 다시 실행하게 하는 등, 프로젝트에서 실행하는 모든 작업을 취소하거나 다시 실행할 수 있습니다. Undo의 단축키는 Ctrl + Z 이며, Redo의 단축키는 Ctrl + Shift + Z 으로 윈도우의 기본 편집 명령과 동일합니다.

Delete 키로 이벤트 삭제

01 사용자 실수로 Delete 키를 눌러 이벤트를 삭제했다고 가정합니다. 작업을 하다 보면 흔하게 발생하는 실수 있습니다.

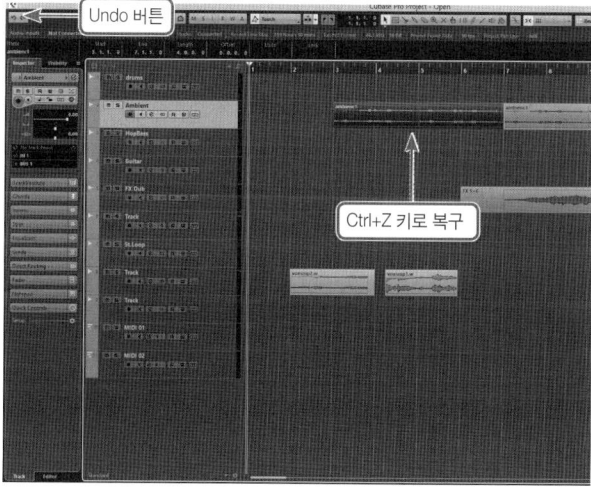

Undo 버튼

Ctrl+Z 키로 복구

02 도구 모음 줄의 Undo 버튼 또는 단축키 Ctrl + Z 키를 누르면, 삭제 명령이 취소되어 이벤트를 복구할 수 있습니다.

컨스트레인 버튼

컨스트레인 버튼은 VST 사용으로 발생되는 레이턴시 현상을 방지합니다. 큐베이스는 VST Effects 중에서 레이턴시 현상이 발생하는 것들을 자동으로 보정하는 기능이 있습니다. 하지만, 많은 VST를 사용거나 시스템 성능이 좋지 않은 경우에는 연주하는 타이밍이 어긋나는 현상을 경험할 수 밖에 없습니다. 이때 컨스트레인 버튼을 On으로 하면, 이러한 현상이 일어나는 VST를 해제하여 레이턴시 현상을 방지합니다.

01 컨스트레인 버튼은 기본적으로 프로젝트 아래쪽의 트랜스포트 라인에 표시됩니다. 도구 모음 줄에 표시하고 싶은 경우라면 마우스 오른쪽 버튼을 클릭하여 단축 메뉴를 열고, Constration Delay Compensation을 선택합니다.

02 컨스트레인은 레이턴시가 측정된 플러그-인에 적용됩니다. 이를 확인하기 위해서 Devices 메뉴의 Plug-in Manager를 선택하여 창을 엽니다.

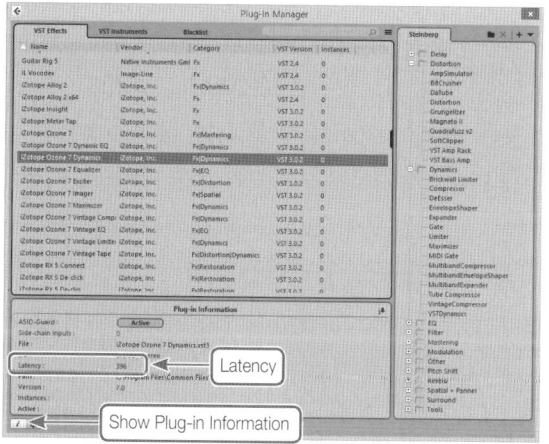

 Latency

Show Plug-in Information

03 Show Plug-in Information 버튼을 클릭하여 정보 창을 열고, 사용자 컴퓨터에 설치되어 있는 플러그-인 들을 살펴봅니다. 그 동안 사용하면서 레이턴시가 발생한 제품들은 Latency 항목에 타임 값이 표시됩니다.

😊 가정교사

플러그-인 목록은 시스템에 설치된 것들이 표시되는 것이므로, 사용자마다 다를 것입니다.

플러그-인 창착

04 Latency 값이 측정된 플러그-인을 확인하고, 해당 플러그-인을 Insert 슬롯에서 장착해봅니다. 이것 역시 사용자 시스템에 따라 차이가 있습니다.

🎧 가정교사

사용한 적이 없는 플러그-인은 Latency가 측정된 적이 없으므로, 값이 0으로 표시됩니다.

컨스트레인 버튼

05 컨스트레인 버튼을 On으로 하면 해당 플러그인이 해제되는 것을 확인할 수 있습니다. 수 십 개의 플러그인을 사용하면서 발생하는 레이턴시를 한 번에 점검할 수 있는 유용한 기능입니다.

음악 작업을 할 때 자주 열고 닫는 미디어 베이(MediaBay), 풀(Pool), 믹스 콘솔(MixConsole), 컨트롤 룸 믹서 (Control Room Mixer)를 열거나 닫는 역할입니다. 실제로 자주 사용하는 미디어 베이와 믹스 콘솔은 오른쪽 및 아래쪽 존에서 제공하고 있고, 단축키 F3와 F5를 이용하는 경우가 많기 때문에 도구 모음 줄에 버튼을 구성하지는 않지만, 필요한 사람도 있을 것이므로 역할은 살펴보겠습니다.

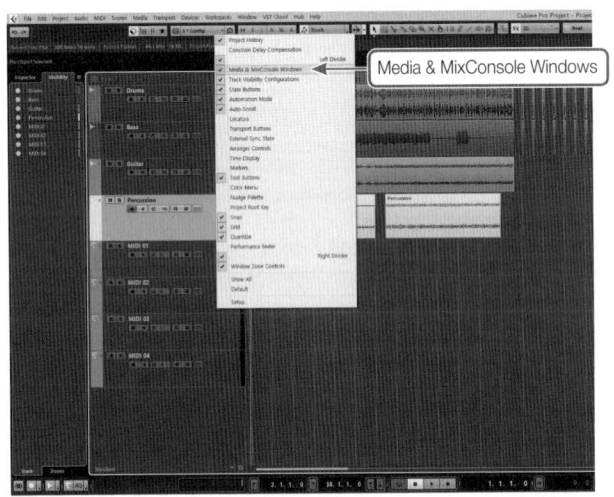

01 미디어 버튼은 기본적으로 열려 있지 않습니다. 도구 모음 줄에 표시하고 싶은 경우라면 마우스 오른쪽 버튼을 클릭하여 단축 메뉴를 열고, Media & MixConsole Windows을 선택합니다.

02 총 4개의 버튼으로 구성되어 있으며, 각각 미디어 베이(MediaBay), 풀(Pool), 믹스 콘솔(MixConsole), 컨트롤 룸 믹서(Control Room Mixer)를 독립 창으로 열거나 닫습니다.

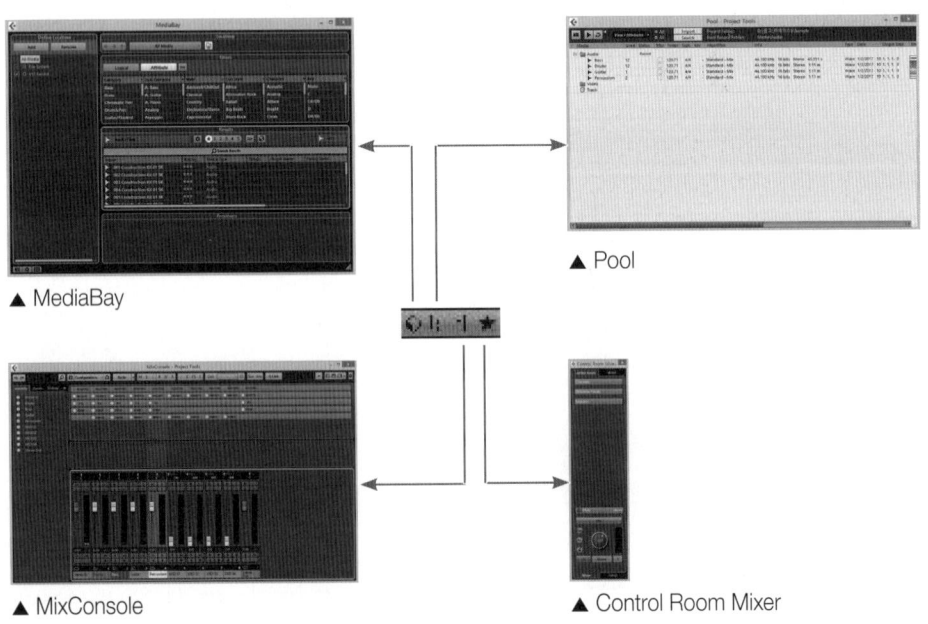

▲ MediaBay

▲ Pool

▲ MixConsole

▲ Control Room Mixer

🔲 Configurations ▾ 📷 **비저빌리티 버튼**

프로젝트 왼쪽 존에 위치한 비저빌리티 인스펙터와 동일하게 사용자가 원하는 유형의 트랙을 감추거나 표시하는 역할을 합니다. 입문 단계에서는 별 의미 없는 도구로 보이지만, 나중에 상업용 음원 제작을 할 때는 보통 40 트랙 이상을 사용하게 될 것입니다. 이때는 슈퍼 울트라 모니터를 사용해도 한 화면에 모든 트랙을 표시할 수 없기 때문에 작업 상황에 따라 트랙을 구성할 수 있는 비저빌리티 도구의 필요성을 느끼게 될 것입니다.

01 인스펙터 창의 Visibility 탭은 사용중인 트랙 리스트가 표시되며, 라디오 버튼을 Off하여 해당 트랙을 화면에서 감출 수 있습니다. Shift 키를 상태에서 선택하면 해당 트랙만 화면에 표시됩니다.

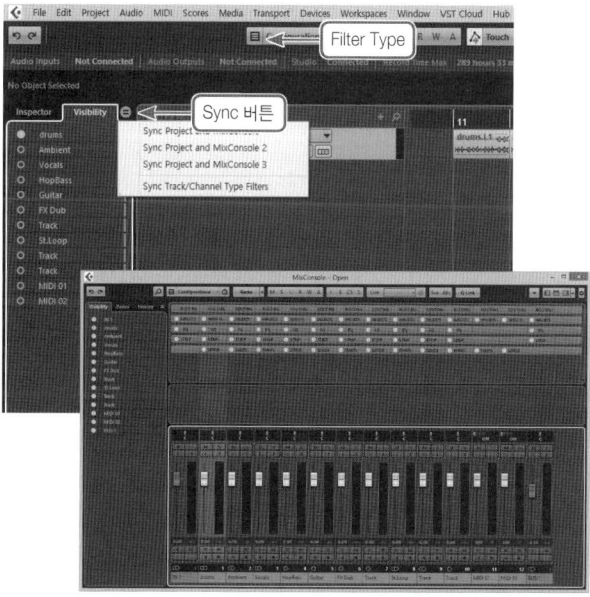

02 프로젝트와 믹스콘솔의 트랙 보기 상태를 똑같이 만들고 싶다면, Sync 버튼을 클릭하여 메뉴를 열고, 믹스콘솔을 선택합니다. Sync Track/Channel Type Filters는 Filter Type 도구와 연결시키는 것입니다.

트랙의 종류 선택

03 Filter Type 버튼은 Audio나 MIDI와 같은 트랙의 종류를 한 번에 감추거나 표시하는 역할을 합니다.

Configuration

이름 입력

04 Configuration 버튼은 사용자가 꾸민 화면 보기 상태를 프리셋으로 저장하여 빠르게 전환할 수 있게 합니다. Add Configuration 메뉴를 선택하면 프리셋 이름을 입력할 수 있는 창이 열립니다.

프리셋 선택

05 Configuration 버튼을 열어보면 사용자 프리셋 메뉴가 추가된 것을 확인할 수 있습니다. Rename은 이름을 변경하며, Delete 는 선택된 프리셋을 삭제합니다. Update는 프리셋 상태를 변경한 경우에 활성화 되며, 변경한 상태를 새롭게 적용합니다.

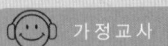 가정교사

두 개 이상의 프리셋을 만들면, 순서를 변경할 수 있는 Move 메뉴가 보입니다.

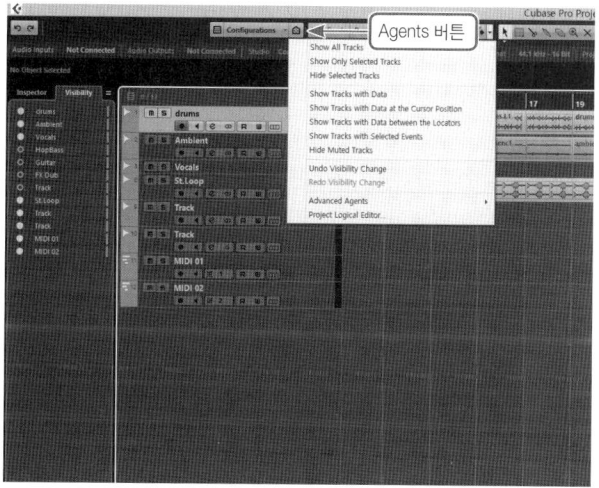

06 비저빌리티 섹션의 마지막 도구인 Agents 버튼은 트랙을 감추거나 표시하는 역할의 메뉴를 제공합니다. 인스펙터 창의 Visibility 탭에서 마우스 오른쪽 버튼을 클릭해도 같은 메뉴를 볼 수 있습니다.

- Show All Track : 모든 트랙을 표시합니다.
- Show Only Selected Track : 선택된 트랙만 표시합니다.
- Hide Selected Tracks : 선택한 트랙을 감춥니다.
- Show Tracks With Data : 데이터가 없는 트랙은 감춥니다.
- Show Tracks with Data at the Cursor Position : 송포지션 라인 위치에 데이터가 없는 트랙을 감춥니다.
- Show Tracks with Data between the Locations : 로케이터 구간내에 데이터가 없는 트랙을 감춥니다.
- Show Track with Selected Events : 선택된 이벤트의 트랙만 표시합니다.
- Hide Muted Tracks : 뮤트된 트랙을 감춥니다.
- Undo Visibility Change : 비저빌리티 명령을 취소합니다.
- Redo Visibility Change : 취소한 비저빌리티 명령을 다시 실행합니다.
- Advanced Agents : 다음과 같은 9가지의 서브 메뉴를 가지고 있습니다.
  ▷ Hide All : 모든 트랙을 감춥니다.
  ▷ Invert Visibility Status for MIDI Tracks : 미디 트랙을 감춥니다.
  ▷ Invert Visibility Status for Non-Audio and Non-MIDI : 오디오와 미디 트랙을 제외한 모든 트랙을 감춥니다.
  ▷ Invert Visibility and Mute Status for MIDI Tracks : 미디 트랙을 뮤트시키고 감춥니다.
  ▷ Invert Visibility and Mute Status for Selected Tracks : 선택된 트랙을 뮤트시키고 감춥니다.
  ▷ Show Tracks Following the Chord Track : 코드 팔로우가 적용된 트랙만 표시합니다.
  ▷ Show Tracks containing Drum Track : 이름에 Durm이 포함된 트랙만 표시합니다.
  ▷ Show Tracks with Track Versions : 버전 트랙만 표시합니다.
  ▷ Show only Audio Tracks - Show all Tracks : 명령 전에는 오디오 트랙만 표시하고, 후에는 오디오 트랙만 감춥니다.
- Project Logical Editor : 로지컬 에디터 창을 엽니다. 이것에 관해서는 미디 편집 편에서 살펴봅니다.

스테이트(State) 도구는 뮤트(Mute), 솔로(Solo), 리슨(Listen), 리드(Read), 라이트(Write), 올(All) 버튼으로 구성되어 있으며, 각각 트랙의 뮤트, 솔로, 리슨, 오토메이션 On 상태를 표시합니다. 여기서 뮤트, 솔로, 리슨의 3가지 도구는 모든 트랙의 뮤트, 솔로, 리슨 버튼을 Off 할 수 있으며, 리드, 라이트, 올의 3가지 오토메이션 도구는 모든 트랙의 오토메이션 버튼을 On/Off 할 수 있는 스위치 역할입니다.

01 뮤트(M), 솔로(S), 리슨(L), 오토메이션 (R/W) 버튼이 On 되어 있는 트랙이 있으면, 스테이트 도구에 해당 버튼이 On으로 표시되며, 버튼을 클릭하여 모든 트랙의 뮤트, 솔로, 리슨, 오토메이션 버튼을 Off 시킬 수 있습니다.

02 리드(R)와 라이트(W)는 모든 트랙의 오토메이션 리드 및 라이트 버튼을 On 시킬 수 있는 기능도 제공하고 있으며, A 버튼은 오토메이션 동작을 Off 합니다. 즉, A 버튼은 꺼져 있을 때 오토메이션이 동작하는 것입니다.

 **Touch** 오토메이션 모드 버튼

오토메이션 모드 버튼은 큐베이스와 누엔도에서 동작하는 각종 컨트롤의 동작을 기록하는 Automation Write 기능을 Touch, Auto-Latch, Croos-Over 모드 중에서 선택할 수 있는 것으로 다른 버튼과는 성격이 조금 다른 도구입니다. 여기서 선택한 모드에 따라 오토메이션 기록 방법이 달라지므로 작업 상황에 맞는 모드를 적절히 사용할 수 있길 바랍니다.

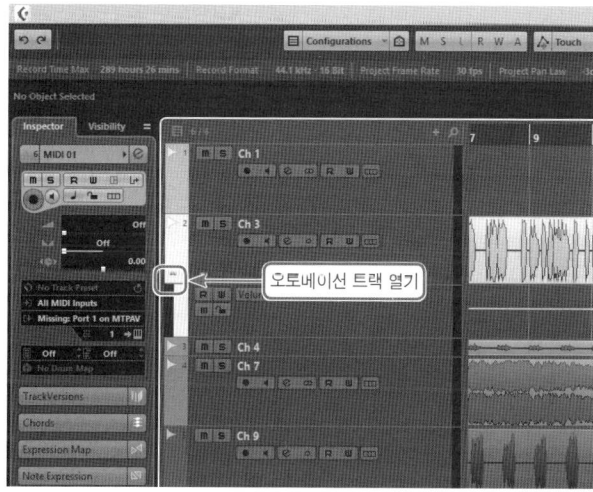

오토메이션 트랙 열기

01 트랙 번호 아래쪽에 마우스를 위치시키면 오토메이션 트랙을 열거나 닫을 수 있는 버튼이 보입니다.

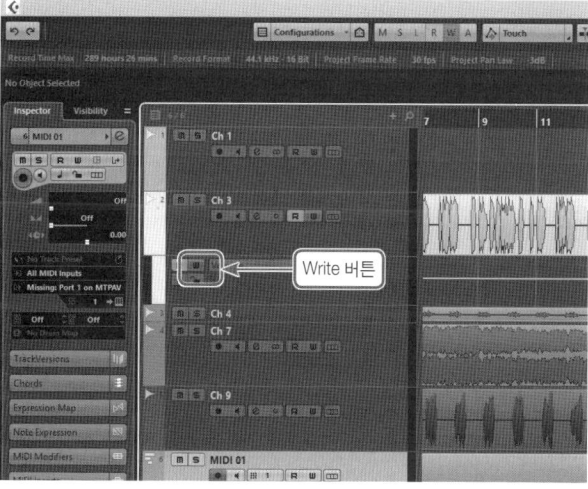

Write 버튼

02 오토메이션 트랙의 기본값은 Volume으로 되어 있습니다. 즉, 볼륨 조정 값을 기록하거나 볼 수 있는 트랙입니다. W 버튼을 클릭하여 기록할 준비를 합니다.

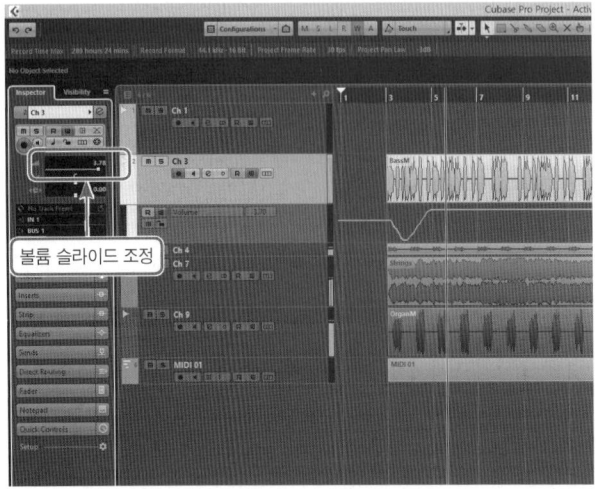

볼륨 슬라이드 조정

03 Enter 키를 눌러 곡을 연주하면서 인스 펙터 창의 볼륨 컨트롤 슬라이드를 움직여 봅니다. 오토메이션 트랙에 볼륨 변화값이 기록되는 것을 확인할 수 있습니다.

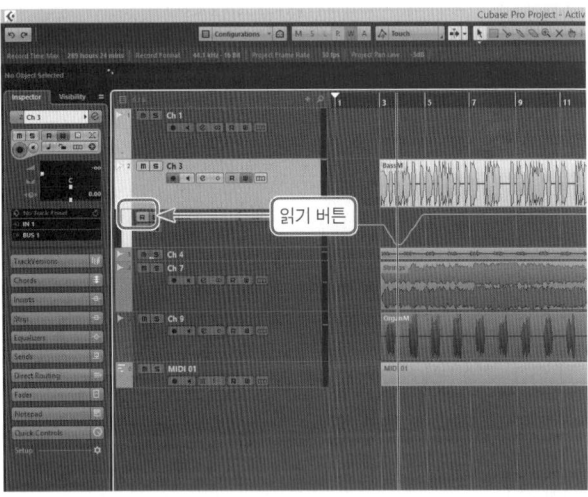

읽기 버튼

04 기록한 라인을 확인할 수 있게 읽기 (Read) 버튼을 On으로 하고, Enter 키를 눌러 곡을 연주합니다. 그러면 볼륨 슬라이드가 기록한 값에 따라 자동으로 움직이는 것을 확인할 수 있습니다.

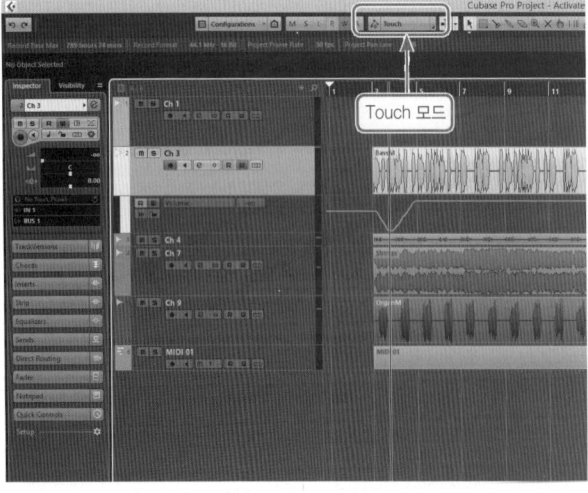

Touch 모드

05 현재는 오토메이션 모드를 변경하지 않은 Touch 모드입니다. 곡을 처음부터 다시 재생하면서 볼륨 슬라이드를 움직여 봅니다. 슬라이드 작동을 멈출 때, 기록이 정지하는 것을 확인할 수 있습니다.

Auto-Latch 모드

06 계속해서 나머지 모드를 살펴보겠습니다. 오토메이션 모드 선택 버튼을 클릭하여 메뉴를 열고, 두 번째에 해당하는 Auto-Latch를 선택합니다.

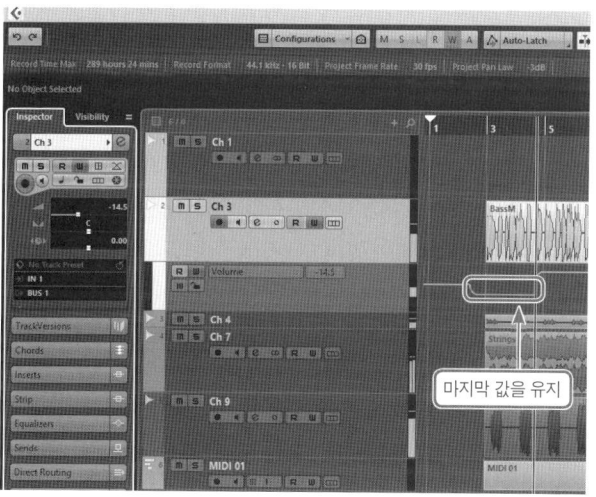

마지막 값을 유지

07 곡을 처음부터 재생하면서 볼륨 슬라이드를 움직이다가 마우스를 멈춰봅니다. 마우스를 놓았던 시점의 값이 기존에 기록한 값을 지우면서 계속 유지하는 것을 확인할 수 있습니다. 곡을 정지하거나 Write 버튼을 Off 할 때까지 기록합니다.

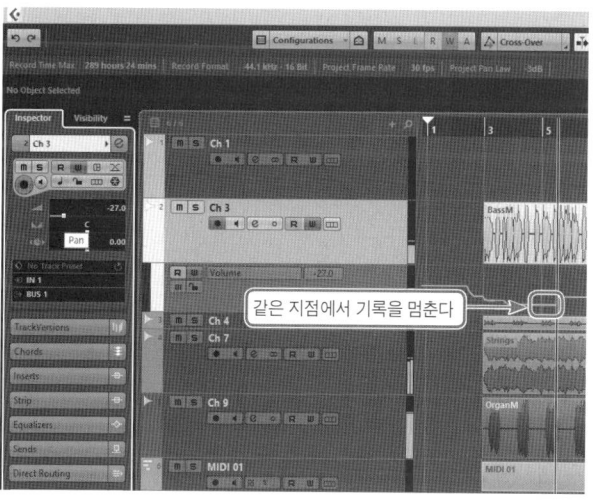

같은 지점에서 기록을 멈춘다

08 이번에는 Cross-Over 모드를 선택하고, 앞에서와 같은 방법으로 처음부터 기록을 합니다. 마우스를 놓은 지점의 값이 유지되는 것은 Auto-Latch 와 비슷하지만, 같은 볼륨 라인과 만나는 지점에서 멈춘다는 차이점을 확인할 수 있습니다.

패널 열기 버튼

09 오토메이션 모드 선택 메뉴 오른쪽의 작은 삼각형 버튼을 클릭하면 읽거나 쓸 때 제외시킬 파라미터를 선택할 수 있는 패널이 열립니다. 미디 컨트롤러를 이용할 때 피하고자 하는 파라미터를 Suspend White 칼럼에서 선택합니다. Suspend Read 칼럼은 읽기를 제외시키는 것이고, Show 칼럼은 해당 트랙을 열거나 닫습니다.

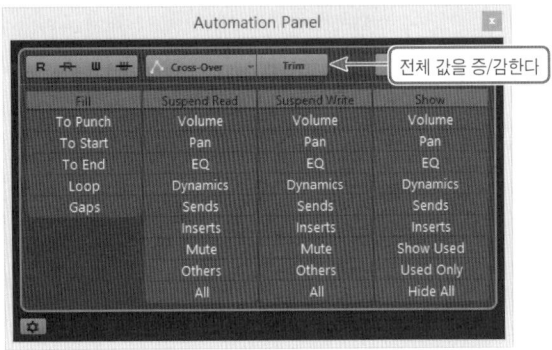

전체 값을 증/감한다

10 오토메이션 패널에서 Trim 버튼을 클릭하여 On으로 하면, 조정을 시작하는 지점 뒤로 기록된 값을 증가시키거나 감소시킬 수 있습니다. 볼륨 라인을 유지한 상태에서 전체 라인을 조정하고 싶을 때 유용합니다.

 가정교사

Trim 모드는 Volume과 Sends Level 오토메이션에서 사용이 가능합니다.

11 오토메이션의 기록 타임과 간격은 Preference 버튼을 클릭하면 열리는 옵션 창에서 Return Time과 Reduction Level 로 변경할 수 있습니다.

Preference 버튼

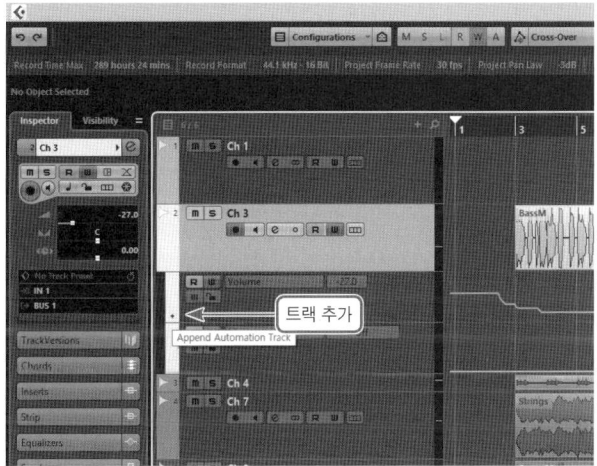

12 오토메이션 트랙 왼쪽 아래에 마우스를 위치시키면 + 기호의 버튼이 보이며, 이를 클릭하여 오토메이션 트랙을 추가할 수 있습니다.

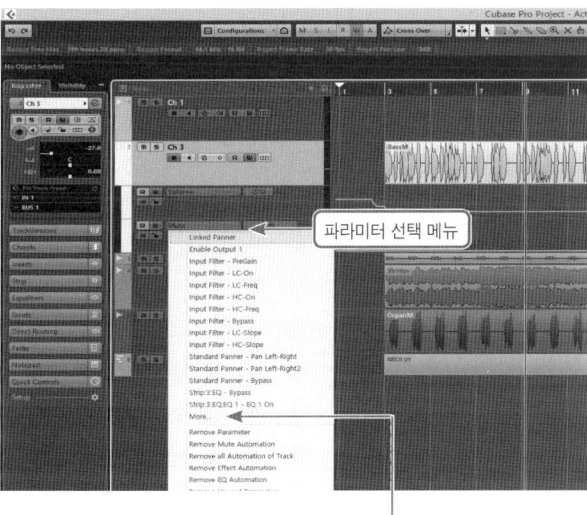

13 추가된 트랙의 기본 값은 Mute On/Off 이며, 메뉴를 클릭하여 표시할 파라미터를 선택할 수 있습니다. 아래쪽에는 기록된 오토메이션을 제거할 수 있는 Remove 메뉴를 제공합니다. 메뉴의 종류는 기록 상태에 따라 달라지며, 기록된 오토메이션 이름에는 * 표시가 있습니다.

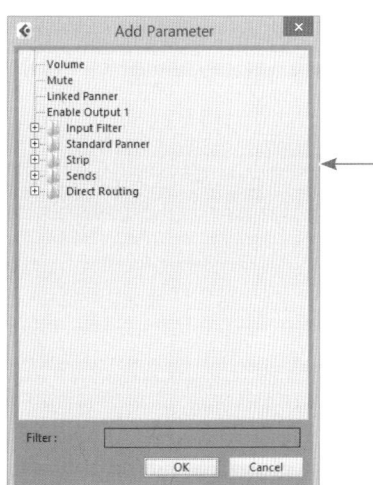

14 오토메이션 메뉴에서 More를 선택하면 트랙에서 기록 가능한 모든 파라미터를 선택할 수 있는 창이 열립니다. 목록은 추가된 VST에 따라 달라집니다.

◄●► **오토 스크롤 버튼**

오토 스크롤 버튼은 곡을 연주할 때 송 포지션 라인이 오른쪽으로 이동하면서 연주 위치를 화면에 보여주는 역할을
합니다. 그리고 곡이 재생되고 있을 때 편집 작업을 진행하면, 송 포지션 라인 위치에 상관없이 화면의 움직임이 멈
추게 할 것인지, 그대로 진행되게 할 것인지의 여부를 선택할 수 있는 메뉴를 제공합니다. 기본 설정은 멈춤으로 되
어 있으며, 편집 작업이 끝나면 단축키 F 를 눌러 진행시킬 수 있습니다.

01 스크롤의 기본 설정은 곡이 진행할 때
송 포지션 라인이 움직이는 Page Scroll
입니다. 송 포지션 라인을 고정시키고, 화면이 움
직이도록 하고 싶다면 오토 스크롤 버튼 오른
쪽의 작은 삼각형을 클릭하면 열리는 메뉴에서
Stationay Cursor를 선택합니다.

이벤트 선택으로 화면의 움직임을 멈춤

02 Suspend Auto-Scroll when Editing
메뉴는 편집 작업을 진행할 때 화면이
멈추도록 하는 기능입니다. 오토 스크롤 버튼은
주황색으로 표시되며, 편집 작업이 끝나면 오
토 스크롤 버튼을 클릭하거나 F 키를 눌러 송
포지션 라인 위치로 이동시킬 수 있습니다.

▶ 화살표 버튼

지금부터 살펴보는 13가지 툴 버튼들은 프로젝트 존의 이벤트를 편집하는 주요 기능입니다. 첫 번째로 화살표 버튼은 이벤트를 선택하거나 복사, 이동 등의 기본 편집 작업 외에도, 길이를 조정할 때 사용할 수 있는 Normal Sizing, Sizing Moves Contents, Sizing Applies Time Stretch의 3가지 모드로 구성되어 있습니다. 각 모드의 차이점을 정확히 이해할 수 있길 바랍니다.

1. Normal Sizing

기본적으로 선택되어 있는 Normal Sizing는 이벤드의 길이를 조정할 때 사운드의 위치에는 영향을 주지 않는 모드 입니다. Normal 샘플 파일을 열고, 화살표 도구에서 Normal Sizing 모드를 선택합니다.

이벤트 양쪽 끝에 있는 작은 사각형을 클릭하여 시작 지점과 끝 지점을 조정해봅니다. 사운드는 고정된 상태에서 이벤트의 길이만 조정되는 것을 확인할 수 있습니다.

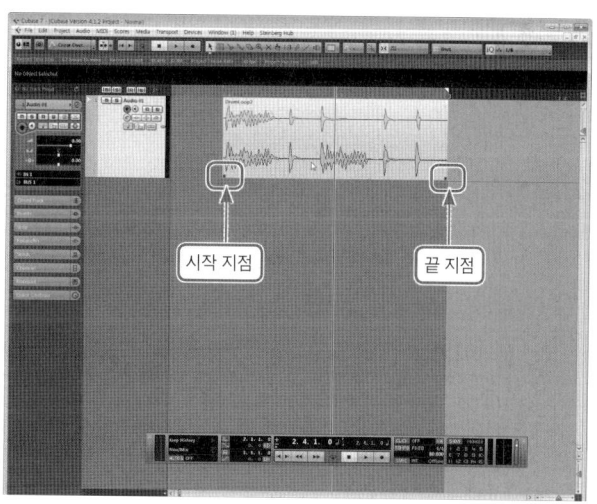

😊 가정교사

오디오 이벤트의 길이는 녹음을 할 때 만들어진 길이가 최대치입니다. 즉, 60초를 녹음한 이벤트는 60초 이하로 줄일수는 있어도 60초 이상으로는 늘릴 수 없습니다. 실습 파일은 미리 줄여놓은 것입니다.

2. Sizing Moves Contents

이벤트의 길이를 조정할 때 사운드의 위치를 함께
조정합니다. [Ctrl]+[Z] 키를 반복적으로 눌러 처음 상
태로 복구합니다. 그리고 화살표 도구를 클릭하여
Sizing Moves Contents 모드를 선택합니다.

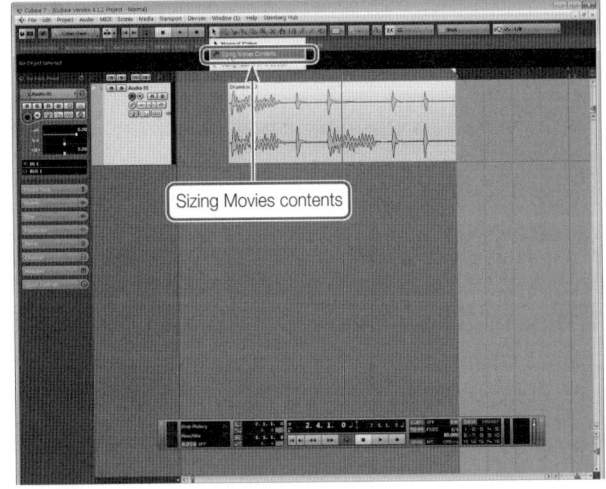

이벤트를 선택하고 앞에서와 같은 방법으로 시작 점
과 끝 지점을 드래그해봅니다. 사운드의 위치가 드래
그한 곳으로 이동하는 것을 확인할 수 있습니다. 그림
은 시작 지점을 이동한 모습이지만, 독자는 끝 위치도
실험을 해보기 바랍니다.

3. Sizing Applies Time Stretch

이벤트의 길이를 조정할 때 사운드의 길이를 함께
조정합니다. [Ctrl]+[Z] 키를 눌러 처음 상태로 복구하
고, 화살표 도구를 클릭하여 Sizing Applies Time
Stretch을 선택합니다.

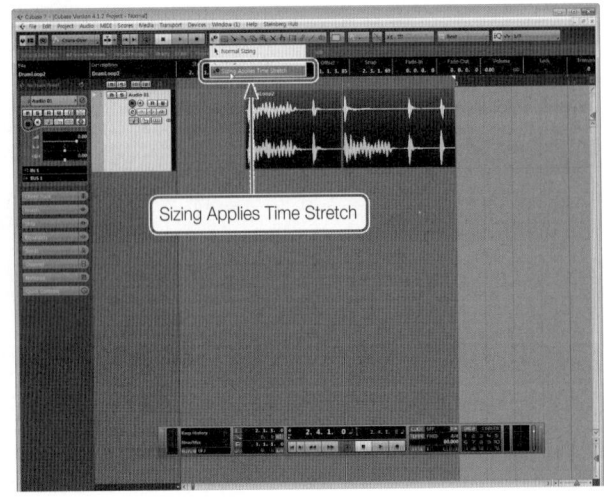

트랜스포트 패널의 Tempo 모드를 FIXED로 설정하고, 템포를 100정도로 변경합니다. 원래 80정도의 템포이기 때문에 이벤트가 한 마디를 넘어갑니다.

정확한 타임을 맞추기 위해서 도구 모음의 스냅 버튼을 클릭하여 On으로 합니다. 그리고 스텝의 단위는 Bar를 선택합니다. 이벤트 편집에 익숙하다면, Beat 또는 Use Quantize 단위를 이용해도 상관없습니다.

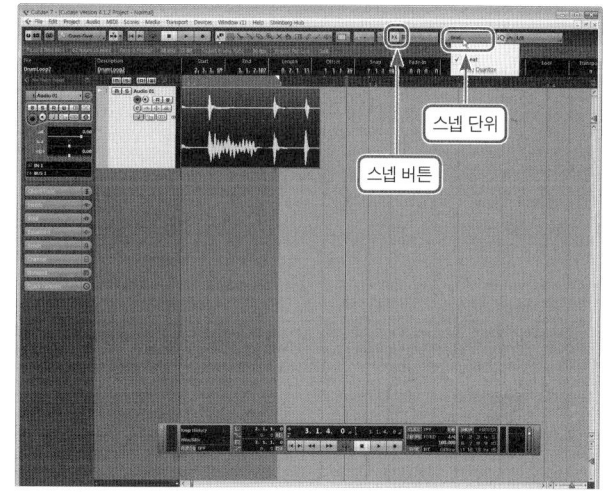

이벤트의 왼쪽을 오른쪽으로 드래그하여 마디 라인에 맞춥니다. 잠시 프로세싱 과정을 거쳐서 템포 80의 이벤트가 템포 100으로 조정됩니다. 연주를 해보면, 템포를 조정해도 사운드의 변화가 거의 없다는 것을 확인할 수 있습니다.

가정교사

마우스 기능을 변경하는 도구는 키보드 1-0 까지의 키로 선택할 수 있으며, 화살표 버튼의 경우에는 1을 누를 때, 마다 모드가 변경됩니다.

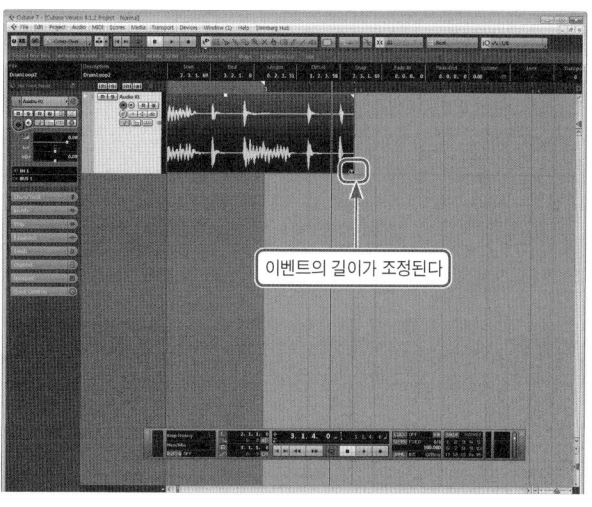

▦ 범위 선택 버튼

범위 선택 버튼은 편집을 위해서 특정 범위를 선택할 수 있는 도구 입니다. 특정 구간을 반복하고 싶을 때, 범위 선택 버튼을 이용해서 원하는 범위를 선택하면 원하는 위치로 바로 이동하거나 복사할 수 있게 이벤트를 선택함과 동시에 자동으로 분리합니다.

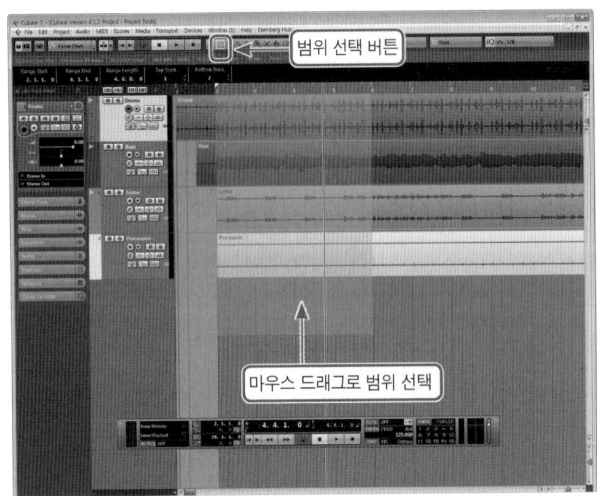

01 Project Tools 샘플 파일에서 범위 선택 도구를 클릭하여 선택합니다. 그리고 2마디에서 6마디까지 4마디 범위를 마우스 드래그로 선택합니다. 선택한 범위는 파란색으로 표시되어 쉽게 구분할 수 있습니다.

02 줌 슬라이드를 왼쪽으로 드래그하여 이벤트가 한 화면에 모두 보이게 하고, Alt 키를 누른 상태로 선택한 범위를 곡의 끝 부분으로 드래그하여 복사합니다. 일정 구간을 반복하거나 이동 시킬 때 유용하게 사용될 수 있는 툴이라는 것을 확인했습니다.

가위 버튼은 모양만 보아도 짐작할 수 있듯이 이벤트를 자르는데 사용하는 도구입니다. 가위 버튼을 이용해서 이벤트를 자를 때 스냅 버튼이 켜져 있으면 스냅에 설정된 단위로 잘리고, 꺼져있으면 사용자가 원하는 위치를 세밀하게 자를 수 있습니다.

가위 버튼

자르 위치 표시

01 가위 버튼을 선택하고 작업 공간에 마우스를 위치하면 가위 버튼 우측으로 현재 포지션의 위치가 표시됩니다. 이것을 확인하면서 이벤트를 클릭하면 선택한 이벤트가 양쪽으로 나눕니다.

😊 **가정교사**

Alt키를 누른 상태에서 클릭하면, 일정한 간격으로 이벤트를 자를 수 있습니다.

화살표 도구인 경우에
Alt키를 눌러 가위 툴로 이용

02 화살표 도구를 선택한 경우에 [Alt] 키를 누르면 일시적으로 가위 도구 역할을 합니다. 단, 자르려는 위치가 마우스 포인터에 표시되지 않으므로 익숙한 사용자가 아니라면 주의하기 바랍니다.

작업을 하다가 보면, 미디 파트와 오디오 이벤트가 여러 개로 분리되는 경우가 있으며, 심한 경우에는 의도하지 않는 편집을 하게 되는 수도 있습니다. 그러므로, 녹음을 나누어 한 경우이거나 비트를 편집한 경우에는 작업이 끝난 후에 하나로 정리하는 것이 좋습니다. 이때 사용할 수 있는 것이 풀 버튼이며, 이벤트를 선택하지 않은 경우에는 선택한 이벤트의 오른쪽 것과 붙고, 이벤트를 선택한 경우에는 선택한 이벤트끼리 붙습니다.

마우스 클릭으로 이벤트 붙임

01 Project Tools 샘플에서 풀 버튼을 선택하고, 1번 트랙의 27마디 위치에 있는 첫 번째 이벤트를 클릭합니다. 클릭할 때 마다 오른쪽 이벤트와 붙는 것을 확인할 수 있습니다.

마우스 드래그로 이벤트 선택

02 이번에는 2 트랙의 이벤트를 마우스 드래그로 선택합. 그리고 선택한 이벤트 중에서 적당한 것을 클릭합니다. 선택한 이벤트가 모두 하나로 붙는 것을 확인할 수 있습니다.

지우개 버튼은 선택한 이벤트를 삭제합니다. 선택한 이벤트를 삭제하는 단축키는 Delete 키 입니다. 그래서 원하는 이벤트를 삭제하기 위해서 굳이 지우개 도구를 사용할 필요는 없을 것입니다. 단, Delete 키는 이벤트가 선택되어 있지 않은 경우에는 선택된 트랙이 삭제되므로, 지우개 버튼을 이용하면 트랙을 삭제하는 실수를 피할 수 있습니다.

01 지우개 버튼을 선택하고, 이벤트를 클릭하면 선택한 이벤트기 삭제됩니다. 이미 이벤트를 선택했을 때는 Delete 키를 이용해서 삭제할 수 있습니다.

02 삭제할 이벤트를 지우개 버튼으로 드래그하여 선택하고, 클릭하면 한번에 여러 개의 이벤트를 삭제할 수 있습니다. 단, 지우개 버튼으로 선택할 때는 드래그의 시작 위치에 이벤트가 없는 빈 공간에서 시작해야 합니다.

돋보기 버튼

돋보기 버튼은 원하는 영역을 확대/축소하는 기능입니다. 돋보기 버튼을 선택하고 원하는 범위를 드래그하면, 드래그한 범위를 중심으로 확대합니다. Alt키를 누른 상태에서 클릭하면 축소됩니다. 미세한 작업이 필요할 때는 작업 공간을 확대하고, 긴 구간을 편집할 때는 작업 공간을 축소하는 목적으로 사용할 수 있습니다.

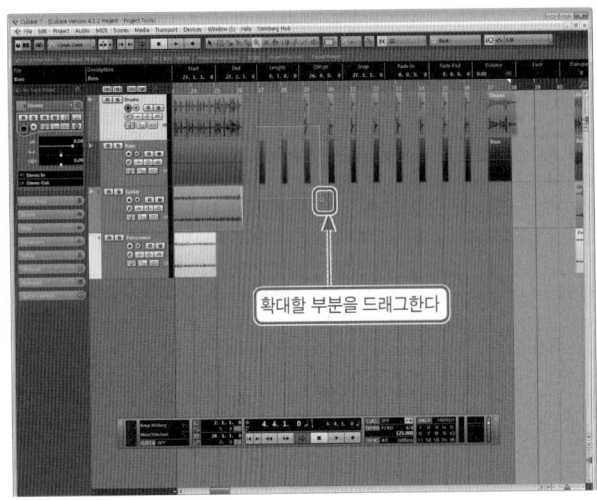

확대할 부분을 드래그한다

01 돋보기 버튼을 클릭한 상태에서 원하는 부분을 드래그합니다. 드래그한 부분을 중심으로 확대되는 것을 확인할 수 있습니다. 이때 Ctrl 키를 누른 상태에서 드래그하여 세로도 함께 확대할 수 있습니다.

Shift 키를 누른 상태에서 클릭

02 Alt 키를 누른 상태에서 작업 공간을 클릭하면, 클릭할 때 마다 단계별로 축소합니다. 참고로 작업 공간을 더블 클릭 하면 확대/축소한 작업을 취소하고, Shift 키를 누른 상태에서 클릭하면 모든 이벤트를 한 화면에서 볼 수 있게 확대/축소 합니다.

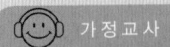 가정교사

작업 공간은 단축키는 G와 H 또는 Ctrl 키를 누른 상태로 마우스 휠을 돌려 확대/축소 할 수 있습니다.

✕ 뮤트 버튼

뮤트 버튼은 선택한 이벤트를 소리내지 않게 하는 기능입니다. 뮤트 버튼은 원하는 이벤트를 동시에 뮤트할 수 있기 때문에 인포 라인의 Mute 기능보다 효과적으로 사용할 수 있습니다. 작업한 이벤트가 마음에 들지는 않지만, 삭제 하기에는 아까운 경우이거나, 여러가지 프레이즈를 입력해 놓고, 비교해볼 때 유용하게 사용할 수 있습니다.

뮤트 버튼

뮤트 된 이벤트

01 뮤트 버튼을 클릭하고, 소리가 나지 않기를 원히는 이벤트들을 선택합니다. 선택한 이벤트는 회색으로 변하여 소리가 나지 않는 뮤트 상태라는 것을 표시합니다.

마우스 드래그로 여러개의 이벤트를 뮤트

02 뮤트 버튼 역시 마우스 드래그로 여러 개의 이벤트를 동시에 뮤트 시킬 수 있습니다. 뮤트한 이벤트를 다시 선택하면 뮤트를 해제할 수 있으며, 선택한 이벤트를 뮤트 하는 단축키는 Shift + M 이고, 해제는 Shift + U 입니다.

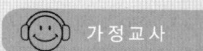 가정교사

마우스 드래그로 동시에 여러 이벤트를 뮤트 시킬 때, 이미 뮤트되어 있는 이벤트는 뮤트가 해제됩니다.

컴프 버튼은 반복 녹음으로 생성된 테이크(Take)를 정리할 때 유용한 툴입니다. 레인 트랙에 생성된 테이크를 정렬할 때 화살표 버튼과 가위 버튼을 이용해도 좋지만, 컴프 버튼을 이용하면 사용자가 원하는 구간을 선택하는 것 만으로도 자르고, 재생하는 역할을 동시에 수행할 수 있기 때문에 쉽고 빠른 편집이 가능합니다.

01 좋은 결과를 얻기 위해서 녹음을 반복했다고 가정합니다. 각 레인에 녹음된 Take 중에서 실제로 사용할 구간을 컴프 버튼으로 드래그해서 선택합니다. 선택한 구간이 자동으로 잘리는 것을 확인할 수 있습니다.

02 구간을 모두 자르고, 실제로 사용할 파트를 선택합니다. 그러면 해당 파트가 자동으로 On되는 것을 확인할 수 있습니다. 굳이 화살표 버튼과 가위 등의 버튼을 이용해서 편집하는 것 보다 쉽고 빠르다는 것을 알 수 있습니다.

202 PART 02. 트랜스포트 패널과 프로젝트 창

■Ⅲ 타임 버튼

타임 버튼은 미디 또는 오디오 사운드의 템포를 설정할 수 있는 기능입니다. 타임 버튼을 이용하면 템포 가이드 없이 녹음한 연주나 클럽 음악을 위해서 힛 포인트를 사용하는 기존 방법 보다 훨씬 간편하게 믹싱 작업을 할 수 있습니다. 타임 버튼은 시간 단위의 Warp Grid와 템포 단위의 Musical events follow 의 두 가지 모드가 있습니다.

01 Scream 샘플 파일을 불러와 연주를 해 보면 템포 가이드 없이 녹음한 음악이 라는 것을 알 수 있습니다. 템포 버튼을 클릭하 여 Warp Grid 모드를 선택합니다.

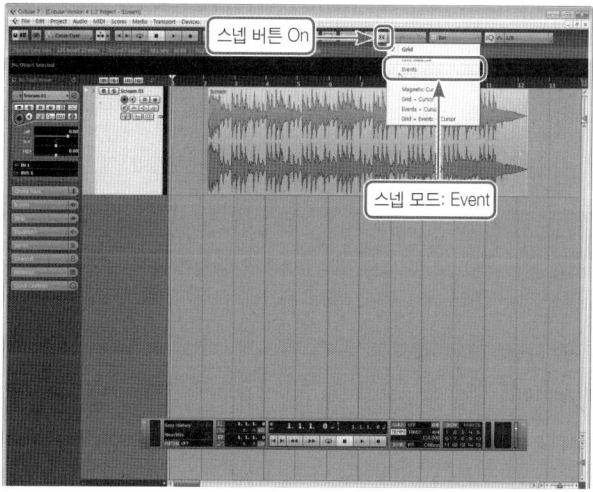

02 Warp Grid 모드는 시간 단위입니다. 스 냅 버튼을 클릭하여 On으로 놓고, 모드 를 Events로 설정합니다. 스냅 타입은 Bar로 설 정되어 있는 것을 확인합니다.

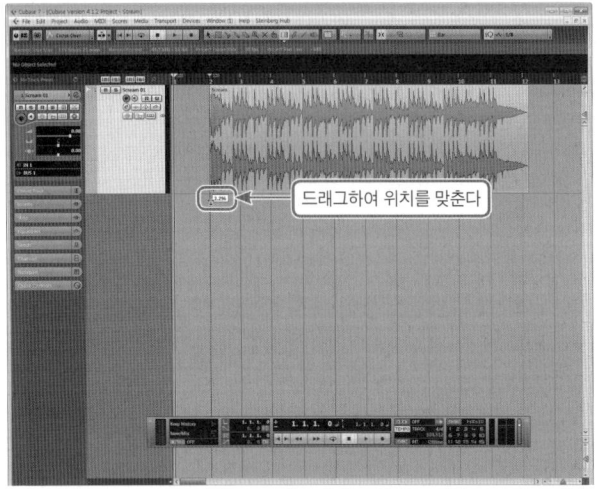

드래그하여 위치를 맞춘다

03 작업 공간을 클릭하면 스냅 타입이 Bar 이기 때문에 2마디 위치에 자동으로 위치합니다. 그리고 오른쪽으로 드래그를 하면 모드가 Events이기 때문에 자동으로 오디오 이벤트 시작 위치에 설정되는 것을 확인할 수 있습니다.

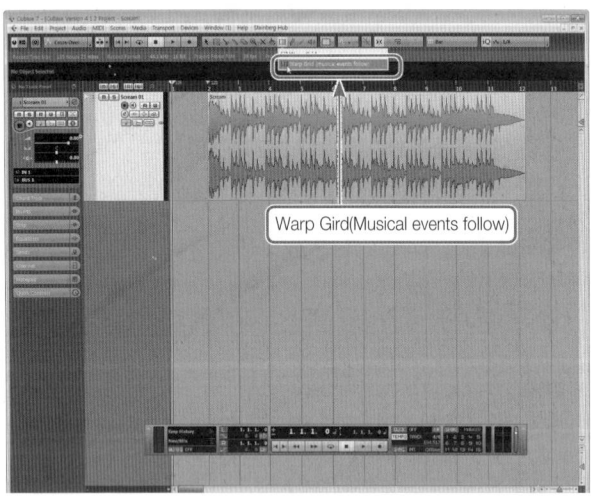

Warp Gird(Musical events follow)

04 Warp Grid 모드가 시간 단위이기 때문에 영상에 음악을 맞출 때에는 편리하지만 음악의 템포를 맞출 때는 템포 단위인 Warp Grid(Musical events follow) 모드가 편리합니다. 타임 버튼을 클릭하여 모드를 변경합니다.

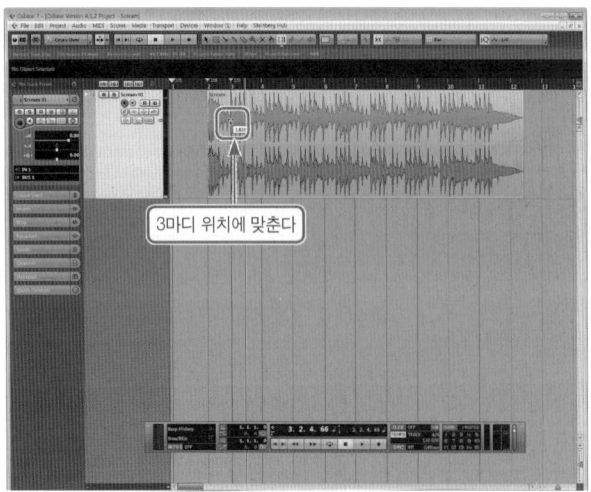

3마디 위치에 맞춘다

05 음악을 연주해보고 3마디 위치의 포인트 지점을 찾아 룰러 라인과 일치 시킵니다. 오디오 파형을 보고, 박자 위치를 찾는 것은 음악을 들어보면 어렵지 않을 것입니다.

Shift 키를 누른 상태로 맞춘다

06 컴퓨터로 제작한 음악이라면 여기까지의 작업만으로도 전체적인 템포를 설정할 수 있지만, 리얼로 작업한 음악이므로 각 마디 또는 비트 단위로 템포를 지정해야 합니다. Shift 키를 누른 상태로 각 마디를 일치시킵니다.

Shift 키를 누른 상태에서 템포 삭제

07 템포를 지정한 각 위치의 룰러 라인을 보면 템포가 표시되는 것을 확인할 수 있습니다. Shift 키를 누른 상태에서 템포 표시를 클릭하여 삭제할 수 있고, Alt 키를 누른 상태에서는 템포 변화 없이 위치를 이동할 수 있습니다.

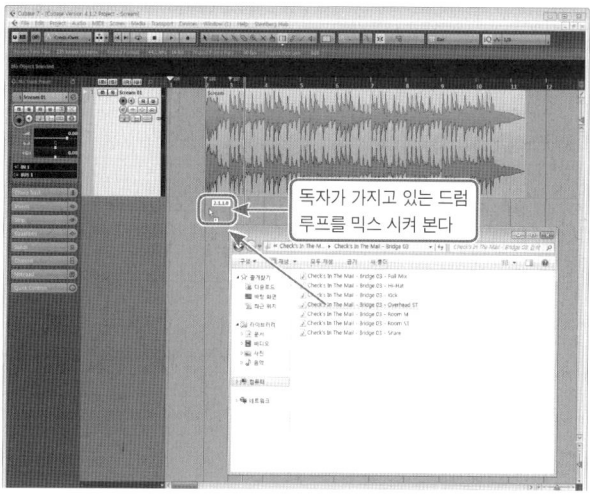

독자가 가지고 있는 드럼 루프를 믹스 시켜 본다

08 좀더 세밀한 작업을 원할 경우에는 Sample Editor를 이용해야겠지만, 이것만으로도 템포 가이드 없이 녹음한 미디와 오디오 이벤트의 템포를 설정할 수 있습니다. 그밖에 드럼 루프를 임포팅하여 리믹스 음악을 만드는데도 응용할 수 있습니다. 리믹스 음악 작업이 필요한 독자라면 실습을 해보기 바랍니다.

✏ 연필 버튼

연필 버튼은 비어 있는 파트를 만들거나 오토메이션 트랙에 라인을 입력할 수 있는 도구 입니다. 특히 녹음한 오디오 이벤트의 볼륨을 자유롭게 조정할 수 있다는 점은 뮤지션에게 매우 반가운 기능인데, 오토메이션 트랙의 볼륨은 볼륨 파라미터를 조정하는 것이고, 이벤트의 볼륨 라인은 오디오 파형을 조정한다는 차이점이 있다는 것에 착오 없길 바랍니다.

연필 버튼

마우스 드래그로
볼륨 조정

01 연필 버튼을 선택하고, 오디오 이벤트를 클릭하면 볼륨을 조정할 수 있는 라인이 보입니다. 마우스 클릭으로 포인트 점을 추가할 수 있고, Shift 키를 누른 상태에서 포인트 점을 클릭하면, 삭제할 수 있습니다.

볼륨 파라미터

오토메이션
라인을그려 넣고 있다

02 이벤트에서는 오디오 파형의 크기를 변경하지만, 오토메이션 트랙에서 볼륨을 조정하면 볼륨 파라미터의 값이 조정되는 것을 확인할 수 있습니다. 다만, 연필 버튼으로 오토메이션 라인을 전부 그려 넣는 경우는 없고, 자동으로 입력을 한 후에 값을 변경하는 용도로 사용합니다.

✎ 라인 버튼

라인 버튼은 오토메이션 라인을 입력하는데 사용하는 버튼입니다. 오토메이션은 믹서나 인스펙터 창의 파라미터를 조정해서 입력하고, 연필 버튼으로 수정하는 것이 편리합니다. 이때 라인 버튼을 이용하면 보다 자연스러운 수정이 가능합니다. 라인 버튼을 클릭하면 라인의 형태를 선택할 수 있는 Line, Parabola, Sine, Trangle, Square 메뉴가 열립니다. 각 라인 형태를 살펴보겠습니다.

1. Line

라인 버튼에 기본적으로 설정되어 있는 Line 모드는 직선 형태의 라인을 만듭니다. 시작 지점을 클릭하고, 원하는 위치까지 마우스를 드래그하는 방식으로 사용합니다.

2. Parabola

라인 버튼의 두 번째 메뉴인 Parabola 모드는 포물선 형태의 라인을 만듭니다. 시작 지점을 클릭하고, 원하는 위치까지 마우스를 드래그하는 방식으로 사용합니다.

3. Sine

라인 버튼의 세 번째 메뉴인 Sine 모드는 곡선 형태
의 라인을 만듭니다. 시작 지점을 클릭하고, 원하는
위치까지 마우스를 드래그하는 방식으로 사용합니다.

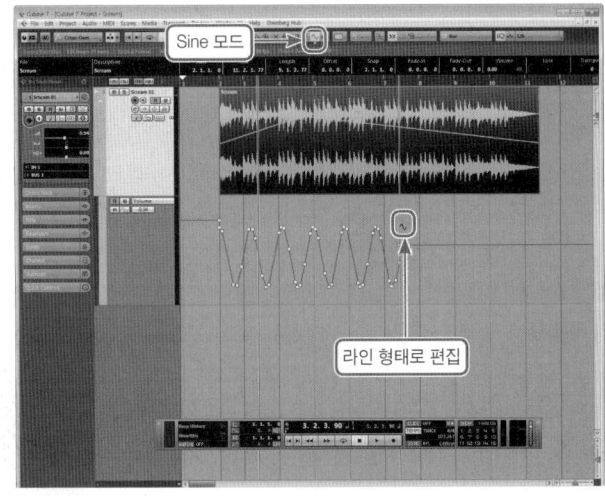

4. Trangle

라인 버튼의 네 번째 메뉴인 Trangle 모드는 삼각 형
태의 라인을 만듭니다. 시작 지점을 클릭하고, 원하는
위치까지 마우스를 드래그하는 방식으로 사용합니다.

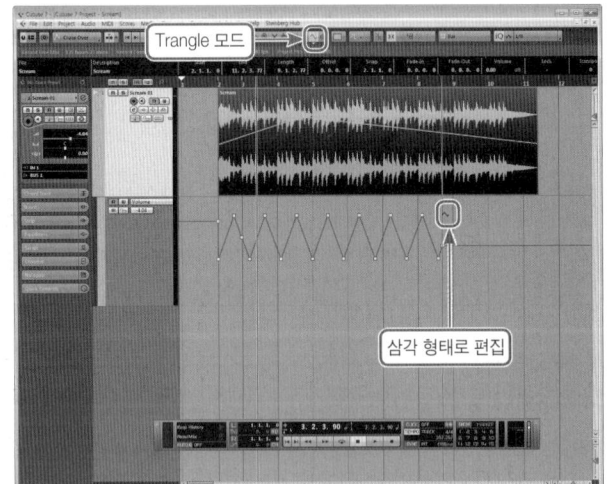

5. Square

라인 버튼의 마지막 메뉴인 Square 모드는 사각 형
태의 라인을 만듭니다. 시작 지점을 클릭하고, 원하는
위치까지 마우스를 드래그하는 방식으로 사용합니다.

⇄ **모니터 버튼**

모니터 버튼은 선택한 오디오 이벤트의 사운드를 모니터 할 수 있는 기능으로 Play와 Scrub 의 두 가지 모드가 있습니다. Play는 마우스를 누르고 있는 동안에만 모니터하고, Scrub은 마우스를 드래그하여 원하는 부분을 모니터 할 수 있는 모드입니다.

1. Play

모니터 버튼의 기본값으로 설정되어 있는 Play 모드는 마우스를 클릭힌 위치에서부디 마우스를 누르고 있는 동안에만 선택한 이벤트의 사운드를 연주하는 기능입니다. 마우스 버튼을 놓으면 연주를 정지합니다.

2. Scrub

모니터 버튼 두 번째 메뉴인 Scrub 모드는 마우스를 드래그하는 동안에만 모니터합니다. 이것은 마우스를 드래그하는 속도와 방향에 따라서 연주 속도와 방향을 조정할 수 있습니다. 마우스를 왼쪽으로 드래그하여 사운드를 거꾸로 모니터 해보기 바랍니다. 의외로 재미있는 사운드를 만들 수 있는 아이디어가 생길 것입니다.

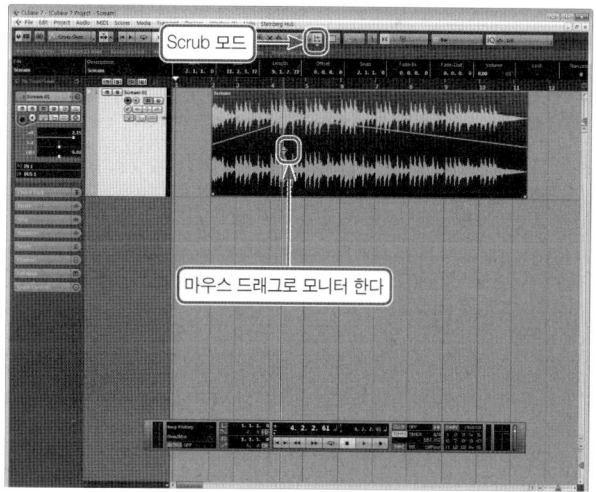

컬러 선택 버튼은 이벤트의 색상을 바꿀 수 있습니다. 음악 작업을 하는데 특별히 컬러에 집착하는 경우는 없겠지만, 독자가 음악 작업을 하게 되면 대부분 어떤 형식과 표준이 성립되기 마련입니다. 이때 각 이벤트에 색상을 적용하면 쉽게 이벤트의 내용을 짐작할 수 있습니다. 처음에 Guitar는 빨간색, Bass는 노란색, 드럼은 파란색 등, 미리 원하는 색상을 독자의 컴퓨터 모니터에 붙여놓고 습관을 들이면 무척 편리할 것입니다.

01 이벤트의 색상을 변경해 보겠습니다. 색상을 변경하고자 하는 이벤트를 선택하고, 컬러 선택 메뉴 버튼을 클릭하면 열리는 목록에서 원하는 색상을 선택합니다.

02 트랙 색상을 미리 결정할 수도 있습니다. 트랙을 선택하고, 원하는 색상을 선택합니다. 그러면 선택한 트랙의 색상이 변경되는 것을 확인할 수 있습니다.

트랙 색상으로 생성된다

03 녹음을 진행해보면, 트랙에 설정되어 있는 색상으로 이벤트가 생성되는 것을 확인할 수 있습니다.

Project Colors

04 기본적으로 제공하는 16가지 컬러 목록을 독자가 원하는 색상과 이름으로 바꿔 보겠습니다. 컬러 목록 제일 하단에 있는 Project Colors를 선택합니다.

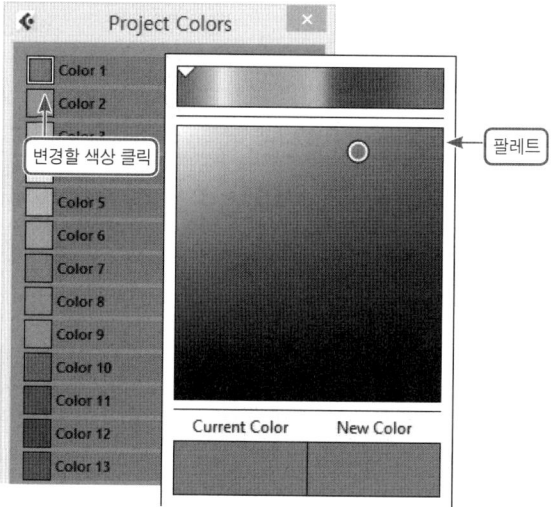

변경할 색상 클릭

팔레트

05 Project Colors 창이 열립니다. 색상 필드 항목을 클릭하면 사용자가 원하는 색상으로 변경할 수 있는 팔레트가 열립니다.

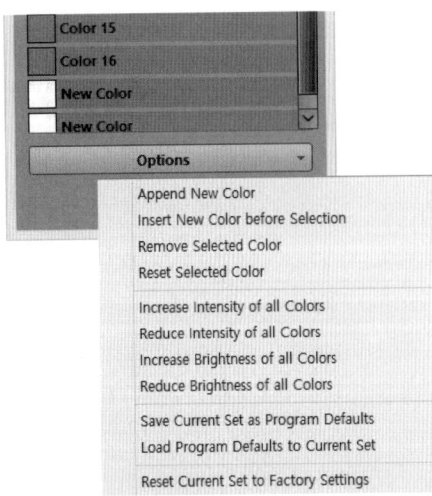

06 Project Colors 창의 Options 버튼을 클릭하면 목록을 추가하거나 삭제하는 등의 명령을 수행할 수 있는 메뉴가 열립니다.

변경된 목록

07 원하는 색상을 구성하고 창을 닫은 다음에 컬러 선택 버튼을 클릭하면 독자가 설정한 색상과 이름으로 표시되는 것을 확인할 수 있습니다. 독자가 설정한 컬러에 익숙해지면 자신이 작업한 음악은 색상만 보아도 무슨 악기를 녹음한 이벤트인지를 쉽게 구분할 수 있게 될 것입니다.

〈Project Colors Options 메뉴〉

- Append New Color : 맨 아래쪽에 색상 목록을 추가합니다.
- Insert New Color before Selection : 선택한 색상 위쪽에 목록을 추가합니다.
- Remove Selected Color : 선택한 색상을 삭제합니다.
- Reset Selected Color : 색상을 초기값으로 복구합니다.
- Increase/Reduce Intensity of all Colors : 모든 색상의 농도를 증/감 합니다.
- Increase/Reduce Brightness of all Colors : 모든 색상의 밝기를 증/감 합니다.
- Save Current Set as Program Defaults : 사용자가 변경한 색상을 기본값으로 저장합니다.
- Load Program Defaults to Current Set : 색상표를 기본값으로 복구합니다.
- Reset Current Set to Factory Settings : 표준 색상으로 복구합니다.

제로 크로싱 버튼

스냅 투 제로 크로싱(Snap to Zero Crossing) 버튼은 오디오 이벤트를 제로 크로싱 기준으로 편집되게하는 역할입니다. 제로 크로싱은 파형의 위상이 0도인 지점을 말하는 것으로 무음을 의미합니다. 간혹, 잡음이 없던 이벤트였는데, 편집을 한 후에 뭔가 튀는 듯한 디지털 잡음이 발생하는 경우가 있다면, 대부분 제로 크로싱 버튼이 Off되어 있는지 모르고, 편집을 진행하는 경우입니다.

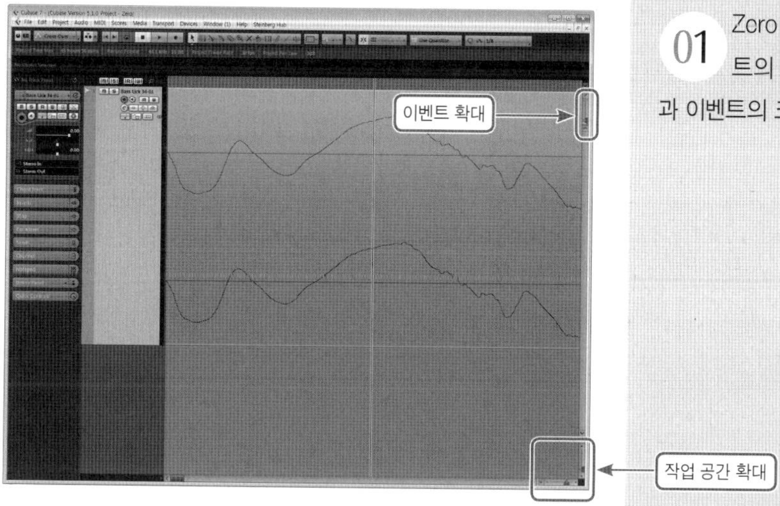

이벤트 확대

작업 공간 확대

01 Zero 샘플을 불러옵니다. 오디오 이벤트의 파형을 확인할 수 있게 작업 공간과 이벤트의 크기를 확대합니다.

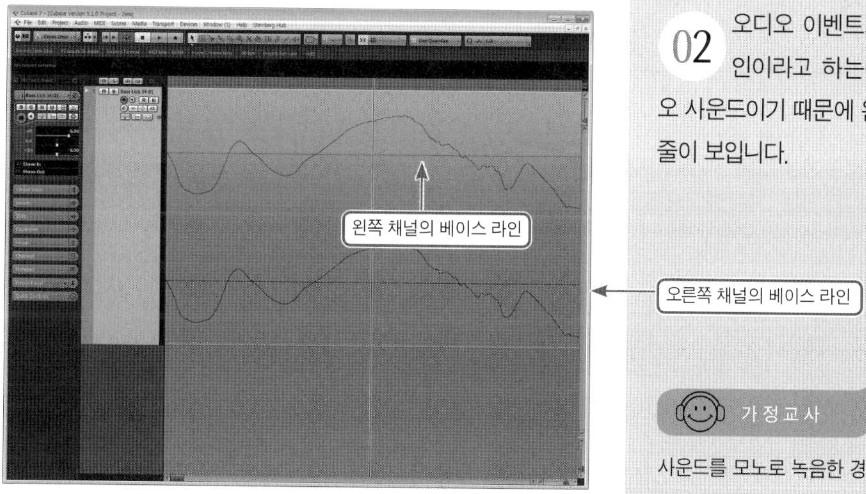

왼쪽 채널의 베이스 라인

오른쪽 채널의 베이스 라인

02 오디오 이벤트의 가로 선을 베이스 라인이라고 하는데, 샘플의 경우 스테레오 사운드이기 때문에 왼쪽과 오른쪽 채널의 두 줄이 보입니다.

가정교사

사운드를 모노로 녹음한 경우에는 베이스 라인이 하나 뿐입니다.

제로 크로싱 지점

03 오디오 파형은 레벨에 따라 위/아래로 곡선을 그리고 있는데, 사이클이 반복될 때마다 베이스 라인과 일치되는 부분이 있습니다. 이곳을 제로 크로싱 지점이라고 합니다.

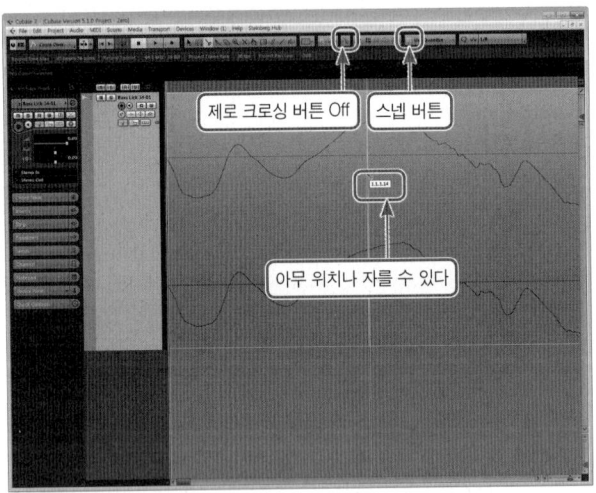

제로 크로싱 버튼 Off   스냅 버튼

아무 위치나 자를 수 있다

04 스냅 버튼과 제로 크로싱 버튼을 Off로 하고, 가위 버튼을 이용해서 이벤트를 잘라봅니다. 제로 크로싱 지점에 상관없이 사용자가 원하는 위치를 자를 수 있습니다. 하지만, 두 개로 자른 이벤트의 왼쪽 것을 삭제하고 재생을 해보면, 이벤트의 시작 위치에서 잡음이 발생하는 것을 알 수 있습니다.

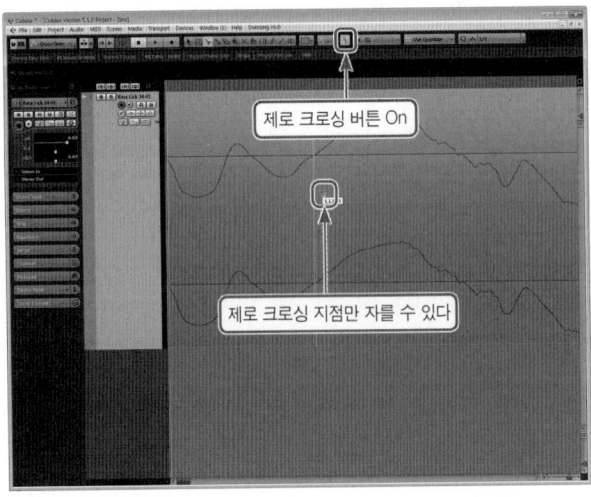

제로 크로싱 버튼 On

제로 크로싱 지점만 자를 수 있다

05 이러한 문제가 발생하지 않기 위해서 제공되는 것이 제로 크로싱 버튼입니다. 버튼을 On으로 하고, 이벤트를 자르기 위해서 마우스를 가져가면, 제로 포인트 지점 외에는 자를 수 없다는 것을 확인할 수 있습니다.

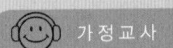

가정교사

제로 크로싱을 무시하고, 편집한 경우에는 이벤트의 시작 지점을 페이드-인으로 처리하는 것이 좋습니다.

✕ ♯ ◻ ◯ ◢ ▾ **스냅 버튼**

스냅 버튼은 스냅 기능을 On/Off하는 역할을 합니다. 프로젝트 창의 작업 공간을 보면 마디와 박자의 위치를 표시하는 세로 선이 있습니다. 이것을 그리드(Grid)라고 하며, 이벤트를 만들거나 이동, 복사 등의 편집을 할 때, 스냅 버튼이 ON이면, 스냅 버튼 오른쪽의 스냅 모드와 스냅 타입에서 설정한 단위로 움직입니다. 스냅 모드의 차이점을 살펴보겠습니다.

1. Grid

격자 모양의 Grid는 오른쪽 그리느 타입에서 선택한 단위로 이벤트를 편집할 수 있게 합니다. 그리드 타입에는 Bar, Beat, Use Quantize의 3가지가 있습니다.

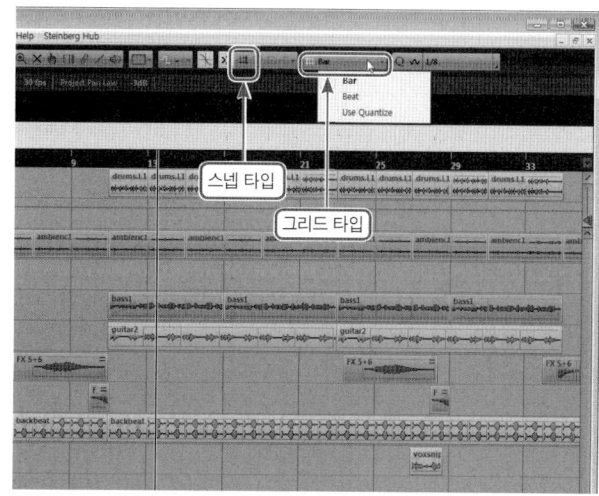

● Bar

Bar 타입은 이벤트를 마디 단위로 편집할 수 있게 합니다. Project Tools 샘플 파일에서 아무 이벤트나 선택하여 이동시켜 보면, 이벤트가 마디 단위로 이동된다는 것을 알 수 있습니다.

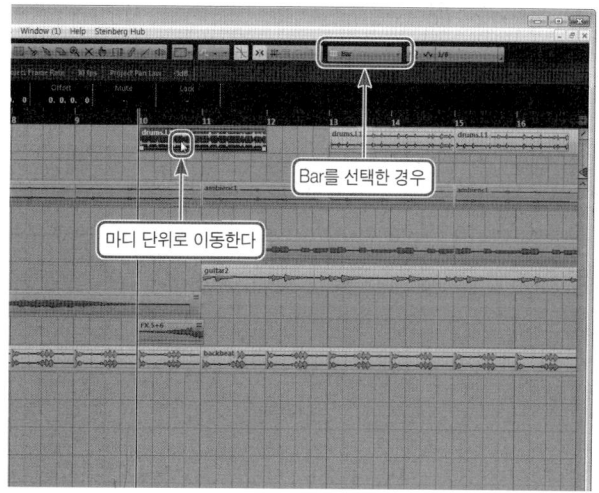

● Beat

Beat 타입은 이벤트를 박자 단위로 편집할 수 있게
합니다. Project Tools 샘플 파일에서 아무 이벤트나
선택하여 이동시켜 보면, 이벤트를 박자 단위로 이동
할 수 있다는 것을 알 수 있습니다.

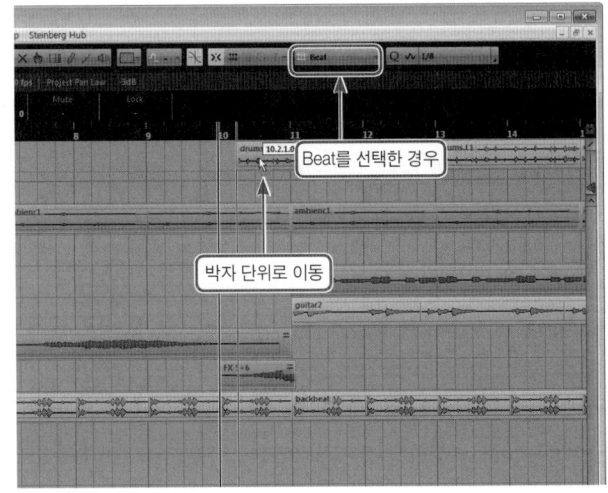

● Use Quantize

Use Quantize 타입은 그리드 타입 오른쪽에 있는 퀀
타이즈 단위로 편집할 수 있게합니다. 실습을 위해
퀀타이즈 선택 버튼을 클릭하여 메뉴를 열고, 1-16
note를 선택합니다. 즉, 16비트 단위로 편집하겠다는
것입니다.

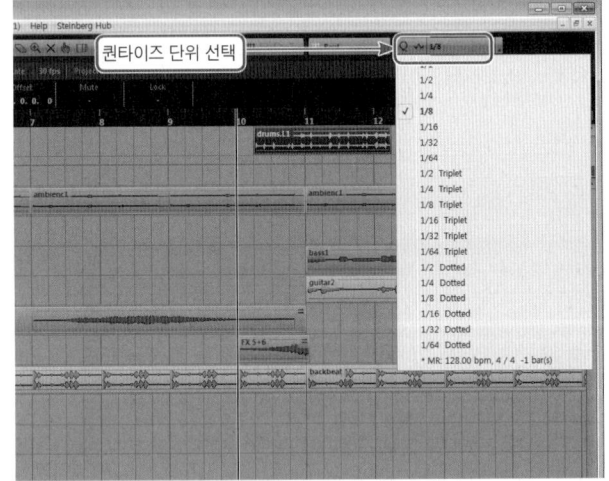

16비트 단위의 그리드 선이 보이게 줌 바를 이용해서
작업 공간을 확대합니다. 그리고 이벤트를 움직여보
면 16비트 단위로 움직인다는 것을 확인할 수 있습니다.

2. Grid Reletive

편집하는 이벤트가 스냅 타입에서 설정한 위치에 있
다면, Grid 모드와 차이는 없습니다. 그러나 스냅 타
입과 다른 위치에 있다면 차이점을 느낄 수 있습니다.
Grid 모드에서 타입을 Bar로 설정하고, Open 샘플
파일의 9번 트랙에서 두번째 이벤트를 우측으로 드
래그해보면 우측의 첫 마디로 이동하는 것을 확인할
수 있습니다.

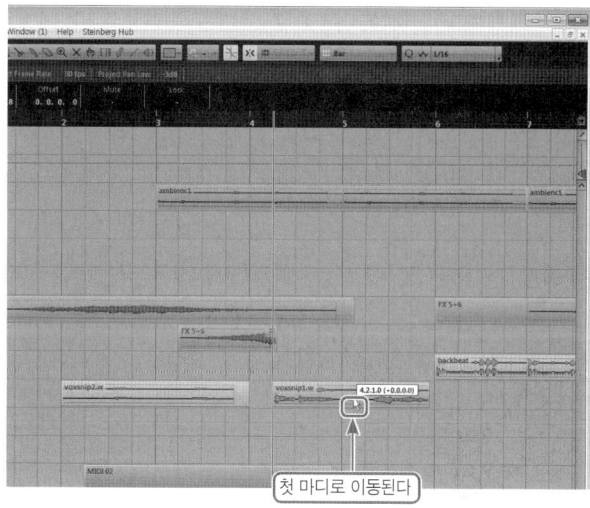

Grid와 Grid Reletive의 차이점을 확인해보겠습니다.
Ctrl+Z 키를 눌러 앞에서 이동한 이벤트를 제자리
로 되돌리고, 스냅 타입을 Grid Reletive로 변경합니다.

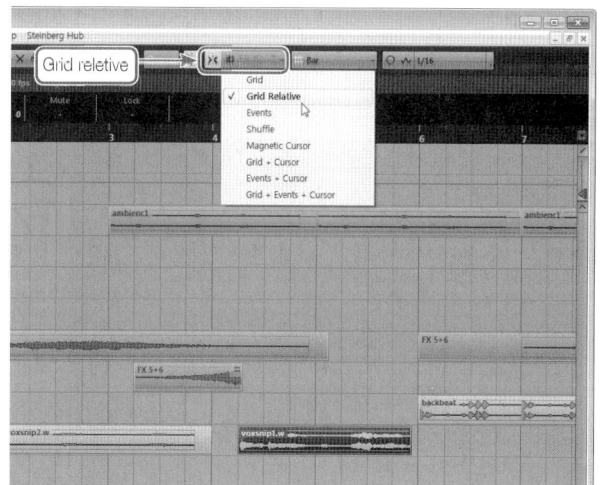

앞에서 이동했던 이벤트를 다시 한번 우측으로 이동
하면, 오른쪽 마디의 두 번째 박자로 이동하는 것을
확인할 수 있습니다. 즉, Grid는 스냅 타입 단위를 기
준으로하고, Grid Reletive는 편집하는 이벤트의 위치
를 기준으로 합니다. 차이점을 정확히 이해하기 바랍
니다.

3. Events

Event 모드는 편집하는 이벤트와 근접한 이벤트의 시작 위치와 끝 위치를 기본으로 합니다. 즉, 이벤트를 이동할 때 선택한 이벤트의 위/아래쪽에 다른 이벤트가 있다면 이동할 때, 위/아래쪽 트랙에 있는 이벤트의 시작점과 끝 지점에 맞춥니다. Open 샘플 파일에서 가장 아래쪽에 있는 Voxsnip1.w이라는 이벤트를 오른쪽으로 천천히 이동해보면 위쪽에 Backbeat 라는 이벤트의 시작 지점에서 선택한 이벤트의 끝 지점과 시작 지점을 끌어당기듯이 맞추는 것을 느낄 수 있습니다.

위쪽 이벤트의 시작점에 일치된다

4. Shuffle

Shuffle 모드는 편집하는 이벤트 오른쪽에 있는 이벤트들을 이동합니다. 즉, Shuffle 모드는 편집하는 이벤트보다 그 오른쪽에 있는 이벤트들의 변화에 중점을 두고 실습을 합니다. 그림과 같이 5개의 이벤트가 있으며, 2번을 4번 오른쪽으로 이동한다고 가정합니다.

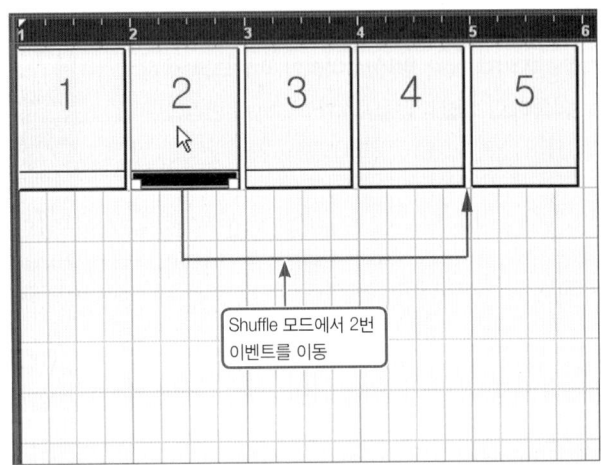

Shuffle 모드에서 2번 이벤트를 이동

그러면 4번 위치에 2번이 자리잡고, 3번과 4번은 2번이 있던 왼쪽 위치로 이동 합니다. 곡의 진행 순서를 바꾸거나 할 때 유용할 것이므로 확실히 익혀두기 바랍니다.

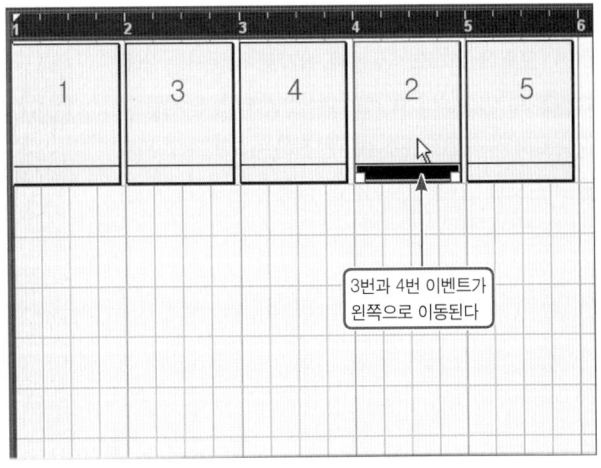

3번과 4번 이벤트가 왼쪽으로 이동된다

5. Magnetic Cursor

Magnetic Cursor 모드는 송 포지션 라인에 맞추어 이벤트를 편집할 수 있게 합니다. 송 포지션 라인을 이벤트 부근으로 이동하고, 이벤트를 이동해보면 송 포지션 라인이 있는 위치로 자석에 끌리듯 이벤트가 이동하는 것을 확인할 수 있습니다.

6. 조합

스넵 모드는 앞에서 살펴본 Grid, Grid Relative, Event, Shuffle, Magnetic Cursor 의 5가지 모드와 이것을 조합한 Grid+Cursor, Events+Curosr, Event+Grid+Curosr의 3가지 모드가 있습니다.

스넵 모드 오른쪽에 있는 스넵 타입은 룰러 라인에서 표시하는 단위와 같은 단위로 표시합니다. 룰러 라인에서 마우스 오른쪽 버튼을 클릭하거나 단위 변경 버튼을 클릭하여 사용자가 원하는 단위로 변경할 수 있습니다.

퀀타이즈 선택 버튼은 MIDI 메뉴의 Quantize 또는 트랜스포트 패널의 오토 퀀타이즈를 실행할 때 적용하는 단위를 선택합니다. 퀀타이즈란 정확한 박자에서 어긋난 노트들을 정렬하는 기능입니다. 연주가 서툰 독자에게는 유용한 기능이지만, 모든 음악에 퀀타이즈를 적용하면 인간미가 없다는 평가를 들을 수 있으므로, 곡의 시작이나 섹션 부분에서 조금씩 사용하는 것이 요령입니다.

01 Quan 샘플 파일을 불러와 연주를 들어보면 정확한 비트에 연주를 하지 못하고 있다는 것을 알 수 있습니다. MIDI 메뉴의 Open Key Editor를 선택합니다.

02 줌 바를 드래그하여 작업 공간을 확대해보면, 각 노트의 시작 위치가 그리드 라인에 일치되고 있지 않다는 것을 확인할 수 있습니다.

노트가 정확한 박자에서 시작되고 있지 않다

줌 바

프로젝트 창의 퀸타이즈 선택 버튼에서
1-8 note를 선택합니다. 즉, 8분 음표
단위로 음표를 정렬하겠다는 것입니다.

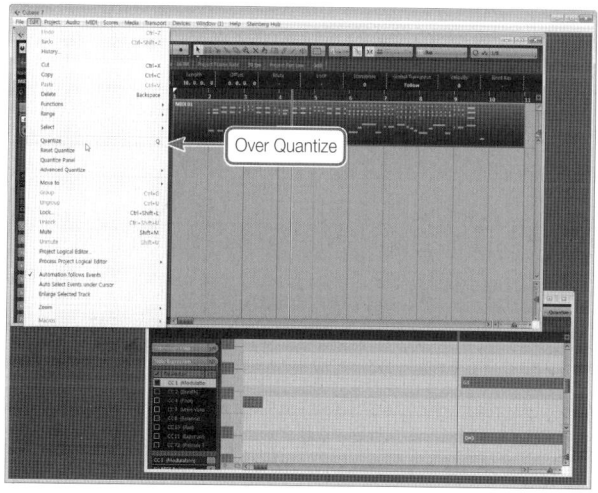

퀸타이즈 단위를 8비트로 하는 것은 한
마디를 8단위로 구분하여 가상의 선을
만드는 것입니다. Edit 메뉴에서 Quantize를 선
택하거나 단축키 Q를 누릅니다.

8개의 가상 선에서 가장 가까운 노트들
을 자동으로 끌어 맞춥니다. 그러므로
연주가 너무 벗어났거나 퀸타이즈 설정을 잘못
하면 전혀 다른 결과를 가져올 수 있습니다. 연
주를 들어보면 정확한 비트로 교정된 것을 확인
할 수 있습니다.

06 퀀타이즈의 단점은 너무 정확한 교정으로 기계적이 연주가 된다는 것입니다. 그래서 보통은 프레이즈 및 세션의 시작 부분에서만 퀀타이즈를 잡거나 Iterative Quantize 기능을 이용합니다. Ctrl + Z 키를 눌러 앞에서 실행했던 퀀타이즈를 취소하고, 퀀타이즈 항목의 Q 버튼을 On으로 합니다.

07 Edit 메뉴의 Quantize 를 선택하거나 단축키 Q를 교정합니다. 그리고 키 에디터를 열어보면 앞에서와는 다르게 완벽하게 교정되어 있지 않는 것을 확인할 수 있습니다.

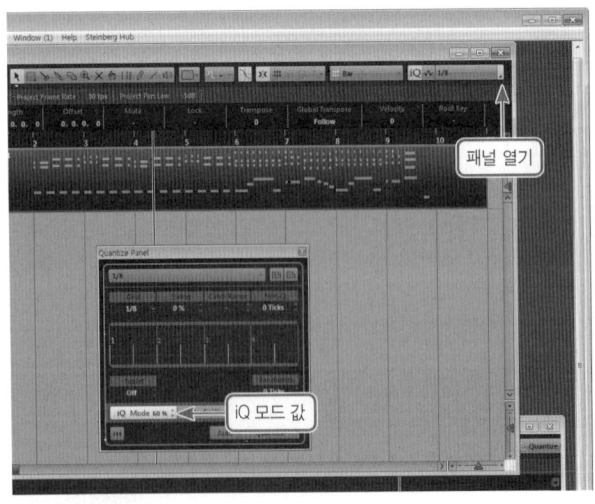

08 이것은 60%만 교정하여 인간적인 연주를 남겨놓는 것입니다. 퀀타이즈 목록 오른쪽의 작은 삼각형을 클릭하면 설정 패널을 열 수 있는데, IQ Mode가 60%로 설정되어 있는 것을 확인할 수 있으며, 사용자가 원하는 값으로 수정 가능합니다. 자세한 내용은 퀀타이즈 패널 학습 편을 참조합니다.

■ **레이아웃 버튼**

프로젝트 창은 작업 공간을 중심으로 위쪽에는 지금 살펴보고 있는 도구 모음 줄 외에 프로젝트 환경 정보를 표시하는 스테이터스 라인(Status Line), 선택한 파트의 정보를 확인할 수 있는 인포 라인(Info Line), 전체 구성을 파악할 수 있는 오버뷰 라인(Oerview Line)을 제공하며, 레이아웃 버튼을 이용해서 각 라인을 화면에 표시하거나 감출 수 있습니다.

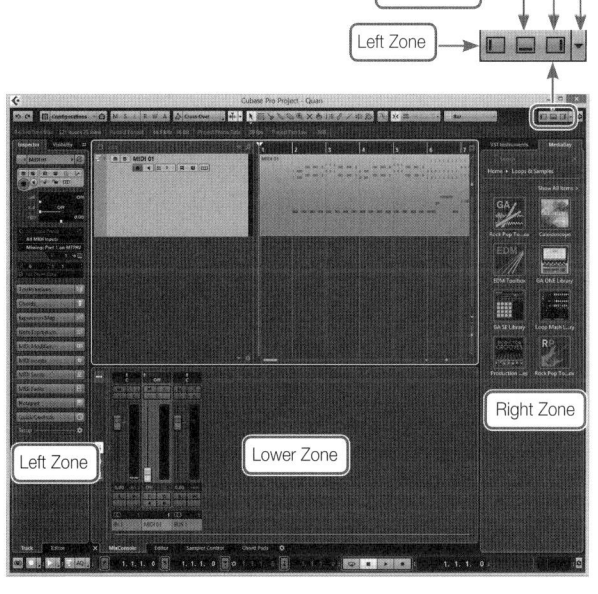

레이아웃 버튼을 클릭하면 화면에 표시할 항목을 선택할 수 있는 창이 열립니다. 도구 모음 줄에는 Status Line, Info Line, Overview Line을 표시할 수 있으며, Left, Right, Lower Zone 및 Transport를 열거나 닫을 수 있습니다. 레이아웃 버튼 왼쪽의 3가지 버튼은 각 존을 열거나 닫는 역할입니다.

● 스테이터스 라인(Status Line)

녹음 가능 시간 및 녹음 포맷 등의 프로젝트 환경 정보를 표시하며, 각각의 정보를 클릭하면 환경을 변경할 수 있는 Project Setup 창이 열립니다.

1. Record Time Max : 녹음 가능 시간을 표시합니다. 시간은 하드 디스크의 여유 공간과 녹음 포맷에 따라 자동으로 결정되며, 이 항목을 클릭하면 먼 거리에서도 확인할 수 있는 Record Time Max 창이 열립니다.

2. Record Format : 오디오 녹음 포맷을 표시합니다.
3. Project Frame Rate : 비디오 프레임 레이트 값을 표시합니다.
4. Project Pan Law : 중심 레벨을 의미하는 Stereo Pan Law 값을 표시합니다. 사운드가 좌/우로 이동되면, 중앙에서 연주되는 것 보다 작아지기 때문에 같은 레벨을 유지하기 위해서 -3dB로 설정되는 것이 일반적입니다. 필요한 경우에는 Record Format, Project Frame Rate, Project Pan Law 항목을 클릭하여 값을 변경할 수 있는 Project Setup 창을 엽니다.

● 인포 라인(Info Line)

선택한 파트의 정보를 표시하거나 수정합니다. 미디 파트의 경우에는 Name, Start, End 등의 정보가 표시되고, 오디오 파트의 경우에는 File, Description 등의 정보가 표시됩니다. 즉, 선택한 파트 종류에 따라 표시 내용에 차이가 있습니다.

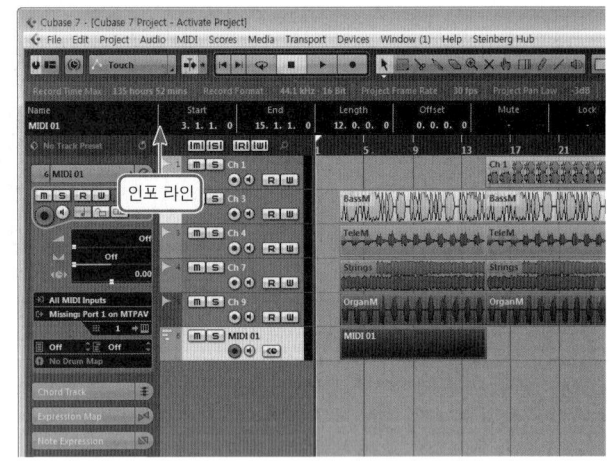

▶ 미디 이벤트
미디 이벤트를 선택했을 때 표시되는 인포 라인 입니다.

1. Name
선택한 이벤트의 이름을 표시하며 마우스 클릭으로 변경할 수 있습니다. 이벤트는 트랙의 이름으로 만들어지므로, 데이터를 입력하기 전에 트랙의 이름을 구분하기 쉬운 것으로 만들어 두는 것이 좋으며, Name 칼럼은 특별히 구분하고 싶은 이벤트의 이름의 변경할 때 사용합니다.

2. Start/End/Length

선택한 이벤트의 시작 위치(Start), 끝 위치(End), 길이(Length)를 표시하는 부분으로 변경 가능합니다. 변경할 단위를 클릭하고, 마우스 휠을 돌리거나 숫자를 입력하여 조정할 수 있습니다. 이벤트의 위치와 길이 등을 조정할 때는 일반적으로 이벤트를 드래그하는 방법을 많이 사용하겠지만, 틱 단위로 정밀한 조정이 필요한 경우에는 칼럼의 정보가 유용할 것입니다.

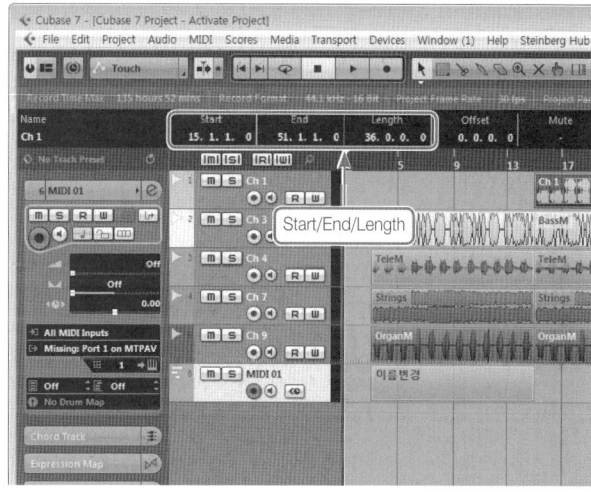

3. Offset

이벤트의 시작 위치와 실제 데이터 위치와의 거리를 나타내며 변경 가능합니다. + 값은 실제 데이터가 이벤트 시작 위치보다 앞서 있는 것이고, - 값은 이벤트의 시작 위치 보다 뒤에 있는 것입니다 Activate Project 샘플 파일에서 1번 트랙의 이벤트 시작 부분을 오른쪽으로 17마디 위치까지 드래그하면, Offset 값이 2.0.0.0 로 표시되는 것을 확인할 수 있습니다. 즉, 2마디 길이만큼 앞 부분에 이벤트가 있다는 것입니다.

반대로 이벤트 시작 부분을 잡고 왼쪽으로 13마디 위치까지 왼쪽으로 드래그해보면 Offset 값이 -2.0.0.0 로 표시되는 것을 확인할 수 있습니다. 즉, 실제 이벤트 위치에서 2마디 길이만큼의 앞 부분에 공백이 있다는 것입니다.

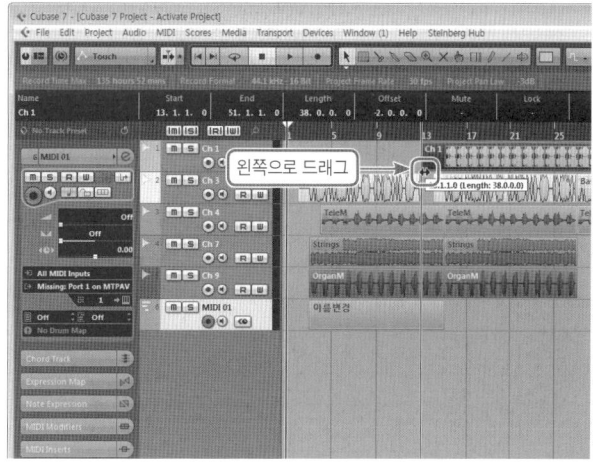

4. Mute

선택한 이벤트의 사운드를 연주하지 않게 뮤트합니다. 이벤트를 선택하고, Mute 칼럼을 클릭하면 Muted 표시가 되면서 선택한 이벤트의 이름과 이벤트를 회색으로 처리합니다. 뮤트 이벤트는 Muted라는 표시를 다시 클릭하여 해제할 수 있습니다.

5. Lock

선택한 이벤트의 Position, Size, Position+Size, Other, Position+Other, Size+Other, Position+Size+Other 를 변경할 수 없게 하는 메뉴가 열립니다. 여기서 선택한 사항들을 변경할 수 없게 하여 이벤트가 실수로 변경되는 것을 방지할 수 있습니다. Position은 이벤트의 위치, Size는 이벤트의 길이, Other는 이벤트에 입력된 이벤트를 말합니다.

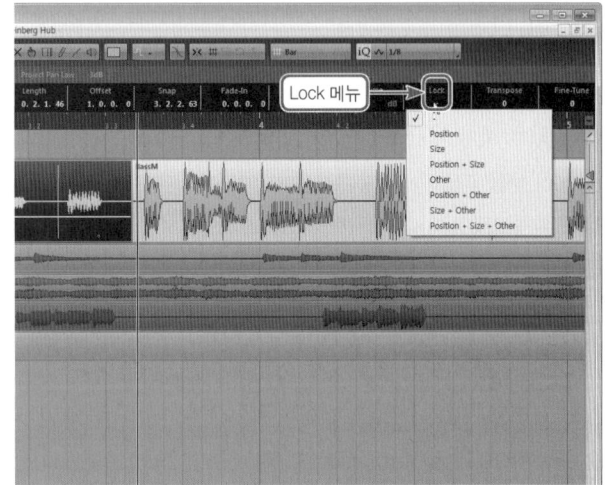

6. Transpose

Transpose는 미디 파트 또는 오디오 이벤트를 선택한 경우에 볼 수 있습니다. Transpose는 선택한 이벤트의 음정을 조정하는 역할로 1의 값이 반음입니다. 특히, 큐베이스와 누엔도는 오디오 이벤트의 음정도 자유롭게 조정할 수 있다는 장점을 가지고 있습니다.

7. Global Transpose

큐베이스와 누엔도는 오디오 이벤트 및 미디 파트
에 입력되어 있는 데이터의 음정을 자유롭게 조정할
수 있는 트랜스포즈 트랙을 제공하고 있는데, 선택
한 이벤트가 트랜스포즈 트랙을 따라갈 것인지의 여
부를 선택합니다. Follow는 트팬스포즈 트랙을 따르
게 하는 것이고, Independent는 따르지 않게 합니다.
Independent를 선택한 이벤트의 오른쪽 상난에는
음정이 조정되지 않는 다는 의미의 심볼이 표시됩니다.

8. Velocity

미디 파트를 선택한 경우에 볼 수 있는 Velocity는 선
택한 미디 파트의 벨로시티 값을 증/감시킬 수 있습
니다. 즉, 벨로시티를 100으로 입력한 노트의 경우,
velocity 칼럼의 값을 20으로 하면, 실제 연주되는 노
트의 벨로시티 값은 120되는 것입니다. 단, 실제 데이
터의 벨로시티 값을 변경하지는 않고, 연주 효과로만
적용됩니다.

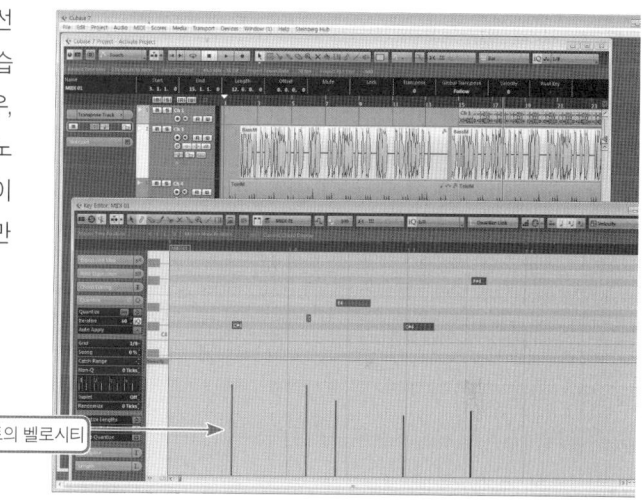

9. Root Key

선택한 이벤트의 루트 키를 선택합니다. 이벤트의 키
를 실제로 바꾸는 것이 아니라 선택한 이벤트가 실제
로 녹음된 키를 구분하기 위한 것입니다. 예를 들어
C 키로 녹음한 이벤트를 F, G, C 순서로 조정할 때,
트랜스포즈 트랙에서 5, 7, 0이라는 숫자를 사용하게
되는데, C키로 녹음한 것이 기억나지 않는다면, 연주
를 해서 확인하는 수고를 해야 할 것입니다. 하지만,
인포 라인의 Root key를 선택해 놓는다면, 언제든 어
떤 키로 녹음했던 이벤트인지를 확인할 수 있습니다.

▶ 오디오 이벤트

미디 이벤트를 선택했을 때 표시되는 인포 라인 입니다. Start, Offset 등, 미디 이벤트와 동일한 정보는 생략합니다.

1. File

오디오 이벤트를 선택하면, Name 칼럼이 File로 표시
됩니다. File 칼럼은 선택한 오디오 이벤트의 파일 이
름을 표시하며, 마우스 클릭으로 변경할 수 있습니다.
File 칼럼의 이름을 변경하면 실제 파일의 이름이 변경
된다는 것에 주의하기 바랍니다.

2. Snap

스냅 포인트의 위치를 표시하거나 변경합니다. 2번
트랙의 이벤트를 선택하면, Sanp 위치가 3마디 위치
인 3.1.1.0에 있는 것을 확인할 수 있습니다. 스냅 버
튼을 Off로 하고, 송 포지션 라인을 두 번째 파형이 시
작되는 위치에 가져다 놓습니다. 스냅 기능을 살펴보
는 것이므로, 정확한 위치를 찾을 필요는 없습니다.

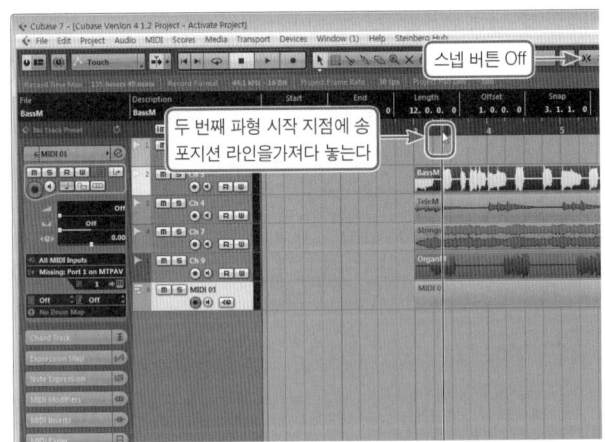

Audio 메뉴의 Snap Point to Cursor를 선택하여 이
벤트 시작위치(3.0.0.0)에 있던 스냅 포인트를 송 포
지션 라인이 있는 위치로 이동시킵니다. 인포 라인의
Snap 칼럼을 보면, 스냅 포인트의 위치가 변경된 것
을 확인할 수 있으며, 칼럼에서 원하는 위치를 입력하
여 스냅 포인트의 위치를 변경할 수 있습니다.

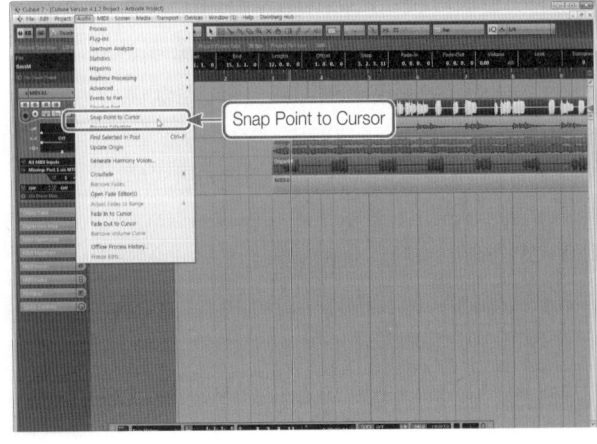

송 포지션 라인을 왼쪽이나 오른쪽으로 이동시켜보면, 이벤트에 라인이 보이는 것을 확인할 수 있는데, 이것을 스냅 포인트라고 합니다. 스냅 포인트는 스냅 버튼이 On일 때, 이벤트를 정확하게 편집할 수 있는 역할을 하는 것으로 반드시 알아둬야할 지식 입니다.

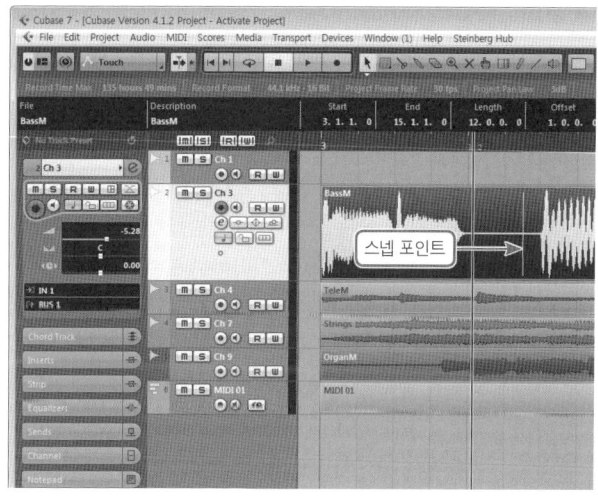

3. Fade In/Out

오디오 이벤트를 선택했을 때 볼 수 있는 칼럼으로 선택한 이벤트에 페이드 인/아웃이 적용된 길이를 표시합니다. 물론 변경도 가능합니다. 페이드 인/아웃 효과는 오디오 이벤트의 시작 위치와 끝 위치에 보이는 페이드 인/아웃 포인트를 드래그하여 만들 수 있으며, Fade In/Out 칼럼은 각각의 길이를 표시합니다.

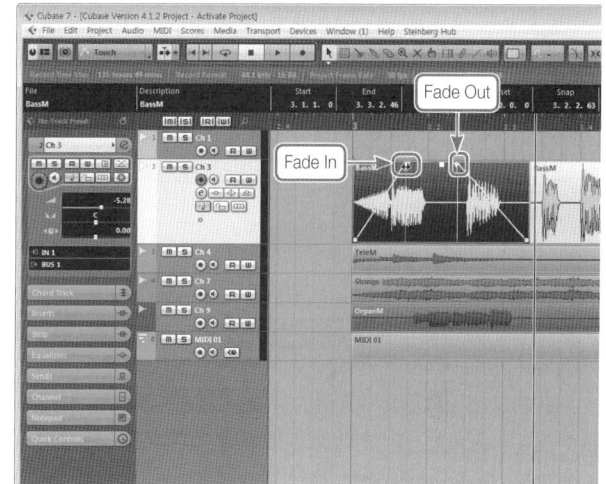

4. Volume

오디오 이벤트를 선택한 경우에 볼 수 있는 칼럼이며, 선택한 이벤트의 볼륨 값을 표시합니다. 페이드 인/아웃을 조정할 때와 마찬가지로 이벤트 중앙을 보면, 파란색의 볼륨 포인트를 볼 수 있는데, 이것을 위/아래로 드래그하여 볼륨을 조정할 수 있습니다.

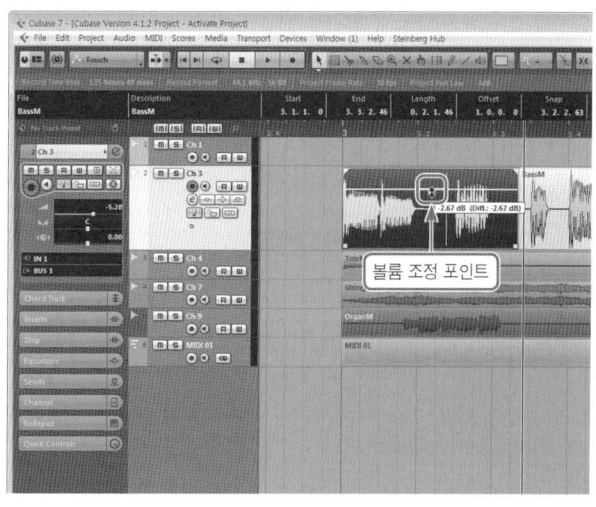

한가지 주의해야 할 사항은 사용자가 조정하는 볼륨은 실제로 연주되는 볼륨을 기준으로 하는 것이 아니라 입력된 이벤트의 볼륨을 기준으로 합니다. 즉, 입력된 이벤트가 볼륨이 -6dB이고, Volume 값을 -3dB로 조정하면, 실제 연주되는 볼륨은 -9dB이 되는 것입니다. Alt 키를 누른 상태로 Volume 칼럼을 클릭하면, 슬라이드 방식으로 조정할 수 있다는 것도 기억해두면 좋습니다.

5. Fine-tuen

오디오 이벤트의 음정을 미세하게 조정합니다. 최대 조정 폭은 반음이며, +50, -50의 100단계로 조정할 수 있습니다. 큐베이스와 누엔도 편집에 익숙해지면, 보컬이나 사용자 연주를 녹음한 후에 음정을 미세하게 조정할 수 있는 능력을 갖추게 될 것입니다.

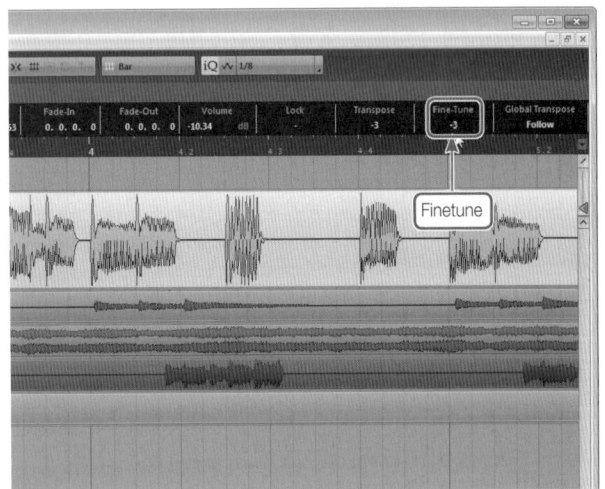

6. Musical Mode

선택한 오디오 이벤트의 길이가 템포에 맞추어 자동으로 조정되게 합니다. 이벤트의 오른쪽 상단에는 Musical Mode 아이콘이 표시됩니다.

7. Algorithm

Musicla Mode가 적용되어 길이가 변경된 오디오
의 음색은 변할 수 밖에 없습니다. 이때 오디오 소스
에 어울리는 알고리즘을 선택하면 음색 변화를 최
소화 시킬 수 있습니다. Custom을 선택하면 오디오
가 나뉘는 크기(Grain Size), 겹치는 범위(Overlap),
변화량(Variance)를 설정할 수 있는 Custom Warp
Settings 창이 열립니다.

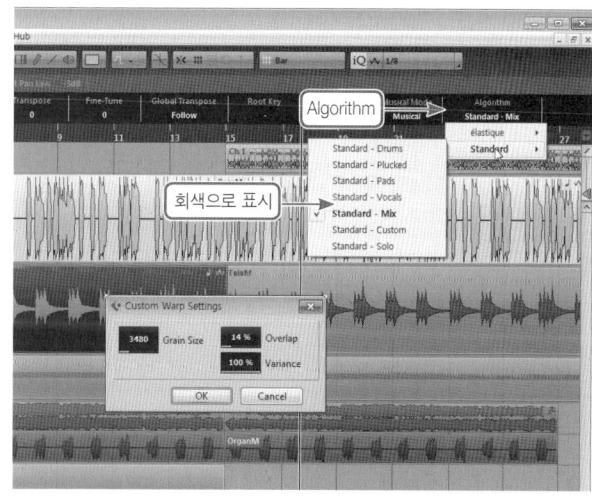

8. Description

선택한 이벤트의 이름을 표시하거나 변경합니다.
Name 칼럼은 선택한 이벤트의 파일 이름을 표시하
는 것이고, Description은 화면에 보이는 이벤트의 이
름을 표시하는 것입니다. 오디오를 녹음하면, 트랙의
이름으로 File과 Description 정보가 동일하게 입력되
지만, Description을 File 이름과 다르게 변경한다면,
File 이름이 Description 오른쪽에 괄호로 표시됩니다.

Description 정보는 기본적으로 보이지 않으며, 필요
한 경우에는 마우스 오른쪽 버튼을 클릭하면 열리는
단축 메뉴에서 선택합니다.

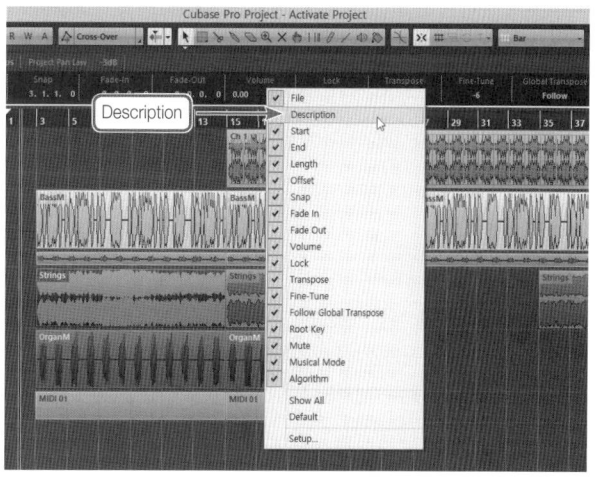

● 오버뷰 라인(Overview Line)

오버뷰 라인은 프로젝트의 이벤트를 한 눈에 파악하고 탐색할 수 있는 라인입니다. 파란색 사각형의 시작점 또는 끝 지점에 마우스를 가져가면 좌/우 방향의 화살표 모양을 표시합니다. 이때 원하는 크기만큼 드래그하여 화면에 표시되는 작업 공간의 크기를 조정할 수 있습니다.

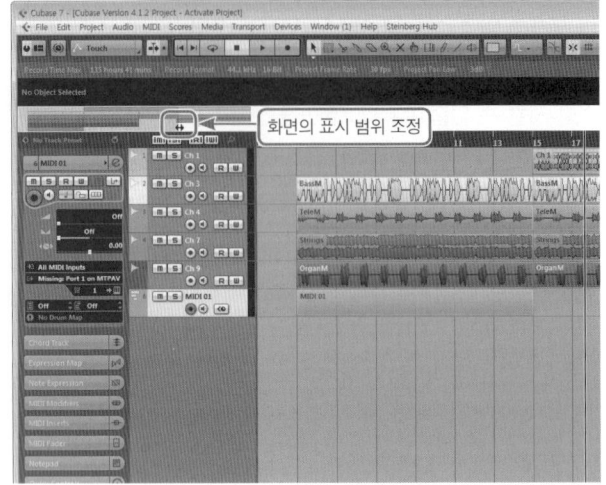

마우스 포인터가 연필로 변하는 위치(위쪽)에서 원하는 만큼 드래그하면 화면에 표시되는 작업 공간의 위치를 새롭게 지정할 수 있습니다

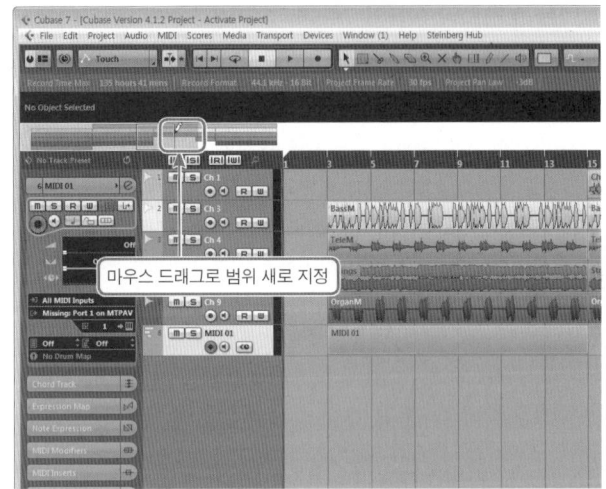

작업 공간의 위치를 표시하는 사각형 안쪽에 마우스를 가져가면 포인터가 손 모양으로 바뀝니다. 이때 원하는 위치로 드래그하여 작업 공간의 위치를 이동할 수 있습니다.

가정교사

작업 중에 Shift 키를 누른 상태에서 마우스 휠을 움직이면 오버뷰 라인 정보에 상관없이 작업 공간을 자유롭게 이동할 수 있다는 것도 기억해두면 편리합니다.

오버 뷰 라인의 전체 길이는 프로젝트의 길이에 의해
서 결정됩니다. 프로젝트의 길이는 Status Line을 클
릭하면 열리는 Project setup창의 Length 항목에서
설정할 수 있으며, 기본 길이는 10분으로 되어 있습니다.

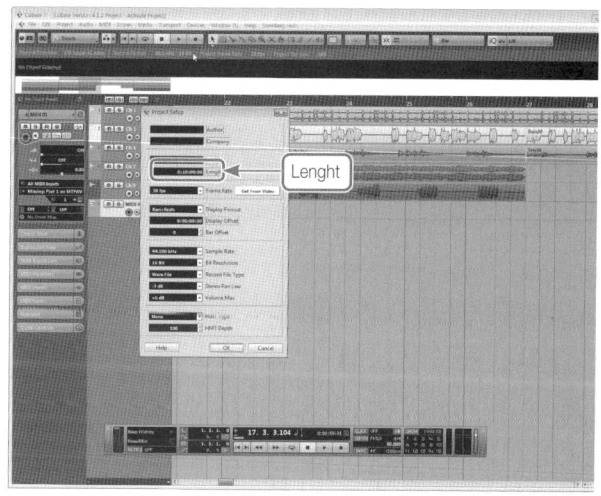

Tip | **칼럼의 사용자 구성**

스테이터스 라인 및 인포라인에 표시되는 칼럼 정보
는 마우스 오른쪽 버튼을 클릭하면 열리는 단축 메
뉴의 체크 여부로 사용자가 원하는 것들만 표시되게
할 수 있습니다.

단축 메뉴에서 Setup을 선택하여 창을 열면, 사용자
가 원하는 정보로만 구성된 칼럼 프리셋을 만들 수
있습니다. 창의 구성 방법과 기능은 도구 모음 줄의
Setup 창과 동일합니다.

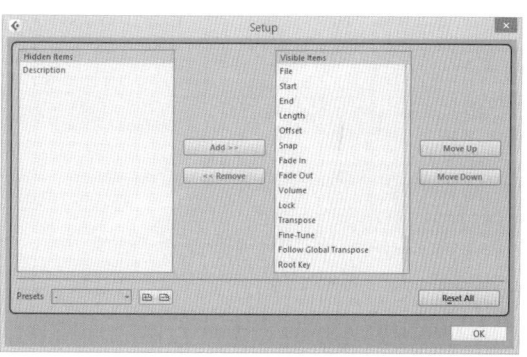

Advanced Music Production System

03
PART

트랙과 인스펙터 창의 역할

트랙 리스트 왼쪽에 있는 인스펙터 창은 선택한 트랙에 따라서 파라미터의
종류가 달라집니다. 미디 트랙의 경우에는 선택한 트랙에서 연주하는 미디
연주 정보의 채널과 음색 등을 설정할 수 있는 파라미터가 있고, 오디오 트
랙의 경우에는 선택한 오디오 트랙에서 연주하는 이벤트에 효과를 적용하
거나 EQ를 조정하는 등의 파라미터가 있습니다. 큐베이스와 누엔도에서
제공하는 트랙의 종류와 역할, 그리고 각 트랙에서 제공하는 인스펙터 창
의 파라미터를 모두 살펴보겠습니다.

트랙의 종류와 역할

Lesson

큐베이스와 누엔도에서 음악 작업을 할 때 가장 많이 사용하는 트랙은 미디 트랙과 오디오 트랙, 샘플러 트랙, 그리고 VST Instruments 트랙입니다. 그 밖에 FX Channel, Group Channel, VCA Fader, Arranger, Chord, Folder, Marker, Ruler, Signature, Tempo, Transpose, Video 트랙을 제공합니다. 실제 음악 작업에는 Audio, Instrument, MIDI, Sampler 트랙 정도 뿐이지만, 독자마다 작업 목적이 다를 것이므로, 모든 트랙의 역할을 살펴보겠습니다.

1 오디오 트랙

사운드를 녹음하거나 출력을 담당하는 트랙입니다. 큐베이스와 누엔도는 기본적으로 1/2번 채널의 스테레오 포트만을 인식하고 있습니다. 즉, 멀티 포트를 지원하는 오디오 카드 사용자도 VST Connections에서 사용하고자 하는 포트를 미리 설정 해야만 멀티 녹음이 가능합니다. VST Connections는 F4키를 이용하여 열거나 닫을 수 있습니다.

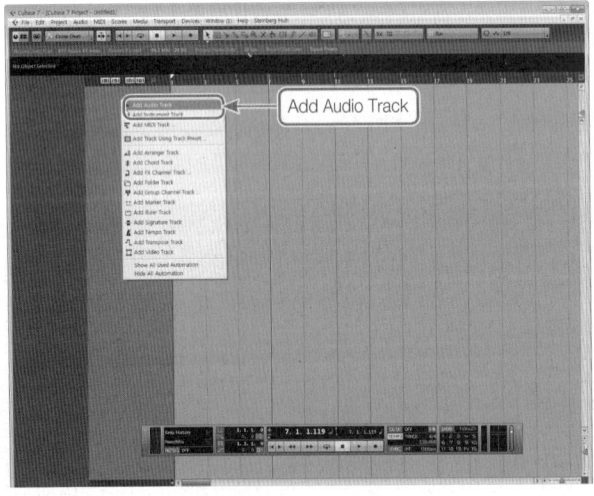

01 Empty 환경의 새로운 프로젝트를 만듭니다. 그리고 트랙 리스트에서 마우스 오른쪽 버튼을 클릭하여 단축 메뉴를 열고, Add Audio Track을 선택합니다.

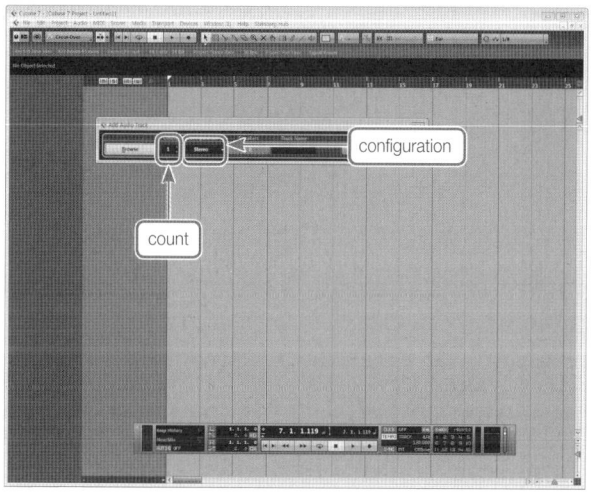

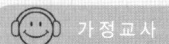

02 사용자가 원하는 트랙 수를 만들 수 있는 Add Audio Track 창이 열립니다. Count는 1, configuration은 Stereo인 것을 확인하고, OK 버튼을 클릭합니다.

가정교사

Browse 를 선택하면, 녹음할 사운드 소스에 최적화된 오디오 트랙을 만들 수 있습니다.

03 스테레오 녹음이 가능한 Stereo 채널의 오디오 트랙을 하나 만들었습니다. 계속해서 모노 트랙을 추가하겠습니다. 트랙 리스트에서 마우스 오른쪽 버튼을 클릭하여 단축 메뉴를 열고, Add Audio Track을 선택합니다.

04 Add Audio Track 창이 열립니다. Count를 2, Configuration을 Mono로 선택합니다. 그리고 OK 버튼을 클릭하여 모노 녹음이 가능한 오디오 트랙을 2개 만듭니다.

05 멀티 녹음을 위해서 3개의 트랙을 만들었지만, 각 트랙의 인스펙터 창에서 In 항목을 클릭해보면, 사용자 시스템에 장착되어 있는 오디오 카드에 상관없이 1/2번 포트만 선택이 가능합니다. 즉, 멀티 포트 오디오 카드 사용자도 1/2번 포트로만 녹음이 가능하다는 것입니다.

06 멀티 포트를 지원하는 오디오 카드 사용자가 1/2번 포트 이외의 포트에 연결된 악기나 마이크 소리를 녹음하기 위해서는 큐베이스와 누엔도에서 사용할 인 포트를 설정해주어야 합니다. Devices 메뉴의 VST Connections을 선택하거나 F4 키를 누릅니다.

😊 가정교사

멀티 녹음이 필요 없거나 사운드 카드 사용자는 VST Connection을 설정할 필요 없이 1/2번 포트를 이용하면 됩니다.

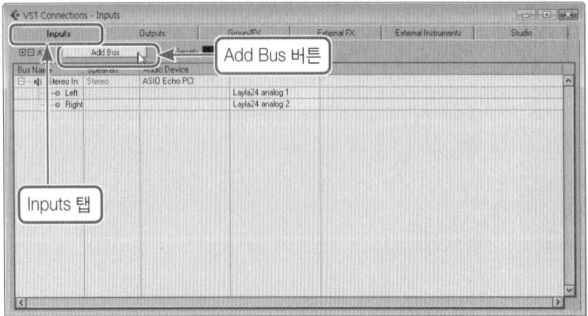

07 오디오 인/아웃 포트를 설정할 수 있는 VST Connections 창이 열립니다. 인 포트를 설정해 보기로 했으므로, Inputs 탭을 클릭하여 페이지를 열고, Add Bus 버튼을 클릭합니다.

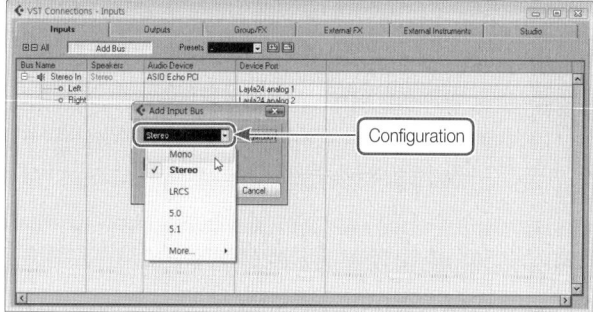

08 Add Input Bus 창의 Configuration에서 추가할 채널을 선택합니다. 기본적으로 1/2/번 포트의 스테레오 채널이 설정되어 있으므로, 마이크 녹음을 위한 Mono 채널로 변경합니다.

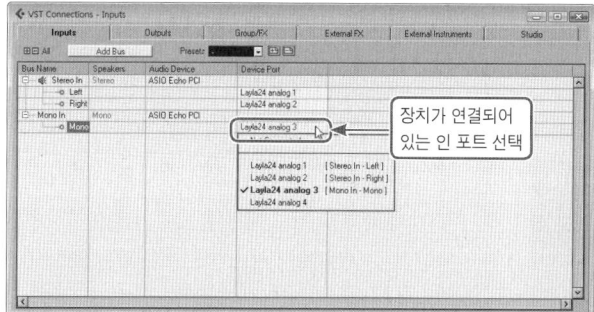

09 추가한 모노 채널은 사용하고 있지 않는 3번 포트로 자동 설정됩니다. 마이크가 3번 포트에 연결되어 있지 않다면, Device Port에서 마이크가 연결되어 있는 In 포트를 선택합니다.

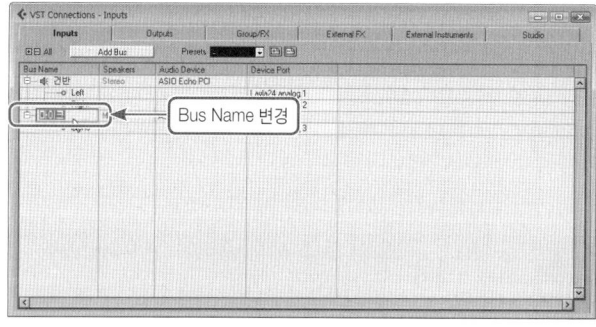

10 이대로 VST Connections 창을 닫아도 좋지만, 보다 효과적인 작업을 위해서 Bus Name 항목의 이름을 클릭하여 알아보기 쉬운 이름으로 변경합니다. 이름은 오디오 카드 각 포트에 연결한 악기 이름으로 해두면 편리할 것입니다.

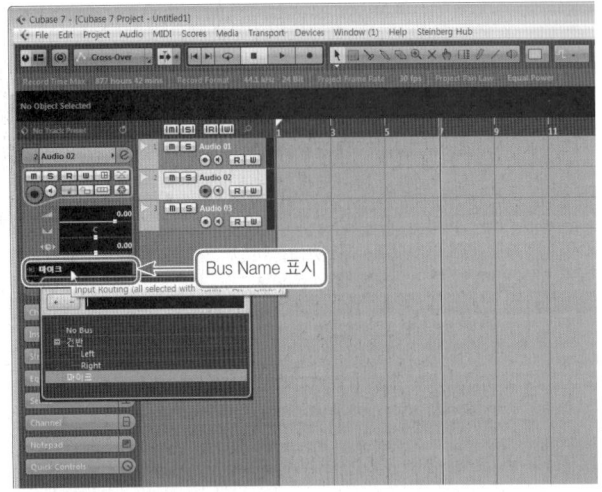

11 VST Connections 창을 닫고, 오디오 트랙의 인스펙터 창에서 In 항목을 클릭해보면 VST Connections 창에서 추가한 모노 채널과 변경한 이름을 확인할 수 있습니다. 각 트랙마다 녹음할 In 포트를 선택합니다.

Bus Name 표시

12 녹음할 트랙의 Record Enable 버튼을 클릭하여 On으로 합니다. 이렇게 Mono와 Stereo 채널 각각에 멀티 녹음을 하기 위해서는 각 트랙의 Record Enable 버튼을 On 으로 해야 합니다.

Record Enable 버튼

13 멀티 트랙 녹음 준비가 완료되었습니다. 키보드의 숫자 열에서 * 키를 눌러 녹음을 진행합니다. Stereo 채널에 연결한 악기와 Mono 채널에 연결한 마이크 녹음을 동시에 할 수 있다는 것을 확인할 수 있습니다.

멀티 녹음

큐베이스와 누엔도에서는 VST Instruments 트랙을 별도로 제공하고 있습니다. 버전 3에서부터 사용을 해오던 독자라면, F11 키를 눌러 인스트루먼트 패널을 열고, VST 악기를 장착한 다음에 미디 트랙에서 선택하는 방식에 익숙해져 있겠지만, 오디오 트랙을 별도로 관리하지 않아도 되는 인스트루먼트 트랙에 익숙해지는 것이 좋겠습니다. VST 인스트루먼트 트랙은 입력과 편집은 미디 트랙과 동일하며, 출력은 오디오 트랙으로 취급되기 때문에 별도의 오디오 녹음 작업이 필요없습니다.

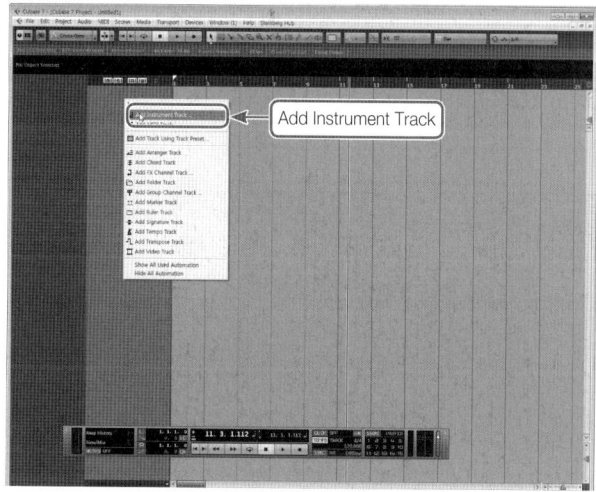

01 트랙 리스트에서 마우스 오른쪽 버튼을 클릭하여 단축 메뉴를 열고, Add Instrument Track을 선택합니다.

02 Browse 버튼을 클릭하여 창을 확대하고 음색을 찾습니다. 카테고리 (Category)와 스타일(style) 등의 단위로 구분되어 있기 때문에 원하는 음색을 쉽게 찾을 수 있을 것입니다.

03 선택한 음색은 마스터 건반을 연주하여 모니터 해볼 수 있으며, Memo Recorder의 Load MIDI File를 선택하면 외부 미디 파일을 불러와 Play 버튼으로 연주시켜볼 수 있습니다.

04 Add Track 버튼을 클릭하여 창을 닫으면, 카테고리에서 선택한 음색에 해당하는 VST 악기가 장착된 인스트루먼트 트랙이 생성됩니다. 음색은 언제든 인스펙터 창의 프로그램 항목을 클릭하여 변경할 수 있습니다.

05 인스트루먼트 트랙은 이벤트를 미디로 다루고 있지만, 출력은 오디오이기 때문에 별도의 변환 작업 없이 오디오 이펙트를 장착하여 믹싱 작업을 진행할 수 있습니다. 오디오 이펙트에 관해서는 오디오 이펙트 학습 편에서 살펴보겠습니다.

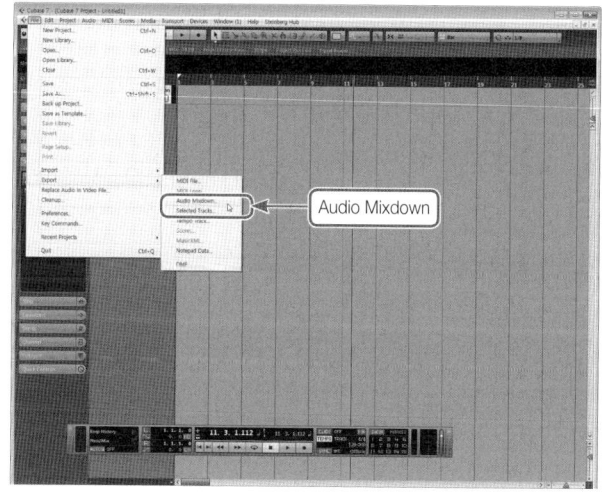

06 인스트루먼트 트랙은 컴퓨터 사양이 낮은 경우에는 타임이 늦어지거나 시스템이 정지되는 등의 현상이 발생할 수 있으므로, 편집이 끝난 이벤트를 오디오 파일로 익스포팅하는 것이 좋습니다. 이벤트 입력 작업이 끝나면, Ctrl+A 키를 눌러 모두 선택하고, P 키를 눌러 로케이터 구간으로 설정합니다. 그리고 File 메뉴의 Export에서 Audio Mixdown을 선택합니다.

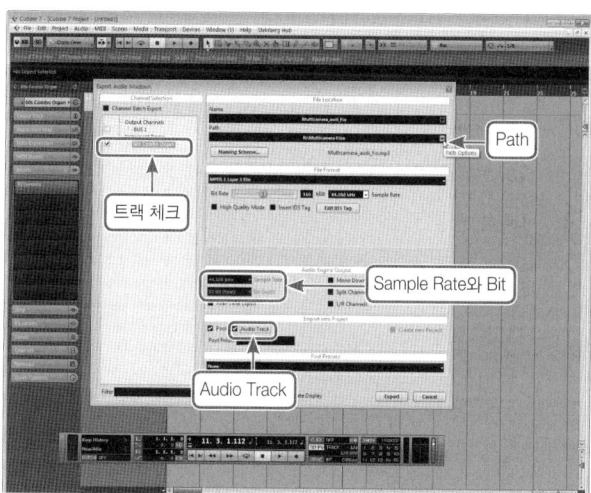

07 Channel 목록에서 오디오 파일로 익스포팅할 인스트루먼트 트랙을 체크하고, 파일 이름을 입력합니다. 저장 위치를 선택하는 Path 항목은 프로젝트와 동일한 폴더를 선택하고, Sample Rate와 Bit Depth는 작업 중인 프로젝트와 동일하게 설정합니다. 그리고 Audio Track 옵션을 체크하고, Export 버튼을 클릭합니다.

08 선택한 인스트루먼트 트랙이 오디오 트랙으로 자동 임포트되어 시스템 부담을 줄이고, 믹싱 작업을 진행할 수 있습니다. 필요 없어진 인스트루먼트 트랙은 삭제하는 것 보다 악기의 전원 버튼을 Off하거나 뮤트 시키고, 폴더 트랙을 만들어 관리하는 것이 좋습니다.

😊 **가정교사**

시스템 부담이 적은 사용자는 익스포팅 대신에 인스트루먼트 트랙의 프리즈 버튼을 On으로 하여 고정시켜도 좋습니다.

3 미디 트랙

미디 트랙은 미디 이벤트를 녹음하거나 연주할 수 있는 트랙입니다. 혼자서 작/편곡, 녹음, 믹싱 등의 작업을 처리해야만 하는 컴퓨터 뮤지션에게는 절대적인 위치를 차지하는 것이 미디 작업입니다. 다양한 샘플을 쉽게 접할 수 있는 시대에 미디 학습은 조금 지루할 수 있겠지만, 작/편곡에 큰 도움을 줄 수 있는 미디 학습을 가볍게 취급하지 말기 바랍니다.

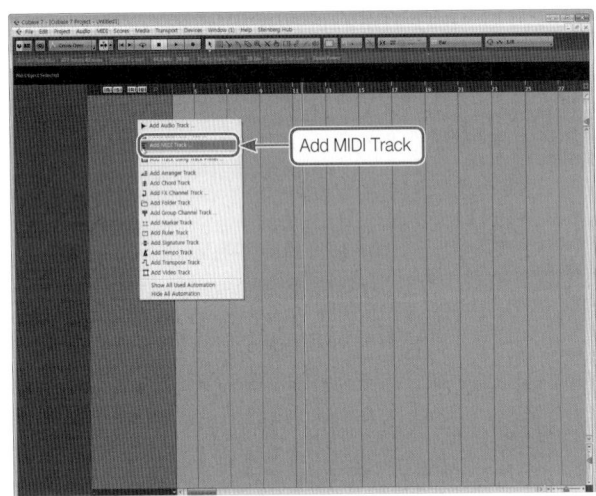

01 Empty 템플릿 환경의 새로운 프로젝트를 만들고, 트랙 리스트에서 마우스 오른쪽 버튼을 클릭하여 Add MIDI Track 메뉴를 선택합니다.

02 몇 개의 미디 트랙을 만들 것인지를 선택할 수 있는 Add MIDI Tack 창이 열립니다. Count에서 원하는 트랙 수를 입력하고, OK 버튼을 클릭합니다. 실습에서는 1로 설정하여 하나의 미디 트랙만 만들어보겠습니다.

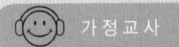 가정교사

Brower 버튼을 선택하면, 작업할 내용에 어울리는 환경의 미디 트랙을 카테고리 형식으로 선택하여 만들 수 있습니다.

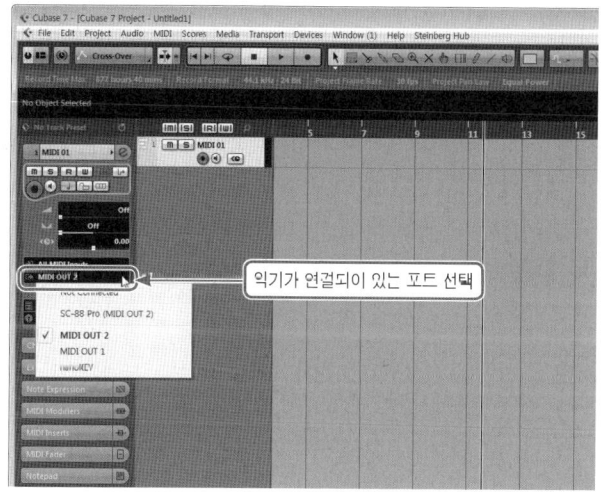

03 미디 트랙의 인스펙터 창에서 In 항목은 마스터 건반을 연결한 IN 포트를 선택하고, Out 항목은 연주될 음원을 연결한 Out 포트를 선택합니다. 기본적으로 In 항목은 모든 In 포트의 입력 신호를 받을 수 있는 All MIDI Inputs이 선택되어 있으므로, Out 항목만 선택하면 됩니다.

익기가 연결되이 있는 포트 선택

04 아웃 항목 아래쪽의 채널 항목에서 연주 채널을 선택합니다. 여기서 ANY는 입력하는 채널에 따라 출력하는 채널이 자동으로 선택되게 하는 것입니다.

채널 선택

05 채널 항목 아래쪽에 있는 프로그램 선택 항목에서 연주할 악기 음색을 선택합니다. 프로그램 리스트를 악기 이름으로 표시되게 하는 방법은 앞에서 살펴보았습니다.

음색 선택

PC	CC00	Insrument NO
033	000	Acoustic Bs
034	000	Fingered Bs
	001	Fingered Bs2
	002	Jazz Bass
035	000	Picked Bass
	008	Mute PickBs

06 대중적인 악기가 아니라면, 해당 악기 제작사에서 큐베이스 및 누엔도에서 사용할 수 있는 패치 파일을 제공할 것이며, 이것도 없다면, 사용자가 직접 패치 리스트를 만들거나 번호로 선택해야 합니다. 악기 매뉴얼을 보면, 표와 같은 리스트가 있을 것입니다.

프로그램 버튼

뱅크 버튼

07 표는 베이스 음색의 일부분인데, Jazz Bass 음색은 프로그램 번호가 34번이고, 뱅크가 2번이라는 것을 확인할 수 있습니다. 즉, 인스펙터 파라미터의 뱅크에서 2번을 선택하고, 프로그램에서 34번을 선택하면 해당 채널은 Jazz Bass 음색으로 연주되는 것입니다.

미디 이벤트 녹음

08 이제 키보드 숫자열의 ＊ 키를 누르고, 마스터 건반을 연주하면 앞에서 선택한 채널과 음색의 연주가 녹음되는 것을 확인할 수 있습니다.

Hip-Hop이나 EDM 등의 샘플 음악이 주류를 이루는 시장이 되면서 오디오 샘플과 이를 편집하여 사용할 수 있는 VST Sampler가 쏟아지고 있습니다. 하지만, 큐베이스는 별도의 VST를 설치하지 않아도 Wav 및 Aif 형식의 오디오 샘플을 쉽고 편리하게 사용할 수 있는 샘플러 트랙을 제공합니다. 전자 음악을 하는 이들이 가장 많이 사용하게 될 샘플러 트랙에 관해서 살펴보겠습니다.

01 Empty 프로젝트를 만들고, 트랙 리스트에서 마우스 오른쪽 버튼을 클릭하여 단축 메뉴를 엽니다. 그리고 Add Sampler Track을 선택합니다.

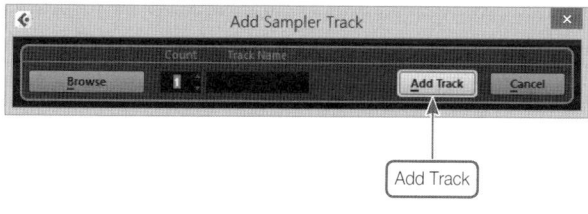

02 트랙 수와 이름을 입력할 수 있는 창이 열립니다. 필요하다면 Track Name 항목에 이름을 입력하고 Add Track 버튼을 클릭하여 샘플러 트랙을 만듭니다.

Tip **샘플러 트랙 만들기**

실습은 트랙을 만들고 샘플을 가져다 놓는 방법이지만, 샘플을 바로 트랙으로 만들 수 있는 방법이 있습니다.

1. Add Sampler Track 창의 Browse 버튼을 클릭하여 열고, 큐베이스 제공 라이브러리를 선택
2. 프로젝트의 오디오 이벤트를 선택하고, Audio 메뉴의 Create Sampler Track 선택
3. 미디어 베이의 샘플을 마우스 오른쪽 버튼으로 선택하고, Create Sampler Track 선택
4. 샘플 에디터에서 필요한 구간을 선택하고, Range 인스펙터 창의 Create Sampler Track 버튼 클릭

03 샘플러 트랙을 만들거나 선택하면 로우 존에 Sampler Control 창이 자동으로 열리며, Drop Audio Sample Here! 항목에 Wav 및 Aif 등의 오디오 샘플을 드래그하여 가져다 놓을 수 있습니다.

Sampler Control

Right Zone 열기/닫기

04 도구 모음 줄의 Right Zone 열기 버튼을 클릭하여 MediaBay 창을 열고, Loops & Sample 아이콘을 클릭하여 큐베이스에서 제공하는 루프 샘플 라이브러리를 엽니다.

샘플 드래그

05 큐베이스에서 제공하는 샘플 라이브러리 중에서 악기로 사용하는 싶은 것을 컨트롤러 창의 Drop Audio Sample Here! 항목에 가져다 놓습니다.

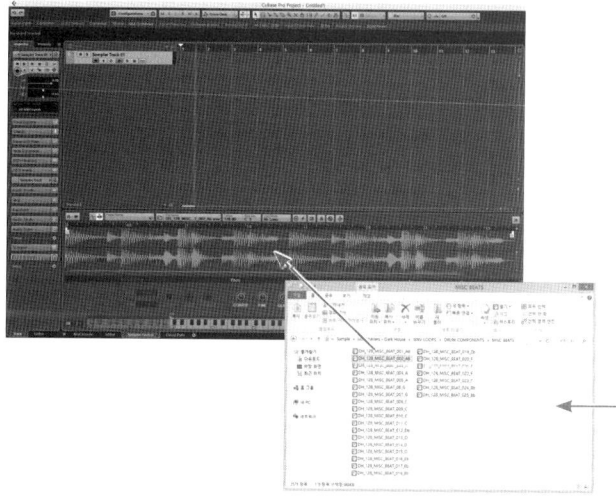

06 독자가 가지고 있는 샘플은 윈도우 탐색기에서 직접 드래그하여 가져다 놓을 수 있습니다. 샘플은 트랙마다 하나의 샘플만 가능하며, 이미 샘플을 가져다 놓은 경우에는 새로 가져다 놓는 것으로 대체됩니다.

탐색기에서 드래그 가능

Load Preset

07 Load Preset으로 큐베이스에서 제공하는 프리셋을 불러올 수 있습니다. 이미 셋팅이 되어 있기 때문에 별다른 작업없이 악기로 사용할 수 있습니다.

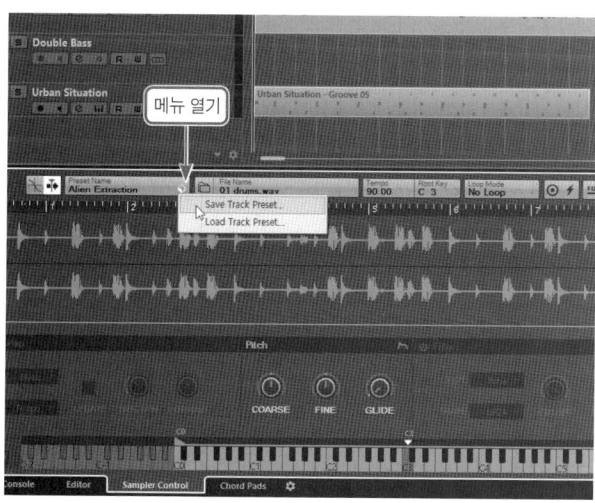

메뉴 열기

Save Track Preset...
Load Track Preset...

08 사용자가 만든 악기는 Load Preset 오른쪽의 사각 버튼을 클릭하면 열리는 메뉴에서 Save Track Preset을 선택하여 저장할 수 있습니다.

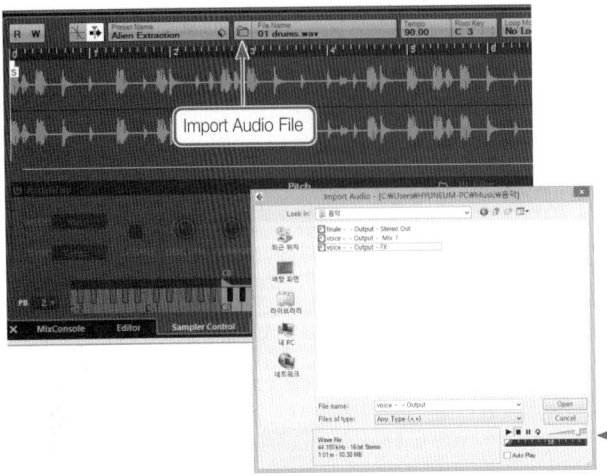

Import Audio File

미리 듣기

09 파일 이름이 표시되는 항목의 Import Audio File 버튼으로도 외부 샘플을 불러올 수 있습니다. 윈도우 탐색기에서 드래그하는 것이 편하겠지만, 샘플을 미리 들어볼 수 있는 기능을 제공하고 있어 유용합니다.

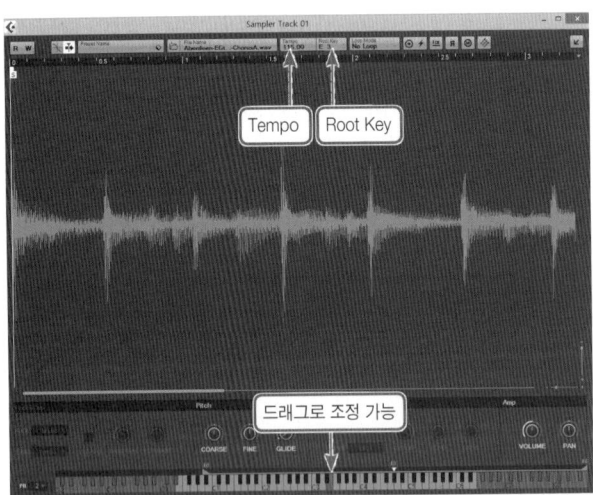

Tempo   Root Key

드래그로 조정 가능

10 템포 및 키 정보가 있는 샘플은 Tempo와 Root Key가 자동으로 설정되며, 정보가 없는 샘플의 템포는 자동 계산되고, 루트키는 C3에 할당 됩니다. 필요한 경우에는 Root Key 항목 또는 건반에 표시되어 있는 삼각형을 드래그하여 조정할 수 있습니다.

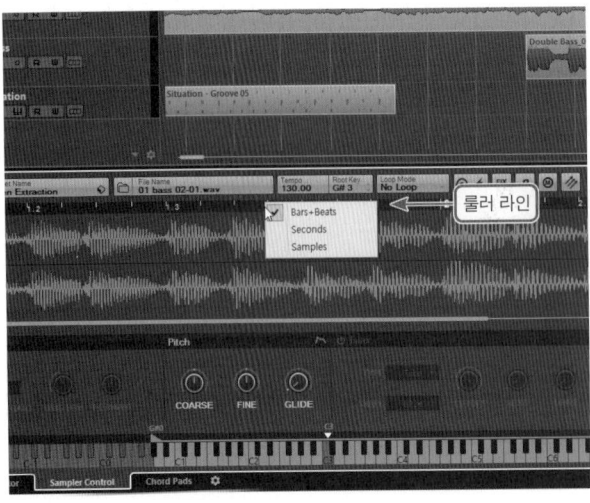

룰러 라인

11 샘플러 컨트롤의 표시 단위는 기본적으로 초(Seconds) 인데, 필요하다면 룰러 라인에서 마우스 오른쪽 버튼을 클릭하여 마디단위(Bars+Beats)로 변경할 수 있습니다.

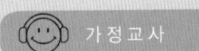 가정교사

오리지널 템포 및 프로젝트 싱크 템포는 AudioWarp 파라미터에서 설정 가능합니다.

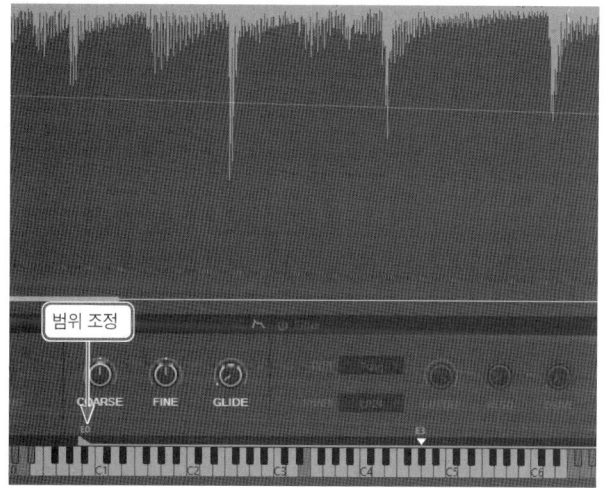

범위 조정

12 노트는 C0-C6 범위로 할당되며, 각 포인트를 드래그하여 조정할 수 있습니다. 마스터 건반을 눌러 샘플러 트랙의 위력을 경험해보기 바랍니다. 독자의 목소리는 물론, 동물 소리, 국악기 소리 등, 원하는 모든 소리를 악기로 사용할 수 있습니다.

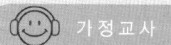 가정교사

Root Key는 샘플의 원래 음정을 말하는 것으로 나머지 건반은 이를 바탕으로 할당됩니다.

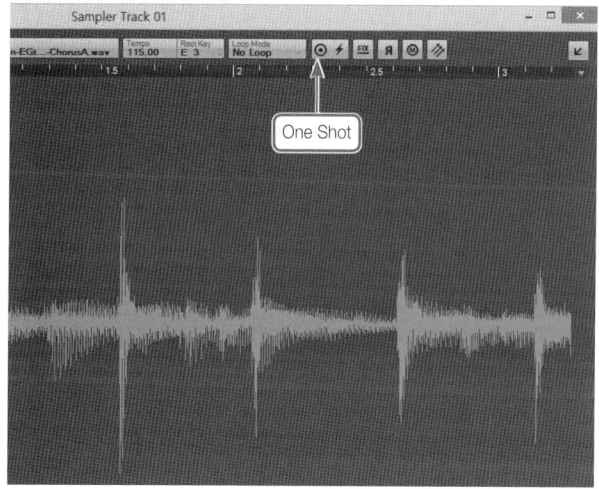

One Shot

13 기본적으로 샘플은 건반을 누르고 있는 동안에 연주되는데, 건반을 한 번만 눌러도 끝까지 연주되게 하고 싶은 리듬 샘플이라면 One Shot 버튼을 On으로 합니다.

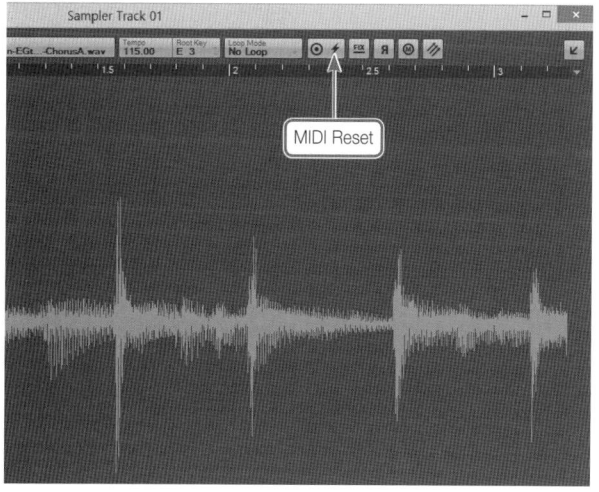

MIDI Reset

14 One Shot 모드 또는 미디 에러로 연주가 멈추지 않을 때 MIDI Reset 버튼으로 정지시킬 수 있습니다.

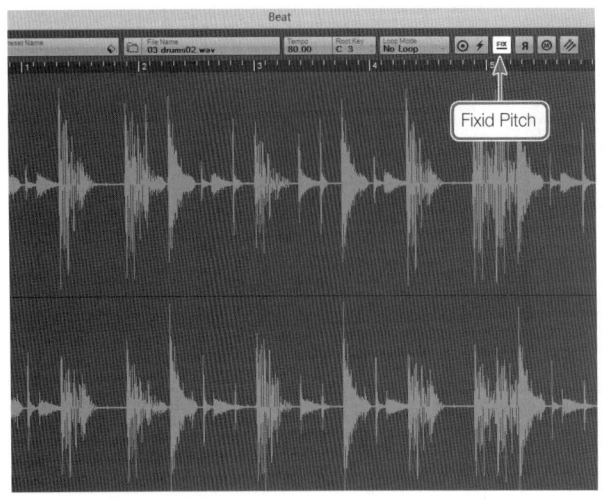

15 드럼과 같이 피치 변화가 필요 없는 샘플이라면 Fixid Pitch 버튼을 On으로 하여 어떤 건반을 누르든 템포 및 피치 변화가 없게 할 수 있습니다.

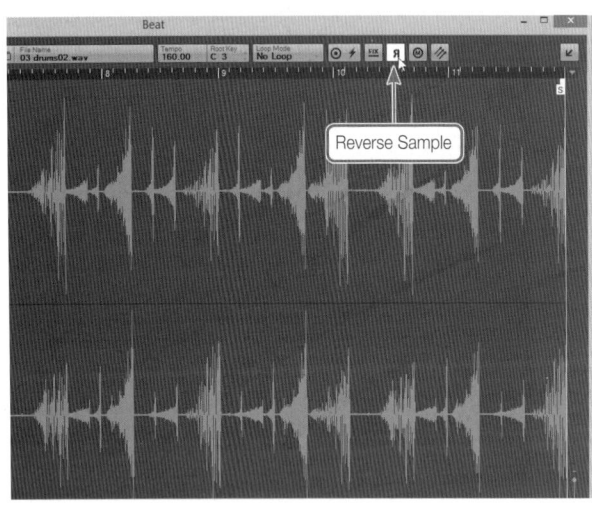

16 Reverse Sample 버튼은 샘플을 거꾸로 연주되게 합니다. Kick 드럼을 이용한 스크레치 사운드, 리버스 심벌 등의 효과음을 만들 때나 숨겨진 메시지를 담을 때 유용한 기능입니다.

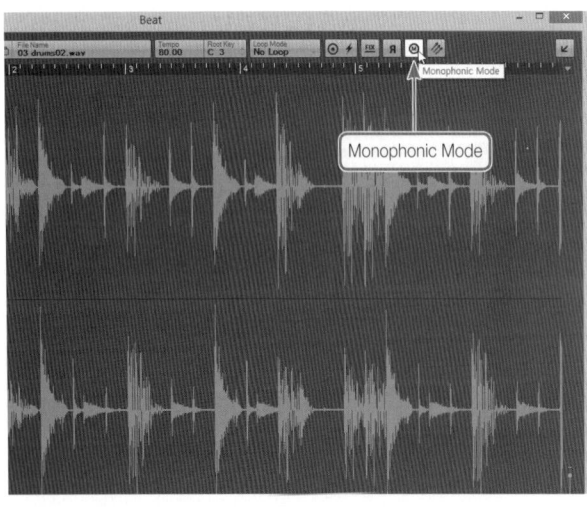

17 Monophonic Mode 버튼은 모노 악기를 시뮬레이션 합니다. 건반을 누른 상태에서 이웃한 노트를 연주하는 방식으로 빠른 트릴 연주가 가능합니다.

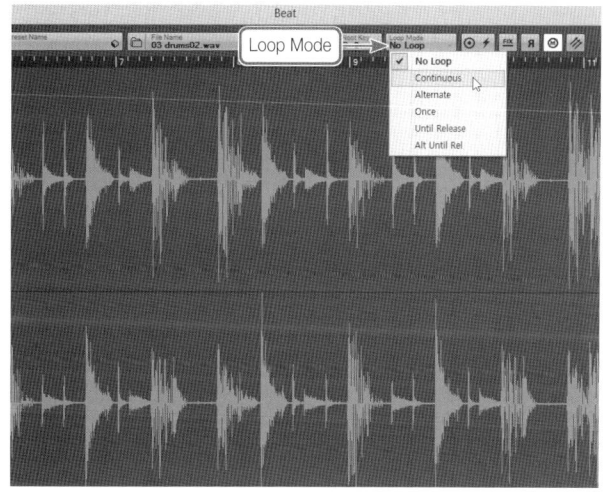

18 샘플은 기본적으로 처음부터 끝까지 연주가 됩니다. 하지만, 악기로 사용하기 위해서는 건반을 누르고 있는 동안 반복되어야 할 것입니다. Loop Mode에서 Continuous를 선택합니다.

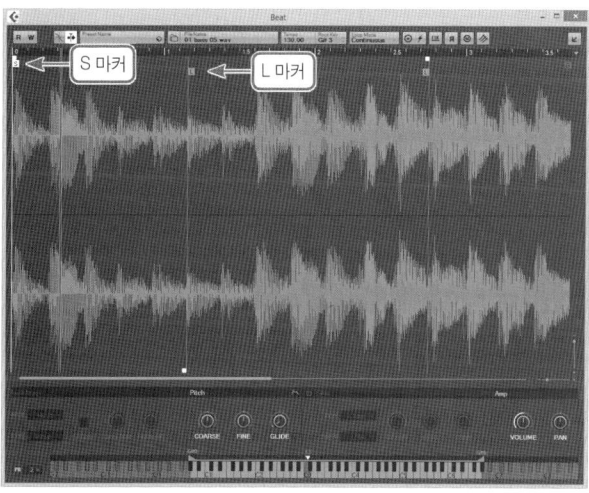

19 디스플레이 창에 시작 위치를 표시하는 S 마커와 반복 구간을 표시하는 L 마커가 보입니다. L 마커를 드래그하여 건반을 누르고 있는 동안 반복 연주되게 할 구간을 설정합니다.

20 반복 구간은 사운드가 튈 수 있기 때문에 페이드 인/아웃으로 처리하는 것이 일반적입니다. 페이드 인/아웃 길이는 흰색으로 표시되어 있는 페이드 포인트를 드래그하여 조정합니다. 시작 위치에서도 페이드 인 길이를 설정할 수 있습니다.

21 디스플레이 창 아래쪽의 Amp 파라미터에서 엔벨로프 버튼을 클릭하면 어택, 서스테인, 릴리즈의 타임과 볼륨을 조정할 수 있는 엔벨로프 편집 창이 열립니다.

엔벨로프 버튼

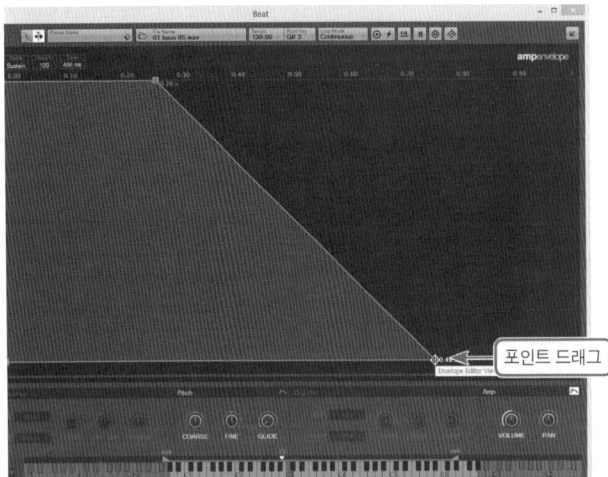

22 엔벨로프 편집 창의 어택(A), 서스테인(S), 릴리즈(R) 포인트를 드래그하여 사운드의 변화를 체크해보기 바랍니다.

포인트 드래그

23 Filter 파라미터를 On으로 하면 필터 타입의 EQ를 적용할 수 있습니다. 타입은 다양한 종류를 제공하며, Shape, Cutoff, Reso, Drive 등의 컨트롤을 제공합니다. 필터 학습은 오디오 이펙트 편을 참조하기 바랍니다.

Filter On

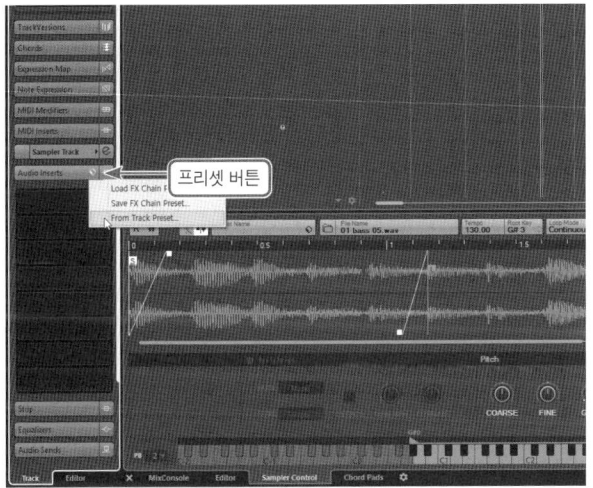

프리셋 버튼

24 샘플러 컨트롤의 필터 외에도 큐베이스에서 제공하는 모든 플러그-인을 해당 트랙에 적용할 수 있습니다. 인스펙터 창의 Audio Inserts에서 프리셋 버튼을 클릭하여 From Track Preset을 선택합니다.

프리셋 선택

25 오디오 이펙트에 관해서 잘 모르는 사용자도 쉽게 사운드를 디자인할 수 있는 프리셋 목록이 열립니다. 샘플 타입에 적당한 프리셋을 선택합니다.

이펙트

26 설정 값이 최적화 되어 있는 오디오 이펙트가 자동으로 로딩되는 것을 확인할 수 있습니다. 물론, 좀 더 세련된 소리를 만들기 위해서는 오디오 이펙트 편의 학습을 철저히 해야 할 것입니다.

27 드럼과 같은 샘플은 Audio Warp 파라미터를 On으로 하여 프로젝트 템포와 일치시킬 수 있습니다. Mode는 멀티 악기를 위한 Music과 모노 악기를 위한 Solo를 제공하며, Sync 항목에서 동기 여부를 선택합니다.

28 샘플 템포를 프로젝트와 동기 시킬 때 오리지널 템포 값으로 분석되므로, 템포 정보가 없는 샘플을 사용하고 있다면, ORIG BPM 값을 입력해줘야 합니다.

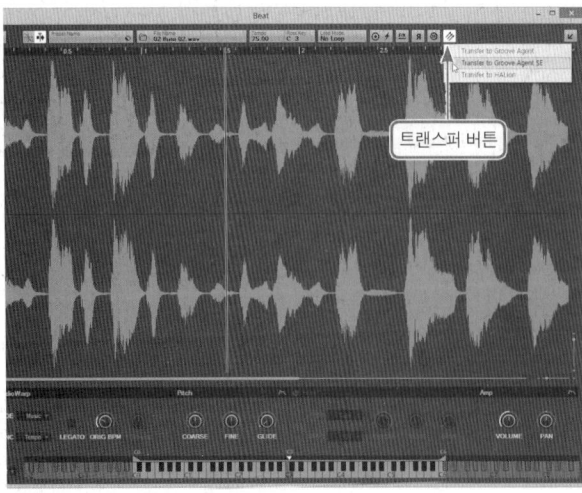

29 지금까지의 과정으로 만들어진 샘플은 그대로 미디 데이터를 입력하여 연주할 수 있으며, 트랜스퍼 버튼을 클릭하여 메뉴를 열고, Transfer to Groove Agent SE를 선택하면 Groove Agent SE 패드에 로딩시킬 수 있습니다. 패드를 즐겨 사용하는 힙합 뮤지션들에게 매우 유용한 기능이 될 것입니다.

 가정교사

Transfer to Groove Agent와 HALion 메뉴는 해당 제품이 설치되어 있는 경우에 사용할 수 있습니다.

입문자들이 가장 어려워하는 부분이 믹싱 작업에서의 이펙트 사용입니다. 큐베이와 누엔도는 이러한 어려움에 난감해하고 있는 사용자를 위한 트랙 프리셋 기능을 제공합니다. 보컬, 베이스, 드럼 등, 각각 음색 별로 사용되는 이펙트와 셋팅 값이 자동으로 설정되어 있는 프리셋을 이용할 수 있기 때문에 입문자도 쉽게 스튜디오 급 사운드를 만들 수 있게 될 것입니다.

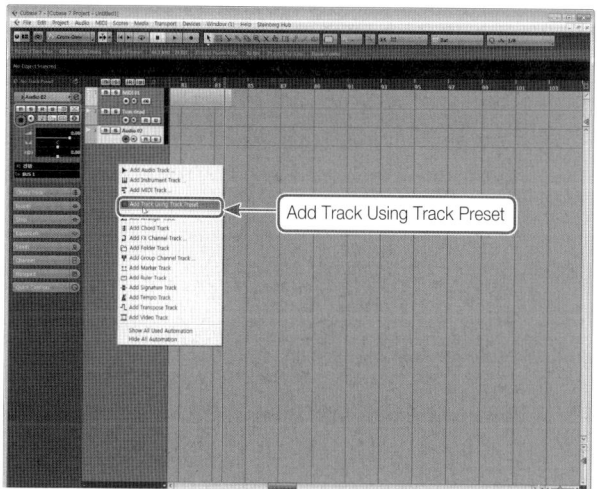

01 프리셋은 녹음 전/후에 모두 적용할 수 있으며, Audio, MIDI, Instruments 트랙에서 사용 가능합니다. 트랙 리스트에서 마우스 오른쪽 버튼을 클릭하여 단축 메뉴를 열고, Add Track Using Track Preset을 선택합니다.

02 Media Type에서 트랙의 종류를 선택하고, 작업 소스에 어울리는 카테고리를 선택합니다. 예를 들어 남성 보컬을 녹음하겠다면, Category에서 Vocal를 선택하고, Search & Viewer의 Male 중에서 보컬에 어울리는 것을 찾습니다.

프리셋 트랙

03 Add Track 창을 닫으면, 남성 보컬에 사용되는 이펙트가 장착된 오디오 트랙이 만들어집니다. 큐베이스와 누엔도에서 제공하는 프리셋이 모든 곡과 가수에게 최적화되어 있지는 않기 때문에 셋팅 값을 조금씩 수정할 필요는 있지만, 악기마다 어떤 이펙트를 사용해야 할지 막연해하는 입문자에게는 최고의 기능이 될 것입니다.

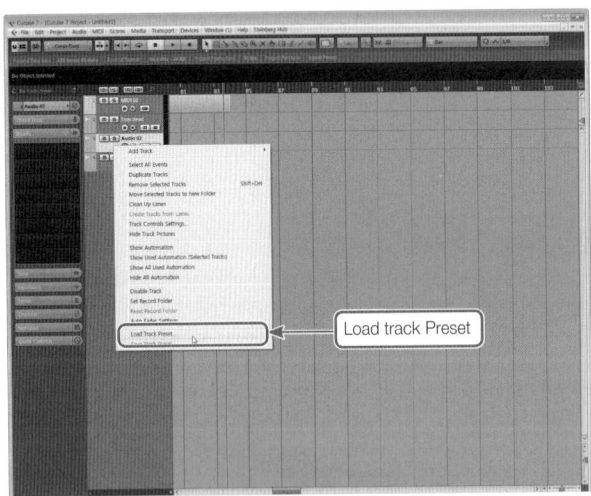

Load track Preset

04 프리셋은 앞에서와 같이 오디오나 미디 데이터를 입력할 트랙을 만들 때 적용할 수 있지만, 사운드 녹음이 모두 끝나고 믹싱 작업을 할 때도 이용할 수 있습니다. 프리셋을 적용할 트랙에서 마우스 오른쪽 버튼을 클릭하여 단축 메뉴를 열고, Load Track Preset을 선택합니다.

Categories 옵션

05 Categories 옵션을 선택하여 Category 목록이 보이게 하고, 해당 트랙에 어울리는 프리셋을 찾아 선택합니다. 프리셋은 선택과 동시에 적용되므로, Enter 키를 눌러 곡을 모니터 해보면서 최적의 프리셋을 찾을 수 있습니다.

 가정교사

트랙을 이미 선택한 상태이므로 Media Type 칼럼은 없습니다.

06 프리셋을 적용하고 이펙트 값을 조금 변경한 것이 마음에 든다면, 사용자 프리셋으로 등록하여 언제든 사용할 수 있습니다. 저장하고 싶은 트랙에서 마우스 오른쪽 버튼을 클릭하여 단축 메뉴를 열고, Save Track Preset을 선택합니다.

07 Save Track Preset 창이 열립니다. 필요하다면 Attribute Inspector 버튼을 클릭하여 Category, Character, Style 등을 분리합니다.

08 모든 Attribute는 목록으로 선택할 수 있지만, Character는 Value 항목을 더블 클릭하여 Edit Character 창을 열고, 옵션을 선택합니다. 가운데 옵션은 Character를 분리하지 않는 것입니다.

09 New Preset 항목에 이름을 입력하고, OK 버튼을 클릭하여 저장합니다. 새로운 폴더를 만들어 저장하겠다면, New Folder 버튼을 클릭하여 폴더 이름을 입력합니다.

10 사용자가 만든 프리셋은 앞에서와 같은 방법으로 적용하거나 채널 믹서 또는 인스펙터 창의 Insets 목록에서 프리셋 선택 버튼을 클릭하여 메뉴를 열고, From Track Preset을 선택하여 적용할 수 있습니다.

11 프리셋은 이펙트뿐만 아니라 EQ의 셋팅 값도 함께 저장할 수 있으며, EQ 패널의 프리셋 버튼을 클릭하여 EQ만 적용할 수 있습니다. 프리셋 트랙은 입문자뿐만 아니라 고급 사용자에게도 퀄리티있는 사운드를 만드는 데 많은 도움이 될 것입니다.

6 FX 채널 트랙

동일한 셋팅의 이펙트를 사용하고 있는 오디오 트랙이 10개라고 가정을 하고, 각각의 트랙에서 인서트 방식으로 이펙트를 사용한다면, 총 10개의 이펙트를 로딩하는 것입니다. 이것은 시스템 자원을 낭비하는 것은 물론이고, 작업 스타일도 비효율적입니다. 작업을 효과적으로 하기 위해서는 하나의 이펙트를 10개의 채널에서 동시에 사용할 수 있는 센드 방식을 이용하는 것인데, 이때 필요한 것이 FX 채널 트랙입니다.

01 Send 샘플 파일을 불러옵니다. 오디오 1번 트랙의 Insets 파라미터에서 Reverb 계열의 RoomWorks를 장착합니다. 오디오 2번 트랙에서도 동일한 이펙트를 장착한다면 총 2개의 RoomWorks를 사용하는 것입니다.

02 각 트랙의 Insets 파라미터에서 No Effect를 선택하여 앞에서 장착해본 RoomWorks를 제거합니다. 이제 FX 채널 트랙을 이용하여 하나의 RoomWorks로 두 개의 오디오 트랙에 적용을 해보겠습니다.

03 트랙 리스트에서 마우스 오른쪽 버튼을 클릭하여 단축 메뉴를 열고, Add FX Channel Track을 선택하여 Add FX Channel Track 창을 엽니다.

Add FX Channel Track

이펙트 선택

04 Configuration에서 메인 아웃으로 전송할 채널을 선택합니다. 특별한 경우를 제외하고는 Stereo입니다. effects 칼럼에서 적용하고자 하는 이펙트를 선택합니다. 실습에서는 Reverb계열의 RoomWorks를 선택하겠습니다.

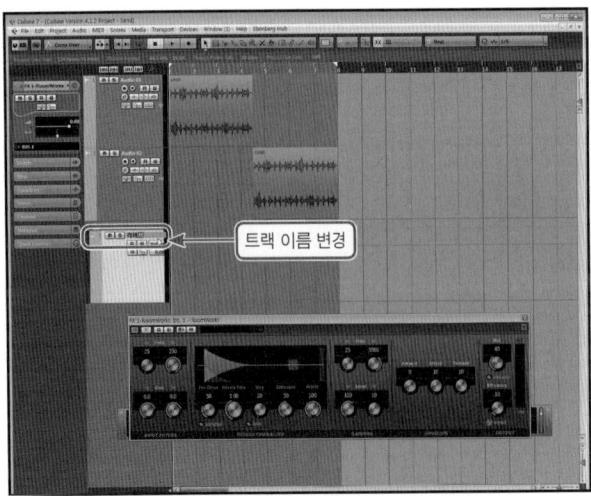

트랙 이름 변경

05 큐베이스와 누엔도의 FX 트랙은 모두 FX channels 폴더 아래쪽에 서브 트랙으로 만들어집니다. FX1 트랙의 이름 항목을 더블 클릭하여 구분하기 쉬운 이름으로 변경합니다.

06 RoomWorks은 기본 값을 그대로 사용하기로 하고 닫기 버튼을 클릭하여 패널을 닫습니다. 그리고 Audio 1트랙의 채널 믹서 열기 버튼을 클릭하여 채널 믹서 창을 엽니다.

07 Send 파라미터의 슬롯을 클릭하여 목록을 열고, 앞에서 추가한 FX 채널을 선택합니다. 즉, Audio 1번 트랙에서 FX 채널에 장착한 이펙트를 센드 방식으로 사용하는 것입니다.

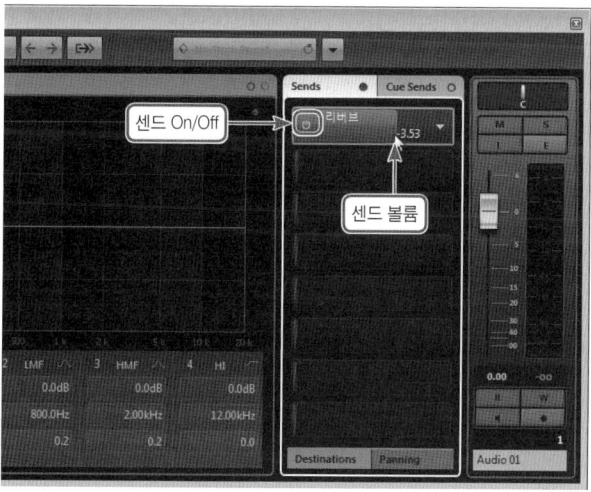

08 센드 ON/OFF 버튼을 클릭하여 센드 기능을 활성화하고, 슬롯 하단의 슬라이드를 드래그하여 센드 볼륨을 조정합니다. 센드 볼륨은 곡을 재생해보면서 조정하는 것이 좋습니다.

09 이펙트가 적용된 사운드를 모니터 하기 어렵다면, 슬롯을 더블 클릭하여 RoomWorks 패널을 열고, Mix 값을 높여봅니다. 오디오 1번 트랙에 리버브가 적용되고 있다는 것을 확실히 느낄 수 있을 것입니다.

슬롯 더블 클릭

Mix 값

채널 찾기

트랙 선택

10 트랙 선택 버튼 또는 찾기 버튼을 클릭하여 Audio 2번 트랙을 선택하고, Audio 1 번 트랙과 동일하게 Sends 이펙트를 적용해봅니다. 하나의 이펙트를 두 개의 채널에서 사용할 수 있다는 것을 알 수 있습니다.

뮤트 버튼

11 Sends On/Off 버튼 오른쪽의 Pre Fader는 이펙트를 볼륨 슬라이드 전에 적용할 것인지 후에 적용할 것인지를 선택하는 역할입니다. 차이점을 모니터 해보기 위해서 Audio 1번 트랙을 뮤트시킵니다.

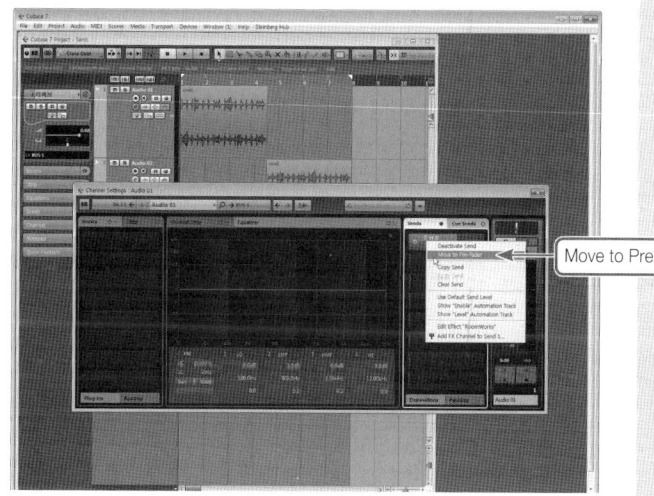

Move to Pre Fader

12 슬롯을 마우스 오른쪽 버튼으로 클릭하여 단축 메뉴를 열고, Move Pre Fder를 선택합니다. 그리고 볼륨을 볼륨을 조정해봅니다. 볼륨 페이더 이전에 적용되는 Pre 방식이므로 이펙트 값에는 변화가 없습니다.

FX 채널 믹서

13 FX 채널 트랙을 열어보면 8개의 Insert 와 Sends 슬롯, 그리고 Equalizers 패널 등, 오디오 트랙과 다르지 않다는 것을 알 수 있습니다. 단, FX 채널을 Sends로 사용하고 있는 오디오 트랙에 동시에 적용된다는 차이점이 있습니다.

Fx 채널의 이펙트 추가

14 예를 들어 FX 채널의 Insert 슬롯에 이펙트를 추가하거나 EQ를 조정하면, FX 채널을 센드로 연결해서 사용하고 있는 오디오 트랙에 모두 적용되는 것입니다. 시스템 자원을 확보하거나 작업의 효율성을 높이기 위해서 Fx 채널 트랙의 역할을 확실히 이해하기 바랍니다.

7 그룹 채널 트랙

그룹 채널 트랙은 몇 개의 오디오 트랙을 하나의 그룹으로 묶어 컨트롤 할 수 있게 하는 역할을 합니다. 동일한 이펙트 값과 컨트롤 값을 사용하는 오디오 트랙이 있다면, 굳이 개별적으로 사용하여 시스템 자원을 낭비할 필요 없이 그룹 채널을 이용해서 편리하게 컨트롤 할 수 있습니다.

01 Demo 샘플 파일을 열어보면 총 6개의 오디오 트랙이 있습니다. 여기서 1번과 5번 트랙에 동일한 컨트롤과 이펙트를 사용한다고 가정합니다. 트랙 리스트에서 마우스 오른쪽 버튼을 클릭하여 단축 메뉴를 열고 Add Group Channel Track을 선택합니다.

02 스테레오 채널로 녹음되어 있는 1번에서 5번까지의 트랙을 그룹으로 묶을 것입니다. Add Group Channel Track 창에서 Configuration 항목을 Stereo로 선택하고, Add Track 버튼을 클릭합니다.

03 Group 1 이라는 이름의 그룹 트랙이 만들어집니다. 그룹 트랙의 이름을 더블 클릭하여 구분하기 쉬운 이름으로 변경합니다. 그림에서는 스테레오 그룹으로 변경하고 있습니다.

트랙의 이름 변경

04 1번과 5번 트랙의 인스펙터 창 Out 항목에서 새로 만든 스테레오 그룹 채널을 선택합니다. 즉, 1번과 5번의 아웃을 그룹 채널로 변경하는 것입니다.

Out 항목

05 그룹 채널의 Inserts 파라미터 창을 열고. 첫 번째 슬롯에서 Reverb 계열의 RoomWorks를 선택합니다. Inserts 파라미터는 인스펙터 이름을 표시한 부분이나 오른쪽에 보이는 기호를 클릭하여 열 수 있습니다.

RoomWorks

06 숫자열의 Enter 키를 눌러 곡을 연주해 보면, 1번과 5번 트랙에 RoomWorks 가 동시에 적용되는 것을 확인할 수 있습니다. 그룹 채널은 하나의 이펙트를 여러 트랙에 적용 하는 것 외에도 볼륨, EQ 등의 컨트롤을 조정할 수 있습니다.

그룹 채널의 볼륨 조정

07 F3 키를 눌러 믹서 창을 열고, Enter 키 를 눌러 곡을 연주하면서 Group 1 트 랙의 볼륨을 조정해 봅니다. 1번에서 5번까지의 볼륨이 한번에 컨트롤 되는 것을 확인할 수 있 습니다. 뮤트, 솔로, 팬, EQ 등의 컨트롤도 실험 을 해보기 바랍니다.

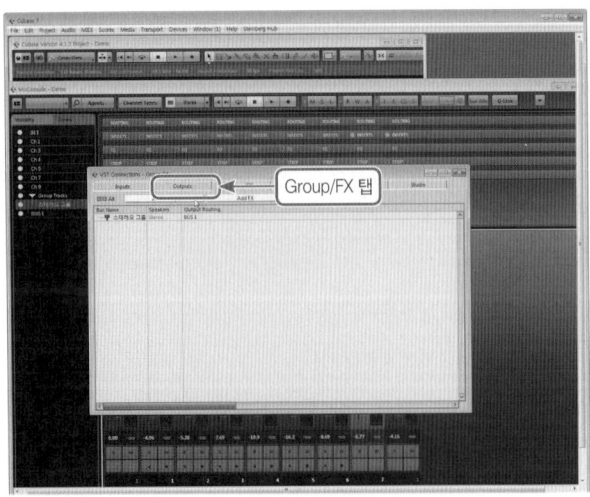

Group/FX 탭

08 그룹 채널은 Devices 메뉴의 VST Connections을 선택하거나 F4 키를 눌러 창을 열고, Group/FX 페이지에서 Add Group 버튼을 클릭하여 만들 수 있다는 것도 기억해두면, 자신의 작업 환경을 꾸밀 때 좋습 니다.

8 어레인지 트랙

어레인지 트랙은 연주의 위치와 반복 횟수를 재설정할 수 있는 역할을 합니다. 컴퓨터 음악을 공부해보았던 독자라면 악보의 도돌이표, 달세뇨 등의 반복 구간을 그대로 적용할 수 없을까라는 욕심을 가져본 적이 있을 것입니다. 큐베이스와 누엔도의 어레인지 트랙을 이용하면 불가능하다고 생각했던 욕심을 실현할 수 있습니다.

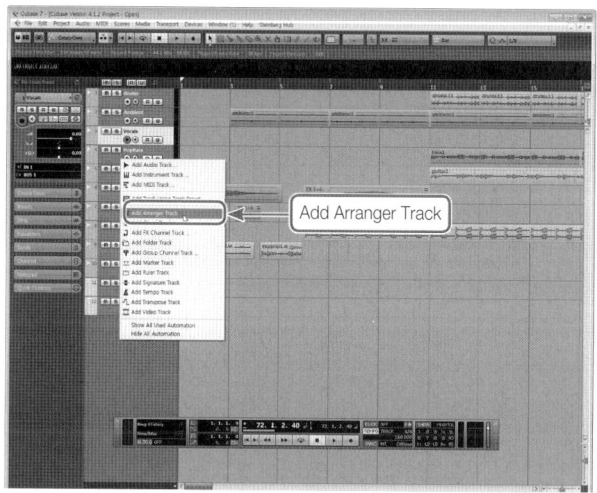

01 Open 샘플 파일을 열고, 트랙 리스트에서 마우스 오른쪽 버튼을 클릭합니다. 그리고 단축 메뉴에서 Add Arranger Track을 선택하여 어레인지 트랙을 만듭니다.

02 도구 모음 줄에서 연필 버튼을 선택하여 연주 파트를 만듭니다. 일반 파트를 만들 때와 같이 Alt 키를 누른 상태에서 화살표 버튼을 이용할 수 있습니다. 이때 도돌이, 달세뇨 등의 반복 구간을 기준으로 만드는 것이 요점입니다.

03 인포 라인의 Name 항목에서 연주 파트의 이름을 구분하기 쉬운 이름으로 변경합니다. 계속해서 같은 방법으로 연주 파트를 만들고, 편집 버튼을 클릭하여 창을 엽니다.

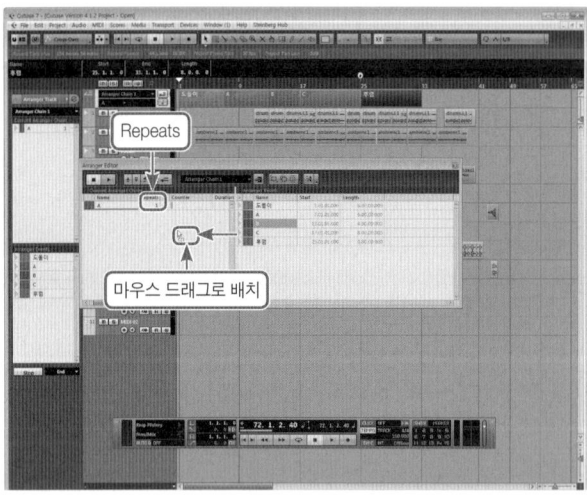

04 오른쪽 Arranger Events 목록에서 왼쪽 Current arranger Chain 목록으로 드래그하여 연주 순서를 배치합니다. 그리고 반복 횟수는 Repeats 칼럼에서 입력합니다. Arranger Events 목록에서 파트 이름을 더블 클릭하여 배치해도 좋습니다.

05 연주 순서를 결정하는 Current Arranger Chain 목록은 마우스 드래그로 위치를 변경할 수 있습니다. 이동 위치는 파트의 이름을 위/아래로 드래그할 때 표시되는 빨간색 라인으로 확인합니다.

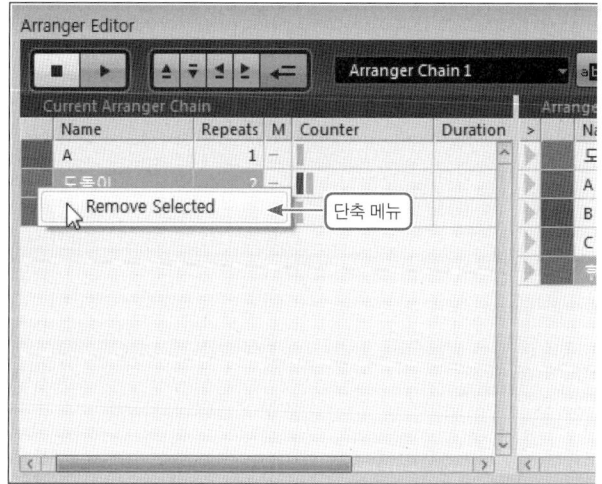

06 Current Arranger Chain 목록에서 선택한 파트는 마우스 오른쪽 버튼을 클릭하여 단축 메뉴를 열고, Remove Selected를 선택하여 제거할 수 있습니다.

07 지금까지의 편집 작업은 어레인지 트랙의 인스펙트 파라미터에서도 가능하다는 것을 기억해두기 바랍니다. 상단이 Current Arranger Chain 목록이고, 하단이 Arranger Events 목록입니다.

08 연주 순서와 반복 횟수를 모두 설정했다면, 편집 창 또는 어레인지 트랙의 적용 버튼을 클릭하여 On으로 놓습니다. 이제 곡을 연주해보면 도돌이, 달세뇨 등의 반복 구간이 적용된 것을 확인할 수 있습니다.

플레이 편집 창 상단에 있는 도구의 역할을 살펴보겠습니다.

▣ ▶ 정지/재생 버튼

트랜스포트 패널의 정지/재생입니다. 플레이 적용 버튼이 On인 경우에는 Current Arranger Chain 순서로 연주하며, Off인 경우에는 Current Arranger Chain 순서를 무시하고 연주합니다.

▲▼ ◀▶ ◀— 선택 및 적용 버튼

상/하 방향의 버튼은 선택한 리스트의 위/아래 파트를 선택하는 것이고, 좌/우 방향의 버튼은 2회 이상 반복 설정한 Counter를 선택합니다. 그리고 적용 버튼은 Current Arranger Chain 의 연주 순서를 적용합니다.

Arranger Chain 1 ▾ 트랙 이름

어레인지 트랙의 이름을 표시하거나 선택합니다. 어레인지 트랙은 하나의 곡에서 다수의 Current Arranger Chain 를 관리할 수 있습니다. 만들기 버튼을 이용해서 2개 이상의 리스트를 만들었다면, 이름 목록에서 각각의 리스트를 선택할 수 있습니다. 그리고 오른쪽의 Rename 버튼은 선택한 리스트의 이름을 변경할 수 있는 Enter New Name 창을 열어줍니다.

트랜스포트의 어레인지 패널

트랜스포트 패널에서 마우스 오른쪽 버튼을 클릭하여 단축 메뉴를 열고, Arranger를 선택하면 지금까지 살펴본 선택, 적용, 트랙 이름 등의 버튼을 볼 수 있습니다. 이것은 편집 창을 열지 않고도 파트와 트랙을 선택하여 모니터 할 때 사용할 수 있습니다.

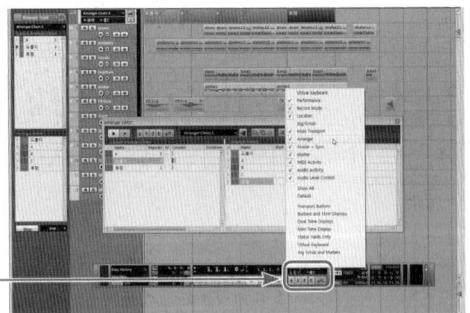

Arranger

▣▣▣ 만들기/복사/삭제 버튼

새로운 리스트를 만드는 버튼은 인스펙터 파라미터의 Create New Chain와 같고, 작업 중인 리스트를 복사하는 버튼은 Duplicate Chain, 리스트를 삭제하는 버튼은 Remove Chain과 같은 역할입니다. 그밖에 인스펙터 창는 앞에서 살펴본 리스트 선택과 이름 변경(Rename Chain), 다음에 살펴볼 플래튼 (Flatten Chain) 버튼 역할을 하는 메뉴도 있다는 것을 확인하기 바랍니다.

동일한 역할

▣▣ 플래튼 버튼

작업 중인 프로젝트를 Current Arranger Chain 에서 설정한 내용으로 바꿔줍니다. 반복할 때 조금 다른 느낌이 필요하거나 더 이상 리스트를 편집할 일이 없을 때 사용할 수 있습니다. 플래튼 적용 후 Ctrl+Z키를 눌러 취소할 수 있지만, 저장 후에는 취소할 수 없으므로, Save As를 이용해서 원본은 보존하는 것이 좋습니다.

C 코드의 구성음이 도, 미, 솔이라는 것 정도는 알고 있는데, 보이싱과 연결을 어떻게 해야 할지 모르겠고, 7이나 dim와 같은 기호가 붙으면 머리가 아파지는 초보자도 이제는 자유로운 코드 연출이 가능합니다. 물론, 큐베이스와 누엔도는 미디 에디터, 코드 패드 등의 다양한 코드 입력 도구를 제공하고 있지만, 미디와 Vari Audio가 적용된 트랙의 이벤트들을 제어할 수 있는 것은 코드 트랙뿐입니다.

 코드의 입력과 편집

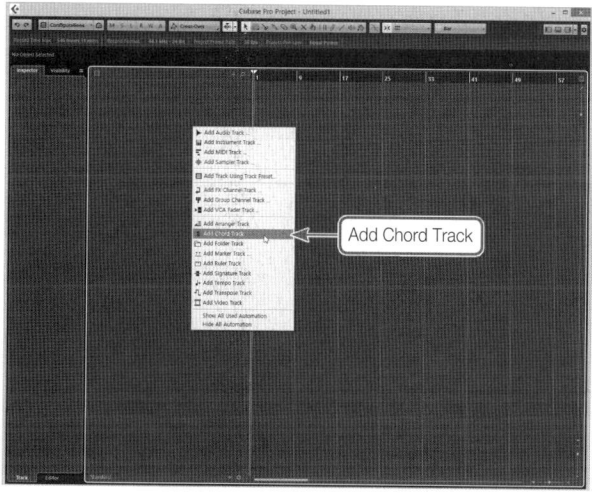

01 새 프로젝트의 트랙 리스트에서 마우스 오른쪽 버튼을 클릭하여 단축 메뉴를 열고, Add Chord Track을 선택하여 코드 트랙을 만듭니다.

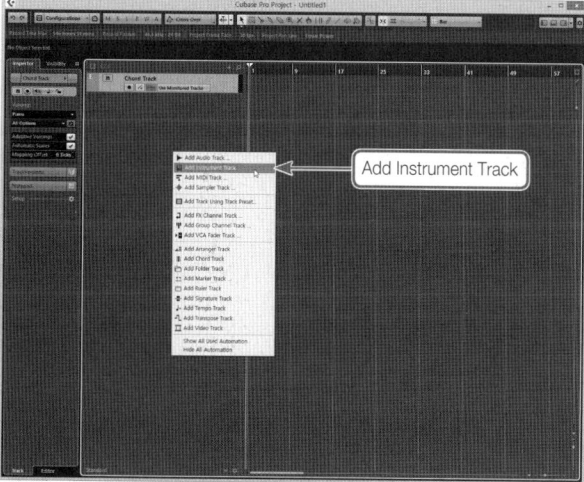

02 계속해서 단축 메뉴의 Add Instrument Track을 선택하여 코드 트랙 기능을 테스트해볼 가상 악기 트랙을 만듭니다.

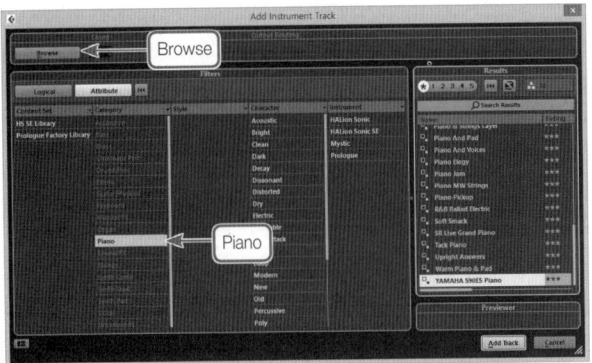

03 음색은 Browse 버튼을 클릭하여 카테 고리 타입으로 표시하고, Piano 카테 고리의 YAMAHA S90ES Piano를 선택합니다. 독자가 좋아하는 음색을 선택해도 좋습니다.

04 코드 트랙의 Auditioning 항목을 클릭 하여 앞에서 추가한 YAHAMA S90ES Piano를 선택합니다. 코드 트랙에 입력되는 코 드 이벤트로 연주되게 할 트랙을 선택하는 것입 니다. 기본값 Use Monitored Tracks은 선택한 트랙을 재생합니다.

05 연필 툴을 선택하고, 코드 트랙을 클릭 하여 이벤트를 삽입합니다. 아직 코드 네임이 지정되지 않았다는 의미의 X 표시 이벤 트가 삽입됩니다.

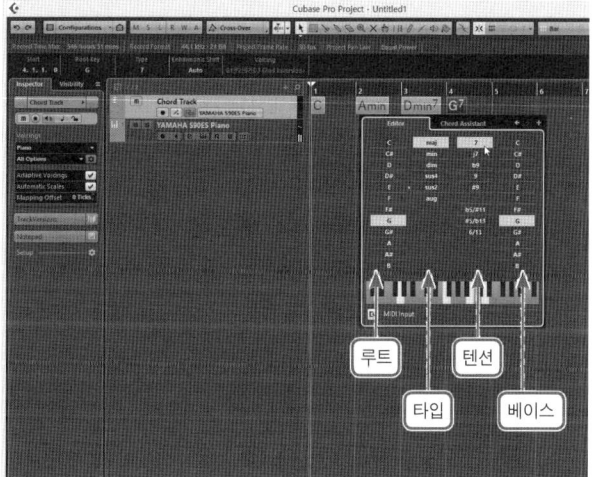

06 화살표 툴로 코드 이벤트를 더블 클릭하여 에디터 창을 열고, 원하는 코드를 입력합니다. 칼럼은 루트, 타입, 텐션, 베이스 입니다.

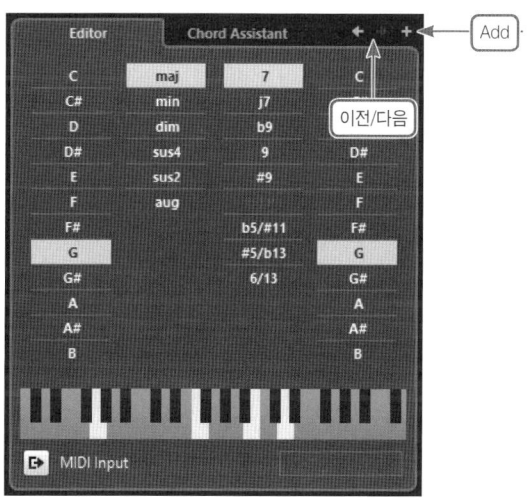

07 에디터 창의 이전 및 다음 버튼을 클릭하거나 키보드의 좌/우 방향키를 눌러 이벤트를 선택할 수 있으며, Add 버튼을 클릭하여 추가할 수 있습니다.

가정교사

에디터 창 아래쪽의 MIDI Input은 미디 건반을 눌러 코드를 입력할 수 있게 하는 기능입니다.

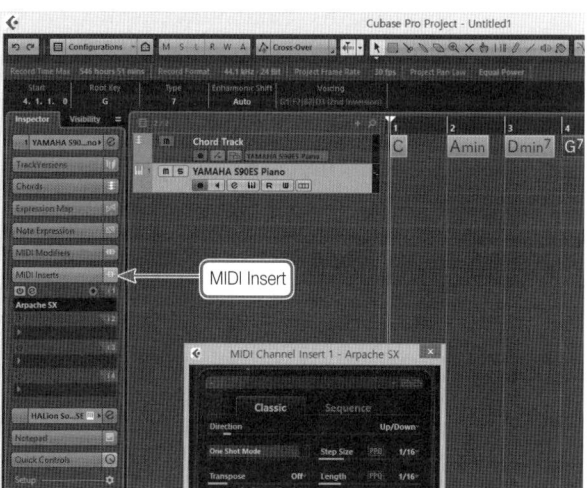

08 재생을 해보면 입력한대로 코드가 연주되는 것을 확인할 수 있습니다. 인스트루먼트 트랙의 MIDI Insert에서 Arpache SX와 같은 효과를 걸어주면 멋진 아르페지오 연주도 손쉽게 구사할 수 있습니다.

어시스턴트

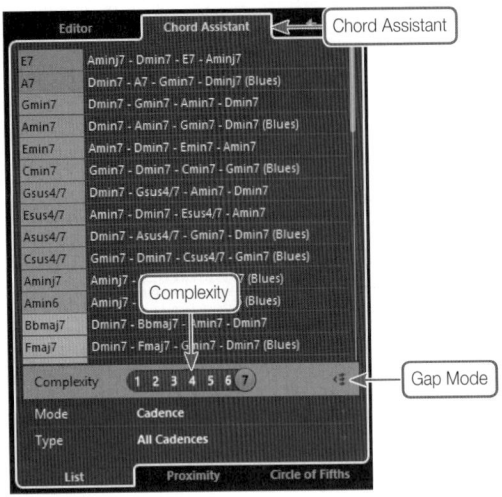

01 에디터 창의 Chord Assistant 탭은 이론이 부족한 사용자에게 코드를 제시해주는 역할을 합니다. Complexity에서 난이도를 7단계로 선택할 수 있으며, Gap mode 버튼을 On으로 하면, 앞/뒤 코드를 분석하여 제시합니다.

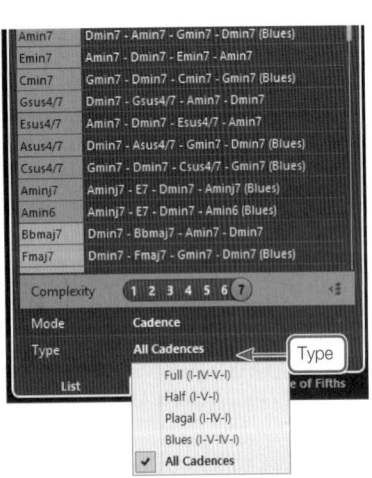

02 제시되는 코드의 기본 모드(Mode)는 종지형(Cadence)이며, Teyp에서 정격(Full), 반(Half), 변격(Plagal) 종지로 구분할 수 있습니다. Common Notes 모드는 앞/뒤 코드의 공통음을 기준으로 제시됩니다.

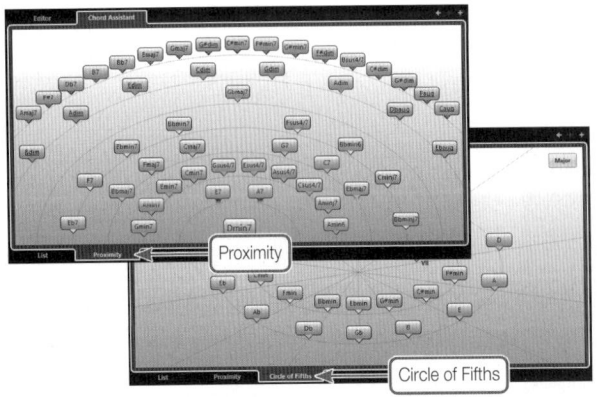

03 Proximity 탭에서는 자주 사용되는 코드 타입을 가까운 원으로 선택할 수 있고, Circle of Fifhts 탭에서는 안전한 5도권으로 선택할 수 있습니다.

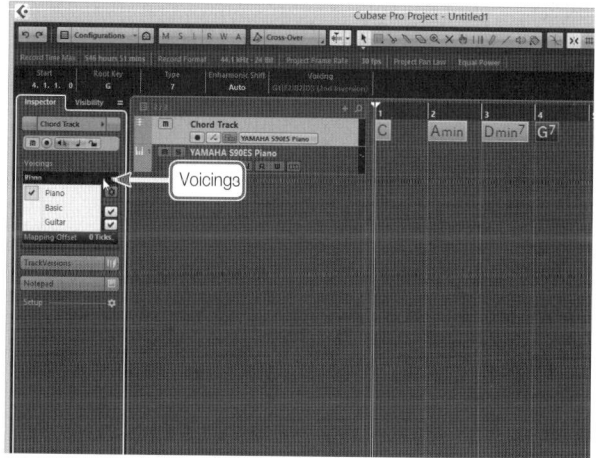

01 같은 코드라도 보이싱을 어떻게 하는 가에 따라 사운드는 완전히 달라집니다. 어느 정도의 이론 지식이 필요한 사항이지만, 코드 트랙에서는 이를 쉽게 처리할 수 있는 Voicings 파라미터를 제공합니다.

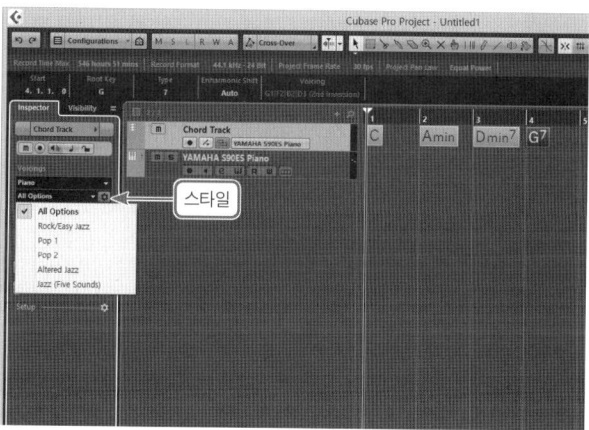

02 보이싱은 Piano와 Guitar가 있으며, 각각 음악 장르에 적합한 보이싱을 만들어 낼 수 있는 스타일을 제공합니다. 하나씩 선택을 해보면서 연주가 어떻게 달라지는지 확인해보기 바랍니다.

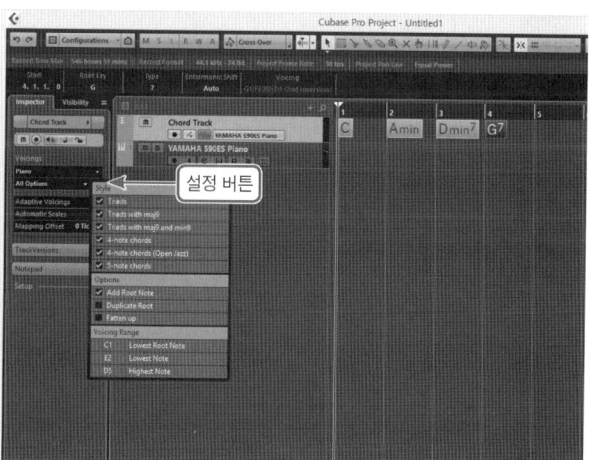

03 설정 버튼을 클릭하면 스타일을 변경할 수 있는 옵션이 열립니다. 3(Triads), 4, 5 노트를 유지할 것인지를 선택하는 Style, 루트 및 테너를 복사하여 사운드를 두껍게 만들 것인지를 선택하는 Option, 구성음의 범위를 설정하는 Voicing Range가 있습니다.

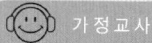 가 정 교 사

Style의 with 9은 9음이 포함된 3화음을 루트 없이 구성하며, Open Jazz는 5음 없이 5화음을 구성합니다.

04 코드 이벤트마다 사용자가 원하는 보이싱을 설정하겠다면 Adaptive Voicings을 Off로 하고, 인포 라인의 Voicing에서 전위 타입을 선택합니다.

😊 가정교사

Adaptive Voicings가 Off일 때는 시작 코드만 변경할 수 있으며, 나머지는 자동 설정됩니다.

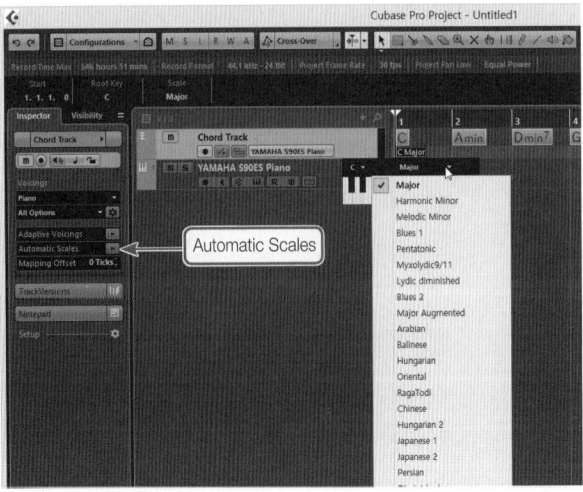

05 코드의 구성은 스케일을 바탕으로 이루어지는 것이며, Scale 버튼을 On으로 하여 표시할 수 있습니다. Resolve 버튼은 마디 간격이 좁아질 경우에도 이벤트를 계단 형식으로 표시되게 할 것인지를 On/Off 합니다.

06 스케일을 추가하거나 변경하겠다면 Automatic Scales 버튼을 Off로 하고, 스케일 이벤트를 더블 클릭합니다. 간혹 노트의 발음 타이밍이 빨라서 코드 연주가 안 되는 경우가 있는데, 이때는 Mapping Offset 값을 마이너스로 조정합니다.

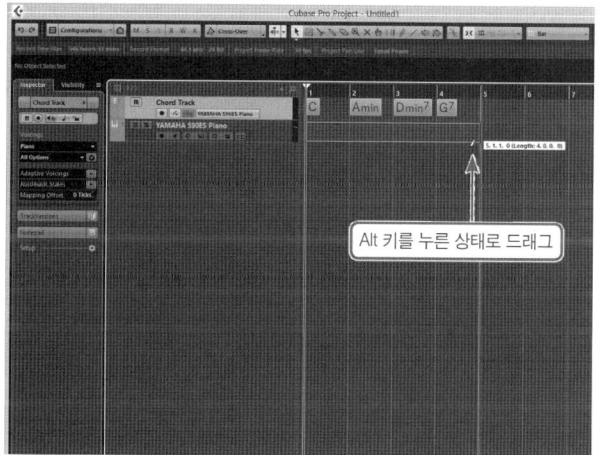

01 미디 및 VaryAudio 이벤트를 코드 트랙에 맞추어 변경할 수 있습니다. 실습을 위해 Alt 키를 누른 상태로 드래그하여 미디 파트를 만듭니다.

02 미디 파트를 더블 클릭하여 키 에디터를 열고, 인스펙터 창의 Chord Editing 파라미터에서 Maj 버튼을 선택합니다. 그리고 한 마디 길이의 C 코드를 모두 입력합니다. 다른 코드를 입력해도 좋습니다.

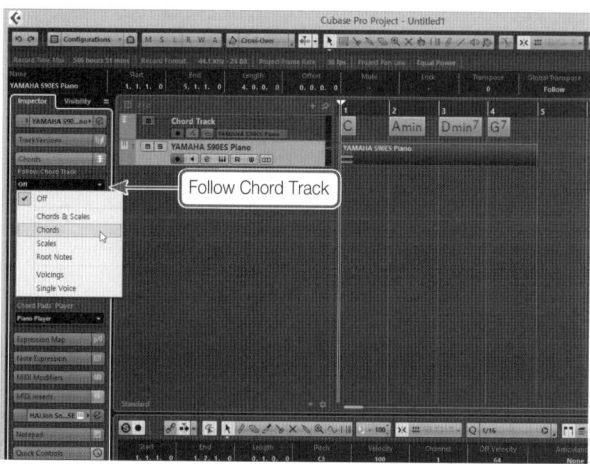

03 Chords 파라미터의 Follow Chord Track에서 Chords를 선택합니다. Scales과 Root Notes는 스케일과 루트에 따르게 하는 것이고, Voicing과 Single Voice는 코드 트랙의 보이싱을 따르게 하는 옵션입니다. Single Voice는 성부를 선택할 수 있습니다.

04 분석 방법을 선택할 수 있는 창이 열립니다. Follow Directly는 코드 트랙과 일치하는 경우이고, Analyze Chords는 일치하지 않는 경우입니다. 이것을 선택하고 OK 버튼을 클릭합니다. Apply a Known Chord는 루트 키와 코드 타입을 선택할 수 있는 옵션을 제공합니다.

05 키 에디터를 보면 앞에서 입력했던 노트가 코드 트랙에 맞추어 맵핑 된 것을 확인할 수 있습니다. 실제로 외부 미디 파일을 작업중인 프로젝트에 가져다 쓸 때 많이 사용하는 기능이므로 기억을 해 두기 바랍니다

06 이미 입력되어 있는 미디 이벤트 외에 Live Transform을 이용해서 실시간으로 입력되는 미디 이벤트도 코드 트랙에 맞추어 맵핑 시킬 수 있습니다.

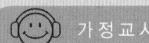
가정교사

코드 트랙의 이벤트를 미디 트랙으로 드래그하여 노트로 변환시킬 수 있습니다.

10 코드 패드

Chords 파라미터의 Chord Pads는 건반 하나로 코드를 연주할 수 있는 코드 패드를 엽니다. Virtual Keyboard를 이용하면 컴퓨터 키보드 만으로도 다양한 코드를 연주할 수 있기 때문에 노트북 하나만 있으면, 친구를 기다리는 커피숍이든, 하루의 피로를 푸는 화장실이든 사용자가 머물러있는 바로 그 장소가 음악 스튜디오가 됩니다.

기본 사용법

01 새 프로젝트를 만들고, VST Instruments 패널에서 Add Track Instruments 버튼을 클릭하여 트랙을 추가합니다.

02 Browse 버튼을 클릭하여 카테고리 타입으로 표시하고, 코드 패드를 테스트 해볼 Piano 계열의 음색을 선택합니다.

03 로우 존을 열고, Chord pads 탭을 선택하거나 Chords 파라미터의 Chord Pads 버튼을 클릭하여 코드 패드를 엽니다.

04 C 다이아토닉 코드로 구성되어 있는 패드가 열리며, 마우스 클릭, 마스터 건반, 버츄얼 키보드 등을 이용해서 코드 연주 및 녹음을 진행할 수 있습니다.

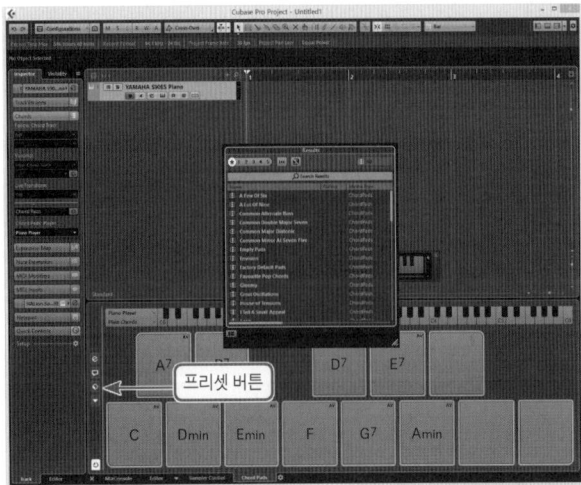

05 음악 장르 및 스케일에 따른 코드 패드의 구성을 빠르게 변경하고 싶을 때에는 프리셋 버튼의 Lead Chord Pads Preset 메뉴를 이용합니다. 스타일 및 스케일에 따른 다양한 프리셋이 제공됩니다.

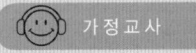 가정교사

기본 프리셋은 Factory Default Pads 입니다.

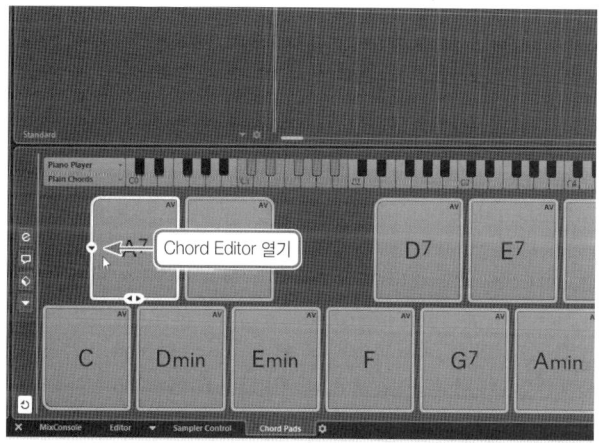

01 각 패드에 마우스를 가져가면 테두리에 삼각형 버튼이 보입니다. 왼쪽에 보이는 것은 해당 패드의 코드를 지정할 수 있는 Chord Editor를 엽니다.

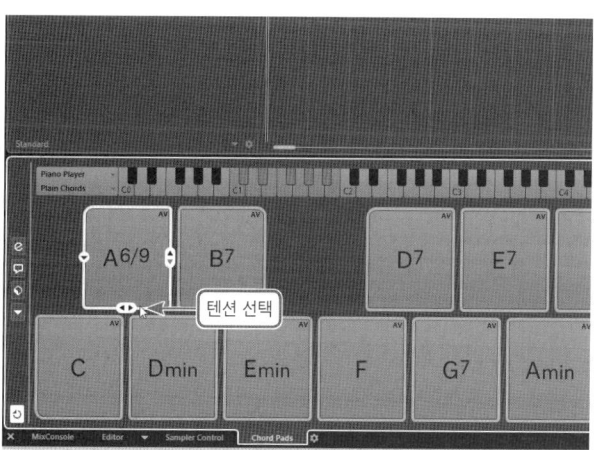

02 아래쪽에 보이는 버튼은 이전/다음 텐션을 선택합니다. 순서는 Chord Editor 창의 텐션입니다.

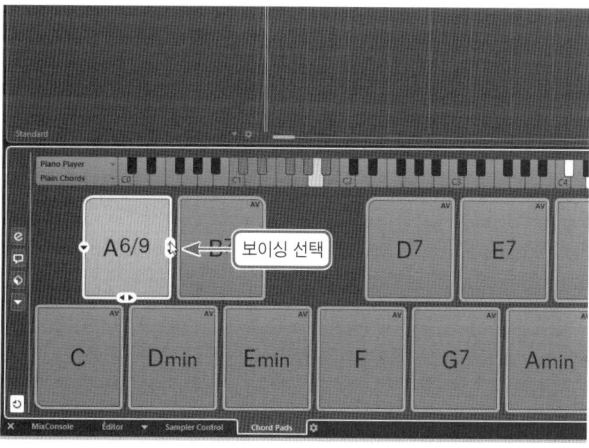

03 오른쪽 버튼은 이전/다음 보이싱을 선택합니다. 선택한 보이싱은 위쪽 건반에서 확인할 수 있으며, 기본값 AV는 코드 트랙의 Adaptive Voicings을 의미합니다.

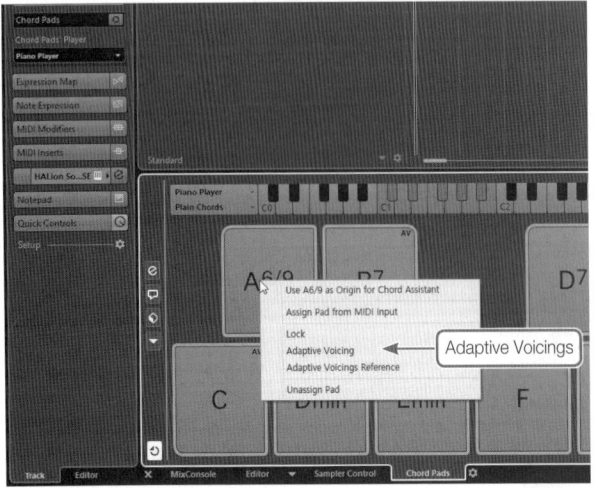

04 기본 보이싱을 적용하고 싶지 않은 경우라면 마우스 오른쪽 버튼을 클릭하여 단축 메뉴를 열고, Adaptive Voicings 옵션을 해제합니다. 옵션을 해제하면, 루트, 1전위, 2전위 순서로 보이싱 됩니다.

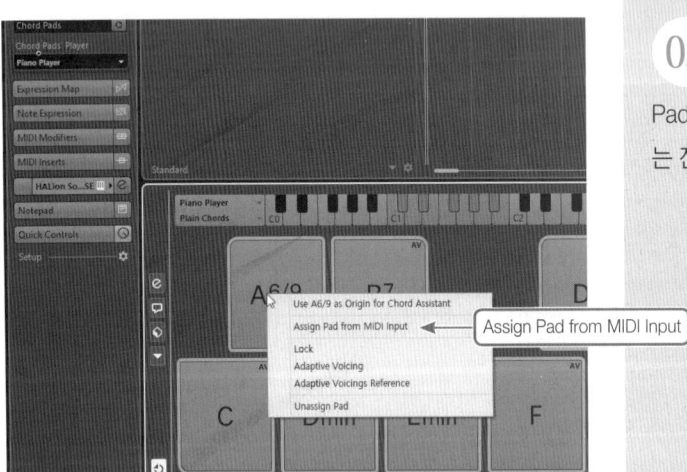

05 미디 건반을 눌러서 코드를 인식시키고 싶은 경우에는 단축 메뉴의 Assign Pad form MIDI Input을 선택합니다. 이 경우에는 전위 코드가 올바르게 인식되지 않습니다.

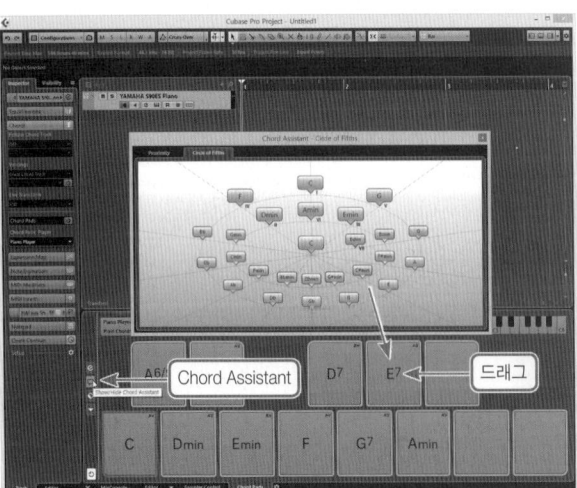

06 코드 진행에 관한 도움을 얻고 싶은 경우에는 Chord Assistant 버튼을 클릭하여 창을 엽니다. 코드 트랙에서 보았던 Proximity 및 Circle of Fifths 탭으로 구성되어 있으며, 마우스 드래그로 패드에 적용할 수 있습니다.

패드 설정

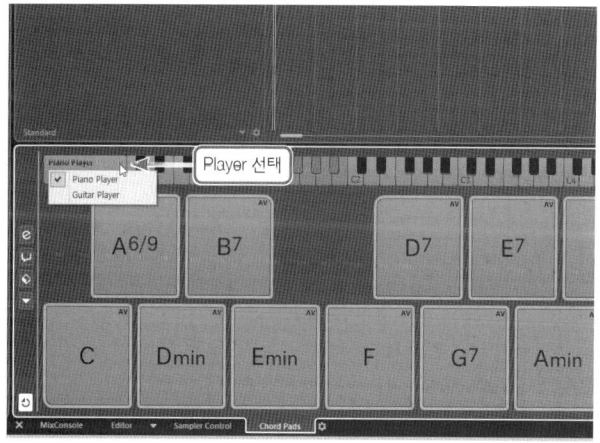

01 코드 패드의 기본 보이싱은 Piano Player이며, Chords 파라미터의 Chord Pads Player 항목이나 건반 왼쪽의 메뉴를 클릭하여 Guitar Player로 변경할 수 있습니다.

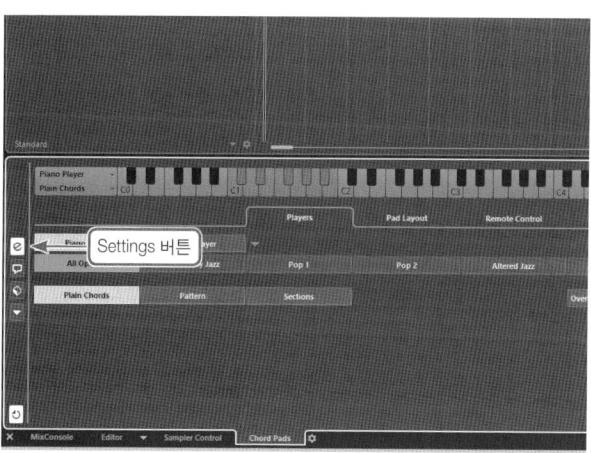

02 좀 더 세부적인 설정이 필요하다면 Settings 버튼을 클릭하여 창을 엽니다. 음악 장르에 따른 보이싱이 제공됩니다.

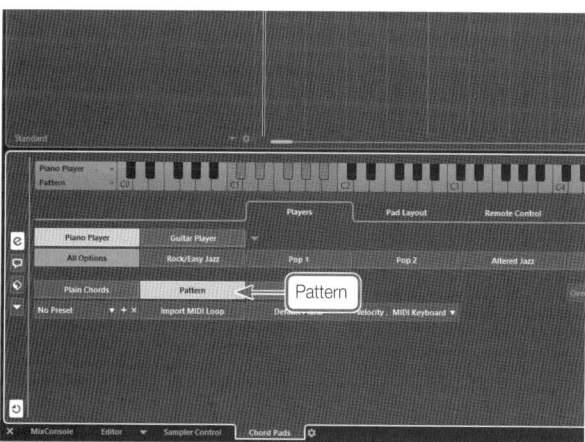

03 Player를 Pattern으로 변경하면 Import MIDI Loop를 클릭하여 다양한 리듬 패턴을 로딩시킬 수 있습니다. 건반 하나로 코드 리듬을 연주할 수 있게 되는 것입니다.

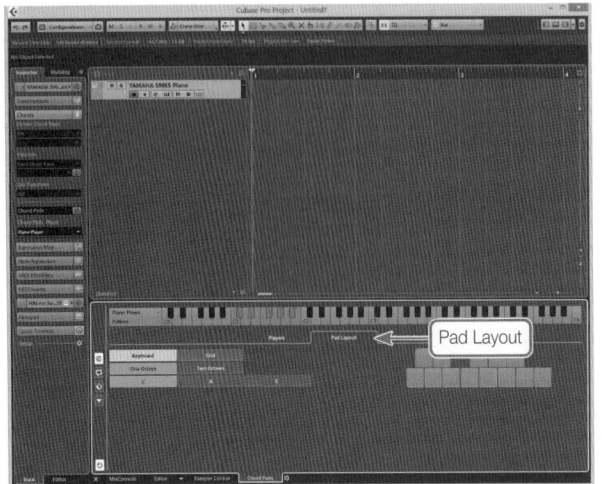

04 Pad Layout 탭은 패드의 레이아웃을 Two Octaves로 만들거나 미디 패드 타임의 Grid 형식으로 만들 수 있는 옵션을 제공합니다.

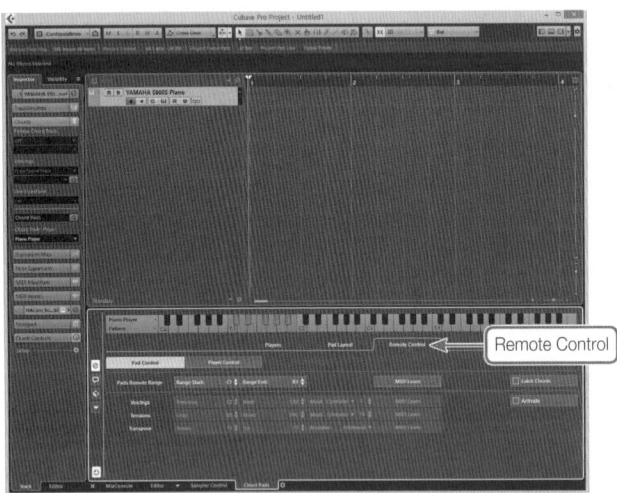

05 Remote Control 탭은 코드 연주, 보이싱, 텐션, 조옮김 등의 컨트롤러로 사용될 노트를 설정할 수 있습니다. 기본 값은 C2에서부터 연결되어 있으며, 화면에는 녹색으로 표시됩니다.

06 코드 패드 On/Off는 Activate 버튼으로 결정하며, Off인 경우에는 패드가 열려 있는 상태에서 멜로디를 연주할 수 있습니다.

11 폴더 트랙

컴퓨터 학습을 시작하면서 자주 듣게 하는 용어가 폴더입니다. 폴더는 같은 종류의 물건들을 모아서 정리하는 책장 서랍과 많이 비교합니다. 지금 통장과 같은 중요한 물건은 첫 번째 서랍에, 각종 문서는 두 번째 서랍에 나누어 보관 을 하면 나중에 물건을 찾기 쉬울 뿐 아니라 관리하는 것이 편리합니다. 큐베이스와 누엔도에서도 이러한 폴더 개념 을 도입하여 같은 종류의 트랙을 분류해서 관리할 수 있는 폴더 트랙을 제공하고 있습니다.

01 Classes 샘플 파일을 불러와 보면 4개 의 오디오 트랙과 2개의 미디 트랙이 있 습니다. 폴더 트랙을 만들기 위해서 트랙 리스 트에서 마우스 오른쪽 버튼을 클릭하여 단축 메뉴를 열고, Add Folder Track 을 선택합니다.

02 Guitar 트랙을 클릭하여 선택하고, Shift 키를 누른 상태에서 Guitar 3 트 랙을 클릭합니다. 선택한 3개의 오디오 트랙을 폴더 트랙으로 드래그 합니다. 그리고 폴더 트 랙에 좌측 방향의 녹색 화살표가 표시될 때 마 우스를 놓습니다.

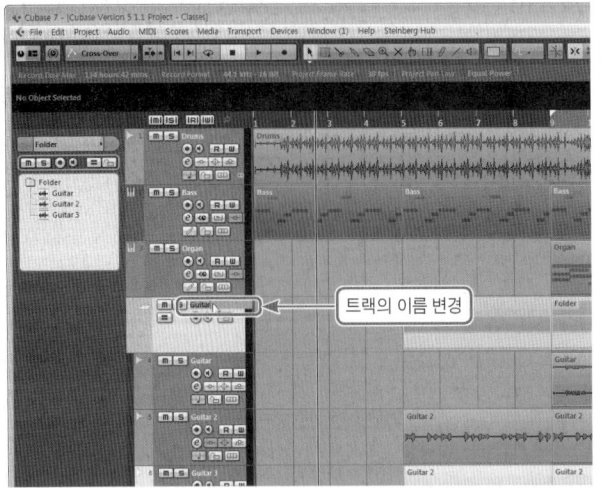

트랙의 이름 변경

03 오디오 트랙을 하나의 폴더 트랙에 보관할 수 있다는 것을 알 수 있습니다. 폴더 트랙의 이름 항목을 더블 클릭하여 구분하기 쉬운 이름으로 변경합니다.

폴더 트랙의 목록

04 폴더 트랙의 인스펙터 창에는 폴더 안의 트랙을 트리 형식으로 보여주고 있으며, 각 트랙 이름을 선택하면, 트랙 목록 하단에 개별적인 설정을 할 수 있는 인스펙터 파라미터가 열립니다.

폴더 트랙의 뮤트 및 솔로 버튼

05 폴더 트랙은 Drums이나 Guitar와 같이 많은 트랙을 사용하는 악기나 오디오 녹음 후에 필요 없어진 미디 및 인스트루먼트 트랙을 보관하는 등의 다양한 목적으로 사용할 수 있으며, 뮤트 및 솔로 버튼을 이용해서 폴더 트랙에 담긴 트랙들을 한번에 컨트롤 할 수 있습니다.

대부분의 컴퓨터 음악 프로그램은 마커의 위치를 룰러 라인에 표시하고 있지만, 큐베이스와 누엔도는 마커 트랙이
별도로 존재한다는 특징이 있습니다. 마커의 역할은 곡의 위치를 표시하여 필요한 위치를 빨리 찾고, 편집할 수 있게
합니다. 큐베이스와 누엔도에서 만들 수 있는 마커는 구간을 표시하는 사이클 마키와 단일 위치를 표시하는 마커가
있습니다.

01 Mark 샘플 파일을 불러온 후에 Add
Track 버튼을 클릭하여 목록을 엽니다.
그리고 Add Marker Track을 선택합니다.

02 마커 트랙은 가장 위쪽에 있는 것이 편
리하므로, 위쪽으로 드래그하여 이동시
킵니다. 참고로 마커 트랙은 두 개 이상 만들 수
있으므로, 정보가 필요한 트랙 위에 배치해도
좋습니다.

Add Marker 버튼

03 마커를 입력할 위치에 송 포지션 라인을 가져다 놓고, 마커 트랙의 Add Marker 버튼을 클릭하거나 [Insert] 키를 눌러 마커를 만듭니다. 마커 ID는 마커를 만드는 순서에 따라 번호가 붙습니다.

😊 가정교사

도구 모음 줄의 연필 버튼을 이용하면, 송 포지션 라인 위치에 상관없이 사용자가 원하는 곳에 마커를 입력할 수 있습니다.

마커 이름 입력

04 인포 라인의 Name 항목에서 새로 만든 마커의 이름을 입력합니다. 마커의 사용 목적은 곡의 위치를 파악하는 것이므로, 전주, 보컬, 간주 등, 각각의 위치마다 구분하기 쉬운 이름을 사용하는 것이 좋습니다.

ID 수정

05 트랜스포트 패널의 마커 항목에 있는 번호는 각 마커의 ID를 의미하며, 마우스 클릭으로 송 포지션 라인을 이동시킬 수 있지만, 단축키는 3~9번까지만 제공되므로, 인포 라인 또는 마커 트랙의 인스펙터 라인에서 ID 항목을 클릭하여 ID 1번을 3번으로 수정하는 것이 좋습니다.

😊 가정교사

트랜스포트 패널의 마커 창에서 Alt키를 누른 상태로 버튼을 클릭하면, 해당 번호의 ID를 가진 마커를 만들 수 있습니다.

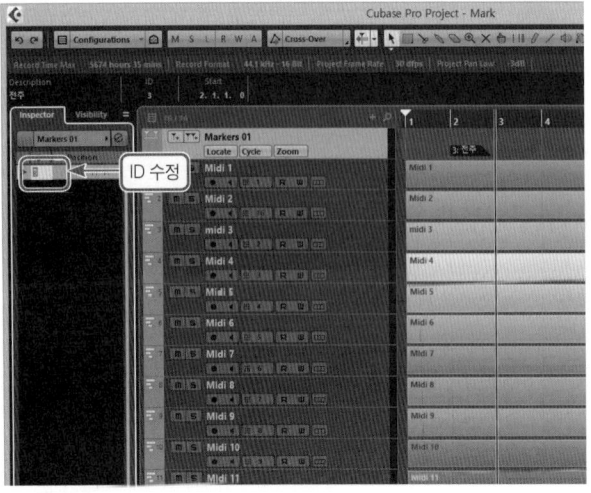

06 실습을 위해서 몇 개의 마커를 더 만들어봅니다. 그리고 키보드 숫자열의 3번에서 9번까지의 숫자를 누르면 해당 번호의 ID를 가진 마커 위치로 송 포지션 라인이 이동하는 것을 확인할 수 있습니다. 마커 트랙의 인스펙터 창에서 ID왼쪽 빈 공간을 클릭해도 이동 가능합니다.

송 포지션 라인의 이동

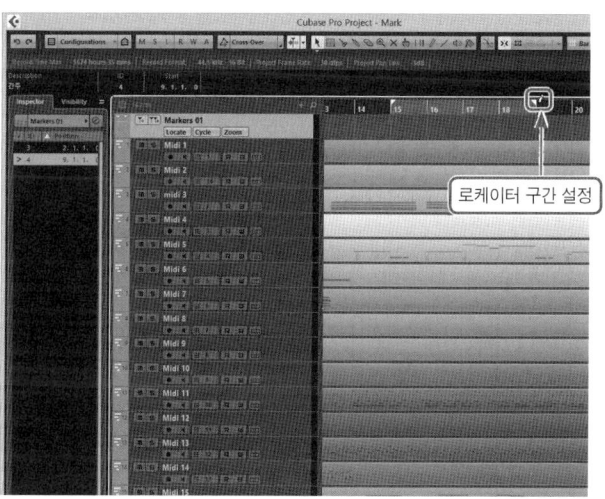

07 사이클 마커를 만들어보겠습니다. 룰러라인의 눈금 표시 부분에 마우스를 가져가면, 연필 모양으로 변경됩니다. 이때 마우스를 드래그하여 로케이터 구간을 설정할 수 있습니다. 적당한 범위를 로케이터 구간으로 만들어봅니다.

로케이터 구간 설정

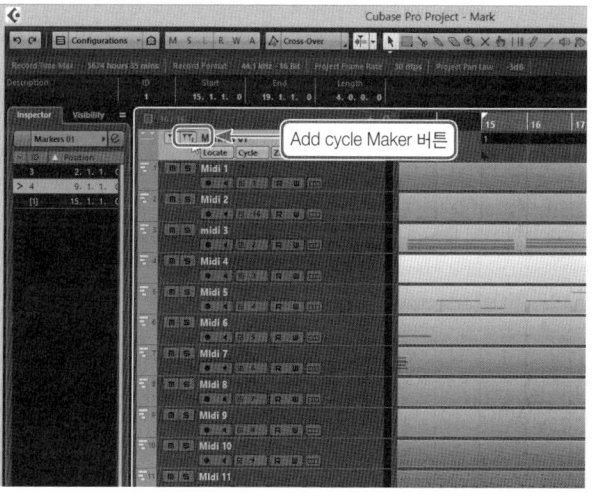

08 마커 트랙에서 Add Cycle Maker 버튼을 클릭하여 사이클 마커를 만듭니다. 즉, 사이클 마커는 로케이터로 설정한 구간을 마커로 표시하는 것입니다.

Add cycle Maker 버튼

마우스 드래그로 마커 이동

09 입력한 마커의 위치를 변경하는 방법은 마커 라인을 직접 마우스로 드래그하는 것입니다. 그 밖에 인포 라인의 Start 또는 인스펙터 창의 Position에서 원하는 위치를 입력해도 결과는 같습니다.

마우스 드래그로 범위 조정

10 사이클 마커는 위치 표시 보다는 로케이터 구간을 설정하여 반복 하거나 펀치 녹음을 할 때 편리하게 사용합니다. 사이클 마커 구간 안에서 마우스를 더블 클릭하면 사이클 구간을 로케이터로 설정할 수 있고, 시작과 끝 지점을 드래그하여 범위를 변경할 수 있습니다.

Locate

11 마커 트랙에는 마커를 만드는 버튼 외에도 Locate, Cycle, Zoom의 3가지 파라미터가 있습니다. Locate는 송 포지션 라인을 이동하는 역할을 합니다. 마커 위치에 해당하는 ID가 생각나지 않을 때 마커의 이름으로 원하는 위치를 찾아갈 수 있습니다.

12 Cycle 파라미터는 입력한 사이클 마커를 표시합니다. 여기서 선택한 사이클 마커는 로케이터 구간으로 자동 설정되어 사이클 마커 구간이 많을 때 편리합니다.

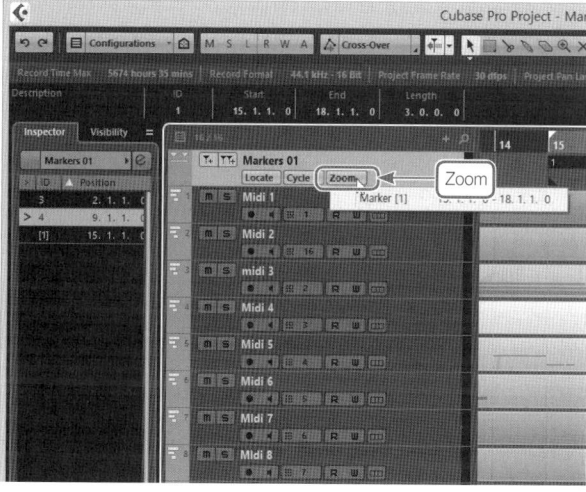

13 Zoom 파라미터 역시 사이클 마커 목록을 표시합니다. 여기서 사이클 마커를 선택하면 선택한 구간을 프로젝트 창 작업 공간에 맞추어 확대/축소합니다.

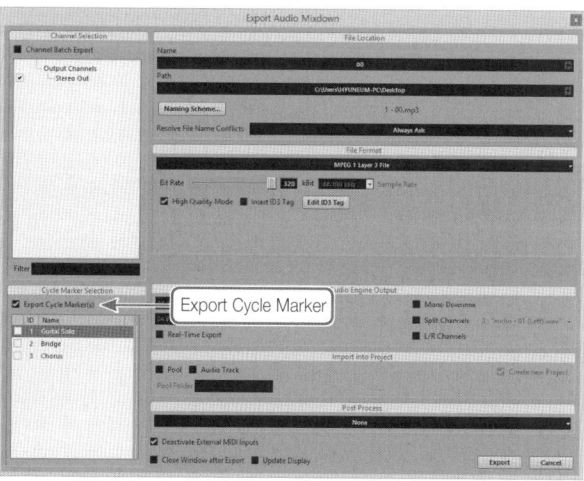

14 큐베이스는 사이클 구간을 별도로 믹스 다운 할 수 있는 Export Cycle Marker 옵션을 제공합니다. 구간별로 익스포트가 필요한 영상 음악 작업자들에게 매우 유용한 기능입니다.

큐베이스와 누엔도의 프로젝트 창 상단에는 작업 위치를 표시하는 룰러 라인이 있습니다. 룰러 라인은 사용자가 원하는 포맷으로 변경할 수 있지만, 프레임 단위를 필요로 하는 영상 트랙과 마디 단위를 필요로 하는 오디오 트랙에 서로 다른 룰러 라인이 동시에 필요하다면 룰러 트랙을 추가하여 사용할 수 있습니다.

프레임 단위의 룰러 라인

01 Ruler 샘플 파일을 불러옵니다. 하나의 비디오 트랙과 오디오 트랙이 있는 파일로 룰러 라인은 프레임 단위입니다.

Add Ruler Track

02 오디오 트랙 위에 시간 단위의 룰러 트랙을 만들기 위해서 비디오 트랙을 선택하고, 마우스 오른쪽 버튼을 클릭하여 단축 메뉴를 엽니다. 그리고 Add Track의 Add Ruler Track을 선택합니다.

03 추가한 룰러 트랙을 클릭하여 메뉴를 열고, Seconds를 선택하여 시간 단위로 변경합니다. 룰러 라인에서 마우스 오른쪽 버튼을 클릭하여 단위를 변경하면, 트랙의 아이콘이 바뀌지 않습니다.

룰러 트랙의 표시 단위 선택

04 룰러 트랙은 사용자가 원하는 만큼 추가할 수 있습니다. 미디 작업에 편리한 마디 단위를 추가해 보겠습니다 Audio 4번 트랙을 선택하고, 마우스 오른쪽 버튼을 클릭하여 단축 메뉴의 Add MIDI Track 을 선택합니다.

Add MIDI Tack

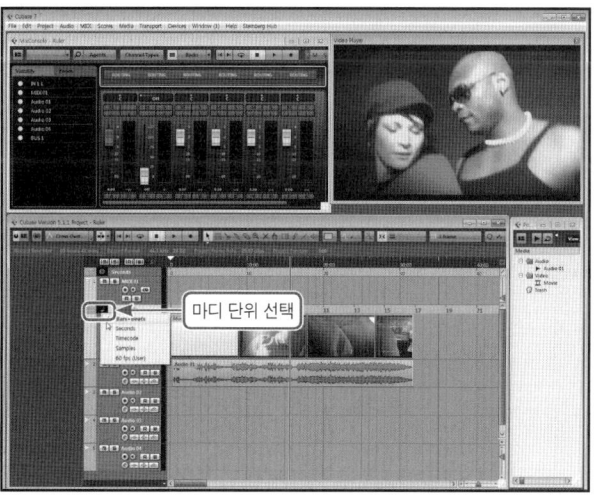

05 계속해서 룰러 트랙을 하나 더 추가하고, 마디 단위인 Bars+Beats 으로 변경합니다. 이렇게 룰러 라인은 프레임 단위, 시간 단위, 마디 단위 등, 사용자가 원하는 만큼 추가해서 사용할 수 있습니다.

마디 단위 선택

14 박자 트랙

박자와 템포를 트랙에서 컨트롤할 수 있도록 Signature Track와 Tempo Track를 제공합니다. 박자와 템포 트랙은 작업 중인 프로젝트의 박자와 템포를 컨트롤 하기 위해서 템포 에디터 창을 이용하지 않아도 되며, 곡 전체의 박자와 템포 변화를 한 눈에 확인할 수 있을 뿐 아니라 곡을 편집하는데도 유용한 트랙입니다.

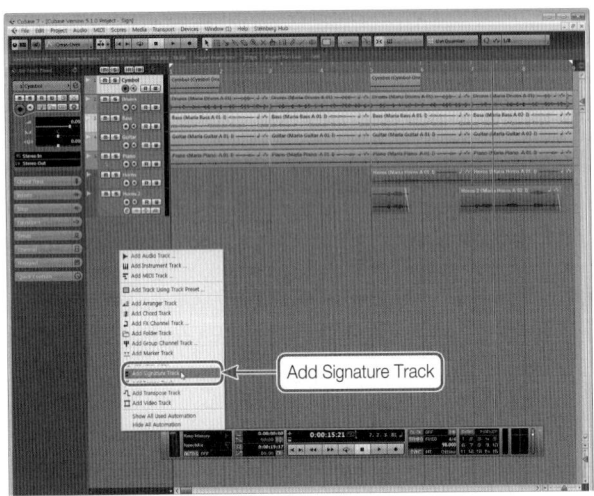

01 간단한 루프로 만들어진 Sign 샘플 파일을 불러오고, 송 포지션 라인을 5마디 위치에 가져다 놓습니다. 그리고 트랙 리스트에서 마우스 오른쪽 버튼을 클릭하여 단축 메뉴를 열고, Add Signature Track을 선택합니다.

02 5마디 위치에 2/4박자를 삽입해야 할 상황이라고 가정합니다. 박자 트랙 파라미터의 Open Process Bars Dialog 버튼을 클릭하여 박자를 삽입하거나 삭제하여 이벤트를 편집할 수 있는 창을 엽니다.

03 송 포지션 라인을 5마디 위치에 미리 가져다 놓았으므로, Start 항목은 5마디로 설정되어 있습니다. 한 마디만 삽입할 것이므로, 길이를 설정하는 Length를 1로 설정합니다.

04 마디를 삽입하기로 했으므로, Action 메뉴는 Insert Bars를 선택합니다. Delete Bars는 Length에서 설정한 마디만큼의 이벤트를 삭제하며, Reinterpret Bars는 Signature에서 설정한 박자를 삽입하고, Replace Bars는 이전 마디의 박자로 바꿉니다.

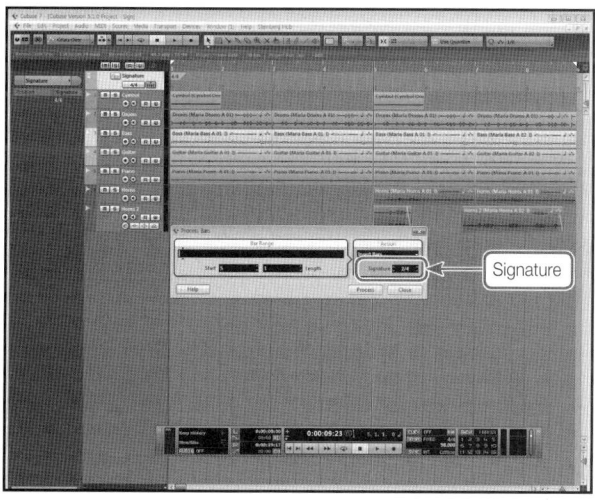

05 Signature를 2/4박자로 설정하고, Process 버튼을 클릭합니다. 송 포지션 라인이 있는 5마디 위치에 두 박자 길이의 빈 공간이 삽입되는 것을 확인할 수 있습니다. 박자 트랙의 Insert와 Delete Action은 곡을 편집할 때, 유용한 역할을 하므로, 기억을 해두기 바랍니다.

박자 표시 삽입

06 Close 버튼을 클릭하여 Process Bars 창을 닫고, 8 번 키를 눌러 연필 툴을 선택합니다. 그리고 박자 트랙의 5마디를 클릭하여 박자 표를 삽입하고, 2/4박자로 수정합니다. 6마디의 4/4 박자도 삽입합니다. 이렇게 박자 트랙은 곡의 편집 외에도 박자의 변화를 확인하는 용도로 이용할 수 있습니다.

Alt키를 누른 상태로 드래그하여 복사

07 두 마디의 빈 공간을 삽입했으므로, 간단하게 드럼 파트를 편집하겠습니다. Alt 키를 누른 상태에서 Drums 트랙의 이벤트를 드래그하여 5마디 위치에 복사합니다.

그리드 타입과 퀀타이즈

길이 조정

08 작업의 편리를 위해 트랙의 경계선을 아래쪽으로 드래그하여 확대합니다. 줌 바를 이용해서 작업 공간을 확대해도 좋습니다. 그리드 타입은 Use Quantize를 선택하고, 퀀타이즈 단위는 1/16을 선택합니다. 그리고 복사한 이벤트의 길이를 16 비트로 줄입니다.

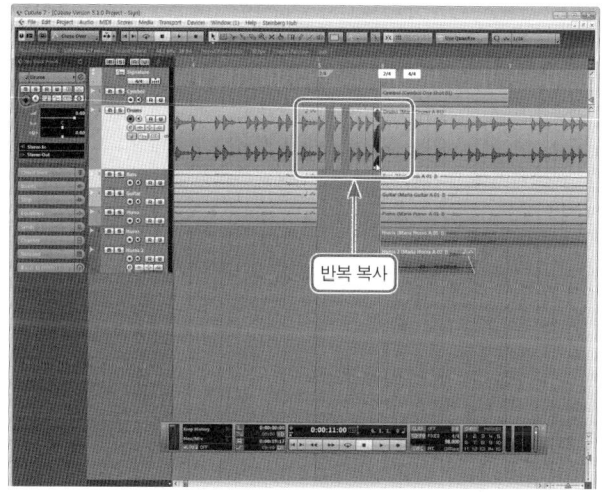

반복 복사

09 길이를 줄인 드럼 이벤트를 Alt 키를 누른 상태로 반복 복사하여 댄스 곡에서 흔하게 사용하는 브레이크 기법을 연출해봅니다. 박자 트랙의 역할을 살펴보기 위해서 마디를 삽입하고, 간단한 편집을 해본 것입니다.

Open Process Bars dialog 버튼

Action

10 삽입한 마디가 곡의 흐름에 어울리지 않아서 삭제를 한다고 가정합니다. 송 포지션 라인을 5마디 위치에 가져다 놓고, Open Process Bars Dialog 버튼을 클릭하여 창을 엽니다. Action에서 Delete Bars를 선택하고, Process 버튼을 클릭하여 삭제합니다.

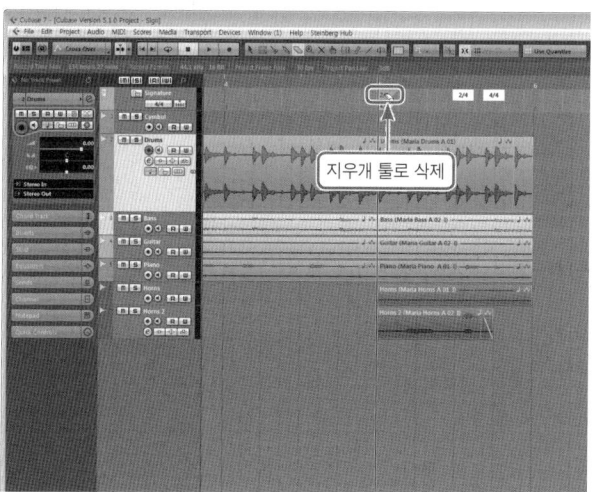

지우개 툴로 삭제

11 Close 버튼을 클릭하여 창을 닫고, 5 번 키를 눌러 지우개 툴을 선택합니다. 그리고 필요 없어진 5마디 위치의 박자 표시를 클릭하여 삭제합니다.

템포 트랙은 앞에서 살펴본 박자 트랙과 같이 프로젝트에서 템포를 관리할 수 있는 역할을 합니다. 특히, 큐베이스와 누엔도는 오디오 템포도 미디와 동일하게 다룰 수 있기 때문에 곡의 템포를 컨트롤하는 것이 자유롭습니다. 다만, 오디오 이벤트의 템포를 너무 크게 변화시키면, 음질의 변화가 생기므로 주의해야 하며, 필요한 경우에는 샘플 에디터를 이용합니다. 샘플 에디터에 관해서는 샘플 에디터 학습 편에서 다루겠습니다.

01 박자 트랙의 역할을 살펴보기 위해서 실습하던 Sign 프로젝트를 가지고 계속 진행하겠습니다. 오디오 음질 변화를 최소화하기 위한 환경을 설정하겠습니다. File 메뉴의 Preferences를 선택하여 창을 엽니다.

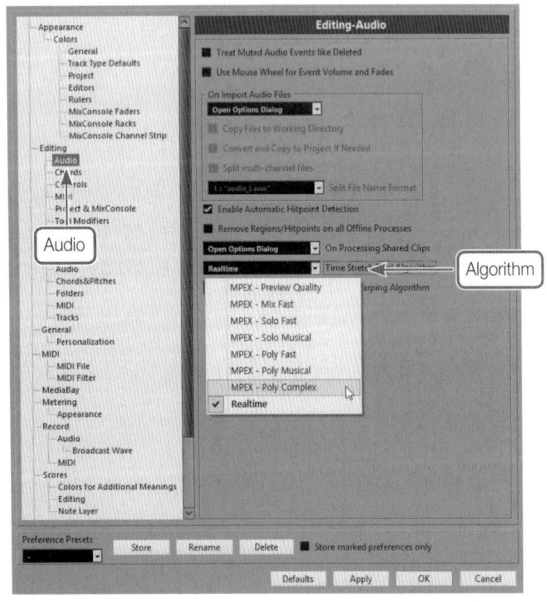

02 Editing의 Audio 목록을 선택하여 페이지를 열고, Time Stretch Tool의 Algorithm을 MPEX-Poly Complex로 선택합니다. 오디오의 템포를 조정할 때, 기본 값의 Realtime 보다는 음질의 변화를 최소화 시킬 수 있는 엔진입니다. 다만, 낮은 시스템 사양에서는 처리 속도가 늦어질 수 있습니다.

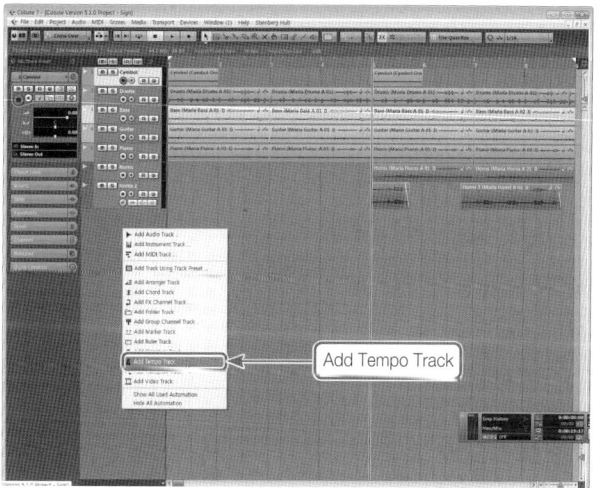

03 OK 버튼을 클릭하여 창을 닫고, 트랙 리스트에서 마우스 오른쪽 버튼을 클릭합니다. 그리고 Add Tempo Track을 선택하여 템포 트랙을 추가합니다.

Add Tempo Track

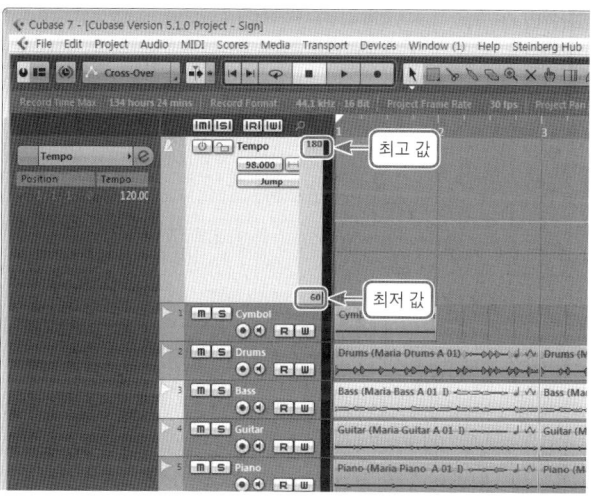

04 템포 트랙은 기본 범위는 최고 값이 180, 최저 값이 60으로 설정되어 있으며, 각각의 항목은 마우스로 더블 클릭하여 작업하기 편리한 범위로 재 설정할 수 있습니다. 실습에서는 점점 느리게 연주되는 리타르난도를 연출해 볼 것이므로, 최고 값을 120, 최하 값을 88로 설정하겠습니다.

최고 값

최저 값

05 템포 트랙의 Active 버튼을 On으로 하여 프로젝트의 템포를 Track 모드로 바꿉니다. 즉, 프로젝트의 템포가 템포 트랙의 값을 다르게 되는 것입니다. 기본값이 120으로 되어 있기 때문에 곡의 템포가 120으로 변경됩니다.

Active 버튼

Track 모드

06 인스펙터 창의 템포 값을 더블 클릭하여 원래 템포의 98로 수정합니다. 템포 트랙에 표시되는 노란색 라인이 템포 값을 표시하는 것입니다.

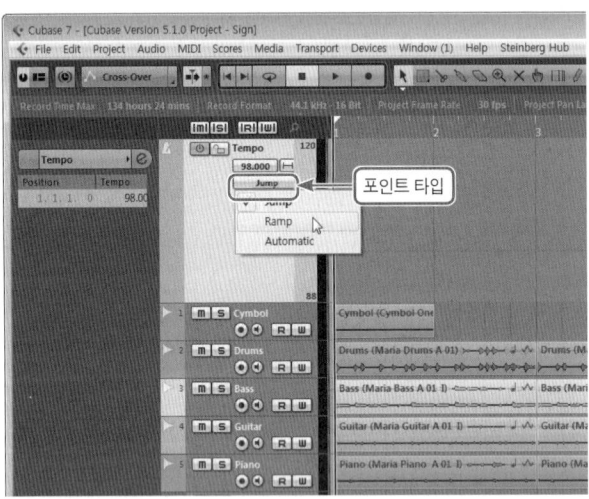

07 템가 점점 느려지는 리타르난도를 연출할 것이므로, 포인트 타입을 Ramp로 설정합니다. Jump는 급격한 템포 변화를 삽입할 때 효과적이며, Automatic은 마우스 클릭으로 템포를 삽입할 때는 Jump, 드래그로 삽입할 때는 Ramp 모드로 작동되게 합니다.

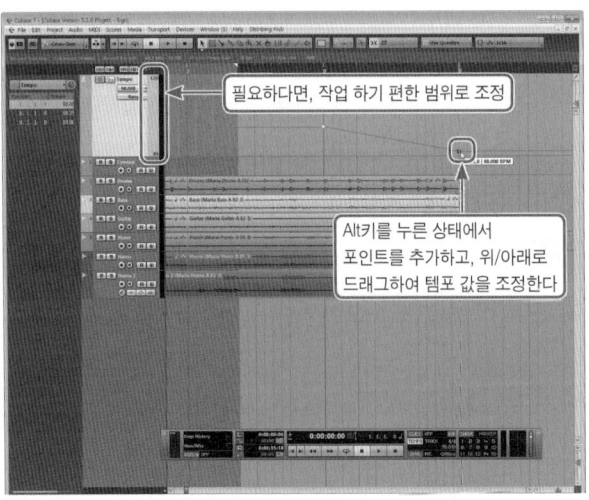

08 ① 번 키를 눌러 화살표 버튼을 선택합니다 그리고 Alt 키를 누른 상태에서 8마디 위치에 템포 98 포인트를 삽입하고, 9마디 위치에 88 포인트를 삽입합니다. 템포 트랙의 범위가 너무 크면, 정확한 템포를 입력하기 어렵기 때문에 작업 상황에 따라 범위를 조정하는 것이 좋고, 적당히 입력을 한 다음에 인스펙터 창에서 정확히 수정해도 좋습니다.

곡의 길이

09 곡을 연주해보면, 리타르난도로 점점 느리게 연주되는 것을 확인할 수 있습니다. 템포 트랙은 이 외에도 프로세스 기능을 제공합니다. 송 포지션 라인을 9마디 위치에 가져다 놓으면, 곡의 길이가 19초 725프레임이라는 것을 알 수 있는데, 이것을 9초로 맞춰야 한다고 가정하고, 템포 트랙의 Open Process Tempo Dialog 버튼을 클릭합니다.

Open Process Tempo Dialog 버튼

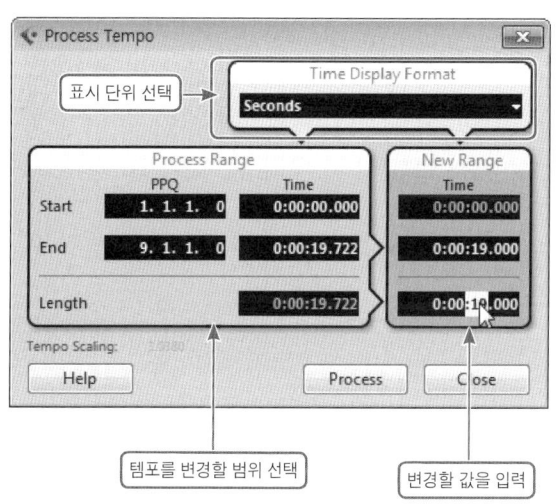

표시 단위 선택

템포를 변경할 범위 선택

변경할 값을 입력

10 Start는 1마디, End는 9마디로 설정하여 곡의 전체 길이를 선택합니다. 시간을 맞출 것이므로 Time display format은 초 단위의 Seconds를 선택합니다. New Range 항목을 더블 클릭하여 19.0을 입력합니다. 즉, 19초 725프레임 길이를 19초로 맞추겠다는 것입니다.

템포의 변화

곡의 길이가 9초로 맞춰진다

11 Process 버튼을 클릭하여 템포를 바꾸고, Close 버튼을 클릭하여 창을 닫으면, 곡 전체의 길이가 9초에 맞추어 템포가 변경되는 것을 확인할 수 있습니다. 시간을 맞춰야 하는 영상 음악을 작업할 때, 매우 유용한 기능이 될 것입니다.

트랜스포즈 트랙은 이벤트의 음정을 자유롭게 컨트롤 할 수 있는 역할을 합니다. 가요나 팝의 댄스 음악은 샘플만으로 음악을 완성하는 경우가 많기 때문에 음정을 자유롭게 컨트롤 할 수 있는 트랜스포즈 트랙은 매우 유용한 기능이 될 것입니다. 물론, 이벤트의 음정을 조정할 때는 스테이터스 라인의 Transpose나 샘플 에디터를 이용하는 것이 손쉬울 수 있겠지만, 전체 트랙을 컨트롤 할 수 있는 것은 트랜스포즈 트랙뿐입니다.

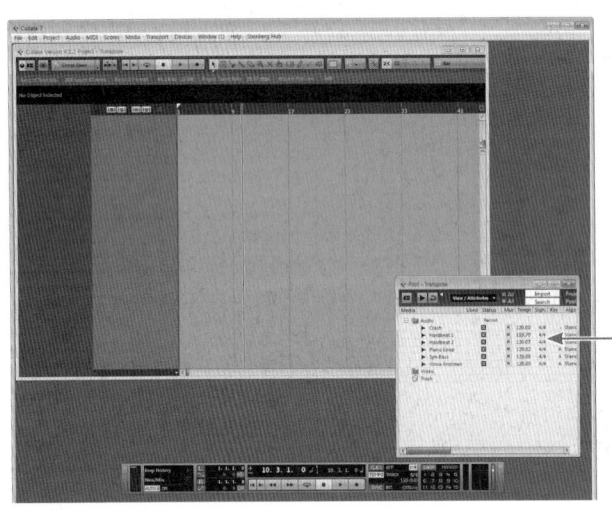

01 Transpose 샘플 파일을 열고, Ctrl + P 키를 눌러 풀 창을 엽니다. 샘플의 풀 창에는 음악 작업에 사용할 샘플들을 미리 임포팅 시켜놓았습니다.

풀 창

Ctrl+D키로 이벤트를 반복시킨다

마우스 드래그로 등록

02 풀 창에서 Hardbeat 1 파일을 프로젝트 윈도우로 드래그합니다. 그리고 Ctrl + D 키를 눌러 반복되게 합니다.

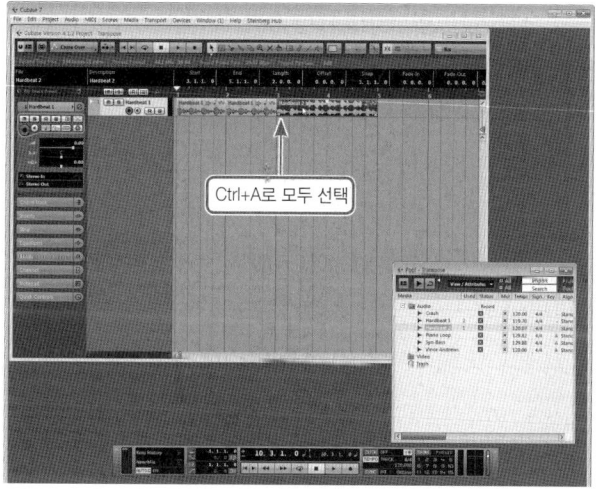

03 Hardbeat 1 이벤트 뒤로 Hardbeat 2 파일을 드래그하여 등록합니다. 그리고 Ctrl+A 키를 눌러 Hardbeat 1 이벤트 2개와 Hardbeat 2 이벤트를 모두 선택합니다.

Ctrl+A로 모두 선택

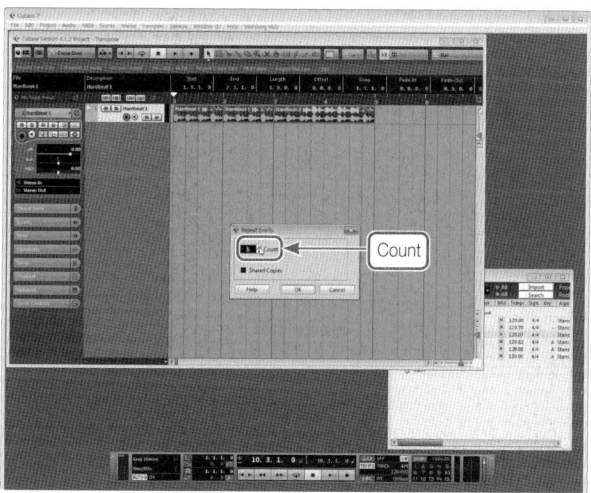

04 Ctrl+K 키를 눌러 Repeat Events 창을 열고, Count 항목에 5를 입력합니다. 선택한 이벤트를 5번 반복시키는 것입니다.

Count

05 앞에서와 같은 방법으로 Syn-Bass를 1마디에 등록하고 5반복, Piano Loop를 5마디에 등록하고 9번 반복, Vince Andrews를 9마디에 등록하고 2번 반복시킵니다. 그리고 Crash를 5마디에 등록하고, Alt 키를 누른 상태에서 드래그하여 9, 13, 17, 21마디에 각각 복사합니다.

Alt 키를 누른 상태로 드래그하여 복사

06 풀 창의 Key 칼럼을 보면, Syn Bass 샘플이 G 키로 제작되어 있고, 나머지는 모두 A 키로 제작되어 있는 것을 확인할 수 있습니다. 칼럼을 클릭하여 A 키로 변경하고, 풀 창을 닫습니다.

😊 가정교사

이벤트 단위로 루트 키를 설정하고 싶다면, 인포 라인의 Rootkey를 이용합니다.

07 몇 가지 샘플을 이용해서 곡을 만들어 보았습니다. 완성된 곡은 트랜스포트 패널의 템포 값을 이용해서 템포를 조정하거나 프로젝트 창의 도구 모음 줄에서 루트 키를 이용하여 곡의 키를 자유롭게 변경할 수 있습니다.

😊 가정교사

루트 키는 샘플의 루트 키를 기본으로 합니다. 실습에서 사용되고 있는 샘플의 루트 키는 A이므로, 도구에서 B를 선택하면 한 키를 높이는 것입니다.

08 하지만, 드럼 사운드까지 음정이 변하고 있고, 처음부터 끝까지 같은 키로 연주되고 있는 아쉬움이 있습니다. 우선 1번과 5번 트랙의 드럼 이벤트를 모두 선택하고, 인포 라인의 Global Transpose를 클릭하여 Independent로 변경합니다. 즉, 드럼 사운드의 음정이 조정되지 않게 하는 것입니다.

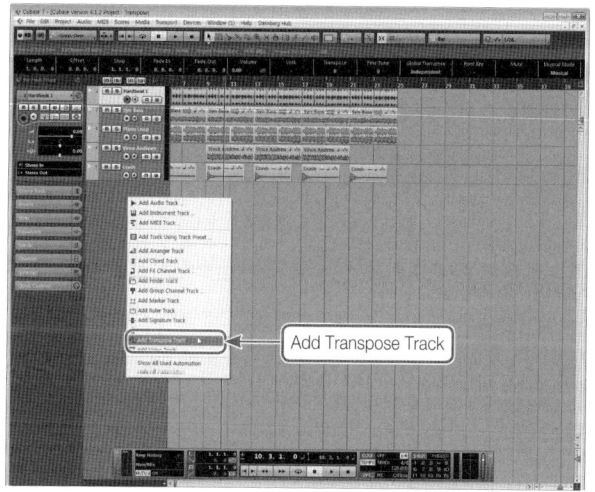

Add Transpose Track

09 이제 본격적으로 살펴볼 트랜스포즈 트랙을 추가하겠습니다. 트랙 리스트에서 마우스 오른쪽 버튼을 클릭하여 단축 메뉴를 열고, Add Track의 Add Transpose Track를 선택합니다.

파트 입력

10 연필 버튼을 선택하여 키를 바꿀 위치를 클릭합니다. 실습에서는 13마디, 17마디, 21마디 위치를 클릭하고 있으며, 17마디와 21마디는 13마디에서 만든 파트가 분리되는 형식으로 생성됩니다.

😊 가정교사

트랜스포즈 트랙의 파트는 화살표 버튼을 이용해서 위치를 조정할 수 있습니다.

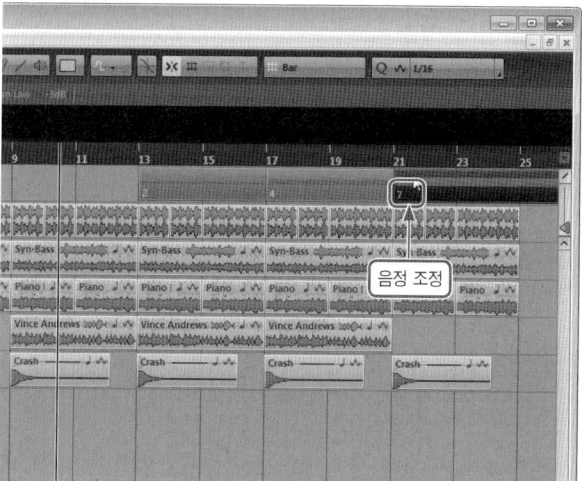

음정 조정

11 각 파트의 왼쪽 모서리를 보면, 0이라고 표시되어 있습니다. 이 값을 드래그하여 음정을 조정합니다. 1의 값이 반음이며, 최대 +2 / -2 옥타브로 범위로 조정할 수 있습니다. 13마디는 2, 17마디는 4, 21마디는 7로 조정해봅니다. 즉, B, C#, E키로 변경시키는 것입니다.

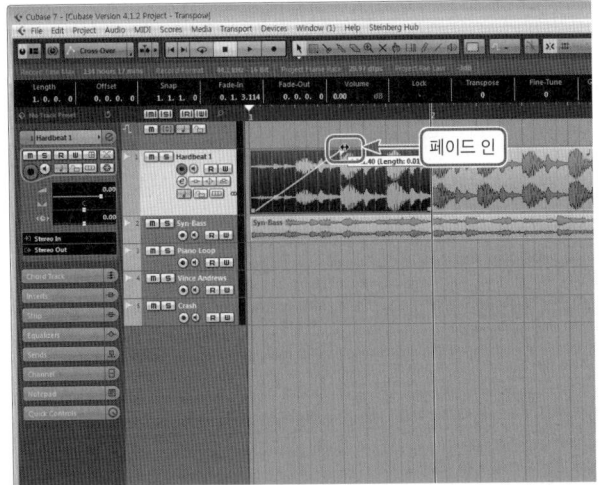

페이드 인

12 음정 조정 값이 코드가 아닌 숫자로 표시된다는 아쉬움이 있지만, 샘플의 키를 자유롭게 컨트롤 할 수 있는 트랜스포즈 트랙은 음악 작업에 큰 즐거움이 될 것입니다. 실습 곡을 조금 다듬어 보면서 학습을 마무리 하겠습니다. 드럼과 베이스 이벤트의 시작 위치에서 소리가 점점 커지는 페이드 인 효과를 만듭니다.

팬 오토메이션 기록

13 Vince Andrews 트랙의 오토메이션 트랙을 열고, Standard Panner-Pan Left-Right를 선택합니다. 그리고 R과 W 버튼을 On으로 하고, 라인 버튼을 이용해서 사운드가 좌/우로 이동되는 효과를 만듭니다.

볼륨을 줄여 페이드 아웃 연출

14 송 포지션 라인을 21마디 위치에 가져다 놓고, 마스터 트랙의 R과 W 버튼을 On으로 합니다. 그리고 키보드 숫자열의 Enter 키를 눌러 곡을 연주시키고, 볼륨을 점차적으로 줄여 페이드 아웃으로 곡이 끝나게 하면서 실습을 마칩니다.

😊 가정교사

오토메이션을 기록하기 위해서 클릭한 W 버튼은 기록을 마친 후에 값이 변경되는 것을 예방하기 위해 Off 하는 것이 좋습니다.

17 비디오 트랙

비디오 트랙은 AVI, MOV, MPEG 파일의 영상 포맷을 임포팅하여 프레임 단위로 표시하는 역할을 합니다. 큐베이스와 누엔도는 프리미어, 베가스 등과 같은 영상 편집 프로그램이 아니기 때문에 하나의 비디오 트랙밖에 제공하고 있지 않지만, 영상 음악 제작 의뢰를 받은 뮤지션이 직접 영상까지 편집하는 경우는 없을 것이므로, 하나의 트랙이면 충분합니다.

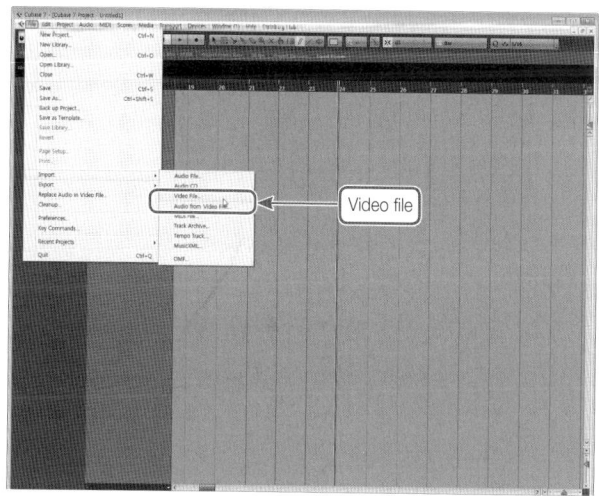

04 File 메뉴의 Import에서 Video File를 선택합니다. 먼저 비디오 트랙을 만들지 않고 Import 기능을 사용하는 이유는 영상을 불러올 때 자동으로 비디오 트랙이 만들어지기 때문입니다.

05 Import Video 창에서 Sample 폴더의 Movie 샘플 파일을 더블 클릭합니다. Files of type을 보면 알 수 있듯이 큐베이스와 누엔도에서는 Avi, Mov, Mpeg 등의 영상 파일을 불러올 수 있습니다.

컨트롤 파라미터

06 비디오 트랙의 컨트롤 파라미터에는 4 가지 버튼이 있습니다. 자물쇠 모양의 Lock 버튼은 영상 클립이 편집되지 않게 잠그는 기능이고, 뮤트 버튼은 비디오 창에 영상을 출력하지 않는 기능이고, Show Frame Numbers는 프레임 수를 표시합니다. 그리고 Thumbnails 버튼은 영상 프레임이 표시되게 합니다.

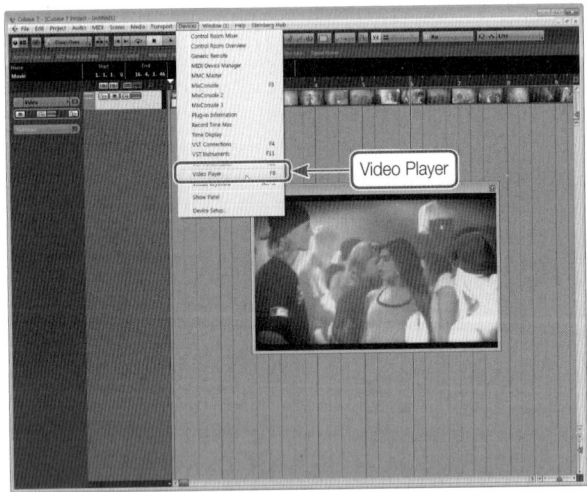

Video Player

07 임포팅한 영상에 맞춰 의뢰 받은 음악을 제작합니다. Device 메뉴의 Video Player를 선택하거나 F8 키를 누르면, 비디오 재생 패널을 열 수 있습니다. 두 대의 모니터를 이용하고 있다면, 편리한 영상 음악 작업이 가능합니다.

Tip 외부 장치로 비디오 출력하기

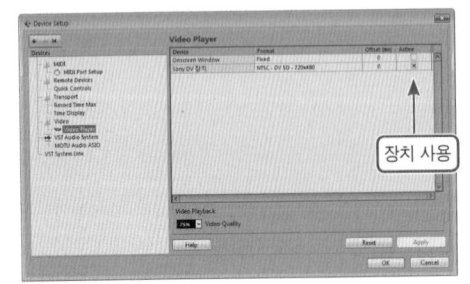

장치 사용

아웃 기능이 있는 영상 편집 카드 또는 IEEE-1394 포트에 연결된 캠코더 사용자를 위한 외부 출력 기능을 지원합니다. 장치를 사용하고 있다면, Device Setup창의 Video Player에서 해당 장치의 Device가 잡혀있을 것이며, Active 옵션을 체크하여 사용 여부를 결정합니다.

트랙 리스트 상단에는 뮤트 해제, 솔로 해제, 전체 읽기 ON/OFF, 전체 쓰기 ON/OFF 기능의 버튼이 있는 트랙 컨트롤 라인이 있습니다. 트랙 컨트롤 라인은 각 트랙 리스트에 표시되는 컨트롤 파라미터들을 설정할 수 있고, 프로젝트 창을 상/하로 나누어 작업할 수 있는 기능을 제공합니다.

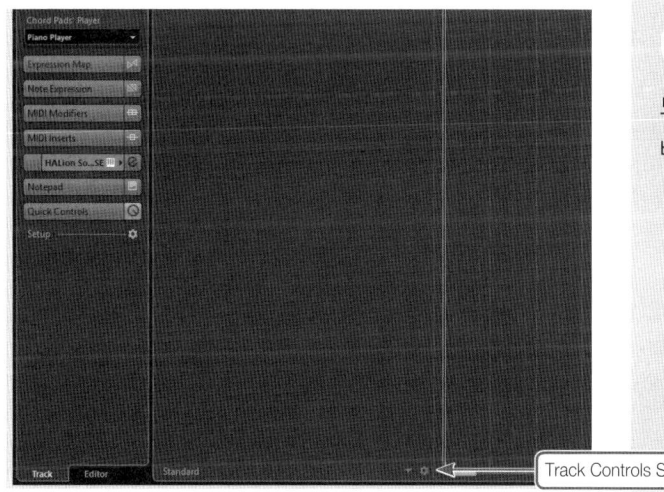

01 트랙 파라미터의 기본 구성을 변경하겠다면 트랙 리스트 아래쪽에 톱니 바퀴 모양으로 되어 있는 Track Controls Settings 버튼을 클릭합니다.

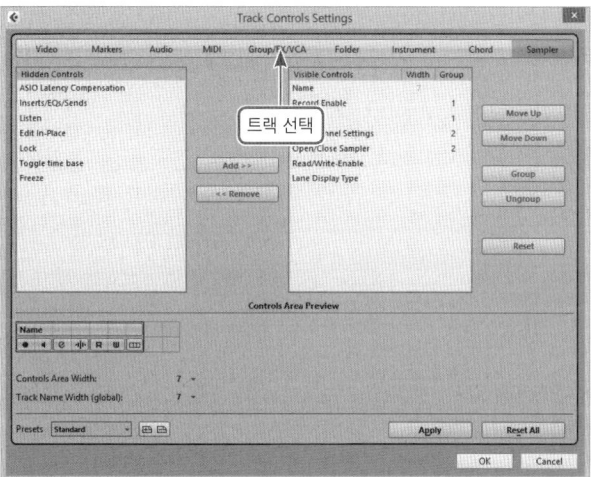

02 트랙에 표시될 컨트롤 버튼을 설정할 수 있는 Track Controls Settings 창이 열립니다. 설정할 트랙 타입을 선택합니다.

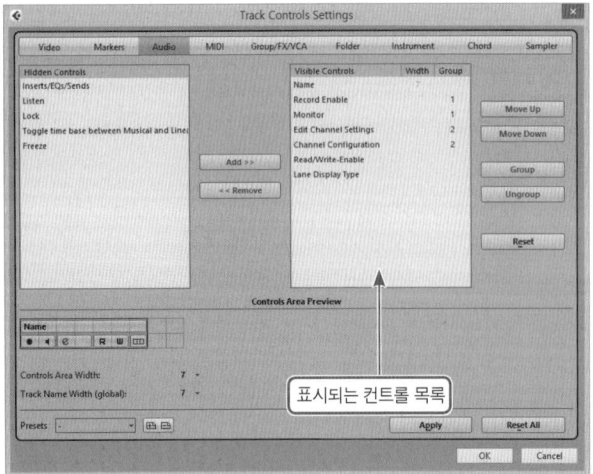

표시되는 컨트롤 목록

03 오른쪽의 리스트가 현재 오디오 트랙에 보이는 버튼들입니다. 사용하지 않는 컨트롤을 선택하고, Remove 버튼을 클릭하면 왼쪽 리스트로 이동하면서 트랙 리스트에서 컨트롤 버튼이 제거되고, 반대로 왼쪽 리스트에서 선택하고, Add 버튼을 클릭하여 트랙 리스트에 보이게 할 수 있습니다.

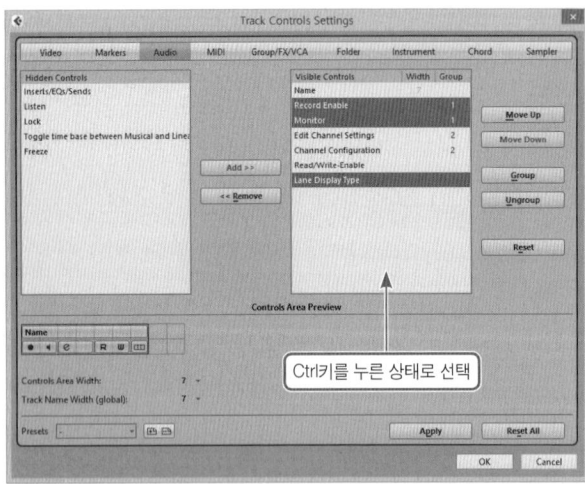

Ctrl키를 누른 상태로 선택

04 Move Up과 Move Down 버튼은 선택한 컨트롤 버튼들의 순서를 위/아래로 변경할 수 있으며, Group과 Ungroup는 트랙 리스트의 크기를 변경할 때 함께 이동하게 할 버튼을 그룹으로 만드는 것입니다. Group과 Ungroup는 Ctrl 또는 Shift 키를 이용해서 동시에 선택한 컨트롤에 적용합니다.

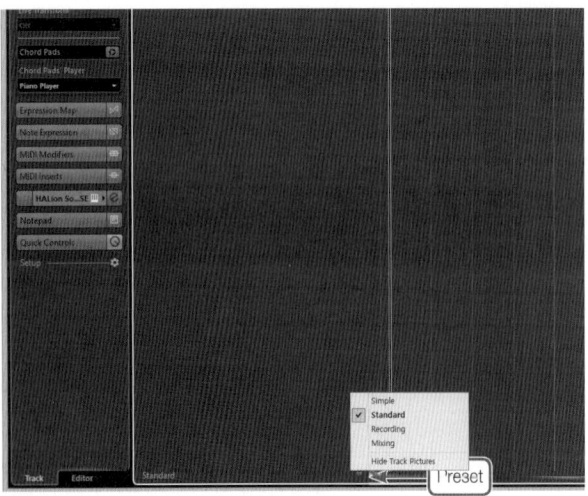

05 Reset 버튼은 선택한 타입의 컨트롤을 초기화하고, Reset All은 모든 타입을 초기화 합니다. Presets의 플러스(+) 버튼은 독자가 설정한 컨트롤 환경을 저장할 수 있고, 저장한 프리셋은 트랙 리스트 아래쪽의 작은 삼각형 버튼을 클릭하여 선택할 수 있습니다.

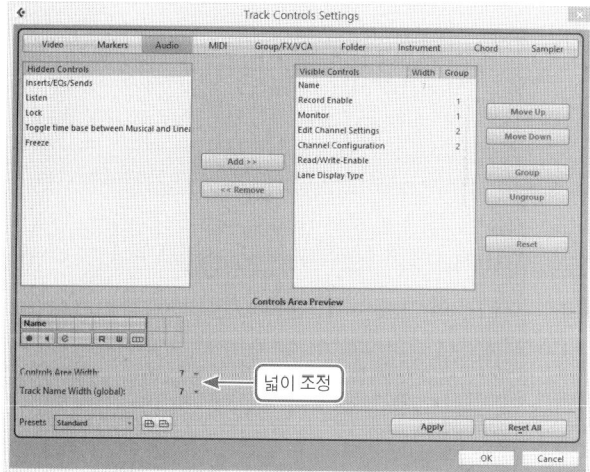

06 아래쪽에 보이는 그래픽으 트랙 이름의 길이와 버튼 넓이를 보여주는 것이며, Controls Area Width와 Track Name Widgh 오른쪽의 숫자를 클릭하여 변경할 수 있습니다.

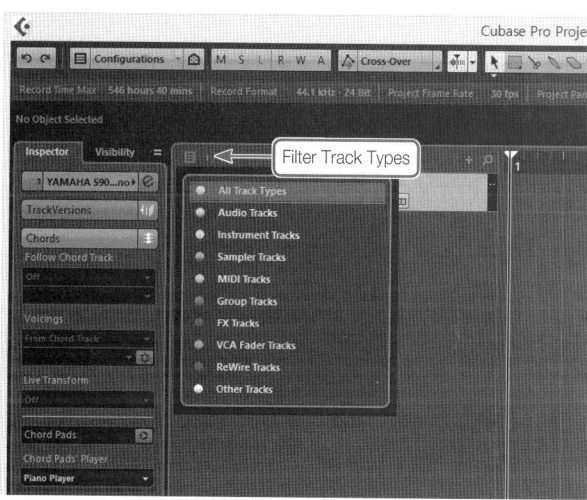

07 트랙 리스트 상단의 글로벌 트랙에는 원하는 트랙 타입을 표시하게끔 하는 Filter Track Types 버튼이 있습니다. 오른쪽 숫자는 화면에 표시되는 트랙 수를 나타냅니다.

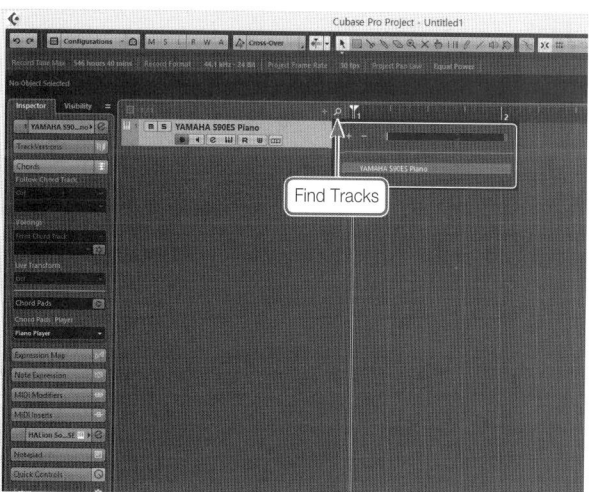

08 오른족에는 트랙을 추가하는 + 버튼과 많은 트랙을 사용하고 있을 때, 사용자가 원하는 트랙을 빠르게 찾을 수 있는 돋보기 모양의 Find Tracks 버튼이 있습니다. 검색 항목에 A를 입력하면 A 글자가 포함된 트랙들을 검색할 수 있는 것입니다.

인스펙터 창의 역할과 기능

큐베이스와 누엔도에서 제공하는 트랙의 종류와 역할을 살펴보았습니다. 하지만, 각 트랙 왼쪽에 존재하는 인스펙터 창의 파라미터를 자유롭게 다룰 수 없다면, 아무 소용이 없습니다. 음악 작업을 할 때, 주로 사용하는 미디와 오디오 트랙을 중심으로 살펴보겠습니다. 나머지 트랙의 파라미터는 미디와 오디오 트랙과 중복되는 것이 대부분이고, 앞의 트랙 학습에서 살펴본 것이 전부인 경우도 있습니다.

1 컨트롤 파라미터

미디 트랙의 인스펙터 창 컨트롤 파라미터에는 트랙의 이름을 변경할 수 있는 이름 패널과 뮤트 버튼, 솔로 버튼, 읽기 버튼, 쓰기 버튼, 디바이스 열기 버튼, 트랜스포머 등의 버튼이 있고, 오디오 트랙의 컨트롤 파라미터에는 미디에 관련된 패널이 없고, 트랜스포머 버튼 자리에 오토 페이드 버튼, 인-플레이스 버튼 자리에 프리즘 버튼이 있다는 차이만 있을 뿐 대부분이 비슷합니다.

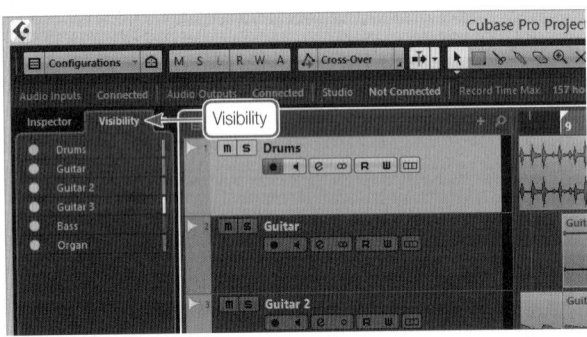

01 Classes 샘플 파일을 열어놓고, 인스펙터 창의 기능을 살펴보겠습니다. 인스펙터 창에는 트랙 표시 여부를 결정하는 Visibility 탭을 제공합니다.

02 Visibility 탭은 라디오 버튼을 On/Off 하여 화면에 표시할 트랙을 선택하는 역할을 하며, Sync 버튼을 클릭하면 믹스콘솔과 함께 동작되도록 하는 메뉴를 제공합니다.

트랙 이름

트랙의 이름은 독자가 알아보기 쉬운 이름으로 변경할 수 있습니다. 트랙 이름을 변경할 때 Ctrl 키를 누른 상태에서 Enter 키를 누르면, 트랙에 존재하는 이벤트의 이름을 동시에 변경할 수 있습니다. 트랙의 이름은 각 트랙에 입력한 이벤트의 종류를 확인할 때 중요하므로 반드시 입력하는 습관을 들이는 것이 좋습니다.

01 트랙의 이름은 마우스 더블 클릭으로 변경할 수 있는데, 가급적 이벤트를 녹음하기 전에 트랙의 이름을 먼저 결정하는 습관을 갖는 것이 좋습니다.

02 트랙 이름을 변경할 때, Ctrl 키를 누른 상태에서 Enter 키를 누르면 트랙에 녹음되어 있는 이벤트 및 파트의 이름을 함께 변경할 수 있습니다. 이벤트를 녹음한 후에 트랙의 이름을 바꿀 때, 이용하면 좋습니다.

트랙 색상 선택하기

프로그램이 업데이트 될 때는 기존 버전에서 별 의미 없는 부분이 사라지는 것이 상식적인데, 큐베이스와 누엔도는 음악 프로그램답지 않게 색상에 관련된 기능들이 점차적으로 발전하고 있습니다. 이것은 별거 아닌 색상표가 음악 제작자들에게 많은 도움이 되고 있다는 것을 증명하는 것입니다. 다만, 습관이 안 되면 사용하지 않게 되는 기능이므로, 처음 공부할 때부터 악기 별로 자신만의 색상을 결정해두기 바랍니다.

01 트랙의 색상은 도구 모음 줄의 색상 버튼을 이용해서 결정할 수 있습니다. 단, 이벤트가 선택되어 있는 경우에는 해당 이벤트의 색상을 변경합니다.

02 트랙 번호가 표시되어 있는 색상 부분을 Ctrl 키를 누른 상태로 선택하면, 해당 트랙의 색상을 변경할 수 있는 바가 열립니다. 색상은 이벤트를 입력하기 전이나 후에 선택해도 좋지만, 드럼은 빨간색, 베이스는 노란색 등 자신만의 색상 표를 만들어두는 것이 좋습니다.

트랙 아이콘 표시

음악 작업을 하는데 있어서 트랙을 한 눈에 알아볼 수 있게 꾸미는 일은 매우 중요합니다. 큐베이스 및 누엔도에서는 트랙의 이름과 색상 외에도 그림을 삽입할 수 있는 기능을 제공합니다. 특히, 사용자 휴대폰에 저장되어 있는 JPG 포맷의 사진까지 로딩할 수 있기 때문에 실제 보컬 트랙에 삽입하여 좀 더 구체적인 표현이 가능합니다.

01 트랙에 그림을 삽입하는 방법은 간단 합니다. 색상 바 오른쪽의 빈 공간을 클릭하면 큐베이스 및 누엔도에서 제공하는 Factory 그림들을 볼 수 있으며, 마우스 선택만 으로 표시됩니다.

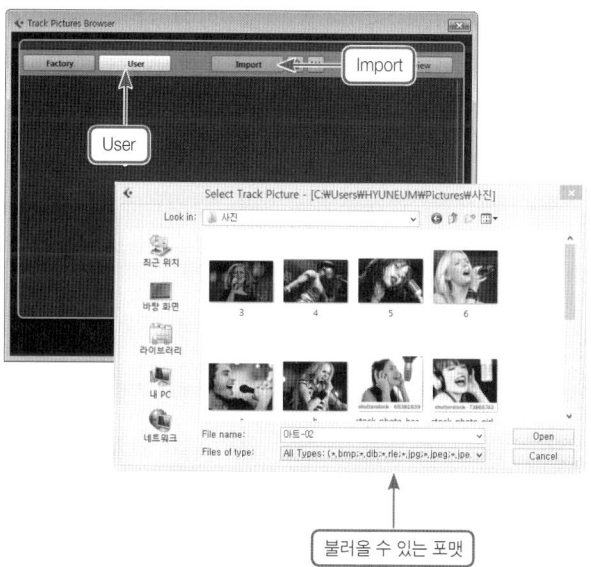

불러올 수 있는 포맷

02 사용자 컴퓨터 또는 휴대폰에 저장되 어 있는 사진을 로딩하겠다면 User 버 튼을 클릭하여 패널을 열고, Import로 불러오면 됩니다. JPG 외에 BMP, GIF, TIF 등의 포맷도 가능합니다.

03 사진은 트랙의 빈 공간에 표시되며, Reset 버튼을 클릭하여 취소할 수 있습니다. User 패널에 로딩한 사진을 삭제할 때는 Remove 버튼을 클릭합니다.

04 Show Preview 버튼을 클릭하면 트랙 색상(Track Color), 트랙 색상이 사진에 적용되는 값(Intensity)과 크기(Zoom) 그리고 마우스 클릭으로 사진을 회전시킬 수 있는 Rotate 옵션을 볼 수 있습니다.

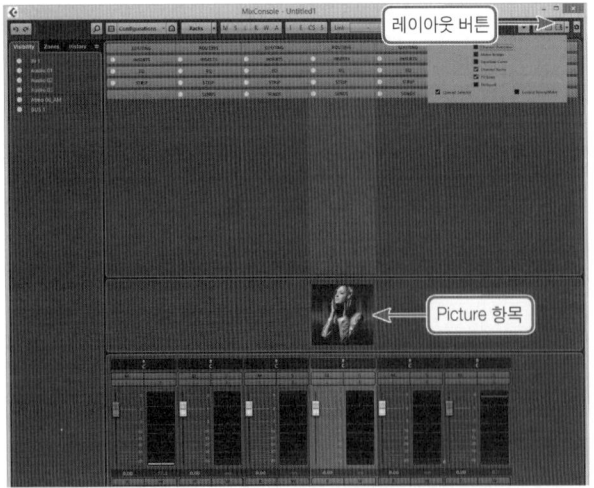

05 MixConsole 창에서 사진이 표시되게 하려면 레이아웃 버튼의 Picture 옵션에 체크되어 있어야 합니다. 그림을 삽입할 때는 Picture 항목을 클릭하고, 그 외의 옵션들은 동일합니다.

채널 믹서 열기 버튼

채널 믹서 열기 버튼은 선택한 트랙의 모든 파라미터를 하나의 창에서 컨트롤 할 수 있는 채널 믹서 창을 열어줍니다. 채널 믹서는 여러 개의 트랙을 한꺼번에 처리할 수 있는 믹서 창에서 하나의 채널만 컨트롤 할 수 있게 하는 것으로 작업 결과는 동일합니다. 즉, 상황에 따라 적절한 방법을 이용하면 됩니다.

01 오디오 트랙의 채널 믹서 열기 버튼을 클릭합니다. 해당 트랙의 Insets, Equalizers, Sends, Channel 파라미터를 하나의 창에서 컨트롤 할 수 있는 채널 믹서 창이 열립니다.

02 인스펙터 창의 볼륨 슬라이드 또는 채널 믹서 창의 볼륨 슬라이드를 움직여 봅니다. 어느 쪽에서든 결과가 같다는 것을 알 수 있습니다.

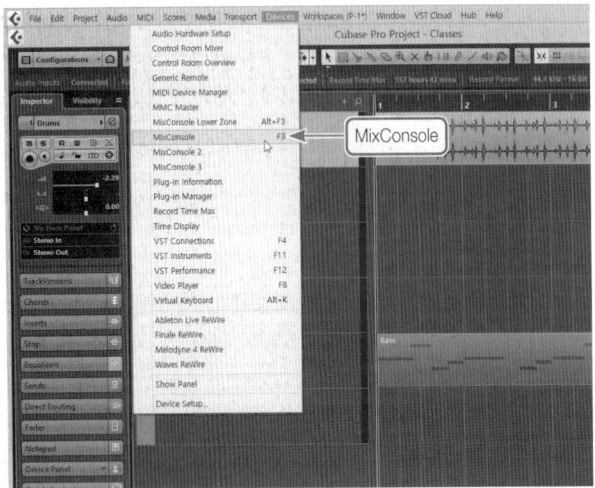

03 Devices 메뉴의 MixConsole 또는 F3 키를 눌러 곡의 마무리 단계에서 많이 사용하는 트랙 믹서 창을 열어봅니다.

04 트랙 믹서 창 Racks 버튼을 클릭하여 목록을 열고, Equalizers를 선택합니다. 그리고 EQ 랙을 클릭하여 파라미터를 엽니다.

05 EQ 패널을 클릭하여 창을 열고, 값을 조정해보면, 채널 믹서의 Equalizers가 동시에 조정되는 것을 확인할 수 있습니다. 즉, 인스펙터 창의 파라미터만 이해하면, 동일한 역할의 채널 믹서와 트랙 믹서를 다룰 수 있게되며, 작업 상황에 따라 적절한 것을 이용할 수 있는 응용력을 갖추게 됩니다.

뮤트 버튼은 선택한 트랙의 사운드를 들리지 않게 하며, 솔로 버튼은 선택한 트랙의 사운드만 들리게 합니다. 음악 믹싱 작업을 하다가 보면 특정 트랙의 사운드를 빼고 듣거나, 특정 트랙의 사운드만을 들어야 할 경우가 많기 때문에 자주 사용하는 버튼입니다.

01 Classes 샘플 파일을 불러와 숫자열의 Enter 키를 눌러 연주합니다 그리고 뮤트 버튼을 클릭하면 해당 트랙의 사운드가 연주하지 않는 것을 확인할 수 있습니다.

02 솔로 버튼을 클릭하면 해당 트랙의 사운드만 솔로로 연주하는 것을 확인할 수 있습니다. 뮤트 했거나 솔로로 설정한 트랙이 여러 트랙일 경우에는 트랙 리스트 상단에 있는 뮤트, 솔로 해제 버튼을 이용해서 전체 트랙에 적용한 뮤트와 솔로를 해제할 수 있습니다.

오토메이션 기록하고 읽기 버튼

읽기 버튼은 오토메이션 트랙에 기록한 파라미터 조정 값을 읽어주고, 쓰기 버튼은 오토메이션 트랙에 각종 파라미터 값을 기록합니다. 이 두 가지 기능은 독자가 조정하는 모든 파라미터의 조정 값들을 리얼로 기록하고, 읽을 수 있는 것으로 믹싱 작업에서 가장 많이 사용하게 될 것입니다.

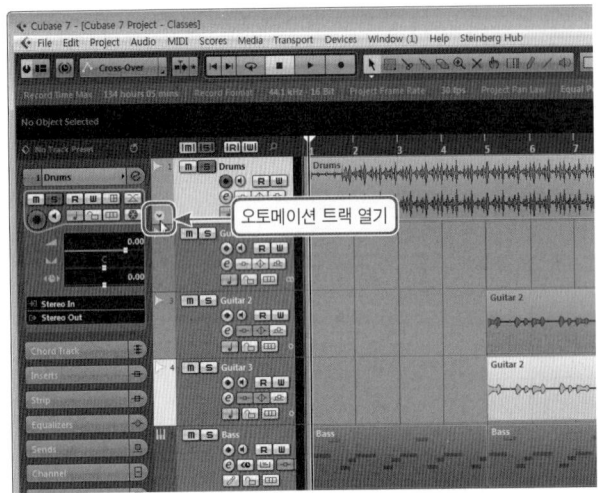

01 트랙리스트 왼쪽 모서리 아래쪽으로 마우스를 가져갑니다. 오토메이션 트랙 열기 버튼이 나타나는데, 이것을 클릭하여 오토메이션 트랙을 엽니다. 오토메이션 트랙은 편집할 때 외에는 열어둘 필요가 없지만, 직접 눈으로 확인해 보기 위해서 입니다.

02 오토메이션 트랙의 기본 파라미터는 볼륨(Volume)으로 설정되어 있습니다. 즉, 볼륨 조정 값의 기록 여부를 확인할 수 있는 것입니다. 오토메이션 트랙 왼쪽 모서리 아래쪽으로 마우스를 가져가면 + 기호의 버튼이 나타나며, 이것을 클릭하면 오토메이션 트랙을 추가할 수 있습니다.

😊 **가정교사**

오토메이션 트랙 왼쪽 모서리에 위쪽으로 마우스를 가져가면 트랙을 감출 수 있는 - 기호 버튼이 나타납니다.

03 추가된 오토메이션 트랙의 파라미터는 Mute로 설정되어 있습니다. 오토메이션 트랙의 파라미터는 사용자가 원하는 것으로 바꿀 수 있습니다. Mute 파라미터를 클릭하여 목록을 열고, Standard Panner - Pan left-Right로 변경해봅니다. 즉, 팬의 조정 값을 확인하겠다는 의미입니다.

04 오토메이션의 기록 방법을 살펴보겠습니다. Devices 메뉴의 Mixer를 선택하거나 단축키 F3를 눌러 믹서 창을 엽니다. 그리고 W 버튼을 클릭하여 오토메이션 기록이 가능한 트랙으로 설정합니다.

05 Enter 키를 눌러 곡을 연주하고, 볼륨과 팬 슬라이드를 움직여봅니다. 그러면 오토메이션 트랙에 독자가 움직이는 값이 기록되는 것을 확인할 수 있습니다.

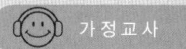 가정교사

W 버튼이 On 상태이면, 트랙의 모든 움직임이 기록됩니다. 오토메이션 트랙은 기록된 파라미터를 확인하거나 편집하는 용도일 뿐입니다.

06 쓰기(W) 버튼을 클릭하여 Off하고, 읽기(R) 버튼을 클릭하여 On 합니다. 그리고 곡을 다시 재생해보면, 볼륨과 팬 슬라이드가 오토메이션 값에 따라 자동으로 조정되는 것을 확인할 수 있습니다.

07 기록된 오토메이션 값은 연필 버튼이나 라인 버튼을 이용해서 사용자가 원하는 값으로 수정할 수 있으며, 오토메이션을 무시하겠다면, R 버튼을 Off로 하고, 기록된 내용을 지우겠다면, 파라미터 목록에서 Remove Parameter를 선택합니다.

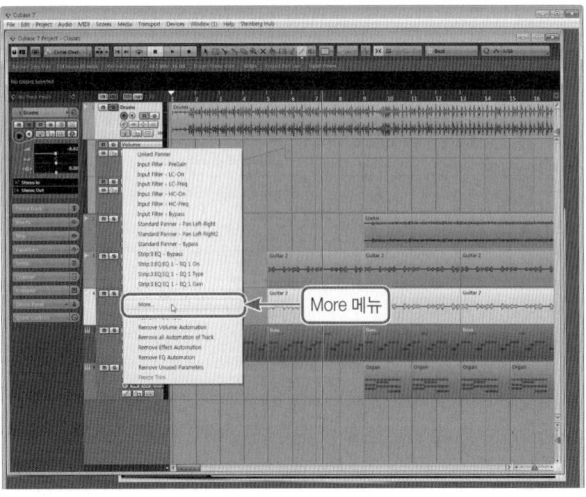

08 오토메이션은 볼륨이나 팬 외에도 트랙의 모든 파라미터와 VST의 움직임을 기록하거나 편집할 수 있습니다. VST 움직임이 기록된 경우에는 파라미터 목록에 자동으로 추가되며, 트랙의 세부적인 파라미터는 More 메뉴를 선택하여 볼 수 있습니다.

디바이스 버튼

쓰기 버튼 오른쪽에 있는 디바이스 열기 버튼은 디바이스 설정이 되어 있는 경우에 디바이스 패널을 열어주고, VST
Instruments를 사용하고 있는 트랙에서는 VST 패널을 열어줍니다. 디바이스 설정을 하지 않은 미디 트랙이라면,
이 버튼을 사용할 수 없고, 오디오 트랙은 디바이스를 설정할 수 있는 패널을 열어줍니다. 디바이스 패널은 사용자가
가지고 있는 컨트롤러를 파라미터에 연결하여 조정할 수 있게하는 역할을 합니다.

01 디바이스 열기 버튼을 클릭하면 해당
트랙에서 컨트롤할 수 있는 목록이 열
리며, 파라미터를 더블 클릭하면 해당 디바이스
패널이 열립니다.

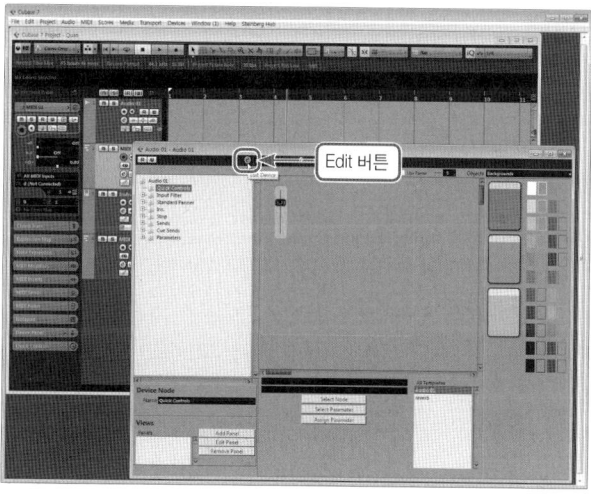

02 디바이스 패널의 Edit 버튼을 클릭하면
해당 파라미터를 사용자가 원하는 컨
트롤러로 편집할 수 있습니다. 이것에 관해서는
디바이스 패널 학습편을 참조합니다.

자동 페이드 버튼

디바이스 버튼 오른쪽에는 오디오 트랙인 경우에는 자동 페이드 버튼이 있고, 미디 트랙인 경우에는 트랜스포머 버튼이 있습니다. 자동 페이드 버튼은 오디오 트랙에서 연주하는 이벤트의 시작 위치와 끝 위치에서 피킹 잡음이 발생하지 않게 페이드 인/아웃 효과를 적용하는 역할을 합니다.

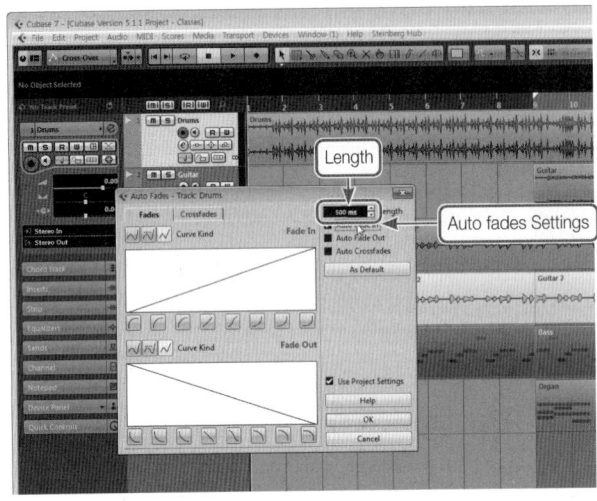

01 오디오 트랙의 Auto Fades Settings 버튼을 클릭하여 창을 엽니다. 그리고 효과를 확실히 느낄 수 있게 오른쪽 상단에 있는 Length 값을 최대값인 500ms로 설정하고, Auto Fade In 옵션을 체크합니다.

02 창을 닫고, 곡을 연주해보면 시작 부분에서 소리가 점차 커지는 페이드인 효과가 0.5초 길이로 적용된 것을 확인할 수 있습니다. 오디오 이벤트 모서리에 보이는 파란색 포인트를 드래그하면, 사용자가 원하는 페이드 인/아웃 범위를 수동으로 조정할 수 있습니다.

미디 트랙의 트랜스포머 버튼은 리얼로 입력하는 미디 이벤트를 독자가 원하는 형태로 변경할 수 있는 Input Transformer 창을 엽니다. Input Transformer 창의 사용법은 MIDI 메뉴의 Logical Editor과 동일합니다. 다만, Input Transformer 기능은 이미 입력한 미디 이벤트를 편집하는 Logical Editor와는 다르게 실시간으로 입력하는 이벤트에 적용할 수 있다는 차이점이 있으므로 기억해두기 바랍니다.

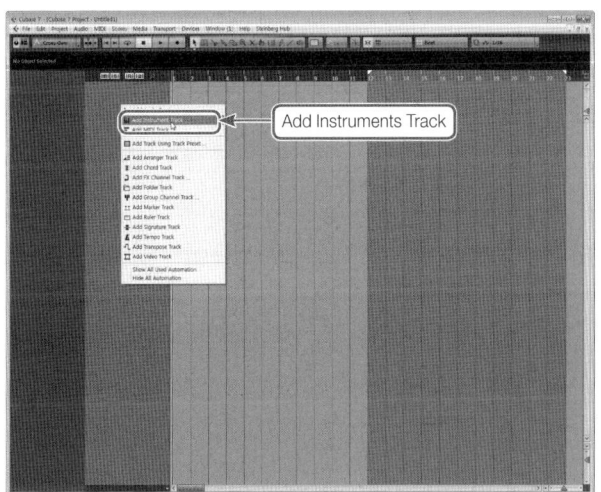

01 트랙 리스트에서 마우스 오른쪽 버튼을 클릭하여 단축 메뉴를 열고, Add Instruments Track을 선택합니다.

02 Instruments 목록에서 Drum-Groove Agent One을 선택합니다. 사용자가 주로 사용하는 VST 악기가 있다면, 그것을 선택하고, 외장 악기를 사용한다면, 미디 트랙을 만들어 해당 악기의 드럼 채널을 선택합니다.

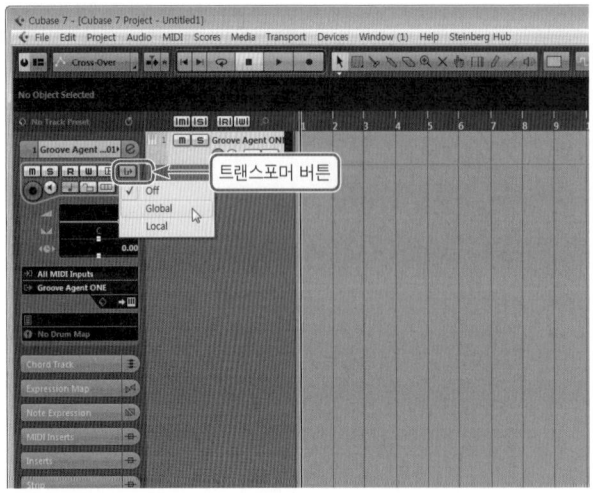

03 프로그램 항목을 클릭하여 적당한 음색
을 선택합니다. 실습에서는 GM Kit 음색
을 선택하고 있습니다.

04 VST 패널을 닫아 놓은 경우에는 인스
펙터 파라미터의 프로그램 항목을 클
릭하여 음색을 선택해도 좋습니다.

05 본격적인 트랜스포머 기능을 살펴보겠
습니다. 트랜스포머 버튼을 클릭하면
Global과 Local 선택 메뉴가 열립니다. Global
은 모든 트랙에 적용하는 것이고, Local은 선
택한 트랙에 적용하는 것입니다. 실습에서는
Global를 선택하겠습니다.

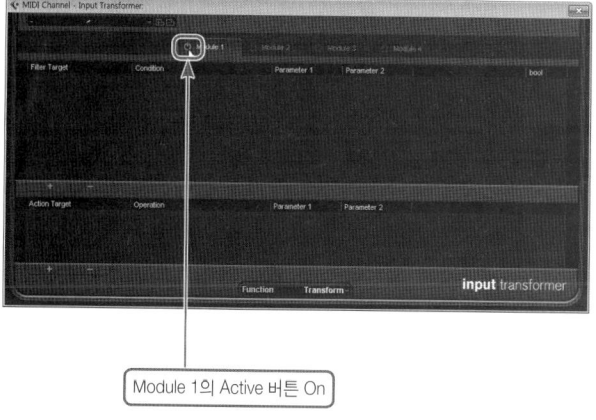

Module 1의 Active 버튼 On

06 Input Transformer 창이 열립니다. Module 1 번탭의 Active 버튼을 On 으로 합니다. 트랜스포머 기능은 한꺼번에 4가 지를 설정할 수 있으며, 각 모듈의 사용 여부는 Active 버튼의 On/Off로 결정합니다.

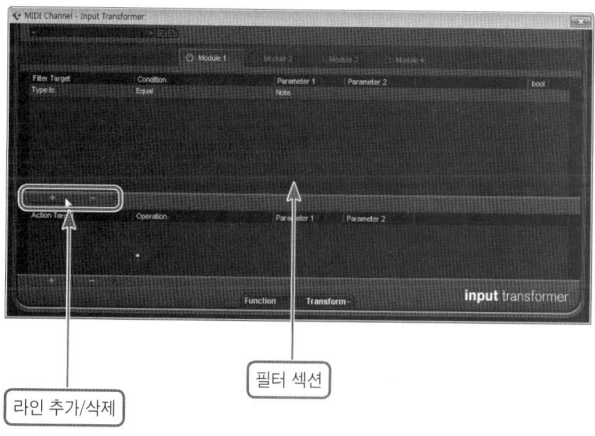

라인 추가/삭제

필터 섹션

07 위쪽에 있는 필터 섹션이 입력하는 이 벤트를 설정하는 것입니다. + 버튼을 클릭하여 이벤트를 설정할 수 있는 라인을 추가 합니다.

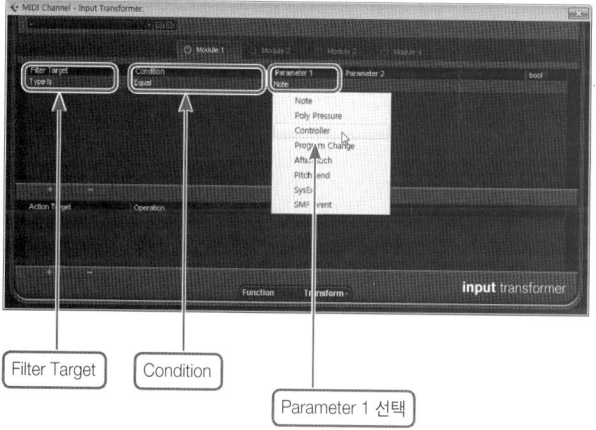

Filter Target

Condition

Parameter 1 선택

08 Filter Target 칼럼이 Type Is이고, Condition 칼럼이 Equal인 것을 확인하 고, Parameter1을 Controller로 선택합니다.

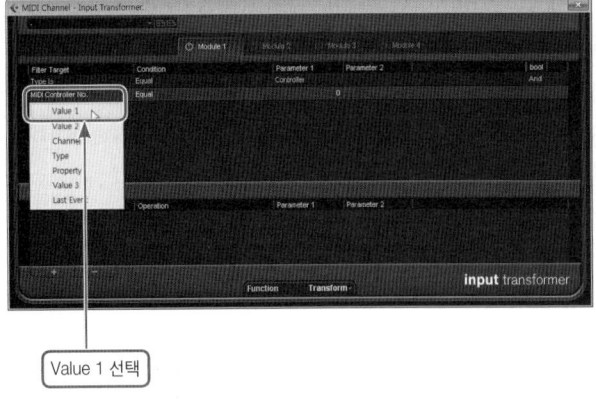

Value 1 선택

09 + 버튼을 클릭하여 라인을 하나 더 추가합니다. 그리고 Filter Target 칼럼에서 Value1을 선택하여 MIDI Controller No로 설정합니다.

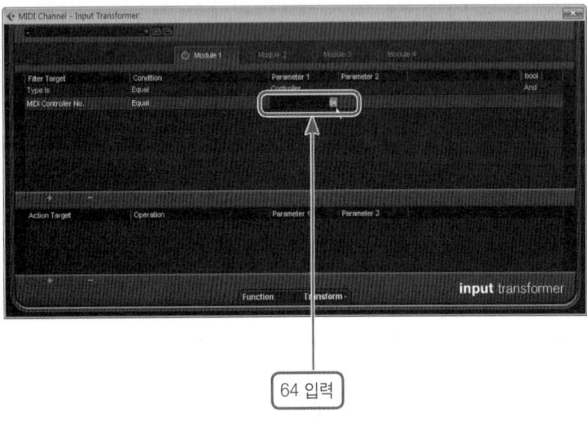

64 입력

10 두 번째 라인의 Parameter를 클릭하여 64를 입력합니다, 컨트롤 번호 64번이 서스테인 페달입니다. 컨트롤 번호에 관해서는 리스트 에디터 학습 편을 참고하시기 바랍니다.

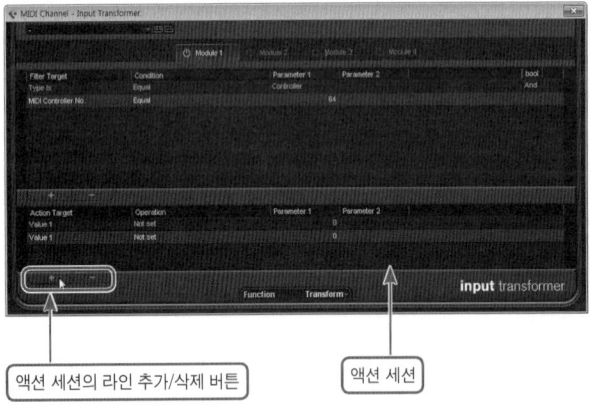

액션 세션의 라인 추가/삭제 버튼

액션 세션

11 입력하는 미디 이벤트 중에서 서스테인 페달에 해당하는 컨트롤 번호 64을 검색하라는 필터 섹션 설정이 끝났습니다. 이제 아래쪽에 있는 액션 섹션에서 어떻게 처리할 것인지를 설정합니다. 액션 섹션의 + 버튼을 두 번 클릭하여 라인을 2개 추가합니다.

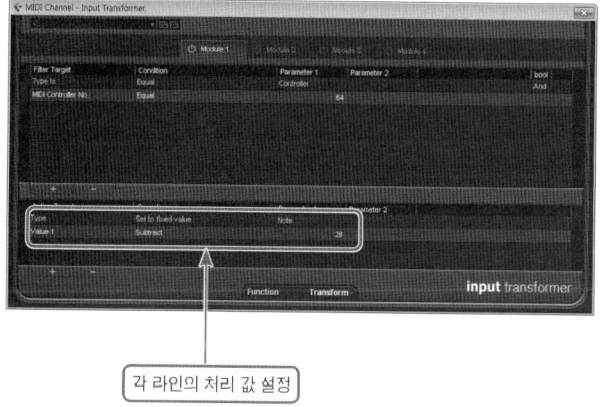

각 라인의 처리 값 설정

12 액션 섹션의 Action Target, Operation, Parameter1 칼럼을 1번 라인은 Type, Set to Fixed value, Note로 설정하고, 2번 라인은 Value1, Subtract, 28로 설정합니다. 필터 섹션에서 검출한 미디 컨트롤 번호 64이 입력되면 GM/GS 모드 악기의 베이스 드럼에 해당하는 C1으로 바꾸어 입력하라는 내용으로 액션 섹션을 설정한 것입니다.

서스테인 페달을 밟으면 베이스 드럼 노트로 입력된다

마스터 건반에 연결된 서스테인 페달

13 모든 설정이 끝나면 Input Transformer 창을 닫습니다. 각 칼럼의 기능은 미디 편집 편에서 자세히 설명합니다. 이제 실제 베이스 드럼을 연주하듯 서스테인 페달을 밟으며, 드럼 연주하거나 녹음할 수 있습니다.

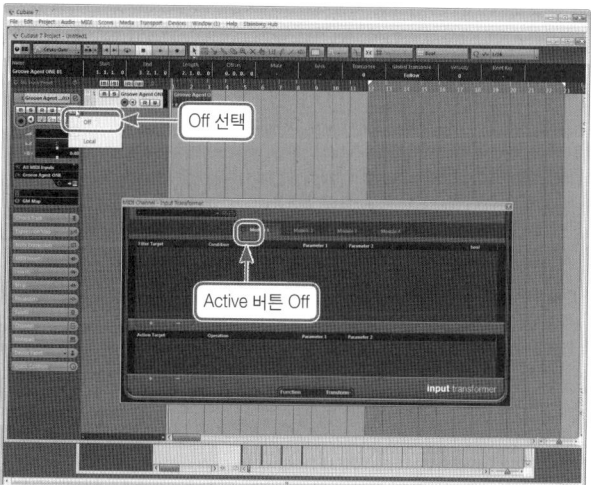

Off 선택

Active 버튼 Off

14 설정한 Input Transformer 기능이 필요 없을 때에는 트랜스포머 버튼을 클릭하여 Off로 바꾸거나 Input Transformer창에서 Active 버튼을 Off로 합니다.

😊 가정교사

베이스 드럼이 C1(28)으로 되어 있는 악기가 아니라면, 액션 세션의 Parameter 값을 해당 노트의 숫자로 설정합니다.

녹음 준비 버튼은 선택한 트랙의 녹음 여부를 결정합니다. 미디 또는 오디오를 녹음할 때 녹음 준비 버튼이 꺼져있다면 녹음이 되지 않습니다. 큐베이스와 누엔도의 녹음 준비 버튼은 트랙을 선택할 때 자동으로 On되기 때문에 녹음을 하기 위해서 일일이 버튼을 클릭하여 On시키는 번거로움은 없습니다. 그러나 멀티 녹음일 경우에는 녹음하고자 하는 트랙마다 녹음 준비 버튼을 클릭하여 On으로 설정해야 합니다. 여기서는 앞에서 학습한 트랜스포머 기능을 이용해서 멀티 트랙으로 드럼을 녹음하는 방법을 살펴보겠습니다.

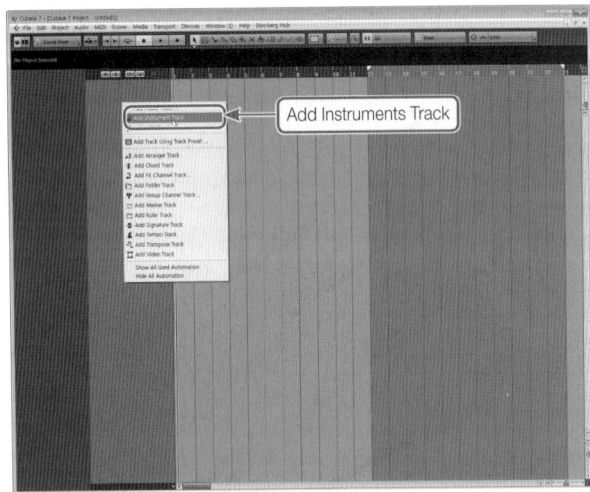

01 트랙 리스트에서 마우스 오른쪽 버튼을 클릭하여 단축 메뉴를 열고, Add Instrument Tracks 을 선택하여 창을 엽니다.

02 Instruments 목록에서 Drum-Groove Agent ONE을 선택하고, Count 값을 3으로 입력합니다. 실습에서는 3개의 드럼 트랙을 만들고 있지만, 실제 작업을 할 때는 더 많은 트랙을 드럼에 할당하는 것이 일반적입니다.

03 각 트랙의 프로그램 항목을 선택하여 음색을 선택합니다. 이때 음색을 일치시키는 것 보다는 스네어가 좋은 음색, 심벌이 좋은 음색 등, 자신이 좋아하는 음색으로 구성하는 것이 효과적입니다. 그리고 트랜스포머 버튼을 클릭하여 Local 메뉴를 선택합니다. Local 은 트랙마다 다른 설정 값을 적용하기 위해서입니다.

Local 선택

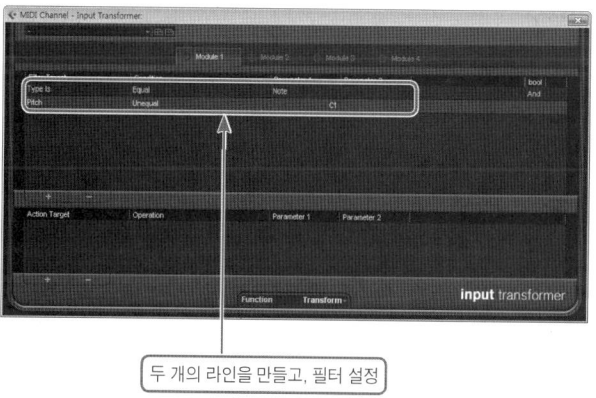

두 개의 라인을 만들고, 필터 설정

04 Input Transformer 창이 열립니다. 필터 섹션에 2개의 라인을 만들고, Filter, Condition, Parameter1 칼럼의 1번 라인은 Type Is, Equal, note로 설정하고, 2번 라인은 Value1, Unequal, C1으로 설정합니다.

Filter 선택

05 액션 섹션에서 설정할 것은 없습니다. 아래쪽에 Module 1의 Active 버튼을 On으로 하고, Mode를 Filter로 설정합니다. 이 것은 필터 섹션에 설정된 C1(베이스 드럼)이외의 노트는 녹음되지 않게 하는 것입니다. 나머지 두 트랙도 같은 방법으로 설정을 합니다. 단, 2번 트랙은 D1(스네어 드럼), 3번 트랙은 F#1(하이해트)로 노트 이름만 다르게 합니다.

06 각 트랙의 녹음 준비 버튼을 클릭하여 On으로 합니다. 멀티 녹음을 위해서는 인스펙터 창을 이용하는 것보다 트랙에서 직접 클릭하는 것이 편리합니다.

녹음 준비 버튼 On

멀티 녹음

07 키보드 숫자열의 ∗ 키를 눌러 녹음을 진행합니다. 3개의 트랙에 동시 녹음되는 것을 확인할 수 있습니다. 드럼을 연주해본 독자라면 앞에서 학습한 방법을 이용해서 베이스 드럼을 C1 대신에 서스테인 페달로 설정하면 좀 더 재미있게 드럼 연주를 녹음할 수 있을 것입니다.

08 숫자열의 0 키를 눌러 녹음을 정지하고, 각 트랙에 녹음한 파트를 더블 클릭하여 열어보면 베이스 드럼, 스네어 드럼, 하이 해트가 개별적으로 녹음된 것을 확인할 수 있습니다. 드럼을 여러 트랙으로 나누어 녹음하는 것은 음악 작업의 필수이므로 반드시 활용을 해보기 바랍니다.

트랙별로 녹음된 노트

입력하는 사운드를 모니터 할 수 있는 모니터 버튼은 미디와 오디오 트랙에 모두 있습니다. 미디 트랙의 경우에는 선택한 트랙의 Enable Record 버튼이 꺼져 있거나 독자가 사용하는 악기에 Local On기능이 없는 경우에 입력하는 정보를 모니터 할 수 있는 것으로 사용할 일은 별로 없습니다. 그러므로 여기서는 오디오 트랙의 모니터 버튼을 이용해서 VST 이펙트를 실시간으로 적용하는 방법을 살펴보겠습니다.

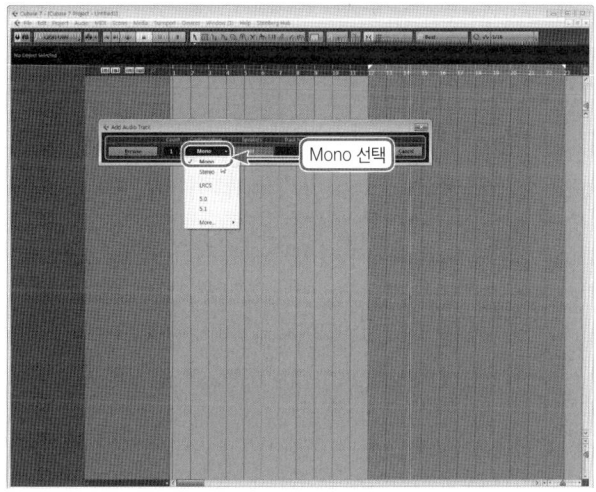

01 트랙리스트에서 마우스 오른쪽 버튼을 클릭하여 단축 메뉴를 열고, Add Audio Track을 선택하여 창을 엽니다. 그리고 Configuration에서는 마이크 녹음을 위한 Mono를 선택해보겠습니다.

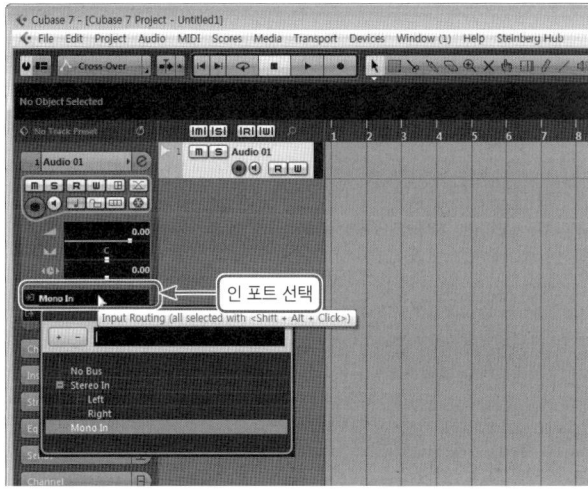

02 인스펙터 창의 인풋 목록에서 마이크를 연결한 인 포트를 선택합니다. 컴퓨터에 내장되어 있는 사운드 카드의 경우에는 마이크도 스테레오로 연결되므로, Left나 Right 중에서 아무거나 선택을 해도되며, 오디오 트랙을 스테레오로 만들어도 됩니다.

03 실험할 이펙트를 적용하기 위해서 Insert 파라미터를 클릭하여 엽니다. 인서트 파라미터의 슬롯을 클릭하여 이펙트 목록을 열고, 적당한 이펙트를 선택합니다. 그림은 리버브 계열의 RoomWorks를 선택하고 있습니다.

04 RoomWorks 컨트롤 패널이 열립니다. 지금은 모니터 버튼에 대한 설명이므로 리버브는 프리셋 설정을 사용하겠습니다. 프리셋 항목을 클릭하여 목록을 열고, 보컬 녹음에 많이 사용하는 Plate Bright를 선택합니다.

05 컨트롤 파라미터에 있는 버튼과 트랙 리스트에 있는 버튼은 동일하다고 했습니다. 그러므로 컨트롤 파라미터를 다시 열지 않고, 트랙 리스트에 보이는 모니터 버튼을 클릭합니다.

06 이제 마이크에 노래를 해보면 마치 외장 이펙트를 사용하는 것과 같이 리버브 효과가 적용된 것을 확인할 수 있습니다. 녹음 버튼을 클릭하여 노래를 녹음해 봅니다.

07 이처럼 모니터 버튼은 입력 사운드를 모니터 하는 역할을 합니다. 녹음이 끝난 후에는 출력 사운드를 모니터 해야 할 것이므로 모니터 버튼을 클릭하여 OFF 하는 것을 잊지 말기 바랍니다.

08 녹음할 때 적용했던 이펙트가 실제 사운드에 적용되어서는 안 될 것입니다. 이것을 확인해보기 위해서 리버브를 인서트한 슬롯의 On/Off 버튼을 클릭하여 이펙트를 해제합니다. 그리고 녹음한 노래를 들어보면 입력한 사운드에는 리버브가 적용되지 않았다는 것을 확인할 수 있습니다. 즉, 언제든 이펙트를 변경할 수 있다는 의미입니다.

09 다이렉트 모니터를 설정한 경우에는 오디오 입력이 큐베이스나 누엔도를 거치지 않고, 바로 아웃으로 출력되기 때문에 인서트 이펙트를 모니터 할 수 없습니다. 이것을 확인하기 위해서 Device 메뉴의 Device Setup을 선택합니다.

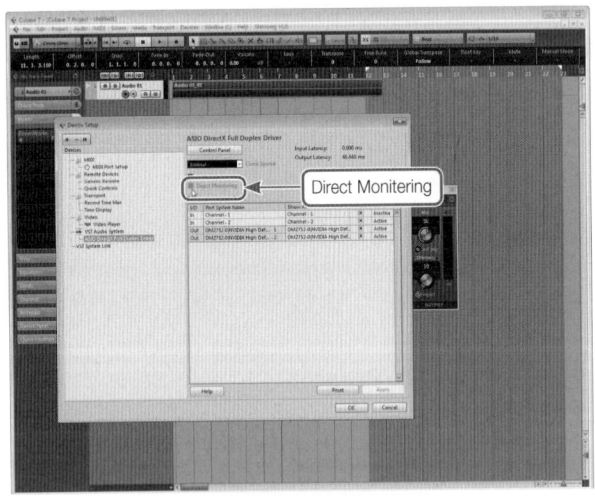

10 Device Setup 창 왼쪽의 Devices 목록에서 ASIO 사운드 카드 이름을 선택하여 페이지를 열고, Direct Monitoring 옵션이 해제되어 있는지 확인합니다. 옵션이 체크되어 있으면 다이렉트 모니터 기능을 사용하는 것이므로, 녹음을 할 때 VST 이펙트를 사용할 수 없습니다.

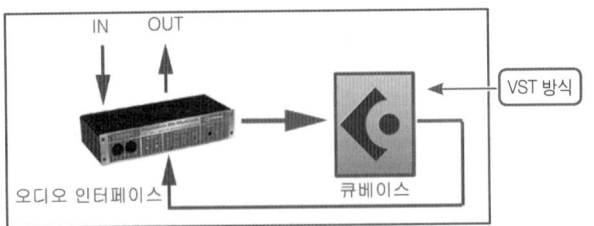

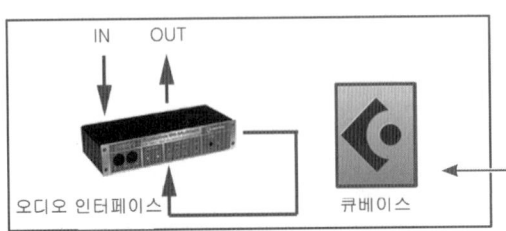

11 VST 모니터 기능은 입력하는 사운드가 큐베이스와 누엔도를 거쳐서 출력하는 모드이고, 다이렉트는 입력하는 사운드를 바로 아웃으로 출력하는 모드입니다. 다이렉트 모니터는 VST 사용의 걸림돌인 레이턴시를 최소화 할 수 있기 때문에 외장 이펙트를 사용하는 독자라면 다이렉트 모니터 기능을 사용하는 것이 효과적입니다.

타임 베이스 버튼

타임 베이스 버튼이 음표이면 이벤트를 마디 단위로 취급하고, 시계이면 시간 단위로 취급합니다. 음악 작업을 할 경우에는 기본값인 마디 단위를 사용하여 템포 값에 따라 입력한 이벤트의 위치가 음악 작업에 사용하는 마디 단위로 변경되게 하고, 영상 음악 작업을 할 경우에는 시간 단위를 사용하여 템포 변화에도 같은 시간 위치를 유지할 수 있게 합니다.

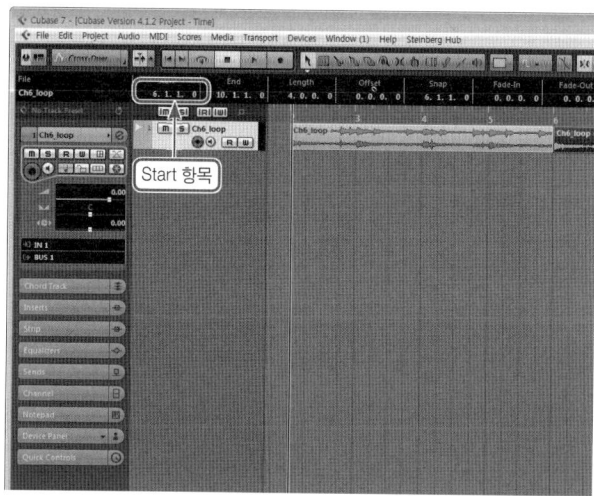

01 Time 샘플 파일을 불러보면, 2마디 위치와 6마디 위치에 오디오 이벤트가 있습니다. 6마디에 위치한 두 번째 이벤트를 선택하고, 인포 라인의 Start 항목에서 시작 마디 위치를 확인합니다.

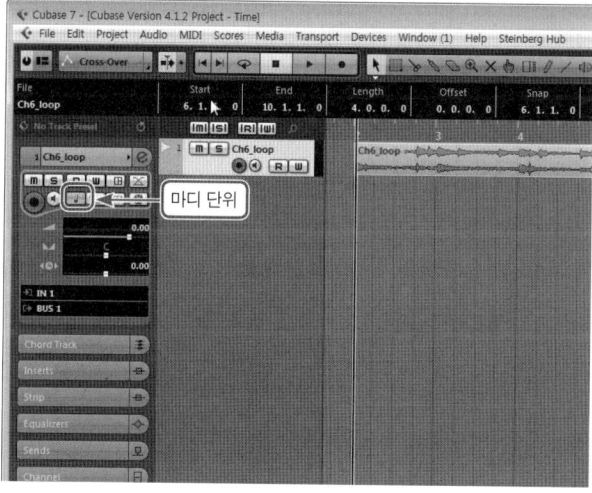

02 타임 베이스 버튼이 마디 단위인 음표 모양을 하고 있는 것을 확인하고, 템포를 늦춰 봅니다. 템포를 변경해도 마디 위치를 유지하고 있기 때문에 이벤트 사이에 갭이 발생합니다.

03 시간 단위와 비교하기 위해서 처음 파일을 불러왔던 상태로 되돌리겠습니다. File 메뉴의 Revert를 선택하고, 마지막 저장했던 상태로 되돌릴 것인지의 여부를 묻는 창에서 Revert 버튼을 클릭합니다.

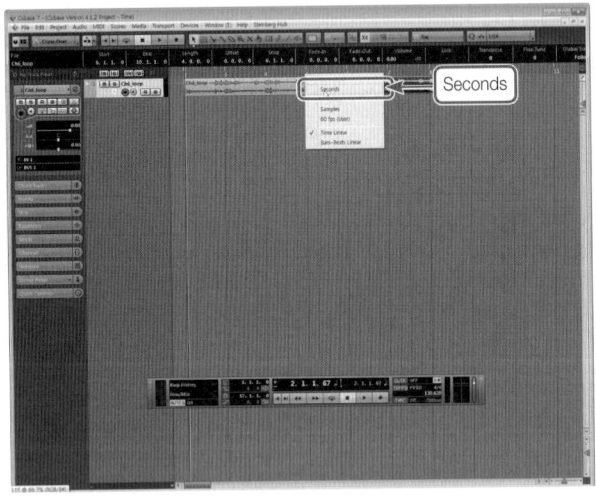

04 룰러 라인에서 마우스 오른쪽 버튼을 클릭하여 Seconds를 선택합니다. 룰러 라인에 표시하는 단위를 시간으로 변경하는 것입니다.

05 타임 베이스 버튼을 클릭하여 시간 단위로 변경합니다. 그리고 템포를 늦추어보면 이벤트의 시간 값을 유지하기 때문에 이벤트의 위치에는 변화가 없다는 것을 알 수 있습니다. 타임 위치가 정확해야 하는 영상 음악 작업을 할 때 이용할 수 있습니다.

잠금 버튼

잠금 버튼은 아주 중요한 이벤트를 입력한 트랙을 보존하고 싶을 때 유용하게 사용할 수 있는 기능으로 사용자 실수로 파트를 이동하거나 삭제하는 등의 작업을 할 수 없게 합니다. 인포라인의 Lock 기능은 선택한 이벤트에 적용하는 것이고, 인스펙터의 Lock은 트랙에 있는 전체 이벤트 적용한다는 차이점이 있습니다.

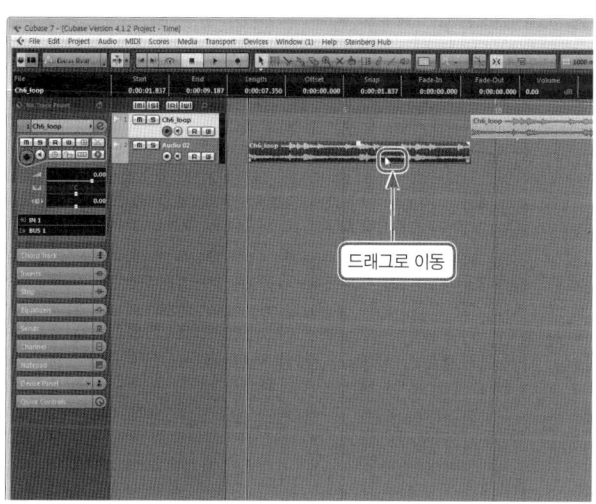

드래그로 이동

01 Time 샘플에 있는 두 개의 이벤트 중에서 적당한 것을 아래쪽으로 드래그합니다. 새로운 트랙이 생성되면서 이벤트가 이동된다는 것을 확인했습니다. Ctrl + Z 키를 눌러 이동한 이벤트를 제자리에 되돌려 놓습니다.

잠금 버튼

02 잠금 버튼 클릭하면, 해당 트랙의 이벤트에 자물쇠 모양이 표시됩니다. 앞에서와 같이 이벤트를 이동해보면 이동되지 않는다는 것을 알 수 있습니다. 이렇게 잠근 트랙의 이벤트는 이동, 복사, 삭제 등의 편집을 할 수 없게 하여 보호할 수 있습니다.

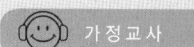 가정교사

작업을 하다가 보면 필요는 없지만 삭제하기 아까운 트랙이 있습니다. 이때는 마우스 오른쪽 버튼을 클릭하여 단축 메뉴를 열고, Disable Track을 선택하여 시스템을 절약할 수 있습니다.

잠금 버튼 오른쪽에 있는 레인 버튼은 하나의 트랙에 여러 개의 이벤트를 레이어 방식으로 사용할 수 있게 하는 역할을 합니다. 이것은 수 차례 녹음을 반복하고, 잘된 부분만 선별할 때 유용한 기능이며, 보컬이나 악기 연주 등 반복 연주가 필요할 때 많이 사용하는 기법입니다. 레인 버튼의 사용법은 미디와 오디오 트랙이 같습니다.

로케이터 구간 설정

01 새로운 프로젝트에서 마우스 오른쪽 버튼을 클릭하여 단축 메뉴를 열고, Add Audio track을 선택하여 오디오 트랙을 하나 만듭니다. 그리고 룰러 라인을 드래그하여 반복 녹음할 로케이터로 구간을 설정합니다.

레인 버튼 On

Audio Record Mode

02 오디오 녹음을 할 때는 레인 버튼을 On으로 할 필요가 없지만, 실습을 위해서 레인 버튼을 On으로 하고, 트랜스포트의 녹음 모드가 Keep Histroy인지를 확인합니다.

03 키보드 숫자열의 / 키를 누르거나 트랜스포트 패널의 반복 버튼을 클릭하여 반복 녹음이 가능하게 합니다. 필요하다면 트랙의 경계를 아래쪽으로 드래그하여 확대합니다.

반복 버튼 On

04 키보드 숫자열의 * 키를 누르거나 트랜스포트 패널의 녹음 버튼을 클릭하여 사운드를 녹음합니다. 녹음이 반복될 때 마다 새로운 레이어가 생성되는 것을 확인할 수 있습니다.

레이어 트랙

05 레이어 방식을 이용하는 이유는 마음에 드는 녹음을 골라내기 위해서 입니다. 각 레이어에서 숨 쉬는 부분이나 악기가 쉬운 부분을 중심으로 컴프 툴을 이용하여 선택합니다.

컴프 툴

구간 선택

06 사운드를 반복 모니터 하면서 마음에
드는 연주의 이벤트를 선택합니다. 선택
된 위/아래 이벤트는 자동으로 회색으로 뮤트
를 표시하고 있기 때문에 실제 연주되는 이벤트
를 쉽게 구분할 수 있습니다.

선택

지우개 툴

07 마음에 드는 이벤트를 모두 골랐다면,
뮤트된 이벤트를 지우개 버튼으로 삭제
합니다. 그리고 레인 버튼을 Off하여 하나의 트
랙으로 정리합니다.

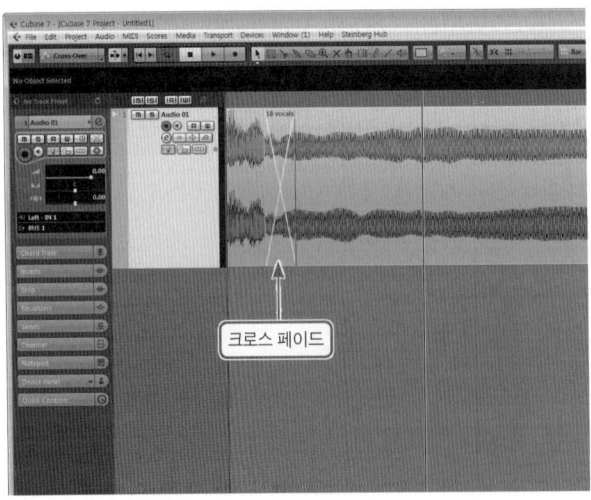

크로스 페이드

08 삭제한 이벤트는 실제로 제거된 것이
아니므로 언제든 Rane Fixed를 선택하
여 레이어 트랙으로 열고, 이벤트 길이를 조정
하여 다시 편집할 수 있습니다. 더 이상 편집이
필요 없다면 정리한 이벤트가 자연스럽게 연결
될 수 있도록 X 키를 눌러 크로스 페이드 시킵
니다.

많은 수의 VST 이펙트나 인스트루먼트를 사용하다 보면, 음악이 저는 현상이 발생하기 때문에 오디오 트랙 별로 익스포팅과 임포팅을 반복하는 사용자가 있습니다. 그러나 Audio 메뉴의 Bounce Selection을 이용하는 것이 효과적이며, 이 보다 한 단계 앞선 기술이 프리즘입니다. 프리즘은 낮은 시스템 사양에서도 VST Effects를 마음껏 사용할 수 있을 뿐 아니라 바운스와는 다르게 언제든 수정이 가능합니다.

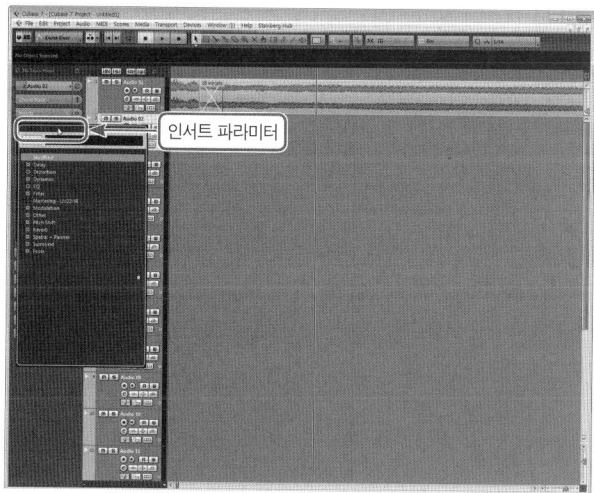

인서트 파라미터

01 믹싱 작업에서 VST Effects의 역할은 거의 절대적입니다. 그러나 20~30개의 오디오 트랙에 2~3개의 인서트 이펙트만 사용해도 40~90개의 이펙트를 사용하게 되므로, VST Effects의 사용을 자제할 수 밖에 없습니다.

프리즘 버튼

02 그러나 프리즘 기능을 이용하면 걱정 없습니다. 더 이상 편집할 이유가 없는 오디오 트랙이라면 프리즘 버튼을 클릭합니다.

03 이펙트 사용으로 발생하는 잔향 음을 얼만큼 유지할 것인지를 설정할 수 있는 옵션 창이 열립니다. 기본값을 그대로 사용하기로 하고, OK 버튼을 클릭합니다. 프리즘 적용 후 잔향 음이 잘렸다면, 시간을 조금 연장해서 다시 적용합니다.

OK 버튼 클릭

무력화된 이펙트

04 잠시 프로세싱 과정을 거친 후 프리즘을 적용한 오디오 이벤트를 만들어줍니다. 인서트 파라미터를 열어보면, 오디오 이펙트가 모두 무력화된 것을 확인할 수 있습니다. 트랙을 익스포팅 한 후 불러온 것과 동일한 효과입니다.

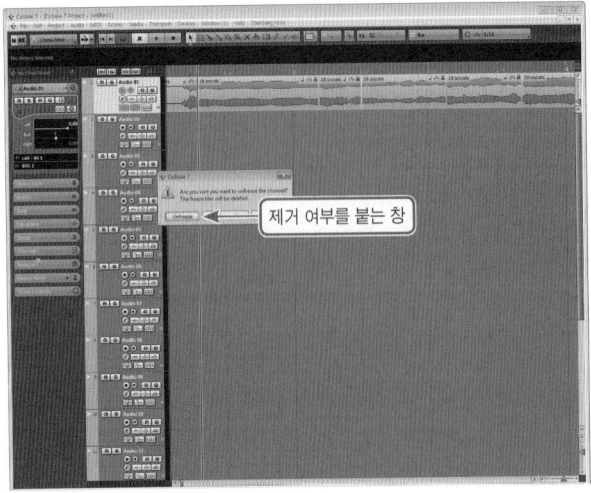

제거 여부를 붙는 창

05 프리즘을 적용한 트랙의 이펙트 값을 변경할 필요가 있다면, 프리즘 버튼을 클릭하여 Off합니다. 이때 프리즘 파일을 제거할 것인지(Unfreeze), 남겨둘 것인지(Keep freeze files)를 묻습니다. 프리즘 파일은 프로젝트를 저장한 Freeze 폴더 안에 있습니다. 필요하다면 프리즘 파일을 남겨두었다가 언제든 임포팅하여 사용할 수 있습니다.

볼륨 조정 슬라이드

볼륨 슬라이드는 트랙의 연주 볼륨을 조정합니다. 미디 트랙의 경우에는 0~127까지의 범위(OFF는 마지막 사용 값)로 조정이 가능하며, 오디오 트랙의 경우에는 −∞~ 6.02dB까지의 범위로 조정할 수 있습니다. 볼륨 컨트롤 정보가 입력된 미디 트랙인 경우에는 슬라이드의 조정 값이 무시됩니다.

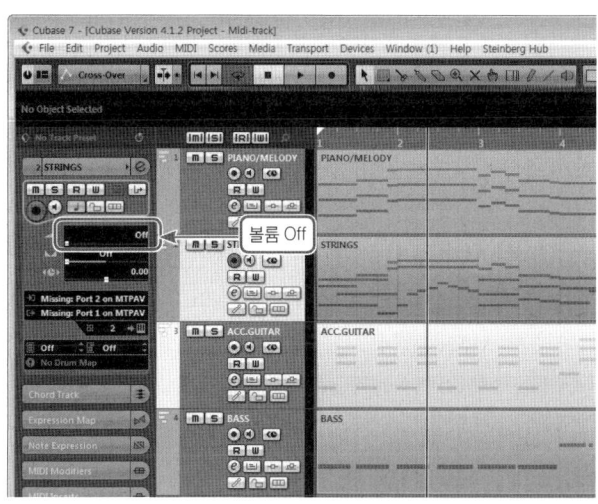

01 midi-track 샘플 파일을 불러와 각 트랙의 볼륨 슬라이드를 확인해보면, Off 로 설정되어 있습니다. 이것은 볼륨을 0으로 하는 것이 아니라 악기에 설정된 볼륨이나 컨트롤 정보를 따르겠다는 의미입니다.

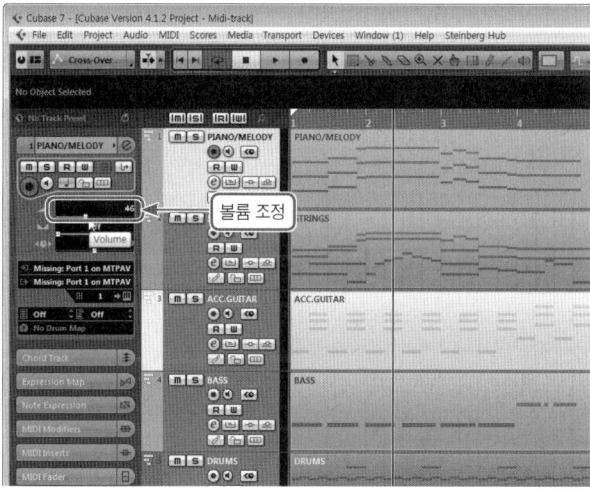

02 곡을 연주하면서 5번 Drums 트랙의 볼륨 슬라이드를 좌/우로 드래그해 보거나 마우스 더블 클릭으로 볼륨 값을 입력해봅니다. 드럼 사운드의 볼륨이 조정되는 것을 확인할 수 있습니다. 단, 볼륨 정보가 입력되어 있기 때문에 곡을 정지 시켰다가 연주하면 슬라이드 값이 무시됩니다.

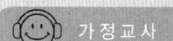 가정교사

볼륨 컨트롤 정보 7번과 팬 컨트롤 정보 10번의 값은 리스트 에디터 창에서 확인할 수 있습니다. 리스트 에디터 창은 MIDI 메뉴의 Open List Editor를 선택하여 엽니다.

팬 조정 슬라이드

팬 슬라이드는 사운드의 좌/우 방향을 조정합니다. 미디 트랙의 경우에는 가운데가 〈C〉이고, 왼쪽이 −64, 오른쪽이 64이며, 오디오 트랙의 경우에는 가운데가 〈C〉, 왼쪽을 〈L〉, 오른쪽을 〈R〉로 표시합니다. 팬 컨트롤 정보를 입력한 미디 트랙의 경우에는 슬라이드 조정 값이 무시됩니다.

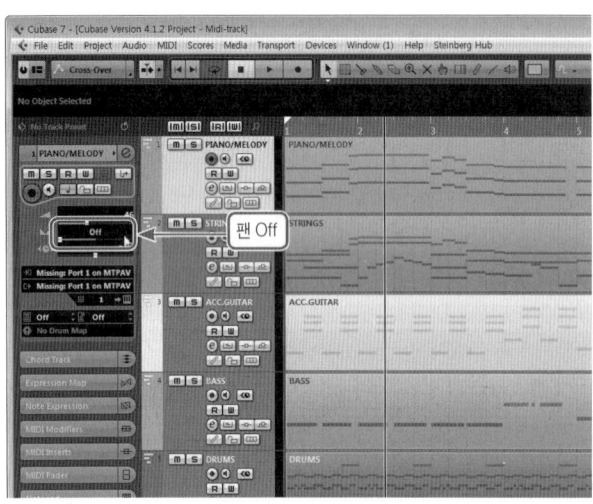

01 Midi-track 샘플 파일에서 각 트랙의 볼륨 슬라이드를 확인해보면, Off 로 설정되어 있습니다. 이것 역시 볼륨에서와 마찬가지로 악기에 설정된 팬이나 팬 컨트롤 정보를 따르겠다는 의미입니다.

02 곡을 연주하면서 5번 Drums 트랙의 팬 슬라이드를 드래그하여 조정해봅니다. 슬라이드를 64인 오른쪽으로 이동하면 드럼 연주가 오른쪽 스피커에서 들리고, -64인 왼쪽으로 이동하면 왼쪽 스피커에서 들리는 것을 확인할 수 있습니다.

😊 **가정교사**

인스펙터 창의 볼륨이나 팬 값은 큐베이스와 누엔도에서만 인식을 하기 때문에 다른 프로그램에서 연주할 수 있는 미디 파일을 제작하려면, 각각의 값을 컨트롤 정보로 입력해야 합니다.

딜레이 슬라이드는 연주 시작 시간을 조정합니다. 연주 시작 시간을 조정하는 이유는 미디의 경우 동일한 이벤트의
파트를 복사하여 약간의 타이밍 변화를 주어 독특한 딜레이 효과를 만들어 내는데 응용할 수 있고, 오디오의 경우
에는 여러 가지 원인으로 지연되는 연주를 보정할 수 있습니다.

파트 복사

01 Delay 샘플 파일을 불러옵니다. Delay 샘플 파일은 3개의 미디 트랙과 하나의 기타 연주 파트가 있습니다. 파트를 Alt 키를 누른 상태에서 드래그하여 MIDI 2와 MID3 트랙으로 각각 복사합니다.

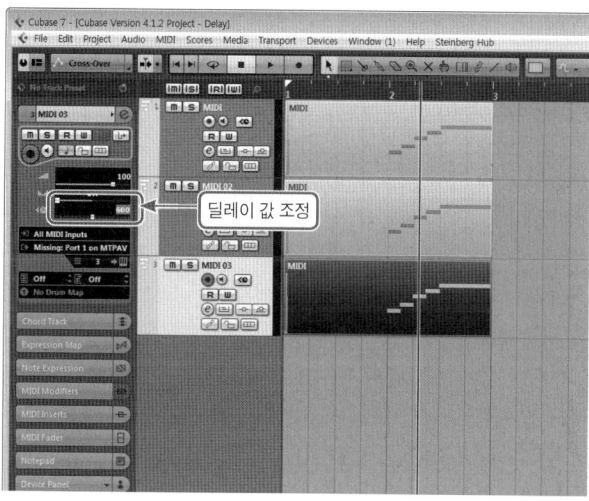

딜레이 값 조정

02 MIDI 2번 트랙에서 딜레이 슬라이드를 우측으로 이동하여 약 300정도 늦게 연주하게 설정하고, 팬 슬라이드를 -63정도로 조정합니다. 같은 방법으로 MIDI 03의 딜레이 슬라이드를 약 600정도로 조정하고, 팬 슬라이드를 64 정도로 조정합니다. 연주를 해보면 미디 시퀀싱 작업만으로 딜레이 효과를 만들 수 있다는 것을 확인할 수 있습니다.

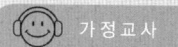 가정교사

지연되는 오디오 사운드를 보정하는 목적으로 사용할 때는 사운드가 지연되는 만큼의 딜레이 값을 마이너스로 설정합니다.

컴퓨터에 장착된 미디 인터페이스 또는 오디오 입력 라인 포트를 선택할 수 있는 목록이 열립니다. 사운드 카드와 같이 하나의 포트만을 가지고 있는 미디 인터페이스 사용자는 선택할 수 있는 입력 포트가 하나뿐이겠지만, 멀티 포트를 지원하는 미디 인터페이스 사용자는 각 트랙마다 서로 다른 In포트를 선택할 수 있으며, 오디오의 경우에는 VST Connections의 input 설정에 따라 달라집니다.

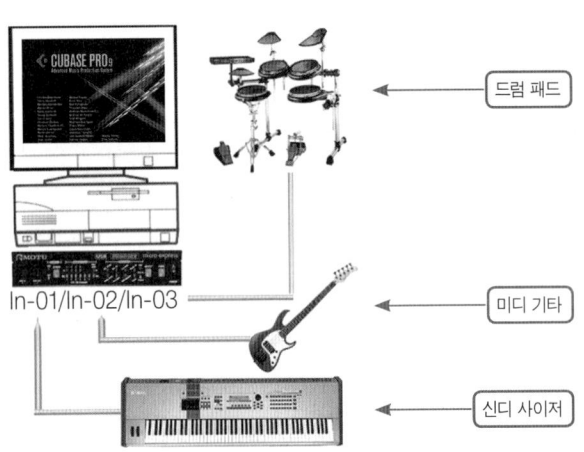

드럼 패드

In-01/In-02/In-03

미디 기타

신디 사이저

01 독자가 사용하는 미디 인터페이스가 동시에 3대의 미디 악기를 연결할 수 있으며, 1번 MIDI IN포트에 마스터 건반, 2번 MIDI IN포트에 미디 기타, 3번 MIDI-IN 포트에 드럼 패드를 연결했다고 가정합니다.

가정교사

두 개 이상의 입력 장치를 사용하고 있더라도 혼자서 작업을 하는 경우에는 모든 입력 포트의 정보를 받는 All MIDI Inputs 을 그대로 사용합니다.

인 포트 선택

02 이 경우 미디 기타로 연주하는 데이터를 입력하려면 Input 선택 목록에서2 포트를 선택하는 것입니다. Input 선택 목록에 표시하는 미디 인터페이스의 종류는 독자가 사용하는 제품에 따라 다르며, 모든 포트에서 입력하는 신호를 받아들이는 All MIDI Inputs과 모든 포트의 신호를 받지 않는 Not Connected 가 있습니다.

Input과 반대 개념으로 큐베이스와 누엔도에 입력된 미디 또는 오디오 연주를 전송할 아웃 포트를 선택할 수 있는 목록이 열립니다. 역시 사용자의 컴퓨터에 장착한 시스템에 따라서 목록의 표시 상태는 달라지며, 오디오의 경우에는 VST Connections 의 Outputs설정에 따라 달라집니다.

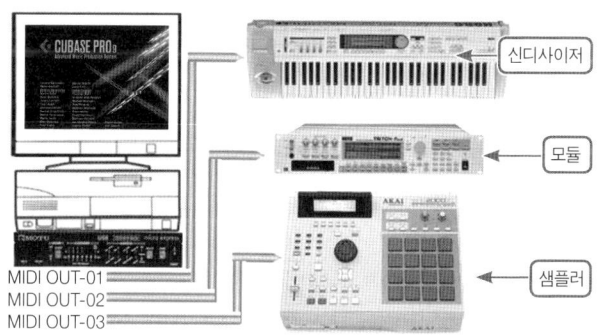

MIDI OUT-01
MIDI OUT-02
MIDI OUT-03

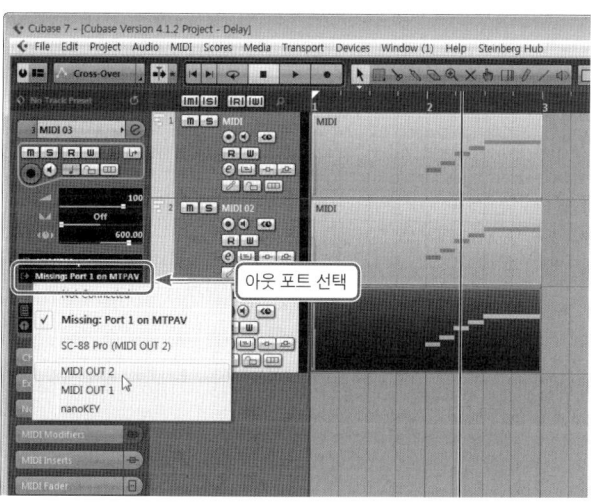

 아웃 포트 선택

01 독자가 사용하는 미디 인터페이스가 동시에 3대의 미디 악기를 연결할 수 있으며, 1번 MIDI OUT에 신디사이저, 2번 MIDI OUT에 모듈, 3번 MIDI OUT에 샘플러를 연결했다고 가정합니다.

02 이 경우 MIDI 01트랙에 입력한 파트의 데이터를 모듈로 전송하여 소리를 내고 싶다면, 2번 MIDI OUT을 선택합니다. Output 에는 어떤 신호도 전송하지 않겠다는 Not Connected를 비롯해서 독자가 사용하는 소프트 음원을 함께 표시합니다.

😊 가정교사

음색 리스트가 표시되도록 MIDI Device를 설정한 경우에는 해당 악기의 이름이 아웃 포트 목록에 표시됩니다.

미디 트랙에만 있는 채널 선택 항목은 트랙에 입력한 이벤트를 전송할 미디 채널을 선택합니다. 하나의 미디 포트에서 전송하는 채널은 총 16채널이기 때문에 대부분의 미디 악기는 16채널을 지원합니다. 채널이란 동시에 소리 낼 수 있는 악기 음색을 말하는 것으로 16채널이면 동시에 16가지의 악기 음색을 소리 낼 수 있다는 것입니다. 즉, 16인조의 연주자가 있는 것과 같다고 생각해도 좋습니다.

01 File 메뉴의 New Project를 선택하여 16 MOno 8 Stereo 16 MIDI 8 Groups+FX 템플릿으로 프로젝트를 만들면, MIDI Tracks 그룹에 MIDI 01 트랙에서부터 채널 1번, 채널 2번 순서로 자동 설정되어 있습니다. 여기서 채널 2번으로 설정되어 있는 MIDI 02 트랙을 10번 채널로 바꾸고자 한다면, 먼저 MIDI 02 트랙을 선택합니다.

02 채널을 변경할 수 있는 미디 채널 항목을 클릭하면 16개의 채널 번호가 보입니다. 여기서 10번을 클릭하면 MIDI 02 트랙에서 연주하는 데이터는 10번 채널로 전송하는 것입니다. ANY 는 입력하는 채널과 같은 채널을 연주하는 것입니다.

😊 가정교사

악기에 다라 16채널을 지원하지 않는 경우도 있으므로, 사용하고 있는 악기의 설명서를 참조하기 바랍니다.

Bnk에서는 뱅크를 선택하고, Prg에서는 프로그램을 선택합니다. 입문자이거나 악기 매뉴얼이 없는 경우에는 MIDI Device Manager 메뉴를 통해서 뱅크와 프로그램이 음색 이름으로 표시되게 할 수 있지만, 고급 사용자의 경우에는 매뉴얼에 있는 악기 리스트를 보고 사용할 음색을 숫자로 입력 경우가 많습니다.

프로그램	뱅크	음색
001	000	Piano 1
	008	Piano 1w
	016	Piano 1d
002	000	Piano 3
	008	Piano 2w
003	000	Piano 3
	001	EG-Rhodes 1
	002	EG-Rhodes 2
	008	Piano 3w

01 두 개의 미디 트랙이 있는 Pro-01 샘플 파일을 불러옵니다. 이것을 피아노 음색으로 연주하기 위해서 악기 매뉴얼의 프로그램 리스트를 찾아봅니다. 예를 들어 프로그램 리스트가 표와 같다고 가정합니다.

02 표를 보니 Piano1이라는 음색이 뱅크 0번에 프로그램 1번으로 표시되어있습니다. 즉, Bnk 항목을 0으로 설정하고, Prg 항목을 1로 설정하면 피아노 음색으로 연주 하는 것입니다. 독자의 악기 리스트를 참조하여 실험을 해보기 바랍니다.

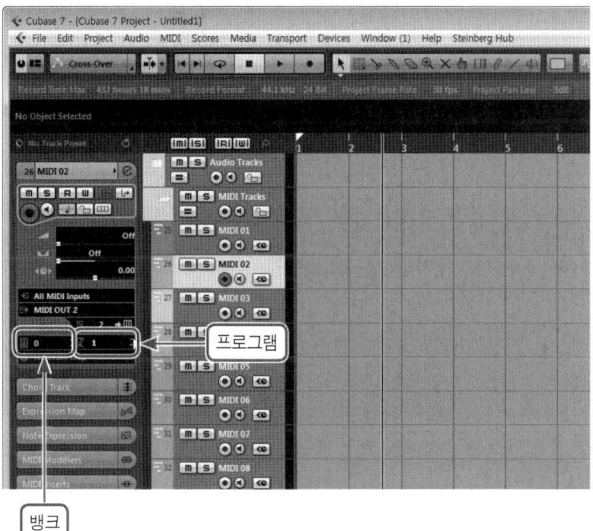

프로그램

뱅크

😊 가정교사

뱅크 컨트롤 정보 0번 외에 32이번이나 0번과 32번을 함께 사용하는 악기는 프로그램을 리스트로 표시되게 하거나 컨트롤 정보를 직접 입력해야 하므로, 악기 설명서를 참조하기 바랍니다.

드럼 맵

Map 항목은 드럼 입력에 편리한 Drums Editor를 사용할 때 자신이 사용하는 악기의 드럼 맵을 구성하는 역할을 합니다. Drum Map Setup을 이용하면 각 노트의 출력을 자유롭게 변경할 수 있기 때문에 다른 악기로 제작한 데이터를 독자가 사용하는 악기의 드럼 맵으로 간단하게 연주할 수 있습니다.

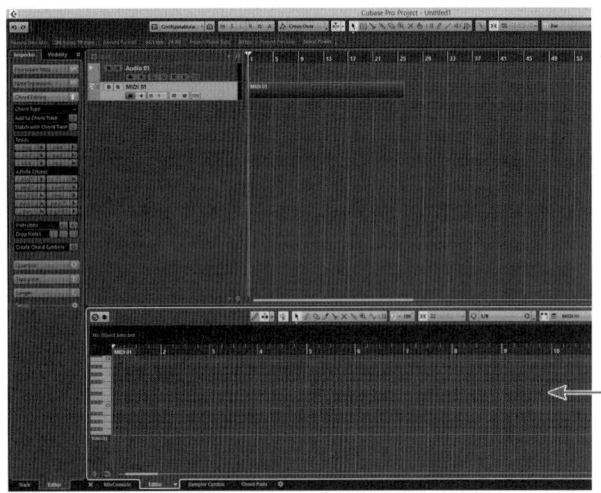

키 에디터

01 미디 트랙을 하나 만들고, Alt 키를 누른 상태에서 마우스를 드래그하여 미디 파트를 만듭니다. 만들어진 미디 파트를 더블 클릭하면 미디 이벤트 입력에 많이 사용하는 키 에디터 창이 열립니다.

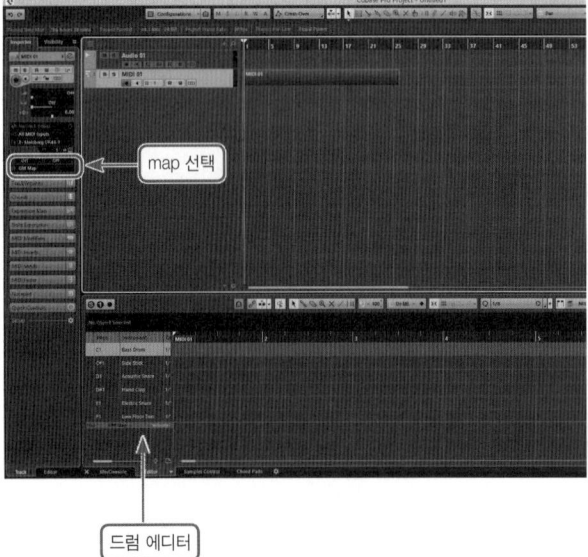

map 선택

드럼 에디터

02 Map항목에서 기본적으로 제공하고 있는 GM Map을 선택하고, 미디 파트를 더블 클릭하면 드럼 입력에 편리한 Drum Editor 창이 열리는 것을 확인할 수 있습니다. 사용자 악기에 맞는 드럼 맵 설정 방법은 미디 편집 창 학습 편에서 살펴보겠습니다.

😊 **가정교사**

모든 악기가 C1 노트는 베이스 드럼, D1노트는 스네어 드럼 음색으로 연주되는 GM Map을 지원하지는 않습니다. 자신이 사용하는 악기의 드럼 맵을 확인해두기 바랍니다.

하나의 트랙에서 여러 개의 연주를 관리할 수 있는 트랙 버전은 음악 작업을 하는데 있어서 다양한 아이디어를 적용 해볼 수 있는 특별한 파라미터 입니다. 특히, 코드, 박자, 템포와 같이 하나의 트랙만 제공되는 경우에도 트랙 버전 파라미터를 이용하여 여러 가지 테스트를 해볼 수 있습니다.

01 오디오 트랙에 사용자 연주를 녹음했다 고 가정합니다. 인스펙터 패널의 Track Versions 파라미터에는 첫 번째 버전이라는 의 미의 V1 이 생성됩니다.

02 트랙 이름 항목을 클릭하여 메뉴를 열 고, New Version을 선택하거나 Track Versions 파라미터의 New Version을 클릭하여 새로운 버전의 트랙을 생성할 수 있습니다.

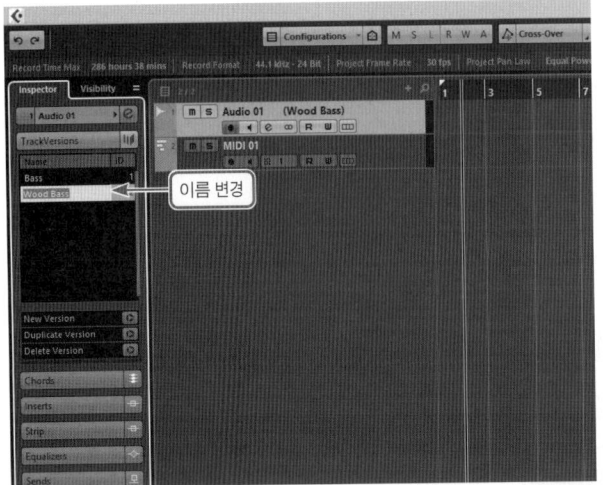

이름 변경

03 새 트랙을 만든 것과 동일한 형태의 버전이 생성되며, 또 다른 타입의 연주를 녹음해 볼 수 있습니다. 각 버전은 name 항목을 더블 클릭하여 구분하기 쉬운 이름으로 변경 가능합니다.

버전 선택

04 이렇게 하나의 트랙에서 여러 개의 버전 별 연주를 녹음해 놓고, 작업 중인 음악에 어울리는 것을 선택할 수 있습니다.

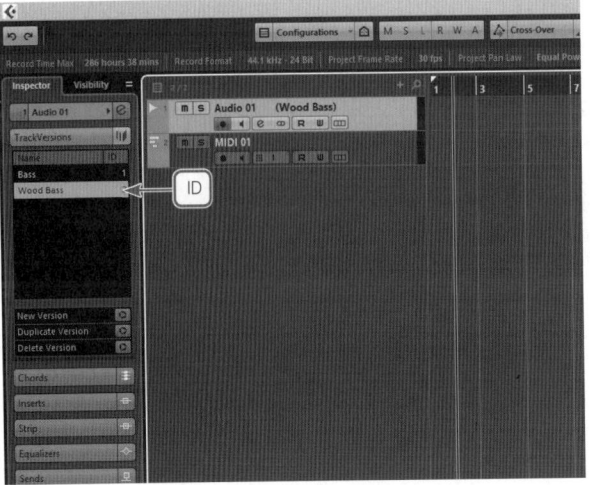

ID

05 트랙 버전의 ID는 프로젝트에서 새로운 버전을 생성할 때마다 순서대로 붙습니다. 새로운 트랙을 만들고 새로운 트랙 버전을 녹음하면서 확인해보기 바랍니다.

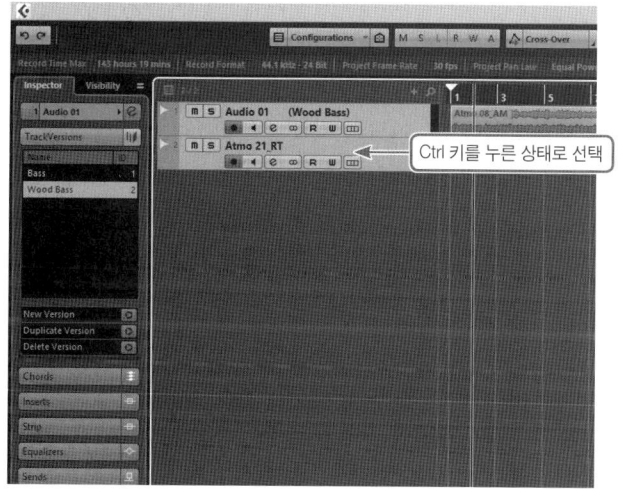

Ctrl 키를 누른 상태로 선택

06 두 트랙 이상의 버전을 하나의 ID로 관리하고 싶다면 각 트랙마다 원하는 버전을 열어놓고, Ctrl 키를 누른 상태로 트랙을 선택합니다.

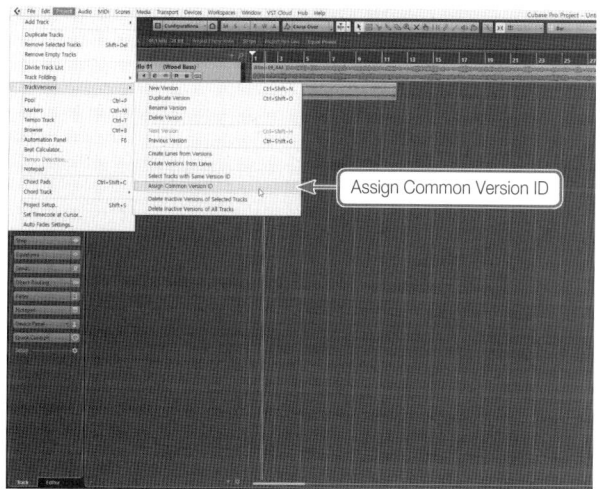

Assign Common Version ID

07 Project 메뉴의 Track Version에서 Assign Common Version ID를 선택합니다. 선택한 트랙의 버전들은 동일한 ID가 할당됩니다.

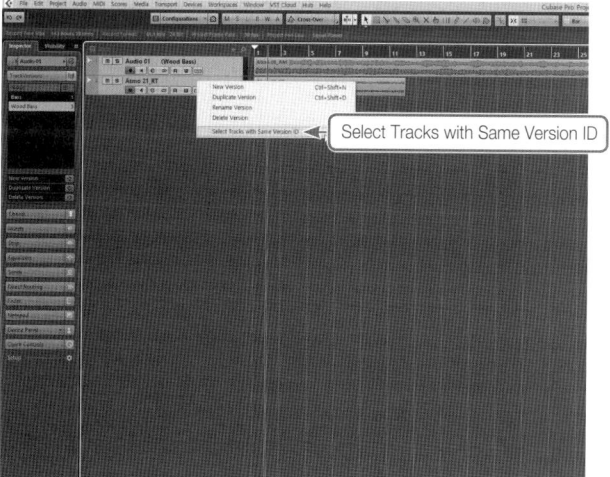

Select Tracks with Same Version ID

08 트랙 버전 메뉴의 Select Tracks with Same Version ID를 선택합니다. 동일한 ID를 가지고 있는 모든 트랙을 선택합니다.

09 동일한 ID를 가진 트랙이 몇 개있는지 확인할 수 있고, 트랙 버전을 선택하여 모든 트랙에 동일한 ID를 가진 트랙 버전을 한 번에 배치할 수 있습니다.

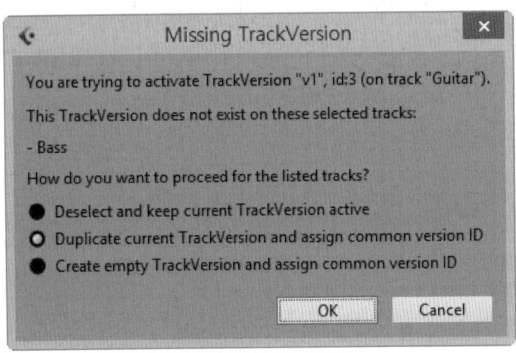

10 동일한 ID가 아닌 버전을 선택하면 선택한 트랙을 어떻게 처리할 것인지를 묻는 Missing Track Version 창이 열립니다.

● Deselect and keep current Track Version active
선택된 트랙을 해제하고, 각 트랙의 버전을 그대로 유지합니다.

● Duplicate current Track Version and assign common version ID
현재 트랙 버전을 복사하여 동일한 ID를 할당합니다.

● Create empty Track Version and assign common version ID
동일한 ID가 할당된 빈 트랙 버전을 만듭니다.

3 익스프레션 파라미터

관악기의 트레몰로, 현악기의 글리산도 등의 주법을 미디로 표현하기 위해서는 컨트롤 정보에 관한 지식과 상당한 경험이 필요했습니다. 그러나 이제는 Expression Map 기능을 이용하여 악보에 연주 기호를 입력하거나 건반을 누르는 것만으로도 간단하게 표현할 수 있습니다. 아직은 Kontakt, Vienna, HALion Symphonic Orchestra, HALion Sonic 등으로 지원 악기가 많지는 않지만, 앞으로는 좀 더 다양해 질 것이며, 미디 작업을 한 단계 업그레이드 시킬 수 있는 유용한 기능이 될 것입니다.

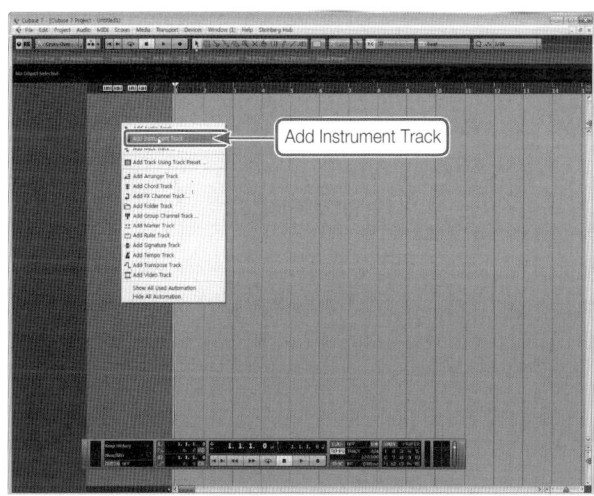

01 새로운 프로젝트를 만들고, 트랙 리스트에서 마우스 오른쪽 버튼을 클릭하여 단축 메뉴를 엽니다. 그리고 Add Instruments Track을 선택합니다.

02 VST 악기를 선택할 수 있는 창이 열립니다. Instrument 항목에서 HALion Sonic SE을 선택하고, Add Track 버튼을 클릭하여 VST Instruments 트랙을 만듭니다.

03 프로그램 항목을 클릭하여 음색 리스트를 열고, VX(Vst eXptession)이 붙은 음색 이름을 선택합니다. 실습에서는 Nylon Guitar VX 음색을 선택하고 있으며, 검색 항목에 Nylon을 입력하면 쉽게 찾을 수 있습니다.

04 인스펙터 창의 Expression Map 파라미터를 열고, No Expression Map 표시가 있는 슬롯을 클릭하여 Expression Map Setup을 선택합니다. MIDI 메뉴의 Expression Map Setup을 선택해도 좋습니다.

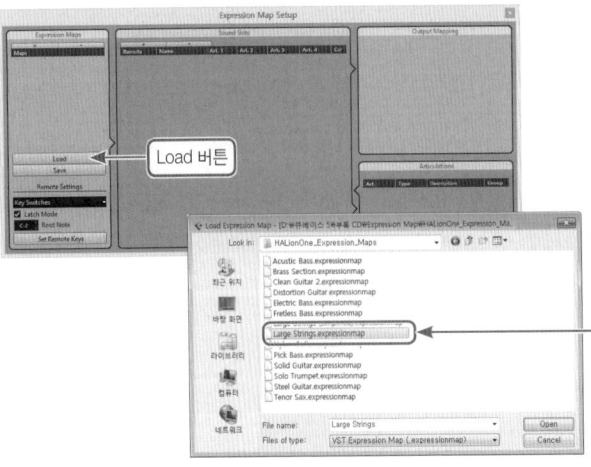

05 VST Expression을 설정할 수 있는 창이 열립니다. Load 버튼을 클릭하여 창을 열고, VST Expression Map 샘플 폴더의 HALion_Sonic_Expression_Maps를 엽니다. 그리고 Nylon guitar expressionmap을 더블 클릭하여 불러옵니다.

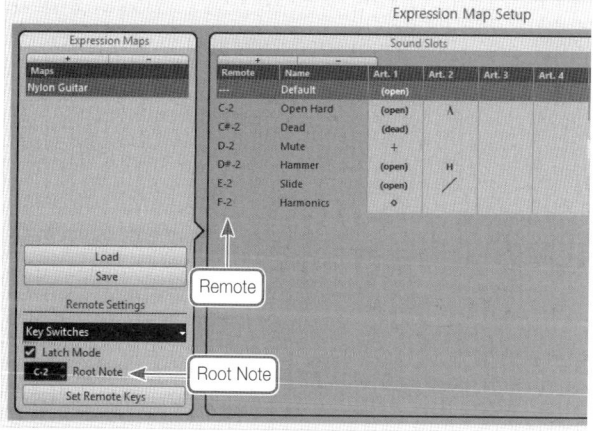

06 익스프레션을 리얼 연주로 이용하겠다면 Root Note 값을 88건반에 적합한 C0이나 61 건반에 적합한 C1 정도로 설정합니다. Remote 칼럼의 노트를 더블 클릭하여 자신에게 맞는 건반을 지정해도 좋습니다.

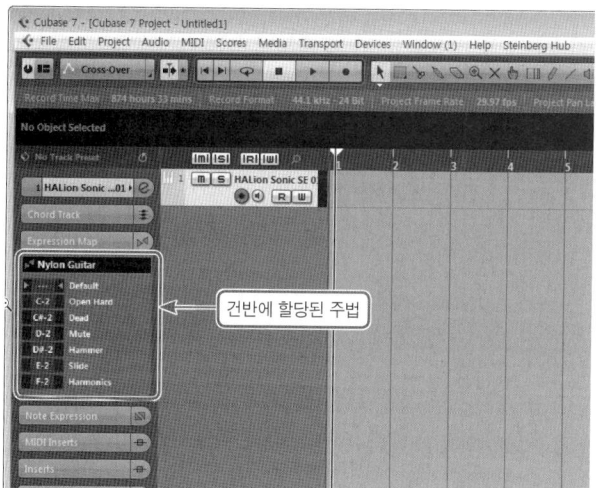

07 Expression Map 파라미터에서 Nylon Guitar를 선택하면 C0는 Open Hard, C#0은 Dead 등, 건반에 할당된 주법을 확인할 수 있습니다. 예를 들어 E0 건반을 누르고, 악기를 연주하면 슬라이드 주법으로 연주되는 놀라운 경험을 할 수 있습니다.

😊 가정교사

Remote를 한 옥타브 올렸다면, E1으로 슬라이드 주법을 연출합니다.

08 VST Expression을 키 에디터나 스코어 에디터에서 마우스로 입력할 수 있기 때문에 리얼 연주가 서툰 사용자도 쉽게 이용할 수 있습니다. 적당한 연주를 녹음하거나 Expression_01 샘플을 불러와 키 에디터를 엽니다.

09 미디 편집 작업에서 가장 많이 사용하는 키 에디터 창이 열립니다. 컨트롤 패널의 메뉴를 클릭하여 Artivulations/Daynamics를 선택합니다.

컨트롤 패널 메뉴

10 Expression 주법이 표시된 컨트롤 패널이 보이며, 연필을 가져가면 노트의 시작 점에 맞출 수 있는 가이드 라인이 표시됩니다. D3 노트가 연주되는 위치에서 Flageolet을 입력하여 연출해봅니다.

D3 노트에 Flageolt 입력

11 3마디와 4마디에서 연주되는 E3 노트에 Hammer 주법을 입력하고, 3, 6, 8마디에서 연주되는 짧은 노트에 Muted 주법을 입력합니다. 입력한 주법은 다시 클릭하여 삭제할 수 있습니다.

짧은 노트에 Muted

12 Expression Map은 스코어 에디터에서 더욱 큰 위력을 보입니다. Scores 메뉴 의 Open Selection을 선택하여 창을 열어보면, 앞에서 입력한 주법들이 음표에 표시되어 있는 것을 확인할 수 있습니다. 즉, 악보에 표시되는 기호들이 실제 연주에 반영되는 것입니다.

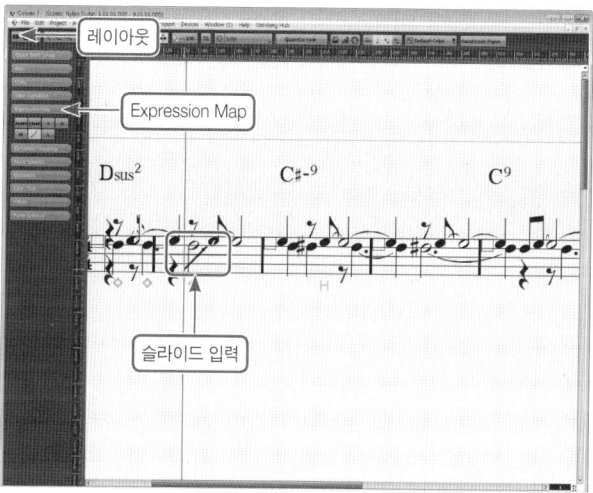

13 스코어 창의 레이아웃에서 Symbols를 선택하여 인스펙터 창이 보이게 하고, Expression Map 파라미터의 Slide 기호를 선택합니다. 그리고 둘 째마디의 E3 음표 머리를 클릭하여 기호를 입력합니다.

14 프로젝트 창에서의 리열 연주, 키 에디터와 스코어 에디터에서의 마우스 입력 방법을 살펴보면서 Expression의 놀라운 기능을 경험해 보았습니다. 좀 더 리얼한 연주를 만들거나 표기대로 연주되는 악보를 만들고 싶을 때, 매우 유용한 기능이 될 것입니다. 완성된 샘플은 Expression_02 파일입니다.

4 모디파이어 파라미터

미디 및 VST 트랙의 MIDI Modifiers 파라미터는 선택한 트랙에서 연주하는 미디 노트의 음정, 벨로시티 등을 실시간으로 조정할 수 있는 항목들로 구성되어 있습니다. 특히, Random 항목을 잘 활용하면 마우스 입력이나 퀀타이즈 명령으로 인한 기계적인 연주를 어느 정도 느슨하게 하여 리얼로 연주한 듯한 효과를 손쉽게 만들 수 있습니다.

1. Transpose
선택한 트랙의 음정을 최대 127까지 조정 가능합니다. 여기서 1에 해당하는 값이 반음입니다. Track 샘플 파일에서 1번 트랙의 Flute를 선택하여 음정을 조정해봅니다.

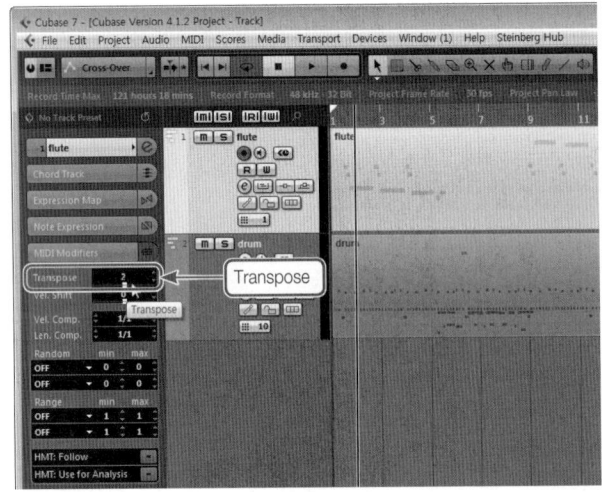

2. Vel. Shift
선택한 트랙의 벨로시티를 최대 126까지 조정할 수 있습니다. 여기서 주의할 것은 실제 노트의 벨로시티를 변경하는 것이 아니라 연주 효과에만 적용한다는 것입니다. 그리고 범위가 실제 노트와 합해서 127이 넘어가면 Vel. Shift에서 설정된 벨로시티 값으로 고정 된다는 것입니다. 예를 들어서 실제 노트의 벨로시티가 100이고, Vel. Shift 값이 +10이라면 실제 연주하는 값은 110이지만, Vel. Shift 값이 +50이라면 실제 벨로시티 값과 합해서 150이 되어 127이라는 한계 값을 넘어가고 있기 때문에 연주하는 값은 50입니다.

3. Vel. Comp

벨로시티의 압축 비율을 설정합니다. 예를 들어서 입력한 벨로시티 값이 100이고, Vel. Comp 값이 1/2라면 100을 반으로 압축하는 효과이므로 실제 연주하는 벨로시티 값은 50입니다. 참고로 Vel. Shift와 Vel. Comp 값을 동시에 사용한다면 다음 표의 예제와 같이 실제 연주 값에 Vel. Comp 값을 적용한 후 Vel. Shift 값을 더한 값으로 연주합니다.

입력된 값	50	70	35	100
Vel. Shift (+50)	50	50	50	50
Vel. Comp (1/2)	25	35	17	50
Shift+ Comp	75	85	67	100

4. Len. Comp

입력한 노트 길이의 압축 비율을 설정합니다. 예를 들어서 입력한 노트의 길이가 한 박자일 경우 Len. Comp의 값을 1/2로 하면 반으로 줄어서 반 박자의 연주 효과를 만들고, 2/1로 하면 두 배로 늘어나 두 박자의 연주 효과를 만듭니다. 그림은 Track 샘플 파일의 Len. Comp를 조정하여 스타카토 연주 효과를 만들고 있습니다.

5. Random

입력한 노트의 시작 위치(Position), 음정(Pitch), 벨로시티(velocity), 길이(length) 등을 인위적으로 어긋나게 하여 마우스로 입력한 노트를 리얼로 입력한 것처럼 연출할 수 있습니다. 예를 들어 퀀타이즈를 적용한 Track 샘플 파일의 시작 위치를 어긋나게 하려면 Random 항목에서 Position을 선택합니다.

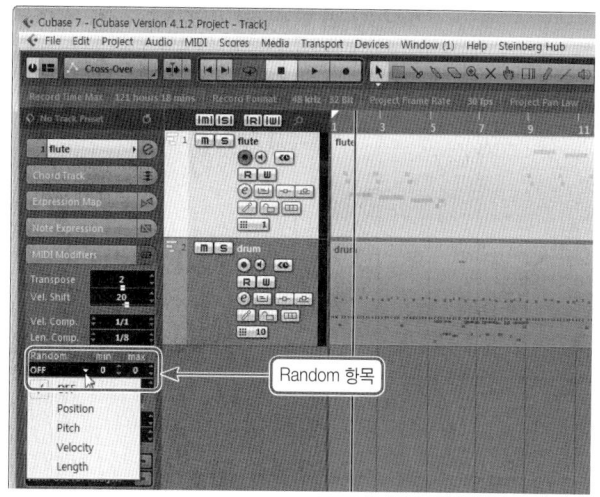

그리고 Min과 Max에서 범위를 입력합니다. 그림
은 최소 -10에서 최대 10값을 입력하여 노트의 시
작 위치가 20 범위에서 자유롭게 어긋나게 하고 있
습니다. Random은 두 개의 패널을 가지고 있으므로
Velocity까지 변화를 주면, 마우스로 입력한 노트도
리얼로 입력한 것처럼 연출할 수 있을 것입니다.

Random 조정 범위 설정

6. Range

Range는 연주하는 벨로시티와 음정의 범위를 제
한할 수 있습니다. 여기서 Limt는 Min과 Max사
이에 설정한 범위 밖의 노트를 설정 범위 안에서
연주할 수 있게 하는 것이며, Filter는 설정한 범
위 밖의 노트를 연주하지 못하게 하는 것입니다.
Track 샘플 파일에서 Drum 트랙에 사용한 퍼커
션 연주를 빼는 실험을 위해 Note Filter를 선택
합니다.

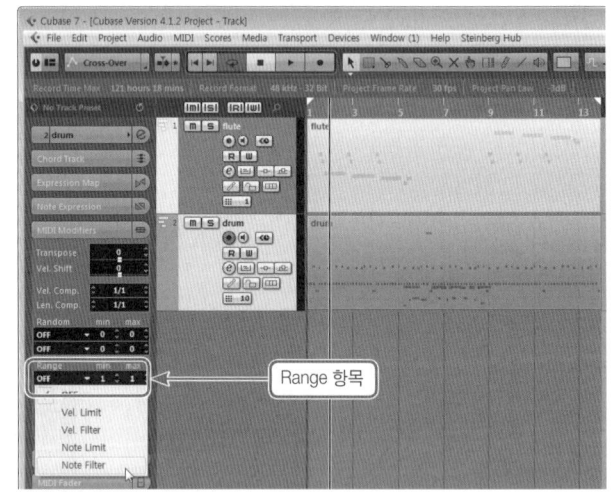

Range 항목

퍼커션 연주가 D3와 D#3이므로 Max값을 C#3로 설
정하여 그 이상의 노트들은 연주하지 않게 합니다.
이때 Note Limit를 선택하면 D3와 D#3가 C#3 범위
안으로 이동하기 때문에 엉뚱한 소리로 연주합니다.
두 가지 차이점을 확실히 기억하기 바랍니다.

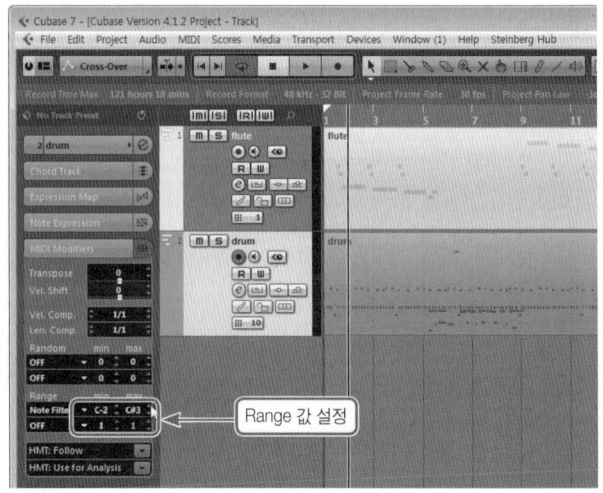

Range 값 설정

7. HMT: Follow

트랙에서 연주되는 노트의 주파수를 조정하는 Hermode 튜닝이 적용됩니다. 타입은 Project Setup의 HMT Type에서 설정한 것으로 적용되기 때문에 사전에 선택되어 있어야 하며, None 인 경우에는 Activate Hermode tuning in the Project Setup dialog 메시지가 표시됩니다.

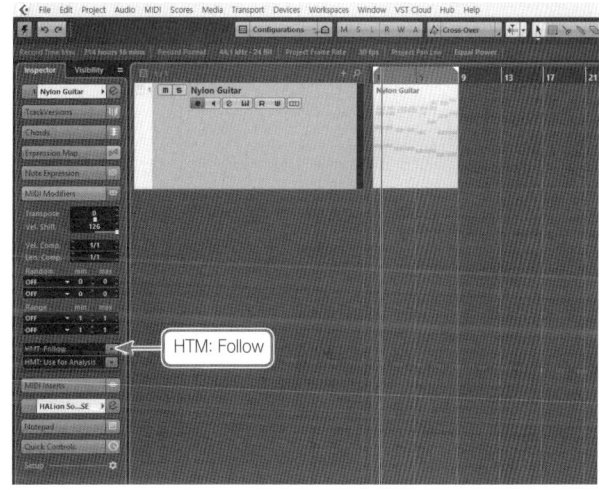

Project Setup 창의 HMT Type에서 제공하는 튜닝 타입은 Reference, Classic, Pop Jazz, Baroque의 음악 장르별로 제공하며, 조정 폭은 HMT Depth로 설정합니다.

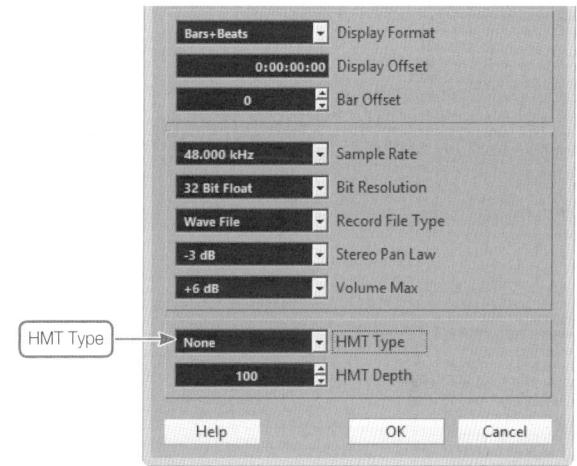

8. HMT: Use for Analysis

트랙에서 연주되는 노트를 분석용으로 사용합니다. Follow를 On으로 하면 자동으로 On 되지만, 피아노 연주 트랙에서는 부자연스러운 튜닝이 추가되는 현상을 방지하기 위하여 Follow를 Off하는 것이 좋습니다.

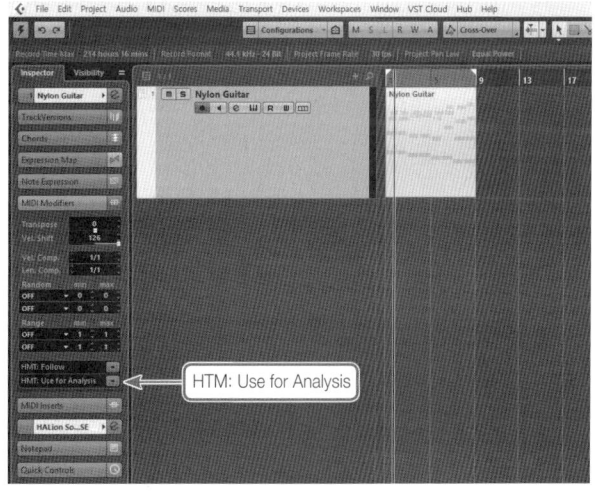

4 인서트 파라미터

인서트 파라미터는 연주하는 이벤트에 다양한 이펙트 효과를 인서트 방식으로 적용할 수 있는 파라미터 입니다. 미디는 동시에 4가지를 적용할 수 있고, 오디오는 동시에 8가지를 적용할 수 있습니다. 오디오에서 너무 많은 이펙트를 사용하면, 음악이 지연되는 현상이 발생할 수 있으므로 인서트 방식이 필요 없는 리버브, 딜레이 계열들은 센드 방식을 사용하는 것이 요령입니다.

이펙트 선택

01 Insert 파라미터를 열어보면 미디 트랙의 경우에는 4개의 슬롯이 있고, 오디오 트랙의 경우에는 8개의 슬롯이 있습니다. 슬롯을 클릭하면 그림과 같이 큐베이스와 누엔도에서 제공하는 다양한 이펙트 목록이 열립니다.

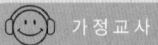
Always on Top

02 목록에서 원하는 이펙트를 선택하면 기본 설정 값을 변경할 수 있는 이펙트 창이 열리며, 패널을 마우스 오른쪽 버튼으로 클릭하여 단축 메뉴를 열고, Always on Top을 선택하면, 다른 작업 창의 뒤로 가려지지 않습니다.

😊 가정교사

이펙트를 로딩할 때 자동으로 Always On Top 기능이 적용되도록 하고 싶다면, Preferences 창의 VST-Plug-ins 페이지에서 Plug-in Editors "Always on Top" 옵션을 체크합니다.

03 미디 트랙의 MIDI Inserts 파라미터에서는 동시에 4가지 이펙트를 사용할 수 있으며, 오디오 트랙에서는 동시에 8가지 이펙트를 사용할 수 있습니다. 그리고 인스트루먼트 트랙은 4가지 미디 이펙트 사용을 위한 MIDI Insets와 8가지 오디오 이펙트를 동시에 사용할 수 있는 Inserts 파라미터를 모두 가지고 있습니다.

04 슬롯에 장착되어 있는 이펙트는 언제든 다른 이펙트를 선택하여 바꿀 수 있고, No Effects 메뉴를 선택하여 제거할 수 있습니다. 이펙트의 목록은 큐베이스와 누엔도에서 제공하는 것 외에 사용자가 설치한 플러그-인들도 표시되므로 그림과 다를 수 있습니다.

05 Insert 슬롯에 장착한 이펙트는 이름을 드래그하여 적용 순서를 변경할 수 있습니다. 동일한 이펙트라도 적용 순서에 따라 전혀 다른 사운드가 연출되므로, 많은 실험이 필요한 것이 이펙트입니다.

마우스 드래그로 채널 변경

06 이펙트는 순서뿐만 아니라 채널도 변경이 가능합니다. F3 키를 눌러 믹서 창을 열고, Insert 랙을 클릭하여 슬롯이 보이게 합니다. 그리고 이펙트를 다른 채널로 드래그해 보면 위치 변경이 가능하다는 것을 알 수 있습니다.

Bypass 버튼

편집 버튼

전원 버튼

07 인서트 파라미터 각 슬롯에 있는 버튼은 이펙트 패널의 버튼과 동일한 역할을 합니다. 이펙트 적용 전/후의 사운드를 비교해 볼 수 있는 Bypass 버튼, 이펙트 패널을 여는 편집 버튼이 있고, 이펙트의 사용 유무를 결정하는 전원 버튼은 Alt 키를 누른 상태에서 Bypass 버튼을 클릭합니다.

All Bypass 버튼

Load Preset

프리셋 버튼

08 이펙트를 마우스 오른쪽 버튼으로 클릭하면 열리는 메뉴에서 Load Preset을 선택하면 설정 값을 불러올 수 있는 프리셋 창이 열리며, Inserts 파라미터 이름 오른쪽의 All Bypass 버튼을 클릭하여 해당 트랙의 모든 이펙트를 Bypass 시킬 수 있습니다.

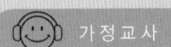 가정교사

All Bypass 버튼을 Alt 키를 누른 상태로 클릭하면 해당 채널에 적용한 이펙트를 모두 제거합니다.

6 이퀄라이저 파라미터

흔히 EQ라고 불리는 이퀄라이저는 각 음의 주파수 대역을 조정하여 자신이 원하는 사운드를 만들 수 있습니다. 가정용 오디오에서 POP, Jazz, Rock 등으로 프리셋 되어 있어 일반인들도 쉽게 사용할 수 있을 만큼 친숙한 것이 EQ 이지만, 많은 경험이 필요한 장비이기도 합니다. 이퀄라이저는 인스펙터 창의 Equalizers 파라미터에서 조정하는 것 보다는 주파수 대역을 눈으로 확인할 수 있는 채널 셋팅 창을 많이 사용합니다.

01 Eq 샘플 파일을 불러오면 Equalizers 파라미터가 열린 드럼 루프 트랙이 있습니다. 인스펙터 창의 채널 셋팅 창 열기 버튼을 클릭하여 창을 열어봅니다.

02 큐베이스와 누엔도의 EQ는 모두 4개의 노브로 구성되어 있으며, 활성 버튼을 클릭하여 효과를 적용합니다. 활성 버튼을 클릭하면 그래프에 번호가 1번에서 4번까지 표시되는 것을 확인할 수 있습니다. 이때 인스펙터 창의 Equalizers에서도 해당 주파수 대역의 활성 버튼이 함께 연동하는 것을 알 수 있습니다.

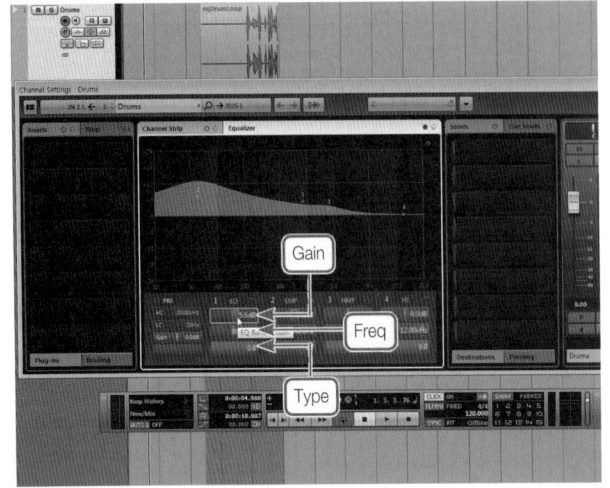

03 각 패널에는 선택한 주파수 대역을 증/감 하는 게인(Gain) 역할을 하고, 주파수 대역을 설정하는 프리퀀시(Freq), 밴드 타입을 선택하는 Type 의 3가지 슬롯으로 구성되어 있습니다. 저역대 주파수를 약 300Hz정도로 조정하고, 게인을 올려봅니다. 저음이 강조되어 베이스 드럼 소리가 두꺼워지는 것을 느낄 수 있습니다.

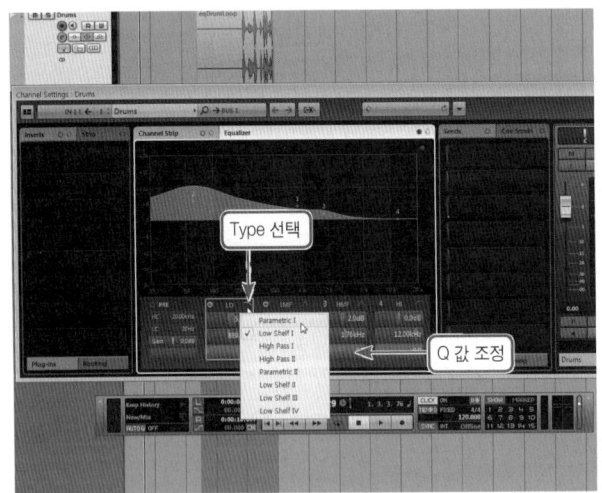

04 타입은 Freq 에서 설정한 주파수를 중심으로 조정하는 Parametric, Freq 이하의 주파수를 조정하는 Low Shelf, Freq 이하의 주파수를 High Pass 등 여러 가지가 있으며, 각각의 타입은 그래프로 쉽게 구분 가능합니다. 그리고 타입 선택 오른쪽에는 조정 폭을 조정하는 Q 슬롯이 있습니다.

05 각각의 슬롯은 디스플레이에서 포인트를 드래그하여 조정할 수 있다는 것도 알아두기 바랍니다. Shift 키를 누른 상태에서는 Q값, Ctrl 키를 누른 상태에서는 게인, Alt 키를 누른 상태에서는 프리퀀시를 조정합니다.

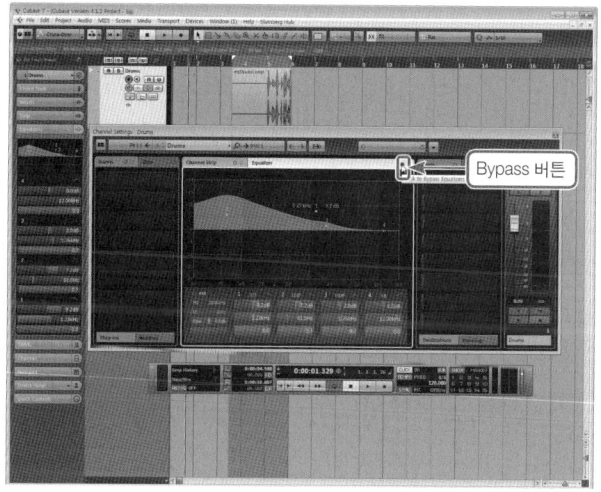

06 EQ 적용 전/후의 사운드를 비교해보고 싶다면, Bypass 버튼을 클릭하여 On/ Off합니다. 그리고 Bypass 버튼을 Alt 키를 누른 상태로 클릭하면, 4개의 EQ 값을 모두 초기화 시킬 수 있습니다.

07 큐베이스와 누엔도는 EQ 패널에서도 다양한 프리셋을 이용할 수 있습니다. 프리셋을 적용할 때는 프리셋 버튼을 클릭하여 메뉴를 열고, Load Preset을 선택합니다.

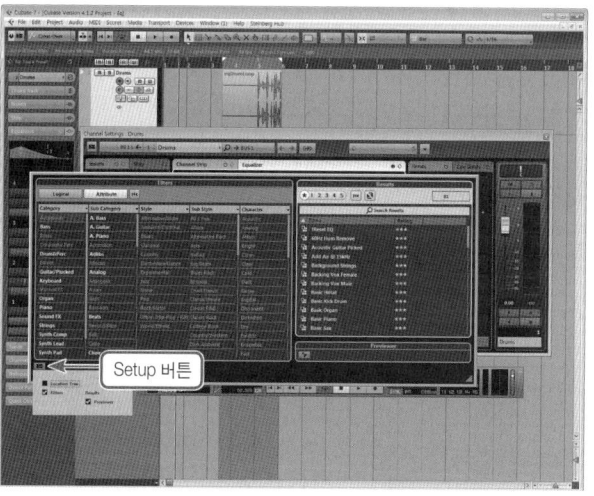

08 인서트 파라미터에서 살펴보았던 것과 동일한 방식의 프리셋 창이 열립니다. 셋업 버튼의 Filter 옵션을 체크하면, 악기 음색에 적합한 EQ 셋팅을 쉽게 찾을 수 있는 카테고리 형식으로 표시되며, 선택한 프리셋은 채널 셋팅 창의 EQ 패널에서 확인할 수 있습니다.

7 센드 파라미터

센드 파라미터는 앞의 인서트 파라미터에서 살펴본 미디 이펙트와 오디오 이펙트를 그대로 사용합니다. 다만, 하나의 채널에서 하나의 이펙트를 사용하는 인서트 방식과는 다르게 하나의 이펙트를 다수의 채널에서 사용할 수 있다는 차이점이 있습니다. 일반적으로 리버브와 딜레이와 같은 공간계열 이펙트를 사용합니다.

01 Open 샘플 파일을 불러옵니다. 트랙 리스트에서 마우스 오른쪽 버튼을 클릭하여 단축 메뉴를 열고, Add FX Channel Track을 선택합니다.

02 Add Fx Channel Track 창이 열립니다. Configuration 항목에서 Stereo를 선택하고, effect 항목에서 사용할 이펙트를 선택합니다. 그림에서는 리버브 계열의 RoomWorks를 선택하고 있습니다.

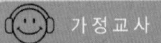 가정교사

Add FX Channel Track 창에서 이펙트를 선택하지 않고, No Effect로 트랙을 만든 후에 FX 채널의 Insert 슬롯에서 이펙트를 추가해도 좋습니다.

오디오 트랙의 Sends 파라미터

03 RoomWorks를 적용한 FX 트랙을 만든 것입니다. 센드 방식으로 이펙트를 사용할 오디오 트랙을 선택하고, Sends 파라미터를 엽니다. 그림에서는 첫 번째 drums 트랙의 Sends 파라미터를 열고 있습니다.

FX1-RoomWorks

04 센드 파라미터는 인서트와 동일하게 8개의 슬롯을 제공하고 있습니다. 첫 번째 슬롯을 클릭하여 Fx1-RoomWorks를 선택합니다. 이것은 FX 트랙을 만들 때 자동으로 생성된 이름입니다. 만일 FX 트랙의 이름을 바꾸었다면, 바뀐 이름이 보입니다.

On 버튼

볼륨 조정 슬라이드

05 센드 파라미터 첫 번째 슬롯에 FX1-RoomWorks를 적용하고, On 버튼을 클릭합니다. 그리고 볼륨 슬라이드를 우측으로 드래그하여 이펙트의 볼륨을 조정합니다. 곡을 연주하면 drums 트랙에 리버브가 적용되어 있는 것을 확인할 수 있습니다.

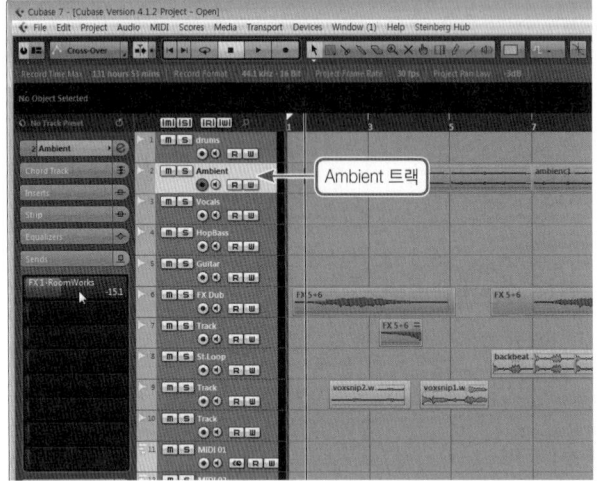

06 같은 방법으로 두 번째 Amblent 트랙을 선택하고, Sends 파라미터에서 FX 1-RoomWorks를 선택합니다. 그리고 곡을 연주하면서 볼륨을 조정해봅니다. 하나의 이펙트를 여러 개의 채널에서 동시에 사용할 수 있다는 것을 알 수 있습니다.

Ambient 트랙

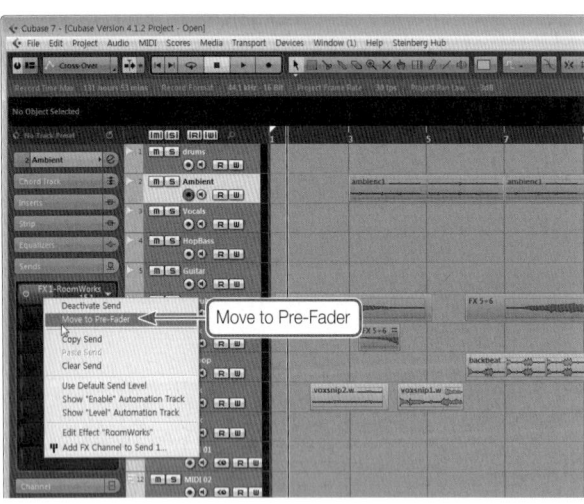

Move to Pre-Fader

07 센드의 이펙트는 마우스 오른쪽 버튼을 클릭하여 단축 메뉴를 열고, Move to Pre-Fader를 선택하여 볼륨 슬라이드 전(Pre)에 적용시킬 수 있습니다. 기본값 Post는 볼륨 슬라이드 후에 적용됩니다.

Tip   Pre/Post

센드 이펙트는 Pre와 Post 방식으로 선택할 수 있으며, 이것은 볼륨 페이더 전(Pre)과 후(Post)를 의미합니다. 일반적으로 Post 방식을 이용하지만, 볼륨에 상관없이 이펙트의 양을 조정하고자 할 때나 센드 이펙트의 양을 모니터할 때 Pre 방식을 이용합니다.

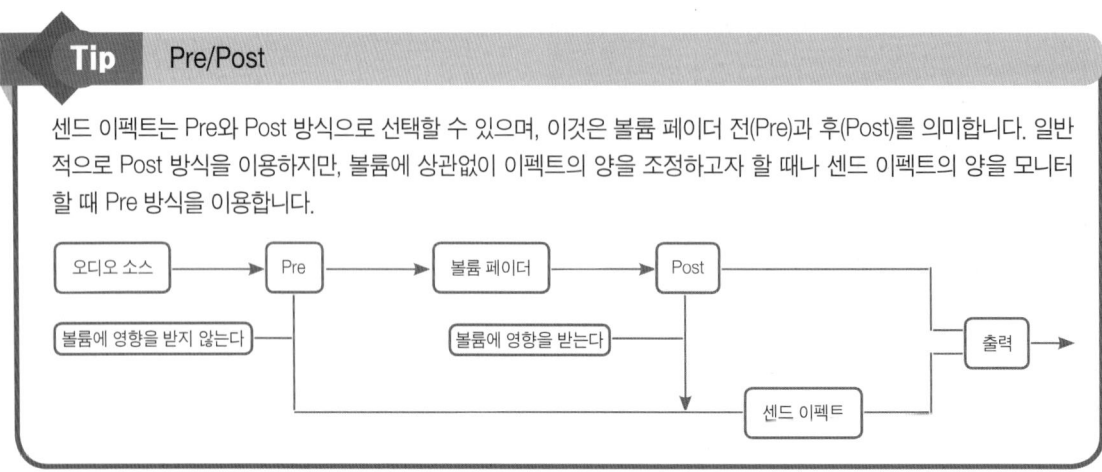

8 페이더 파라미터

페이더 파라미터는 앞에서 살펴본 컨트롤 파라미터를 충분히 이해하고 있다면 별다른 어려움이 없을 것입니다. 페이더 파라미터는 믹서의 페이더 섹션과 같은 모양을 하고 있으며 역할도 같습니다. 미디 트랙의 경우에는 MIDI Fader, 인스트루먼트 트랙에는 Audio Fader라는 이름으로 표시됩니다.

Ctrl 키를 누른 상태로 클릭

01 Ctrl 키를 누른 상태로 Fader 파라미터를 클릭하여 컨트롤 파라미터와 비교할 수 있게 합니다. 하드웨어 믹스콘솔과 비슷한 모습을 하고 있다는 것 외에는 모두 동일한 역할을 합니다.

믹스콘솔

02 F3 키를 눌러 믹스콘솔을 열어봅니다. 모든 채널을 한 화면에서 다룰 수 있다는 것 외에는 동일합니다. 즉, 어떤 파라미터에서 조정을 해도 결과는 같습니다. 믹스콘솔에 관해서는 해당 학습편에서 다루겠습니다.

Device Panel은 인스펙터 창에서 제공하는 컨트롤, 인서트, 채널 파라미터 외에 사용자가 필요로 하는 파라미터를 만들어 사용하는 역할을 합니다. 하드웨어 이펙트나 악기를 사용하고 있다면 Device Panel을 이용하여 마치 큐베이스와 누엔도에 내장되어 있는 장치처럼 사용할 수 있는 요령을 알게 될 것입니다. 디바이스 패널은 인스펙터 창에서 마우스 오른쪽 버튼을 클릭하여 목록을 열고, Device Panel을 선택하여 표시할 수 있습니다.

01 Device 메뉴의 MIDI Device Manager 를 선택합니다. User Pane은 프로젝트를 새로 만들 때 적용되므로, 작업을 시작하기 전에 프로젝트를 만들 필요는 없습니다.

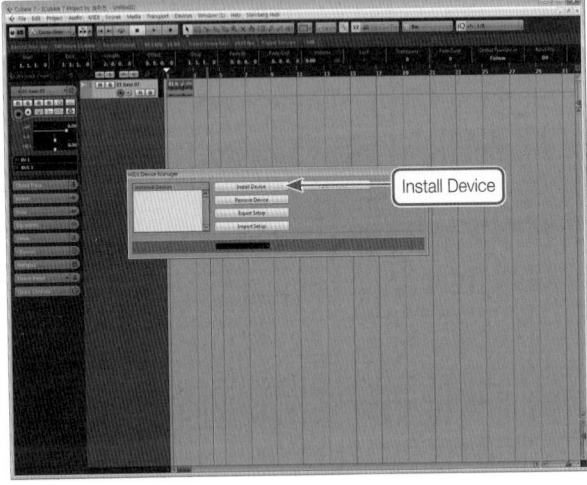

02 미디 아웃 포트에 연결되어 있는 악기 리스트를 만들 수 있는 MIDI Device Manger가 열립니다. Install Device 버튼을 클릭합니다.

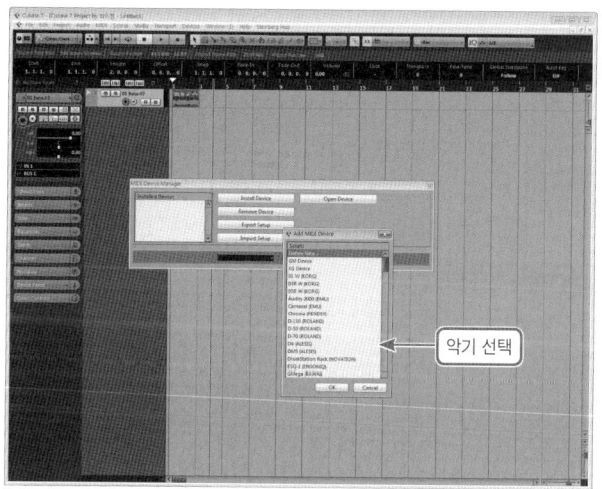

03 Add MIDI Device 가 열립니다. 리스트에서 독자가 사용하고 있는 미디 악기를 찾아 선택하고, OK 버튼을 클릭합니다.

악기 선택

😊 가정교사

독자가 사용하는 악기의 프리셋을 제공하고 있지 않다면, 해당 악기에서 제공하는 CD를 살펴보거나 제작사 홈페이지를 방문해봅니다.

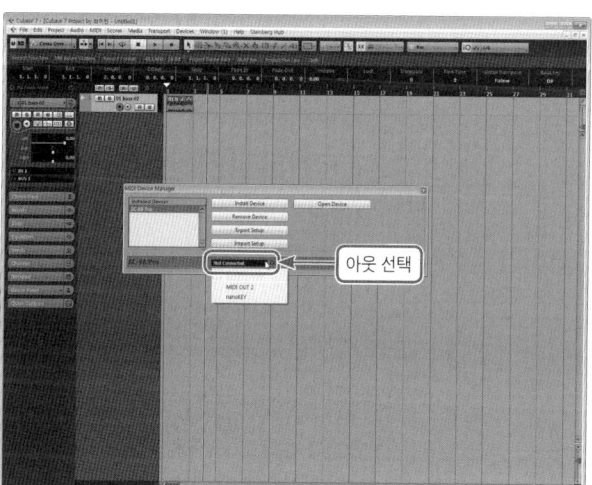

아웃 선택

04 Output에서 선택한 악기가 연결되어 있는 미디 아웃 포트를 선택합니다. 여기까지는 음색 리스트를 만드는 방법과 동일합니다.

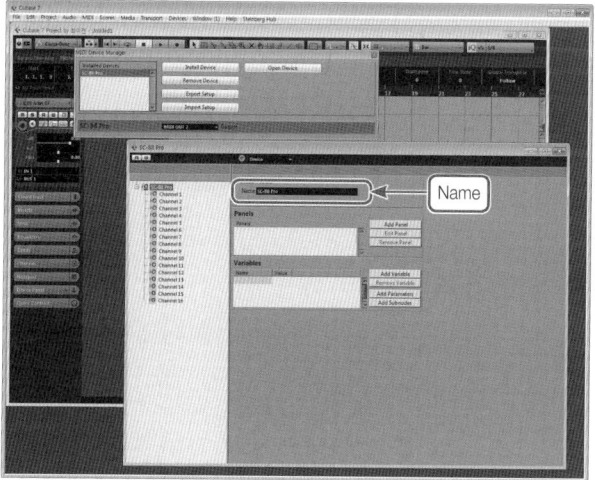

Name

05 사용자 패널을 꾸미기 위해서 Open Device 버튼을 클릭하여 창을 엽니다. 왼쪽에서 악기 또는 채널을 선택하고, Name 항목에서 컨트롤 패널의 이름을 입력합니다.

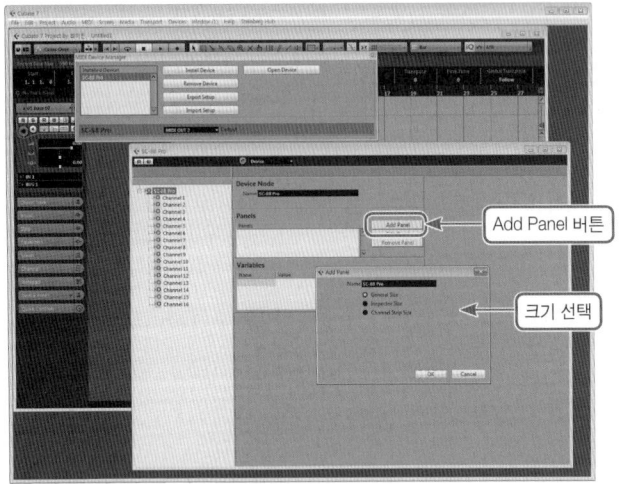

06 Add Panel 버튼을 클릭하면 패널의 크기를 선택할 수 있는 창이 열립니다. General, Inspector, Channel Strip 에서 필요한 크기를 선택하고, OK 버튼을 클릭합니다.

Add Panel 버튼

크기 선택

07 패널 편집 창이 열립니다. 기본적으로 패널의 배경과 색상을 선택할 수 있는 Background 오브젝트가 보입니다. 원하는 패널을 작업 공간으로 드래그합니다. 패널의 가장자리를 드래그하여 크기와 형태를 조정할 수 있습니다.

마우스 드래그로 배치

크기 조정

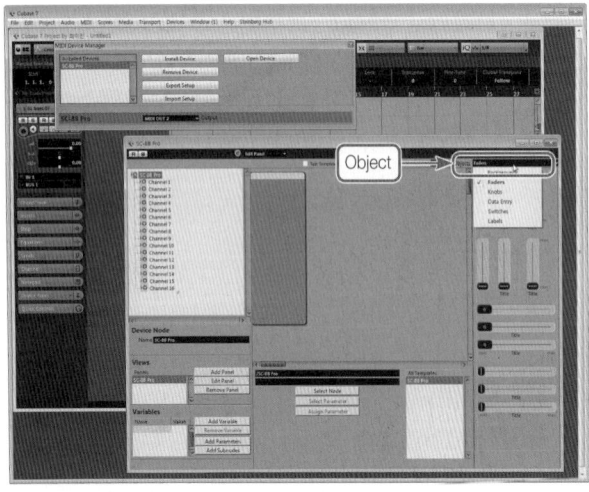

08 Object 목록을 클릭하여 컨트롤할 형태를 선택합니다. Faders, Knobs, Data Entry, Switches의 4가지와 제목을 입력할 수 있는 Labels이 있습니다. 그림에서는 슬라이드 방식의 Faders를 선택하고 있습니다.

Object

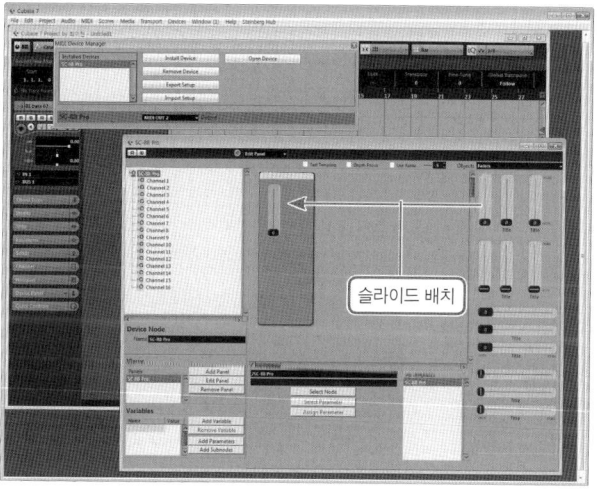

09 다양한 형태의 슬라이드 오브젝트가 보입니다. 배경 패널에서와 같이 마우스 드래그로 작업 공간에 위치합니다. 나머지 오브젝트도 동일한 방법으로 배치합니다.

 가정교사

컨트롤 파라미터의 구성은 실제 악기와 비슷하게 만드는 것이 좋습니다.

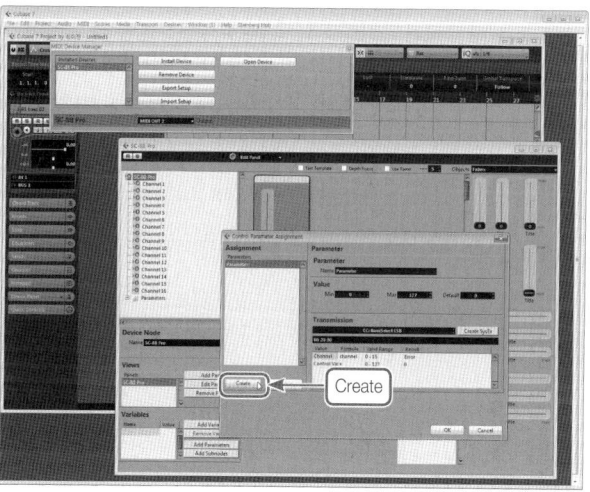

10 슬라이드로 컨트롤할 파라미터를 설정할 수 있는 창이 열립니다. Create 버튼을 클릭하여 새로운 파라미터를 만듭니다. 기본적으로 이름은 Parameter, 컨트롤 정보는 0번으로 설정되어 있습니다.

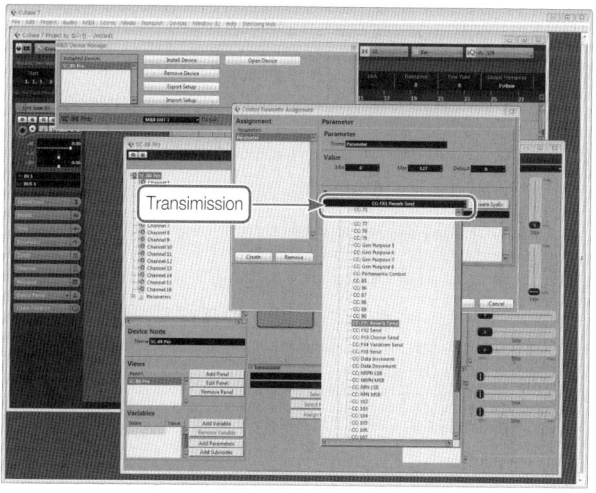

11 Transmission에서 컨트롤 하고 싶은 정보를 선택합니다. 시스템 익스클루시브 정보를 컨트롤 하고 싶다면, Create Sysex 버튼을 클릭합니다. 컨트롤 정보와 시스템 익스클루시브 정보는 뒤에서 살펴보기로 하고, 여기서는 컨트롤 번호 91번인 CC: FX1 Reverb Send를 선택하고 OK 버튼을 클릭합니다.

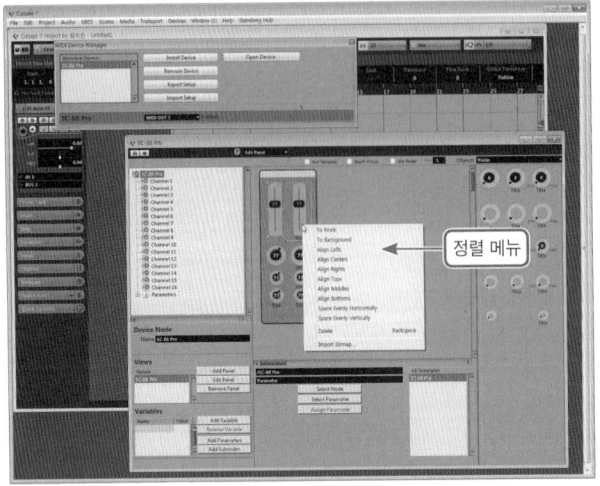

정렬 메뉴

12 Ctrl 키를 누른 상태로 두 개 이상의 오브젝트를 선택하고, 마우스 오른쪽 버튼을 클릭하면 해당 오브젝트를 정렬할 수 있는 단축 메뉴가 열립니다. Import Bitmap은 BMP 포맷의 그림을 불러와 배경으로 만들 수 있는 역할입니다.

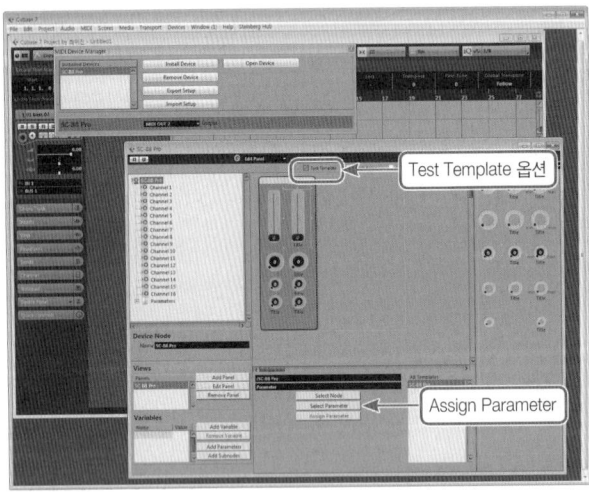

Test Template 옵션

Assign Parameter

13 지금까지의 과정을 반복해서 필요한 파라미터를 만듭니다. 그리고 상단의 Test Template 옵션을 체크한 후 각 파라미터를 조정하여 전송 여부를 확인합니다. 이상이 없다면, Assign Parameter 버튼을 클릭하여 연결하고 창을 닫습니다.

패널 선택

14 Device Panel을 열어보면, 사용자가 만든 파라미터로 구성된 패널을 볼 수 있습니다. 악기뿐 아니라 디지털 믹서, MTR 등의 하드웨어를 큐베이스에서 컨트롤 할 수 있는 것입니다. 파라미터를 서브 트랙으로 만들었다면, Device Panel의 작은 삼각형을 클릭하여 파라미터를 선택할 수 있습니다.

10 퀵 컨트롤 파라미터

Quick Controls 파라미터는 인스펙터 창에서 제공하는 컨트롤 파라미터, 인서트와 센드 파라미터, EQ 등, 사용자가 자주 사용하는 파라미터를 등록하여 하나의 패널에서 조정할 수 있도록 하는 역할을 합니다. 트랙 볼륨을 조정하기 위해서 컨트롤 파라미터를 열거나 이펙트 값을 조정하기 위해서 인서트 파라미터의 장치 패널을 열어야 하는 등의 번거로움을 피할 수 있는 것입니다.

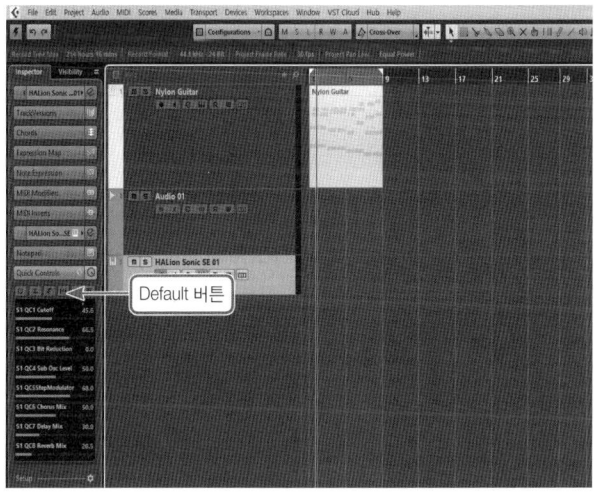

01 퀵 컨트롤 파라미터는 8개의 슬롯과 Activate, Learn, Default, Remove, 오토메이션 읽기, 쓰기 버튼을 제공합니다. 여기서 Default 버튼은 악기 및 이펙트가 장착된 경우에 표시되는 것으로 해당 플러그인의 기본 파라미터를 자동으로 연결합니다.

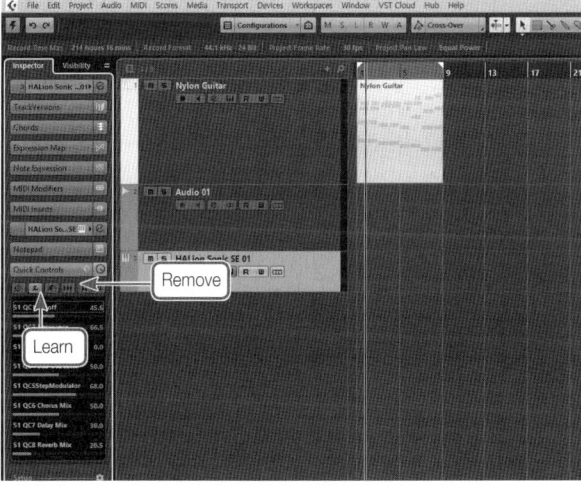

02 Remove 버튼은 슬롯에 연결되어 있는 모든 파라미터를 제거하며, Learn 버튼은 사용자가 원하는 컨트롤을 움직여 자동으로 연결합니다.

파라미터를 움직인다

03 Learn 버튼이 On 되어 있는 상태에서 연결하고자 하는 슬롯을 선택하고, 컨트롤하고자 하는 파라미터를 움직이면 자동으로 연결되는 것을 확인할 수 있습니다.

Add Quick Controls

04 플러그인 패널에서 직접 연결하고자 하는 경우에는 파라미터를 마우스 오른쪽 버튼으로 클릭하여 단축 메뉴를 열고, Add to Quick Controls를 선택합니다. Add to Quick Controls Slot에는 슬롯을 지정할 수 있는 서브 메뉴가 있습니다.

슬롯 클릭

05 컨트롤을 연결하는 또 다른 방법은 슬롯을 클릭하여 목록을 열고, 직접 선택하는 것입니다. [Ctrl] 키를 누른 상태로 클릭하면 오토메이션 가능한 파라미터만 볼 수 있습니다.

06 Activate 버튼을 On으로 하면, 각 슬롯에 연결되어 있는 파라미터를 외부 미디 컨트롤러로 조정할 수 있습니다. Device 메뉴의 Device Setup을 선택하여 창을 엽니다.

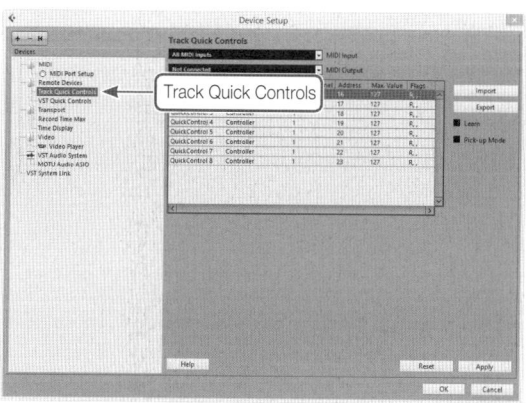

07 Remote Devices에서 Track Quick Controls를 선택하여 열고, MIDI Input에서 컨트롤러가 연결되어 있는 미디 포트 또는 All MIDI Inputs을 선택합니다.

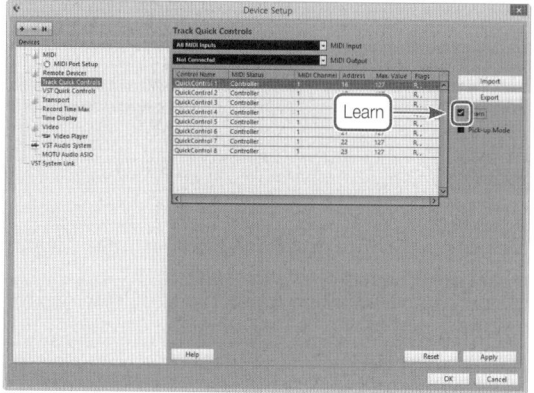

08 Learn 옵션을 체크하고, 사용하고 있는 미디 컨트롤러의 노브나 페이더를 움직이면 자동으로 연결되어 해당 파라미터를 조정할 수 있게 됩니다. 연결이 끝나면 Learn 옵션을 해제합니다.

CUBASE PRO 9

Advanced Music Production System

04
PART

미디 편집 창 살펴보기

큐베이스와 누엔도는 미디 이벤트를 그래픽 방식으로 편집할 수 있는 키 에디터와 인-플레이스 에디터, 이벤트 편집은 물론 악보 사보 기능까지 갖추고 있는 스코어 에디터, 드럼 음색 편집에 편리한 드럼 에디터, 미디 이벤트 정보를 정밀하게 편집할 수 있는 리스트 에디터의 5가지 미디 편집 창을 제공합니다. 미디의 전반적인 지식이 필요한 리스트 에디터를 제외한 나머지 미디 편집 창들을 살펴보겠습니다.

키 에디터

키 에디터는 노트를 수평 막대 모양으로 입력하거나 편집할 수 있고, 각종 컨트롤 정보를 그림 그리듯이 작업할 수 있기 때문에 입문자들도 쉽게 사용할 수 있는 미디 편집 창입니다. 큐베이스와 누엔도는 기본적으로 미디 파트를 더블 클릭하면 로우 존에 키 에디터가 열립니다. 만일, 독립 창으로 열리게 하고 싶다면, MIDI 메뉴의 Set up Editor Preferences를 선택하여 창을 열고, Double-click opens Editor in Window를 선택합니다. 참고로 로우 존으로 열면 인스펙터 파라미터가 프로젝트 왼쪽의 Editor 탭으로 열립니다.

1 키 에디터의 기본 사용법

키 에디터의 기본적인 사용법에 관해서 설명합니다. 막대 모양으로 표현하는 노트의 입력과 편집, 그래프 모양으로 표현하는 컨트롤 정보의 입력과 편집 등을 실습해 보겠습니다. 기본 학습을 통해서 키 에디터에서는 미디 정보를 어떻게 표현하며, 입력과 편집을 어떻게 할 수 있는지에 관한 것들을 익혀보기 바랍니다

01 간단한 프레이즈의 바이올린 연주 악보입니다. 셈 여림은 컨트롤 정보 11번인 익스프레션(Expression)을 이용하여 표현할 것입니다.

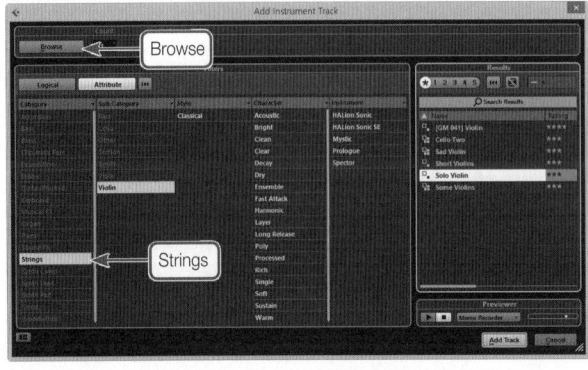

02 Empty 프로젝트에서 VST Instruments 트랙을 만듭니다. 음색은 Strings 카테고리에서 Violin을 선택합니다. 카테고리 타입은 Browse 버튼을 클릭하여 표시할 수 있습니다.

Alt 키를 누른 상태로
드래그하여 미디 파트를 만든다

03 Alt 키를 누른 상태로 드래그하여 6마디 정도의 비어있는 미디 파트를 만듭니다. 화살표 툴로 파트를 만드는 방법입니다.

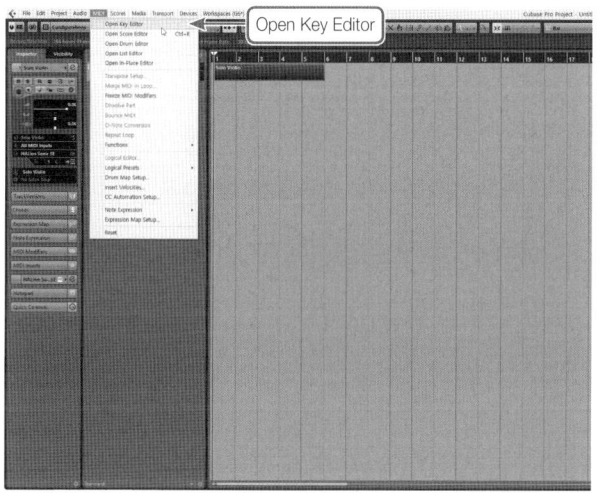

Open Key Editor

04 Prefernces 창의 Editors에서 Double-click opens Editor in Window를 선택한 경우라면, 미디 파트를 더블 클릭하고, 기본 설정 상태라면 MIDI 메뉴의 Open key Editor 를 선택하여 키 에디터를 엽니다.

연필 버튼 선택

1/16 Note 선택

05 예제 악보에서 가장 작은 길이에 해당하는 16분 음표 단위를 사용하기 위해서 퀀타이즈(Quantize) 항목을 클릭하여 1-16 Note를 선택합니다. 그리고 입력 도구인 연필 버튼을 선택합니다.

마우스 드래그로 2분 음표 입력

06 퀀타이즈 항목에서 입력 단위를 16분 음표로 선택했기 때문에 마우스를 클릭하여 16분 음표를 입력할 수 있습니다. 예제 악보의 첫 음은 2분 음표이므로 마우스를 2분 음표 길이만큼 오른쪽으로 드래그하는 것이 포인트 입니다.

스냅 버튼

07 계속해서 예제 악보의 노트를 입력합니다. 입력 위치가 정확하길 원한다면 도구 모음 줄의 스냅 버튼을 On으로 합니다. 그러면 노트의 입력과 편집은 퀀타이즈 항목에서 설정한 16분 음표 단위가 됩니다.

화살표 버튼

마우스 드래그로 음정과 위치 변경

08 음정과 위치를 잘못 입력한 노트는 화살표 버튼을 선택하고, 막대 모양의 노트를 드래그하여 수정할 수 있습니다. 선택한 노트의 음정 조정 단축키는 키보드의 상/하 방향키입니다.

마우스 드래그로 길이 조정

09 길이를 잘못 입력한 노트는 화살표 버튼을 선택하여 막대의 시작 또는 끝 지점을 드래그하여 조정할 수 있습니다. 선택한 노트는 Ctrl 키를 누른 상태에서 ←/→ 키로 위치를 조정할 수 있고, Alt 키를 누른 상태에서 ←/→ 키로 시작 지점의 길이를 조정할 수 있습니다.

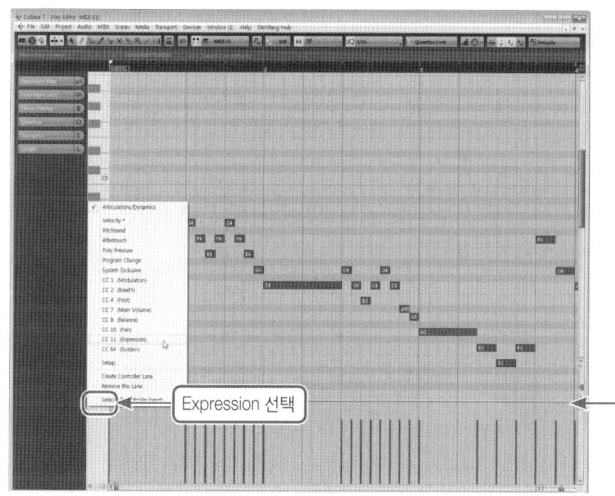

Expression 선택

경계선

10 악보의 클레센도와 디클레센도를 표현하기 위해서 컨트롤 편집 창 왼쪽에 있는 컨트롤 정보 선택 메뉴를 클릭하여 익스프레션(Expression)을 선택합니다. 컨트롤 편집 창과 노트 편집 창 사이의 경계선을 드래그하여 컨트롤 편집 창의 크기를 조정할 수 있습니다.

라인 선택

라인 버튼으로 컨트롤 정보 입력

11 포물선을 그리는 파라볼라(Parabola) 라인 버튼을 선택하고, 익스프레션 정보를 입력하여 소리가 점점 커지고, 작아지는 효과를 연출합니다. 컨트롤 정보에 관해서는 리스트 에디터를 참조하고, 여기서는 키 에디터에서 컨트롤 정보를 그래프 모양으로 입력하고 수정할 수 있다는 것만 기억합니다.

2 키 에디터의 도구

키 에디터 상단에는 노트와 컨트롤 정보를 입력하거나 수정하는데 사용하는 기능 버튼과 메뉴가 있는 도구 모음 줄이 있습니다. 키 에디터의 버튼들은 선택하는 개체가 노트와 컨트롤 정보라는 것 외에는 파트와 이벤트를 개체로 하는 프로젝트 창의 도구들과 크게 다르지 않으므로, 간단한 설명만으로도 쉽게 이해할 수 있을 것입니다.

⑤ 솔로 버튼

솔로 버튼은 작업 중인 파트만을 솔로로 연주합니다. 키보드 숫자열의 Enter 키를 눌러 곡을 연주할 때 솔로 버튼이 Off이면 모든 미디 트랙을 연주하지만, On 이면 작업 중인 파트만을 솔로로 연주합니다.

● 녹음 버튼

키 에디터에서 미디 데이터를 녹음할 수 있게 합니다. 단, 미디 녹음 모드가 Merge 또는 Replace 모드일 경우에만 작동합니다.

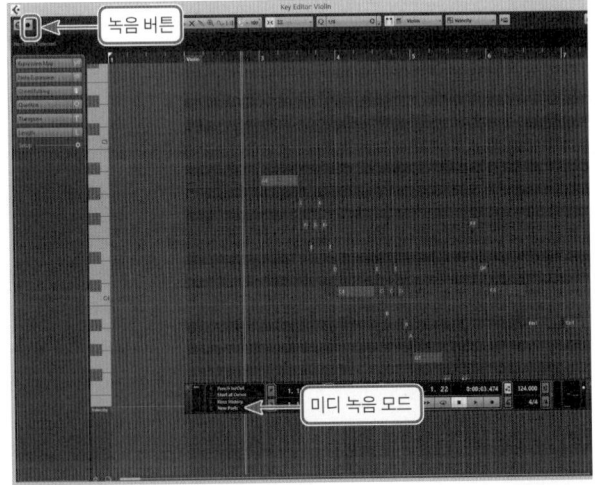

✛ 오토 스크롤 버튼

오토 스크롤 버튼은 음악을 연주할 때 송 포지션 라인의 위치에 따라서 화면을 이동하는 역할을 합니다. 곡을 연주시키면서 사운드를 모니터하다가 수정할 부분이 발견되면 자동 스크롤 버튼을 Off 로 하여 화면을 멈추고, 수정이 끝나면 다시 ON으로 하여 연주되는 위치를 표시할 수 있습니다.

🔊 스피커 버튼

스피커 버튼은 작업 중인 노트를 모니터 할 수 있게 합니다. 키 에디터에서 스피커 버튼이 On 이면 노트를 입력하거나 편집하는 과정에서 선택하는 노트들이 소리를 내고, Off 이면 소리를 내지 않습니다.

▶ 화살표 버튼

화살표 버튼은 노트의 위치와 길이를 편집하거나 편집할 미디 정보를 선택하는데 사용합니다. 키 에디터에서는 Ctrl 키를 누른 상태에서 노트 편집 창 왼쪽에 있는 건반을 클릭하면, 클릭한 음에 해당하는 모든 노트를 선택할 수 있습니다.

✐ 연필 버튼

연필 버튼은 노트와 컨트롤 정보를 입력하거나 수정
할 수 있는 버튼입니다. 작업 공간에서 마우스를 클릭
하면 퀀타이즈 목록에서 설정한 길이에 해당하는 노
트가 입력되고, 마우스 드래그로 길이를 조정할 수 있
습니다. Ctrl 키를 누른 상태에서 드래그하면 시작 지
점의 길이를 조정할 수 있습니다.

✎ 지우개 버튼

지우개 버튼은 선택한 노트와 컨트롤 정보를 지우는
데 사용합니다. 마우스 드래그로 동시에 여러 이벤트
를 선택할 수 있고, 선택한 이벤트를 한번에 지울수 있
습니다. 그리고 Alt 키를 누른 상태에서는 선택한 이
벤트 오른쪽에 있는 모든 이벤트를 삭제할 수 있습니다.

✐ 트림 버튼

트림 버튼을 자세히 보면, 칼날 모양의 그림으로 되어
있습니다. 즉, 이벤트를 잘라내는 역할을 합니다. 다음
에 살펴볼 가위 버튼은 이벤트를 둘로 나누는데, 트림
버튼은 자르는 위치의 나머지 이벤트를 제거한다는
차이점이 있습니다.

✂ 가위 버튼

가위 버튼은 선택한 노트를 둘로 나누는 역할을 합니다. 나누는 위치는 마우스 포인터에 표시되기 때문에 원하는 위치를 쉽게 자를 수 있습니다. 스넵 버튼이 On이면, 자를 수 있는 단위는 퀀타이즈 항목에서 설정한 음의 길이입니다. 보다 세밀한 단위로 노트를 자르고 싶다면 스넵 버튼을 Off로 합니다.

❌ 뮤트 버튼

뮤트 버튼은 선택한 노트가 소리나지 않게 합니다. 뮤트 버튼은 마우스 드래그로 여러 노트를 선택하여 동시에 뮤트 할 수 있으며, 뮤트한 노트들은 흰색으로 표시됩니다. 뮤트한 노트들은 다시 클릭하여 해제할 수 있습니다.

✎ 풀 버튼

풀 버튼은 가위 버튼과 반대로 선택한 노트와 오른쪽에 있는 노트를 붙입니다. 큐베이스와 누엔도는 선택한 노트를 한 번에 붙일 수 있으며, 서로 다른 음정을 선택한 경우에도 각각의 음정별로 붙일 수 있다는 장점이 있습니다.

🔍 돋보기 버튼

돋보기 버튼은 작업 공간을 확대/축소합니다. 작업 공간을 클릭하면 확대하고, Alt 키를 누른 상태에서 클릭하면 축소합니다. 마우스 드래그로 특정 영역을 확대할 수 있고, Ctrl 키를 누른 상태에서 클릭하면 확대/축소 전 상태로 복구할 수 있습니다. 특정 범위가 아니라면, 줌 바를 이용해서 작업 공간의 크기를 조정하는 것도 좋습니다.

✎ 라인 버튼

라인 버튼을 클릭하면 Line, Parabola, Sine, Triangle, Square, Paint 의 다양한 형태를 선택할 수 있는 목록이 열립니다. 각각의 라인들은 연속적인 컨트롤 정보를 입력하는데 편리합니다. 그림은 Line를 선택하여 라인 모양의 익스프레션 정보를 입력하고 있는 모습입니다.

▥ 타임 버튼

타임 버튼은 템포 가이드 없이 녹음한 미디 이벤트의 템포를 계산할 수 있습니다. 템포 버튼을 클릭하면 노트의 위치를 고정하는 시간 단위 Warp Grid와 노트의 위치를 변경하는 마디 단위 Warp Grid (Musical events follow)의 선택 메뉴가 열립니다.

그림은 워프 그리드(Warp Grid) 모드에서 노트의 시작 위치를 중심으로 템포를 설정하고 있는 모습니다. 설정한 템포는 룰러 라인에 표시가 되며, Shift 키를 누른 상태에서 룰러 라인에 표시하는 템포 값을 클릭하여 삭제할 수 있습니다.

룰러 라인에 표시된 템포

템포를 설정하고 있다

타임 버튼은 Tempo가 Track 모드인 경우에 사용할 수 있으며, 입력된 템포는 템포 창을 이용해서 수정할 수 있습니다.

🔽 100 인서트 벨로시티

인서트 벨로시티 목록은 마우스로 노트를 입력할 때의 벨로시티 값을 설정합니다. Ins.vel이라고 표시한 부분을 클릭하면 벨로시티 값을 선택할 수 있는 목록이 열리며, 아래쪽에 Setup 을 선택하면 목록에 표시되는 값을 변경할 수 있는 MIDI Insert Velocity창을 볼 수 있습니다.

인서트 벨로시티 목록

MIDI Insert Velocity 창

✖ # 스넵 버튼

스넵 버튼은 노트와 컨트롤 체인지 정보를 입력하거나 편집할 때 퀀타이즈 목록에서 선택한 단위로 제한합니다. 스넵 단위는 작업 공간에 세로선으로 표시되며, 미세한 편집이 필요한 경우에는 스넵 버튼을 Off 해야 합니다.

퀀타이즈 목록

스넵 버튼

iQ 1/16 │ 퀀타이즈

퀀타이즈 목록은 노트의 입력과 편집에 사용하는 단위를 설정하고, 오른쪽에 있는 Length Q 목록은 입력하는 노트의 길이를 설정합니다. 일반적으로 노트를 입력할 때, Length Q 목록에서 일일이 길이를 선택하지 않고, 퀀타이즈 목록에서 선택한 단위와 동일한 길이를 의미하는 Quantize Link을 사용합니다.

파트 라인 버튼

파트 라인 버튼은 작업 중인 파트의 길이를 표시합니다. 파트 라인 버튼을 클릭하여 On하면 룰러 라인에 작업 중인 파트의 이름을 표시하고, 표시된 파트 이름을 좌/우로 드래그하여 파트의 길이를 변경할 수 있습니다.

파트 라인 버튼 오른쪽의 메뉴는 두 개 이상의 파트를 선택했을 때 키 에디터 창에서 편집할 파트를 선택하는 역할입니다. 참고로 두 개 이상의 파트를 선택했을 때에는 MIDI 메뉴의 Open Key Editor를 선택하여 열어야 합니다.

Velocity | 컬러 선택 메뉴

노트의 색상을 피치, 채널, 파트 등으로 구분하여 표시할 수 있습니다. Setup을 선택하면 기본 색상을 변경할 수 있는 창이 열립니다. Setup 창은 선택 메뉴에 따라 달라집니다.

악기 열기 버튼

VST Instruments인 경우에 활성화 되며, 버튼을 클릭하여 악기 패널을 열 수 있습니다.

레이 아웃 버튼

에디터 창을 로우 존으로 열기, 인스펙터 창 열기, 컨트롤 라인 열기 버튼과 레이아웃 버튼을 제공합니다. 레이아웃 버튼을 클릭하면 스테이터스 라인과 인포 라인을 추가로 열 수 있습니다.

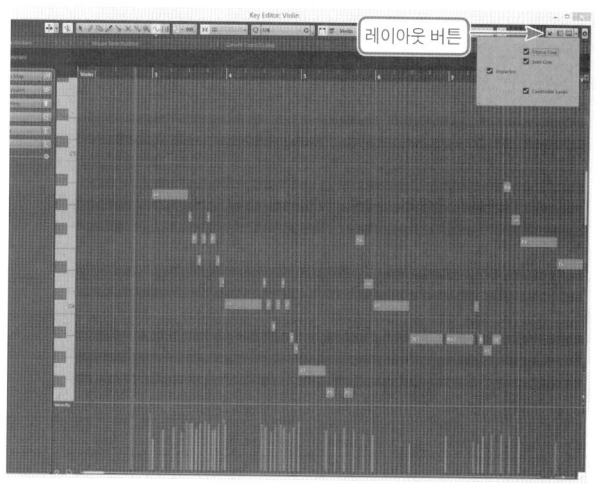

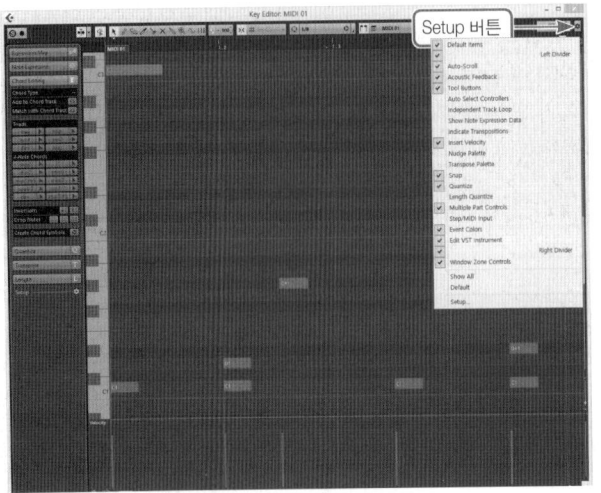

Setup 버튼

01 도구 구성하기

레이아웃 버튼 오른쪽의 톱니 바퀴 모양으로
생긴 Setup 버튼을 클릭하면 도구를 구성할 수
있는 단축 메뉴가 열립니다. 메뉴에서 체크된
것들이 도구 모음 줄에 표시되는 것이고, 해제
된 것이 감춰진 것입니다.

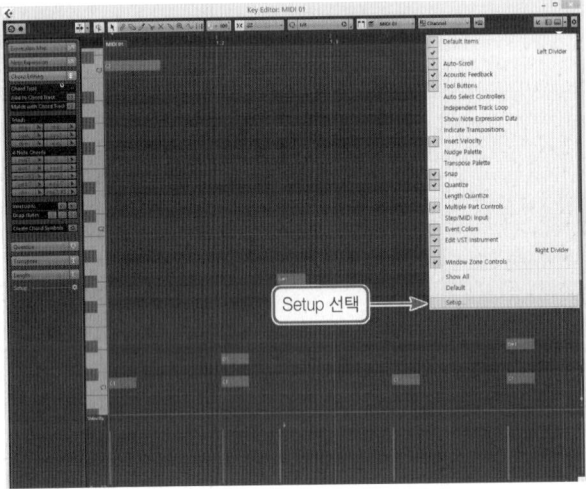

Setup 선택

02 각각의 그룹 메뉴를 선택하여 사용자가
원하는 것들로만 구성할 수 있으며, 지
금까지 살펴본 구성은 기본 값으로 설정되어 있
는 Default 프리셋입니다. 그 외 Show All은 모
든 도구가 표시되게 하는 프리셋이며, 자신만의
프리셋을 만들고 싶다면, Setup 메뉴를 선택합
니다.

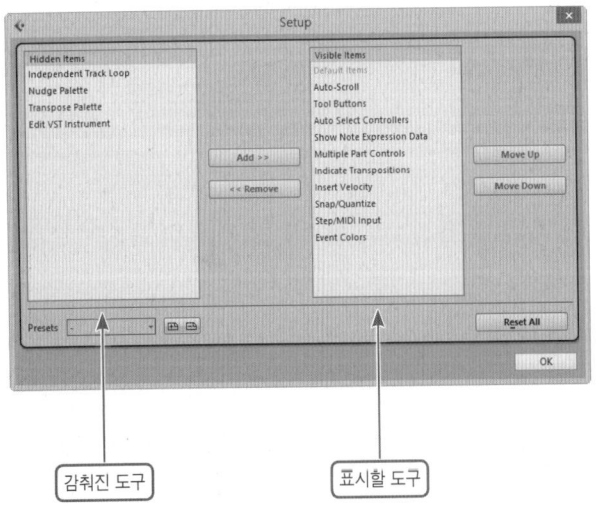

감춰진 도구

표시할 도구

03 사용자가 원하는 도구를 구성하여 프
리셋을 만들 수 있는 Setup 창이 열립
니다. 오른쪽의 Visibel Items이 표시 목록이고,
왼쪽의 Hidden Items이 감춰진 목록입니다. 각
각 원하는 아이템을 선택하고, 좌/우로 이동 버
튼을 클릭하여 구성합니다.

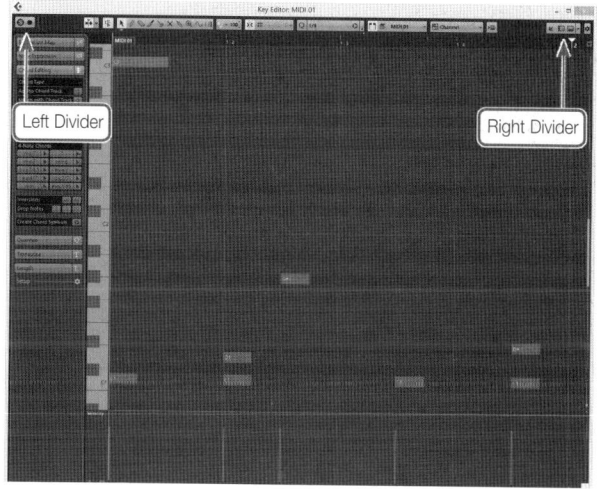

04 Move Up과 Down 버튼 도구의 나열 순서를 결정할 수 있습니다. Left와 Right Divider는 좌/우측 경계를 의미합니다. 즉, Left Divider 위쪽의 도구는 왼쪽에 배치되고, Right Divider 아래쪽의 도구는 오른쪽에 배치되는 것입니다.

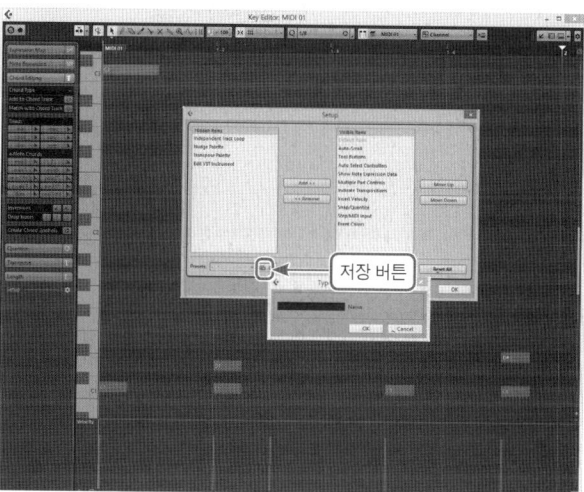

05 사용자가 원하는 것들로만 구성을 했다면, Presets 메뉴의 저장 버튼을 클릭하여 Type In Preset Name 창을 열고, 이름을 입력하여 사용자 프리셋을 만들 수 있습니다. 휴지통 모양의 버튼은 사용자 프리셋을 삭제하는 역할을 합니다.

06 OK 버튼을 클릭하여 Setup 창을 닫고, 도구 모음 줄에서 마우스 오른쪽 버튼을 클릭하면 사용자가 만든 프리셋 메뉴가 추가된 것을 확인할 수 있으며, 메뉴를 선택하는 것만으로도 사용자가 원하는 도구들로만 표시되게 할 수 있습니다.

키 에디터 작업 공간 상단에 있는 노트 편집 창은 막대 모양으로 노트를 입력하거나 편집할 수 있는 작업 공간입니다. 노트 편집 공간에서는 연주하는 미디 노트를 막대 형식으로 다룰 수 있기 때문에 악보에 서툰 초보자들도 쉽게 미디 노트를 입력하거나 편집할 수 있습니다.

1. 구성

노트 편집 창은 왼쪽에 노트의 음정을 표시하는 건반이 있고, 상단에 위치를 표시하는 룰러 라인이 있습니다. 룰러 라인의 단위는 마우스 오른쪽 버튼을 클릭하여 독자가 원하는 포맷을 변경할 수 있습니다.

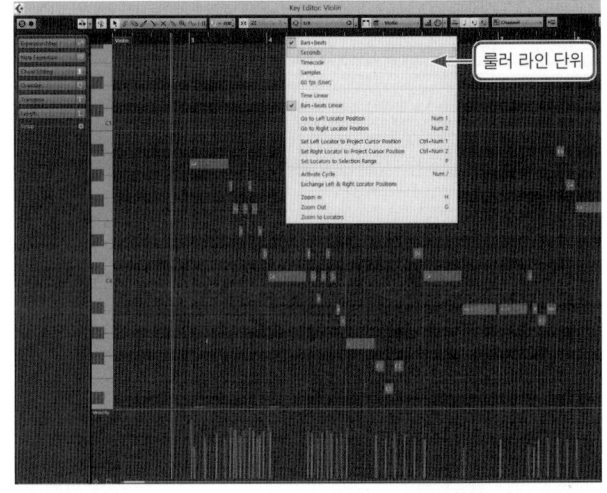

2. 노트 입력

키 에디터에서는 리얼, 마우스, 스텝의 모든 입력 방식을 사용할 수 있습니다. 마우스와 스텝 입력 방식을 사용하는 경우에는 입력하는 단위와 길이를 도구 모음 줄의 퀀타이즈 항목에서 결정합니다. 입력은 연필 버튼을 이용하거나 Alt 키를 누른 상태에서 화살표 버튼을 이용할 수 있습니다.

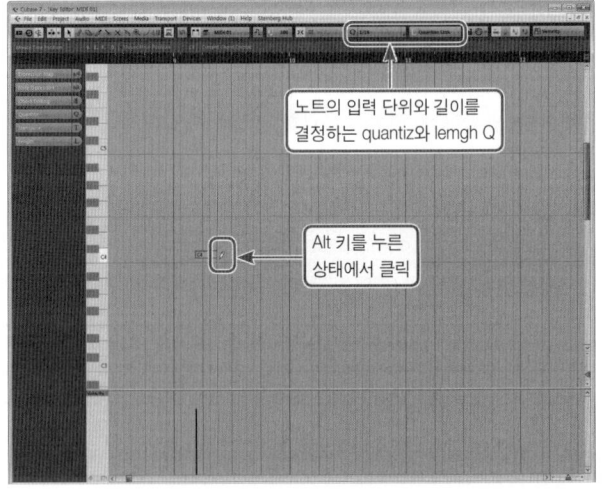

키 에디터에서는 마우스의 위치를 건반과 룰러 라인을 통해서 쉽게 파악할 수 있기 때문에 입력에서 어려운 점은 없을 것입니다. 퀀타이즈에서 설정한 단위 이상의 길이를 입력하고 싶은 경우에는 마우스를 클릭한 상태에서 오른쪽으로 드래그합니다. 이때 Ctrl 키를 누른 상태에서 드래그하면 스냅 기능을 무시하고, 좀 더 미세한 단위로 입력할 수 있습니다.

마우스 드래그로 길이 조정

3. 노트의 길이 수정

입력한 노트의 길이는 화살표 버튼을 이용해서 시작과 끝 지점을 드래그하여 조정할 수 있고, 연필 버튼은 어느 부분을 드래그해도 길이를 조정할 수 있습니다. ←/→ 키는 Ctrl 키를 누른 상태에는 위치, Alt 키를 누른 상태에서는 시작 위치, Shift + Alt 키를 누른 상태에서는 길이를 조정할 수 있습니다

마우스 드래그로 시작 위치 조정

4. 노트의 음정 수정

화살표 버튼을 사용해서 노트를 드래그하면 위치와 음정을 함께 변경할 수 있고, Ctrl 키를 누른 상태에서 드래그하면 음정과 위치를 개별적으로 조정할 수 있습니다. ↑/↓ 키를 누르면 반음 단위, Shift 키를 누른 상태에서 ↑/↓ 키를 누르면 옥타브 단위로 음정을 변경할 수 있습니다.

마우스 드래그로 음정 수정

5. 노트 선택

노트를 편집할 때 가장 먼저 하는 작업이 편집할 노트를 선택하는 것입니다. 기본적인 선택 방법은 원하는 노트를 클릭하거나 드래그하여 선택합니다. Shift 키를 누른 상태에서 클릭하거나 드래그하면 여러 위치의 노트들을 선택할 수 있습니다. 선택한 노트 중에서 일부를 해제할 경우에도 Shift 키를 누른 상태에서 선택합니다.

드래그로 노트 선택

키 에디터에서는 같은 음정을 일률적으로 선택할 수 있습니다. 왼쪽에 보이는 건반을 Ctrl 키를 누른 상태로 클릭하면 해당 음의 노트들을 모두 선택할 수 있고, Shift 키를 누른 상태에서 노트를 더블 클릭하면 더블 클릭한 노트의 오른쪽으로 같은 음정의 노트들을 모두 선택할 수 있습니다.

Shift 키를 누른 상태에서 건반 클릭

6. 노트 편집

선택한 노트는 마우스 드래그로 이동할 수 있고, Alt 키를 누른 상태에서 드래그하여 복사합니다. 단축키 Ctrl+X, Ctrl+C, Ctrl+V 등을 이용하면, 좀 더 먼 거리로 이동하거나 복사할 수 있습니다. 단축키로 이동/복사하는 위치는 송 포지션 라인이 기준입니다.

Ctrl+V 키를 누르면 송 포지션 라인 위치에 붙는다

키 에디터의 컨트롤 편집 창

키 에디터 작업 공간 하단에 있는 컨트롤 편집 창은 미디 컨트롤 정보를 그래프 모양으로 입력하거나 편집할 수 있는 공간입니다. 컨트롤 편집 창에서는 미디 연주 정보에 관련된 컨트롤 정보를 그래프 형식으로 다룰 수 있기 때문에 미디 초보자들도 쉽게 사용할 수 있을 것입니다.

1. 컨트롤 편집 창 보기

컨트롤 편집 창이 보이지 않는다면 레이아웃 버튼 왼쪽에 보이는 컨트롤 라인 열기 버튼을 클릭합니다. 기본적으로 열리는 컨트롤 편집 창은 노트의 벨로시티 값을 표시하고 있습니다.

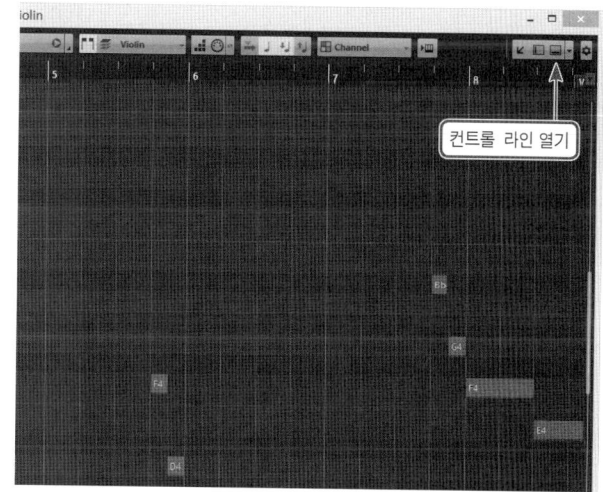

컨트롤 라인 열기

2. 컨트롤 편집창의 크기 조정

키 에디터의 노트 편집 창과 컨트롤 편집 창 사이에 있는 경계선을 위/아래로 드래그하여 각각의 작업 공간 크기를 조정할 수 있습니다. 그림은 경계선을 위로 드래그하여 컨트롤 편집 창의 크기를 확대하고 있는 모습입니다.

경세선을 드래그하여 작업 공간의 크기 조정

3. 컨트롤 편집창의 추가/삭제

키 에디터의 컨트롤 편집 창은 왼쪽 하단의 + 기호
를 클릭하여 독자가 원하는 만큼 추가할 수 있습니다.
작업 공간에서 Ctrl 키를 누른 상태에서 마우스 오른
쪽 버튼을 클릭하면 열리는 단축 메뉴의 Create New
Controller Lane을 선택해도 됩니다. Remove this
Lane은 선택한 라인을 삭제합니다. 단, 입력한 컨트롤
정보가 삭제되는 것은 아닙니다.

Create Controller Lane

4. 컨트롤 정보 선택

컨트롤 편집 창에서 입력하거나 편집할 컨트롤 정보는
왼쪽 목록에서 선택할 수 있습니다. 선택한 목록의 컨
트롤 정보는 목록 아래쪽에 표시되어 쉽게 구분할 수
있습니다. 컨트롤 정보에 관해서는 리스트 에디터에서
살펴보겠습니다.

컨트롤 정보 목록

5. 마우스 위치 표시

컨트롤 정보를 선택할 수 있는 메뉴 아래쪽의 디스플
레이는 컨트롤 정보를 입력할 값에 해당하는 마우스
의 위치를 표시합니다.

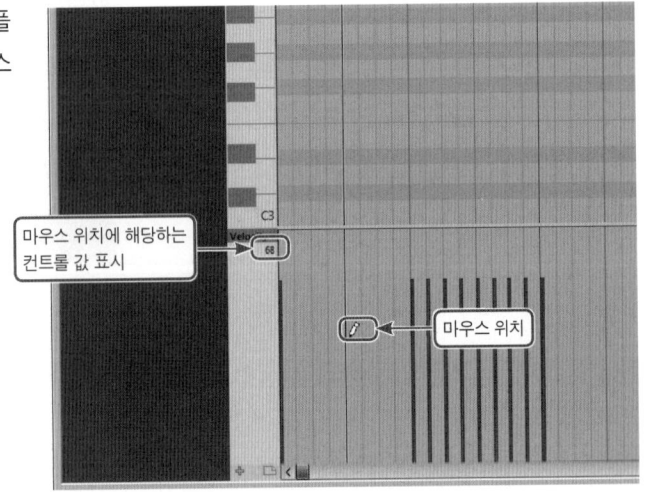

마우스 위치에 해당하는
컨트롤 값 표시

마우스 위치

6. 컨트롤 목록 편집

컨트롤 정보 목록에서 Setup을 선택하면 목록에 표
시되는 컨트롤 정보를 수정할 수 있는 Controllers
Menu Setup 창이 열립니다. 왼쪽의 In Menu 리스트
가 목록에 표시하는 정보이고, 오른쪽의 Hidden 리스
트가 보이지 않게 할 정보입니다. 각각 이동 버튼을 클
릭하여 사용자가 원하는 목록이 표지되게 설정할 수
있습니다.

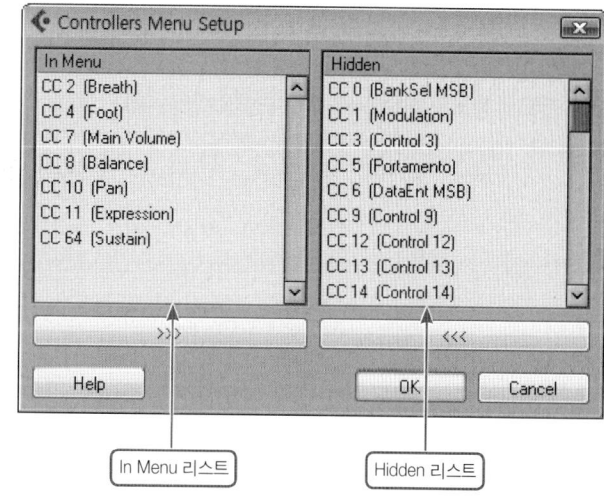

In Menu 리스트

Hidden 리스트

7. 컨트롤 입력

컨트롤 정보은 연필 버튼이나 라인 버튼을 이용해
서 입력할 수 있습니다. 라인 버튼의 Parabola, Sine,
Trangle, Square는 Ctrl 키를 누르면 곡선의 방향을
바꿔주고, Ctrl + Shift 키를 누르면 각도를 바꾸어 그릴
수 있습니다. 그리고 Shift 키를 누르면 라인 형태로
그릴 수 있습니다. 라인에 따라 약간씩 차이가 있으므
로 실험을 해보기 바랍니다.

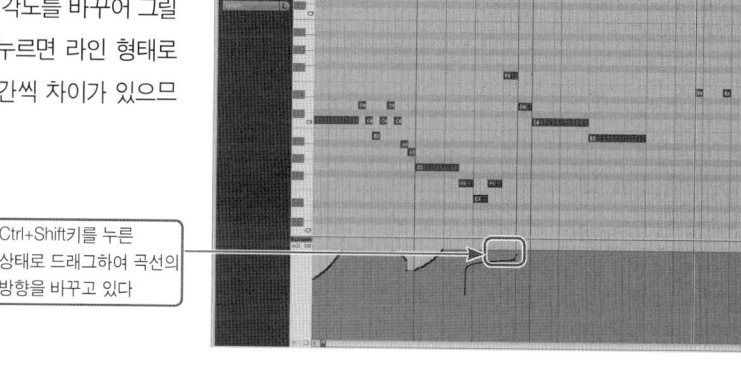

Ctrl+Shift키를 누른
상태로 드래그하여 곡선의
방향을 바꾸고 있다

8. 컨트롤 정보 선택

편집할 컨트롤 정보를 선택하는 방법은 노트 편집 창
에서와 동일합니다. 편집할 컨트롤 정보는 마우스 클
릭 또는 드래그로 선택할 수 있고, Shift 키를 누른 상
태에서는 개별적인 선택이 가능합니다.

마우스 드래그로 선택

9. 컨트롤 정보 편집

선택한 컨트롤 정보는 마우스 드래그로 이동할 수 있
고, Alt 키를 누른 상태로 드래그하여 복사할 수 있습
니다. 컨트롤 정보도 이동과 복사에 사용하는 Ctrl+C
, Ctrl+X, Ctrl+V의 단축키를 사용할 수 있습니다.

컨트롤 정보의 값은 연필 버튼과 라인 버튼을 이용해
서 수정할 수 있습니다. 라인 버튼은 전체적인 값을
조정하는데 편리하며, 연필 버튼은 개별적인 값들을
조정하는데 편리합니다.

라인을 그리는 과정에서 마우스 버튼을 놓기 전에
Ctrl+Alt 키를 누르면, 입력하는 라인의 위치를 변경
할 수 있습니다. 이것은 라인을 그리다가 위치를 조정
하고 싶을 때 이용하는 방법으로 마우스 버튼을 놓기
전에 Ctrl+Alt 키를 누르는 것이 요령입니다.

5 키 에디터의 인스펙터

키 에디터에도 Expression Map, Note Expression, Quantize, Transpose, Lengh 파라미터가 포함되어 있는 인스펙터 창을 제공합니다. 특히, 미디 트랙의 인스펙터 창에서도 제공하고 있는 Note Expression은 노트별로 컨트롤 정보를 적용할 수 있도록 하여 익스프레션을 지원하지 않는 VST Instruments와 외장 악기까지 제품을 가리지 않고 다양한 아티큘레이션을 연출 할 수 있습니다.

Expression Map

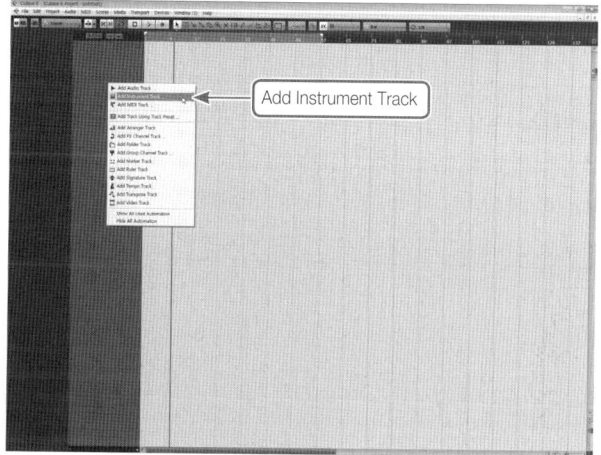

01 프로젝트 창의 VST Expression Map 을 키 에디터에서 직접 관리할 수 있게 되었습니다. 새 프로젝트를 만들고, 트랙 리스트에서 마우스 오른쪽 버튼을 클릭하여 단축 메뉴를 엽니다. 그리고 Add Instrument Track 을 선택합니다.

02 Browse 버튼을 클릭하여 카데고리 타입으로 열고, Guitar/Plucked 항목에서 Nylon Guitar VX를 선택합니다. Expression을 지원하는 음색들은 VX가 붙어 있습니다.

03 HALion Sonic SE 악기가 장착된 VST 트랙이 추가됩니다. Alt 키를 누른 상태로 드래그하여 빈 파트를 만들고, MID 메뉴의 Open Key Editor를 선택합니다.

04 연필 툴을 선택하고, 익스프레션 실습을 위한 간단한 노트를 입력합니다. 그림에서는 C2, E2, G2, C3의 C 코드 구성음을 한 박자 간격으로 입력하고 있습니다.

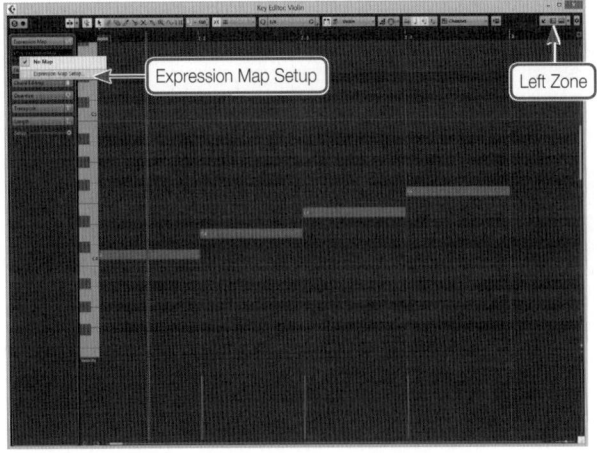

05 Expression Map 파라미터에서 Expression Map Setup을 선택합니다. 인스펙터 파라미터가 도구 모음 줄의 Left Zone 열기 버튼을 클릭합니다.

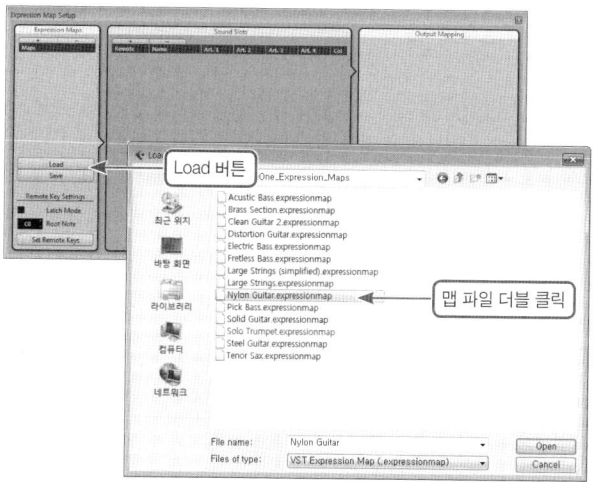

06 Expression Map Setup 창이 열립니다. Load 버튼을 클릭하여 창을 열고, 부록 VST Expression Map에서 HALion Soinc_Expression_Maps 폴더의 Nylon Guitar_expressionmap 파일을 더블 클릭하여 불러옵니다.

07 Expression Map에서 Nylon Guitar를 선택합니다. 그리고 컨트롤 선택 메뉴에서 Articulation/Dynamics을 선택합니다.

08 Nylon Guitar 맵에서 설정되어 있는 정보가 표시되는 것을 확인할 수 있습니다. C2 노트에 Slide를 입력해봅니다.

주법 입력

09 E2 음정에는 Muted 또는 Dead 주법을 입력하고, C3 음정에 Flageolet를 입력합니다. 그리고 숫자열의 ⓪ 키를 눌러 재생해 봅니다. 입력한 주법대로 연주되는 것을 확인할 수 있습니다.

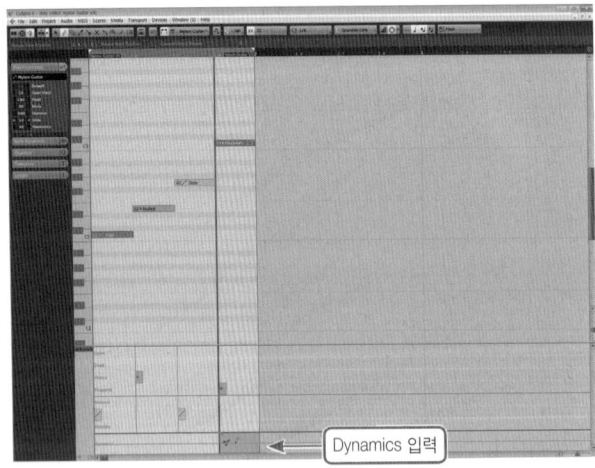

Dynamics 입력

10 익스프레션은 연주법에 해당하는 아티큐레이션 외에 강약을 조정하는 다이내믹 연출도 가능합니다. C3 음정에 Dynmics를 입력합니다.

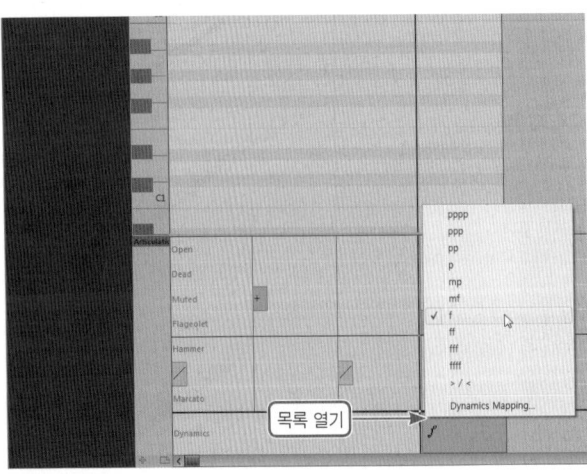

목록 열기

11 기본 값은 보통 세기의 mf 입니다. 익스프레션 박스 왼쪽 상단에 마우스를 위치시키면 작은 삼각형이 보입니다. 이것을 클릭하여 목록을 열고, f를 선택하고 연주해보면, C3 음이 강하게 연주되는 것을 확인할 수 있습니다.

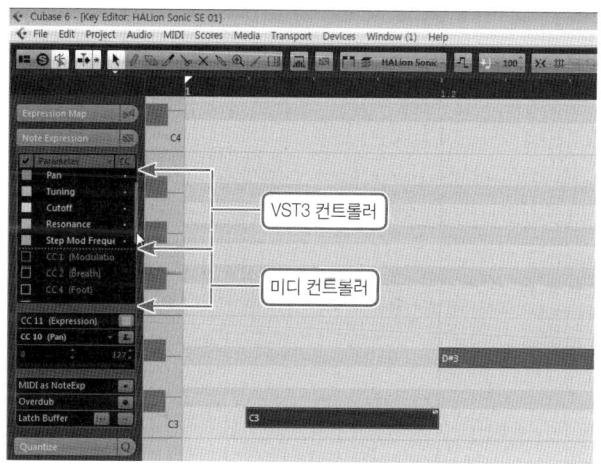

01 컨트롤 정보를 노트 단위로 편집할 수 있는 파라미터입니다. 중간의 점선을 기점으로 상단은 HALion Sonic SE에서 지원하는 VST3 컨트롤러이고, 하단은 미디 악기에서 표준으로 지원하는 미디 컨트롤러입니다.

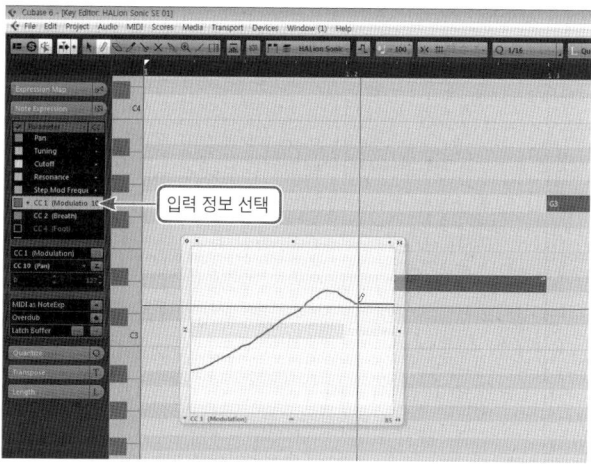

02 Note Expression은 노트를 더블 클릭하여 편집 창을 열고, 원하는 컨트롤 정보를 선택하여 입력할 수 있습니다. 정보가 기록된 이름 왼쪽에는 별표 모양이 표시됩니다.

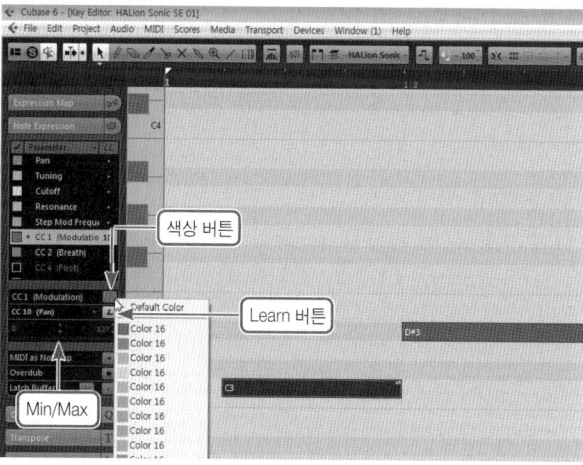

03 외부 미디 컨트롤러를 이용해서 입력하겠다면, Learn 버튼을 ON으로 하고, 컨트롤러의 노브 및 슬라이드를 움직여 연결합니다. Min/Max 슬라이더는 컨트롤 정보의 입력 범위를 설정합니다. 기본 색상을 변경하겠다면 이름 오른쪽의 색상 버튼을 클릭합니다.

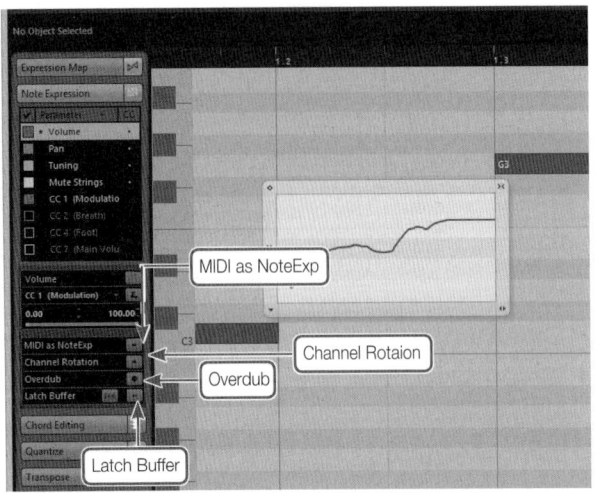

04 외부 미디 컨트롤러를 움직여 Note Expression을 기록하고 싶을 때는 MIDI as NoteExp을 On으로 합니다. 채널 로테이션을 지원하는 장치라면 Channel Rotaion 노트에 채널을 할당할 수 있습니다. Overdub으로 기존 데이터에 더빙하거나 Latch Buffer으로 컨트롤러의 위치를 기억시킬 수 있습니다.

😊 가 정 교 사

Overdub 중일 때 노트는 녹음되지 않으며, 노트가 선택되어 있는 경우에는 해당 노트에만 녹음됩니다.

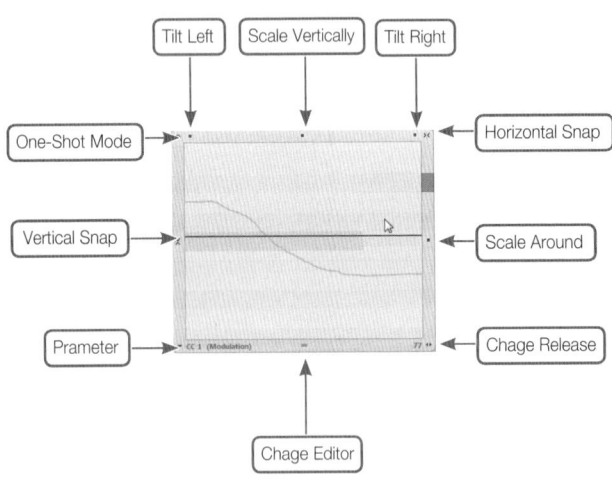

05 Note Expression 편집 창 테두리에는 값을 직관적으로 편집할 수 있게 하는 역할의 버튼들이 있습니다. 버튼의 이름은 마우스를 위치시키면 확인할 수 있으며, 각각의 역할은 다음과 같습니다.

- One-Shot : 컨트롤 값을 하나로 입력되게 하는 On/Off 스위치 입니다.
- Tilt Left/Right : 마우스 드래그로 컨트롤 값의 시작 점과 끝 점을 증/감합니다.
- Scale Verically : 마우스 드래그로 전체 값을 증/감 합니다.
- Horizontal Sanp : 컨트롤 값이 스텝 간격으로 입력되게 하는 On/Off 스위치 입니다.
- Scale Around : 마우스 드래그로 최고 값과 최저 값의 비율을 조정합니다.
- Chage Release : 편집 창의 가로 크기를 조정합니다.
- Chage Editor : 편집 창의 세로 크기를 조정합니다.
- Parameter : 입력되어 있는 정보 중에서 편집할 정보를 선택합니다. 라인을 선택해도 좋습니다.
- Vertical Snap : 인스펙터 파라미터의 범위에서 지정한 간격으로 입력되게 하는 On/Off 스위치 입니다.

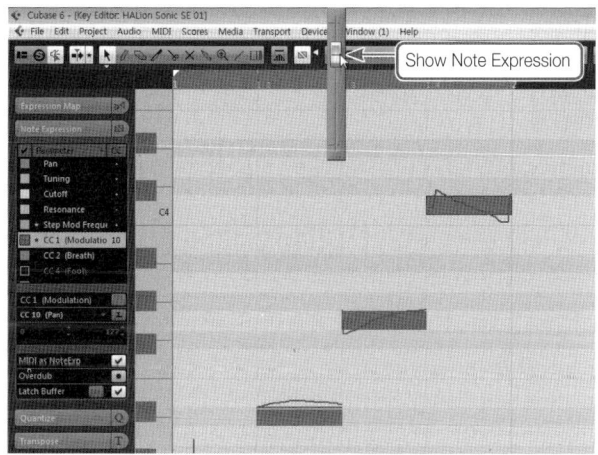

06 Show Note Expression 버튼을 On으로 하면 입력된 정보를 화면에 표시할 수 있으며, 버튼 오른쪽의 삼각형을 클릭하면 폭을 조정할 수 있는 슬라이더가 열립니다.

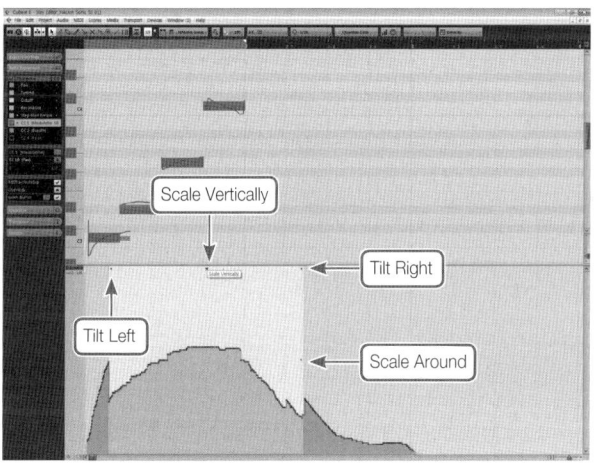

07 참고로 큐베이스에서는 컨트롤 패널에서도 Tilt Left와 Right, Scale Vertically과 Around를 이용할 수 있기 때문에 보다 직관적인 편집이 가능합니다.

 Chord Editing

01 코드를 삽입할 수 있게 하는 파라미터입니다. 3화음(Triads) 또는 7 코드(4-Note Chords)에서 원하는 타입을 선택하고, 루트 음을 클릭하거나 드래그하여 코드를 입력할 수 있습니다.

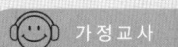 가정교사

코드를 입력할 때 Alt 키를 누르고, 마우스를 위/아래로 움직여 코드 타입을 변경할 수 있습니다.

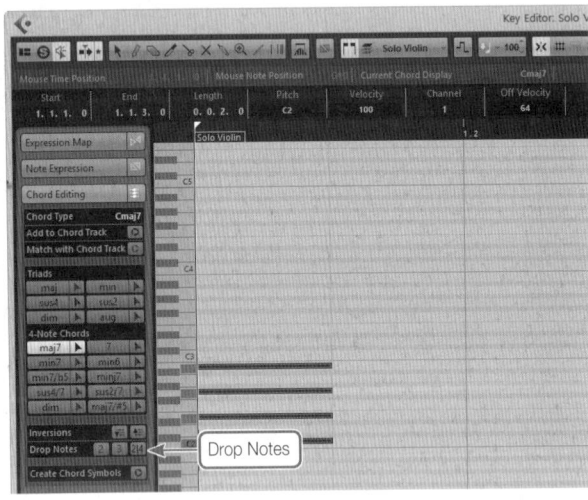

02 Inversion의 이동 버튼을 클릭하면 코드의 위쪽과 아래쪽 음정을 한 옥타브 이동시켜 전위 코드를 만들 수 있습니다.

03 Drop Notes는 2번째 음, 3번째 음, 또는 2번째와 4번째(2/4) 노트를 한 옥타브 아래로 이동시키는 것으로 피아노 연주의 드롭 2 보이싱을 쉽게 연출할 수 있습니다.

04 입력한 코드 네임은 Chord Type 항목에 표시되며, Add to Chord Track 버튼을 클릭하여 프로젝트 창의 코드 트랙에 삽입할 수 있습니다.

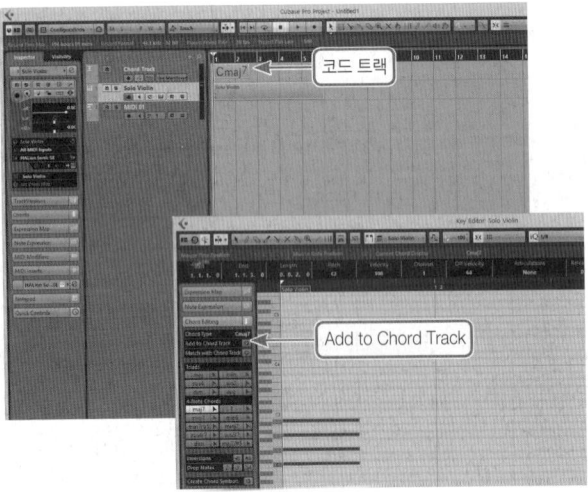

05 Match with Chord Track은 코드 트랙에 입력되어 있는 조에 맞추어 노트를 변경합니다. 기준은 트랙의 시작 위치에 입력되어 있는 코드 입니다.

06 전체 노트를 분석하여 코드 트랙에 삽입할 때는 Create Chord Symbols 버튼을 클릭합니다. 이때 베이스 노트, 텐션, 아르페지오, 페달 정보의 분석 여부를 선택할 수 있는 옵션 창이 열립니다.

Quantize

퀀타이즈를 적용할 수 있는 파라미터입니다. 각 항목별로 Apply 버튼을 클릭하여 적용합니다. 그 밖의 항목들은 퀀타이즈 메뉴 및 패널의 역할과 동일합니다.

Transpose

Semitiones에서 값을 입력하고, Apply 버튼을 클릭하여 음정을 조정하는 역할입니다. Scale Correction을 On으로 하면, 블루스, 펜타토닉 등의 스케일에 맞추어 노트를 조정할 수 있습니다. Use Range는 조점 범위를 설정하는 항목입니다.

 Length

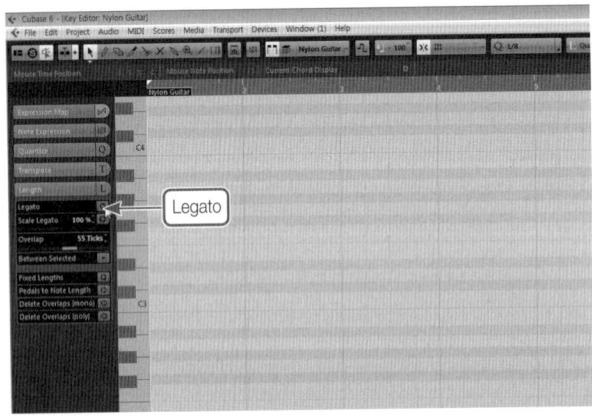

01 Lagato 항목의 Apply 버튼을 클릭하면 노트의 길이를 다음 노트의 시작점까지 연장하여 레가토로 연주되게 합니다. Scale Legato에서 연장 범위를 설정하고, Overlap에서 겹치는 한도를 설정할 수 있으며, Between Selected를 체크하면, 화음을 무시하고, 다음 노트까지 연장합니다.

02 그 외, 퀀타이즈 단위로 노트의 길이를 조정하는 Fixed Lengths, 페달 정보를 노트 길이로 변환하는 Pedals to Note Length, 겹친 노트를 삭제하는 Delete Overlaps 등, MIDI 메뉴의 Functions 기능을 수행하는 항목으로 구성되어 있습니다. Quantize, Transpose, Length 파라미터의 역할은 미디 편집 기능 편에서 자세히 살펴봅니다.

6 인-플레이스 에디터 이용하기

큐베이스와 누엔도에서 제공하는 미디 편집 창 중에서 가장 많이 사용하는 것이 키 에디터입니다. 하지만, 간단한 편집을 위해서 매번 키 에디터를 열어야 한다면, 조금 귀찮을 것입니다. 이러한 불편함을 고려해서 키 에디터와 동일한 인터페이스로 미디를 편집할 수 있도록 제공되는 것이 인-플레이스 에디터 입니다.

인-플레이스 에디터 열기 버튼

01 인-플레이스 편집 창은 트랙의 인-플레이디 열기 버튼을 클릭하거나 MIDI 메뉴의 Opne In-Place Editor 를 선택하여 열 수 있습니다. 창을 연다는 의미 보다는 미디 파트를 키 에디터 형식으로 표시한다는 쪽이 어울립니다.

😊 가정교사

트랙 컨트롤 파라미터의 In-Place editors는 선택되어 있는 트랙을 인-플레이스 에디터 모드로 표시합니다.

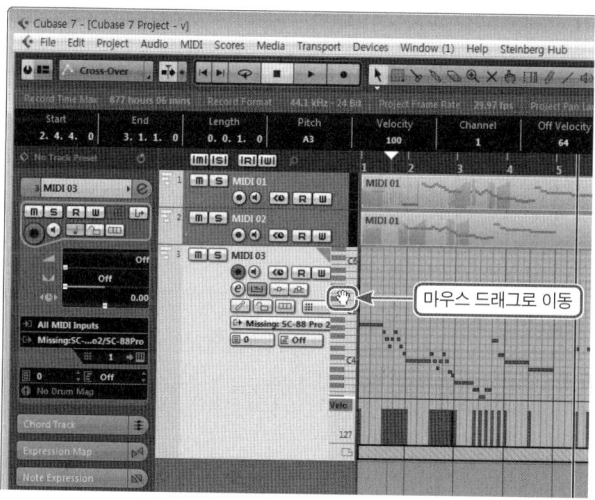

마우스 드래그로 이동

02 미디 파트는 노트 편집이 가능한 형태로 표시되며, 키 에디터와 동일한 방식으로 미디 이벤트를 편집할 수 있습니다. 작업 공간은 건반 표시 부분을 드래그하여 이동 합니다.

컨트롤 정보 선택

03 편집할 컨트롤 정보는 Vel이라고 표시
되어 있는 컨트롤 정보 목록을 클릭
하여 선택할 수 있으며, Vel이라고 표시된 부
분 아래쪽에서 마우스 오른쪽 버튼을 클릭하
면 컨트롤 편집 라인을 추가하는 Create New
Controller Lane과 삭제하는 Remove this lane
메뉴를 볼 수 있습니다.

팝업 열기 버튼

04 미디 이벤트를 입력하거나 삭제하는 등
의 편집 작업을 할 때 이용되는 도구들
은 프로젝트 창의 도구들을 이용하면 되고, 추
가적인 도구는 팝업 열기 버튼을 클릭하여 볼
수 있습니다.

Enlarge Part

05 인-플레이스의 장점 가운데 눈에띄는
것은 서로 다른 파트들간의 데이터 편
집이 가능하다는 것이며, 파트가 없는 빈 공간
으로 이동 및 복사를 실행하면 파트를 만들 것
인지를 묻는 창이 열립니다. Enlarge Part는 파
트를 만들고, Move Anyway는 파트를 만들지
않습니다.

스코어 에디터

스코어 에디터는 음악인들에게 가장 익숙한 악보를 이용해서 미디 정보를 입력하거나 편집할 수 있는 창입니다. 큐베이스와 누엔도의 스코어 에디터는 전문 사보 프로그램과 동일한 품질의 악보 출력이 가능합니다. 악보 사보에 관련된 기능은 뒤에서 살펴보기로 하고, 여기서는 스코어 에디터를 이용한 미디 편집 기능에 관해서 살펴보겠습니다.

1 스코어 에디터의 기본 사용법

큐베이스와 누엔도는 전문 사보 편집 프로그램 못지않은 악보 제작이 가능합니다. 컴퓨터 음악 시대가 되면서 자신의 창작곡을 굳이 악보로 만들 이유는 없겠지만, 친구들과 밴드를 결성한 경우라면 각 연주 파트 정도의 악보는 필요할 것입니다. 간단한 악보를 제작해보면서 스코어 에디터의 기본적인 사용법을 익혀보겠습니다.

01 예제 악보로 곡의 제목과 작곡가의 이름, 코드, 슬러 기호 등의 입력등을 실습해 보겠습니다.

Alt 키를 누른 상태로 드래그하여 미디 파트를 만든다

02 Empty 템플릿 환경의 프로젝트를 만들고, 트랙 리스트를 더블 클릭하여 미디 트랙을 만듭니다. 그리고 Alt 키를 누른 상태에서 마우스를 드래그하여 4마디 길이의 미디 파트를 만듭니다.

03 MIDI 메뉴의 Open Score Editor를
선택합니다. 미디 파트를 더블 클릭
할 때, 스코어 에디터가 열리게 하고 싶다면,
Prefernces 창의 Editor에서 Defult MIDI Editor
를 Open Score Editor로 선택합니다.

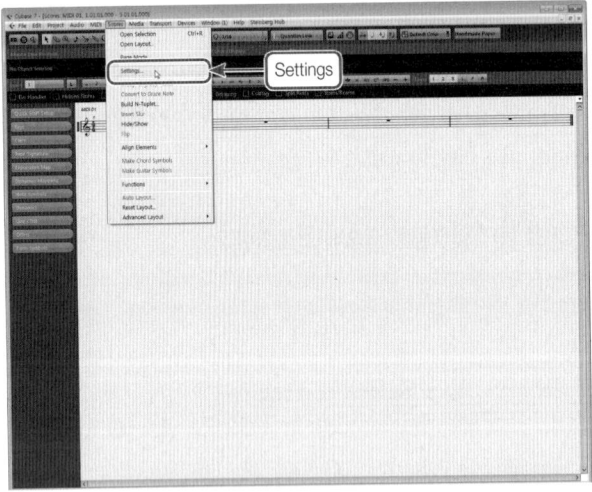

04 높은 음자리표를 표시한 4마디 길이의
보표가 보입니다. 이것을 예제와 같은
피아노 보표로 바꿔보겠습니다. Scores 메뉴의
Settings을 선택하여 Score Settings 창을 엽
니다.

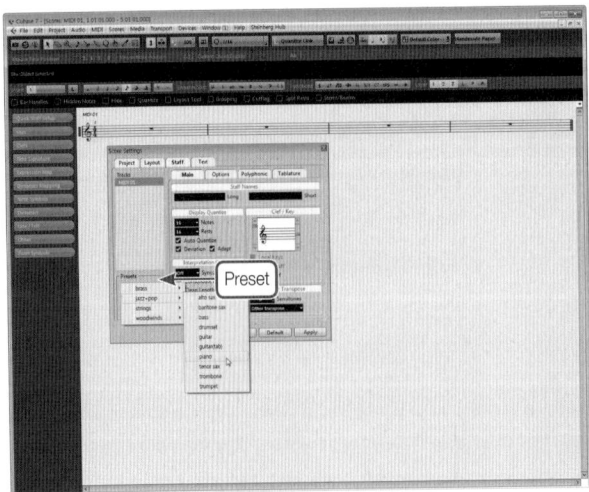

05 악보의 형태를 설정할 수 있는 Staff
탭을 선택하고, Presets 목록에서
jazz+pop의 piano를 선택합니다. 그리고 Apply
버튼을 클릭하여 적용하면 피아노 악보로 변경
되는 것을 확인할 수 있습니다. Score Settings
창은 닫기 버튼을 클릭하여 닫습니다.

422 PART 04. 미디 편집 창 살펴보기

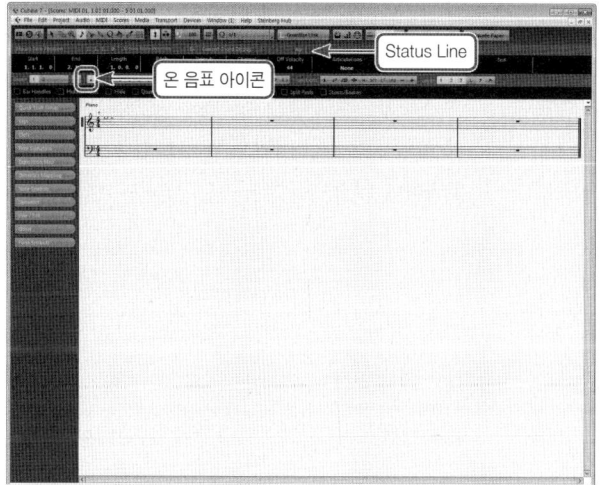

06 예제악보 첫 번째 음표에 해당하는 온 음표는 아이콘 모음 줄에서 온 음표 길이에 해당하는 음표 아이콘을 선택하고, Status Line의 위치와 음정을 확인하면서 오선 위를 클릭하여 입력합니다.

07 계속해서 2분 점 음표는 아이콘 표시줄에서 2분 음표와 점 아이콘을 선택하여 입력합니다. 다시 4분 음표를 입력할 때는 점 아이콘을 클릭하여 해제한 후에 입력 합니다.

화살표 버튼으로
음표를 수정하고 있다

08 같은 방법으로 나머지 음표들을 입력해 봅니다. 잘못 입력한 음표는 Ctrl + Z 키로 입력을 취소하고 다시 입력하거나 도구 모음 줄에서 화살표 버튼을 선택하여 수정할 수 있습니다.

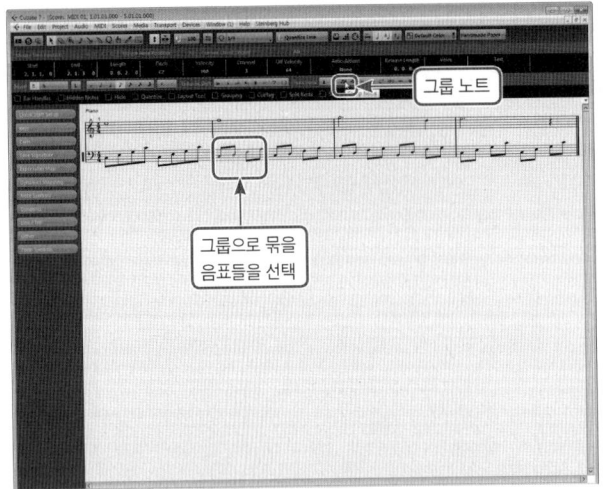

그룹 노트

그룹으로 묶을
음표들을 선택

09 한 박자 단위로 묶여있는 빔을 예제 악보에서와 같이 그룹으로 연결하기 위해서는 연결하고자 하는 음표들을 마우스 드래그로 선택하고, 도구 모음 줄의 그룹 노트 버튼을 클릭합니다.

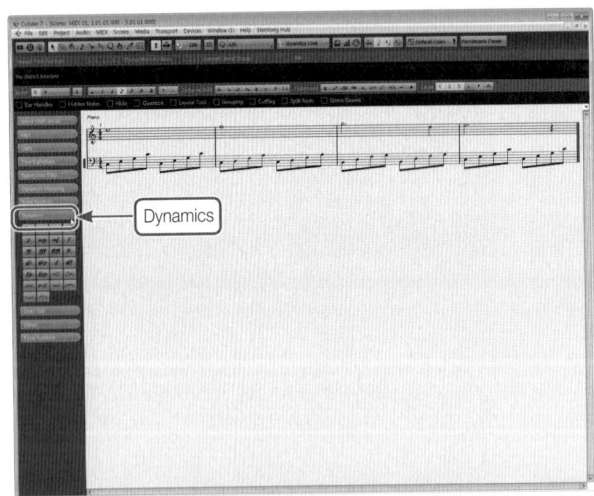

Dynamics

10 계속해서 미디 연주와는 상관없지만, 악보 사보를 위한 입력을 더 해보겠습니다. 심볼 창의 Dynamics 파라미터를 클릭하여 열고, 슬러 버튼을 선택합니다.

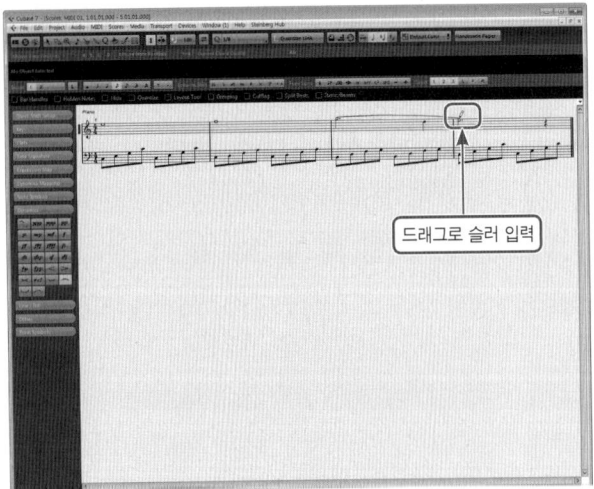

드래그로 슬러 입력

11 슬러를 입력할 노트의 시작 지점에서 끝 지점까지 마우스 드래그로 그립니다. 입력한 슬러에는 3개의 포인트가 보이며, 각각의 포인트를 드래그하여 간격과 길이 등을 조정할 수 있습니다.

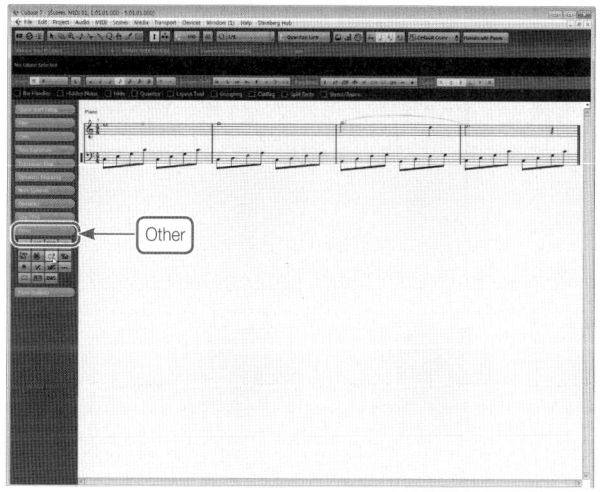

12 낮은 음자리표에도 슬러를 그려넣고, 심벌창에서 코드와 제목 등의 버튼을 제공하고 있는 Other를 선택합니다. 먼저 코드를 입력해볼 것이므로, C7이라고 표시되어 있는 코드 버튼을 선택합니다.

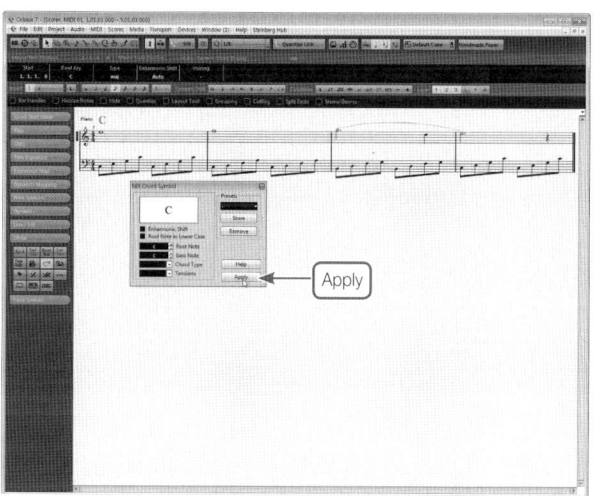

13 코드를 입력할 위치에서 마우스를 클릭하면 Edit Chord Symbol 창이 열립니다. 첫 번째 마디는 C 코드는 Apply 버튼을 클릭하여 그대로 적용합니다. 그리고 Edit Chord Symbol 창이 열려있는 상태에서 두 번째 마디를 클릭합니다.

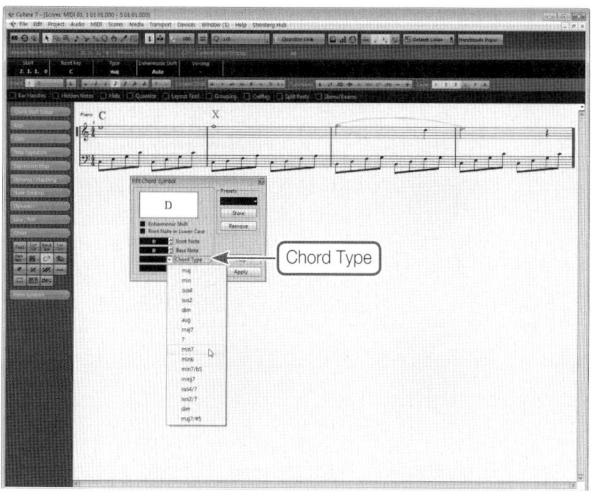

14 Root Note 항목에서 D 코드 네임을 선택하고, Chord Type은 m, Tensions 은 7을 선택하여 Dm7을 만듭니다. 그리고 Apply 버튼을 클릭하면 두 번째 마디의 코드가 Dm7 으로 변경됩니다.

15 계속해서 세 번째 마디의 G7코드를 앞에서와 같은 방법으로 만들어 입력하고, 마지막 C 코드까지의 입력이 끝나면, Edit Chord Symbol 창을 닫습니다.

닫기 버튼

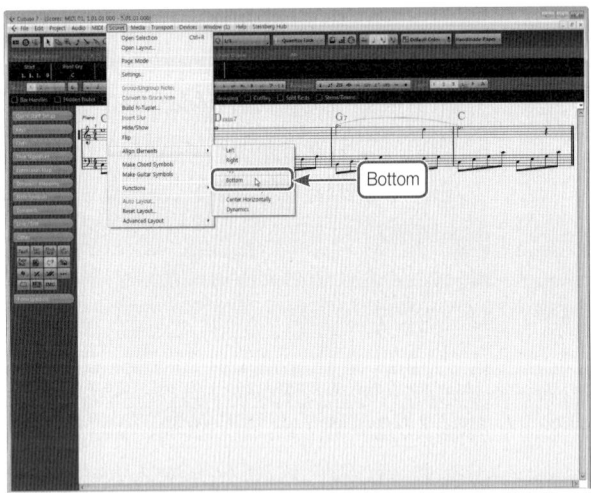

16 코드가 마우스를 클릭하는 위치에 만들어졌기 때문에 깔끔해 보이지 않습니다. 입력한 코드를 마우스 드래그로 선택하고, Score 메뉴의 Align Elements에서 Bottom을 선택하여 정렬합니다.

Bottom

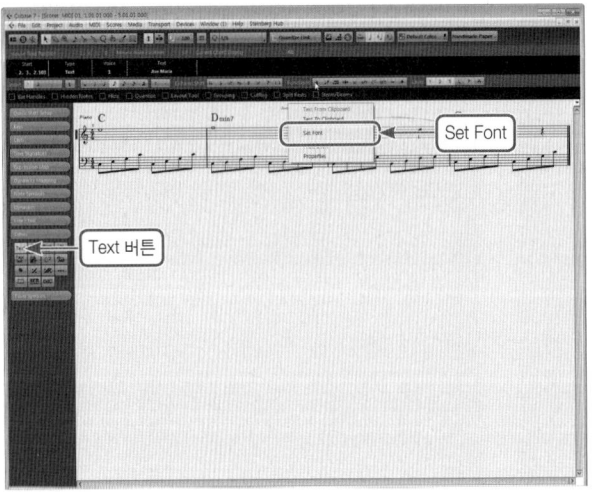

17 제목과 작곡가 등의 문자는 Othoer 팔레트의 Text 버튼을 이용하여 입력합니다. 각각 원하는 위치를 클릭하고, 글자를 입력하면 됩니다. 문자 입력이 끝나면, 제목을 마우스 오른쪽 버튼으로 클릭하여 단축 메뉴를 열고, Set Font를 선택합니다.

Set Font

Text 버튼

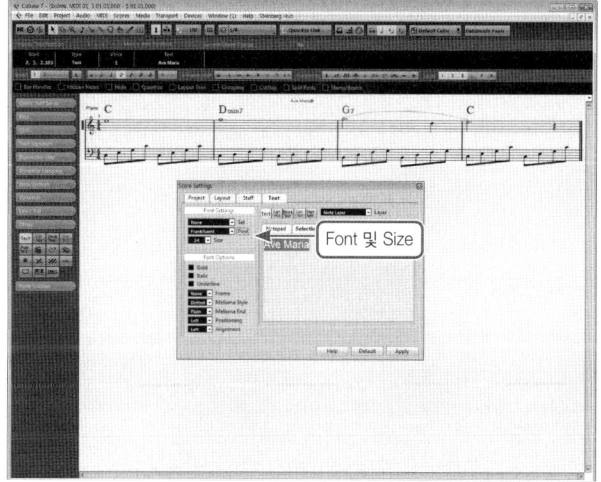

18 글자의 속성을 변경할 수 있는 Score Settings 창의 Text 탭이 열립니다. Selectin 창에서 만들어질 글자 모양을 확인하면서 Font와 Size를 변경하여 제목을 조금 강조합니다. 그리고 Apply 버튼을 클릭하여 적용하고, Score Settings 창을 닫습니다.

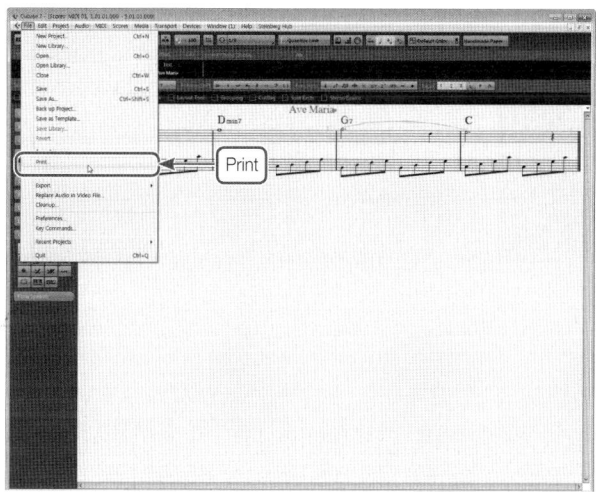

19 피날레와 같은 전문 사보 프로그램에서나 가능한 악보 제작이 가능하다는 것을 확인할 수 있었습니다. 완성한 악보는 File 메뉴의 Print를 선택하여 컴퓨터에 연결된 프린터로 출력할 수 있습니다.

스코어 에디터 상단에는 음표와 심볼을 입력하거나 편집하는데 사용하는 기능 버튼과 메뉴 목록이 있는 도구 모음 줄이 있습니다. 스코어 에디터의 도구들은 선택하는 개체가 음표와 심볼이라는 것 외에는 파트를 개체로 하는 프로 젝트 창의 도구들과 크게 다르지 않습니다.

⑤ 솔로 버튼

솔로 버튼은 스코어 에디터에서 편집중인 파트만을 솔로로 연주합니다. [Enter] 키를 눌러 곡을 연주할 때 솔로 버튼이 Off 이면 모든 트랙의 파트를 연주하지만, On이면 작업중인 파트만 솔로로 연주합니다.

● 녹음 버튼

스코어 에디터에서 미디 데이터를 녹음할 수 있게 합니다. 단, 미디 녹음 모드가 Merge 또는 Replace 모드일 경우에만 작동합니다.

🎦 오토 스크롤 버튼

오토 스크롤 버튼은 곡을 연주할 때 송 포지션 라인의
위치에 따라 화면을 표시할 수 있게 합니다. 스코어 에
디터는 다른 편집 창에서와 같이 작업 공간을 세로로
가로지르는 선으로 표시하지 않고, 오선에 표시하므
로 마디 라인과 착오 없길 바랍니다.

송 포지션 라인

🔊 스피커 버튼

스피커 버튼은 입력을 하거나 편집할 때 선택하는 음
표의 사운드를 모니터 할 수 있게 합니다. 작업 도중
에 선택한 음표들의 사운드를 듣고 싶지 않다면 스피
커 버튼을 클릭하여 Off 합니다.

스피커 버튼

선택한 노트를
모니터 한다

🔼 화살표 버튼

화살표 버튼은 노트와 심볼들을 편집하는데 사용하
는 버튼입니다. 스코어 에디터 작업 공간에서 마우스
오른쪽 버튼을 클릭하면 화살표 버튼을 비롯한 10가
지 도구 버튼을 선택할 수 있다는 것을 기억하면 편리
합니다.

화살표 버튼

마우스 오른쪽 버튼 클릭

🗑 지우개 버튼

지우개 버튼은 이벤트를 삭제합니다. 지우개 버튼으로
이벤트를 클릭하여 삭제하고, 마우스 드래그로 원하
는 이벤트를 선택한 다음에 아무것이나 클릭하여 선
택한 모든 이벤트를 삭제할 수 있습니다.

🔍 돋보기 버튼

돋보기 버튼은 작업 공간을 확대/축소합니다. 작업 공
간을 클릭하여 확대할 수 있고, Alt 키를 누른 상태에
서는 축소할 수 있습니다. Ctrl 키를 누른 상태에서는
확대/축소 이전 상태로 복구합니다.

스코어 에디터 작업 공간 상단과 왼쪽에는 크기를 표
시하는 줄자가 있습니다. 줄자에서 마우스 오른쪽 버
튼을 클릭하면 단위를 선택하거나 작업 공간을 퍼센
트 단위로 확대/축소할 수 있는 메뉴가 열립니다. 메뉴
아래쪽의 Fit Width는 페이지의 너비를 맞추는 것이고,
Fit Page는 페이지 크기를 맞추는 메뉴입니다.

😊 가정교사

줄자는 페이지 모드에서만 표시되며, 페이지 모드는 Scores
메뉴의 Pagea Mode를 선택하여 전환합니다.

♪ 음표 버튼

음표 버튼은 악보에 음표를 입력하는데 사용합니다.
입력하는 음표의 길이는 아이콘 표시줄의 Insert 항목
에 있는 9가지의 음표 아이콘에서 선택할 수 있으며,
어떤 버튼에서든 음표 아이콘을 클릭하여 자동으로
음표 버튼을 선택할 수 있습니다.

✂ 가위 버튼

가위 버튼은 슬러로 연결한 음표를 자르거나 마디를
다음 단으로 이동하는 레이아웃 역할을 합니다. 가위
버튼을 이용해서 음표를 자를 경우에는 슬러로 연결
한 오른쪽 음표를 클릭하는 것이 포인트 입니다.

✎ 풀 버튼

풀 버튼은 가위 버튼과 반대로 떨어진 음표를 슬러로
연결합니다. 풀 버튼을 이용해서 음표를 연결할 경우
에는 연결할 앞에 음표를 클릭합니다. 가위 버튼과 풀
버튼은 실제 노트 값을 변경하는 것이므로, 주의해야
합니다.

Q 디스플레이 퀀타이 버튼

디스플레이 퀀타이즈 버튼은 보기 좋은 악보를 만들기 위해서 실제 연주하는 노트와는 무관하게 악보를 정렬합니다. 예를 들어 스타카토로 연주한 4분 음표의 악보를 보면 그림과 같이 표기합니다.

하지만, 실제로 원하는 악보는 4분 음표에 스타카토 심볼을 표시한 악보일 것입니다. 이것을 위해 도구 모음 줄의 디스플레이 퀀타이즈 버튼을 클릭하여 Quantize Setup창을 엽니다.

Quantize Setup 창의 Notes 항목에서 표시될 노트의 최대 길이를 제한합니다. 여기서는 4분 음표 길이 이하의 단위를 표시하지 않게 할 것이므로 4를 선택합니다.

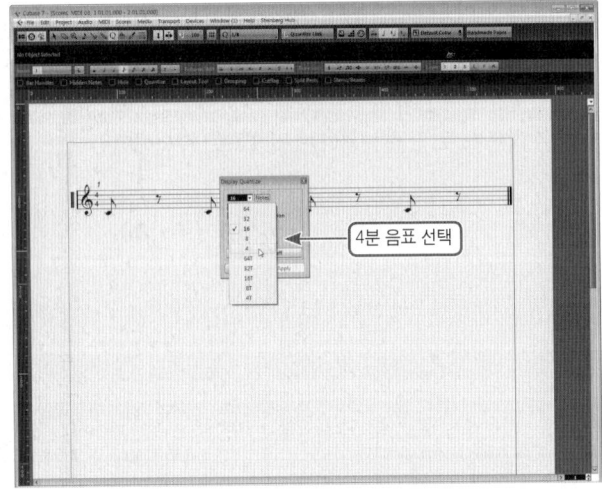

Quantize Setup 창에서 Apply 버튼을 클릭하고, 적용
할 마디를 클릭합니다. 그러면 실제 연주하는 길이는
8분 음표이지만, 악보는 4분 음표가 표시되게 할 수
있습니다.

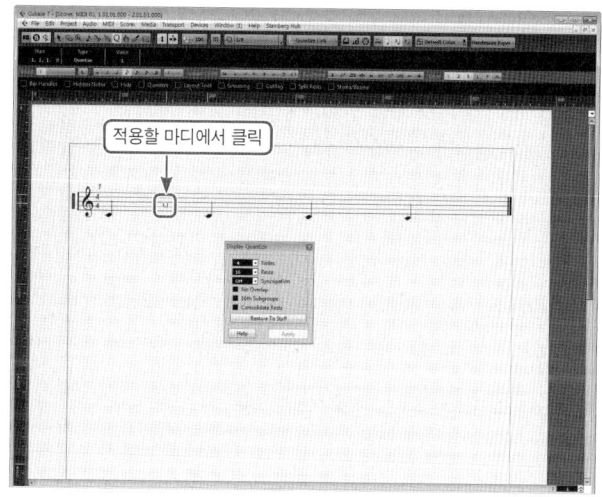

<table>
<tr><td>Tip</td><td>Quantize Setup창</td></tr>
</table>

실제 연주하는 노트의 길이는 변경하지 않고, 악보를 보기 좋은 상태로 설정할 수 있는 Quantize Setup 창의 옵션은 다음과 같은 역할
을 합니다.

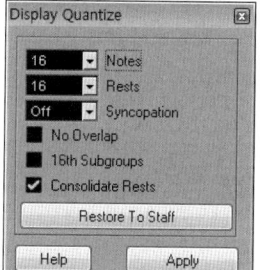

① Note: 표시될 노트의 길이를 제한 합니다.

② Rests 표시될 쉼표의 길이를 제한합니다.

③ No Overlap: 겹쳐진 노트들을 정리합니다.

④ Syncopation: 슬러로 연결된 노트를 싱코페이션으로 표시합니다.

⑤ 2+2 16th Groups: 16비트 음표를 2개씩 그룹으로 표시합니다.

⑥ Consolidate Rests: 연속하는 쉼표를 하나로 표시합니다.

⑦ Restore To Staff: 창을 초기값으로 되돌립니다.

손 버튼

손 버튼은 실제 연주하는 노트의 위치를 바꾸지 않고,
단지 보기 좋은 악보를 위해서 스코어 에디터에 표시
하는 모든 이벤트의 위치를 변경할 수 있습니다. 그림
은 마디와 노트 등의 위치를 변경하여 독특한 레이아
웃의 악보를 만들고 있는 모습입니다.

손 버튼을 클릭하여 Move Notes and Context를 선택하면 노트나 글자 등의 오브젝트를 이동 시킬 수 있습니다. 보기 좋은 악보를 만들기 위해서 많이 사용하게 될 것입니다.

컷 버튼

컷 버튼은 Quantize 항목에서 설정한 단위를 기준으로 음표를 분할합니다. 이때 실제 음표의 길이가 나뉘는 것이 아니고, 보기 좋은 악보를 만들기 위한 레이아웃 역할만 합니다. 그림은 4분 음표로 된 음표를 퀀타이즈(Quantize)항목에서 1-16Note로 설정하여 16비트 음표로 분할하는 모습입니다.

익스포트 버튼

익스포트 버튼은 마우스 드래그로 선택한 영역을 JPG, GIF 등의 이미지 파일로 제작할 수 있도록 하는 역할을 합니다. 익스포트 버튼을 선택하고, 이미지 파일로 만들고 싶은 영역을 마우스 드래그로 선택합니다. 선택 영역은 모서리를 드래그하여 조정할 수 있습니다.

선택범위 안에서 마우스 오른쪽 버튼을 클릭하여
단축 메뉴를 열고, Properteis를 선택하여 Export
Scores 창을 엽니다. 저장할 포맷은 File of type에서
선택을 하고, Resolution 목록에서 해상도를 선택합니
다. 웹에 사용할 것이라면, 72 Resolution으로도 충분
하지만, 인쇄가 목적이라면 300 이상을 권장합니다.

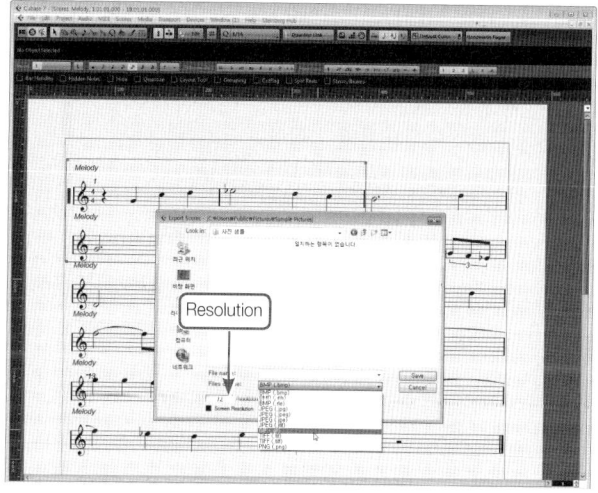

선택 범위안에서 마우스 오른쪽 버튼을 클릭하면 열리는 단축
메뉴의 Remove는 선택 범위를 취소하는 역할을 합니다.

⬍ 트랜스포즈 버튼

트랜스포즈 버튼은 화면에 표시되는 악보의 음정을
바꿨을 때, 바뀐 음정이 표시되게 할 것인지의 여부
를 On/Off 합니다. 음자리표 왼쪽에 보이는 빈 공간을
더블 클릭하면, 악보의 상태를 설정할 수 있는 Score
Settings 창이 열립니다.

Staff 탭을 클릭하여 열어보면, 악보에 표시되는 음정
을 변경할 수 있는 Display Transpose 항목이 있습니
다. 이것은 실제 음정을 변경하는 것이 아니라 악보만
조정하는 것입니다. 목록에서 Alto Sax를 선택하고,
Apply 버튼을 클릭합니다.

창을 닫고 트랜스포즈 버튼을 On으로 하면 알토 섹소폰 연주용 악보로 바뀌는 것을 확인할 수 있습니다. 하지만, 실제 음악을 편집할 때는 매우 불편할 것입니다. 이때 트랜스포즈 버튼을 클릭하여 Off으로 하면, 실제로 음표가 입력된 상태로 볼 수 있습니다.

인서트 벨로시티

인서트 벨로시티는 마우스로 입력하는 노트의 벨로시티 값을 설정합니다. Ins. vel이라고 표시한 부분의 역삼각형 모양을 클릭하면 벨로시티 값을 선택할 수 있는 목록이 열립니다. 목록 아래쪽에 있는 Setup메뉴를 선택하면 목록에 표시되는 값을 변경할 수 있는 창을 열수 있습니다.

스넵 타입

노트를 이동하거나 복사할 때의 스넵 적용 타입을 선택합니다. Grid는 그리드 라인에 맞추어 편집되고, Grid Relative는 노트 위치에 맞추어 편집됩니다.

Q 1/16 퀀타이즈

퀀타이즈 목록은 노트를 입력하거나 편집하는 단위를
설정하고, length Q 목록은 입력하는 노트의 길이를
설정합니다. 스코어 에디터의 노트 입력은 대부분 아
이콘 모음 줄의 Insert 항목에서 음표를 선택하는 방
식을 많이 사용하며, 선택한 길이는 length Q에서 자
동으로 표시합니다.

키보드 버튼

키보드 버튼은 컴퓨터 키보드를 이용해서 음표를 입
력할 수 있게 하는 역할을 합니다. 키보드 버튼을 클
릭하여 On으로 하고, Alt 키를 누르면, C3음표가 화
면에 표시됩니다. 계속해서 음정은 상/하 방향키, 위치
는 좌/우 방향키를 이용하여 조정하고, Enter 키를 눌
러 음표를 입력할 수 있습니다.

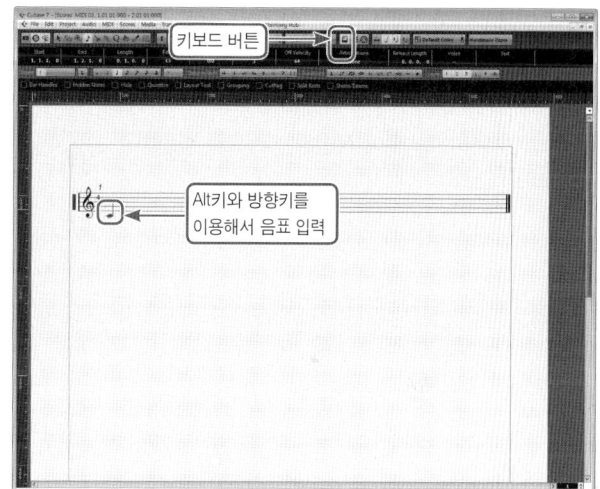

스텝 버튼

스텝 버튼은 마스터 건반을 이용해서 음표를 하나씩
입력할 수 있는 스텝 기능을 On/Off 합니다. 입력은
퀀타이즈 항목에서 설정한 단위와 아이콘 모음 줄에
서 선택한 노트의 길이입니다. 스텝으로 입력하는 노
트는 오선에 파란색으로 표시하는 스텝 라인 위치가
기준입니다. 스텝 라인은 마우스 클릭 또는 좌/우 화살
표 키를 이용해서 이동할 수 있습니다.

🎛 미디 버튼

미디 버튼은 스텝 입력에서와 같이 마스터 건반을 이
용해서 선택한 노트의 음정을 수정할 수 있게 합니다.
미디 버튼을 On으로 하고, 수정할 노트를 선택합니다.
그리고 건반을 눌러 수정합니다.

🎛 인서트 버튼

인서트 버튼은 스텝 입력 모드에서 사용하는 기능으
로 스텝 라인 위치 오른쪽에 있는 노트들을 오른쪽으
로 이동하면서 입력하는 노트들을 삽입합니다. 그림
은 앞의 예제에서 8비트에 해당하는 노트를 삽입하고
있는 모습입니다.

🎵 피치 버튼

피치 버튼은 스텝 입력을 할 때 건반의 연주 위치를
인식하게 합니다. 만일 피치 버튼이 Off라면, 스텝 입
력을 할 때 어떤 건반을 연주해도 C3로 입력됩니다.

벨로시티 On/Off 버튼

벨로시티 On/Off 버튼은 각각 스텝 입력에서 벨로시티 값과 Note Off 값을 인식하게 합니다. 벨로시티 On 버튼이 꺼져있다면 스텝 입력을 할 때 벨로시티 값은 ins. vel항목에서 설정한 값으로 입력됩니다.

레이어 선택 메뉴

Note, Layout, Project 레이어 중에서 화면에 표시할 레이어를 선택합니다. 레이어 지정은 확장 도구 편에서 살펴봅니다.

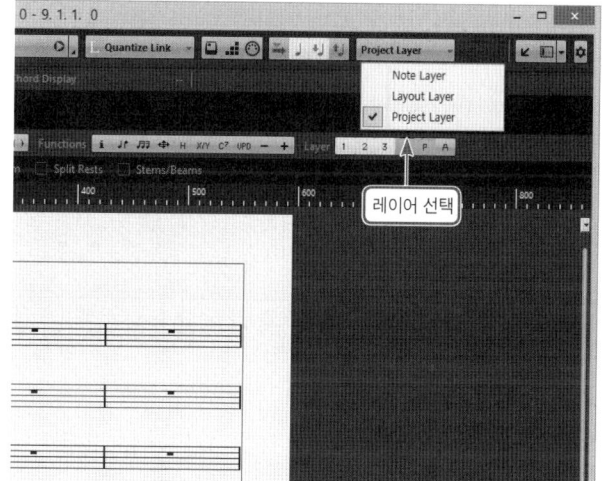

레이아웃 버튼

레이아웃 버튼은 스코어 데이터를 프로젝트의 로우 존으로 열게 하는 Open In Low Zone 버튼과 인스펙터 창을 여는 Show/Hide Left Zone 버튼, 그리고 스테이터스 라인, 인포 라인, 툴바, 필터를 열거나 닫는 메뉴로 구성되어 있습니다.

3 스코어 에디터의 확장 도구

스코어 에디터의 확장 도구는 악보 사보에 관련된 것들로 구성되어 있습니다. 확장 도구는 레이아웃 옵션의 Tools를 선택하여 화면에 표시하거나 감출 수 있습니다. 사보에 관한 내용은 출판 악보 만들기 편에서 살펴보기로 하고, 여기서는 Insert, Enharm Shift, Functions, Layer의 4그룹으로 구성되어 있는 도구의 역할만 살펴보겠습니다.

성부

Insert 그룹 처음에 보이는 4개의 숫자와 L 아이콘은 성부를 분리하는 역할을 합니다. 큐베이스와 누엔도는 높은 음자리표와 낮은 음자리표에 각각4 성부의 악보를 입력할 수 있습니다.

01 성부의 이해를 위해서 빈 악보를 준비하고, 높은 음자리표 왼쪽의 빈 공간을 더블 클릭합니다.

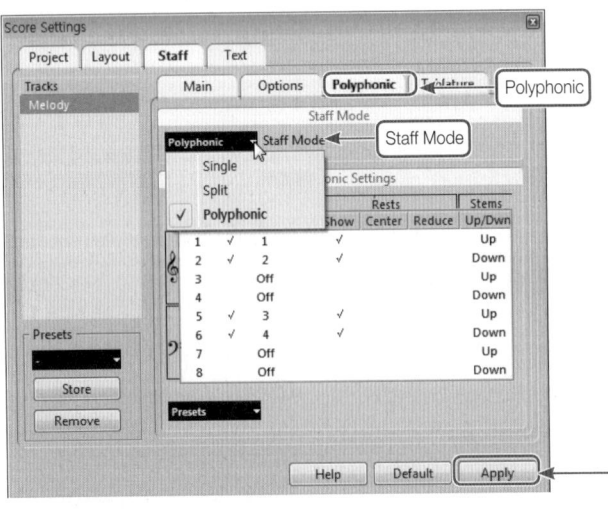

02 Staff Settings 창이 열립니다. Polyphonic 페이지를 선택하고, Staff 탭에서 Polyphonic 을 선택합니다. 그리고 Staff Mode를 Polyphonic로 변경합니다. 이것은 큰 보표를 4성부로 분리하는 기본값을 사용하겠다는 의미입니다. Apply 버튼을 클릭하여 적용합니다.

03 창을 닫고, 큰 보표의 높은 음자리표를 선택하면 아이콘 표시줄의 1,2번 성부 아이콘이 켜지고, 낮은 음자리표를 선택하면 5, 6번 성부 아이콘이 켜지는 것을 확인할 수 있습니다.

04 성부 아이콘에서 입력할 성부에 해당하는 아이콘을 클릭하여 선택하고 음표를 입력하면, 각각의 성부가 분리된 4성부 악보를 만들 수 있습니다. 직접 실습을 해보면서 확인을 해보기 바랍니다.

05 4개의 성부 아이콘 오른쪽에 있는 L 아이콘은 보표를 이동하는 성부를 입력할 경우에 사용합니다. 큐베이스와 누엔도는 음표를 입력할 때 해당 보표의 성부를 자동으로 선택합니다. 만일 보표에 상관없이 성부를 입력하고 싶다면 L 아이콘을 클릭합니다.

 **노트입력**

Insert 그룹 두 번째 해당하는 7개의 노트와 잇단 음, 점 아이콘은 모두 입력하는 노트의 길이를 선택합니다. 그림은 노트 아이콘 3번째 해당하는 4분 음표 아이콘을 클릭하여 4분 음표 길이의 음표를 입력하고 있는 것을 보여주고 있습니다.

64분 음표 오른쪽에 있는 T 아이콘은 3잇단음표를 입력할 수 있는 아이콘입니다. 기본 음표 길이를 선택하고, T 아이콘을 선택하면 기본 음표에서 선택한 3잇단음표를 입력할 수 있습니다. 그림은 8분 음표와 T아이콘을 선택하여 8분 음표 길이의 3잇단음표를 입력하고 있는 모습입니다.

T 아이콘 오른쪽에 있는 점 아이콘은 점 음표를 입력할 때 사용하는 아이콘으로 입력 방식은 잇단음표 입력과 같습니다. 즉, 기본 음표 길이를 선택하고, 점 아이콘을 클릭하여 기본 음표 길이의 점 음표를 입력할 수 있습니다. 그림은 4분 음표와 점 아이콘을 선택하여 4분 점음표를 입력하고 있는 모습입니다.

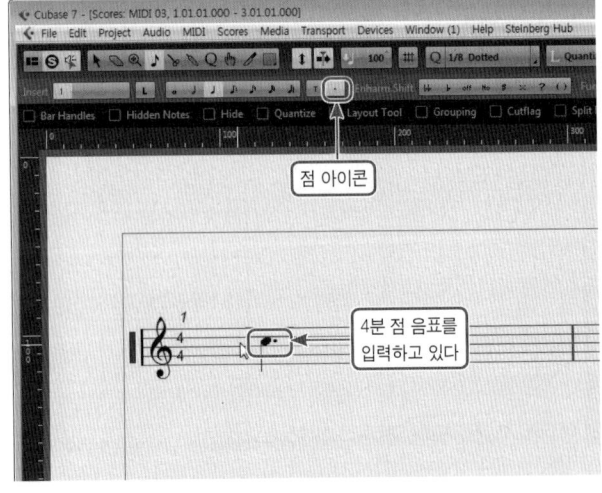

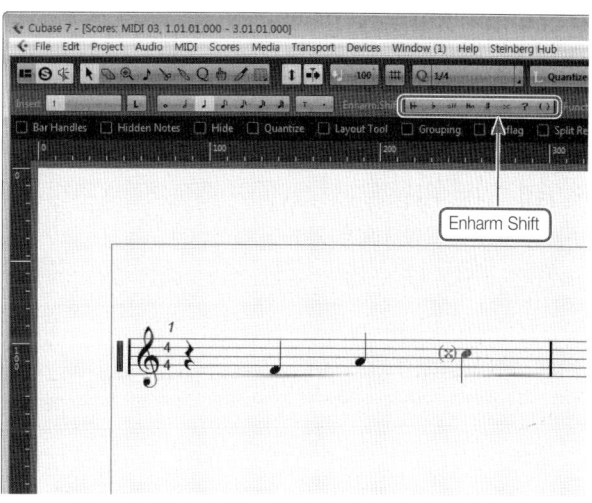

⊞ ⊢ off No # × ? ( ) Enharm Shift

아이콘 모음 줄 두 번째 항목인 Enharm Shift는 악보에 표시하는 임시표 설정을 변경할 수 있는 8가지 아이콘으로 구성되어 있습니다. 음표를 선택하고, Enharm Shift 에서 원하는 아이콘을 클릭하여 임시표를 붙이거나 임시표에 괄호를 표시하거나 할 수 있습니다.

Enharm Shift 항목에 있는 아이콘들의 기능은 다음과 같습니다.

아이콘	기능
⊞ 겹 내림 표	선택한 노트에 겹 내림 표를 붙인다
⊢ 내림 표	선택한 노트에 내림 표를 붙인다
off OFF	Enharm Shift가 적용된 기능을 Off 시킨다
No No	임시표를 표시하지 않게 한다
# 올림표	선택한 노트에 올림표를 붙인다
× 겹 올림표	선택한 노트에 겹 올림표를 붙인다
? Shift	조표에 적합한 임시표를 붙인다
( ) 괄호	임시표를 괄호로 표시한다

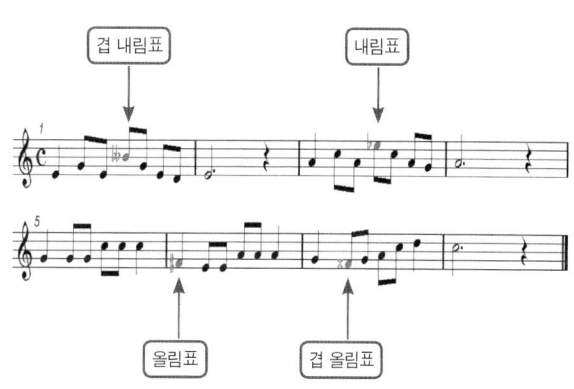

ⓘ 인포 아이콘

아이콘 표시줄 세 번째 항목에 해당하는 Functions는 보기 좋은 악보를 만들기위한 10개의 레이아웃 아이콘이 있습니다. 그 중 첫 번째인 인포 아이콘은 선택한 이벤트의 정보를 편집할 수 있는 창을 열어줍니다. 즉, 선택한 이벤트의 종류에 따라서 열리는 창이 다릅니다. 예를 들어서 높은 음자리표를 선택한 경우에는 Edit Clef, 음표를 선택한 경우에는 Set Note Info, 박자 표를 선택한 경우에는 Edit Time Signature 등의 창이 열립니다. 원하는 이벤트를 더블 클릭해도 같은 창을 볼 수 있습니다.

♩♪ 플립 아이콘

플립 아이콘은 선택한 음표의 대 방향을 위/아래로 변경합니다. 음표 입력의 원칙은 오선의 가운데 줄에 해당하는 B음을 기준으로 대의 방향을 결정합니다. B음 이상의 음표에서는 대가 아래쪽을 향하고, B음 이하 음표에서는 위쪽으로 표시합니다. 이것을 강제로 변환할 수 있는 역할을 하는 것이 플립 아이콘 기능입니다.

♫♩ 그룹 아이콘

그룹 아이콘은 선택한 음표의 기를 하나의 빔으로 묶거나 해제합니다. 독립적으로 입력한 음표들을 하나의 빔으로 연결하여 표시할 경우나 연결한 음표들을 각각 독립된 기로 표시할 때 사용합니다. 예를 들어 그림과 같이 음표를 입력했다면, 한 박자 단위로 묶인 4개의 음표를 모두 선택합니다.

그리고 Functions 항목의 그룹 아이콘을 클릭하면 그림과 같이 선택한 4개의 음표가 하나의 빔으로 연결되는 것을 확인할 수 있습니다.

하나의 빔으로 연결한 노트를 분리하고 싶다면 그룹으로 묶인 노트 중에서 독립시킬 노트를 선택하고, Functions 항목의 그룹 아이콘을 다시 클릭합니다.

선택한 노트들을
그룹에서 분리하고 있다

⊕ 레이아웃 아이콘

레이아웃 아이콘은 전문 사보 프로그램에서나 찾아볼 수 있는 기능으로 한 단에 표시하는 마디 수와 길이 등을 설정할 수 있습니다. 레이아웃 아이콘을 클릭하면 열리는 Auto Layout 창의 Max. Number of Bars 에서 각 단에 표시할 마디 수를 입력하고, OK 버튼을 클릭하면 각 단에 표시하는 마디 수가 조정됩니다.

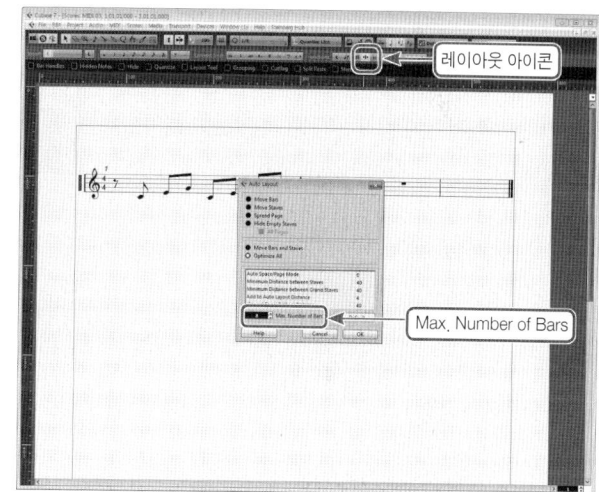

레이아웃 아이콘

Max. Number of Bars

H 하이드 아이콘

하이드 아이콘은 선택한 이벤트를 악보에 표시하지 않게 합니다. 이것은 Delete 키로도 삭제할 수 없는 이벤트까지 감출 수 있기 때문에 아주 요긴하게 사용할 수 있는 기능입니다. 그림은 높은 음자리표와 박자 표를 하이드 아이콘으로 감춘 결과 입니다.

하이드 아이콘

높은 음자리표를
감추고 있다

X/Y 포지션 아이콘

포지션 아이콘은 마우스의 위치 또는 선택한 이벤트의 위치를 표시하는 Position Info 창을 엽니다. 여기서 표시하는 단위를 바꾸기 위해서는 위쪽과 왼쪽에 있는 눈금 표시줄에서 마우스 오른쪽 버튼을 클릭하여 원하는 단위를 선택합니다.

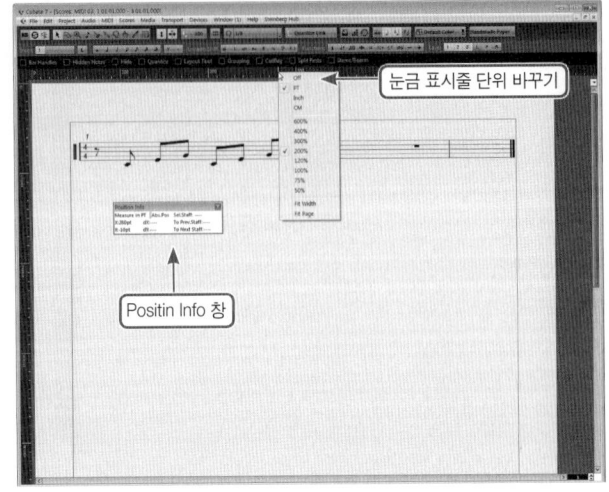

단축 메뉴에서 Off를 선택하여 눈금 표시줄을 닫았을 경우에 다시 표시하고 싶다면 오른쪽 이동 표시줄 상단에 있는 역삼각형 모양의 눈금 표시줄 보기 버튼을 클릭합니다.

C⁷ 코드 아이콘

코드 아이콘은 두음 이상의 화성 노트를 선택했을 경우, 선택한 노트의 구성 음에 적합한 코드를 자동으로 입력하는 기능입니다. 입력된 코드를 더블 클릭하면 코드를 수정할 수 있는 Edit Chord Symbol 창이 열립니다.

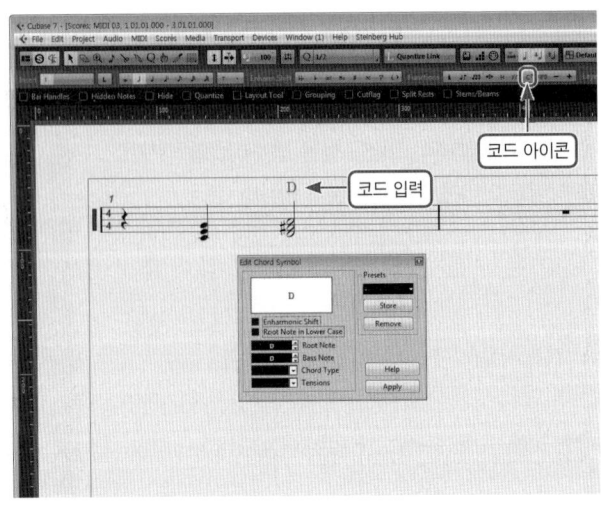

UPD 새로 고침 아이콘

새로 고침 아이콘은 악보를 재정렬하는 기능입니다.
흔하지는 않지만 간혹 스코어 에디터의 악보가 독자
의 의도대로 표시되지 않는 경우가 있습니다. 이때 새
로 고침 아이콘을 클릭하여 악보를 정확하게 표시되
게 할 수 있습니다. 만일 새로 고침을 한 후에도 악보
가 잘못 표시된다면, 데이터를 잘못 입력한 경우일 것
입니다.

─ + 채널 변경 아이콘

Functions 항목 마지막에 위치한 플러스(+) 아이콘과
마이너스(-) 아이콘은 선택한 노트의 채널을 증/감하
는 역할을 합니다. 스코어 에디터에서 사용하는 채널
이 성부 위치와 관련된 것이므로 채널을 변경한다는
의미는 성부의 위치를 변경하는 것입니다.

1 2 3 L P A 레이어 아이콘

아이콘 표시줄의 마지막 그룹인 Layer는 6개의 아이
콘으로 구성되어 있습니다. 이것은 입력한 노트 또는
심볼들을 레이어로 구분하여 잘못 편집하는 경우를
예방할 수 있게 하는 기능입니다. 레이어 1번 아이콘
에서 마우스 오른쪽 버튼을 클릭해보면 모든 이벤트
가 1번에만 설정되어 있는 것을 확인할 수 있습니다.

실습을 위해서 1번 레이어 아이콘을 클릭하여 Off로
놓고, 노트 또는 마디선 등을 이동시켜 봅니다. 레이어
1번에 설정되어있는 모든 이벤트가 Off된 상태이기 때
문에 아무것도 이동되지 않는 것을 알 수 있습니다.

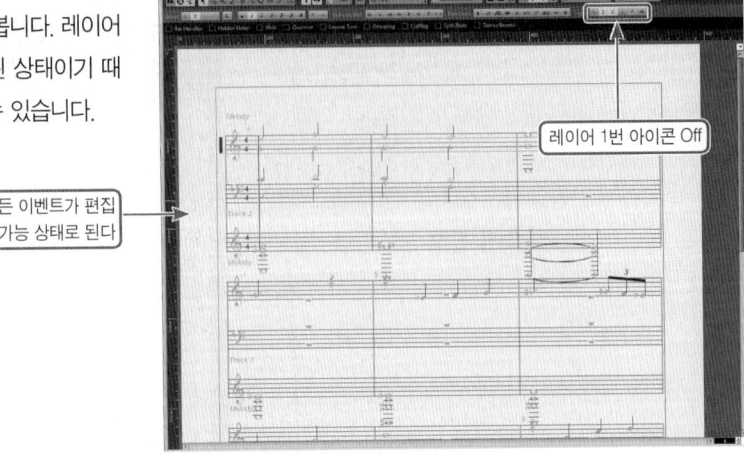

모든 이벤트가 편집
불가능 상태로 된다

레이어 1번 아이콘 Off

이제 2번 레이어 아이콘에 Bar Lines를 설정하여 2번
레이어를 Off 시켰을 때 바 라인을 편집할 수 없게 해
보겠습니다. 방법은 2번 레이어 아이콘 위에서 오른쪽
버튼을 클릭하면 열리는 목록에서 Bar Lines을 선택
하여 체크 표시를 합니다.

Bar Line

1번 레이어에 설정했던 Bar Lines을 2번 레이어로 옮
겼기 때문에 1번 레이어를 Off 로 해도 앞에서와는 다
르게 바 라인을 조정할 수 있다는 것을 알 수 있습니
다. 물론 1번 레이어를 On으로 하고, 2번 레이어를
Off 하면 바 라인만 조정할 수 없게됩니다.

바 라인 위치를
조정하고 있다

3개의 레이어 아이콘에 설정할 수 있는 이벤트는 마우스 오른쪽 버튼을 클릭했을 때 보았듯이 Braces, Bar Numbers 등 12종류의 이벤트를 각각 설정할 수 있습니다. 각 레이어 아이콘에 같은 이벤트 종류를 설정할 수는 없고, 총 12가지의 이벤트를 독자가 원하는 것으로 분리할 수 있습니다.

L과 P 아이콘은 Layout과 Project 관련 오브젝트를 의미하며, 해당 오브젝트가 편집되는 것을 방지합니다. 마지막 Colorize Layer 버튼은 다른 레이어를 Off 하며, 편집 가능한 모든 레이어를 컬러로 표시합니다.

Tip 페이지 모드

스코어 에디터는 기본적으로 편집 모드로 표시됩니다. 편집 모드는 시스켐이 낮은 사양에서도 악보 편집 작업을 원할하게 할 수 있지만, 인쇄 결과를 확인할 수 없다는 단점이 있습니다. 인쇄 결과를 확인할 수 있는 페이지 모드로 작업하려면, Score 메뉴의 Page Mode를 선택합니다.

4 스코어 에디터의 필터 도구

레이아웃 버튼의 Filters 옵션을 체크하면 볼 수 있는 필터 모음 줄에는 작업의 효율을 높이기 위해 필요 없는 항목들을 임시적으로 감추거나 보이게 할 수 9개의 필터들로 구성되어 있습니다. 확장 도구와 마찬가지로 미디 연주와는 무관하면 보기 좋은 악보를 만들기 위해 제공되고 있는 도구 입니다.

1. Bar Handles

필터 첫 번째 옵션인 Bar Handles는 마디를 이동/복사할 수 있는 핸들을 표시합니다. Hand 샘플 파일을 열어보면 한 마디의 드럼 패턴이 입력되어 있을 것을 확인할 수 있습니다. 여기서 Bar Handles 필터 옵션을 체크하여 핸들이 보이게 합니다.

각 마디에 사각형 모양의 핸들이 보이면 이벤트를 입력한 첫 번째 핸들을 Alt 키를 누른 상태로 두 번째 마디까지 이동합니다. 그러면 그림에서와 같이 Bar copy창이 열립니다. Alt 키를 누르지 않으면 마디를 이동하는 것입니다.

Bar copy창에서 Repeats 항목에 몇 번 반복할 것인
지를 설정합니다. 여기서는 4를 입력하여 4번을 반복
하겠습니다.

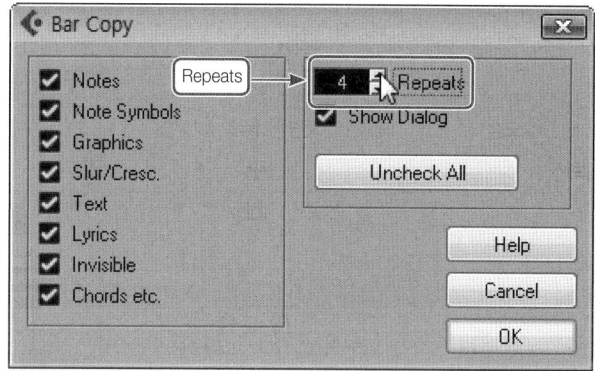

Barcopy 창에서 OK 버튼을 클릭하여 닫으면 그림에
서와 같이 첫 번째 마디에 해당하는 이벤트가 4번 반
복하는 것을 확인할 수 있습니다.

4번 반복

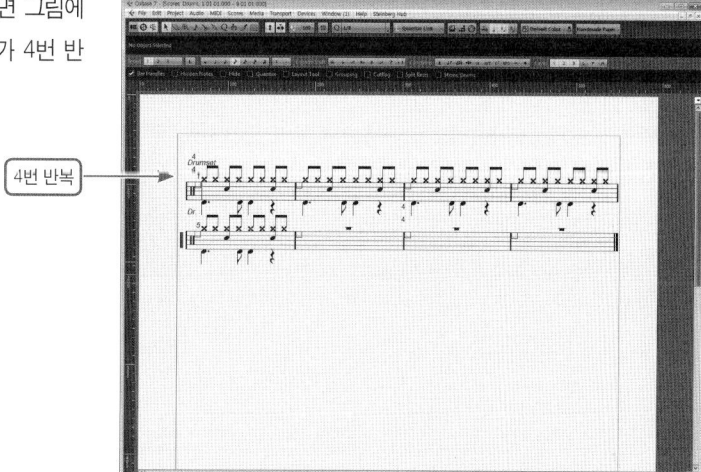

Tip   Barcopy 창

Barcopy 창에는 왼쪽에 이벤트의 종류를 선택할 수 있는 체크 옵션
과 오른쪽에 반복 횟수를 설정할 수 있는 옵션으로 구성되어 있습니다.

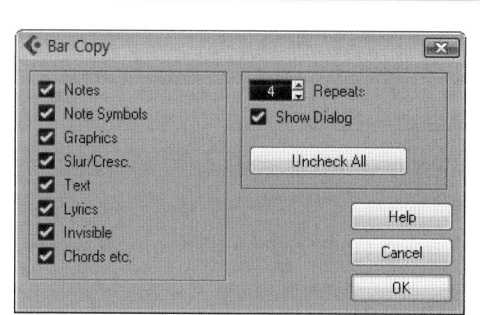

1. 체크 옵션

Note, Note Symbols, Graphics, slur/Cresc, Text, Lyrics, Incisible,
Chords etc 의 체크 옵션은 반복할 이벤트의 종류를 선택할 수 있는
옵션입니다.

2. Repeats

Repeats는 예제에서와 같이 반복 횟수를 설정합니다.

3. Show Dialog

Show Dialog 체크 옵션은 반복 과정에서 Barcopy 창이 열리지 않게 하는 옵션입니다. 만일 창이 다시 열리게 하고 싶다면, 마디에 표
시하는 핸들을 더블 클릭하여 Barcopy창을 열고, Show Dialog 옵션을 체크합니다.

4. Uncheck All

Uncheck All 은 왼쪽의 체크 표시를 모두 해제합니다

2. Hidden Notes

Hidden Notes는 아이콘 표시줄의 하이드 아이콘으로 감춘 노트 또는 심볼 등을 화면에 표시합니다. 예를 들어 못 갖춘 마디를 만들기 위해서 그림과 같이 첫 마디에 입력한 노트를 선택하고, 하이드 아이콘을 클릭하여 선택한 노트를 화면에 보이지 않게 했다고 가정합니다.

이렇게 감춘 노트들을 확인을 하는 방법은 필터 도구 모음의 Hidden Notes 옵션을 체크하는 것입니다. 감춘 노트를 더블 클릭하여 Set Note Info 창을 열고, Hide Note 옵션의 체크 표시를 해제하면 감춰진 속성을 제거할 수 있습니다.

3. Hide

Hide 옵션은 Hidden Notes와 같이 감춘 노트와 심볼을 확인하는 옵션으로 Hide라는 문자를 표시합니다. 앞의 Hidden Notes의 기능을 설명한 예제에서 Hide 옵션을 체크하면 감추기 기능을 적용한 노트 아래쪽에 Hide 문자를 확인할 수 있습니다. 물론 Hidden Notes 옵션을 해제한 경우라면 문자만 표시합니다.

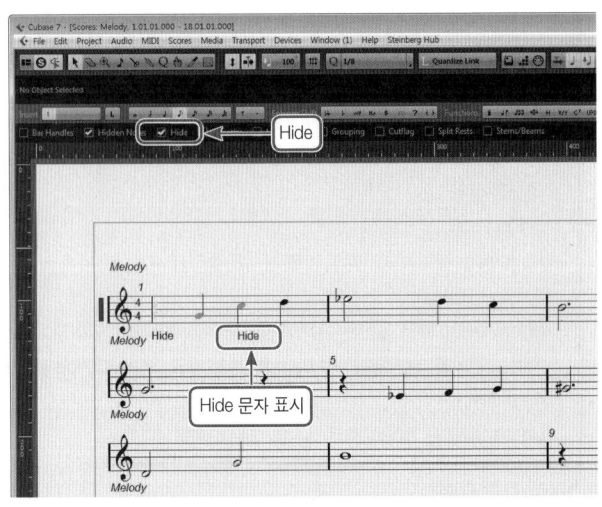

4. Quantize

Quantize 옵션은 디스플레이 퀀타이즈를 적용한 노트들을 표시합니다. 만일, 리얼로 입력한 음표가 원하는 악보로 표시가 되지 않는다면, 디스플레이 퀀타이즈 버튼을 클릭하여 Display Quantize 창을 열고, 수정하게 될 것입니다.

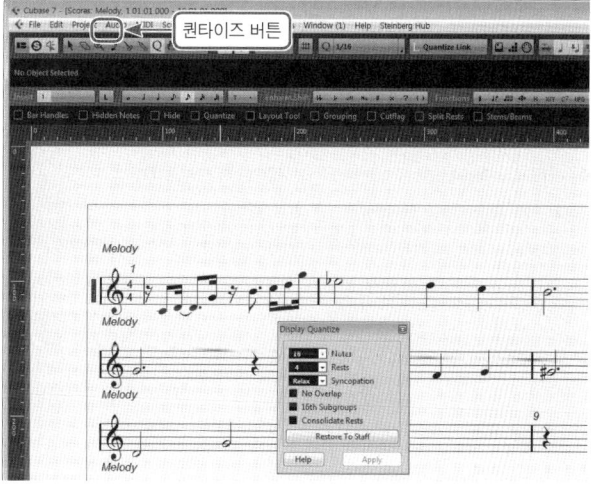

Note 항목에서 화면에 표시할 길이를 선택하고, 수정하길 원하는 노트를 선택합니다. 그림은 첫 박과 두 번째 박에 4비트를 적용하고 있고, 세 번째와 네 번째 박자에 16비트를 적용하고 있는 모습입니다.

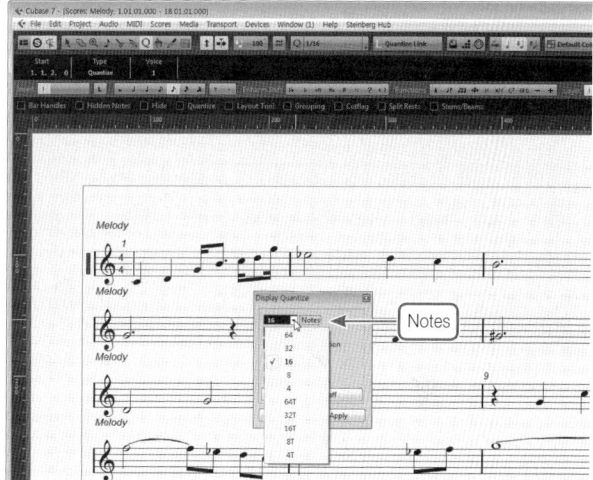

필터 모음 줄에서 Quantize 옵션을 체크면 디스플레이 퀀타이즈를 적용한 부분에 Q4와 Q16이라는 문자가 삽입되어 디스플레이 퀀타이즈의 적용 여부와 값을 확인할 수 있습니다.

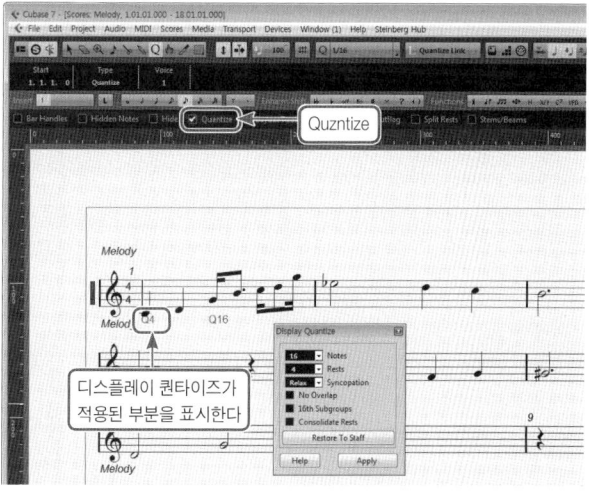

5. Layout Tool

Layout Tool 옵션은 손 버튼으로 이동한 노트와 심볼 아래쪽에 Layout Tool이라는 문자를 표시합니다. 손 버튼을 선택하여 노트를 이동하고 Layout Tool 옵션을 체크하면 이동한 노트에 Layout Tool이라는 문자 표시를 확인할 수 있습니다. Layout Tool 문자를 삭제하면 손 버튼으로 이동하기 전의 위치로 초기화 합니다.

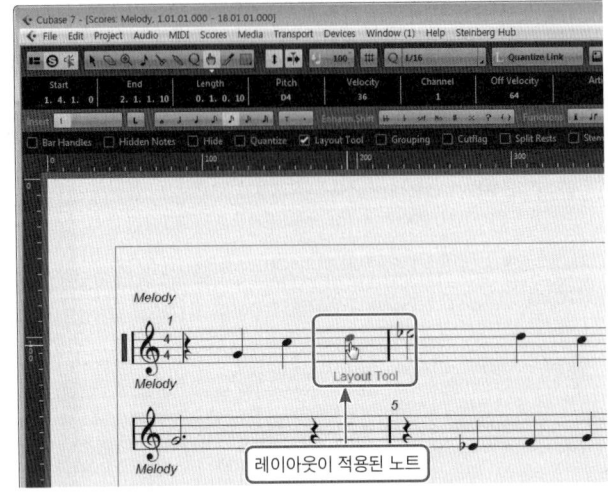

6. Grouping

Grouping 옵션은 그룹 기능이 적용된 노트들을 표시하거나 수정할 수 있습니다. 큐베이스와 누엔도는 기본적으로 8분 음표는 2개의 단위로, 16분 음표는 4개의 단위로 그룹을 형성합니다. 하지만, 익숙한 악보를 만들기 위해서 그룹 기능을 사용하는 경우가 많습니다. 예를 들어서 그림과 같이 기본적인 형태로 입력한 악보를 선택하고, 그룹 아이콘을 클릭하여 조정했다고 가정합니다.

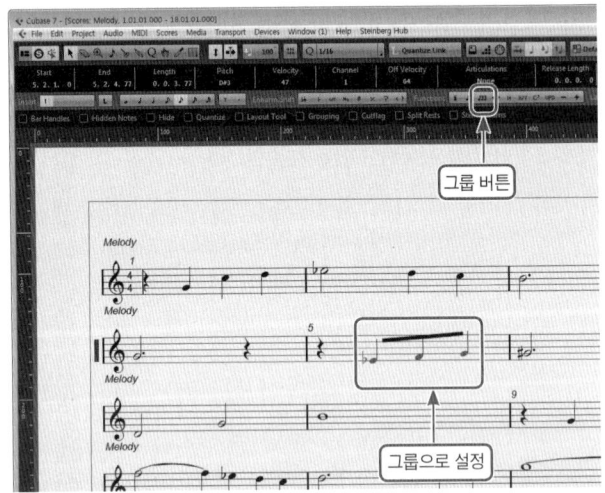

이때 필터 도구 모음 줄에서 Grouping 옵션을 체크하면 그룹 기능을 적용한 노트 하단에 Grouping라는 문자 표시를 확인할 수 있습니다. 입력한 Grouping 문자를 더블 클릭하면 값을 변경할 수 있는 창이 열립니다.

7. Cutflag

Cutflag 옵션은 컷 버튼으로 분리한 노트에 Cutflag 라
는 문자를 표시합니다. 악보를 만드는 과정에서 실제
노트의 길이는 그대로 두고, 화면에 표시하는 노트의
길이를 분할했다가 이것을 다시 초기값으로 되돌리기
위해서는 어떤 노트에 컷 기능을 적용했는지 확인할 필
요가 있습니다. 예를 들어 컷 버튼 기능으로. 음표를 분
리 했다고 가정합니다.

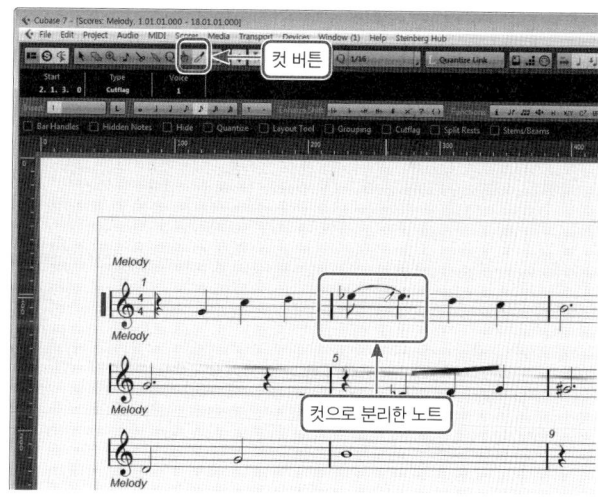

이때 필터 모음 줄에서 Cutflag 옵션을 체크하면, 컷 노
트를 적용한 음표에 Cutfalg 문자를 표시합니다. 문자
를 컷 버튼으로 클릭하거나 단축키 Delete 를 이용해서
삭제하면 컷 노트를 적용하기 전으로 초기화 합니다.

8. Split Rests

Split Rests은 분리한 멀티 쉼표에 Split Rest 문자를
표시합니다. 파트 보를 만들다가 보면, 멀티 쉼표를 자
주 사용하는데, 이것을 풀 스코어 악보로 인쇄하기 위
해서 초기화할 경우가 있습니다. 예를 들어 그림과 같
이 3마디를 쉼표로 표시하는 악보가 있다고 가정하고,
멀티 쉼표를 표시하기 위해서 조표 왼쪽의 빈 공간을
더블 클릭합니다.

Score Settings 창의 Layout 탭에서 Multi-Rests 항목을 2로 설정합니다. 2마디 이상의 쉼표 마디를 멀티 쉼표로 표시되게 하는 것입니다.

그러면 2마디 이상의 연속된 쉼표가 있는 마디만 멀티 쉼표로 변경하는 것을 확인할 수 있습니다. 이 값을 변경하기 위해서 멀티 쉼표를 더블 클릭합니다.

멀티 쉼표가 한 마디 단위로 나뉠 수 있게 Split Muti Rest 창의 Bars항목에 1이라는 숫자를 확인하고, OK 버튼을 클릭합니다.

필터 도구 모음 줄에서 Split Rests 옵션을 체크하면 분리한 멀티 쉼표에 Split Rest라는 문자 표시를 확인할 수 있습니다. 그리고 언제든 문자를 삭제하면 멀티 쉼표로 초기화 합니다.

9. Strem / Beams

필터 도구 모음 줄의 마지막 옵션인 Strem / Beams는 음표의 기와 대의 방향, 길이 등을 수정한 노트를 확인하거나 초기화 합니다. 그림에서와 노트를 선택하고, 플립 버튼을 클릭하여 대의 방향을 바꿨다고 가정합니다.

Stems / Beams 옵션을 체크하면 대의 길이와 방향 등을 조정한 음표 아래쪽으로 Stem 문자가 표시되는 것을 확인할 수 있으며, 다른 필터와 마찬가지로 표시 문자를 삭제하여 초기화 할 수 있습니다.

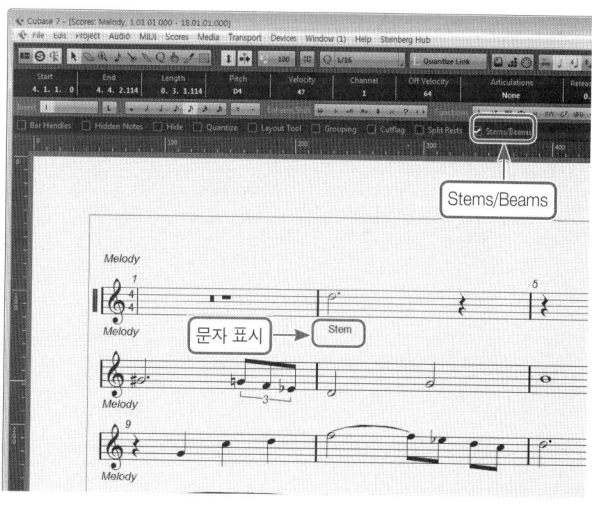

03 드럼 에디터

Lesson

큐베이스와 누엔도의 드럼 에디터는 드럼 노트의 입력과 편집이 편리하게 노트 모양을 다이아몬드 형태로 표시하고 있다는 것 외에는 키 에디터와 크게 다르지 않습니다. 큐베이스와 누엔도 드럼 에디터의 장점이라면 드럼 맵 환경을 간단하게 변경할 수 있기 때문에 다른 악기를 기준으로 제작한 데이터도 무리없이 사용할 수 있다는 것입니다.

1 드럼 에디터의 기본 사용법

대부분의 드럼 악기는 16비트로 연주하는 것과 4분 음표로 연주하는 소리가 같습니다. 즉, 드럼의 연주는 노트의 길이와 상관이 없다는 것입니다. 그래서 큐베이스와 누엔도의 드럼 에디터에서는 노트를 다이아몬드 모양으로 입력하거나 편집할 수 있게 되어 있습니다. 여기서는 큐베이스와 누엔도에서 기본적으로 제공하고 있는 GM Map환경의 드럼 에디터에서 간단한 드럼 패턴을 입력해보겠습니다.

01 실습에 사용할 드럼 악보는 다음과 같습니다.

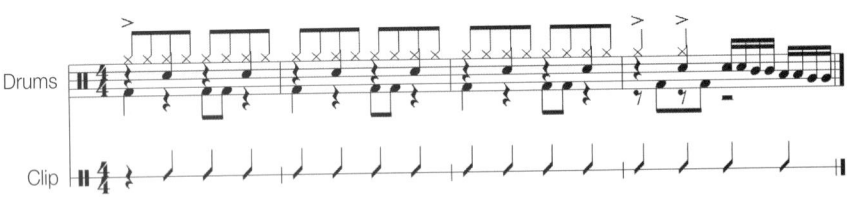

드럼 채널 선택

02 Empty 템플릿 환경의 프로젝트에서 미디 트랙을 만들고, 4미디 길이의 파트를 만듭니다. 그리고 인스펙터 창의 채널 항목에서 독자가 사용하고 있는 악기의 드럼 채널을 선택합니다. 여기서는 GM/GS악기 기준으로 10채널을 선택하고 있습니다.

😊 가정교사

실습은 VST Instruments 트랙에서 음색을 로딩하여 진행해도 좋습니다.

GM Map 선택

03 프로그램 항목에서 드럼 셋을 선택하고, Map항목에서 GM Map을 선택합니다. 독자가 사용하는 악기가 GM 모드가 아니라면 Drum Map Setup을 선택하여 드럼 맵을 새로 만들어야 합니다. 이것에 관해서는 드럼 맵 설정하기 편을 참조하기 바랍니다.

악기 이름

04 MIDI 메뉴의 Open Edrum Eidtor를 선택하여 창을 열면, 드럼의 구성 악기 이름이 표시되어 있는 드럼 에디터가 열립니다.

Quantize 항목

05 예제 악보에서 사용하는 음표들 가운데 기장 짧은 옴표가 16분 음표입니다. 스냅 라인을 16비트로 사용하기 위해서 도구 모음 줄의 Quantize 항목을 클릭하여 1-16 Note를 선택합니다.

06 드럼 노트 입력에 편리하게 작업 공간을 확대 합니다. 줌 바를 오른쪽으로 드래그하거나 줌 슬라이드 바 오른쪽에 있는 플러스(+)기호를 클릭합니다. 마이너스(-) 기호를 클릭하면 반대로 축소할 수 있습니다.

줌 바

스틱 도구

드럼 맵

드럼 노트 입력

07 작업 공간 왼쪽을 보면 GM 드럼 맵으로 설정한 노트와 음색 이름이 있습니다. 스틱 버튼을 선택하고, 음색 이름을 확인하면서 마우스 클릭으로 입력해봅니다. 악보에 액센트가 붙은 것은 Crash Cymbal 1입니다.

08 잘못 입력한 노트는 스틱 버튼으로 클릭하여 삭제할 수 있습니다. 즉, 스틱 버튼으로 작업 공간을 클릭하면 입력 역할을 하고, 노트를 클릭하면 삭제 역할을 합니다. 드럼 입력이 너무나 쉽고 편리하다는 것을 느낄 수 있었을 것입니다.

드럼은 베이스드럼, 스네어 드럼, 하이해트, 탐탐, 심볼 등의 타악기로 구성되어 있으며, 심볼은 라이드 심볼과 크래쉬 심볼, 탐탐은 하이 탐, 미들 탐, 플로어 탐으로 구분합니다. 물론 베이스 드럼을 2 개로 구성하거나 탐을 6개로 구성하는 등, 연주자 마다 차이가 있으며, 악보 표기 역시 표준적이지는 않지만, 일반적인 기보법은 다음과 같습니다.

일반적으로 드럼 악보는 낮은음자리표를 사용하며, 발로 연주하는 것은 음표의 대가 아래쪽으로 향하고, 손으로 연주하는 것은 위로 향합니다. 그리고 심볼 계열은 음표 머리를 X로 표시합니다. (그림 드럼-01~)

베이스 드럼: 음표의 대가 아래쪽으로 향하며, A음에 기보합니다. GM/GS 모드의 미디 노트는 C1 입니다.

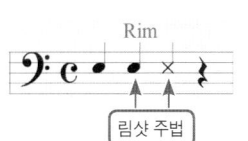

스네어 드럼: E음에 기보합니다. 테두리를 연주하는 림샷 주법을 표시할 때는 Rim이라는 문자를 입력하거나 음표 머리를 X로 표시합니다. GM/GS 모드의 미디 노트는 D1 (Rim주법은 C#1) 입니다.

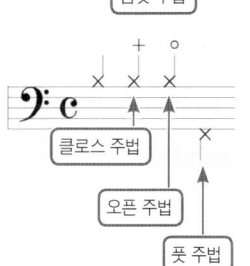

하이해트: B음에 기보합니다. 하이해트는 위/아래 두 장의 심볼로 구성되어 있는데, 일반적으로 두 장이 붙어있는 클로스 상태로 연주를 하며, 두 장이 벌어진 오픈 주법은 연주자에게 맡겨집니다. 그러나 편곡자가 클로스와 오픈을 지정하고 싶은 경우에는 + 와 o 기호를 표시하는 경우가 있습니다. 그리고 벌어져 있던 심볼을 발로 밟아서 붙일 때 소리가 나게되는데, 이것을 풋 주법이라고 하며, 악보로 표기할 때는 F음에 대를 아래쪽으로 향하게 합니다. GM/GS 모드의 미디 노트는 C.HH이 F#1, O.HH이 A#1, F.HH이 G#1 입니다.

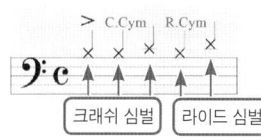

심볼: 크래쉬 심볼은 B음에 액센트 표시를 하거나 C음에 표기하고, 라이드 심볼은 D음에 표기하지만, 정확한 표준이 없기 때문에 문자를 입력하기도 합니다. GM/GS 모드의 미디 노트는 C.Cym이 C#3, R.Cym이 D#3 입니다.

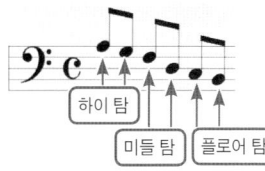

탐탐: 탐은 베이스 드럼, 스네어 드럼, 하이해트, 심볼 등이 입력되는 음정을 제외한 나머지 공간에 음정의 고저만 표기하며, Fill in으로 연주자에게 맡기는 경우가 많습니다. GM/GS 모드의 미디 노트는 Hi Tim이 D#2, C#2, Mid Tom이 B1, A1, Low Tom이 G1, F1 입니다.

2 드럼 에디터의 도구

드럼 에디터는 키 에디터와 노트 표시 방법만 다를 뿐 같은 방식으로 사용하는 창이므로, 키 에디터의 도구들만 정확히 이해하고 있다면, 별다른 설명을 하지 않아도 쉽게 사용할 수 있습니다. 각 도구의 역할만 간단하게 정리하겠습니다.

⑤ 솔로 버튼

솔로 버튼은 Enter 키를 눌러 곡을 연주할 때 드럼 에디터에서 편집중인 파트만 연주하는 역할로 작업 중인 파트만 솔로로 모니터 하고 싶을 때 유용합니다.

❶ 솔로 악기

솔로 악기는 드럼 에디터에만 있는 버튼으로 드럼 에디터 작업 공간 왼쪽에 있는 맵에서 선택한 악기를 솔로로 연주합니다. 그림은 맵에서 C1에 해당하는 Bass Drum을 선택하여 베이스 드럼 소리만 연주되게 하고 있습니다.

● 녹음 버튼

드럼 에디터에서 미디 데이터를 녹음할 수 있게 합니다. 단, 미디 녹음 모드가 Merge 또는 Replace 모드일 경우에만 작동합니다.

● 비저빌리트 버튼

맵 구성 악기를 모두 표시하는 Show All Drum Sounds, 노트 입력 악기만 표시하는 Show Drums Sounds with Events, 인스트루먼트 악기 구성을 표시하는 Show Drum Sounds in use by Instrument 의 보기 메뉴가 있으며, 노트 정렬을 아래에서 위로 하는 Reverse Drum Sound List가 있습니다.

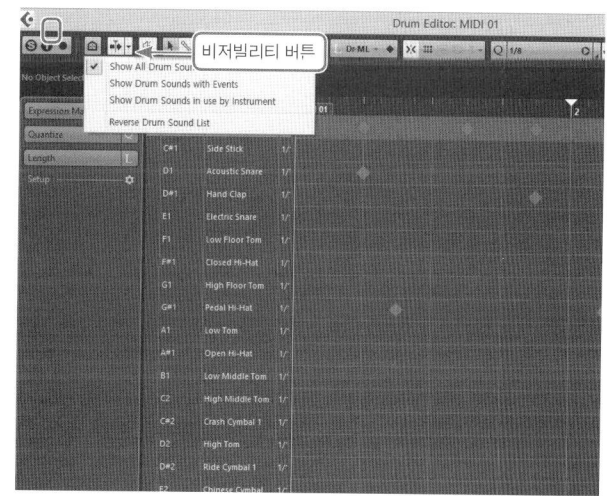

● 오토 스크롤 버튼

오토 스크롤 버튼은 곡을 연주할 때 송 포지션 라인의 위치가 화면에 보이게 합니다. 오토 스크롤 버튼 오른쪽의 작은 삼각형을 On올 해두면, 사용자 편집으로 화면 이동이 멈추었을 때, 오토 스크롤 버튼을 다시 클릭하여 송 포지션 라인으로 이동할 수 있습니다.

스피커 버튼

스피커 버튼은 노트를 입력하거나 선택할 때 사운드가 들리게 할 것인지의 여부를 선택합니다. 드럼은 사운드를 모니터 하면서 작업을 하는 것이 실수를 예방할 수 있는 방법이므로, 스피커 버튼을 On으로 해두는 것이 좋습니다.

화살표 버튼

화살표 버튼은 노트와 컨트롤 정보를 편집하기 위해서 선택하는데 사용합니다. 선택한 이벤트를 드래그로 이동할 수 있고, Alt 키를 누른 상태에서 드래그하여 복사할 수 있습니다.

스틱 버튼

스틱 버튼은 노트와 컨트롤 정보를 입력하는데 사용합니다. 이미 입력한 노트를 스틱 버튼으로 클릭하면 삭제할 수 있고, 컨트롤 정보를 수정할 때 사용할 수 있습니다.

🖎 지우개 버튼

지우개 버튼은 노트와 컨트롤 정보를 삭제합니다. 한
개의 노트를 삭제할 때는 굳이 지우개 버튼을 이용할
필요가 없겠지만, 여러 개의 노트를 삭제할 때는 지우
개 버튼으로 삭제할 노트를 선택하고, 선택한 노트 중
에서 아무거나 클릭합니다.

🔍 돋보기 버튼

돋보기 버튼은 작업 공간을 확대/축소합니다. 돋보
기 버튼을 선택하고 작업 공간을 클릭하면 확대하고,
Alt 키를 누른 상태에서 클릭하면 축소합니다. 그리
고 Ctrl + Alt 키를 누른 상태에서 클릭하면 확대/축소
이전의 크기로 복구합니다.

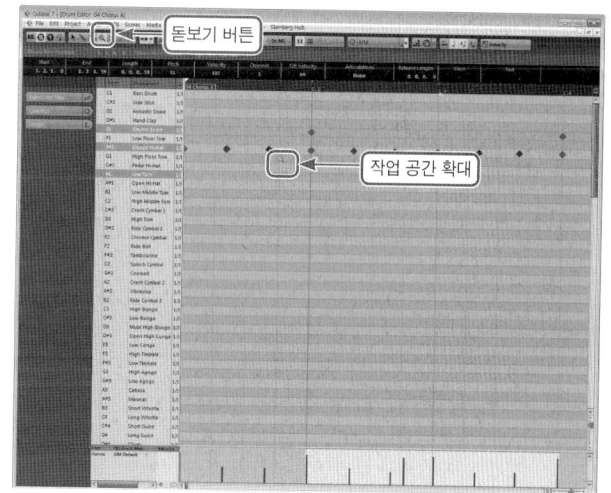

✕ 뮤트 버튼

뮤트 버튼은 선택한 노트의 사운드를 소리내지 않게
합니다. 뮤트한 노트는 빨간색 테두리로 표시되어 쉽
게 구분할 수 있으며, 뮤트한 노트를 다시 클릭하여
해제할 수 있습니다.

✍ 라인 버튼

라인 버튼은 컨트롤 정보를 그래프 모양을 입력하거
나 편집할 수 있는 버튼입니다. 라인 버튼을 클릭하면
라인의 곡선을 선택할 수 있는 Line, Parabola, Sine,
Triangle, Square 의 메뉴가 열립니다.

▥ 타임 버튼

타임 버튼은 템포 가이드 없이 녹음한 미디 이벤트
의 템포를 계산합니다. 타임 버튼을 클릭하면 노트를
고정하는 Warp Grid와 노트를 이동하는 Warp Grid
(Musical events follow) 를 선택할 수 있는 메뉴가 열
립니다.

🎵 100 벨로시티

벨로시티는 마우스로 입력하는 노트의 벨로시티 값을
설정합니다. Inst.vel이라고 표시한 부분에 있는 역 삼
각형 모양의 버튼을 클릭하면 5개의 레벨 목록이 있
고, 아래쪽의 Setup을 선택하면, 각 레벨을 변경할 수
있는 MIDI Insert Velocity 창이 열립니다.

Dr-ML 노트 길이 선택

Ins. Length 항목은 마우스로 노트를 입력할 때의 길
이를 선택합니다. 드럼 악기는 노트 길이에 상관없이
연주되는 소리가 똑같기 때문에 퀀타이즈 단위로 입
력되는 Drum-Map Link로 사용하지만, 노트 길이에
따라 음색이 달라지는 악기를 사용하고 있다면, 원치
않는 음색으로 연주되는 것을 피할 수 있습니다.

노트 길이를 1/4로 선택하면
4분음표 길이의 노트가 입력된다

스넵 버튼

스넵 버튼은 Quantize 항목에서 선택한 단위로 노트
를 입력하고 편집할 수 있게 합니다. 플램 주법과 같이
퀀타이즈 단위에 상관없이 노트를 입력할 필요가 있
다면, 스넵 버튼을 Off로 합니다.

Quantize 항목

스넵 버튼

스넵 타입

스넵 버튼을 On으로 했을 때의 타입을 선택합니다. 퀀
타이즈 목록에서 선택한 단위로 스넵 기능을 동작시
키는 격자 무늬의 Grid 외에도 Gird Relative, Events,
Shuffle, Magnetic Cursor 등의 타입이 있습니다. 각
각의 역할은 적용 대상이 노트라는 점을 제외하면, 프
로젝트 창에서 살펴본 내용과 동일합니다.

스넵 타입

![Q 1/16] 퀀타이즈

스냅 타입에서 Grid를 선택했을 때의 적용 단위를 설
정하거나 ins length에서 Dum-Map Link를 선택했을
때의 입력 노트 길이를 설정하는 역할 외에 입력한 노
트를 정렬하는 퀀타이즈 단위를 선택합니다. 정박자와
트리플 박자가 혼합되어 있는 경우에는 각각의 노트별
로 선택하여 퀀타이즈를 적용할 수 있습니다.

파트 라인 버튼

파트 라인 버튼은 룰러 라인에 파트의 이름을 표시합
니다. 룰러 라인에 표시하는 파트 이름을 드래그하여
실제 파트의 길이를 조정할 수 있습니다. 파트 밖에 입
력한 노트들은 연주하지 않지만, 회색 바탕에 표시는
합니다.

드럼은 각 악기별로 파트를 만들어 작업하는 경우가
많으며, MIDI 메뉴의 Open Drum Editor를 이용해서
선택한 모든 파트를 한 화면에 표시할 수 있습니다. 이
때, 특정 파트만 편집하고 싶을 때 파트 라인 버튼 오
른쪽의 목록에서 편집할 파트를 선택합니다.

컬러 선택 메뉴

컬러 선택 메뉴는 선택한 이벤트의 색상을 Velocity, Pitch, Channel, Part 구분하여 표시하게 합니다. 그리고 Setup 메뉴는 Part를 제외한 나머지 항목을 독자가 원하는 색상으로 변경할 수 있는 컬러 설정 창을 열어줍니다.

악기 열기 버튼

VST 악기를 사용하는 트랙에서 해당 악기 패널을 열어주는 역할 입니다.

레이아웃 버튼

키 에디터와 동일하게 로우 존으로 열기, 인스펙터 패널 열기, 컨트롤 패널 열기 그리고, 스테이터스 및 인포 라인을 열 수 있는 버튼으로 구성되어 있습니다.

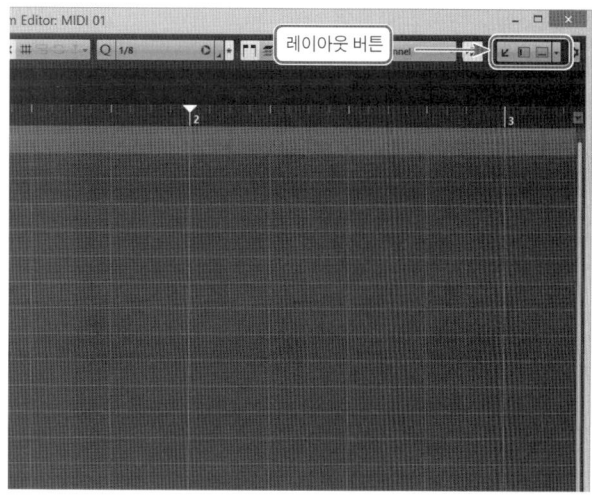

3 드럼 에디터의 작업 공간

드럼 에디터의 작업 공간은 키 에디터와 매우 유사합니다. 다른 점은 드럼 입력에 편리하게 이벤트가 다이아몬드 모양으로 표시한다는 것과 작업 공간 왼쪽에 독자가 설정한 드럼 맵 리스트를 표시한다는 것입니다. 여기서는 기본 값인 GM드럼 맵의 각 칼럼이 어떤 역할을 하는 것인지에 대한 것만 살펴보겠습니다.

1. Pitch

작업 공간의 경계선을 오른쪽으로 드래그하면 왼쪽에 보이는 드럼 맵 리스트의 전체 칼럼을 볼 수 있습니다. 첫 번째로 보이는 Pitch칼럼은 노트의 음정을 표시합니다.

2. Instrument

Instrument 칼럼은 해당 노트의 이름을 표시합니다. 악기의 이름은 마우스 클릭으로 변경할 수 있고, 원한다면 한글로도 가능합니다.

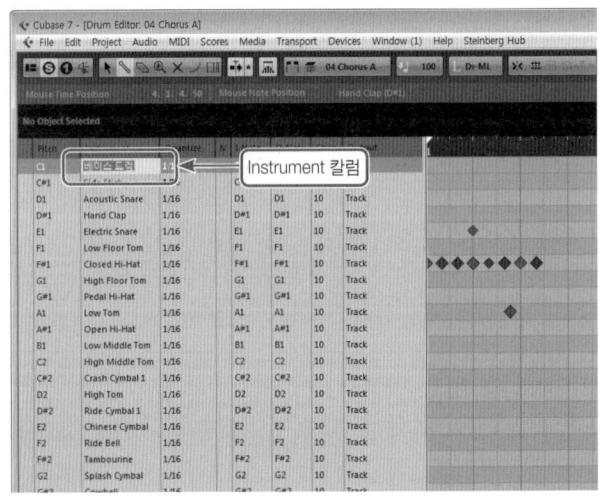

3. Quantize

Quzntize 칼럼은 마우스로 입력하는 노트의 길이를 표시합니다. Quantize 칼럼을 클릭하면 원하는 노트의 길이를 선택할 수 있는 목록이 열리지만, 드럼 사운드는 노트의 길이에 상관없기 때문에 기본 값인 1-16Note를 사용합니다.

 가정교사

노드 길이에 따라 음색이 딜라지는 익기도 있으므로, 사용하고 있는 악기를 확인해보기 바랍니다.

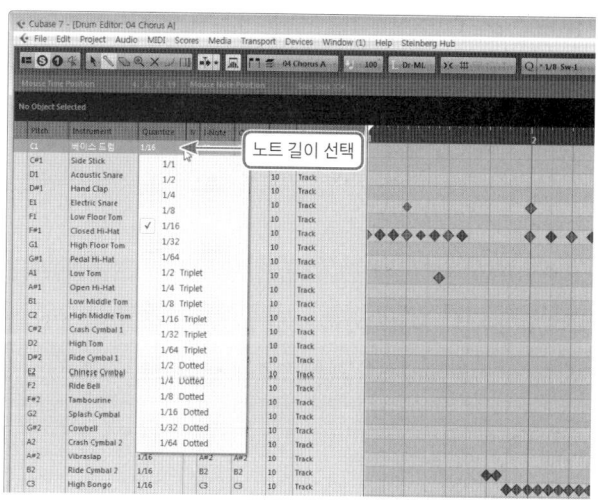

4. M

M 칼럼은 해당 노트를 뮤트합니다. M 칼럼을 클릭하면 뮤트한 노트들을 구분할 수 있게 검정색 원으로 표시합니다. 뮤트한 노트를 다시 클릭하여 해제할 수 있습니다.

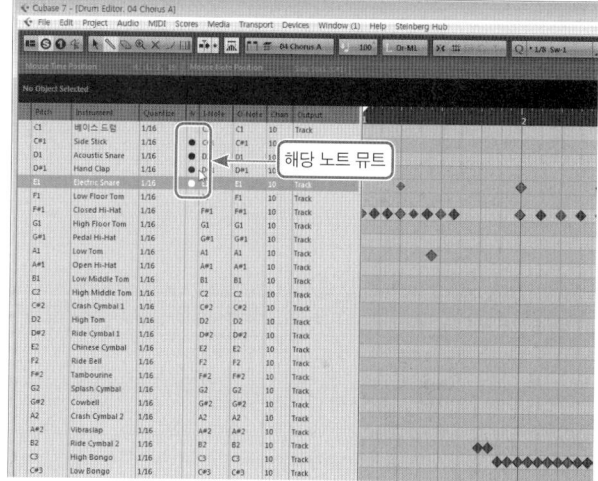

5. I/O - Note

I-Note 와 O-Note는 입력하는 노트와 출력하는 노트를 선택합니다. 드럼 맵의 핵심 칼럼으로 독자와 다른 드럼 맵 환경의 악기로 제작한 드럼 연주를 독자가 사용하는 악기의 드럼 맵으로 변경하여 연주할 수 있습니다. 그림은 D1(I-note)로 입력한 노트를 E2(O-Note)로 연주하게 변경하는 것입니다.

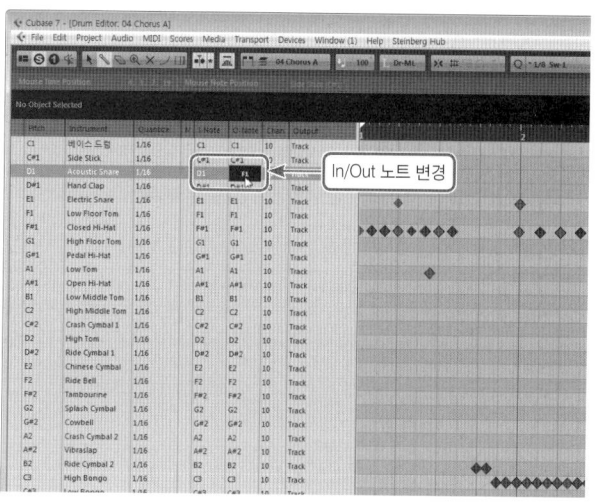

6. Channel

Channel 칼럼은 해당 노트를 연주할 미디 채널을 선택합니다. 채널 칼럼을 클릭하면 그림에서와 같이 원하는 채널을 선택할 수 있는 목록이 열립니다.

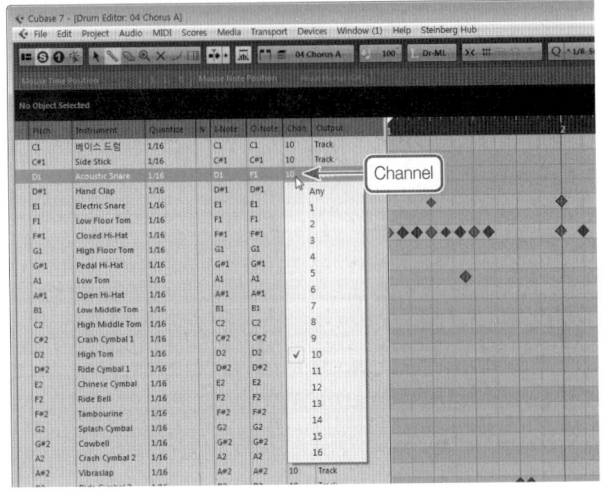

7. Output

Output 칼럼은 해당 노트를 연주한 미디 포트를 선택합니다. 포트의 목록은 시스템에 장착되어 있는 미디 인터페이스의 이름이므로 사용자마다 다를 것입니다.

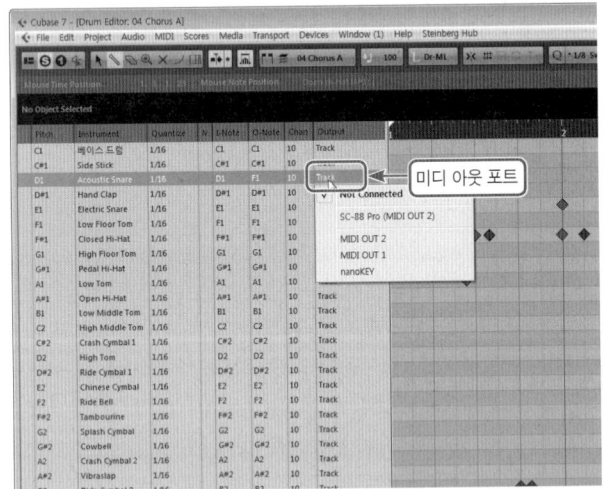

8. Contol

드럼 에디터는 키 에디터에서와 같이 작업 공간 아래쪽에 컨트롤 정보를 입력할 수 있는 패널이 있으며, 컨트롤 정보 선택 메뉴에서 입력할 정보를 선택할 수 있습니다. 드럼은 벨로시티 외에 만질 것이 없을 것 같지만, 볼륨이나 익스프레션 등의 컨트롤 정보도 자주 사용하게 될 것입니다.

4 드럼 맵 만들기

큐베이스와 누엔도에서 기본적으로 제공하는 GM 모드 이외의 악기를 사용하고 있다면, 자신의 악기 맵에 맞추어 드럼맵을 설정할 필요가 있습니다. 그 밖에도 자신과 다른 악기로 만들어진 드럼 파트의 섹션을 자신이 사용하는 악기의 드럼 섹션으로 변경하는 용도로 이용할 수 있습니다.

01 드럼 맵은 미디 트랙의 Map 항목에서 drum map Setup을 선택하거나 MIDI 메뉴의 Drum Map Setup을 선택하여 열 수 있습니다.

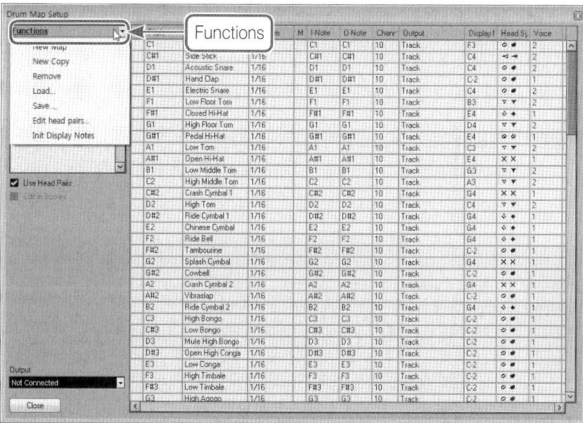

02 Drum Map Setup 창의 Functions 을 클릭하여 새로운 맵을 만들 수 있는 New Map또는 New Copy를 선택합니다. GM map을 기준으로 자신의 악기와 다른 부분만 수정하는 것이 편리할 것이므로 New Copy를 선택합니다.

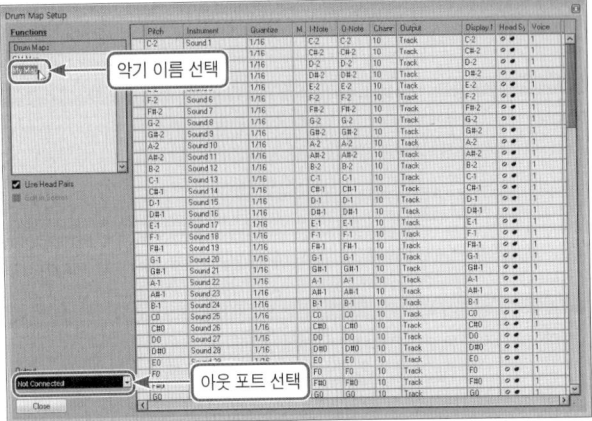

악기 이름 선택

아웃 포트 선택

03 GM Map을 복사한 GM Map2라는 이름의 맵이 만들어집니다. 맵의 이름을 자신이 사용하는 악기의 이름으로 변경하고, Output 목록에서 악기가 연결되어 있는 미디 포트를 선택합니다.

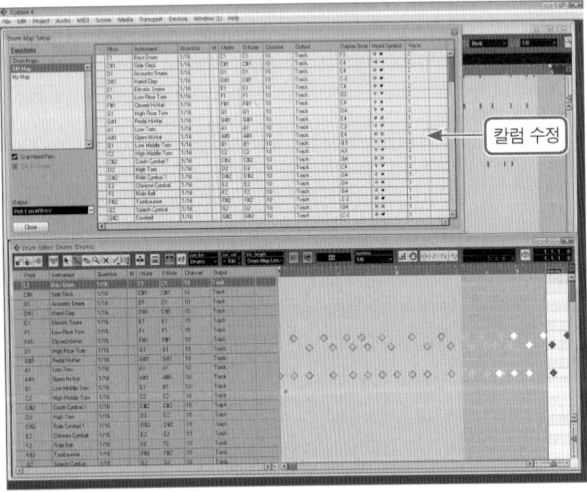

칼럼 수정

04 Pitch에서부터 Output까지의 칼럼은 드럼 에디터에서 살펴본 내용과 동일합니다. 즉, 자신이 사용하는 악기에 맞게 Pitch, Instrument, Channel 등을 수정하면 됩니다.

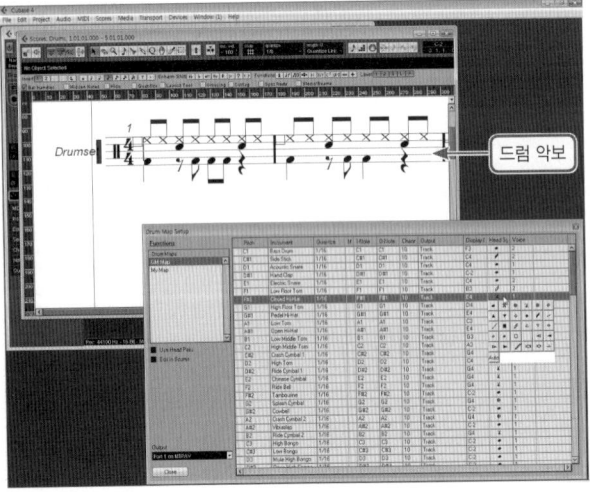

드럼 악보

05 악보에 표시되는 음정(Display Note), 음표 머리 모양(Head Style), 성부 (Voice)의 3가지 칼럼은 드럼 악보를 만들 때 적용할 값들입니다. 악보 사보에 관련된 사항은 출판 악보 만들기 편을 참조하기 바랍니다.

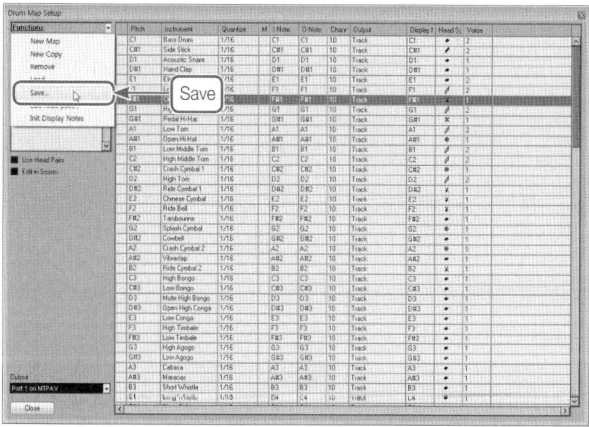

06 드럼 에디터의 역할을 충분히 이해하고 있다면, 자신의 악기에 맞는 드럼 맵을 만드는 일은 간단할 것입니다. 완성된 드럼 맵 Save를 선택하여 저장하거나 Load로 불러올 수 있습니다.

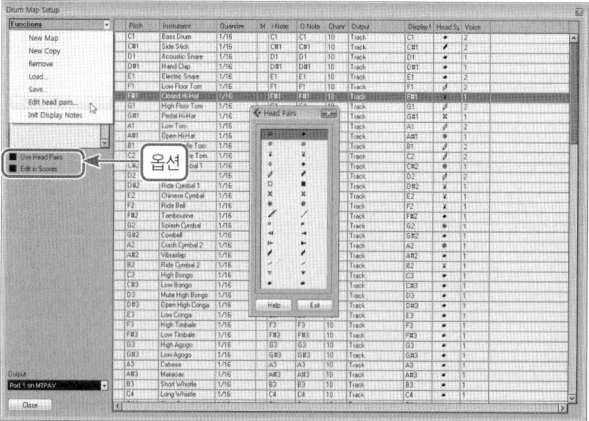

07 Edit head pairs메뉴는 head Sytle 칼럼에서 사용할 음표 머리를 선택할 수 있는 창을 열며, Init Display Notes메뉴는 Display Note 칼럼을 초기화 합니다. 그리고 Use Head Pairs 옵션은 head Sytle 칼럼에 Edit head pairs에서 선택한 음표 머리를 표시할 것인지를 선택하는 것이고, Edit in Scors는 스코어 에디터에서 드럼 맵을 편집할 수 있게 합니다.

08 사용자가 만든 드럼 맵은 미디 트랙의 드럼 맵에서 선택할 수 있으며, 해당 트랙의 파틀르 더블 클릭했을 때, 자신이 사용하는 악기의 드럼 맵을 열 수 있습니다. GM 모드 악기와 많은 차이가 있는 악기를 사용하고 있다면, 꼭 자신에게 맞는 드럼 맵을 만들어두기 바랍니다.

CUBASE PRO 9

Advanced Music Production System

05
PART

미디 정보와 미디 이펙트 마스터하기

미디 학습 중에서 가장 지루하지만, 고급 사용자가 되기 위해서는 반드시
알아야만 하는 컨트롤 정보와 익스클루시브 정보를 다룹니다. 본서에서 설
명하고 있는 컨트롤 정보와 익스클루시브 정보를 모두 외울 필요는 없고,
사용법과 역할을 익힌 후에 사전을 이용하듯이 참조해도 좋습니다. 그리고
미디 연주를 한 단계 업그레이드 시켜줄 미디 이펙트를 총정리합니다.

리스트 에디터

리스트 에디터는 큐베이스와 누엔도에 입력한 모든 정보를 볼 수 있는 유일한 미디 편집 창입니다. 컴퓨터 음악을 처음 접하는 독자의 경우에는 복잡해 보이는 용어와 숫자들만 가득한 리스트 에디터가 다소 부담스러워 보일지도 모르지만, 보다 섬세한 시퀀싱 작업을 필요로 하거나, 타인의 작품을 연구할 때 필요한 에디터이므로 고급 사용자가 되려면 반드시 익혀야 할 것입니다

1 리스트 에디터의 기본 사용법

리스트 에디터는 이벤트의 정보를 입력하기 보다는 입력한 이벤트의 값을 편집하는 용도로 사용하지만, 연속적인 값이 필요 없는 컨트롤 정보는 많은 뮤지션들이 리스트 에디터를 이용해서 입력하고 있습니다. 여기서는 이벤트 리스트의 개념을 이해하기 위해서 컨트롤 정보를 입력하고 수정해보는 기본적인 사용법을 익혀보겠습니다.

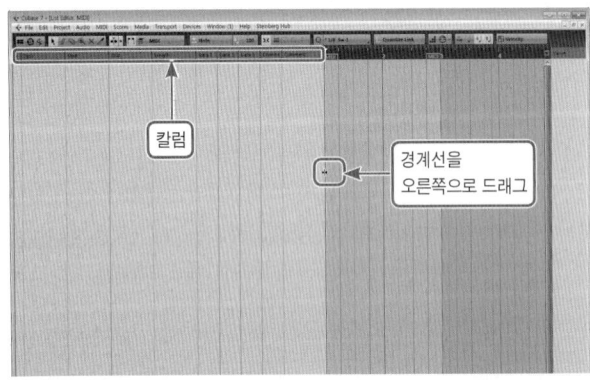

01 미디 파트를 하나 만들고, MIDI 메뉴의 Open List Editor를 선택하여 리스트 에디터를 엽니다. 그리고 작업 공간 중간에 세로로 표시된 경계선을 오른쪽으로 드래그하여 리스트 창의 모든 칼럼이 보이게 합니다.

칼럼

경계선을 오른쪽으로 드래그

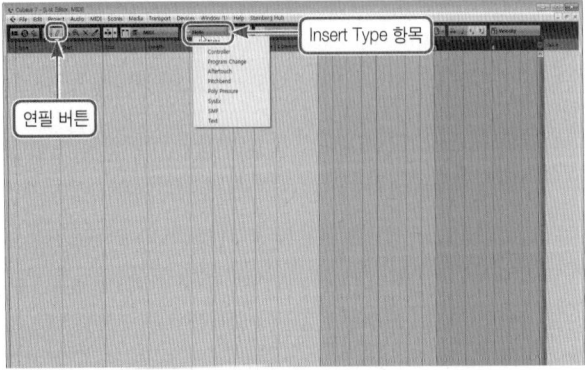

02 리스트의 모든 칼럼이 보이게 넓어지면 도구 모음 줄에서 연필 버튼을 선택하고, Insert type 항목을 클릭하여 Controller를 선택합니다.

Insert Type 항목

연필 버튼

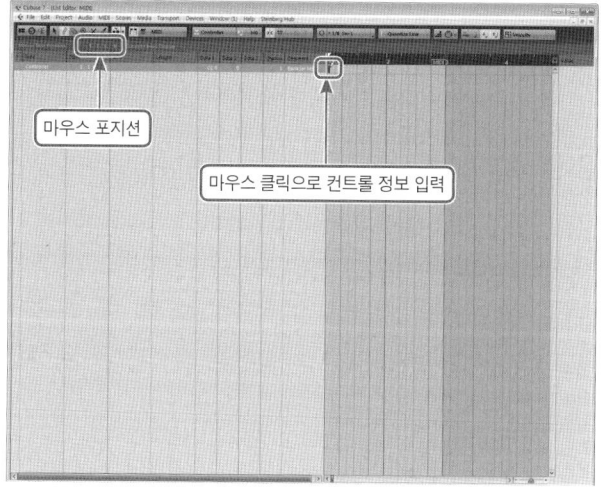

마우스 포지션

마우스 클릭으로 컨트롤 정보 입력

03 리스트 작업 공간의 이벤트 창에서 마우스를 클릭하여 Controller 정보를 입력합니다. 이때 위치는 스테이터스 라인의 Mouse Position에서 확인합니다. 스테이터스 라인은 레이아웃 버튼의 Status Line이 체크되어 있어야 보입니다.

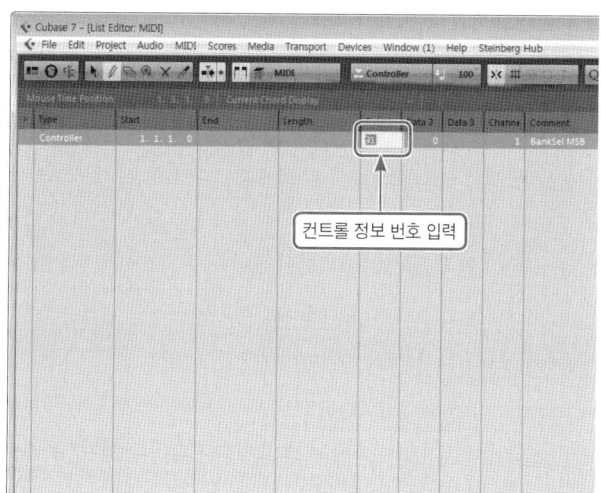

컨트롤 정보 번호 입력

04 입력한 이벤트는 리스트 창의 Data1 칼럼을 보면 알 수 있듯이 뱅크(CC0) 정보 입니다. 이것을 리버브 컨트롤 정보 91번으로 변경합니다. 변경 방법은 Data1 칼럼을 마우스로 클릭하고, 91번을 입력하면 됩니다.

Data2 칼럼에서 값 입력

벨류 창에서 마우스 드래그로 값 설정

05 Data1 칼럼의 정보가 리버브 정보인 CC91 [ExtEff 1 Depth]로 변경되면, Data2 칼럼에서 리버브의 양을 입력하거나 벨류 창에서 마우스 드래그로 값을 설정할 수 있습니다. 미디 정보의 경우는 0에서 127 범위로 입력할 수 있습니다.

메뉴 목록 열기

06 연속적인 값이 필요한 익스프레션 정보 등은 리스트 에디터 보다는 키 에디터의 컨트롤 편집 창을 이용하는 것이 편리합니다. MIDI 메뉴의 Open Key Editor를 선택하여 키 에디터를 엽니다. 그리고 컨트롤 편집 창의 메뉴 목록에서 익스프레션 CC 11 (Expression)을 선택합니다.

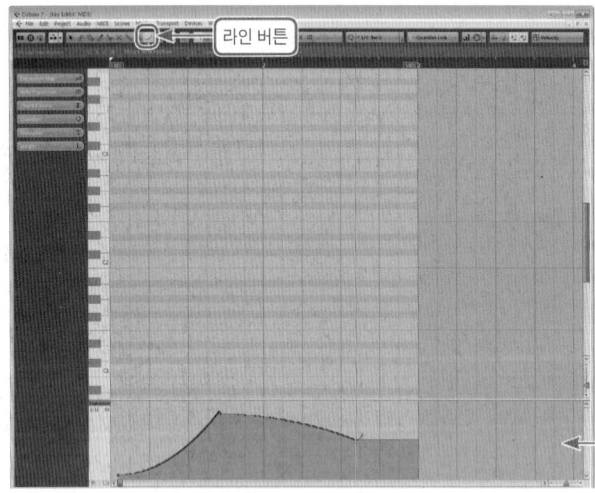

라인 버튼

익스프레션 정보 입력

07 키 에디터 상단의 라인 버튼을 이용해서 익스프레션 정보를 자유롭게 입력해 봅니다. 여기서는 컨트롤 정보 입력 방법을 살펴보는 것이므로 형식에 얽매일 필요는 없습니다.

키 에디터에서 입력한 익스프레션 정보

08 리스트 에디터를 열어보면 키 에디터에서 입력한 컨트롤 정보를 확인할 수 있습니다. Data2 칼럼에 표시한 값을 클릭하거나 벨류 창에서 마우스 드래그로 값을 세밀하게 수정할 수 있습니다.

2 리스트 에디터의 도구

리스트 에디터 상단에 있는 도구들 역시 다른 에디터와 사용법이 크게 다르지 않습니다. 리스트 에디터에서 하는 작업이 대부분 편집이라고 했습니다. 원활한 편집 작업을 위해서는 각 도구의 기능과 역할을 충분히 이해하고 있어야 할 것입니다. 여기서는 미디 편집 윈도우의 도구들을 정리한다는 느낌으로 간단하게 살펴보겠습니다.

⑤ 솔로 버튼

솔로 버튼은 현재 작업중인 파트만을 솔로로 연주합니다. 솔로 버튼이 Off이면, Enter 키를 눌러 곡을 연주할 때 모든 파트를 연주하지만, On이면, 리스트 에디터에서 편집 중인 파트만 연주합니다.

● 녹음 버튼

리스 에디터에서 미디 데이터를 녹음할 수 있게 합니다. 단, 미디 녹음 모드가 Merge 또는 Replace 모드일 경우에만 작동합니다.

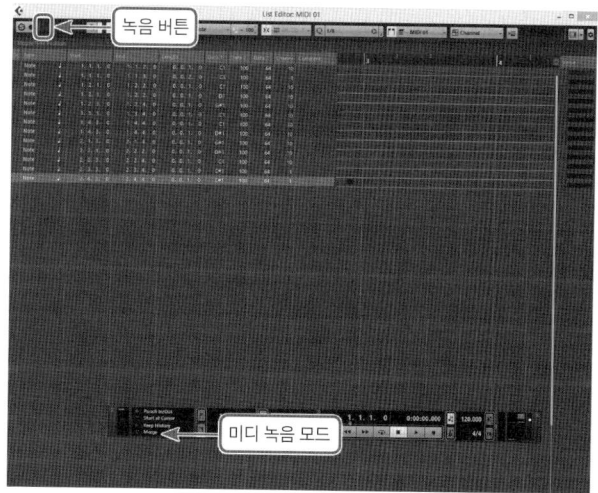

⬥ 오토 스크롤 버튼

오토 스크롤 버튼은 송 포지션 라인 위치를 화면에
표시합니다. 곡을 연주하는 과정에서 특정 부분을 고
정해 놓고, 작업하고 싶다면 오토 스크롤 버튼을 Off
로 합니다.

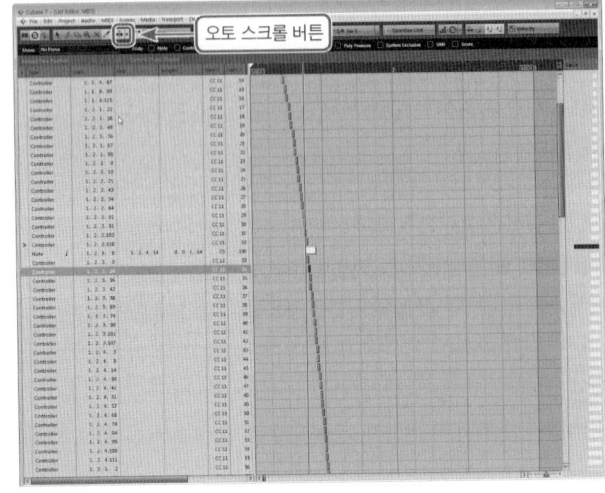

⬥ 스피커 버튼

스피커 버튼은 편집하는 노트의 사운드를 모니터 할
수 있게 합니다. 스피커 버튼이 On이면 리스트 에디
터에서 노트를 편집할 때 Type 칼럼에서 또는 이벤트
창에서 선택하는 노트의 사운드가 들립니다.

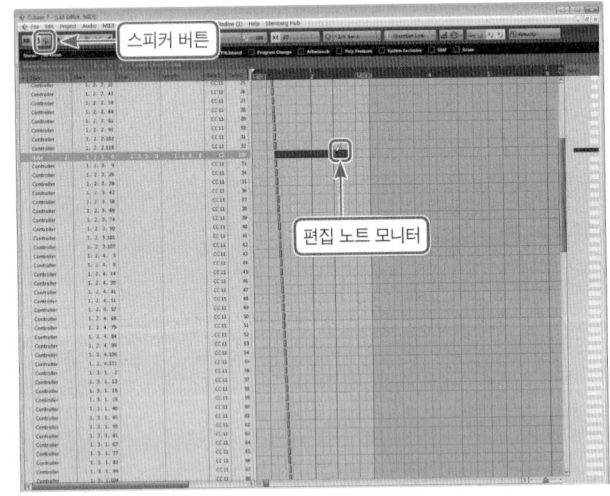

⬥ 화살표 버튼

화살표 버튼은 이벤트를 편집하거나 선택할 때 사용
합니다. 개별적인 이벤트의 값을 조정하거나 그림과
같이 마우스 드래그로 여러 이벤트를 선택하여 이동,
복사 등의 편집 작업을 할 수 있습니다.

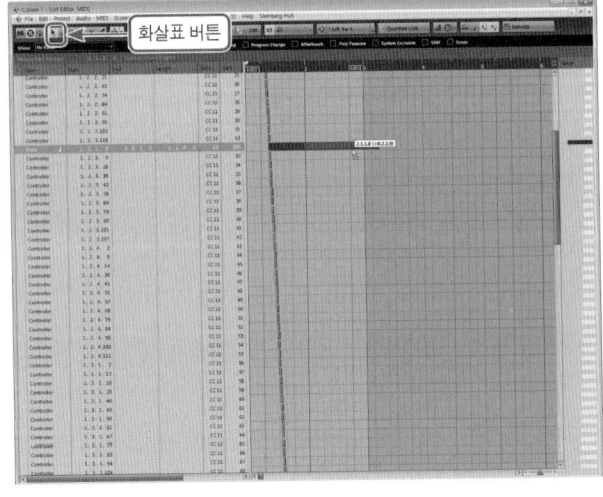

✎ 연필 버튼

연필 버튼은 Insert type에서 선택한 이벤트를 입력하
거나 노트의 길이를 변경하는데 사용할 수 있습니다.
리스트 에디터에서 이벤트는 위에서 아래로 표시하
기 때문에 입문자의 경우에는 익숙해지는데 시간이
걸릴 수 있습니다.

✐ 지우개 버튼

지우개 버튼은 선택한 이벤트를 삭제합니다. 개별적
인 삭제는 원하는 이벤트를 클릭하고, 다수의 이벤트
를 삭제할 때는 마우스 드래그로 선택한 다음 선택한
이벤트 가운데 하나를 클릭합니다.

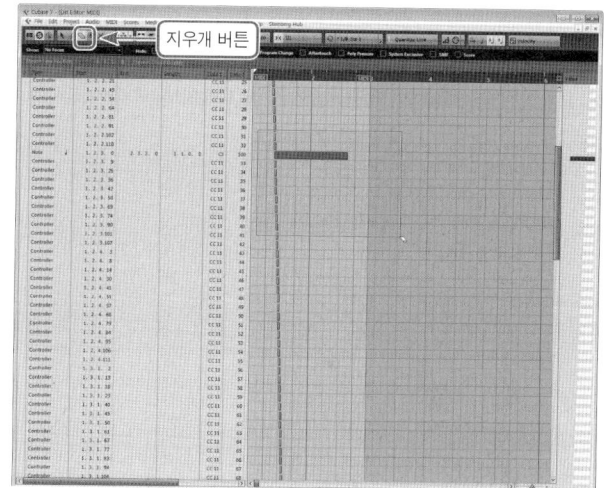

◌ 돋보기 버튼

돋보기 버튼은 이벤트 공간을 확대/축소합니다. 돋보
기 버튼을 선택하여 이벤트 공간을 클릭하여 확대할
수 있고, Alt 키를 누른 상태에서는 축소할 수 있습
니다. Ctrl 키를 누른 상태에서는 확대/축소 전의 크
기로 복구합니다.

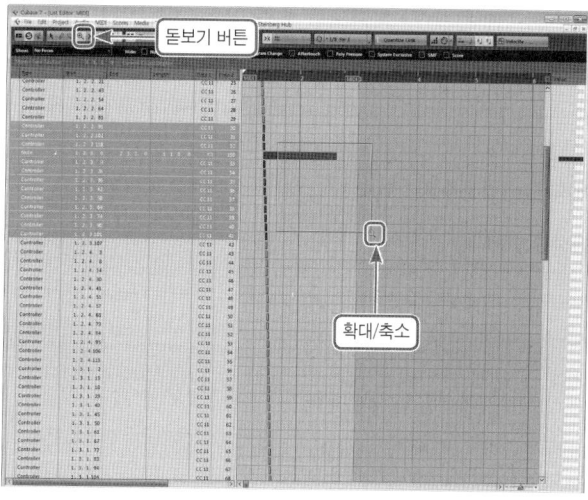

✕ 뮤트 버튼

뮤트 버튼은 선택한 노트를 소리내지 않게 하거나 각
이벤트의 기능을 발휘하지 못하게 합니다. 뮤트 한 노
트 또는 이벤트들은 흰색으로 반전하여 뮤트 표시하
고, 다시 뮤트 버튼으로 클릭하여 해제할 수 있습니다.

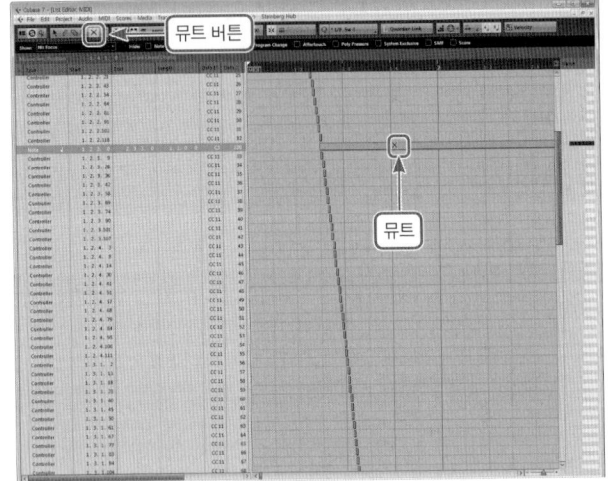

🖊 트림 버튼

트림 버튼은 리스트 에디터에서 노트의 길이를 편집
할 수 있는 도구입니다. 노트의 길이를 잘라내기 위해
서 End 칼럼의 값을 수정하지 않고, 키 에디터를 사
용하듯이 간편하게 이용할 수 있습니다.

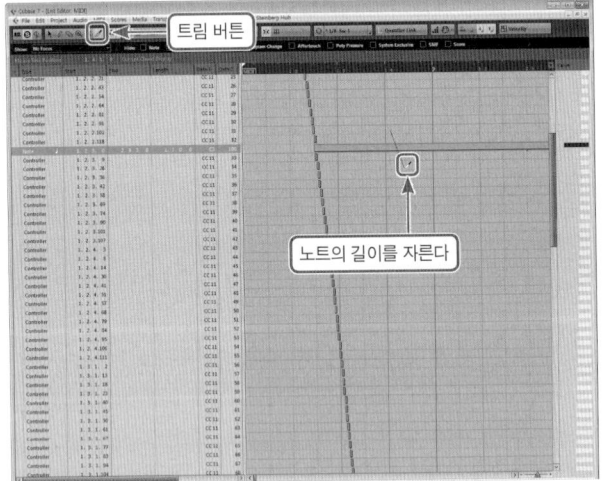

🔻 Note   인서트 타입

인서트 타입은 연필 버튼으로 입력하는 이벤트의
종류를 선택합니다. Insert type 항목을 클릭하면
Note, Controller, Program Change, Afterouch,
Pitchbaen, Poly Pressure, SysEx, SMF, Text 등을
입력할 수 있습니다.

인서트 벨로시티

인서트 벨로시티는 마우스로 입력하는 노트의 벨로
시티 값을 결정합니다. Ins.vel 항목 상단에는 5단계
의 벨로시티 값을 선택할 수 있는 레벨과 각 단계의
값을 변경할 수 있는 setup메뉴가 있습니다. 하단에
서는 원하는 값을 직접 입력할 수 있습니다.

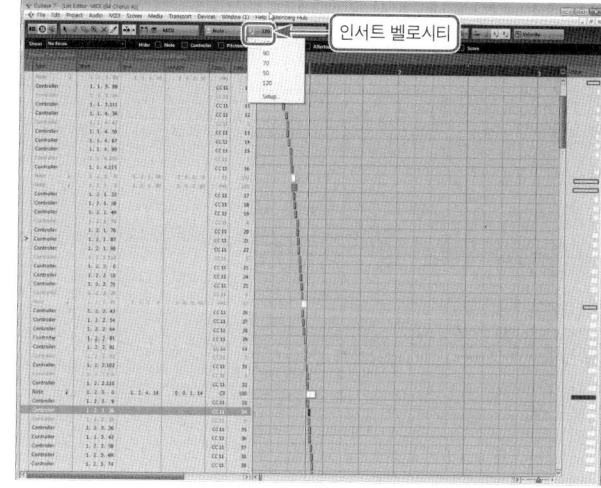

스냅 버튼

스냅 버튼은 리스트 에디터에서 입력하는 이벤트의
단위와 노트의 편집 단위를 설정합니다. 단위의 설정
은 스냅 버튼 오른쪽에 있는 quantize에서 합니다. 설
정한 단위는 이벤트 창에서 세로 선으로 표시합니다.

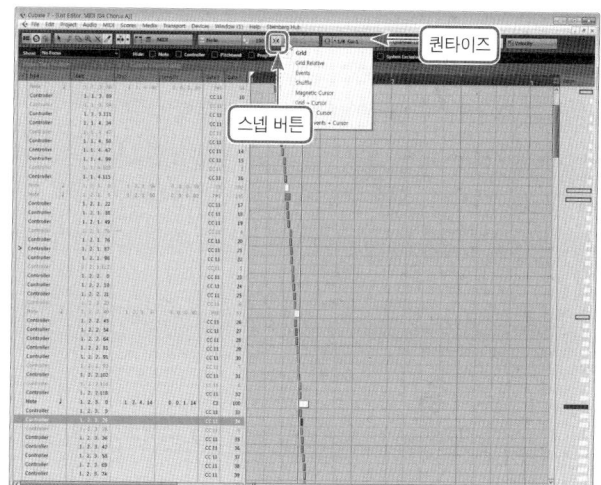

퀀타이즈

Quantize 항목에서는 스냅 단위를 설정하고, Length
Q에서는 입력하는 노트의 길이를 선택합니다.
Length Q 항목의 Quantize Link 메뉴는 Quantize항
목에서 선택한 단위를 사용하겠다는 의미입니다.

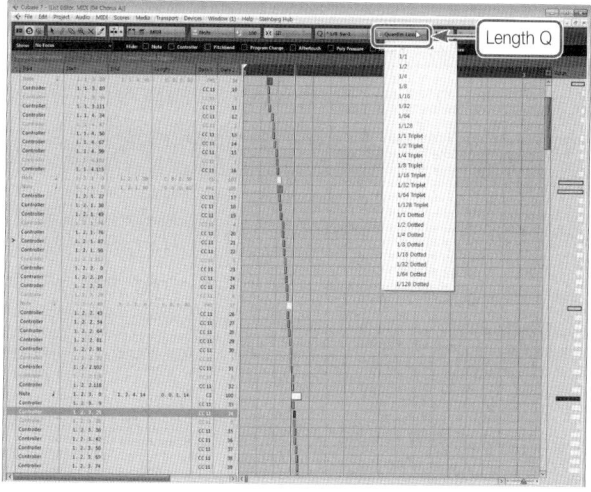

파트 라인 버튼

파트 라인 버튼은 이벤트 창 상단에 표시하는 룰러 라인에 파트의 이름을 표시합니다. 표시하는 파트 이름을 드래그하여 실제 파트의 길이를 조정할 수 있습니다. 파트 밖에 존재하는 이벤트들은 흰색으로 표시합니다.

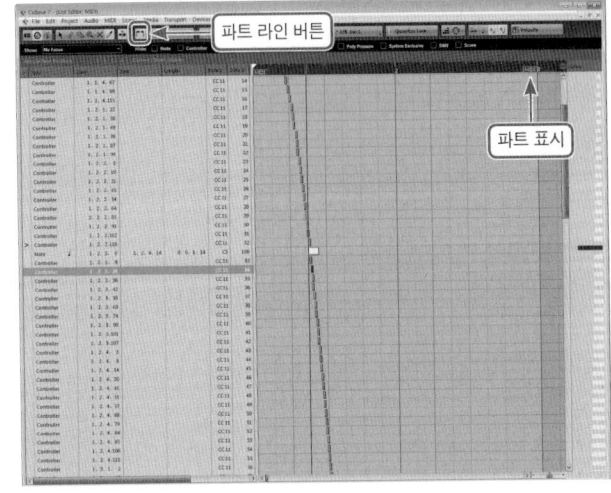

파트 편집 버튼

파트 편집 버튼은 여러 개의 파트를 작업할 때 특정 파트만을 편집할 수 있게 합니다. 여러 개의 파트를 선택하고, 리스트 에디터를 열면 선택한 파트의 내용을 모두 표시합니다. 이 경우 Part lisrt 항목에서 편집할 파트를 선택하고, 파트 편집 버튼을 On하면 다른 파트의 내용을 잘못 편집하는 실수를 방지할 수 있습니다.

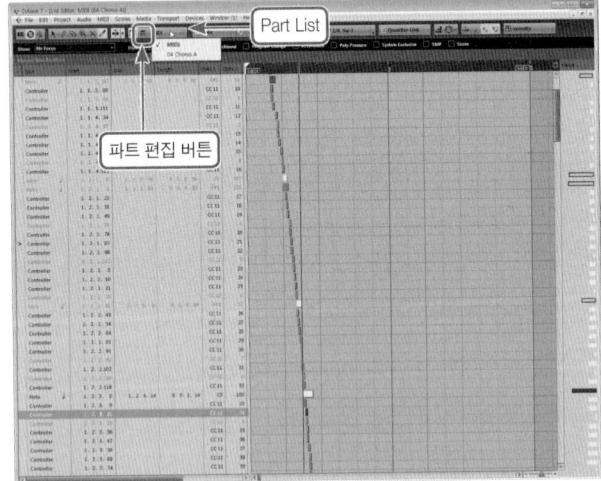

컬러 선택 메뉴

컬러 선택 메뉴는 리스트 에디터에 표시하는 이벤트를 Velocity, Pitch, Channel, part 별로 색상을 표시할 수 있게 합니다. Setup 메뉴를 선택하면 Part를 제외한 색상을 변경할 수 있는 Colors Setup 창이 열립니다.

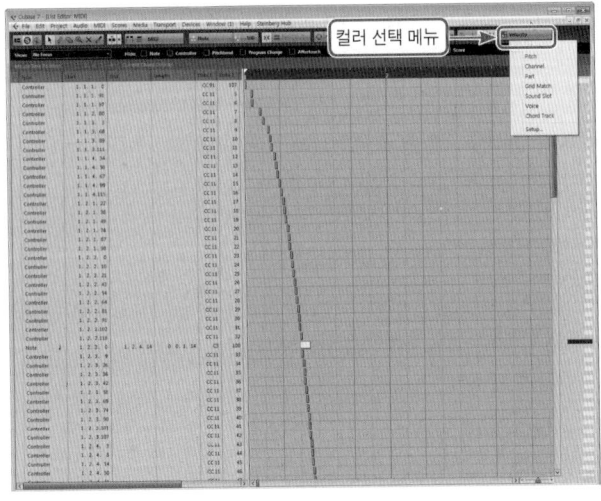

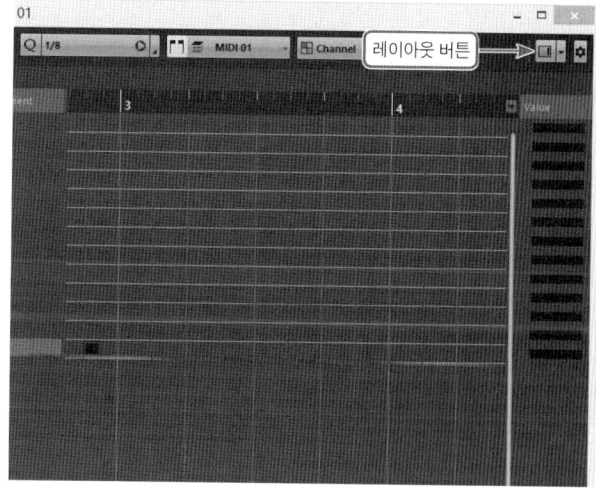 레이아웃 버튼

벨류 창 열기 버튼과 필터 라인, 스테이터스 라인을 열
수 있는 레이아웃 버튼입니다. 오른쪽에 톱니 바퀴 모
양의 Setup 버튼을 클릭하면 도구 모음을 사용자가
원하는 것들로 꾸밀 수 있습니다.

벨류 창

벨류 창은 이벤트의 값을 마우스 드래그로 설정할 있
는 그래프를 제공합니다. 리스트 숫자에 거부감이 있
는 입문자에게 유용한 기능입니다.

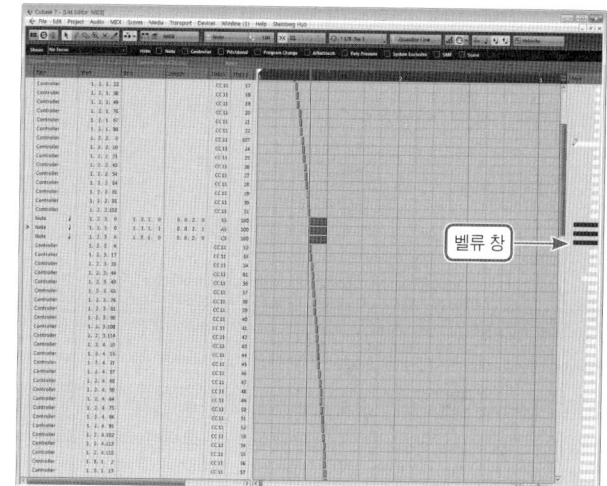

필터 라인

필터 라인은 이벤트의 표시 여부를 결정합니다.
Show 메뉴는 화면에 표시할 이벤트를 선택하는 것
이고, Hide의 Note, Econtroller, Pitch Band 등은 옵
션을 체크하여 해당 이벤트를 화면에서 감춥니다.

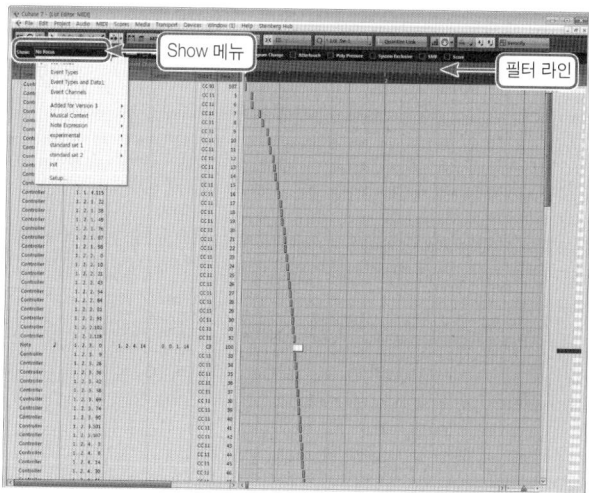

3 리스트 에디터의 작업 공간

리스트 에디터의 작업 공간은 좌측에 리스트 창, 가운데 이벤트 창, 우측에 벨류 창의 3부분으로 나뉘어져 있습니다. 입력한 미디 정보를 정확히 편집하기 위해서는 리스트 창을 구성하고 있는 각각의 칼럼이 무엇인지를 알아야합니다. 여기서는 각 칼럼의 의미와 용법을 구체적으로 살펴보겠습니다.

1. 〉칼럼

리스트 창 가장 왼쪽에 있는 〉칼럼은 송 포지션 라인의 위치를 표시합니다. 〉칼럼의 빈 공간을 클릭하여 이벤트를 선택하거나 송 포지션 라인의 위치를 변경할 수 있으며, 더블 클릭으로 곡을 연주하거나 정지할 수 있습니다.

2. Type

Type 칼럼은 이벤트의 종류를 표시합니다. 이벤트의 종류에 따라서 Data 칼럼의 사용 여부와 기능을 결정합니다. 예를 들어 Note 인 경우에는 Data1은 음정, Data2는 벨로시티로 사용하지만, Controller 인 경우에는 Data1은 컨트롤 번호, Data2는 컨트롤 값으로 사용합니다.

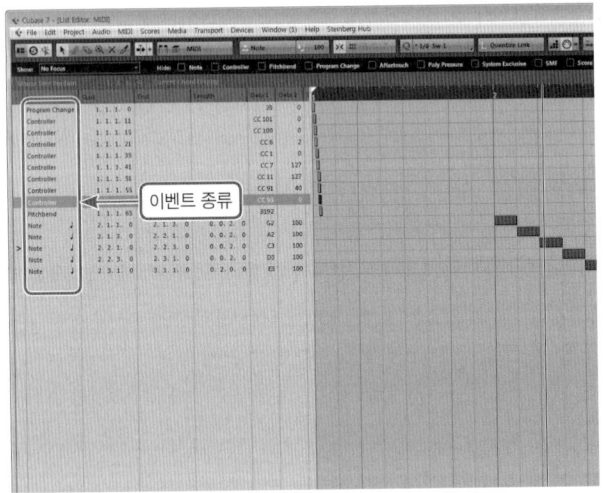

3. Start/End/Length

이벤트의 시작 위치(Start), 끝 위치(End), 길이
(Length)를 나타냅니다. 노트 정보를 제외한 이벤트
들은 시작 위치만을 사용합니다. 각 단위 별로 클릭
하여 마우스 휠로 값을 변경하거나 더블 클릭으로 원
하는 위치를 입력하여 변경할 수 있습니다. 직접 입력
할 경우에는 각 단위의 구분을 점(.)키로 합니다.

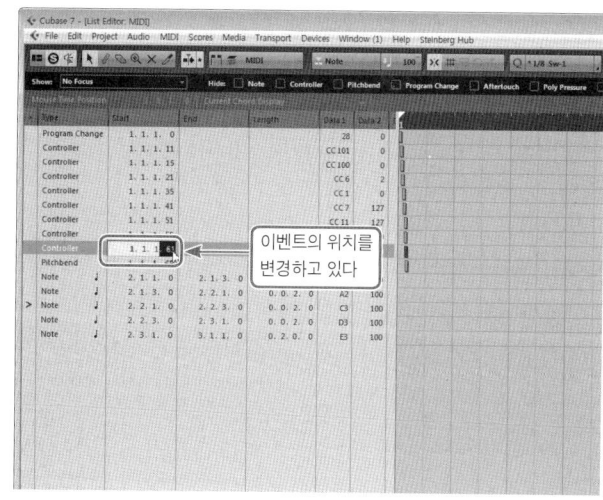

4. Data

데이터 칼럼은 이벤트의 값을 표시합니다. data1칼럼
은 이벤트가 Note 또는 Poly Pressure인 경우에 음
정을 표시하고, Data2 칼럼은 이벤트가 Note 또는
Controller인 경우에 벨로시티와 컨트롤 값을 표시합
니다. 그 외는 이벤트의 값을 표시하거나 사용하지 않
습니다. 데이터 편집은 직접 입력하거나 Alt 키를 누
른 상태에서 슬라이드로 조정할 수 있습니다.

5. Channel/Comment

채널 칼럼은 이벤트의 채널을 표시하고, Comment는
Text 이벤트에서 간단한 메모를 할 수 있거나 SysEx
에서 익스클루시브 정보를 입력할 수 있습니다. 시스
템 익스클루시브 정보편에서 자세히 설명합니다.

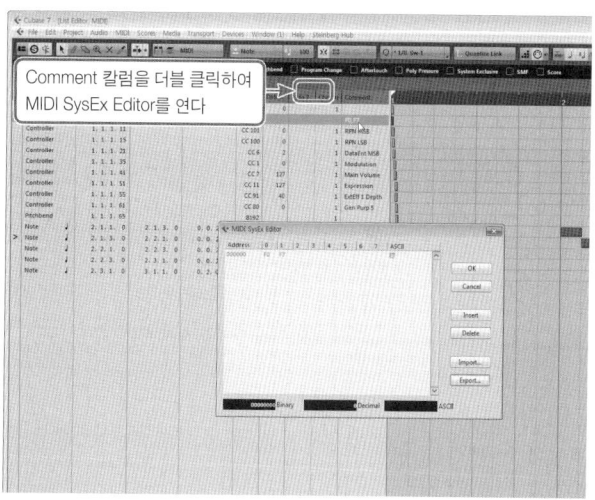

6. 이벤트 창

이벤트 창의 시간 위치는 위에서 아래쪽으로 표시합니다. Classes 샘플에서 Bass 트랙에 있는 파트를 리스트 에디터로 열어보면 각 노트가 위에서 아래로 나열되어 있는 것을 확인할 수 있습니다. 여기서 맨 위에 있는 노트를 4마디 위치까지 드래그 해봅니다.

4마디 위치로 드래그

이동한 노트는 리스트 창의 Start 칼럼에 표시하는 순서에 의해서 위에서 아래쪽으로 4마디 위치로 이동을 합니다. 처음에는 리스트 창의 Start 칼럼을 참조하면서 위치를 찾아야 하겠지만, 익숙해지면 이벤트 창에서도 쉽게 위치를 파악할 수 있을 것입니다.

Start 칼럼

7. 벨류 창

리스트 에디터 작업 공간 우측에 있는 벨류 창은 Data2 칼럼의 값을 마우스 드래그로 조정할 수 있는 창입니다. 즉, 입력한 이벤트 종류에 따라서 조정하는 값의 역할이 다릅니다.

벨류 창

미디 정보란 컴퓨터에 내장된 사운드 카드의 내부 음원을 포함한 모든 미디 장비를 연주하거나 컨트롤 하기 위해서 전송하는 정보를 말합니다. 즉, 모든 미디 장비는 독자가 큐베이스에 입력한 미디 정보에 의해서 연주하는 것입니다. 그러므로, 미디 정보를 정확하게 알고, 조정할 수 있어야만 자신이 의도하는 미디 음악을 만들거나 편집할 수 있습니다. 미디 정보에는 다음 표와 같이 채널 별로 전송하는 채널 정보와 시스템 전체로 전송하는 시스템 정보가 있습니다.

미디 정보(MIDI Messages)		
채널 정보(Channel Message)	보이스(Voice)	Note On/Off Program Change Pitch Bend Control Change After touch
	모드(Mode)	All Note Off Reset All Controllers Omni On/Off Mono / Poly
시스템 정보(System Message)	커먼(Common)	System Exclusive Song position Pointer Song Select Turn Request
	리얼타임(Real Time)	Active Select Start/Continue/Stop Timing Clock System Reset

● 채널 정보

악기를 구입할 때 거론하는 16채널 또는 32 채널이란 용어는 하나의 악기에서 동시에 연주할 수 있는 악기의 음색 수라고 이해하면 쉽습니다. 즉, 독자가 16채널의 악기 하나를 소유하고 있다면 16명의 연주자를 거느리고 있는 것입니다. 더군다나 16명의 연주자 실제 연주자와는 다르게 독자가 원하는 모든 악기를 다룰 수 있는 능력이 있습니다. 예를 들어 1번 채널(1번 연주자)에게 기타를 연주하게 하고, 2번 채널(2번 연주자)에게 피아노를 연주하게 한다거나 생각이 바뀌어서 1번 채널(1번 연주자)에게 트럼펫을 연주하게 하고, 2번 채널(2번 연주자)에게 색소폰을 연주하게 할 수 있습니다. 만일, 독자가 작곡한 곡의 음악을 녹음하고자 한다면, 먼저 연주자를 섭외하고, 섭외된 연주자 개개인에게 독자의 작품 색깔을 잘 표현할 수 있는 악보와 같은 연주 정보를 줘야 할 것입니다. 이와 같이 컴퓨터 음악의 경우 악보 대신 연주자(채널) 개개인에게 전달하는 연주 정보를 채널 정보라고 합니다. 채널 정보는 앞의 표에서와 같이 크게 채널 보이스 정보와 채널 모드 정보가 있습니다. 여기서 미디 음악 학습자가 반드시 알고 있어야 할 정보는 음악 연주에 직접 영향을 주는 채널 보이스 정보의 노트 정보, 프로그램 정보, 피치 밴드 정보, 컨트롤 정보 등이 있습니다.

● 시스템 정보

시스템 정보는 말 그대로 채널 각각으로 전송하는 채널 정보와는 다르게 시스템 전체(악기)에 영향을 주는 정보입니다. 시스템 정보도 앞의 표에서 보는 것과 같이 시스템 커먼 정보와 시스템 리얼 타임 정보가 있습니다. 여기서 미디 학습자가 반드시 알고 있어야 하는 것은 시스템 커먼 정보의 익스클루시브 정보 입니다.

4 컨트롤 정보

컨트롤 정보는 자신의 미디 음악 실력을 높이기 위해서는 반드시 알고 있어야 하는 채널 정보입니다. 컨트롤 정보는 각 채널 별로 연주하는 악기의 이펙트 양이나 음색을 조정할 수 있는 것으로 대부분 규격화 되어 있지만, 악기마다 조금씩 차이가 있습니다. 여기서는 GM/GS 악기의 표준을 만든 Roland사의 제품을 기준으로 살펴보겠습니다. 반드시 사용하고 있는 악기의 메뉴얼을 참조하면서 학습을 하기 바랍니다.

1. Bank selects (Controller number 0, 32)

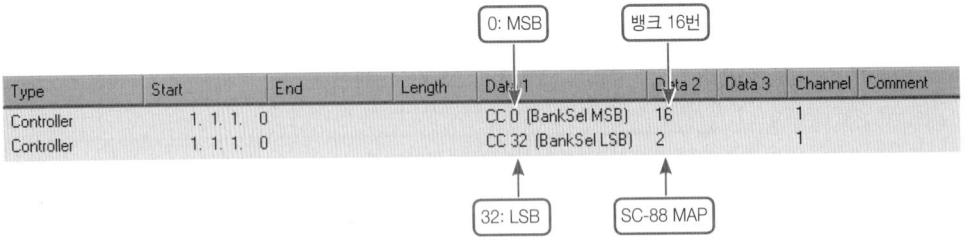

뱅크 선택에 사용하는 컨트롤 번호는 0번 또는 32번으로 값은 0에서 127까지 입니다.

악기에는 수 백 가지의 음색이 있지만, 프로그램으로 선택할 수 있는 음색은 1에서 128까지 128개뿐입니다. 그래서 만들어진 것이 뱅크라는 컨트롤 체인지 정보로 128개 이하의 음색을 하나의 뱅크라는 단위로 묶어서 사용할 수 있게 하고 있습니다. 이러한 뱅크 선택의 컨트롤 번호는 악기마다 0번 또는32번을 개별적으로 사용하거나 0번과 32번을 모두 사용하는 악기도 있으므로 반드시 악기 설명서를 참조하기 바랍니다. SC-88의 경우에는 0번으로 뱅크를 선택하고, 32번으로 SC-55MAP(컨트롤 값 1)과 SC-88MAP(컨트롤 값 2)을 선택할 수 있습니다.

다음 표는 SC-88의 악기 리스트 중에서 Guitar 부분에 해당하는 24번 음색의 SC-88MAP과 SC-55MAP인데 같은 프로그램 번호에서도 여러 개의 뱅크 번호를 선택하여 전혀 다른 음색을 사용할 수 있다는 것을 보여주고 있습니다.

〈SC-88의 Guitar 음색 계열 중 25번 음색인 경우〉

Guitar			
프로그램 번호	뱅크 번호	88MAP	55MAP
25	0	Nylon-str.Gt	Nylon-str.Gt
	8	Ukulele	Ukulele
	16	Nylon Gt.o	Bylon Gt.o
	24	Velo Harmnix	해당 음색 없음
	32	Nylon Gt.2	Nylon Gt.2
	40	Lequint Gt.	해당 음색 없음

2. Modulation (Controller Number 1)

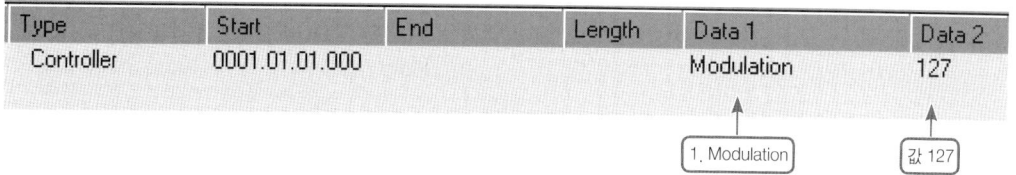

Type	Start	End	Length	Data 1	Data 2
Controller	0001.01.01.000			Modulation	127

1. Modulation

값 127

모듈레이션에 사용하는 컨트롤 번호는 1번으로 컨트롤 값은 0-127입니다.

모듈레이션 정보에 반응하여 변화하는 효과는 악기마다 차이가 있지만, 대부분 비브라토 효과를 만듭니다. 건반 악기의 경우 다음 그림과 같이 왼쪽에 피치 밴드와 함께 모듈레이션 값을 조정할 수 있는 휠이 있어 연주/녹음 중일 때에도 모듈레이션 컨트롤 값을 조정할 수 있습니다.

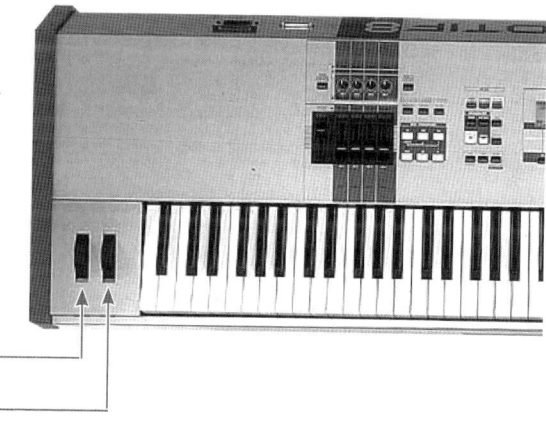

피치 벤드 휠

모듈레이션

3. Portamento Time (Controller number 5. 65)

65 Portamento: On

시작 노트 C5

Type	Start	End	Length	Data 1	Data 2
♩ Note	0001.01.01.000	0001.02.01.000	0.1.0.0	C3	100
Controller	0001.01.01.001			Porta On/Off	127
Controller	0001.01.01.002			Portamento	50
♩ Note	0001.01.01.002	0001.02.01.002	0.1.0.0	G3	100
Controller	0001.01.01.004			Porta On/Off	0

포르타멘토 타임 값 = 50

엔딩 노트 G5

65 Portamento: Off

포르타멘토에 사용하는 컨트롤 번호는 5번과 65번으로 컨트롤 값은 0-127입니다.

포르타멘토란 현악기를 연주하는 독자의 경우에는 쉽게 이해할 수 있는 슬러 주법과 같은 것으로 두 음 사이의 음들을 미끄러지듯 연결하여 연주하는 컨트롤 체인지 정보입니다. 즉, 앞의 보기에서는 C3와 G3를 차례로 연주할 때 두 음 사이에 포르타멘토 타임 정보를 입력하여 C3와 G3 사이의 음들이 미끄러지듯 연주하는 것입니다. 여기서 사용하는 시간 값(0-127)은 값이 적을수록 빠르게 미끄러지지만, 곡의 템포에 따라 달라지므로 독자 스스로 값을 변경하면서 많은 실험을 해보기 바랍니다. 중요한 것은 포르타멘토 컨트롤 체인지 정보를 사용하기 위해서는 먼저 컨트롤 번호 65번인 포르타멘토 On/Off 정보 값을 127로 하여 On하고, 끝나는 부분에서 포르타멘토 On/Off 정보 값을 0으로 하여 Off 해야 한다는 것입니다.

4. Volume (Controller number 7)

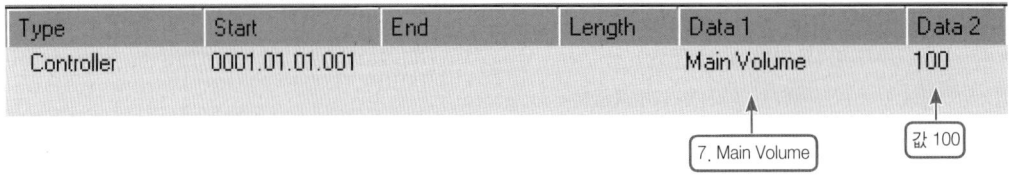

Type	Start	End	Length	Data 1	Data 2
Controller	0001.01.01.001			Main Volume	100

7. Main Volume

값 100

볼륨에 사용하는 컨트롤 번호는 7번으로 컨트롤 값은 0-127입니다.

볼륨은 굳이 설명하지 않아도 소리의 크기라는 것을 알 수 있을 것입니다. 하지만, 각 채널마다 적당한 볼륨을 설정하는 것은 그렇게 만만한 작업이 아닙니다. 앞에서 설명한 뱅크 항목의 프로그램(악기 음색)과 뒤에서 설명하는 팬은 볼륨과 함께 음악의 승패를 좌우할 정도로 중요한 역할을 하는 것임에도 불구하고, 적당히 사용하는 학생들이 있습니다. 반드시 많은 음악을 들으면서 그 음악에 사용된 음색, 볼륨, 팬 등을 연구하기 바랍니다.

5. Pan (Controller number 10)

Type	Start	End	Length	Data 1	Data 2
Controller	0001.01.01.001			Pan	0

10. Pan

소리가 왼쪽에서 들리도록 설정한 값

팬에 사용하는 컨트롤 번호는 10번으로 컨트롤 값은 0-127입니다.

팬이란 스피커 좌/우의 방향을 설정하는 컨트롤 체인지 정보입니다. 팬의 값은 0(좌)-64(중앙)-127(우)로 조정할 수 있습니다. 예를 들어서 1번 채널의 악기 소리를 왼쪽 스피커 방향에서 들리게 하고 싶다면 팬의 값을 0으로 설정합니다. 팬은 볼륨 항목에서도 강조했듯이 아주 중요한 컨트롤 체인지 정보입니다. 물론 팬을 리스트 윈도우에서 직접 입력하는 경우는 드물겠지만, 중요한 것은 입력이 아니라 사운드의 안정성과 스테레오 효과를 충분히 만들기 위한 훈련입니다. 이제부터 음악을 감상할 때 각 악기의 사운드가 어느 방향에서 들리는지 훈련 해 볼 것을 권장합니다. 자신이 좋아하는 악기 음색부터 도전하면 좀더 쉽게 접근할 수 있습니다.

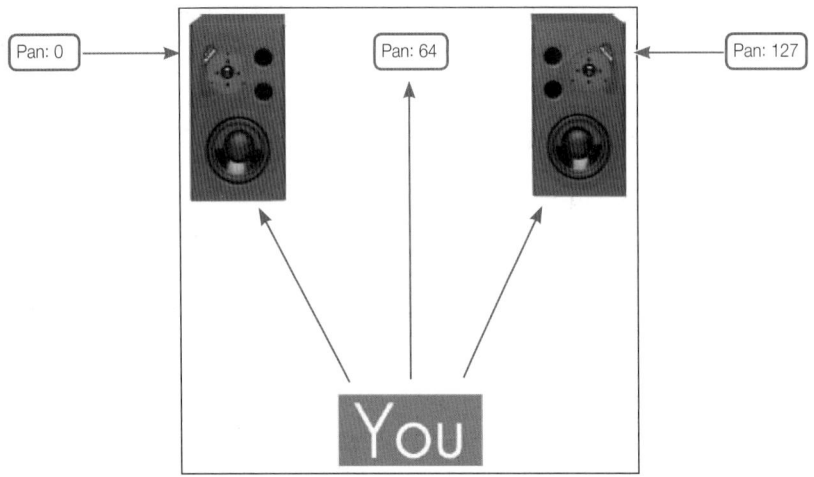

6. Expression (Controller number 11)

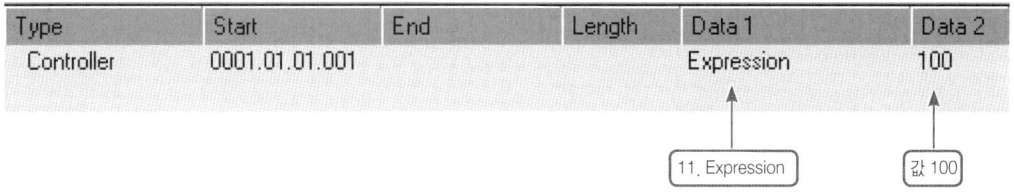

Type	Start	End	Length	Data 1	Data 2
Controller	0001.01.01.001			Expression	100

11. Expression

값 100

익스프레션에 사용하는 컨트롤 번호는 11번으로 컨트롤 값은 0-127입니다.

익스프레션이란 상태적인 볼륨 값을 말합니다. 여기서 상대적인 볼륨 값이란 앞에서 설명한 컨트롤 체인지 정보 7번의 볼륨 값을 최대값으로 하는 볼륨 값을 말합니다. 즉, 컨트롤 체인지 정보 7번의 값이 100이고, 익스프레션이 최대 값인 127이라면, 귀에 들리는 것은 실제로 100입니다. 이러한 익스프레션은 바이올린이나 트럼펫과 같은 악기의 특징인 연주 중에 미세하게 변하는 볼륨 값을 표현하거나 점점 세게(Crescendo) 또는 점점 여리게(Decrescendo)와 같은 연주의 셈 여림을 표현할 때 많이 사용합니다. 참고로 미디 악기의 경우 그림과 같은 컨트롤 페달을 이용해서 연주/녹음 중일 때 익스프레션 컨트롤 값을 조정할 수 있습니다.

Tip 피아노 페달

계속해서 학습할 컨트롤 정보 64, 66, 67번은 피아노 페달 역할을 하는 것입니다. 이해를 돕기 위해 피아노 페달의 기능에 관해서 잠깐 살펴보겠습니다. 그림에서와 같이 피아노 아래쪽에는 3개의 페달이 있습니다. 각 페달의 이름은 왼쪽에서부터 소프트 페달, 소스테누토 페달, 서스테인 페달이라고 합니다.

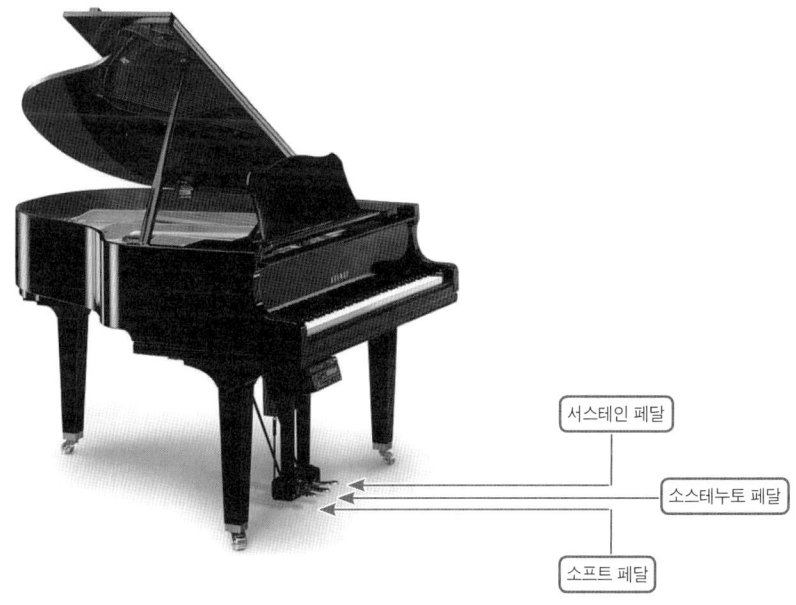

서스테인 페달

소스테누토 페달

소프트 페달

▶ 서스테인 페달

덤퍼 페달이라고도 불리는 이 페달의 기능은 페달을 밟고 있는 동안 연주된 소리를 계속 울리도록 하는 역할을 합니다. 피아노 악보를 보면 다음과 같이 서스테인 페달을 밟고 떼는 표시가 있습니다.

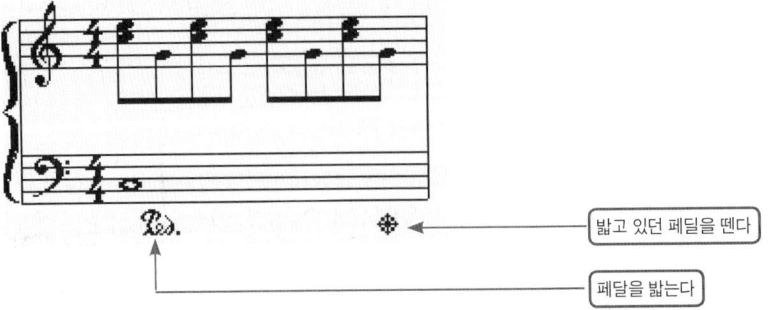

밟고 있던 페달을 뗀다

페달을 밟는다

▶ 소스테누토 페달

소스테누토 페달의 기능은 서스테인 페달과 같이 소리를 지속시켜 주는 역할을 합니다. 차이점은 서스테인 페달은 페달은 밟고 있는 동안 연주되는 모든 음들에 영향을 주지만, 소스테누토 페달은 페달은 밟았을 때 연주한 음에만 영향을 줍니다.

▶ 소프트 페달

소프트 페달의 기능은 페달은 밟고 있는 동안 연주되는 음들을 작고 부드럽게 합니다.

7. Sustain On/Off (Controller number 64)

Type	Start	End	Length	Data 1	Data 2
Controller	0001.01.01.001			Sustain	127
Controller	0001.01.01.006			Sustain	0

64. Sustain   값 127(On)   값 0(Off)

서스테인 On/Off 에 사용하는 컨트롤 번호는 64번으로 컨트롤 값은 On(64-127) / Off(0-63)입니다.

서스테인 컨트롤 체인지 정보의 On은 64에서 127까지 아무것이나 사용해도 되고, Off 역시 0에서 63까지 아무것이나 사용해도 되지만, 혼동을 피하기 위해서 On은 127, Off는 0으로 기억해두면 편리할 것입니다.

이 컨트롤 체인지 정보는 피아노 오른쪽 페달과 같은 역할을 하지만, Guitar 와 같은 악기의 경우 왼손 코드를 바꾸기 전까지 연주하는 음들의 여운이 남는다는 것을 적용하여 기타 주법 효과를 만드는 데도 많이 사용합니다. 참고로 건반 악기의 경우 그림과 같이 서스테인 페달을 이용하면 연주/녹음 중일 때에도 서스테인의 컨트롤 값을 On/Off 할 수 있습니다.

8. Sostenuto On/Off (controller number 66)

Type	Start	End	Length	Data 1	Data 2
Controller	0001.01.01.001			Sostenuto	127
Controller	0001.01.01.006			Sostenuto	0

66. Sostenuto   값 127(On)   값 0(Off)

소스테누토 On/Off에 사용하는 컨트롤 번호는 66번으로 컨트롤 값은 On(64-127)/Off(0-63)입니다.

소스테누토 컨트롤 체인 정보의 On은 64에서 127까지 아무것이나 사용해도 되고, Off 역시 0에서 63까지 아무것이나 사용해도 되지만, 혼동을 피하기 위해서 On은 127, Off는 0으로 기억해두면 편리할 것입니다.

이 컨트롤 체인지 정보는 피아노 가운데 페달과 같은 역할을 합니다.

9. Soft On/Off(Controoler number 67)

Type	Start	End	Length	Data 1	Data 2
Controller	0001.01.01.001			Soft Pedal	127
Controller	0001.01.01.006			Soft Pedal	0

67. Soft Pedal   값 127(On)   값 0(Off)

소프트 On/Off에 사용하는 컨트롤 번호는 67번으로 컨트롤 값은 On(64-127)/Off(0-63)입니다.

소프트 컨트롤 체인지 정보의 On은 64에서 127까지 아무것이나 사용해도 되고, Off 역시 0에서 63까지 아무것이나 사용해도 되지만, 서스테인, 소스테누토 등과 같이 On은 127, Off0으로 기억해두면 편리할 것입니다.

이 컨트롤 체인지 정보는 피아노 왼쪽 페달과 같은 역할을 합니다.

10. Portamento Control (Controller number 84 / 5)

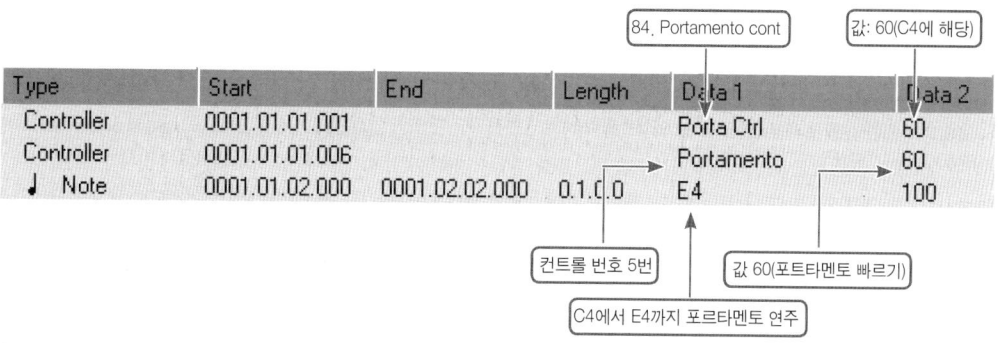

84. Portamento cont   값: 60(C4에 해당)

Type	Start	End	Length	Data 1	Data 2
Controller	0001.01.01.001			Porta Ctrl	60
Controller	0001.01.01.006			Portamento	60
♩ Note	0001.01.02.000	0001.02.02.000	0.1.0.0	E4	100

컨트롤 번호 5번   값 60(포르타멘토 빠르기)

C4에서 E4까지 포르타멘토 연주

포르타멘토 컨트롤에 사용하는 컨트롤 번호는 84번으로 컨트롤 값은 0에서 127입니다.

포르타멘토 효과에 관해서는 앞의 컨트롤 번호 5번인 포르타멘토 타임에서 설명하였습니다. 그리고 그 포르타멘토 타임은 두 음정 사이에서 효과를 발휘하지만, 컨트롤 체인 정보 84번은 컨트롤 값(0-127)에서 지정한 음정으로부터 다음 노트의 음정까지 포르타멘토 효과를 만듭니다. 물론 포르타멘토의 빠르기는 컨트롤 체인지 정보 5번인 포르타멘토 타임으로 결정하므로 이 두 정보는 함께 사용합니다. 참고로 포르타멘토 컨트롤 체인지 정보의 컨트롤 값인 0-127과 음정과의 관계는 건반 그림에서 보는 것과 같이 가운데 도(C3)가 60이므로, 반음 단위로 상행하는 음정은 61(C#3), 62(D3)...로 지정할 수 있으며, 반음 단위로 하행하는 음정은 59(B2), 58(A#2)...로 지정할 수 있습니다.

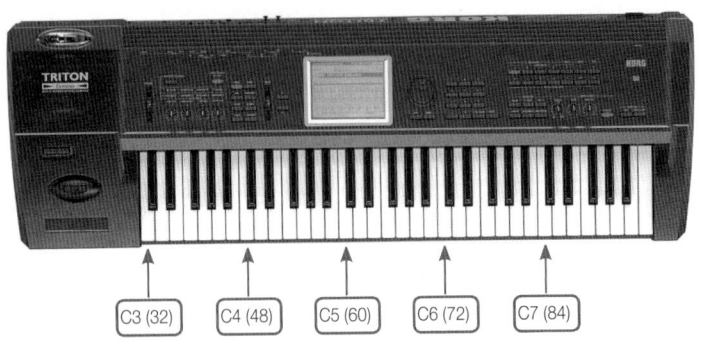

C3 (32)   C4 (48)   C5 (60)   C6 (72)   C7 (84)

Tip 이펙트

계속해서 알아볼 컨트롤 정보 91, 93, 94번을 살펴보기 전에 이펙트의 종류와 기능을 알아보겠습니다. 이펙트란 입력되는 소리를 인위적으로 가공하여 원하는 소리로 변형시킬 수 있게 하는 장비를 말합니다. 노래방에서 노래를 불러 본적이 있는 독자라면 자신의 노래가 메아리처럼 울려 퍼지는 효과를 경험해 본적이 있을 것입니다. 이 때 사용하는 이펙트를 우리는 흔히 에코라고 부릅니다. 그 외에도 해비 메탈의 기타 사운드가 현란하게 찌그러지는 소리를 내는 것도 이와 같은 이펙트를 사용하기 때문입니다. 다음 그림은 장비 하나로 여러 가지 이펙트 효과를 낼 수 있는 멀티 이펙트의 한 종류로 소나에서 제공하는 오디오 이펙트 역시 이러한 멀티 이펙트와 비교할 수 있습니다. 미디 컨트롤 정보에 의해서 조정될 수 있는 이펙트에는 시간차 계열의 리버브, 코러스, 딜레이 등이 있습니다.

▶ 리버브
공간의 울림으로 인한 잔향 효과를 만들어내는 이펙트를 리버브라고 합니다. 우리가 일상 생활에서 자연적으로 리버브 효과를 경험할 수 있는 장소로는 건물 복도 또는 목욕탕 등이 있습니다. 건물 복도나 목욕탕에서 소리를 내면, 그 소리는 벽에 반사되어 원래의 소리와 반사된 소리(잔향)가 우리 귀에 모두 들리게 됩니다. 이때 벽면의 재질과 공간의 크기에 따라서 반사되어 들리는 잔향은 달라지게 되는데, 이러한 공간감을 인위적으로 만들어내는 이펙트를 리버브라고 합니다.

▶ 코러스
코러스는 말 그대로 합창 효과를 만들어내는 이펙트를 말합니다. 여러 사람이 함께 노래를 하는 합창을 가만히 들어보면, 분명히 같은 노래인데도 불구하고 부르는 사람마다 미세한 시간차가 나타나게 됩니다. 하지만, 듣기에 거북하기는커녕 아름답고, 풍부하게 들립니다. 이렇게 하나의 소리를 미세한 시간차가 나도록 하는 합창 효과를 인위적으로 만들어내는 이펙트를 코러스라고 합니다.

▶ 딜레이
딜레이는 코러스의 확장이라고 생각하면 이해하기 쉬울 것입니다. 딜레이 역시 원음과 어느 정도 시간차를 두고 반복하여 들리도록 하여 풍부하고 현장감 있는 사운드 만듭니다. 그러나 그 시간차가 코러스와 같이 불규칙적인 것이 아니기 때문에 곡의 템포를 고려하지 않으면 오히려 지저분해지므로 많은 실습이 필요한 이펙트이기도 합니다.

11. Reverb Send Level (Controller number 91)

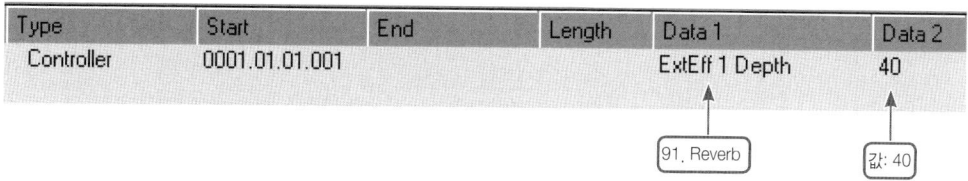

리버브 컨트롤에 사용하는 컨트롤 번호는 91번으로 컨트롤 값은 0-127입니다.

앞에서 리버브가 공간감을 만드는 것이라고 했으므로 초보자의 경우 리버브 값을 공간의 크기라고 이해를 해도 좋습니다

12. Chorus Send Level (Controller number 93)

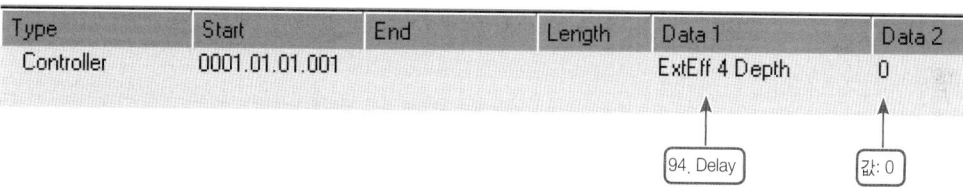

코러스 컨트롤에 사용하는 컨트롤 번호는 93번으로 컨트롤 값은 0에서 127입니다.

앞에서 코러스는 합창 효과를 만드는 것이라고 했으므로 초보자의 경우 코러스의 값을 합창하는 사람의 수라고 이해를 해도 좋습니다.

13. Delay Send Level (Controller number 94)

Type	Start	End	Length	Data 1	Data 2
Controller	0001.01.01.001			ExtEff 4 Depth	0

딜레이 컨트롤에 사용하는 컨트롤 번호는 94번으로 컨트롤 값은 0-127입니다.

앞에서 딜레이는 반복하는 시간 차를 만들어 내는 것이라고 했으므로 초보자의 경우 딜레이의 값을 반복하는 사운드의 시간 간격이라고 이해를 해도 좋습니다.

14. NRPN (Controller number 99, 98, 6)

NRPN이란 국제적으로 협의된 사항이 아닌 악기 제조사 특유의 기능을 컨트롤 하기 위한 정보를 말하는 것으로 99번 (NRPN MSB), 98번(NRPN LSB), 6번 (Data entry)의 3가지 컨트롤 체인지 정보를 함께 사용합니다.

NRPN은 국제적으로 협의된 사항이 아니기 때문에 악기 제조사 마다 컨트롤 값과 정보가 다릅니다. 그러므로 NRPN을 정확하게 사용하기 위해서는 각 악기의 메뉴얼을 필히 참조해야 합니다. 여기서는 SC-88에 정의된 NRPN 컨트롤 체인지 정보를 살펴보겠습니다.

▶ Vibrato Rate (비브라토 비율의 조절)

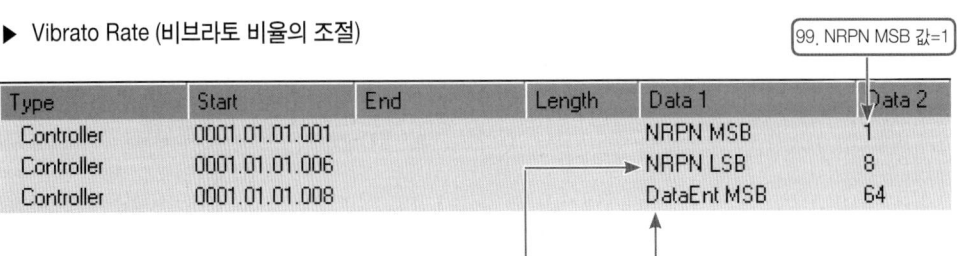

비브라토 비율을 조절하는 NRPN 컨트롤 번호는 99번이 1, 98번이 8 이며, 비율(비브라토 회수)을 조정하는 데이터 엔트리 6번 값은 기본값이 64(원래 음색의 비브라토 비율)입니다.

기본값 보다 많은 비브라토 비율(65-127)은 원래 음색의 비브라토 비율보다 많아지므로 비브라토가 빨라지고, 기본값 보다 적은 비브라토 비율(0-63)은 원래 음색의 비브라토 비율보다 적어지므로 비브라토가 느려집니다.

▶ Vibrato Depth (비브라토 깊이 조절)

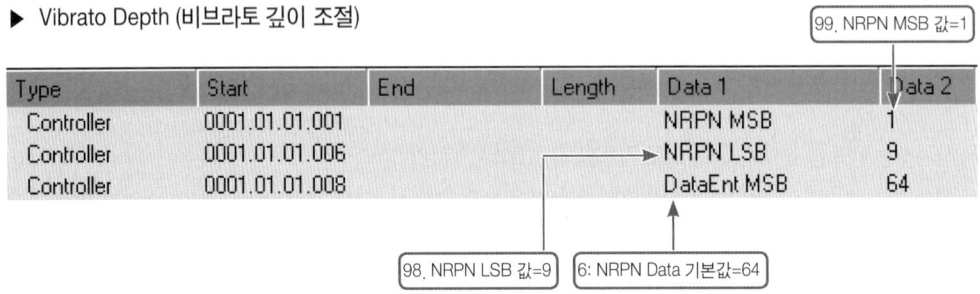

비브라토 폭을 조절하는 NRPN 컨트롤 번호는 99번이 1, 98번이 9이며, 폭을 조정하는 데이터 엔트리 6번의 값은 기본값이 64(원래 음색의 비브라토 폭)입니다.

기본값 보다 많은 비브라토(65-127)는 원래 음색의 비브라토 크기 보다 커지고, 기본값 보다 적은 비브라토 (0-63)는 원래 음색의 비브라토 크기 보다 작아집니다.

▶ Vibrto Frequency (비브라토의 시작점을 조절)

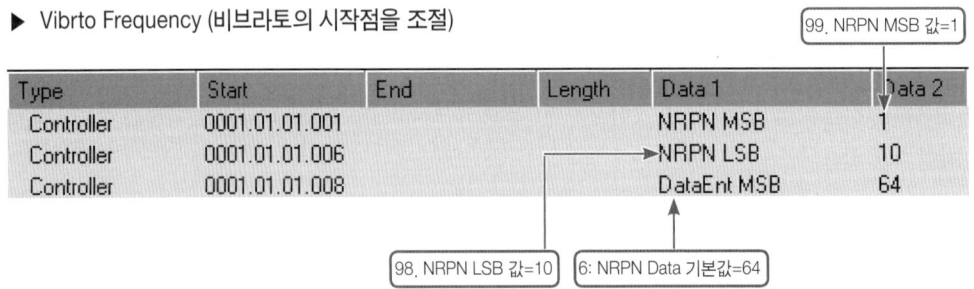

비브라토 시작점을 조절하는 NRPN 컨트롤 번호는 99번이 1, 98번이 10이며 시작점(음이 발생한 후 비브라토가 시작하는 위치)을 조정하는 데이터 엔트리 6번의 값은 기본값이 64(원래 음색의 비브라토 시작 지점)입니다.

기본 값 보다 많은 비브라토 시작점(65-127)은 원래 음색의 비브라토 시작점 보다 늦고, 기본 값보다 적은 비브라토 시작점 (0-63)은 원래 음색의 비브라토 시작점보다 빨라집니다.

▶ TVF Cutoff Frequency (음색 필터의 주파수대를 조절)

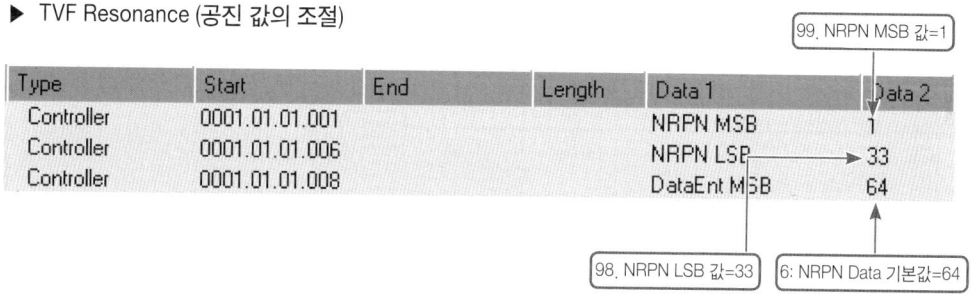

Type	Start	End	Length	Data 1	Data 2
Controller	0001.01.01.001			NRPN MSB	1
Controller	0001.01.01.006			NRPN LSB	32
Controller	0001.01.01.008			DataEnt MSB	64

99. NRPN MSB 값=1

98. NRPN LSB 값=32   6: NRPN Data 기본값=64

음색 필터의 주파수대를 조절하는 NRPN 컨트롤 번호는 99번이 1, 98번이 32이며, 필터를 적용하고자 하는 주파수대(원래 음색의 주파수에서 차단하고자 하는 기준점)을 조정하는 데이터 엔트리 6번의 기본값은 64(원래 음색 필터의 주파수대)입니다.

기본값 보다 높은 값(65-127)은 원래 음색 필터의 주파수대보다 높아지므로 음색이 크고, 강해지며, 기본값 보다 낮은 값(0-63)은 원래 음색 필터의 주파수대보다 낮아지므로 음색이 작고, 약해집니다.

▶ TVF Resonance (공진 값의 조절)

Type	Start	End	Length	Data 1	Data 2
Controller	0001.01.01.001			NRPN MSB	1
Controller	0001.01.01.006			NRPN LSB	33
Controller	0001.01.01.008			DataEnt MSB	64

99. NRPN MSB 값=1

98. NRPN LSB 값=33   6: NRPN Data 기본값=64

공진 값을 조절하는 NRPN 컨트롤 번호는 99번이 1, 98번이 33이며, 공진 주파수대(원래 음색 주파수의 진동수와 일치하는 주파수대)를 조정하는 데이터 엔트리 6번의 기본값은 64(원래 음색 주파수의 공진 값)입니다.

기본값 보다 높은 값(65-127)은 음색 주파수의 높은 부분을 공진하므로 음색이 날카롭고, 화려해지며, 기본 값보다 낮은 값(0-63)은 음색 주파수의 낮은 부분을 공진하므로 음색이 무겁고, 부드러워집니다.

계속되는 NRPN 컨트롤 정보를 살펴보기 전에 음이 처음 발생하여 소멸하기까지의 과정을 나타내는 엔벨로프에 관해서 살펴보겠습니다. 건반을 쳐서 어떤 음이 소리를 낼 때, 그 음의 처음 발생에서부터 소멸까지의 과정에서 일어나는 소리의 변화를 파형으로 나타낸 것을 엔벨로프 파형이라고 합니다. 엔벨로프 파형은 다음 그림과 같이 크게 어택 타임, 디케이 타임, 서스테인 타임, 릴리즈 타임의 4가지로 구분됩니다.

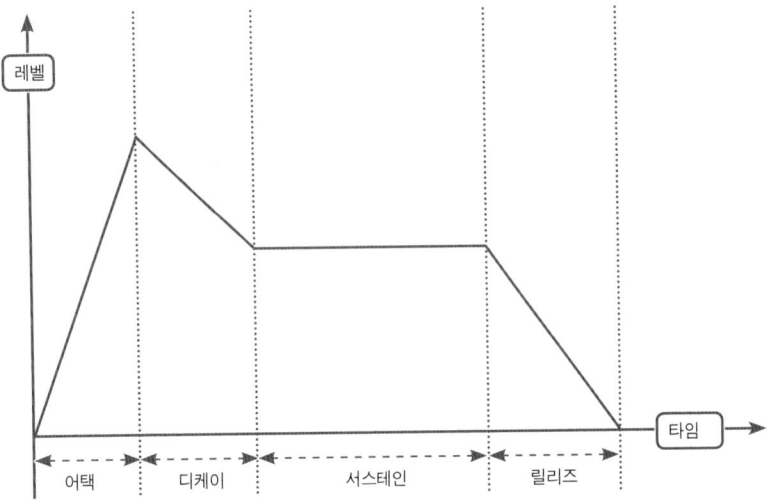

- **어택 타임**: 건반을 눌러 음이 처음 발생할 때부터 최대 레벨까지 걸리는 시간
- **디케이 타임**: 음이 최대 레벨에서 일정 레벨로 낮아지는데 까지 걸리는 시간
- **서스테인 타임**: 일정한 레벨이 유지되는 시간
- **릴리즈 타임**: 일정한 레벨에서 음이 소멸되기까지의 시간

▶ TVF & TVA Envelope Attack Time (어택 타임의 조절)

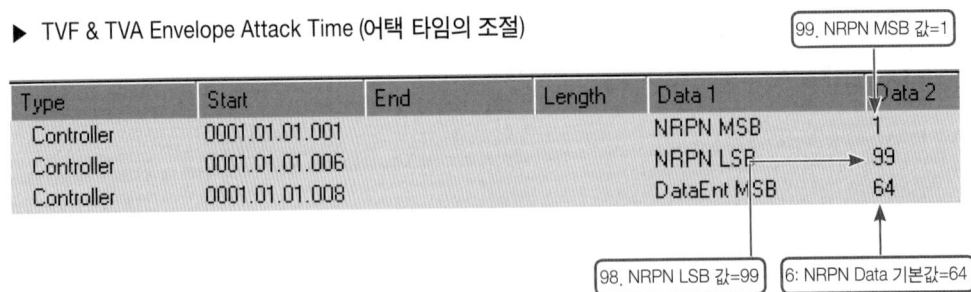

어택 타임을 조절하는 NRPN 컨트롤 번호는 99번이 1, 98번이 99이며, 어택 타임 값을 조정하는 데이터 엔트리 6번의 기본값은 64(원래 음색의 어택 타임)입니다.

기본값 보다 높은 값(65-127)은 원래 음색의 어택 타임보다 늦어지고, 기본값 보다 낮은 값(0-63)은 원래 음색의 어택 타임보다 빨라집니다.

▶ TVF&TVA Envelope Decay Time(디케이 타임의 조절)

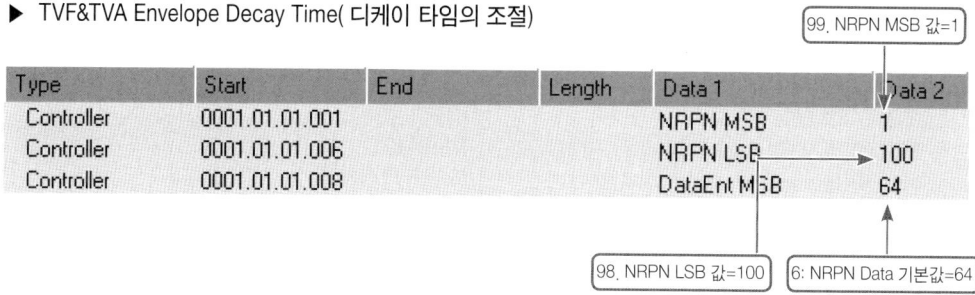

디케이 타임을 조절하는 NRPN 컨트롤 번호는 99번이 1, 98번이 100이며, 디케이 타임 값을 조정하는 데이터 엔트리 6번의 기본값은 64(원래 음색의 디케이 타임)입니다.

기본값 보다 높은 값(65-127)은 원래 음색의 디케이 타임보다 늦어지고, 기본값 보다 빠른 값(0-63)은 원래 음색의 디케이 타임보다 빨라집니다.

▶ TVF&TVA Envelope Release Time (릴리즈 타임의 조절)

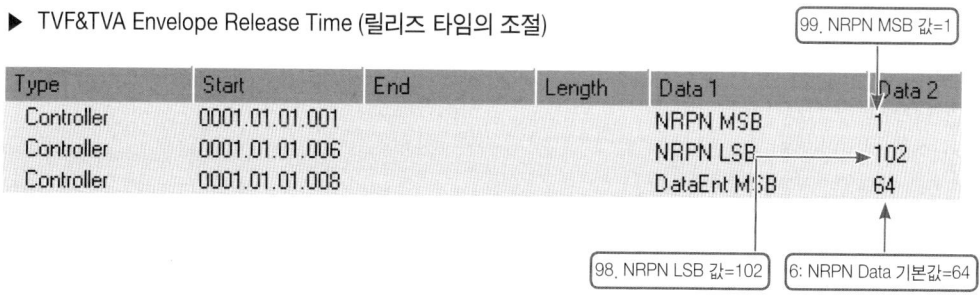

릴리즈 타임을 조절하는 NRPN 컨트롤 번호는 99번이 1번, 98번이 102이며, 릴리즈 타임 값을 조정하는 데이터 엔트리 6번의 기본 값은 64(원래 음색의 릴리즈 타임)입니다.

기본값 보다 높은 값(65-127)은 원래 음색의 릴리즈 타임보다 늦어지고, 기본값 보다 빠른 값(0-63)은 원래 음색의 릴리즈 타임보다 빨라집니다.

▶ Drum Instrument Pitch Coarse (드럼 구성 악기의 음정을 조절)

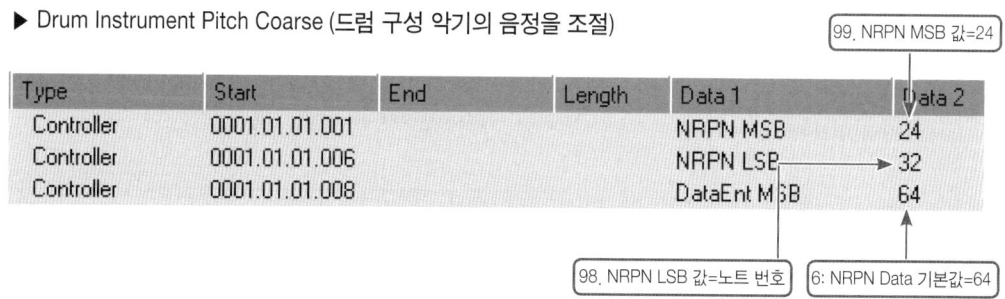

드럼 구성 악기의 음정을 조절하는 NRPN번호는 99번이며, 98번은 음정을 조절하고자 하는 노트 번호(0-127)이며, 음정을 조절하는 데이터 엔트리 6번의 기본 값은 64(원래 드럼의 음정)입니다. 기본값 보다 높은 값(65-127)은 원래 드럼 음정보다 높아지고, 기본값 보다 낮은 값(0-63)은 원래 드럼 음정보다 낮아집니다.

▶ Drum Instrument TVA Level (드럼 구성 악기의 진폭을 조절)

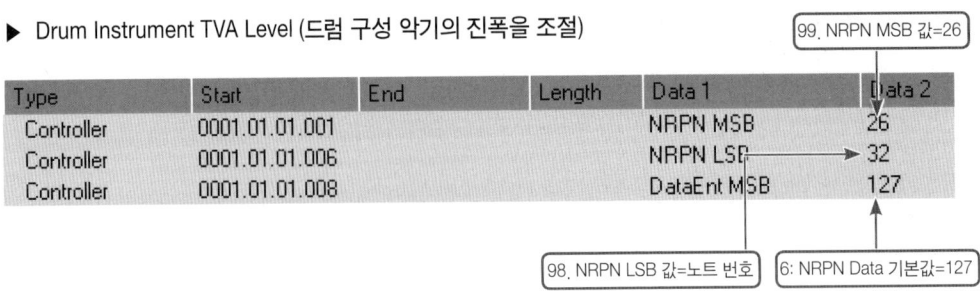

드럼 구성 악기의 진폭을 조절하는 NRPN 번호는 99번이 26이고, 98번은 진폭을 조절하고자 하는 노트 번호(0-127)이며, 진폭을 조절하는 데이터 엔트리 6번의 기본 값은 127(원래 드럼의 진폭)입니다.

기본 값보다 낮은 값(0-126)은 원래 드럼의 진폭보다 낮아지므로 소리가 작아집니다.

▶ Drum Instrument Panpot (드럼 구성 악기의 팬 조절)

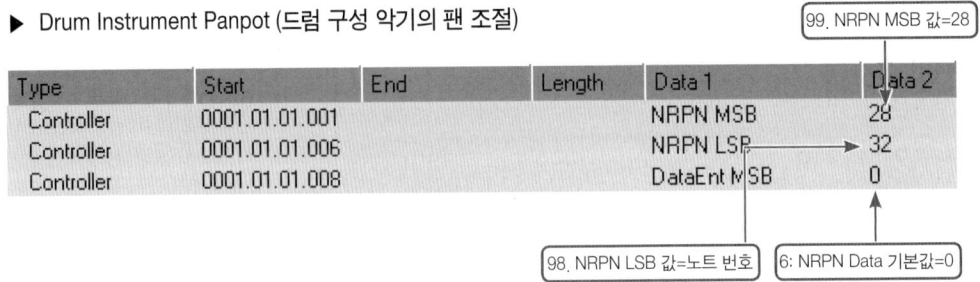

드럼 구성악기의 팬을 조절하는 NRPN 컨트롤 번호는 99번이 28이고, 98번이 팬을 조절하고자 하는 노트 번호(0-127)이며, 팬을 조절하는 데이터 엔트리 기본값 (원래 드럼의 팬 값)은 0입니다.

데이터 엔트리 6번 값이 1-63이면 왼쪽, 64는 가운데, 65-127이면 오른쪽 방향입니다.

▶ Drum Instrument Reverb Send Leve l(드럼 구성 악기의 리버브 값을 조절)

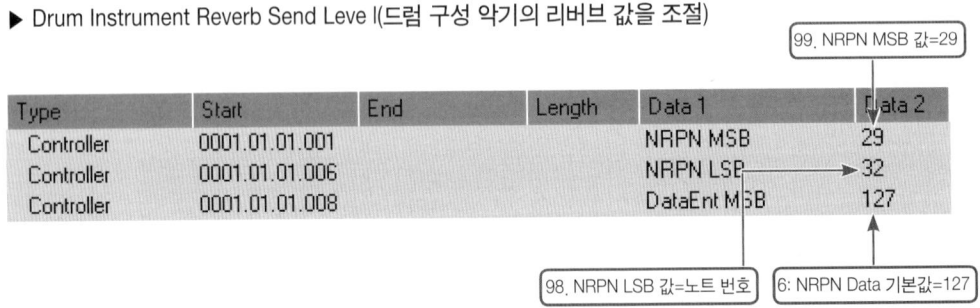

드럼 구성악기의 리버브를 조절하는 NRPN 번호는 99번이 29이고, 98번은 리버브를 조절하고자 하는 노트의 번호(0-127)이며, 리버브를 조절하는 데이터 엔트리 6번의 기본값은 127(리버브 컨트롤 체인지 정보 91로 설정된 값)입니다.

기본값 보다 적은 값(0-126)은 리버브 컨트롤 체인지 정보 91에서 설정한 리버브 값보다 작아집니다.

▶ Drum Instrument Chorus Send Leve l(드럼 구성 악기의 코러스 값을 조절)

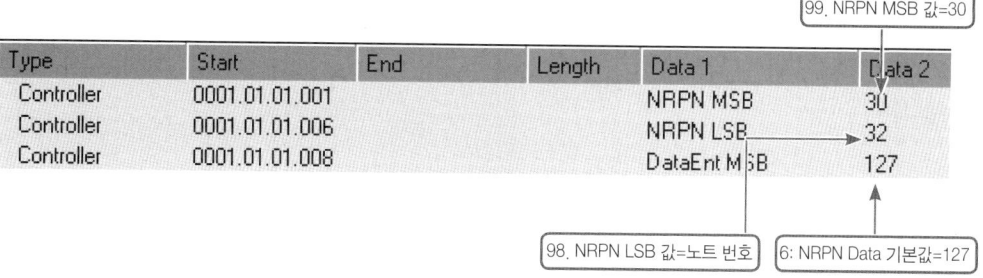

드럼 구성 악기의 코러스를 조절하는 NRPN 번호는 99번이 30이고, 98번이 코러스를 조절하고자 하는 노트의 번호(0-127)이며, 코러스를 조절하는 데이터 엔트리 6번의 기본 값은 127(코러스 컨트롤 체인지 정보인 93으로 설정된 값)입니다. 기본값 보다 적은 값(0-126)은 코러스 컨트롤 체인 정보 93에서 설정된 코러스 값보다 작아집니다.

▶ Drum Instrument Delay Send Leve l(드럼 구성 악기의 딜레이 값을 조절)

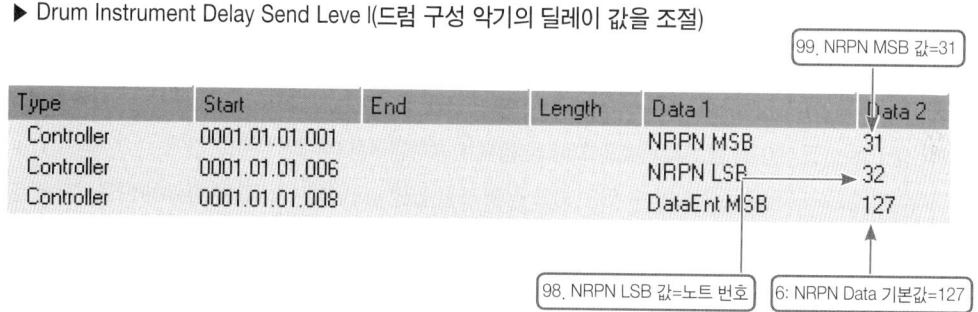

드럼 구성 악기의 딜레이 값을 조절하는 NRPN 컨트롤 번호는 99번이 31이고, 98번이 딜레이를 조절하고자 하는 노트의 번호(0-127)이며, 딜레이를 조절하는 데이터 엔트리 6번의 기본값은 127(딜레이 컨트롤 체인지 정보 94로 설정된 값)입니다. 기본값 보다 적은 값(0-126)은 딜레이 컨트롤 체인지 정보 94에서 설정된 딜레이 값보다 작아집니다.

15. PRN (controller number 101, 100, 6)

RPN이란 NRPN의 첫 글자인N(Non)이 빠진 것으로 짐작할 수 있듯이 국제적으로 협의된 컨트롤 체인지 정보로 101번(RPN MSB), 100번(RPN LSB), 6번 (Data entry) 의 3가지 컨트롤 체인지 정보를 함께 사용합니다.

▶ Pitch Bend Sensitivity (피치 벤드의 범위 설정)

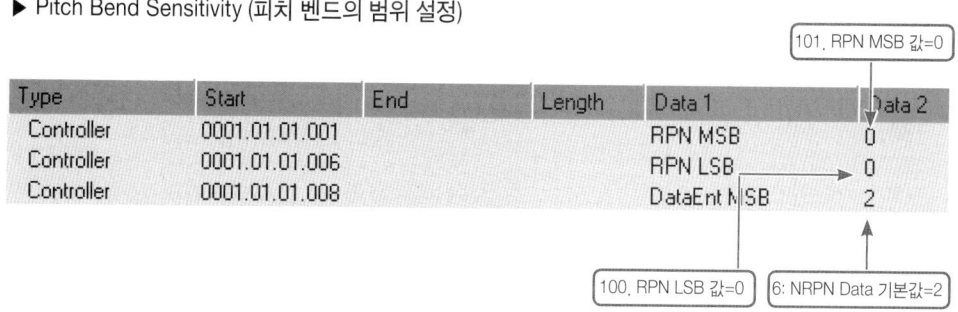

피치 밴드의 범위를 설정하는 RPN 컨트롤 번호는 101번이 0, 100번이 0이며, 피치 범위를 조절하는 데이터 엔트리 값은 0-24(1=반음)으로 조정할 수 있습니다. 데이터 엔트리의 기본 값이 2로 설정되어 있으므로 건반의 피치 휠을 움직였을 때 장2도 범위로 피치가 조정되었던 것을 이미 경험했을 것입니다. 만일 1옥타브 범위로 피치가 조정하려면 데이터 엔트리 6번의 값을 12로 설정합니다.

▶ Master Fine Tuning (미세한 음정 조정)

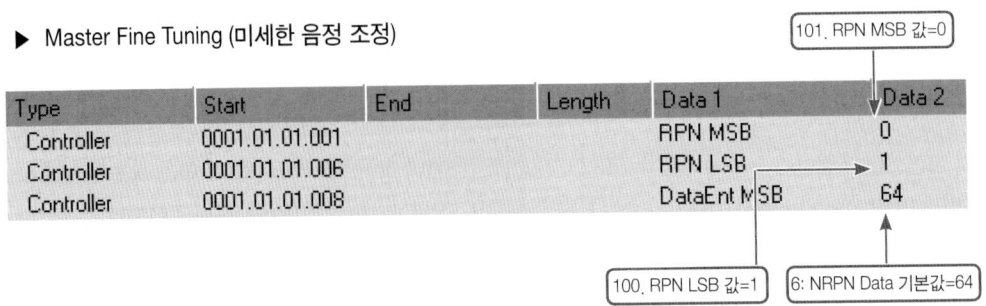

Type	Start	End	Length	Data 1	Data 2
Controller	0001.01.01.001			RPN MSB	0
Controller	0001.01.01.006			RPN LSB	1
Controller	0001.01.01.008			DataEnt MSB	64

> 101. RPN MSB 값=0
> 100. RPN LSB 값=1
> 6: NRPN Data 기본값=64

음정을 미세하게 조정하는 RPN 컨트롤 번호는 101번이 0, 100번이 1이며, 음정을 미세하게 조정하는 데이터 엔트리 6번의 값은 0에서 127(기본값=64)으로 조정할 수 있습니다. 여기서 데이터 엔트리 값은 1/100로 조정되므로 기본 음정을 미세하게 높이고 싶다면 데이터 엔트리 값을 65-127로 설정하고, 기본 음정을 미세하게 낮추고 싶다면 데이터 엔트리 값을 0-63으로 설정합니다. 참고로 보조 데이터 엔트리 번호인 38번을 함께 사용하면 6번 데이터 엔트리 값에 +1.6만큼의 값을 추가할 수 있어 메인 데이터 엔트리 6번으로 조정할 수 있는 최고 상행 조절 값인 +98.4을 +100으로 정확히 반음까지 조정할 수 있습니다. 즉, 다음과 같이 데이터 엔트리 6번 값을 최고 127로 설정하여 얻은 +98.4에 보조 엔트리 38번 값(기본 값=0)의 최고 값인 127(+1.6)을 합하면 최고 +100의 반음 조정 값을 얻을 수 있습니다.

Type	Start	End	Length	Data 1	Data 2
Controller	0001.01.01.000			RPN MSB	0
Controller	0001.01.01.006			RPN LSB	1
Controller	0001.01.01.008			DataEnt MSB	127
Controller	0001.01.01.010			DataEnt LSB	127

▶ Master Coarse Tuning (전체 음정 조정)

악기에서 출력하는 전체 음정을 조정하는 RPN 컨트롤 번호는 101번이 0, 100번이 2이며, 음정을 조정하는 데이터 엔트리 값은 40-88(기본값=64)범위로 조정할 수 있습니다. 여기서 데이터 엔트리 값은 반음 단위로 조정되므로 악기에서 출력하는 전체 음정을 높이고 싶다면 데이터 엔트리 값을 65-88로 설정하고, 악기에서 출력하는 전체 기본 음정을 낮추고 싶다면 데이터 엔트리 값을 40-63으로 설정합니다.

Type	Start	End	Length	Data 1	Data 2
Controller	0001.01.01.000			RPN MSB	0
Controller	0001.01.01.006			RPN LSB	2
Controller	0001.01.01.008			DataEnt MSB	64

> 101. RPN MSB 값=0
> 100. RPN LSB 값=2
> 6: NRPN Data 기본값=64

▶ RPN null(RPN 해제)

Type	Start	End	Length	Data 1	Data 2
Controller	0001.01.01.000			RPN MSB	127
Controller	0001.01.01.006			RPN LSB	127

101. RPN MSB 값=127   100. RPN LSB 값=127

지금까지 학습한 NRPN과 RPN 컨트롤 체인지 정보 기능을 해제하는 RPN null 정보는 101번이 127, 100번이 127이며, 데이터 엔트리 6번은 사용하지 않습니다. RPN 해제 컨트롤 정보는 독자가 설정한 NRPN과 RPN 컨트롤 값을 초기화 하는 것이 아니라 설정했던 기능을 해제하는 것입니다. 이것이 필요한 이유는 NRPN 또는 RPN 컨트롤 정보를 사용한 후 다른 NRPN 또는 RPN 정보를 계속해서 사용할 때입니다. NRPN과 RPN는 데이터 엔트리 컨트롤 정보가 같은 6인 관계로, 먼저 사용한 NRPN 또는 RPN 컨트롤 정보의 기능을 해제해야만, 새로운 NRPN과 RPN을 설정할 수 있기 때문입니다.

미디 학습자가 알아야 할 채널 보이스 정보 중에는 컨트롤 체인지 정보 외에도 프로그램 체인지 정보(Program Change), 애프터 터치 정보(Aftertouch와 Poly Pressutre), 피치 밴드 정보(Pitchbend), 애프터 터치 정보가 있습니다.

프로그램 체인지 정보

프로그램 체인지 정보는 악기의 음색을 지정하는 채널 정보입니다. 프로젝트 윈도우의 인스펙터 창에서 악기 음색을 지정할 경우 중간에 악기의 음색을 변경할 수 없지만, 리스트 에디터 또는 키 에디터에서 프로그램 체인지 정보를 입력하면 얼마든지 가능합니다. 만일 프로그램 체인지 정보를 입력했다면 인스펙터 창에서 선택한 프로그램은 무시됩니다.

그림은 리스트 에디터에서 프로그램 체인지 정보를 입력하고 있는 경우입니다. 방법은 도구 모음 줄에서 연필 버튼을 선택하고, Insert type을 Program Change로 선택한 다음, 이벤트 창에서 원하는 위치를 클릭하여 입력한다. 그리고 Data1칼럼 또는 벨류 창에서 음색 번호를 입력합니다.

애프터 터치 정보

애프터 터치란 건반을 누른 상태에서 다시 한번 힘을 주어 건반을 누르는 행위를 말하는 것으로 건반의 종류마다 음색이 변경된다거나, 비브라토가 걸리는 등의 효과를 만드는 미디 정보를 말합니다. 애프터 터치 정보에는 모든 노트에 적용하는 Aftertouch와 특정 노트에만 적용하는Poly Pressutre의 두 가지가 있습니다.

애프터 터치 정보는 리얼 입력 과정에서 불필요하게 입력되는 경우가 많습니다. 이것을 원하지 않는다면 File 메뉴의 Preferences를 실행하여 창을 열고, MIDI폴더의 MIDI Filter 페이지에서 Record 항목에 있는 Aftertcouch 옵션을 체크하여 입력되지 않게 할 수 있습니다.

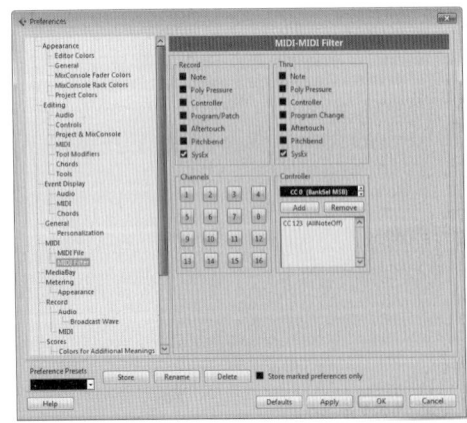

피치 밴드 정보

피치 밴드란 연주하는 음정을 위/아래로 조정할 수 있는 미디 정보를 말합니다. 이것은 쵸킹, 해머링 등의 기타(Guitar)연주 효과를 표현할 때 많이 사용하는 정보입니다. 건반 악기는 왼쪽에 피치 밴드 값을 조정할 수 있는 휠이나 스틱이 있어 연주/녹음 중일 때에도 피치 밴드의 값(기본 값=8192)을 0에서 16383범위로 조정할 수 있습니다.

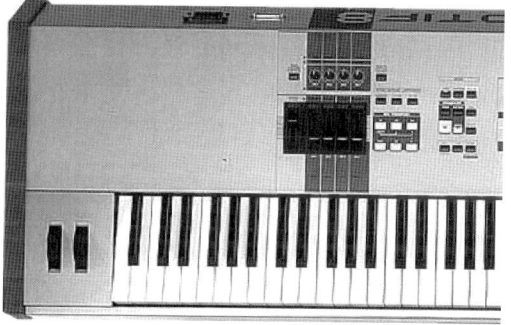

대부분의 악기는 기본적으로 피치 밴드의 음정 변화 범위가 한음 위/아래로 되어있습니다. 한 옥타브의 피치 밴드 범위를 원할 경우 컨트롤 정보에서 살펴보았듯이 RPN 컨트롤 체인지 정보 101번과 100번을 모두 0으로 하고, 데이터 엔트리 6번을 12로 설정하면 됩니다. 다음은 피치 밴드가 기본값(흰 음)인 경우와 옥타브로 설정되었을 때의 값입니다.

기본	6-Data Entry	MSB 2
0	0	
	Up	Down
반음	12288 (4096)	4097 (-4097)
한음	16383 (8191)	0 (-8192)

한 옥타브	6-Data Entry	MSB 12
0	0	
	Up	Down
1	8875 (683)	7508 (-684)
2	9557 (1365)	6826 (-1366)
3	10240 (2048)	6144 (-2049)
4	10921 (2730)	5462 (-2731)
5	11605 (3413)	4779 (-3414)
6	11288 (4096)	4097 (-4097)
7	12970 (4778)	3414 (-4779)
8	13653 (5461)	2731 (-5462)
9	14335 (6143)	2049 (-6144)
10	15017 (6825)	1366 (-6826)
11	15699 (7507)	684 (-7508)
12	16383 (8191)	0 (-8192)

※ 괄호는 키 에디터의 컨트롤 라인에서 입력할 때 값 입니다.

시스템 익스클루시브 정보는 미디 학습자가 반드시 알고 있어야하는 시스템 정보입니다. 시스템 정보는 악기 전체의 설정 값들을 변경하는 것으로 어떤 채널에서 사용해도 상관없습니다. 다만, 시스템 익스클루시브 정보는 악기마다 사용법이 다르므로 반드시 악기 메뉴얼을 참고해야 합니다. 여기서는 GM/GS 표준을 만든 Roland사의 제품을 기준으로 설명합니다. 악기 메뉴얼의 System Exclusive Messages 페이지에서 GS Reset 항목을 보면 다음과 같은 표기법이 나열되어 있습니다. 각각의 의미와 입력 방법을 살펴보겠습니다.

● GS Reset

Status	Data byte	Status
F0H	41H, dev, 42H, 12H, 40H, 00H, 7FH, 00H, 41H	F7H

Byte	Explanation
F0H	Exclusive Status
41H	ID number(Roland)
Dev	Device ID(dev: 01H-1FH(1-32) Initial value is 10H(17)
42H	Model ID(GS)
12H	Command ID(DT1)
40H	Address MSB
00H	Address
7FH	Address LSB
00H	Data(GS reset)
41H	Checksum
F7H	EXO(End Of Exclusive)

▶ F0H

시스템 익스클루시브 메시지의 시작을 알리는 스테이터스 바이트로 반드시 익스클루시브 메시지의 맨 앞에 입력되어야 합니다.

▶ 41H

각 악기의 제조회사별로 등록된 ID를 입력하는 부분입니다. Roland의 경우 41H라는 것을 표시하고 있습니다.

▶ Dev

악기의 고유번호를 입력하는 부분입니다. 악기 고유번호란, 같은 계열의 악기를 동시에 사용할 경우 익스클루시브 메시지가 공통적으로 적용되지 않도록 악기를 구분하기 위해서 사용되는 번호입니다. 이와 같은 번호는 미디 악기에서 설정을 해야 하는데, Roland사의 SC-88의 경우 All 버튼을 누르고, PART버튼 2개를 동시에 누르면 악기의 고유 번호인 Device id를 설정할 수 있는 화면이 보입니다. 기본 값은 17(10H)로 되어 있으며, 1-32까지 변경 가능합니다. 변경이 끝나면 PART 버튼 2개를 동시에 눌러 설정을 끝냅니다.

▶ 42H

제품 번호를 입력하는 부분입니다. 악기들은 저마다 제품 번호를 가지고 있으며, SC-88의 경우 제품 번호가 42H라는 것을 표기합니다.

▶ 12H

익스클루시브 송/수신을 구별하는 번호를 입력합니다. 송신은 11H이고, 수신은 12H입니다. 소나에서는 작성된 익스클루시브 메시지를 악기가 수신할 수 있도록 12H로 입력합니다.

▶ 40H, 00H, 7FH, 00H

4개의 데이터로 이루어진 이 부분은 시스템 익스클루시브의 실제적인 기능을 수행하는 메인 데이터입니다. 앞의 3가지 40H, 00H, 7FH는 어떤 것을 조정할 것인지를 의미하는 어드레스이고, 끝의 00H가 조정하는 값을 의미하는 데이터 입니다.

▶ 41H

Roland사 악기에서 주로 사용되는 부분으로 익스클루시브 메시지가 제대로 전송되고, 수행되는지를 확인하는 항목입니다. 이것을 체크 섬이라고 부르며, 메인 데이터의 입력 값에 따라 달라집니다. 자세한 것은 다음의 입력 부분편에서 설명됩니다.

▶ F7H

시스템 익스클루시브 메시지의 끝을 알리는 스테이터스 바이트로 반드시 익스클루시브 메시지의 맨 뒤에 입력되어야 합니다.

6 시스템 익스클루시브 정보의 입력

앞에서 살펴본 시스템 익스클루시브 정보(GS초기화)를 큐베이스와 누에도에서 어떻게 입력하는지 살펴보겠습니다. 입문자의 경우에는 다소 어려울 수 있겠지만, 부담 없이 학습을 하기 바랍니다. 전문가들도 모든 익스클루시브 정보를 외워서 사용하는 경우는 없습니다. 원리와 기능만을 이해하고, 필요할 때 찾아서 사용할 수 있을 정도면 충분합니다.

01 리스트 에디터에서 익스클루시브 정보를 입력하겠다면, 도구 모음 줄의 insert type 항목에서 SysEx를 선택합니다.

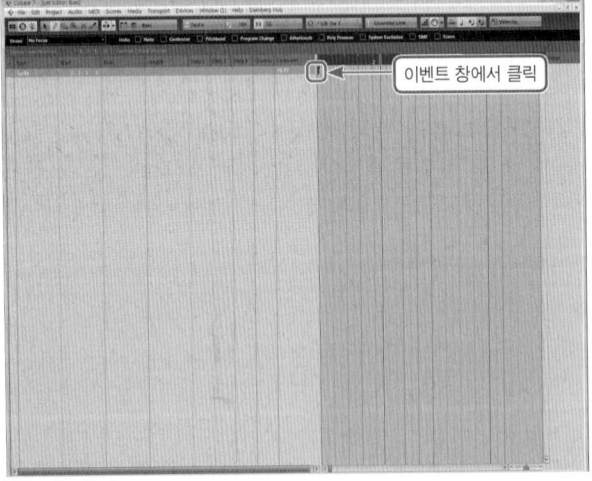

02 연필 버튼을 선택하고, 이벤트 창에서 입력할 위치를 클릭합니다. 익스클루시브 정보는 곡의 맨 처음에 입력합니다.

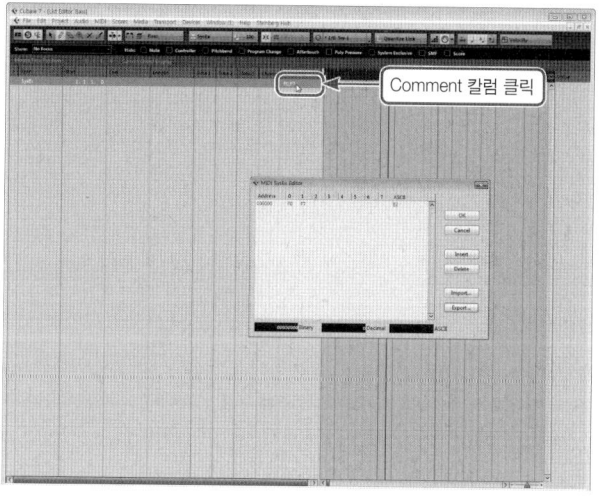

03 Comment 칼럼을 클릭하여 MIDI SysEx Editor 를 엽니다. 익스클루시브의 시작 정보와 끝 정보가 입력되어 있는 것을 확인할 수 있습니다.

04 키 에디터에서 익스클루시브 정보를 입력하겠다면, 컨트롤 편집 창에서 System Exclusive를 선택합니다.

05 연필 버튼을 선택하고, 컨트롤 편집 창을 클릭하여 익스클루시브 정보를 입력합니다.

06 입력한 익스클루시브를 화살표 버튼으로 더블 클릭합니다. 리스트 에디터에서 보았던 MIDI SysEx Editor가 열리는 것을 확인할 수 있습니다.

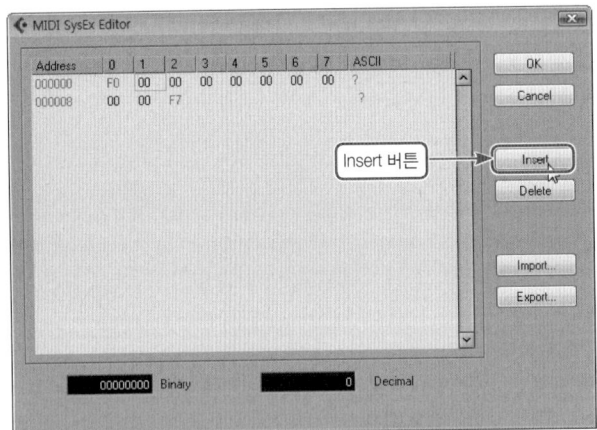

07 독자가 편리한 윈도우에서 MIDI SysEx Editor열었다면, GS 초기화 정보를 입력하기 위해서 Insert 버튼을 9번 클릭하여 항목을 추가합니다. 잘못 추가한 항목은 Delete버튼을 클릭하여 삭제할 수 있습니다.

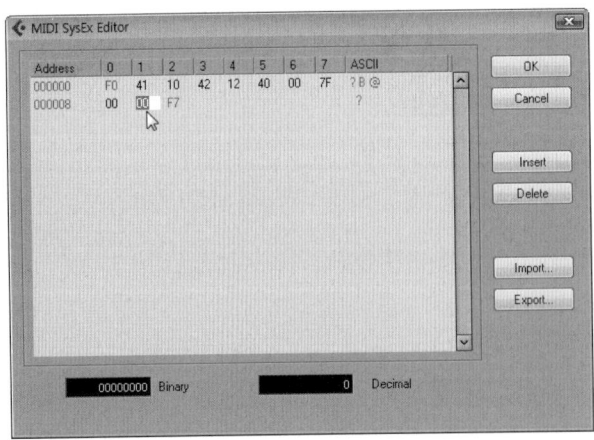

08 제조사 ID인 첫 번째 항목에서부터 체크 섬 전까지의 메인 데이터를 모두 입력합니다. 입력 방법은 항목을 마우스로 클릭하여 입력 대기 상태로 만들고, 값을 입력한 다음 키보드의 우측 화살표 키로 항목을 이동합니다. 그리고 Enter 키를 누르면 입력 대기 상태가 됩니다. 계속 같은 방법을 이용하여 키보드 만으로 입력할 수 있습니다.

09 체크 섬 값을 입력할 차례입니다. GS 초기화는 악기 설명서에 체크 섬 값이 이미 표시되어 있기 때문에 굳이 계산 방법을 알 필요가 없다고 생각하는 독자가 있겠지만, 다른 익스클루시브에서는 메인 데이터 값이 사용자마다 다르게 설정할 것이므로 반드시 체크 섬 값을 구할 수 있는 공식을 알고 있어야 합니다.

계산 방법은 간단합니다. 먼저 메인 데이터 값의 합을 구합니다. 그리고 그 값이 128보다 크면 128보다 작아질 때까지 메인 데이터 합에서 128을 뺀 후 그 나머지를 128에서 빼고, 메인 데이터의 합이 128보다 작으면 그냥 메인 데이터 합에서 128를 뺍니다.

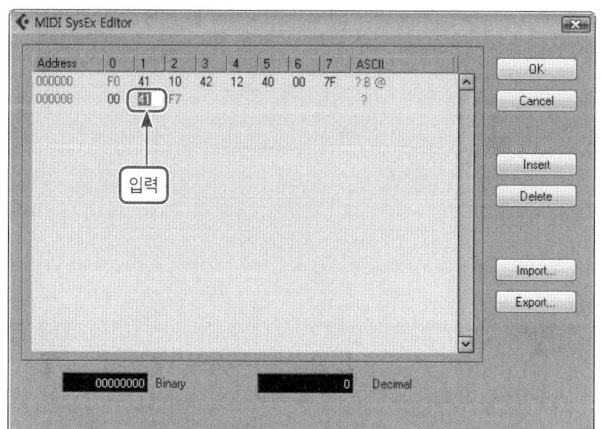

즉, GS 초기화의 메인 데이터(40+00+7F+00)합은 BF가 됩니다. BF를 10진수로 계산하면 191입니다. 메인 데이터의 합이 128보다 큽니다. 메인 데이터의 합이 128보디 크면 메인 데이터 합에서 128를 뺀다고 했으므로 191-128=63 입니다. 이제 128보다 작아진 메인 데이터 합을 128에서 빼면 128-63=65 입니다. 65를 16진수로 바꾸면 41이므로 익스클루시브 마지막 항목에 41를 입력합니다.

Tip   16진수와 10진수

체크 섬 값을 구하는 공식은 너무나 간단하지만 가장 큰 문제는 16진수를 사용하고 있다는 것입니다. 하지만, 윈도우 보조프로그램에서 제공되는 계산기를 이용하면 쉽게 해결할 수 있습니다. GS 초기화에 사용된 메인 데이터 값을 가지고 실습을 해보겠습니다.

1. 윈도우 8 사용자는 마우스를 화면 오른쪽으로 이동하면 열리는 참 메뉴에서 검색을 선택하고, 계산기를 입력하여 실행합니다. 윈도우 10 사용자는 시작 버튼을 클릭하여 열고, ㄱ 목록의 계산기를 선택하여 실행합니다.

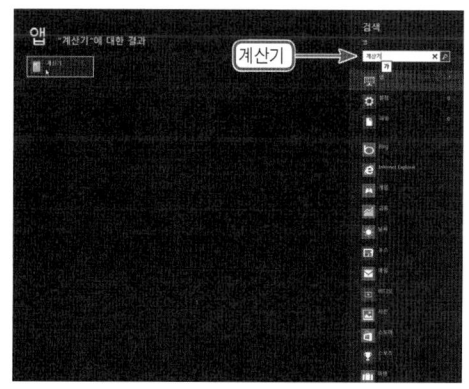

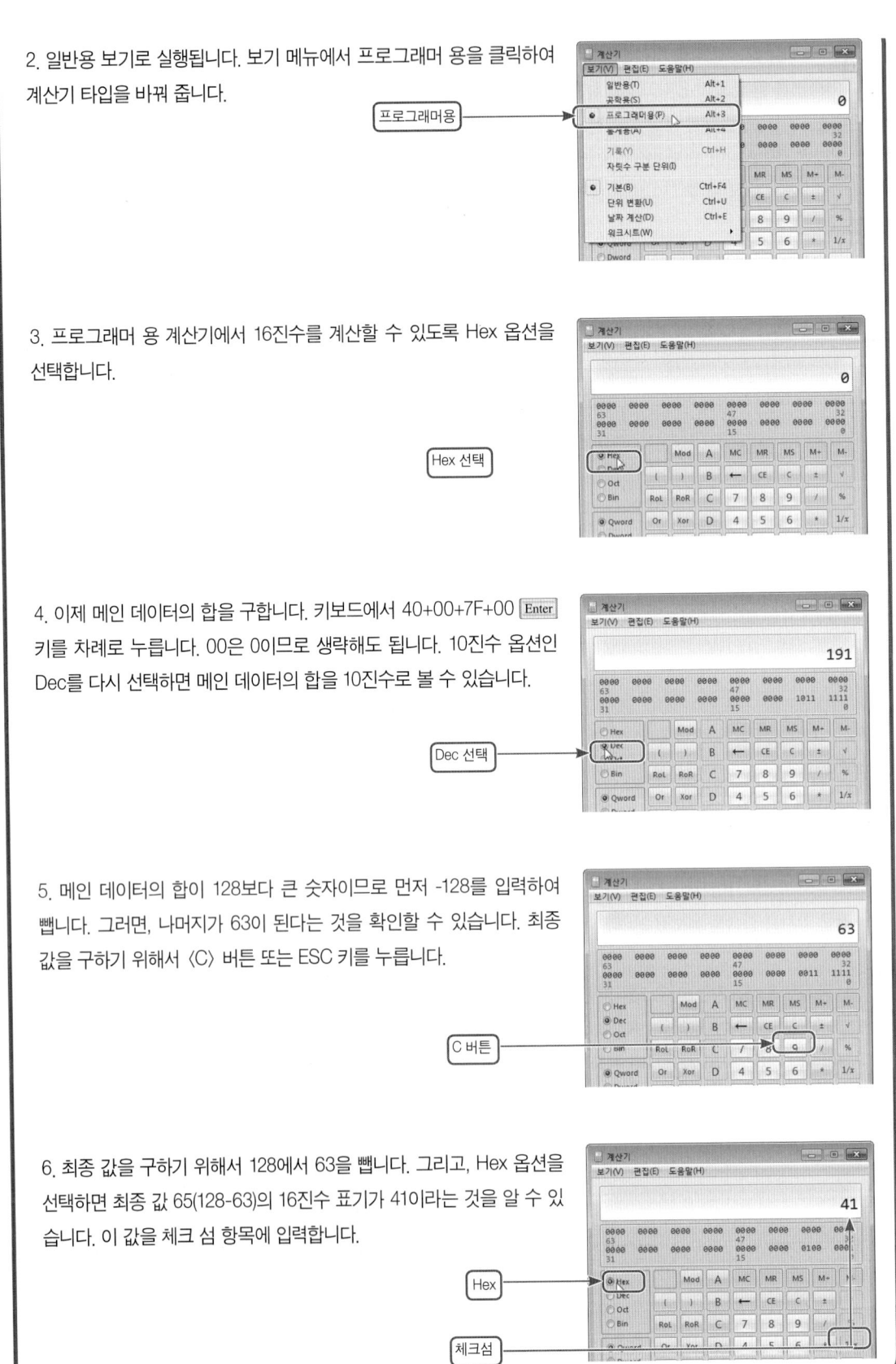

2. 일반용 보기로 실행됩니다. 보기 메뉴에서 프로그래머 용을 클릭하여 계산기 타입을 바꿔 줍니다.

프로그래머용

3. 프로그래머 용 계산기에서 16진수를 계산할 수 있도록 Hex 옵션을 선택합니다.

Hex 선택

4. 이제 메인 데이터의 합을 구합니다. 키보드에서 40+00+7F+00 Enter 키를 차례로 누릅니다. 00은 0이므로 생략해도 됩니다. 10진수 옵션인 Dec를 다시 선택하면 메인 데이터의 합을 10진수로 볼 수 있습니다.

Dec 선택

5. 메인 데이터의 합이 128보다 큰 숫자이므로 먼저 -128를 입력하여 뺍니다. 그러면, 나머지가 63이 된다는 것을 확인할 수 있습니다. 최종 값을 구하기 위해서 〈C〉 버튼 또는 ESC 키를 누릅니다.

C 버튼

6. 최종 값을 구하기 위해서 128에서 63을 뺍니다. 그리고, Hex 옵션을 선택하면 최종 값 65(128-63)의 16진수 표기가 41이라는 것을 알 수 있습니다. 이 값을 체크 섬 항목에 입력합니다.

Hex

체크섬

7 시스템 익스클루시브의 활용

GS 초기화 시스템 익스클루시브 정보의 형식과 입력 방법, 체크 섬을 구하는 방법 등을 살펴보았습니다. 여기서는 미디 작업을 하는 분들이 습관처럼 사용하고 있는 익스클루시브 정보를 Roland사 제품 기준으로 살펴보겠습니다. 이것을 참조하여 독자가 사용하고 있는 악기의 익스클루시브 정보를 마음껏 다룰 수 있기를 바랍니다.

● GS 초기화

익스클루시브 형식과 입력에서 살펴보았던 GS 초기화 정보입니다.

Status	Data byte									Status
F0	41	10	42	12	40	00	7F	00	41	F7

● 마스터 튠 초기화

악기 전체의 음정을 세계 표준(A음이 440Hz)이 되도록 설정하는 정보입니다.

Status	Data byte												Status
F0	41	10	42	12	40	00	00	00	04	00	00	3C	F7

● 마스터 볼륨

악기 전체의 음량을 0-127(00-7F)까지 조정하는 정보로 기본 값은 7F입니다.

Status	Data byte									Status
F0	41	10	42	12	40	00	04	음량	체크섬	F7

● 마스터 키

악기 전체의 키를 -24(28)에서 +24(58)까지 반음 단위로 조정하는 정보로 기본값은 40 입니다.

Status	Data byte									Status
F0	41	10	42	12	40	00	05	키	체크섬	F7

● 마스터 팬

악기 전체의 소리 방향을 왼쪽(01)에서 오른쪽 (7F)까지 조정하는 정보로 기본값은 중앙인 40입니다.

Status	Data byte									Status
F0	41	10	42	12	40	00	06	팬	체크섬	F7

● 리버브 종류

악기에 내장된 8가지(00-07)리버브의 종류를 선택할 수 있는 정보입니다.

Status	Data byte									Status
F0	41	10	42	12	40	01	30	종류	체크섬	F7

리버브의 종류와 체크 섬 값은 다음과 같습니다.

종류	값	체크 섬
Room1	00	0F
Room2	01	0E
Room3	02	0D
Hall1	03	0C
Hall2(기본값)	04	0B
Plate	05	0A
Delay	06	09
Paning Delay	07	08

● 리버브 타입

SC-88에서 제공되는 8가지(00-07) 리버브 타입(기본값=04)을 선택할 수 있는 정보입니다.

Status	Data byte									Status
F0	41	10	42	12	40	01	31	타입	체크섬	F7

● 리버브 로우패스 필터

리버브의 고역대를 잘라내는 8가지 (00-07) 필터(기본값=00)를 선택할 수 있는 정보입니다.

Status	Data byte									Status
F0	41	10	42	12	40	01	32	필터	체크섬	F7

● 리버브 레벨

리버브의 레벨을 0-127(00-7F)까지 조정할 수 있는 정보로 기본 값은 64(40)입니다.

Status	Data byte									Status
F0	41	10	42	12	40	01	33	레벨	체크섬	F7

● 리버브 타임

리버브 타임을 0-127(00-7F)까지 조정할 수 있는 정보로 기본 값은 64(40)입니다.

Status	Data byte									Status
F0	41	10	42	12	40	01	34	타임	체크섬	F7

● 리버브 딜레이 피드백

리버브의 반복 양을 0-127(00-7F)까지 조정할 수 있는 정보로 기본 값은 0 입니다.

Status	Data byte									Status
F0	41	10	42	12	40	01	35	피드백	체크섬	F7

● 리버브 딜레이 타임

리버브의 반복 타임을 0-127(00-7F)까지 조정할 수 있는 정보로 기본 값은 0입니다.

Status	Data byte									Status
F0	41	10	42	12	40	01	37	타임	체크섬	F7

● 코러스의 종류

SC-88에 내장된 8가지(00-07) 코러스의 종류를 선택할 수 있는 정보입니다.

Status	Data byte									Status
F0	41	10	42	12	40	01	38	종류	체크섬	F7

코러스의 종류와 체크 섬 값은 다음과 같습니다.

종류	값	체크 섬
Chorus1	00	07
Chorus2	01	06
Chorus3(기본값)	02	05
Chorus4	03	04
Feedback Chorus	04	03
Flanger	05	02
Short Delay	06	01
Short Delay(FB)	07	00

● 코러스 로우패스 필터

코러스의 고역 대를 잘라내는 8가지 (00-07) 필터를 선택할 수 있는 정보로 기본값은 0입니다.

Status	Data byte									Status
F0	41	10	42	12	40	01	39	필터	체크섬	F7

● 코러스 레벨

코러스의 레벨을 0-127(00-7F)까지 조정할 수 있는 정보로 기본 값은 64(40)입니다.

Status	Data byte									Status
F0	41	10	42	12	40	01	3A	레벨	체크섬	F7

● 코러스 피드백

코러스의 반복 양을 0-127(00-7F)까지 조정할 수 있는 정보로 기본 값은 8(08)입니다.

Status	Data byte									Status
F0	41	10	42	12	40	01	3B	피드백	체크섬	F7

● 코러스 딜레이

코러스의 지연 값을 0-127(00-7F)까지 조정할 수 있는 정보로 기본 값은 80(50)입니다,

Status	Data byte										Status
F0	41	10	42	12	40	01	3C	딜레이	체크섬		F7

● 코러스 비율

코러스의 비율을 0-127(00-7F)까지 조정할 수 있는 정보로 기본 값은 3(03)입니다.

Status	Data byte										Status
F0	41	10	42	12	40	01	3D	비율	체크섬		F7

● 코러스의 깊이

코러스의 깊이를 0-127(00-7F)까지 조정할 수 있는 정보로 기본 값은 19(13)입니다.

Status	Data byte										Status
F0	41	10	42	12	40	01	3E	깊이	체크섬		F7

● 리버브에 보내지는 코러스의 레벨

리버브 값에 보내지는 코러스의 레벨을 0-127(00-7F)까지 조정할 수 있는 정보로 기본 값은 0입니다.

Status	Data byte										Status
F0	41	10	42	12	40	01	3F	레벨	체크섬		F7

● 딜레이에 보내지는 코러스의 레벨

딜레이 값에 보내지는 코러스의 레벨을 0-127(00-7F)까지 조정할 수 있는 정보로 기본 값은 0입니다.

Status	Data byte										Status
F0	41	10	42	12	40	01	40	레벨	체크섬		F7

● 딜레이의 종류

SC-88에 내장된 10가지 (00-09) 딜레이 종류를 선택할 수 있는 정보입니다.

Status	Data byte										Status
F0	41	10	42	12	40	01	50	종류	체크섬		F7

딜레이의 종류와 체크 섬 값은 다음과 같습니다.

종류	값	체크 섬
Delay1(기본값)	00	6F
Delay2	01	6E
Delay3	02	6D
Delay4	03	6C
Pan Delay1	04	6B
Pan Delay2	05	6A
Pan Delay3	06	69
Pan Delay4	07	68
Dly to Rev	08	67
Pan Repeat	09	66

● 딜레이 로우패스 필터

딜레이의 고역대를 잘라내는 8가지(00-07) 필터를 선택할 수 있는 정보로 기본 값은 0입니다.

Status	Data byte									Status
F0	41	10	42	12	40	01	51	필터	체크섬	F7

● 딜레이 타임 - 중앙

딜레이의 중앙 타임 값을 01(0.1ms)에서 73(1sec)까지 조정할 수 있는 정보로 기본 값은 61(340ms)입니다.

Status	Data byte									Status
F0	41	10	42	12	40	01	52	타임	체크섬	F7

● 딜레이 타임 비율 -왼쪽

딜레이 왼쪽 타임 비율 값을 4%-500%(01-78)까지 조정할 수 있는 정보로 기본 값은 4%입니다.

Status	Data byte									Status
F0	41	10	42	12	40	01	53	비율	체크섬	F7

● 딜레이 타임 비율-오른쪽

딜레이 오른쪽 타임 비율 값을 4%-500%(01-78)까지 조정할 수 있는 정보로 기본 값은 4%입니다.

Status	Data byte									Status
F0	41	10	42	12	40	01	54	비율	체크섬	F7

● 딜레이 중앙 레벨

딜레이의 중앙 레벨 값을 0-127(00-7F)까지 조정할 수 있는 정보로 기본 값은 0입니다.

Status	Data byte									Status
F0	41	10	42	12	40	01	55	레벨	체크섬	F7

● 딜레이 왼쪽 레벨

딜레이의 왼쪽 레벨 값을 0-127(00-7F)까지 조정할 수 있는 정보로 기본 값은 0입니다.

Status	Data byte									Status
F0	41	10	42	12	40	01	56	레벨	체크섬	F7

● 딜레이 오른쪽 레벨

딜레이의 오른쪽 레벨 값을 0-127(00-7F)까지 조정할 수 있는 정보로 기본 값은 0입니다.

Status	Data byte									Status
F0	41	10	42	12	40	01	57	레벨	체크섬	F7

● 딜레이 레벨

딜레이의 레벨 값을 0-127(00-7F)까지 조정할 수 있는 정보로 기본 값은 64(40)입니다.

Status	Data byte									Status
F0	41	10	42	12	40	01	58	레벨	체크섬	F7

● 딜레이 피드백

딜레이의 반복 양을 -64(00)에서 +63(7F)까지 조정할 수 있는 정보로 기본 값은 80(50)입니다.

Status	Data byte									Status
F0	41	10	42	12	40	01	59	피드백	체크섬	F7

● 리버브에 보내지는 딜레이 레벨

리버브에 보내지는 딜레이 레벨을 0-127(00-7F)까지 조정할 수 있는 정보로 기본 값은 0입니다.

Status	Data byte									Status
F0	41	10	42	12	40	01	5A	레벨	체크섬	F7

● 이퀄라이저 저역 주파수 선택

다음의 EQ 저역 주파수로 조정되는 저역 주파수를 200Hz(00) 또는 400Hz(01) 중에서 선택하는 정보로 기본 값은 200(Hz) 입니다.

Status	Data byte									Status
F0	41	10	42	12	40	02	00	00/01	3E/3D	F7

● 이퀄라이저 저역 주파수 조정

앞에서 선택한 저역 주파수 대역을 -12dB(34)에서 +12dB(4C)까지 조정할 수 있는 정보로 기본 값은 0dB(40)입니다.

Status	Data byte									Status
F0	41	10	42	12	40	02	01	조정	체크섬	F7

● 이퀄라이저 고역 주파수 선택

다음의 EQ 고역 주파수로 조정되는 고역 주파수를 3KHz(00) 또는 6KHz(01) 중에서 선택하는 정보로 기본 값은 3KHz(00)입니다.

Status	Data byte									Status
F0	41	10	42	12	40	02	02	00/01	3C/3B	F7

● 이퀄라이저 고역 주파수 조정

앞에서 선택한 고역 주파수 대역을 -12dB(34)에서 +12dB(4C)까지 조정할 수 있는 정보로 기본 값은 0dB(40)입니다.

Status	Data byte								Status
F0	41	10	42	12	40	02	03	조정	체크섬	F7

● 드럼 채널 확장

10채널 이외에 독자가 원하는 채널을 드럼 파트로 설정할 수 있는 정보입니다.

Status	Data byte								Status
F0	41	10	42	12	40	채널	15	MAP	체크섬	F7

다음은 MAP을 02로 입력하여 88MAP으로 사용되는 경우입니다.

참고로 01=55Map, 00=Default 입니다. .

채널	Ch-1	Ch-2	Ch-3	Ch-4	Ch-5	Ch-6	Ch-7	Ch-8
값	11	12	13	14	15	16	17	18
체크섬	18	17	16	15	14	13	12	11
채널	Ch-9	Ch-10	Ch-11	Ch-12	Ch-13	Ch-14	Ch-15	Ch-16
값	19	-	1A	1B	1C	1D	1E	1F
체크섬	10	-	0F	0E	0D	0C	0B	0A

미디 이펙트

큐베이스와 누엔도는 미디 연주에 다양한 효과를 연출할 수 있는 18가지 미디 이펙트를 제공합니다. 미디 이펙트는 오디오와 동일하게 인서트와 센드 방식으로 사용할 수 있으며, 동시에 4가지 이펙트를 사용할 수 있습니다. 하나의 건반으로 복잡한 코드 연주를 연출하거나 코드를 누르고 있는 것만으로도 화려한 아르페지오 연주를 연출하는 등, 연주가 서툰 사용자를 위한 것에서부터 악기 음색을 자유롭게 컨트롤 할 수 있는 고급 기능을 갖추고 있는 것들도 있습니다.

1 Arpache 5

Arpache 5는 코드로 입력하는 노트를 아르페지오로 연주하는 효과를 만드는 역할을 합니다. Arpache 5를 적용하고, 마스터 건반에서 코드를 누르면 바로 아르페지오로 연주하는 효과를 모니터 할 수 있습니다. Arpache 5는 Play Order, Step Size, Length, Key Range 등의 파라미터로 구성되어 있습니다.

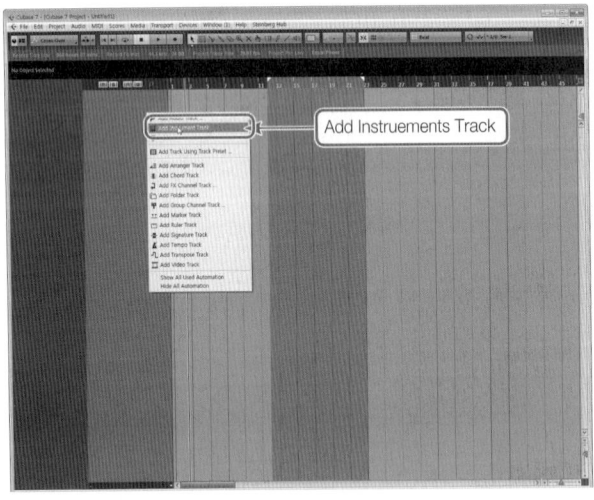

01 새로운 프로젝트를 만들고, 트랙 리스트에서 마우스 오른쪽 버튼을 클릭하여 단축 메뉴를 엽니다. 그리고 Add Instruements Track을 선택합니다.

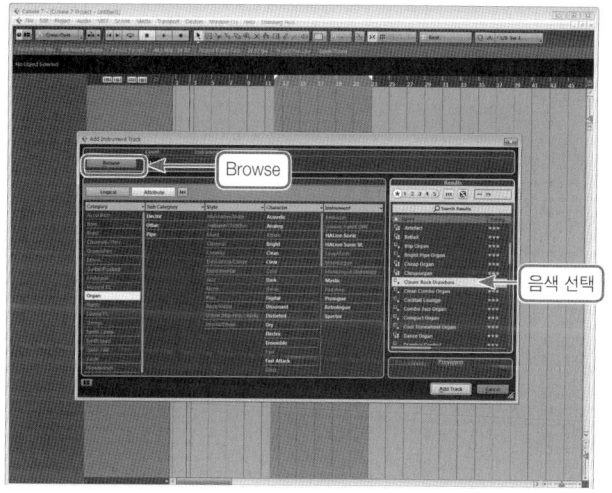

02 Browse 버튼을 클릭하여 카테고리 형식으로 악기를 선택할 수 있게 하고, 적당한 음색을 선택합니다. 그림에서는 Organ 카테고리의 음색을 선택하고 있습니다

03 인스펙터 창의 MIDI Inserts 파라미터를 열고, 1번 슬롯을 클릭하여 미디 이펙트 목록을 엽니다. 그리고 첫 번째로 살펴볼 Arpache 5를 선택합니다.

가정교사

MIDI Inserts에는 4개의 슬롯이 제공되고 있으며, 각 슬롯 마다 서로 다른 이펙트를 적용하여 동시에 사용할 수 있습니다.

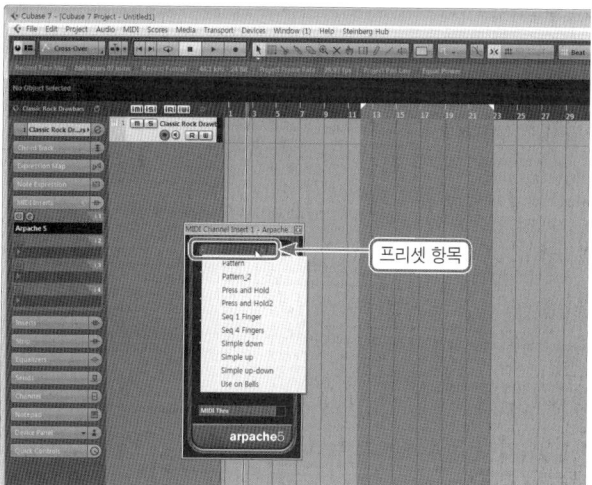

04 각각의 항목을 살펴보기전에 어떤 효과를 연출하는지 테스트 해봅니다. 프리셋 항목을 클릭하여 목록을 열고, Pattern 2를 선택합니다. 그리고 마스터 건반에서 적당한 코드를 눌러보면, 자동으로 아르페지오가 연주되는 것을 경험할 수 있습니다.

1. Play Order

아르페지오의 연주 패턴을 선택합니다. Play Order
문자를 클릭하여 메뉴를 열어 선택해도 좋고, 메뉴 아
래쪽의 버튼을 클릭하여 선택해도 좋습니다. 버튼은
왼쪽에서부터 Normal, Invert, Up Only, Down Only,
Raandom, User 순서입니다.

2. Step Size

아르페지오 패턴에 사용하는 비트 단위를 선택합니
다. 마우스를 클릭하면 값을 조정할 수 있는 메뉴가
열립니다. 예를 들어 16을 선택하고, 건반을 누르면
16 비트로 연주하는 아르페지오 패턴을 확인할 수 있
습니다.

3. Length

아르페지오 패턴에 사용하는 노트의 길이를 선택합
니다. 이 값이 Step Size 보다 길면 각 노트가 겹치는
레가토로 연주하며, 짧으면 각 노트 사이에 공간이
발생하는 스타카토로 연주합니다. 옵션의 값은 Step
Size와 같이 메뉴를 열어 선택해도 좋고, 슬라이드 바
를 드래그하여 선택해도 좋습니다.

4. Key Range

아르페지오의 연주 음역을 설정합니다. 1의 값이 반
음에 해당하므로 한 옥타브인 경우에는 12로 설정합
니다. 조정 방법은 값을 더블 클릭하여 직접 입력하거
나 슬라이드 바를 드래그합니다.

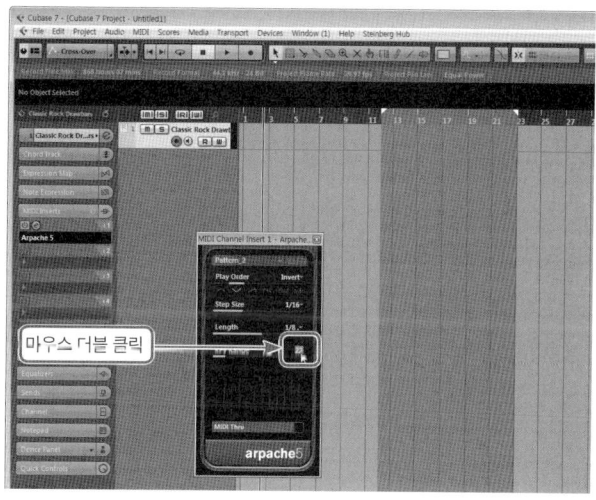

5. MIDI Thru

Thru 옵션은 입력하는 이벤트를 그대로 출력하는 역
할을 하는 것으로, 독자의 건반에 Local Off 기능이
없을 경우에 이 버튼을 Off 로 놓고, 입력하는 노트가
연주되지 않게 할 수 있습니다.

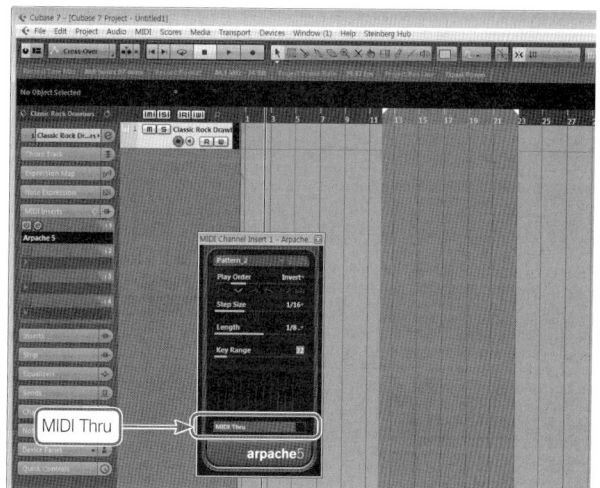

6. User

Play Order에서 User를 선택하면, 사용자가 원하는
아르페지오 패턴을 만들 수 있는 슬롯 창이 활성화되
며, 마우스 드래그로 연주되는 음정을 지정합니다.

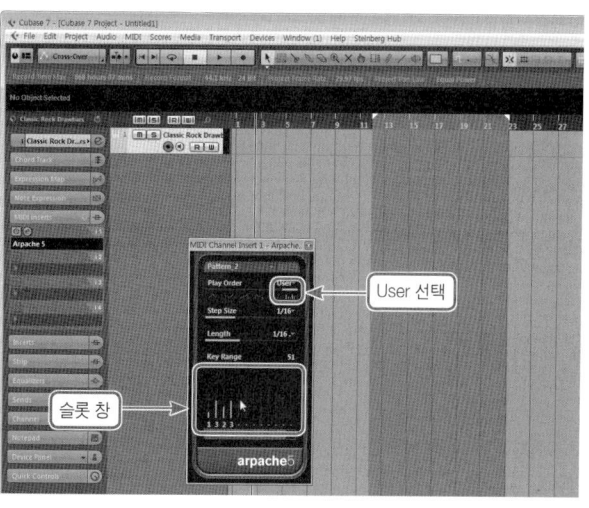

예를 들어 Play Order 에서 UpOnly를 선택하고, Step Size를 8비트, Key Range를 12로 설정했다면, 기본 적인 설정 값은 C(도, 미, 솔)코드를 눌렀을 때 악보와 같이 연주합니다.

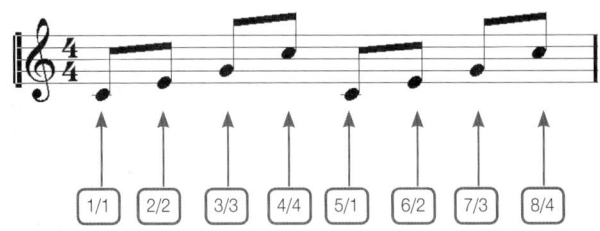

하지만, User 모드에서 각 항목을 1, 2, 3, 2, 1, 2, 3, 2 로 설정하여 연주를 하면 해당 항목에 설정한 노트 번호(도-1, 미-2, 솔-3)로 연주를 변경할 수 있습니다.

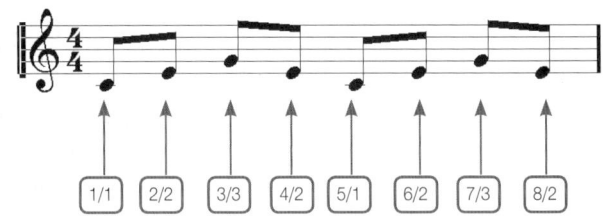

7. Preset

큐베이스와 누에도에서 제공하는 모든 이펙트는 기본적으로 제공하는 프리셋에서 적당한 것을 선택하고, 각각의 옵션을 조금씩 변경하여 작업하는 곡에 어울리는 타입을 만듭니다. 그리고 마음에 드는 것은 다음에 바로 사용할 수 있게 Save preset 버튼을 클릭하여 프리셋으로 저장합니다.

Tip 실시간 기록

MIDI Inserts 파라미터에는 데이터를 입력할 때 효과를 실시간으로 적용할 수 있는 Record Output to Track 버튼을 제공합니다. 버튼을 On으로 놓고, 녹음을 하면 이펙트가 적용된 결과로 입력되는 것입니다.

2 | Arpache SX

Arpache SX의 궁극적인 사용 목적은 아르페지오 연주를 만드는 Arpache 5와 동일합니다. 다만, 좀 더 세부적인
옵션을 제공하고 있기 때문에 다양한 패턴을 연출할 수 있다는 차이가 있습니다. 참고로 큐베이스 5와 누엔도 4에
서 제공하는 미디 이펙트는 생김새가 다소 다른데, 이것은 버전에 따른 차이일 뿐, 기본적인 옵션은 비슷합니다. 그
리고 본서를 읽고 있을 때 쯤엔 큐베이스 5와 동일한 모습을 갖추고 있는 누엔도 5가 출시되어 있을 것이므로, 각각
의 이펙트를 구분하여 설명하지는 않겠습니다.

1. Direction

Arpache SX는 기본 모드의 Classic과 옵션을 확장
한 Sequence의 두 가지 모드를 제공합니다. 첫 번째
Classic 모드의 Direction은 아르페지오의 패턴을 선
택하는 역할로, Arpache 5의 Play Order에서보다 다
양한 패턴을 제공하고 있습니다.

2. One Shot Mode

One Shot Mode 옵션을 체크하면 아르페지오 패턴이 한 번만 연
주됩니다. 결국, 패턴이 반복될 때의 음정 변화(Transpose), 반복
횟 수(Repeats), 음정 범위(Pitch Shift)를 설정할 수 있는 옵션을
사용할 수 없습니다. 물론, Repeats와 Pirch Shift는 패턴이 반복
될 때의 음정 변화에 대한 옵션이므로, Transpose 값이 Off인 경
우에는 무의미 합니다.

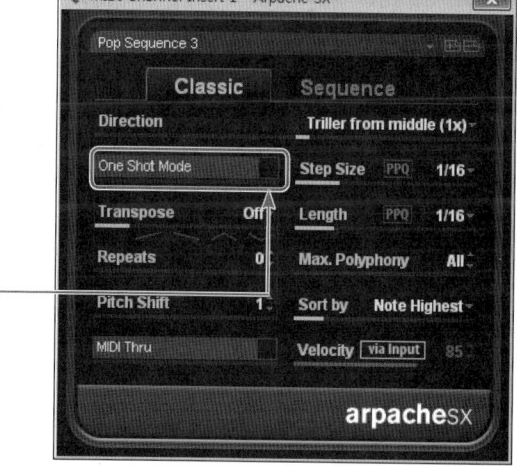

2. One Shot Mode

Step Size는 아르페지오 연주 패턴의 비트 단위를 설정하고, Length는 노트의 길이를 설정합니다. 8비트 레가토 연주를 만들겠다면, Step Size에서 1/8을 선택하고, Length에서 1/8 점 음표를 선택하여 노트가 겹치게 하는 것이 요령입니다. 노트가 길게 겹치는 것이 아쉽다면, PPQ 버튼을 On으로 하여 틱 단위로 설정합니다. 한 박자의 기본 값은 480입니다.

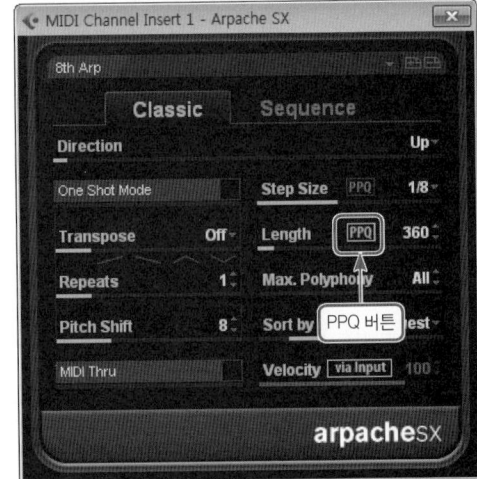

틱 단위는 Preference의 MIDI 페이지에서 MIDI Display Resolution 옵션으로 최대 4000까지 변경할 수 있습니다.

3. Max. Polyphony

일반적으로 동시 발음 수라는 용어를 사용하는 Polyphony은 Arpache SX에서 수신할 노트의 수를 설정합니다. 즉, 이 값이 1이면, C 코드를 눌러도 도, 미, 솔 중에서 가장 먼저 누른 하나의 노트만 연주되는 것입니다. 기본값 All을 변경할 이유는 없습니다.

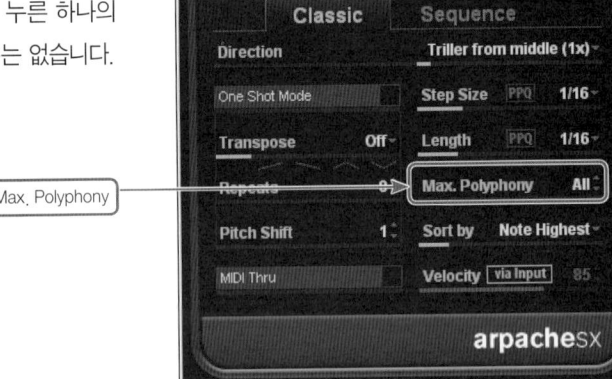

Max. Polyphony

4. Sort by

코드가 연주되는 노트의 순서를 선택합니다. 노트의 고/저에 따른 Note Highest/Lowest, 강약에 따른 Velocity Highest/Lowest, 연주 순서에 따른 First/Last In의 6가지가 있습니다. 메뉴에서 선택해도 좋고, 버튼에서 선택해도 좋습니다.

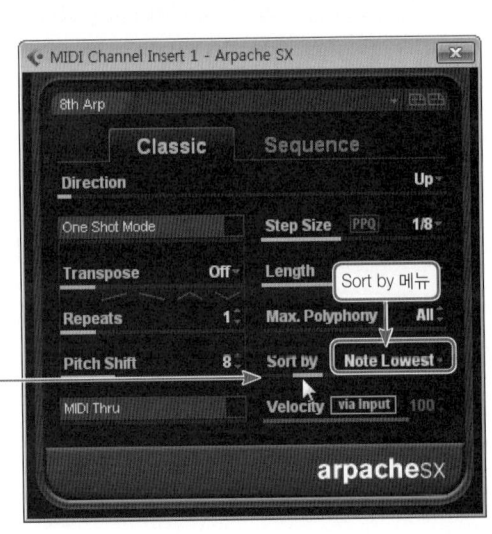

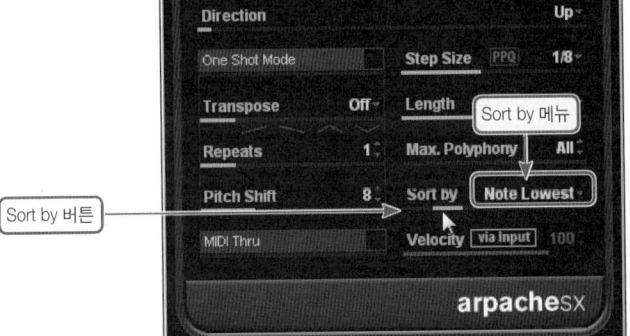

Sort by 버튼

5. Velocity

연주의 강약을 결정하는 벨로시티 값을 설정합니다. 기본 값은 사용자가 연주하는 벨로시티 값을 그대로 인식하며, via input 버튼을 Off로 하면, 연주와 상관없이 벨로시티 값을 고정시킬 수 있습니다. 연주가 서툰 사용자는 벨로시티를 고정시키고, 입력된 노트를 편집하는 경우가 더 좋을 수 있습니다.

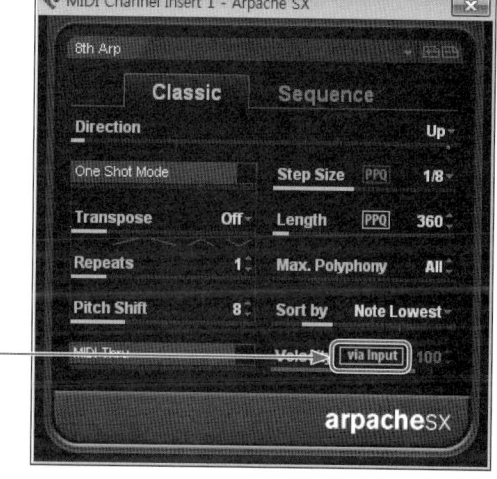

via Input 버튼

6. Sequence

Sequence 탭을 클릭하여 옵션을 확장하면, Direction에 패턴을 혼합시킬 수 있는 Play Mode와 Step Size, Length, Velocity 설정을 프로젝트의 템포 값에 따르도록 설정하는 from Sequence를 선택할 수 있습니다.

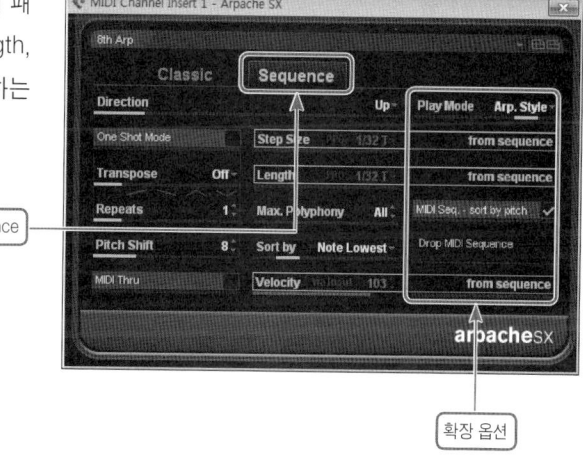

Sequence

확장 옵션

7. MIDI Seq - sort by pitch

Sequence 모드로 확장하면 보이는 MIDI Seq-sort by pitch는 Play Mode에 사용자가 녹음한 패턴을 적용하는 옵션입니다. 적용 방법은 사용자가 녹음한 미디 파트를 MIDI Seq-sort by pitch 항목으로 드래그하여 가져다 놓으면 됩니다.

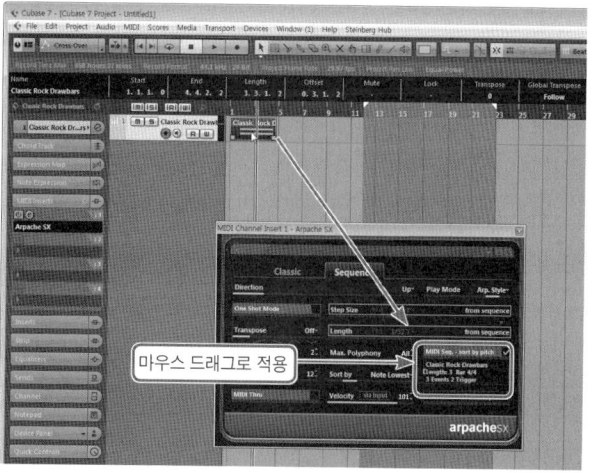

마우스 드래그로 적용

3 Auto LFO

Auto LFO은 입력하는 미디 노트에 자동으로 미디 컨트롤 정보를 전송해주는 이펙트 입니다. 기본적으로 컨트롤 번호 10번인 팬 정보를 전송할 수 있게 설정되어 있습니다. 즉, 연주하는 미디 이벤트에 자동으로 팬 효과를 걸어주는 것입니다. 팬이란 좌/우 소리의 밸런스를 말하는 것으로 팬을 왼쪽으로 돌린다는 것은 소리가 왼쪽 스피커에서 들리게 한다는 것입니다.

1. Waveform

Sine에서 Sequre 까지 6개의 웨이브 폼 선택 버튼은 컨트롤 정보를 적용하는 라인의 형태를 선택합니다. 이것은 오토메이션 트랙 또는 키 에디터의 컨트롤 창에서 컨트롤 정보를 선택한 라인 형태로 그린다고 생각하면 쉽습니다.

예를 들어 첫 번째 버튼에 해당하는 사인파 모양의 Waveform을 선택했다면 키 에디터의 컨트롤 창에서 그림과 같이 컨트롤 정보(Pan)를 사인파 모양으로 직접 그려놓은 것과 같은 효과입니다.

키 에디터 창에서 사인파 형태로 입력한 것과 동일

2. Wavelength

Wavelength는 컨트롤 정보가 전송되는 단위를 선택
합니다. 예를 들어 1/4을 선택하면, 기본값으로 설정
되어 있는 팬 정도가 한 박자 길이로 반복되는 것입니
다. PPQ 버튼을 On으로 하면, 틱 단위로 설정할 수
있습니다.

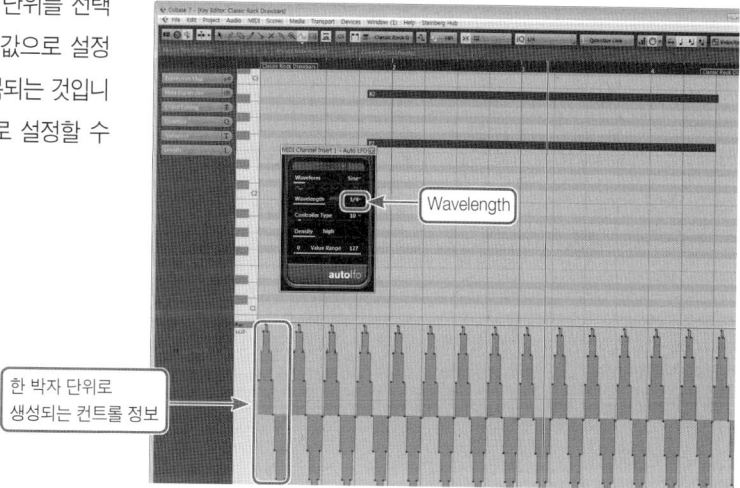

한 박자 단위로
생성되는 컨트롤 정보

3. Controller Type

컨트롤 정보를 선택할 수 있습니다. 기본적으로 팬이
선택되어 있기 때문에 사운드를 좌/우로 이동시키는
핑퐁 효과를 만드는 것입니다. 만일, 여기서 다른 정
보를 선택하면, 선택한 정보를 자동으로 전송하는 효
과를 만들 수 있습니다.

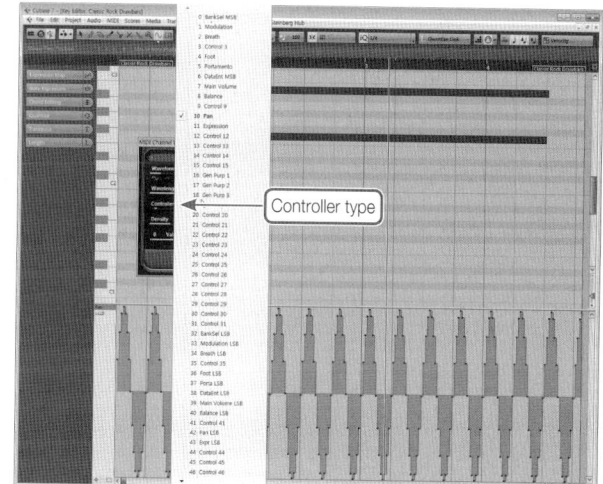

Controller type

4. Density/Value Range

Density는 컨트롤 정보가 만들어지는 밀도를 선택하
며, Value Range는 컨트롤 정보의 변화 폭을 설정합
니다. 예를 들어 기본 설정의 Pan인 경우, Density에
서 High를 선택하고, Value Range를 40에서 100으
로 설정하면, 팬 정보는 29 틱 단위로 만들어지면, 외
쪽으로 40, 오른쪽으로 100 범위로 이동하는 팬 효
과를 만드는 것입니다.

최대 값

최소 값

비트 디자이너(Beat Designer)는 4개의 그룹에 48가지 드럼 패턴을 만들어 연주시킬 수 있는 드럼 머신입니다. 물론, 악기 음색에 상관없이 이용할 수 있기 때문에 프레이즈가 반복되는 베이스와 기타 연주 등에도 응용이 가능하지만, 주요 사용 목적은 드럼입니다. 특히, 큐베이스와 누엔도에서 드럼 편집을 위해 제공되는 있는 드럼 에디터 보다 활용도면에서 앞서기 때문에 곡 작업을 할 때 가장 먼저 찾게되는 이펙트가 될 것입니다.

01 새로운 프로젝트를 만들고, 트랙 리스트에서 마우스 오른쪽 버튼을 클릭하여 단축 메뉴를 엽니다. 그리고 Add Instrument Track을 선택하여 창을 열고, Drum&Perc 카테고리에서 적당한 드럼 음색을 선택하여 VST 트랙을 만듭니다.

02 인스펙터 창의 MIDI Inserts 파라미터를 열고, Beat Designer를 선택하여 로딩합니다. 그리고 룰러 라인을 드래그하여 한 두 마디 길이를 로케이터 구간으로 설정하고, 반복 버튼을 On으로 합니다.

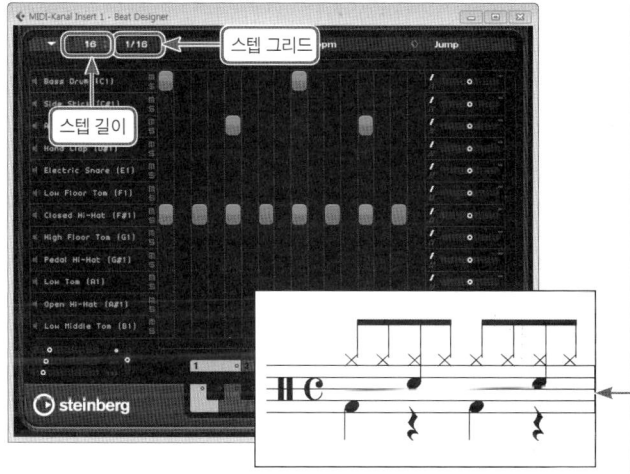

03 Enter 키를 눌러 로케이터 구간이 반복 연주되게 하고, 마우스 클릭으로 간단한 8비트 리듬을 입력해봅니다. 기본적으로 스텝 그리드는 1/16으로 설정되어 있고, 스텝 길이는 16으로 설정되어 있습니다. 즉, 한 마디 길이의 16비트 리듬을 연출할 수 있는 상태이며, 8비트를 입력하면 그림과 같은 형태가 됩니다.

8비트 리듬

04 만일, 두 마디 길이의 패턴을 만들겠다면, 스텝을 32로 설정하고, 4마디 길이의 패턴을 만들겠다면, 64로 설정하면 됩니다. 그리고 록 패턴의 트리플 연주를 만들겠다면, 스텝 그리드를 1/8T 또는 1/16T로 하여 트리플 리듬 입력이 가능하도록 설정하면 됩니다.

05 하나의 패턴을 더 만들겠습니다. 일반적으로 한 곡에서 리듬이 완전히 달라지는 경우는 드물므로, 앞에서 만든 패턴을 복사하여 수정하는 방법을 많이 이용합니다. 패턴 메뉴의 Copy pattern을 선택하여 복사합니다.

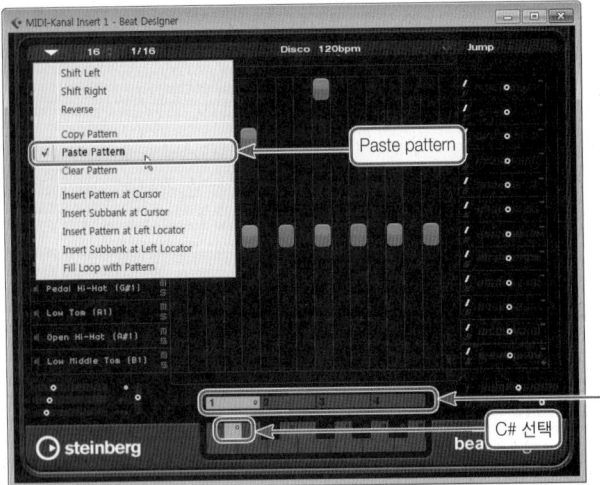

06 C# 건반을 선택하여 패널을 열고, 메뉴에서 Paste Pattern을 선택하여 C 건반에서 복사한 패턴을 붙여넣습니다. 현재 1번 그룹의 C와 C# 건반에 두 개의 패턴을 만들고 있는 것이며, 4개의 그룹을 제공하고 있기 때문에 총 48가지의 패턴을 만들 수 있는 것입니다.

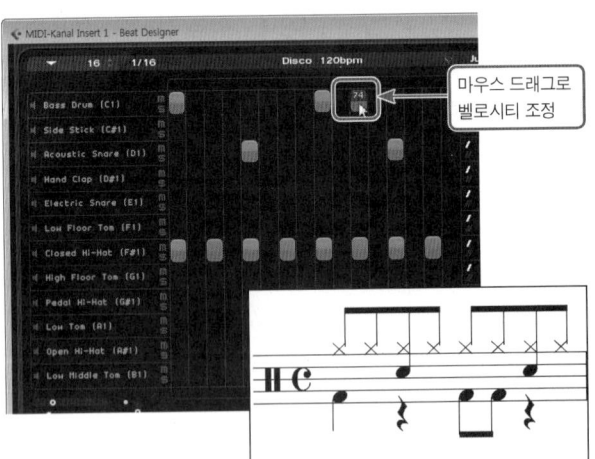

07 C# 건반에 복사한 패턴에서는 3박자 업 비트에 노트를 추가하는 정도의 변화만 연출하겠습니다. 노트를 입력하고, 입력된 노트를 아래쪽으로 드래그하여 벨로시티를 조금 줄입니다. 벨로시티 조정 방법을 살펴본 것입니다.

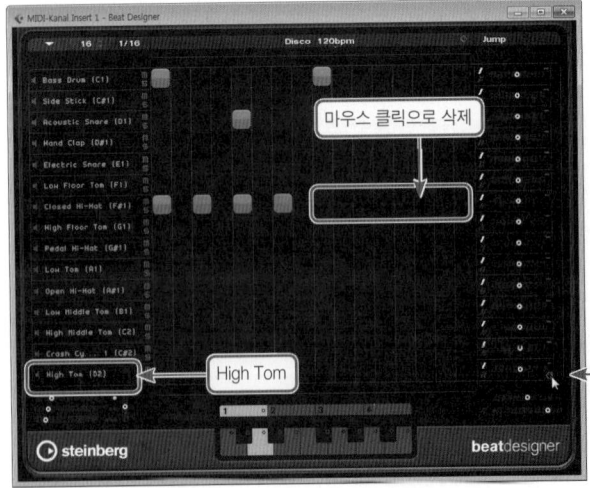

08 앞에서와 같은 방법으로 C# 패턴을 D 건반에 복사하고, 3, 4 박에 입력한 노트를 클릭하여 모두 삭제합니다. 그리고 + 기호의 Add Instruments Lane 버튼을 클릭하여 High Tom이 보일 때까지 레인을 추가합니다. - 기호의 Remove Instruments Lane은 해당 레인을 삭제하는 역할입니다.

레인 이름

09 레인을 노트 순서대로 추가하는 대신에 필요 없는 레인의 이름을 클릭하여 목록을 열고, 필요한 노트로 변경해도 좋습니다. 이름 왼쪽의 스피커 버튼을 클릭하면 해당 노트의 사운드를 모니터 할 수 있습니다.

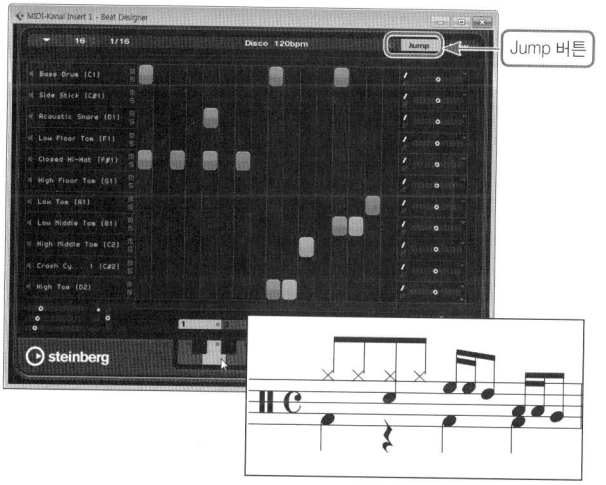

Jump 버튼

10 필요한 레인을 추가했다면, 필-인 리듬으로 사용할 패턴을 만듭니다. 그리고 마스터 건반의 C, C#, D 건반을 눌러보면서 각 패턴의 연주를 모니터합니다. 이때, Jump 버튼을 On으로 하여 Now 문자를 표시하면, 패턴이 바로 바뀌며, Off으로 하면 한 마디가 연주되고, 패턴이 바뀝니다.

마우스 드래그로 가져다 놓는다

11 완성된 패턴을 트랙에 가져다 놓을 때는 연주 시킬 패턴의 건반을 마우스 드래그로 가져다 놓거나 * 키를 눌러 패턴에 해당하는 노트를 녹음합니다.

12 마우스 드래그와 녹음 외에, 메뉴를 이용해서 패턴을 가져다 놓을 수 있습니다. 메뉴의 역할은 다음과 같으며, Insert에 해당하는 5가지가 선택한 패턴을 트랙에 가져다 놓은 역할입니다.

메뉴	역할
Shift Left와 Shift Right	패턴을 스텝 단위로 왼쪽 또른 오른쪽으로 이동시킨다
Reverse	패턴의 연주 방향을 거꾸로 뒤집는다
Copy Patern	선택한 패턴을 복사한다
Paste Patter	복사한 패턴을 붙여 넣는다
Cleat Pattern	선택한 패턴에 입력된 노트를 모두 삭제한다
Insert pattern at cursor	송 포지션 라인 위치에 선택한 패턴을 가져다 놓는다
Insert Subbank at cursor	송 포지션 라인 위치에 선택한 그룹의 모든 패턴을 가져다 놓는다
Insert Pattern at Left Locator	로케이터 시작 위치에 선택한 패턴을 가져다 놓는다
Insert Subbank at Left Locator	로케이터 시작 위치에 선택한 그룹의 모든 패턴을 가져다 놓는다
Fill Loop with Patter	로케이터 구간에 선택한 패턴을 채워 넣는다

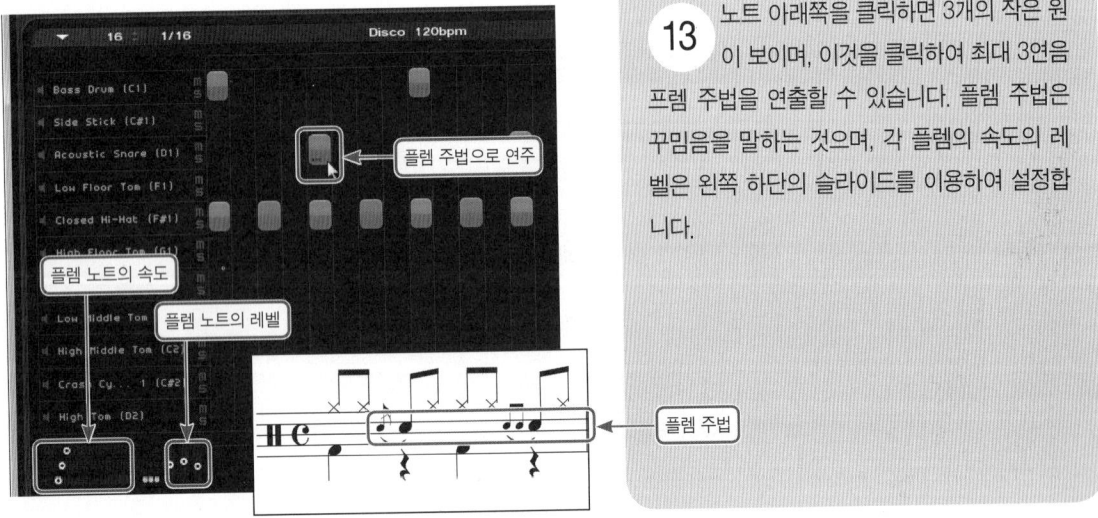

13 노트 아래쪽을 클릭하면 3개의 작은 원이 보이며, 이것을 클릭하여 최대 3연음 플렘 주법을 연출할 수 있습니다. 플렘 주법은 꾸밈음을 말하는 것이며, 각 플렘의 속도의 레벨은 왼쪽 하단의 슬라이드를 이용하여 설정합니다.

스위 타입 선택

Offset 슬라이드

스윙 설정

14 마지막으로 각 레인에 보이는 슬라이드는 노트의 시작 타임을 조정하는 Offset이고, / 와 //는 아래쪽에서 설정된 스윙 타임을 적용하는 것입니다. 기본적으로 / 는 스트레이트로 연주되는 0의 값이고, // 는 약 66% 정도의 스윙으로 설정되어 있습니다.

프리셋 메뉴 열기 버튼

15 만들어놓은 패턴이 마음에 들어서 프리셋으로 저장을 해두고 싶다면. 프리셋 메뉴의 Save Pattern을 선택하여 저장합니다. Tag Editor 옵션을 선택하면 카테고리를 구분하거나 간단한 메뉴를 해둘 수 있는 Tag Editor 창을 볼 수 있습니다.

기본적으로 제공하는 프리셋

16 프리셋 메뉴의 Load Pattern을 선택하면 큐베이스 및 누엔도에서 제공하는 기본 패턴을 불러와 사용할 수 있습니다.

5 Chorder

Chorder는 단음으로 입력하는 노트를 화음으로 연주하는 효과를 만듭니다. 이것은 단음을 눌렀을 때 자동으로 코드가 연주하는 교육용 건반 악기와 같은 기능으로 이해할 수 있습니다. Chorder는 Global Key, One Octave, All Key의 3가지 모드 설정 방법이 있으며, 앞에서 살펴본 Arpache 5 또는 Arpache SX와 함께 사용한다면, 건반 하나로 화려하게 연주되는 아르페이오 페턴을 만들 수 있는 것입니다.

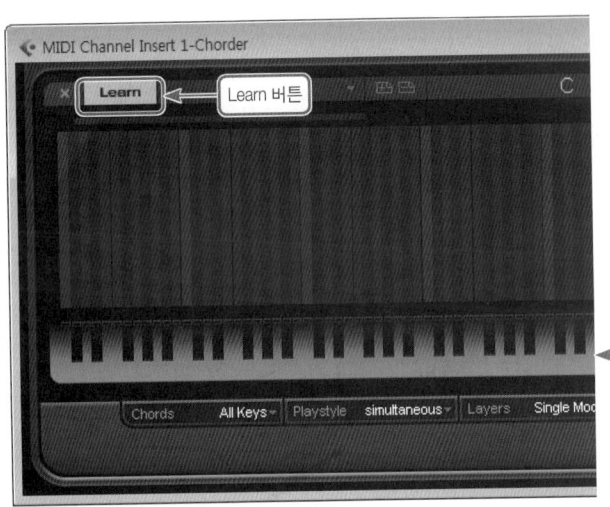

01 건반에 코드를 설정하는 방법은 간단합니다. Learn 버튼을 On으로 하면 건반에 빨간색이 표시되면서 사용자 입력을 기다립니다. 마스터 건반에서 원하는 노트를 누릅니다. C 노트를 눌렀다고 가정하겠습니다.

02 디스플레이 창으로 빨간색이 이동합니다. 이제 연주되게할 코드를 누릅니다. CM7 코드를 눌렀다고 가정하면, C 노트를 눌렀을 때, CM7 코드가 연주되는 것입니다. 코드 입력이 끝나면, 빨간색은 건반으로 이동되며, 앞에서와 같은 방법을 반복하여 Learn 버튼을 Off시킬 때까지 각각의 노트마다 코드를 만들 수 있습니다.

😊 가정교사

교육용 디지털 피아노와 같은 환경을 만들고 싶다면, C음을 눌렀을 때 C코드, C+Bb 음을 눌렀을 때 Cm, C+B음을 눌렀을 때 C7으로 연주되게 합니다.

03 Chords는 3가지 모드로 이용할 수 있습니다. 첫 번째 All Keys를 선택한 경우에는 각각의 노트 마다 코드를 만들 수 있습니다. 예를 들어 C3음을 누를 때는 CM7, C4음을 누를 때는 C6코드가 연주되게 할 수 있다는 것입니다.

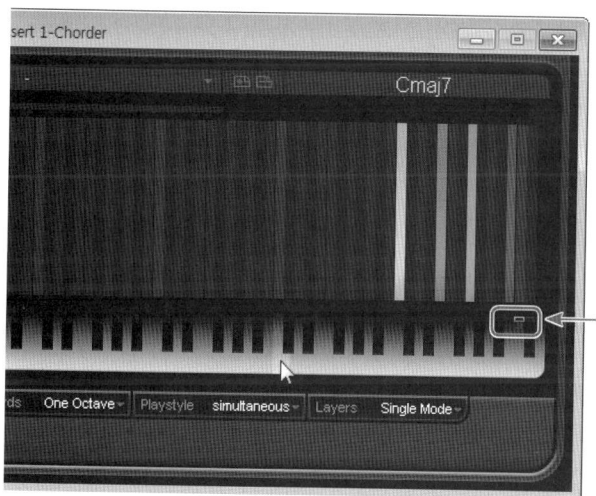

C4에 설정했지만, 모드 C 음에 적용됨

04 One Octave 한 옥타브 범위로만 사용하는 것입니다. 즉, C3음을 누를 때 CM7이 연주되게 설정하였다면, C3 외에 C4, C5 등의 음을 눌러도 CM7이 연주되는 것입니다. 설정된 노트는 건반 위쪽에 파란색 사각형이 표시됩니다.

D음을 누르면 DM7으로 연주된다

05 Cordes에서 가장 많이 사용하게 될 것이 Global Key 모드 입니다. 이것은 한 음에 설정한 코드를 나머지 건반에 자동으로 연결시킵니다. 예를 들어 C음을 눌렀을 때 CM7 코드가 연주되게 했다면, D음은 DM7, E음은 EM7으로 자동 연주되는 것입니다.

06 Playstyle은 코드가 연주될 때, 낮은 음부터 차례로 연주(Up)되게 한다거나 고음부터 연주(down)되게 하는 등의 레가토 효과를 연출할 수 있는 메뉴로 구성되어 있습니다. Random은 연주될 때마다 순서가 바뀌며, 기본 값 Simultaneous는 변화가 없는 것입니다.

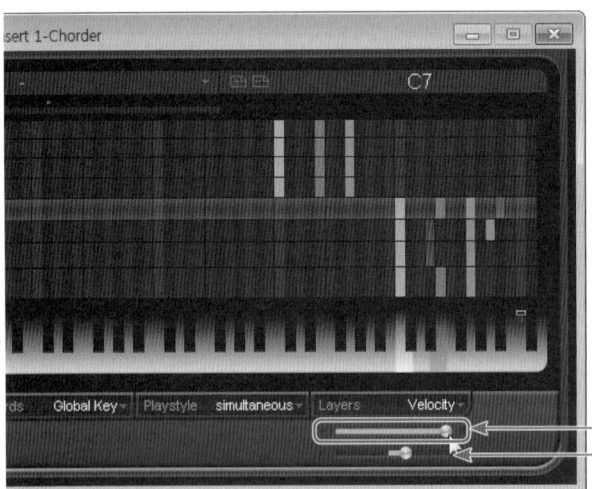

레이어 수 조정

벨로시티 범위 조정

07 Layers는 벨로시티 및 음정으로 코드를 구분할 수 있는 레이어를 만듭니다. Velocity를 선택하면, 레이어 수와 범위를 조정할 수 있는 슬라이드가 보입니다. 레이어 수는 최대 8개까지 구분할 수 있습니다.

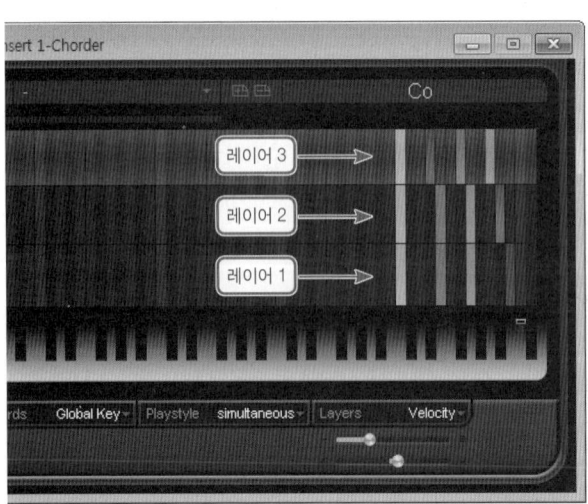

레이어 3

레이어 2

레이어 1

08 예를 들어 레이어 수를 3개로 설정하고, 1번 레이어에 CM7, 2번 레이어에 C7, 3번 레이어에 Cdim 코드를 만들었다면, 건반을 약하게 누르면 CM7, 중간 세기로 누르면 C7, 세계 누르면 Cdim가 연주되는 것입니다. 각 벨로시티의 범위는 아래쪽 슬라이드로 조정하며, 디스플레이 창의 크기 변화로 짐작할 수 있습니다.

09 Layers에서 Interval을 선택하면 각각의 레이어가 벨로시티가 아닌 음정 간격으로 연주됩니다. 예를 들어 앞에서와 같이 3개의 레이어에 CM7, C7, Cdim 코드를 만들었다면, C+C#음을 누른 때 CM7이 연주되고, C+D음을 누르면 C7, C+D#음을 누르면 Cdim가 연주되는 것입니다.

Interval

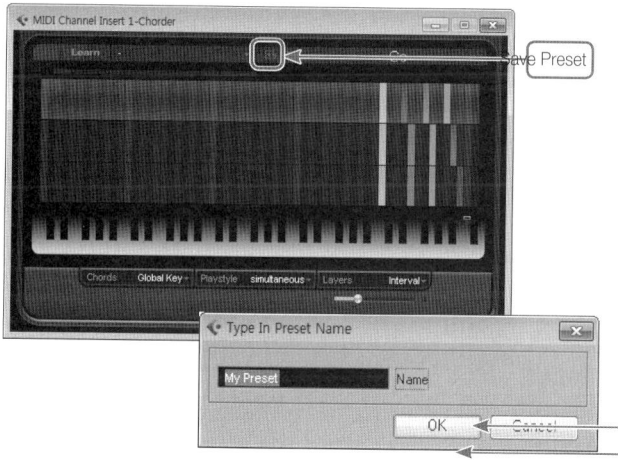

Save Preset

레이어 수 조정

벨로시티 범위 조정

10 사용자가 만든 프리셋을 계속 사용하고 싶다면, + 기호의 Save Preset 버튼을 클릭하여 저장합니다. - 기호의 Remove Preset 은 선택한 프리셋을 삭제하는 역할입니다,

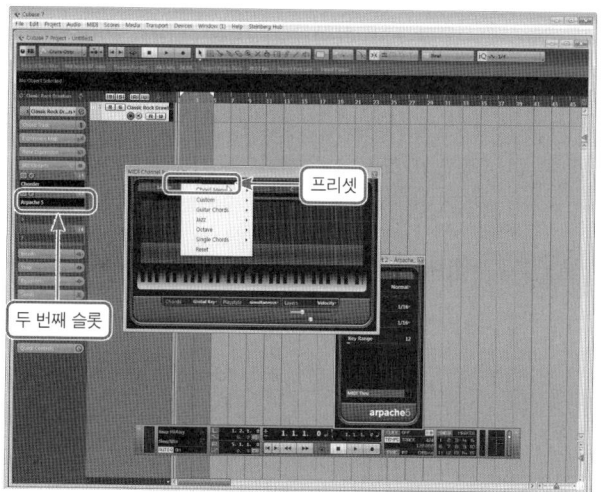

프리셋

두 번째 슬롯

11 Chorder에서 기본적으로 제공하는 프리셋들을 살펴보면서 각각의 코드를 어떻게 만들었지는 확인해보고, MIDI Inserts 파라미터의 두 번째 슬롯에 Arpache 5 또는 Arpache SX를 적용하여 하나의 노트로 아르페지오가 연주되는 효과도 만들어 봅니다.

6 Compress

Compress는 미디 트랙 파라미터에서 살펴보았던 Vel. Comp와 동일한 기능입니다. 즉, Threshold에서 설정한 벨로시티가 넘는 노트들은 Ratio에서 설정한 압축 비율로 압축합니다. Compress는 기본적으로 Insert 파라미터에 각 컨트롤 정보를 변경할 수 있는 패널을 보여주며, 별도의 창으로 보고 싶은 경우에는 Alt키를 누른 상태에서 선택합니다.

Compress 파라미터

01 Insert 파라미터 슬롯에서 Compress 를 선택하면 앞에서 살펴본 이펙트와 는 다르게 각 컨트롤들을 파라미터에서 직접 조정할 수 있습니다. Threshold는 기준 벨로시티를 설정하고, Ratio는 Threshold에서 설정한 벨로시티 값이 넘는 노트들을 압축할 비율을 설정합니다. 그리고 Gain은 최종 출력 벨로시티 를 조정합니다.

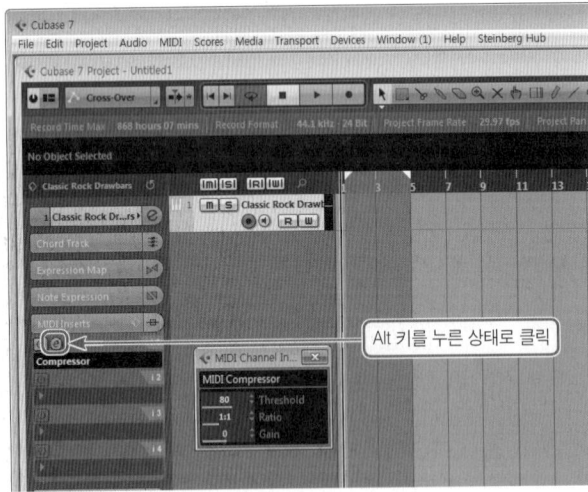

Alt 키를 누른 상태로 클릭

02 만일, 앞에서 살펴보았던 것과 같이 이펙트 패널을 별도로 열고 싶다면 Compress를 선택할 때 Alt 키를 누르고 있거나, Compress를 적용한 Insert 파라미터에서 이펙트 창 열기 버튼을 Alt 키를 누른 상태에서 클릭합니다.

Context Gate

Context Gate는 입력한 노트와 채널을 제한하는 역할을 합니다. 궁극적인 목적은 미디 기타와 같이 정확한 노트 정보를 입력하기 어려운 장비를 사용할 때, 연주하는 노트의 범위나 현의 수, 채널 등을 제한하여 보다 정확한 미디 노트를 입력할 수 있게 하는 것입니다. 그러나 Conext Gate는 입력한 정보에서 필요없는 것을 걸러내는 역할을 하기 때문에 입력 장비에 대한 제한을 둘 필요는 없습니다.

1. Poly 와 Mono mode

Poly Mode는 코드를 제한할 때 유용한 모드이며, Mono Mode는 노트를 제한할 때 유용한 모드입니다. 즉, 사용자가 설정한 범위 밖의 노트를 입력할 때, Mono Mode에서는 범위 밖의 노트만 제거하지만, Poly는 코드 자체를 제한할 수 있습니다.

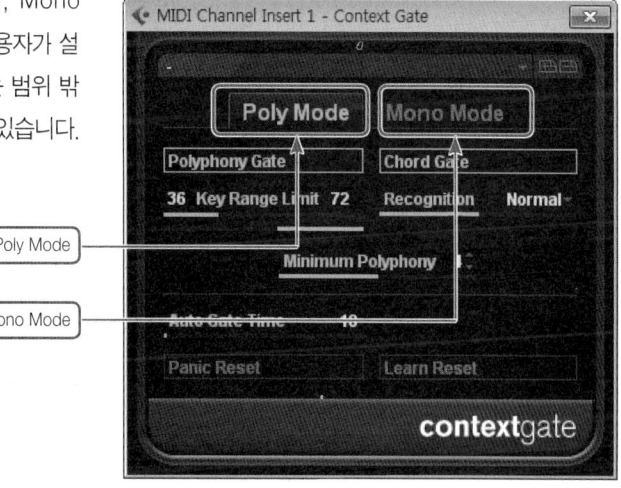

2. Polyphony 와 Chord Gate

Chord Gate는 정확한 코드 구성음(normal)을 사용할 것인지, 비슷한 코드 구성음(Simple)을 사용할 것인지를 선택하는 Recognition 메뉴와 구성음의 범위와 수를 제한하는 key range Limit가 있습니다. 큐베이스와 누엔도는 가운데 도를 C3로 표시하며, 미디 노트 번호는 60번입니다.

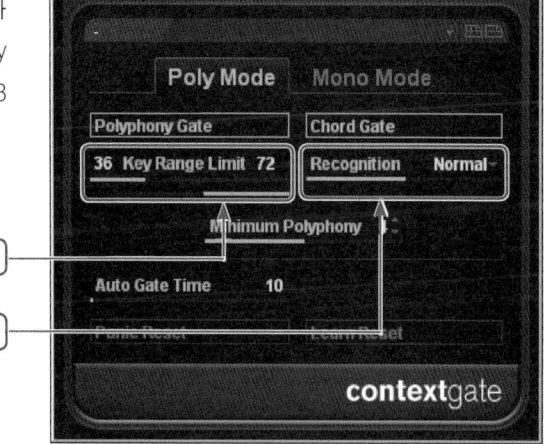

3. Minimum Polyphony 와 Auto Gate Time

MiniMum Polyphony은 Context Gate가 작동하는데 필요한 최소 노트의 수를 설정하며, Auto Gate Time은 최소 타임을 초 단위로 설정합니다. 즉, 잘못 연주되는 코드에서 무시하고 싶은 화음 수와 타임을 설정하는 것입니다

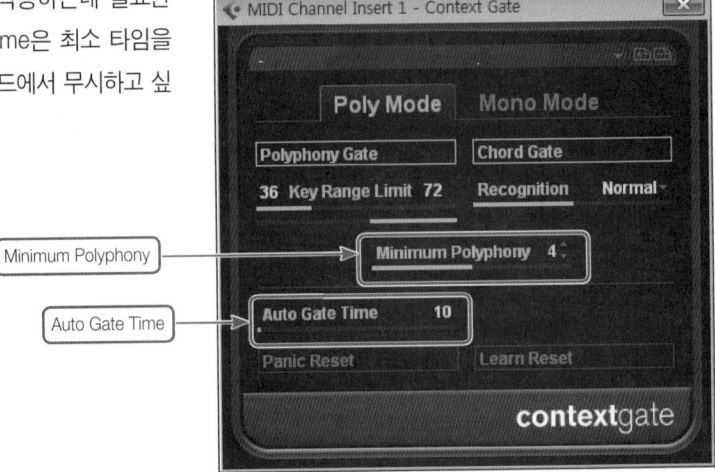

4. Panic 과 Learn Reset

Panic Reset 버튼은 클릭할 때 마다 All Note Off 메시지를 전송하는 역할을 하며, Learn Reset 버튼은 All Note Off 메시지를 전송할 미디 메시지를 설정합니다, Lean Reset 버튼을 클릭하면, 메시지를 받을 준비가 되며, 마스터 건반에서 원하는 노트나 노브를 움직여 인식시킵니다. 연주를 정지시켰는데도 미디 음이 지속되는 에러가 있을 때 이용합니다.

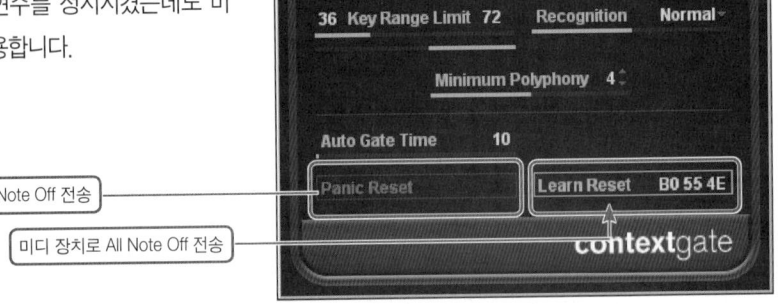

5. Mono Mode

Poly Mode가 미디 기타의 스트로크 주법에 적합하다면, Mono Mode는 아르페지오 주법에 적합합니다. Channel Gate는 제한할 채널을 설정하며, Velocity Gate는 제한할 벨로시티의 최소 값을 설정하는 Minimum Velocity와 제한할 노트의 범위를 설정하는 Key Range Limit가 있습니다. 노트의 단위는 Poly Mode와 동일합니다.

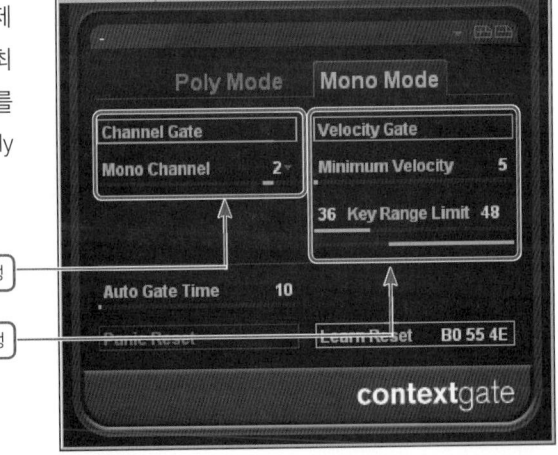

Density

Density는 연주하는 노트들을 무작위로 삭제하거나 새롭게 추가하는 이펙트입니다. 조금은 독특한 Density 효과는 같은 음색으로 연주하는 드럼이나 퍼커션에서 너무 많이 입력한 노트의 수를 줄이거나 조금은 부족한 노트 수를 무작위로 늘려 요즘 유행하는 난타 효과를 자연스럽게 만들 수 있습니다.

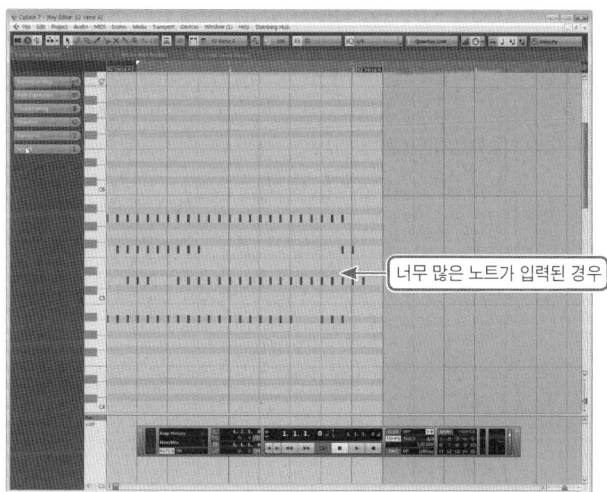

너무 많은 노트가 입력된 경우

01 리듬에 맞추어 퍼커션 계열의 음색을 무작위로 연주하여 입력할 때는 몰랐지만, 연주를 해보니 조금은 난잡하다는 느낌이 든다고 가정을 합니다.

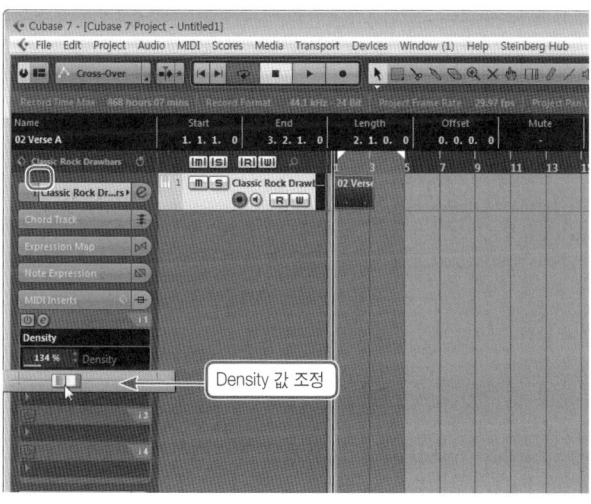

Density 값 조정

02 이때 Density 이펙트를 적용하여 값을 줄이면 무작위로 노트 수를 줄이기 때문에 자연스러운 연주를 만들 수 있습니다. 반대로 값을 높이면 노트 수가 늘어나 풍성한 연주를 만들 수 있습니다. 단, Density는 노트를 무작위로 삭제하거나 늘리기 때문에 모니터를 해보면서 값을 조정하는 것이 좋습니다.

9 MIDI Control

Midi Control은 트랙에 최대 8가지의 컨트롤 정보를 전송할 수 있는 이펙트 입니다. 리스트 에디터나 유저 패널을 사용하는 것이 번거롭다면, Midi Control 이펙트를 이용해서 자주 사용하는 컨트롤 정보를 실시간으로 조정하는 것도 요령입니다. 미디 컨트롤에 관해서는 리스트 에디터에서 살펴보았습니다.

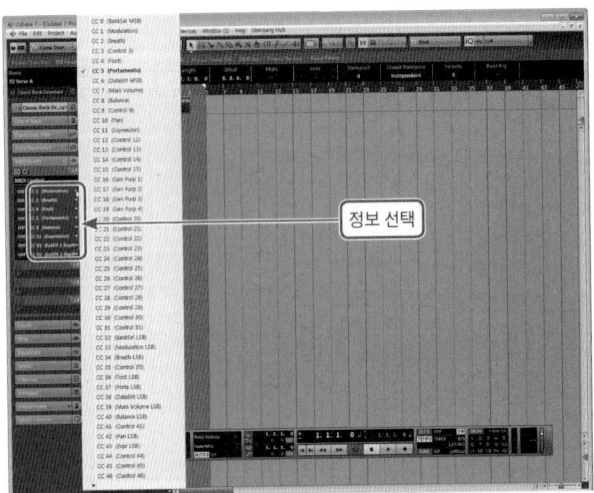

01 MIDI Insert 파라미터에서 Midi Control 을 선택하면 파라미터에 8개의 슬롯이 보이며, 각각의 슬롯마다 전송할 컨트롤 정보가 설정되어 있습니다. 기본 설정된 정보는 메뉴를 클릭하여 변경할 수 있습니다.

02 각 슬롯에 적용한 컨트롤 값은 왼쪽의 Off 문자를 드래그하거나 더블 클릭으로 설정할 수 있습니다. 컨트롤 정보에 관련된 자세한 사항은 리스트 에디터 학습편을 참조하기 바랍니다.

10 MIDI Echo

Midi Echo는 선택한 트랙에 에코 효과를 적용합니다. 에코란 딜레이 계열의 이펙트를 말하는 것으로 노래방 마이크를 생각하면 쉽게 이해할 수 있을 것입니다. 요즘 댄스 계열의 음악에서는 악기에 에코 효과를 적용하여 화려한 프레이즈를 만드는 기법으로 자주 사용하고 있습니다.

1. 딜레이 값 설정

딜레이는 시간 차를 두고 원본 사운드가 반복되는 것이며, MIDI Echo는 반복되는 사운드의 벨로시티와 피치가 변하게 하는 Velocity Offset과 Pitch Offset 파라미터를 제공합니다. 그리고 Repleats에서 반복 횟수를 설정하고, Beat Align에서 반복의 시작 타임을 설정합니다.

Velocity 와 PitchOffset

Repeats

Beat Align

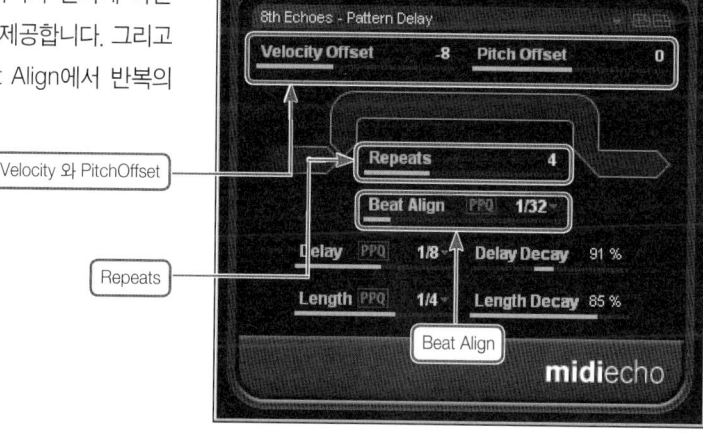

2. 간격과 길이 설정

Delay에서 반복 타임을 설정하고, Delay Decay에서 반복되는 사운드의 소멸 값을 설정합니다. 그리고 Length에서 반복되는 사운드의 길이를 설정하고, Length Decay에서 길이의 소멸 값을 설정합니다. 각각의 항목은 PPQ 버튼을 클릭하여 틱 값으로 설정할 수 있습니다.

Delay와 Delay decay

Length와 Length Decay

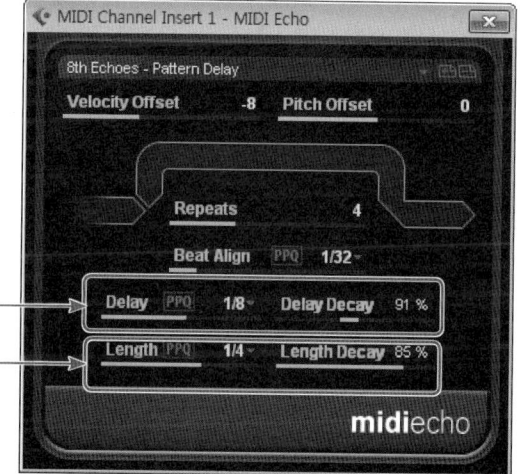

11 MIDI Modifiers

MIDI Modifiers 이펙트는 앞의 인스펙터 창 학습편에서 살펴본 MIDI Modifiers와 동일한 역할을 합니다. 그래서 기본적으로 MIDI Modifiers 파라미터가 보이지 않았던 것입니다. 다만, MIDI Inserts 방식으로 사용하는 MIDI Modifiers 이펙트는 시스템의 메모리에 로딩되어 처리되므로, 인스펙터 창의 MIDI Modifiers 보다 시스템 사용량이 증가합니다. 결국, 자신의 시스템 사양에 맞추어 선택하는 것이 좋지만, 인스펙터 창의 MIDI Modifiers 파라미터를 권장합니다.

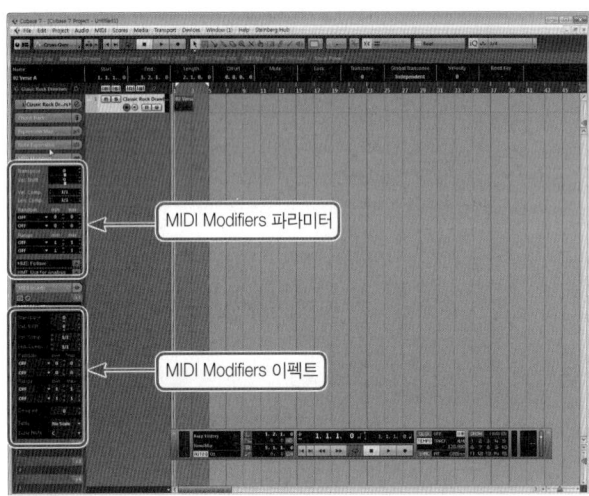

MIDI Modifiers 파라미터

MIDI Modifiers 이펙트

01 MIDI Modifiers를 장착하고 파라미터를 살펴보면, 인스펙터 창의 MIDI Modifiers와 동일한 구조로 되어 있다는 것을 확인할 수 있으며, 역할도 동일합니다.

스케일 선택

02 단, MIDI Modifiers에는 연주를 지연시키는 Delay ms와 다양한 스케일로 연주되게하는 Scale 및 Scale Note 선택 항목이 있습니다. 예를 들어 Scale에서 Blues를 선택하고, Scale Note에서 A를 선택하면, 해당 트랙의 노트가 A 블루스 스케일로 연주되는 것입니다.

12

MIDI Monitor

미디 모니터는 입력되는 미디 이벤트와 재생되는 미디 이벤트를 검색하여 에러나 문제점을 체크하는 역할을 합니다. 그러나 재생되는 미디 이벤트의 에러를 체크하기 위해서는 미디 이벤트에 관해서 어느 정도 지식을 갖추고 있어야 하며, 이것을 분석할 수 있는 능력을 갖췄다면, 리스트 에디터를 이용하는 것에 익숙해져 있을 것입니다. 결국, 미디 모니터는 재생되는 미디 이벤트의 에러를 체크하는 용도 보다는 자신이 사용하는 미디 장치의 파라미터를 분석하는 용도로 이용하는 경우가 많습니다.

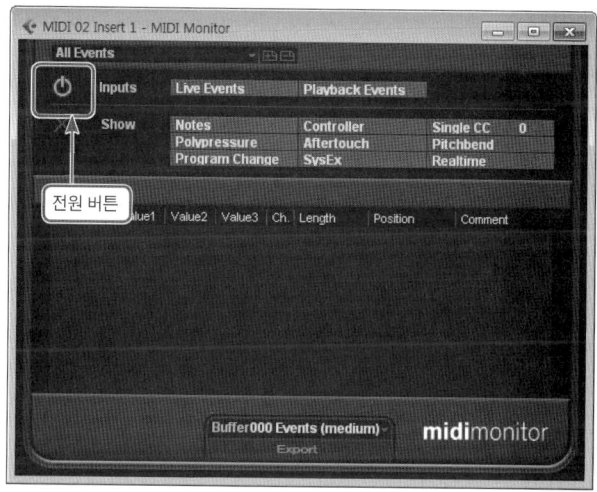

01 Inputs의 전원 버튼을 On으로 하고, 입력되는 미디 이벤트를 체크하기 위한 Live Events 또는 재생되는 미디 이벤트를 체크하기 위한 Playback Events 버튼을 선택합니다. 물론, 두 가지를 동시에 이용할 수 있습니다.

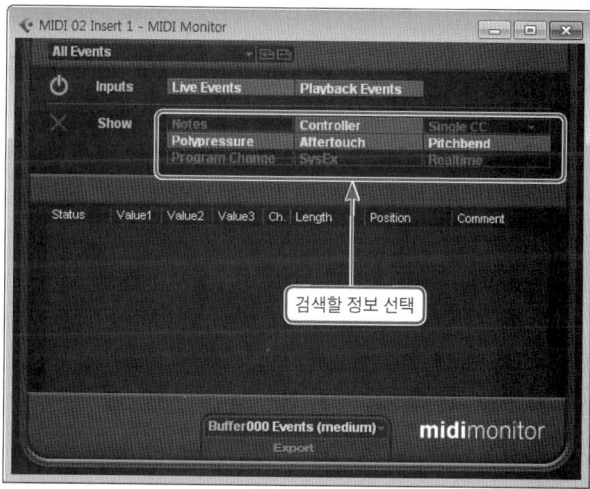

02 Show 항목에서 검색할 정보를 선택합니다. 예를 들어 자신이 사용하는 마스터 건반에서 애프터 터치 정보를 지원하는지 알아보고 싶다거나 피치와 모듈레이션 휠이 정상적으로 동작하는지 등을 알아보고 싶다면, 해당 정보를 선택하는 것입니다.

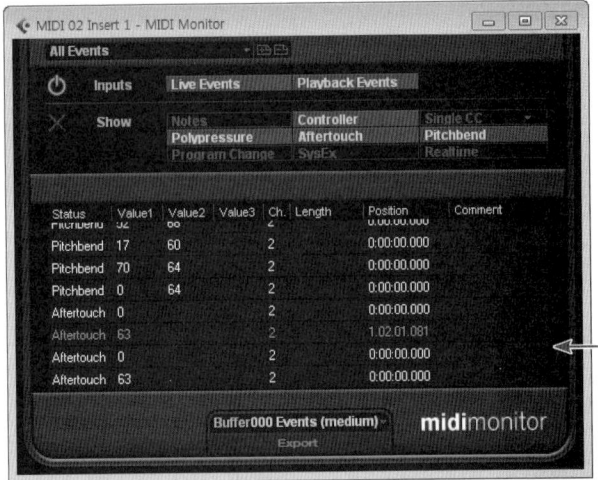

03 이제 마스터 건반을 힘있게 눌러본다 거나 피치와 모듈레이션 휠을 작동시켜 봅니다. 해당 기능들이 정상적으로 동작한다면, 리스트에 검색되는 것을 확인할 수 있습니다. 참고로 저가의 마스터 건반은 Polypressure와 Aftertouch를 지원하지 않는 경우가 많으므로, 검색되지 않는다고 해서 고장은 아닐 것입니다.

검색

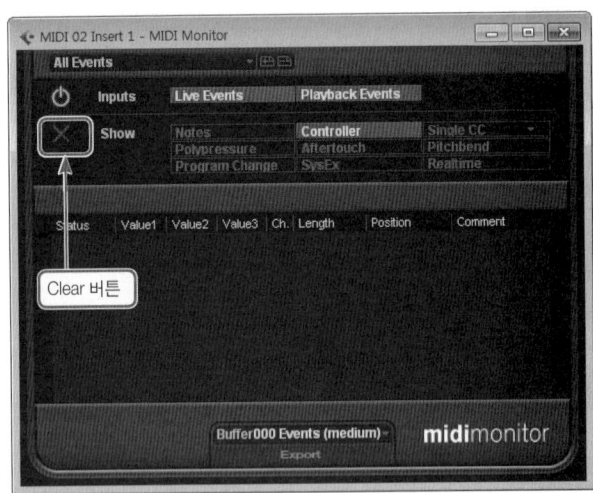

04 미디 모니터는 장치의 고장 유무를 체 크하는 것 외에도 자신이 사용하고 있 는 장치의 노브와 슬라이드에 설정되어 있는 컨 트롤 정보가 몇 번인지를 확인하고 싶을 때도 유용합니다. Clear 버튼을 클릭하여 검색한 리 스트를 삭제하고, Show 항목의 Controller가 On으로 되어 있는지 확인합니다.

Clear 버튼

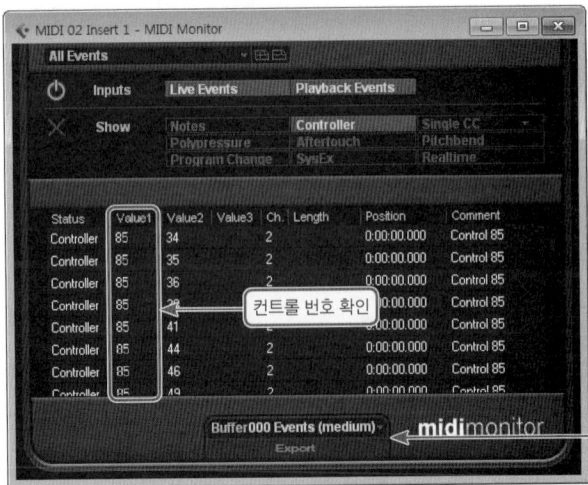

05 그리고 사용하고 있는 장치의 노브, 버 튼, 슬라이드를 움직여보면, 컨트롤 번 호(Value1)와 채널(Ch) 등을 알아낼 수 있는 것 입니다. 아래쪽의 Buffer는 검색할 리스트의 최 대 허용량을 선택하는 것이며, Export 버튼을 클릭하여 텍스트 파일로 저장할 수 있습니다.

컨트롤 번호 확인

Buffer와 Export 버튼

13 Micro Tuner

Micro Tuner는 연주 하는 노트들의 음정을 미세하게 조정합니다. Micro Tuner는 반음을 최대 128단계로 미세하게 조정할 수 있기 때문에 음정을 튜닝하는 역할로 사용하기 보다는 미세한 음정 변화로 연출하는 휴머니즘 효과를 만드는데 사용합니다. 섹소폰이나 기타 연주 등 음정이 미세하게 흔들리는 악기를 연출할 때 응용할 수 있기를 바랍니다.

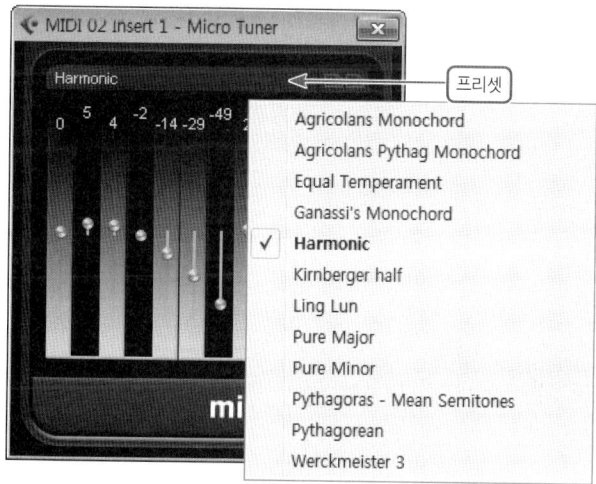

프리셋

01 Micro Tuner는 각각의 음정을 조정하기 보다는 프리셋을 사용하겠습니다. 그림에서는 Harmonic 프리셋을 선택하여 배음으로 연주하는 효과를 연출하고 있습니다. 다른 프리셋들도 테스트를 해보기 바랍니다.

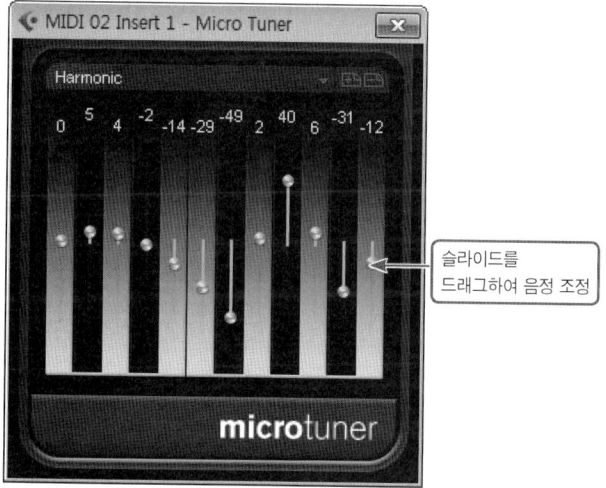

슬라이드를
드래그하여 음정 조정

02 프리셋 이외의 효과를 연출하고 싶다면, 각각의 슬라이드를 위/아래로 드래그하여 음정을 조정합니다. Alt 키를 누른 상태로 드래그하면, 12개의 음정을 동시에 조정할 수 있습니다.

14 Note to CC

Note to CC는 입력하는 노트의 벨로시티 값에 따라 반응하는 컨트롤 체인지 정보를 만듭니다. 사용 목적에 따라서 다르겠지만, Note to CC는 컨트롤 정보를 만드는 이펙트로 Insert 보다는 Send 방식으로 사용하는 것이 효과적입니다. 여기서는 Note to CC 학습을 겸하여 미디 이펙트의 센드 적용 방식을 살펴보겠습니다.

점점 크게 입력된 벨로시티

01 두 개의 미디 트랙을 만들고, 채널 1번으로 설정한 MIDI 1 트랙에서 노트들을 입력하고, 벨로시티 값을 점점 크게 만들어 봅니다.

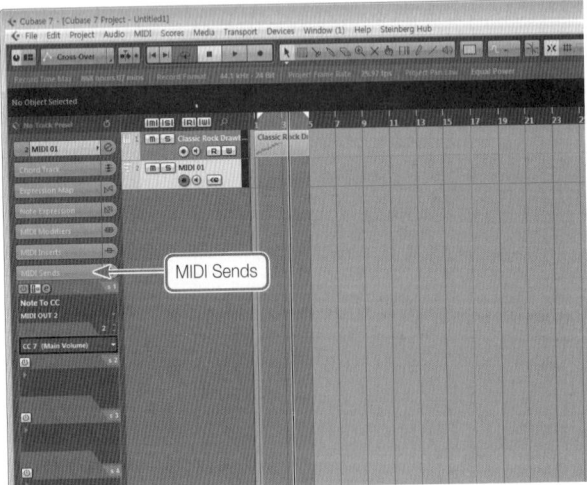

MIDI Sends

02 미디 인스펙터 창의 MIDI Sends 파라미터를 열고, Note to CC 이펙트를 선택합니다. 미디 센드 방식은 설정된 이펙트를 자신이 원하는 포트와 채널로 전송할 수 있다는 점 외에는 인서트 방식과 동일합니다.

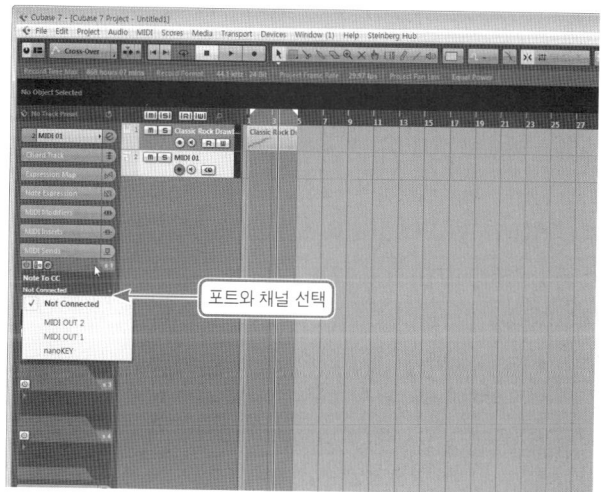

포트와 채널 선택

03 Note 2 CC 효과를 적용할 포트와 채널을 선택합니다. 그림에서는 2번 채널로 설정한 MIDI 2 트랙에서 사용할 것이므로 채널을 2번으로 선택하고 있습니다.

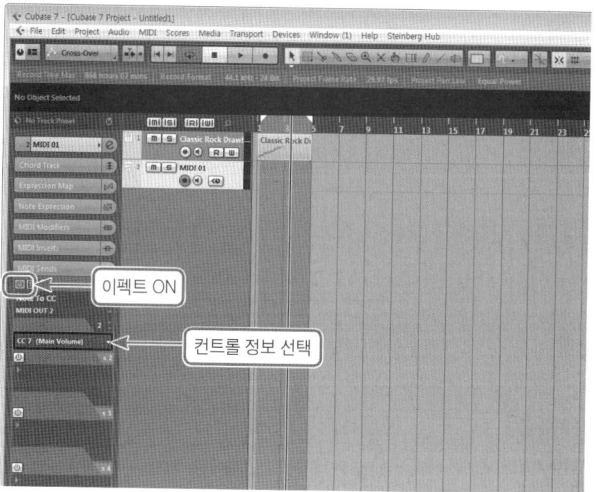

이펙트 ON

컨트롤 정보 선택

04 Note 2 CC로 적용할 컨트롤 정보를 선택합니다. 여기서는 기본값으로 설정한 컨트롤 번호 7번인 Main Volume을 그대로 두고 실험하겠습니다. 센드 이펙트를 적용하기 위해서 On 버튼을 클릭합니다.

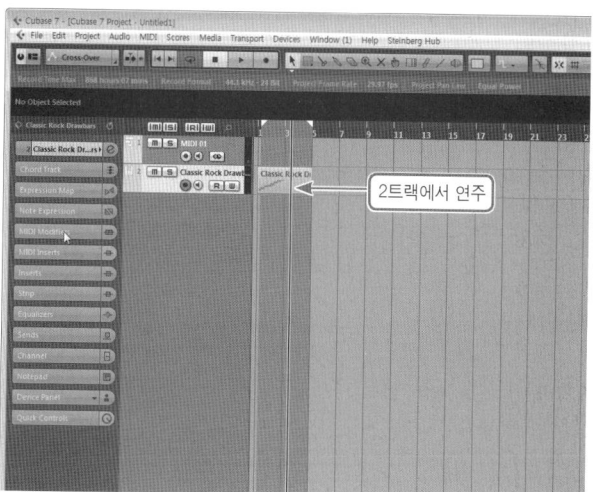

2트랙에서 연주

05 이제 2번 채널로 설정한 MIDI 2 트랙을 선택하고, 연주 시작 단축키인 Enter 키를 누릅니다. 건반을 연주해보면 1번 트랙에 입력한 벨로시티 값에 따라 볼륨을 점점 크게 연주하는 것을 확인할 수 있습니다.

15 Quantizer

Quantizer는 이름에서도 짐작할 수 있듯이 연주하는 노트에 퀀타이즈를 적용한 것과 동일한 효과입니다. MIDI 메뉴를 이용하는 퀀타이즈나 트랜스포트의 자동 퀀타이즈와는 다르게 실제 노트의 위치를 변경하지 않는다는 차이점이 있습니다. 미디 노트를 퀀타이즈할 때 어떤 방법을 이용해도 결과는 같지만, 작업 형태에따라 적절한 방법을 이용할 수 있길 바랍니다.

01 Alt 키를 누른 상태에서 Quantizer를 선택하면 그림과 같이 Quantizer 이펙트 창을 볼 수 있습니다. 상단에 있는 Quantize은 퀀타이즈할 단위를 설정하며, Swing은 Quantize에서 설정한 단위의 뒷 박 가이드를 이동하여 스윙 느낌을 만듭니다.

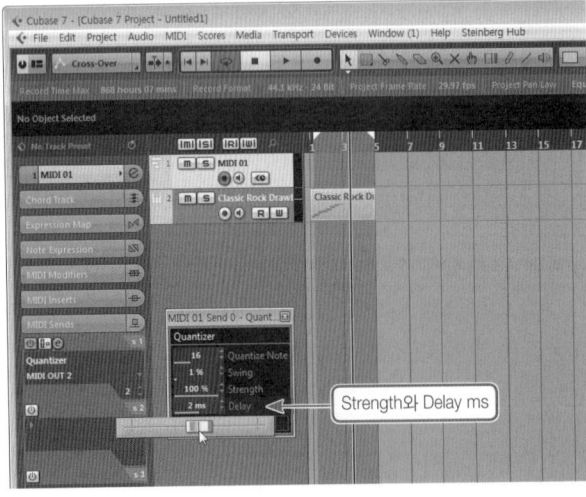

02 아래쪽에 있는 Strength와 Delay ms는 퀀타이즈 적용 범위와 지연 시간을 설정합니다. Strength는 Quantize 어느 정도의 범위로 노트를 퀀타이즈 할 것인지를 퍼센트 단위로 설정하고, Delay ms는 Quzntilzer가 적용된 트랙의 노트들을 얼마만큼 지연킬 것인지를 시간 단위로 설정합니다.

앞에서 살펴본 Beat Designer가 드럼 패턴을 만들기에 적합한 것이라면, Step Designer는 반복되는 프레이즈나 자주 사용하는 프레이즈를 연주할 때 적합합니다. 특히, 건반 하나로 프레이즈를 연주시킬 수 있기 때문에 입문자에 게 매우 유익합니다. Step Designer는 노트 C1에서부터 모두 200개의 패턴을 지정할 수 있는 Pattern 항목을 비 롯해서 키 에디터와 같은 방식으로 패턴을 지정할 수 있는 편집 창으로 구성되어 있습니다.

1. 스텝 입력

미디 노트는 마우스 클릭으로 입력하거나 삭제할 수 있으며, 음계 표시 부분을 드래그하여 작업 창의 위 치를 조정할 수 있습니다. 기본적으로 편집되는 창 은 Pattern 1번입니다.

마우스 드래그로 위치 조정

마우스 클릭으로 노트 입력과 삭제

2. 컨트롤 편집

편집 창 아래쪽에 있는 컨트롤 창은 각 노트의 벨로 시티 값을 조정할 수 있습니다. 기본값으로 설정한 벨로시티 이외의 컨트롤 정보를 편집하고 싶은 경우 에는 Setup 버튼을 클릭하여 필요한 컨트롤 정보로 변경 할 수 있습니다.

컨트롤 편집

컨트롤 선택

Setup 버튼

3. 패턴의 이동

편집 창 왼쪽에 상단에 있는 Shift Octave Up/
Down 버튼은 입력한 노트들을 한 옥타브 위/아래
로 이동 하고, Shift StepLeft/Right 버튼은 좌/우로
이동합니다. 그리고 Reverse 버튼은 패턴의 앞/뒤를
바꿉니다.

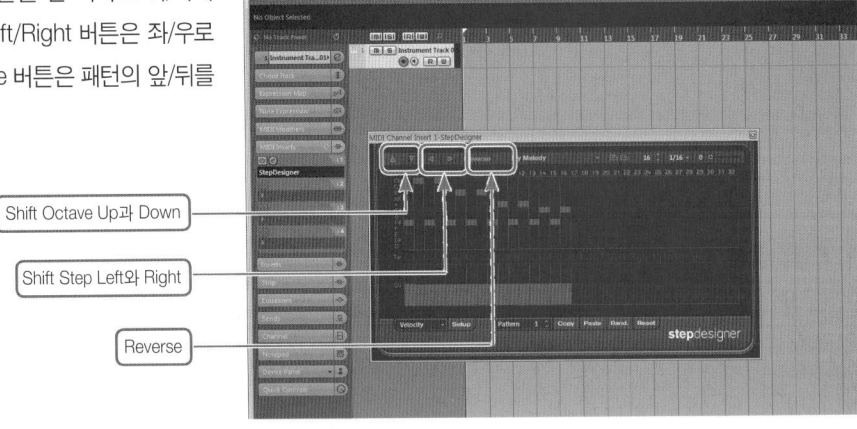

Shift Octave Up과 Down

Shift Step Left와 Right

Reverse

4. 패턴의 길이

프리셋 목록 오른쪽의 것들은 사용할 패턴의 길이를
최대 32비트까지 조정할 수 있는 Number , 연주 길
이를 조정할 수 있는 Step Size, 셔플 느낌을 퍼센트
단위로 조정할 수 있는 Swing 항목으로 구성되어
있습니다. 즉, 최대 두 마디 길이의 패턴을 만들 수
있는 것입니다.

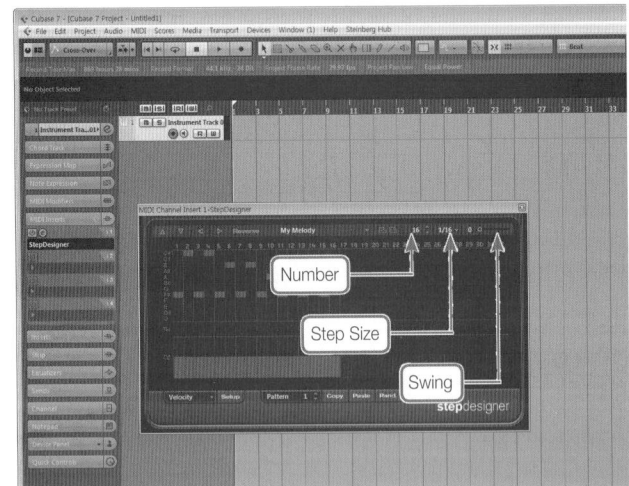

Number

Step Size

Swing

5. 패턴 사용

Pattern 최대 200까지 만들 수 있으며, C1에서부터
차례로 배당됩니다. 그리고 만든 패턴을 복사하거나
붙일 수 있는 Copy와 Paste 버튼, 패턴을 임의로 만
드는 Rand 버튼, 패턴을 초기화 하는 Reset 버튼이
있습니다. 참고로 배당된 노트를 누르면 자동으로 해
당 패턴이 선택되므로, 굳이 노트를 계산할 필요는
없습니다.

Pattern

Track Control은 GS/XG 모드 악기의 컨트롤 값을 조정할 수 있는 이펙트 입니다. 이것은 컨트롤 정보를 입력하거나 편집하는데 서툰 독자의 경우에도 간단하게 마우스 드래그만으로 악기를 컨트롤 할 수 있는 유용한 이펙트입니다.

1. 모드 선택

상단에 있는 메뉴는 Track Control를 GS 또는 XG모드 악기 컨트롤 상태로 전환합니다. GS는 Roland사에서 규정한 것이고, XG는 YAMAHA사에서 규정된 것으로 악기에 GS 또는 XG 표시가 되어 있습니다. 선택 메뉴 하단에 있는 Off 버튼은 각 컨트롤을 OFF로 하며, Reset은 초기화합니다.

2. Send 1~3

선택 메뉴 하단에 슬라이드 형태로 제공하는 Send 1~3은 컨트롤 정보 91번인 리버브, 93번인 코러스, 94번인 딜레이 값을 조정할 수 있습니다.

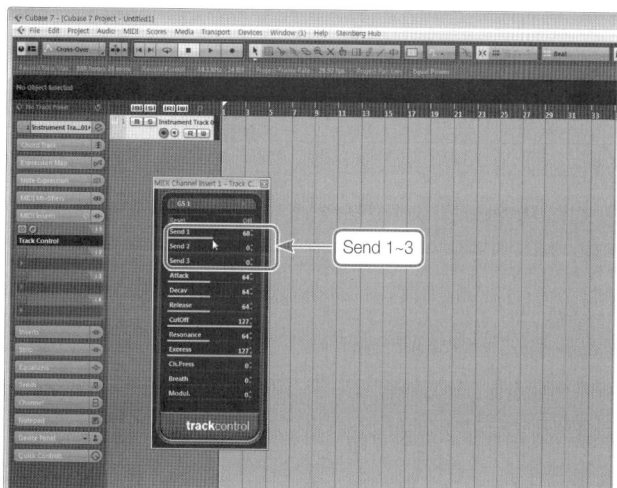

3. Attack/Decay/Release

Send 아래쪽에 있는 Attack, Decay, Release슬라
이드는 NRPN 컨트롤 정보인 엔벨로프의 어택, 디
케이, 릴리즈 값을 조정합니다. 기본값 64의 경우에
는 컨트롤 값을 조정하지 않은 것이며, 64이하의 값
은 각각의 길이를 짧게하고, 64이상의 값은 길게합
니다.

4. CutOff/Resonance/Express

Attack, Decay, Release 아래쪽에 있는 CutOff,
Resonance, Express 슬라이드는 음색 필터의 주
파수 대를 결정하는 CutOff, 공진 값을 결정하는
Resonance의 NPRN 정보와 컨트롤 정보 11번인
Express에 해당하는 정보를 조정합니다.

5. Ch. Press/Breath/Modul.

Track Control 가장 아래쪽에 있는 3개의 슬라이드
는 채널 애프터 터치 정보를 조정하는 Ch. Press와
컨트롤 정보 2번에 해당하는 Breath, 컨트롤 정보 1
번에 해당하는 Modulation입니다. Ctrl 키를 누른
상태에서 클릭하면 각 파라미터의 값을 초기화 할
수 있습니다.

18 Transformer

미디 이펙트의 마지막 항목인 Transformer은 앞에서 살펴본 Input Transformer 또는 미디 편집 기능에서 살펴볼 Logical Editor와 동일한 용법으로 사용합니다. 차이점은 실제 노트들을 변경하지 않고, 같은 효과를 볼 수 있다는 점입니다. 자세한 것은 해당 섹션에서 살펴보겠습니다.

01 Transformer를 선택하여 이펙트 패널을 엽니다. 그리고 MIDI 메뉴의 Logical Editor를 선택합니다.

가정교사

Logical Editor는 입력되어 있는 미디 이벤트를 편집하는 기능을 하는 것이므로, 미디 이벤트가 입력되어 있는 미디 파트를 선택했을 때 사용할 수 있는 메뉴입니다.

02 입력한 노트들을 편집할 수 있는 Logical Editor 창이 열립니다. Insert 파라미터에서 열어놓은 Transformer와 같은 구성으로 되어있다는 것을 확인할 수 있습니다. 자세한 내용은 앞의 인스펙터 창에서 살펴본 Input Transformer와 미디 편집 기능에서 살펴볼 Logical Editor를 참고하기 바랍니다.

CUBASE PRO 9

Advanced Music Production System

06
PART

미디 편집 기능과 VST Instruments

큐베이스와 누엔도에서 제공하는 VST Instruments를 살펴보겠습니다. 무료로 제공되고 있는 것이지만, 사운드 퀄리티는 상업 음악을 만드는데 부족함이 없을 정도로 훌륭합니다. 특히, VST Instruments의 사용법은 모두 비슷하기 때문에 큐베이스와 누엔도에서 제공하는 것들을 마스터 하면, 다른 회사의 제품들도 쉽게 이용할 수 있게 될 것입니다. 그 외, 큐베이스와 누엔도에서 제공하는 미디 편집 기능들을 모두 살펴보겠습니다.

미디 편집 기능 살펴보기

Chapter

미디 편집 창과 미디 트랙의 인스펙터 파라미터, 컨트롤 정보, 시스템 익스클루시브 정보 등, 미디 편집에 관련된 기능들은 모두 살펴보았습니다. 여기서는 입력한 노트를 정렬하는 퀀타이즈에서부터 미디 에러의 해결 방법까지 큐베이스와 누엔도에서 제공하는 미디 편집 기능을 모두 살펴보겠습니다. 이것으로 미디 만큼은 고급 사용자라고 자부해도 좋습니다.

1 퀀타이즈 잡기

퀀타이즈란 정확한 타임에서 어긋난 노트들을 자동으로 정렬하는 편리한 기능이지만, 모든 파트에 퀀타이즈를 적용하면 인간미가 없다는 평가를 들을 수 있습니다. 그러므로, 곡의 시작 또는 세션 부분에서만 퀀타이즈를 적용하는 것이 요령입니다. 반대로 마우스 또는 스텝 방식으로 입력한 노트들은 랜덤 기능을 이용해서 어긋나도록 해야 하는 경우도 있습니다.

01 키보드 숫자열의 ✳ 키를 눌러 미디 정보를 입력하고, 파트를 더블 클릭하여 키 에디터를 열어보면, 조금씩 그리드 라인에서 어긋나 있는 것을 확인할 수 있습니다.

그리드 라인에서 어긋나 있다

퀀타이즈 단위 선택

02 도구 모음 줄의 퀀타이즈 항목에서 원하는 단위를 선택하고, Q 키를 누르면, 노트의 시작 위치가 정확하게 정렬되는 것을 확인할 수 있습니다.

2 60% 퀀타이즈

앞에서 살펴본 Quantize는 노트의 시작 위치를 정확하게 그리드 라인에 맞춥니다. 그러나 필요에 따라서 약간 느슨하게 퀀타이즈를 잡아줄 필요가 있는데, 이런 역할을 하는 것이 Iterative Quantize입니다. 기본값은 60%로 설정되어 있기 때문에 노트의 시작 위치를 정확히 맞추는 것이 아니라 60%만 맞춥니다. 기본 설정 값의 변경은 Quantize Setup에서 살펴보기로 하고, 여기서는 기본 Quantize와의 차이점을 살펴보겠습니다.

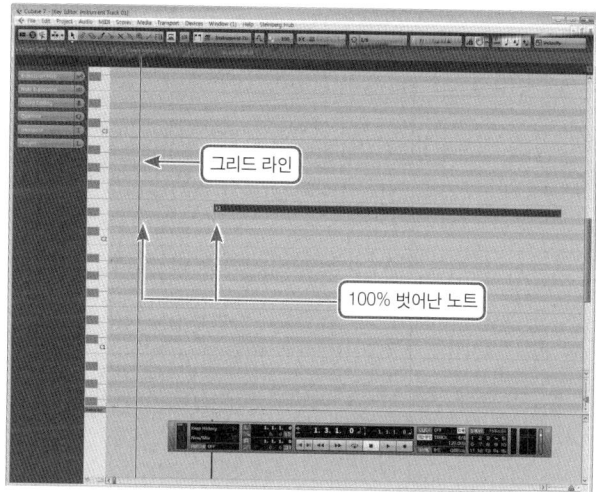

그리드 라인

100% 벗어난 노트

01 그림에서와 같이 입력한 노트의 시작점이 그리드 라인에서 벗어나 있다고 가정을 합니다. 그리고 그리드 라인에서 노트의 시작점까지의 거리를 100%로 라고 계산합니다.

Iterative Quantize

60% 만 이동한다

02 퀀타이즈 버튼을 클릭하여 Interative Quantize 모드로 변경합니다. 그리고 Q 키를 누르면, 기본 Quantize 모드에서와는 다르게 노트의 시작 지점을 60%만 끌어오는 것을 확인할 수 있습니다.

3 퀀타이즈 설정

앞에서 살펴본 Iterative Quantize의 값이 60%인 것은 Quantize Setup 창의 Iterative Strength 항목이 60%로 설정되어 있기 때문입니다. Quantize Setup 창을 이용하면 이미 설정되어 있는 값을 변경하거나 자신만의 퀀타이즈 항목을 만들 수 있는데, 이것에 관해서 살펴보겠습니다.

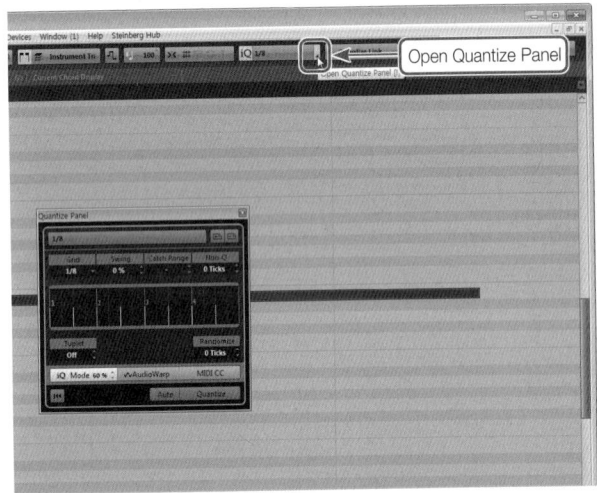

01 사용자가 원하는 퀀타이즈 값을 설정할 수 있는 Quantize Setup 창의 구성 요소를 살펴보겠습니다. 퀀타이즈 목록 오른쪽의 작은 삼각형으로 표시되어 있는 Open Quantize Panel 버튼을 클릭합니다.

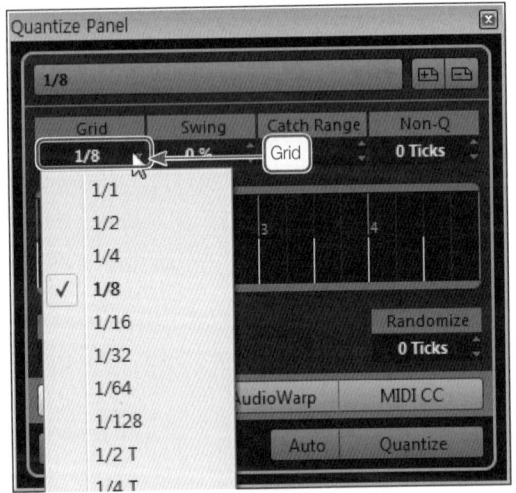

02 Grid는 한 마디에서 만드는 퀀타이즈 라인을 설정합니다. 이것은 가운데 표시하는 디스플레이에서 파란색 라인의 수로 확인할 수 있습니다.

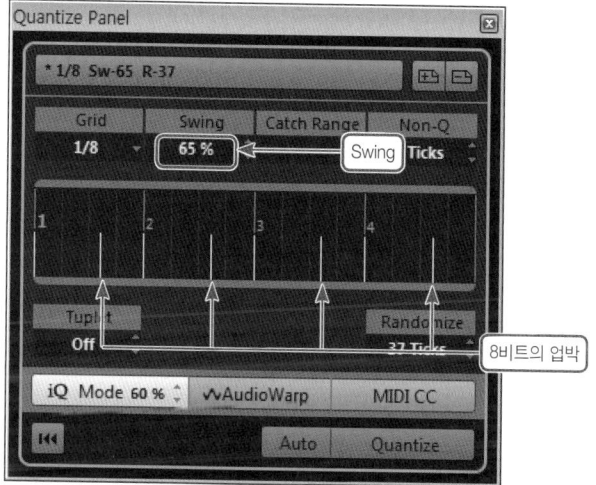

03 Swing은 Gird 항목에서 선택한 단위에서 업 박자에 해당하는 라인을 퍼센트 단위로 조정하여 스윙 퀀타이즈를 설정할 수 있는 항목입니다. 값을 변경해보면 디스플레이에서 업 박에 해당하는 파란색 라인이 이동하는 것을 확인할 수 있습니다.

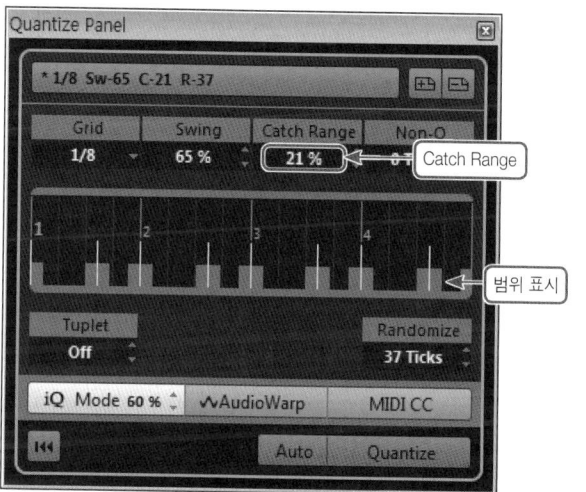

04 Catch Range는 퀀타이즈 적용 범위를 퍼센트 단위로 설정합니다. 여기서 설정한 범위내의 노트들만을 퀀타이즈 하는 것으로 디스플레이 창에서 파란색으로 범위를 확인할 수 있습니다.

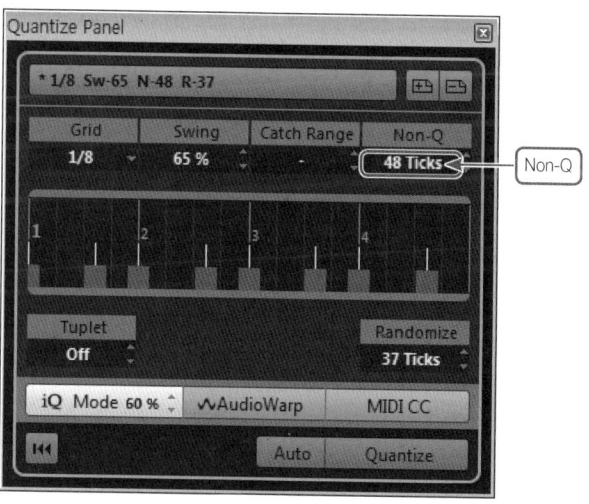

05 Non-Q-는 앞의 Catch Range와 반대 개념으로, 여기서 설정한 범위의 노트들은 퀀타이즈하지 않습니다. 인간적인 연주를 만들기 위해서 아주 중요한 부분입니다. 범위는 빨간색으로 표시합니다.

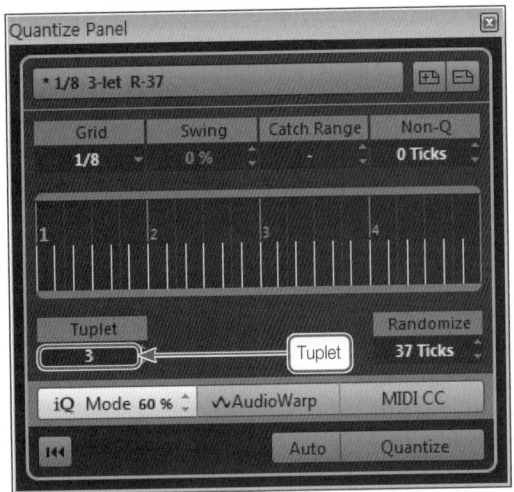

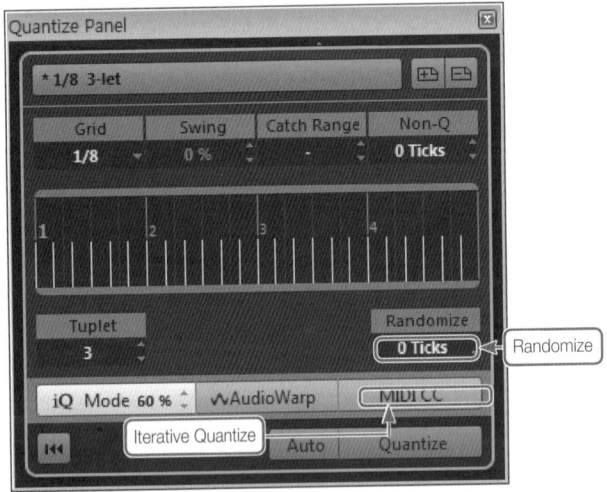

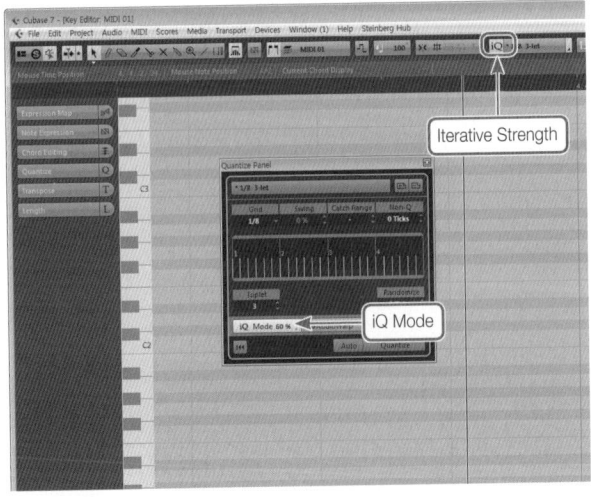

06 Tuplet 항목은 Grid에서 설정한 단위를 몇 개로 세분화 할 것인지를 설정합니다. 예를 들어서 Grid를 8비트로 하고, Tuplet을 3으로 하면, 8비트를 3등분 하는 것이므로 16비트의 3잇단 음과 같은 효과입니다.

07 Randomize는 마우스와 스텝 방식으로 입력한 노트들을 리얼로 입력한 듯이 그리드 라인에서 벗어나게 합니다. 설정하는 단위는 틱 값이고, Non Quantize로 범위를 제한하여 사용할 수 있습니다.

08 iQ Mode는 Iterative Strength 값을 설정합니다. 퀀타이즈 목록의 iQ 버튼을 On으로 하고, Q 키를 눌러 퀀타이즈를 적용할 때 60%가 되었던 것은 이 값이 60%로 설정되어 있었기 때문입니다.

09 큐베이스 및 누엔도는 오디오 이벤트를 퀀타이즈 시킬 수 있으며, 이를 활성화하는 버튼이 Audio Warp입니다. Audio Warp의 자세한 내용은 오디오 학습편을 참조하세요.

오디오 이벤트에 생성된 Audtio Warp 라인

Audio Warp

10 MIDI CC 버튼을 On으로 활성화 하면 미디 노트에 적용된 컨트롤 정보를 함께 퀀타이즈 합니다. 리얼로 입력한 피치와 모듈레이션 정보를 함께 정렬할 수 있는 것입니다.

MIDI CC

컨트롤 정보 퀀타이즈

Quantize Panel

* 1/16 3-let   저장 버튼

Grid	Swing	Catch Range	Non-Q
1/16	0 %	-	0 Ticks

Tuplet		Randomize
3		0 Ticks

iQ Mode	∿AudioWarp	MIDI CC
Reset 버튼	Auto	Quantize

11 Quantize 버튼은 창에서 설정한 값을 선택한 미디 파트에 적용하는 버튼이며, Auto 옵션을 체크하면, 창에서 설정하는 값들을 실시간으로 적용하여 변화 값을 쉽게 확인할 수 있습니다. Reset 버튼을 클릭하면 퀀타이즈를 취소합니다.

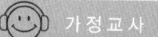 가정교사

사용자가 만든 퀀타이즈 설정은 프리셋 목록 오른쪽의 + 버튼을 클릭하여 저장할 수 있습니다.

4 길이 퀀타이즈

큐베이스와 누엔도는 노트의 시작 위치를 정렬하는 퀀타이즈 외에 노트의 길이와 끝 위치 등을 정렬하는 역할을 하는 Advanced Quantize 메뉴를 제공합니다. 퀀타이즈에 대한 개념은 이미 충분히 설명했으므로 Edit 메뉴에서 제공하는 Quantize 역할 정도만 살펴보겠습니다.

1. Quantize

Edit 메뉴에는 퀀타이즈를 적용하는 Quantize, 취소하는 Reset Quantize, 패널을 여는 Quzntize Panle 과 하위 메뉴를 가지고 있는 Advanced Quantize를 제공합니다.

2. Quantize MIDI Event Lengths

노트의 길이를 정렬합니다. 미디 편집 창의 Quantize 항목에서 1-8 note를 선택하고, 이 메뉴를 선택하면, 입력한 각 노트의 시작 지점을 기준으로 8개의 가상 라인을 만들어 가장 가까운 라인까지 노트의 길이를 정렬합니다.

3. Quantize MIDI Event Ends

Quantize MIDI Event Lengths와 비슷한 기능으로 노트의 끝 지점을 정렬합니다. Quantize MIDI Event Lengths와의 차이점은 시작 지점에 상관 없이 무조건 퀀타이즈 라인에 맞추어 길이를 정렬한다는 것입니다.

끝 지점을 라인에 맞추어 정렬한다

4. Freeze Quantize

적용한 퀀타이즈를 고정합니다. 하나의 파트에서 2가지 이상의 퀀타이즈 값을 적용하고 싶을 때 사용합니다. 예를 들어 8비트 노트와 12비트 노트를 함께 퀀타이즈 할 경우, 12비트 노트만을 정렬 후 고정하고, 나머지 8비트를 정렬하는 것입니다.

3 잇단음 정렬 후 8비트 적용 가능

5. Create Groove Quantize Preset

선택한 파트의 노트 값을 기준으로 퀀타이즈를 만들어 퀀타이즈 목록에 추가합니다. 작업 중인 파트의 노트를 기준으로 다른 파트를 정렬하고 싶을 때 사용할 수 있습니다.

추가 퀀타이즈 목록

입력한 미디의 음정을 조정하는 방법에는 다양한 것들이 있습니다. 그 중에서 메뉴를 이용하는 방법과 인스펙터 파라미터를 이용하는 방법을 많이 사용합니다. 인스펙터 파라미터의 Transpose는 트랙에 영향을 주지만, MIDI 메뉴의 Transpose는 선택한 파트에 영향을 준다는 차이점이 있습니다. 그리고 인스펙터 파라미터는 실제 노트를 변경하지 않지만, MIDI 메뉴는 실제 노트를 변경합니다.

01 음정을 조정할 파트를 선택하고, MIDI 메뉴의 Transpose Setup을 선택합니다. Semitones 항목에서 원하는 값을 조정합니다. 1의 값이 반음입니다. Scale Correction 옵션을 체크하고, 원하는 스케일을 선택하면 간단하게 스케일을 변경할 수 있습니다.

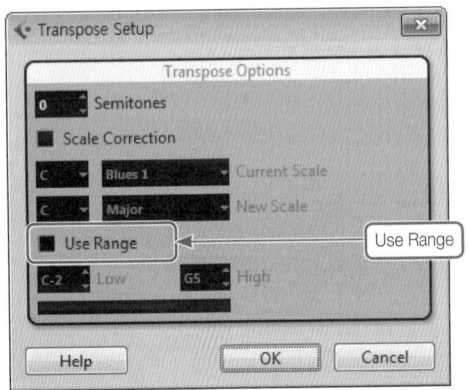

02 Use Range 옵션을 체크하면 Low와 High 사이의 노트만을 변경할 수 있습니다. 예를 들어 드럼 음색에 사용될 노트를 만들기 위해서 모든 노트를 F#3로 변경하고 싶다면, Low/High 범위를 모두 F#3로 제한합니다.

6 미디 이펙트를 실제 데이터로 바꾸기

큐베이스와 누엔도에서 작업한 곡을 미디 파일로 저장할 때, Insert 또는 Send 파라미터에서 사용되고 있는 미디 이펙트는 적용되지 않습니다. 그러므로 미디 파일로 저장할 필요가 있을 때는 이펙트에 적용된 효과를 실제 데이터로 바꿔줄 필요가 있는데, 이러한 역할을 하는 것이 Merge MIDI in Loop 메뉴 입니다.

01 Midi-merge 샘플 파일을 불러오면 8개의 트렉으로 **분리**한 느낌 패턴이 있습니다. B.Dr이라는 이름의 1번 트렉을 선택하고, Inserts 파라미터에서 Compress를 적용합니다.

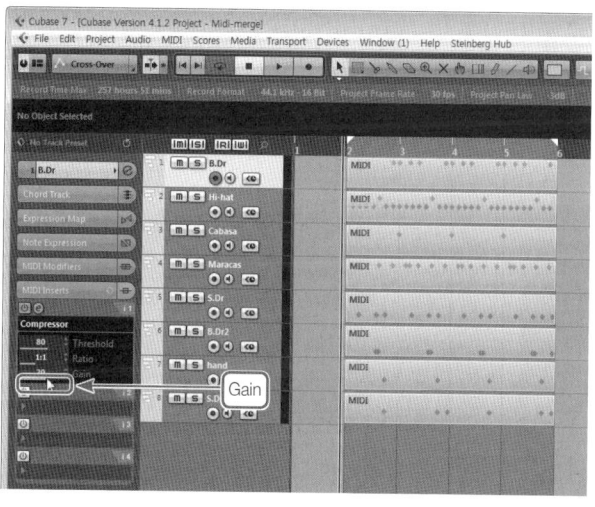

02 Compress 파라미터에서 기본값들은 그대로 두고, Gain 항목을 20 정도로 조정합니다. 전체 벨로시티 값에 20 정도를 증가하는 것입니다.

03 Merge MIDI in Loop 기능을 확인하기 위해서 B.Dr 트랙의 파트를 선택하고, MIDI 메뉴의 Open List Editor 를 선택합니다.

04 List Editor의 Data2 칼럼에 있는 벨로 시티 값을 확인합니다. 강 박자는 100 이고, 약 박자는 60으로 입력되어 있는 것을 확 인할 수 있습니다.

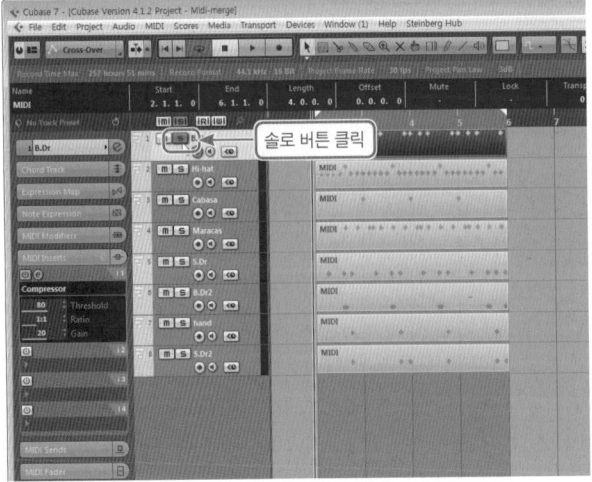

05 List Editor 창을 닫고, B.Dr 트랙의 솔 로 버튼을 클릭합니다. 모든 트랙을 하 나의 파트로 만들고 싶다면 솔로로 설정할 필요 는 없습니다. 여기서는 Insert 이펙트 적용 여부 를 확인하기 쉽게 B.Dr만 선택한 것입니다.

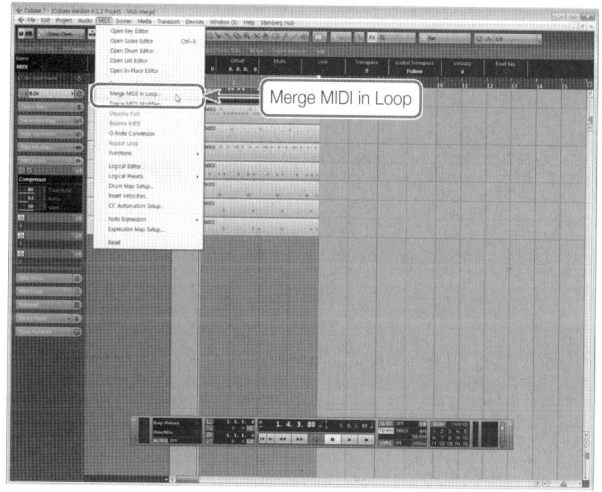

06 MIDI 메뉴의 Merge MIDI in Loop 을 선택합니다. 샘플의 경우에는 로케이터 범위가 설정되어 있지만, 실제 작업에서는 이 메뉴를 적용하기 전에 로케이터 범위를 설정해야 합니다.

Merge MIDI in Loop

07 MIDI Merge Options 창이 열립니다. Include inserts 와 Include Sends옵션은 각 파라미터에서 사용한 이펙트를 적용할 것인지를 여부를 결정하는 것이고, Erase Destination 옵션은 대상 트랙의 파트를 삭제할 것인지를 결정합니다.

MIDI Merge Options

08 옵션 창에서 OK 버튼을 클릭하고, 새로 만들어진 파트의 List Editor를 열어봅니다. 각 노트의 벨로시티가 20씩 증가한 것을 확인할 수 있습니다.

실제로 변경된 벨로시티

7 Modifiers 파라미터를 실제 데이터로 바꾸기

Freeze Track Modifiers 메뉴는 앞에서 살펴본 Merge MIDI in Loop 메뉴와 비슷한 기능입니다. 다만, 인스펙터 MIDI Modifiers 파라미터의 값을 실제 데이터에 적용한다는 차이점이 있습니다. 큐베이스와 누엔도에서 작업한 곡을 미디 포맷으로 저장할 때, Merge MIDI in Loop와 함께 가장 많이 사용하는 기능입니다.

01 파라미터를 조정할 파트의 리스트 에디터를 함께 열어놓습니다. Modifiers 파라미터에서 Position이나 Velocity 값을 조정해봅니다.

02 MIDI 메뉴의 Freeze Track Modifiers를 선택해보면, 사용자가 조정한 파라미터 값이 실제 데이터에 적용되는 것을 확인할수 있습니다.

8 미디 파트 분리하기

미디 드럼 파트를 오디오로 녹음할 때는 베이스 드럼, 스네어 드럼 등 각각의 파트를 개별적으로 녹음합니다. 이때 드럼 에디터의 솔로 기능을 이용해도 되지만, 녹음을 완료한 파트를 제거하는 작업 습관을 가지고 있다면, 각 파트 별로 분리하여 녹음을 하는 것이 좋습니다. 미디 파트의 채널 및 노트 분리에 사용되는 Dissolve Part 메뉴를 살펴 보겠습니다.

01 그림에서와 같이 베이스, 스네어, 하이 해트를 하나의 파트에 입력한 드럼 파 트를 선택하고, MIDI 메뉴의 Dissolve Part를 선택합니다.

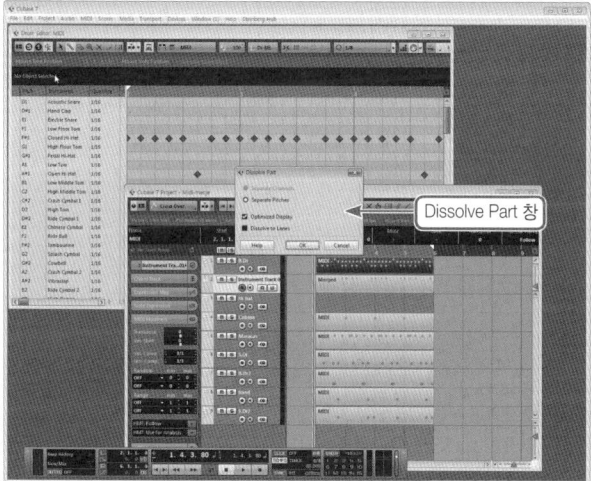

02 Dissolve Part 창의 Separate Channels 은 채널, Separate Pitches는 노트 별로 파트를 분리하는 것입니다. Separate Pitches 를 선택하고, OK 버튼을 클릭하면, 각 파트별로 노트가 분리하는 것을 확인할 수 있습니다.

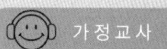
가정교사

선택한 파트의 이벤트가 채널별로 분리되어 있지 않다면, Dissolve Part창의 separate channels 항목은 사용할 수 없습니다.

9 미디 파트 정리하기

Bounce MID 메뉴는 여러 개의 파트를 하나로 정리해주는 역할을 합니다. 물론, 큐베이스와 누엔도에서는 이와 비슷한 기능의 풀 도구를 제공하고 있지만, 필요 없는 데이터를 미리 편집한 후에 적용해야 한다는 불편함이 있습니다. 하지만, Bounce MIDI 메뉴를 이용하면 사용자가 뮤트 시켜놓은 파트를 자동으로 제거하기 때문에 별다른 편집 없이 깔끔한 파트를 완성할 수 있습니다.

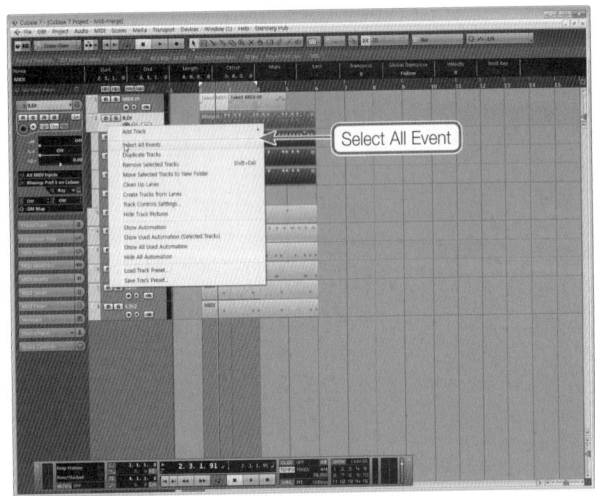

01 드럼 트랙의 연주를 노트 별로 나누어 녹음했다고 가정합니다. 필요 없는 파트를 뮤트하고, 잘라내는 등의 편집으로 복잡해진 레인 트랙에서 마우스 오른쪽 버튼을 클릭하여 Select All Event를 선택합니다.

02 해당 트랙의 파트가 모두 선택되면, MID 메뉴의 Bounce MIDI를 선택합니다. 뮤트된 파트가 삭제되고 하나의 파트로 정리되는 것을 확인할 수 있습니다.

큐베이스와 누엔도에서 작업한 곡을 미디 파일로 저장할 때, 드럼 맵의 아웃 환경은 실제 노트 값으로만 저장합니다. 그러므로, 독자의 악기 설정에 맞추어 노트의 아웃을 변경했다면, 미디 파일로 저장하기 전에 O-Note Conversion 메뉴를 이용해서 실제 노트로 바꿔야 합니다.

01 그림에서와 같이 C1로 입력한 노트를 D1으로 연주되게 아웃 노트를 변경했다고 가정합니다.

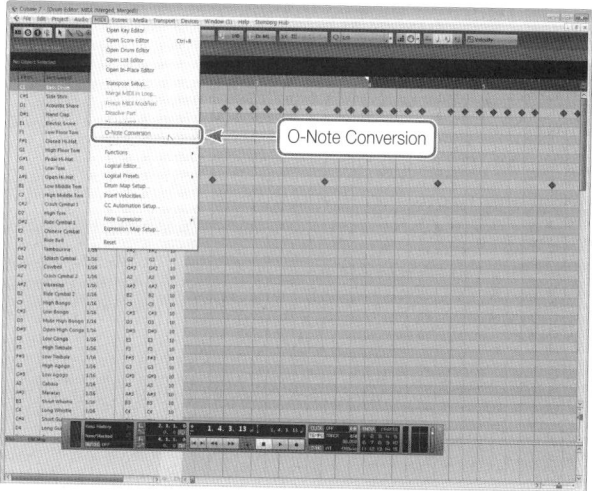

02 MIDI 메뉴의 O-Note Conversion을 선택해보면, O-Note에서 D1으로 설정한 C1노트가 실제 D1으로 변경되는 것을 확인할 수 있습니다.

큐베이스와 누엔도에서 제공하는 미디 에디터의 도구 모음 줄에는 편집 중인 미디 에디터의 특정 구간만을 반복하는 반복 버튼이 있습니다. Repeat Loop 메뉴는 반복 버튼이 On일 때, 반복 구간으로 설정한 범위를 파트의 길이만큼 복사하는 기능입니다.

01 키 에디터의 도구 모음 줄에서 마우스 오른쪽 버튼을 클릭하여 단축 메뉴를 열고, Independent Track Loop를 선택하여 반복 버튼을 표시합니다. 반복 버튼을 On으로 하고 눌러 라인을 드래그하여 반복 시킬 구간을 선택합니다.

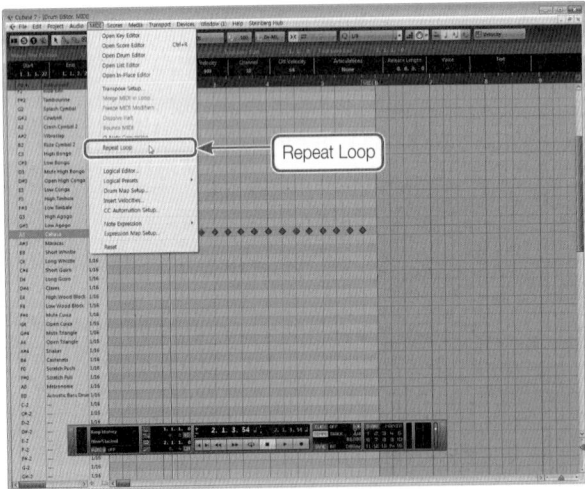

02 MIDI 메뉴의 Repeat Loop를 선택하면 반복 범위로 설정한 구간의 이벤트가 파트의 길이만큼 복사되는 것을 확인할 수 있습니다.

12

다양한 미디 편집기능

MIDI 메뉴의 Functions에는 선택한 미디 정보에 다양한 효과를 줄 수 있는 16가지의 서브 메뉴로 구성되어 있습니다. 선택한 노트의 길이를 자동으로 변경한다거나 겹쳐있는 노트들을 삭제하는 기능들은 작업하면서 자주 사용하는 기능입니다. 특히, 노트가 겹쳐있으면 소리가 일그러지거나 끊어지는 현상을 경험할 수 있는데, 눈으로는 확인이 안 되는 경우가 있습니다. 이때 Functions 메뉴를 이용하여 간단하게 해결할 수 있습니다.

1. Legato

Functions 메뉴의 Legato는 선택한 노드 또는 파트의 노트들을 다음 노트의 시작 지점까지 연장하여 레가토 효과를 만듭니다. 그림은 적용전과 후의 비교입니다.

적용 전의 노트 길이

적용 후의 노트 길이

2. Fixed Lengths

Functions 메뉴의 Fixed Lengths는 선택된 노트 또는 파트의 노트 길이를 퀀타이즈에서 설정한 길이로 조정합니다. 그림은 퀀타이즈 값을 16비트로 선택한 후의 적용 전과 후를 비교한 것입니다.

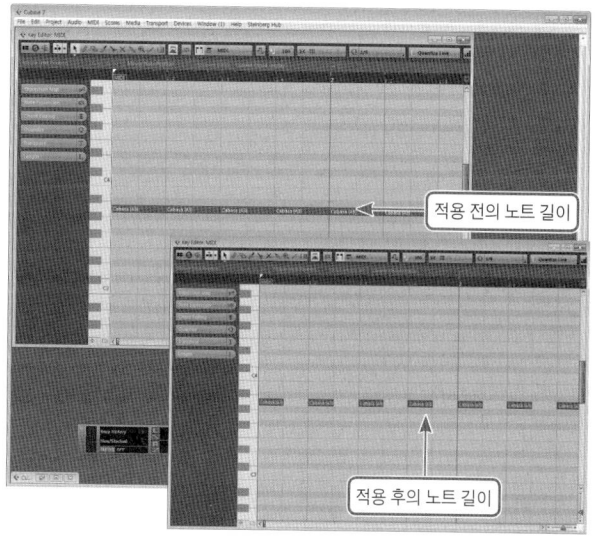

적용 전의 노트 길이

적용 후의 노트 길이

3. Pedals to Note Length

Functions 메뉴의 Pedals to Note Length는 선택한
파트에서 컨트롤 정보 64번인 서스테인 페달 값을 검
출하여 실제 노트 길이를 만들고, 컨트롤 정보 64번
을 제거합니다. 그림에서 적용전의 노트 길이와 적용
후의 노트 길이를 보면 쉽게 이해할 수 있을 것입니다.

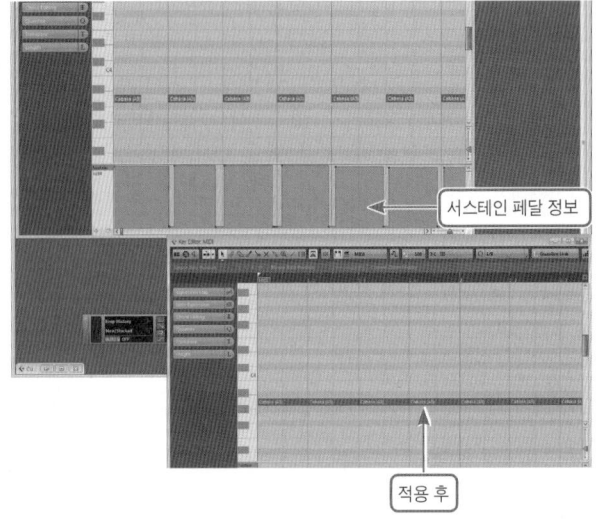

서스테인 페달 정보

적용 후

4. Delete Overlaps (Mono)

Functions 메뉴의 Delete Overlaps(Mono)는 같은
음정에 겹쳐있는 노트를 제거합니다. Delete Doubles
과 비슷하지만, 시작 위치가 다르게 겹쳐진 경우에도
제거한다는 차이점이 있습니다.

적용 전의 겹친 노트

적용 후 겹친 부분이 삭제됨

5. Delete Overlaps (Poly)

Functions메뉴의 Delete Overlaps(Poly)는 음정에
상관없이 겹쳐있는 노트들을 다음 노트의 시작점까
지 줄여줍니다. 그림에서는 적용 전에 다른 음정으로
겹쳐있는 노트를 적용 후에 왼쪽의 노트가 오른쪽의
노트 시작 지점까지 줄어든 모습입니다.

적용 전의 겹친 노트

적용 후

6. Velocity

Functions 메뉴의 Velocity는 선택한 노트 또는 파트
의 벨로시티 값을 변경할 수 있는 창을 열어줍니다.
창의 Type에서 Add/Subtract를 선택하면 Amount
값을 더하거나 빼주고, Compress/Expand를 선택하
면 Ratio 값 범위로 확대하거나 축소합니다. 그리고
Limit를 선택하면 Upper와 Lower 값 사이로 제한합
니다.

7. Fixed Velocity

Functions 메뉴의 Fixed Velocity는 선택한 노트 또
는 파트를 미디 에디터의 도구 모음 줄에 있는 Insert
Velocity에서 설정한 벨로시티 값으로 변경합니다.

8. Delete Doubles

Functions 메뉴의 Delete Doubles은 선택한 노트 또
는 파트에서 겹쳐있는 노트들을 삭제합니다. 그림은
적용 전에 겹쳐있다는 것을 보여주기 위해서 노트들
을 밑으로 내린 것입니다, 적용 후에는 노트들을 밑으
로 내려도 겹쳐진 노트가 없음을 나타냅니다.

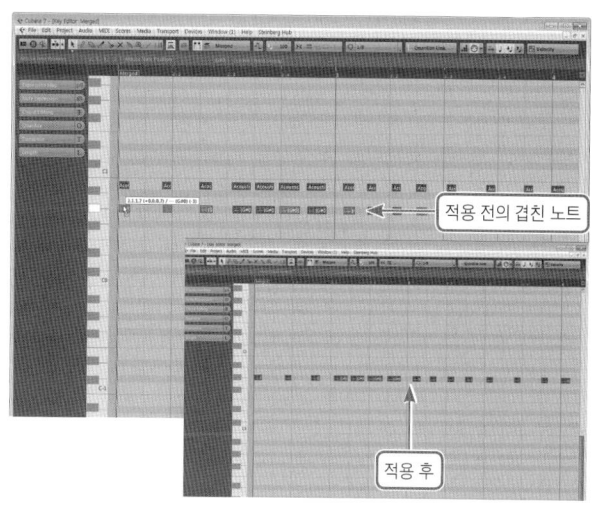

9. Delete Notes

연주 도중 잘못 입력한 짧은 노트들을 삭제할 때 유용합니다. Minimum Length에서 노트의 길이를 직접 입력하거나 아래쪽의 Bar에서 마우스 드래그로 길이를 설정합니다. Minimum Velocity에서 벨로시티 값을 설정할 수 있으며, Length와 Velocity를 모두 적용한 노트를 삭제할 것인지(Both), 둘 중 하나만 만족하는 노트도 삭제(One of)할 것인지를 선택할 수 있는 Remove when under 옵션이 있습니다.

Delete Notes 창

10. Delete Controllers

Functions 메뉴의 Delete Controllers는 선택한 파트에 있는 컨트롤 정보를 삭제합니다. 그림은 적용 전과 후의 모습을 비교입니다.

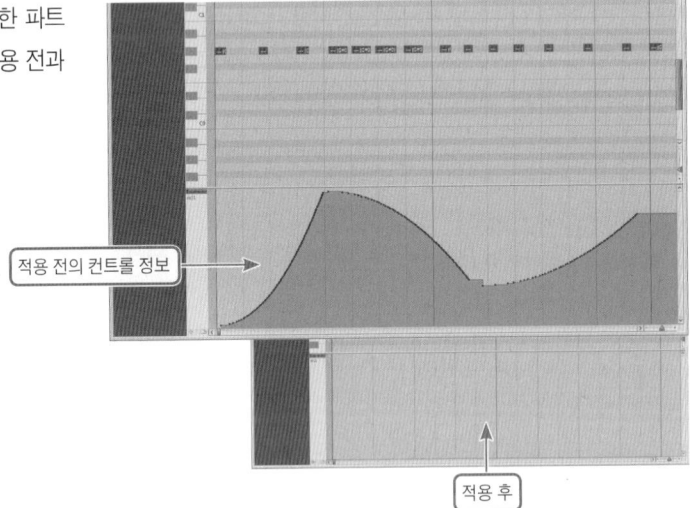

적용 전의 컨트롤 정보

적용 후

11. Delete Continuous Controllers

Functions 메뉴의 Delete Continuous Controllers는 컨트롤 정보를 삭제하는 Delete Controllers 메뉴와 같습니다. 다만, 서스테인 페달과 같이 On/Off 역할을 하는 정보는 삭제하지 않습니다. 그림은 적용전과 후를 비교한 것으로 서스테인 페달 정보가 남아있는 것을 확인할 수 있습니다.

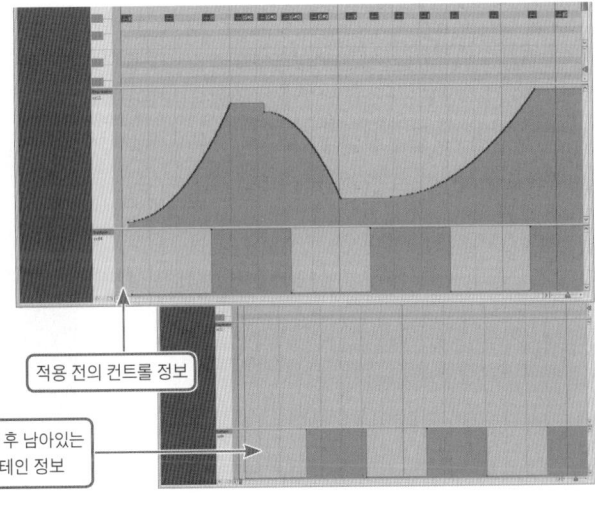

적용 전의 컨트롤 정보

적용 후 남아있는
서스테인 정보

12. Restrict Polyphony

선택된 파트에서 연주할 동시 발음 수를 제한할 수 있는 Allow 창을 엽니다. 동시 발음 수란 동시에 연주할 수 있는 노트의 수를 말합니다. 악기를 구입하면 16 보이스, 32보이스 등으로 표시되어 있는 것이 동시 발음 수 입니다. 독자가 만든 곡이 사용하는 악기의 동시 발음 수를 넘는다면 이것을 제한할 필요가 있습니다.

13. Thin Out Data

Functions메뉴의 Thin Out Data는 너무 많이 입력한 컨트롤 정보를 정리합니다. 여러 트랙에 너무 많은 컨트롤 정보를 입력하면, 연주 신호가 끊어지는 현상이 발생할 수 있는데, Thin Out Data를 선택하여 해결할 수 있습니다.

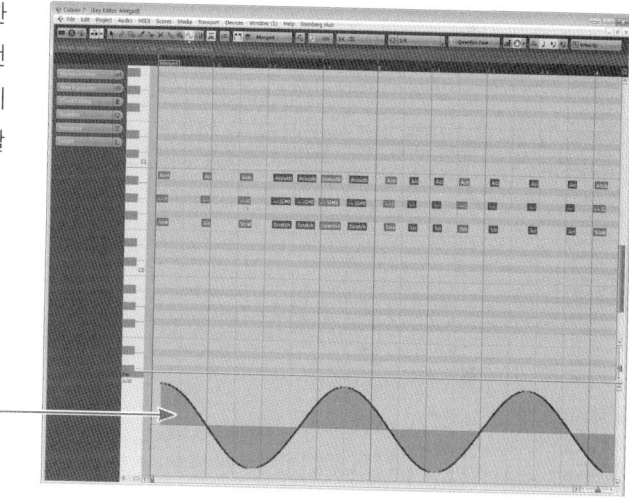

14. Extract MIDI Automation

Functions 메뉴의 Extract MIDI Automation은 미디 파트에 입력한 컨트롤 정보를 오토메이션 트랙으로 전환하는 기능입니다. 그림에서와 같이 팬 정보를 입력하고 Extract MIDI Automation를 선택합니다.

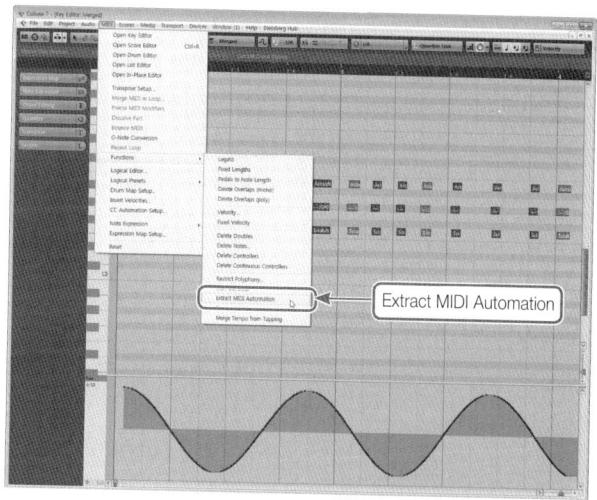

파트에 입력한 팬 정보가 제거됩니다. 오토메이션 트
랙에서 Pan을 선택해보면, 컨트롤 정보가 오토메이
션으로 기록된 것을 확인할 수 있습니다.

오토메이션 트랙

15. Reverse

Functions메뉴의 Reverse는 선택한 노트 또는 파트
의 연주 방향을 바꿉니다. 참고로 큐베이스와 누엔
도에서 제공하는 오디오 프로세스의Reverse를 이
용하면 독특한 사운드를 연출할 수 있지만, 미디의
Revers는 연주 순서만 바뀌는 것이므로 착오없길 바
랍니다.

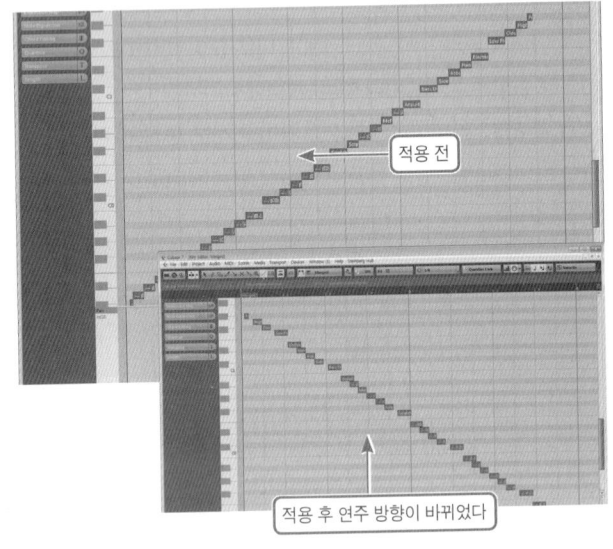

적용 전

적용 후 연주 방향이 바뀌었다

16. Merge Tempo from Tapping

Functions 메뉴의 Merge Tempo from Tapping은
자유롭게 녹음한 연주를 가이드 파트에 입력한 노트
에 맞추어 템포를 설정합니다. 실습을 위해서 메트로
놈이나 드럼 루프 없이 녹음을 합니다.

가이드 없이 자유롭게 녹음

미디 트랙을 하나 더 만들고, 앞에서 녹음한 연주에
맞추어 한 마디 단위로 녹음을 합니다. 이때 녹음하
는 음정은 상관없습니다. 아무래도 드럼 음색에서 적
당한 것을 이용하는 것이 좋겠습니다.

한 마디 단위로 하이해트 녹음

Functions 메뉴의 Merge Tempo from Tapping을
선택하여 MIDI Merge Options 창을 엽니다. 한 마디
단위로 입력 했으므로 Tapping 항목을 1Bar로 선택
하고, OK 버튼을 클릭합니다. Begin at Bar Start 옵
션은 시작 템포도 변경할 것인지를 선택하는 것입니다.

MIDI Merge Options 창

트랜스포트 패널의 Tempo 버튼을 Ctrl 키를 누른 상
태로 클릭하여 템포 트랙을 열어보면, 가이드 역할로
입력한 파트에 맞추어 템포가 설정한 것을 확인할 수
있습니다. 이 기능은 오디오 파트에도 응용이 가능하
므로, 리믹스 음악 작업을 하는 독자에게는 아주 유
용한 기능이 될 것입니다.

Ctrl키를 누른 상태로 Tempo 버튼 클릭

13

고급 편집 기능

Logical Editor 메뉴는 선택한 미디 이벤트에서 특정 이벤트를 골라내어 일괄적으로 편집할 수 있는 창을 열어줍니다. 만일, 선택한 미디 이벤트가 없을 경우에는 현재 작업중인 미디 에디터 창의 모든 이벤트에 영향을 줍니다. 큐베이스와 누엔도의 고급 기능에 해당하므로, 처음에는 어려울 수 있겠지만, 반복해보면 이해할 수 있을 것입니다.

01 단순한 예를 살펴보기 위해서 그림과 같이 키 에디터 창을 열고, 노트를 스케일 순서대로 입력해봅니다. 그림은 C1에서부터 G3까지 입력한 모습입니다.

노트 입력

Logical Editor

02 C2에서 C3까지의 8개 노트만을 골라내어 음정을 바꿔 보겠습니다. MIDI 메뉴의 Logical Editor를 선택합니다. 이때 전체 이벤트에 적용할 것이므로 선택한 이벤트가 없어야 한다는 것을 기억하기 바랍니다.

03 Logical Editor 창이 열립니다. 상단이 필터 섹션이고, 하단이 액션 섹션입니다. 필터 세션의 Add Line 버튼을 클릭하여 검색할 이벤트를 입력할 수 있는 라인을 만듭니다.

Add Line 버튼

04 Filter Target 칼럼은 Type is, condition 칼럼은 Equal, Parameter 1 칼럼은 Note가 기본적으로 설정되어 있습니다. 확인을 하고 Add Line 버튼을 클릭하여 라인을 하나 더 만듭니다.

칼럼 확인

05 두 번째 라인의 Filter Target 칼럼에서 검색할 이벤트의 종류를 선택합니다. 검색할 이벤트는 노트의 음정이므로 Value 1을 선택합니다. 칼럼에 Pitch라고 표시됩니다.

Value 1 선택

06 Condition 칼럼에서는 검색 조건을 선택합니다. 실습은 C2에서 C3까지의 노트를 변경할 것이므로 범위에 해당하는 Inside Range를 선택합니다.

07 Parameter 1 칼럼에서 시작 노트 음정인 C2를 입력하고, Parameter 2 칼럼에 끝 노트 음정인 C3를 입력하여 범위를 설정합니다. 이것으로 목적하는 조건 설정을 완료하였습니다.

08 이제 결과에 대한 설정을 할 차례입니다. 아래쪽 액션 섹션에서 Add Line 버튼을 클릭하여 액션 라인을 하나 만듭니다.

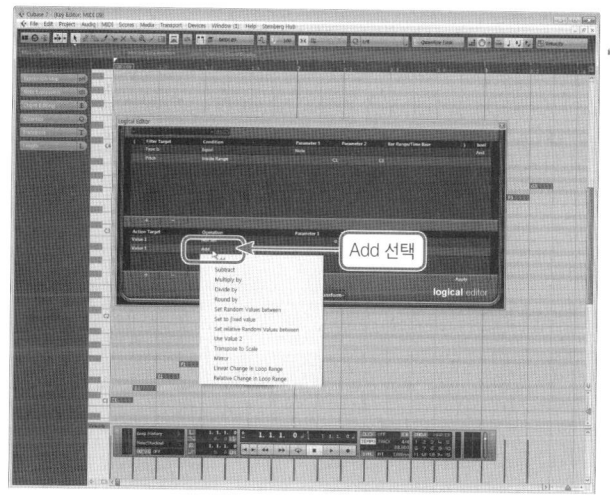

09 Action Tiarget 칼럼이 Value 1으로 설정한 것을 확인하고, Operation 칼럼에서 결과를 만들 수 있는 Add를 선택합니다.

10 Parameter 1 칼럼에서 변경할 값을 입력합니다. 여기서는 5를 입력하여 장 3도를 높이겠습니다. 결과 값 설정이 끝나면 Apply 버튼을 클릭하여 적용합니다.

11 Logical Editor 창을 닫고, 앞에서 실습으로 입력했던 노트를 보면 C2에서 C3까지의 노트들이 장 3도 높아진 것을 확인할 수 있습니다.

앞에서 간단한 실습으로 Logical Editor 창의 기능을 살펴보면서 독자의 미디 편집 실력을 몇 단계 업그레이드 할
수 있다는 것을 짐작할 수 있었을 것입니다. 특히, 연주가 서툴러서 퀀타이즈를 반드시 사용하거나 마우스로 입력
한 미디 연주를 Logical Editor의 랜덤 기능을 이용하여 인간미를 느낄 수 있는 연주로 바꿀 수 있는 등, 여러 가지
용도로 사용할 수 있습니다. Logical Editor 창의 구성 요소와 기능을 살펴보겠습니다.

1. Function

Logical Editor 창에서 사용할 기능을 선택하는 메
뉴로 Delete, Transform, insert, Insert Excusive,
Copy, Extract, Select 등이 있습니다.

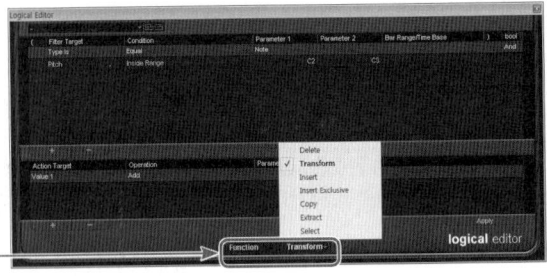

① Delete

　필터 섹션에서 설정한 이벤트를 삭제합니다. 액션 섹션의 값은 필요 없습니다.

② Transform

　예제를 통해서 익혔던 것과 같이 필터 섹션에서 설정한 이벤트를 검색하여 액션 섹션에서 설정한 값으로 조정
　합니다.

③ Insert

　필터와 액션 섹션에서 설정한 이벤트의 결과 값을 추가합니다.

④ Insert Excusive

　필터와 액션 섹션에서 설정한 이벤트의 결과 값을 추가하고 나머지는 삭제합니다.

⑤ Copy

　필터와 액션 섹션에서 설정한 이벤트의 결과 값을 복사하여 새로운 트랙에 만듭니다.

⑥ Extract

　필터와 액션 섹션에서 설정한 이벤트의 결과 값을 새로운 트랙에 이동하여 만듭니다.

⑦ Select

　필터 섹션에서 설정한 이벤트를 선택합니다. 액션 섹션의 값은 필요 없습니다.

2. Filter Target

편집중인 미디 이벤트에서 검색할 대상을 선택할
수 있는 Position, Length, Value, Channel, Type,
Property 등이 있습니다.

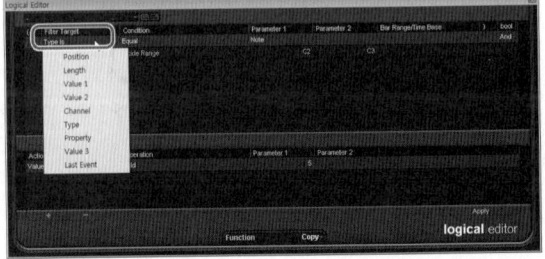

① Position

위치를 설정하는 것으로 Parameter1과 2에서 검색할 위치의 범위를 입력합니다.

② Length

길이를 설정하는 것으로 Parameter 1과 2에서 검색할 길이를 입력합니다.

③ Value

설정한 값이 따라 수행합니다. 예를 들어서 첫 번째 라인을 노트로 설정하면 다음 라인은 Value1는 Pitch, Value2는 Velocity, Value3는 Off Velocity가 됩니다.

④ Channel

채널을 설정하는 것으로 Parameter1에서 검색할 채널을 입력합니다.

⑤ Type

Prameter1에서 Note, Poly Press, Controller, Program, Aftertouch, Pitchbend, Sysox, SMF Event 등, 검색할 타입을 결정합니다.

⑥ Property

Prameter1에서 선택했거나, 뮤트 등의 특징을 가지고 있는 이벤트를 검색할 수 있도록 선택합니다.

3. Condition

Filter Target 속성과 Prameter 값의 비교 조건을 선택합니다. 유효한 옵션은 Filter Targert에 따라 달라집니다.

① Equal/Unequal

Parameter 1칼럼 값과 일치하는 것(Equal) 또는 일치하지 않는 것(Unequal)을 검색합니다.

② Bigger/Less

Parameter 1 칼럼 값보다 높은 값(Bigger) 또는 낮은 값(Less)을 검색합니다.

③ Inside/Outside

Parameter 1과 2 범위 내(Inside), 범위 외(Outside)에서 검색합니다. Bar Range는 Filter Target에서 Position을 선택한 경우에만 사용할 수 있는 것으로 바 형태의 그래프를 마우스 드래그로 선택합니다.

바 형태의 그래프

④ Befor/Beyond Cursor

대상이 Position일 때 송 포지션 라인 이전(Befor)/이후(Beyond)에서 검색됩니다.

⑤ Inside Cycle/Track Loop

대상이 Position일 때 사이클 또는 트랙 루프 내에서 검색됩니다. Exactly Matching Cycle는 설정된 사이클과 완전히 부합하는 값을 가진 요소를 검색합니다.

4. 액션 섹션의 Operation

액션 섹션은 앞에서 살펴본 필터 섹션의 칼럼들과 용법이 크게 다르지 않습니다. 다만 어떻게 수정할 것인지를 선택할 수 있는 Operation 칼럼에는 Add, Subtract, Multiply by, Divide by, Round by, Set Random Values between, Set to fixed value, Set relative Random Values between, Add Length, Transpose to Scale, Use Value, Mirror, Linear Change in Loop Range, Relative Change in Loop Range 등이 있습니다.

① Add/Subtract/Multiply by/Divide by

　필터 섹션에서 검색한 이벤트에 값과 액션 필터의 Prameter1 칼럼 값을 더하기(Add), 빼기(Subtract), 곱하기(Multiply by), 나누기(Divide by)합니다.

② Round by

　필터 섹션에서 검출한 값을 Parameter1의 값으로 분배하여 가장 가까운 값을 적용합니다. 예를 들어 필터 섹션이 17이고, Pramameter1의 값이 5이면 17를 5로 분배하여 가장 가까운 수인 15를 적용합니다.

③ Set Random Values between

　필터 섹션에서 검출한 이벤트를 액션 섹션의 Parameter1과 2 범위 내에서 임의로 변경합니다.

④ Set to fixed value

　필터 섹션에서 검출한 이벤트를 액션 섹션의 Parameter1 값으로 고정합니다.

⑤ Set relative Random Values between

　필터 섹션에서 검출한 이벤트를 액션 섹션의 Parameter1과 2 범위 값을 임의로 더합니다. .

⑥ Add Length

　Action Target이 position인 경우에만 적용할 수 있는 것으로 Parameter1에 설정한 길이를 더합니다.

⑦ Transpose to Scale

　Action Target이 Value1인 경우에만 적용할 수 있는 것으로 Parameter1과 2에 설정한 스케일에 맞춥니다.

⑧ Use Value

　Action Target이 Value1인 경우에는 Use Value2, Action Target이 Value2인 경우에는 Use Value1를 적용할 수 있는 것으로 각 설정 값들을 복사하여 사용할 수 있습니다.

⑨ Mirror

　Action Target이 value 1과 2일 경우에만 적용할 수 있는 것으로 필터 섹션에서 검출한 값을 Parameter1값의 반대로 진행합니다.

⑩ Linear Change in Loop Range

　로케이터 범위에만 적용되는 것으로 Parameter1과 2사이를 라인 형태로 변경합니다.

⑪ Relative Change in Loop Range

　로케이터 범위에만 적용되는 것으로 parameter1에서 점차적으로 Parameter2의 값으로 변경합니다.

⑫ NoteExp Operation

　로Action Target을 NoteExp Operation으로 하여 노트 익스프레션을 삭제(Remove NoteExp), 원 샷 모드 노트에 데이터 추가(Create One-Shot), 데이터 반전(Reverse) 동작을 수행할 수 있습니다.

14 로컬 프리셋

앞에서 살펴본 Logical Editor의 프리셋을 메뉴에서 선택할 수 있습니다. 큐베이스와 누엔도에서 제공하는 기본 프리셋을 살펴보기 전에 프리셋을 만드는 과정을 살펴보겠습니다. 여기서는 앞의 Logical Editor 메뉴를 실습할 때 만들었던 값을 프리셋으로 저장하겠습니다. 프리셋을 연구하는 것은 Logical Editor 사용의 원리를 빠르게 익힐 수 있는 방법입니다. 틈틈이 프리셋을 적용하여 연구해보기 바랍니다.

01 Logical Editor 창 프리셋 항복위 Store Preset 버튼을 클릭하면 열리는 Type In Preset Name 창에서 쉽게 알아볼 수 있는 이름을 입력하고, OK 버튼을 클릭합니다.

02 MIDI 메뉴의 Logical Preset을 보면, 앞에서 입력한 프리셋 이름이 등록된 것을 확인할 수 있습니다. 자주 사용하는 Logical Preset 기능은 이와 같이 메뉴로 등록해두면 편리합니다.

Logical Presets 메뉴의 각 프리셋을 역할을 살펴봅니다. 독자는 각 프리셋들이 어떻게 만들어졌는지 반드시 확인해보는 시간을 가져 보길 바랍니다.

[Added for Version 3]

Add Note [+12], if ModWheel is above 64 : 모듈레이션이 64 이상인 노트를 한 옥타브 추가합니다.

Delete SMF Events : SMF 이벤트를 삭제합니다.

Delete all Controller in Cycle Range : 사이클 구간의 컨트롤 정보를 모두 삭제합니다.

Delete each 5th note : 5번째 노트를 삭제합니다.

Kill Notes on C-Major : C 코드 구성 이외의 노트를 삭제합니다.

Scale down Velocity in Sustain Range : 서스테인 페달 범위 노트의 벨로시티를 감소시킵니다.

Select all Events beyond Cursor : 송 포지션 위치 이외의 노트를 모두 선택합니다.

Select all Events in Cycle Range : 사이클 범위의 노트를 모두 선택합니다.

Shift Key C1 Transpose by 24 : C1 노트를 누를 경우 모든 노트를 2옥타브 올립니다.

Shift Notes by 12 Ticks beyond Cursor : 송 포지션 라인 이후의 노트를 12틱씩 이동합니다.

Transform Notes after D#3 or C#3 : D#3와 C#3 노트를 D3로 연주합니다.

Transpose Events In Sustain Range : 서스테인 범위의 노트를 한 옥타브 추가합니다.

[Musical Context]

Add Minor Sevenths to Chords with 3 or More Voices : 3화음 이상 노트에 7을 추가합니다.

Add Ninths to Chords : 9 노트를 추가합니다.

Add Octaves to Chords with Less than 4 Voices : 4 화음 이하의 노트에 옥타브를 추가합니다.

Delete Fifths from Chords with 3 or More Voices : 3화음 이상 노트의 5음을 삭제합니다.

Delete Minor Sevenths of Chords : 화음에 마이너 7 노트를 삭제합니다.

Delete Notes that do not Match the Current Scale : 스케일에 일치하지 않은 노트를 삭제합니다.

Extract Alto : 알토 음을 추출합니다.

Extract Diminished and Augmented Fifths of Chords : 디미니쉬와 오그먼트 화음의 5음을 추출합니다.

Select Highest MIDI Volume CC : 볼륨 정보를 선택합니다.

Select Highest Pitch : 피치벤드 정보를 선택합니다.

Select Highest Pitches and 4 SemitSEs Below : 단 3도 노트를 선택합니다.

Select Highest Velocity : 벨로시티 정보를 선택합니다.

Select Notes that do not Match the Current Chord : 코드에 일치하지 않는 노트를 선택합니다.

Transpose Highest Pitches 1 Octave Down : 가장 높은 음을 한 옥타브 낮춥니다.

Transpose Lowest Pitches 1 Octave Up : 가장 낮은 음을 한 옥타브 높입니다.

[Note Expression]

Convert MIDI Expression to VST3 Volume : 익스프레션 정보를 VST3 정보로 바꿉니다.

Create VST3 Pan SEShot : 노트에 VST3 팬 정보를 만듭니다.

Create VST3 Tuning SEShot : 노트에 VST3 튜닝 정보를 만듭니다.

Erase in Cycle : 사이클 범위의 정보를 삭제합니다.

Invert Values : 노트의 값을 반대로 바꿉니다.

Light VST3 Auto Detune : VS3 정보를 10틱 범위에서 랜덤으로 바꿉니다.

Pitchbend to VST3 Tuning : 피치벤드 정보를 노트에 적용합니다.

Remove All MIDI data : 모든 미디 데이터를 삭제합니다.

Remove All VST3 Events : 모든 VST 이벤트를 삭제합니다.

Remove Invalid VST3 Parameter : 모든 VST3 정보를 삭제합니다.

Revers : VST3 정보를 반대로 바꿉니다.

Set Random VST3 Pan : VST3 이벤트에 팬을 랜덤으로 적용합니다.

[Experimental]

add volume 0 to end of note - 노트의 끝부분에 볼륨 값을 0으로 합니다.

delete black keys - 검은 건반에 해당하는 노트를 삭제합니다.

downbeat accent (4-4) - 4비트 단위에 있는 노트의 벨로시티값을 30 증가시킵니다.

extract volume and pan - 볼륨과 팬 정보를 잘라냅니다.

filter off beats - 16비트 단위의 노트를 삭제합니다.

insert midi volume for velocity - 노트의 벨로시티를 볼륨 값으로 조정합니다.

[Standard set 1]

delete muted - 뮤트된 이벤트를 삭제합니다.

delete short notes - 20Ticks 이하의 노트들을 삭제합니다.

double tempo - 노트의 길이를 두배로 늘려줍니다.

fixed velocity 100 - 노트의 벨로시티를 100으로 고정합니다.

half tempo - 노트의 길이를 반으로 줄여줍니다.

push back -4 - 노트의 위치를 -4만큼 이동합니다.

push forward +4 - 노트의 위치를 +4만큼 이동시킵다.

random notes (c3 to c5) - 노트의 음정을 C3에서 C5범위로 자유롭게 변경합니다.

random velocity (60 to 100) - 노트의 벨로시티를 60에서 100범위로 자유롭게 변경합니다.

[Standard set 2]

del patch changes - 뱅크 또는 프로그램 체인지 정보를 삭제합니다.

del velocity below 30 - 벨로시티 30 이하의 노트를 삭제합니다.

del velocity below 35 - 벨로시티 35 이하의 노트를 삭제합니다.

del velocity below 40 - 벨로시티 40 이하의 노트를 삭제합니다.

del velocity below 45 - 벨로시티 45 이하의 노트를 삭제합니다.

del. Aftertouch - 애프터터치 정보를 삭제합니다.

extract note (c3 60) - C3 노트를 잘라냅니다.

high notes to channel 1 - C3 이상의 노트를 채널 1번으로 변경합니다.

low notes to channel 2 - C3이하의 노트를 채널 2번으로 변경합니다.

set notes to fixed pitch (c3) - 노트를 C3로 고정합니다.

transpose +12 - 노트를 옥타브로 올려줍니다.

transpose -12 - 노트를 옥타브로 내려줍니다.

[Init]

기본 파라미터 값이 0으로 되어 있는 Init은 프리셋을 만들 때의 기본 베이스 라인 역할을 합니다. 그러나 프리셋을 만들때에는 기본 베이스 라인만 있는 Init를 이용하는 것보다는 프리셋 메뉴에서 비슷한 값을 변경하여 만드는 것이 편리합니다.

Drums Map Setup 메뉴는 드럼 맵을 구성할 수 있는 Drum Map Setup 창을 열어줍니다. 이것은 독자가 사용하고 있는 악기의 드럼 파트 이름과 경로 등을 구성한다거나 다른 곳에서 입수한 드럼 파트의 섹션을 독자가 사용하는 악기의 드럼 섹션으로 변경하는 등 여러 가지 용도로 사용할 수 있습니다. 드럼 맵의 역할과 기능은 이미 살펴보았으므로, 여기서는 창의 각 기능들을 살펴보겠습니다.

1. New Map

Drum Map Setup 창의 Functions 기능을 살펴보겠습니다. New Map 은 새로운 드럼 맵을 만듭니다. 새로 만드는 드럼 맵의 이름은 Empty Map이며, 원하는 이름으로 변경할 수 있습니다.

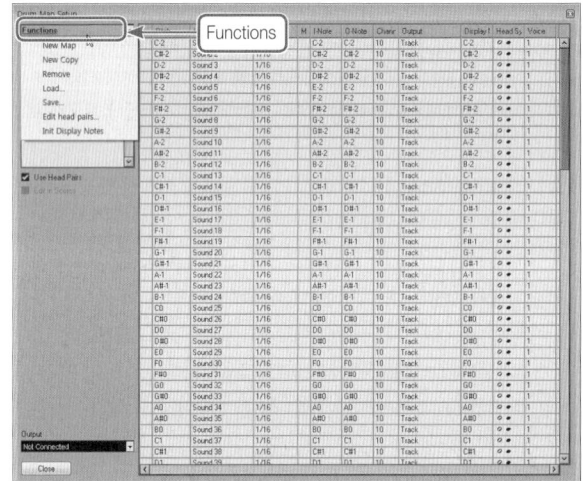

2. New Copy

선택한 드럼 맵을 복사합니다. 복사하는 드럼 맵의 이름은 선택한 드럼 맵에 숫자를 붙여주지만, 변경하여 사용할 수 있습니다.

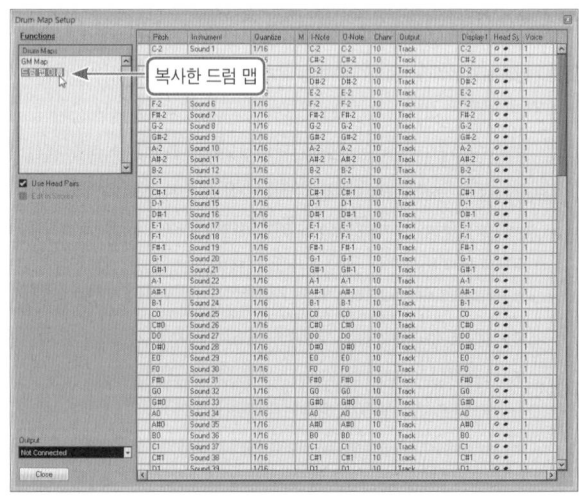

3. Remove

선택한 드럼 맵을 삭제 합니다. 그림은 앞에서 복사해서 만든 드럼 맵을 삭제한 결과입니다.

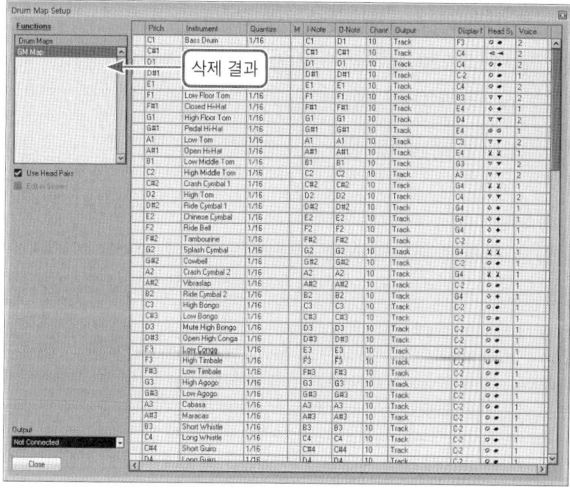

4. Load

드럼 맵 파일(drm)을 불러올 수 있습니다. 큐베이스와 누엔도를 설치한 폴더에는 DrumMaps라는 폴더가 있으며, 시중에서 판매되는 대부분의 악기 리스트를 제공하고 있습니다.

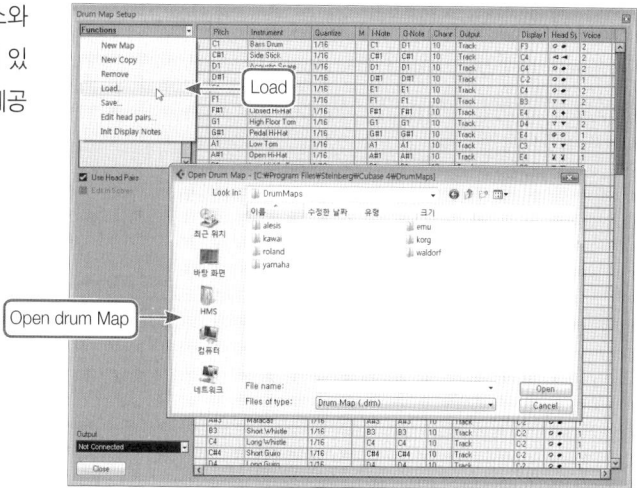

5. Save

독자가 구성한 드럼 맵을 drm파일로 저장할 수 있습니다. 저장한 드럼 맵 파일은 다른 사용자들에게 큰 도움이 될 수 있으므로 자신이 활동하고 있는 음악 사이트의 자료실에 등록하여 나누는 기쁨을 누려보기 바랍니다.

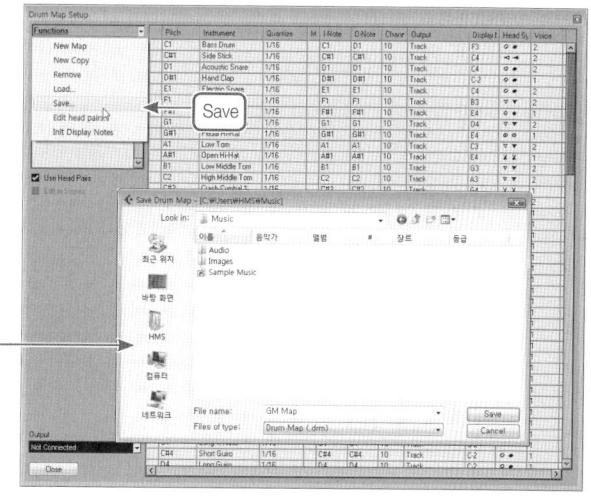

6. Edit head pairs

Edit head pairs은 Head Symbol 칼럼에 표시되어 있
는 음표의 머리를 변경할 수 있는 Head Pairs 창을 엽
니다. 여기서 변경된 음표 머리는 Score Editor에서 드
럼 악보를 만들 때 적용됩니다.

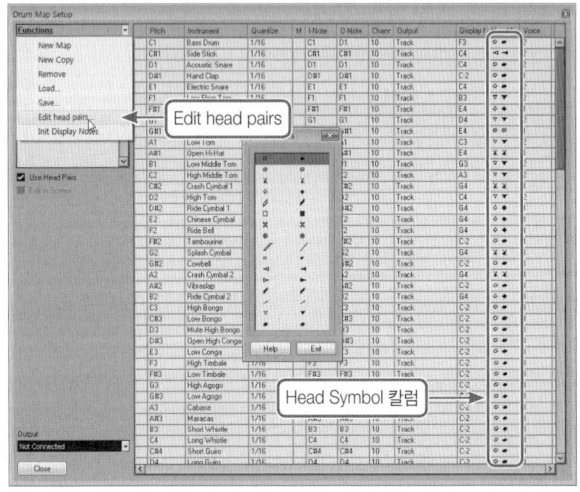

7. Init Display Notes

Display Note 칼럼에 표시되어 있는 노트의 음정을 기
본 값으로 복구합니다. 이것 역시 Score Editor에서 드
럼 악보를 표기할 때 적용되는 기능입니다.

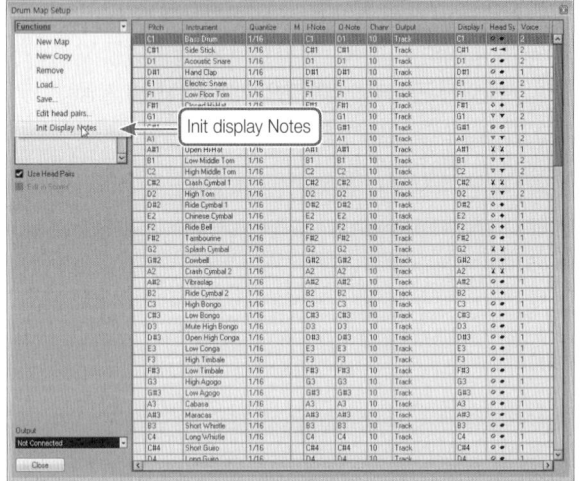

8. 모니터 칼럼

Drum Map Setup 창의 각 칼럼 역할을 살펴보겠습니
다. Pitch 칼럼 왼쪽의 빈 공간은 마우스 클릭으로 해당
음색을 모니터 할 수 있는 모니터 칼럼입니다.

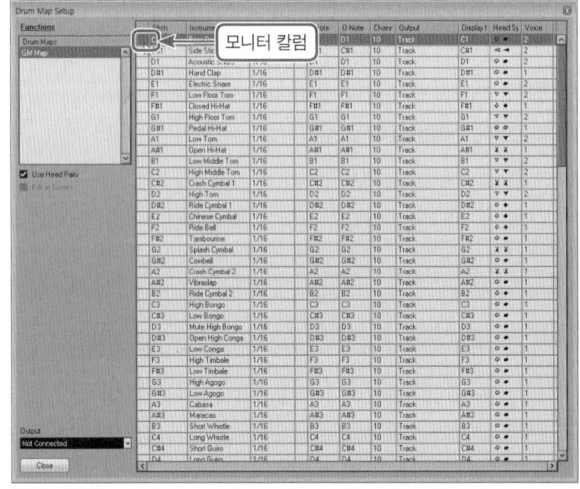

9. Pitch / Instrument 칼럼

Pitch는 구성 노트의 음정을 표시하며, Instrument는 Drum Editor에서 표시할 노트의 이름을 설정합니다. Instrument항목을 클릭하고, 원하는 이름을 입력하여 변경할 수 있습니다.

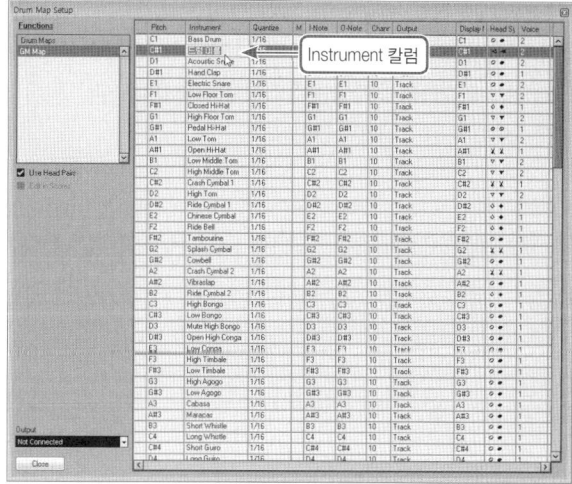

10. Quantize / M 칼럼

Quantize는 입력하는 노트의 길이를 설정하며, M은 선택한 노트의 음정을 뮤트 할 때 사용합니다. 뮤트 노트는 검정색 원으로 표시하며, 다시 클릭하여 해제할 수 있습니다.

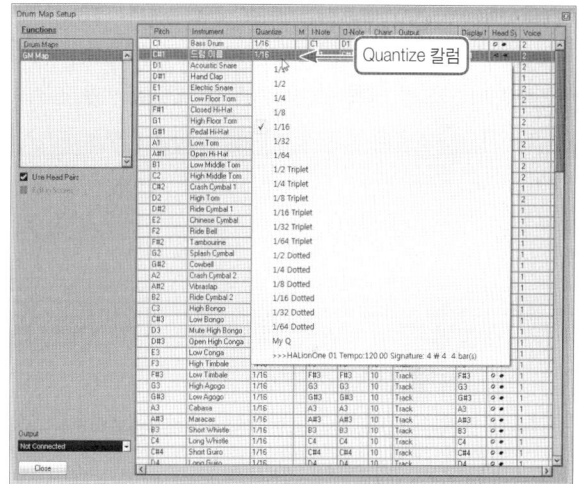

11. I-Note / O-Note 칼럼

드럼 맵의 핵심 부분인 I-Note와 O-Note 칼럼은 입력 노트의 음정과 출력 노트의 음정을 설정합니다. 독자가 사용하는 드럼 맵과 다른 곳에서 입수한 곡의 드럼 맵이 다를 경우, 입력한 노트는 그대로 유지하면서 아웃 노트를 변경할 수 있습니다.

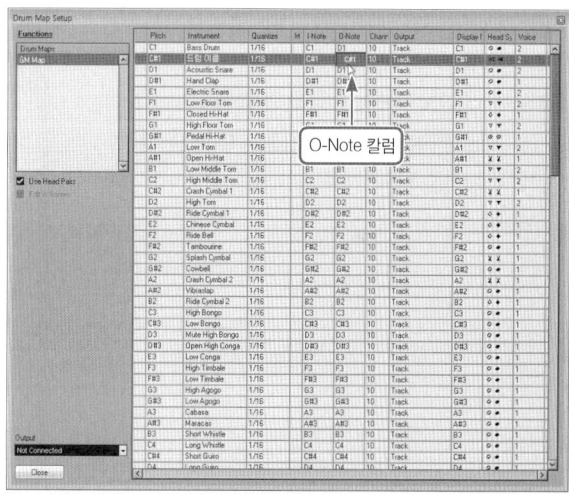

12. Channel / Output 칼럼

Channel 칼럼은 출력하는 드럼 채널을 설정하고,
Output 칼럼은 출력하는 미디 아웃 포트를 선택합니다.
Output의 리스트는 독자의 컴퓨터에 장착된 미디 인터
페이스의 이름이 표시되는 것입니다.

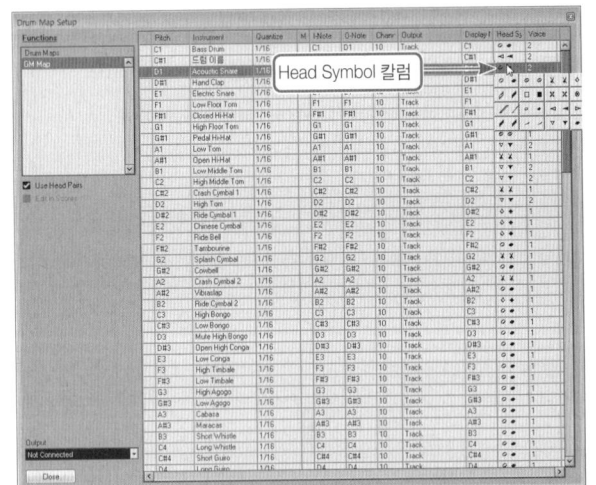

13. Display Note / Head Symbol / Voice 칼럼

Display Note는 악보에 표시될 음정, Head Symbol은
악보에 표시될 음표의 머리, Voice는 해당 노트의 성보
를 설정합니다. 3가지 모두 악보를 만들 때 적용되는 것
입니다. 자세한 내용은 출판 악보 만들기 편을 참조하
기 바랍니다.

14. Edit in Scores

Edit in Scores 옵션은 스코어 에디터를 열었을 경우
에만 사용할 수 있는 것으로 악보에서 조정하는 음
정이나 음표 머리, 보이스 등의 환경을 Drum Map
Setup 창에서 적용하는 역할입니다. Output 목록은
악기가 연결되어 있는 미디 인터페이스의 아웃 포트
를 선택합니다.

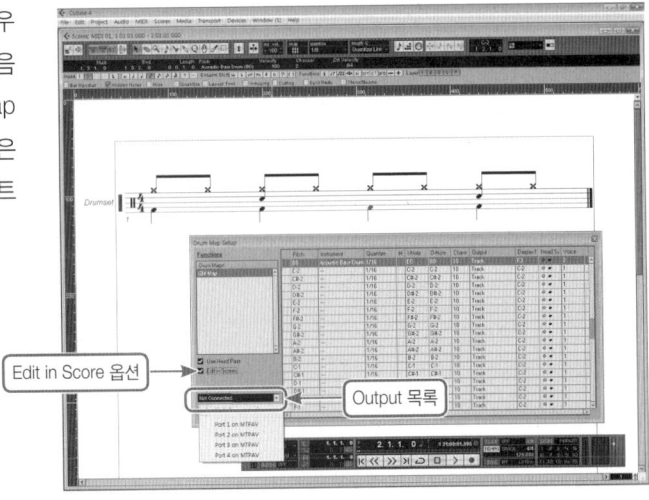

미디 에디터의 ins.Vel 항목에 표시되는 벨로시티 리스트를 사용자가 원하는 값으로 설정할 수 있는 Insert Velocities 메뉴를 살펴봅니다. 큐베이스와 누엔도에서 제공하는 미디 에디터들의 도구 모음 줄에는 ins vel 항목이 있고, 마우스로 입력하는 노트는 여기서 선택한 벨로시티 값으로 입력됩니다. Ins.Vel 항목에는 모두 5가지 레벨의 리스트를 설정할 수 있습니다.

01 미디 에디디 도구 모음 줄의 ins.vol항목을 클릭해보면 5가지의 벨로시티 리스트가 열립니다. 이 값을 변경하고 싶다면, 리스트 하단에 있는 Setup메뉴를 선택하거나 MIDI 메뉴의 Insert Velocities를 선택합니다.

02 미디 에디터의 Ins.vel 항목에 리스트로 표시할 벨로시티 값을 설정할 수 있는 MIDI Insert Velocities 창이 열립니다. Level 5의 설정 값이 리스트에서 보여지는 5개의 리스트이며 사용자가 원하는 값으로 변경할 수 있습니다.

미디 컨트롤 정보는 키 에디터와 같은 미디 편집 창에서 입력하기도 하고, 오토메이션 트랙으로 기록을 하기도 합니다. 그러다 보면, 하나의 트랙에서 동일한 미디 컨트롤 정보를 미디 파트에도 입력을 하고, 오토메이션 트랙에도 기록을 하게 되는 경우가 있습니다. 이때 실제로 재생되는 오토메이션 타입을 설정하는 것이 MIDI Automation Setup 창이며, 기본 설정은 평균 값으로 재생되는 Average로 선택되어 있습니다.

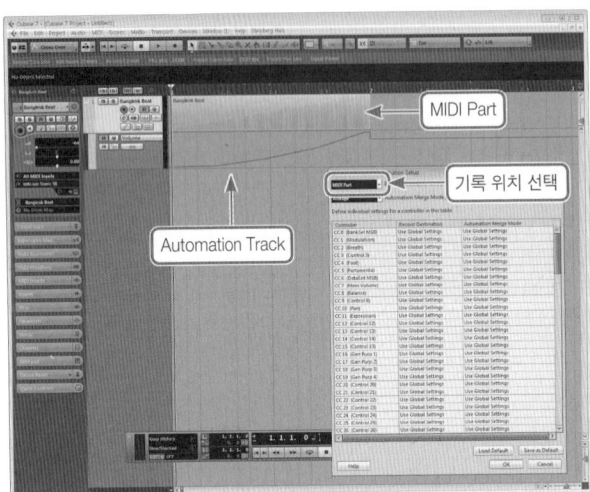

01 MIDI 메뉴의 CC Automation Setup을 선택하여 창을 엽니다. 첫 번째 옵션의 Record destination on conflict은 미디 컨트롤러를 이용해서 정보를 입력할 때 미디 파트(MIDI Part)로 기록할 것인지 오토메이션 트랙(Automation Track)으로 기록할 것인지를 선택합니다.

02 Automation Merge Mode는 재생 방법을 선택합니다. Replace는 파트에 우선권을 두는 것으로 파트 길이에만 해당하는 Replace1-Part Range와 마지막 값을 유지하는 Replace2-Last Value continues가 있고, 평균 값으로 재생되는 Average와 최소 값을 상승시키는 Modulation이 있습니다. 두 가지 옵션은 아래 컨트롤 정보 목록에서 개별적으로 설정할 수 있으며, Load default 버튼을 클릭하여 초기값으로 복구하거나 Save as Default 버튼을 클릭하여 사용자 설정을 기본값으로 저장할 수 있습니다. 참고로 Automation Merge Mode는 오토메이션 트랙에서도 선택할 수 있으며, 기본 값은 Setup 창의 설정 값을 따르는 Use Global Settings로 되어 있습니다.

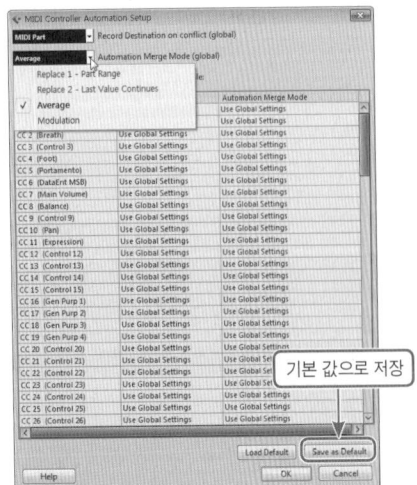

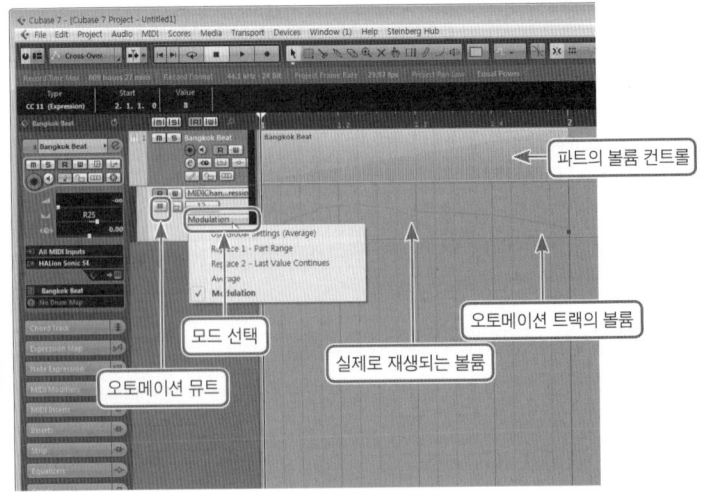

큐베이스 및 누엔도에는 하나의 노트로 스타카토, 슬라이드 등의 연주법을 연출할 수 있게 해주는 Expression Map 기능을 제공합니다. 이것은 어떤 건반을 함께 눌렀을 때, 연주되는 노트의 주법이 변하게 함으로써 리얼 연주로 이용할 수 있고, 악보에 연주 기호를 입력하는 것만으로도 주법이 만들어지는 획기적인 기능입니다. 단, 이 기능을 사용하기 위해서는 Expression Map Setup 창을 이용하여 원하는 주법을 미리 설정해둬야 합니다.

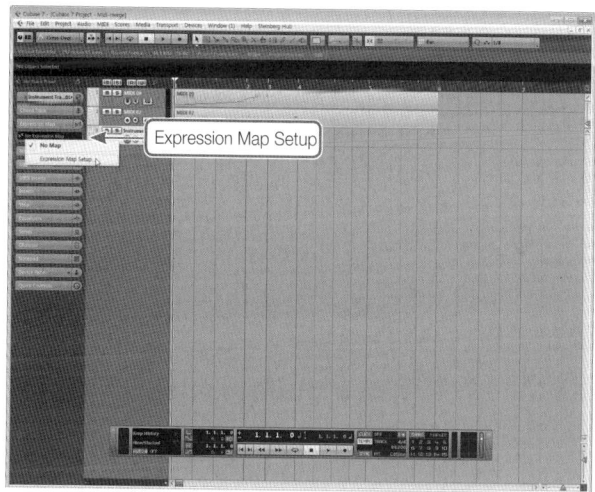

01 Expression Map은 Steinberg.net에서 꾸준히 제공하고 있기 때문에 사용자가 직접 만들 필요는 없겠지만, 사용자 스타일에 맞게 변경하려면, 최소한의 구조는 알고 있어야 할 것입니다. Setup 창은 Expression Map 파라미터 또는 MIDI 메뉴의 Expression Map Setup을 선택하여 엽니다.

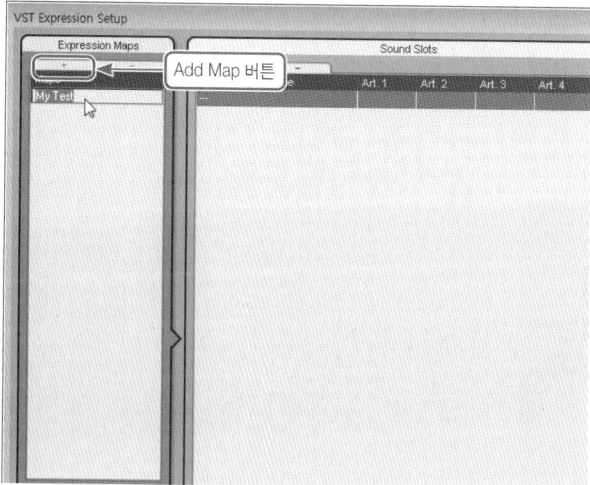

02 Expression Maps 목록에서 + 기호의 Add Map 버튼을 클릭하여 새로운 맵을 추가하고, Untitled로 만들어진 맵의 이름을 구분하기 쉬운 것으로 변경합니다. - 기호의 Remove map 버튼은 선택한 맵을 삭제합니다.

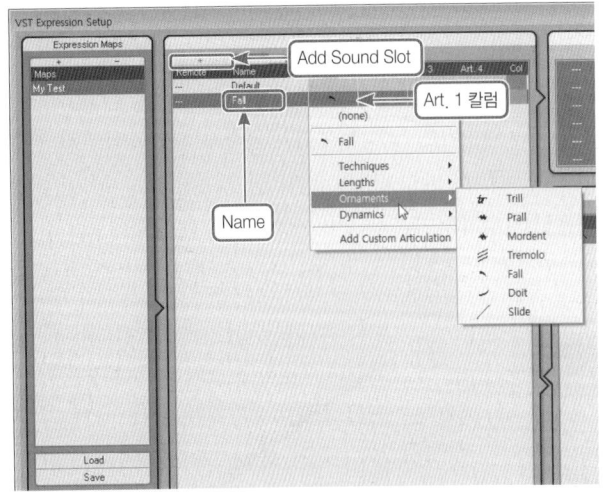

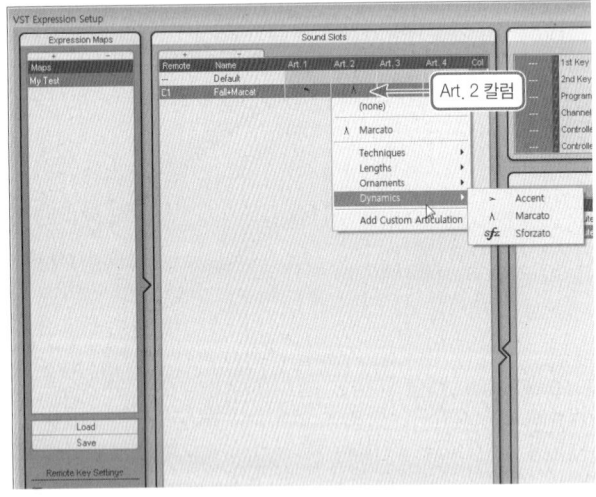

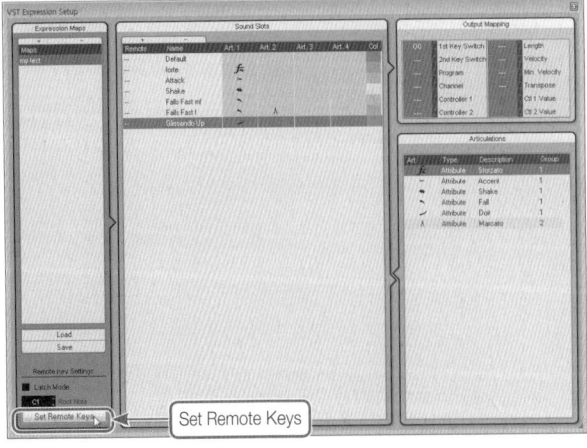

03 Sound Slot 목록에서 + 기호가 있는 Add Sound Slot 버튼을 클릭하여 슬롯을 추가합니다. 그리고 Art. 1 칼럼을 클릭하여 목록을 열고, 연출할 아티큘레이션을 선택합니다. Name은 자동으로 입력되지만, 원한다면 마우스 클릭으로 변경 가능합니다.

04 Expression Map은 하나의 노트에 4개의 아티큘레이션을 복합적으로 지정할 수 있으며, 재생 순서는 Art. 1, 2, 3, 4 의 순서로 검색되며, 악기에서 지원하지 않는 주법은 자동 생략 됩니다.

05 같은 과정을 반복하여 사용자가 연출하고 사운드 슬롯을 추가하고, 화면 왼쪽 아래에 보이는 Set Remote Keys 버튼을 클릭합니다.

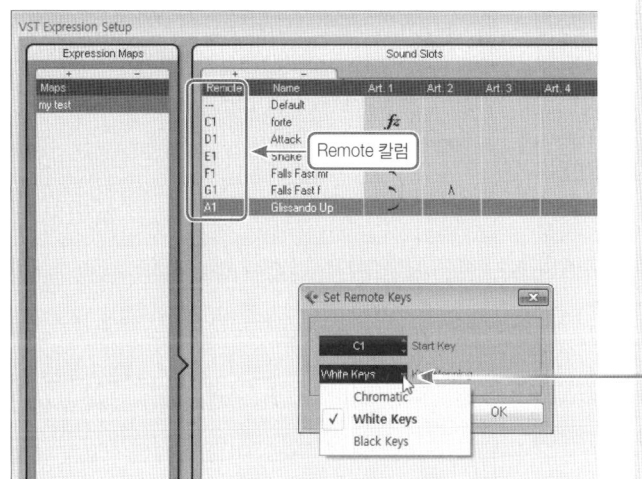

06 Remote 칼럼에 배치할 노트를 설정할 수 있는 창이 열립니다. Start Key에서 시작 노트를 선택하고, Key Mapping에서 순서를 선택합니다. Chromatic은 반음 간격, White keys는 흰 건반, Black Keys는 검은 건반입니다. 그림에서는 White keys를 선택하여 C1, D1, E1 순서로 배치되게 하고 있습니다.

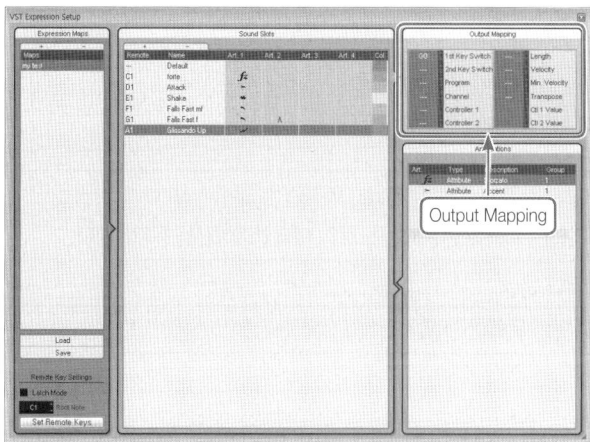

07 Output Mapping 항목은 해당 노트를 눌렀을 때 전송하게 될 미디 정보를 설정합니다. 여기서 1st Key Switch와 2nd Key Switch 파라미터는 HALion Symphonic Orchestra와 같이 키 스위치 기능이 있는 VST에 사용되는 것으로 일반적인 미디 정보는 아닙니다.

파라미터	역할
1st/2nd Key Switch	키 스위치 기능이 있는 VST의 노트를 설정합니다
Program	프로그램 체인지 정보를 전송합니다
Channel	미디 채널 정보를 전송합니다
Controller 1/2	미디 컨트롤 정보를 선택하며, Ctrl 1/2 value에서 값을 설정합니다.
Length	미디 노트의 연주 길이를 설정합니다
Velocity	벨로시티 값을 설정합니다
Min. Velocity	레이어로 구성된 사운드의 벨로시티 범위를 설정합니다
Transpose	사운드의 음정을 반음 단위로 조정합니다.

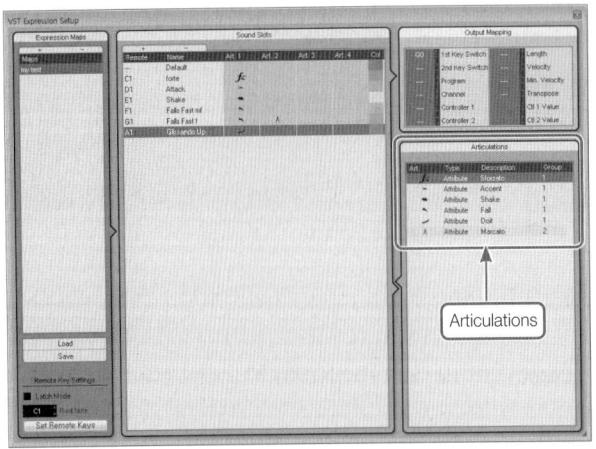

08 Articulations 항목은 슬롯에 추가한 아티큘레이션의 속성을 설정할 수 있는 Art, Type Description, group의 파라미터로 구성되어 있습니다.

파라미터	역할
Art	칼럼을 클릭하면 Symbol과 Text의 아티큘레이션의 표시 방식을 선택할 수 있는 메뉴가 열립니다. Symbol을 선택하면 기본적으로 입력된 심볼을 변경할 수 있는 창이 열리고, Text를 선택하면 문자를 입력할 수 있는 상태가 됩니다.
Type	칼럼을 클릭하면 Attribute와 Direction 타입을 선택할 수 있는 메뉴가 열립니다. Attribute 타입은 단일 노트에 영향을 주며, Direction 타입은 처음에 연주되는 노트의 아티큘레이션을 유지합니다.
Description	아티큘레이션의 이름을 변경할 수 있습니다.
Group	칼럼을 클릭하여 그룹을 지정할 수 있는 목록이 열립니다.

09 사용자가 만든 Expression 맵은 Save 버튼을 클릭하여 저장할 수 있으며, 프로젝트 창의 Expression Map, 키 에디터, 스코어 에디터 등에서 사용합니다. 이것에 관해서는 PART3에서 살펴보았습니다. 참고로 아티큘레이션은 Remote 건반을 누르고 있는 동안에 작동하는데, Latch Mode 옵션을 체크하면 건반을 떼어도 속성을 유지합니다. Load 버튼을 클릭하여 부록의 Expression Map을 불러와서 살펴보기 바랍니다.

미디 에러 중지시키기

미디 작업을 하면서 흔하게 격는 에러가 연주를 중단했는데도 비프 음과 비슷한 소리를 계속 연주되는 현상입니다. 이때 MIDI 메뉴의 Reset을 선택하여 모든 미디 채널에 All Note off 컨트롤 정보를 전송하여 초기화하면 에러를 중지시킬 수 있습니다. Preferences의 MIDI 페이지에서 Reset on Part End와 Reset on Stop 옵션을 체크해두면, 정지 버튼을 누를 때 Reset 메뉴를 자동으로 실행합니다.

01 미디 에러를 인위적으로 발생시켜 보고 싶다면, 미디 곡을 연주시키고, 미디 인터페이스에 연결되어 있는 케이블을 뽑습니다. 그리고 다시 미디 케이블을 연결하면, 삐~하는 미디 에러를 경험할 수 있습니다.

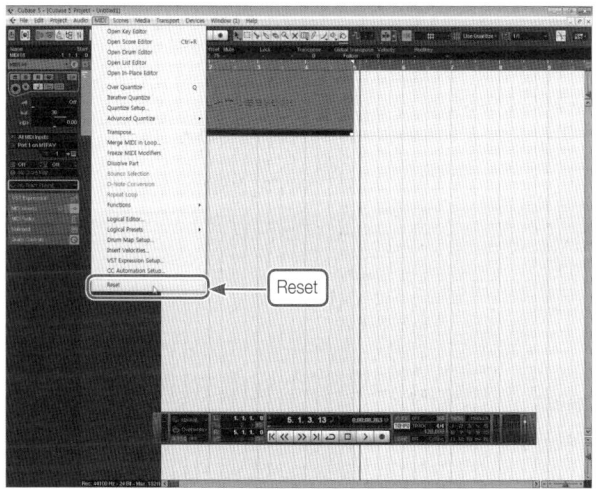

02 MIDI 메뉴의 Reset을 선택합니다. All Note Off 정보를 전송하여 일시적으로 연주가 중단되어 미디 에러가 차단되는 것을 확인할 수 있습니다. 미디 에러를 경험할 때 실험해 보기 바랍니다.

VST Instruments

VST는 Virtual Studio Technology의 약자로 스튜디오의 하드웨어 장비를 소프트웨로 구현한다는 의미입니다. VST는 악기를 구현하는 instruments와 이펙트를 구현하는 Effects로 구분하지만, 일괄적으로 VST라고 부릅니다. 이러한 VST는 이미 수 많은 히트곡에서 사용되고 있을 만큼, 하드웨어와 대등한 음질을 가지고 있는데, 여기서는 큐베이스와 누엔도에서 기본적으로 제공하는 것들을 살펴보겠습니다.

1 소프트 악기 사용하기

큐베이스와 누엔도에서 제공하는 VST Instruments를 사용하는 방법과 다른 제작사에서 출시되는 VST Instruments의 사용법은 동일하며, 제작사마다 패널의 모습은 다르지만, 파라미터의 옵션은 모두 비슷합니다. 즉, 큐베이스와 누엔도에서 제공하는 VST Instruments만 익힌다면, 생전 처음보는 악기들도 무리없이 이용할 수 있게 되는 것입니다. 먼저 VST Instruments를 사용하는 두 가지 방법을 살펴보겠습니다.

01 첫 번째는 VST Instruments 트랙을 만들어서 사용하는 방법입니다. 트랙 리스트에서 마우스 오른쪽 버튼을 클릭하여 단축 메뉴를 열고, Add Instruments Track을 선택합니다.

02 트랙 수(count)와 악기(instruments)를 선택할 수 있는 창이 열립니다. Instruments에서 사용할 악기를 선택하거나 Browser 옵션으로 음색을 선택하는 방법을 이용할 수 있습니다. HALion Sonic SE을 선택해 봅니다.

03 HALion Sonic SE이 아웃으로 설정 된 인스트루먼트 트랙이 생성됩니다. 음색은 프로그램 항목 또는 악기 패널의 Load Program에서 선택할 수 있으며, 미디 아웃에서 다른 악기를 선택하여 변경할 수 있습니다.

04 Add Instruments tracks 창에서 Browse 버튼을 선택하면, 음색을 카테 고리로 쉽게 찾아볼 수 있으며, 선택한 음색을 가지고 있는 악기를 로딩할 수 있습니다. 목록 에서 음색을 선택하고, 마스터 건반을 연주하여 모니터 해 볼수도 있습니다.

05 두 번째는 미디 트랙에서 이용하는 방 법입니다. 오른쪽 존 열기 버튼을 클릭 하여 VST Instruments 탭을 엽니다.

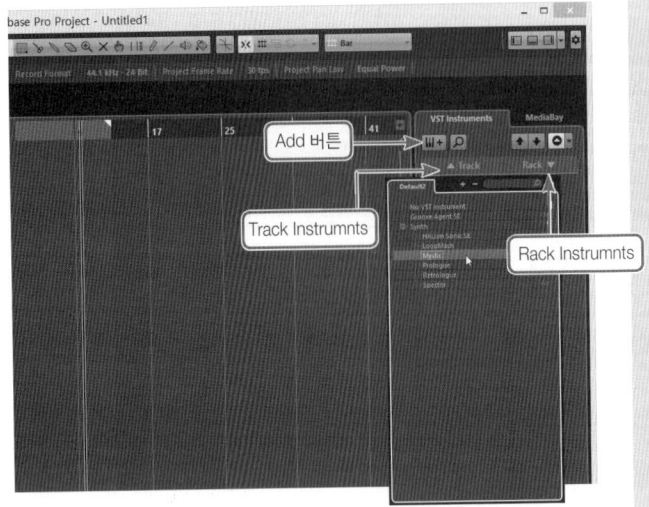

06 VST Instrumets 패널에서 악기를 추가할 때는 Add 버튼을 이용합니다. 이미 악기가 장착되어 있는 경우에는 Track Instruments를 클릭하여 트랙을 추가하거나 Rack Instruments를 클릭하여 악기를 추가할 수 있습니다. Rack Instruments에서 Mystic을 선택하여 추가해 봅니다.

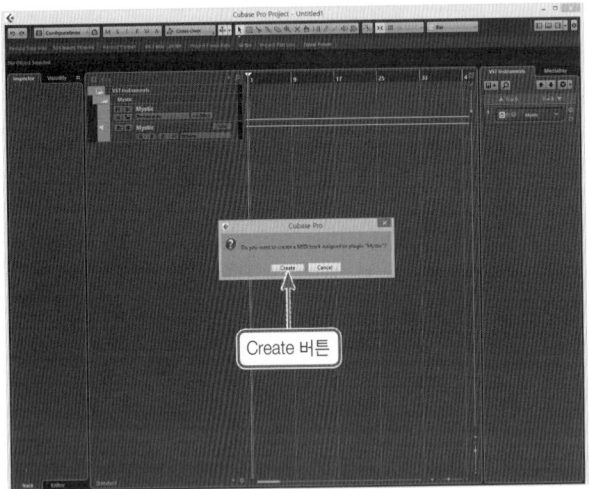

07 데이터를 입력할 미디 트랙을 만들 것인지를 묻는 창이 열립니다. Create 버튼을 클릭하여 Mystic이 아웃으로 설정된 미디 트랙을 만듭니다.

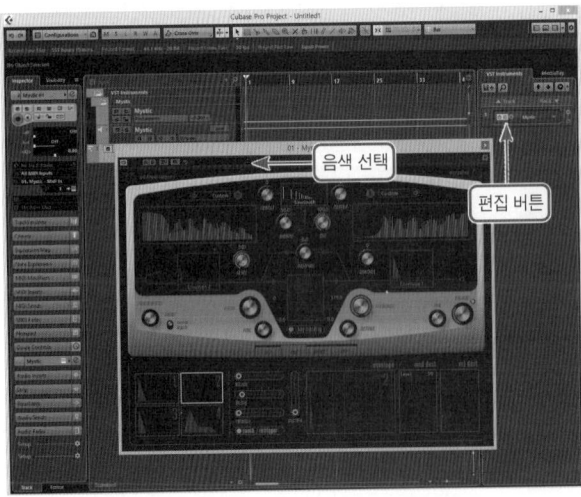

08 소프트 악기 패널이 열립니다. 음색은 인스펙터 파라미터의 프로그램 항목이나 악기 패널의 프리셋 목록에서 선택할 수 있습니다. 패널을 닫았을 경우에는 인스펙터 창의 편집 버튼을 클릭하여 열 수 있습니다.

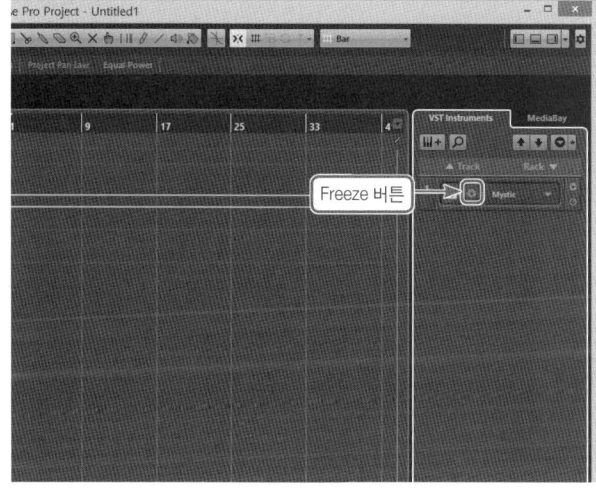

09 VST Instruments를 많이 사용하면, 시스템이 느려지는 문제가 발생할 수 있습니다. 이것을 해결하는 방법은 데이터 입력과 편집이 모두 끝난 악기는 Freeze 버튼을 클릭하여 적용하는 것입니다.

Freeze 버튼

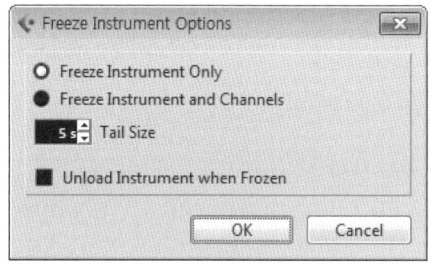

10 선택한 악기에만 적용할 것인지 (Freeze Instruments Only), 해당 악기가 사용된 모든 채널에 적용할 것인지 (Freeze Instuemtns and Channels)를 선택할 수 있는 옵션과 잔향의 길이를 설정할 수 있는 Tail Size 옵션이 있는 창이 열립니다.

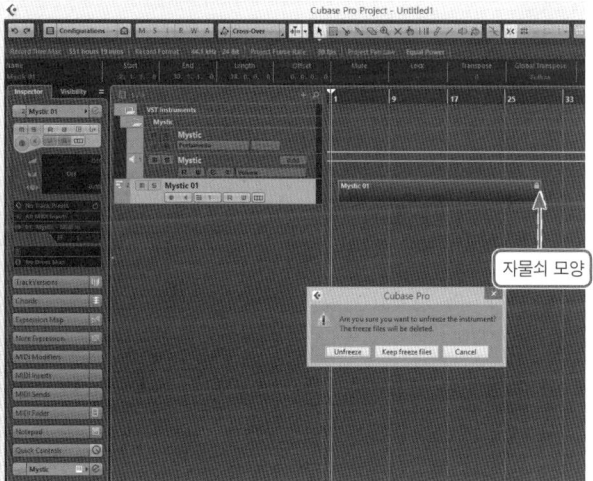

11 원하는 옵션을 선택하고, Ok버튼을 클릭하면 잠시 프로세싱 작업이 진행되고 미디 이벤트는 더 이상 편집할 수 없다는 의미의 자물쇠 모양이 표시됩니다. 이벤트를 편집할 일이 있다면, Freeze 버튼을 Off하여 해제하면 됩니다.

자물쇠 모양

2 오디오 렌더링

VST 악기는 비용 부담없이 악기를 이용할 수 있다는 매력이 있지만, 시스템 자원을 많이 차지한다는 단점이 있습니다. 그래서 이벤트 작업이 끝난 VST 트랙은 오디오 트랙으로 익스포트 한 후에 믹싱 작업을 진행하는 것이 좋습니다. 큐베이스는 VST 트랙을 바로 오디오 트랙으로 익스포팅 할 수 있는 Render in Place 기능을 제공합니다. VST 이펙트를 많이 사용하고 있는 오디오 트랙에서도 유용한 기능이 될 것입니다.

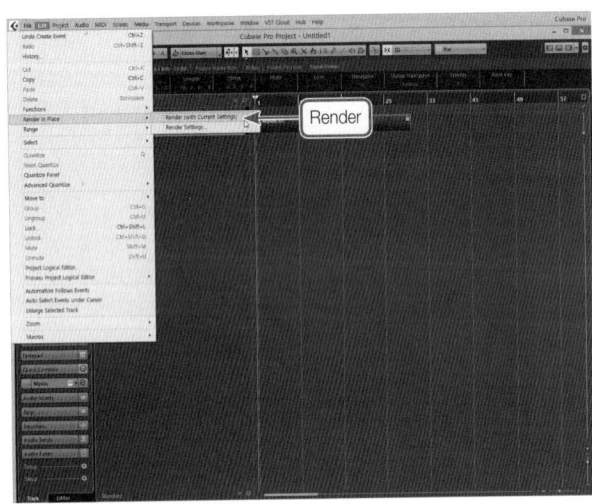

01 선택한 VST 트랙 또는 이벤트를 오디오로 바꾸는 작업은 너무나 간단합니다. 그냥 Edit 메뉴의 Render in Place에서 Render를 선택하면 됩니다.

02 Render의 기본 세팅은 이벤트만 오디오 트랙으로 익스포팅 할 수 있도록 되어 있기 때문에 EQ 및 Insert 파라미터의 장치들은 그대로 유지됩니다.

만일, 시스템 문제로 EQ 및 Insert 장치까지 랜더링할 필요가 있다면 Edit 메뉴의 Render in Place에서 Render Settings을 선택하여 옵션을 변경합니다. 여기서 사용자가 원하는 옵션을 선택하고 Render 버튼을 클릭하여 진행해도 좋습니다.

〈랜더링 방법 선택 메뉴〉

● As Separate Evnets : 선택한 트랙 또는 파트를 각각의 오디오 이벤트로 만듭니다.

● As Block Evnets : 선택한 트랙 또는 파트를 각각의 오디오 이벤트로 만듭니다. As Separate Events와의 차이점은 인접한 파트는 하나의 이벤트로 처리된다는 것입니다.

● As One Event : 선택한 트랙 또는 파트를 하나의 오디오 이벤트로 만듭니다.

〈채널 세팅 처리 옵션〉

● Dry(Transfer Channel Settings) : 채널 세팅 및 오토메이션 값을 오디오 트랙으로 전송합니다.

● Channel Settings : EQ 및 인서트 등의 채널 세팅 값이 적용된 오디오 이벤트를 만듭니다.

● Complete Signal Path : FX 및 그룹 채널을 포함한 모든 경로의 세팅 값이 적용된 오디오 이벤트를 만듭니다.

● Complete Signal Path + Master FX : 마스터 버스가 포함된 모든 경로의 세팅 값이 적용된 오디오 이벤트를 만듭니다.

〈Mix Down to On Track〉

두 개 이상의 트랙을 선택했을 때 하나의 트랙으로 랜더링 할 것인지를 선택하는 옵션입니다.

● Tail Size : 이펙트 사용으로 발생하는 여유 시간을 초(Seconds) 또는 마디(Bars&Beats)로 설정할 수 있습니다.

● Bit Resolution : 랜더링 포맷을 선택합니다.

● Name : 담금 버튼을 해제하면 새로 만드는 오디오 이벤트의 이름을 지정할 수 있습니다.

● Path : 랜더링 되는 오디오 파일의 저장 경로를 선택합니다.

〈소스 트랙의 처리 방법 선택 옵션〉

● Keep Source Tracks Unchanged : 소스 트랙을 그대로 유지합니다.

● Mute Source Track : 소스 트랙을 뮤트합니다.

● Disable Source Tracks : 소스 트랙이 시스템 자원을 사용하지 않도록 Disable 시킵니다.

● Remove Source Track : 소스 트랙을 삭제합니다.

● Hide Source Tracks : 소스 트랙을 감춥니다.

3 Groove Agent ONE

Groove Agent One은 하드웨어 패드 샘플러를 컴퓨터에 옮겨놓은 듯한 모습을 갖추고 있으며, 사용법 역시 비슷합니다. 하지만, 실제 하드웨어보다 많은 8개의 그룹과 16개의 아웃을 제공하고 있으며, 샘플 로딩에 대한 메모리제한이 없는 등, 성능이나 작업의 효율성은 더 우월합니다. 결국, 라이브 연주가 필요한 경우나 이동이 빈번한 클럽DJ가 아니라면, 하드웨어 패드 샘플러를 구입할 이유가 없어진 것입니다.

 Load Kit

01 Empty 템플릿 환경의 프로젝트를 만들고, 트랙 리스트에서 마우스 오른쪽버튼을 클릭하여 단축 메뉴를 엽니다. 그리고 Add Instruments Track을 선택하여 창을 엽니다.

가정교사

16개의 아웃을 사용하려면 VST Instruments 패널을이용하여 미디 트랙으로 작업해야 합니다. 이것에관해서는 HALion Sonic SE 편을 참조합니다.

02 Add Instruments Track 목록에서 Groove Agent SE를 선택하여 트랙을만듭니다. 그리고 패널의 킷 슬롯을 클릭하여라이브러리 창을 엽니다.

레이아웃 버튼

03 레이아웃 버튼을 클릭하여 Filter 옵션을 체크하면 라이브러리 목록을 볼 수 있습니다. Beast Agnet SE에서 적당한 음색을 더블 클릭하여 불러옵니다.

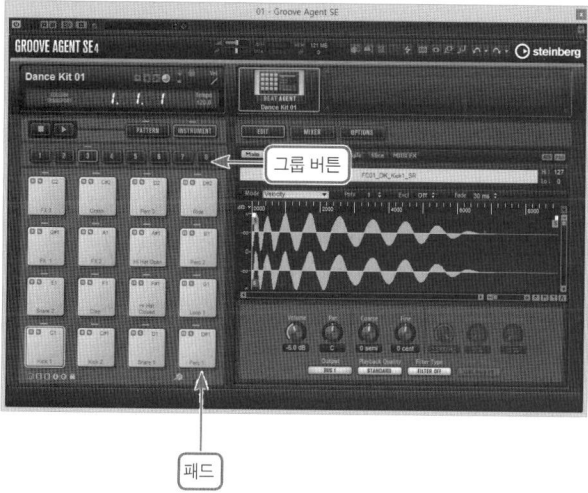

그룹 버튼

패드

04 노트 이름이 표시되어 있는 16개의 패드와 8개의 그룹으로 구성된 화면을 볼 수 있습니다. 그룹의 수는 음색에 따라 차이가 있으며, 할당된 그룹은 버튼 위쪽에 노란색 라인이 표시되어 있습니다.

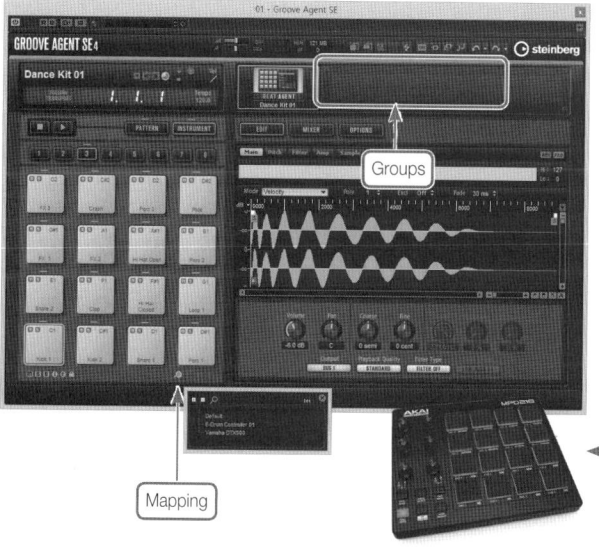

Groups

Mapping

패드 컨트롤러로 연주 가능

05 Groove Agent SE는 미디 건반은 물론이고, 다양한 패드 컨트롤러를 이용해서 연주할 수 있습니다. Mapping 버튼을 클릭하면 미디 드럼과 바로 맵핑할 수 있는 제품 목록이 열립니다.

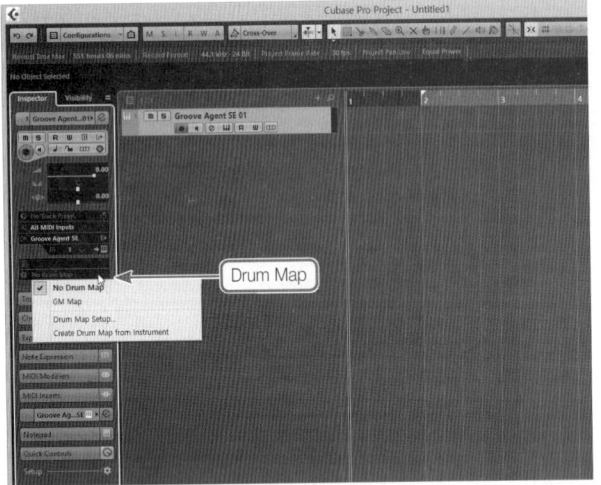

06 키 에디터에서 마우스 작업으로 드럼 패턴을 입력하겠다면 인스펙터 창의 Drum Map 항목을 클릭하여 Create Drum Map From Instrument를 선택합니다

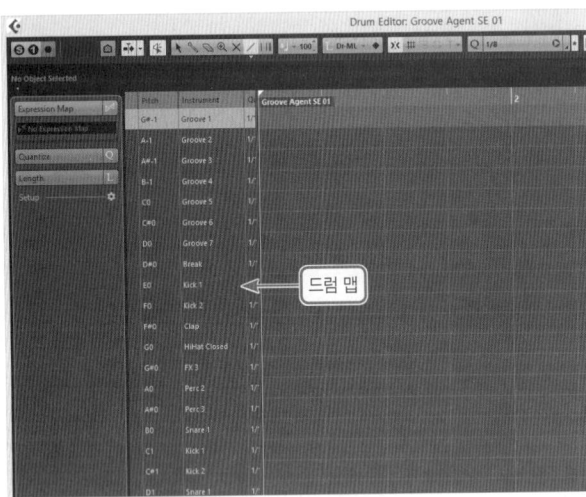

07 로딩한 킷에 맞추어 자동으로 맵이 완성되기 때문에 키 에디터의 드럼 작업을 편리하게 할 수 있습니다.

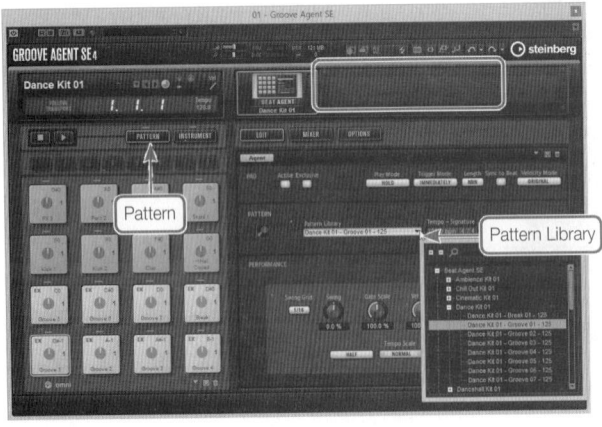

08 Pattern 모드를 선택하면 노트 하나로 패턴을 연주시킬 수 있는 머신 역할을 합니다. Pattern Library 항목을 클릭하면 Groove Agent SE의 다양한 패턴을 불러올 수 있습니다.

패턴은 패드를 드래그하여 트랙에 그대로 가져다 놓을 수 있습니다. 이벤트는 미디 노트이므로 음악 스타일에 어울리게 편집할 수 있습니다.

패드 그림이 있는 킷 랙을 마우스 오른쪽 버튼으로 클릭하여 Load Kit With Patterns을 선택하면 킷과 패턴을 동시에 불러올 수 있습니다.

Acoustinc Agent 라이브러리를 선택하고 적당한 프리셋을 로딩합니다. 앞에서 로딩한 Beat Agent와 다른 화면 구성을 갖추고 있습니다.

12 Acoustic Agent 데이터 창은 드럼 세트로 구성되어 있으며, 편집하고자 하는 악기를 선택하여 조정할 수 있는 직관적인 인터페이스를 갖추고 있습니다. Groove Agent 는 Acoustic Agent와 Beat Agent의 두 가지 타입을 제공하고 있는 것입니다.

선택 악기 컨트롤

 Beat Agent Edit

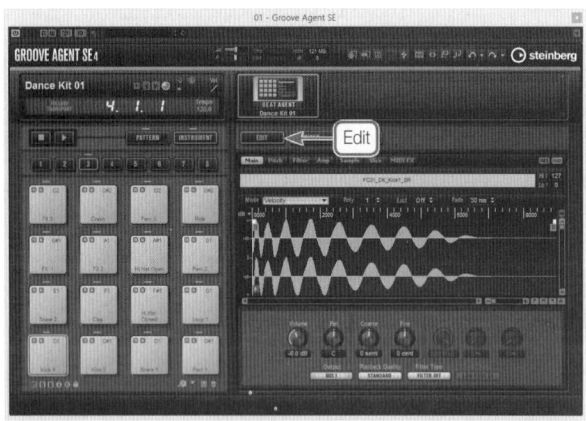

Edit

01 선택한 패드의 샘플을 편집할 수 있는 Edit 페이지는 Main, Pitch, Filter 등의 탭으로 구성되어 있습니다.

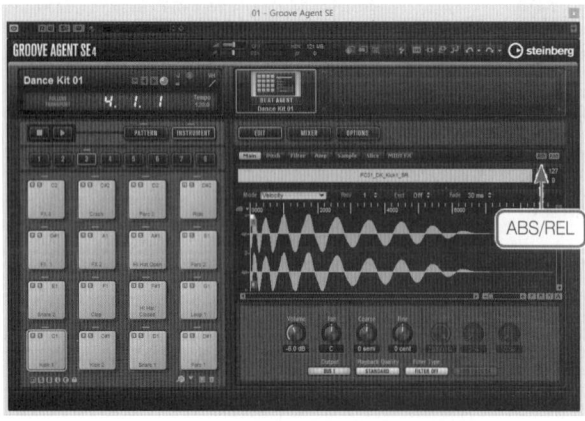

ABS/REL

02 ABS/REL 버튼은 멀티 샘플 편집 방법을 선택하는 것으로 ABS는 동일한 값으로 편집되게 하고, REL은 상대 값으로 편집되게 합니다. 60과 70 값의 샘플을 70으로 조정했을 때 ABS는 둘다 70이되고, REL은 70과 80으로 조정되는 것입니다.

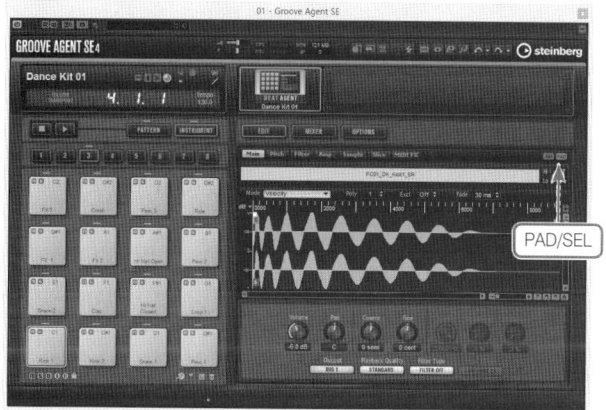

03 PAD/SEL 버튼은 멀티 샘플을 편집할 때 패드 전체에 적용되게 할 것인지, 선택한 샘플에만 적용되게 할 것인지를 선택합니다. 단일 샘플을 편집할 때는 의미 없습니다.

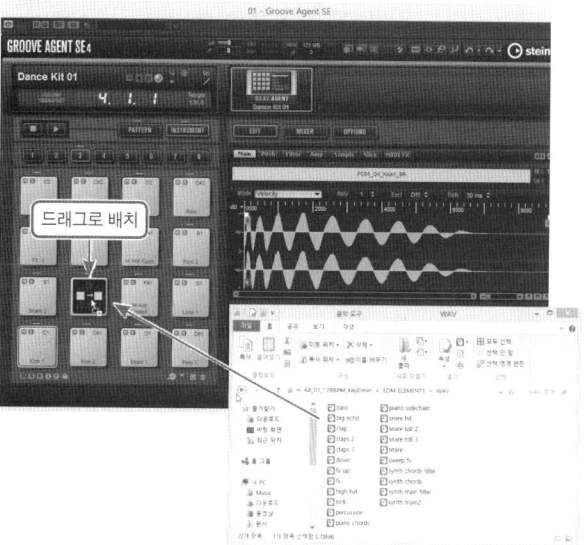

04 윈도우 탐색기, 미디어베이, 프로젝트 이벤트, 풀 창의 파일, 샘플 에디터 구간 등에서 패드로 드래그하여 샘플을 로딩할 수 있는데, 상단은 추가되고, 중간과 하단은 기존 샘플을 대체합니다.

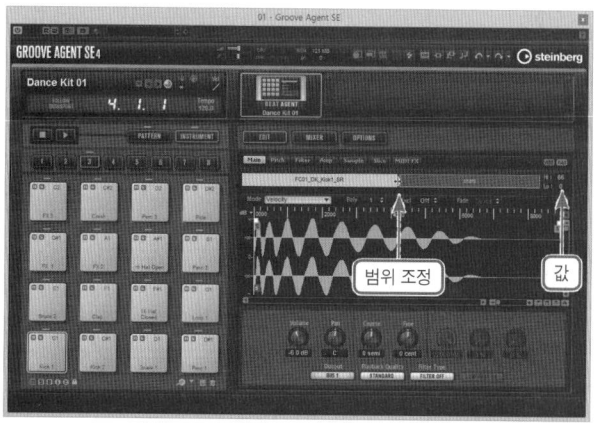

05 두 개 이상의 샘플이 로딩된 패드는 벨로시티 값으로 분히되는데, 에디터 창 위쪽의 바를 드래그하여 범위를 조정할 수 있습니다. 값은 오른쪽 Hi/Lo에 표시됩니다.

06 선택한 샘플은 마우스 오른쪽 버튼을 클릭하여 단축 메뉴를 열고, Replace 로 바꾸거나 Remove로 삭제할 수 있습니다. Remove Selected는 전체 샘플을 삭제합니다.

07 Mode는 멀티 샘플의 재생 방법을 선택 합니다. 기본값 Velocity는 연주 세기에 따라 선택, Layer는 모두 재생, Round Robin은 차례로 재생, Radom은 무작위 재생, Random Exclusive는 무작위로 재생되지만 반복은 하지 않습니다.

08 Poly는 동시 재생 수를 설정하는 것이 며, Excl은 그룹을 설정합니다. 같은 번 호의 그룹은 동시에 재생되지 않습니다. Fade 는 샘플이 겹치는 타임을 조정합니다.

09 파형이 표시되는 디스플레이 창의 시작과 끝 위치에는 페이드 인/아웃을 조정할 수 있는 흰색 노드와 재생 범위를 조정할 수 있는 노란색의 S 노드가 있습니다.

페이드 인 노드

S 노드

Main

Filter Type

10 Main 탭

Main 탭의 컨트롤 노브는 볼륨과 팬을 조정하는 Volume, Pan, 음정을 조정하는 Coarse, Fine이 제공되며, Filter Type에서 메뉴를 선택한 경우에는 톤을 조정할 수 있는 Cutoff, Resonance, Distortion 노브가 활성화 됩니다. Filter Type과 Filter Shape에 관한 사항은 EQ 학습편을 참조합니다.

Pitch

Key Range

11 Pitch 탭

Pitch 탭은 음정을 조정할 수 있는 노브들을 제공합니다. Key Range를 체크하면 노트 범위를 설정할 수 있으며, Fixed Pitch를 체크하면 모두 동일한 음정으로 재생됩니다.

- Coarse : 반음 단위로 음정을 조정합니다.

- Fine : 1/100 음 단위로 음정을 조정합니다.

- Random : 재생할 때마다 음정이 달라지는 범위를 설정합니다.

- Env Amnt : 디스플레이 조정 값의 적용 범위를 설정합니다.

- Vel)Lev : 벨로시티 값에 영향을 받을 음정의 범위를 설정합니다.

- Vel)Time : 벨로시티 값에 영향을 받을 타임 범위를 설정합니다.

- Segments : 벨로시티 값에 영향을 받을 어택(Attack), 디케이(Delcay), 릴리즈(Release) 노드를 선택합니다.

- Level Velocity Curve : 벨로시티의 반응 곡선을 선택합니다.

엔벨로프 라인 조정

12 엔벨로프 라인의 타임과 레벨은 그래프의 어택, 디케이, 릴리즈 노드를 드래그하여 조정할 수 있습니다. Curve를 조정할 때는 라인을 드래그 합니다.

엔벨로프 모드 옵션은 다음과 같습니다. Filter와 Amp 탭에서도 동일합니다.

- Mode : 재생 방법을 선택하는 것으로 Sustain, Loop, One Shot, Sample Loop의 4가지 모드가 있습니다.

- Sustain - 첫 번째 노드에서 시작하여 건반을 누르고 있는 동안 유지되며, 건반으로 놓으면 마지막 노드로 진행합니다.

  Loop - 노란색 라인의 루프 구간을 반복 연주하며, 건반을 놓으면 오른쪽 노드로 진행됩니다.

  One Shor - 건반을 놓아도 마지막 노드까지 재생됩니다.

  Sample Loop - 언제든 어택에서 시작하여 구간을 반복합니다.

- Sync : 템포에 동기화 되도록 하며, 단위는 오른쪽 메뉴에서 선택합니다.

- Snap : 오른쪽 메뉴에서 Filter 또는 Amp의 엔벨로프 라인을 백그라운드로 표시할 수 있는데, Snap 버튼을 On으로 하면, 백그라운드 노드에 맞추어 편집할 수 있습니다.

- Fill : 노드를 추가합니다. 추가 수는 오른쪽 메뉴에서 선택합니다. 노드는 라인을 더블 클릭하여 추가하거나 노드를 더블 클릭하여 삭제하는 방법도 있습니다.

- Fixed : 노드를 고정시켜 편집하는 노드만 이동될 수 있도록 합니다. Fixed 옵션이 Off인 경우에는 편집 노드 이전 또는 이후의 모든 노드가 함께 움직입니다.

13 Filter 탭

Filter 탭은 Filter Type과 Filter Shape에서 원하는 타입을 선택하고 노브들을 이용해서 톤을 조정합니다. 필터 타입에 관해서는 EQ 학습편을 참조합니다.

14 Amp 탭

Amp 탭은 샘플의 볼륨과 팬, AUX 레벨 등을 조정할 수 있는 노브들로 구성되어 있습니다. Norm 버튼은 피크 잡음이 발생하지 않는 최대 레벨로 설정됩니다.

15 Aux 레벨은 Mixer 페이지의 Aux 슬롯에 장착한 이펙트 레벨을 조정하는 것입니다. 각 이펙트는 Insert 슬롯에서 제공하는 것과 동일하므로, 오디오 이펙트 학습편을 참조합니다.

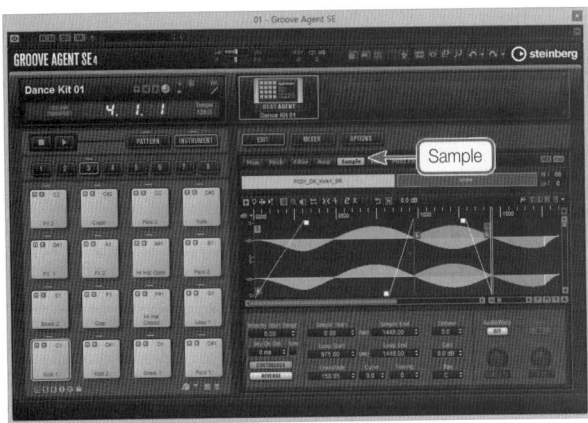

16 Sample 탭

Sample 탭은 샘플을 편집할 수 있는 페이지 입니다. 디스플레이 창 위쪽에 샘플을 편집할 수 있는 도구들이 있고, 아래쪽에는 파라미터 섹션이 있습니다.

〈도구〉

- Play Sample : 샘플을 재생합니다.
- Play Selection Looped : 선택 구간을 반복 재생합니다.
- Auto Scroll : 재생 위치에 따라 화면을 스크롤 합니다.
- Follow Sample Playback : 포지션 라인을 스크롤 합니다.
- Range Selection Tool : 마우스 드래그로 편집 범위를 선택합니다.
- Zoom Tool : 마우스 클릭으로 파형을 확대합니다. 축소할 때는 Ctrl 키를 누른 상태로 클릭합니다.
- Play Tool : 마우스 클릭 위치에서부터 재생합니다.
- Scrub Tool : 마우스 드래그로 사운드를 모니터 합니다.
- Snap : 편집 라인 및 선택 구간의 시작과 끝 마커에 스넵 합니다.
- Snap to Zero Crossing : 제로 크로싱 지점을 선택할 수 있게 합니다.
- Edit Loop : 루프 범위의 샘플 파형을 표시합니다.
- Show Resulting Loop Crossfade : 크로스 페이드가 적용된 파형을 표시합니다.
- Trim Sample : 선택 범위를 제외한 나머지를 잘라냅니다.
- Normalize Sample : 샘플의 최고 레벨을 감지하여 Normalize Level로 증가시킵니다.
- Normalize Level : Normalize Sample이 적용될 레벨 값을 설정합니다.
- Show Fades in Waveform : 페이드 인이 적용된 파형을 표시합니다.
- Show Channel Sum : 좌/우 채널의 평균 값을 표시합니다.
- Show Left Channel : 왼쪽 채널을 표시합니다.
- Show Right Channel : 오른쪽 채널을 표시합니다.
- Preview Volume : 레벨을 조정할 수 있는 슬라이더를 표시합니다.
- Output : 아웃 채널을 선택합니다.

〈파라미터 섹션〉

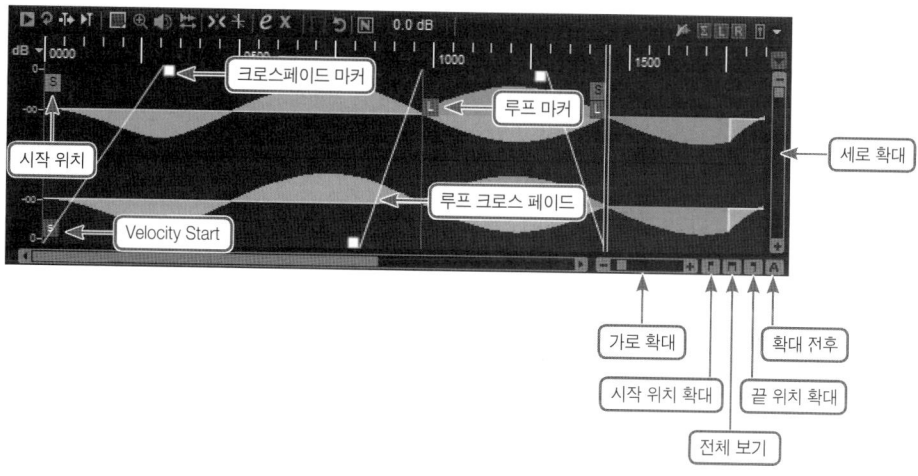

- Velocity Start Range : 패드 아래쪽을 클릭하여 약하게 연주할 때의 시작 위치를 설정합니다. 디스플레이 창의 파란색 S 마커를 드래그하여 조정할 수 있습니다.
- Key On Delay : 재생 타임을 지연시킵니다. 오른쪽 Sync 버튼을 On으로 하면 비트 단위로 선택할 수 있습니다.
- Loop Mode : 샘플의 재생 방법을 선택합니다.

  One Shot - 처음부터 끝까지 재생됩니다.

  No Loop - 건반을 누르고 있는 동안에만 재생됩니다.

  Continuous - 건반을 놓아도 루프 구간을 재생합니다.

  Until Release - 건반을 놓으면 끝으로 이동합니다.
- Reverse - 샘플을 거꾸로 재생합니다.
- Sample Start/End : 샘플의 시작과 끝 위치를 지정합니다. 디스플레이 창의 노란색 S 마커를 드래그하여 조정할 수 있으며, 중앙에 쇠사슬 모양으로 되어 있는 링크 버튼을 On으로 하면 시작과 끝 위치가 함께 조정됩니다.
- Loop Start/End : 루프 구간의 시작과 끝 위치를 지정합니다. 디스플레이 창의 L 마커를 드래그하여 조정할 수 있으며, 링크 버튼을 제공합니다.
- Crossfade : 루프 크로스 페이드 인/아웃 길이를 조정합니다. 곡선은 Curve에서 조정합니다.
- Loop Tuning : 루프 구간의 음정을 조정합니다. 그간이 반복될 때 적용됩니다.
- Detune : 샘플의 음정을 조정합니다.
- Gain : 샘플의 레벨을 조정합니다.
- Pan : 샘플의 스테레오 위치를 조정합니다.
- AudioWarp : 샘플의 재생 속도를 조정하는 워프 기능을 사용합니다. 모드는 Solo와 Music을 제공합니다. 단, 이 기능은 Main 탭의 Playback Quality가 Standard인 경우에만 사용할 수 있습니다.

  Sync - 재생 속도를 템포(Tempo) 또는 박자(Beats)에 맞추도록 합니다. Off인 경우에는 퍼센트 비율로 조정됩니다

  Org BPM - Sync가 Tempo인 경우이며, Beats는 Note, Off는 Speed로 재생 속도를 조정합니다.

  Formant - solo 모드에서 사용 가능하며, 속도 조절로 변질된 음색을 보정합니다.

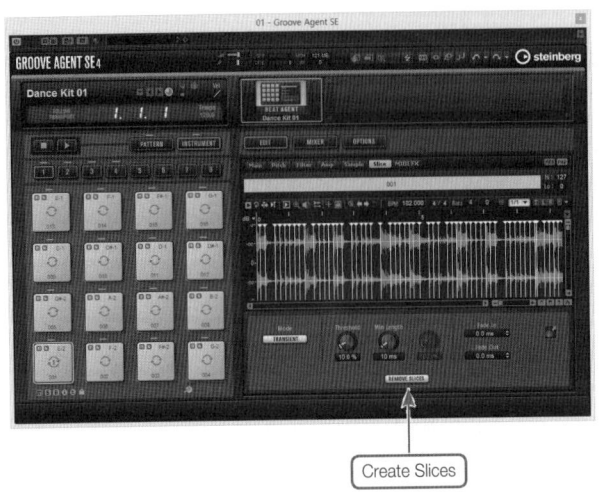

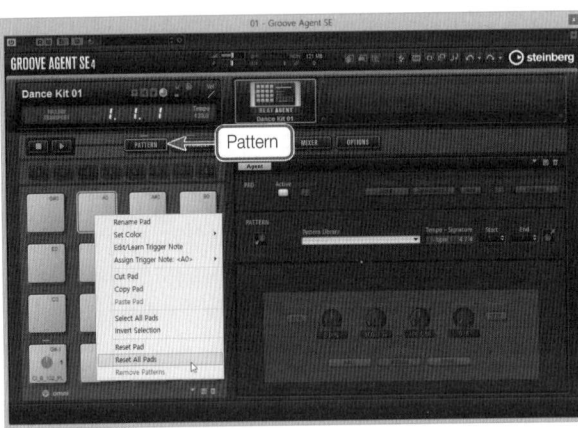

Create Slices

Pattern

17 Slice 탭

Slice 탭은 드럼 루프와 같은 긴 샘플을 잘라서 패드에 배치할 수 있는 기능을 갖추고 있습니다. 슬라이스는 Create Slices 버튼을 클릭하여 만듭니다.

18 비어 있는 패드가 없는 경우에는 Create Slices가 동작하지 않습니다. 이때는 Pattern에서 마우스 오른쪽 버튼을 클릭하여 단축 메뉴를 열고, Reset Pad로 초기화 시키거나 Remove Patterns으로 삭제합니다.

〈도구〉 슬라이스 탭에서 사용할 수 있는 도구들이 몇 개 추가되어 있습니다.

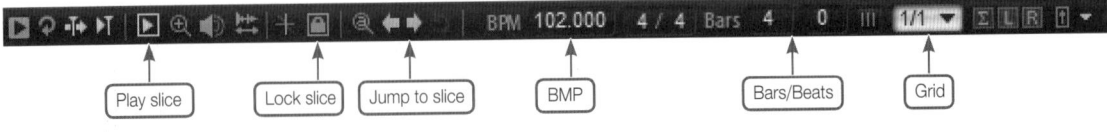

Play slice   Lock slice   Jump to slice   BMP   Bars/Beats   Grid

- Play Slice : 선택하는 슬라이스를 재생되게 합니다.
- Lock Slices : 슬라이스 마커를 편집할 수 업게 잠급니다.
- Jump to Previous/Next Slice : 이전 및 다음 슬라이스로 이동합니다.
- BPM : 샘플의 템포를 표시하며, 수정 가능합니다.
- Bars/Beats : 샘플의 길이를 마디와 박자 수로 표시하며, 수정 가능합니다.
- Grid : Grid 모드에서의 슬라이스 단위를 선택합니다.

〈파라미터 섹션〉

● Mode : 슬라이스 검출 방법을 선택합니다.

　Transient - Threshold 레벨을 기준으로 슬라이스 합니다.

　Grid - Grid 도구의 단위로 슬라이스 합니다.

　Manual - Alt 키를 누른 상태로 클릭하여 수동으로 슬라이스 합니다.

● Threshold : Transient 모드에서의 검출 레벨을 설정합니다.

● Main Length : 슬라이스의 최소 길이를 설정합니다.

● Grid Catch : Transient+Grid 모드에서 슬라이스 간격을 설정합니다.

● Fade In/Out : 슬라이스 사이의 페이드 인/아웃을 설정합니다.

● MIDI Export Field : 아이콘을 미디 트랙으로 드래그하여 임포트할 수 있습니다.

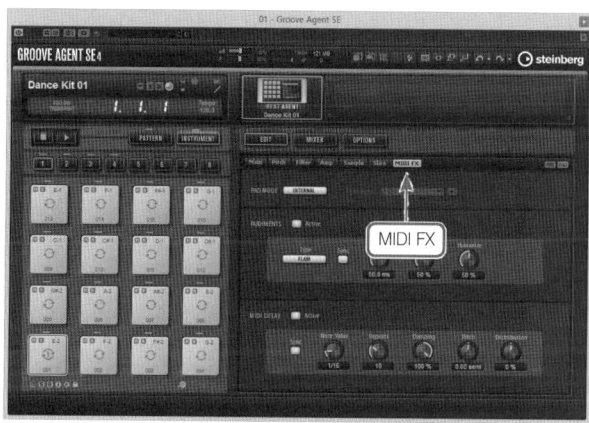

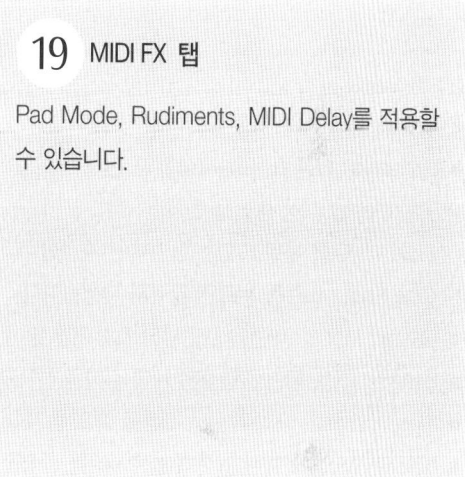

19 MIDI FX 탭

Pad Mode, Rudiments, MIDI Delay를 적용할 수 있습니다.

● PAD MODE : Rudiments 및 MIDI Delay 효과를 내부 노트(Internal)에 적용할 것인지, 선택 노트(Remote)에 적용할 것인지를 선택합니다. Remote인 경우에는 노트를 지정할 수 있는 Remote Pad 메뉴가 활성화 됩니다.

● DUDIMENTS : Active 버튼을 On으로 하면 , Flam(2연타), Drag(3연타), Ruff(4연타), Roll(연속), uzz(스틱을 눌러 롤 연주) 타입의 드럼 주법을 만들 수 있습니다.

　Time - 연주 간격을 설정합니다. Sync 버튼을 On으로 하면 비트 단위로 조정할 수 있습니다.

　Dynamics - 연속으로 연주되는 노트의 강도를 조정합니다.

　Humanize - 연속 타이밍을 무작위로 하여 인간적인 느낌을 연출합니다.

● MIDI DELAY : 연주를 반복하여 에코 효과를 만듭니다.

　Time - 반복 간격을 설정합니다. Sync 버튼을 On으로 하면 비트 단위로 조정할 수 있습니다.

　Repeats - 반복되는 수를 설정합니다.

　Damping - 반복되는 노트를 점점 여리게 또는 점점 세계로 설정합니다.

　Pitch - 반복되는 노트의 음정을 조정합니다.

　Distribution - 반복되는 노트를 점점 빠르게 또는 점점 느리게로 설정합니다.

Beat Agent Pattern

패턴 페이지는 선택한 패드를 편집할 수 있는 Agent 창을 제공하며, Pad, Pattern, Performance 섹션으로 구성되어 있습니다.

〈Pad〉

● Active : 패드 사용 유무를 On/Off 합니다.

● Exclusive : 다른 노트를 재생할 때 현재 패드의 재생을 멈추게 할 것인지를 결정합니다.

● Play Mode : 재생 방법을 선택합니다.

Hole - 노트를 누르고 있는 동안에만 재생합니다. Toggle - 노트를 누르면 재생되고, 재생 중에 누르면 멈춥니다. One Shot - 노트를 누르면 끝까지 재생됩니다.

● Restart Mode : 패턴을 처음부터 재생되게 할 것인지, 다음 박자나 마디에서 시작되게 할 것인지를 선택합니다.

● Length : 다음 패턴을 재생할 때의 길이를 선택합니다.

● Sync to Beat : 다음 패턴을 재생할 때의 동기화 여부를 선택합니다. Off인 경우에는 처음부터 재생됩니다.

● Velocity Mode : 패턴 연주의 벨로시티를 선택합니다. As Played를 선택하면 벨로시티 값을 저장합니다.

〈Pattern〉

● Import/Export : 왼쪽에 보이는 Import 아이콘은 사용자가 연주한 미디 패턴을 드래그하여 임포트할 수 있고, 오른쪽에 보이는 Export 아이콘은 Froove Agent SE 패턴을 프로젝트의 이벤트 미치 미디 파일로 익스포트 할 수 있습니다. 윈도우 탐색기에서의 외부 미디 파일 임포트와 익스포트도 가능합니다.

● Pattern Library : 패턴 라이브러리를 불러옵니다.

● Tempo - signature : 템포 및 박자 정보가 표시됩니다.

● Start/End : 시작과 끝 위치를 설정할 수 있습니다.

〈Performance〉

● Swing Grid : 스윙 단위를 선택할 수 있으며, Swing 노브를 이용해서 정도를 조정합니다.

● Gate Scale : 노트의 길이를 조정합니다. 100%가 원래의 길이입니다.

● Vel Scale : 벨로시티 값을 조정합니다.

● Amount : 오른쪽 Quantize에서 선택한 퀀타이즈 적용 비율을 조정합니다.

● Tempo Scale : 연주 속도를 절만(Half), 두 배(Double)로 변경할 수 있습니다.

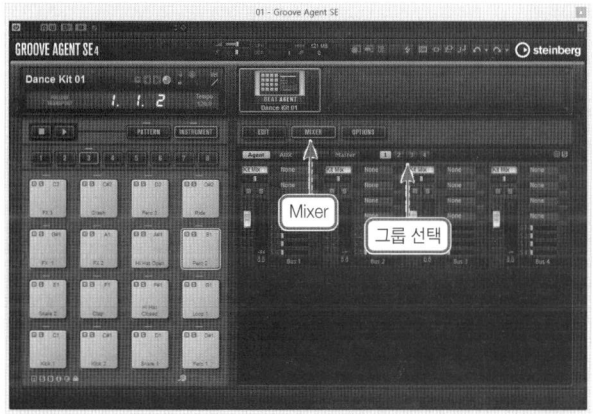

01 Mixer 페이지의 Agent는 각 패드를 컨트롤할 수 있는 믹서창을 제공합니다. 총 16개의 채널로 이루어져 있으며, 그룹마다 4개의 채널을 표시합니다.

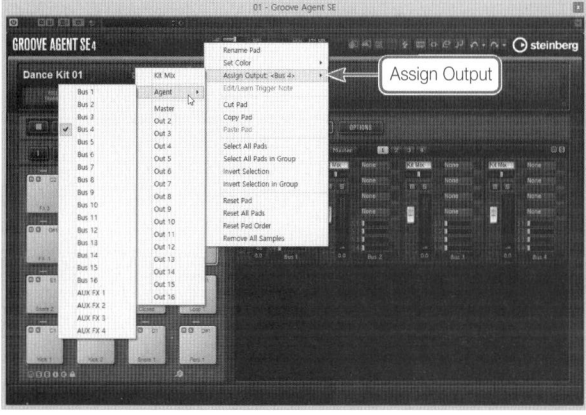

02 패드를 마우스 오른쪽 버튼으로 클릭하여 단축 메뉴를 열고 Assign Output를 선택하면, 패드에 연결된 Bus 출력을 변경할 수 있습니다.

03 Groove Agent SE는 16개의 아웃 채널을 지원하며, Output 항목을 클릭하여 각 패드마다 서로 다른 아웃 채널을 지정할 수 있습니다.

04

05 Pan, Mute, Solo, Level은 믹스콘솔에
서와 동일하게 해당 채널의 팬과 볼륨
등을 조정합니다.

06 이펙트를 로딩할 수 있는 4개의 Insert
슬롯과 Aux 탭에서 로딩한 이펙트의
양을 조정하는 4개의 Send 슬라이더가 있습니
다. 선택한 이펙트의 컨트롤러는 믹서 아래쪽에
표시됩니다. 자세한 내용은 이펙트 학습 편을
참조합니다.

Acoustic Agent Edit

Acoustic Agent Edit 페이지에는 드럼 그림이 있는 Main 탭과 MIDI FX 탭을 제공합니다. Main 탭의 악기는 패드와 연결되어 있으므로, 편집하고자 하는 악기를 그림으로 선택할 수 있는 재미가 있습니다. 악기를 선택할 때 소리가 들리지 않게 하고 싶다면, 음 소거 버튼을 On으로 합니다.

- Room : 드럼 전체 사운드를 수음하는 룸 마이크 레벨을 조정합니다.
- Overhead : 심벌 위쪽에 설치되는 오버헤드 마이크의 레벨을 조정합니다.
- Bleed : 드럼 하단에 설치하는 브리드 마이크 레벨을 조정합니다.
- Tune : 음정을 조정합니다.
- Attack : 어택 타임을 조정합니다.
- Hold : 샘플의 재생 길이를 조정합니다.
- Decay : 디케이 타임을 조정합니다.
- Claps : 클립은 샘플 타임을 선택할 수 있는 메뉴가 있습니다.

- Cymbals : 심벌은 Note-Off, Aftertouch, Poly Pressure 미디 정보를 선택할 수 있는 Choke On/Off 버튼을 제공합니다.

- Ride Cymbals : 라이드 심벌은 Bow(D#2), Bell(F2), Edge(B2) 레벨을 조정할 수 있는 노브를 제공합니다.

- Hi-Hat : 하이해트는 Shank(F#0), Tip(F#1), Foot(G#0) 레벨을 조정할 수 있는 노브와 오픈 거리를 마우스 드래그로 조정할 수 있는 Max/Min 그림을 제공합니다.

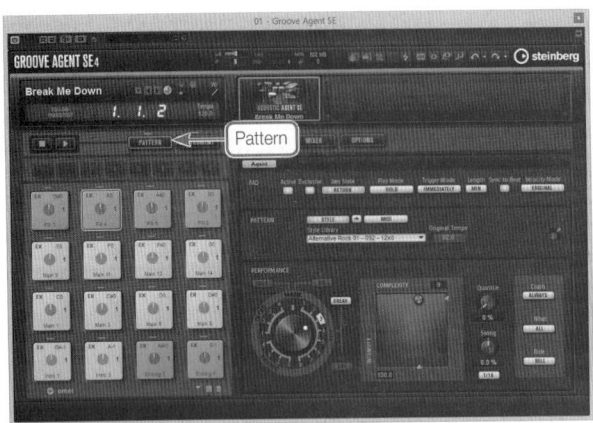

01 Beat Agent Pattern에서 보았던 Pad, Pattern, Performance 섹션으로 구성되어 있으며, Pad 섹션의 파라미터 역할은 동일합니다.

02 Pattern 섹션은 Style과 MIDI 타입을 제공하며, 사용자 스타일은 Convert 버튼을 클릭하여 MIDI 타입으로 변경 가능합니다.

03 Style Part는 선택한 패드에서 재생될 연주 스타일을 선택합니다. 패턴을 두 마디로 늘리는 Half, 복합한 리듬을 만드는 Auto Complexity(AC), 마지막 마디만 연주하는 Break, 필인 길이를 선택하는 Auto Fill(AF)은 선택 스타일에 따라 달라집니다.

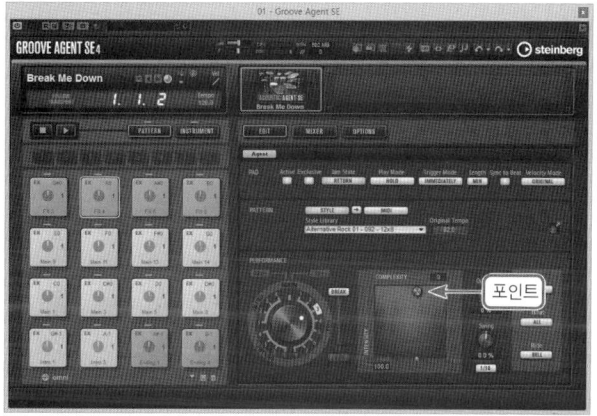

04 포인트를 가로로 이동시켜 Complexity 값을 조정할 수 있으며, 세로로 이동시켜 Intensity 값을 조정할 수 있습니다. 오른쪽으로 이동할수록 복잡하게 연주되고, 위로 이동할수록 강하게 연주됩니다.

05 스타일 라이브러리는 그루브하게 연주되게 하며, Quantize 노브로 타이트한 연주를 만들 수 있습니다. Swing 노브를 스윙으로 연주되게 합니다.

06 Crash는 첫 박자에 연주하는 Always, 마지막에 연주하는 Fill/Ending, 메인에 연주하는 Main, 연주하지 않는 Off가 있고, Hihat와 Ride는 연주 위치를 선택할 수 있는 모드 입니다.

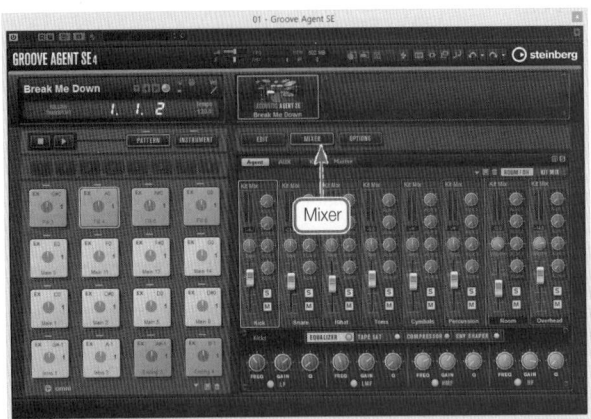

01 Agent 탭

악기가 Kick, Sanre, Hihat, Toms, Cymbals, Percussion의 그룹으로 구분되어 조금 화려한 느낌을 가지고 있지만, 각 채널의 파라미터는 Beat Agent 믹서와 동일하며, 이펙트는 아래쪽에 EQ, Tape Sat, Comp, Env를 제공합니다.

02

Acoustic Agent 믹서에서는 룸과 오버헤드 채널이 있으며, Kit Mix 버튼을 클릭하여 Off할 수 있습니다. Kit Mix 채널에는 Tube 앰프를 시뮬레이션하는 이펙트가 추가되어 있습니다.

03

사용자 설정은 Save 버튼을 클릭하여 프리셋으로 저장할 수 있으며, Select 버튼을 클릭하면 Groove Agent SE에서 제공하는 프리셋을 불러올 수 있습니다.

04 Aux 탭

이펙트를 센드 방식으로 적용할 수 있는 Aux 채널의 믹서입니다. 이펙트의 종류는 Agent 인서트 슬로에서 제공하는 것과 동일합니다.

05 Kit 탭

Kit 채널의 믹서입니다. 이펙트 종류는 인서트와 동일하며, 이펙트 편집 창의 Select 버튼을 클릭하여 로딩한 이펙트의 프리셋을 불러올 수 있습니다.

06 Master 탭

최종 출력 라인의 Master 탭 믹서입니다. Mixer 페이지의 Aux, Kit, Master 탭은 Beat Agent와 Acoustic Agent가 동일합니다.

Options 페이지는 시스템 성능을 결정하는 Global 과 오토메이션 연결 파라미터를 표시하는 Automation 탭을 제공합니다.

〈Global〉

● Disk streaming : 시스템 메모리 사용량을 결정합니다. Balance 슬라이더로 실제 메모리(RAM)와 가상 메모리(Disk)의 사용 비율을 조정하며, 샘플을 로딩 하는 최대 용량(Max Preload)과 사전 용량(Streaming Cache)을 설정합니다. Exp 버튼을 클릭하면 사전 로딩 시간(Preload Time)과 재생되는 동안 로딩 할 타임(Prefetch Time)을 설정할 수 있습니다. 설정 값에 따라 Used Preload와 Available Memory 정보가 표시됩니다.

● Performance : CPU 최적화를 위한 옵션을 제공합니다. 최대 동시 발음 수(Max Voices), CPU 사용량(MAX CPU), 보이스 페이드 아웃 타임(Voice Fade Out), 샘플 비트 수(Load Preference), 샘플을 로딩하기 전후의 이전 샘플 제거 방법(Multi Loading)을 선택합니다.

● Global : 마우스에 풍선 도움말 표시(Show Tooltips), 조정 값 표시(Show Value Tooltips), 취소 횟수(Undo Steps), 패드의 솔로 모드(Solo Mode), 단축키 설정(Key Commands), 안내 창 초기화(Reset Messages) 옵션을 제공합니다.

● MIDI Controller : 미디 컨트롤러 설정을 저장(Save as Default)하거나 초기화(Reset to Factory) 할 수 있는 버튼과 미디 메시지를 초기화하는 Hold Reset 및 초기화 메시지를 선택하는 Reset Controller 메뉴를 제공합니다.

〈Automation〉

파라미터에 할당된 오토메이션을 표시합니다. 오토메이션을 새로 연결하려면 파라미터를 마우스 오른쪽 버튼으로 클릭하여 단축 메뉴를 열고, New Automation을 선택하고, 기존 오토메이션에 연결하려면 Add to Automation을 선택합니다. Forget Automation은 오토메이션을 삭제하는 메뉴이고, Delete All Parameter를 선택하면 모든 파라미터의 오토메이션이 삭제됩니다.

4 HALion Sonic SE

큐베이스 및 누엔도에는 Steinberg사의 걸작으로 꼽히는 할리온 오케스트라의 보급형 버전인 HALion Sonic SE를 제공합니다. HALion Sonic SE는 드럼 전용의 Groove Agent SE를 제외한 악기 중에서 유일하게 16 채널을 지원하는 악기입니다. 멀티 채널을 사용하기 위해서는 미디 트랙을 이용해야 한다는 불편함이 있지만, 익숙해지면 별 문제 되지 않습니다. 멀티 채널 사용법에서부터 각 섹션의 역할을 차례로 살펴보겠습니다.

 멀티 채널 이용하기

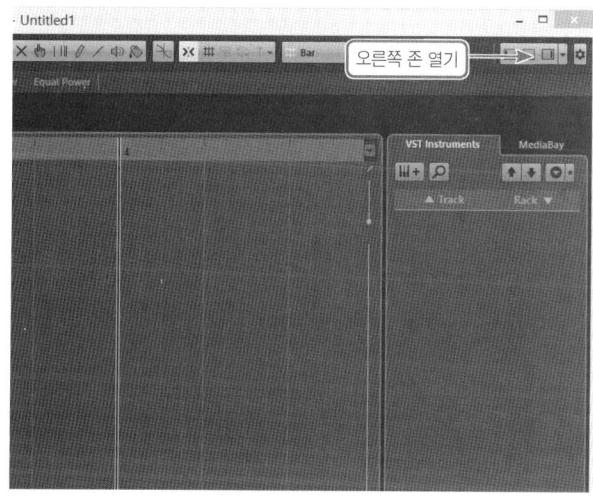

01 VST Instrument 패널은 Devices 메뉴의 VST Instruments를 선택하거나 F11 키를 눌러 독립 창으로 열어도 좋고, 오른쪽 존을 열어도 좋습니다.

02 VST Instruments 패널의 Rack 메뉴를 클릭하여 목록을 열고, HALion Sonic SE를 선택합니다.

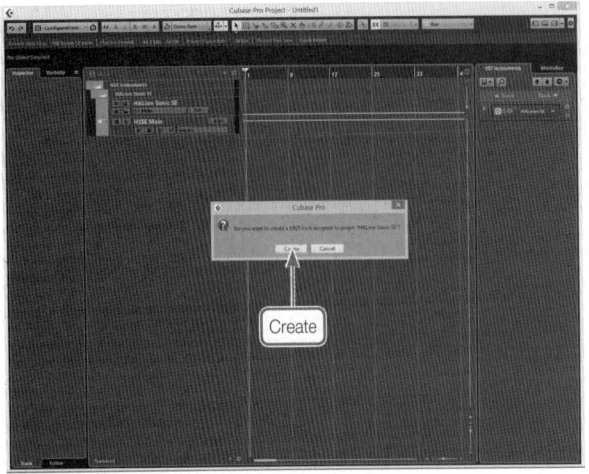

03 VST Instruments 랙에 로딩한 악기를 연주할 미디 트랙을 만들 것인지를 물어봅니다. Create 버튼을 클릭하여 만들어도 좋고, Cancel 버튼으로 닫고, 나중에 미디 트랙을 만들어도 좋습니다.

04 HALion Sonic SE는 16개의 미디 채널을 지원하는 악기 입니다. 각 채널마다 악기 음색을 로딩해봅니다.

05 트랙 리스트에서 마우스 오른쪽 버튼을 클릭하여 단축 메뉴를 열고, Add MIDI Track을 선택합니다.

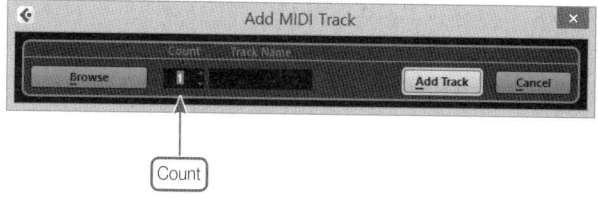

Count

06 몇 개의 미디 트랙을 만들 것인지를 설정할 수 있는 Add MIDI Track 창이 열립니다. Count 항목에 원하는 만큼의 수를 입력하고 Add Track 버튼을 클릭합니다.

채널

07 처음 만들었던 미디 트랙은 채널이 1번으로 설정되며, 추가한 미디 트랙은 2, 3, 4... 순으로 설정됩니다. 각각의 트랙마다 HALion Sonic SE 채널에 로딩한 음색을 연주할 수 있습니다. 하나의 악기로 16대의 효과를 얻을 수 있는 것입니다. 필요하다면 채널 항목을 클릭하여 변경할 수 있습니다.

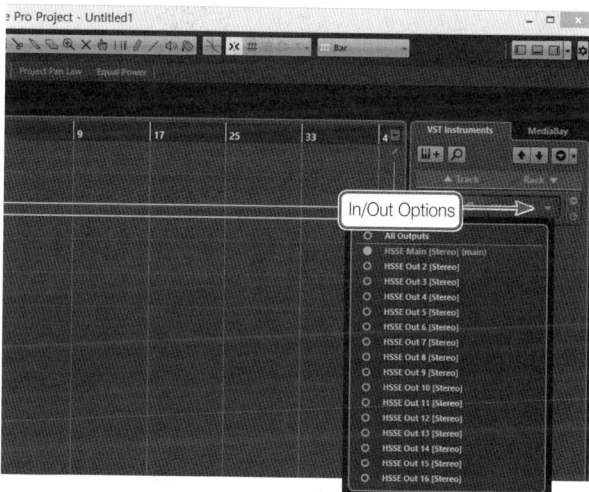

In/Out Options

08 HALion Sonic SE는 멀티 채널을 지원합니다. VST Instruments 패널의 In/Out Options을 클릭하여 Activate Ouputs을 선택하면 악기에서 지원하는 아웃 포트 수를 볼 수 있으며, 라디오 버튼을 클릭하여 사용 유무를 결정합니다.

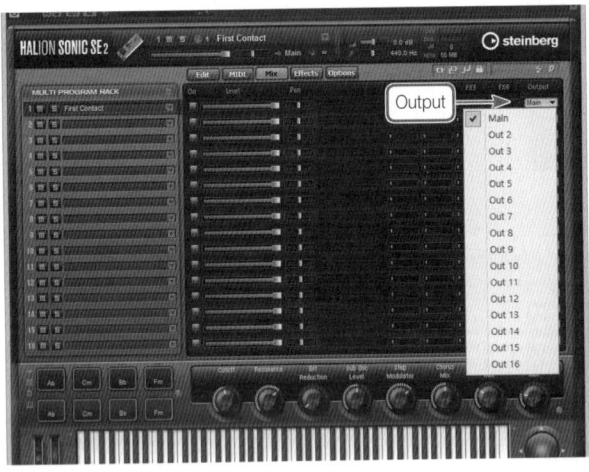

트랙 이름

09 HALion Sonic SE의 Mix 탭을 클릭하여 엽니다. 각 채널의 레벨, 팬, 센드 FX, 출력 포트를 선택할 수 있는 창 입니다.

10 각 채널마다 Output 항목을 클릭하여 앞에서 활성화한 아웃 포트를 선택할 수 있습니다.

가정교사

Groove Agent SE도 16개의 아웃을 지원하므로, 노트별로 나누어 출력할 수 있습니다.

11 F3 키를 눌러 믹서 창을 열어보면, HALion Sonic SE에서 활성화한 수 만큼의 오디오 채널이 생성된 것을 확인할 수 있습니다. 트랙의 이름을 더블 클릭하여 구분하기 쉽게 변경합니다.

● Multi Program Rack

HALion Sonic SE의 화면 구성을 섹션별로 살펴보겠습니다. 먼저 음색을 장착하는 Multi Program Rack 섹션은 슬롯 번호, 뮤트와 솔로 버튼, 음색 이름, Load 버튼으로 구성되어 있으며, 슬롯을 마우스 오른쪽 버튼으로 클릭하면 프로그램(음색)을 저장하거나 불러올 수 있는 단축 메뉴가 열립니다.

▶ 슬롯 번호 : 미디 신호가 입력될 경우, 깜빡이며 표시됩니다.

▶ 뮤트와 솔로 버튼 : 해당 슬롯의 음색을 뮤트하거나 솔로로 모니터 합니다.

▶ 음색 이름 : 슬롯에 로딩된 음색의 이름을 표시하며, 마우스 더블 클릭으로 변경 가능합니다.

▶ Load 버튼 : 음색을 불러올 수 있는 프리셋 창을 엽니다.

▶ 단축 메뉴 : 음색을 로딩하거나 저장하는 역할을 합니다.

Load Program : 슬롯 오른쪽의 작은 삼각형 모양의 Load 버튼과 동일합니다.

Save Program : 편집한 음색을 저장합니다. 단, 기본 음색은 덮어쓸 수가 없기 때문에 Save As 창이 열립니다.

Save Program As : 편집한 음색을 다른 이름으로 저장합니다.

Remove Program : 로딩한 음색을 슬롯에서 제거합니다.

Revert to last saved Program : 편집한 음색을 초기 상태로 복구합니다.

Cut Program : 슬롯의 음색을 잘라냅니다.

Copy Program : 슬롯의 음색을 복사합니다.

Paste Program : 잘라내거나 복사한 음색을 붙입니다.

● Edit 페이지

음색을 편집할 수 있는 페이지 입니다. 보이스 및 음정을 조정하는 Voice/Pitch, 필터를 조정하는 Filter, 음량을 조정하는 Amplifier의 3가지 섹션으로 구성되어 있습니다.

▶ Voice/Pitch

동시 발음 수 및 음정을 조정할 수 있는 파라미터로 구성되어 있습니다.

Octive : 음정을 옥타브 단위로 조정합니다.

Coarse : 음정을 반은 단위로 조정합니다.

Fine : 음정을 100분의 1 단위로 조정합니다.

Pitchbend : 피치 밴드의 범위를 조정합니다.

Mono Mode : 단음 연주 악기를 만듭니다.

Polyphony : 동시 발을 수를 설정합니다.

▶ Filter

음색에 필터를 적용합니다. 원본에 적용되어 있는 값을 증/감하는 오프셋 방식입니다.

Cutoff : 주파수를 증/감시켜 톤을 조정합니다.

Resonance : Cutoff로 조정될 주파수 범위를 설정합니다.

Attack : 필터의 어택 타임을 조정합니다.

Release : 필터의 릴리즈 타임을 조정합니다.

▶ Amplifier

최종 출력 레벨 및 팬을 조정합니다.

Level : 레벨을 조정합니다.

Ran : 팬을 조정합니다.

Attack : 어택 타임을 조정합니다.

Release : 릴리즈 타임을 조정합니다.

● MIDI 페이지

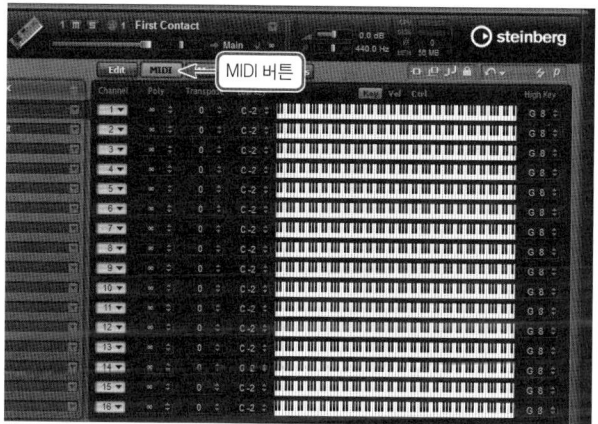

Channel, Poly, Transpose, Key, vel, ctrl의 칼럼으로 구성되어 있는 미디 페이지는 미디 채널, 벨로시티 범위 등을 설정합니다.

▶ Channel : 미디 채널을 설정합니다. Multi Program Rack의 슬롯 번호와 혼동될 수 있으므로, 꼭 필요한 경우가 아니라면, 기본 설정을 그대로 이용할 것을 권장합니다.

▶ Poly : 동시 발음 수를 설정합니다. 기본값은 무제한 입니다.

▶ Transpose : 음정을 반음 단위로 조정합니다.

▶ Key : 건반 그림 양쪽의 Low Key와 High Key 값을 이용하여 연주 노트의 범위를 조정합니다. 사용하고 있는 건반 수에 맞추어 이용할 수 있는 것입니다.

▶ Vel : 그림 양쪽의 Low Vel과 High Vel 값을 이용하여 벨로시티 범위를 조정합니다.

▶ Ctrl : 차단할 미디 컨트롤 정보를 선택합니다. #64의 서스테인(Sus), #4의 풋 컨트롤(FCtrl), #65-69의 풋 스위치(FSw), 피치벤드(PB), #1의 모듈레이션(MW), 애프터 터치(AT) 정보를 차단할 수 있습니다.

● Mix 페이지

오디오 출력 라인을 컨트롤하는 칼럼들로 구성되어 있습니다.

▶ On : 미디 입력을 On/Off 합니다.

▶ Level : 출력 레벨을 조정합니다.

▶ Pan : 팬을 조정합니다.

▶ FX : 4개의 센드 레벨을 조정합니다. 각 슬롯에 적용되는 이펙트는 Effects 페이지에서 설정합니다.

▶ Output : 출력 포트를 선택합니다. VST Instruments 패널에서 아웃을 활성화 해야 믹서에서 컨트롤 할 수 있습니다.

● Effects 페이지

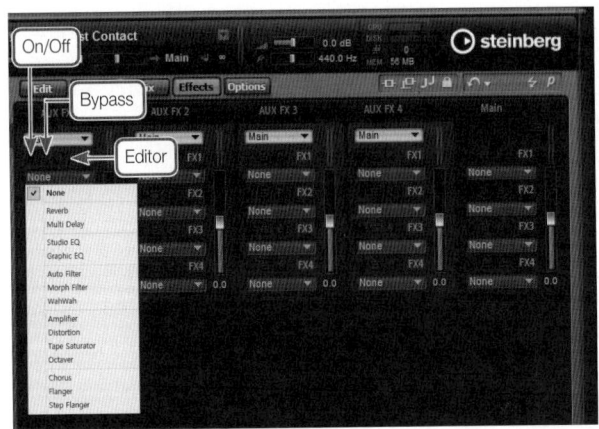

Send로 출력되는 4개의 AUXFX 채널을 갖추고 있으며, 각 채널 마다 4개의 이펙트를 적용할 수 있는 슬롯을 제공합니다. 각 슬롯에는 이펙트 사용 여부를 결정하는 On/Off버튼, 적용 전/후의 사운드를 비교해볼 수 있는 Bypass 버튼, 이펙트의 컨트롤 파라미터를 표시하는 Editor 버튼이 있습니다. 각 이펙트에서 제공하는 컨트롤 파라미터의 사용법은 큐베이스에서 제공하는 것들과 비슷하므로, 오디오 이펙트 학습편을 참조합니다.

● Options 페이지

HALion Sonic SE를 사용자 시스템에 맞추어 사용할 수 있는 옵션을 제공합니다.

▶ Disk Streaming : 음색을 로딩할 때 차지하게 될 시스템 사용량을 조정합니다.

　Balance : 하드 디스크 및 램의 사용 비율을 조정합니다. 레이턴시 방지를 위해 RAM 쪽으로 비중을 두는 것이 좋지만, 다른 VST로 램을 많이 사용하고 있다면, 에러가 발생할 수 있습니다. 특별한 문제가 없다면, 기본 값 그대로 둡니다.

　Used Memory : 램의 사용량을 설정합니다.

　Available Memory : 디스크의 가상 메모리 사용량을 설정합니다. 가상 메모리는 디스크를 마우스 오른쪽 버튼으로 클릭하여 단축 메뉴를 열고, 속성을 선택하면 열리는 창에서 고급 탭의 성능 항목에서 설정 버튼을 클릭합니다. 그리고 성능 옵션 창의 고급 탭에서 가상 메모리 항목의 변경 버튼을 클릭하여 크기를 변경할 수 있습니다.

▶ Performance : 시스템에 적합한 환경을 설정합니다.

　Max Voices : HALion Sonic SE의 최종 출력 보이스 수를 설정합니다. 멀티 채널을 사용하지 않은 경우에는 이 값을 줄여 시스템을 확보할 수 있습니다.

　Max CPU : CPU의 최대 사용량을 조정합니다.

　Voice Fade Out : Max Voices와 Max CPU에서 설정한 값을 차지하는데 처리되는 페이드 아웃 타임을 조정합니다.

　Osc ECO Mode : 고음역에서 앨리어싱을 적용하여 CPU 사용량을 줄이는 ECO 모드의 사용 여부를 선택합니다.

▶ Global : HALion Sonic SE의 기본 환경을 설정합니다.

Show Tooltips : 각 파라미터에 마우스를 위치시켰을 때 풍선 도움말이 표시되게 합니다.

Show Value Tooltips : 각 파라미터를 조정할 때 값이 표시되게 합니다.

General MIDI Mode : HALion Sonic SE를 GM 모드를 설정합니다.

Key Commands : 단축키를 설정할 수 있는 Key Commands 창을 엽니다. 카테고리에서 명령을 선택하고, Type in Key 항목에 원하는 단축키를 입력합니다. 그리고 Assign을 클릭하여 설정합니다.

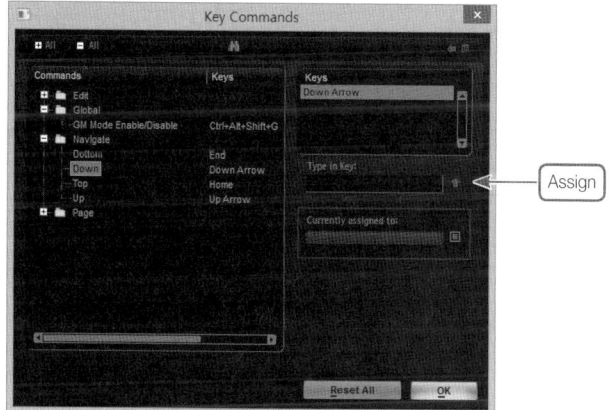

▶ MIDI Controller : 사용자가 설정한 미디 컨트롤러를 저장하거나 초기값으로 복원합니다. 기본 설정 이외의 컨트롤러를 연결할 때는 파라미터를 마우스 오른쪽 버튼으로 클릭하여 단축 메뉴를 열고, Learn CC를 선택합니다. 그리고 사용하고 있는 미디 컨트롤러에서 노브 및 슬라이드를 움직여 연결할 수 있습니다.

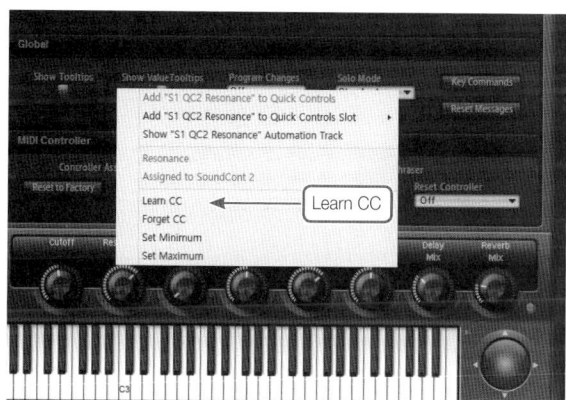

Controller Assignment : Reset to Factory 버튼을 클릭하여 기본 설정으로 복원하거나 Save as Default 버튼을 클릭하여 사용자가 설정한 값을 기본 설정으로 저장할 수 있습니다.

Smoothing : 미디 컨트롤러의 반응 속도를 조정합니다.

FlexPhraser : Reset Controller에서 초기화할 미디 정보를 선택하고, Hold Reset 버튼을 클릭하여 진행할 수 있습니다.

툴 바의 모드 버튼을 클릭하여 재생 컨트롤러만 표시하는 플레이어 모드로 전환할 수 있습니다. 플레이어 모드는 툴 바 아래쪽으로 패드, 퀵 컨트롤러, 피치와 모듈레이션 휠, 건반, 스퓌어 볼로 구성된 Performance Controls과 위쪽으로 프로그램과 마스터섹션으로 구성된 Global functions으로 구성되어 있습니다.

▶ Performance Controls : 마스터 건반의 모습을 갖추고 있습니다.

패드 : 단일 노트로 코드를 연주합니다. 단축 메뉴의 Learn Trigger Note를 이용하여 노트를 할당할 수 있습니다.

피치와 모듈레이션 휠 : 각 휠의 움직임을 시뮬레이션 합니다.

건반 : 건반의 움직임을 시뮬레이션 합니다.

스퓌어 볼 : 세로로 Cutoff, 가로로 Resonance를 조정합니다. 단축 메뉴의 Horizontal 또는 Vertical에서 Learn CC를 선택하여 컨트롤러를 연결할 수 있습니다.

퀵 컨트롤러 : Cutoff, Resonance, Bit Reduction, Sub OSC Level과 Modulator, Chorus, Delay, Reerb를 컨트롤 할 수 있는 노브로 구성되어 있습니다. 단축 메뉴의 Learn CC를 이용하여 컨트롤러를 연결할 수 있습니다.

▶ Global functions : HALion Sonic SE의 기본 환경을 설정합니다.

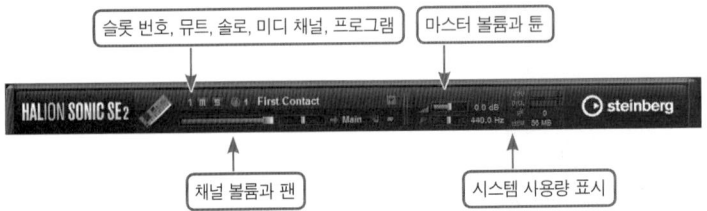

플러그-인 섹션 : 슬롯의 번호와 뮤트 및 솔로 버튼을 가지고 있으며, 프로그램 항목 오른쪽의 작은 삼각형을 클릭하여 프리셋 창을 열 수 있습니다. 아래쪽 슬라이드는 슬롯에 로딩된 음색의 볼륨과 팬을 조정합니다.

마스터 섹션 : 전체 출력 볼륨과 음정을 조정하고, CPU, Disk, 동시 발음 수, 메모리 사용량을 표시합니다.

▶ 툴 바 : 왼쪽에서부터 Insert, AUX, FlexPhrasers, Undo, Redo, Reset, Mode 버튼입니다.

3개의 Off 버튼은 HALion Sonic SE 전체의 Insert, AUX, FlexPhrasers 효과를 한 번에 Off 시키는 역할입니다.

Undo와 Redo는 편집 내용을 취소하거나 취소한 내용을 복원하는 역할입니다.

Reset은 미디 정보를 초기화 합니다. 간혹 연주를 하지 않는데도 소리가 나는 경우가 있는데, 버튼을 클릭하여 차단할 수 있습니다. 그리고 마지막의 Mode 버튼을 HALion Sonice SE 화면을 플레이어 또는 에디터 모드로 전환합니다.

LoopMash는 VST Instrument라기 보다는 오디오 루프 파일을 조합하여 새로운 리듬을 만들어내는 오디오 시퀀스에 가까운 플러그-인입니다. 비슷한 개념의 프로그램으로는 Steinberg Sequel과 Sony ACID Pro가 있습니다. 물론, Sequel나 ACID Pro와 같은 전문 프로그램과는 많은 차이가 있지만, 곡의 테마를 결정하는 리듬을 빠르고 손쉽게 만드는 목적으로는 LoopMash가 더 효율적일 수 있습니다. 특히, 각 트랙의 슬라이스가 조합되는 방식이기 때문에 베이스 드럼이 마음에 드는 루프와 스네어 드럼이 마음에 드는 루프 등을 조합하여 자신만의 드럼 사운드를 연출할 때도 효과적입니다.

01 LoopMash를 아웃으로 설정한 VST Instument 트랙을 만들고, LoopMash 패널을 엽니다. 그리고 Preset 항목을 클릭하여 미리 만들어져 있는 프리셋을 불러와 봅니다. 그림에서는 Beat Da Beat 113 프리셋을 불러오고 있습니다.

02 8개의 트랙 중에서 7개의 트랙에 16비트로 슬라이드된 오디오 파일이 배치되어 있지만, 1번 트랙의 게인 슬라이드만 오른쪽으로 이동되어 있기 때문에 나머지 트랙의 오디오는 검정색으로 표시되어 있습니다. 즉, 현재는 1번 트랙의 오디오만 연주되는 것입니다.

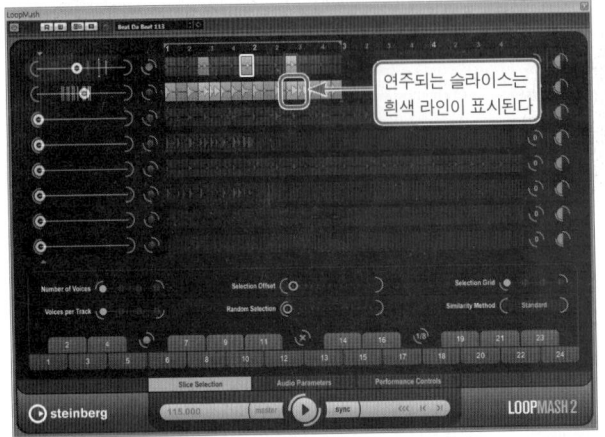

연주되는 슬라이스는
흰색 라인이 표시된다

03 재생 버튼을 클릭하여 오디오를 연주하고, 2번 트랙의 게인 슬라이드를 조금씩 오른쪽으로 이동시켜봅니다. 오디오 파형이 밝게 표시되면서 슬라이스가 연주됩니다. 1번 트랙에 2번 트랙의 슬라이스를 조합 시키는 것이며, 게인은 사용할 슬라이스의 수를 조정하는 것입니다. 연주되는 슬라이스는 흰색 라인으로 구분됩니다.

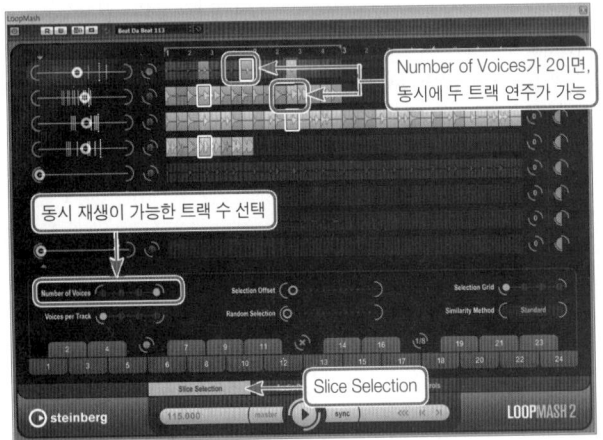

Number of Voices가 2이면,
동시에 두 트랙 연주가 가능

동시 재생이 가능한 트랙 수 선택

Slice Selection

04 3번과 4번 트랙의 게인 슬라이드를 조정하여 리듬을 조합시켜봅니다. 연주되는 슬라이스를 자세히 관찰하면, 4개의 트랙을 사용하고 있지만, 동시에 연주되는 트랙은 없습니다. Slice Selection 탭의 Number of Voices에서 동시 연주가 가능한 트랙 수를 선택합니다. 최대 4트랙까지 가능합니다.

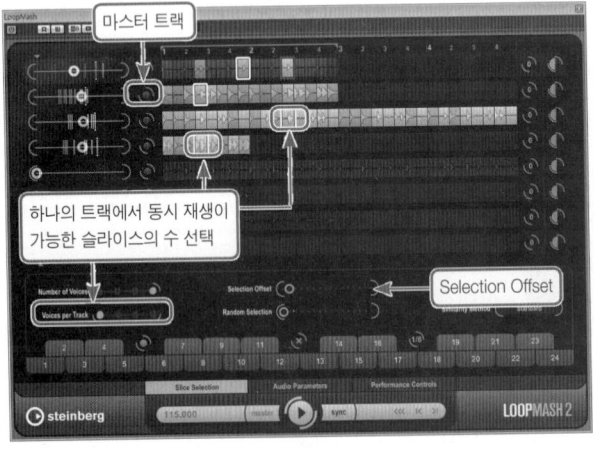

마스터 트랙

하나의 트랙에서 동시 재생이
가능한 슬라이스의 수 선택

Selection Offset

05 Voices per Track는 하나의 트랙에서 동시 재생이 가능한 슬라이스의 수를 설정하는 것이며, Selection Offset은 슬라이스가 연주되는 시작 위치를 조정합니다. 이때 각각의 트랙은 마스터 트랙을 기준으로 조합되며, 마스터 트랙은 마스터 버튼을 선택하여 결정합니다.

슬라이스의 위치를 무작위로 선택되게 함

06 조합된 리듬은 반복될 때마다 동일한 위치의 슬라이스가 연주됩니다. 만일, 리듬이 반복될 때마다 슬라이스의 위치가 바뀌어 리듬의 변화를 주고 싶다면, Random Selection 값을 조정합니다. 단, 연주되는 위치는 LoopMash에서 임의로 결정하는 것이므로, 의도하는 리듬을 만들때는 사용하지 않는 것이 좋습니다.

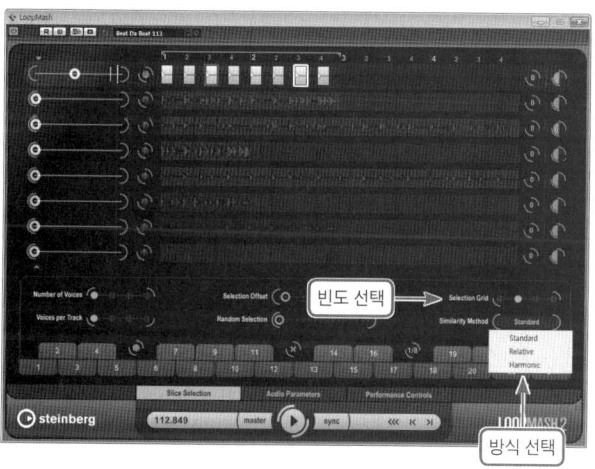

빈도 선택

방식 선택

07 재생 중에 유사한 슬라이스를 찾는 빈도를 결정합니다. 왼쪽에서부터1, 2, 4, 8, 단계로 선택되며 8을 선택하면 8번째 단계마다 대체됩니다. 유사성을 찾는 방식은 Similarity Method에서 선택하며 일반적인 Standard, 같은 위치에서 대체하는 Relative, 동일한 하모니의 샘플만 대체하는 Harmonic가 있습니다.

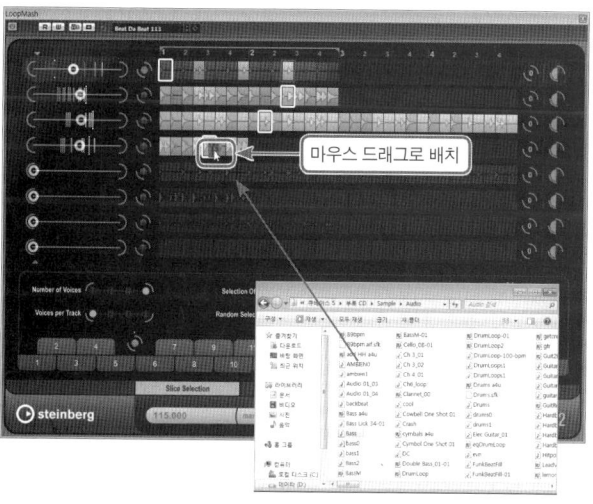

마우스 드래그로 배치

08 LoopMash는 기본 프리셋보다 사용자가 가지고 있는 오디오 루프를 이용할 때 효과적입니다. MediaBay 또는 윈도우 탐색기를 열고, 사용할 오디오 루프를 트랙에 가져다 놓으면 됩니다. 이때 트랙에 배치되어 있던 루프가 새로운 루프로 바뀝니다.

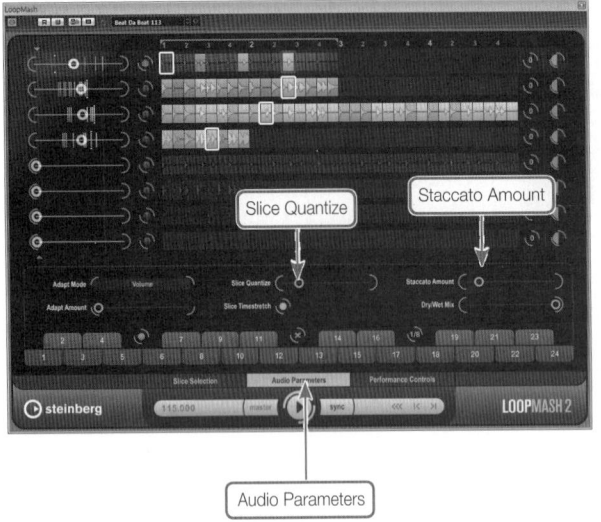

Slice Quantize
Staccato Amount
Audio Parameters

09 LoopMash는 트랙에 배치되는 오디오 루프를 분석하여 자동으로 슬라이스 시키고, 템포를 맞추지만, 소스에 따라 비트가 어긋나는 경우도 있습니다. 이때 Audio Parameters 탭의 Slice Quantize 값을 조정하여 시작 타임을 맞추고, Staccato Amount 값을 조정하여 길이를 조정할 수 있습니다. Staccato Amount 값을 크게 하면 길이가 많이 짧아지므로, 스타카토로 연주됩니다.

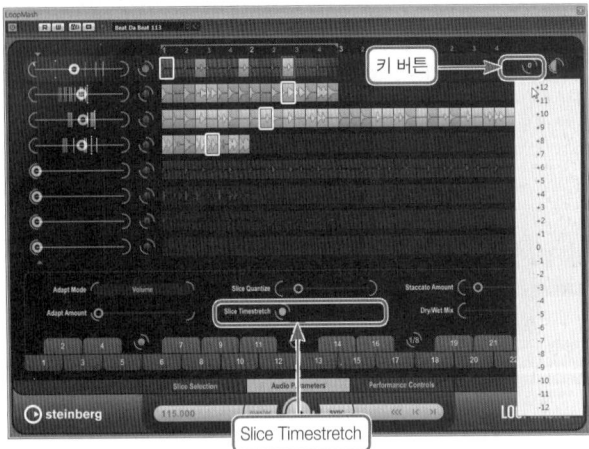

키 버튼
Slice Timestretch

10 리듬은 드럼 외에 베이스와 기타 루프를 조합하여 만드는 경우도 많으며, 키 버튼을 클릭하여 해당 트랙의 음정을 조정할 수 있습니다. 이때, Slice Timestretch가 On 상태이면, 음의 길이가 변하지 않고, Off이며, 조정된 음정만큼 음의 길이가 변합니다.

Adapt Mode

11 Adapt Mode는 마스터 슬라이스에 선택한 슬라이스의 사운드를 적용하는 방식을 선택하며, 볼륨(Volume), 엔벨로프(Envelope) , 스펙트럼(Spectrum)이 있습니다. 모드가 적용되는 범위는 Adapt Amount에서 결정합니다.

연주 범위 설정

Dry/Wet Mix

12 Dry/Wet Mix는 마스터 트랙과의 레벨 비율을 조정하는 역할을 하며, 마스터 트랙의 연주 범위는 패널 상단의 회색 라인으로 조정합니다.

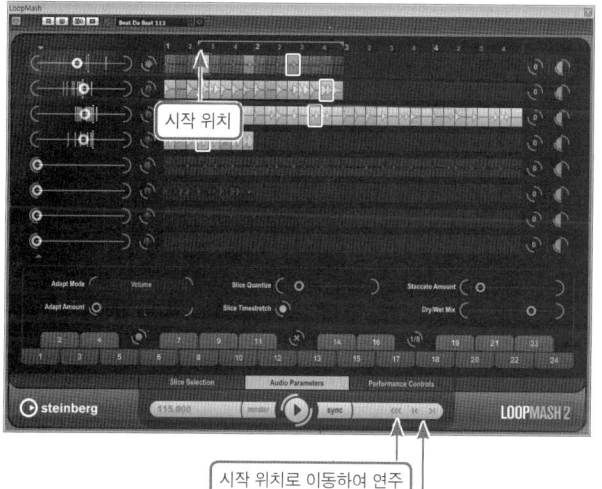

시작 위치

시작 위치로 이동하여 연주

슬라이스 단위로 모니터

13 트랜스포트의 Locate to beginning는 연주 위치를 선택 범위의 시작 위치로 이동시키고, backward/forward 버튼은 슬라이스 단위로 이동합니다. 게인 슬라이드와 패널의 옵션을 조정하면서 리듬을 만들 때는 슬라이스 단위로 모니터 하면서 진행하는 것이 쉽습니다.

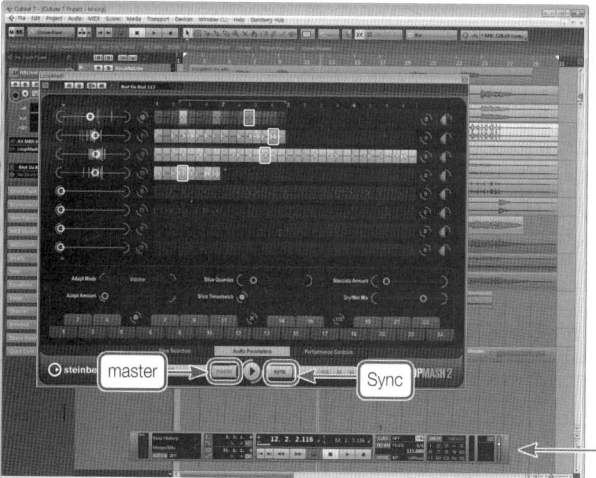

master

Sync

Sync 버튼을 on으로 하여 프로젝트에서 컨트롤 한다

14 LoopMash는 독립적으로 사용하는 것이 아니라 프로젝트에 포함시키는 것이 목적이므로, LoopMash에서 템포를 설정하지 않고, Sync 버튼을 클릭하여 프로젝트의 템포 값을 따르게 합니다. 참고로 Master 버튼은 마스터 트랙의 템포를 추출합니다.

15 이제 사용자가 만든 리듬을 미디 노트에 연결하여 사용하기만 하면 됩니다. 컨트롤 패드는 총 24개로 C0에서부터 2옥타브 범위로 설정되어 있으며, 건반의 이름을 더블 클릭하여 구분하기 쉽게 변경할 수 있습니다.

이름 변경 가능

😊 가정교사

C2와 C#2는 재생/정지, D2와 D#2는 Sync On/Off 등의 트랜스포트 기능을 합니다.

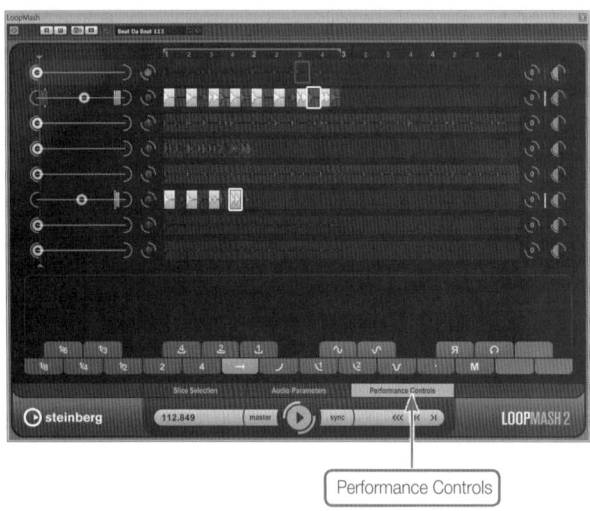

Performance Controls

16 Performance Controls 탭을 선택하면 C3 노트에서부터 1옥타브 반으로 배치되어 있는 다양한 효과를 연출할 수 있습니다. 마치 디제잉을 하듯 LoopMash를 컨트롤할 수 있는 것입니다.

Save Setting 버튼

17 Save Setting 버튼을 ON으로 하면 패드에 빨간색 테두리가 표시되며, 사용자가 원하는 패드를 선택하면, 지금까지 구성한 리듬이 선택한 패드에 저장됩니다. 지금까지의 학습으로 만든 리듬을 1번 패드에 저장해봅니다.

18 각 트랙의 게인 슬라이드를 조정하여 새로운 리듬을 만들어봅니다. 그리고 2번 패드에 연결합니다. 같은 과정으로 각각의 패드에 리듬 패턴을 만들 수 있는 것입니다. Empty Setting 버튼을 On으로 하고, 패드를 선택하면, 노트의 연결이 해제됩니다.

Jump 버튼

19 마스터 건반의 노트를 눌러보면서 LoopMash의 위력을 느껴보기 바랍니다. 마지막으로 Jump 버튼은 각 노트의 패턴이 연결되는 간격을 선택합니다. 즉, 1: Next bar를 선택하면, 연주하는 도중에 패드를 누르면, 마디가 시작되는 위치에서 리듬이 바뀌는 것입니다. 기본 값은 8비트 단위인 1/8 Now입니다.

20 완성된 리듬은 미디 노트를 리얼로 녹음하거나 키 에디터에서 마우스로 입력하여 컨트롤 합니다. LoopMash에 익숙해지면, 누구도 흉내 낼 수 없는 자신만의 리듬을 곡 작업에 사용할 수 있게 될 것입니다. 사용자가 만든 리듬은 언제든 사용할 수 있게 Save preset 으로 저장합니다.

6 Mystic

Mystic은 두 개의 필터 조합으로 기본 음색을 만들고, 3개의 병렬로 연결되어 있는 Comb Filter를 적용하여 사운드를 만드는 방식입니다. Comb Filter는 주파수를 일정한 간격으로 구분하여 필터를 적용하는 것으로 지금까지 살펴본 필터들과는 차이가 있습니다.

1. OSC

Mystic은 하나의 오실레이터를 제공하고 있으며, 사운드는 A/B 필터의 조합으로 출발합니다. 파형 선택 좌/우 측에는 음정을 조정하는 Coarse 노브와 배음을 만드는 Raster노브가 있습니다. 실습에서는 Rartial Add 5 파형을 선택하고, Coarse는 -12, Raster는 73정도로 조정합니다.

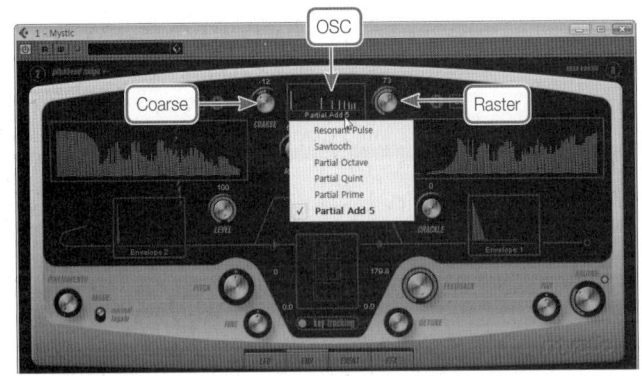

2. Filter

Osc에서 선택한 파형은 A/B 두 개의 필터 조합으로 기본 음색을 조정합니다. 각각 17가지의 프리셋을 제공하고 있으며, 디스플레이 창을 드래그하여 설정할 수 있습니다. 이때 Shift 키를 누른 상태로 드래그하면 독립적인 조정이 가능합니다. Cut은 필터의 주파수 대역을 설정하며, Morph은 필터 A/B의 비율을 조정합니다. 실습에서는 Cut을 33, Morph를 62 정도로 조정하고, A 필터에서 String body 프리셋을 선택합니다.

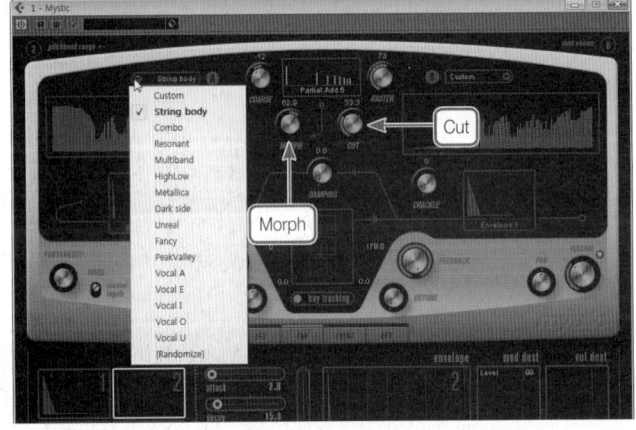

3. Envelope 2

A/B 필터의 조합으로 만들어진 기본 사운드는 Envelope 2 로 진행합니다. 실습에서는 기본 사운드의 레벨(Level)을 100으로 하고, Envelope 2 를 Cut1(99), Morph(88), Crackle(10)으로 연결합니다. 그리고 Attack 0, decay 0, release 28.7, sustain 0으로 조정하고, punch 버튼을 On으로 합니다.

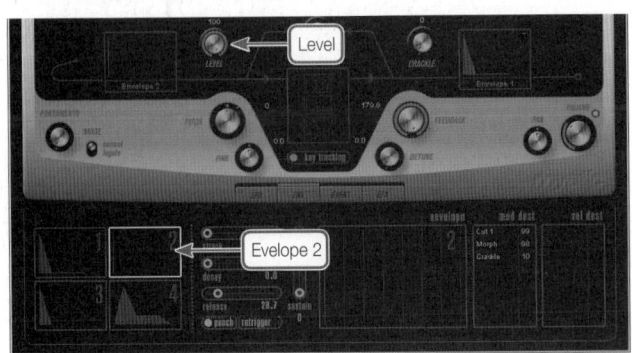

4. Comb Filter

Envelope 2의 출력 사운드는 3개의 병렬로 구성되어 있는 Comb Filter로 진행합니다. Comb Filter는 일정한 간격으로 필터를 적용하는 것인데, 그림을 보면 알 수 있듯이 빗처럼 생겼다고 해서 Comb Filter라고 합니다. Comb Filter의 출력 사운드는 다시 입력 사운드로 전송하여 반복 시킬 수 있는데, 이것을 결정하는 것이 Feedback 노브 입니다. 반복되는 Comb Filter 사운드에 Crackle 잡음을 추가하거나 Damping 값을 조정하여 고음역의 반사율을 높일 수 있습니다. Pitch는 반음 단위, Fine은 100분의 1단위로 음정을 조정하며, Detune은 3개의 Comb Filter 음정 간격을 조정합니다. 그리고, Key traking은 음정에 따라 필터를 적용하게 합니다. 실습에서는 모두 기본값으로 사용하겠습니다.

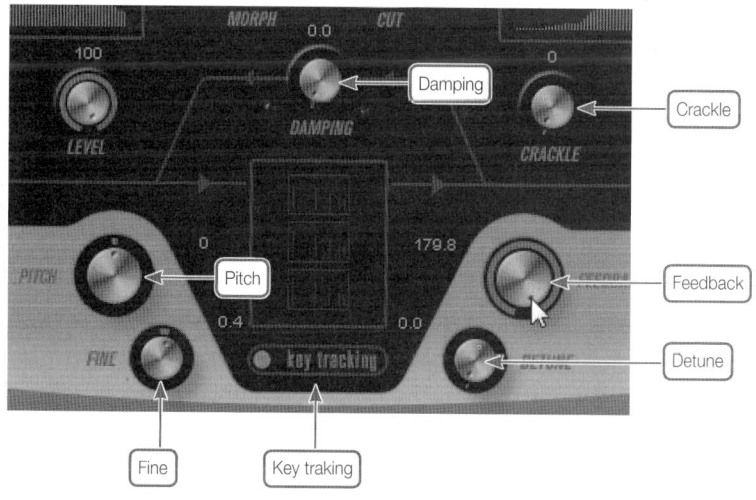

5. Envelope 1

Comb Filter의 출력 사운드는 Envelope 1로 전송됩니다. 단, Envelope 1과 2를 사용하지 않으면, 기본 사운드가 Comb Filter를 거쳐서 메인으로 출력되는 단순한 구조입니다. 실습에서는 Envleope 1을 volume에 연결하고, Attack 0, decay 87.4, release 93.1, sustain 44로 조정합니다. 그리고 Punch 버튼을 On으로 합니다.

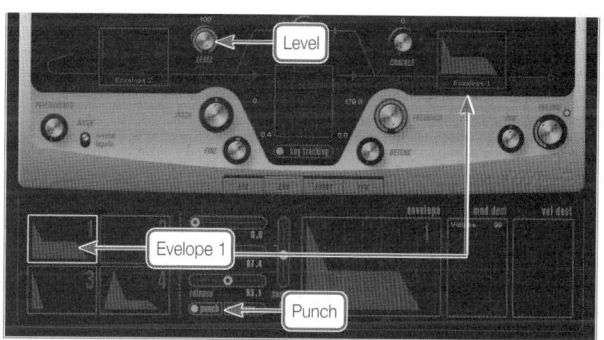

6. Portamento / Pan /Volume

Portamento는 포르타멘토 주법을 연출할 때의 속도를 조정하며, Pan과 Volume은 전체 사운드의 팬과 볼륨을 조정합니다. 그리고 다른 장치에서와 마찬가지로 왼쪽 코너에 피치 밴드의 범위를 조정하는 pitchbend reage가 있고, 오른쪽 코너에 동시 발음 수를 조정하는 Max max voice가 있습니다. 실습에서는 모두 기본 값을 사용합니다.

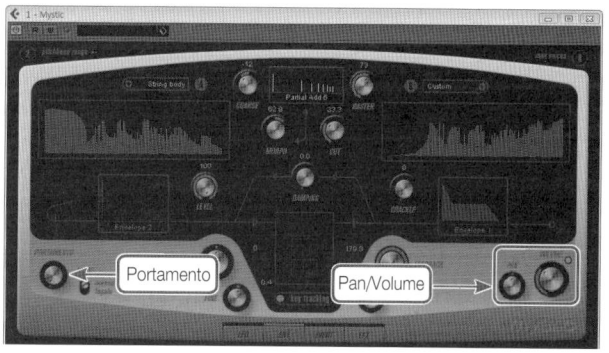

7. LFO

패널 아래쪽의 LFO, ENV, EVEN, EFX는 Prologue와 사용 방법이 같으므로 설명을 생략하고, 실습을 하겠습니다. 먼저 LFO 왼쪽 채널에 기본적으로 설정되어 있는 OSC1 Pitch를 Off시키고, Volume(-1)을 연결합니다. 그리고 파형은 Sine, 타입은 Part, Speed는 5.570, depth는 100으로 조정합니다. 오른쪽 채널은 Cut 1(66)에 연결하고, 파형은 triangle, 타입은 Voice, speed는 0.093, depth는 70.9로 조정합니다.

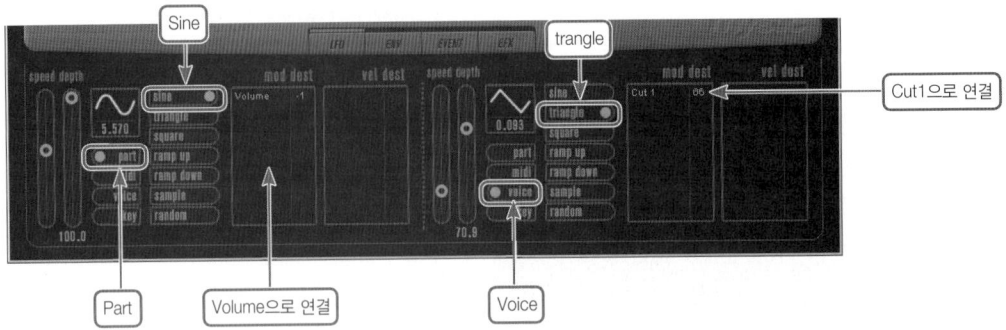

8. Evnet

ENV는 Comb filter에서 조정했으므로 건너뛰고, Event를 조정합니다. Moudulation wheel은 Damping(35), 1(15)로 연결하고, Velocity는 Volume(15)로 연결합니다, 그리고 Aftertouch를 LFO 1 Level(50)에 연결합니다.

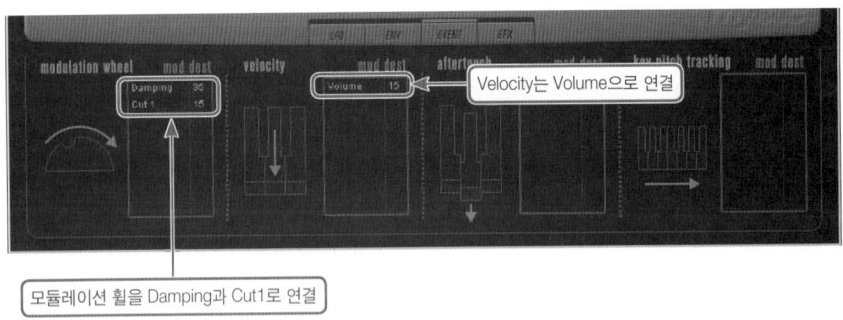

9. EFX

이펙트는 delay와 chorus를 걸겠습니다. Delay 타입은 cross delay로 하고, Song Sync를 On으로 합니다. 그리고 delay1은 2/1, delay2는 1/1, fdbk은 21, filter는 21400, level은 12.6 정도로 조정합니다. Chorus는 rate를 22.4, depth를 68.5, delay를 35.9, fdbk을 43, level을 98.4로 조정합니다. 이것으로 Guitar 음색을 만들어보면서 Mystic의 파라미터를 모두 살펴보았습니다.

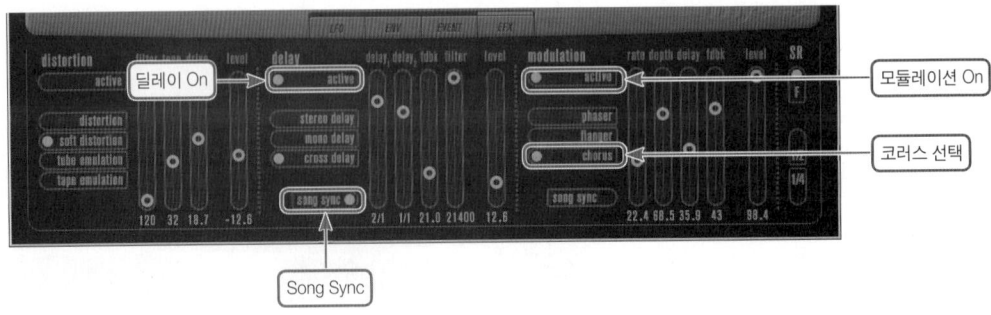

7 Padshop

큐베이스 및 누엔도는 그래뉼러(Granular) 신디사이저인 Padshop을 제공합니다. 그래뉼러는 오디오 샘플을 가져 다가 여러 개로 조각을 내어 재생시키는 방식으로 리즌(Reason) 사용자들에게는 익숙한 타입입니다. 유료 제품인 Padshop Pro에서와 같이 사용자가 가지고 있는 오디오 샘플을 가져다 쓸 수는 없지만, 두 개의 레이어를 제공하고 있기 때문에 내장된 샘플만으로도 무한대에 가까운 소리를 만들어낼 수 있습니다.

1. Voice 섹션

Mono/Poly, Glide, Pitchbend, Voice/Trigger Mode로 구성되어 있으며, 노트 연주에 관한 설정을 합니다.

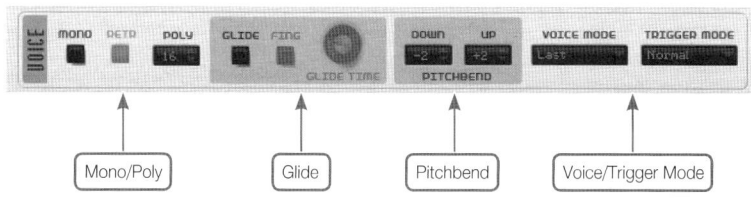

- **Mono/Poly** : 악기의 동시 발음 수를 결정합니다. Mono 버튼이 Off인 경우에는 Poly 항목에서 최대 128 보이스까지 설정이 가능하며, Mono 버튼이 On인 경우에는 모노 악기로 작동합니다.

- **Retr** : 모노 모드에서 사용가능하며 누르고 있는 건반을 지속시킵니다. 모노 악기에서는 건반을 누르고 있어도 다음 건 반을 누르면 음이 끊어지게 되어있는데, Retrigger 버튼을 On으로 하면, 누르고 있는 건반의 음을 지속시킬 수 있기 때 문에 빠른 트릴 연주가 가능합니다.

- **Glide** : 연주하는 노트 사이를 연결하는 글리산도 주법을 만들며, 모노 모드에서 최상의 효과를 볼 수 있습니다. 이 기 능을 사용하고자 한다면 Glide 버튼을 On으로 하고, Glide Time 노브를 이용해서 속도를 조정합니다. Fingered 버튼은 레가토로 연주되는 노트들에만 적용되게 하는 역할입니다.

- **Pitchbend** : 피치벤드의 다운/업 음정 폭을 설정합니다.

- **Voice Mode** : 동시 발음 수 이상의 노트가 연주될 때 어떤 노트를 생략시킬 것인지의 여부를 선택합니다. 목록에는 마지막 노트인 Last, 시작 노트인 First, 낮음 음의 Low, 고음의 High를 제공합니다.

- **Trigger Mode** : 연주하는 노트의 엔벨로프 시작점을 선택합니다. Normal은 언제나 새로 시작하고, Legato는 이전 노트의 엔벨로프 지점에서 연주됩니다. Resume은 새로 시작하지만, 레벨이 이전 엔벨로프 지점을 유지합니다.

2. Main 섹션

음정을 조정하는 Tune과 볼륨을 조정하는 Volume의 두 가지 노브가 있는 Main은 악기의 최종 출력 섹션입니다.

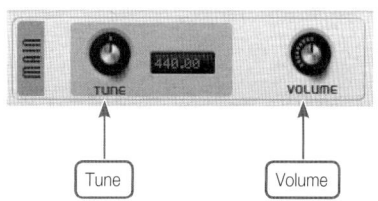

3. Oscillator 섹션

Padshop의 핵심 섹션으로 사운드 소스가 로딩되는 부분입니다. 로딩한 샘플을 오디오 파형으로 보여주는 디스플레이 창 왼쪽에는 연주 시작점을 조정하는 Position 그룹이 있고, 오른쪽에는 볼륨을 조정하는 Level 그룹이 있습니다. 그리고 디스플레이 창 아래쪽에는 Playback, Grain, Pitch, Length and Shape 등의 값을 설정할 수 있는 노브로 구성되어 있습니다.

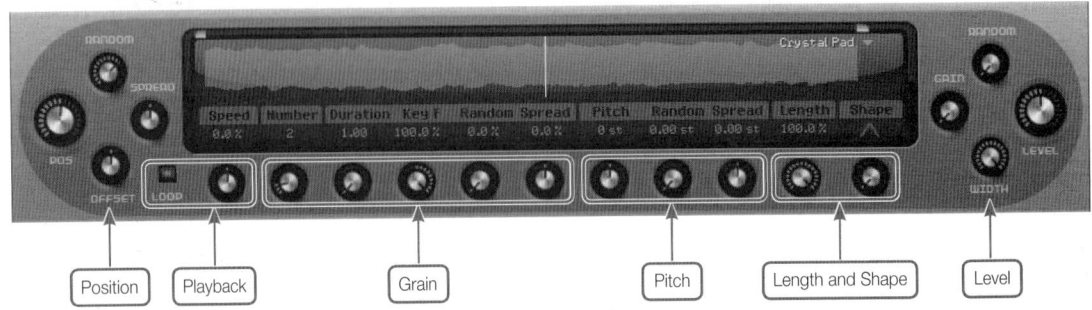

● Select Sample

샘플을 불러올 때는 디스플레이 창 오른쪽 상단에 역삼각형 모양을 하고 있는 Select Sample 버튼을 클릭하여 브라우저 창을 열고, 목록에서 선택합니다. 검색 창에서 샘플 이름의 일부분을 입력하여 찾아도 좋습니다.

● Defining Sample Start and End

로딩한 샘플의 사용 범위는 디스플레이 창 위쪽의 Sample Start and End 핸들을 드래그하여 조정할 수 있습니다.

 가정교사

별도로 판매되고 있는 Padshop Pro 버전의 경우에는 사용자가 가지고 있는 오디오 파일을 디스플레이 창으로 드래그하여 로딩할 수 있습니다.

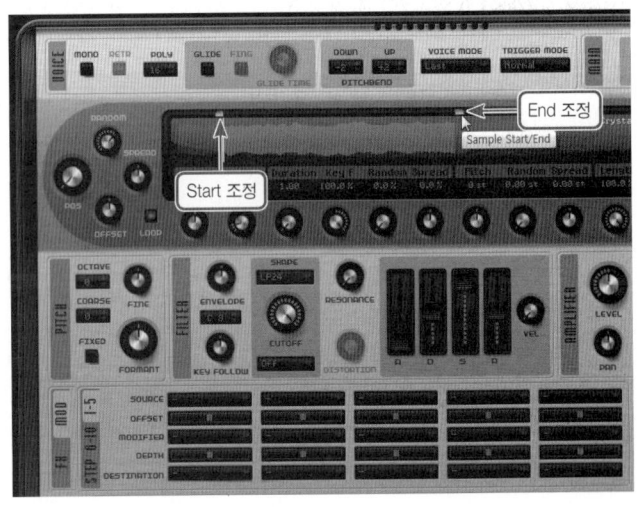

3-1. Position 설정

디스플레이 창 왼쪽의 Position, Random, Offset, Spread의 4가지 노브는 샘플의 재생 시작점을 설정 합니다. 단, Spread는 Number of Grains 값이 2 이상일 때 설정할 수 있습니다.

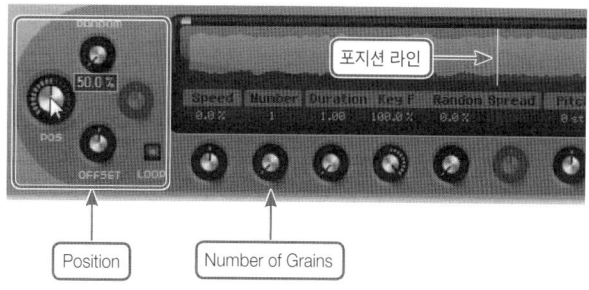

- **Position** : POS 노브는 재생 시작점을 조정하며, 디스플레이 창에 흰색라인으로 표시됩니다. 값을 조정하면서 모니터 해봅니다. 흰색 라인을 드래그하여 조정해도 됩니다. Shift 키를 누르면 소수점 이하의 미세한 조정이 가능하며, Alt 키를 누르면 슬라이드 방식으로 조정할 수 있습니다. Ctrl 키를 누른 상태에서 클릭하면 초기 값으로 설정됩니다.
- **Random** : 건반을 누르고 있는 동안 샘플의 시작점을 임의로 변동하는 범위를 설정합니다. 물론 최초의 시작점은 Position에서 설정한 위치입니다. 값을 증가시켜보면서 사운드를 모니터하고, Ctrl 키를 누른 상태에서 클릭하여 초기화 합니다.
- **Offset** : 좌우 채널의 시작전을 조정합 ㅣ다. 노브를 양의 값으로 설정히면 오른쪽 채널이 조정되고, 마이너스 값으로 설정하면 왼쪽 채널이 조정됩니다. 이때 조정하는 채널의 반대 채널은 영향을 받지 않습니다.
- **Spread** : Number of Grains 값이 2 이상일 때 사용할 수 있으며, 각 그레인(Grains)의 재생 범위를 조정합니다. Grains은 조각이라는 의미로 각 채널에서 재생되는 그레인 수를 설정하는 것이고, Spread를 이용하여 각 그레인의 재생 범위를 설정하는 것입니다.

3-2. Play 설정

디스플레이 창 아래쪽의 첫 번째 노브는 Loop 버튼과 함께 샘플 재생 속도와 방향을 결정합니다.

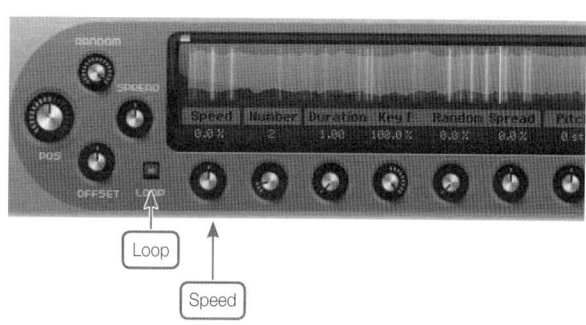

- **Loop** : 건반을 누르고 있는 동안 샘플을 반복시킬 지의 여부를 선택합니다. Loop 버튼이 Off인 경우에는 Sample End 위치에서 정지됩니다.
- **Speed** : 샘플의 재생 속도와 방향을 조정합니다. 양의 값은 원래 방향의 속도를 조정하고, 음의 값은 반대 방향으로 진행됩니다. Position을 50%로 설정하고, Playback Speed를 조정하면서 모니터 해보기 바랍니다.

3-3. Grain 설정

Padshop은 샘플을 조각내서 재생하는 그래뉼러
(Granular) 방식이며, 각 조각을 Grain이라고 합니
다. Number, Duration, Key F, Random, Spread
의 5가지 노브는 Grain에 관한 설정을 합니다.

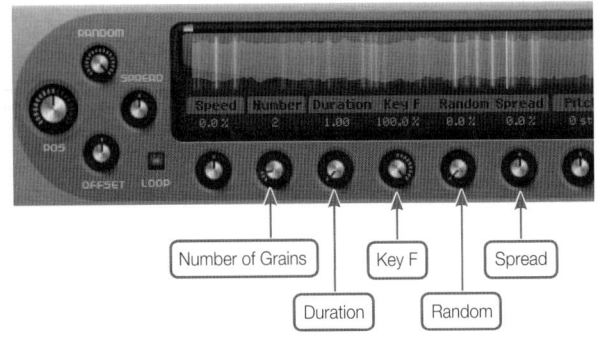

● **Number** : 각 채널에서 재생되는 그레인 수를 설정합니다. 2개 이상의 그레인은 옥타브 단위로 쌓이는데 이를 해결하
려면 Position 항목의 Spread 및 Offset 값을 이용하여 재생 지점을 다르게 설정하거나 Duration을 이용하여 길이를
조정합니다.

● **Duration** : 그레인의 길이를 조정합니다. 오디오는 길이가 두 배로 늘어나면 한 옥타브 낮아집니다. 이것을 이용하여
Number of Grains가 2개 이상일 때, Duration을 10 이상으로 설정하여 샘플 소소의 피치 값을 얻을 수 있습니다.

● **Key F** : 피치 간격을 설정합니다. 100%가 반음에 해당하며 Key Follow 값을 조정하여 변조 효과를 얻을 수 있습니다.

● **Random** : 그레인의 길이가 임의로 결정되게 합니다.

● **Spread** : Number 값이 2 이상일 때 각 그레인의 재생 길이를 설정합니다. 100% 일 때 각 그레인의 길이는 두 배로
늘어나고, -100% 일 때 절반이 됩니다.

3-4. Pitch 설정

피치를 조정합니다. Padshop의 피치는 오리지널
샘플과 그레인의 두 자기로 정의됩니다. 오리지널
샘플을 사용하려면 Duration 값을 늘려야 하며, 그
레인을 이용하려면 1 또는 2의 낮은 값으로 설정되
어야 합니다.

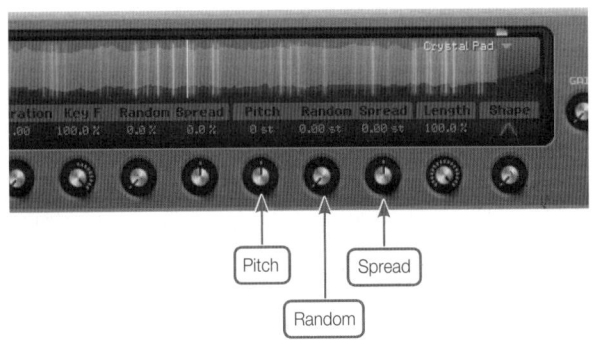

● **Pitch** : -12에서 12까지 반음 간격으로 지정할 수 있습니다. 간격은 채널별로 그레인의 시작 위치에서 계산됩니다.

● **Random** : 피치 범위를 임의로 설정합니다. 12의 설정에서, 임의의 피치 값은 -12 사이 12 반음을 이룹니다.

● **Spread** : 이 노브는 Number of Grains 값이 2 이상일 때 사용 가능하며, 각 그레인의 피치를 다르게하여 사운드를
두껍게 만듭니다. 첫 번째 그레인은 피치를 유지하고, 다른 그레인은 지정된 범위 내에 값으로 균일하게 배열합니다.

3-5. Length 와 Shape 설정

그레인의 재생 길이를 설정하는 Length와 모양을 선택하는 Shape 노브입니다. Shape는 디스플레이 창을 클릭하면 다양한 라인을 선택할 수 있는 메뉴가 열립니다.

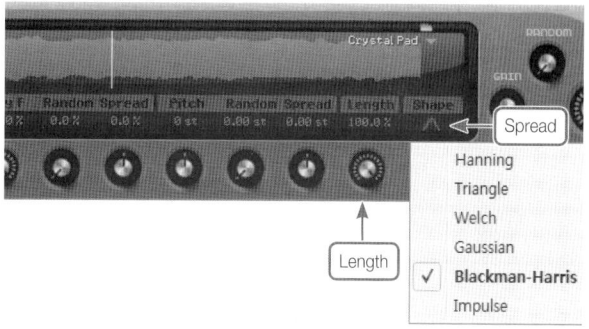

3-6. Level 설정

그레인 오실레이터의 출력 레벨을 설정하는 Level, Random, Width, Gain 노브로 구성되어 있습니다.

- **Gain** : 그레인 오실레이터의 이득 값을 설정합니다.
- **Random** : 각 그레인의 레벨을 임의 설정합니다.
- **Width** : 그레인 오실레이터의 스테레오 폭을 설정합니다. 오리지널 샘플의 스테레오 폭에는 영향을 주지 않습니다.
- **Level** : 그레인 오실레이터의 최종 레벨을 설정합니다.

4. Pitch 섹션

음정을 Octave(옥타브), Coarse(반음), Fine(100분의 1) 단위로 조정할 수 있으며, Fixed 버튼을 On으로 하면 모든 키에 동일한 음정이 배분됩니다. Formant는 오리지널 샘플의 피치를 변경하여 그레인의 음질 변화를 최소화 합니다.

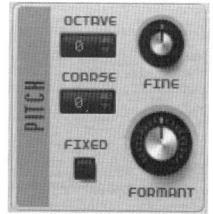

5. Filter 섹션

오실러에이터에서 생성된 사운드의 톤을 조절하는 필터 섹션에는 Envelope, Key Follow, Shape, Cutoff, Type, Resonance, Distortion, Envelope Faders, Velocity 파라미터로 구성되어 있습니다.

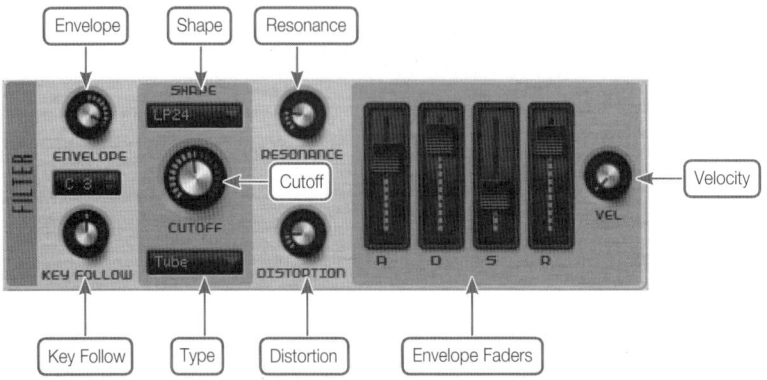

- Envelope : 필터의 Cutoff 변조를 조정합니다. 마이너스 값은 반대 방향으로 변조됩니다.
- Key Follow : 노트 번호를 사용하여 Cutoff 변조를 조정합니다. 중앙 노트 값을 기준으로 위에 노트가 증가하고 아래 노트가 감소합니다.
- Shape : 필터가 적용되는 주파수 범위를 설정합니다. LP는 Low-pass filter를 의미하는 것으로 옥타브 범위로 24, 18, 12, 6dB 선택이 가능하며, BP는 Band-pass filter로 24, 12dB 선택이 가능합니다. 그리고 High-pass filter(HP)의 24, 18, 12, 6dB과 Band-reject filter(BR)의 24, 12dB을 제공합니다.
- Cutoff : 필터가 적용되는 중심 주파수를 설정합니다.
- Type : 튜브 효과의 Tube, 밝은 트랜지스터 효과의 Clip, 노이즈를 추가하는 Bit, 신호를 왜곡시키는 Rate, 벨로시티 값에 따라 신호 왜곡 효과를 증감하는 Rate KF의 5가지를 제공하며, Off는 필터를 왜곡하지 않는 것입니다.
- Resonance : 컷 오프 주파수 범위의 공진감을 조정합니다.
- Distortion : 신호를 왜곡시키며, 결과는 선택한 Type에 따라 달라집니다.
- Envelope Faders : 어택(A), 디케이(D), 서스테인(S), 릴리즈(R) 값을 슬라이더 타입으로 조정할 수 있습니다.
- Velocity : 벨로시티 값에 따라 적용되는 엔벨로프 범위를 설정합니다. 0으로 하면 엔벨로프가 100%로 적용됩니다.

6. Amplifier 섹션

필터를 통과한 사운드의 레벨을 설정할 수 있는 Level, 팬을 설정할 수 있는 Pan, 엔벨로프를 조정할 수 있는 ADSL 슬라이더, 그리고 벨로시티 값에 따라 달라지는 레벨 범위를 설정하는 Vel 노브로 구성되어 있습니다.

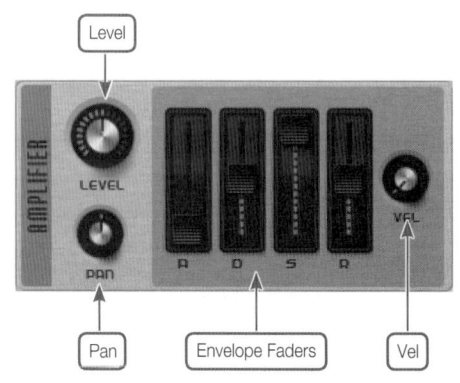

7. FX 섹션

FX는 사운드에 특별한 효과를 부여하는 것으로 합창 효과를 만드는 Chorus와 에코 효과를 만드는 Delay의 두 가지를 제공합니다. 각각의 장치를 사용하기 위해서는 On 버튼을 클릭하여 활성화 해야 합니다.

7-1. Chorus 설정

● **Type** : 여러 대의 악기 연주 효과를 만드는 코러스(Chorus)와 짧은 원 소스와 지연되는 사운드를 합성하여 독특한 효과를 만드는 플랜저(Flanger) 중에서 선택할 수 있습니다.

● **Rate** : 변조 속도를 조정합니다. Sync 버튼을 On으로 하면 템포에 맞출 수 있게 비트 선택 메뉴로 바뀝니다.

● **Depth** : 변조 폭을 조정합니다.

● **Phase** : 스테레오 이미지 폭을 조정합니다.

● **Feedback** : 딜레이 사운드의 반복 양을 조정합니다.

● **Mix** : 원 소스와 코러스 및 플랜저 효과의 비율을 조정합니다.

7-2. Delay 설정

● **Type** : 양쪽 채널에 서로 다른 피드백을 전송하는 Stereo, 왼쪽 채널의 피드백으로 오른쪽 채널로 공급하는 Cross, 양쪽 채널을 혼합하여 좌/우로 이동시키는 Ping-pong 중에서 선택할 수 있습니다.

● **Time** : 지연 타임을 조정합니다. Sync 버튼을 On으로 하면 템포에 맞출 수 있게 비트 선택 메뉴로 바뀝니다.

● **Time L/R** : 왼쪽 및 오른쪽의 시작 타임을 조정합니다. 노브를 오른쪽으로 조정하면 오른쪽 채널의 딜레이 타임이 지연되고, 왼쪽으로 조정하면 왼쪽 채널의 딜레이 타임이 지연됩니다.

● **Feedback** : 딜레이 사운드의 반복 양을 조정합니다.

● **High Damp** : 고음역 딜레이 사운드의 값을 조정합니다.

● **Mix** : 원 소스와 딜레이 효과의 비율을 조정합니다.

8. LFO 섹션

Padshop은 두 개의 모노 LFO를 제공하며, 각각의 LFO는 동시에 적용됩니다. 이것은 다양한 파형의 LFO 연출이 가능하다는 의미입니다.

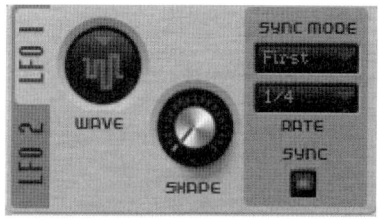

● **Wave/Shape** : Wave 항목에서 Sine, Triangle, Saw, Square, S&H 1, S&H 2의 LFO 파형을 선택하며, Shape 노브로 하모닉스를 추가합니다.

● **Rate** : LFO의 속도를 조정하며 Sync 버튼을 ON으로 하면 Beat 및 노트 단위로 선택할 수 있는 Sync Mode가 활성화 됩니다.

9. Step Modulator 섹션

Padshop은 리듬 제어 시퀀스를 생성 할 수있는 Step Modulator를 제공합니다. 최대 32 단계까지 설정할 수 있습니다.

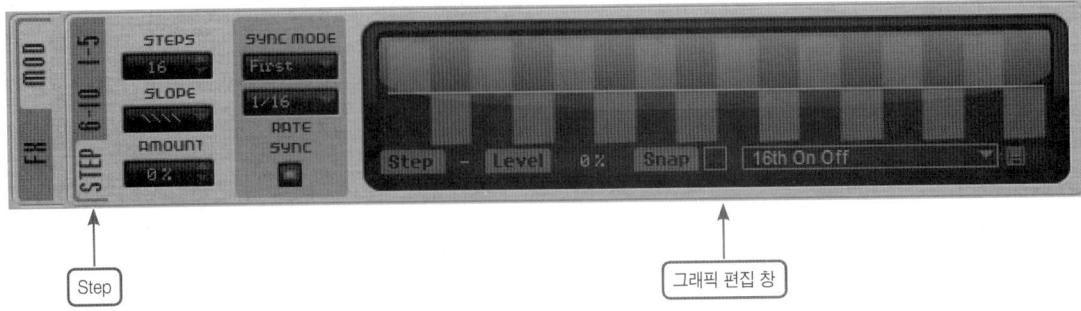

- **Editing Steps** : 그래픽 편집 창에서 원하는 Step을 선택하고, 다음과 같은 동작으로 Level을 조정할 수 있습니다.

  - 마우스 드래그로 값을 조정합니다.
  - 한 번에 모든 스텝의 값을 조정하려면 Shift 키를 누른 상태로 드래그합니다.
  - 값을 0%로 초기화 하려면 Ctrl 키를 누른 상태로 클릭합니다.
  - 모든 스텝을 초기화 하려면 Ctrl + Shift 키를 누른 상태로 클릭합니다.
  - 스텝을 라인으로 그리려면 Alt 키를 누른 상태로 드래그합니다.
  - 라인을 대칭으로 그리려면 Alt + Shift 키를 누른 상태로 드래그합니다.

- **Steps** : 스텝을 설정합니다. 최대 32 단계로 설정 가능합니다.

- **Slope** : 스텝의 라인을 변화시킵니다. 시작을 깎는 Rising, 끝을 깎는 Falling, 양쪽 모두를 깎는 All을 제공합니다.

- **Amount** : Slope의 적용 범위를 설정합니다.

- **Rate** : 스텝이 반복되는 속도를 조정합니다. Sync 버튼을 On으로 하면 비트 단위로 선택할 수 있게 바뀝니다.

10. Modulation Matrix 섹션

Padshop의 파라미터를 컨트롤 할 수 있는 10개의 매트릭스를 제공합니다. 예를 들어 Source에서 LFO를 선택하고, Modifier에서 Mod Wheel를 연결하면 모듈레이션 휠을 이용해서 LFO를 컨트롤할 수 있게 되는 것입니다. 그 외, 시작 타임을 조정하는 Offset, 강도를 조정하는 Depth와 목적 파라미터를 선택하는 Destination으로 구성되어 있으며, 매트릭스는 1-5와 6-10의 두 화면으로 5개씩 나뉘어져 있습니다.

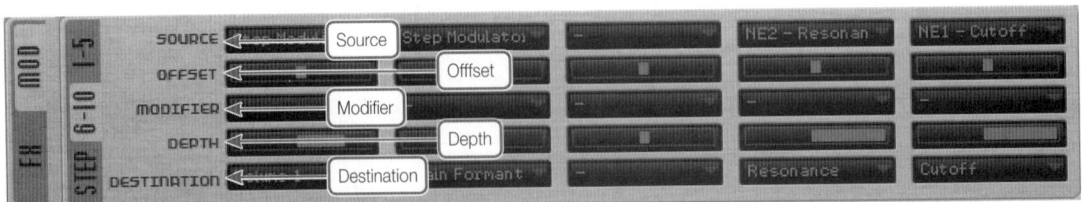

11. Layer 섹션

Padshop은 두 개의 레이어를 제공하고 있으며, 각 레이어의 ON 버튼을 활성화하여
두 개의 소리를 믹스시킬 수 있습니다. 두 개의 레이어를 사용할 때 가운데 슬라이더
를 이용해서 믹스 레벨을 조정할 수 있으며, Copy와 Paste 버튼을 이용하여 레이어
를 복사할 수 있습니다. Init 버튼은 선택한 레이어를 초기화합니다.

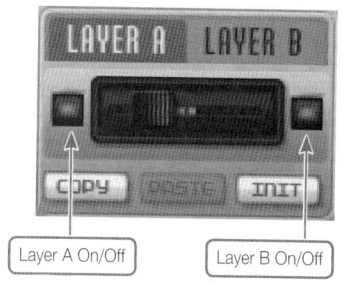

Layer A On/Off

Layer B On/Off

Tip | 미디 컨트롤러 설정

Padshop의 거의 모든 파라미터는 미디 컨트롤러를 통해 조정할 수 있으며, 볼륨 7번과 팬 10번은 기본적으로 할
당되어 있습니다. 그리고 컨트롤러 기능이 없는 마스터 건반 사용자들을 위하여 모든 파라미터를 모듈레이션 휠로
연결할 수 있도록 배려하고 있습니다.

1. 컨트롤러 연결

컨트롤러에 파라미터를 연결하는 방법은 간단합니
다. 조정하고 싶은 파라미터를 마우스 오른쪽 버튼
으로 클릭하여 단축 메뉴를 열고, Learn CC를 선
택합니다. 그리고 사용자가 가지고 있는 미디 컨트
롤러에서 슬라이더 및 노브를 움직여주면 됩니다.
모듈레이션 휠을 이용하여 컨트롤하고자 할 때는
Modulation Wheel 메뉴에서 Enable Mod Wheel
를 선택하여 활성화합니다.

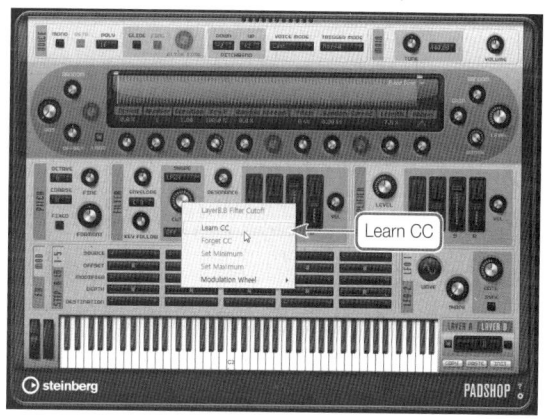

Learn CC

2. 범위 설정

최소 및 최대 값 범위를 설정할 때는 마우스 오
른쪽 버튼을 클릭하여 단축 메뉴를 열고, Set
Minimum 및 Set Maximum를 선택합니다. 현재
설정되어 있는 값이 최소 및 최대 값으로 설정됩
니다. 컨트롤러 연결을 해제할 때는 Forget CC를
선택하고, 모듈레이션 휠을 해제할 때는 Disable
Mod Wheel을 선택합니다.

Modulatin Whell

Prologue는 큐베이스와 누엔도에서 가장 자랑스럽게 내놓고 있는 아날로그 타입의 신디사이저입니다. 3개의 오실레이터와 8가지 타입의 필터를 제공하고 있으며, 4개의 엔벨로프 라인을 조정할 수 있는 막강한 기능을 제공합니다. 큐베이스와 누엔도에서 제공하고 있는 아날로그 신디사이저는 모두 비슷한 형태로 되어 있기 때문에 Prologue만 익혀두면, 나머지는 쉽게 사용할 수 있게될 것입니다.

1. OSC

Prologue는 음색의 기본 파형을 만드는 오실레이터(OSC)를 3개 제공하며, 파형은 Sawtooth, Parabolic 등, 11가지를 제공하고 있습니다. 각 파형의 사운드를 모니터 해보고, 실습에서는 OSC1은 Sawtooth, Osc2는 Square 를 선택합니다.

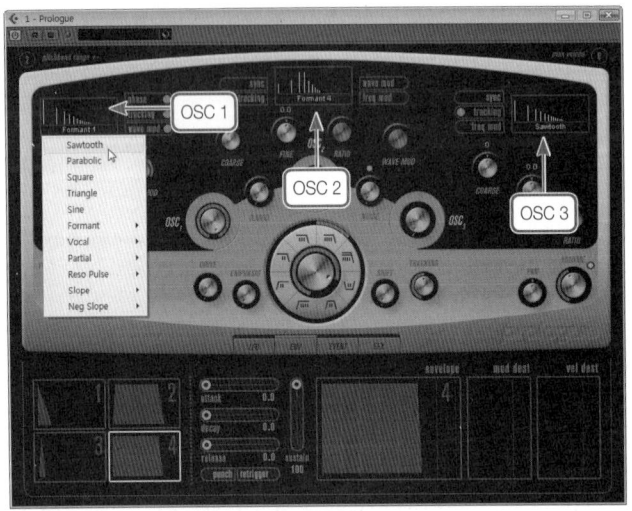

파형	특징
Sawtooth	약간 밝은 톤의 톱니파
Parabolic	약간 부드러운 톤의 파형
Square	배음을 가지고 있는 사각파
Tringle	배음을 가지고 있는 정현파
Sine	단선률의 사인파
Formant 1-12	특정 주파수를 강조하는 파형
Vocal 1-7	기계적인 A, E, I, O,U 사운드를 연출하는 파형
Partial 1-7	하모닉 사운드를 가지고 있는 파형
Reso Pulse 1-12	기본 주파수를 강조하는 펄스파
Slope 1-12	파형이 감소하는 형태의 슬로프
Neg Slope 1-9	주파수가 낮아지는 형태의 파형

(1) OSC1 파라미터

OSC1 에는 파형을 선택하는 디스플레이 창 오른쪽에 Phase, Tracking, Wave mod 버튼이 있고, 파형 아래쪽에 Coarse, Fine, Wave Mod 노브가 있습니다. 그리고 OSC1의 레벨을 조정하는 노브가 있습니다. 실습에서는 모두 기본 값으로 두겠습니다.

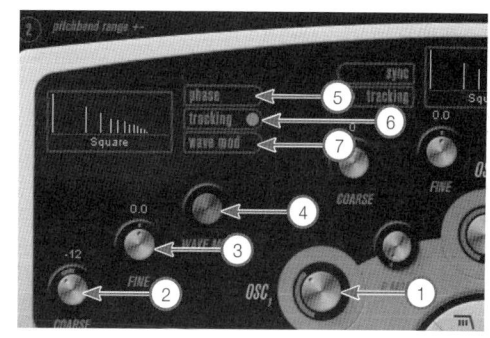

파라미터	역할
① Osc 1 레벨 노브	OSC1의 레벨을 조정합니다.
② Coarse 노브	OSC1의 음정을 반음 단위로 조정합니다
③ Fine 노브	OSC1의 음정을 100분의 1 단위로 조정합니다.
④ Wave Mod 노브	파형의 주기를 변조시킵니다. Wave Mode 버튼이 On일 경우에만 조정할 수 있습니다.
⑤ Phase 버튼	버튼이 On이면, 노트를 연주할 때 마다 파형을 처음부터 발진시킵니다. 버튼이 Off이면 파형이 주기적으로 동작합니다.
⑥ Tracking 버튼	노트의 음정을 만듭니다. 타악기 외에는 On으로 둡니다.
⑦ Wave Mod 버튼	Wave Mod의 작동 여부를 On/Off 합니다.

(2) OSC2 파라미터

OSC2 에는 파형을 선택하는 디스플레이 창 왼쪽과 오른쪽에 Sync, Tracking, wave mode, Freq mod 버튼이 있고, 파형 아래쪽에 Coarse, Fine, Ratio, Wave Mod 노브가 있습니다. 그리고 OSC2의 레벨을 조정하는 노브가 있습니다. 실습에서는 Wave mod를 -36.6, Coarse를 -12로 정도로 조정합니다. 그리고 레벨은 36정도로 설정합니다.

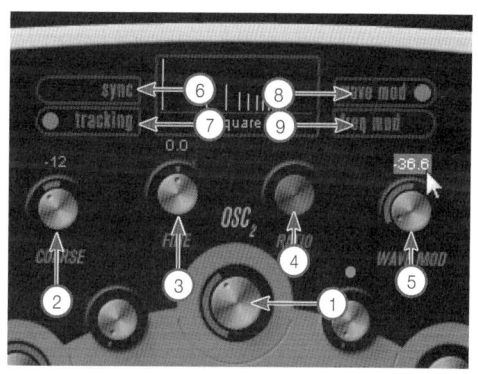

파라미터	역할
① Osc 2 레벨 노브	OSC2의 레벨을 조정합니다.
② Coarse 노브	OSC2의 음정을 반음 단위로 조정합니다
③ Fine 노브	OSC2의 음정을 100분의 1 단위로 조정합니다.
④ Ratio 노브	OSC2 파형의 주기 간격을 조정합니다. Freq mod버튼이 On일 경우에만 조정할 수 있습니다.
⑤ Wave Mod 노브	파형의 주기를 변조시킵니다. Wave Mode 버튼이 On일 경우에만 조정할 수 있습니다.
⑥ Sync 버튼	Osc1과 주기의 시작점을 맞춥니다.
⑦ Tracking 버튼	노트의 음정을 만듭니다. 타악기 외에는 On으로 둡니다.
⑧ Wave Mod 버튼	Wave Mod의 작동 여부를 On/Off 합니다.
⑨ Freq Mod 버튼	Ratio의 작동 여부를 On/Off합니다.

(3) OSC3 파라미터

OSC2에는 파형을 선택하는 디스플레이 창 왼쪽에 Sync, Tracking, Freq mod On/Off 버튼이 있고, 파형 아래쪽에 Coarse, Fine, Ratio노브가 있습니다. 그리고 OSC3의 레벨을 조정하는 노브가 있습니다. 실습에서는 OSC3를 사용하고 있지 않습니다. 즉, OSC1과 OSC2의 두 가지 파형을 섞어서 음색을 만들고 있는 것입니다.

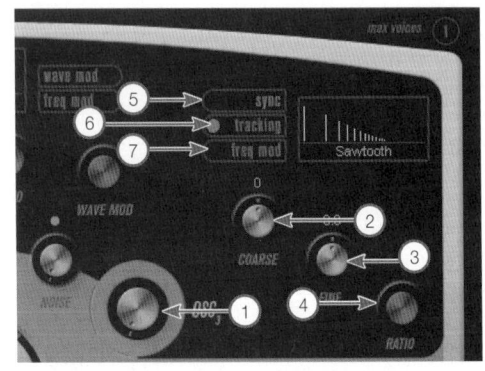

파라미터	역할
① Osc 3 레벨 노브	OSC3의 레벨을 조정합니다.
② Coarse 노브	OSC3의 음정을 반음 단위로 조정합니다
③ Fine 노브	OSC3의 음정을 100분의 1 단위로 조정합니다.
④ Ratio 노브	OSC3 파형의 주기 간격을 조정합니다. Freq mod버튼이 On일 경우에만 조정할 수 있습니다.
⑤ Sync 버튼	Osc1과 주기의 시작점을 맞춥니다.
⑥ Tracking 버튼	노트의 음정을 만듭니다. 타악기 외에는 On으로 둡니다.
⑦ Freq Mod 버튼	Ratio의 작동 여부를 On/Off합니다.

2. Portamento / R.MOD / NOISE

필터 세션 왼쪽의 Portamento 노브와 OSC1과 OSC2 레벨 노브 사이의 R.MOD 노브, OSC2 와 OSC3 레벨 노트 사이의 NOISE 노브를 살펴봅니다.

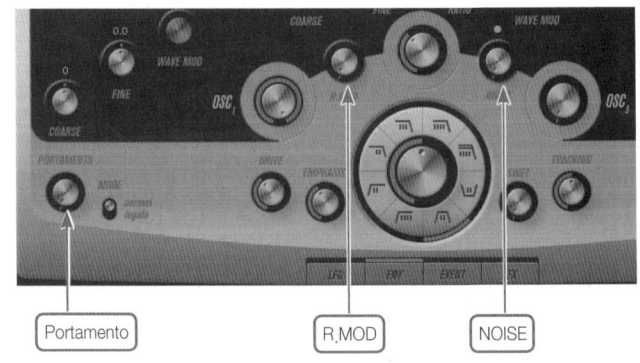

(1) R.MOD

R.MOD 노브는 OSC1과 OSC2 의 위상차 레벨을 조정합니다. 이것은 OSC2에서 선택한 파형에 따라 현저한 음색의 변화를 가져올 수 있습니다.

(2) NOISE

바람 소리와 같은 노이즈를 삽입합니다. 입으로 부는 관악기 사운드를 만들 때 리얼한 연주가 가능합니다. 노브 상단의 버튼은 화이트와 핑크 노이즈를 만들며, 노이즈는 색상으로 구분할 수 있습니다.

(3) Portamento

노트를 연주할 때 각 노트 사이의 음정을 연주하는 포트타멘토 주법을 연출합니다. Mode를 Legato로 하면 레가토로 연주할 때 포트타멘토 주법을 연출하고, Normal로 하면 언제든 포르타멘토 주법을 연출합니다. Portamento 노브는 연주 속도를 설정하는 것입니다. 단, Legato인 경우에는 동시 발음 수가 1일 때 적용됩니다. Prologue의 동시 발음 수는 오른쪽 상단의 Max Voices 번호를 클릭하여 최대 32 보이스까지 설정할 수 있습니다. 왼쪽 코너의 pitchbend rage는 피치 밴드의 음정 변화 폭을 설정하는 것입니다.

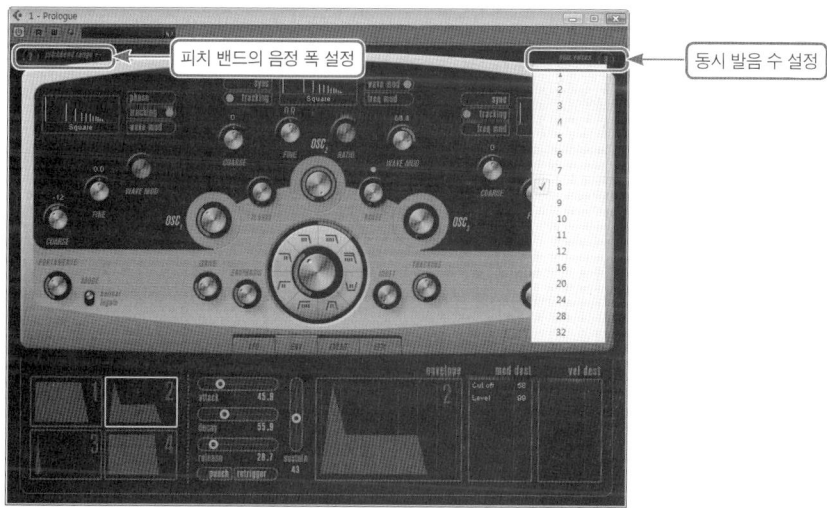

3. Filter

패널 중앙에 조그셔틀 모양으로 되어 있는 부분이 필터 세션입니다. 필터는 특정 주파수 대역 이상 또는 이하의 주파수를 차단하는 역할을 합니다. 8개의 타입 버튼에 표시된 그림을 보면, 각각 어떤 역할을 하는 것인지 짐작할 수 있으며, 마우스를 위치하면 LP, HP, BP 등의 타입 이름을 볼 수 있습니다. 그리고 중앙의 노브는 차단 주파수의 기준을 설정하는 Cutoff 노브이며, 좌/우로 Drvie, Emphasis, Shift, Tracking 노브가 있습니다.

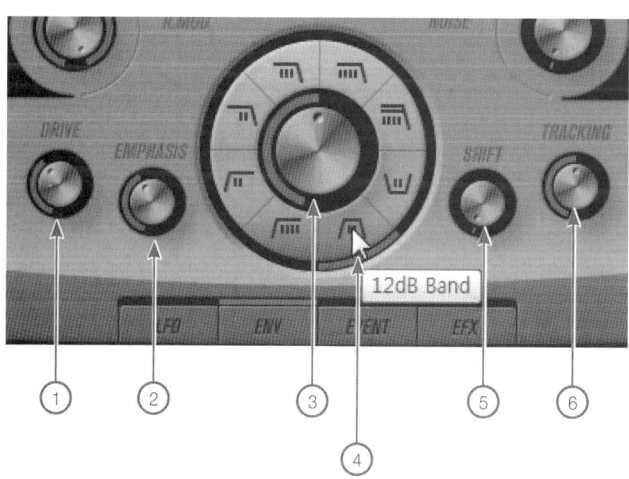

파라미터	역할
① Filter Type	12dB LP, 12dB Band, 12 dB Notch, 12 dB HP 등 8가지 타입을 선택할 수 있습니다. 로우패스(LP)는 고음을 차단하는 역할이며, 하이패스(HP)는 저음을 차단하는 역할입니다. 그리고 BAND는 미들 음역만 재생하고, Notchs는 미들 음역만 차단합니다. 12 또는 24 dB은 차단 범위를 의미합니다.
② Cut off	Filter Type의 기준 주파수를 설정합니다. 실습에서는 12 dB Band 타입을 선택하고, 값을 9931Hz로 설정합니다. 즉, 9931Hz를 중심으로 한 옥타브 범위의 사운드만 재생되게 하겠다는 것입니다.
③ Drive	필터가 적용되는 강도를 조정합니다.
④ Emphasis	필터의 주변 주파수인 공짐음을 조정합니다.
⑤ Shift	Cut Off의 대역폭을 조정합니다. 실습에서는 0으로 설정합니다.
⑥ Tracking	필터의 음정 범위를 조정합니다.

4. Master Volume and Pan

Prologue의 최종 볼륨과 팬 값을 조정합니다. Ctrl 키를 누른 상태에서 클릭하면, 기본 값으로 설정되며, Alt 키를 누른 상태에서는 슬라이드 방식으로 조정할 수 있습니다. 이것은 나머지 노브들도 마찬가지이므로, 기억을 해두기 바랍니다.

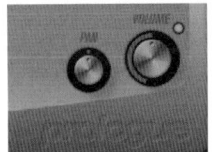

5. LFO

패널 아래쪽에는 사운드를 변조할 수 있는 LFO, ENV, EVENT, EXF의 4가지 패널을 제공하며, 각각 해당 버튼을 클릭하여 볼 수 있습니다. 첫 번째로 LFO는 Low Frequency oscilators의 약자로 저주파수를 변조하는 역할을 합니다.

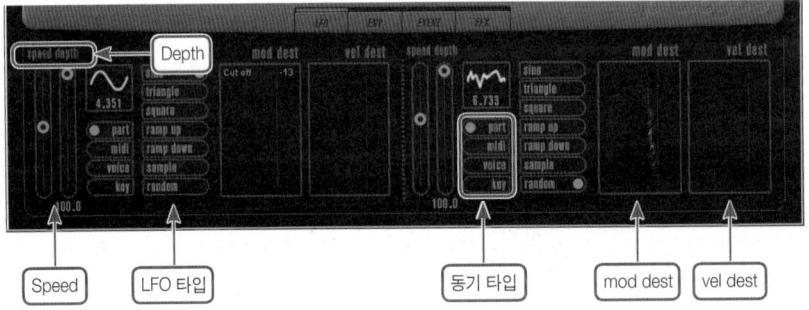

(1) Speed/depth

Speed 슬라이드는 LFO의 변조 속도를 조정하며, Depth는 변조 폭을 조정합니다. LFO의 파형은 오른쪽 버튼을 보면 알 수 있듯이 sine, triangle, square, ramp up, ramp down, smaple, random의 7가지를 제공합니다. 그리고 파형을 어디에 일치시킬 것인지를 선택하는 동기 타입은 part, midi, voice, key의 4가지를 제공하고 있습니다.

(2) mod dest/vel dest

LFO의 설정 값은 Mod dest와 Vel dest 패널에서 선택한 파라미터로 전송됩니다. 빈 공간을 클릭하면 Prologue의 모든 파라미터를 볼 수 있으며, 기본 값은 마우스 더블 클릭으로 변경합니다. 실습에서는 기본적으로 설정되어 있는 Cur off를 클릭하여 Off로 해제합니다.

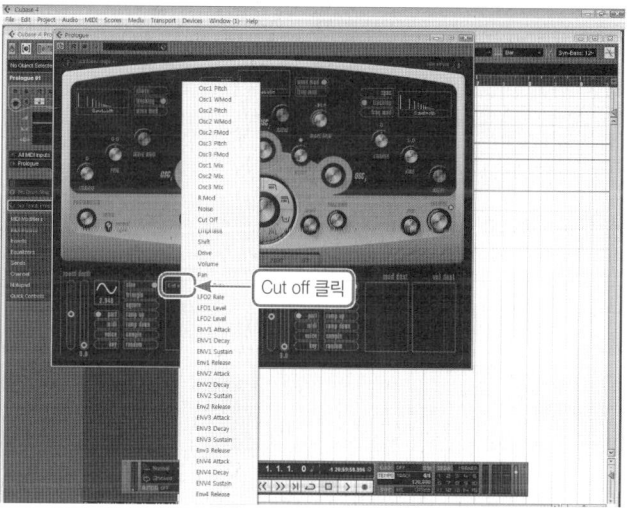

6. ENV

엔벨로프는 사운드의 시작에서 최고 레벨까지의 어택 타임, 최고 레벨에서 중간 레벨까지의 디케이, 중간 레벨의 유지 시간인 서스테인, 중간 레벨에서 소리가 감소하기까지의 릴리즈를 나타내는 엔벨로프 라인을 조정합니다. 최대 4개까지 설정이 가능하며, 각각 Mode Dest 또는 Vel dest로 연결할 수 있습니다.

1번 엔벨로프의 Mod dest는 Volume 99를 그대로 사용합니다. 즉, 마스터 볼륨의 엔벨로프를 조정하는 것입니다. Attack은 0, Deacy는 86, release는 28 sustain은 50 정도로 조정합니다. 그리고 최고점을 짧게 지연시키는 역할의 punch 버튼을 on으로 합니다. Retrigger는 건반이 연주될 때마다 엔벨로프가 반복되게 하는 역할입니다.

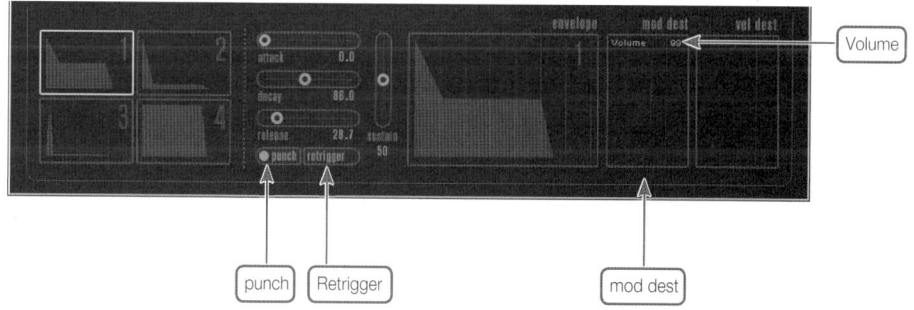

2번 엔벨로프의 Mod dest는 cut off 값을 52 정도로 낮추고, Vel dest를 Off합니다. 그리고 Attack은 0, decay는 68, release는 38, Sustain은 8 정도로 조정하고, Punch와 retrigger를 Off합니다. Shift 키를 누른 상태에서 슬라이드를 움직이면, 좀더 미세한 설정이 가능합니다.

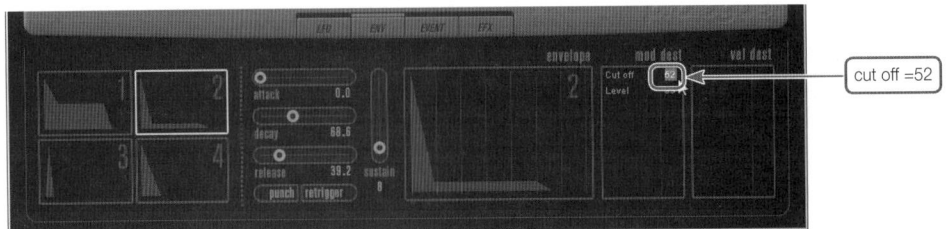

3번과 4번 엔벨로프는 사용하지 않겠습니다. 4번 엔벨로프 패널에 기본적으로 설정되어 있는 Cut Off를 Off합니다. 실습에서는 1과 2의 엔벨로프 2개를 사용하고 있지만, 나머지 3과 4도 사용법은 동일합니다.

7. Event

Event 패널은 모듈레이션 휠, 노트의 벨로시티, 에프터 터치, 키 피치 트래킹으로 조정할 파라미터를 설정합니다. 에프터 터치 정보를 건반을 누른 상태에서 한 번 더 누를 때 발생하는 정보를 말하며, 키 피치 트래킹은 음정을 말하는 것으로 음정 높이에 따라 파라미터의 적용 값이 달라지게 합니다. 실습에서는 Modulation Wheel의 mod dest에 Empahsis를 -48, Cut off를 -51 정도로 적용하고, Velocity의 Mod dest에 Cut off를 30정도로 적용합니다. 즉, 모듈레이션 휠을 움직이거나 건반을 연주하는 강약에 따라 Cut off 값이 변하는 것입니다. 반드시 값을 적용하여 사운드를 모니터 해보기 바랍니다.

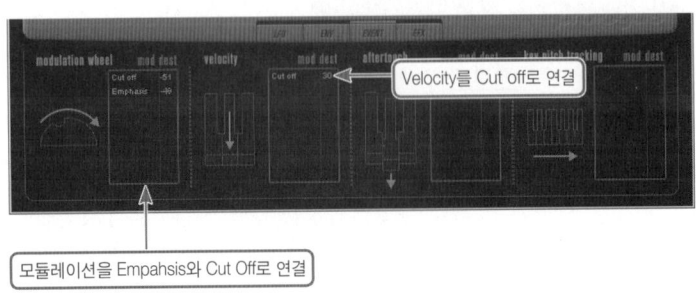

모듈레이션을 Empahsis와 Cut Off로 연결

Velocity를 Cut off로 연결

8. EFX

Prologue 마지막 패널인 EFX는 사운드에 디스토션(Distortion), 딜레이(Delay), 모듈레이션(Modulation)의 이펙트를 겁니다. 각 이펙트는 Active 버튼의 On/Off로 사용 여부를 결정합니다. 실습에서는 모두 Off하여 사용하지 않겠습니다.

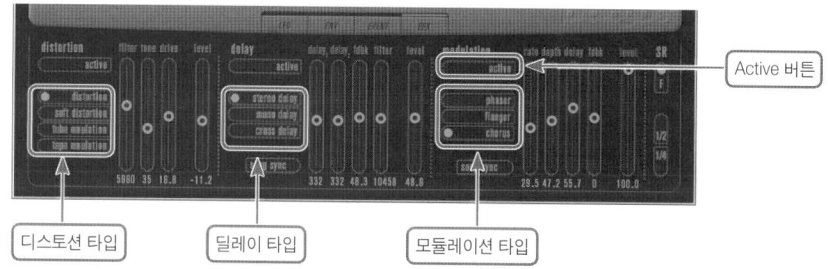

디스토션 타입　딜레이 타입　모듈레이션 타입　Active 버튼

(1) Distortion

사운드의 찌그러짐 효과를 만드는 이펙트로 강한 타입의 Distortion 외에도 오버 드라이브에 가까운 Soft distortion, 진공 간 앰프의 Tube emulation, 아닐로그 테잎의 Tape emulation이 있습니다. 주파수 대역을 조정하는 filter, 사운드를 조정하는 Tone, 적용 레벨을 조정하는 drive, 그리고 디스토션 레벨을 조정하는 Level 슬라이드가 있습니다.

(2) Delay

사운드의 반복 효과를 만드는 이펙트로 스테레오 타입의 tereo delay와 Cross Delay, 그리고 모노 타입의 Mono delay 가 있습니다. Song Sync는 딜레이 타임을 템포에 맞추는 역할을 하며, 딜레이 타임을 조정하는 Delay1과 Delay2, 반복 값을 조정하는 Fdbk, 필터를 적용하는 Filter, 그리고 딜레이 레벨을 조정하는 Level 슬라이드가 있습니다.

(3) Modulation

페이저(Phaser), 플랜저(flanger), 코러스(Chorus) 타입을 제공합니다. 모두 사운드를 불규칙 적으로 딜레이시켜 만드는 효과로 Rate는 간격, Depth는 폭, Delay는 타임, fdbk은 반복 값들을 조정하며, 선택한 이펙트의 레벨을 조정하는 Level 슬라이드가 있습니다. 그리고 오른쪽의 SR은 사운드의 샘플 레이트를 결정하는 것으로 F는 원본, 1/2는 반, 1/4는 반의 반으로 낮춥니다.

9. Preset

지금까지 Prologue 의 파라미터를 살펴보면서 신디 베이스 음색을 만들어 보았습니다. 물론 실제로 이런 과정을 거쳐서 음색을 만드는 경우는 없으며, 기본 음색을 불러와 음악 스타일에 맞게 조정하는 방법을 이용합니다. 그러나 파라미터의 역할을 정확히 알고있어야 가능하기 때문에 간단한 음색을 만들어보면서 파라미터의 역할을 살펴본 것입니다. 만일 음색을 불러와 조정했을 때의 사운드가 마음에 든다면, 나중에 사용할 수 있게 Save Preset 메뉴를 선택하여 창을 열고, 저장합니다. Load Preset은 저장한 프리셋을 불러오는 메뉴입니다. 이것은 다른 악기에서도 마찬가지이므로 기억을 해두기 바랍니다.

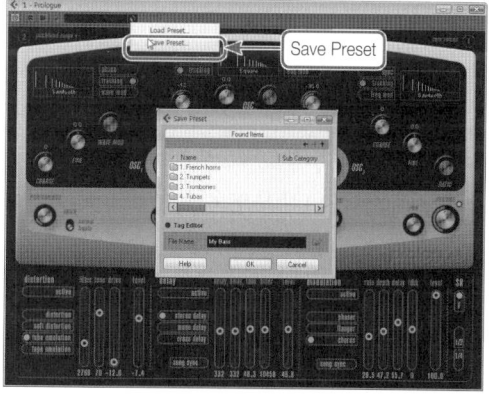

Save Preset

Retrologue 2는 Mystic, Prologue, Spector와 함께 큐 베이스 및 누엔도에서 제공하는 전통적인 아날로그 신디 사이저입니다. 3개의 오실레이터(OSC)에 서브(Sub)와 노이즈(Noise)를 합성할 수 있어 좀 더 다양한 사운드를 만들 수 있고, 각 오실레이터에서 제공하는 멀티 소스는 총 8개의 Detune이 가능합니다. 필터 섹션은 로우 패스, 하이 패스, 밴드 패스, 밴드 제거 필터를 포함한 12 가지 유형을 제공하며, 아날로그 튜브 및 하드 클리핑 효과를 생성 할 수 있습니다. 모든 세션의 경로는 앞에서 살펴본 Padshop과 비슷하지만, 사이드 체인 기능을 제공하고 있어 덥스텝의 출렁 거리는 베이스나 힙합의 피치 신스 사운드를 쉽게 구현할 수 있습니다.

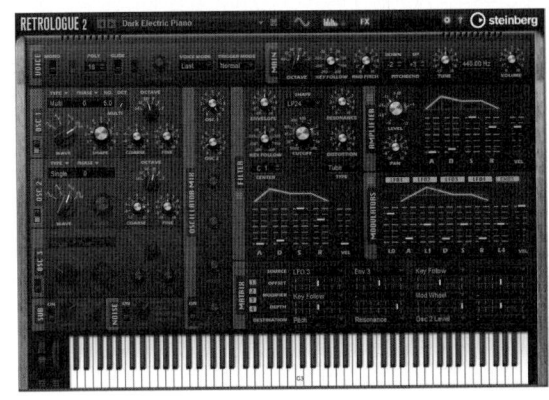

1. Voice 섹션

Mono/Poly, Retrigger, Glide, Voice/Trigger Mode로 구성되어 있으며, 노트 연주에 관한 설정을 합니다.

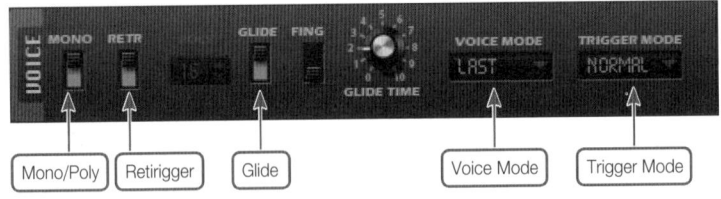

- **Mono/Poly** : 악기의 동시 발음 수를 결정합니다. Mono 버튼을 클릭하여 Off하면, 폴리 모드로 작동하며, Poly 항목에서 최대 128 보이스까지 설정이 가능합니다. Mono 버튼을 On으로 하면, 모노 악기로 작동합니다.

- **Retr** : 모노 모드에서 사용 가능하며 누르고 있는 건반을 지속시킵니다. 모노 악기에서는 건반을 누르고 있어도 다음 건반을 누르면 음이 끊어지게 되어있는데, Retrigger 버튼을 On으로 하면, 누르고 있는 건반의 음을 지속시킬 수 있기 때문에 빠른 트릴 연주가 가능합니다.

- **Glide** : 연주하는 노트 사이를 연결하는 글리산도 주법을 만들며, 모노 모드에서 최상의 효과를 볼 수 있습니다. 이 기능을 사용하고자 한다면 Glide 버튼을 On으로 하고, Glide Time 노브를 이용해서 속도를 조정합니다. Fing 버튼은 레가토로 연주되는 노트들에만 적용되게 하는 역할입니다.

- **Voice Mode** : 동시 발음 수 이상의 노트가 연주될 때 어떤 노트를 생략시킬 것인지의 여부를 선택합니다. 목록에는 마지막 노트인 Last, 시작 노트인 First, 낮음 음의 Low, 고음의 High를 제공합니다.

- **Trigger Mode** : 연주하는 노트의 엔벨로프 시작점을 선택합니다. Normal은 언제나 새로 시작하고, Legato는 이전 노트의 엔벨로프 지점에서 연주됩니다. Resume은 새로 시작하지만, 레벨이 이전 엔벨로프 지점을 유지합니다.

2. Main 섹션

Octave, Random Pitch, Pitchbendc, Tune, Volume으로 구성되어 있으며, 악기의 최종 출력 라인을 설정합니다.

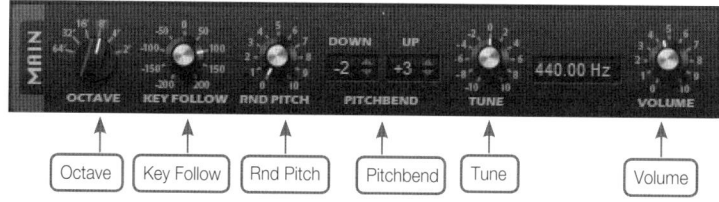

- ● Octave : 악기의 음정을 옥타브 단위로 조정합니다.
- ● Key Follow : 노트 번호에 따른 피치 변조 폭을 조정합니다.
- ● Random Pitch : 노트가 연주될 때 마다 음정을 랜덤으로 변화시킵니다.
- ● Pitchbend : 피치 휠의 조정 폭을 Up, Down으로 설정합니다.
- ● Tune : 악기의 음정을 Hz 단위로 설정합니다. 표준 음정은 440Hz 입니다.
- ● Volume : 악기의 최종 출력 볼륨을 조정합니다.

3. Oscillator 섹션

사운드 발생의 시작인 오실레이터 섹션입니다. Retrologu는 3개의 오실레이터에 서브(Sub)와 Noise를 추가할 수 있고, 각 오실레이터의 합성 비율을 조절할 수 있는 Oscillator Mix 섹션을 제공합니다.

3-1. OSC 1/2/3

- ● On/Off : 오실레이터의 작동 유무를 결정하는 파워 버튼입니다.
- ● Type : 오실레이터 타입을 선택합니다. 단일 파형의 Single, 마스터와 동기되는 Sync, 피치를 변조하는 Cross, 다중 발진의 Multi 타입이 있습니다. Multi는 최대 8개까지 설정이 가능한 No 항목이 활성화됩니다.

- ● Phase : 파형의 각도를 조정합니다. Fixed Phase를 선택하면 고정 위상을 직접 조정할 수 있습니다.
- ● Octave : 옥타브 단위로 음정을 조정합니다.
- ● Wave/Shape : 오실레이터 파형을 선택합니다. 사각파(square)를 선택하면 기울기를 조정할 수 있는 Shape 노브를 이용할 수 있습니다.
- ● Coarse : 반은 단위로 음정을 조정합니다.
- ● Fine : 100분의 1 단위로 음정을 조정합니다.

3-2. Sub : 오실레이터 옥타브 아래로 Sub에서 선택한 파형을 추가할 수 있습니다. Fix를 On하면 연주를 위상 0에서 시작합니다.

3-3. Noise : 오실레이터 노이즈를 추가하여 따뜻한 아날로그 느낌을 증가시킬 수 있습니다.

3-4. Oscillator Mix

오실레이터 섹션 오른쪽에는 OSC1, OSC2, OSC3, Sub, Noise의 합성 비율을 조정할 수 있는 Oscillator Mix 섹션을 제공합니다. Ring은 OSC에 의한 변조 비율을 조정하며, 사용 유무를 결정하는 On 스위치를 가지고 있습니다.

4. Filter 섹션

OSCillator MIx를 통과한 사운드의 톤을 조정하는 필터 섹션에는 Shape, Cutoff, Resonance, Distortion, Envelope, Key Follow, 그리고 Envelope Display와 Velocity 컨트롤을 제공합니다.

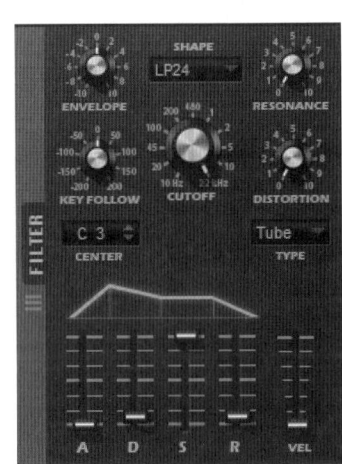

- **Shape** : 필터 타입을 선택합니다. LP는 고음역을 차단하는 Low-pass, BP는 고음역과 저음역을 동시에 차단하는 Band-pass, HP는 저음역을 차단하는 High-pass 필터 입니다. BR은 Cutoff 주파수 주변을 감쇄시키는 Band-reject 필터이며, 6, 12, 24의 숫자는 필터가 적용되는 주파수 범위입니다.
- **Cutoff** : 필터가 적용되는 중심 주파수 값을 설정합니다.
- **Resonance** : Cutoff 주파수 주변을 강조하여 공명감을 향상시킵니다.
- **Distortion** : 사운드를 왜곡시키며 따뜻한 톤의 Tube 타입과 밝은 톤의 Clip 타입을 제공합니다.
- **Envelope** : 필터의 엔벨로프 라인을 조정합니다.
- **Key Follow** : Center에서 지정한 노트를 중심으로 컷 오프 변조 량을 조정할 수 있습니다. 기본 노트는 C3로 되어 있으며, 노브를 오른쪽으로 돌리면 C3 이상의 노트에 적용되고, 왼쪽으로 돌리면 C3 이하의 노트에 적용됩니다.
- **Envelope Display** : 어택(A), 디케이(D), 서스테인(S), 릴리즈(R) 슬라이더를 이용하여 필터 엔벨로프 라인을 조정할 수 있습니다.
- **Velocity** : 벨로시티 값에 따라 적용되는 엔벨로프 강도를 설정합니다. 0의 값으로 설정되었을 때 100% 적용됩니다.

5. Amplifier 섹션

필터를 통과한 사운드의 볼륨과 팬을 조절할 수 있는 파라미터로 구성되어 있습니다.

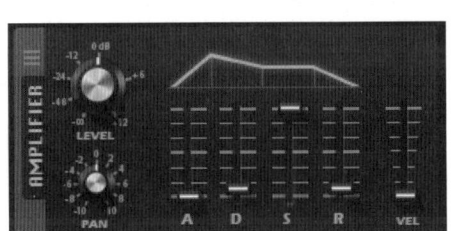

- **Level** : 볼륨을 조정합니다.
- **Pan** : 팬을 조정합니다.
- **Envelope** : 볼륨 엔벨로프를 조정합니다.
- **Velocity** : 벨로시티 값에 따라 적용되는 엔벨로프 강도를 설정합니다.

6. Modulators 섹션

사운드를 변조하는 모듈레이터 센션에는 모노 LFO 2개, 멀티 LFO 2개, 그리고 엔벨로프 탭을 제공합니다.

6-1. LFO

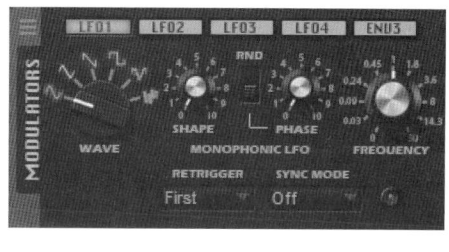

- **Wave** : LFO 파형을 선택합니다.
- **Shape** : 선택한 파형의 모양을 조정합니다.
- **Phase** : 파형이 시작되는 지점을 조정합니다.
- **Frequency** : LFO 발진 속도를 조정합니다. Sync Mode가 Tempo나 Beat 라면 비트 단위로 조정할 수 있습니다.
- **Retrigger** : First는 첫 번째 노트가 연주 될 때, Each는 새로운 노드가 연추될 때 피형이 시작됩니다.
- **Fade in** : LFO 3/4에는 페이드 인 타임을 조정할 수 있는 파라미터가 추가되어 있습니다.

6-2. ENV 3

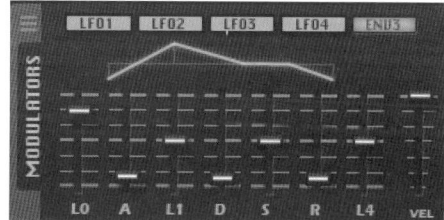

Filter 및 Amp 섹션에 이어서 팬이나 피치를 변조하는데 적합한 3번째 엔벨로프 입니다. 각 시점마다 레벨을 조정할 수 있는 L0-L4와 연주 강도를 조정할 수 있는 Vel 페이더를 제공합니다. Vel 페이더는 값이 높을 수록 속도가 낮아집니다.

7. Matrix 섹션

Retrologue의 파라미터를 컨트롤 할 수 있는 10개의 매트릭스를 제공합니다. 예를 들어 Source에서 선택한 파라미터를 Modifier에서 연결한 것으로 컨트롤되게 하는 것입니다. 그 외, 시작 타임을 조정하는 Offset, 강도를 조정하는 Depth와 목적 파라미터를 선택하는 Destination으로 구성되어 있으며, 1-4 페이지로 5개씩 나뉘어져 있습니다.

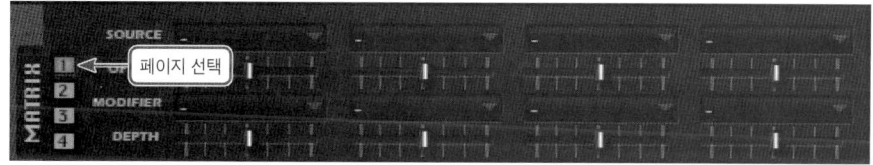

- **Sources** : 제어 소스를 선택합니다. LFO1을 선택해 봅니다.
- **Offset** : 소스의 출력 타임을 설정할 수 있습니다.
- **Modifier** : 소스를 컨트롤할 파라미터를 선택합니다. MOD Wheel을 선택해봅니다.
- **Depth** : 변조 강도를 설정합니다.
- **Destinations** : 변조 목적을 선택합니다. Pitch를 선택해봅니다. 연주를 하면서 모듈레이션 휠을 움직여 보면, LFO1의 Pitch 변조되는 것을 확인할 수 있습니다.

8. Arp 페이지

아르페지오 패턴을 만들 수 있는 Arp 페이지를 제공합니다. 미디 이펙트를 사용해도 좋지만, 노트마다 벨로시티 및 타임을 다르게 설정할 수 있기 때문에 다양한 리듬 패턴에 응용이 가능합니다.

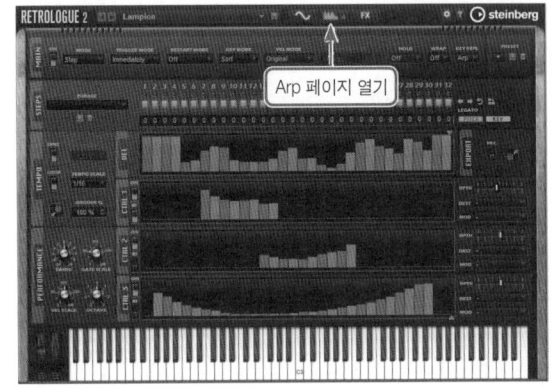

8-1. Main

메인 섹션은 아르페지오 사용 여부를 결정하는 ON 스위치, Mode, Trigger Mode, Restart Mod, Key Mode, Vel Mode, Vel Controller, Fetch, Hold, Wrap, Key Repl 메뉴, 그리고 사용자 설정을 저장할 수 있는 Preset 으로 구성되어 있습니다.

- ● **ON/OFF** : 아르페지오의 사용 여부를 결정합니다.

- ● **Mode** : 노트 재생 방법을 결정합니다. Step은 마지막 노트를 연주하며, Chord는 화음을 연주합니다. 그리고 Up과 Down은 오름차순 또는 내림차순으로 노트를 연주하며, Random은 무작위로 연주합니다.

- ● **Trigger Mode** : 새로운 노트가 연주되는 시점을 결정합니다. Immediately는 노트가 연주될 때 마다 변경되고, Next Beat는 비트 단위, Next Measure는 마디 단위로 변경됩니다.

- ● **Restart Mod** : 패턴의 시작점을 결정합니다. Off는 다시 시작하지 않고, New Chord와 Note는 새로운 코드 및 노트가 연주될 때 다시 시작합니다. 그리고 Sync to Host 비트와 마디에 맞추어 시작합니다.

- ● **key Mode** : 연주 순서를 결정합니다. Sort는 선택한 순서대로, As Played는 연주한 순서대로, Direct는 패턴을 만들지 않습니다.

- ● **Vel Mode** : 벨로시티를 결정합니다. 사용자 연주의 Original과 Vel Controller에서 선택한 정보로 연주되는 Vel Controller, 사용자 연주와 Vel Controller의 조합으로 결정되는 Orig+Vel Ctrl이 있습니다.

- ● **Vel Controller** : Vel Mode에서 Vel Controller를 선택한 경우, 여기서 선택한 정보로 벨로시티를 결정합니다. 선택 정보는 Velocity, Aftertouch, Poly Pressure, MIDI Controller이 있습니다.

- ● **Fetch** : Vel Controller에서 Velocity 이외의 정보를 선택한 경우에 컨트롤 값이 초과되면 새로 연주되는 노트에서 벨로시티 값을 얻을 수 있게 합니다.

- ● **Hold** : 연주의 지속 여부를 선택합니다. Off는 건반을 떼었을 때 정지되며, Loop는 건반을 떼어도 계속 반복됩니다. Gated는 패턴은 계속되지만, 건반을 누를 때만 연주됩니다.

- **Wrap** : Step과 Chord 모드를 제외한 나머지 모드에서 새로 시작되는 스텝 수를 결정합니다.
- **Key Replace** : 누락 노트의 대체 방법을 선택합니다. 예를 들어 Key가 1-2-3-4 설정되어 있을 경우에 3음표를 연주하면 4번이 누락된 것으로 간주됩니다. 이때 Arp는 아르페지오 노트로 대체되고, Reset은 대체하지 않습니다. 그리고 첫 음표로 대체하는 1st와 마지막 노트로 대체하는 Last, 코드 톤으로 대체합니다.

8-2. Steps
스텝 섹션은 최대 32 개의 LED로 아르페지오를 만들며, 아래쪽 숫자는 Pitch 및 Key 모드의 설정 값을 조정합니다.

- **Phrase** : 패턴이 만들어져 있는 프리셋을 선택합니다.
- **LED** : 스텝 On/Off를 선택합니다.
- **Shift Phrase** : 좌/우 방향의 화살표 버튼으로 노트를 앞/두로 이동시키고, Reverse 버튼으로 연주 순서를 변경합니다. Duplicate 버튼블 클릭하면 패턴을 2배로 확장할 수 있습니다.
- **Legato** : Pitch 또는 Key로 연주 노트를 지정합니다. 각각 LED 아래쪽의 번호로 설정합니다. P는 선택한 모드를 따르며, 1-8은 해당 키, L은 마지막 노트, A는 코드 톤으로 연주합니다.

8-3. Vel
스텝의 길이는 상단의 작은 삼각형을 드래그하여 설정할 수 있으며, 그래프를 드래그하여 벨로시티 및 노트의 길이를 설정합니다. 벨로시티는 그래프를 위/아래로 드래그하여 조정하며, 길이는 오른쪽 끝을 좌/우로 드래그하여 조정합니다. Shift 키를 누른 상태에서는 모든 스텝을 동시에 조정할 수 있으며, Shift+Alt+Ctrl 키를 누른 상태에서는 마우스 드래그로 대칭 라인을 그릴 수 있습니다. 조정 값을 초기화 시킬 때는 단축 메뉴를 이용합니다.

8-4. Export

Rec 스위치를 On으로 하여 벨로시티 및 컨트롤 정보를 기록하고, 미디 아이콘을 트랙으로 드래그하여 가져다 놓을 수 있습니다.

8-5. Ctrl

3개의 컨트롤 레인을 제공하며 각각 컨트롤 넘버 110, 111, 112 정보를 전송합니다.

- Bi : 변조 값을 64를 기준으로 양극화 시킵니다. 팬이나 피치를 변조할 때 응용할 수 있습니다.
- Depth : 변조 강조를 조정합니다.
- Dest : 변조 대상을 선택합니다.
- Mod : 제어 대상을 선택합니다.

8-6. Tempo

스텝의 연주 템포 및 길이 등을 설정합니다.

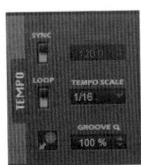

- Sync/Tempo : 템포를 조정합니다. Sync 버튼이 On인 경우에는 프로젝트 템포와 동기 됩니다.
- Loop : 반복 재생되게 합니다.
- Tempo Scale : 스텝의 길이를 선택합니다.
- Groove Q : 왼쪽의 미디 단자 그림으로 다른 트랙의 미디 연주를 드래그 하여 노트 타이밍을 일치 시킬 수 있습니다. 이때 얼마큼 정확하게 일치 시킬 것인지를 조정합니다.

8-7. Performance

비트와 벨로시티 등을 조정하여 좀 더 다양한 연주 패턴을 만들 수 있습니다.

- Swing : 업 비트의 박자를 이동시켜 스윙 리듬을 만듭니다.
- Gate Scale : 노트 길이의 증/감 폭을 조정합니다.
- Vel Scale : 벨로시티의 증/감 폭을 조정합니다.
- Octaves : 프레이즈의 재생 범위를 조정합니다.

8-8. Locking

페이지 선택 버튼 오른쪽 하단의 자물쇠 모양을 클릭하여 잠그면, 패턴을 유지한 상태로 다른 음색의 프리셋을 모니터 할 수 있습니다.

9. FX 페이지

Retrologue 2는 사운드를 만드는 Synth 페이지와 아르페지
오 패턴을 만드는 Arp 페이지 외에 효과를 추가할 수 있는
FX 페이지를 제공합니다. 물론, 믹싱과 마스터링 과정에서는
Insert 및 Sends 슬롯의 장치를 사용하지만, 사운드를 디자
인하는 것이 목적이라면 FX 페이지에서 제공하는 이펙트를
사용하는 것이 효과적입니다.

9-1. Chain

Retrologue 2는 Mod FX, Phaser, Resonator, Delay, Reverb, Equalizer의 6가지 효과 장치를 제공하며, 각각 마우스 클릭
으로 On/Off 시킬 수 있고, 마우스 드래그로 연결 순서를 변경할 수 있습니다.

9-2. Resonator

Low, Mid, High 3영역으로 사용자가 지정한 주파수 대역의 포먼트를 조정합니다. 음색을 조정한다고 이해해도 좋지만, EQ
는 해당 주파수 대역을 증/감하는 방식이고, Resonator은 해당 주파수 대역을 추가하는 방식으로 차이가 있습니다. 필터
타입은 Low-Pass 1-2, Band-Pass,1-2, High-Pass 1-2, Peak 1-2, Bat 1-2, Wings 1-4의 14가지를 제공하며, Mix 슬라이
더로 Filter 및 LFO의 혼합 비율을 조정합니다.

9-2-1. Filter

- Cutoff : 포먼트가 조정될 중심 주파수를 설정합니다.
- Resonance : 필터의 공진 값을 조정합니다.
- LFO Modulation Source/Depth : LFO 소스를 선택하고 값
  을 조정합니다.
- Arp Modulation Source/Depth : Arp 컨트롤 레인을 선택하
  고 값을 조정합니다.
- Gain : 필터의 입력 레벨을 조정합니다.

9-2-2. LFO

필터의 변조 타입과 속도를 조정합니다.

- Wave/Shape : Wave에서 파형을 기본 파형을 선택하고, Shape
  로 기울기를 조정합니다.
- Spread : 이펙트 각 채널에는 별도의 LFO 신호가 있으며, 이것으
  로 채널의 확산 범위를 조정합니다.
- Sync/Freq : Freq로 속도를 조정하며, Sync가 On일 때는 비트
  수로 조정할 수 있습니다.

9-3. Phaser/Modulation

페이저와 모듈레이션은 같은 섹션으로 제공되지만, 개별적인 On/Off가 가능합니다.

9-3-1. Phaser

- Rate : 위상 변조 속도를 설정하며, Sync를 On하면 비트 값으로 설정 가능 합니다.
- Phase : 사운드의 확산 범위를 조정합니다.
- Depth : 위상 변조의 강도를 조정합니다.
- Shift : 위상 변조 스펙트럼을 더 높은 주파수로 이동시킵니다.
- Feedback : 공명을 추가합니다.
- Low/High Cut : 저음역과 고음역의 차단 값을 설정합니다.
- Mix : 원음과 페이저 사운드의 비율을 조절합니다.

9-3-2. Modulation

플랜저, 코러스, 앙상블 효과를 만들며, Type 메뉴에서 선택합니다.

- Rate : 변조 속도를 설정하며, Sync를 On하면 비트 값으로 설정 가능 합니다.
- Phase : 사운드의 확산 범위를 조정합니다.
- Depth : 변조의 강도를 조정합니다.
- Feedback : 공명을 추가합니다.
- Shimmer : Type에서 Ensemble을 선택했을 때 2차적 사운드의 지연 타임을 조정할
  수 있는 Shimmer과 속도를 조정할 수 있는 Shimmer Rate 노브가 있습니다.
- Mix : 원음과 효과 사운드의 비율을 조절합니다.

9-4. Delay

사운드를 지연시키는 딜레이 장치 입니다. Mode는 좌/우 채널의 피드백을 조정할 수 있는 Stereo, 좌/우 채널을 교차시키는 Cross, 좌/우 채널을 이동시키는 Ping-Pong의 3가지를 제공합니다.

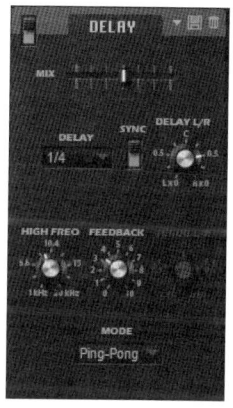

- Delay : 지연 타임을 조정합니다. Sync를 On으로 하면 비트 단위로 조정할 수 있습니다. Delay L/R 노브로 왼쪽과 오른쪽 딜레이 길이를 조정할 수 있습니다. 1은 같은 것이며, 0.5는 절반을 의미합니다.
- High Freq : 고음역의 차단 주파수를 설정합니다.
- Feedback : 딜레이 사운드의 반복 값을 설정합니다. Stereo 모드에서 좌/우 값을 별도를 조정할 수 있는 Feedback L/R 노브가 활성화 됩니다.
- Mix : 원음과 딜레이 사운드의 비율을 조절합니다.

9-5. Reverb

공간감을 만드는 리버브 장치 입니다.

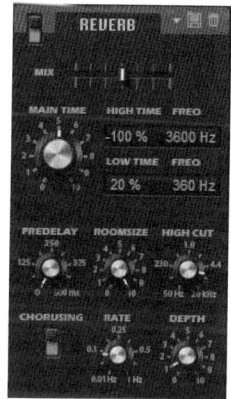

- Main Time : 전체 리버브 타임을 설정합니다.
- High Time/Freq : 고음역 리버브 타임과 주파수를 설정합니다.
- Low Time/Freq : 저음역 리버브 타임과 주파수를 설정합니다.
- Predelay : 초기 지연 타임을 설정합니다.
- Room Size : 공간의 크기를 설정합니다.
- High Cut : 고음역의 차단 주파수를 설정합니다.
- Chorusing : 코러스 효과를 사용할 것인지를 결정하는 On/Off 버튼이 있으며, 코러스를 사용할 경우에는 Rate로 피치 조정 주파수, Depth로 정도를 조정합니다.
- Mix : 원음과 리버브 사운드의 비율을 조절합니다.

9-6. Equalizer

4밴드 타임의 EQ를 제공합니다. 저음역과 고음역은 쉘빙 타입으로 동작하며, 중간의 두 개는 피크 타입으로 동작합니다.

- On/Off : 각 밴드의 사용 여부를 결정합니다.
- Freq : 조정 주파수를 설정합니다.
- Q : 조정 범위를 설정합니다.
- Gain : 조정 값을 설정합니다.

10. Quick Controls

Retrologue를 로딩한 트랙의 Quick Controls에는 미디 컨트롤러로 제어할 수 있는 8개의 파라미터가 미리 설정되어 있습니다.

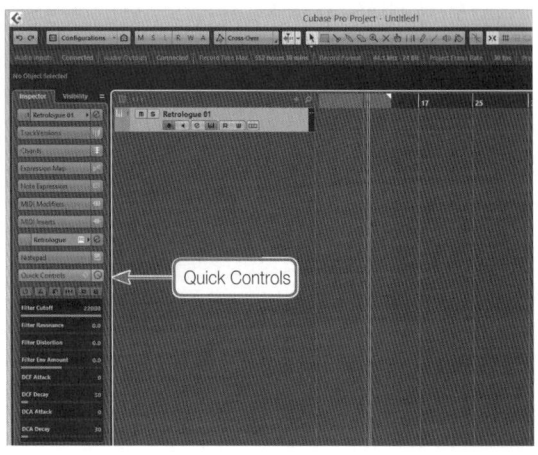

1 - Filter Cutoff

2 - Resonance

3 - Distortion

4 - Filter Envelope

5 - Filter Attack

6 - Filter Decay

7 - Amp Attack

8 - Amp Decay

11. 컨트롤 연결하기

Retrologue 파라미터에 미디 컨트롤러를 수동으로 연결하는 방법은 간단합니다. 원하는 파라미터를 마우스 오른쪽 버튼으로 클릭하여 단축 메뉴를 열고, Learn CC를 선택합니다. 그리고 사용하고 있는 미디 컨트롤러의 노브 및 슬라이더를 움직여 인식시키면 됩니다. Modulation Wheel의 Enable Mod Wheel을 선택하면 모듈레이션 휠로 바로 연결됩니다.

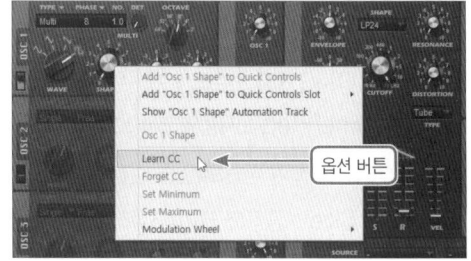

12. Additional Settings

Retrologue 도구의 옵션 버튼을 클릭하면 기본 환경을 설정할 수 있는 메뉴가 열립니다.

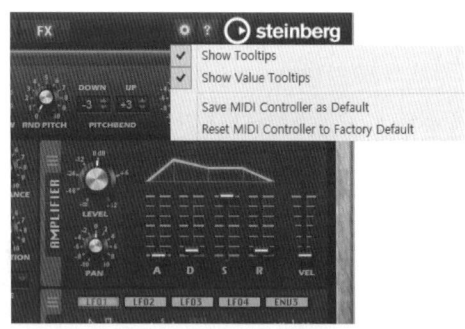

● Show Tooltips : 파라미터에 마우스를 가져가면 풍선 도움말이 열리게 합니다.

● Show Value Tooltips : 파라미터를 제어할 때 변화 값이 표시되게 합니다.

● Save MIDI Controller as Default : 사용자가 새롭게 설정한 미디 컨트롤러 설정을 기본 값으로 저장합니다.

● Reset MIDI Controller to Factory Default : 미디 컨트롤 설정을 초기값으로 복구합니다.

9 Spector

Spector는 악기 이름에서도 알 수 있듯이 스펙트럼 방식의 아날로그 신디사이저입니다. 음색의 경로는 두 개의 오실레이터에서 만들어진 파형을 주파수별로 분배하여 필터로 전송됩니다. 이때 적용되는 필터가 스펙트럼 방식이며, 사용자가 원하는 주파수 대역을 마우스 드래그로 마음껏 조정할 수 있습니다.

1. OSC

Spector는 A/B 두 개의 오실레이터를 제공하고 있으며, 각각의 오실레이터에서 선택한 파형을 조합하여 6개의 주파수 대역으로 나누어 필터로 전송하는 방식입니다. 실습에서는 OSC A에서 Sawtooth를 선택하고, OSC B에서는 Resonant Pulse 를 선택합니다.

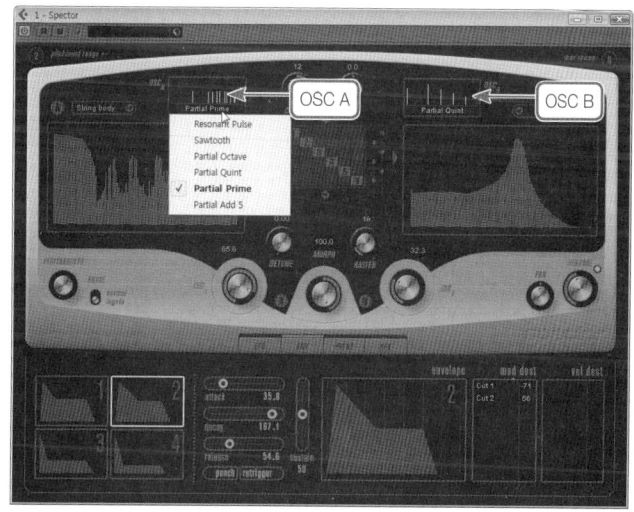

2. Course / Fine/Detune /Raster

Course는 반음 단위, Fine는 100분의 1 단위(전체 반음)로 A/B 파형의 음정을 조정합니다. 그리고 주파수 대역을 분리하여 필터로 전송합니다. 주파수는 9가지 형태로 분리할 수 있으며, 메뉴를 이용해서 선택합니다. 이때 각 주파수 대역의 음정은 Detune 노브를 이용해서 조정하며, 배음의 수는 Raster 노브를 이용해서 조정합니다. 실습에서는 6 OSC 1:2로 배분하고, Detune은 4.43, Raster는 15정도로 합니다.

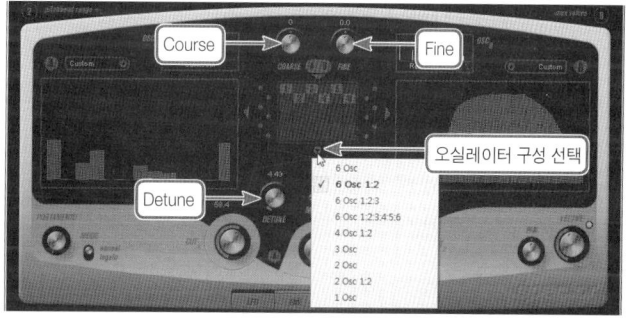

3. Filter

Spector은 A/B 두 개의 필터를 제공하고 있으며, 각각의 필터는 마우스 드래그로 주파수 값을 조정할 수 있는 스펙트럼 방식입니다. 물론, 16가지의 프리셋과 선택할 때마다 무작위로 조정되는 Randomize를 제공합니다. 실습에서는 A/B 모두 Randomize를 선택하고 있지만, 선택할 때마다 달라지므로, 그림과 다를 수 있습니다. 만일 필터 B에서 저음이 너무 높게 설정된다면, 마우스 드래그로 제거하거나 다른 프리셋을 선택했다가 Randomize를 다시 선택하는 것을 반복하여 저음 성분이 적은 형태로 설정되게 합니다.

오실레이터 사운드가 각각의 필터로 전송되는 주 파수 대역은 Cut1과 Cut2 노브를 이용해서 조정할 수 있습니다. 링크 버튼은 Cut1/2를 같은 값으로 조정되게 하는 역할을 하며, Morph는 필터 A/B의 출력 비율을 조정합니다. 실습에서는 링크 버튼을 On으로 하고 Cut 값을 60정도, Morph를 70 정도로 하겠습니다.

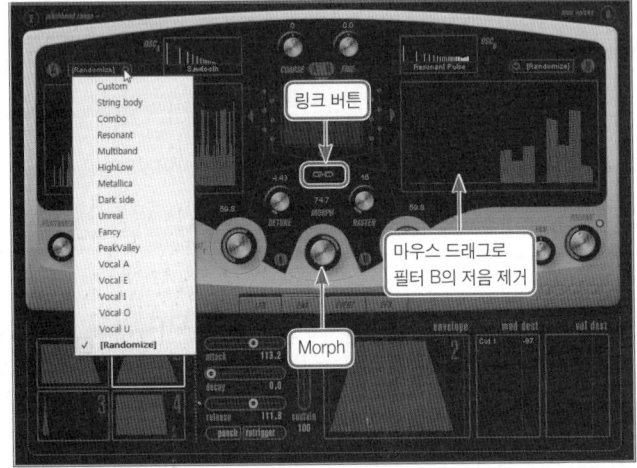

4. Portamento / Pan / Volume

Portamento 노브는 연주되는 노트들 사이의 음을 연주하는 포르타멘토 주법의 속도를 조정하며, Pan은 전체 사운드의 팬, Volume은 전체 사운드의 볼륨을 조정합니다. 왼쪽 코너에는 피치 밴드의 변화 폭을 선택하는 메뉴(pitchbend range)가 있고, 오른쪽 코너에는 동시 발음 수를 선택하는 메뉴가 있습니다. 실습에서는 코드 연주가 가능하게 동시 발음 수를 8 이상으로 설정합니다.

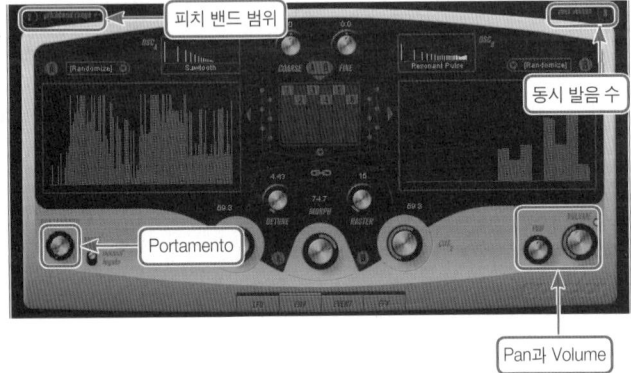

5. LFO

패널 아래쪽의 LFO, ENV, EVEN, EFX는 앞에서 살펴본 Prologue와 사용 방법이 같으므로 설명을 생략하고, 실습을 하겠습니다. 먼저 LFO 왼쪽 채널은 Morph(21), Cut1(-9)로 연결하고, 파형은 Sine. 타입은 part를 선택합니다. 그리고 Speed 는 13.540, depth는 48로 조정합니다. 오른쪽 채널은 Cut 2(46)에 연결하고, 파형은 Sine, 타입은 Voice, speed는 0.629, depth는 36.9로 조정합니다.

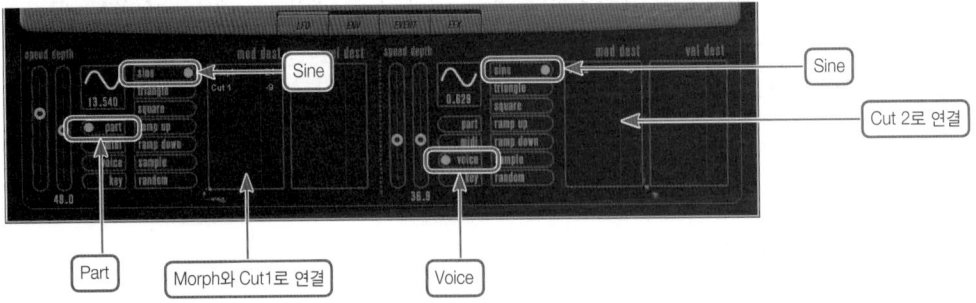

6. ENV

ENV1은 기본 값이 Volume(99)를 그대로 사용하고, Attack을 0, Decay를 0, Release를 98.9, Sustain을 98로 조정합니다. 그리고 Puch 버튼을 On으로 합니다.

ENV2는 기본 값 Cut1과 Level 중에서 Level을 Off시키고, Cut 1의 값을 -86으로 변경합니다. 그리고 Attack을 113, Decay 를 0, release를 111, sustain을 100으로 조정합니다. ENV3과 4는 사용하지 않겠습니다.

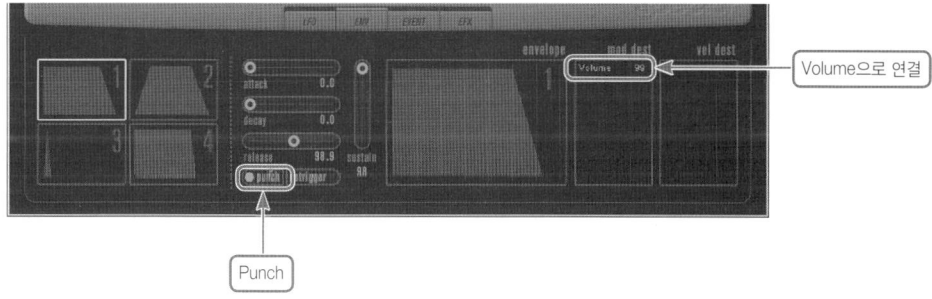

7. EVENT

Modulation wheel을 cut1과 cut2 모두에 연결하고, 값은 -40으로 설정합니다. Velocity에는 Volume(14)과 Cut1(58)을 연결합니다. Aftertouch와 Key pitch tracking에는 아무것도 연결하지 않겠습니다.

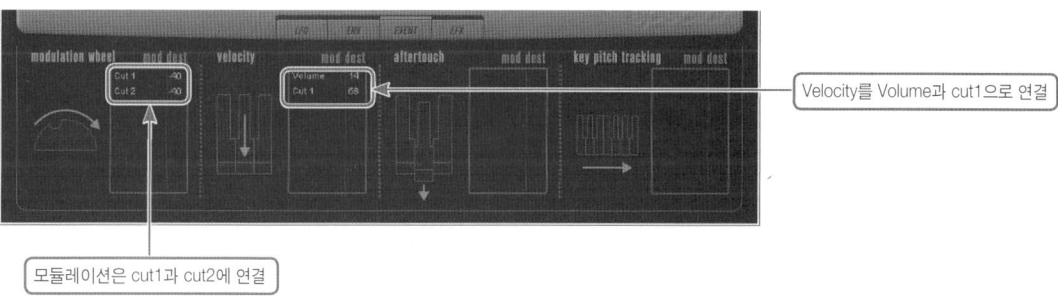

8. EFX

Delay의 active 버튼을 On으로 하여 딜레이를 걸겠습니다. 타입은 stereo delay로 선택하고, song sync 버튼을 On으로 하여 템포에 맞춥니다. 값은 delay1을 4/1D, delay2를 1/1D, fdbk을 56.8, filter를 345, level을 23.6 정도로 조정합니다. 지금까지 올겐 음색을 만들어보면서 Spector의 파라미터를 살펴본 것입니다.

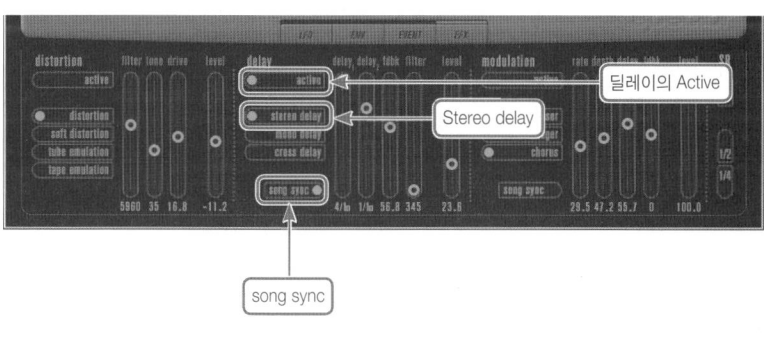

CUBASE PRO 9

Advanced Music Production System

07 PART

오디오 편집 창 살펴보기

큐베이스와 누엔도는 오디오 데이터를 이벤트, 리전, 파트로 구분하여 다룰 수 있습니다. 기본적으로 녹음되는 데이터는 이벤트라는 개체로 취급하며, 각각의 이벤트를 하나의 개체로 관리하는 것을 파트라고 합니다. 미디 노트를 이벤트, 미디 노트를 담고 있는 개체를 파트라고 하는 것과 같습니다. 그 외, 오디오 이벤트는 구간별로 나누어 사용할 수 있는데, 이러한 구간을 리전이라고 합니다. 용어의 차이점을 이해한다면, 큐베이스와 누엔도에서 제공하는 오디오 편집 창을 목적에 맞게 사용할 수 있을 것입니다.

샘플 에디터

샘플 에디터는 녹음을 했거나 임포팅한 오디오 이벤트를 편집할 수 있는 창으로 Sony사의 SoundForge나 Adobe사의 Audition과 비슷한 유형으로 생각해도 좋습니다. 샘플 에디터를 십분 활용하기 위해서는 오디오 프로세스의 기능까지 알고있어야 하지만, 각 프로세스의 기능은 뒤에서 살펴보기로 하고, 여기서는 샘플 에디터에 있는 도구와 리전의 활용 방법을 살펴보겠습니다.

1 샘플 에디터의 기본 사용법

샘플 에디터의 활용 범위는 매우 넓습니다. 특정 구간을 리전으로 만들어 필요한 위치에 반복 연주를 한다거나, 힛 포인트로 샘플을 정확히 등분하여 사운드에 큰 변화 없이 템포를 조정하는 등 여러 가지 용도로 사용할 수 있습니다. 여기서는 샘플 에디터의 기초적인 학습으로 이벤트에 프로세스를 적용하고, 잡음을 제거한 다음에 템포 변화가 자유로운 이벤트를 만들어보면서 샘플 에디터의 역할을 살펴보겠습니다.

Click 버튼 On

01 Sample-01 파일을 열고 Click 버튼을 On으로 합니다. 키보드 숫자열의 Enter 키를 눌러 사운드를 재생해보면, 작업 중인 템포와 맞지 않는다는 것을 알 수 있습니다.

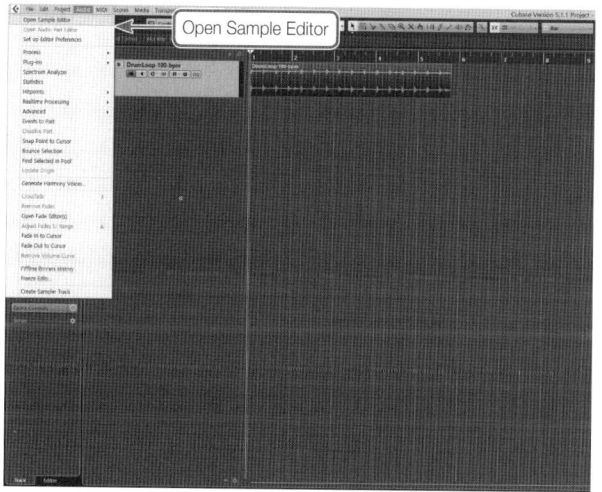

02 Aduio 메뉴의 Open Sample Editor 를 선택하여 샘플 에디터를 엽니다. 이 벤트를 더블 클릭하면 로우 존으로 열립니다. 더블 클릭으로 독립 창을 열고 싶다면, Audio 메뉴의 Set up Editor Preferences를 선택하여 창을 열고, Double-click opens Editor in a Window를 선택합니다.

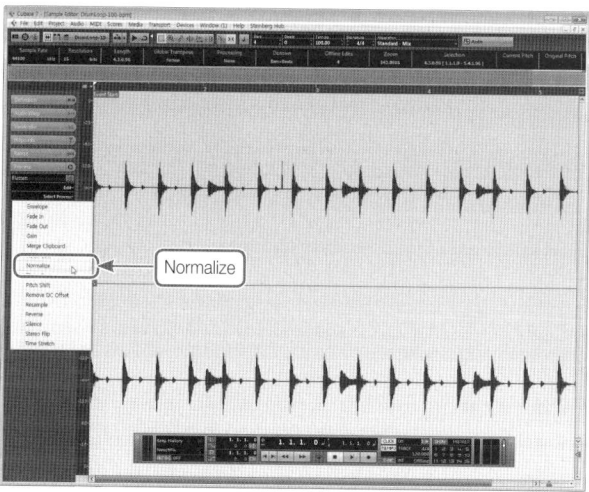

03 Ctrl + A 키를 눌러 모든 샘플을 선택합니다. 그리고 인스펙터 창의 Process 파라미터에서 Select Process 항목을 클릭하여 메뉴를 열고, Normalize를 선택합니다.

😊 가정교사

사운드의 일부분만 편집을 하겠다면, 편집할 구간을 마우스 드래그로 선택합니다.

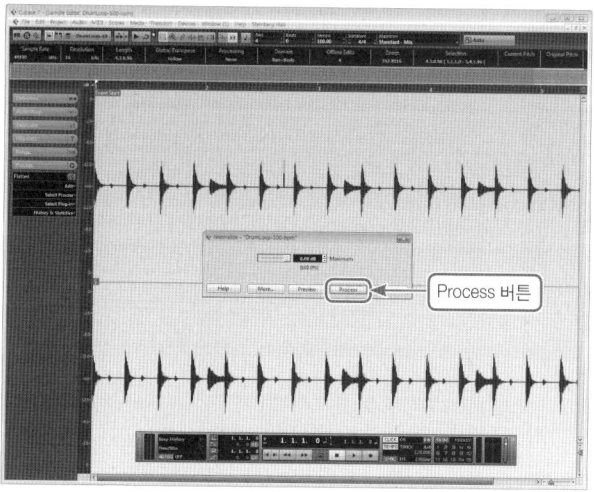

04 선택한 사운드가 찌그러지지 않는 한도 내에서 최대 볼륨 값으로 높일 수 있는 Normalize 창이 열립니다. Maximum 값이 0dB인 상태로 Process 버튼을 클릭합니다. 최대 볼륨이 0dB이 되게 하는 것입니다.

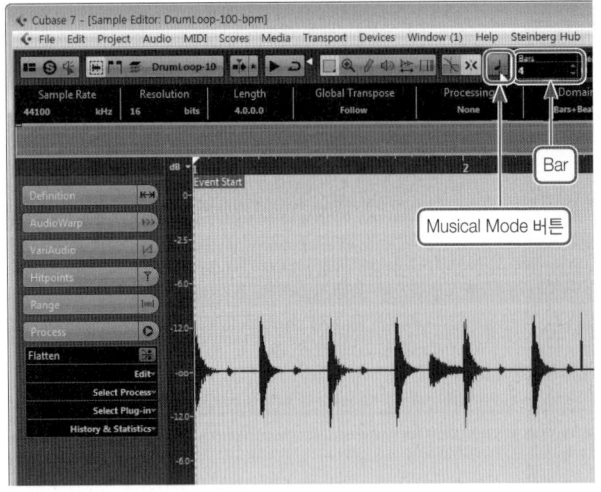

05 도구 모음 줄의 Bars 값을 4로 설정합니다. 4마디를 기준으로 한다는 의미입니다. Musical Mode 버튼을 클릭하여 템포 조정이 가능한 이벤트를 만듭니다.

06 샘플 에디터 창을 닫고, 키보드 숫자열의 Enter 키를 눌러 곡을 재생해보면, 오디오 이벤트의 템포가 작업 중인 곡에 정확하게 일치되는 것을 확인할 수 있습니다. Tempo를 Fixed로 변경하고, 템포 값을 변경해봅니다.

07 샘플 사운드의 클릭 잡음을 제거해보겠습니다. 오디오 이벤트를 더블 클릭하여 샘플 에디터를 다시 열고, 클릭 잡음으로 짐작되는 위치의 룰러라인에서 마우스를 아래쪽으로 드래그하여 작업 공간을 확대합니다.

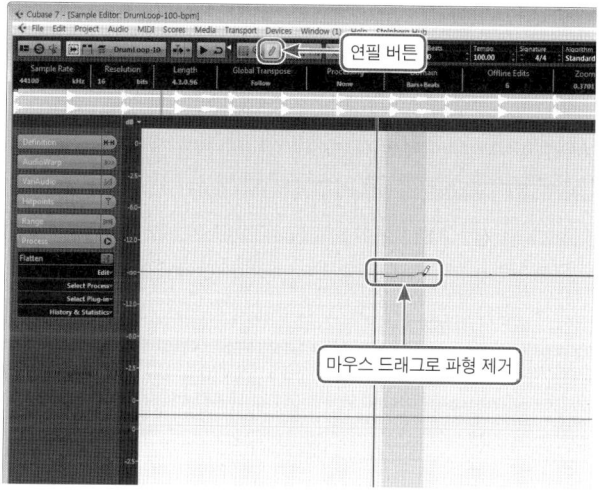

마우스 드래그로 파형 제거

연필 버튼

08 도구 모음 줄의 연필 버튼을 선택하고, 클릭 잡음의 오디오 파형을 수평으로 그려서 제거합니다. 사운드 포지와 같은 전문 프로그램에서나 가능한 편집 작업을 하고 있는 것입니다.

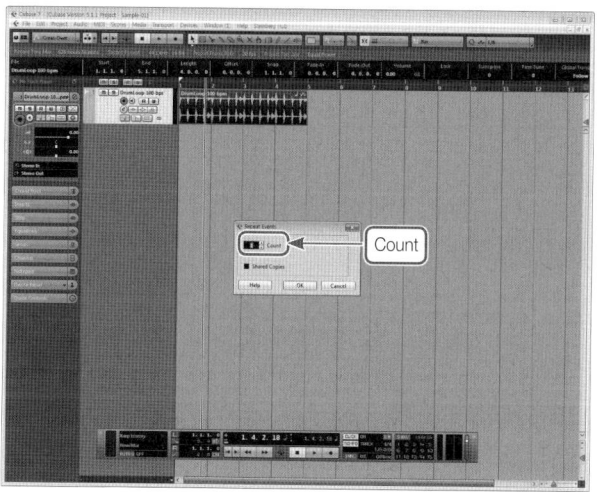

Count

09 오디오 샘플의 볼륨을 조정하고, 템포를 맞추고, 잡음을 제거하는 등의 편집 작업을 해보았습니다. 완성한 이벤트를 반복 시키겠다면, Ctrl+K 키를 눌러 Repeat Events 창을 열고, Count 항목에 복사하고 싶은 횟수를 입력합니다.

이벤트 반복

10 선택한 이벤트가 Repeat Events 창의 Count에 입력한 수 만큼 반복되는 것을 확인할 수 있습니다. 이처럼 샘플 에디터는 별도의 편집 프로그램을 이용하지 않고도 오디오 이벤트를 자유롭게 편집할 수 있는 기능을 제공합니다.

2 샘플 에디터의 도구

샘플 에디터 상단에는 오디오 샘플을 편집하는데 사용하는 도구 모음 줄이 있습니다. 샘플 에디터에서는 대부분의
작업이 도구들을 이용하므로 원활한 작업을 위해서는 각각의 기능을 정확히 알고 있어야 합니다. 리전이나 핫 포인
트와 같은 샘플 에디터 전용 버튼을 제외하면 키 에디터에서 살펴보았던 기능들과 비슷합니다.

Ⓢ 솔로 편집 버튼

키보드 숫자열의 Enter 키를 눌러 곡을 연주할 때, 샘
플 에디터에서 편집 중인 오디오 이벤트만 모니터 할
수 있게합니다. 샘플 에디터에는 작업중인 이벤트를
모니터할 수 있는 재생 버튼을 제공하고 있지만, 습관
적으로 Enter 키를 누를 때, 프로젝트의 모든 이벤트
가 연주되는 것을 방지할 수 있습니다.

▶⤵ 오디션 버튼

선택한 구간을 모니터 합니다. 재생 버튼 오른쪽의 반
복 버튼을 On으로 해놓으면, 정지 버튼을 누를 때까
지 반복 모니터되며, 반복 버튼 오른쪽의 작은 삼각형
을 클릭하면 볼륨을 조정할 수 있는 슬라이더가 열립
니다.

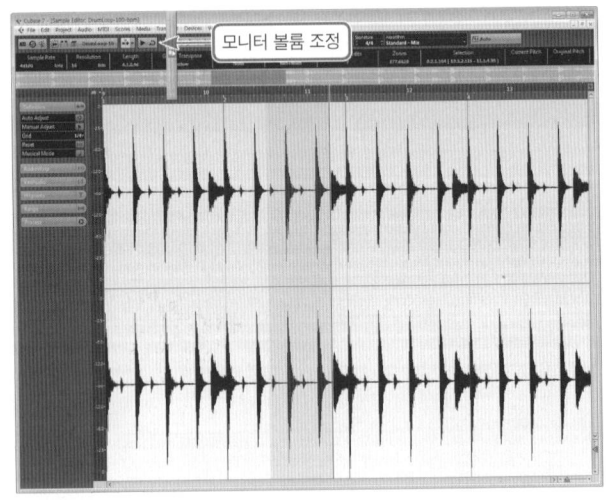

오토 스크롤 버튼

오토 스크롤 버튼은 샘플을 연주할 때 송 포지션 라인의 위치를 표시합니다. 재생 중에 이벤트를 편집하게 되면, 버튼이 주황색으로 변하면서 화면 이동이 멈추게 되는데, 오른쪽의 별표(*)를 On으로 해두면, 주황색으로 변한 오토 스크롤 버튼을 클릭하여 송 포지션 라인 위치로 바로 이동할 수 있습니다.

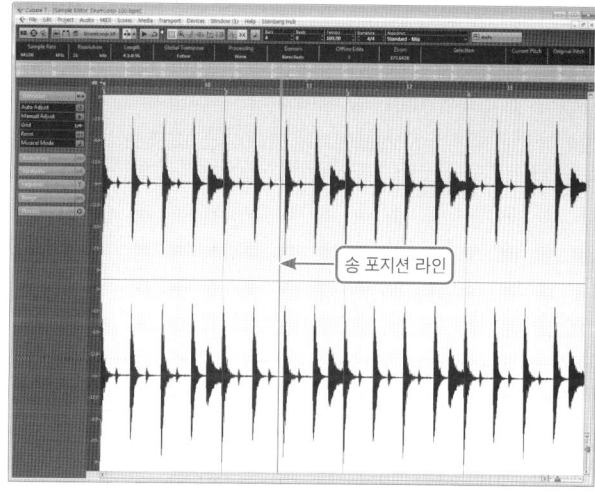

송 포지션 라인

피드 백 버튼

VariAudio 파라미터에서 편집 중인 이벤트를 모니터 할 수 있게 합니다. 특히, 음정을 편집할 때는 사운드의 결과를 모니터 하는 것이 좋으므로, 버튼을 Off시킬 이유는 없지만, 조용히 작업하고 싶을 때에는 버튼을 Off시킵니다.

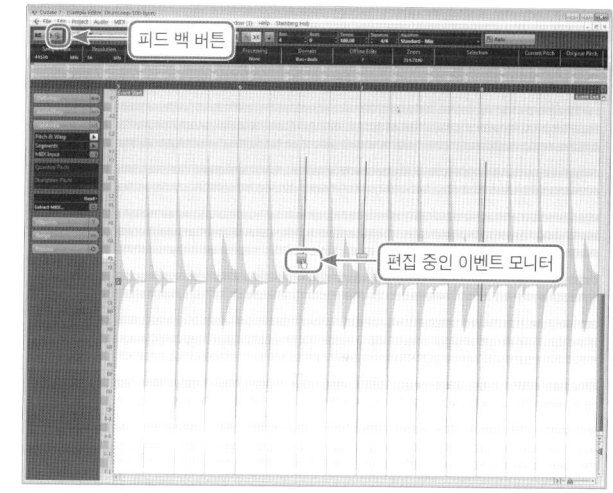

피드 백 버튼

편집 중인 이벤트 모니터

범위 선택 버튼

범위 선택 버튼은 리전 또는 편집할 구간을 선택하는데 사용하는 버튼입니다. 특정 부분에 프로세스를 적용하거나 리전을 만들기 위해서 마우스 드래그로 선택할 수 있습니다. 선택한 범위는 Range 파라미터에서 정밀하게 설정할 수 있습니다.

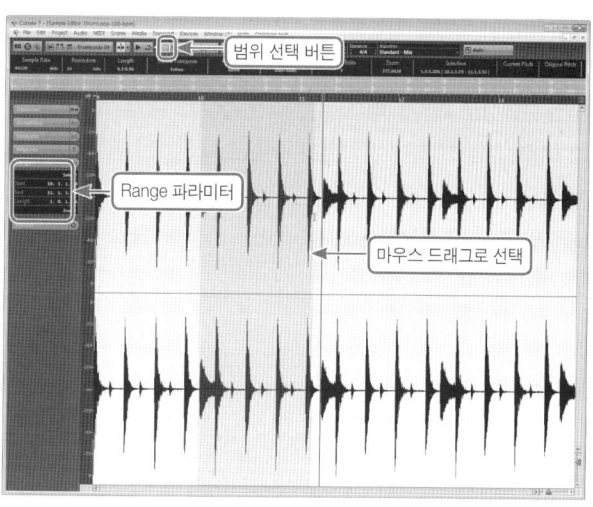

범위 선택 버튼

Range 파라미터

마우스 드래그로 선택

🔍 돋보기 버튼

돋보기 버튼은 작업 공간을 확대/축소 합니다. 일부
구간을 마우스로 드래그하여 작업 공간에 꽉 차게 확
대할 수 있고, Alt 키를 누른 상태에서는 축소합니다.
그리고 Ctrl 키를 누른 상태에서는 확대/축소 이전 크
기로 되돌릴 수 있습니다.

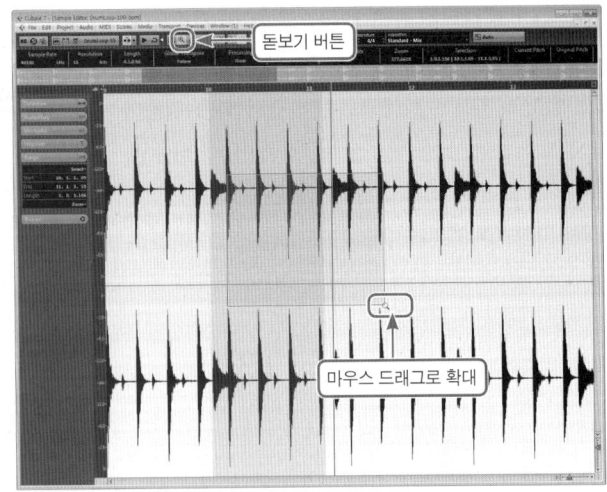

도구 모음 줄 아래쪽에는 오버 뷰 라인이 있습니다.
이것은 프로젝트 창의 오버 뷰 라인과 같은 역할로
작업 공간을 표시하는 것입니다. 현재 작업 중인 구
간은 조금 진한 사각 프레임으로 나타내며, 프레임을
드래그하여 크기와 위치를 조정할 수 있습니다.

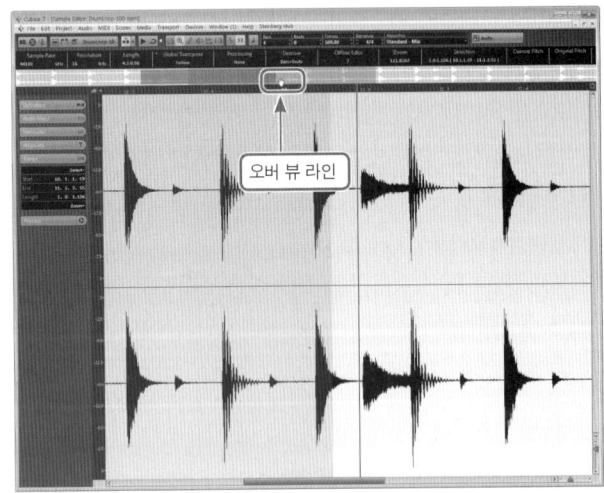

✏️ 연필 버튼

연필 버튼은 파형을 직접적으로 편집할 수 있는 버튼
입니다. 쉽게 눈으로 구분할 수 있는 클릭 잡음을 마
우스 드래그로 제거할 때 사용할 수 있습니다. 단, 확
대 비율이 1보다 작아야 사용할 수 있으며, 그 이상
인 경우에는 경고창이 열립니다. 작업 공간은 돋보기
버튼 및 줌 바를 이용해서 확대합니다.

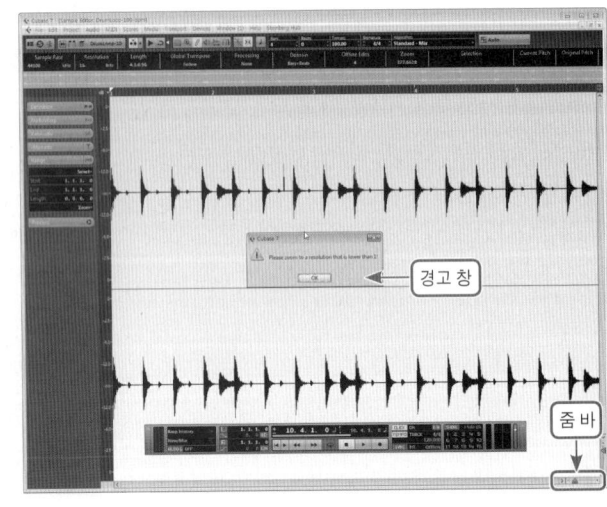

🔊 스피커 버튼

스피커 버튼은 오디오 샘플을 모니터 할 수 있는 버튼입니다. 스피커 버튼을 선택하고 작업 공간에서 특정 부분을 클릭하면 마우스를 누르고 있는 동안 클릭한 위치에서부터 파란색으로 반전되며 연주를 시작합니다. 이것은 작업 중인 파형에서 원하는 위치를 찾아볼 때 유용하게 사용할 수 있습니다.

마우스를 누르고 있는 동안 재생

🔊 스크럽 버튼

스크럽 버튼은 스피커 버튼과 비슷하게 샘플을 모니터 할 수 있습니다. 차이점은 마우스를 드래그하는 속도와 방향에 영향을 받는 것입니다. 예를 들어 마우스를 왼쪽으로 드래그하면 사운드가 역으로 재생되므로 샘플의 앞/뒤를 바꾸는 리버스 효과를 적용하기 전에 미리 모니터 해볼 수 있습니다.

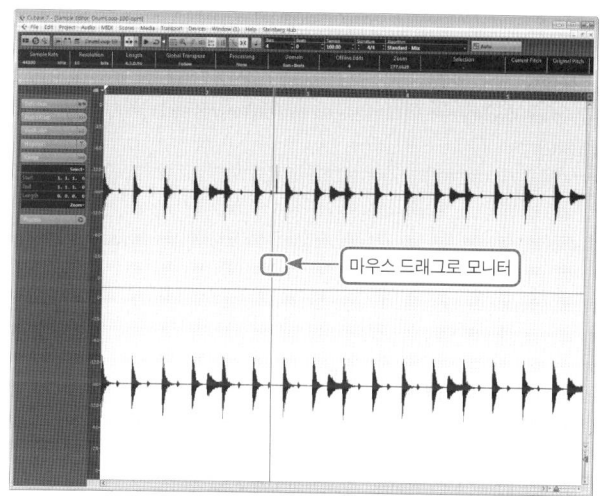

마우스 드래그로 모니터

🎚 타임 버튼

타임 버튼은 오디오 샘플의 템포를 계산합니다. 타임 버튼은 Track 모드에서만 사용할 수 있습니다. 트랜스포트 패널의 템포 항목이 Track으로 설정되었는지 확인하고, 타임 버튼을 클릭합니다. 만일, Fixed 모드일 경우 그림과 같이 경고 창이 열립니다.

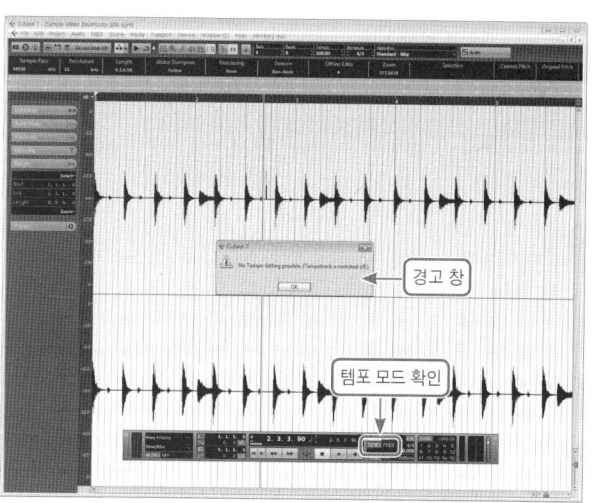

경고 창

템포 모드 확인

타임 버튼을 선택한 후 음악을 모니터 하면서 Shift 키를 누른 상태로 템포를 설정합니다. 좀 더 정확한 템포를 계산하고 싶을 경우에는 단위를 세밀하게 하면 됩니다. 룰러 라인에 표시되는 템포는 Shift 키를 누른 상태로 클릭하여 삭제할 수 있습니다.

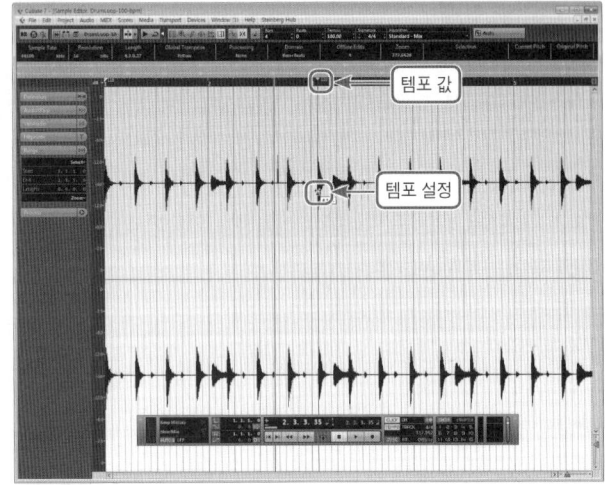

▦ 스넵 제로 버튼

스넵 제로 버튼은 샘플의 일부분을 선택할 때 선택 구간 시작과 끝 부분을 파형의 제로 지점에 자동으로 맞춥니다. 파형의 제로 지점을 눈으로 확인하고 싶다면 작업 공간 우측 하단에 있는 줌 바를 이용해서 확대합니다.

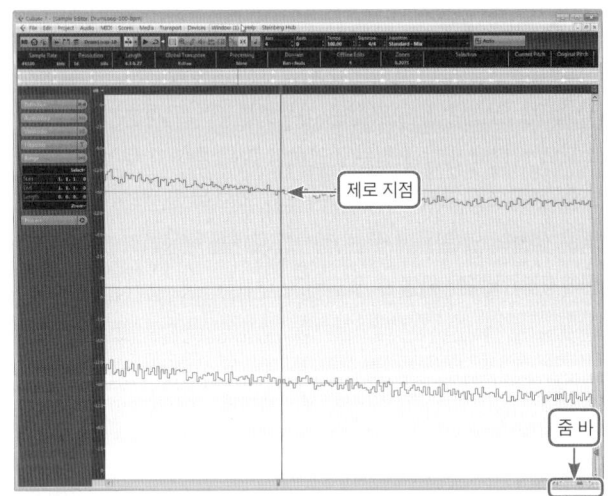

▦ 스넵 버튼

VariAudio 및 Audio Warp 파라미터에서 샘플을 편집할 때, 스넵 라인에 맞춰어 움직일 수 있게 합니다. 이것은 샘플 에디터에서만 작동되는 것이므로, 프로젝트 창의 스넵 값과 상관없이 이용할 수 있습니다.

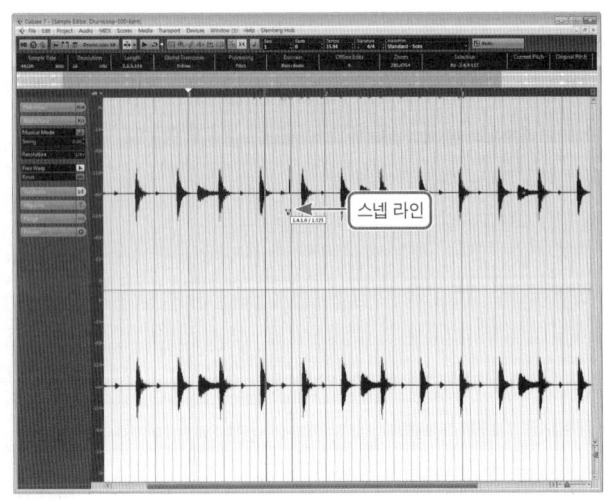

뮤지컬 모드 버튼

오디오 이벤트의 템포를 자유롭게 이용할 수 있게 만
듭니다. 뮤지컬 모드 버튼을 On으로 하면, 오디오 이
벤트 오른쪽 상단에 물결 모양이 표시되며, 프로젝트
의 템포를 변경할 때, 자동으로 오디오 이벤트의 템
포가 변경됩니다.

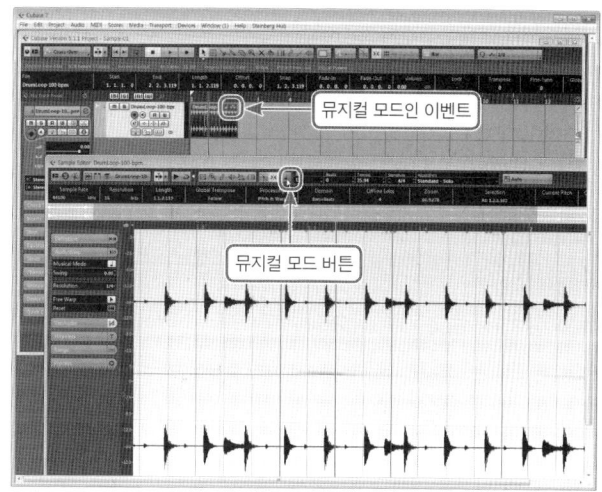

뮤지컬 모드를 자유롭게 이용하기 위해서는 오른
쪽의 마디(Bars), 비트(Beats), 템포(Tempo), 박자
(Signature) 항목에서 샘플의 정확한 정보를 입력
해야 합니다. 그리고 템포가 변경될 때의 알고리즘
(Algorithm)도 샘플에 맞추어 선택해주면, 음질의 변
화를 최소화 시킬 수 있습니다.

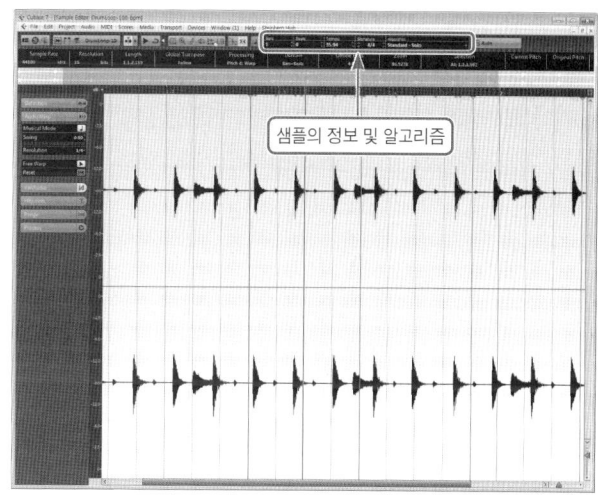

이벤트 보기 버튼

이벤트 보기 버튼은 편집 중인 이벤트를 강조하며,
룰러 라인 아래쪽으로 오디오 이벤트의 시작 지점
(Event Star)와 끝(Event End)을 표시합니다. 이벤트
표시는 마우스 드래그로 실제 연주하는 이벤트의 길
이를 조정할 수 있고, 더블 클릭으로 전체 이벤트를
선택할 수 있습니다.

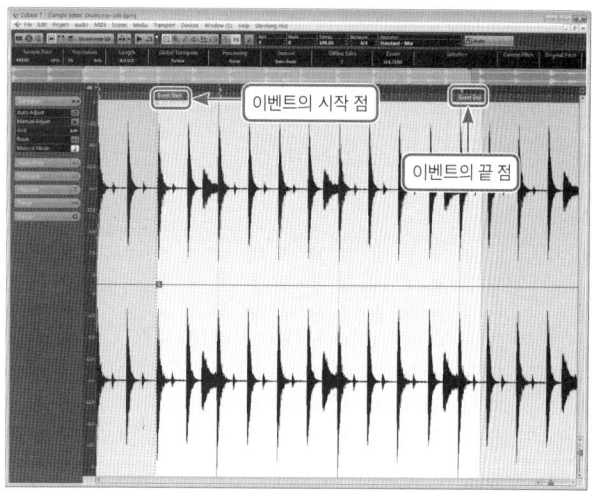

🔳 리전 보기 버튼

리전 보기 버튼은 작업 공간 오른쪽에 리전 창을 보
이게 합니다. 리전은 작업 중인 샘플의 일부분을 선택
하여 이름을 만들어놓고, 원하는 부분에서 연주할 수
있는 기능입니다. 자세한 것은 작업 공간 학습편에서
살펴보겠습니다.

🔳 이벤트 선택 버튼

프로젝트 창에서 두 개 이상의 이벤트를 선택한 경우
에는 샘플 에디터에서 편집할 이벤트를 선택할 수 있
습니다. 프로젝트 창에서 두 개 이상의 이벤트를 선택
하고, 더블 클릭해도 좋고, 샘플 에디터가 열려 있는
상태에서 추가 선택해도 좋습니다.

🔳 레이아웃 버튼

로우 존으로 열기, 인스펙터 창 열기, 리즌 창 열기 그
리고, 인포 및 오버뷰 라인을 열 수 있는 레이아웃 버
튼이 있습니다. 로우 존으로 열었을 때는 분리 버튼을
클릭하여 독립 창으로 열 수 있습니다.

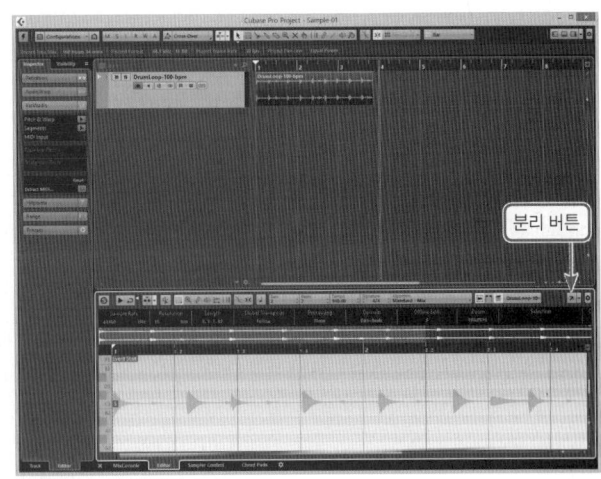

샘플 에디터의 작업 공간

샘플 에디터의 작업 공간은 편집 중인 이벤트의 파형을 보여줍니다. 처음에는 파형의 모양만으로 위치를 찾는 실무자들이 신기해 보이기도 하겠지만, 조금만 익숙해지면 누구나 가능한 일입니다. 작업 공간 상단에는 오버 뷰 라인이 있고, 왼쪽에는 레벨을 표시하는 미터가 있습니다. 레벨 미터는 마우스 오른쪽 버튼을 클릭하여 퍼센트와 dB단위 중에서 선택할 수 있습니다.

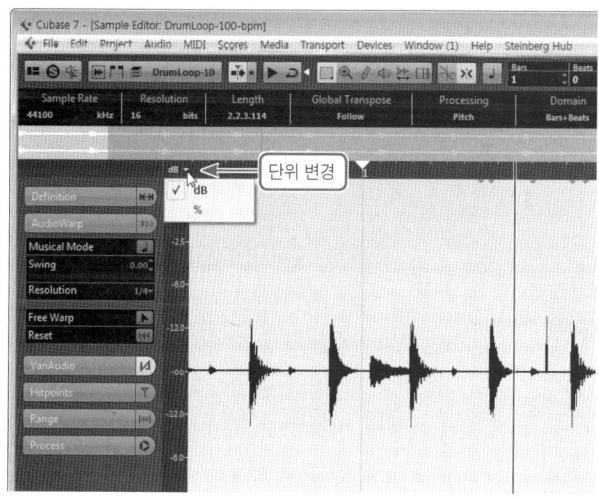

01 작업 공간 왼쪽에 보이는 레벨 미터는 샘플의 볼륨을 가늠할 수 있는 라인입니다. 레벨 미터는 제로 지점(0)을 기준으로 상/하로 분리되어 있습니다. 단위 표시 버튼을 클릭하면 dB 단위로 변경할 수 있습니다.

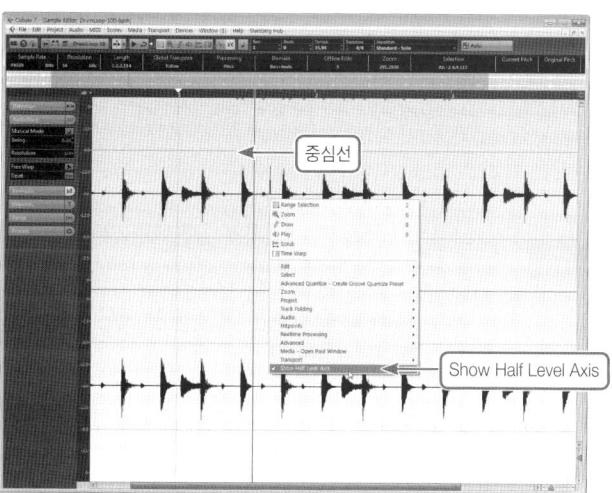

02 각 채널에 레벨 중심선을 표시하고 싶은 경우에는 Ctrl 키를 누른 상태에서 마우스 오른쪽 버튼을 클릭하여 단축 메뉴를 열고, Show Half Level Axis 선택합니다.

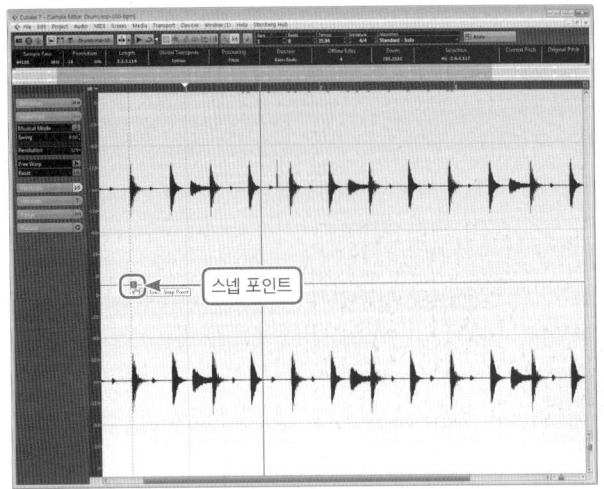

스냅 포인트

03 이벤트 보기 버튼을 On으로 하면, 작업 공간 왼쪽에 S라고 표시되어 있는 스냅 포인트를 볼 수 있습니다. 이것은 이벤트를 스냅 라인 단위로 이동하거나 복사할 때의 기준 위치를 결정하는 것입니다.

스냅 포인트

04 프로젝트 창에서 이벤트를 보면 변경한 스냅 라인 위치가 파란색 실선으로 보이는 것을 확인할 수 있습니다. 스냅 버튼을 On 으로 하고, 이벤트를 이동해보면 라인의 위치가 스냅 단위로 이동하는 것을 알 수 있습니다.

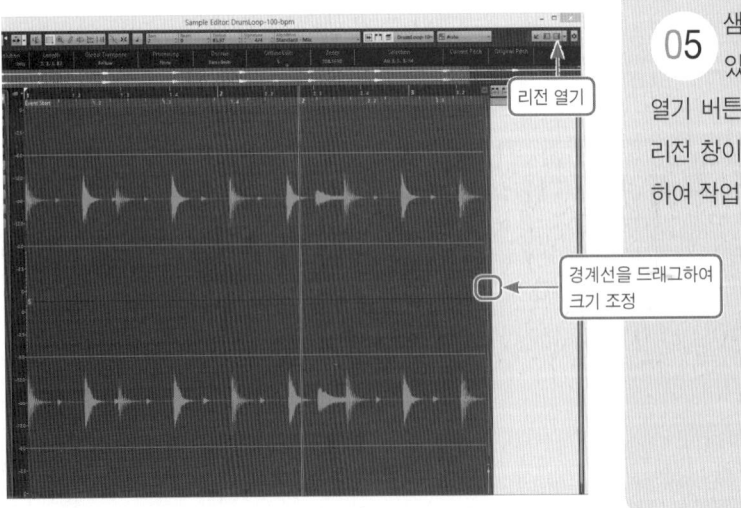

리전 열기

경계선을 드래그하여 크기 조정

05 샘플 에디터 작업 공간에는 리전 창이 있습니다. 레이아웃 버튼에서 Regions 열기 버튼을 클릭하면 작업 공간 오른쪽으로 리전 창이 보입니다. 리전 창 경계선을 드래그 하여 작업 공간의 크기를 변경할 수 있습니다.

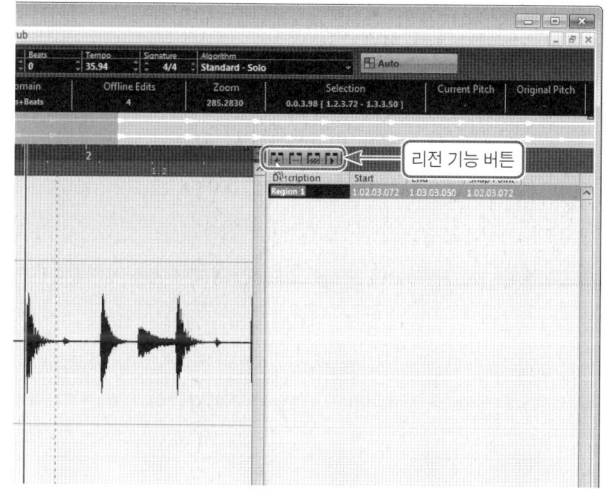

06 리전 창에는 Add, Remove, Select, Play 기능의 4가지 버튼이 있습니다. Add 버튼은 왼쪽 작업 공간에서 선택한 구간을 리전으로 만들고, Remove는 리전을 삭제합니다. Add 버튼으로 만든 리전은 Description 칼럼에서 이름을 변경할 수 있고, 시작 (Start / End)와 스냅 포인트(Snap Point)를 변경할 수 있습니다.

07 Select 버튼은 리전의 범위를 작업 공간에서 선택할 수 있게 하고, Play는 연주할 수 있게 합니다. 리전은 하나의 이벤트에서 특정 구간을 연주하거나 편집할 때 유용하게 사용할 수 있습니다.

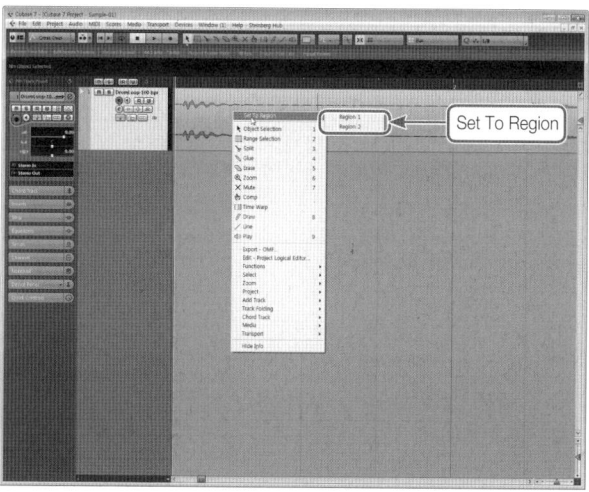

08 프로젝트 창에서 오디오 이벤트를 Ctrl 키를 누른 상태에서 마우스 오른쪽 버튼으로 클릭하여 단축 메뉴를 열면, 상단 Set To Region 메뉴에 리전의 이름이 보입니다. 여기서 원하는 리전을 선택하여 특정 부분만 연주할 수 있습니다.

샘플 에디터 작업 공간 왼쪽에는 Definition, AudioWarp, VariAudio, Hitpoints, Range, Process라는 이름의 6 가지 파라미터를 제공합니다. 샘플의 템포를 자유롭게 사용할 수 있게 하는 간단한 기능에서부터 보컬의 음정과 박자를 수정하는 등의 고급 기능까지 음악의 퀄리티를 한 층 더 업그레이드 시킬 수 있는 기능입니다.

 Definition 파라미터

Definition 파라미터에는 뮤지컬 모드와 연결되어 템포 조정이 가능한 오디오 샘플을 만들 때의 비트 단위를 설정합니다. 글루브감이 있는 샘플을 사용할 때는 Definition 설정에 쏟은 정성과 작업 결과가 비례합니다.

Click 버튼 On

01 Inspector 1 샘플 파일을 엽니다. 트랜스포트 패널의 Click 버튼을 On으로 하고, Enter 키를 눌러 재생을 해보면, 프로젝트의 템포와 오디오 이벤트의 템포가 맞지 않는 다는 것을 알 수 있습니다.

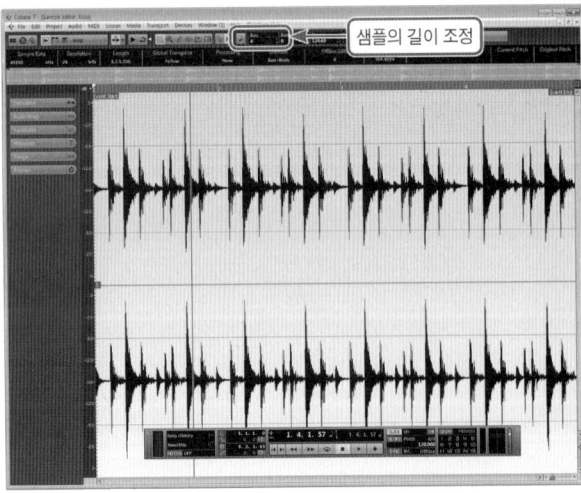

샘플의 길이 조정

02 프로젝트에 사용하고 있는 오디오 이벤트의 템포를 알고 있다면, 사용 방법은 간단합니다. 샘플 에디터를 열고, 길이를 Bars 와 Beast로 조정합니다. 실습 파일은 4마디 길이의 루프 이므로, Bars를 4로 조정합니다.

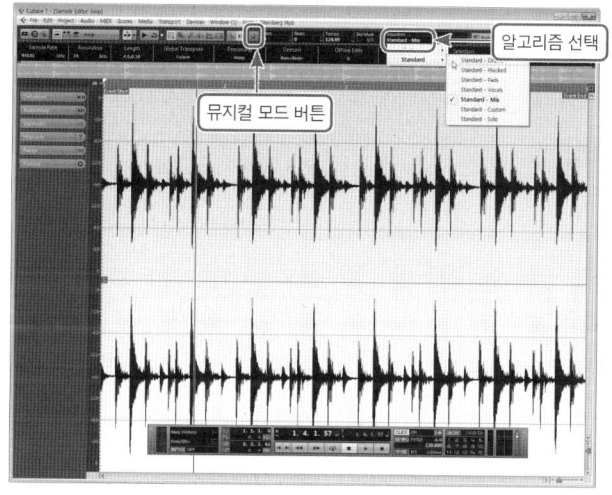

뮤지컬 모드 버튼 / 알고리즘 선택

03 뮤지컬 모드 버튼을 On으로 하고, Algorithm은 소스에 맞게 Drums으로 선택합니다. 이제 트랜스포트 패널의 템포를 변경해보면, 오디오 이벤트의 템포가 프로젝트에 맞게 재생되는 것을 확인할 수 있습니다.

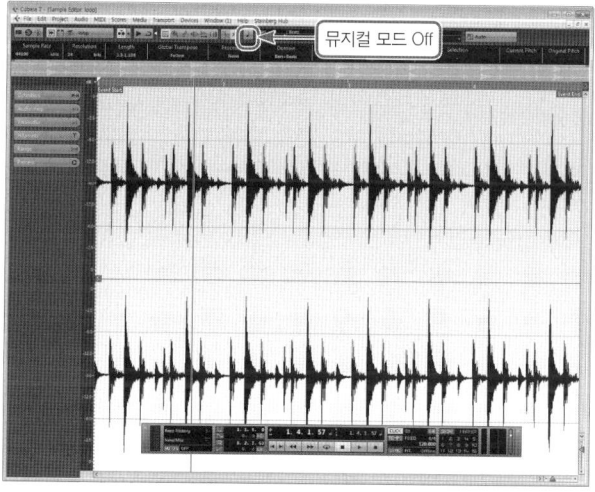

뮤지컬 모드 Off

04 판매용 루프 샘플의 경우에는 템포 정보가 담겨 있으므로, 앞에서와 같이 길이만 설정해주면, 미디 이벤트와 같이 자유로운 템포 변화가 가능합니다. 그러나 템포 값을 모르는 경우에는 직접 계산할 필요가 있습니다. 실습을 위해 뮤지컬 모드 버튼을 Off합니다.

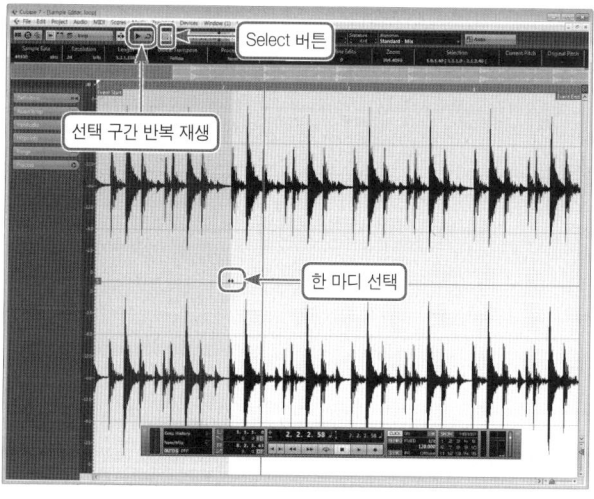

Select 버튼 / 선택 구간 반복 재생 / 한 마디 선택

05 도구 모음 줄의 Select 버튼을 이용해서 한 마디 길이의 루프를 선택합니다. 이때 반복 버튼을 On으로 하고, 재생을 하면, 정확한 구간을 선택할 수 있습니다. 필요하다면, 줌 바를 이용하여 파형을 확대합니다.

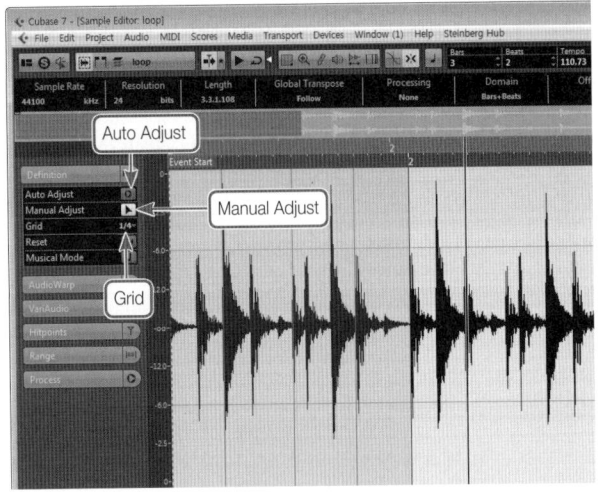

06 Definition 파라미터의 Grid 값을 1/4로 선택하고, Auto Adjust를 On으로하여 선택한 마디가 자동으로 분석되게 합니다. Grid를 1/4로 선택했으므로, 한 마디에 4개의 Stretch Bars가 형성되고, Stretch Bars를 수동으로 편집할 수 있는 Manual Adjust가 On으로 됩니다.

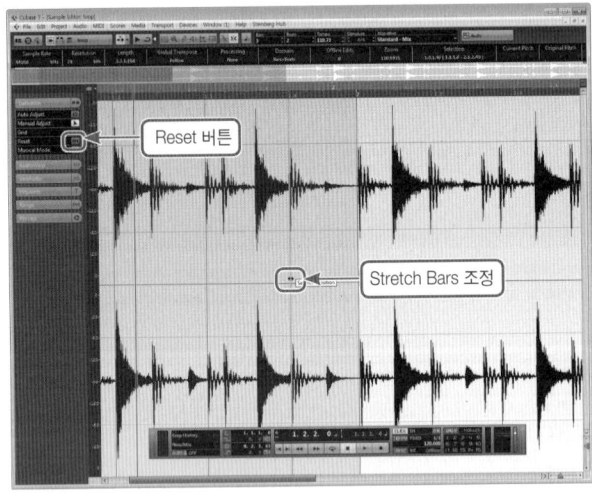

07 샘플에 따라 정확한 비트를 분석하지 못하는 경우가 있습니다. 줌 바를 드래그하여 확대하고, 비트가 어긋난 부분의 Stretch Bars를 드래그하여 조정합니다. Stretch Bars를 초기화 시키고 싶다면, Ctrl 키를 누른 상태로 클릭하고, 전체 작업을 다시하고 싶다면, Reset 버튼을 클릭합니다.

😊 가정교사

Stretch Bars를 세부화 시키고 싶다면, Grid 설정을 1/8 또는 1/16 등으로 선택합니다.

08 입문자에게는 사운드를 모니터하면서 비트를 구분하는 것이 어려울 수 있겠지만, 실습을 반복하다보면, 파형으로 비트를 구분할 수 있게됩니다. 작업이 끝나면, Definition 파라미터 또는 도구 모음 줄의 Musical Mode 버튼을 On으로 하고, 자유롭게 이용합니다.

AudioWarp 파라미터

AudioWarp 파라미터는 Stretch Bars를 파형에 맞추는 것이 아니라 파형의 길이를 조정하여 워프 바에 맞추는 것입니다. 이것은 불규칙한 리듬으로 연주되어 Definition 만으로 비트를 분해할 수 없는 리듬을 변경할 수 있게 합니다. 즉, 그 어떤 샘플이라도 자신이 사용하는 곡에 맞출 수 있는 것입니다.

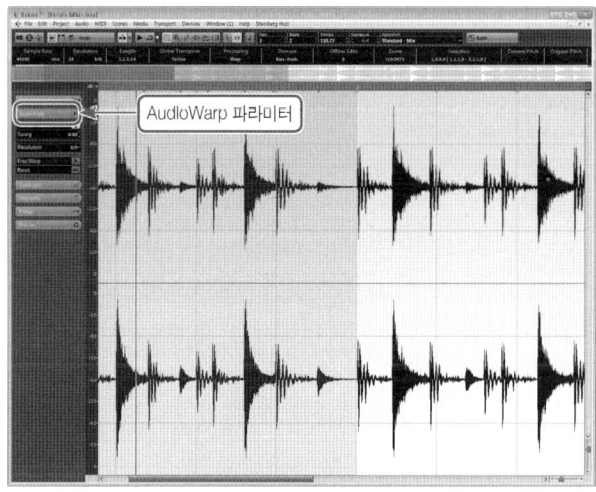

01 앞의 Definition 실습에 이어서 Audio Warp 파라미터를 클릭하여 열어보면, 템포 조정이 가능한 MusicalMode가 On으로 되어 있습니다. 즉, Definition과 Audiowarp는 연동되어 동작되는 것입니다.

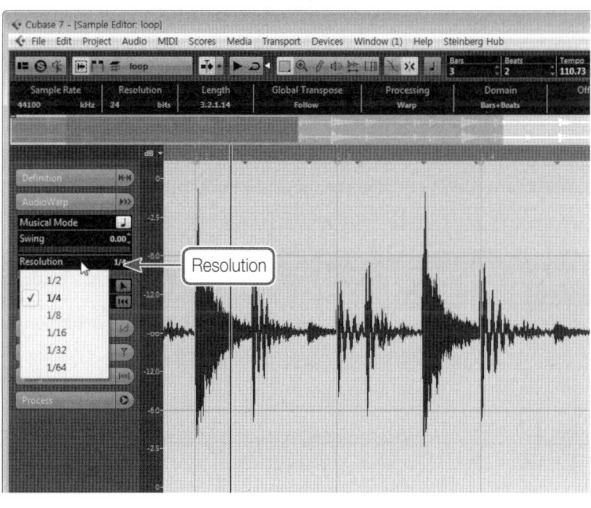

02 워프 라인의 단위는 Definition에서 설정한 Stretch Bars를 기준으로 형성되지만, Resolution 목록을 이용해서 사용자가 원하는 단위로 형성되게 할 수 있습니다. 샘플에 맞게 1/16으로 선택합니다.

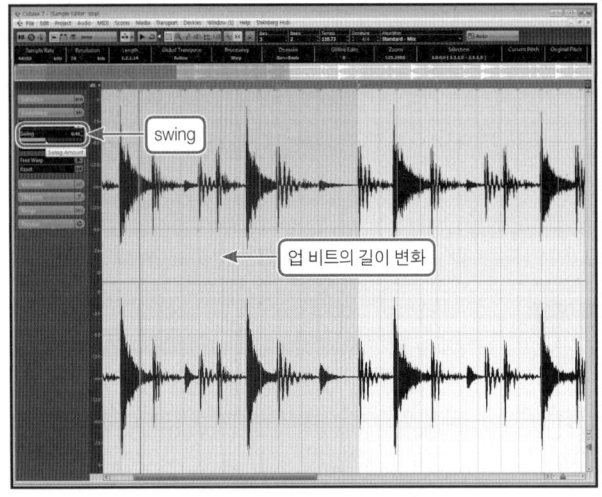

03 Swing은 짝수에 해당하는 워프 라인을 뒤쪽으로 이동시켜 스윙 리듬으로 조정할 수 있습니다. 즉, 스윙 리듬을 만들기 위해서는 Quantize 단위를 1/8 이상으로 선택해야 업 비트에 해당하는 사운드를 조정할 수 있는 것입니다. 직접 조정을 해보면서 업 비트의 변화를 모니터 해봅니다.

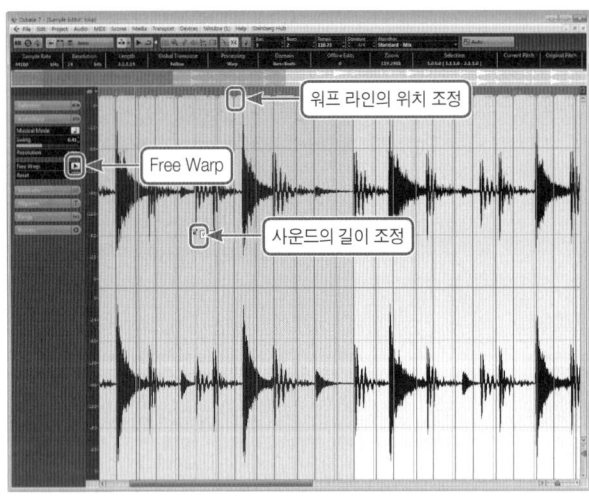

04 사용자가 직접 사운드의 길이를 조정하겠다면, Free Warp 버튼을 On으로 하고, 워프 라인을 드래그하여 조정합니다. 워프 라인은 Shift 키를 이용해서 추가/삭제하거나 룰러 라인의 포인트를 드래그하여 위치를 조정할 수 있습니다.

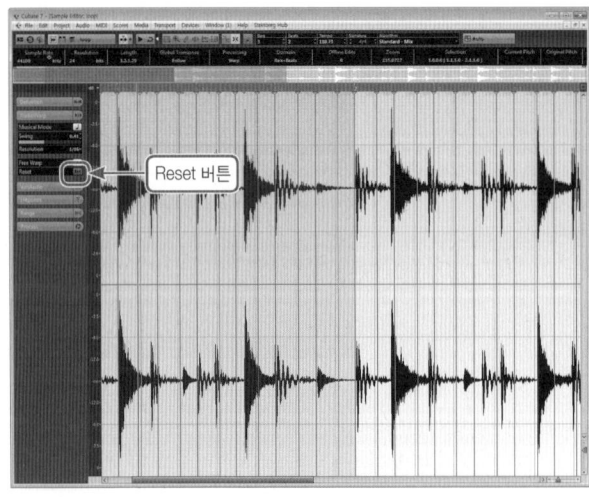

05 Definition으로 분석한 비트로 해결할 수 없을 정도로 불규칙한 연주라면 Reset 버튼을 클릭하여 초기화 시키고, 마우스 드래그로 일일이 길이를 조정합니다. 샘플이 긴 경우에는 지루한 작업이 될 수 있지만, 사용자의 정성은 결과물에서 얻을 수 있습니다.

VariAudio 파라미터

VariAudio는 보컬의 음정과 박자를 자유롭게 조정하거나 댄스 곡에서 유행하는 기계적인 음성을 만드는 쉐어 효과를 연출할 수 있는 것으로 오디오 샘플 에디터에서 가장 눈에 띄는 기능입니다. 예전에는 이러한 작업을 위해서 Antares사의 Auto-Tune이나 Celemony사의 Melodyne과 같은 툴을 설치해야 했지만, 이젠 추가 비용없이 이용할 수 있게된 것입니다. 특히, 자체적으로 운용되는 툴이기 때문에 컨버팅 작업이 필요 없고, 시스템 자원을 낭비하지 않는다는 장점이 있습니다.

01 Vari 샘플 파일을 불러오고, 1번 트랙의 Vocal 이벤트를 더블 클릭하여 샘플 에디터를 엽니다. 그리고 VariAudio 파라미터의 Pitch & Warp를 On으로 하면, 음정과 박자를 조정할 수 있게 오디오 이벤트가 분석됩니다.

02 분석된 노트를 세크먼트라고 하는데, 이것을 위/아래로 드래그하면 음정을 스케일 단위로 조정할 수 있습니다. 이때 Shift 키를 누르면, 100분의 1 단위로 미세한 조정이 가능합니다.

😊 **가정교사**

VariAudio 작업을 할 때는 작업 공간을 확대/축소할 일이 많습니다. Alt 키를 누른 상태에서 범위를 선택하면 확대되고, 클릭하면 축소된다는 것을 기억해두기 바랍니다.

03 실습곡의 악보를 참조하여 음정을 조정해봅니다. 차라리 녹음을 다시해야 할 만큼, 음정과 박자가 엉망이지만, VariAudio를 실습하기에는 적합합니다. 실제로는 많은 시간을 투자하여 마음에 드는 녹음을 하는 것이 중요하며, VariAudio를 이용하는 것은 그 다음입니다.

마우스 드래그로 음의 길이 조정

04 첫 마디의 Keep on~에서 on을 조금 길게하면 좋을 것 같다는 생각이 듭니다. on에 해당하는 세그먼트의 끝 부분을 드래그하여 길이를 조정합니다. 시작 위치도 같은 방법으로 조정할 수 있습니다. 이때 주변 음의 길이가 그 만큼 짧아진다는 것에 주의하기 바랍니다.

워프 포인트

05 길이 조정으로 생성된 워프 포인트를 드래그하여 오디오 파형의 길이를 늘리거나 줄일 수 있고, Shift 키를 누른 상태로 클릭하여 길이 조정을 취소할 수 있습니다.

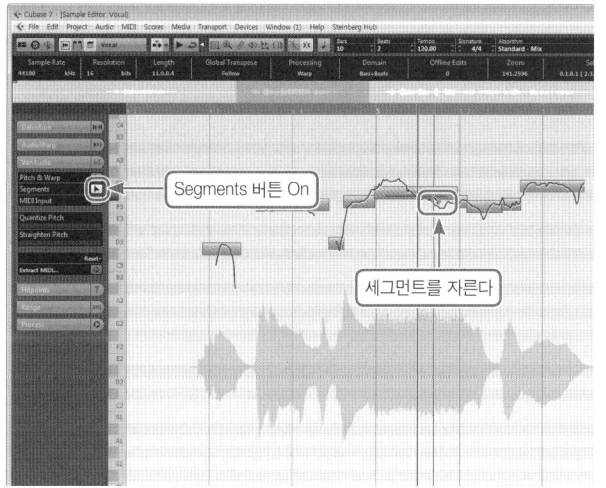

세그먼트를 자른다

Segments 버튼 On

06 4 마디의 hiding~ 마지막 음은 악보에서와 같이 음정을 떨어트리고 싶습니다. 하지만, 세그먼트가 하나로 분석되어있습니다. Segments 파라미터를 On으로 하고, 아래쪽으로 마우스를 가져가면, 가위 모양으로 변합니다. 즉, 세그먼트를 자를 수 있는 것입니다.

Alt 키를 누른 상태로 클릭하여 오른쪽의 세그먼트와 붙임

07 Pitch & Warp 버튼을 선택하고, 잘라낸 마지막 세그먼트를 아래쪽으로 드래그하여 음정을 낮춥니다. 참고로 세그먼트를 붙일 때는 Segments 버튼으로 Alt 키를 누른 상태에서 클릭합니다. 그러면 오른쪽의 세그먼트와 붙습니다.

마이크로 피치 조정

08 4도나 떨어트린 음정이 자연스럽지 못합니다. 세그먼트 좌/우 상단에 마우스를 위치시키면, 마이크로 피치를 조정할 수 있습니다. 떨어트린 음정의 마이크로 피치를 조금 올려 자연스러운 음정을 만듭니다.

09 하나의 세그먼트에서 마이크로 피치를 둘로 나눠서 조정할 수 있습니다. 마우스를 세그먼트 상단에 위치시켜 회색 라인이 보이게 합니다. 그리고 클릭을 하면, 마이크로 피치 라인이 둘러 나눠집니다.

마이크로 피치 라인을 분리

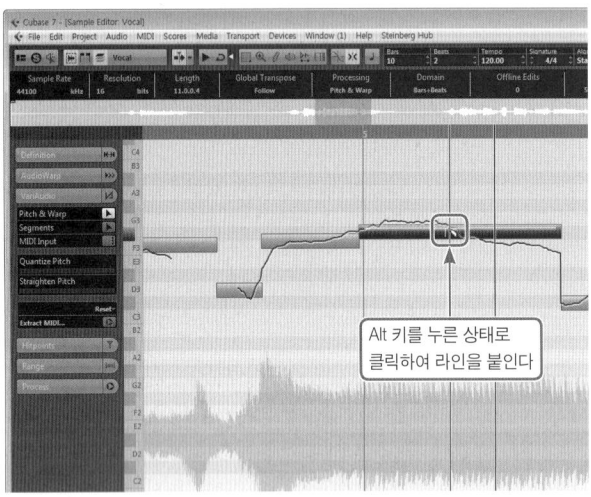

10 둘로 나눈 마이크로 피치는 세그먼트의 좌/우측을 위/아래로 드래그하여 개별적인 조정이 가능합니다. 필요하다면 Alt 키를 누른 상태로 클릭하여 분리된 마이크로 피치 라인을 붙일 수 있습니다.

Alt 키를 누른 상태로
클릭하여 라인을 붙인다

11 Segments 버튼으로 세그먼트의 시작 및 끝 부분을 드래그하여 길이를 조정하거나 중간을 드래그하여 위치를 조정할 수 있습니다. 자동으로 분석된 세그먼트의 위치와 길이를 수동으로 재 설정하는 것이며, 오디오 파형을 참조하는 것이 요령입니다.

Segments 버튼

세그먼트 길이 조정

위치 조정

12 즉, 앞에서 음정을 떨어트린 세그먼트의 위치를 오른쪽으로 드래그하여 위치를 조정하면, 세그먼트가 있는 위치의 오디오 파형만 음정이 떨어집니다. 이와 같이 이벤트가 원하는데로 분석되지 않았을 때는 세그먼트의 위치와 길이를 수동으로 조정할 필요가 있으므로 기억해두기 바랍니다. 참고로 Backspace 키를 누르면 선택한 세그먼트가 제거됩니다.

MIDI Input

13 6 마디의 one fine day~ 부터는 미디 기능을 이용해서 피치를 조정해보겠습니다. one에 해당하는 세그먼트를 선택하고, MIDI Input 버튼을 On으로 합니다. 그리고 미디 건반의 D 음을 누르면 해당 음이 D로 수정됩니다.

Alt키를 누른 상태에서 선택했을 때의 버튼 모양

14 ⊟ 키를 눌러 다음 세그먼트를 선택하고, 같은 방법으로 미디 건반을 눌러 음정을 조정해봅니다. 실제로 보컬에서는 많이 사용하지 않는 방법이지만, 베이스, 섹소폰 등의 솔로 악기를 조정할 때는 매우 편리합니다. 참고로 Alt 키를 누른 상태에서 MIDI Input 버튼을 클릭하면, 자동으로 다음 세그먼트가 선택됩니다.

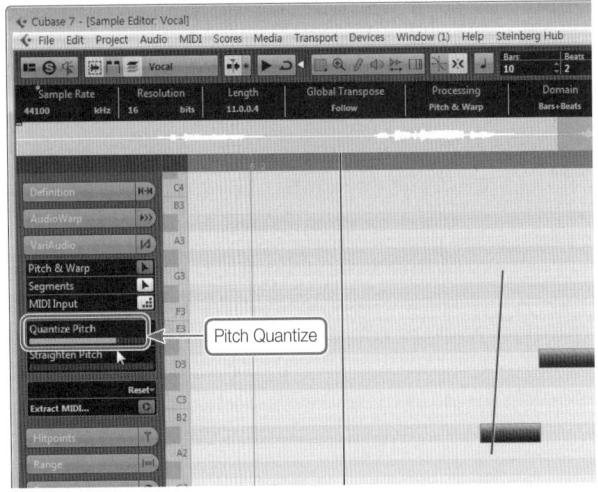

Pitch Quantize

15 음정과 박자를 일일이 조정할 수 있는 방법을 살펴보았습니다. 그러나 노래를 잘했다면, 한 번에 음정을 조정할 수 있습니다. Ctrl + A 키를 눌러 모든 세그먼트를 선택하고, Pitch Quantize 값을 조정하는 것입니다.

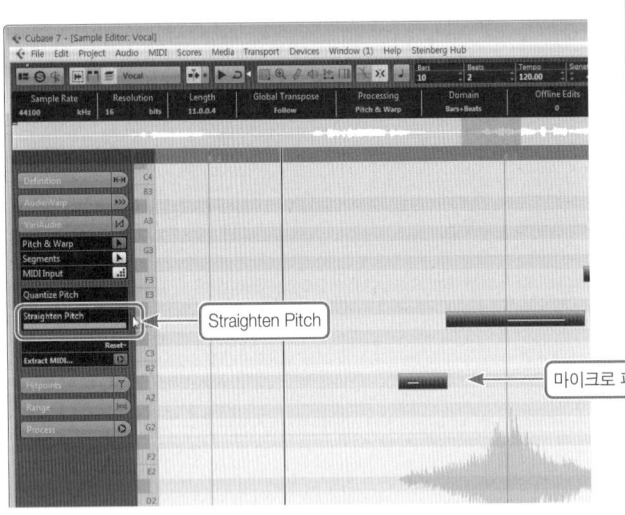

Straighten Pitch

마이크로 피치 라인을 일직선으로 만든다

16 모든 세그먼트가 선택된 상태에서 Straighten Pitch 값을 최대로 하여 마이크로 피치 라인을 일직선으로 만들어봅니다. 이렇게 떨림이 없는 음성은 있을 수 없으므로, 사이버틱한 음성이 만들어지며, 이것을 쉐어 효과라고 합니다. 부분적으로 사용할 때는 원하는 세그먼트만 선택합니다.

알고리즘

Reset

17 Reset 파라미터는 변경한 음정 (Pitch Changes), 변경한 길이(Warp Changes), 분석된 세그먼트(Reanalyze Audio)를 초기화 합니다. 참고로 VariAudio는 이벤트에 적합한 알고리즘이 자동으로 선택되며, 룰러 라인 아래쪽에 변경 메시지가 열릴 수 있습니다.

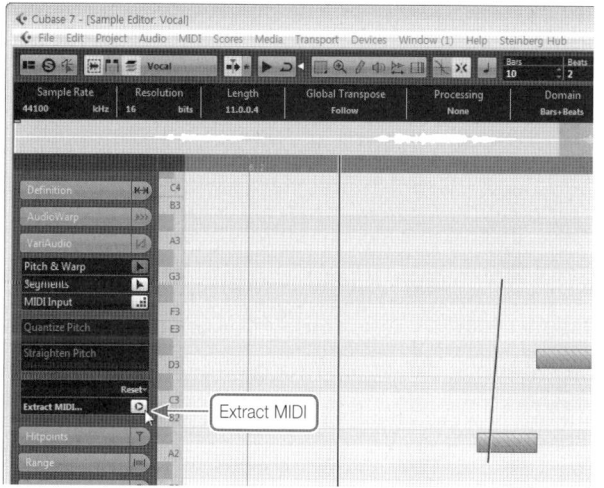

18 마지막의 Extract MIDI 파라미터는 편집이 완료된 세그먼트를 미디 파일로 만드는 역할을 합니다. Extract MIDI 버튼을 클릭하여 창을 엽니다.

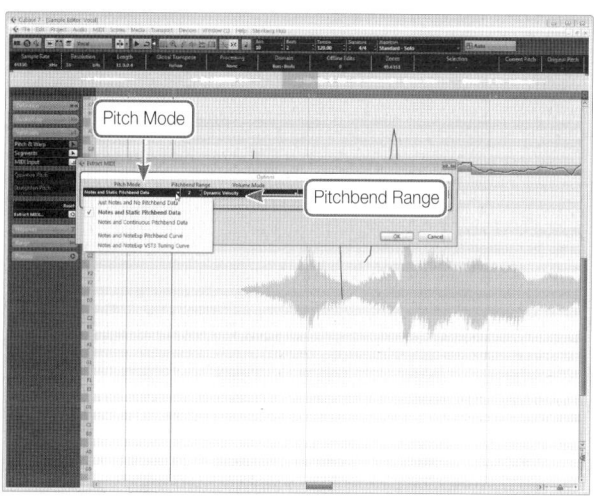

19 Pitch Mode에는 노트만 만드는 Just Notes and No Pitchbend Data, 피치 밴드 정보를 만드는 Notes and Static Pitchbend Data, 마이크로 피치 라인을 피치 밴드 정보로 만드는 Notes and Continuous Pitchbend Data 옵션이 있으며, 피치 밴드를 만들 때는 Pitchbend Rage에서 범위를 설정할 수 있습니다.

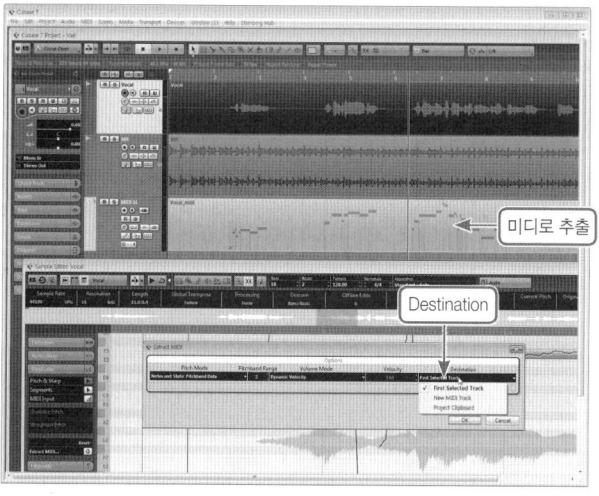

20 Destination에는 생성되는 미디 파트를 선택한 트랙에 만드는 First Selected Track, 새로운 트랙에 만드는 New MIDI Track, 클립보드에 저장하는 Project Clipboard가 있습니다. 이렇게 만든 미디 이벤트는 그루브 퀀타이즈, 악보 출력 등의 다양한 목적으로 이용할 수 있습니다. VariAudio 파라미터의 사용법은 간단하지만, 꾸준한 연습으로 익숙해지기 바랍니다.

Hitpoints 파라미터

Hitpoints 파라미터는 샘플을 비트 단위로 분해하여 그루브 퀸타이즈를 만들거나 이벤트를 잘라내는 힛 포인트 라인을 생성합니다. 샘플에 맞추어 미디 작업을 진행하거나 템포를 많이 변경해야 할 필요가 있을때는 Definition이나 AudioWarp 파라미터 보다 Hitpoint를 이용하는 경우가 많습니다. 샘플에 따라 유효 적절한 파라미터를 이용할 수 있도록 각각의 차이점을 정확히 이해하기 바랍니다.

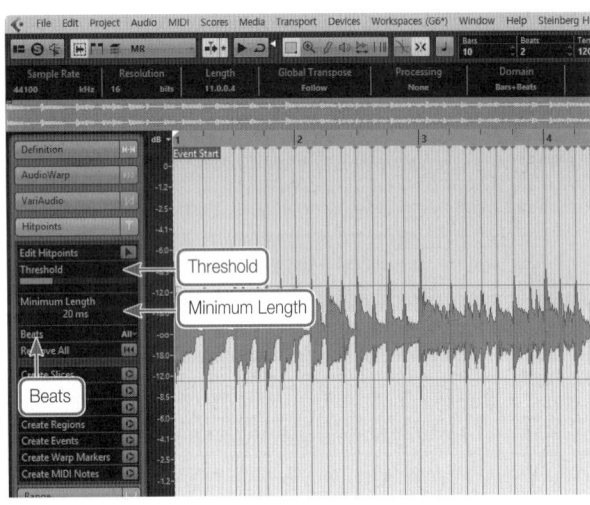

01 힛 포인트는 Thrshold 슬라이드를 이용해서 만들며, Beats로 생성 단위를 결정합니다. Minimum Length는 너무 짧은 단위의 힛 포인트가 생성되는 것을 방지하기 위한 시간 단위를 설정합니다.

02 힛 포인트를 수동으로 편집하기 위해서는 Edit Hitpoints 버튼이 On으로 되어 있어야하며, 포인트를 드래그하여 위치를 변경하거나 Alt 키를 누른 상태에서 작업 공간을 클릭하여 추가할 수 있고, 포인트를 클릭하여 삭제할 수 있습니다. Remove All 버튼을 클릭하면 모든 힛 포인트를 삭제하고, 다시 만들 수 있습니다.

03 Create Slice 버튼을 클릭하면 힛 포인트를 기준으로 샘플을 자르고, 샘플 에디터 창을 닫습니다. 잘려진 샘플은 모두 하나의 오디오 파트로 생성되어 비트 단위로 오디오를 편집할 수 있게됩니다.

잘려진 이벤트를 담고 있는 오디오 파트

Create Slice 버튼

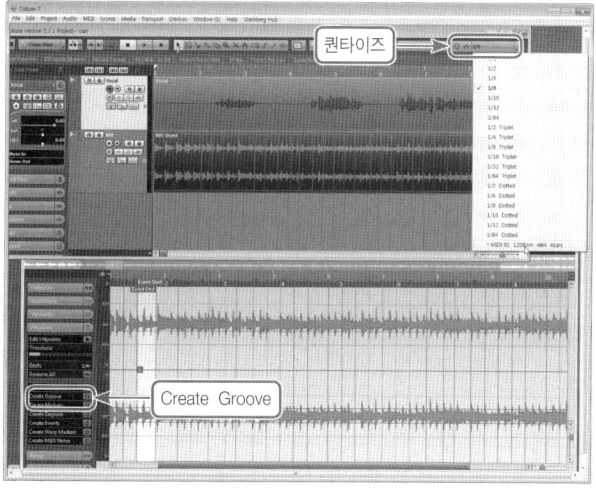

04 Create Groove 버튼은 힛 포인트를 글루브 퀀타이즈로 저장합니다. 저장된 퀀타이즈 목록은 프로젝트 창이나 미디 이벤트에서 노트를 퀀타이즈 시키는 목적으로 사용합니다. 즉, 오디오 샘플에 맞추어 미디 노트를 퀀타이즈 시킬 수 있는 것입니다.

퀀타이즈

Create Groove

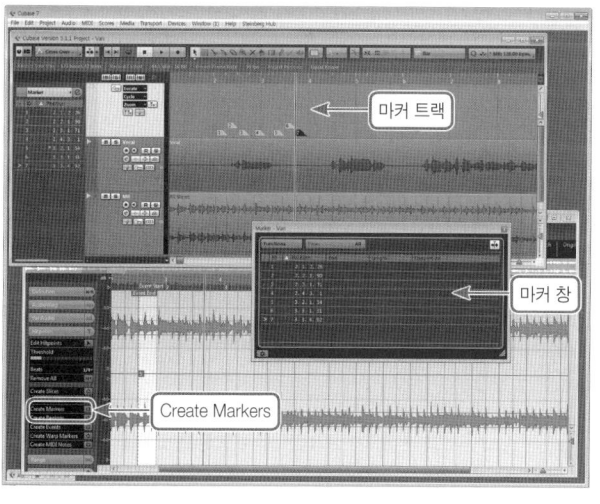

05 Create Markers 는 힛 포인트 위치의 마커를 자동으로 생성합니다. 조금 긴 샘플을 이용할 때 사용자가 원하는 위치를 표시해 둔다면, 매우 유용하게 이용할 수 있을 것입니다. 마커를 만들면 자동으로 마커 트랙이 생성되며, Ctrl+M 키를 눌러 마커 창을 열어 편집할 수 있습니다.

마커 트랙

마커 창

Create Markers

06 Create Regions은 힛 포인트를 기준으로 리전을 만듭니다. 여기서는 Create Regions의 역할을 설명하고 있지만, 리전은 Ctrl 키를 누른 상태로 마우스 오른쪽 버튼을 클릭하여 단축 메뉴를 열고, Set to Regions에서 연주시킬 리전을 선택하는 것이 목적이므로, 구분하기 쉽게 사용자가 수동으로 만드는 것이 좋습니다.

분리된 이벤트

07 Create Evets는 힛 포인트 라인을 기준으로 샘플을 잘라 이벤트로 만듭니다. 이렇게 만들어진 이벤트는 비트 단위로 분리를 했을 것이므로, 음질의 변화 없이 템포 변화가 자유롭습니다.

Close Gaps

08 단, 이벤트를 분리해서 템포를 늦추면, 각 이벤트 사이가 벌어집니다. 하지만, Audio 메뉴의 Advanced에서 Close Gaps을 선택하여 각 이벤트의 공백을 자연스럽게 연결할 수 있습니다.

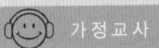 가정교사

Close Gaps 메뉴는 공간을 채우는 Crossfade와 타임을 늘리는 Time Stretch의 두 가지로 제공됩니다.

09 Create Warp Tabs는 힛 포인트를 기준으로 워프 라인을 만듭니다. AudioWarp 파라미터를 Ctrl 키를 누른 상태로 클릭하여 Hitpoints 파라미터와 함께 볼 수 있게 합니다. 그리고 Hitpoints 파라미터의 Create Warp Tabs 버튼을 클릭합니다. Audio Warp 파라미터가 활성화 되고, 힛 포인트가 워프 라인으로 생성되는 것을 확인할 수 있습니다.

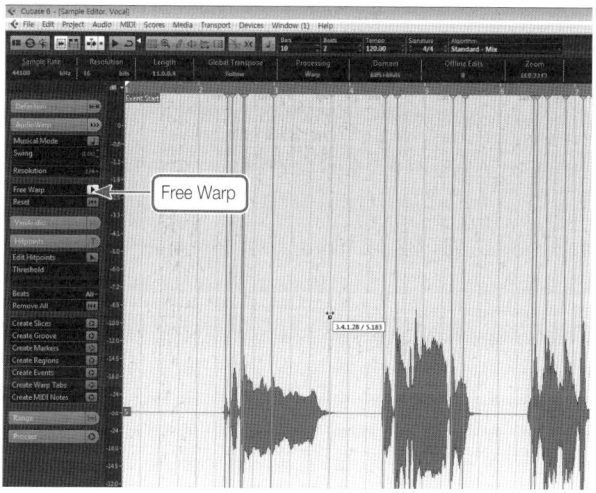

10 Audio Warp 파라미터의 Free Warp를 On으로 하고, 라인을 드래그하여 오디오 타임을 자유롭게 조정할 수 있게 된 것입니다. 비트 단위로 워프 라인을 생성하는 Audio Warp 보다 좀 더 세밀한 타임 조정이 가능한 Hitpoints를 사용하게 될 것입니다.

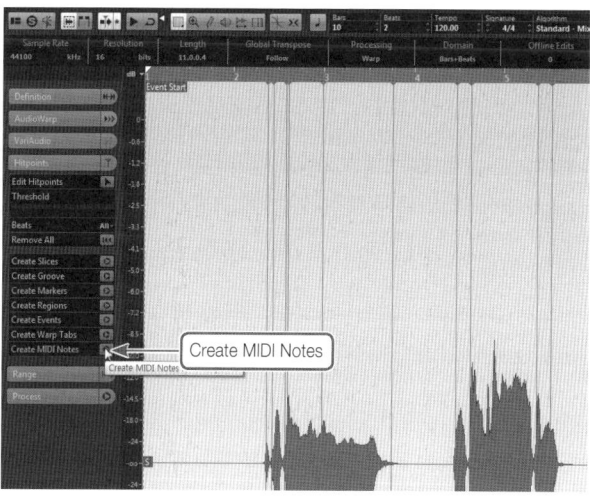

11 Create MIDI Notes는 힛 포인트를 기준으로 미디 노트를 만듭니다. 오디오를 기반으로 미디 노트를 퀀타이즈하거나 미디 연주를 믹스하는 작업으로 응용할 수 있습니다. Create MIDI Notes 파라미터의 버튼을 클릭합니다.

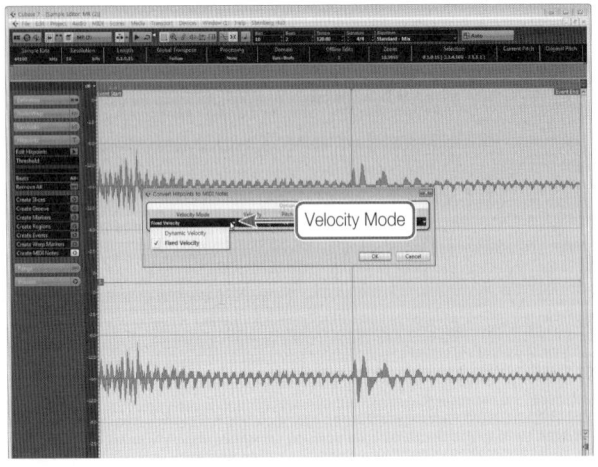

12 어떻게 추출할 것인지를 선택할 수 있는 옵션 창이 열립니다. Velocity Mode에서 벨로시티 생성 방법을 선택합니다. Dynamic은 볼륨 값에 따라 생성되는 것이고, Fixeds는 오른쪽의 Velocity 항목에서 설정한 값으로 추출하는 것입니다. Pitch와 Lenght는 미디 노트의 음정과 길이를 설정합니다.

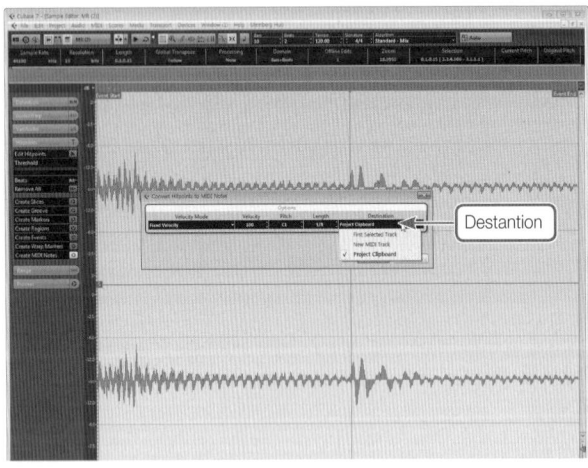

13 Destiantion 옵션은 추출한 미디 노트를 어떻게 처리할 것인지를 선택합니다. First Selected Track은 첫 번째 미디 트랙에 만들고, New MIDI Track은 새 트랙으로 만듭니다. 그리고 Project Clipbaord는 클립보드에 저장합니다.

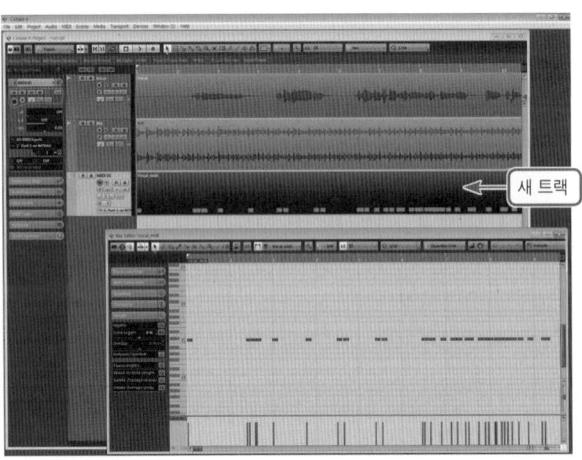

14 Velocity Mode를 Fixed Velocity로 선택하고, Destination을 New MID Track으로 선택합니다. OK 버튼을 클릭하고, 프로젝트 창을 보면 새로운 미디 트랙에 C1 추출된 미디 노트를 볼 수 있습니다. 미디 아웃을 Groove Agent ONE으로 하면, 별 다른 수고 없이 베이스 드럼을 믹스시킬 수 있는 것입니다.

Range 파라미터는 샘플 에디터에서 특정 범위를 사용하기 위해서 선택한 구간을 샘플 단위로 표시하거나 조정할 수 있는 옵션으로 구성되어 있습니다. 여기서 샘플 단위는 주파수의 기록 단위를 나타내는 것으로 44.1KHz나 48KHz를 많이 사용합니다. 즉, 44.1khz로 녹음한 사운드는 44100의 값이 1초를 의미합니다. 일반적으로 음악 작업을 하면서 샘플 단위로 편집할 경우는 없겠지만, 미세한 선택이 필요한 경우에 이용할 수 있습니다.

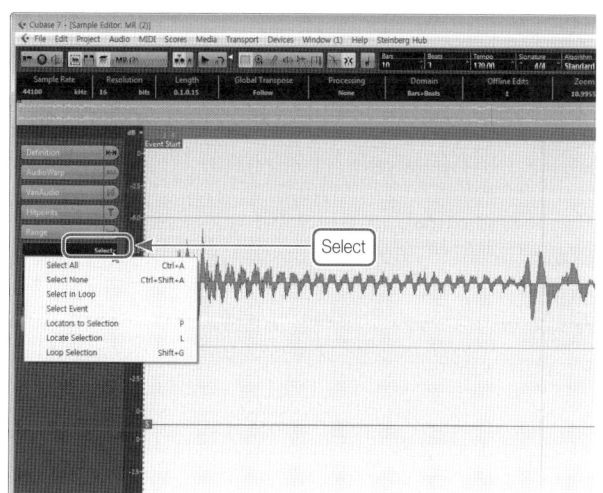

01 첫 번째 파라미터인 Select는 샘플을 선택할 수 있는 메뉴로 구성되어 있으며, 각각의 의미는 다음과 같습니다.

메뉴	역할
Select All	샘플 전체를 선택합니다.
Select None	선택한 구간을 해제합니다
Select in Loop	로케이터 구간을 선택합니다.
Select Event	편집중인 이벤트를 선택합니다.
Locators to Selection	선택한 구간을 로케이터 범위로 설정합니다
Locate Selection	송포지션 라인을 로케이터 시작위치로 이동합니다.
Loop Selection	선택한 범위를 반복 연주합니다.

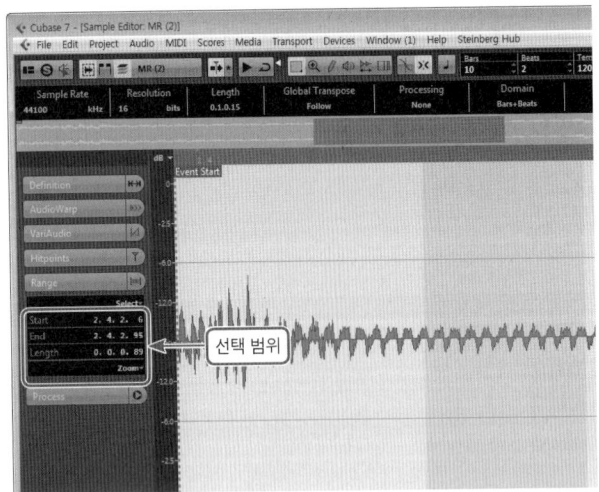

02 Start, End, Length는 선택한 범위의 시작 위치와 끝 위치 그리고 길이를 샘플 단위로 표시합니다. 사용자가 원한다면, 각각의 파라미터 값을 변경하여 선택 범위를 조정할 수 있습니다.

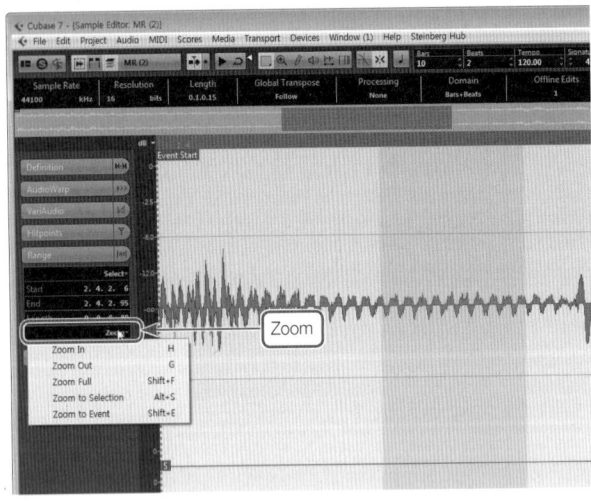

03 Zoom 파라미터는 샘플 에디터의 작업 공간을 확대하거나 축소할 수 있는 메뉴로 구성되어 있습니다. 샘플을 편집하면서 자주 사용하게 될 것이므로, 각 메뉴에 표시되어 있는 단축키 정도는 외워두는 것이 좋습니다.

메뉴	단축키	역할
Zoom In	H	작업 공간을 확대합니다.
Zoom Out	G	작업 공간을 축소합니다.
Zoom Full	Shift + F	작업 공간에 전체 이벤트를 표시합니다.
Zoom to Selection	Alt + S	선택 범위를 한 화면에 표시합니다.
Zoom to Event	Shift + E	편집 중인 이벤트를 한 화면에 표시합니다.

Process 파라미터

Process 파라미터에는 샘플을 가공하거나 효과를 적용할 수 있는 프로세스와 이펙트 등의 편집 메뉴들이 있습니다. Aduio 메뉴에서 제공하는 것과 동일한 역할이지만, 샘플 에디터에서 선택한 범위에 적용할 수 있도록 배려하고 있는 것입니다. 즉, 어떤 것을 이용해도 결과는 같습니다.

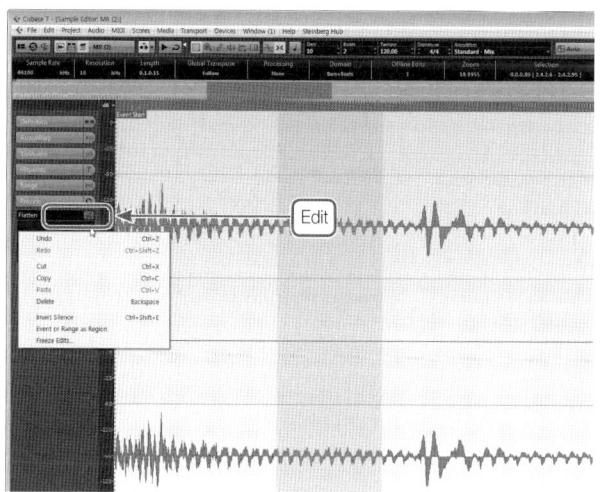

01 Edit 파라미터에는 선택한 범위를 잘라내거나 복사하여 편집 라인이 있는 위치에 붙이는 등의 편집 작업을 할 수 있는 메뉴로 구성되어 있습니다. 이것들 역시 자주 사용하는 메뉴이므로, 단축키 정도는 외워두는 것이 좋습니다.

메뉴	단축키	역할
Undo	Ctrl + Z	사용자의 편집 작업을 취소합니다.
Redo	Ctrl + Shift + Z	취소한 작업을 다시 실행합니다.
Cut	Ctrl + X	선택한 범위를 잘라내어 컴퓨터에 기억시킵니다.
Copy	Ctrl + C	선택한 범위를 복사하여 컴퓨터에 기억시킵니다.
Paste	Ctrl + V	컴퓨터에 기억시킨 데이터를 편집 라인이 있는 위치에 붙입니다.
Delete	Backspace	선택한 범위를 삭제합니다. 단축키는 메뉴에 표시되어 있는 것 보다 Delete 키가 익숙할 것입니다.
Insert Silence	Ctrl + Shift + E	선택 범위에 무음을 삽입합니다.
Event or Renge as Region	-	선택 범위를 리전으로 만듭니다.
Freeze Edits	-	프로세스 및 이펙트를 실제 데이터에 적용합니다.
Bounce Selection	-	프로세스 및 이펙트를 실제 데이터에 적용하여 새로운 이벤트를 만듭니다.

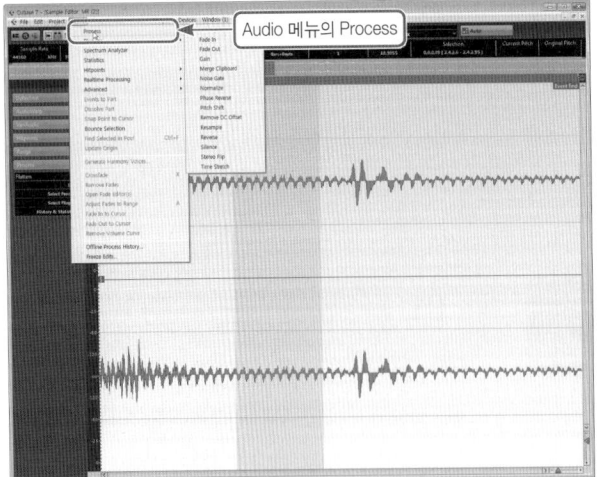

02 Select Process는 선택한 범위에 프로세스를 적용할 수 있는 메뉴로 구성되어 있습니다. 이것은 선택한 오디오 이벤트에 프로세스를 적용하는 Audio 메뉴의 Process와 동일하므로, 오디오 프로세스 학습편을 참고하기 바랍니다.

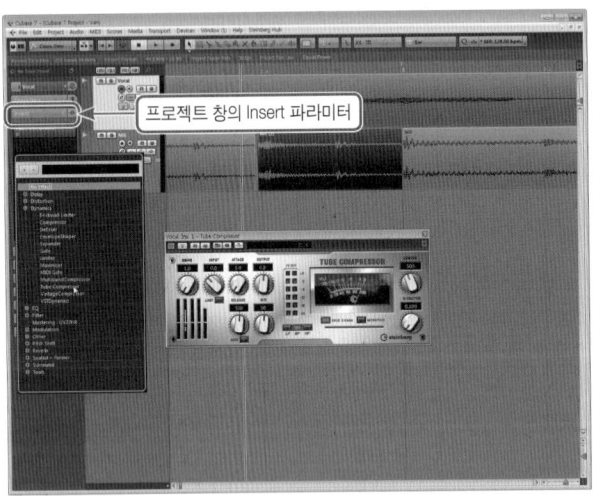

03 Select Plug-in는 선택한 범위에 다양한 이펙트를 적용할 수 있는 메뉴로 구성되어 있습니다. 이것 역시 트랙에 이펙트를 적용하는 인서트 기능과 동일하므로, 오디오 이펙트 학습편을 참조하기 바랍니다.

04 History & Statistics은 Offline Process History, Spectrum Analyzer, Statistics의 3가지 메뉴로 구성되는 있습니다. 모두 오디오 편집 학습편에서 설명하고 있습니다. 즉, Process 파라미터는 샘플을 편집하는데 용의하도록 하고 있을 뿐, Edit 메뉴나 Aduio 메뉴에서 제공하고 있는 것과 역할은 동일합니다.

오디오 파트 에디터

오디오 파트는 여러 개의 오디오 이벤트를 담고 있는 것으로 다양한 미디 이벤트를 편집할 수 있는 미디 파트와 같은 역할을 합니다. 큐베이스와 누엔도를 처음 공부하는 독자는 혼동하기 쉬운 부분이지만, 미디 이벤트를 오디오 이벤트로 생각하고, 미디 파트와 오디오 파트를 같은 것으로 생각하면 쉽게 이해할 수 있을 것입니다. 오디오 파트는 두 개 이상의 이벤트를 결합할 때 자동으로 만들어집니다.

1 오디오 파트의 기본 사용법

오디오 파트는 수 차례 반복 녹음으로 만든 연주와 노래 등의 이벤트에서 좋은 부분만을 선별하거나 다양한 이벤트를 이용하여 새로운 패턴을 만드는 작업을 할 수 있습니다. 물론, 라인 녹음 기능을 이용해서 잘된 부분을 선별할 수 있지만, 구간 복사 및 이동 등의 편집 작업을 위해서 오디오 파트의 역할을 알아둘 필요가 있습니다.

01 새로운 프로젝트를 만들고, 오디오 트랙을 만듭니다. 그리고 룰러 라인을 드래그하여 반복 녹음할 범위를 선택합니다. 설정된 범위를 로케이터라고 합니다.

룰러 라인을 드래그하여
로케이터 범위 설정

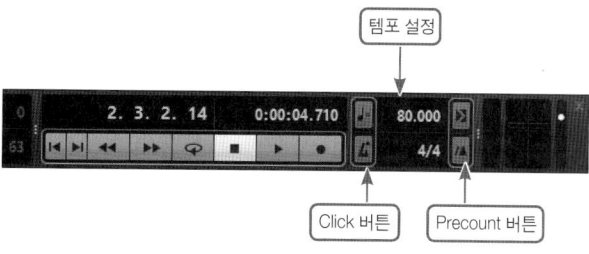

템포 설정

Click 버튼   Precount 버튼

02 Tempo 버튼을 Off하여 FIXED 모드로 설정하고, 실습으로 녹음해 볼 템포를 설정합니다. 그리고 Click 버튼과 Precount 버튼을 On으로하여 메트로놈 소리가 들리게 합니다. 프리 카운트의 기본 값은 2 마디입니다.

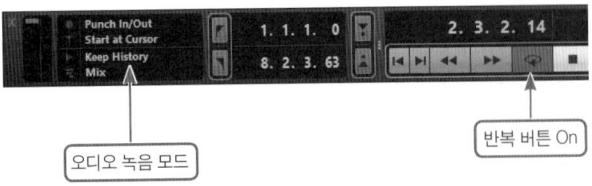

오디오 녹음 모드

반복 버튼 On

03 키보드 숫자열의 ⌼ 버튼을 클릭하거나 반복 버튼을 클릭하여 On으로 합니다. 그리고 오디오 녹음 모드가 Keep History로 선택되어 있는지 확인합니다.

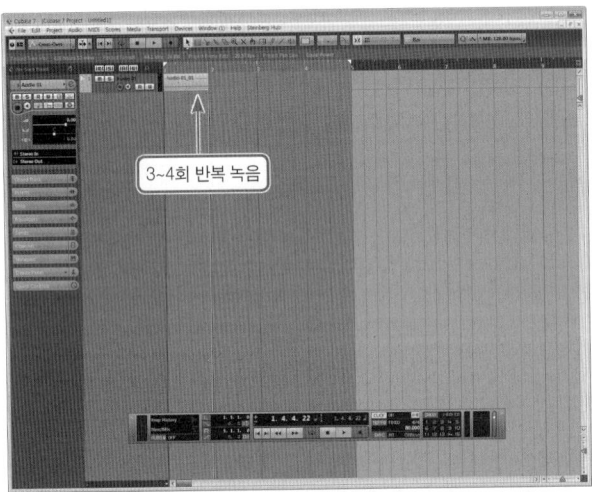

3~4회 반복 녹음

04 키보드 숫자열의 ✳ 키를 누르면, 2마디 길이의 카운트 소리가 들린 후에 녹음이 시작됩니다. 실습이므로 독자가 즐겨부르는 노래의 한 소절 정도를 3~4회 반복해서 불러봅니다.

Evnet to Part

레인 버튼

05 레인 버튼을 On으로 하면 반복 녹음한 만큼의 이벤트가 만들어진 것을 확인할 수 있습니다. 마우스 드래그로 모든 이벤트를 선택하고, Audio 메뉴의 Events to Part를 선택합니다. 선택한 이벤트를 하나의 파트로 만드는 것입니다.

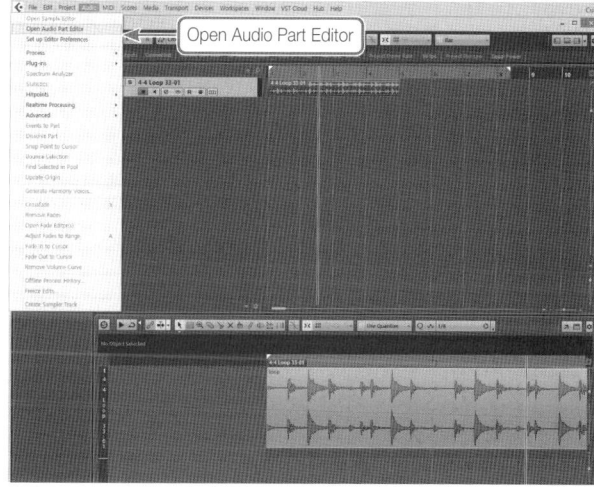

06 선택한 이벤트들이 하나의 파트로 만들어졌습니다. Audio 메뉴의 Open Audio Part Editor를 선택하여 창을 엽니다. 기본 설정의 경우에 파트를 더블 클릭하면 로우 존으로 열립니다.

07 앞에서 녹음한 이벤트들이 트랙 형태로 나열되어 있는 것을 확인할 수 있습니다. 프로젝트 창과의 차이점은 가장 아래쪽에 있는 이벤트만 재생이 된다는 것입니다.

가정교사

오디오 파트 에디터에서 가장 아래쪽의 이벤트를 뮤트시키면, 뮤트되지 않은 순서로 위쪽의 이벤트가 재생됩니다.

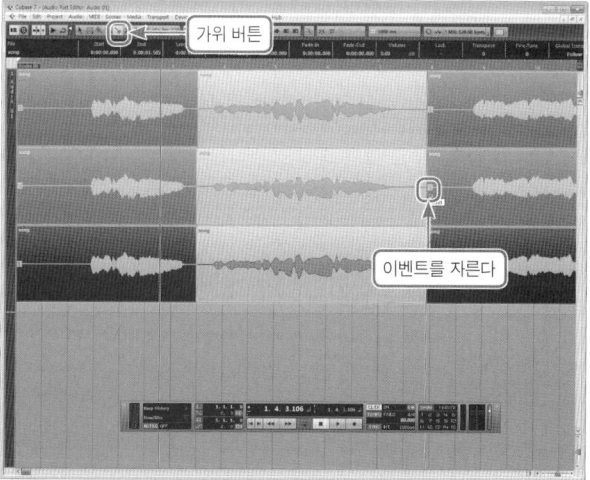

08 도구 모음 줄에서 가위 버튼을 선택하고, 노래를 녹음할 때, 호흡을 들이쉬던 부분을 기준으로 이벤트를 자릅니다. 이때 스냅 버튼이 Off로 되어 있어야 원하는 위치를 자를 수 있습니다.

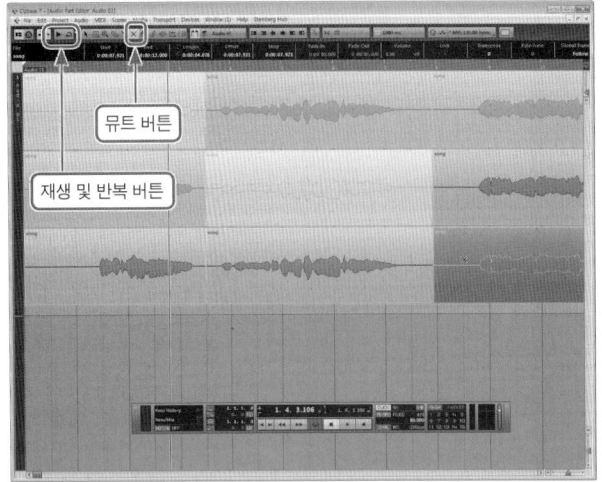

09 도구 모음 줄에서 뮤트 버튼을 선택하고, 재생 버튼을 클릭하여 사운드를 모니터 합니다. 이때 반복 버튼을 On으로 해두면 선택하는 이벤트를 반복해서 모니터 할 수 있습니다. 각각의 이벤트를 뮤트 시켜가며 녹음이 잘된 이벤트를 고릅니다.

뮤트 버튼

재생 및 반복 버튼

10 마음에 드는 이벤트를 고른 다음에 별다른 문제가 없다면 그대로 사용해도 좋습니다. 그러나 노래를 반복할 때마다 똑같이 부르지 않았을 것이므로, 각 이벤트의 연결이 자연스럽지 않을 것입니다. 지우개 버튼을 이용해서 뮤트한 이벤트를 삭제합니다.

지우개 버튼

이벤트 삭제

11 도구 모음 줄에서 화살표 버튼을 선택하고, 각각의 이벤트를 하나의 트랙으로 정렬합니다. 이때 Ctrl 키를 누른 상태로 이벤트를 이동시키면, 위치가 변경되는 것을 예방할 수 있습니다.

Ctrl 키를 누른 상태로
이벤트 이동

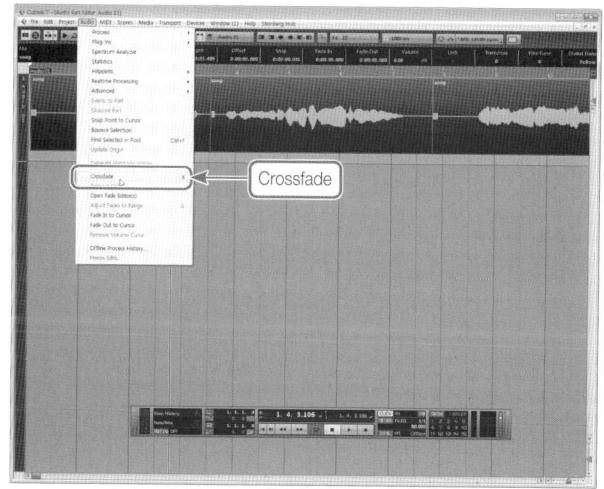

12 Ctrl + A 키를 눌러 모든 이벤트를 선택하고, X 키를 누르거나 Audio 메뉴의 Crossfade를 선택합니다. 각각의 이벤트가 자연스럽게 연결될 수 있도록 크로스페이드 효과를 적용하는 것입니다.

Crossfade

레인 버튼

13 오디오 파트 에디터를 닫고, 레인 버튼에서 Lanes Off를 선택하여 하나의 트랙으로 만듭니다. 같은 녹음을 몇 차례 반복하여 잘된 것만 고를 때 자주사용하는 테크닉이므로 꼭 기억해두기 바랍니다.

이동 및 복사 작업

14 라인 트랙에서도 녹음이 잘된 이벤트를 골라서 하나의 트랙으로 선별할 수 있는데, 굳이 파트를 이용하는 이유는 이동이나 복사 등의 편집 작업이 필요할 때, 개별적인 이벤트보다 하나로 묶인 파트를 이용하는 것이 편리하기 때문입니다.

오디오 파트의 도구 모음은 프로젝트 창과 미디 파트를 통해서 익숙해진 도구입니다. 오디오 파트 에디터에서 다루어지는 개체가 미디 이벤트가 아닌 오디오 이벤트라는 것만 이해한다면 쉽게 사용할 수 있을 것입니다. 여기서는 각 버튼의 기능들만을 살펴보겠습니다. 만일, 이 부분을 이해하지 못하는 독자라면 프로젝트 창과 키 에디터의 학습을 게을리한 것이므로 다시 한번 반복 학습하길 바랍니다.

⑤ 솔로 버튼

솔로 버튼은 작업 중인 오디오 파트만을 솔로로 연주합니다. Enter 키를 눌러 곡을 연주할 때 솔로 버튼이 Off이면 모든 파트를 연주하지만, On이면 작업 중인 파트만을 솔로로 모니터 할 수 있습니다.

▶ ♪ 연주 / 반복 버튼

연주 버튼은 송 포지션 라인의 위치 또는 선택한 이벤트에서 연주를 시작하여 모니터 할 수 있게 합니다. 이때 반복 버튼이 On이면 모니터를 반복합니다. 반복 버튼 오른쪽에 있는 슬라이드는 모니터 볼륨을 조정합니다. 이것은 선택한 이벤트의 사운드를 모니터 할 때 유용하게 사용할 수 있습니다.

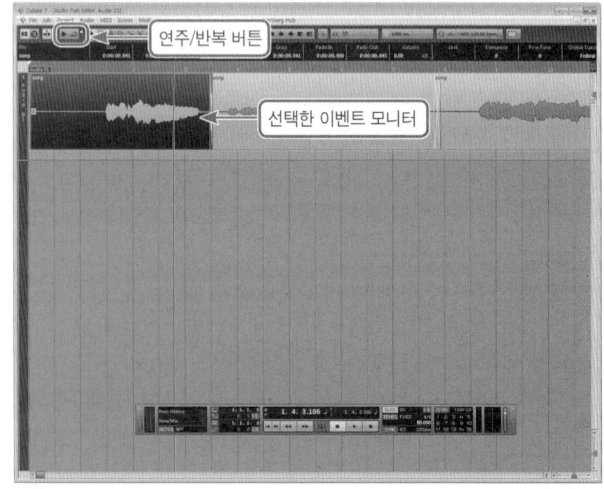

오토 스크롤 버튼

오토 스크롤 버튼은 곡을 연주하거나 이벤트를 모니 터 할 때 송 포지션 라인의 위치를 화면에 표시합니 다. 연주 중엔 이벤트를 편집하면, 화면 이동이 멈추 며, 오른쪽의 작은 삼각형을 On으로 해놓으면, 주황 색으로 변한 오토 스크롤 버튼을 클릭하여 송 포지션 라인 위치로 이동할 수 있습니다.

화살표 버튼

화살표 버튼은 오디오 이벤트를 선택하거나 이동/복 사 등의 편집 작업에 사용하는 Normal Sizing, 이벤 트의 길이를 조정할 때 샘플 위치가 이동하는 Sizing Moves Contents, 이벤트의 길이가 함께 조정하는 Sizing Applies Time Stretch 의 3가지 모드가 있습 니다.

선택 버튼

선택 버튼은 오디오 이벤트의 특정 구간을 선택할 수 있습니다. 선택한 구간은 잘라내기와 복사 등의 편집 작업 없이 마우스 드래그로 이동과 복사가 자유롭게 됩니다. 일부 구간을 이동하거나 복사할 때 편리할 것 입니다.

🔍 돋보기 버튼

돋보기 버튼은 작업 공간을 확대/축소합니다. 마우스
드래그로 일부 구간을 작업 공간에 꽉 차게 확대하거
나 Alt 키를 누른 상태로 클릭하여 축소할 수 있습니
다. Ctrl 키를 누른 상태로 클릭하면 확대/축소 이전
크기로 되돌아갑니다.

🧽 지우개 버튼

지우개 버튼은 선택한 이벤트를 삭제합니다. 마우스
드래그로 원하는 이벤트들을 선택한 다음 클릭하거
나 Delete 키를 누르면 선택한 모든 이벤트를 삭제합니
다. 마우스 드래그로 이벤트를 선택할 때는 비어있는
작업 공간에서 시작합니다. 지우개 버튼은 이벤트를
클릭할 경우 바로 삭제합니다.

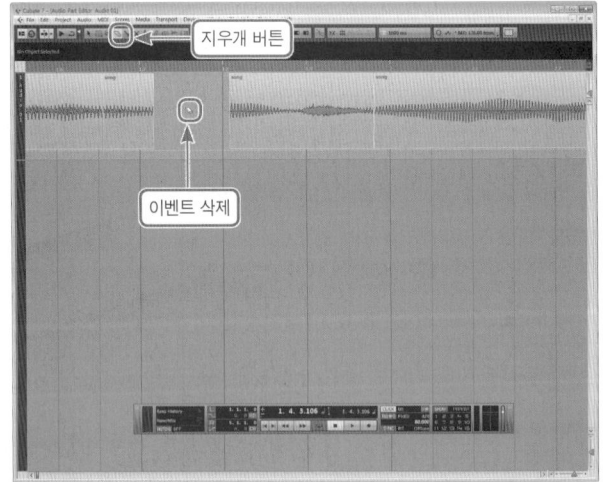

✂️ 가위 버튼

가위 버튼은 이벤트를 잘라줍니다. 오디오 파트에서
는 클릭하는 동시에 이벤트가 잘라지므로 반드시 마
우스 오른쪽에 표시하는 위치를 확인하면서 작업하
는 것이 실수를 예방할 수 있는 방법입니다.

✕ 뮤트 버튼

뮤트 버튼은 이벤트를 뮤트 합니다. 뮤트 할 이벤트를 클릭하거나 마우스 드래그로 선택하여 동시에 여러 이벤트를 뮤트 할 수 있습니다. 뮤트한 이벤트는 회색으로 표시하며, 뮤트 버튼으로 다시 클릭하여 해제할 수 있습니다.

🖐 컴프 버튼

이벤트가 두 개 이상의 라인으로 중복되어 있을 경우에 선택한 구간에 중복되어 있는 이벤트를 자동으로 뮤트 시킵니다. 가위와 뮤트 툴을 이용해서 원하는 소스를 선택하는 것 보다 편리한 툴입니다.

✏ 연필 버튼

연필 버튼은 사운드의 레벨을 마우스 드래그로 그림 그리듯 조정할 수 있는 기능입니다. 마우스클 클릭한 위치에서 레벨을 조정할 수 있는 포인트가 생기고, Shift 키를 누른 상태에서 포인트를 클릭하여 삭제할 수 있습니다.

🔊 스피커 버튼

스피커 버튼은 선택한 이벤트를 모니터 합니다. 스피
커 버튼을 선택하고 이벤트를 클릭하면 마우스를 누
르고 있는 동안에 선택한 이벤트를 연주합니다. 특정
이벤트를 모니터 할 때 유용하게 사용할 수 있습니다.

🔊 스크럽 버튼

스크럽 버튼은 마우스 드래그로 이벤트를 모니터 할
수 있습니다. 스피커 버튼과의 차이점은 마우스를 드
래그하는 동안에만 연주하고, 마우스의 드래그 방향
에 따라서 연주 방향이 바뀐다는 점입니다. 왼쪽으로
드래그하여 사운드가 역으로 재생하는 것을 실험해
보기 바랍니다.

🎵 타임 버튼

타임 버튼은 오디오 이벤트의 템포를 계산합니다. 타
임 버튼을 클릭하면 이벤트를 고정한 상태에서 템포
를 계산하는 Warp Grid모드와 이벤트의 위치를 변
경하는 musical events follow 모드를 선택할 수 있
습니다.

◼ 스냅 제로 크로싱 버튼

줌 바를 이용해서 파형을 확대해보면, 파형과 중앙의
베이스 라인이 만나는 부분이 있습니다. 이곳을 제로
크로싱 지점 이라고 하며, 스냅 제로 크로싱 버튼이
On일 경우에는 이벤트를 편집할 때, 이부분을 기준
으로 동작하게 됩니다. 가위 버튼을 이용해서 이벤트
를 잘라보면 쉽게 이해할 수 있을 것입니다.

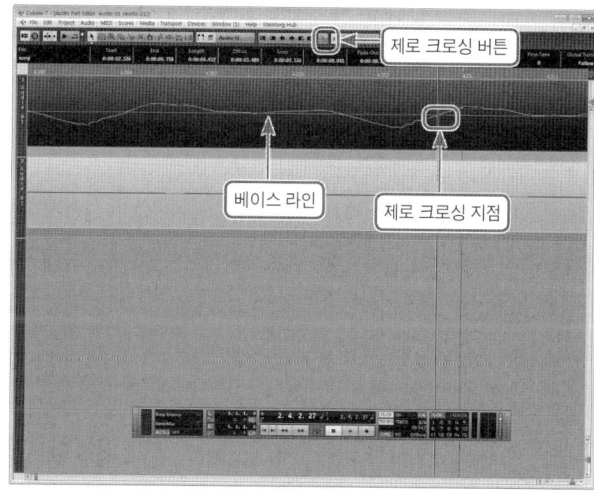

◼ 스냅 버튼

스냅 버튼은 이벤트를 이동하거나 복사할 때 작업 공
간에 세로로 표시하는 스냅 라인 단위에 맞춰서 편
집할 수 있게 합니다. 타입은 Grid, Reletive Grid,
Events, Shuffle, Magnetic Cursor, Grid+Cursor,
Events+Cursor, Events+Grid+Cursor의 8가지를 제
공합니다.

Grid는 오른쪽에 있는 그리드 타입에서 선택한 모
드를 사용하는 것이고, 그리드 타입에는 Bar, Beat,
Use Quantize가 있습니다. 여기서 Use Quantize는
그리드 타입 오른쪽에 있는 퀀타이즈 목록에서 선택
한 단위를 사용하는 것입니다.

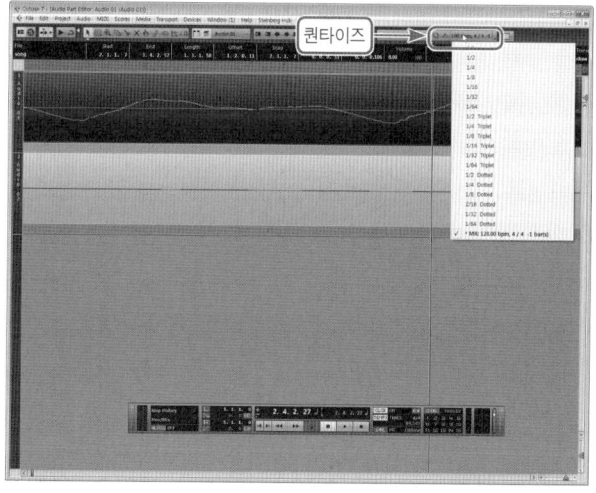

그 밖에 Events는 편집 중인 이벤트 위/아래쪽에 있는 이벤트의 시작/끝 지점을 기준으로 편집하고, shuffle은 편집하는 이벤트 오른쪽에 있는 이벤트를 편집한 거리만큼 이동하는 것입니다. 그리고 Magnetic cursor는 송 포지션 라인을 기준으로 편집합니다.

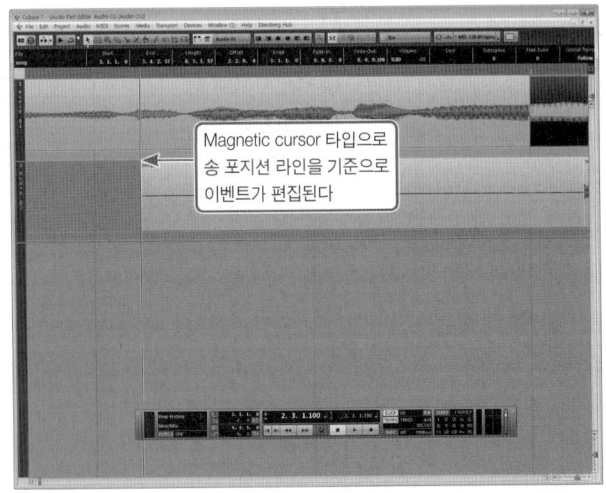

Magnetic cursor 타입으로 송 포지션 라인을 기준으로 이벤트가 편집된다

🎬 파트 보기 버튼

파트 보기 버튼은 편집 중인 파트의 이름을 룰러 라인 아래쪽에 표시합니다. 표시되는 파트의 이름은 마우스 드래그로 실제 파트의 길이를 변경할 수 있습니다. 이때 파트 밖에 있는 이벤트는 회색으로 표시는 하지만, 연주는 하지 않습니다.

파트 길이가 조정 된다

파트 길이 조정 가능

🎬 Audio 01 파트 편집 버튼

파트 편집 버튼은 여러 개의 오디오 파트를 열었을 경우에 특정 파트가 변경하는 것을 예방할 수 있습니다. 프로젝트 창에서 여러 개의 오디오 파트를 선택하고, 더블 클릭하면 하나의 화면에 선택한 파트의 모든 이벤트가 보입니다. 이때 파트 편집 버튼을 On으로 하고 Part list에서 원하는 파트만을 선택하여 편집할 수 있습니다.

Part list

파트 편집 버튼

3 오디오 파트의 작업 공간

오디오 파트의 작업 공간은 프로젝트 창에서 오디오 이벤트 파트를 다루는 것과 동일한 방법으로 사용됩니다. 차이가 있다면 위/아래로 겹쳐지는 오디오 이벤트가 있을 경우에는 아래쪽에 있는 이벤트를 연주한다는 것입니다. 입문자의 경우에 많이 혼동하는 부분이므로 이것을 잠깐 살펴보기로 하겠습니다.

분리 버튼

01 Audio Part 샘플을 열어보면 하나의 오디오 파트가 있습니다. 이것을 더블 클릭하여 오디오 파트 에디터를 엽니다. 로우 존 작업이 불편하다면 분리 버튼을 클릭하여 독립 창으로 열 수 있습니다.

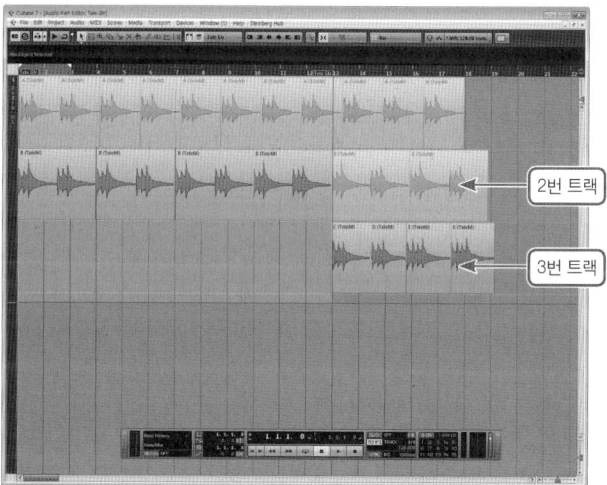

2번 트랙

3번 트랙

02 도구 모음 줄의 연주 버튼을 클릭해보면 1~13마디까지는 위에서 2번째 트랙에 위치한 이벤트를 연주하고, 13마디 이후에는 3번째 트랙에 위치한 이벤트가 연주하는 것을 확인할 수 있습니다.

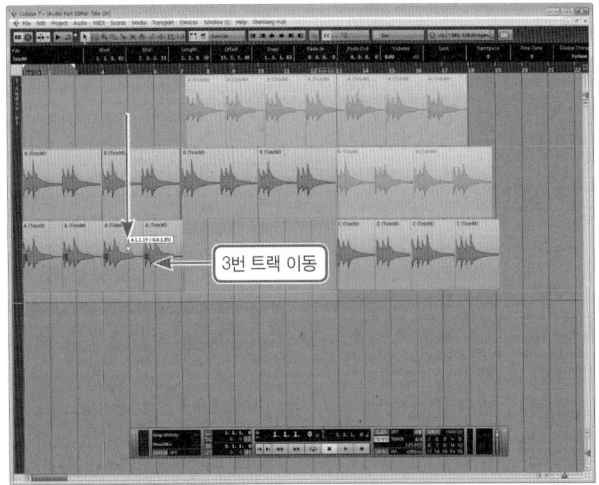

3번 트랙 이동

03 계속해서 1번 트랙 앞쪽에 있는 4개의 이벤트를 Shift 키를 누른 상태로 선택한 후 아래쪽으로 이동합니다. 그러면 1~7마디와 13마디 이후는 3번 트랙을 연주하고, 7~13마디는 2번 트랙이 연주하는 것을 확인할 수 있습니다.

Delete 키를 눌러 삭제

04 이제 오디오 파트의 특성을 이해할 수 있을 것입니다. 프레이즈의 완성을 위해서 3번 트랙의 끝 부분에 있는 이벤트를 선택하고, Delete 키를 눌러 삭제합니다.

Alt 키를 누른 상태로
드래그하여 각각의 위치에 복사

05 삭제한 위치에 13마디 앞 부분에 1번 트랙에서 복사한 A 이벤트 가운데 하나를 Alt 키를 누른 상태로 복사합니다. 실제로는 뮤트와 삭제 기능을 이용해서 이벤트를 정리하지만, 오디오 파트를 이해하기 위한 간단한 실습을 해보았습니다.

풀 창

풀 창은 곡 작업을 할 때 사용하는 오디오, 비디오 등의 미디어 파일을 관리하는 창입니다. 미디어 파일을 체계적으로 관리하지 못할 경우에는 사용하지도 않는 미디어 파일 때문에 프로젝트 용량이 커지고, 시스템이 느려지는 현상을 경험할 수 있습니다. 효과적인 미디어 관리는 다양한 문제점을 해결할 수 있는 열쇠이므로, 풀 창의 역할을 정확하게 알아둘 필요가 있습니다.

1 풀 창의 구성

최적의 프로젝트 환경을 구축하기 위한 풀 창은 Media 메뉴와 연동되어 사용됩니다. 즉, Media 메뉴의 대부분은 풀 창이 열려있을 경우에만 사용할 수 있는 것들이지만, 단축 메뉴를 더 많이 사용합니다. 각 메뉴의 활용 방법을 살펴보기 전에 풀 창의 구성 요소를 살펴보겠습니다.

1. 풀 창 열기

풀 창은 Project 메뉴의 Pool을 선택하거나 Media 메뉴의 Open Pool Window를 선택하여 열 수 있으며, 단축키 Ctrl+P 키를 이용해서 열 수 있습니다. 이처럼 다양한 방법을 제공하고 있는 이유는 그 만큼 프로젝트를 관리하는데 중요하다는 의미입니다.

2. 도구 모음 줄

풀 창 상단에는 인포 라인 보기, 연주, 반복, 칼럼 보기 등 풀 창에서 사용하는 도구 들이 있는 도구 모음 줄이 있습니다. 각 도구의 역할을 살펴보겠습니다.

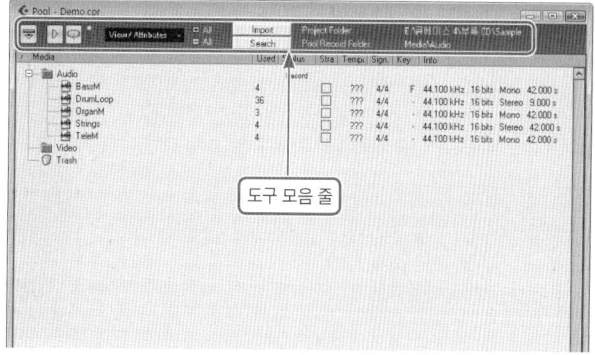

(1) 인포 라인 보기 버튼

인포 라인 보기 버튼은 이동 표시줄 아래쪽에 이벤트의 정보를 표시하는 인포 라인을 열거나 닫아줍니다. 인포 라인에는 풀 창에 등록된 오디오 파일 수(Audio Files), 프로젝트 창에서 사용하고 있는 파일 수(Used), 풀 창에 등록된 파일의 총 용량(Total Size), 프로젝트의 오디오 폴더에 저장하지 않은 파일 수(External Files) 의 정보를 표시합니다.

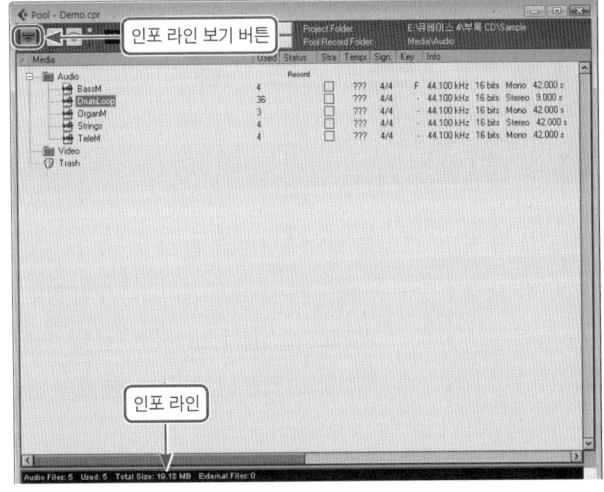

(2) 연주 버튼

연주 버튼은 풀 창에 등록되어 있는 오디오 파일을 연주하여 모니터 할 수 있는 기능입니다. Image 칼럼에 보이는 오디오 파형 그림을 클릭해도 사운드를 모니터 할 수 있습니다. 정지는 연주 버튼을 다시 한번 클릭하면 합니다.

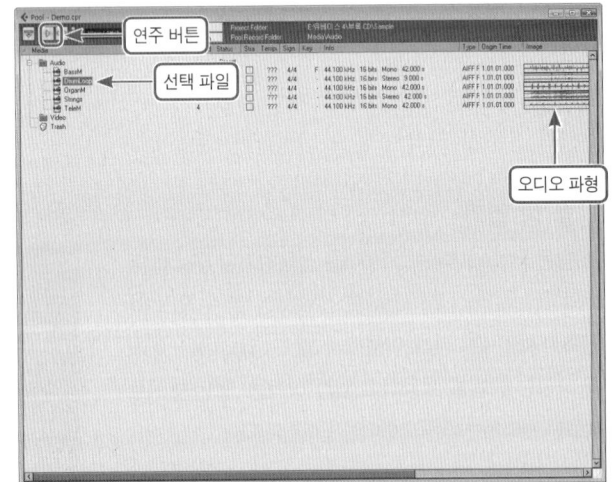

(3) 반복 버튼 / 볼륨 슬라이드

반복 버튼은 사운드를 모니터 할 때, 반복해서 모니터 할 수 있게 하는 기능입니다. 반복 버튼을 먼저 클릭하거나 연주 중에 클릭해도 결과는 같습니다. 반복 버튼 우측에 있는 슬라이드는 볼륨을 조절합니다.

(4) 칼럼 보기 메뉴

View라고 표시되어 있는 칼럼 보기 메뉴는 작업 공
간에 표시하고 싶은 칼럼의 종류를 선택합니다. 우측
에는 모든 폴더를 열어볼 수 있는 +All과 모든 폴더
를 닫을 수 있는 -All 이 있습니다. 칼럼 보기 메뉴의
Show All과 Hide All은 모든 정보를 한꺼번에 보이게
하거나 감출 수 있고, Optimize Width는 정보 표시
길이에 맞추어 칼럼을 정렬하는 기능입니다.

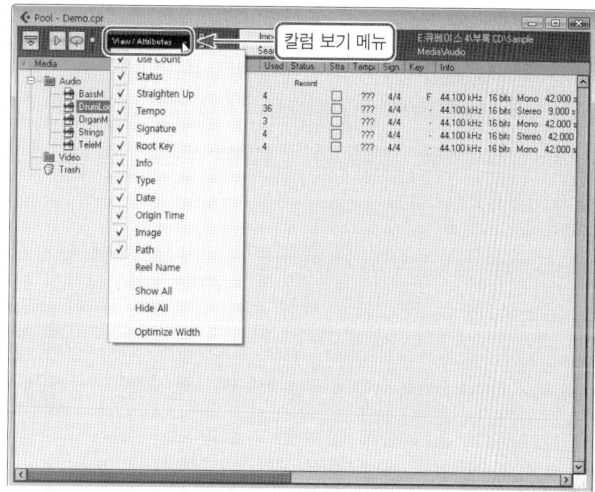

(5) Import 버튼

Import 버튼은 풀 창에 미디어 파일을 등록합니
다. 등록 방법은 Import 버튼을 클릭하여 Import
Medium 창을 열고, 등록하고 싶은 미디어 파일을 찾
아서 더블 클릭하면 합니다.

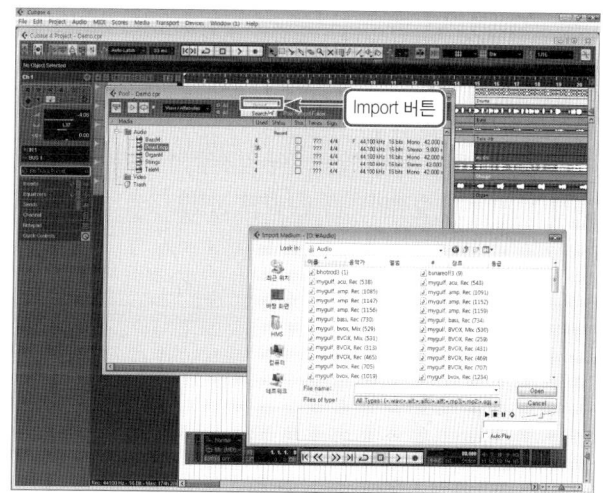

(6) Search 버튼

Search 버튼은 작업 공간 아래쪽에 미디어 파일
을 찾는 기능의 Search 창을 열거나 닫아 줍니다.
Search 창의 Name 항목에서 찾고자 하는 파일의 이
름을 입력하고, Folder 항목에서 위치를 선택한 다음,
Search 버튼을 클릭합니다. 그러면 Search 창 우측
에 입력한 파일 이름을 포함하고 있는 파일들의 위치
와 이름을 찾아 보여줍니다. 여기서 원하는 파일을 선
택하고, select 버튼을 클릭하면 풀 창에 등록할 수
있습니다.

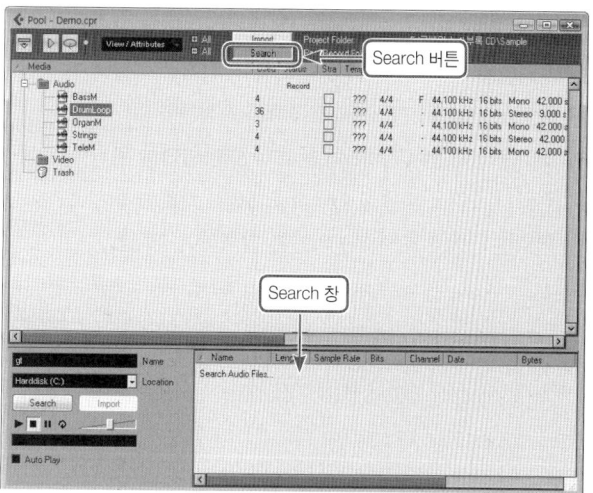

3. 작업 공간

풀 창의 작업 공간에는 미디어 파일의 위치와 제작 날
짜, 이름 등을 칼럼 단위로 표시하고 있습니다. 보고
싶지 않은 칼럼 정보는 앞에서 살펴본 칼럼 보기 메
뉴에서 체크 표시를 해제합니다. 각 칼럼의 역할을 살
펴보겠습니다.

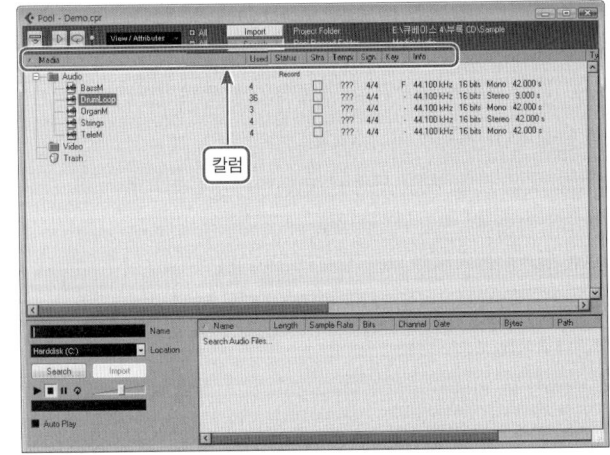

(1) 정렬

칼럼 라인 가장 왼쪽에 삼각형 모양을 하고 있는 것
은 풀 창에 표시하는 파일을 이름 순서로 정렬하는
기능입니다. 이 부분을 클릭하여 오름차순 또는 내림
차순으로 파일을 정렬할 수 있습니다. 각 칼럼의 이름
을 클릭하면, 해당 칼럼의 이름 순서대로 정렬합니다.

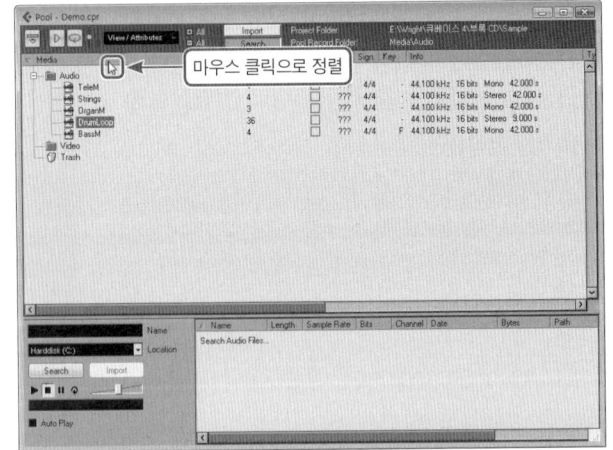

(2) Media

Audio, Video, Trash의 3가지 폴더가 있습니다. 오
디오 파일은 Audio 폴더에서 관리하며, 비디오 파일
은 Video 폴더에서 관리합니다. Trash는 삭제한 미디
어 파일을 관리합니다. Trash 폴더에 관한 실습을 위
해 적당한 오디오 파일을 선택하고, Delete 키를 누르
면 열리는 창에서 Remove 버튼을 클릭하여 삭제합
니다.

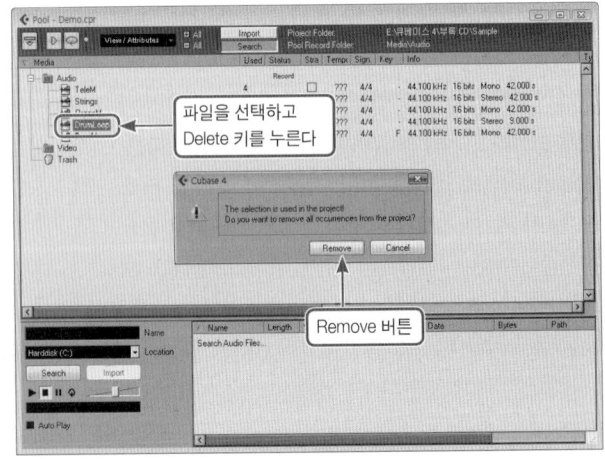

선택한 파일을 풀 창에서 제거할 것인지 휴지통으로
보관할 것인지를 묻는 창이 열립니다. Trash 버튼을
클릭하여 휴지통으로 보관합니다.

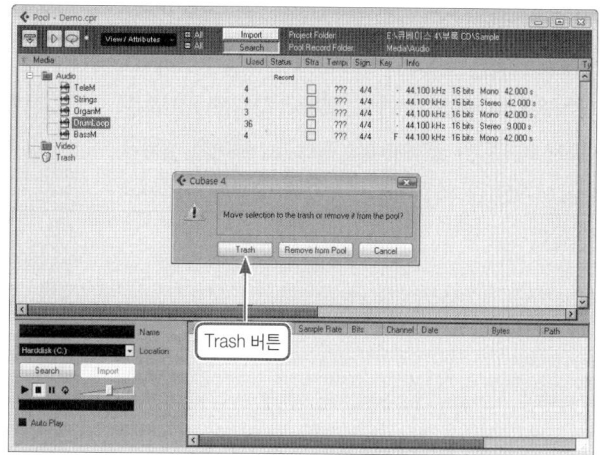

Trash 폴더를 열어보면, 삭제한 오디오 파일이 보관되
어 있는 것을 확인할 수 있습니다. 휴지통에 보관된
미디어 파일은 마우스 드래그로 복원할 수 있습니다.
반대로 미디어 파일을 휴지통으로 드래그하여 삭제
할 수도 있습니다.

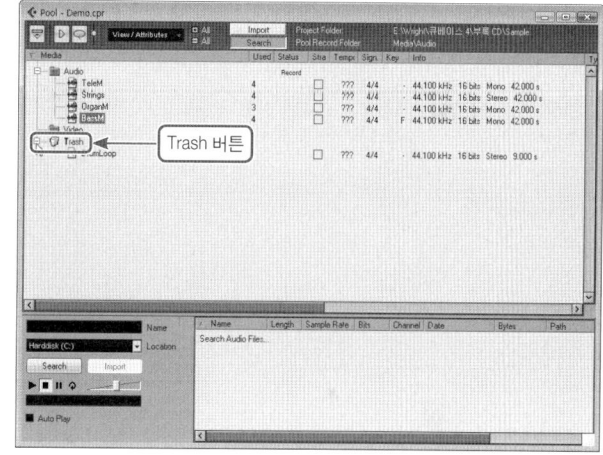

(3) User

User 칼럼은 프로젝트 창에서 사용하고 있는 횟수를
표시합니다. 그림은 프로젝트 창에서 파트를 삭제하
여 Used 칼럼의 숫자가 변경되는 것을 확인하고 있
는 모습입니다. 파트를 복사하여 Used 칼럼의 숫자가
증가하는지의 여부를 확인하는 것도 좋습니다.

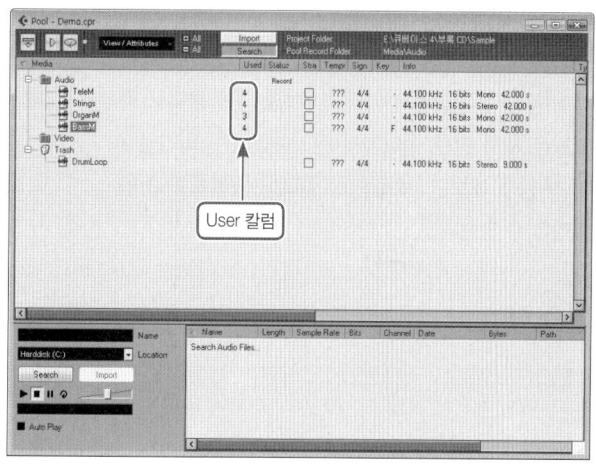

(4) Status

Status 칼럼은 녹음하는 오디오 파일들을 관리할 수 있는 Record 폴더와 오디오 파일의 상태를 표시하는 4가지 아이콘을 표시합니다. Record 폴더를 새롭게 만들어 보겠습니다. 마우스 오른쪽 버튼을 클릭하여 단축 메뉴를 열고, Create Folder를 선택합니다.

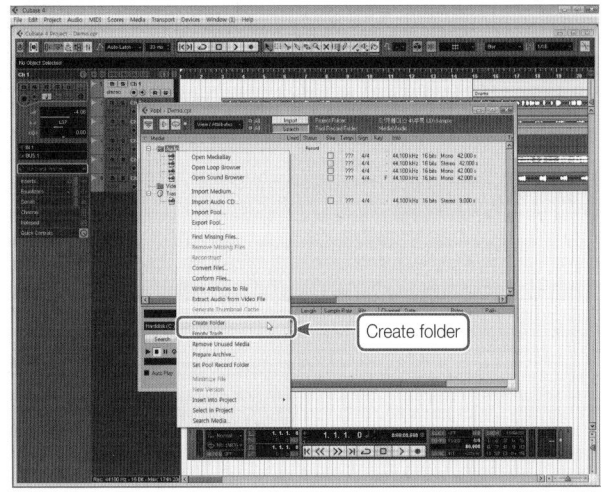

New Folder 라는 이름의 폴더가 만들어집니다. 작업 목적에 맞는 이름을 이름하고, Enter 키를 누릅니다.

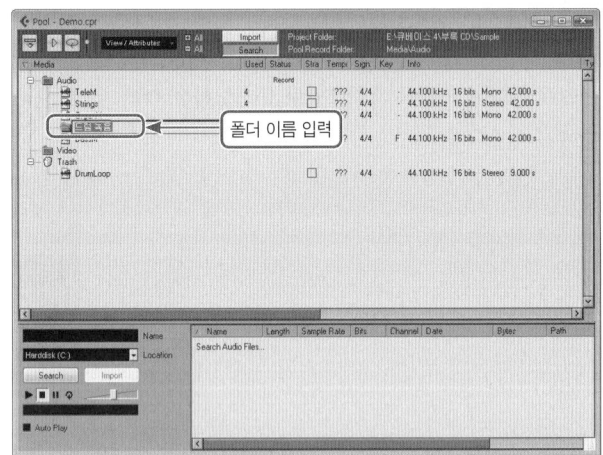

폴더의 Status 칼럼 항목을 클릭하여 Record 표시를 이동합니다. 이것은 이제부터 녹음하는 오디오 파일들은 새로 만든 폴더에서 관리하겠다는 의미입니다. 녹음을 해보면, 새로 만든 폴더에 등록하는 것을 확인할 수 있습니다.

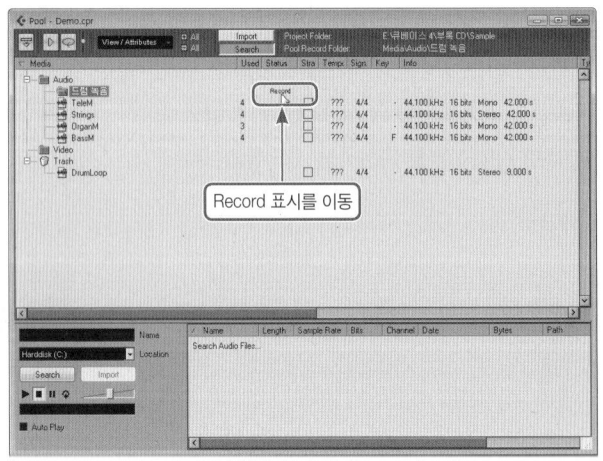

그 밖에 Status 칼럼에는 이벤트의 속성에 따라 다양
한 아이콘이 표시되며, 각각의 의미는 표와 같습니다.

아이콘 모양	의미
⬛	오디오 프로세싱 작업을 적용한 이벤트
✖	작업 폴더에 존재하지 않는 이벤트
R	프로젝트 창에서 녹음한 이벤트
?	이동 또는 삭제되어 찾을 수 없는 이벤트

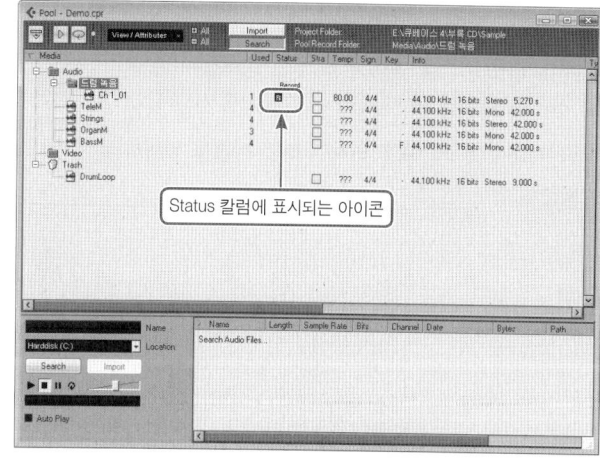

(5) Straighten Up

템포를 자유롭게 조정할 수 있는 Straighten Up 기능
을 On으로 합니다. ??? 표시가 있는 샘플은 오리지
널 템포 값이 설정되어 있지 않은 것으로 샘플 에디터
에서 Straighten Up 기능을 On으로 하면, 템포 값을
설정하라는 경고 창이 열리며, Straighten up 칼럼의
옵션을 체크하여 오리지널 템포를 설정할 수 있습니다.

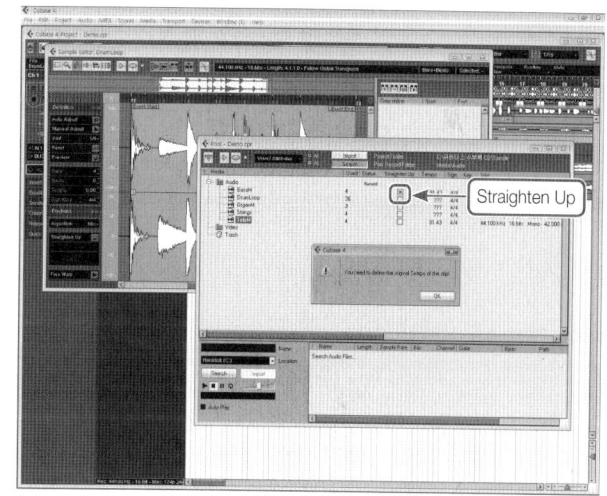

(6) Tempo

Tempo 칼럼은 말 그대로 파일의 템포를 설정할 수
있는 항목입니다. 파일을 프로젝트 창에 등록하기 전
에 사용할 템포로 미리 설정하거나 Straighten Up 기
능을 이용하기 위한 오리지널 템포를 설정할 수 있습
니다.

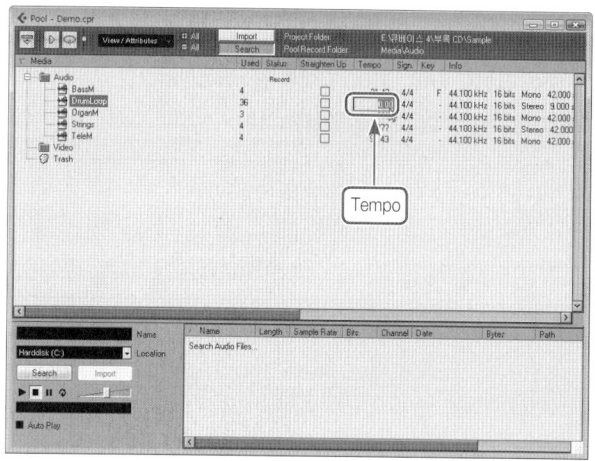

(7) Sign

Sign 칼럼은 비트를 설정할 수 있는 항목입니다. 실제 소스의 비트를 변경하는 것은 아니고, 작업 중인 곡의 박자나 힛 포인트를 이용한 비트 분할을 위해서 사용합니다.

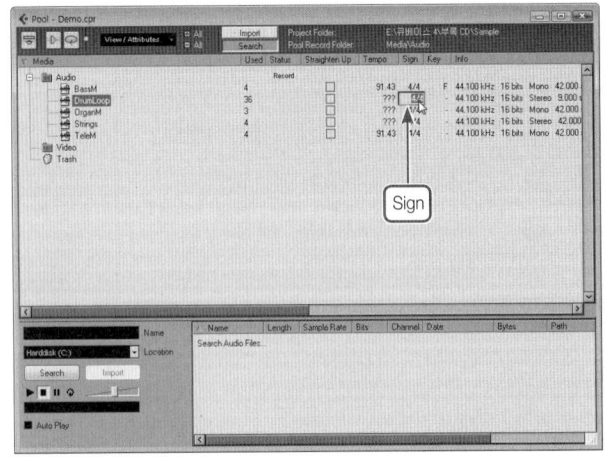

(8) Key

오리지널 템포와 마찬가지로 오리지널 키를 설정합니다. 이것은 트랜스포즈 기능을 적용할 때의 기준이 되는 키 이므로, 정확하게 입력해야 합니다. 단, 타악기 종류의 샘플은 키를 설정하지 않아도 좋습니다.

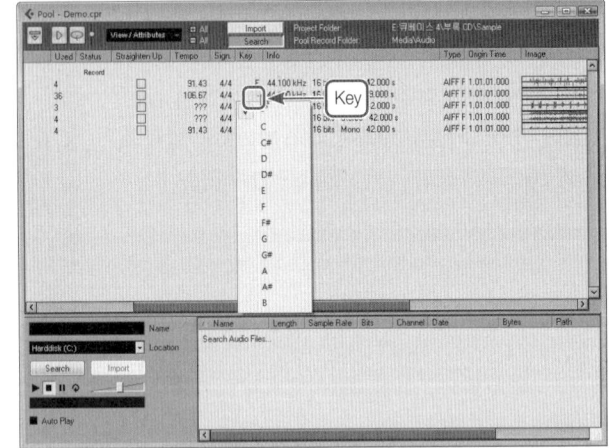

(9) Info

Info 칼럼은 파일의 정보를 표시합니다. 오디오 파일은 샘플 레이트, 비트, 채널, 길이를 표시하며, 비디오 파일은 프레임 수와 크기를 표시합니다.

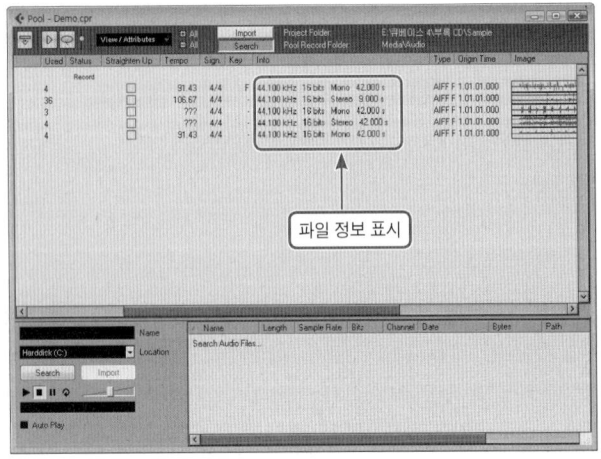

(10) Type

Type 칼럼은 파일의 포맷 정보를 표시합니다. 큐베이스와 누엔도는 Wav, Aif, Mp3, Mpeg, Ogg, Wma, Mov, Qt, Avi, Mpg 등 창과 맥에서 사용하는 대부분의 미디어 파일 포맷을 다룰 수 있습니다.

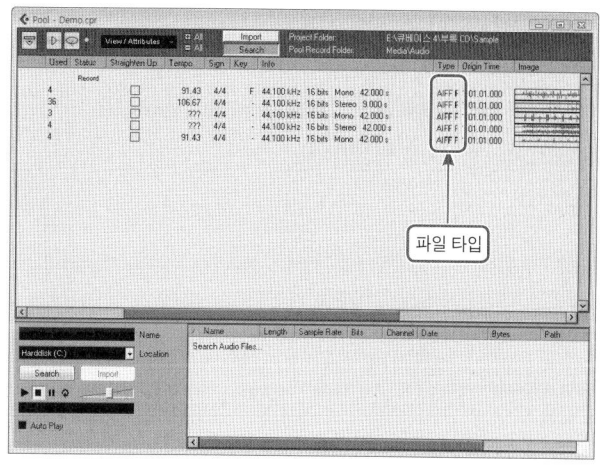

파일 타입

(11) Origin Time

Origin Time 칼럼은 미디어의 시작 위치를 표시하며, 변경 가능합니다. 변경 방법은 Origin Time 칼럼에서 단위를 클릭하여 검정색으로 반전하고, 마우스 휠을 움직이는 것이 가장 편리합니다.

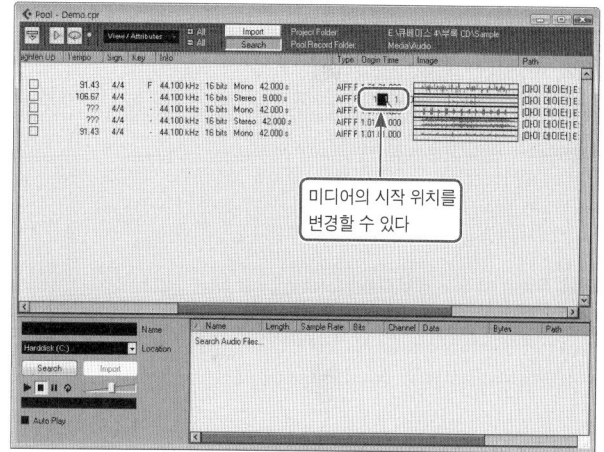

미디어의 시작 위치를 변경할 수 있다

(12) Image

오디오 데이터의 파형을 나타내고 있는 Image 칼럼은 오디오 파일의 채널과 형태를 미리 짐작할 수 있으며, 마우스 클릭으로 사운드를 모니터 할 수 있습니다. 도구 모음 줄에서 연주 버튼을 클릭하거나 다른 칼럼을 클릭하여 정지할 수 있습니다.

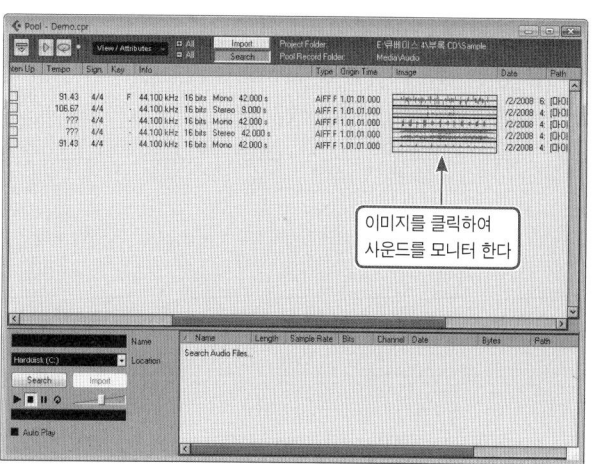

이미지를 클릭하여 사운드를 모니터 한다

(13) Data

Data는 파일을 만든 날짜와 시간을 표시합니다. 파일을 만든 날짜는 마지막에 저장한 날짜이므로 다른 오디오 편집 프로그램을 이용해서 변경했다면, Data 칼럼에 표시되는 날짜도 변경합니다.

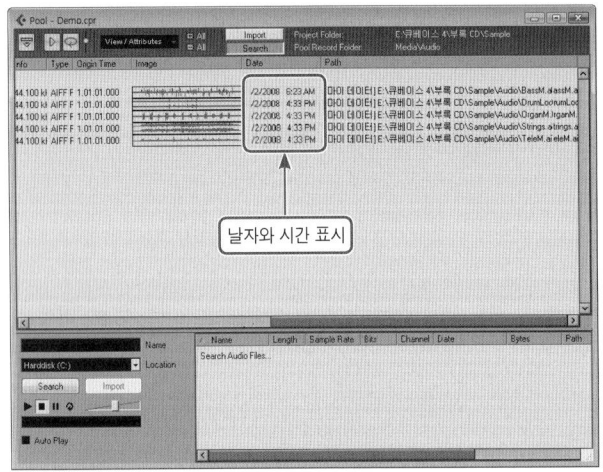

날짜와 시간 표시

(14) Path

Path 칼럼은 미디어를 저장한 위치를 표시합니다. 작업에 사용하는 미디어는 가급적 프로젝트의 Audio 폴더에 저장하는 것이 백업이나 관리를 할 때 편리합니다.

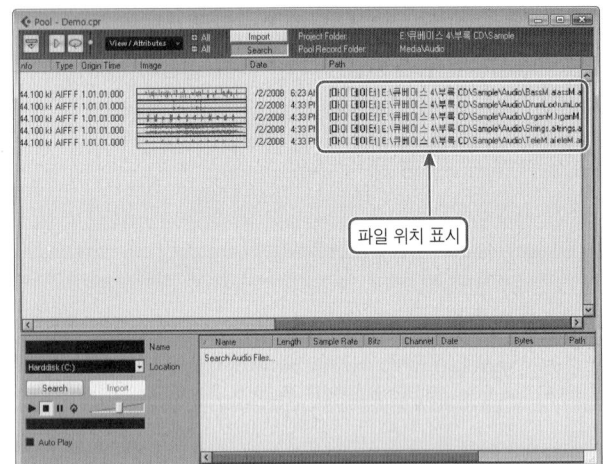

파일 위치 표시

4. 칼럼의 크기 변경과 이동

풀 창에 표시되는 각 칼럼 사이의 경계선을 드래그하면 크기를 변경할 수 있고, 칼럼의 이름을 드래그하면 위치를 변경할 수 있습니다.

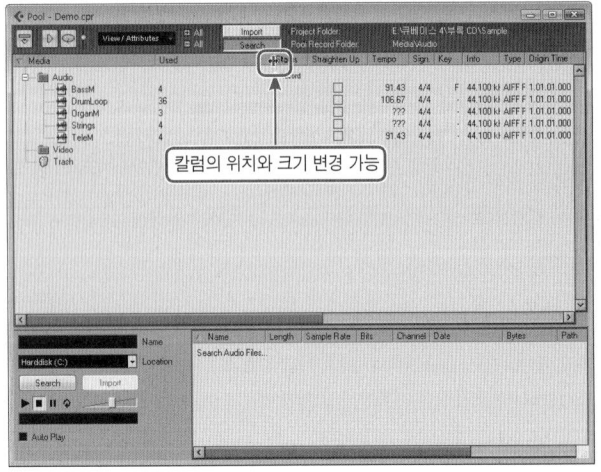

칼럼의 위치와 크기 변경 가능

풀 창은 음악 작업에 사용할 Wav, Aif 등의 미디어 파일을 불러와 관리할 수 있습니다. 프로젝트 창에 오디오 이벤
트를 녹음할 때, 자동으로 등록되는 파일 외에 사용자가 원하는 미디어 파일을 불러와 관리하는 방법을 살펴보겠습
니다.

01 프로젝트 창의 도구 모음 줄에서 풀 창
열기 버튼을 클릭하거나 Media 메뉴의
Open Pool Window을 선택하여 풀 창을 엽니다.

기 정 교 시

풀 창은 음악 작업을 하면서 자주 열게 될 것이므로,
단축키 Ctrl+P를 기억해두는 것이 편리할 것입니다.

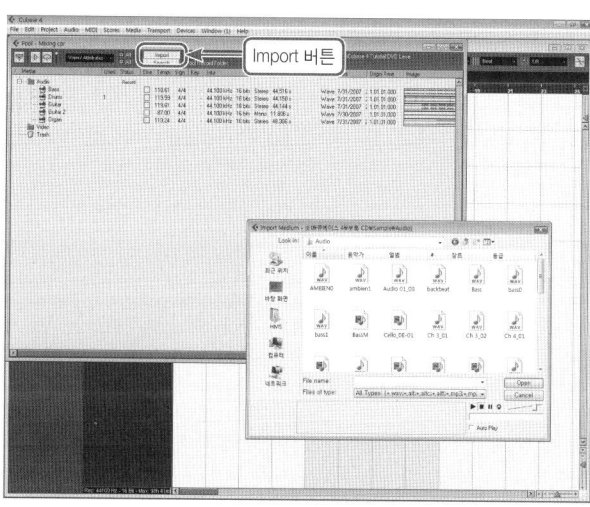

02 도구 모음 줄의 Import 버튼을 클릭하
여 Import Medium 창을 열고, 음악 작
업에 사용할 미디어 파일을 찾아 더블 클릭하는
방법으로 샘플 파일을 불러올 수 있습니다.

Tip　Import Medium 창

트랜스포트 버튼들이 있습니다. 파일 이름으로 사운드를 구분하기 어려울 때 유용합니다. Auto Play 옵션을 체크해두면, 파일을 선택할 때, 자동으로 재생됩니다.

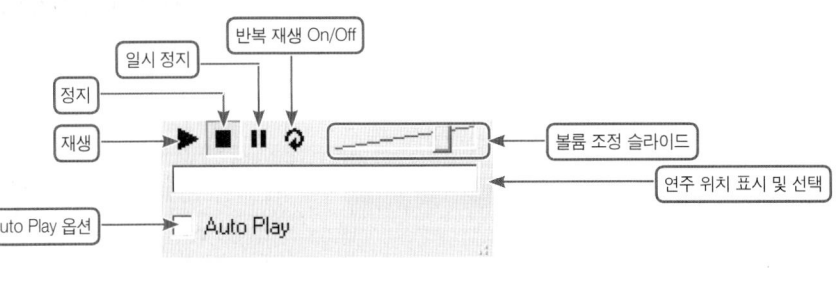

03 Import Medium 창에서 파일을 선택하고, Open 버튼을 클릭하면, 불러오는 파일을 프로젝트에 복사할 것인지를 묻는 창이 열립니다. HDD에 두 개 이상의 파일을 만들게 되는 것이지만, 프로젝트는 폴더 단위로 관리하는 것이 좋으므로, Copy Files to Working Directory 옵션을 체크하고, OK 버튼을 클릭합니다.

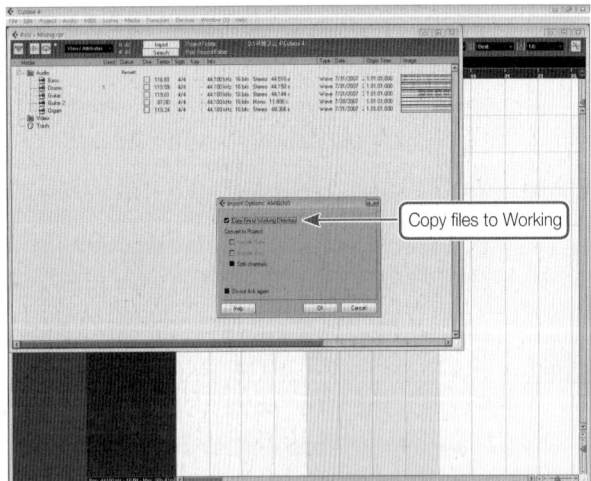

Tip　Import Option 창

프로젝트 환경과 다른 포맷의 파일을 불러올 때는 Import Option 창이 샘플을 변환할 것인지의 여부를 선택할 수 있는 형태로 열립니다. 샘플 레이트 또는 비트 중에서 변환할 옵션을 선택할 수 있으며, Split channels 옵션을 선택하여 채널을 분리할 수 있습니다.

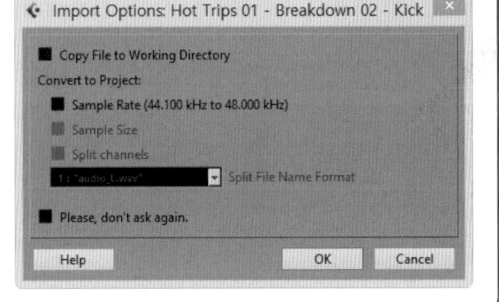

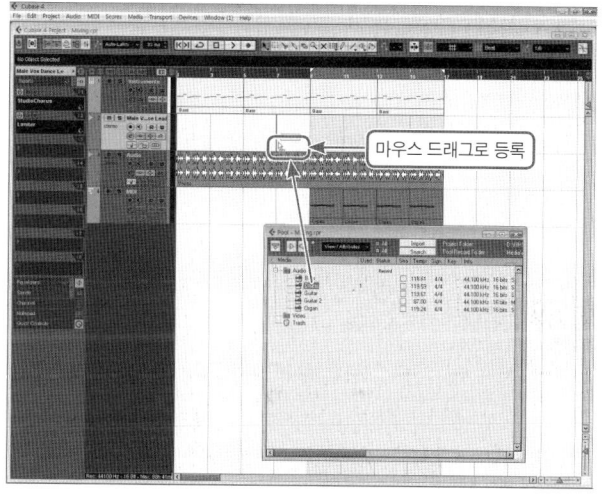

04 불러온 미디어 파일은 프로젝트 창으로 드래그하여 사용할 수 있습니다. 샘플 작업을 많이 하는 사용자라면, 윈도우 탐색기를 이용하는 것 보다 풀 창을 이용하는 습관을 갖는 것이 유리할 것입니다.

마우스 드래그로 등록

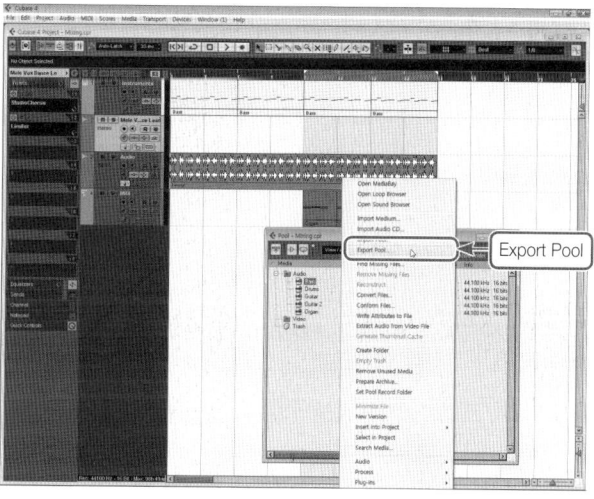

05 풀 창을 Export 메뉴로 저장해두면, 다른 프로젝트에서 불러와 같은 미디어를 손쉽게 사용할 수 있습니다. 작업 공간에서 마우스 오른쪽 버튼을 클릭하여 단축 메뉴를 열고, Export Pool을 선택하여 저장합니다.

Export Pool

가정교사

풀 창은 미디어를 관리하는 것이 목적이므로 프로젝트를 저장한 폴더에 함께 저장하는 것이 좋습니다.

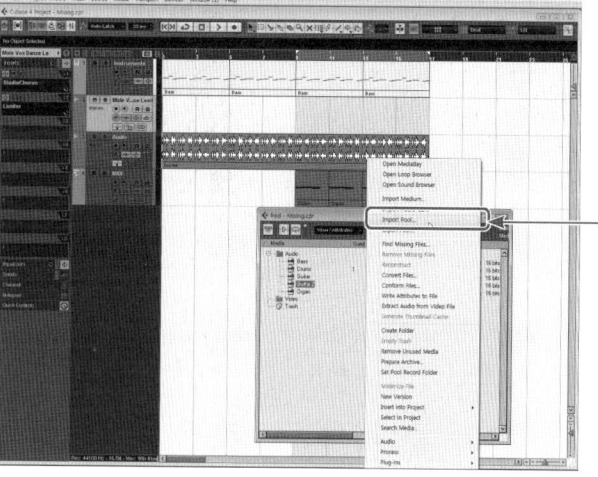

06 저장한 풀 창은 작업 공간에서 마우스 오른쪽 버튼을 클릭하여 단축 메뉴를 열고, Import Pool 을 선택하여 불러올 수 있습니다.

Import Pool

3 오디오 CD 불러오기

큐베이스와 누엔도는 별도의 변환 작업 없이 오디오 CD에서 마음에 드는 부분을 프로젝트에 불러와 샘플로 사용할 수 있습니다. 오디오 CD 형태로 판매되는 샘플 라이브러리도 같은 방법으로 이용할 수 있으므로, 정확히 기억해두기 바랍니다.

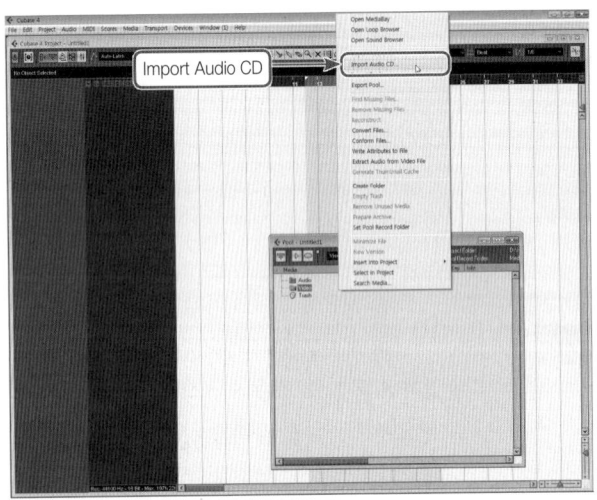

01 컴퓨터 DVD-ROM 드라이브에 오디오 CD를 삽입하고, 풀 창의 작업 공간에서 마우스 오른쪽 버튼을 클릭하여 단축 메뉴를 엽니다. 그리고 Import Audio CD를 선택합니다.

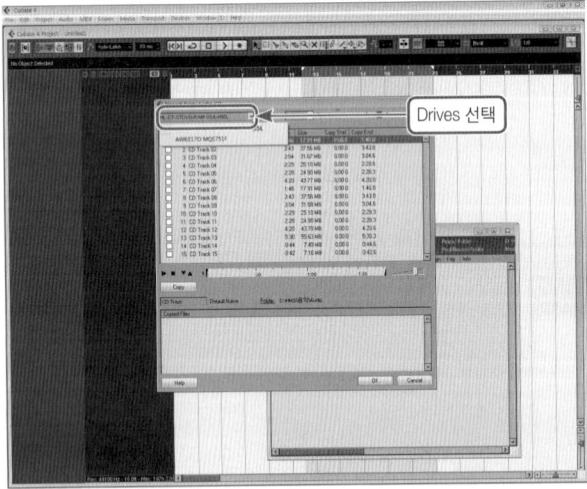

02 두 개 이상의 DVD-ROM 드라이브를 사용하고 있다면, Drives 항목에서 오디오 CD를 삽입한 드라이브를 선택합니다.

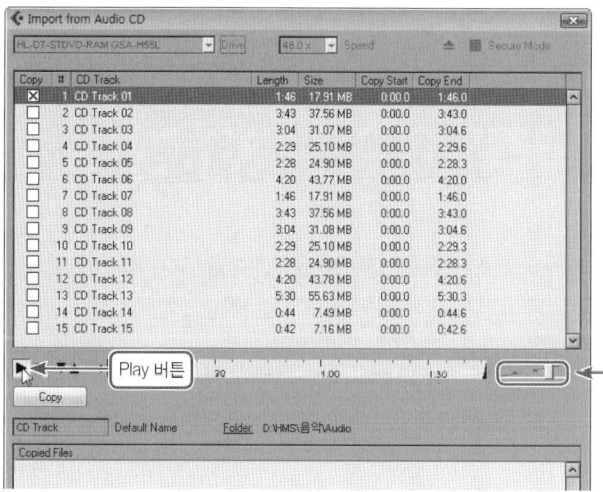

03 프로젝트에서 사용할 음악 트랙을 체크합니다. 선택한 트랙의 음악은 Play 버튼을 이용해서 미리 들어볼 수 있으며, 볼륨 슬라이드를 이용해서 볼륨을 조정할 수 있습니다.

Play 버튼

볼륨 슬라이드

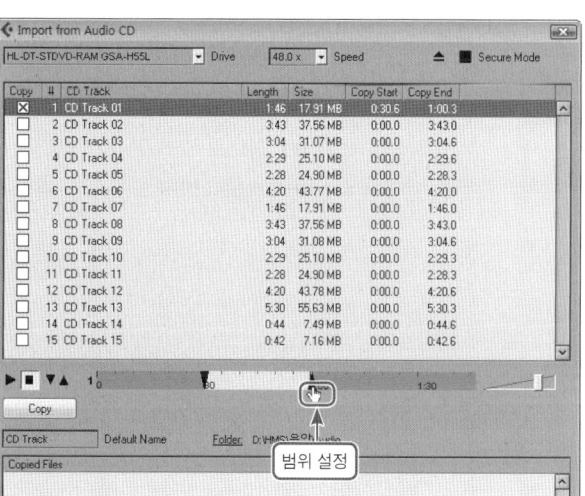

범위 설정

04 음악을 모니터 해보면서 프로젝트에서 사용할 구간을 마우스 드래그로 선택합니다. 왼쪽의 역삼각형이 시작 위치이고, 오른쪽의 삼각형이 끝 위치를 표시합니다.

가정교사

선택한 트랙을 모두 불러오겠다면, 범위를 설정하지 않아도 좋습니다.

Folder 버튼

Defalt Name 항목

05 불러오는 파일은 자동으로 웨이브 파일로 변환되어 저장됩니다. 이때 저장될 파일의 이름은 Defalt Name 항목에서 입력할 수 있고, Folder 버튼을 이용해서 저장될 위치를 선택할 수 있습니다.

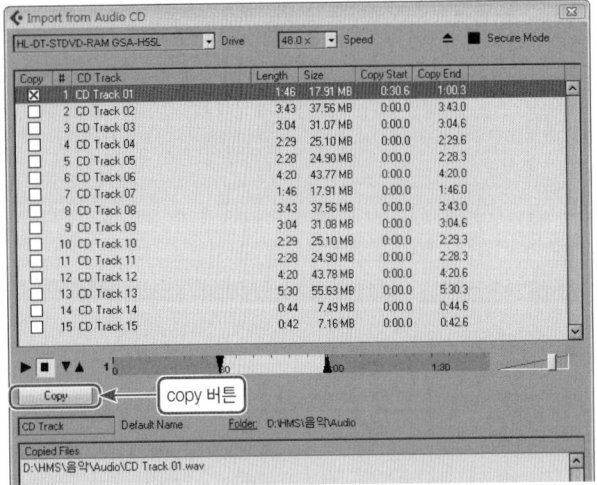

06 불러올 구간, 이름, 위치를 모두 설정했다면, Copy 버튼을 클릭합니다. 그러면 선택한 구간이 웨이브 파일로 저장되며, 자동으로 풀 창에 등록됩니다.

07 풀 창에 등록된 오디오 CD의 음악은 일반 미디어 파일을 사용하는 방법과 동일하게 프로젝트 창으로 드래그하여 작업중인 음악에 사용할 수 있습니다.

미싱 파일은 곡 작업을 할 때 사용하던 미디어 파일의 위치를 이동했거나 삭제하여 프로젝트로 불러올 수 없는 파일을 말합니다. 파일의 위치를 이동했거나 이름을 변경한 경우에는 쉽게 찾을 수 있지만, 삭제한 파일은 복구할 수 없으므로 주의하기 바랍니다.

01 파일의 위치를 변경했거나 삭제한 프로젝트를 불러오면, 파일을 찾을 수 있는 Resolve Missing Filc 창이 열립니다. 파일이 있는 위치를 알고 있다면, Locate 버튼을 클릭합니다. Locate File 창에서 Missing files을 찾아 더블 클릭하면 됩니다.

Locate 버튼

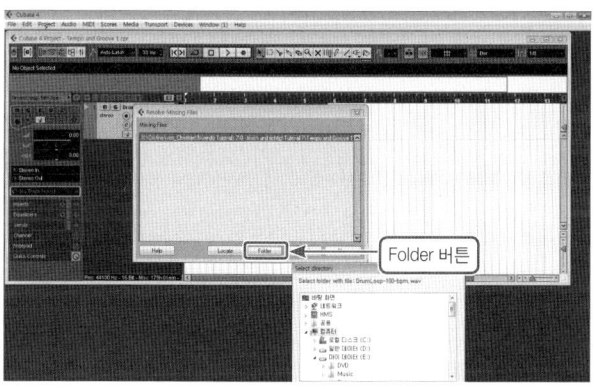

02 Locate 버튼은 파일이 있는 위치를 알고 있을 때 사용 수 있지만, 파일이 여러 개인 경우에는 같은 과정을 반복해야합니다. 이때는 Folder 버튼을 클릭하여 Select directory 창을 열고, 오디오 파일이 있는 폴더를 선택하는 것이 편리할 것입니다.

Folder 버튼

03 파일이 있는 위치를 모르겠다면, Search 버튼을 클릭합니다. Search for File 창에서 Start 버튼을 클릭하면 사용자 컴퓨터를 모두 검색하여 미싱 파일을 찾아주며, Search folder 버튼을 클릭하여 찾는 위치를 선택할 수 있습니다.

Search 버튼

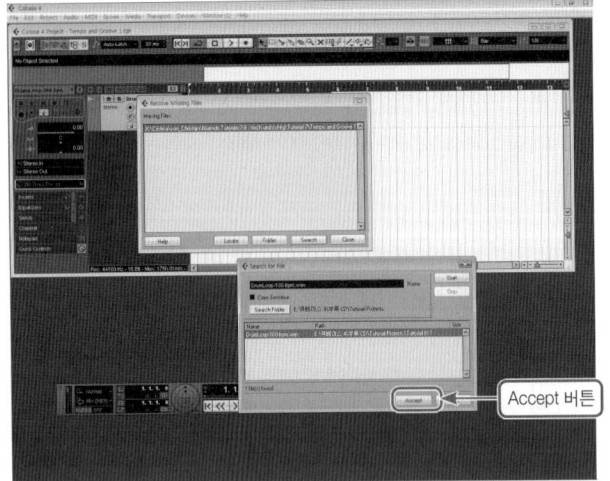

[Accept 버튼]

04 파일을 찾은 후에는 Accept 버튼을 클릭하여 불러올 수 있습니다. 그러나 Search for File 창에서도 찾을 수 없다면, 삭제된 경우일 것입니다. 이런 실수를 하지 않기 위해서는 항상 폴더 단위로 프로젝트를 만들어 관리하는 것이 최선입니다.

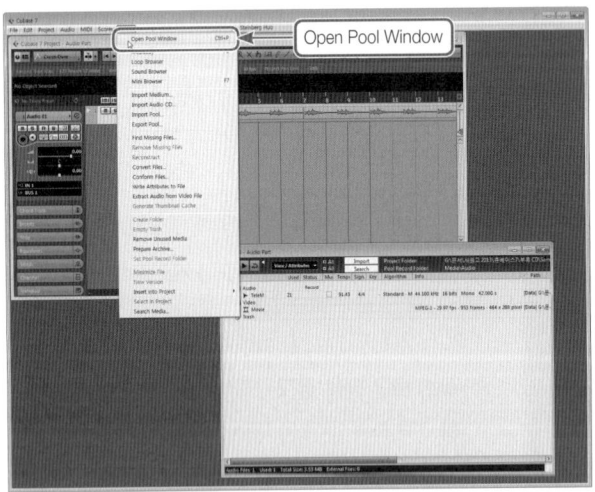

[Open Pool Window]

05 파일을 찾을 수 없다면, Resolve Missing Files 창의 Close 버튼을 클릭하여 닫고, 다음부터 이 창이 열리지 않게 프로젝트에서 해당 파일을 삭제하는 것이 좋습니다. Media 메뉴의 Open Pool Window를 선택하거나 Ctrl + P 키를 누릅니다.

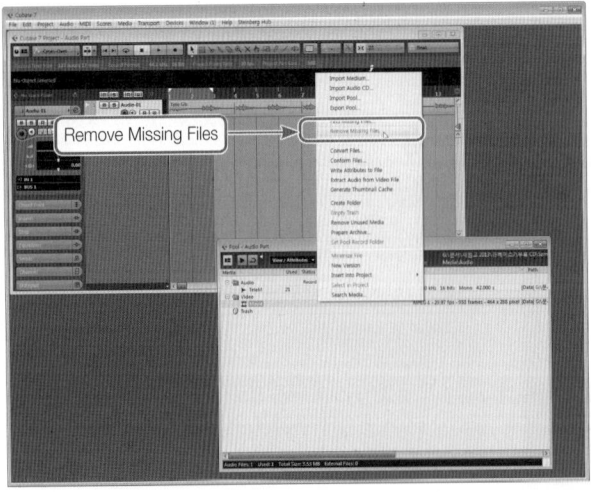

[Remove Missing Files]

06 풀 창에서 마우스 오른쪽 버튼을 클릭하여 단축 메뉴를 열고, Remove Missing Files을 선택합니다. 이것은 다음부터 Resolve Missing File 창이 열리지 않게하는 것일뿐 삭제된 데이터는 포기하는 것입니다. 결국, 미싱 파일이 발생하지 않게 프로젝트를 잘 관리하는 것이 중요합니다.

풀 창에 등록한 파일은 사용자가 원하는 샘플 포맷이나 작업 중인 프로젝트와 동일한 포맷으로 변경할 수 있습니다. 그러나 낮은 샘플 포맷을 높은 샘플 포맷으로 변경한다고 해서 사운드가 좋아지지 않는다는 점을 기억하기 바라며, 높은 샘플 포맷을 낮은 샘플 포맷으로 낮추는 것이 목적입니다.

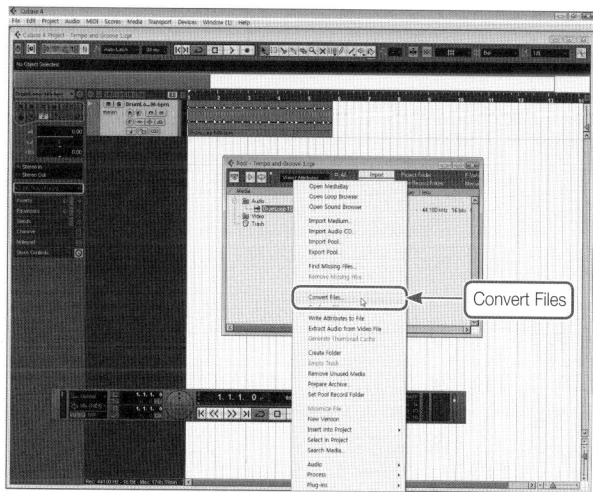

01 풀 창에서 포맷을 변경할 파일을 마우스 오른쪽 버튼으로 클릭하여 단축 메뉴를 열고, Convert Files를 선택합니다.

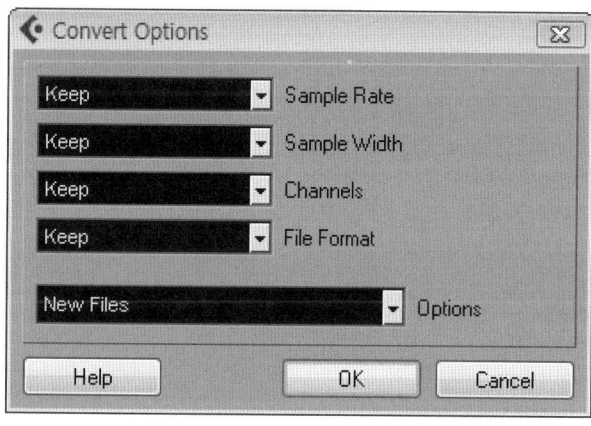

02 Sample Rate와 Width, Channels, File Format을 변경할 수 있는 Convert Options 창이 열립니다. Options 항목에서 변경하는 파일을 새롭게 파일로 만드는 New files와 원본을 바꾸는 Replace Files를 선택할 수 있습니다.

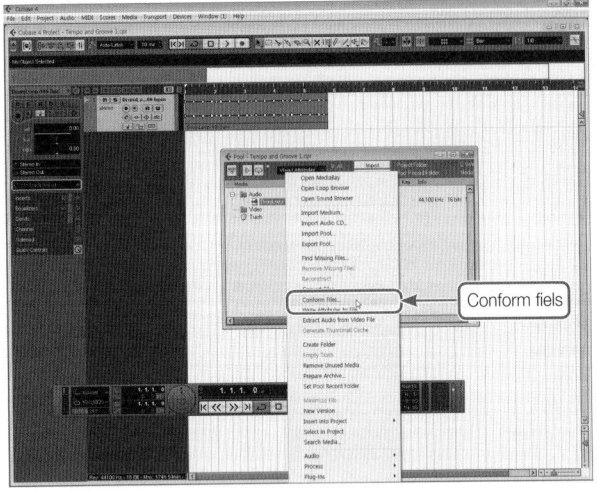

03 프로젝트 환경과 다른 포맷을 사용하고 있는 파일은 단축 메뉴에서 Conform Files 를 선택하여 프로젝트 환경과 동일한 포맷으로 변경할 수 있습니다.

Conform fields

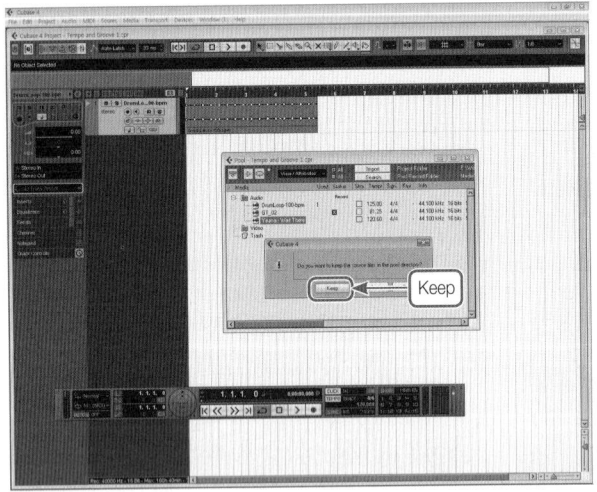

04 선택한 파일을 바꿀 것인지의 여부를 묻는 창이 열립니다. Replace 버튼을 클릭하면 파일을 바꾸고, Keep 버튼을 누르면 파일을 바꾸지 않습니다.

Keep

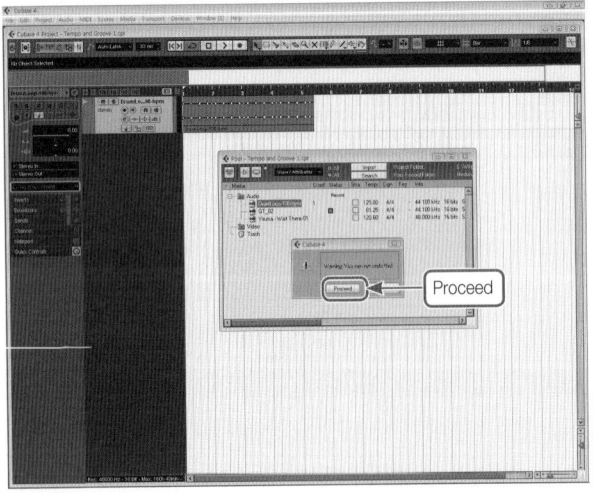

05 Keep 버튼을 클릭하면 잠시 프로세스 되는 과정이 보이고, 샘플의 포맷이 변경되는 것을 확인할 수 있으며, Replace를 누른 경우에는 복구할 수 없다는 경고 창이 열리고, Proceed 버튼을 클릭하여 작업을 진행합니다.

Proceed

큐베이스와 누엔도는 Avi, Mov, Mpg 등의 영상 파일을 불러 올 수 있으며, 영상 파일에서 오디오만을 추출하여 불러올 수 있습니다. 영상 파일을 불러오는 방법과 영상 사운드를 추출하는 방법은 메뉴의 선택만 다를 뿐, 동일한 과정이므로 쉽게 이해할 수 있을 것입니다.

01 File 메뉴의 Import에서 Audio from Video file을 선택합니다. 영상을 불러 오겠다면, Video File 메뉴를 선택하면 됩니다.

02 Import audio tracks from video 창에서 사운드를 뽑아낼 비디오 파일을 찾아 더블 클릭합니다. 큐베이스와 누엔도에서 불러올 수 있는 영상 포맷은 File of type에서 확인할 수 있습니다.

03 잠시 렌더링 과정이 보이고, 선택한 비디오 파일에서 사운드만 추출되어 프로젝트 창에 등록되는 것을 확인할 수 있습니다. 물론, 풀 창에도 동시에 등록됩니다.

오디오 파일

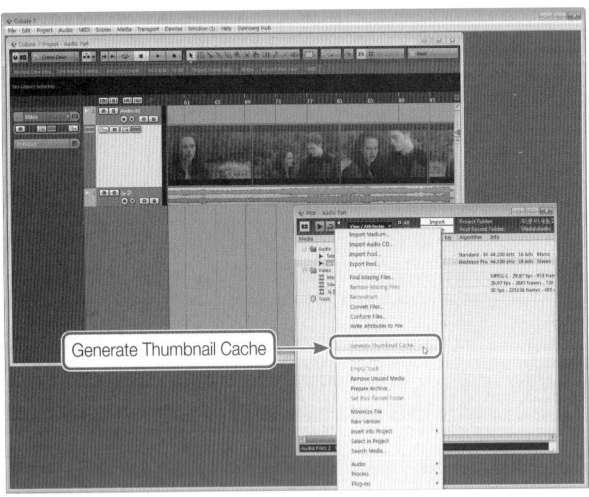

Generate Thumbnail Cache

04 Import 메뉴의 Video File을 선택하여 영상을 불러올 때, 시스템이 현저하게 느려진다면, 풀 창에서 Video 폴더의 영상 파일을 마우스 오른쪽 버튼으로 클릭하여 단축 메뉴를 열고, Generate Thumbnail Cache를 선택하여 캐치 파일을 만듭니다. 프레임을 재로딩하지 않기 때문에 시스템이 느려지는 현상을 최소화 할 수 있습니다.

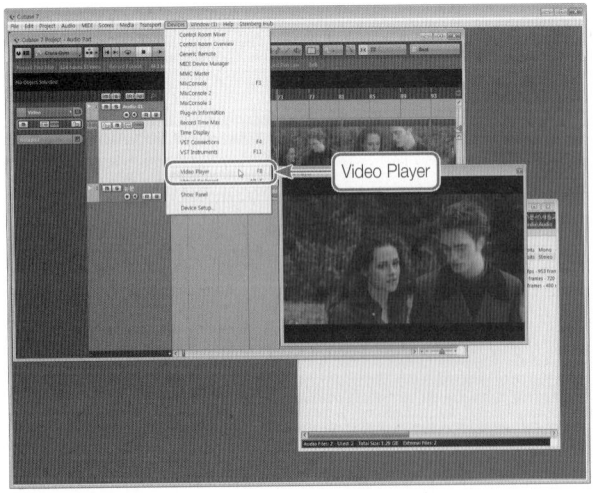

Video Player

05 불러온 영상은 Device 메뉴의 Video Player를 선택하거나 단축키 F8 키를 눌러 비디오 창을 열고, 감상할 수 있으며, 영상에 맞추어 음악 작업을 진행할 수 있습니다.

7 백업을 위해 미디어 정리하기

요즘에는 메모리 카드나 HDD의 가격이 낮아졌기 때문에 프로젝트를 백업하거나 녹음실로 가져가기 위해서 CD나 DVD을 사용하지는 않습니다. 그러나 데이터 손실 등의 피해를 줄이기 위해서 프로젝트를 최적화하는 기능들은 익혀둘 필요가 있습니다.

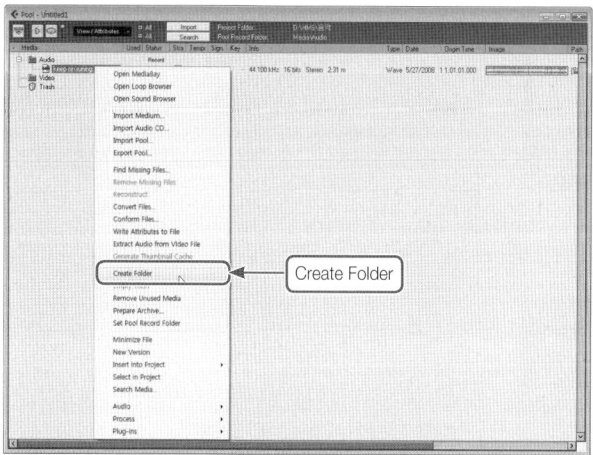

01 폴더는 마우스 오른쪽 버튼을 클릭하여 단축 메뉴를 열고, Create Folder 을 선택하여 만들 수 있습니다. New Folder라는 이름으로 만들어지는 폴더는 사용자가 구분하기 쉬운 것으로 변경하는 것이 좋습니다.

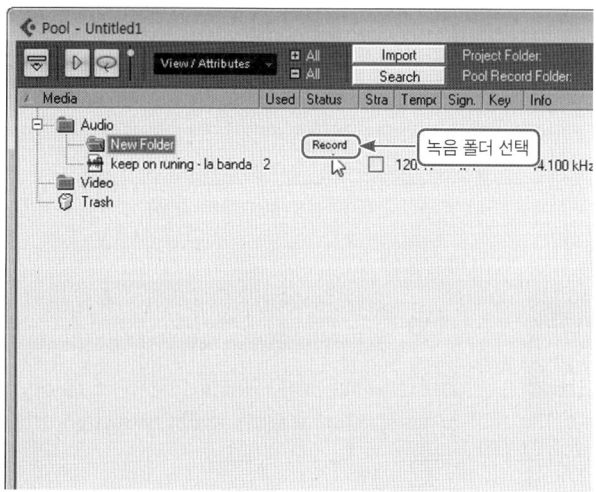

02 프로젝트 창에서 녹음하는 오디오 파일들은 Status 칼럼에 record라고 표시되어 있는 폴더에 저장됩니다. 이것을 사용자가 만든 폴더로 지정하고 싶다면, 해당 폴더의 Status 칼럼을 클릭하면 됩니다.

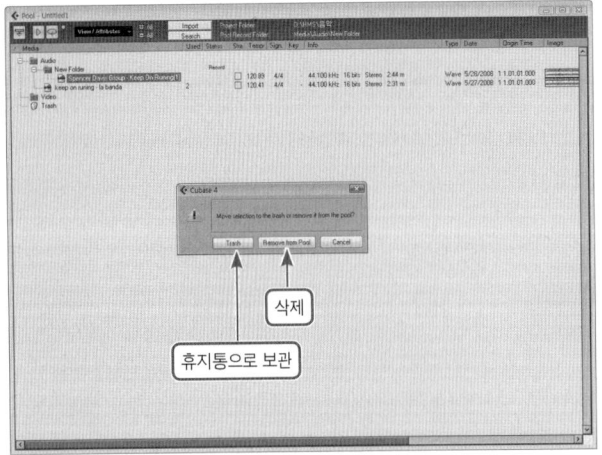

03 필요 없는 폴더 또는 파일은 Delete 키를 눌러 삭제할 수 있습니다. Delete 키를 누르면 열리는 창에서 Remove 버튼을 클릭합니다. 그러면 풀 창에서 제거할 것인지(Remove from Pool), 휴지통으로 보관 할 것인지(Trash)를 선택할 수 있는 창이 열립니다.

삭제

휴지통으로 보관

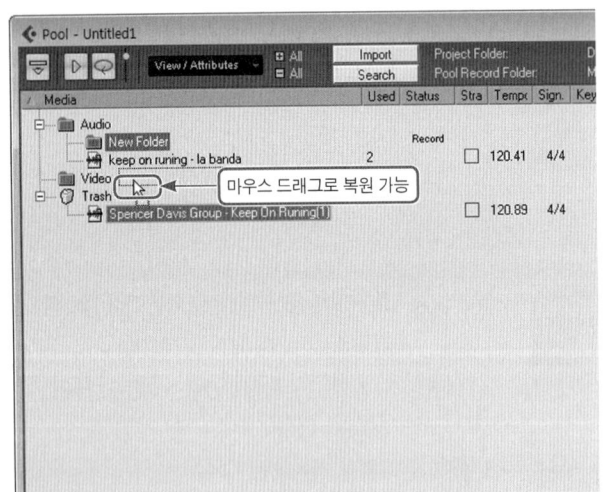

04 휴지통에 있는 파일은 간단하게 마우스 드래그로 복구할 수 있지만, 풀 창에서 제거한 파일은 Import 버튼을 이용해서 풀 창에 다시 불러와야 합니다.

마우스 드래그로 복원 가능

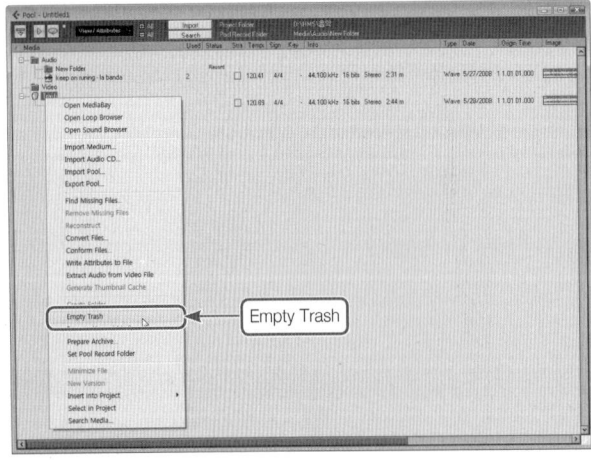

05 일단 Trash 버튼을 클릭하여 휴지통에 보관을 했더라도 나중에 정말 필요가 없다면 Empty Trash 메뉴를 선택하여 창을 열고, Erase 버튼을 클릭하여 제거할 수 있습니다.

Empty Trash

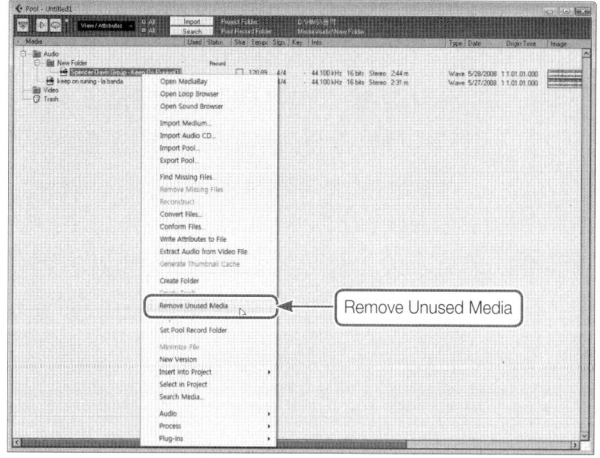

06 풀 창의 Used 칼럼을 보면, 프로젝트 창에서 사용하고 있는 횟수가 기록되어 있습니다. 여기에 아무 숫자도 없는 것은 프로젝트 창에서 사용하고 있지 않은 파일입니다. 이렇게 사용하지 않는 파일들은 Remove Unused Media 메뉴를 선택하여 한번에 제거할 수 있습니다. 계속해서 열리는 창은 Delete 키를 눌렀을 때와 같습니다.

Remove Unused Media

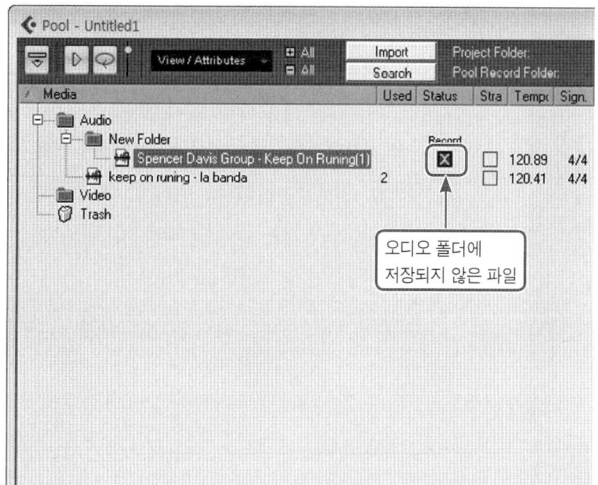

오디오 폴더에
저장되지 않은 파일

07 풀 창의 Status 칼럼에 X 표시는 작업하는 미디어 파일이 해당 프로젝트의 Audio 폴더에 저장되어 있지 않다는 의미입니다. 이런 경우 프로젝트를 녹음실로 가져갈 때, 해당 미디어를 빼먹는 실수를 할 수 있으므로, Audio 폴더로 옮겨놓은 것이 좋습니다.

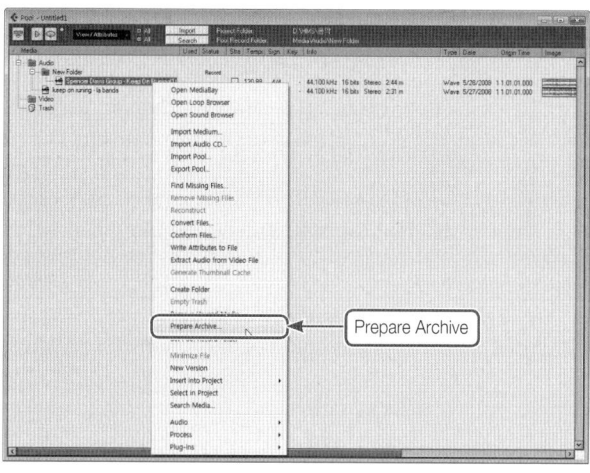

Prepare Archive

08 해당 미디어 파일을 작업 중인 프로젝트의 Audio 폴더로 한번에 복사할 수 있는 방법은 작업 공간에서 마우스 오른쪽 버튼을 클릭하여 단축 메뉴를 열고, Prepare Archive을 선택합니다.

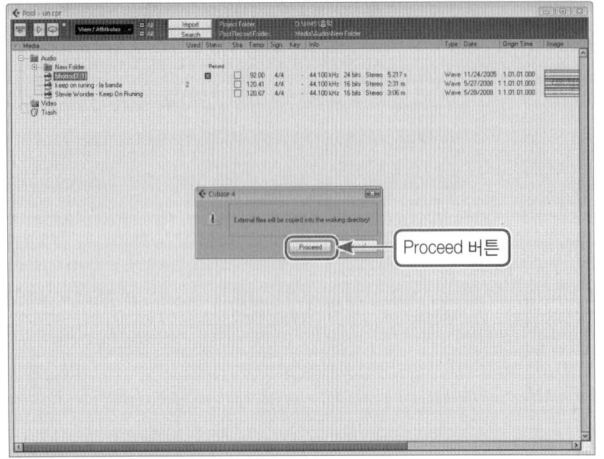

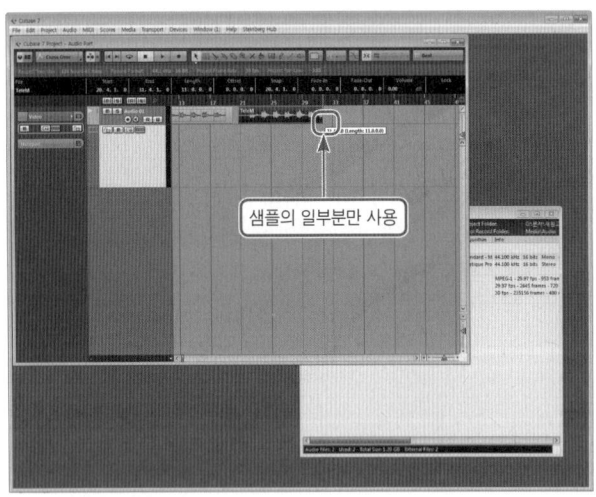

샘플의 일부분만 사용

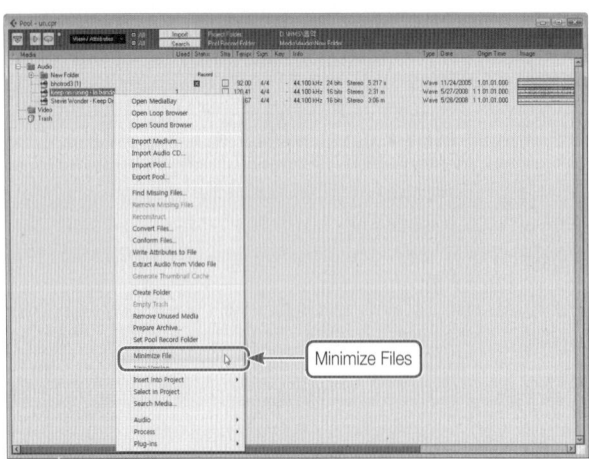

Minimize Files

09 계속해서 열리는 창에서 Proceed 버튼을 클릭합니다. 그러면 Status 칼럼에 X 표시가 있는 미디어 파일을 작업 중인 프로젝트의 Audio 폴더에 자동으로 복사하고 완료 창이 열립니다. 완료 창은 OK 버튼을 클릭하여 닫습니다.

Proceed 버튼

10 파일 정리의 마지막으로 프로젝트에서 미디어의 일부분만 사용하고, 나머지를 제거하는 작업입니다. 예를 들어 풀 창에서 10 마디 길이의 파일을 프로젝트 창에 가져다 놓고, 파트를 4마디로 줄였다고 가정합니다. 결과적으로 실제 사용하는 길이는 4마디 이지만, 용량은 10마디 모두를 차지하고 있습니다.

11 풀 창에서 마우스 오른쪽 버튼을 클릭하여 단축 메뉴를 열고, Minimize File를 선택합니다. 계속해서 열리는 창에서 Minimize 버튼을 클릭합니다. 잠시 프로세싱 과정이 보이고, 저장 여부를 묻는 창이 열립니다. Save Now 버튼을 클릭하여 저장합니다.

12 모든 미디어를 정리했다면, 프로젝트를 새로운 폴더에 저장하여 보관하는 것이 좋습니다. File 메뉴의 Back up Project 를 선택합니다.

Back up Project

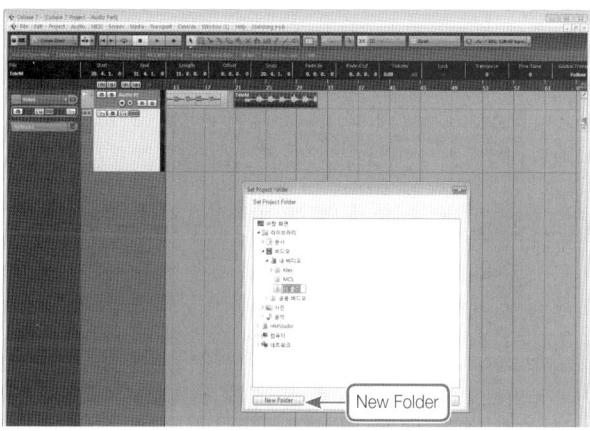

13 저장할 폴더를 선택할 수 있는 Select Folder 창이 열립니다. 프로젝트는 항상 폴더 단위로 관리하는 것이 좋다고 했으므로, New Folder 버튼을 클릭하여 새로운 폴더를 만듭니다. 폴더 이름은 구분하기 쉽게 곡의 제목으로 하는 것이 좋겠습니다.

New Folder

14 저장할 프로젝트의 이름과 다양한 옵션을 선택할 수 있는 Back up Project Options 창이 열립니다. 곡의 제목을 입력하고 OK 버튼을 클릭하면 깔끔하게 정리한 프로젝트를 새로운 폴더에 저장할 수 있습니다.

옵션 창

😊 가 정 교 사

▶ Keep current Project Active: 활성 버튼이 On으로 되어 있는 프로젝트를 백업합니다.

▶ Minimize Audio Files: 프로젝트 창에서 실제로 사용하고 있는 길이만 저장합니다.

▶ Freeze Edits: 편집 내용이 저장되는 Edit 폴더의 내용을 실제 이벤트에 적용하고 삭제합니다.

▶ Remove Unused Files: 프로젝트 창에서 사용하고 있지 않은 미디어 파일을 제거합니다.

▶ Do not Back up video: 비디오 파일은 백업하지 않습니다.

8 미디어 찾기

곡 작업을 하다가 보면 수 많은 미디어 파일을 등록하여 사용하게 됩니다. 이때 자신이 원하는 미디어 파일을 빠르게 찾을 수 있는 Search Media의 기능을 알아두면, 파일을 보다 손쉽게 찾을 수 있습니다. 그 밖에 풀 창에서 사용할 수 있는 기능들을 정리합니다.

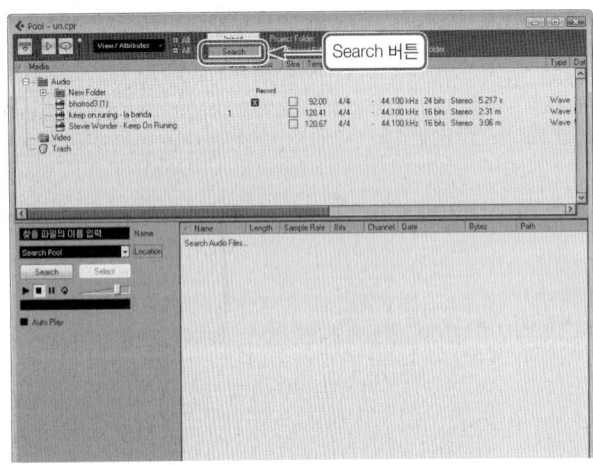

01 풀 창의 도구 모음 줄에서 Search 버튼을 클릭하면 아래쪽에 Search 창이 열립니다. Name 항목에 파일 이름을 입력하고, Location 항목에서 찾을 위치를 선택합니다. 그리고 Search 버튼을 클릭합니다.

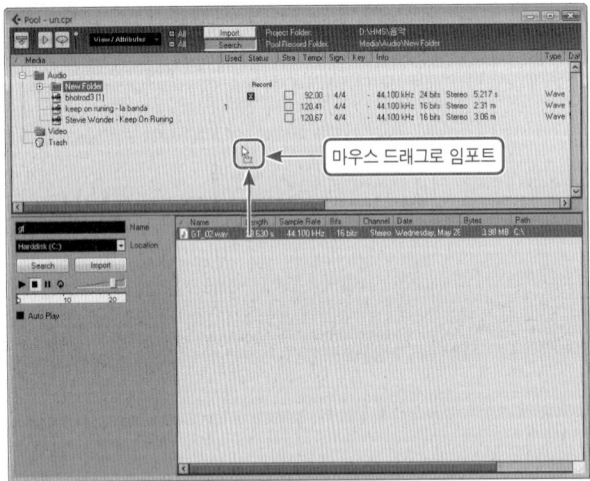

02 오른쪽 목록에 찾은 파일을 표시합니다. 곡 작업에 사용할 파일을 선택하고, 풀 창으로 드래그하거나 Import 버튼을 클릭하여 임포팅할 수 있습니다.

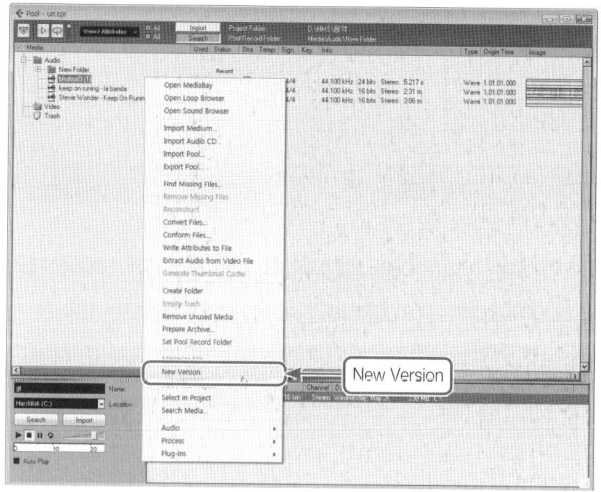

03 그 밖에 풀 창에서 이용할 수 있는 기능들을 살펴보겠습니다. 첫 번째로 원본을 변경할 프로세싱 작업을 실행할 때, 원본을 미리 복사해놓는 New Version 기능입니다. 실제적인 프로세싱 작업을 하기 전에 실험용으로 이용할 수 있습니다.

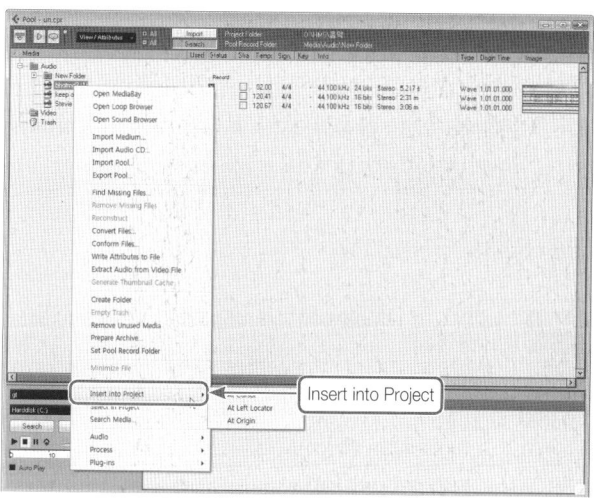

04 두 번째는 풀 창의 미디어를 프로젝트에 등록할 때, 마우스 드래그 대신에 메뉴를 이용하는 기능입니다. 단축 메뉴의 Insert into Project 를 보면 송 포지션 라인 위치인 At Cursor, 로케이터 시작 위치인 At Left Locator, 처음 녹음했던 위치에 등록하는 At Origin의 세 가지 서브 메뉴가 있습니다.

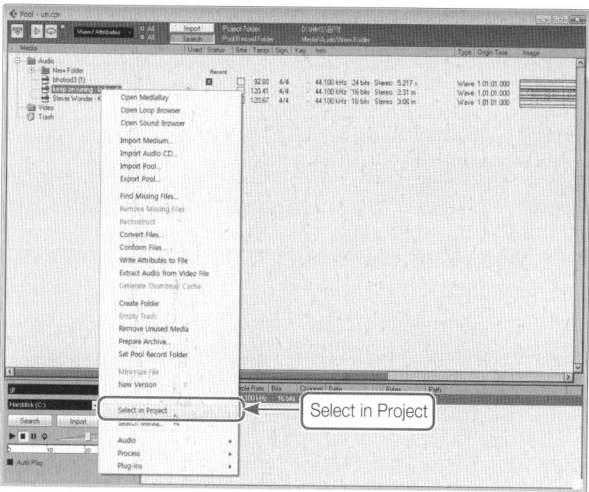

05 마지막 세 번째는 미디어가 사용되고 있는 위치를 찾는 기능입니다. 단축 메뉴에서 Select in Project를 선택하면 풀 창에서 해당 미디어 파일을 찾아줍니다. 미디어를 두 번 이상 사용하고 있다면 메뉴 선택을 반복할 때마다 차례로 찾아줍니다.

미디어베이

현대 가요나 팝에서 오디오 샘플을 이용하는 기법은 이미 일반화되어 있는 기법이며, 보컬을 제외한 전체 음악이 오디오 샘플만으로 제작된 경우도 흔하게 봅니다. 큐베이스와 누엔도는 이러한 시대 흐름에 발 맞추어 오디오 샘플을 쉽게 사용할 수 있는 미디어 기능을 한층 업그레이드 시키고, 자체적으로 고 품질의 오디오 샘플을 제공하고 있는데, 이것들에 관해서 살펴보겠습니다.

1 로케이션 섹션

큐베이스와 누엔도는 오디오 샘플을 이용할 수 있는 창으로 MediaBay, Loop Browser, Sound Browser, Mini Browser를 제공하고 있지만, 구성에 차이가 있을 뿐 모두 동일한 목적으로 사용합니다. 그 중에서 모든 창을 갖추고 있는 MediaBay의 구성 요소를 구분하여 살펴보겠습니다. 먼저 샘플의 위치를 찾는 로케이션 섹션입니다.

01 Media 메뉴를 열어보면 오디오 샘플을 쉽게 사용할 수 있는 MediaBay, Loop Browser, Sound Browser, Mini Browser의 4 가지 창을 제공하고 있다는 것을 확인할 수 있습니다. 이 중에서 MediaBay를 선택하거나 F5 키를 누릅니다.

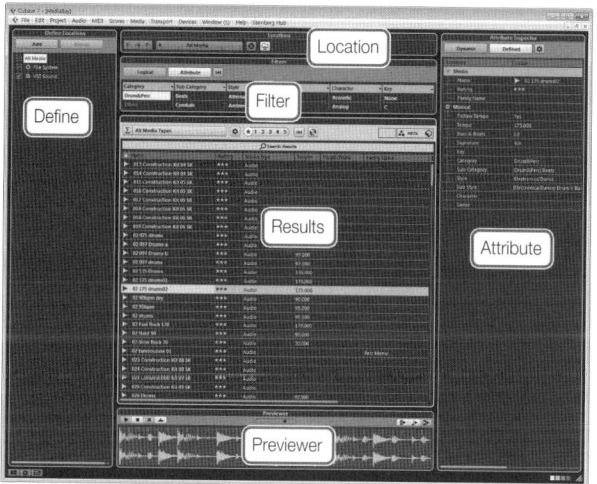

02 Define, Location, Filter, Results, Previewer, Attribute의 6가지 섹션으로 구성되어 있는 Media Bay가 열립니다. Media Bay는 오디오, 미디, 비디오 등의 미디어 파일과 트랙 및 VST 프리셋과 프로젝트 파일을 관리한다는 것 외에는 윈도우 탐색기와 비슷한 방식입니다.

03 Define Location 섹션은 사용자 하드와 폴더의 목록입니다. Media Bay를 실행하면, 사용자 컴퓨터에 저장되어 있는 미디어를 자동으로 검색하게 되는데, 체크 표시를 해제하여 검색 대상에서 제외(Keep) 시키거나 폴더 목록에서 삭제(Remove)시킬 수 있습니다.

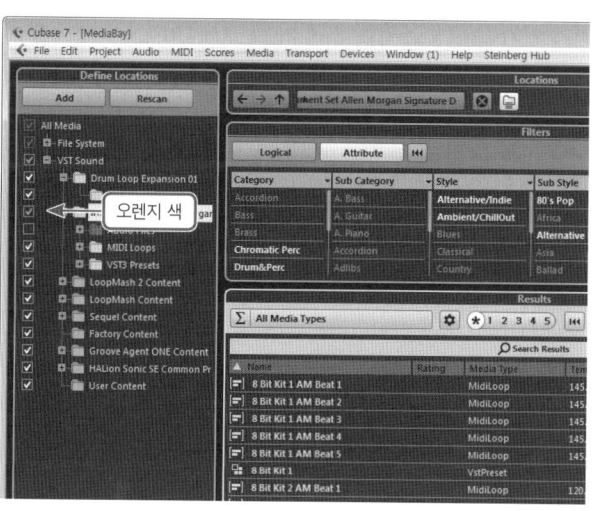

04 검색 대상에서 제외시킨 폴더를 포함하고 있는 상위 폴더는 체크 표시가 오렌지 색으로 표시되며, 이를 클릭하여 다시 검색할 수 있습니다. 모두 검색된 폴더는 흰색으로 표시됩니다.

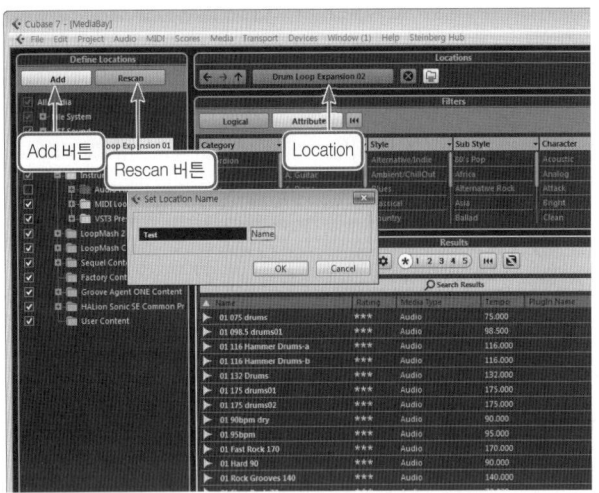

05 Add 버튼은 선택한 폴더를 Location에 새 이름으로 추가하고, Rescan 버튼은 선택한 폴더를 재검색합니다. 폴더의 색상은 검색 상태를 표시하는데, 빨간색은 검색중, 하늘색은 검색 완료, 파란색은 제외된 폴더, 노란색은 검색하지 않은 폴더를 의미합니다.

06 Add 버튼으로 추가한 위치는 Location 목록에서 선택하여 바로 이동할 수 있고, 왼쪽 화살표 버튼은 이전, 오른쪽 화살표 버튼은 다음, 위쪽 화살표 버튼은 상위 폴더로 이동합니다.

07 Remove 버튼은 Location에 추가한 위치를 삭제하고, Deep Results 버튼은 선택한 폴더의 모든 미디어를 표시할 것인지, 하위 폴더를 표시할 것인지를 선택합니다. 버튼이 On으로 되어 있는 기본 설정은 선택한 폴더의 모든 미디어가 표시됩니다.

2 필터 및 프리뷰 섹션

Results 섹션은 로케이션 섹션에서 선택한 폴더의 미디어 파일을 모두 표시합니다. 대부분 너무 많은 파일이 표시되는데, 필터 및 검색 옵션을 이용하여 목록 수를 줄이고, 빠른 검색이 가능하도록 할 수 있습니다. 그리고 Results 섹션 아래쪽에 위치한 프리뷰 섹션은 Results 섹션에서 선택한 미디어를 작업 중인 곡과 동기시켜 미리 들어 볼 수 있는 기능을 제공합니다.

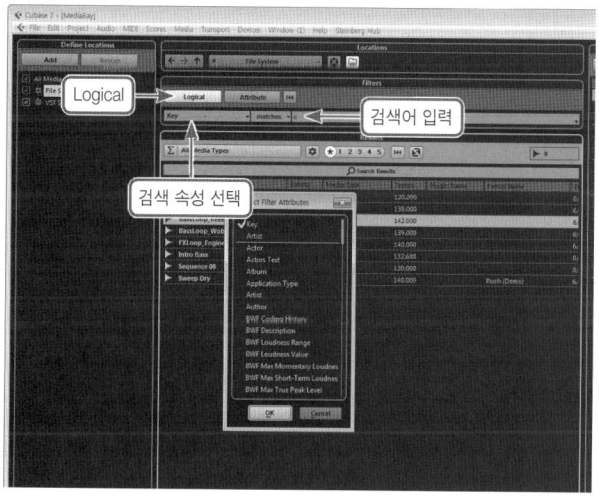

01 Logical과 Attribute을 제공하며, Logical을 선택하면 Search에서 검색 속성을 선택할 수 있습니다. 예를 들어 검색 속성에서 Key를 선택했다고 가정하고, 검색 창에 C를 입력하면 Root Key가 C로 설정되어 있는 파일들만 표시되는 것입니다.

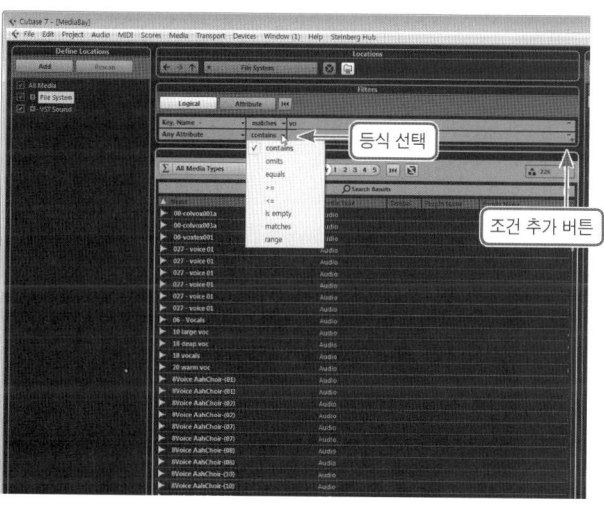

02 속성은 오른쪽의 추가 버튼을 클릭하여 두 가지 이상의 조건을 정의할 수 있고, 등식은 Matches 외에 문자 포함(Contains), 제외(omits), 일치(equals), 숫자 검색의 부호(⟩=⟨=), 속성이 없는 것을 검색하는 is empty, 검색 범위를 지정하는 range를 제공합니다.

03 기본값으로 선택되어 있는 Attribute는 악기 음색, 스타일, 캐릭터 등의 카테고리를 제공합니다. 예를 들어 Bass 카테고리에서 E. Bass의 Blues 스타일을 선택하면 블루스 곡에 어울릴만한 일렉 베이스 샘플만 표시되는 것입니다. 오른쪽의 Reset은 필터 조건을 초기화합니다.

04 검색함 파일이 표시되는 Results 항목에는 좀 더 세분화된 필터를 적용할 수 있는 몇 가지 도구를 제공합니다. 첫 번째 타입 버튼은 오디오, 미디, 패턴 등 화면에 표시할 미디어 포맷을 선택할 수 있습니다.

05 필터 및 타입으로 선택한 미디어는 칼럼 정보와 함께 표시되며, 환경 설정 버튼을 클릭하면 열리는 목록에서 사용자가 원하는 칼럼들로 구성할 수 있습니다.

06 Rating 칼럼은 샘플의 별점을 표시하며, 마우스 드래그로 별점을 줄 수 있습니다. 그리고 별점 선택 버튼을 이용하여 해당 별점 수를 가진 소스만 표시되게 합니다.

07 프리뷰 섹션은 Results에서 선택한 미디어 파일을 모니터 해보는 역할을 합니다. 컨트롤은 재생, 정지, 일시정지, 반복, 볼륨 조정 슬라이드와 파일을 선택할 때 자동으로 재생되게 하는 Auto, 프로젝트 템포에 맞추는 Align, 프로젝트와 함께 동작되도록 하는 Wait 버튼이 있습니다.

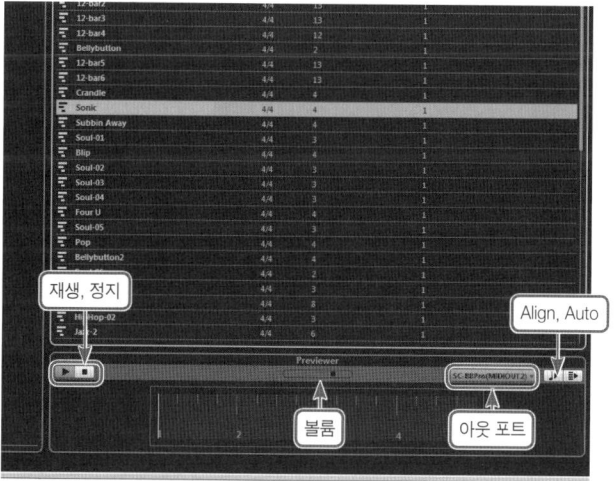

08 미디 파일을 선택한 경우에는 컨트롤은 재생/정지 버튼, 볼륨 조정 슬라이드와 파일을 선택할 때 자동으로 재생되게 하는 Auto, 프로젝트 템포에 맞추는 Align, 그리고 미디 아웃을 선택할 수 있는 아웃 포트 항목이 제공됩니다.

3 속성 섹션

Attribute Inspector 섹션은 Results 목록에서 선택한 파일의 정보를 표시하거나 편집할 수 있는 역할을 합니다.
필터를 비롯한 다양한 검색 기준이 되는 것이 해당 파일에 입력되어 있는 속성이므로, 자주 사용하는 것이나 마음에
드는 샘플들은 언제든 쉽게 찾을 수 있게 편집하는 것이 좋습니다.

01 Attribute Inspector 섹션은 정의된 속성을 표시하는 Dynamic과 편집 가능한 속성을 표시하는 Defined를 제공하며, 속성 정보는 Value 항목을 클릭하여 사용자가 원하는 카테고리로 변경하거나 수정할 수 있습니다.

02 더 많은 속성을 표시하고 편집하고자 한다면, 환경 설정 버튼을 클릭하여 표시 가능한 속성 목록을 열고, 원하는 타입의 칼럼을 체크합니다.

Add 버튼

03 사용자가 원하는 정보가 필요한 경우에는 Add 버튼을 클릭하여 추가할 수 있고, 필요 없는 것은 Remove 버튼을 클릭하여 삭제할 수 있습니다. Reset 버튼은 기본값으로 초기화 합니다.

마우스 드래그로 등록

04 MediaBay 창의 사용 목적은 검색한 샘플을 작업 하는 곡과 어울리는지 모니터 해보고, 프로젝트 창으로 드래그하여 사용하는 것입니다. 독자의 음악 작업을 한 단계 업데이트 시켜줄 MediaBay를 효율적으로 사용하기 위해서는 평소에 많은 샘플을 모니터 해보는 습관을 가져야 할 것입니다.

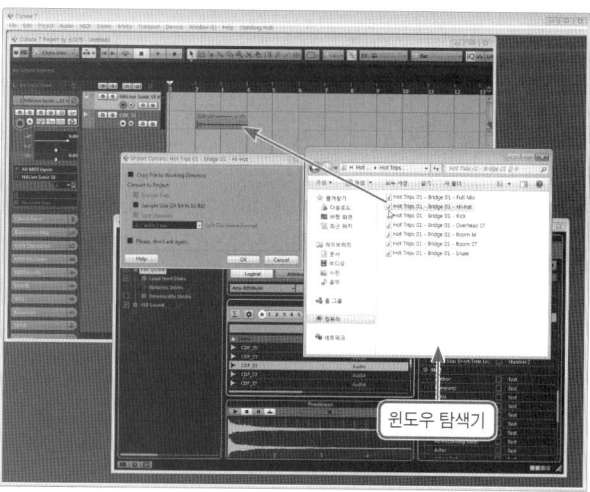

윈도우 탐색기

05 참고로 큐베이스는 윈도우 탐색기에서 파일을 드래그하여 임포트할 수 있습니다. 어떤 방식이든 자신에게 편리한 것을 이용하는 것은 상관없지만, 파일을 체계적으로 관리해두는 습관은 공통된 사항입니다.

4 | EDM Toolbox

미디어 베이는 어떤 음악 장르든 다양하게 사용할 수 있는 샘플들을 제공하지만, 일렉트로닉 댄스 뮤직(EDM)과 록 (Rock Pop) 음악을 좀 더 재미있는 만들 수 있는 특화된 콘텐츠를 제공합니다. 어렵고 복잡한 이론을 몰라도 음악 적 센스만 가지고 있다면, 몇 번의 마우스 동작만으로 대중을 매료시킬 수 있는 음악을 만들 수 있는 것입니다.

Yellow Theme 125BPM Gb

01 VST Sound의 EDM Toolbox 폴더에는 다양한 패턴의 미디 루프 파일이 서브 폴더로 제공됩니다. 간단하게 사용 요령을 살펴 보겠습니다. Yellow Theme 125BPM Gb 폴더 에서 808 drums - Intro를 더블 클릭합니다.

샘플들을 더블 클릭으로 임포트

02 계속해서 808 Drums - Verse A, Floating Bass Verse B, Floating Synth - Verse A, Granulation Circuit - Verse A 샘플들을 더블 클릭하여 프로젝트로 임포트 시킵니다.

alt 키로 복사

03 Intro를 제외한 나머지 이벤트를 3마디 위치로 이동시킵니다. 그리고 2, 3, 4 트랙의 이벤트를 드래그로 선택하고, Alt 키를 누른 상태로 오른쪽 하단의 핸들을 드래그하여 3번 반복시킵니다.

Project Root Key

04 툴 바의 Project Root Key 항목을 클릭하여 키를 조정합니다. 당연히 노래를 할 가수에 맞춰야 할 것입니다.

😊 가정교사

Project Root Key 도구는 기본적으로 보이지 않습니다. 단축 메뉴에서 선택합니다.

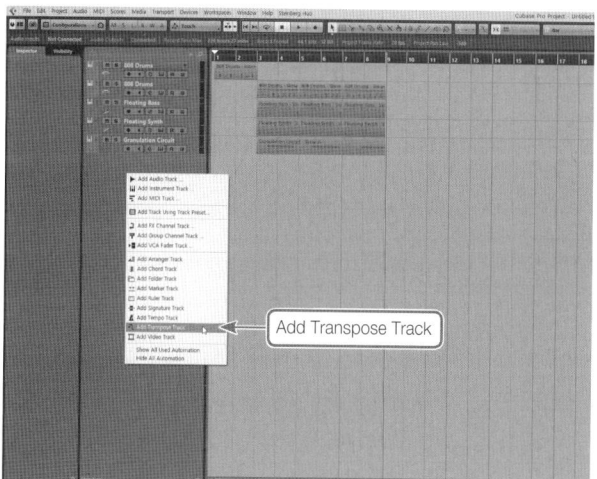

Add Transpose Track

05 한 곡 전체가 코드 하나로 진행되는 경우는 없을 것입니다. 트랙 리스트에서 마우스 오른쪽 버튼을 클릭하여 단축 메뉴를 열고, Add Transpose Track을 선택하여 추가합니다.

Vital Spark 125BPM

06 8 번 키를 눌러 연필 툴을 선택하고, 이벤트를 만듭니다. 1 번 키를 눌러 화살표 툴을 선택하여 트랜스포즈 값을 조정하면서 코드 진행을 만들 수 있습니다.

07 템포나 키가 다른 샘플들도 추가가 가능합니다. Vital SparK 125BPM 폴더의 Padshop Pad - Verse B와 Halion Drums - Verse B를 더블 클릭하여 추가합니다.

08 임포트한 샘플들은 원하는 위치에 복사합니다. 루트 키를 정해놓고, 트랜스포트 트랙을 사용하고 있기 때문에 추가 작업 없이 음악을 완성할 수 있습니다.

 가정교사

좀 더 화려한 코드 진행을 만들 수 있는 코드 트랙과의 병행 사용도 실습을 해보기 바랍니다.

5 Rock Pop Toolbox

EDM 콘텐츠는 미디 파일이기 때문에 편집이 용이하다는 장점이 있지만, 추가 작업이 필요합니다. 이에 반해 Rock Pop 콘텐츠는 이미 완성되어 있는 프로젝트를 샘플로 제공하고 있기 때문에 정말 별다른 작업 없이 고퀄리티의 Rock 음악을 바로 만들 수 있는 콘텐츠 입니다.

01 Rock Pop Toolbox 폴더에는 Audio, MIDI, Project의 서브 폴더를 제공합니다. 오디오와 미디는 앞에서 충분히 다루었으므로, 프로젝트 사용법을 살펴보겠습니다.

02 로케이터 검색 없이 리스트에 프로젝트만 표시하고 싶은 경우에는 미디어 타입 버튼을 클릭하여 목록을 열고, Project만 활성화시키는 것도 요령입니다.

03 테스트해볼 프로젝트를 더블 클릭합니다. 프로젝트 저장 위치와 활성 여부를 묻는 창이 차례로 열립니다. OK 버튼을 클릭하여 위치를 지정하고, Activate 버튼을 클릭하여 활성화 합니다.

04 Intro, Verse A, B 등, 8개의 마커 구간으로 정리된 프로젝트가 열립니다. 숫자열의 8 번 키를 눌러 9번 마커로 이동하여 예제 샘플을 모니터 하면서 편곡을 구상합니다.

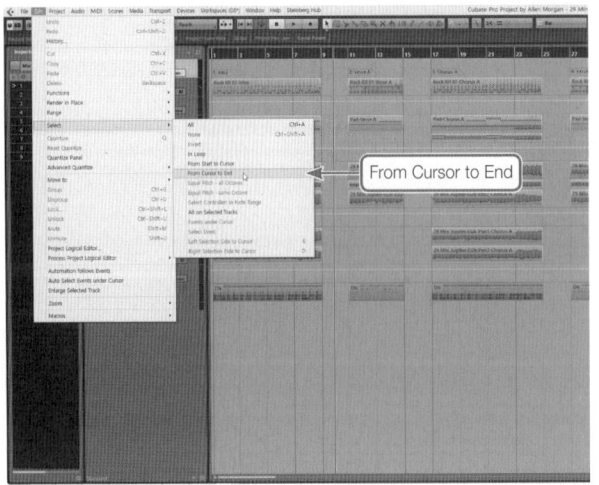

05 송 포지션 라인을 1: Intro와 2: Verse A 사이에 놓고, Edit 메뉴의 Select에서 From Cursor to End를 선택합니다.

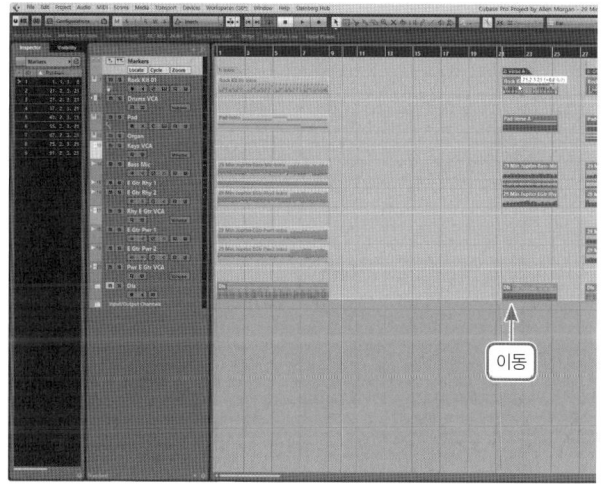

06 송 포지션 라인 이후의 모든 이벤트가 선택됩니다. 충분한 작업 공간을 확보할 수 있게 마우스 드래그로 이동시킵니다.

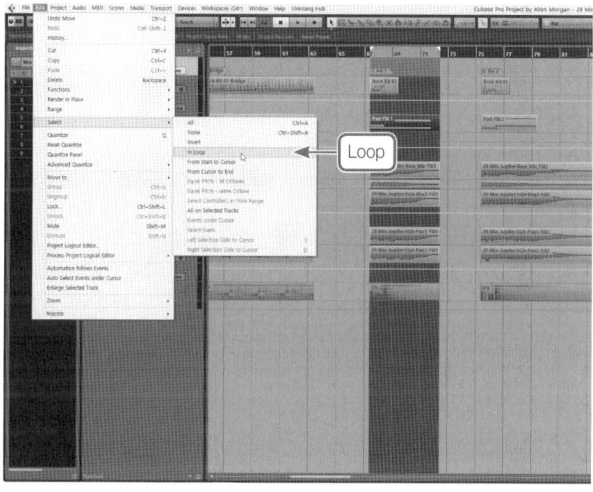

07 Intro 다음에 배치시킬 구간의 이벤트를 선택하고 P 키를 눌러 로케이터 구간으로 설정합니다. 그리고 Edit 메뉴의 Select 에서 In Loop를 선택하여 해당 구간의 이벤트가 모두 선택되게 합니다.

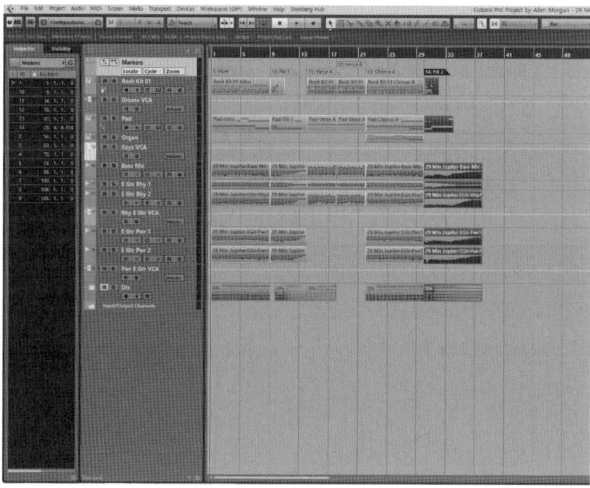

08 선택 구간의 이벤트를 Alt 키를 누른 상태로 드래그하여 Intro 다음에 가져 다 놓습니다. 같은 방법으로 구간을 조합하면, 사용자만의 Rock 음악을 너무나 손쉽게 완성 할 수 있습니다.

가정교사

Dls 트랙은 샘플 소스가 녹음된 원본입니다. 자신만의 믹싱 작업을 원할 경우에 이용할 수 있습니다.

CUBASE PRO 9

Advanced Music Production System

08
PART

오디오 편집 기능과 프로세스의 역할

큐베이스와 누엔도에서 미디와 동일하게 오디오를 이벤트와 파트로 구분합니다. 단, 미디의 경우에는 이벤트가 반드시 파트에 담겨있어야 하지만, 오디오의 경우에는 사용자가 원할 경우에만 파트에 담든다는 차이점이 있습니다. 그리고 이벤트는 사용자가 원하는 범위로 나누어 사용할 수 있는데, 이것을 리전이라고 합니다. 오디오 편집에 관련된 기능과 믹스콘솔의 역할을 살펴보겠습니다.

오디오 편집 기능 익히기

큐베이스와 누엔도가 컴퓨터 음악 프로그램 선호도 1위가 될 수 있었던 이유는 막강한 오디오 편집 기능과 완벽한 VST의 호환성 때문입니다. 큐베이스와 누엔도의 오디오 편집 기능을 충분히 학습해두면, 다른 오디오 편집 프로그램을 익히지 않아도 독자가 원하는 오디오 편집 작업이 가능할 것입니다.

1 템포 계산하기

음악 작업을 하면서 상업용으로 판매되는 오디오 샘플을 자주 사용하게 됩니다. 대부분 판매용 샘플은 이름과 템포, 키 등이 표시된 설명서가 첨부되어 있지만, 인터넷에서 쉽게 구한 샘플이라면, 큐베이스와 누엔도의 Beat Calculator를 이용해서 샘플의 템포를 쉽게 알아낼 수 있습니다. 특히 드럼 루프 샘플을 이용할 때 편리할 것입니다.

Beat Caculator

01 임포트한 오디오 이벤트를 선택하고 Shift + G 키를 눌러 반복 연주시킵니다. 그리고 임포트한 샘플의 총 길이가 몇 박자인지를 세어봅니다. 몇 박자인지를 알았다면, Project 메뉴의 Beat Calculator를 선택합니다.

박자 수 입력

02 Beat Calculator의 사용 방법은 간단합니다. Beat 항목에 샘플의 박자 수를 입력하면 자동으로 템포(BPM)값이 계산됩니다. 그리고 At Tempo Track Start 버튼을 클릭하여 프로젝트의 템포를 변경할 수 있습니다.

큐베이스와 누엔도는 선택한 오디오 이벤트의 정보를 분석하여 2차원 그래프인 스펙트럼 방식으로 표시하는 Spectrum Analyzer를 제공합니다. 곡에서 사용하고 있는 사운드의 주파수 특성이나 레벨 분포도를 관찰할 수 있는 Spectrum Analyzer는 사운드를 분석하는데 유용한 도구가 될 것입니다.

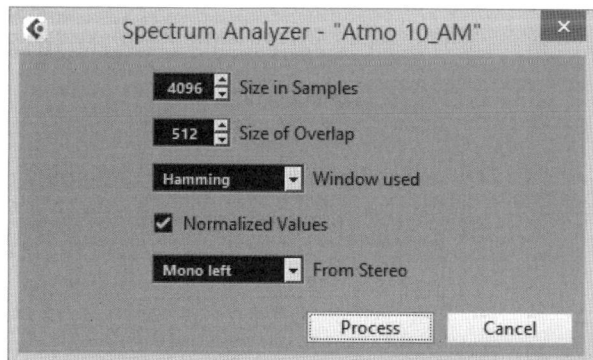

01 오디오 이벤트를 선택하고, Aduio 메뉴의 Spectrum Analyzer를 선택하면, 이벤트 분석 옵션을 설정할 수 있는 창이 열립니다.

옵션	역할
Size in Samples	샘플을 분석하는 최대 값을 설정합니다.
Size of Overlap	한번에 처리할 수 있는 값을 설정합니다.
Windows used	스펙트럼 분석 창의 유형을 선택합니다.
Normalized Values	최대값을 0dB로 표시합니다.
From Stereo	분석 채널을 선택합니다.

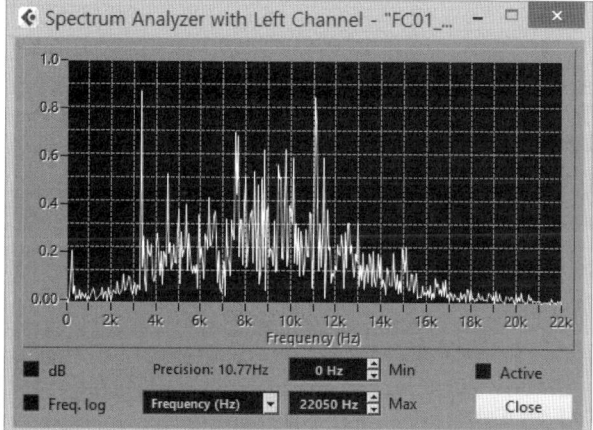

02 창에서 Process 버튼을 클릭하면 설정한 값에 따라 분석된 스펙트럼을 보여줍니다. 하단에는 가로 축을 데시벨로 표시하는 dB, 빈도수를 표시하는 Freq log, 분석된 값의 표시 범위를 결정하는 Precision, 새롭게 분석되는 그래프를 같은 창에 표시할 것인지의 여부를 결정하는 Active 옵션이 있습니다.

3 오디오 정보 보기

Statistics는 선택한 오디오 이벤트의 정보를 표시합니다. 앞에서 살펴본 스펙트럼은 주파수와 레벨을 분석하는 것이고, Statistics은 샘플 레이트, 레벨 평균값, 전류 잡음의 비율 등, 오디오의 다양한 정보를 수치화해서 표시합니다. 샘플을 편집하기 전에 정보를 먼저 살펴보면, 정확한 편집을 할 수 있습니다.

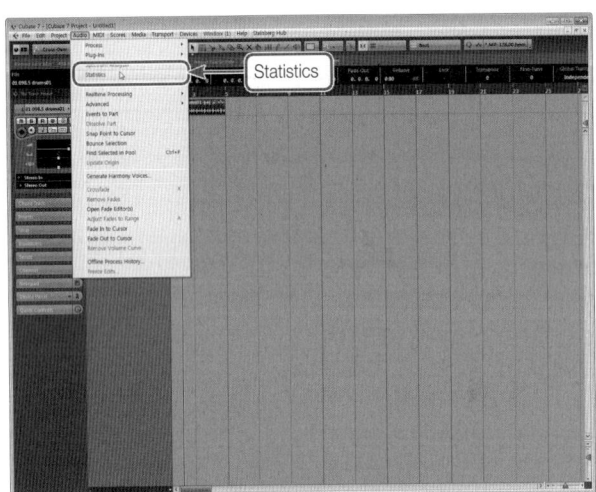

01 Audio 메뉴의 Statistics를 선택하면, 잠시 이벤트를 분석하는 과정을 거쳐서 그림과 같은 정보를 보여줍니다.

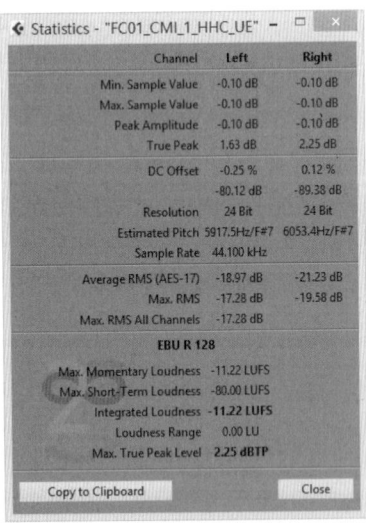

02 각 정보의 의미는 다음과 같습니다.

항목	의미
Min/Max Sample Value	가장 낮거나 높은 레벨을 표시합니다
Peak Amplitude	최대 평균 레벨을 표시합니다.
True Peak	오디오 시그널의 레벨 표시
DC Offset	전류 잡음의 값을 표시합니다.
Resolution	비트 값을 표시합니다.
Estimated Pitch	음정을 표시합니다.
Sample Rate	주파수 값을 표시합니다
Average/Max RMS	평균 레벨, 최대 값, 전 채널의 평균 레벨을 표시합니다.
EBU R 128	EBU R 128 알고리즘으로 분석된 최대 레벨 및 평균 값 표시

오디오 이벤트의 비트를 분할하고, 새로운 글루브 감을 만드는데 사용하는 힛 포인트는 오디오 샘플에 음악을 맞추거나 영상 음악 작업을 하는 사용자가 꼭 알아야할 지식입니다. 힛 포인트의 주요 내용은 샘플 에디터 학습편에서 충분히 살펴보았으므로, 여기서는 Audio 메뉴 Hitpoints에 있는 서브 메뉴의 역할을 간단하게 살펴보겠습니다.

1. Calculate Hitpoints

샘플 에디터를 열었을 때 사용할 수 있는 메뉴로 힛 포인트를 만듭니다. 힛 포인트가 만들어지는 단위와 수는 샘플 에디터의 Hitpints 파라미터에서 설정합니다.

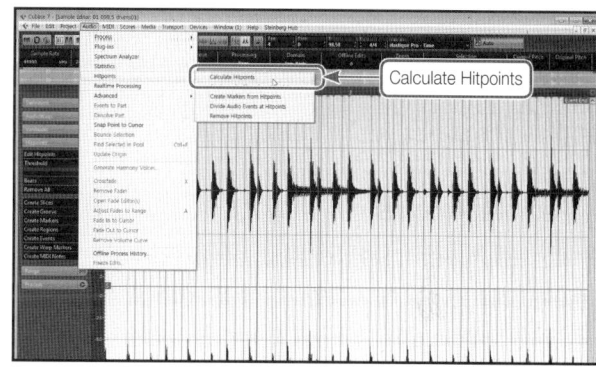

2. Create Audio Slices form Hitpoints

힛 포인트를 중심으로 샘플을 자릅니다. 잘린 각각의 샘플은 하나의 오디오 파트로 구성됩니다. Create Audio Slices form Hiipoint 메뉴를 실행한 후 파트를 더블 클릭하여 확인해봅니다.

3. Create Markers from Hitpoints

힛 포인트를 기준으로 마커를 만듭니다. 마커 트랙에 별도로 만들기 때문에, 사용하고 있는 샘플 별로 마커를 등록할 수 있습니다. 힛 포인트를 기준으로 마커를 만들면, 루프 샘플을 믹싱할 때 편리합니다.

4. Divide Audio Events at Hitpoints

힛 포인트를 기준으로 샘플을 자르는 기능은 Create
Audio Slices form Hitpoints와 같습니다. 다만, 파트
로 구성되지 않고, 개별적인 이벤트로 형성된다는 차
이점이 있습니다.

5. Remove Hitpoints

힛 포인트를 제거합니다. 힛 포인트의 설정을 취소하
거나 재조정하고 싶을 때 사용합니다. 샘플 에디터의
Hitpoints 파라미터에서 Remove All 버튼을 클릭하
는 것과 동일합니다.

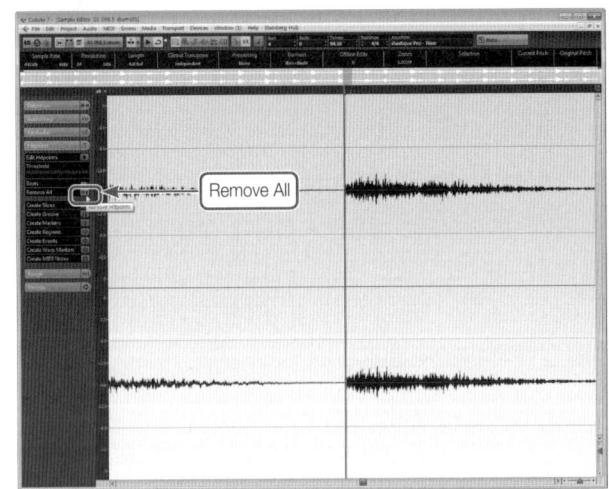

Tip   그루브 퀀타이즈 만들기

힛 포인트를 기준으로 하는 그루브 퀀타이
즈 값을 등록하고 싶은 경우에는 Edit 메뉴
의 Advanced Quantize에서 Create Groove
Quantize Preset을 선택합니다. 그러면 퀀타이
즈 목록에서 힛 포인트를 기준으로 만든 퀀타
이즈 값이 등록된 것을 확인할 수 있습니다.

Audio 메뉴의 Realtime Processing는 워프 탭을 만들거나 오디오 샘플을 퀀타이즈 할 수 있는 등의 서브 메뉴로 구성되어 있습니다. 샘플을 사용할 때 비트와 길이 등을 조정할 수 있다는 것은 외부의 편집 프로그램을 이용할 필요 없이 큐베이스와 누엔도만으로 세부적인 샘플 작업이 가능하다는 것입니다. 이미 샘플 에디터에서 살펴보았던 내용이므로, 각 메뉴의 역할만 간단하게 살펴보겠습니다.

1. Create Warp Tab from Hitpoint

힛 포인트를 기준으로 워프 탭을 만듭니다. 워프 탭이 있는 파트는 오른쪽 하단에 좌/우 방향의 화살표 모양으로 표시하며, 샘플 에디터에서 워프 탭 보기 버튼을 On으로 하여 주황색 라인을 확인할 수 있습니다.

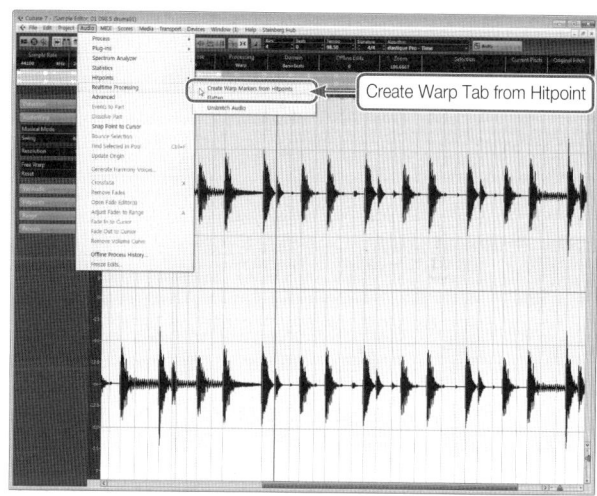

2. Flatten Realtim Processing

오디오 샘플의 길이와 음정 조정을 고정합니다. 힛 포인트 또는 워프 탭으로 비트를 변형한 이벤트에 다른 값을 적용하고 싶을 때, 기존의 값을 유지할 수 있게 합니다. Flatten Realtime Proecessing 메뉴를 선택하면, 알고리즘을 선택할 수 있는 창이 열립니다.

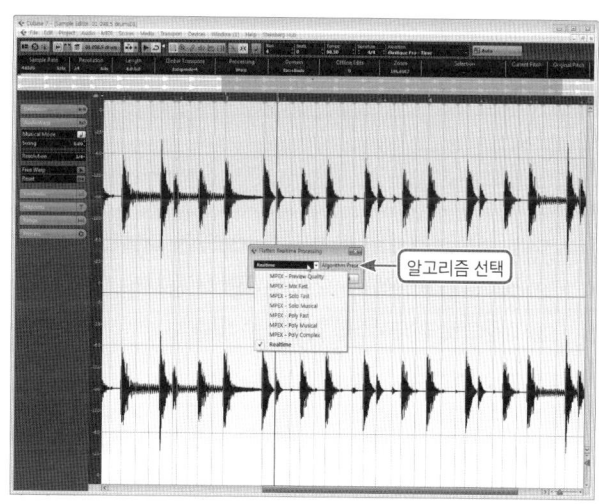

3. Unstretch Audio

워프 탭을 이용한 퀀타이즈나 길이 조정을 한 샘플을
초기화 합니다. 프리즘을 적용한 후에는 Ctrl + Z 으
로 취소한 후 Unstretch Audio 메뉴를 이용할 수 있
습니다.

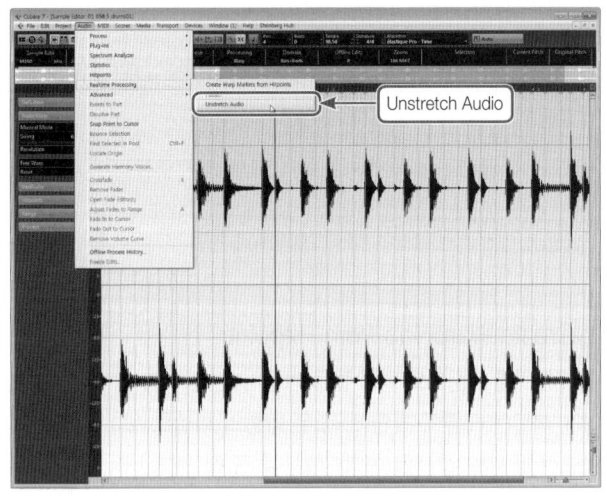

미디 이벤트와 동일하게 오디오 이벤트에 퀀타
이즈를 적용할 수 있습니다. 워프 라인을 만들
고, Edit 메뉴의 Quantize Panel을 선택하여 창
을 엽니다.

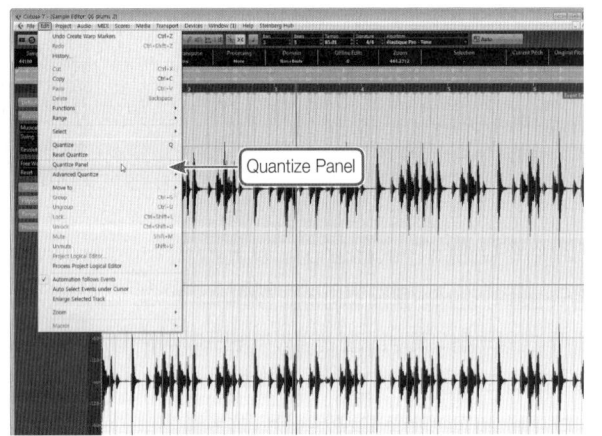

미디 퀀타이즈 학습편에서 살펴보았던 패널입니다. 여기서
AudioWarp 버튼을 On으로 해두면, 사용자가 만든 워프 라인
을 기준으로 퀀타이즈를 적용할 수 있습니다.

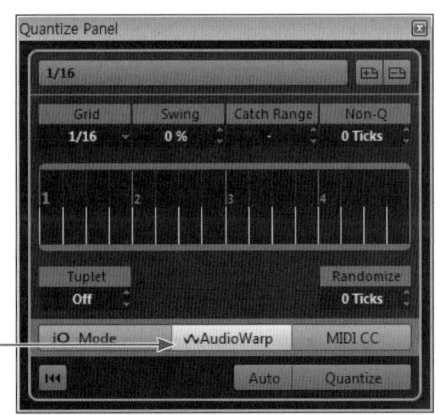

6 리전 다루기

Audio 메뉴의 Advanced에는 샘플을 리전 단위로 나누어 하나의 이벤트를 사용하듯 자유롭게 사용할 수 있는 서브 메뉴로 구성되어 있습니다. 큐베이스와 누엔도의 힛 포인트, 워프 탭, 리전 등은 모두 외부 샘플을 작업 중인 곡에 가장 어울리게 사용하기 위한 역할들을 합니다. 이처럼 방법은 차이가 있지만, 목적은 같기 때문에 한 가지 기능에만 치중하는 경우가 있는데, 모두 개별적으로 사용하는 기능이 아니므로, 각각의 역할을 충분히 이해할 수 있어야 합니다.

1. Detect Silence

사운드의 시작과 끝 레벨을 설정하여 필요한 연주 구간만 남기는 역할을 합니다. Silence 샘플 파일을 불러와 이벤트를 선택하고, Audio 메뉴의 Advanced에서 Detect Silence를 선택합니다.

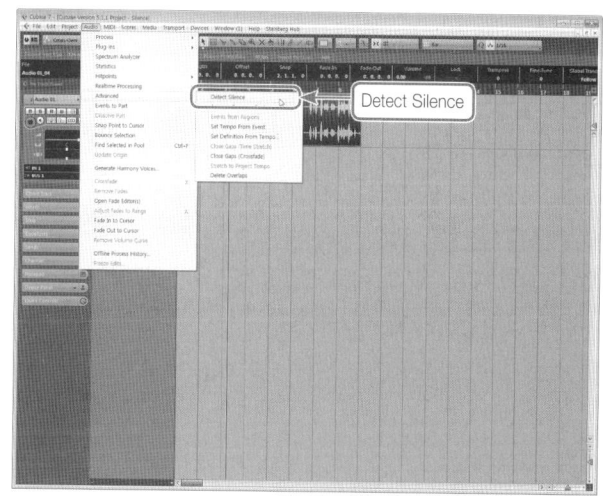

Detect Silence 창에서 시작과 끝 레벨을 동시에 같은 값으로 조정할 수 있는 Linked 옵션을 해제합니다. 그리고 시작 레벨(녹색)과 끝 레벨(빨간색)을 조정합니다.

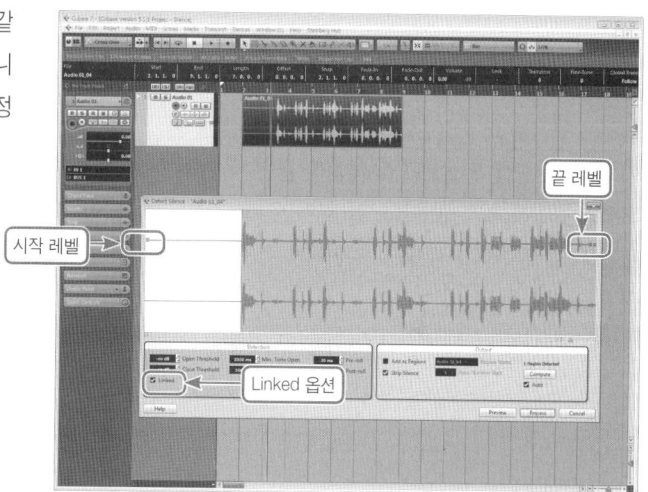

사운드가 갑자기 시작되어 어색해지는 것을 방지하기
위해서 Pre-Roll과 Post-Roll 타임을 조정합니다. 그
리고 Compute 버튼을 클릭하여 남기고자 하는 파형
을 선택합니다. Auto 옵션이 체크되어 있는 경우에는
값을 조정할 때 자동으로 선택됩니다.

남은 구간을 리전으로 만들기 위해서 Add as
Regions 옵션을 체크합니다. Regions Name에 리전
의 이름을 입력하고, Auto Number Start에 시작 번
호를 입력합니다. 그리고 뮤트 구간을 제거하기 위해
서 Strip Silence 옵션을 체크합니다.

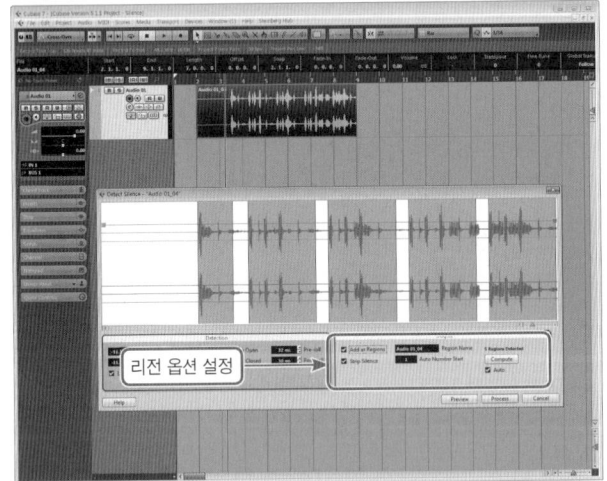

원하는 옵션을 모두 설정했으면, Preview 버튼을 클
릭하여 사운드를 확인해보고, 마음에 들면 Process
버튼을 클릭하여 적용합니다. 설정한 구간은 리전으
로 만들고, 그 외의 사운드가 제거되는 것을 확인할
수 있습니다.

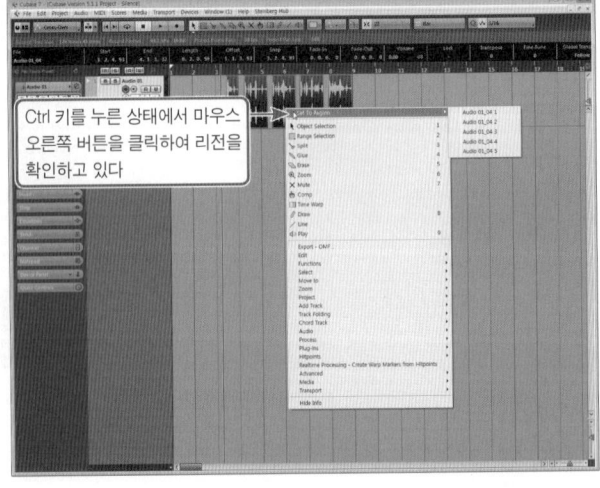

2. Event or Range as Region

선택한 이베트를 리전으로 만듭니다. 선택한 이벤트
수에 따라 자동으로 리전을 만들기 때문에 다수의 리
전을 만들 때 편리합니다. 리전을 만들 이벤트를 선택
하고, Event or Range as Region 메뉴를 선택합니다.

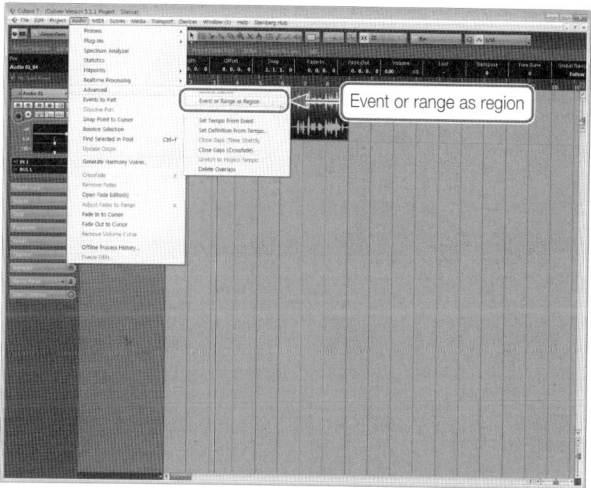

Create Regions 창의 Region Names에 이름을 입
력하고, Start Count 항목에서는 이름에 순서대로 붙
여질 시작 번호를 입력합니다.

이벤트를 Ctrl 키를 누른 상태로 마우스 오른쪽 버튼
을 클릭해 보면, 선택한 이벤트들이 리전으로 만들어
진 것을 확인할 수 있습니다.

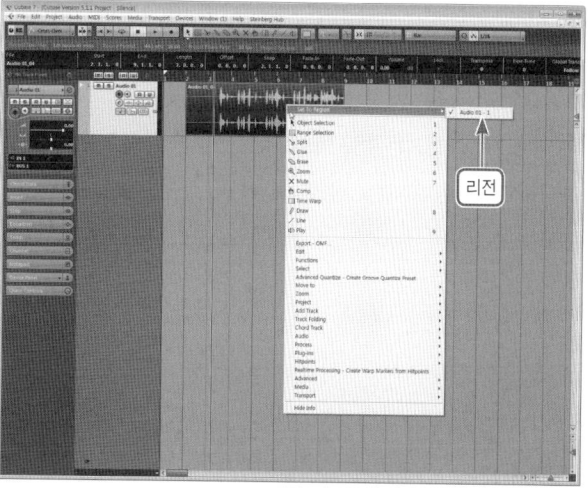

3. Events from Regions

리전을 포함하고 있는 이벤트에서 각각의 리전을 하나
의 이벤트로 분리하는 기능입니다. 적당한 오디오 이벤
트에 리전을 만들어봅니다.

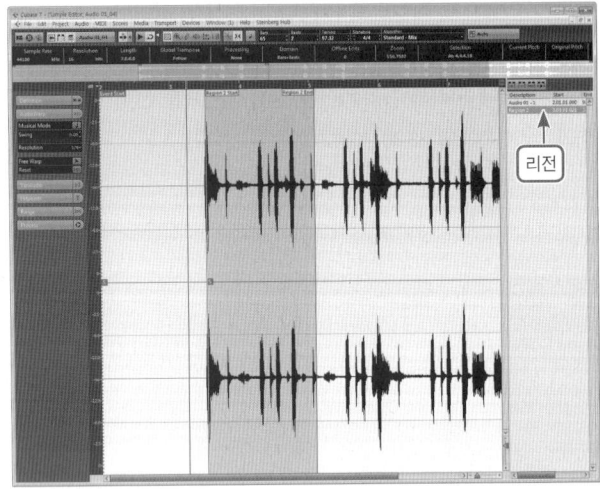

리전을 만든 이벤트를 선택하고, Audio 메뉴의
Events from Regions을 선택합니다. 각각의 리전을
독립된 이벤트로 분리하는 것을 확인할 수 있습니다.

4. Set Tempo from Event

힛 포인트 범위에 맞는 템포를 설정합니다. 리듬 샘플
을 사용하는 경우 힛 포인트를 설정하고, Set Tempo
from Event 메뉴를 선택하면, 샘플 길이에 맞는 템포
가 자동으로 설정되는 것을 확인할 수 있습니다.

5. Close Gaps

오디오 사이의 갭을 자동으로 채우는 기능입니다. 리
듬 샘플을 힛 포인트를 이용하여 자르고, 템포를 소
스 보다 느리게 조정한다면, 각 샘플마다 갭이 발생
합니다.

갭이 발생한다

이벤트를 선택하고, Close Gaps 메뉴를 선택해보면,
샘플 사이의 공백이 자연스럽게 연결되는 것을 확인
할 수 있습니다. Close Gaps은 간격만 채우는 Time
Stretch와 이벤트를 겹쳐서 자연스러운 연결을 만드
는 Crossfade의 두 가지를 제공합니다.

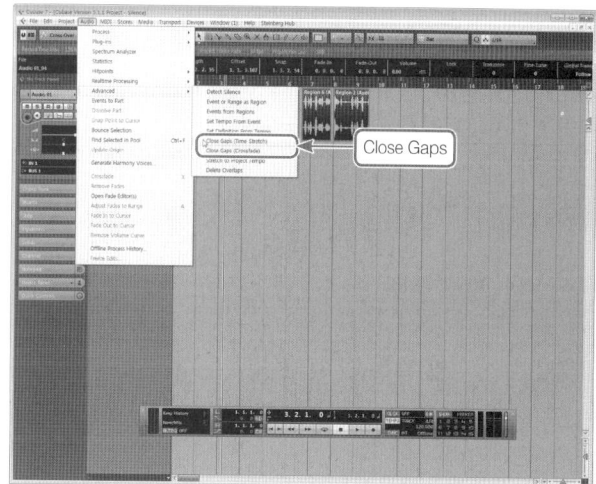

Close Gaps

6. Stretch to Project Tempo

힛 포인트를 기준으로 템포를 변경합니다. 힛 포인트
를 만들고, 트랜스포트 패널의 템포를 조정합니다. 그
리고 Stretch to Project Tempo 메뉴를 선택합니다.

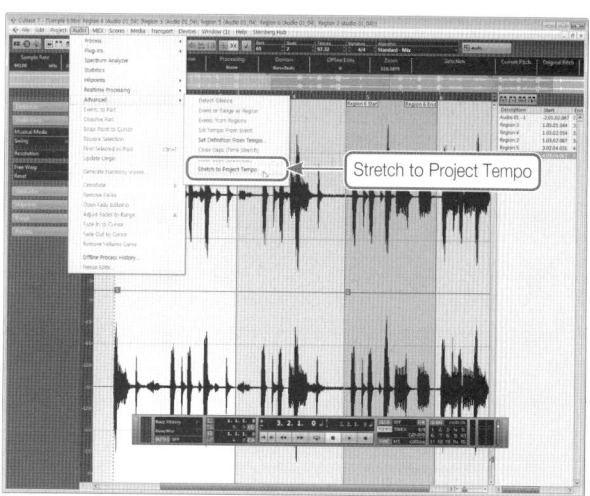

Stretch to Project Tempo

템포에 맞추어 파트의 길이가 조정되는 것을 확인할
수 있습니다. 작업 곡에 맞춰서 템포를 조정하는 것
과는 반대 효과입니다.

7. Delete Overlaps

Stacked 녹음 모드를 이용해서 녹음을 했을 경우,
녹음이 잘된 부분만을 연주할 수 있게 편집을 합니
다. 이때 Delete Overlaps 메뉴를 선택하면 겹쳐있는
부분을 삭제하여 용량을 줄일 수 있습니다.

7 오디오 파트 만들기

큐베이스와 누엔도에서 다루는 오디오 개체는 크게 이벤트와 파트로 구분하며, 이벤트를 세분화시킨 리전이 있습니다. 오디오를 녹음하거나 임포트할 때 생성되는 것이 이벤트이기 때문에 이벤트를 다루는 일이 가장 많겠지만, 원할한 편집 작업을 위해서 리전과 파트의 개념도 정확하게 이해해두는 것이 좋습니다.

볼륨 라인으로 이벤트 구분

01 오디오를 녹음하거나 외부 샘플 파일을 임포팅 시키면, 큐베이스와 누엔도는 이것을 이벤트로 만듭니다. 이벤트는 페이드 인/아웃을 만들 수 있는 포인트와 볼륨을 조정할 수 있는 라인이 표시되는 것으로 구분할 수 있습니다.

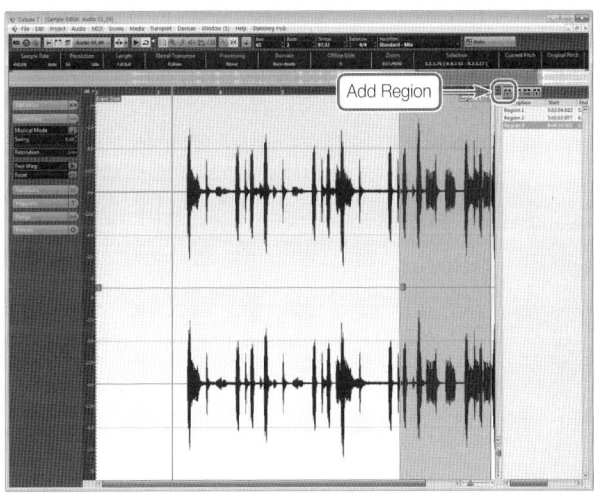

Add Region

02 오디오 이벤트를 더블 클릭하면, 사운드를 편집할 수 있는 샘플 에디터 창이 열립니다. 샘플 에디터 창에서 사운드의 일부분을 선택하고, Add Region 버튼을 클릭하면, 선택한 구간을 리전으로 만들 수 있습니다.

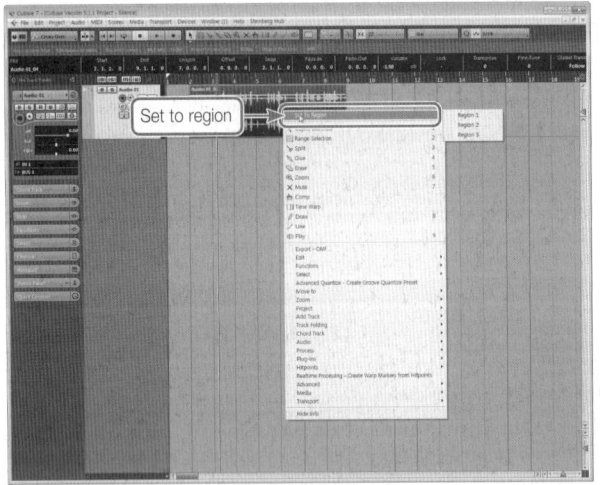

03 사용자가 만든 리전은 이벤트에서 Ctrl 키를 누른 상태로 마우스 오른쪽 버튼을 클릭하여 단축 메뉴를 열고, Set to Region을 보면 볼 수 있으며, 원하는 리전을 선택하여 연주시킬 수 있습니다. 리전은 이벤트의 일부분을 하나의 테이크로 기록하는 역할입니다.

04 일반적으로 곡을 만들 때, 녹음을 한 번에 처리할 수 없기 때문에 그림에서와 같이 여러 개의 이벤트가 형성됩니다. 그리고 이것을 한 번에 이동하거나 복사하는 등의 편집 작업을 할 필요가 있을 때, 작업이 서툰 입문자라면 실수가 잦아지는 원인이 됩니다.

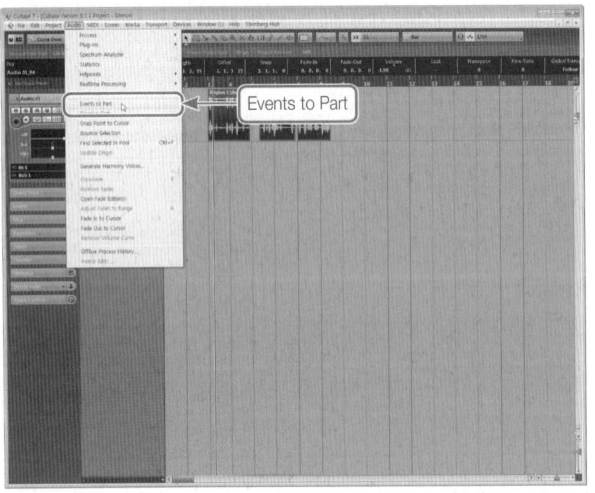

05 하지만, 이벤트들을 하나의 파트에 담아 놓는다면, 편집 작업에 매우 편리해질 것입니다. 오디오 이벤트를 파트에 담는 방법은 간단합니다. 파트에 담을 이벤트들을 마우스 드래그로 선택하고, Audio 메뉴의 Events to Part를 선택합니다.

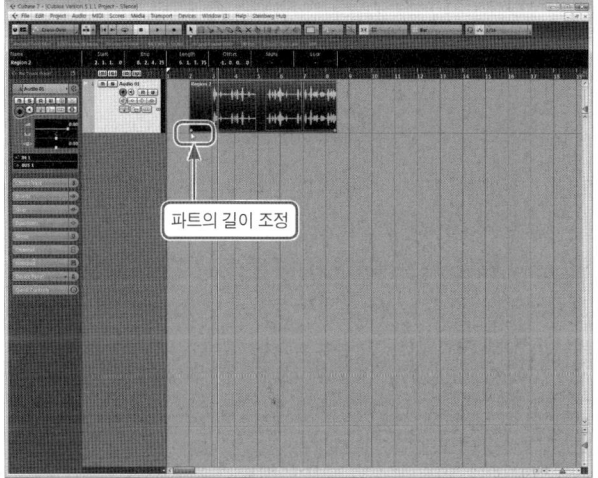

파트의 길이 조정

06 선택한 이벤트들은 하나의 파트에 담기게 되어 이동과 복사 등의 작업을 수월하게 할 수 있습니다. 파트의 길이는 자유롭게 조정할 수 있기 때문에 이벤트의 시작 위치가 스넵 라인에 일치되어 있지 않은 경우에 유용합니다.

Dissolve Part

07 오디오 파트를 더블 클릭하여 각각의 이벤트를 편집할 수 있는 오디오 파트 창을 열 수 있으며, 필요하다면 Audio 메뉴의 Dissolve Part를 선택하여 파트에 담겨있는 이벤트를 분리할 수 있습니다.

8 | 스넵 포인트 편집하기

오디오 이벤트의 시작 위치에는 스넵 포인트가 있으며, 스넵 기능이 On일 때, 이 포인트를 기준으로 적용됩니다. 그러나 이벤트를 편집하다가 보면, 오디오 이벤트의 시작 위치가 아니라 특정 위치를 기준으로 스넵이 적용되게 할 필요가 있습니다. 큐베이스와 누엔도는 오디오 이벤트의 스넵 포인트를 자유롭게 지정할 수 있는데, 이것에 관해서 살펴보겠습니다.

이벤트가 스넵 단위로 움직인다

01 오디오를 녹음한 다음에 스넵 버튼을 On으로 하고, 녹음한 이벤트를 움직여 봅니다. 이벤트의 시작 위치를 기준으로 스넵이 적용되는 것을 확인할 수 있습니다. 이것은 오디오 이벤트의 스넵 포인트가 시작 위치에 있기 때문입니다.

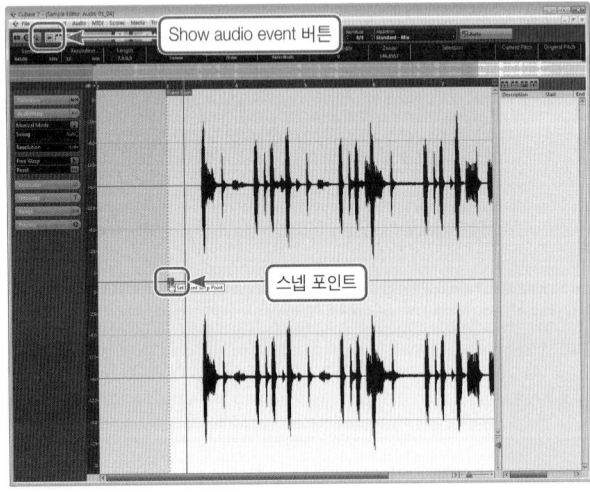

Show audio event 버튼

스넵 포인트

02 스넵 포인트는 오디오 이벤트를 더블 클릭하여 샘플 에디터를 열고, Show Audio Event 버튼 클릭해보면 확인할 수 있습니다. 이벤트의 시작 위치에 S 문자가 스넵 포인트를 의미하며, 사용자가 원하는 위치로 이동시킬 수 있습니다.

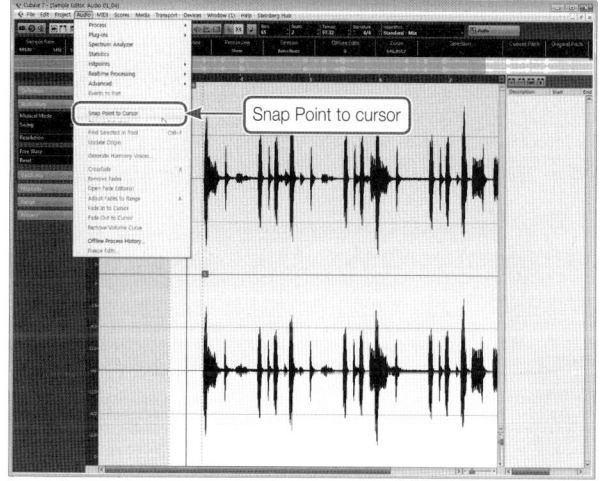

03 만일, 그림에서와 같이 스냅 포인트를 파형의 시작 위치로 설정하고 싶다면, 스넵 포인트를 파형의 시작 위치로 이동시키거나 송 포지션 라인을 파형의 시작 위치에 놓고, Audio 메뉴의 Snap Point to Cursor를 선택합니다.

04 이동된 스넵 포인트는 이벤트에서도 파란색 실선으로 확인할 수 있으며, 이벤트를 움직여보면, 시작 위치가 아닌 스넵 포인트를 기준으로 움직이는 것을 확인할 수 있습니다. 이벤트의 연주 위치를 다른 트랙에 정확히 맞추고 싶을 때, 유용한 기능이므로 꼭 기억해 두기 바랍니다.

필요없는 구간 제거하기

음악의 처음부터 끝까지 연주를 하는 악기는 드뭅니다. 그러나 녹음은 악기를 연주하지 않는 부분에서도 진행하게 됩니다. 악기를 연주하지 않는 부분에서 녹음된 공백은 아무런 소리를 내지 않지만, 실제 데이터가 있는 것과 동일하게 취급되기 때문에 시스템이 느려지고, 용량이 커진다는 문제점이 발생합니다. 오디오 이벤트의 필요 없는 구간을 잘라내고, 시스템 자원을 차지하지 않게 하는 방법을 살펴보겠습니다.

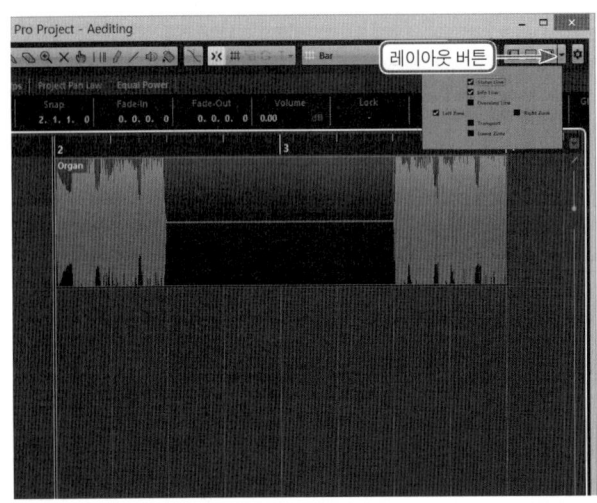

01 Aediting 샘플 파일을 열어보면, 중간에 공백이 있는 오디오 이벤트를 볼 수 있습니다. 레이아웃 버튼의 Info Line을 체크하여 인포 라인을 화면에 표시합니다.

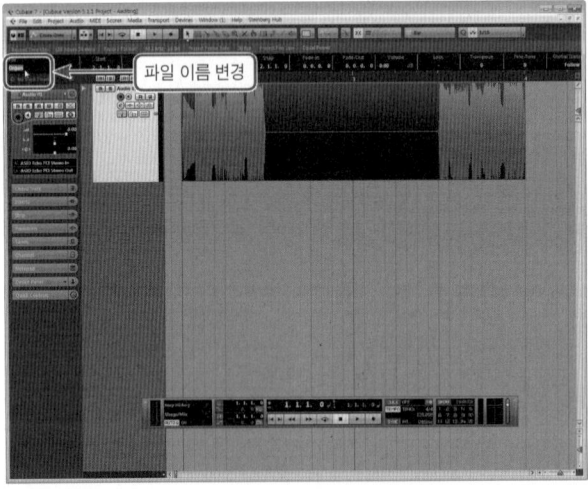

02 인포 라인의 File 이름 항목에 Organ을 클릭하여 한글 이름인 '올겐'으로 변경합니다. 실제 오디오 파일의 이름을 변경하는 것입니다.

03 Sample 폴더를 열어보면, Aediting 샘 플 프로젝트에서 사용하고 있는 '올겐' 파일을 찾을 수 있습니다. 파일을 선택하고 정보 표시 항목을 보면 크기가 345KB라는 것을 알 수 있습니다.

올겐 파일

파일 크기

스넵 버튼 Off

04 키보드 문자열의 3 키를 눌러 가위 툴 을 선택합니다. 그리고 파형이 끝나는 부분과 시작되는 부분을 클릭하여 자릅니다. 이 때 스넵 버튼이 Off로 되어 있어야 미세한 편집 이 가능합니다.

가위 버튼으로
이벤트를 자른다

05 키보드 문자열의 5 키를 눌러 지우개 툴을 선택합니다. 그리고 중간에 잘라 낸 공백 구간을 선택하여 삭제합니다.

지우개 버튼으로 삭제

이벤트로 이동

06 키보드 문자열의 ① 키를 눌러 화살표 툴을 선택합니다. 그리고 첫 번째 이벤트를 시작 위치로 이동합니다. 이때 스넵 버튼이 On으로 되어 있어야 정확한 위치로 이동할 수 있습니다.

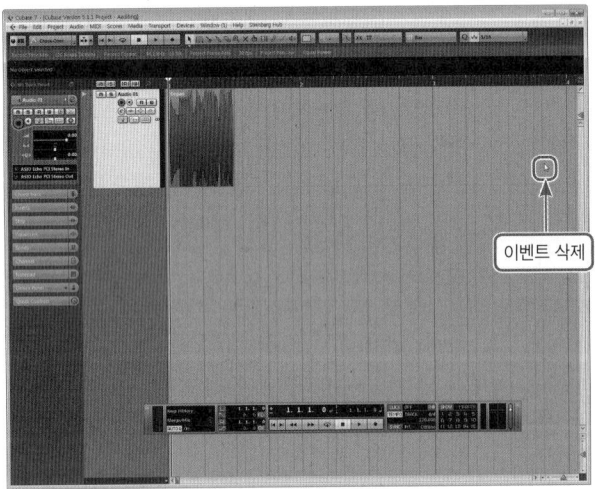

이벤트 삭제

07 키보드 숫자열의 ⑤ 키를 눌러 지우개 버튼을 선택하고, 두 번째 이벤트를 클릭하여 삭제합니다. 그리고 ① 키를 눌러 화살표 버튼을 선택합니다.

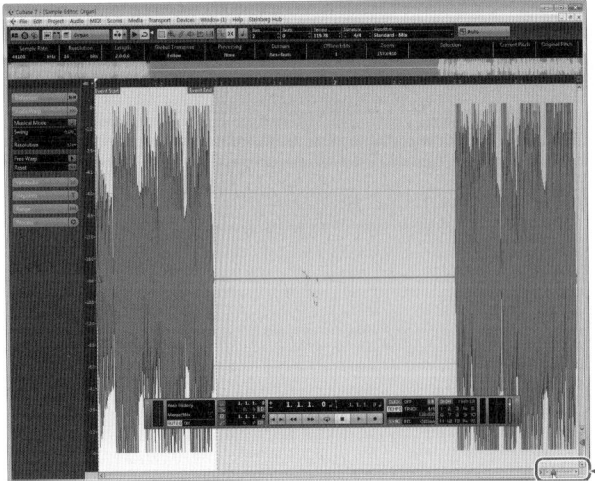

줌 슬라이드

08 오디오 이벤트를 더블 클릭하여 샘플 에디터 창을 열고, 줌 슬라이드를 조정해보면, 올겐'이라는 파일의 일부분만이 프로젝트에서 연주되고 있다는 것을 확인할 수 있습니다.

연주 길이 조정

09 즉, 올겐 이라는 파일의 크기에는 변화가 없다는 것입니다. 그래서 Event Start 또는 Event End 바를 드래그하여 연주될 구간을 언제든 재 조정할 수 있습니다.

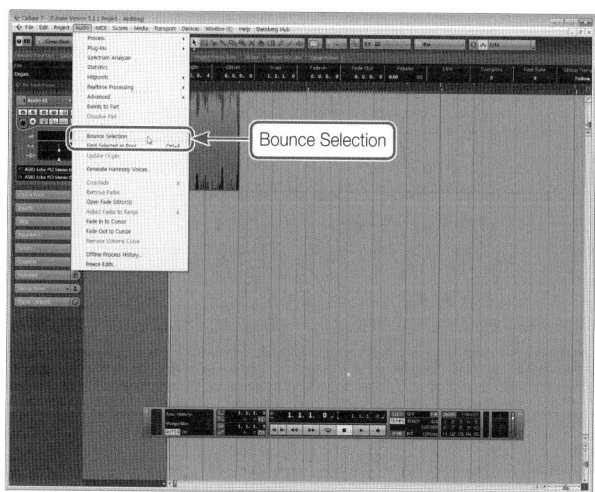

Bounce Selection

10 편집이 끝난 오디오 이벤트를 새로운 파일로 만들어 프로젝트를 최적화 시켜 보겠습니다. Audio 메뉴의 Bounce Selection 을 선택합니다.

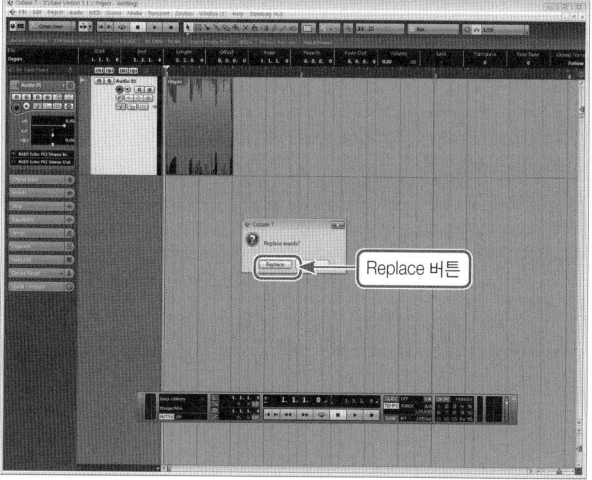

Replace 버튼

11 선택한 오디오 이벤트를 새로운 파일을 만들 것인지를 묻는 창이 열립니다. Replace 버튼을 클릭합니다.

12 새로 만들어지는 파일은 트랙의 이름인 Audio 01로 생성됩니다. 인포 라인의 File 항목을 클릭하여 파일 이름을 올겐 2로 변경해봅니다.

파일 이름 변경

13 프로젝트가 저장되어 있는 Audio 폴더를 열어보면, 사용자가 새로만든 올겐 2 파일을 볼 수 있으며, 파일 크기가 약 87K 정도로 줄어든 것을 확인할 수 있습니다.

올겐 2 파일

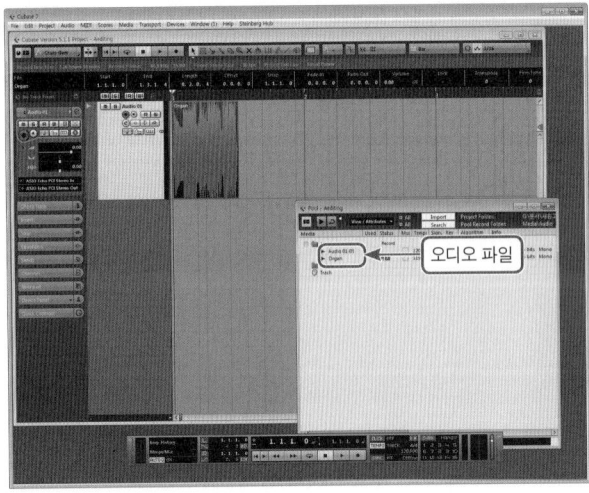

14 Ctrl+P 키를 눌러 풀 창을 열어보면, 프로젝트에는 여전히 올겐 파일이 존재하기 때문에 시스템 자원은 확보를 했지만, 프로젝트의 크기는 더 커지는 결과가 되었습니다.

오디오 파일

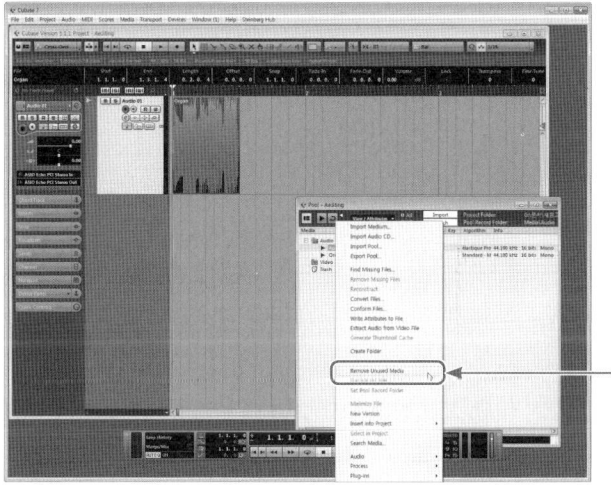

15 풀 창에서 마우스 오른쪽 버튼을 클릭하여 단축 메뉴를 열고, 프로젝트에서 사용하지 않는 파일을 제거하는 Remove Unused Media를 선택합니다.

Remove Unused Media

Remove from Pool

16 계속해서 열리는 창에서는 Remove from Pool 버튼을 클릭하여 프로젝트에서 완전히 제거되게 합니다. 실제 파일이 제거되는 것은 아닙니다.

😊 가정교사

Trash 버튼은 풀 윈도우의 Trash 폴더로 이동시키는 기능입니다.

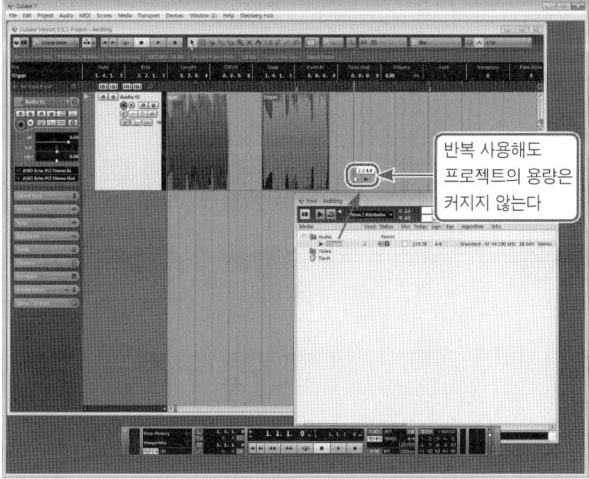

반복 사용해도 프로젝트의 용량은 커지지 않는다

17 비로소 파일의 크기를 줄여 프로젝트를 최적화 한 것입니다. 풀 윈도우의 오디오 파일은 프로젝트로 드래그하여 얼마든지 반복 시킬 수 있지만, 연주되는 파일은 하나뿐이기 때문에 용량의 변화는 없습니다.

10 미싱 파일 처리하기

오디오 파일의 일부분만을 프로젝트에서 연주되게 할 때, 앞에서 살펴본 풀 윈도우 외에 리전이라는 기능을 이용할 수 있습니다. 리전은 오디오 이벤트의 일부분을 하나의 오디오 이벤트처럼 만들어 사용할 수 있는 기능을 말하는 것으로, 3~4개의 드럼 루프나 반복 프레이즈 등의 샘플을 이용할 때 편리합니다.

01 앞에서 불러왔던 Aediting 샘플을 처음으로 복구하여 실습을 해보겠습니다. 프로젝트를 저장하기 전 상태로 되돌리는 역할인 File 메뉴의 Revert를 선택합니다. 계속해서 열리는 창에서 Revert 버튼을 클릭합니다.

02 앞의 실습에서 Organ 파일을 한글로 변경했었기 때문에 파일을 찾을 것인지를 묻는 Resolve Missing Files 창이 열립니다. 파일의 위치를 정확히 알고 있으므로 Locate 버튼을 클릭합니다.

03 Organ 파일이 있는 위치를 선택할 수 있는 Locate File 창이 열립니다. 앞의 실습에서 '올겐'이라는 이름으로 변경했으므로, 프로젝트가 저장되어 있는 위치의 Audio 폴더에서 올겐'이라는 이름의 파일을 더블 클릭합니다.

올겐 파일 더블 클릭

04 Aediting 샘플 프로젝트를 처음 불러왔던 상태로 복구하였습니다. 질문이 많았던 Resolve Missing Files 창의 처리 방법이므로 기억해두기 바랍니다. 오디오 이벤트를 더블 클릭하여 샘플 에디터 창을 엽니다.

이벤트 더블 클릭

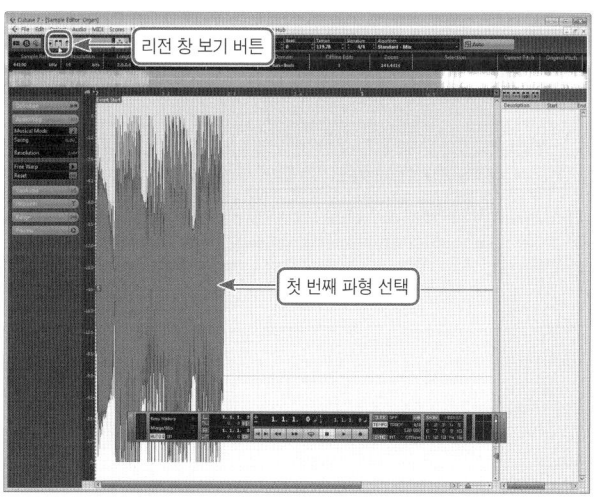

05 도구 모음 줄에서 선택 버튼을 이용하여 첫 번째 파형을 마우스 드래그로 선택합니다. 리전 창이 열려있지 않다면, 리전 창 보기 버튼을 On으로 합니다.

리전 창 보기 버튼

첫 번째 파형 선택

06 샘플 에디터 창 오른쪽에 보이는 리전 창의 도구 중에서 + 기호의 리전 만들기(Add region) 버튼을 클릭하여 선택한 구간을 리전으로 만듭니다.

Add region

07 리전의 이름을 입력할 수 있는 상태가 됩니다. 구분하기 쉬운 이름을 입력하고, 두 번째 파형을 같은 방법으로 선택하여 리전으로 만듭니다.

두 개의 리전을 만든다

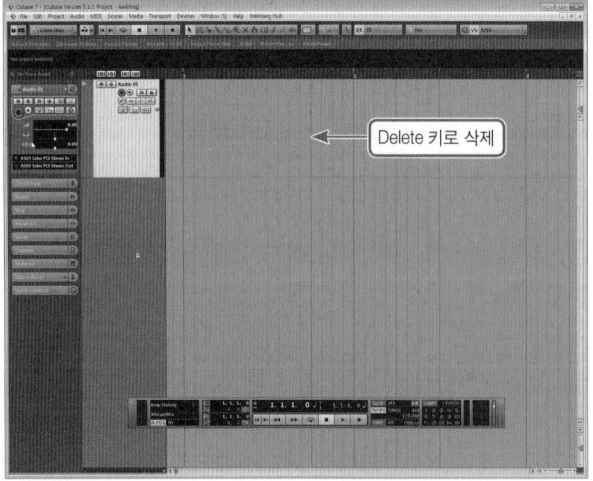

08 두 개의 리전을 만들어보았습니다. 프로젝트 윈도우의 오디오 이벤트를 선택하고, Delete 키를 눌러 삭제합니다.

Delete 키로 삭제

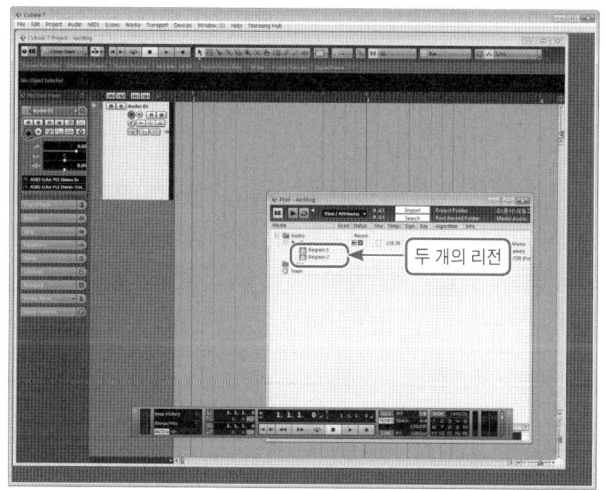

09 Ctrl + P 키를 눌러 풀 창을 엽니다. 그리고 올겐 이라는 이름 왼쪽의 +기호를 클릭하면 두 개의 리전을 확인할 수 있습니다.

두 개의 리전

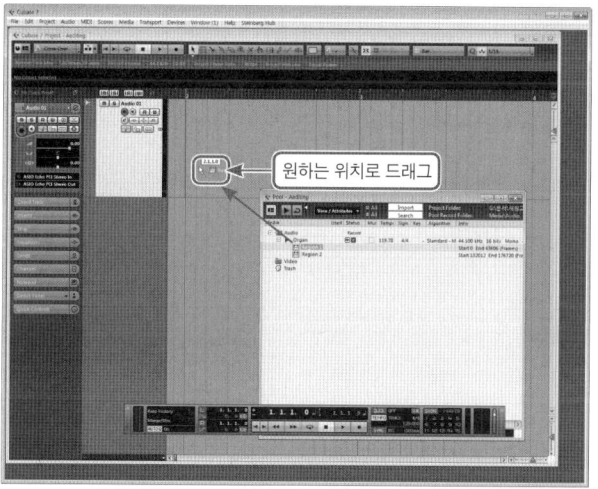

10 첫 번째 리전을 2 마디 위치에 드래그하여 배치하고, 두 번째 리전을 3 마디 위치에 배치합니다. 리전은 사용자가 원하는 위치에서 반복 연주시킬 수 있습니다.

원하는 위치로 드래그

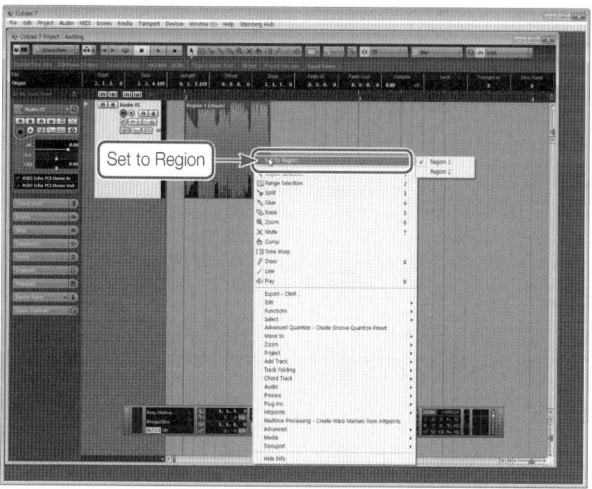

11 만일, 2 마디에 위치한 첫 번째 리전을 두 번째 리전으로 바꾸어 연주하고 싶다면, Ctrl 키를 누른 상태로 마우스 오른쪽 버튼으로 클릭하여 단축 메뉴를 열고, Set to Region에서 두 번째 리전을 선택하면 됩니다. 하나의 샘플을 패턴 단위로 나누어 연주되게 하고 싶을 때, 리전 기능을 이용해보기 바랍니다.

Set to Region

클릭 잡음 제거하기

MP3 세대인 학생들은 잘 모르겠지만, 20년 전에는 음악 재생 미디어로 가장 대중적인 것이 LP였습니다. 요즘에도 매니아들을 위한 소량의 LP가 생산되고는 있다고 하지만, 쉽게 접할 수 없는 향수의 미디어 입니다. 아무튼 디지털 사운드를 기록하는 CD와는 달리 LP는 아날로그 사운드를 기록하기 때문에 약간의 흠집만 있어도 '틱' 하며 튀는 잡음이 자주 발생합니다. 디지털 사운드에서도 LP에서와 같이 사운드가 튀는 듯한 잡음이 발생할 수 있는데, 이것을 클릭 잡음이라고 합니다. 다행이 이러한 클릭 잡음은 간단하게 제거할 수 있습니다.

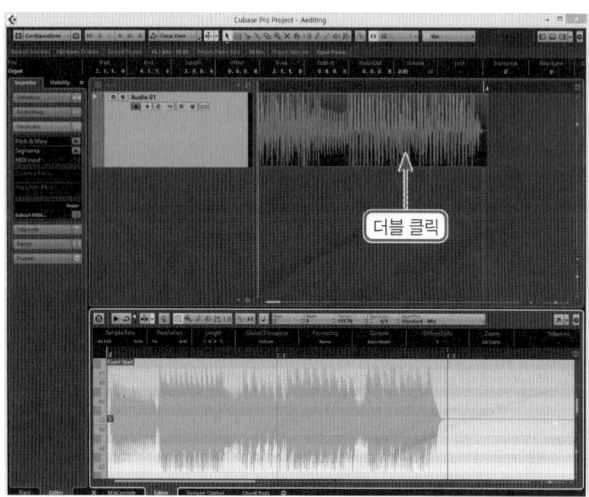

01 앞의 실습 과정에서 만들었던 두 번째 리전의 이벤트를 연주해보면, 클릭 잡음이 섞여있는 것을 모니터 할 수 있습니다. 두 번째 리전을 연주하는 이벤트를 더블 클릭하여 샘플 에디터를 엽니다.

02 도구 모음 줄의 스피커 버튼을 선택하고, 오디오 파형에서 마우스들 누르고 있으면, 사운드를 모니터 할 수 있습니다. 클릭 잡음이 있는 위치를 대략적으로 찾아보기 바랍니다.

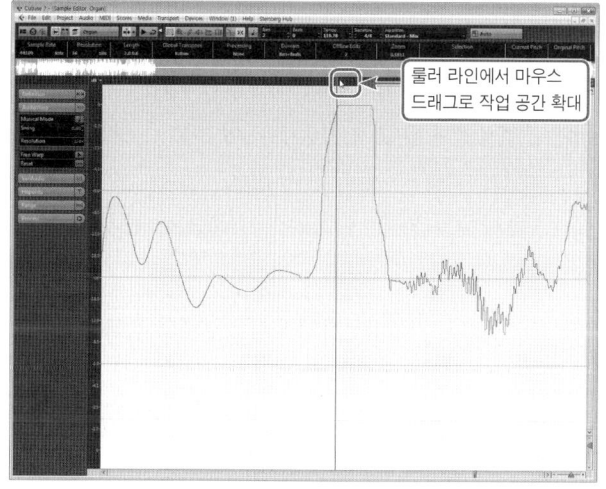

룰러 라인에서 마우스
드래그로 작업 공간 확대

03 클릭 잡음이 있는 위치의 룰러 라인에서 마우스 버튼을 누른 상태로 아래쪽으로 드래그하여 작업 공간을 확대합니다. 작업 공간을 확대/축소할 때, 줌 바 보다 많이 사용하는 방법입니다. 마우스를 위쪽으로 드래그하면 작업 공간이 축소됩니다.

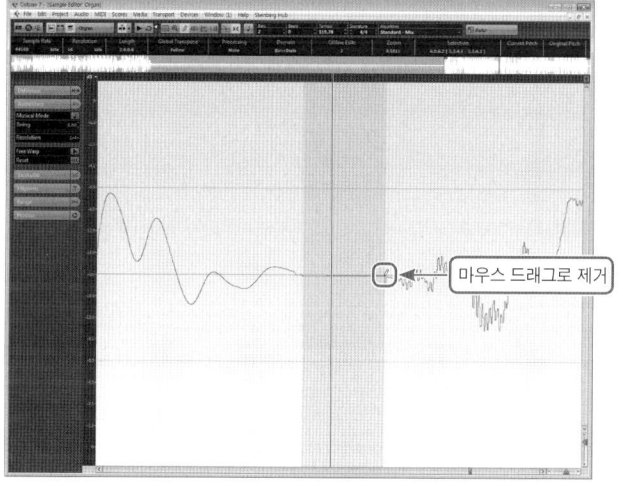

마우스 드래그로 제거

04 클릭 잡음은 파형의 형태만으로도 쉽게 구분할 수 있습니다. 연필 버튼을 선택하여 클릭 잡음의 파형을 중간 라인인 0dB (베이스 라인) 지점에서 드래그하여 제거합니다.

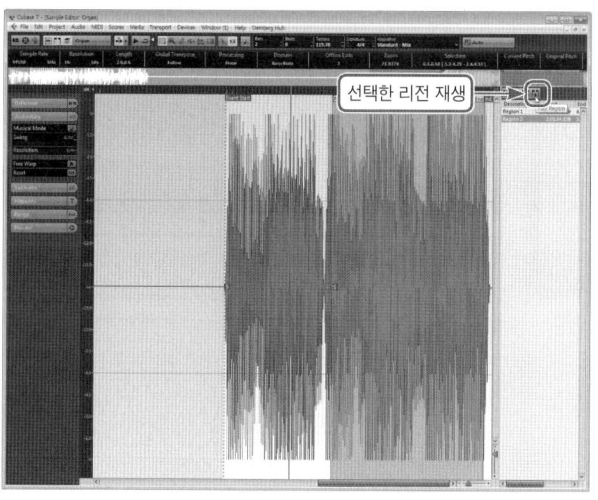

선택한 리전 재생

05 리전 창에서 두 번째 리전을 선택하고, 리전 재생 버튼을 클릭하여 모니터 해보면, 클릭 잡음이 깔끔하게 제거된 것을 확인할 수 있습니다. 연필 버튼을 이용해서 짧음 잡음을 제거하는 방법은 매우 효과적이므로 꼭 기억해두기 바랍니다.

음악 작업을 하다가 보면 하나의 샘플을 가지고 다양한 위치에서 반복하여 사용합니다. 그러나 사용하고 있는 이벤트가 많으면, 자신이 작업한 음악이지만, 원본 샘플이 어떤 것인지 혼동될 때가 있습니다. 이때 Fine Selected in Pool 메뉴를 이용하여 원본 샘플을 찾을 수 있습니다.

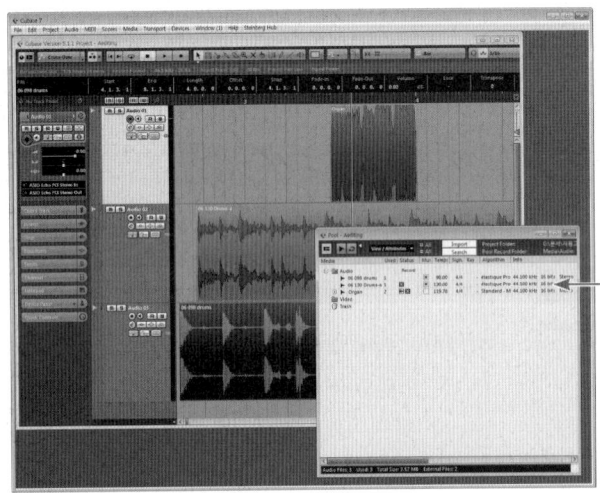

01 여러 개의 오디오 샘플을 녹음하거나 임포팅 합니다. 그리고 샘플을 복사하고, 리전으로 만들어 일부분을 사용해 보는 등의 작업을 합니다.

> 몇 개의 샘플을 사용하고 있다

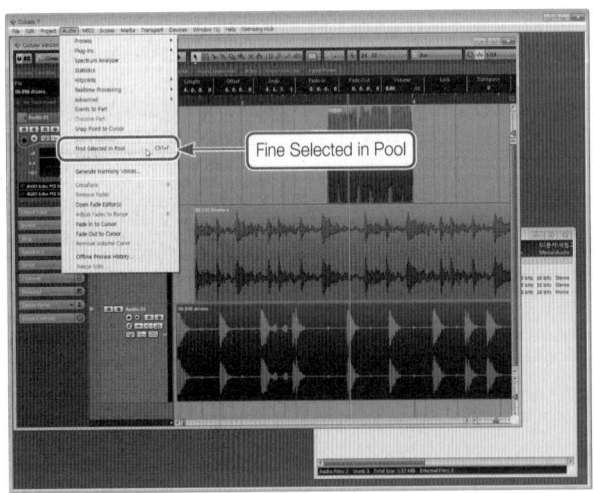

Fine Selected in Pool

02 프로젝트 윈도우에서 하나의 이벤트를 선택하고, Audio 메뉴의 Fine Selected in Pool 또는 Ctrl + F 키를 누릅니다. 선택한 이벤트의 원본 샘플이 어떤 것인지를 풀 창에서 찾을 수 있습니다.

03 Preview 버튼을 클릭하여 사운드를 모니터 합니다. 사운드를 재생할 때 Preview 버튼은 Stop 버튼으로 변경됩니다. 어택 부분으로 짐작되는 위치의 포인트를 높입니다.

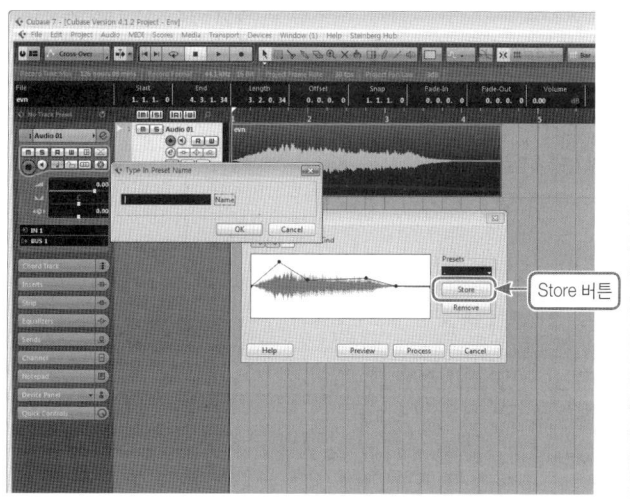

04 설정 값이 마음에 들고, 나중에 같은 값을 사용할 필요가 있다고 생각되면, Store 버튼을 클릭하여 프리셋으로 저장합니다. 저장한 프리셋은 Presets 목록에서 선택할 수 있고, Remove 버튼으로 삭제할 수 있습니다.

05 엔벨로프 창의 Process 버튼을 클릭하여 프로세스를 적용하면 사운드의 엔벨로프가 변경된 것을 확인할 수 있습니다. 프리셋 저장 방법은 다른 프로세서에서도 동일하므로 기억하기 바랍니다.

2 페이드 인/아웃 프로세스

Process 메뉴의 Fade In과 Fade Out은 사운드를 점점 크게(Fade In), 점점 작게(Fade Out)하는 효과를 만드는 기능입니다. 곡 전체를 페이드 인/아웃 하기 위해서는 믹스콘솔의 마스터 볼륨을 이용하는 것이 편리하지만, 샘플의 일부분은 프로세스 기능을 이용합니다. 실습으로 엔딩이 자연스럽지 못한 연주의 샘플을 페이드 아웃으로 처리해보 겠습니다.

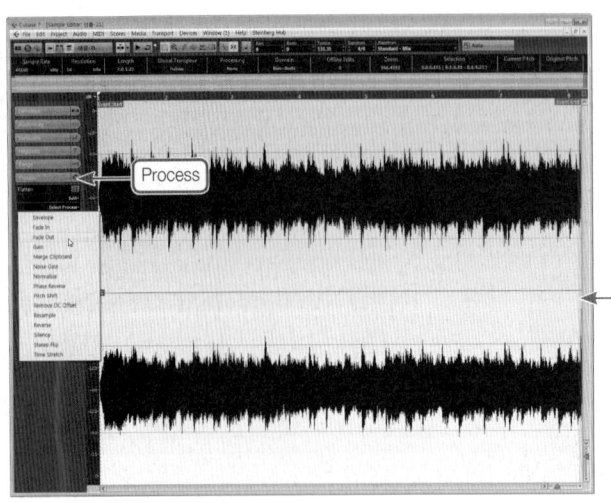

01 Fade Out 샘플을 불러와 오디오 이벤 트를 더블 클릭하여 샘플 에디터를 엽 니다. 그리고 곡의 끝 부분을 선택하고, 인스펙 터 창의 Process 파라미터의 Select Process 에서 Fade Out을 선택합니다.

02 볼륨 라인을 독자가 원하는 형태로 편 집을 해도 좋지만, 디스플레이 아래쪽 에 있는 8개의 라인 타입 버튼 중에서 적당한 것을 선택합니다. Process 버튼을 클릭하면 Fade Out 효과가 만들어지는 것을 확인할 수 있습니다.

 가정교사

사운드를 점점 크게 하는 Fade In은 사운드를 점점 작게 하는 Fade Out과 사용법이 동일합니다.

볼륨 조정하기

Gain은 사운드의 볼륨을 조정하는 기능입니다. 대부분의 오디오 장비에서 Gain은 입력 볼륨을 말하지만, 큐베이스와 누엔도의 Gain은 입/출력 구분 없이 선택한 오디오 이벤트의 볼륨을 조정합니다. 실습으로 사운드의 일부분이 작게 녹음되어 밸런스가 불규칙한 샘플의 볼륨을 조정해 보겠습니다.

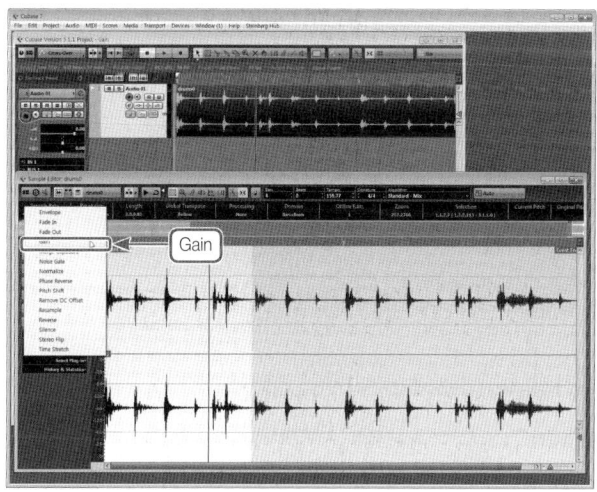

01 Gain 샘플 파일을 불러옵니다. 오디오 이벤트를 더블 클릭하여 샘플 에디터를 열고, 소리가 작은 뒷 부분의 파형을 선택합니다. 그리고 Process에서 Gain을 선택합니다.

02 Gain 창의 슬라이드를 우측으로 움직여 6.00dB 정도로 높여봅니다. 하단의 More 버튼은 볼륨 변화 전(Pre-CrossFade)과 후(Post-CrossFade)의 적용 시간을 설정할 수 있는 슬라이드를 열어줍니다.

가정교사

볼륨을 조정하기 전에는 Preview 버튼을 클릭하여 사운드가 찌그러지는 클립핑 현상이 발생하는지의 여부를 확인하는 것이 좋습니다. 클립핑 여부는 조정 슬라이드 아래쪽에 Clip Detected로 표시됩니다.

Merge Clipboard는 클립보드에 저장한 사운드를 선택한 사운드에 믹스하는 기능입니다. 클립 보드란 윈도우 저장 공간을 말합니다. 이벤트를 복사(Ctrl+C)할 때, 선택한 이벤트에 특별한 변화는 없었지만, 문제없이 복사되던 것을 기억할 것입니다. 이것은 Ctrl+C키를 눌러 이벤트를 복사할 때, 클립 보드라는 공간에 저장이 되기 때문입니다. 실습으로 사운드를 복사해서, 선택한 사운드에 믹스해보겠습니다.

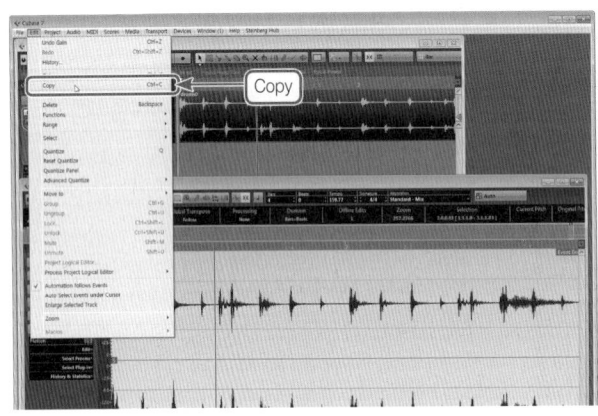

01 볼륨을 조정한 Gain 샘플의 파형을 Ctrl+A 키를 눌러 모두 선택합니다. 그리고 Edit메뉴에서 Copy를 선택하거나, Ctrl +C 키를 눌러 선택한 사운드를 복사합니다. 선택한 사운드를 클립 보드에 저장하는 것입니다.

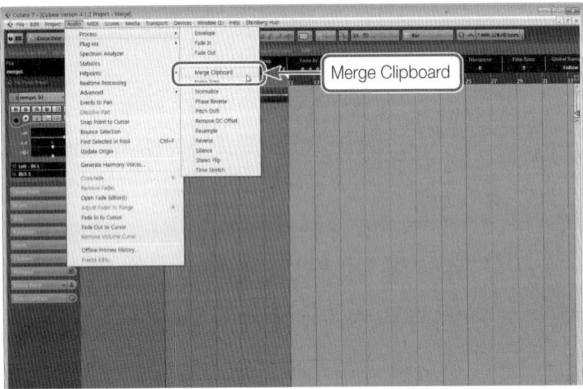

02 Merge 샘플을 열고, 오디오 이벤트를 선택합니다. 그리고 Audio 메뉴의 Process에서 Merge Clipboard를 선택합니다.

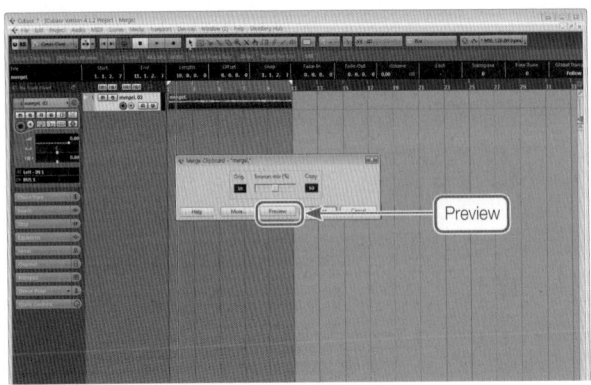

03 창의 Preview 버튼을 클릭하여 사운드를 모니터 하면서 슬라이드를 좌/우로 움직여 선택한 이벤트(Orig)와 클립 보드 사운드(Copy)의 밸런스를 조정합니다. 클립 보드에 저장한 내용은 프로젝트를 바꿔도 사용할 수 있다는 것을 실습해본 것입니다. 실제로는 프로젝트에서 사운드를 믹스하여 새로운 소스를 만드는 기법으로 사용합니다.

5 잡음 제거하기

Noise Gate는 사운드의 잡음을 제거하는 기능입니다. 상업용 샘플은 녹음이 잘 되어 있기 때문에 노이즈 게이트를 사용할 일이 없지만, 독자가 녹음한 사운드에는 잡음이 있을 수 있습니다. 단, 노이즈 게이트는 한계가 있으므로, 녹음을 할 때 주의하는 것이 최선의 방법입니다. 실습으로 드럼 사운드 녹음 과정에서 유입된 잡음을 제거해 보겠습니다.

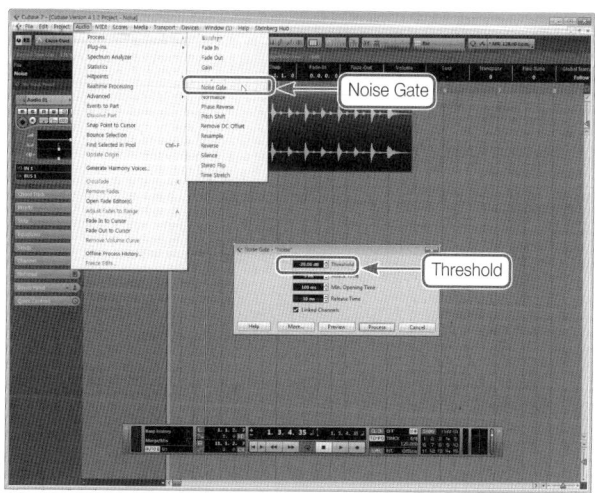

01 Noise 샘플 파일의 오디오 이벤트를 선택하고, Audio 메뉴의 Process에서 Noise Gate를 선택하여 창을 엽니다. 노이즈 게이트는 Threshold에서 설정한 레벨 이하의 사운드를 제거합니다. -27dB 정도로 조정하여 잡음을 제거해봅니다.

02 그 밖에 Attack은 게이트가 적용되는 시작 시간, Min. Opening은 유지 시간, Release는 끝나는 시간입니다. More 버튼을 클릭했을 때 보이는 Dry/Wet는 노이즈 게이트 적용 비율을 조정하는 것입니다.

6 볼륨을 최대로 크게 하기

Normalize는 클립핑 현상이 일어나지 않는 한도까지 볼륨을 올려주는 기능입니다. 클립핑이란 재생 가능한 최대 사운드 이상의 볼륨이 입력되었을 때 일그러지는 현상을 말합니다. 디지털 사운드는 최대 레벨을 0dB로 제한하고 있으며, 그 이상의 사운드는 잡음으로 처리됩니다.

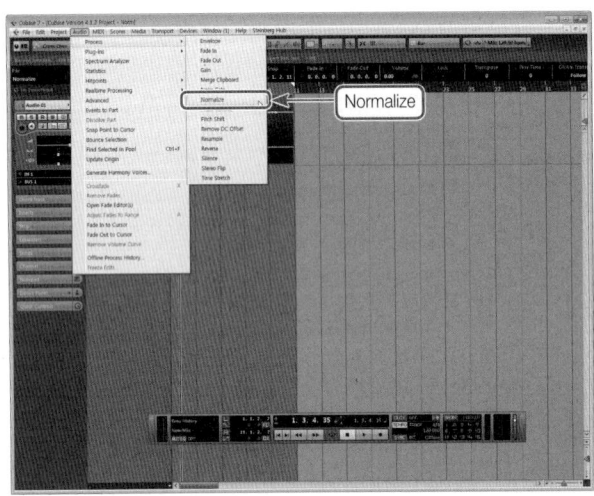

01 Norm 샘플을 불러와 오디오 이벤트를 선택하고, Audio 메뉴의 Process에서 Normalize를 선택합니다.

02 창의 슬라이드 값이 0dB인 것을 확인하고, Process 버튼을 클릭합니다. 선택한 오디오 이벤트의 볼륨이 0dB이 넘지 않는 한도 내에서 최대한 커지는 것을 확인할 수 있습니다.

가정교사

사운드에 잡음이 있을 경우에는 잡음까지 커지게 됩니다. 그래서 노멀라이즈를 사용할 때는 노이즈 게이트와 함께 사용하는 것이 일반적입니다.

7 위상 바꾸기

Phase Reverse는 사운드의 위상을 바꿔주는 기능입니다. 위상이란 사운드 파형의 각도를 말하는 것으로 위상이 같은 각도로 겹치면 소리가 증가하고, 반대로 겹치면 소리가 감소하는 현상이 발생합니다. 녹음 과정에서 위상이 바뀌는 원인은 입력 단자의 플러스와 마이너스 단자가 바뀌는 물리적인 것 외에도 녹음 공간의 잔향, 이펙트의 사용 등 다양한 원인이 있을 수 있습니다.

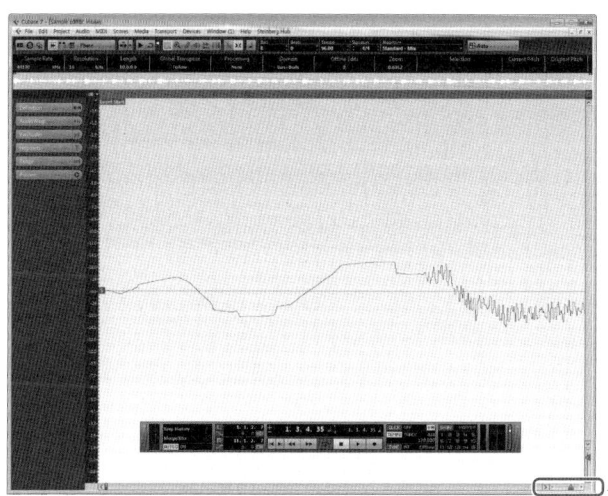

01 Phase 샘플 파일을 열고, 오디오 이벤트를 더블 클릭하여 샘플 에디터를 엽니다. 그리고 줌 슬라이드를 오른쪽으로 드래그하면 파형의 각도를 확인할 수 있습니다.

줌 슬라이드

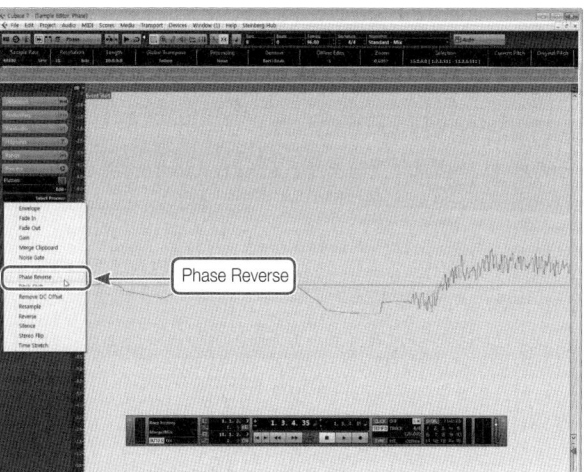

Phase Reverse

02 Process에서 Phase Reverse를 선택합니다. 파형이 위/아래로 각도가 바뀐 것을 확인할 수 있습니다. Phase Reverse는 다른 프로세서와 같이 별도의 설정 창이 열리지 않습니다.

8 음정 조정하기

Pitch Shift는 사운드의 음정을 조정하는 기능입니다. 샘플을 사용하다가 보면, 작업하고 있는 음악과 음정이 틀려서 아쉬운 경우가 있습니다. 큐베이스와 누엔도 프로세서 중에서 가장 뛰어난 기능을 가지고 있는 Pitch Shift는 사운드의 변형을 최대한 방지하면서 음정을 조정할 수 있습니다. Pitch Shift는 Transpose와 Envelope 페이지를 가지고 있습니다. 각 페이지의 구성요소와 기능들을 살펴보겠습니다.

01 Pitch 파일을 불러와 오디오 이벤트를 선택하고, Audio 메뉴의 Process에서 Pitch Shift를 선택합니다. 창 상단에는 빨간색과 파란색 표시가 있는 건반이 있습니다. 빨간색은 기준 음정이고, 파란색은 변경할 음정입니다. 빨간색은 Alt 키를 누른 상태에서 선택할 수 있고, 파란색은 마우스 클릭으로 선택할 수 있습니다.

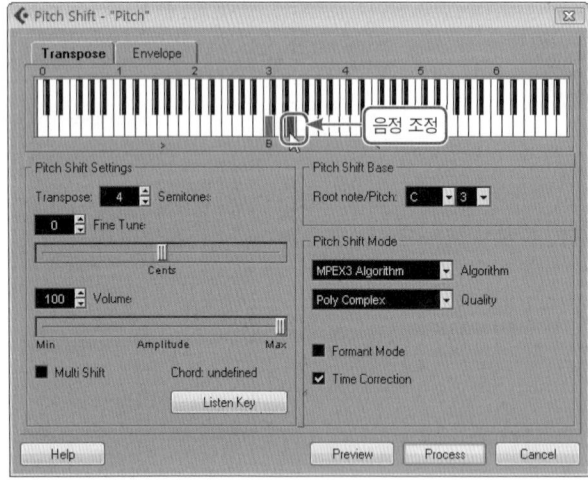

02 E 음을 클릭하여 파란색을 표시를 합니다. 빨간색이 C 음에 있으므로, 두 음을 높이겠다는 것입니다. Process 버튼을 클릭하여 변경한 음정을 확인합니다. 나머지 옵션을 살펴보겠습니다.

03 건반 아래쪽에는 Pitch Shift Settings, Pitch Shift Bass, Pitch Shift Mode의 3가지 섹션이 있습니다. Pitch Shift Base는 빨간색 건반의 위치를 표시하거나 선택합니다.

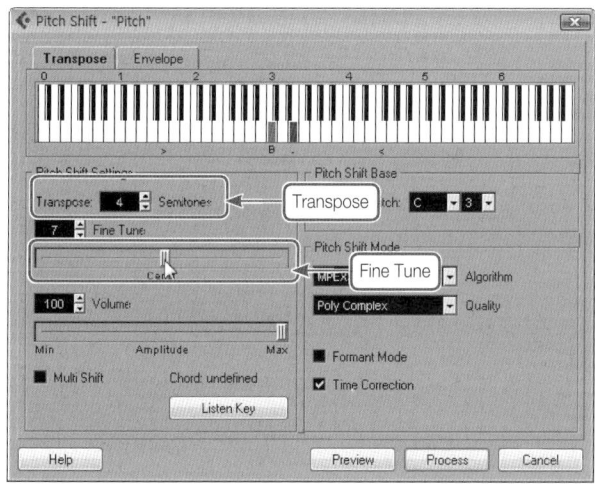

04 Pitch Shift Settings섹션에서 Transpose 는 파란색으로 조정하는 음정을 반음 단위로 표시하거나 선택합니다. Fine Tune은 Cents 슬라이드를 움직여 한음을 200단계로 미세하게 조정합니다.

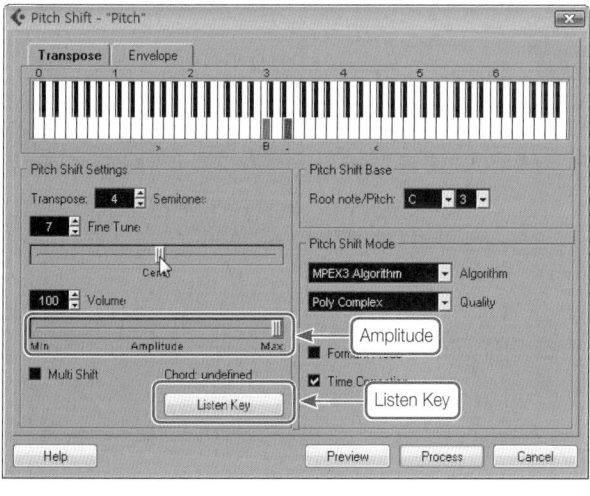

05 Volume은 Amplitude 슬라이드를 움직 여 볼륨의 변화를 퍼센트 단위로 조정 합니다. Multi Shift 옵션은 파란색 건반을 코드 로 선택할 수 있도록 해주며, Listen Key/Chord 버튼은 조정할 음정을 모니터 합니다.

06 Pitch Shift Mode섹션은 음정 조정에 사용하는 옵션을 설정합니다. 프로세스 엔진을 선택하는 Algorithm은 MPEX Algorithm이며, Preset에서 음색 퀄리티 옵션을 선택할 수 있습니다. 그리고 음색을 유지하는 템포를 유지하는 Time Correction 옵션이 있습니다.

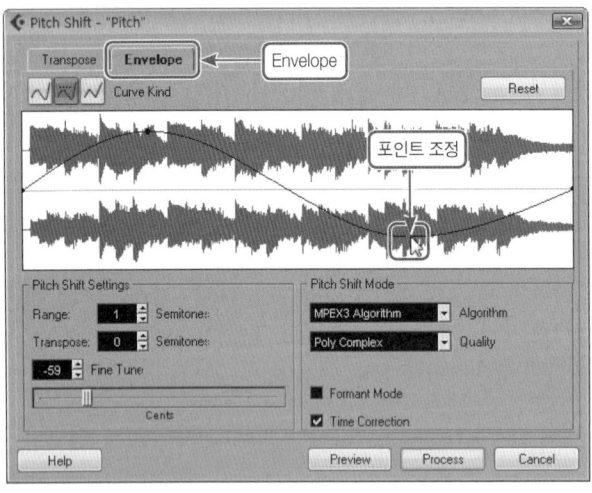

07 Envelope 페이지에서는 음정을 순차적으로 조정할 수 있는 엔벨로프 그래프를 가지고 있습니다. Curve Kind에서 라인을 선택하고, 마우스 클릭으로 포인트를 만듭니다. 포인트는 드래그로 조정하고, 창 밖으로 드래그하여 삭제할 수 있습니다.

08 Envelope 페이지의 옵션들은 최대 16단계(1=반음)로 조정 범위를 설정할 수 있는 Range 항목이 있다는 것 외에는 Transpose에서 살펴본 내용과 동일합니다. 엔벨로프 그래프 우측 상단에 있는 Reset 버튼은 조정한 라인을 초기화 합니다.

Remove DC Offset은 녹음 중에 유입되는 전기 잡음을 제거합니다. 전기 잡음이란 전류의 간섭으로 파형이 베이스 라인에서 벗어나는 현상을 말합니다. 음악 장비들은 전기를 사용하고 있기 때문에 그 수가 많을수록 전기 잡음이 발생할 확률은 높아집니다. DC Offset을 이용해서 녹음 과정에서 유입된 전압 잡음을 제거해 보겠습니다.

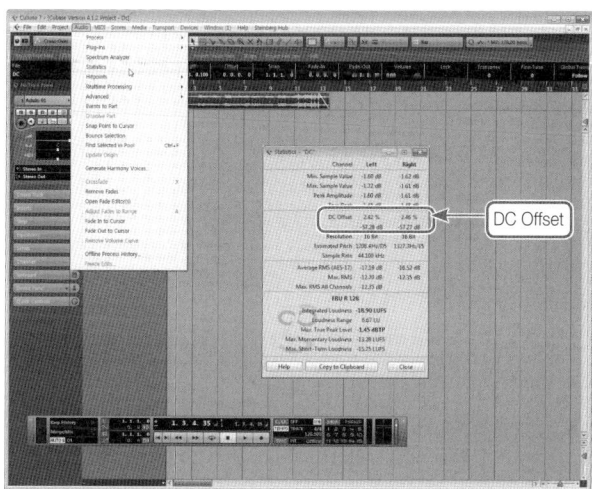

01 DC 샘플을 열어, Audio 메뉴의 Statistics를 선택합니다. Statistics 창의 DC Offset 항목을 보면 2.4 % 징도 베이스 라인이 벗어나 있는 것을 확인할 수 있습니다.

02 Close 버튼을 클릭하여 창을 닫고, Audio 메뉴의 Process에서 Remove DC Offset을 선택합니다. 프로세스 과정이 끝나고, Statistics 창을 다시 열어보면 DC Offset이 0%로 교정된 것을 확인할 수 있습니다.

Resample은 샘플의 주파수를 변경합니다. 샘플의 주파수를 변경하면 사운드의 음정과 템포가 변합니다. Process 메뉴의 Resample은 이러한 현상을 이용해서 샘플의 음정과 템포를 미세하게 조정하고 싶을 때 사용할 수 있습니다. 기억할 것은 샘플의 주파수를 높인다고 해서 사운드의 음질이 좋아지는 것은 아니라는 것입니다. 좋은 사운드를 얻기 위해서는 높은 주파수로 녹음을 해야 합니다.

01 Sam 샘플 파일을 불러옵니다. 두 개의 샘플 레이트가 일치하지 않아 템포가 어긋나고 있습니다. Drums 트랙의 이벤트를 선택하고, Audio 메뉴의 Process에서 Resample를 선택합니다.

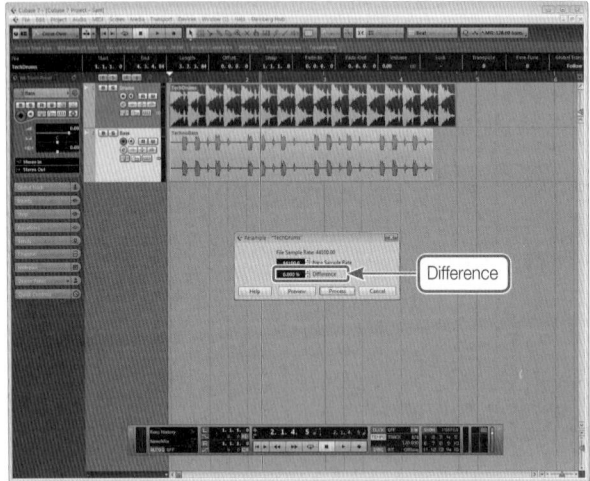

02 Difference 항목에서 0% 값을 입력합니다. New Rate 값을 보면 48Khz에서 44.1 KHz 로 변경될 것이라는 것을 알 수 있습니다. Process 버튼을 클릭하면, 잠시 프로세스 과정이 보이고, 템포가 일치하는 것을 확인할 수 있습니다.

사운드의 재생 방향 바꾸기

Reverse는 선택된 사운드의 재생 방향을 바꾸어 줍니다. 드럼 심벌의 사운드를 거꾸로 재생하여 만드는 리버스 심벌은 너무나 익숙한 샘플입니다. 이처럼 사운드의 재생 방향을 바꾸면 의외로 재미있는 효과를 만들 수 있습니다. 특히 영상의 효과 사운드를 만들 때 많이 사용하는 기법이므로, 다양한 연구와 실습을 반복하여 자신만의 노하우를 쌓을 수 있길 바랍니다.

음성 녹음

01 Rever 샘플 파일을 불러옵니다. 오디오 트랙을 추가하고, 독사의 목소리를 녹음해봅니다. 서태지 음반의 "피가 모자라", 김현정 음반의 "꼭 사주세요~" 등과 재미있는 메시지를 담아봅니다.

Reverse

02 녹음한 이벤트를 선택하고, Audio 메뉴의 Process에서 Reverse를 선택합니다. 잠시 프로세스 과정이 끝나면, Enter 키를 눌러 재생해봅니다. 독자가 녹음한 사운드가 거꾸로 재생되는 것을 확인할 수 있습니다. 이제 누군가 독자의 음악을 듣고, 거꾸로 재생했을 때의 메시지를 발견하여 인터넷을 뜨겁게 달굴지도 모릅니다.

12 사운드 제거하기

Silence는 선택한 구간의 사운드를 제거합니다. 큐베이스와 누엔도에서는 사운드의 일부분을 제거하는 다양한 방법들이 있습니다. 그 중에서 Process 메뉴의 Silence은 아주 작은 범위에 해당하는 클릭 잡음 등을 제거하는데 편리합니다.

01 프로젝트 윈도우의 범위 선택 버튼을 이용해서 사운드를 제거하고 싶은 구간을 선택합니다. 샘플 에디터를 이용하지 않고 범위 선택 버튼을 이용하는 이유는 큐베이스와 누엔도의 모든 프로세스 기능을 이와 같이 이벤트가 일부분에 적용할 수 있다는 것을 알아보기 위해서입니다.

02 Audio 메뉴의 Process에서 Silence를 선택합니다. 선택한 부분의 사운드가 제거되는 것을 확인할 수 있습니다. 정밀한 구간을 프로세싱할 때는 샘플 에디터를 이용해야겠지만, 적당한 범위는 이렇게 이벤트에 바로 적용하는 것도 좋습니다.

Stereo Flip은 스테레오 사운드를 보정합니다. 좌/우 채널이 바뀌었거나, 양쪽의 사운드를 믹스하는 등의 잘못 녹음한 스테레오 사운드를 보정하는데 사용합니다. 즉, 스테레오 사운드에만 적용할 수 있는 프로세서입니다.

01 Stereo 샘플 파일을 불러옵니다. 왼쪽 채널에 기타 사운드, 오른쪽 채널에 드럼 사운드가 있습니다. Audio 메뉴 Process에서 Stereo Flip을 선택하여 창을 엽니다.

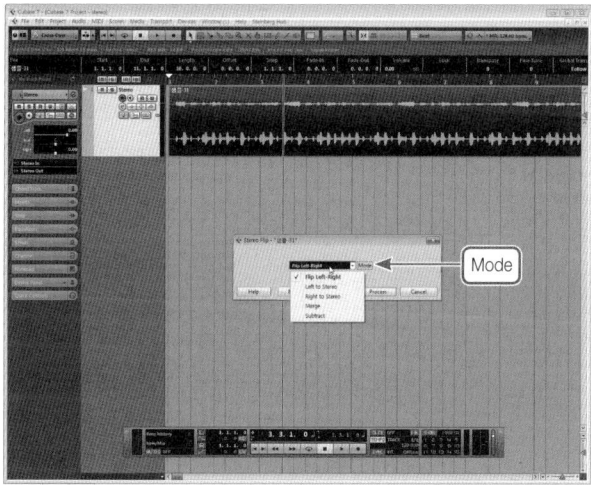

02 창에는 모두 5가지 모드를 적용할 수 있는 메뉴가 있습니다. Flip Left-Right을 선택하여 왼쪽과 오른쪽의 사운드를 바꿔봅니다. 기타와 드럼 연주가 좌/우로 바뀌는 것을 확인할 수 있습니다.

가정교사

Flip Left - Right: 왼쪽과 오른쪽 채널을 바꿉니다.
Left/Right to Stereo: 왼쪽 또는 오른쪽 채널을 복사합니다.
Merge/Subtract: 두 채널을 믹스합니다. Merge는 왼쪽, Subtract 오른쪽 채널이 기준입니다.

Time Stretch는 사운드의 템포를 조정합니다. 샘플을 임포팅하여 사용할 때, 작업 중인 곡의 템포와 일치시키거나, 특별한 효과를 만들기 위해서 사용할 수 있습니다. Time Stretch는 선택한 샘플의 정보를 표시하는 Input 섹션과 템포가 조정된 정보를 표시하는 Output 섹션으로 구분되어 있습니다.

01 Stretch 샘플 파일을 불러옵니다. 그리고 Audio 메뉴의 Process에서 Time Stretch를 선택하여 창을 엽니다.

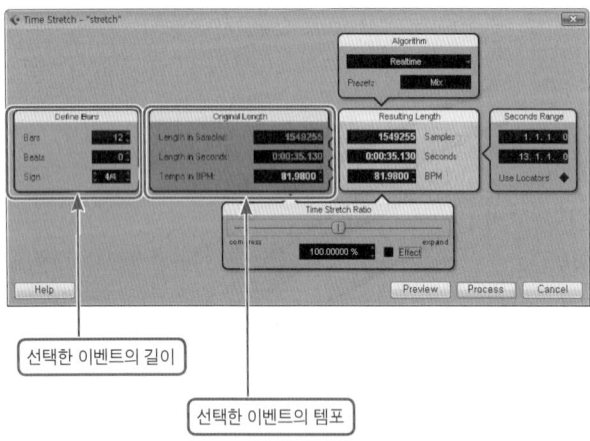

선택한 이벤트의 길이

선택한 이벤트의 템포

02 왼쪽의 Define Bars와 Original Length 섹션은 선택한 이벤트의 정보를 표시합니다. 이것은 자동으로 검색되기 때문에 값을 수정할 이유는 없지만, 잘못 검색된 경우에는 직접 수정할 수 있습니다. 샘플은 12마디 길이의 81.98 템포로 표시되고 있습니다.

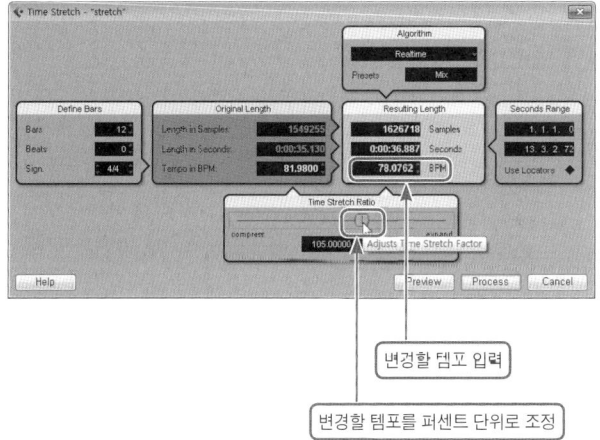

변경할 템포 입력

변경할 템포를 퍼센트 단위로 조정

03 Time Stretch Ratio에서 변경할 템포의 값을 퍼센트 단위로 입력하거나 슬라이드를 이용해서 조정합니다. 변경될 템포는 Resulting Length 섹션에 표시되며, BPM 값을 직접 조정해도 좋습니다.

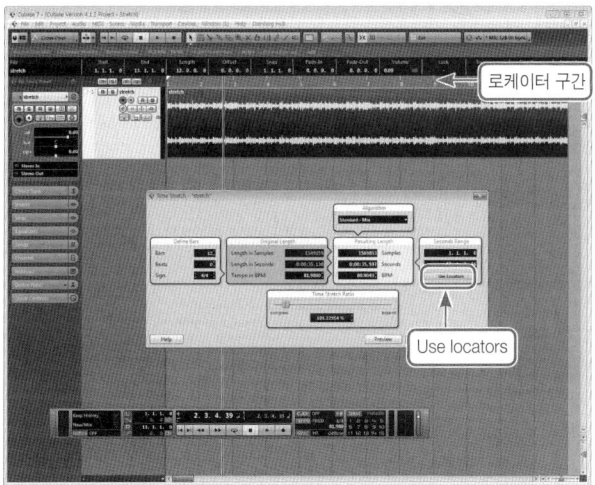

로케이터 구간

Use locators

04 Seconds Range는 템포 조정으로 변경될 이벤트의 길이를 표시합니다. 만일, 정확한 길이를 맞추고 싶다면, Time Stretch를 실행하기 전에 로케이터 구간을 설정하고, Use locators 버튼을 클릭하여 맞출 수 있습니다.

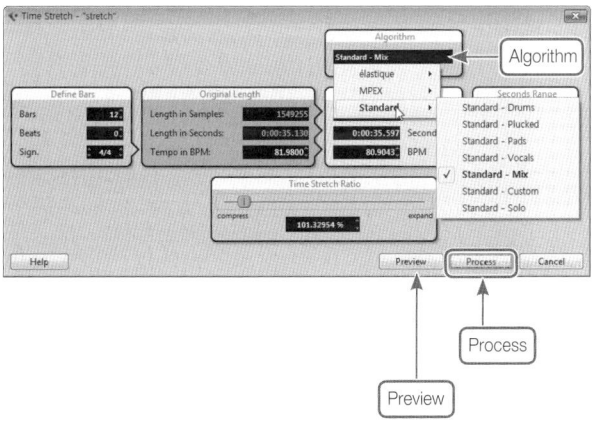

Algorithm

Process

Preview

05 Algorithm은 Realtime 상태에서 소스에 적합한 것을 선택하고, Process를 적용하기 전에 Preview로 확인해보는 것이 좋습니다. 시스템 사양이 높다면, MPEX 알고리즘을 권장합니다.

믹스콘솔 사용하기

03 Chapter

믹스콘솔는 곡 작업에서 사용하고 있는 모든 트랙의 볼륨, 팬, EQ, Effects 등을 하나의 창에서 컨트롤 하는 역할을 하는 것으로 믹싱이나 마스터링 작업을 할 때 사용합니다. 큐베이스와 누엔도는 Mixconsole, Mixconsole 2, Mixconsole 3로 모두 3개의 믹스콘솔을 제공하고 있지만, 서로 다른 기능을 하는 것은 아니고, 각각의 믹스콘솔마다 사용자가 원하는 채널을 배치하여 개별적으로 컨트롤 할 수 있다는 것을 의미합니다.

1 믹스콘솔의 구성 살펴보기

믹스콘솔은 Devices 메뉴의 MixConsole Lower Zone을 선택하거나 단축키 Alt+F3, 또는 로우 존 열기 버튼을 클릭하여 프로젝트 아래쪽으로 열거나 Devices 메뉴의 MixConsole, MixConsole 2, MixConsole3를 선택하거나 단축키 F3 키를 눌러 독립 창으로 열 수 있습니다. 믹스 콘솔에서는 스테레오 또는 서라운드 음악을 만들기 위해 각 채널의 레벨과 팬을 조정하고, 이펙트를 장착하고 제어하는 모든 작업을 하게 됩니다. 결국 믹싱이나 마스터링 작업을 위해서 가장 많이 사용하게 되는 창이 될 것입니다.

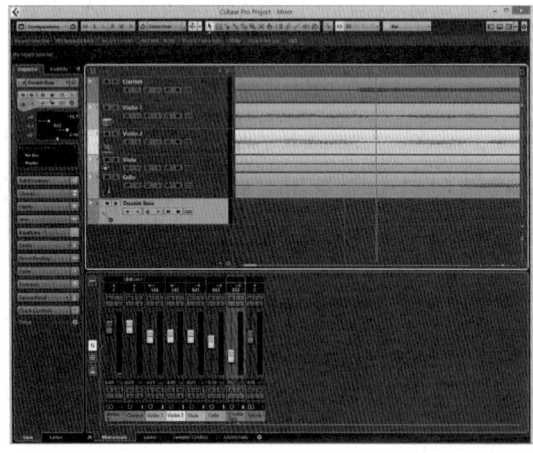

▲ 로우 존

▲ 독립 창

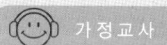

01 Mixer 샘플 파일을 열고, Device 메뉴의 Mixconsole을 선택하거나 F3키를 눌러 믹스콘솔을 엽니다. 모두 6개의 채널로 구성되어 있는 음악이므로, 인/아웃을 포함하여 총 8개의 페이더로 구성되어 있는 믹스콘솔을 볼 수 있습니다.

😊 가정교사

인/아웃 채널은 VST Connection에서 설정한 내용이므로, 설정을 변경했다면 변경한 수 많큼의 채널이 보입니다.

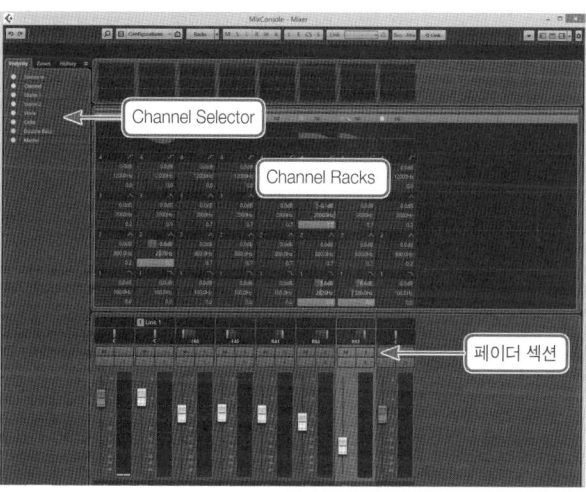

02 페이더 섹션 위로는 Routing, Inserts, EQ, Strip, Sends 랙으로 구성되어 있는 Channel Racks 섹션이 있고, 왼쪽에는 채널 이름이 목록으로 표시되어 있는 Channel Selector가 있습니다.

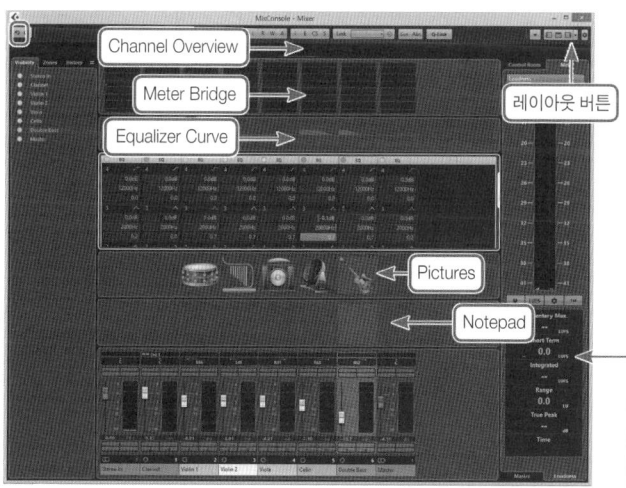

03 그 밖의 Channel Overview, Meter Bridge, Equalizer Curve, Pictures, Notepad, Control Room/Meter 섹션은 레이아웃 버튼을 클릭하면 열리는 창에서 표시 여부를 결정할 수 있습니다.

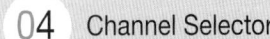

04 Channel Selector

Visibility, Zones, History 탭으로 구성되어 있는 Channel Selector 섹션은 채널의 이름을 표시합니다. 목록에 표시되어 있는 이름은 인/아웃과 사용자가 만든 트랙이며, 이를 선택하여 해당 채널을 선택할 수 있습니다.

05 채널 이름 왼쪽의 라디오 버튼을 클릭하여 Off 시키면, 해당 채널을 화면에서 감출 수 있습니다. 드럼 파트, 리듬 파트 등, 각 파트 별 악기 채널만 표시되게 하여 작업의 효율성을 높일 수 있습니다.

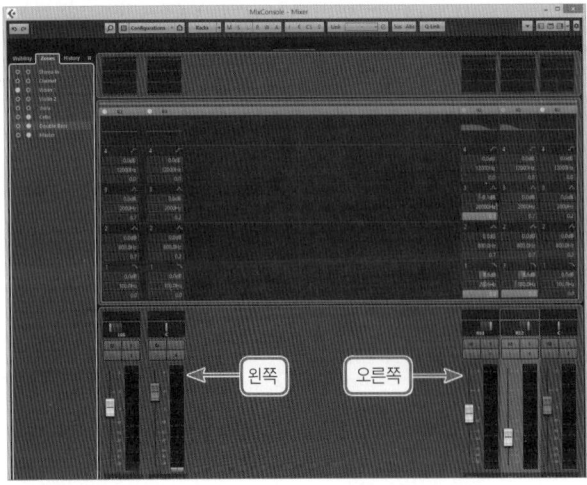

06 Zones 탭에는 두 개의 라디오 버튼을 제공하며, 각각 해당 채널을 왼쪽과 오른쪽으로 배치시키는 역할을 합니다. Zone으로 배치된 채널은 화면에 고정되어 스크롤에서 제외됩니다.

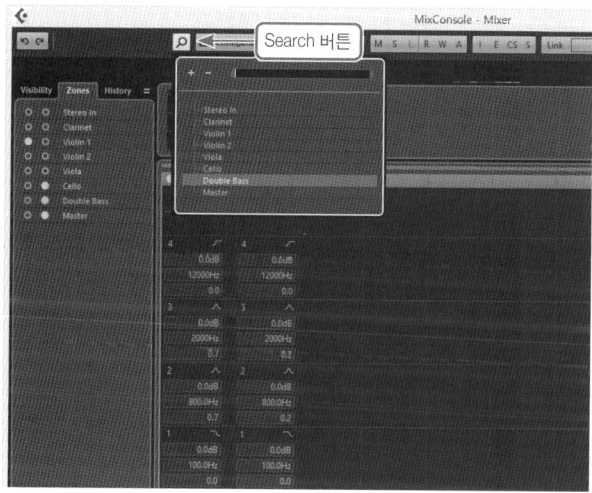
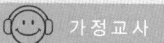

07 Channel Selector 섹션에도 넘칠 만큼의 많은 채널을 사용하고 있다면 Search 버튼을 클릭하여 컨트롤하고자 하는 채널을 찾을 수 있습니다. 다만, 작업을 할 때 채널 이름을 정확히 입력해놔야 할 것입니다.

가 정 교 사

채널 이름은 한글을 사용해도 좋으며, 이벤트를 알아볼 수 있게 만듭니다. 영어로 입력했다가 본인도 알아보지 못하는 허세는 아무런 도움이 되지 않습니다.

08 History 탭은 믹스콘솔에서의 작업 내용을 기록하고 있으며, 원하는 작업을 선택하여 복구 할 수 있습니다.

09 바로 이전 작업을 취소할 때는 Undo 버튼 또는 Alt + Z 키를 누르는 것이 편리할 것입니다. 오른쪽의 Redo 버튼은 취소한 내용을 다시 실행합니다.

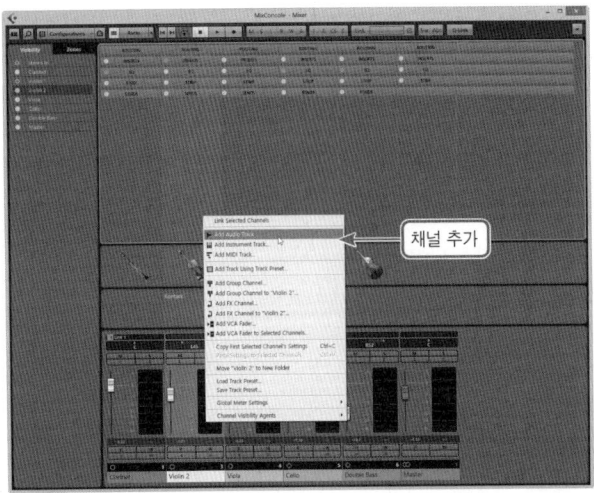

10 Filter Channel Types

큐베이스와 누엔도는 오디오, 인스트루먼트, 미디 등의 다양한 채널을 제공하며, 믹스콘솔에서 사용자가 원하는 채널 타입만 표시되게 할 수 있습니다. 샘플 파일은 인/아웃과 오디오 채널만으로 작업되어 있으므로 마우스 오른쪽 버튼을 클릭하여 Instrument, MIDI, Group, FX 등의 채널을 추가해봅니다.

11 도구 모음 줄의 Filter Channel Types

버튼을 클릭하면 믹스콘솔에 표시할 채널 타입을 선택할 수 있는 메뉴가 열립니다. All Channel Types은 모든 타입을 표시하는 것이고, Deselect All 모두 표시하지 않는 것입니다.

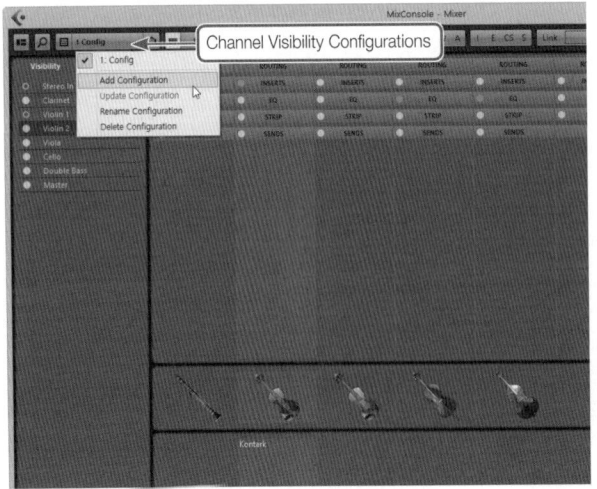

12 Channel Visibility Configurations

Channel Visibility Configurations 메뉴를 클릭하면 현재 표시되어 있는 채널을 프리셋으로 관리할 수 있는 서브 메뉴가 열립니다. Add는 프리셋 만들기, Update는 변경된 프리셋을 같은 이름으로 저장, Raname은 이름 변경, Delete는 삭제입니다.

채널 선택

13 Channel Visibility **Agents**

채널의 타입 별로 구분하는 Channel Types 외에 선택한 채널만 표시하는 Agents 기능을 제공합니다. 샘플 파일에서 Violin1을 선택하고, Ctrl 키를 누른 상태로 Viola 채널을 선택합니다. 두 개의 채널을 선택하는 동작이며, 연속된 채널을 선택할 때는 Shift 키를 이용합니다.

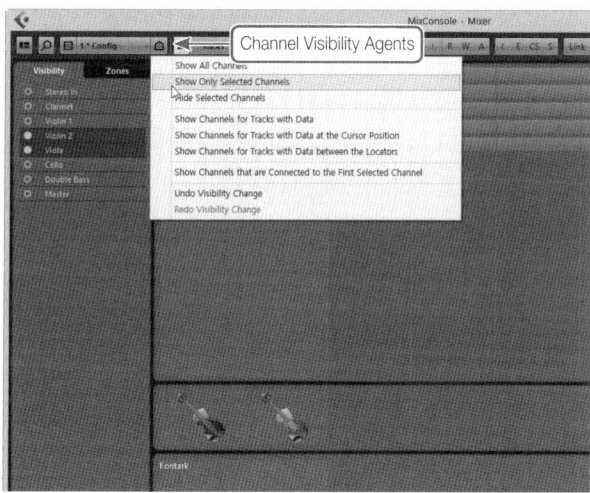

Channel Visibility Agents

14 도구 모음 줄에서 Channel Visibility Agents 클릭하여 메뉴를 열고, Show Only Selected Channels을 선택합니다. 앞에서 선택한 Violin 1과 Viola 두 채널만 표시되는 것을 확인할 수 있습니다.

- Show All Channels : 모든 채널 표시
- Show Only Selected Channels : 선택한 채널 표시
- Hide Selected Channels : 선택한 채널 숨기기
- Show Channels for Track with Data : 데이터가 있는 트랙 표시
- Show Channels for Tracks with Data at the Cursor Position : 송 포지션 라인 위치의 데이터 트랙 표시
- Show Channels for Tracks with Data between the Locators : 로케이터 범위의 데이터 트랙 표시
- Show Channels that are connected to the First Selected Channel : 선택한 트랙에 연결된 모든 트랙 표시
- Undo Visibility Change : 표시 변경을 취소
- Redo Visibility Change : 표시 변경을 다시 실행

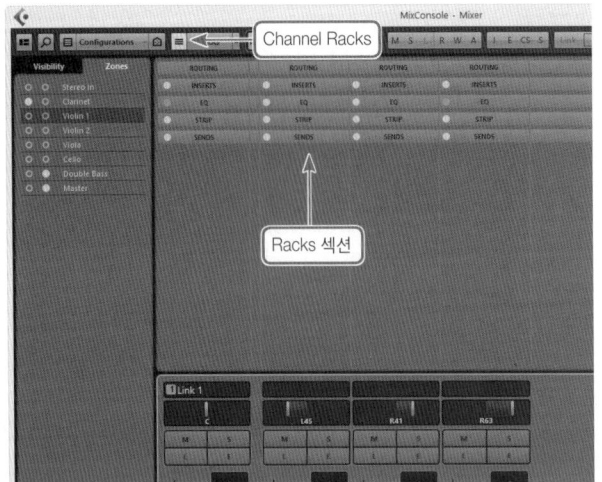

15 Channel Racks

스튜디오의 수 많은 장비를 쌓아두는 장식장을 랙이라고 하며, Channel Racks 버튼을 클릭하여 랙 섹션을 열거나 닫을 수 있습니다.

16 Select Racks

랙은 채널 별로 Routing, Insert, EQ, Strip, Sends 순서로 배열되어 있으며, 랙 이름을 클릭하여 슬롯을 열거나 닫을 수 있습니다. Inserts 랙을 클릭하여 슬롯을 열고, 적당한 이펙트 장치를 장착합니다.

17 Inserts 라디오 버튼이 하늘색으로 표시 됩니다. Inserts 랙에 장착한 이펙트가 작동되고 있다는 의미입니다. 라디오 버튼을 클릭하면 노란색으로 바뀝니다. 이것은 Bypass를 의미하며, 장치는 장착되었지만, 작동은 되지 않는다는 표시입니다. Inserts 적용 전/후의 사운드를 비교해볼 때 사용합니다.

18 도구 모음 줄의 Select Racks을 클릭하면 Channel Racks 섹션에 표시할 랙의 종류를 선택할 수 있는 메뉴가 열립니다. All Racks은 모든 랙을 표시하는 것이고, Deselect Racks은 모두 표시하지 않는 것입니다.

19 Rack Settings

Select Racks 오른쪽에 별표 모양으로 되어 있는 버튼을 클릭하면 랙의 표시 방법을 선택할 수 있는 Rack Settings 메뉴가 열립니다. Show 메뉴는 해당 랙을 열었을 때만 볼 수 있습니다.

- Exclusive Expanded Rack : 열려있는 랙을 닫고, 선택하는 랙만 열리게 합니다.
- Fixed Number of Slots : Inserts, Sends, Cues, Quick Controls 랙의 슬롯을 모두 표시합니다.
- Link Racks to Configurations : 채널을 프리셋을 저장할 때 랙 설정도 유지되게 합니다.
- Show Pre/Filters as 〈Combined Label & Setting〉 : Pre 랙의 표시 방법을 선택합니다.
- Show Inserts as 〈Plug-in Names〉: Insert 랙의 표시 방법을 선택합니다.
- Show All Channel Strip Controls : Strip 랙의 모든 컨트롤러를 표시합니다.
- Show One Channel Strip Type : Strip 랙의 선택 장치만 표시합니다.
- Show Sends as 〈Combined Destination & Gain〉: Sends 랙의 표시 방법을 선택합니다.
- Show Quick Controls as 〈Combined Destination & Value〉: Quick Controls 랙의 표시 방법을 선택합니다.

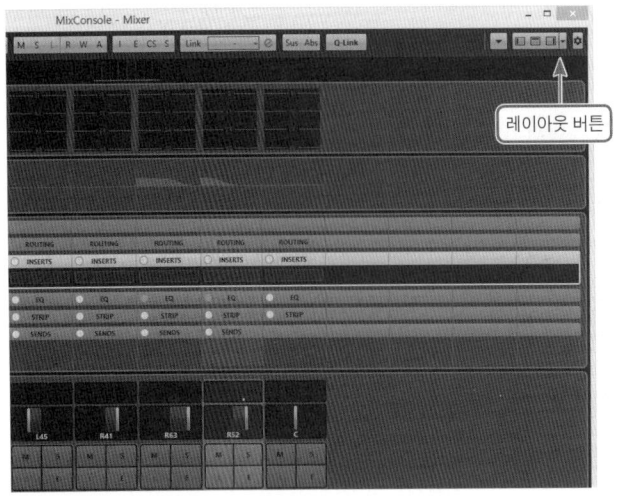

레이아웃 버튼

20 Pictures & Notepad

각 채널에는 그림과 메모를 삽입할 수 있는 기능을 제공합니다. 레이아웃 버튼에서 Pictures 와 Notepad 옵션을 체크합니다.

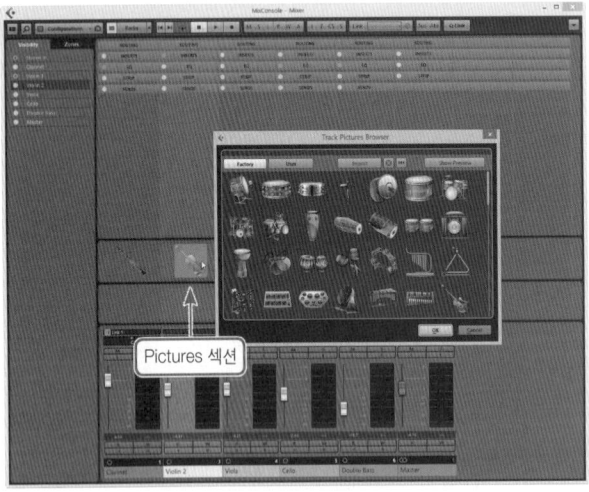

Pictures 섹션

21 랙 아래쪽으로 Pictures와 Notepad 섹션이 열립니다. Pictures 섹션을 클릭하면 큐베이스에서 제공하는 그림이나 사용자 컴퓨터에 저장되어 있는 그림을 선택할 수 있는 브라우저가 열립니다.

Notepad 섹션

22 Notepad 섹션을 클릭하면 문자를 입력할 수 있는 상태가 되며, 해당 채널에서 사용된 마이크 및 장비 셋팅 상태 등을 메모해 둘 수 있습니다.

로우 존의 믹스콘솔은 작업 창이 작기 때문에
모든 파라미터를 한 화면으로 보여주지 못합니
다. 작업 상황에 따라 도구, 페이더, 인서트, 센
드 보기 버튼을 선택합니다.

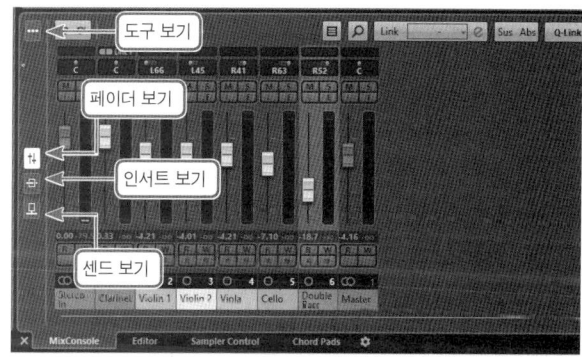

큐베이스에서 제공하는 4가지 믹스콘솔은 모두 독립적으로 운용됩니다. 각 콘솔마다 서로 다른 타입을 배치하여
관리할 수 있기 때문에 매우 유용한 기능입니다. 하지만, 믹서를 여러 개 사용하지 않는 경우에는 로우 존과 독립
창이 개별적으로 운용되는 것이 혼란스러울 수 있습니다. 다행히 큐베이스는 이를 함께 운용할 수 있는 싱크 기능
을 제공합니다. Sync 버튼을 클릭하면 어떤 믹스콘솔과 연결할 것인지를 선택할 수 있는 메뉴가 열립니다.

〈믹스콘솔을 연결하지 않은 경우 - 독립창에서 트랙을 감추어도 로우 존에는 변화가 없다.〉

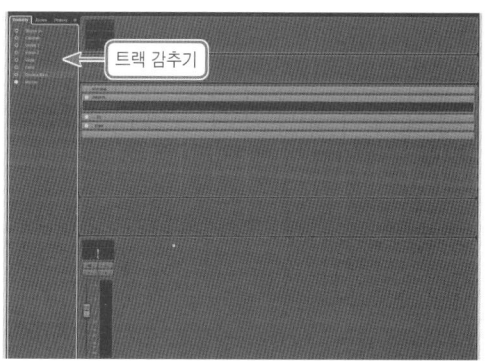

〈Sync MixConsole and Project로 로우 존과 연결 한 경우 - 독립 창과 동일한 모습〉

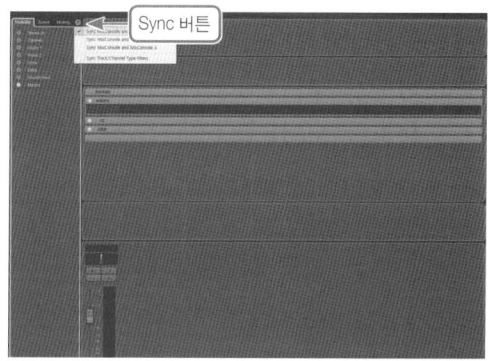

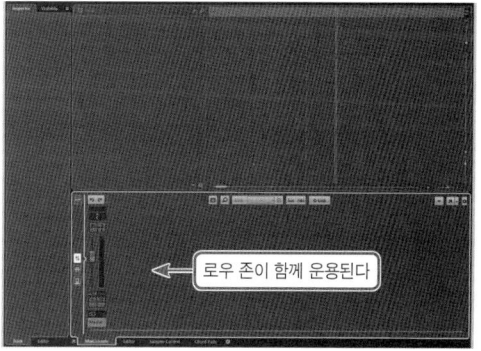

2 믹스콘솔의 기본 사용법

믹스콘솔 각 채널의 랙과 페이더는 인스펙터 파라미터와 동일하므로, 세부적인 내용은 인스펙터 파라미터 학습 편을 참조하기 바랍니다. 여기서는 믹싱과 마스터링 작업을 하는데 필요한 기초적인 내용을 살펴보겠습니다.

Routing Racks

01 채널의 입/출력 라인을 선택하는 Routing은 프로젝트 창 및 채널 셋팅 창의 인/아웃과 동일합니다. 입력 라인에서는 마이크 및 악기 등의 레코딩 소스가 연결되어 있는 포트를 선택하는 것이 일반적이지만, 스튜디오 환경에 따라 토크 백이나 확장 장치가 연결될 수 있습니다. 출력 라인도 Master 채널이 연결되는 것이 일반적이지만, FX나 Group 채널이 연결될 수 있습니다.

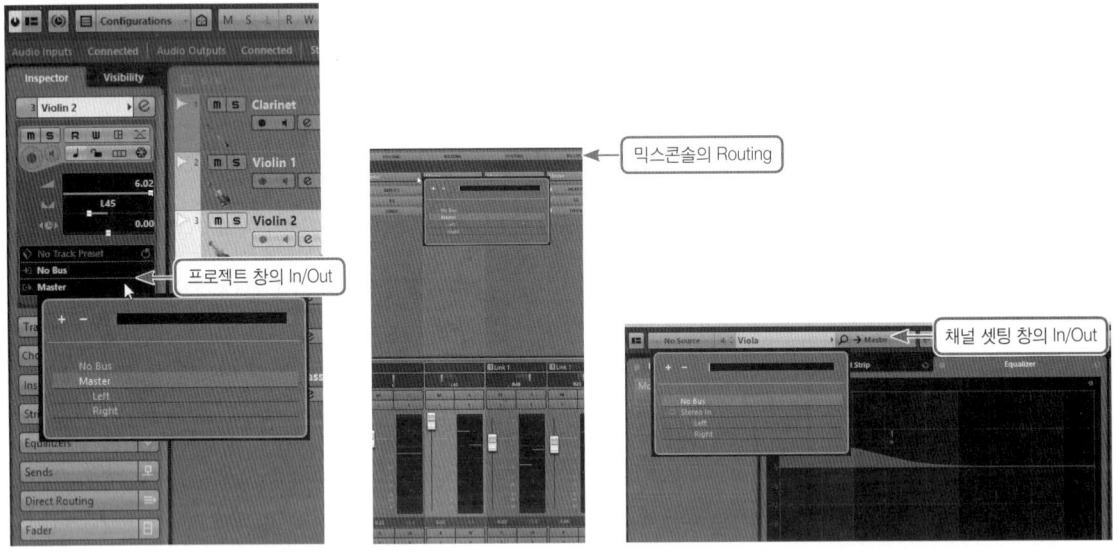

02 Routing 랙에 표시되는 오디오 인/아웃은 VST Connections 설정으로 결정되는 것이므로, 멀티 오디오 인터페이스를 사용하고 있는 경우에는 사전 설정이 꼭 필요합니다.

01 Inserts 전에 적용되는 Pre 랙에는 입력 사운드의 고음이나 저음을 차단하는 Filter, 입력 레벨을 조정하는 Gain, 위상을 바꾸는 Phase 기능을 제공합니다. 채널 셋팅 창의 Pre 항목도 동일한 역할입니다.

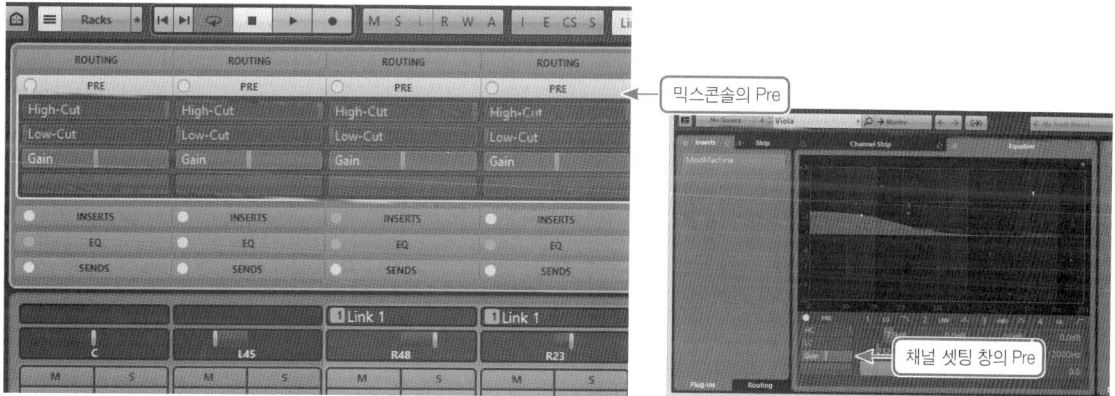

02 Filter

사운드의 고음역(HC) 또는 저음역(LC)을 차단합니다. 각각 마우스 드래그로 주파수를 조정할 수 있으며, 미세 조정은 Shift 키를 누른 상태로 드래그합니다. Ctrl 키를 누른 상태로 클릭하면 초기값으로 설정됩니다.

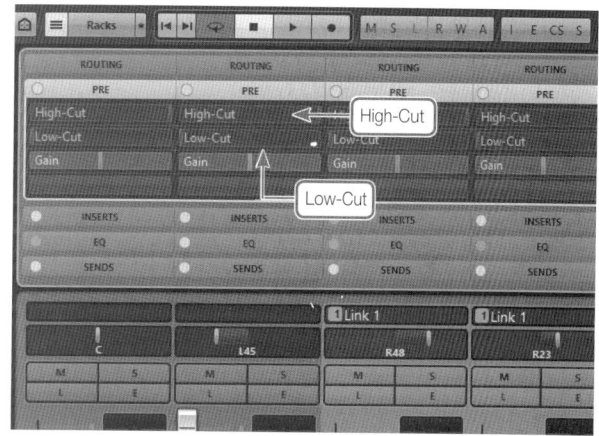

03 간혹 보컬을 녹음할 때 마이크의 LC 필터를 적용하여 저음역대 잡음을 감소시키는 경우가 있습니다. 그것보다는 녹음을 노멀로하고, 필요한 경우에 믹스콘솔의 LC을 적용하는 것이 효과적입니다. 각각의 필터는 활성 버튼을 On으로 했을 때 작동됩니다.

04 Gain

일반적으로 입력 레벨은 녹음하는 소스에서 조정을 하지만, 여러가지 변수로 인해서 게인을 조정할 필요가 있다면, Pre 랙에서 게인을 조정할 수 있습니다. 값은 마우스 드래그 또는 Gain 항목을 더블 클릭하여 입력합니다. Shift 키를 누르면, 미세 조정이 가능합니다.

05 Phase

오디오 파형은 이론적으로 동일한 파형이 겹치면 볼륨이 2배 증가하고, 반대 파형이 겹치면 무음으로 들립니다. 실제로 이렇게 완벽한 위상 반전 현상은 경험하기 어렵지만, 사용자의 의도와는 다르게 볼륨이 증가하거나 감소하는 현상은 쉽게 경험할 수 있습니다.

가정교사

위상은 오디오 파형의 각도를 말합니다.

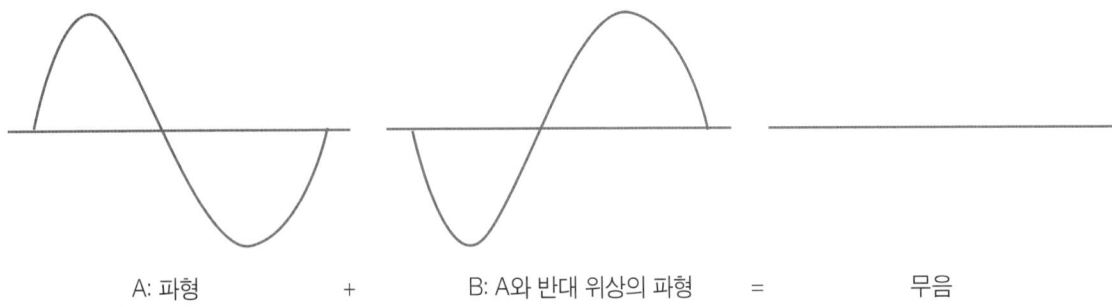

A: 파형   +   B: A와 반대 위상의 파형   =   무음

06 위상 반전은 오디오 케이블의 극성이 바뀌는 하드웨어적인 문제보다도 녹음 공간의 특성이나 딜레이와 같은 시간 지연 이펙트를 사용할 때 흔하게 발생하는데, 일반적으로 마이크의 위치를 바꿔보는 것 만으로도 해결할 수 있습니다. 그 밖에 상황에서는 입력되는 위상을 아예 반대로 바꿔보는 시도를 해볼 수 있는데, 이러한 역할을 하는 것이 믹스콘솔의 Phase 버튼입니다.

Inserts Racks

01 믹스콘솔의 Insert 랙은 프로젝트 창의 Inserts 인스펙트 파라미터 또는 채널 셋팅 창의 Inserts 패널과 동일합니다. 큐베이스와 누엔도는 30여가지 이상의 VST Effects를 기본으로 제공하고 있으며, 타사의 VST Effects를 추가로 설치하여 기능을 무한정 확대할 수 있습니다.

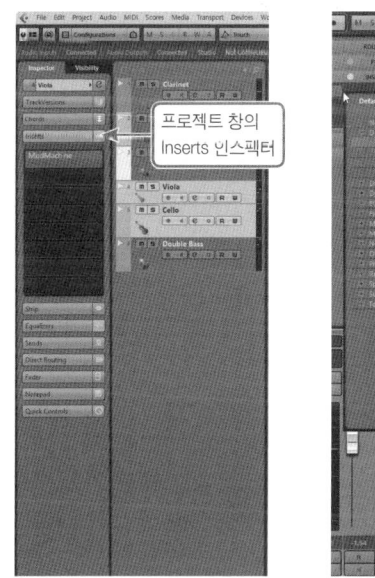

프로젝트 창의
Inserts 인스펙터

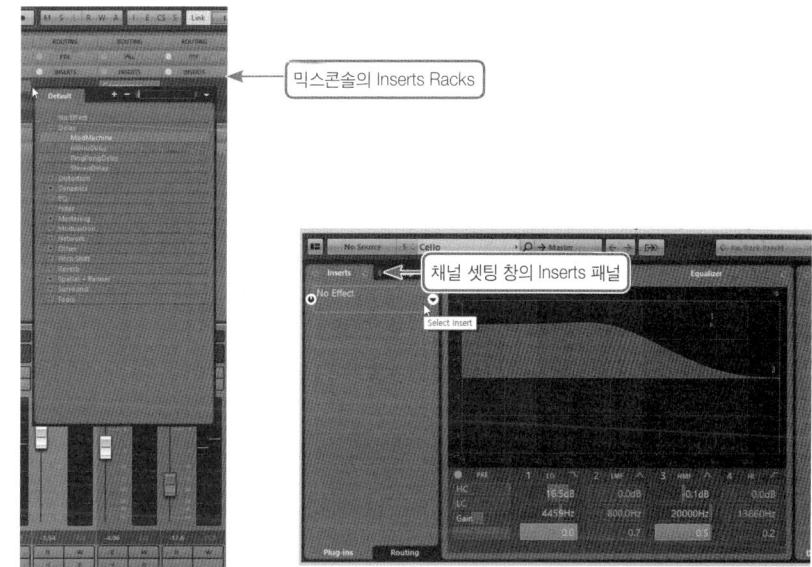

믹스콘솔의 Inserts Racks

채널 셋팅 창의 Inserts 패널

02 이펙트는 슬롯을 클릭하면 열리는 메뉴에서 사용자가 원하는 이펙트를 선택하는 것만으로 쉽게 적용할 수 있으며, 장착한 이펙트를 제거할 때는 No Effect를 선택합니다. 각 이펙트의 자세한 내용은 이펙트 학습편에서 살펴보겠습니다.

큐베이스에서 제공하는
이펙트의 종류

03 Inserts 랙에서 이펙트를 장착할 때 주의해야 할 점은 1번에서 6번까지는 볼륨 슬라이드 전에 적용되는 Pre 이펙트이며, 7, 8번은 볼륨 슬라이드 이후에 적용되는 Post라는 것입니다. 일반적으로 7, 8번에는 볼륨에 영향을 받는 다이내믹 계열이나 디더링에 관련된 이펙트를 사용합니다.

| 1-6번의 Insert Effects | → | 볼륨 슬라이드 | → | 7-8번의 Insert Effects |

04 장착한 이펙트는 드래그로 Pre/Post 또는 채
널의 위치를 이동시킬 수 있으며, Alt 키를 누
른 상태로 드래그하여 복사도 가능합니다.

05 이펙트나 EQ 사용이 서툰 입문자라면 전문가
들이 만들어 놓은 프리셋을 이용해도 좋습니
다. 랙 이름 오른쪽의 프리셋 버튼을 클릭하여 메뉴를
열고, From Track Preset을 선택합니다. Load FX는
사용자가 저장한 프리셋을 불러오고, Save FX는 채널
의 설정을 프리셋으로 저장하는 메뉴입니다.

06 큐베이스와 누엔도는 가수나 악기 음색에 어
울리는 이펙트 설정 값들을 카테고리로 제공
하고 있기 때문에 입문자도 쉽게 고급 사운드를 연출
할 수 있습니다. 반드시 각각의 프리셋들을 불러와 어
떤 이펙트를 어떤 값으로 사용하고 있는지 연구해보는
시간을 가져보기 바랍니다.

01 채널의 주파수를 조정하는 믹스콘솔의 EQ 랙은 프로젝트 창의 Equalizers 인스펙트 및 채널 셋팅 창의 Equalizers 패널과 동일합니다. 모두 슬라이드 방식과 그래픽 방식을 제공하고 있으며, 각 방식에 익숙해져야 할 것입니다.

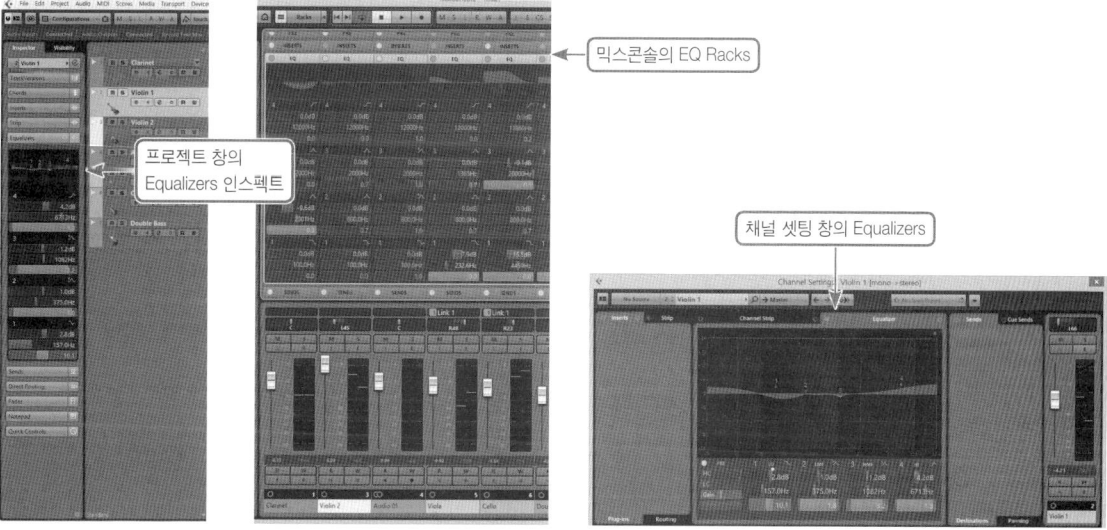

믹스콘솔의 EQ Racks

프로젝트 창의
Equalizers 인스펙트

채널 셋팅 창의 Equalizers

02 믹스콘솔의 EQ는 4밴드 타입이며, 상단에 EQ 커브를 보여주는 부분과 하단에 각 밴드의 Gain, Frequency, Q-Factor를 슬라이드 방식으로 조정할 수 있는 부분으로 구성되어 있습니다. 레이아웃 버튼의 Equalizers-Curve를 체크하면 EQ 커브를 Routing 상단에 표시할 수 있습니다.

그래프 디스플레이

슬라이드

03 슬라이드 타입은 각 밴드의 활성 버튼을 On으로 하여 사용 여부를 결정하며, 각 슬라이드는 마우스 드래그로 조정합니다. Ctrl 키를 누른 상태로 클릭하면 초기값으로 설정됩니다.

활성 버튼

04 커브 타입은 마우스로 선택하는 즉시 확대되어 작업의 편의를 제공하고 있으며, 마우스 클릭과 드래그로 Gain과 Frequency를 조정할 수 있습니다. 포인트를 창 밖으로 드래그하면 해당 밴드가 Off 됩니다.

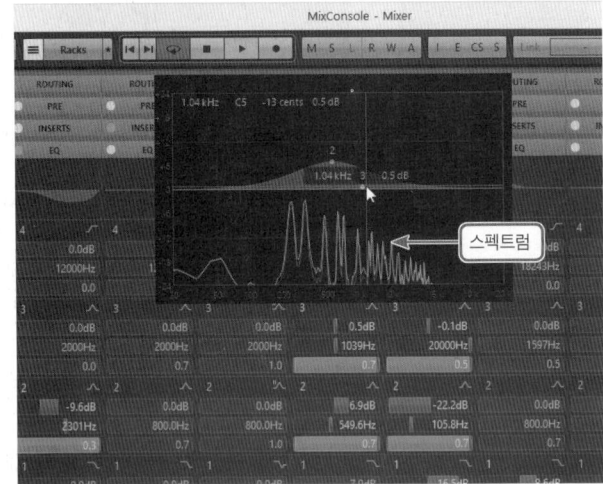

커브를 조정할 때 Ctrl 키를 누르면, Gain만 조정할 수 있고, Alt 키를 누르면 Frequency만 조정할 수 있습니다. 그리고 Shift 키를 누르면 Q 값만 조정할 수 있습니다.

05 커브 창의 장점은 사운드를 재생할 때 EQ 조정 결과를 눈으로 확인할 수 있는 스펙트럼이 표시된다는 것입니다. 회색은 EQ가 적용되기 전의 라인이고, 녹색은 EQ가 적용된 라인입니다.

06 EQ 타입은 활성 버튼 오른쪽의 모듈 버튼을 누르면 변경할 수 있는데, EQ1과 4는 Parametric 외에 Shelf 또는 Pass로 설정할 수 있습니다. Shelf는 설정된 주파수 이하(Low Shelf) 또는 이상 (High Shelf)을 증/감시키는 것이고, Pass는 설정된 주파수 이하(High Pass) 또는 이상(Low Pass)을 차단합니다. 직접 커브의 변화를 확인해보기 바랍니다.

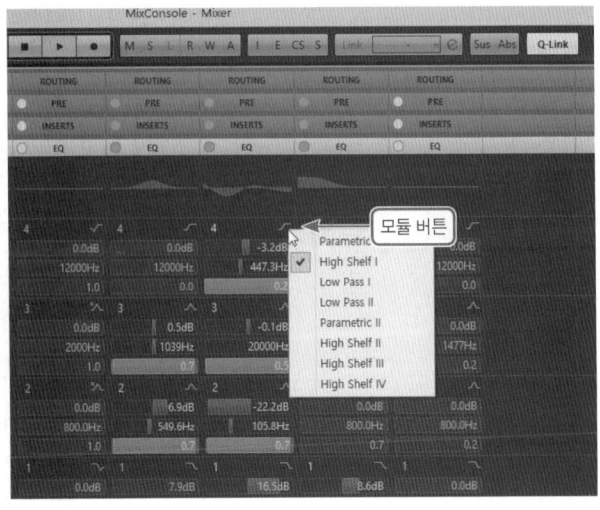

07 EQ는 커브와 슬라이드를 한 화면에서 보고 컨 트롤로 할 수 있는 채널 셋팅 창을 선호하는 편입니다. 믹스콘솔에서 채널 세팅 창을 열 때는 페이 더 섹션의 Edit 버튼을 클릭합니다.

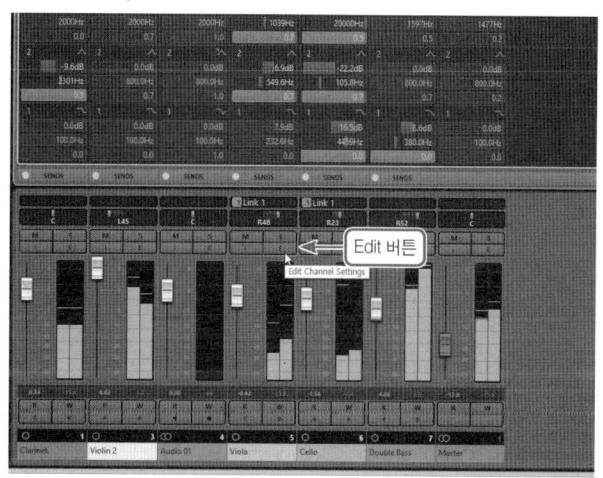

08 채널 셋팅 창의 Equalizer 탭은 커브와 4밴 슬 라이드를 한 화면에서 컨트롤할 수 있습니다. 디스플레이 창 오른쪽 모서리에 보이는 Show/Hide 버 튼을 클릭하면 슬라이드를 노브 타입으로 표시하거나 밴드 컨트롤을 감출 수 있습니다.

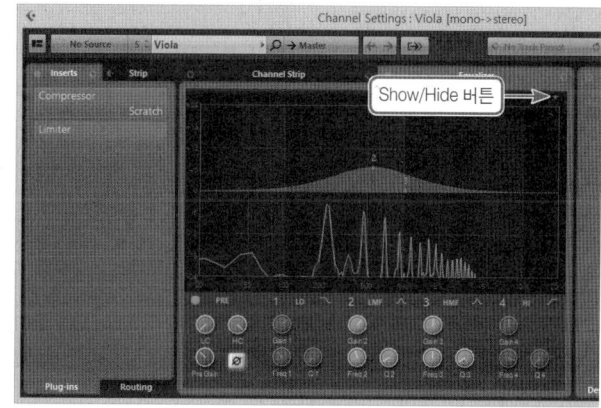

09 믹스콘솔에는 모든 채널의 Inserts, EQ, Strip, Sends를 Bypass 시킬 수 있는 도구를 제공합 니다. 각각의 버튼을 On/Off 하여 믹싱 및 마스터링 작 업 전/후의 사운드를 비교해볼 때 유용합니다.

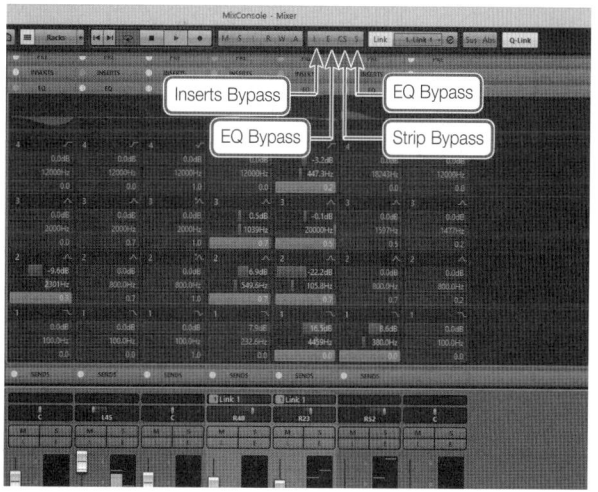

01 큐베이스와 누엔도는 하드웨어 믹스콘솔을 그대로 재현한 Channel Strip을 제공합니다. 이것은 프로젝트 창의 Strip 인스펙터와 채널 셋팅 창의 Strip 탭에서도 구현되고 있으며, Gate, Compressor, EQ, Transient Shaper, Saturation, Limiter를 갖추고 있습니다.

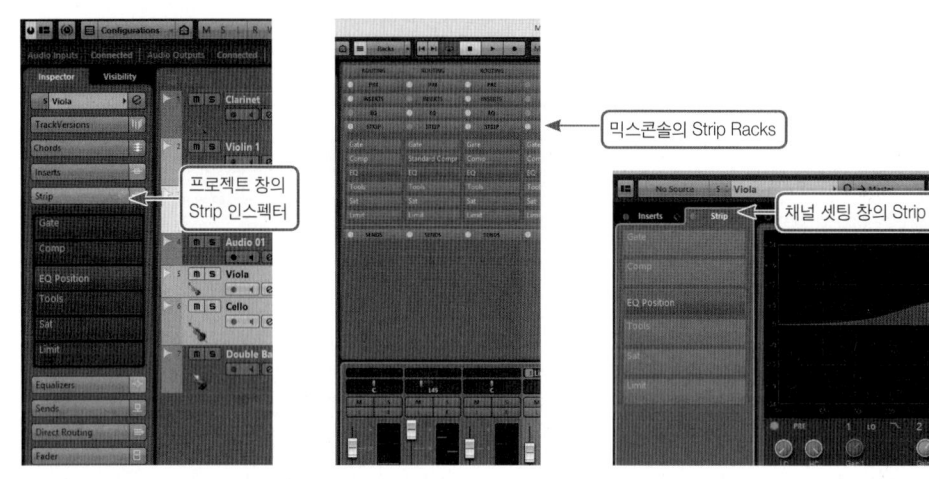

02 Channel Strip에서 제공하는 이펙트는 Inserts 에서 제공하는 것의 일부분이기 때문에 별도의 사용법을 익힐 필요는 없습니다. 자세한 내용은 이펙트 학습편을 참조하기 바랍니다. 참고로 Comp의 경우에는 Standard, Tube, Vintage의 3가지 중에서 선택 가능합니다.

03 큐베이스 및 누엔도에서 제공하는 Channel Strip의 EQ는 마우스 드래그로 위치를 변경할 수 있습니다. 장치의 적용 순서는 믹싱 결과에 큰 영향을 미치는 사항이므로, 다양한 시도를 해보면서 자신만의 환경을 구축할 수 있어야 할 것입니다.

Send Racks

01 믹스콘솔의 Send 랙은 최대 8개의 FX 채널을 연결할 수 있으며, 프로젝트 창의 Sends 인스펙터 또는 채널 셋팅 창의 Send 패널과 동일한 역할을 합니다.

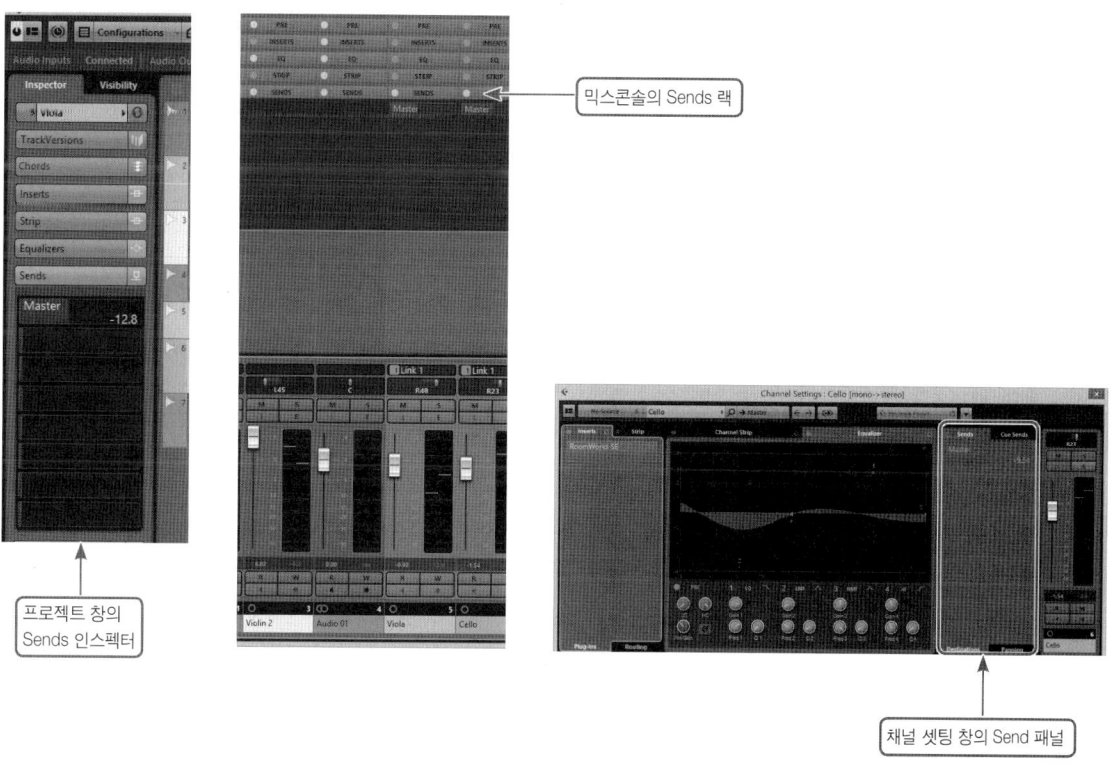

믹스콘솔의 Sends 랙

프로젝트 창의
Sends 인스펙터

채널 셋팅 창의 Send 패널

02 Sends 랙의 슬롯은 FX 채널을 연결하는 것이 목적이므로, 사전에 FX 채널을 만들어야 합니다. 믹스콘솔에서 마우스 오른쪽 버튼을 클릭하여 단축 메뉴를 열고, Add FX Channel을 선택합니다.

Add FX Channel

가 정 교 사

단축 메뉴의 Add FX Channel to "채널 이름"은 선택한 채널의 Sends에 새로 만드는 FX 채널을 자동으로 연결합니다.

03 Configuration에서 채널을 선택하고, Effect에서 이펙트를 선택합니다. 실습에서는 Configuraion 에서 Stereo를 선택하고, Effect에서 Reverb 계열의 REVerence를 선택해보겠습니다.

😊 가정교사

Effect은 No Effect로 설정한 후에 FX 채널에서 최대 8개까지 설정할 수 있으므로, 채널을 만들 때 결정하지 않아도 됩니다.

04 REVerence가 적용된 FX 1 채널이 생성됩니다. Clarinet 채널을 제외한 나머지 5개 채널에서 Sends 슬롯을 클릭하여 FX 1- REVerence를 선택합니다. 하나의 리버브를 5개의 채널에서 동시에 사용하고 있는 것입니다. 이것이 센드 방식의 장점입니다.

05 활성 버튼을 On으로 하고, 슬라이드를 조정하여 각 채널의 리버브 양을 조정합니다. 센드 방식의 단점이라면 이펙트의 양외에는 채널 마다 다른 설정 값을 가질 수 없다는 것입니다. 그래서 양만 조정해도 좋은 리버브나 딜레이 등의 이펙트를 센드 방식으로 많이 사용합니다.

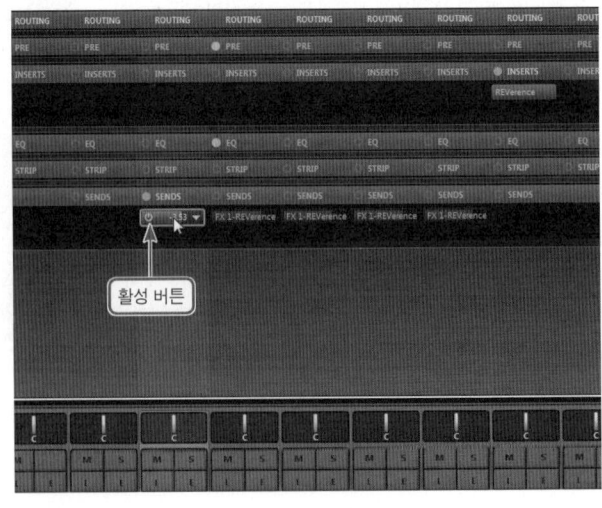

06 Send 랙을 마우스 오른쪽 버튼으로 클릭하면 볼륨 페이저 전에 적용할 수 있는 Move to Pre-Fader 메뉴를 볼 수 있습니다. Pre로 이동시킨 경우에는 단축 메뉴가 Move to Post-Fader로 바뀌어 볼륨 이후에 적용할 수 있습니다.

 Direct Routing

01 다이렉트 라우팅 랙은 채널의 오디오 출력 신호 경로를 빠르게 변경할 수 있는 기능을 제공하며, 프로젝트 창의 Direct Routing 파라미터와 동일합니다. 프로젝트 창에서 Direct Routing 파라미터가 보이지 않는다면, 인스펙터 창 아래쪽에 톱니 모양으로 되어 있는 설정 창 열기 버튼을 클릭하여 Visible Items로 이동시킵니다. 믹스콘솔에서는 도구 모음 줄의 랙 선택 버튼을 클릭하여 목록을 열고, Direct Routing을 선택합니다.

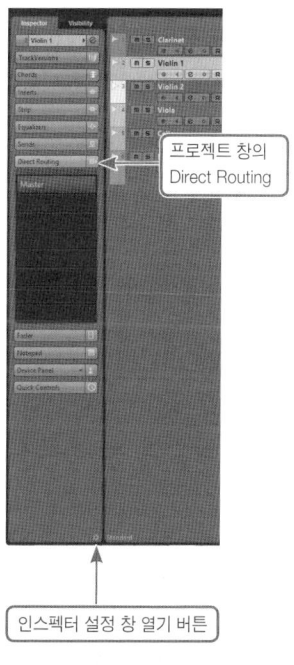

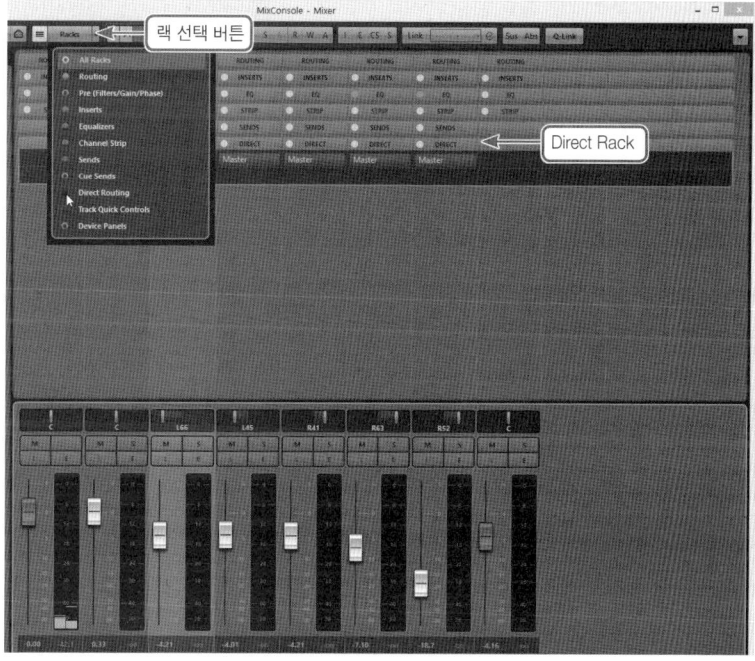

02 다이렉트 라우팅은 신호 경로를 바꾸는 것이 므로, 단축 메뉴 Add Group 명령이나 VST Connections에서 아웃 및 그룹 등의 출력 채널을 미리 만들어야 합니다.

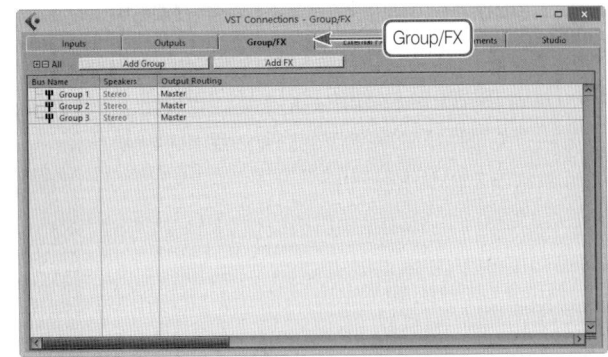

03 Direct Routing 기능을 이용할 트랙들을 Shift 키를 이용해서 모두 선택합니다. 그리고 슬롯을 클릭하여 목록을 열고, Alt + Shift 키를 누른 상태로 만들어 놓은 아웃을 선택합니다.

가정교사

선택한 트랙의 아웃을 한 번에 설정하기 위해서는 Alt+Shift 키를 누른 상태로 선택해야 합니다.

04 Direct Routing 랙의 아웃 슬롯은 총 8개까지 등록이 가능하며, 마우스 선택으로 신호 경로를 바꿀 수 있습니다. Shift 키를 누른 상태로 동시에 2채널 이상의 아웃 설정도 가능합니다.

05 Direct Routing 랙은 5.1 채널 이상의 영화 음악을 제작할 때나 멀티 아웃 스튜디오 환경에서 빠른 모니터가 필요할 때, 또는 Channel Batch Export 믹스다운을 할 때 유용합니다.

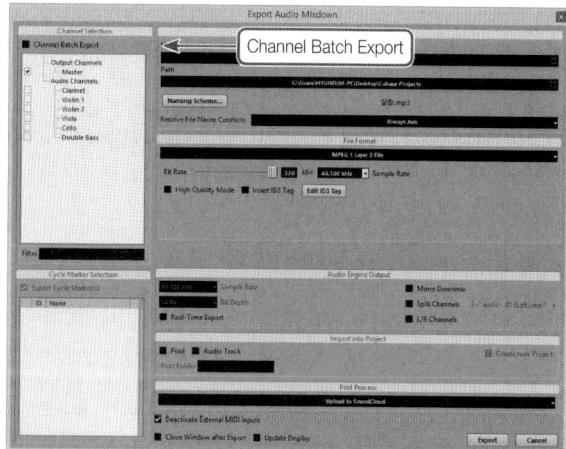

 페이더 섹션

01 믹스콘솔의 페이더 섹션은 프로젝트 창의 Fader 인스펙터 파라미터와 동일하며, 채널의 개별적인 설정을 하나의 창에서 컨트롤 할 수 있는 채널 셋팅 창에서도 동일한 컨트롤을 볼 수 있습니다. 물론, 프로젝트 창의 트랙 컨트롤 인스펙터나 트랙 파라미터에서도 같은 작업을 진행할 수 있습니다. 채널 셋팅 창은 페이더 섹션의 Edit 버튼 또는 컨트롤 파라미터의 Edit 버튼을 클릭하여 열 수 있습니다.

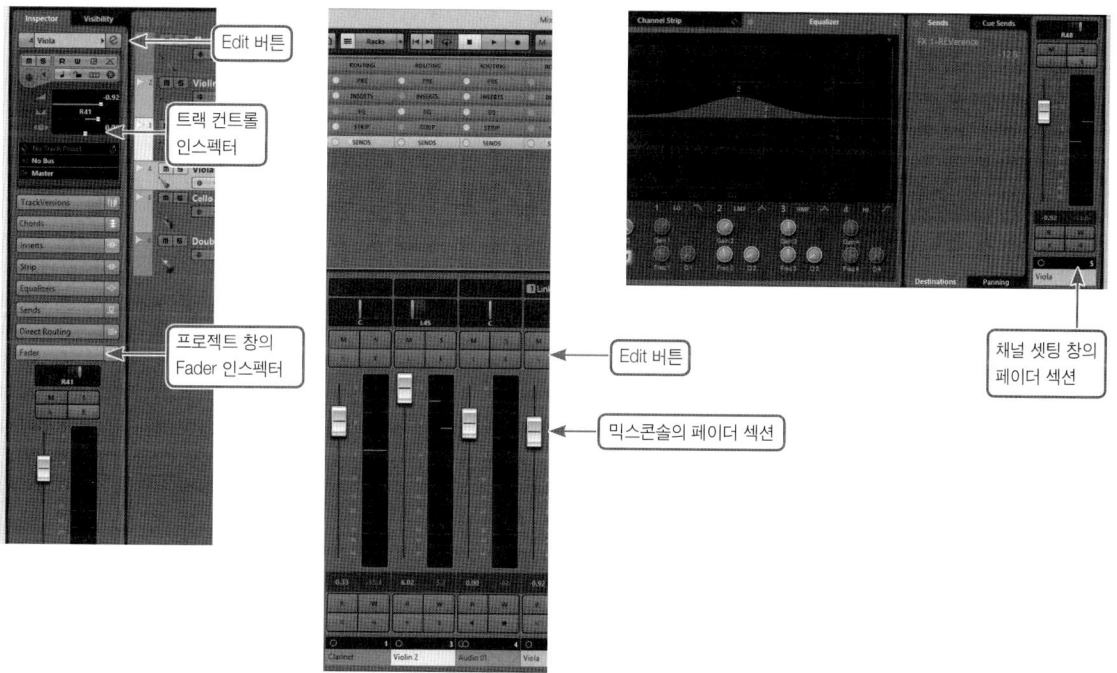

02 채널 파라미터에는 채널을 연결하는 링크, 팬을 조정하는 팬 슬라이드, 뮤트, 솔로, 듣기, 채널 셋팅 창 열기, 볼륨 슬라이드, 오토메이션 쓰기, 읽기, 모니터, 녹음 등, 트랙 컨트롤에서 보았던 파라미터로 구성되어 있습니다.

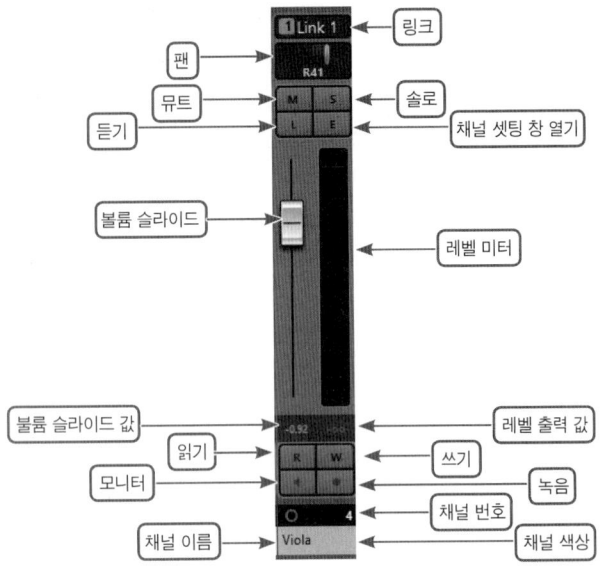

03 키보드 숫자열의 Enter 키를 눌러 곡을 연주해보면서 Violin1과 2는 왼쪽으로 Viola, Cello, Double Bass는 오른쪽으로 팬을 조정해봅니다. 팬은 팬 파라미터를 좌/우로 드래그하거나 팬 값을 더블 클릭하여 조정할 수 있습니다. 각 채널의 팬을 조정할 때, S 버튼을 클릭하여 솔로로 모니터하면 보다 선명하게 팬을 조정할 수 있습니다.

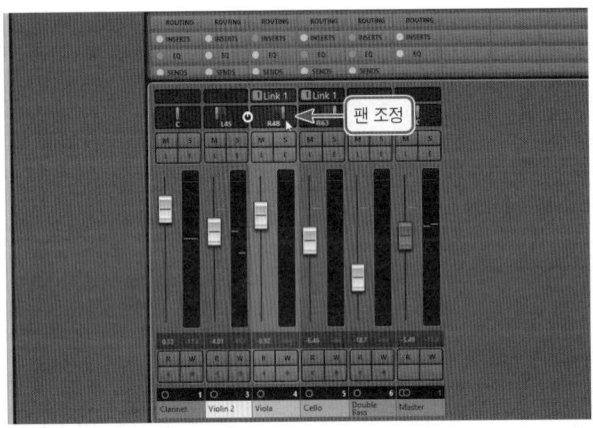

가정교사

실습에서의 팬 값은 다음 표를 참조하여 조정해봅니다.

채널	팬 값
Clarinet	가운데 〈C〉
Violin 1	왼쪽으로 66 〈L66〉
Violin 2	왼쪽으로 45 〈L45〉
Viola	오른쪽으로 41 〈R41〉
Cello	오른쪽으로 63〈R63〉
Double Bass	오른쪽으로 52 〈R52〉

Tip 콤바인 타입

스테레오 채널에서는 좌/우 채널을 연동해서 조정할 수 있는 콤바인 타입으로 팬을 조정할 수 있습니다. 콤바인 타입은 단축 메뉴의 Stereo Combined Panner를 선택하여 표시할 수 있으며, Alt 키를 누른 상태로 드래그하여 개별 채널 값을 조정할 수 있습니다.

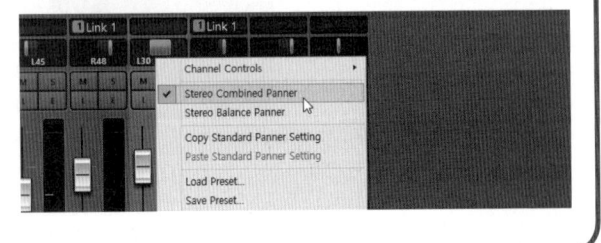

04 볼륨을 조정할 때는 해당 채널을 뮤트하거나
솔로로 연주해서 모니터 할 경우가 있으며, 각
각 뮤트 및 솔로 버튼을 선택합니다. 도구 모음 줄의 M,
S, L, R, W, A 버튼은 전체 페이더의 각 버튼을 Off 시
키는 기능입니다.

05 솔로 버튼을 Ctrl 키를 누른 상태로 클릭하여
다른 채널의 솔로 버튼을 Off 시킬 수 있고,
Alt 키를 누른 상태로 클릭하면 솔로 기능을 유지할
수 있는 D 버튼으로 바뀝니다. 솔로를 유지한다는 것
은 다른 채널을 솔로로 선택했을 때에도 뮤트되지 않
는 채널을 의미합니다.

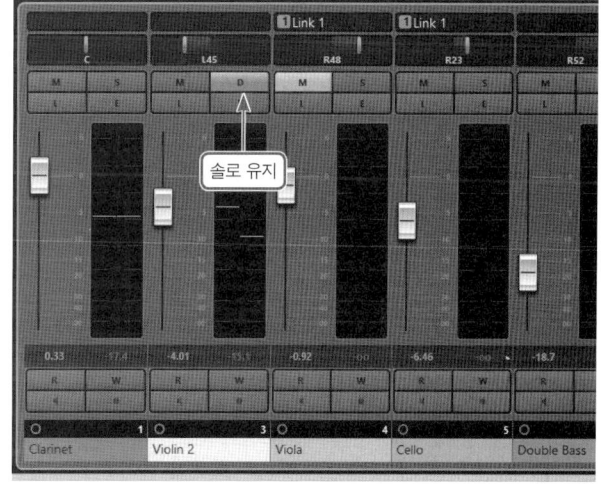

06 리슨(L) 버튼은 전체 채널의 신호를 막지 않고,
컨트롤 룸에서 연결하여 모니터 할 수 있게 합
니다. 자세한 내용은 컨트롤 룸(Control Room) 편을
참조합니다. 편집(E) 버튼은 채널 셋팅 창을 엽니다.

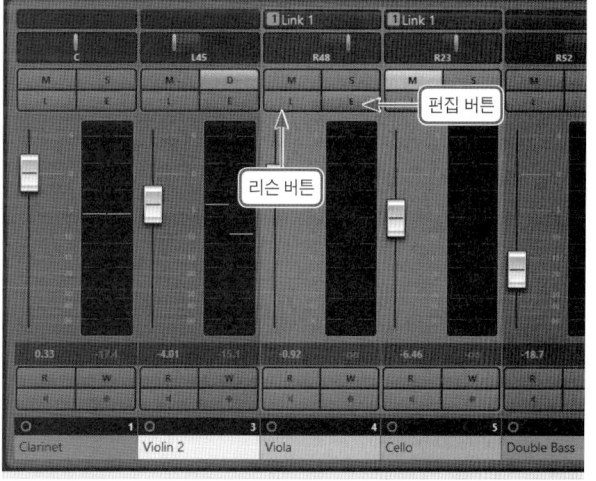

07 각 채널의 슬라이드는 볼륨 밸런스를 조정합니다. 음악을 믹싱하는데 있어서 가장 중요한 것이 EQ와 팬, 그리고 볼륨 밸런스입니다. 조정 방법은 간단하지만, 전체적인 안정감을 얻기 위해서는 많은 노력과 경험이 필요한 부분입니다.

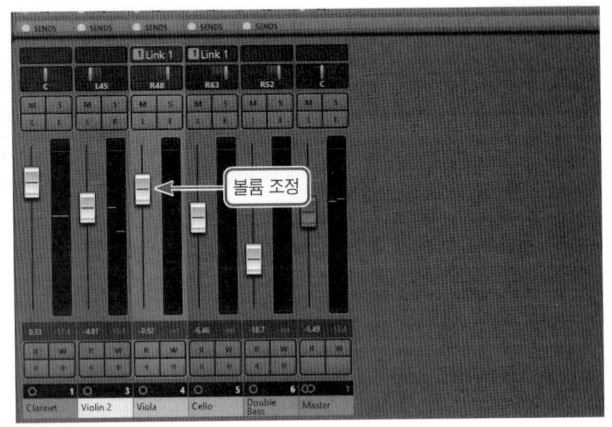

볼륨 조정

실습에서의 볼륨 값은 다음과 같지만, 앞의 팬과 마찬가로 참조 사항일 뿐입니다. 각자 개인의 취향에 맞추어 조정을 해보기 바랍니다. 그리고 Shift 키를 누른 상태에서는 각각의 값을 미세하게 조정할 수 있고, Ctrl 키를 누른 상태에서 클릭하면 초기 값으로 설정할 수 있다는 것도 기억해두면 편리합니다.

채널	볼륨 값
Clarinet	0.33
Violin 1	-4.21
Violin 2	-4.01
Viola	-4.21
Cello	-7.10
Double Bass	-18.72
Master	-4.16

08 실습 곡을 페이드 아웃 시켜보겠습니다. 마스터 채널의 쓰기 버튼(W) 버튼을 클릭하여 On으로 놓고, 15마디 부분에서부터 볼륨 슬라이드를 천천히 내려 페이드 아웃시켜봅니다. 마스터 트랙에 오토메이션 라인이 기록되는 것을 확인할 수 있습니다.

오토메이션 라인

쓰기(W) 버튼

09 쓰기 버튼(W)을 Off로 하고, 읽기 버튼(R)을 On으로 합니다. 그리고 곡을 연주해보면 15마디부터 볼륨이 점차적으로 감소하는 페이드 아웃 효과가 연출되는 것을 확인할 수 있습니다. 오토메이션은 EQ, VST 등, 각 채널의 컨트롤 값을 모두 적용할 수 있기 때문에 고급 편집자가 되기 위해서는 반드시 기억해야 할 것입니다.

라인 버튼

라인 버튼으로 편집

 가정교사

오토메이션 라인은 연필 및 라인 툴을 이용해서 마우스로 편집할 수 있습니다.

VCA Fader

01 드럼과 같이 여러 채널을 사용하는 악기를 하나로 묶어서 컨트롤할 수 있는 방법은 Link와 VCA의 두 가지가 있습니다. Ctrl 키를 누른 상태로 채널 이름 항목을 클릭하여 연결하고 싶은 채널들을 선택합니다. 그리고 마우스 오른쪽 버튼을 클릭하여 단축 메뉴를 열고, Link Selected Channels을 선택하거나 도구 모음 줄의 Link 버튼을 클릭합니다.

Link 버튼

Link Selected Channels

02 링크 이름과 연결 파라미터를 선택할 수 있는 Link Group Settings 창이 열립니다. Volume 등 원하는 파라미터를 선택하고, 이름을 입력합니다.

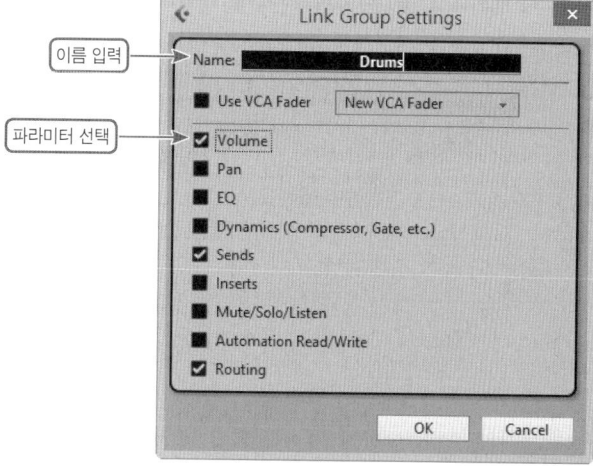

이름 입력

파라미터 선택

03 연결된 채널은 팬 슬라이더 위에 링크 이름이 표시되며, 사용자가 선택한 파라미터가 동시에 움직이는 것을 확인할 수 있습니다. 두 개 이상의 링크를 만든 경우에는 Link 버튼 오른쪽 메뉴에서 선택 가능하며, Edit 버튼을 클릭하여 파라미터의 종류를 수정할 수 있습니다.

04 연결된 채널의 파라미터를 독립적으로 움직이려면 Sus 버튼을 On으로 놓거나 Alt 키를 누른 상태에서 움직입니다. Abs 버튼을 On으로 놓으면 움직이는 파라미터의 값을 모두 일치시킵니다.

05 Q-Link 버튼은 선택한 채널을 잠시 연결시키는 기능입니다. 방법은 채널을 연결할 때와 동일하게 원하는 채널들을 선택하고, Q-Link 버튼을 On으로 놓거나 Shift + Alt 키를 누른 상태로 파라미터를 움직입니다. Q-Link가 Off 될 때까지 해당 채널이 연결됩니다.

06 연결 채널을 해제할 때는 단축 메뉴의 Unlink Selected Channels를 선택하거나 도구 모음 줄의 Link 버튼을 클릭하면 열리는 창에서 Unlink 버튼을 클릭합니다.

07 연결 그룹이 많은 경우에는 컨트롤 전용 채널인 VCA 페이더를 이용하는 것이 효과적입니다. 방법은 링크 채널에서와 동일하게 단축 메뉴의 Link Selected Channels를 선택합니다.

08 트랙을 연결시킬 때와 동일합니다. 단, Use VCA Fader 옵션을 체크하여 VCA 페이더 트랙을 만든다는 차이가 있습니다. 참고로 VCA 페이더는 단축 메뉴의 Add VCA Fader를 이용해서 만들어둘 수 있으며, 목록에서 선택해도 좋습니다.

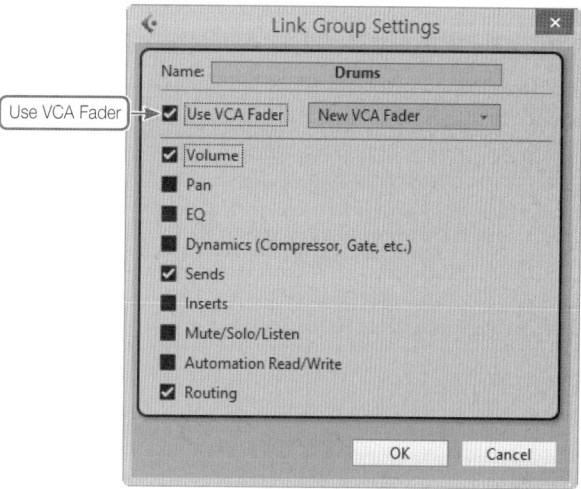

09 녹색 페이더의 VCA 트랙이 생성되며, 연결된 모든 트랙을 컨트롤할 수 있게 됩니다. 링크 채널의 페이더를 개별적으로 조정할 수 있다는 장점이 있습니다.

10 많은 트랙을 사용하고 있는 경우에는 VCA 트랙 별로 그룹을 지어놓고, 필터 목록에서 VCA Fader만 표시되게 하면, 보다 효율적인 환경으로 믹싱 작업을 진행할 수 있습니다.

11 VCA 페이더는 프로젝트 창의 트랙 리스트에서 마우스 오른쪽 버튼을 클릭하여 단축 메뉴를 열고, Add VCA Fader를 선택하여 만들어 둘 수 있으며, Link Group Settings 창에서 선택 가능합니다.

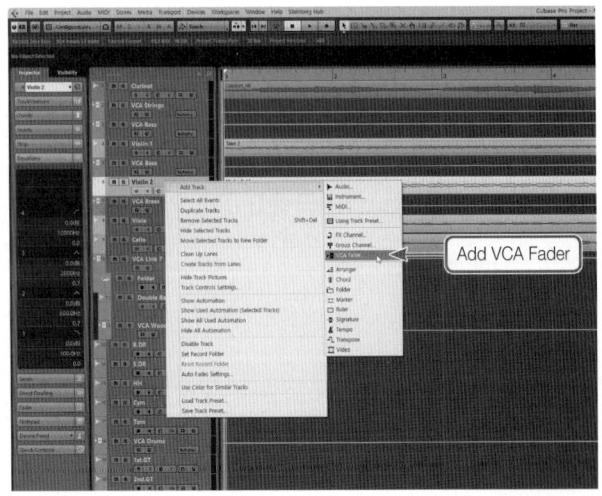

Meter

01 최종 레벨을 확인할 수 있는 Meter 섹션은 레이아웃 버튼의 Control Room/Meter를 체크하여 표시할 수 있습니다. Control Room과 Meter의 두 탭으로 구성되어 있으며, Meter 탭은 Master와 Loudness를 제공합니다. 각 채널의 레벨 미터를 표시하고 싶은 경우에는 레이아웃의 Meter Bridge를 체크합니다.

02 긱 채널의 레벨을 표시하는 Meter Bridge에서 마우스 오른쪽 버튼을 클릭하여 Meter Type의 Wave를 선택하여 오디오 신호의 흐름을 한 눈에 파악할 수 있는 파형 타입으로 표시할 수 있습니다.

03 Meter는 평균 레벨(RMS)과 최고 레벨(Peak)를 확인할 수 있으며, 각각 파란색과 회색 라인으로 표시됩니다. 각 레벨의 최고 값은 Max 항목에 표시되며, Reset 버튼을 클릭하여 초기화 시킬 수 있습니다.

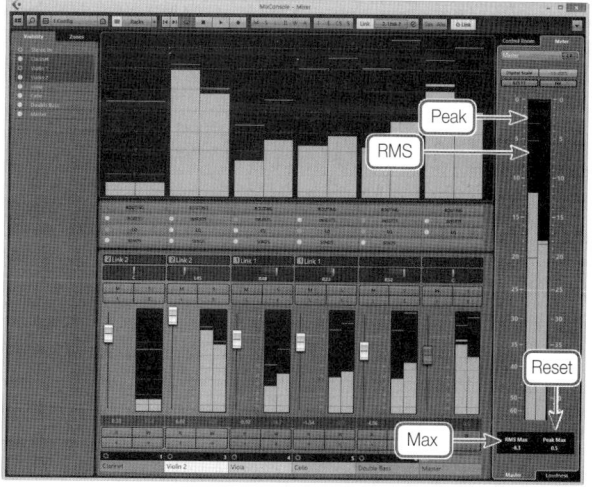

04 레벨 미터의 피크 라인 유지 옵션은 마우스 오른쪽 버튼을 클릭하면 열리는 단축 메뉴의 Meter Peak Options에서 선택합니다. Hold Peaks는 최대 값을 홀드 되어 있는 레벨을 넘을 때까지 표시되는 것이고, Hold Forever는 피크 레벨을 다시 설정할 때까지 유지하는 것입니다.

05 Scale 버튼을 클릭하면 DIN, EBU, British, Nordic, K 등 전세계 방송 표준 레벨을 선택할 수 있으며, 헤드 룸은 빨간색 라인으로 표시됩니다. 각 Scale의 레벨 기준은 Alignment 버튼에서 선택할 수 있지만, Digital과 K 시스템에서는 사용할 수 없습니다.

06 AES17 버튼을 ON으로 하면 RMS 값을 3dB 증가시킵니다. EBU R128 표준에 의거한 유럽 방송 연합(EBU) 측정 미터를 사용하고자 한다면, Loudness 탭을 선택합니다.

07 레벨은 Measure 버튼을 On으로 하여 측정할
수 있으며, Momentary와 Integrated 값은 레
벨 미터의 적색과 회색 삼각형으로 표시됩니다.

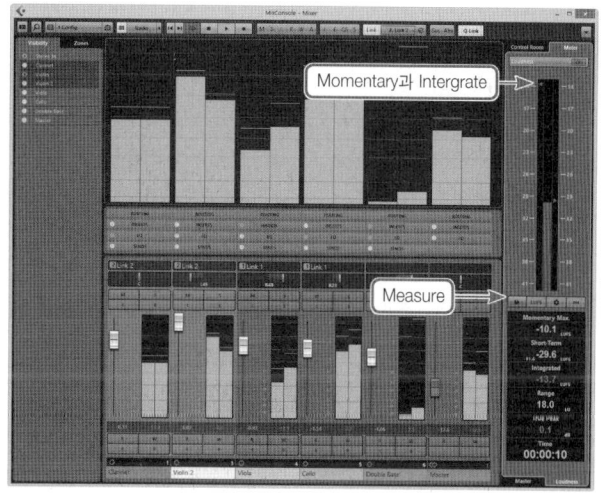

08 측정 방식은 LUFS(절대값)/LU(상대값)버튼을
클릭하여 선택하며, 최고 임계 값은 Settings
버튼을 클릭하여 설정할 수 있습니다. Reset 버튼을 클
릭하여 초기화됩니다.

- Momentary Max : 400 ms 타임 동안 측정 된 최대 크기의 레벨을 표시합니다.
- Short Term : 3 ms 타임 동안 측정 된 최대 크기의 레벨을 표시합니다.
- Integrated : 사운드가 재생되고 끝날 때까지의 평균 레벨을 표시하며, 레벨 미터의 회색 삼각형입니다. Integrated 권장
  레벨은 -23 LUFS입니다.
- Range : 사운드가 재생되고 끝날 때까지의 다이내믹 범위를 표시합니다. 이 값은 다이내믹 범위를 조정하는데 참조가
  되며, 영화 음악의 경우에는 20 LU가 권장됩니다.
- True Peak : 사운드의 피크 레벨을 보여줍니다. 최대 허용 값은 -1dB 입니다.
- Time : Integrated 측정 타임을 표시합니다.

CUBASE PRO 9

Advanced Music Production System

09
PART

믹싱과 오디오 이펙트 마스터하기

음악의 퀄리티를 결정하는 요소 중에서 가장 중요한 것은 녹음과 믹싱 작업이며, 오디오 샘플이나 VST Instuments를 주로 사용한다면, 거의 믹싱 작업에서 결정된다고 보아도 좋습니다. 문제는 이렇게 중요한 믹싱 작업을 간단한 이론으로 터득할 수 없다는 것입니다. 이번 파트에서 실습해보는 믹싱과 마스터링 과정을 기본 바탕으로 많은 곡을 만들어보고, 훈련해볼 수 있는 기초를 확립할 수 있기를 바랍니다.

믹싱과 마스터링 실습

Chapter 01

가정에서 음반제작이 가능한 요즘에도 믹싱과 마스터링 작업만큼은 전문 스튜디오를 찾게 됩니다. 그만큼 어렵고, 중요한 작업이기 때문입니다. 제작사에서 제공하는 샘플 곡을 가지고 믹싱과 마스터링의 전반적인 작업 과정을 실습해보겠습니다. 단순하게 기능을 익히는 것으로 끝내지 말고, 각 과정별로 달라지는 사운드의 변화를 모니터 하면서 믹싱과 마스터링의 중요성을 체감할 수 있기를 바랍니다.

1 곡의 밸런스 조정하기

곡의 밸런스 조정을 위한 볼륨, 팬, EQ 등의 조작 방법은 매우 간단합니다. 그러나 이것만으로도 믹싱의 승패가 결정될 만큼 중요한 작업입니다. 평소에 음악을 많이 듣고, 연구하는 것만이 실력을 키울 수 있는 유일한 방법입니다.

01 Mixing 샘플 곡에서 9번 트랙의 Tele_L 과 10번 트랙의 Guit_L을 마우스 오른쪽 버튼으로 클릭하여 단축 메뉴를 열고, Duplicate Tracs을 선택하여 복사합니다. 모노 채널을 스테레오 채널로 작업하기 위한 것입니다.

02 복사한 트랙의 이름을 각각 Tele_R, Guit_R로 변경하고, 각각의 팬을 좌/우로 조정합니다. 즉, 9번 트랙의 Tele_L 팬은 L, 10트랙의 Tele_R 팬은 R, 11번 트랙의 Guit_L 팬은 L, 12번 트랙의 Guit_R 팬은 R로 조정하는 것입니다.

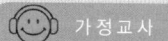 Link

03 믹싱 작업의 첫 단계인 볼륨을 조정하기 전에 복사한 트랙이 함께 동작될 수 있도록 연결합니다. F3 키를 눌러 믹서를 열고, Tele_L과 Tele_R을 Shift 키를 누른 상태로 선택합니다. 그리고 Link 버튼을 클릭하여 연결합니다. Guit_L과 Guit_R 채널도 같은 방법으로 연결합니다.

☺ 가정교사

두 개의 트랙을 복사하여 두 개의 트랙을 추가했으므로, 10번 트랙의 Guit_L이 11번트랙으로 변경된 것입니다.

Drums 채널의 볼륨 조정

04 엔지니어 마다 다르지만, Drums 채널을 기준으로 나머지 채널의 볼륨을 조정하겠습니다. 1번째 Drums 채널의 S 버튼을 클릭하여 솔로로 연주되게 하고, 마스터 채널의 레벨이 -2dB 정도가 되게 Drums 채널의 볼륨을 -1.58dB 정도로 조정합니다.

05 이제 나머지 채널의 볼륨을 드럼 채널 보다 튀지 않게 적절히 조정합니다. 작업자의 취향이나 음악 장르에 따라 달라지는 믹싱에는 정석이 없습니다. 다만, 과도한 욕심을 내지 않는 것이 중요합니다. 드럼 채널을 -2dB로 조정한 이유가 이것입니다. 부각시키고 싶은 채널이 있다고 해도 드럼 채널보다 커지지 않게 주의합니다.

채널	볼륨	채널	볼륨	채널	볼륨
1- VocalAdLibs	-2.29	7. Tambourine	-4.18	13. GuitRef	0.0
2- VocalDble	-7.05	8. Cymbals	-6.86	14. Bass	0.0
3- LeadVocal	-2.29	9. Tele_L	-4.29	15. Synth	-1.76
4-Drums	-1.58	10. Tele_R	-	16. Lemon	-0.35
5-HH	-0.35	11. Guit_L	-3.23	17. Raul Crook	-8.61
6. Shakers	-6.14	12. Guit_R	-	18. HALion	0.0

 가정교사

부각 시키고 싶은 채널의 볼륨을 높이는 것 보다는 다른 채널의 볼륨을 낮추는 것이 효과적인 경우가 많습니다. 그리고 링크 채널의 볼륨은 한쪽에서만 조정하면 됩니다.

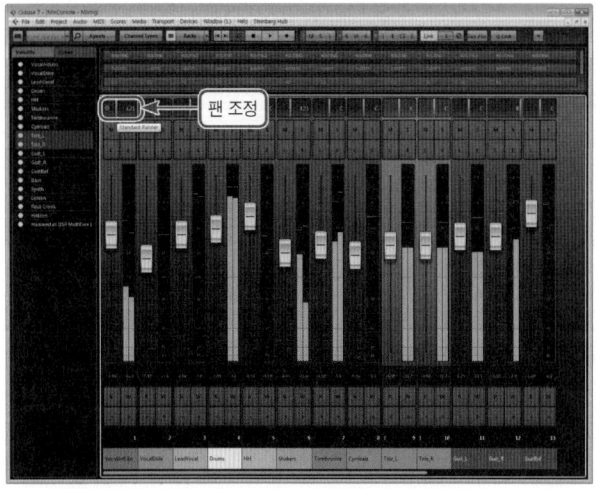

판 조정

06 볼륨과 함께 조정해야 할 것은 스테레오 정위감을 만드는 팬입니다. 1번 VocalAddLib 채널을 R21, 5번 HH 채널을 L12, 15번 Synth 채널을 R50으로 설정합니다. 실습으로 제시하는 값 보다는 스스로 모니터를 해보면서 팬을 조정해보기 바랍니다.

Alt+P 키로 반복 연주

07 곡의 밸런스를 조정하는 작업 중에서 볼륨과 팬 외에 EQ 작업이 있습니다. 사실 이 3가지 작업은 동시에 하는 것이 일반적이며, 각 채널의 주파수가 고르게 들리게하고, 리드와 백 그라운드 사운드를 명확하게 구분하는 것이 목적입니다. 17번 트랙의 이벤트를 선택하고, Alt + P 키를 눌러 반복 연주합니다.

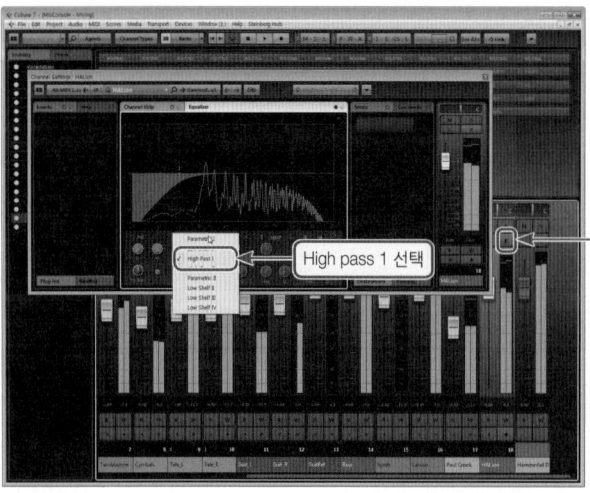

High pass 1 선택

e 버튼 클릭

08 17번 트랙의 채널 믹서 열기 버튼을 클릭하여 채널 믹서를 열고, 1번 EQ 패널을 On으로 합니다. 그리고 High Pass 1 타입을 선택하여 저음역을 차단합니다.

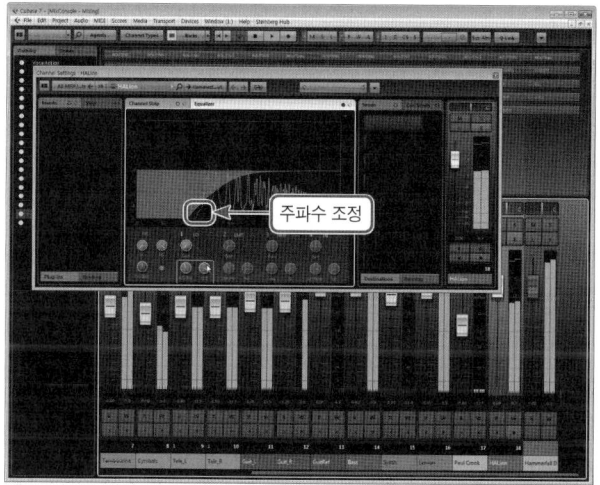

주파수 조정

오토메이션 기록

09 EQ 디스플레이 창의 포인트를 드래그 하여 17번 Paul Crook트랙의 Guitar 솔로 연주가 선명하게 들리도록 합니다. 실습에서는 Gain을 -24dB, Freq를 425Hz, Q 값을 12로 조정하고 있습니다.

😊 가정교사

EQ는 녹음 과정에서 손실된 주파수를 보정하는 것이 궁극적인 목적입니다. 특별한 목적이 아니라면, 과도한 조정을 피하고, 조금씩 값을 변경해보는 것이 요령입니다.

10 녹음이 잘되었기 때문인지 실습곡의 나머지 트랙에서는 EQ를 조정하고 있지 않습니다. 다만, 17번 트랙의 Guitar 솔로 연주가 좌/우로 이동하는 효과가 연출되게 하고 있는데, W 버튼을 클릭하고, 팬을 좌/우로 이동시켜 오토메이션으로 기록합니다. 기록이 끝나면, W 버튼을 Off로 하고, R 버튼을 클릭하여 작동시킵니다.

Tip 플레처 먼슨 그래프

EQ 작업을 할 때, 전체 주파수가 고르게 들리도록 하라는 내용을 오해하는 분들이 있어서 잠깐 집고 넘어 가겠습니다. 인간의 귀는 전체 주파수를 동일한 레벨로 재생했을 때, 같은 레벨로 인식하지 못합니다. 일반적으로 미들 음역이 크게 들리며, 이것 역시 최종 레벨을 어느 정도의 크기로 모니터하는가에 따라 달라집니다. 이러한 인간의 특징을 발견한 사람들이 플레처와 먼슨이라는 음향학자이며, 이것을 그래프로 만든 것이 플레처 먼슨 그래프 입니다. 즉, 1KHz를 100dB로 재생했을 때, 100Hz는 3dB 정도 더 커야 하고, 3KHz는 3dB 정도 작아야 평균적으로 들린다는 얘기입니다. 그러므로, 믹싱과 마스터링 작업을 할 때는 볼륨을 평소보다 약간 크게 하고, 자신이 좋아하는 원곡을 불러와 재생하면서 Multi Scope를 관찰하는 연습을 해두면 좋습니다.

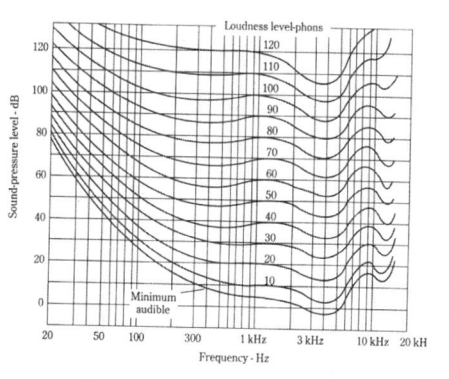

2 이펙트 작업하기

VST Effects의 발달은 수 천만 원 이상의 비용 절감 효과를 가져왔지만, 공짜라는 느낌 때문에 가볍게 취급 받고 있습니다. VST Effect는 실제 하드웨어 이펙트와 견주어도 손색이 없는 퀄리티를 보장하고 있으므로, 남들이 좋다는 것을 찾는 수집가가 되지 말고, 하나씩 자기 것으로 만들어가는 음악인이 되길 바랍니다.

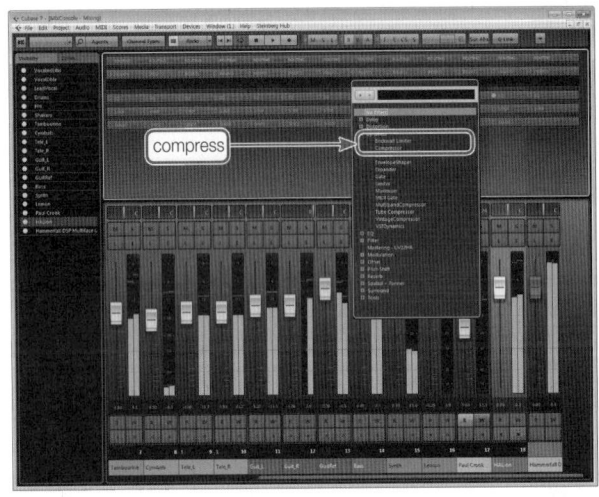

01 Bass 채널의 다이내믹을 조정하겠습니다. Insert 랙을 열고, Dynamics의 Compressor를 선택합니다.

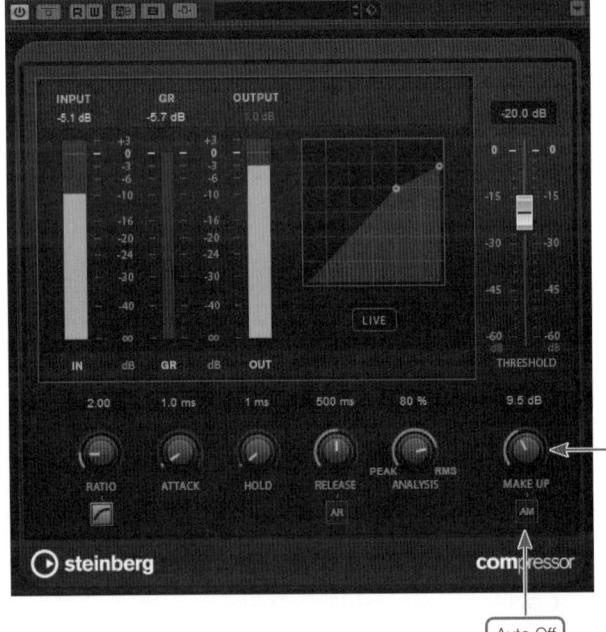

Make-Up 조정

Auto Off

02 Make-Up 노브 아래쪽의 Auto 버튼을 클릭하여 Off로 하고, 베이스 음량이 선명하게 들릴 수 있을 정도로 증가시킵니다. 실습에서는 9.5dB 정도를 증가시키고 있습니다. Alt 키를 누른 상태로 조정하면, 슬라이드 방식으로 미세한 조정이 가능합니다. 나머지는 기본값을 그대로 사용합니다.

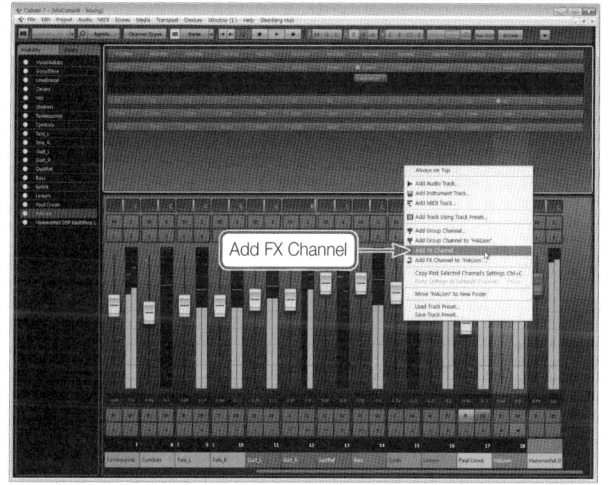

03 리버브와 딜레이 계열은 시스템을 절약하기 위해서 센드 방식으로 많이 사용합니다. 센드 방식을 실습하기 위해서 3개의 FX 트랙을 만들겠습니다. 마우스 오른쪽 버튼을 클릭하여 단축 메뉴를 열고, Add FX Channel을 선택합니다.

04 Add FX Channel Track 창이 열립니다. Effects 목록에서 Reverb 계열의 RoomWorks를 선택하고, Add Track 버튼을 클릭합니다. 리버브를 장착한 FX 채널을 만드는 것입니다.

05 같은 방법으로 Delay 계열의 Stereo Delay를 장착한 FX 채널을 두 개 더 만듭니다. 리버르를 장착한 FX 채널을 포함해서 총 3개를 만든 것입니다.

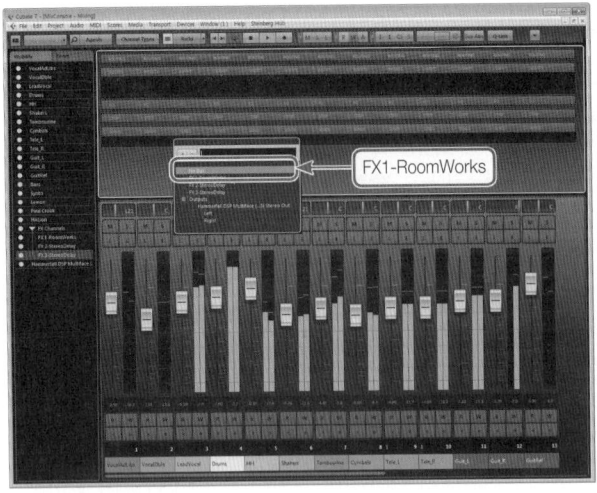

06 3번 트랙의 ReadVocal에서 Sends 랙을 열고, 앞에서 만든 FX 1- Room Works를 선택합니다.

FX1-RoomWorks

Alt+P 키로 반복 연주

07 LeadVocal 트랙의 이벤트를 선택하고, Alt + P 키를 눌러 반복되게 합니다.

센드 레벨 조정

프리셋 목록

08 리버브의 프리셋 목록을 열고, Zero를 선택합니다. 그리고 사운드를 모니터 하면서 Read Vocal의 리버브 양을 조정합니다. 실습에서는 -7.44dB 정도로 조정하고 있습니다.

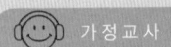 가정교사

VST Effects는 입문자와 전문가의 구분 없이 제작사에서 최적의 효과로 제시하는 프리셋을 바탕으로 시작하는 것이 가장 좋습니다. 특히 처음 사용해보는 VST 라면 반드시 각각의 프리셋을 모니터 해보기 바랍니다.

09 1번 VocalAdLibs, 4번 Drums, 17번 Paul Crook, 18번 HALion 트랙의 Sends 랙에서도 FX 1- WoomWorks를 선택하고, 값을 조정합니다. 실습에서는 VocalAdLibs은 -3.55dB, Drums은 -7.44dB, Raul Crook은 -2.71dB, HALion은 0.0dB로 조정하고 있습니다.

10 FX 2 - Delay1 트랙에 장착한 Insets 장치를 더블 클릭하여 Stereo Delay 이펙트를 엽니다. 그리고 왼쪽 채널의 Delay는 1/8, Feedback은 29, Pan은 -19, Mix는 39 정도로 조정합니다.

11 오른쪽 채널은 Delay를 1/2, Feedback을 29, Pan을 47, Mix를 39 정도로 조정합니다. 딜레이 값과 팬을 서로 다르게 하여 스테레오 딜레이의 효과를 충분히 느낄 수 있도록 하고 있습니다.

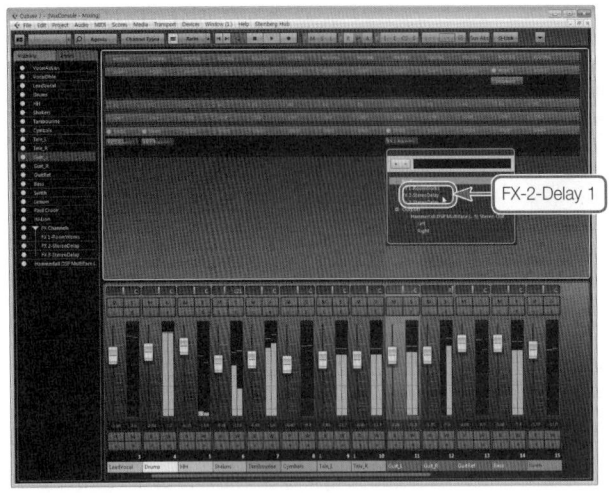

12 17번 Paul Crook 트랙의 이벤트를 선택하고, Alt + P 키를 눌러 반복 모니터 할 수 있게 합니다. 그리고 Send 랙의 두 번째 슬롯에서 FX 2- Delay 1을 선택하고, 센드 레벨을 -4.08dB 정도로 조정합니다.

FX-2-Delay 1

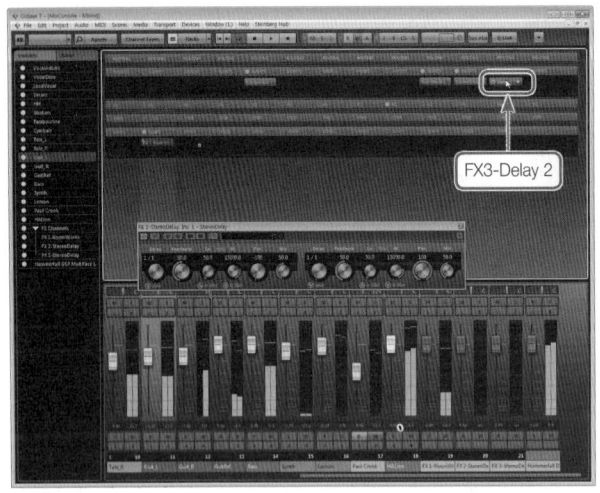

13 FX 3- Delay 2 채널의 이펙트를 더블 클릭하여 Stereo Delay 패널을 엽니다. 왼쪽 채널의 Delay는 1/4, Feedback은 27, Pan은 025, Mix는 50으로 설정하고, 오른쪽 채널은 Delay를 1/2, Pan을 26으로 왼쪽과 다르게 설정합니다.

FX3-Delay 2

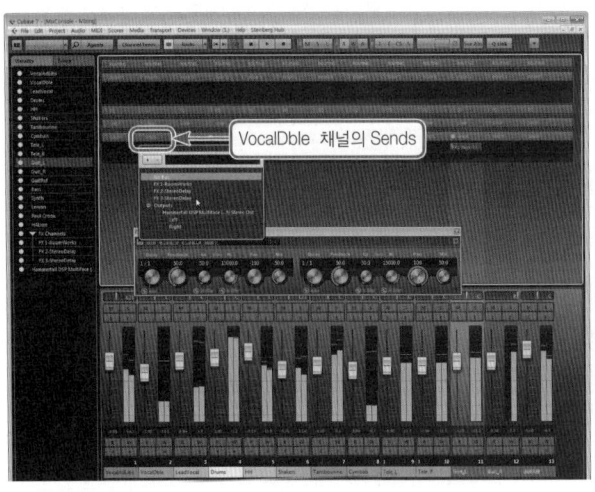

14 2번 VocalDble 채널의 샌드 랙에서 FX3-Delay 2를 장착하고, 레벨을 -2.52dB 정도로 조정하는 것으로 믹싱 작업을 마무리 합니다. 반드시 사운드를 모니터 해보면서 실습을 하기 바라며, 보컬에 딜레이를 살짝 걸어주는 테크닉은 꼭 기억을 해두었다가 곡 작업을 할 때 응용할 수 있기를 바랍니다.

VocalDble 채널의 Sends

3 마스터링 작업하기

한 장의 CD에 담길 곡들의 다이내믹과 색채를 일치시키는 마스터링 작업은 믹싱이 끝난 곡을 WAV 파일로 믹스 다운하여 Adobe사의 Audio 또는 Yamaha사의 Wave Lab 등의 마스터링 전문 프로그램을 이용하는 것이 일반적입니다. 그러나 자신만의 음악 스타일이 형성되면, 큐베이스와 누엔도에서 마스터링 작업까지 끝낼 수 있습니다.

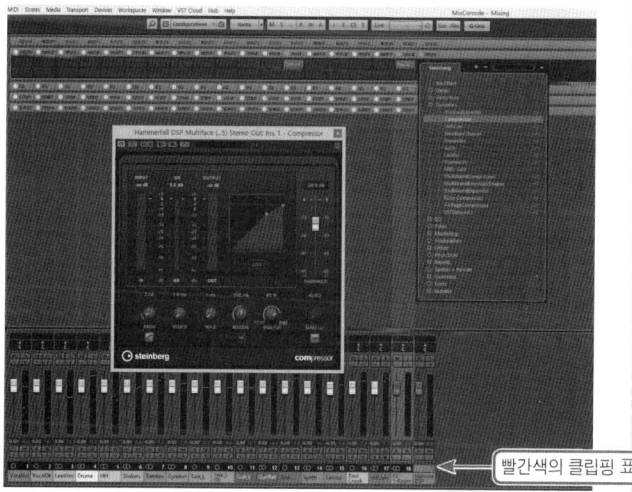

빨간색의 클립핑 표시

01 마스터 채널을 보면, 전체 사운드가 0dB를 넘어가면서 클립핑 현상이 발생하고 있습니다. Insert 패널의 슬롯을 클릭하여 메뉴를 열고, Dynamics 계열의 Compressor 를 선택합니다.

출력 레벨

02 압축 기준 레벨의 Threshold를 -22.5dB 로 조정하고, 압축 비율의 Raio 를 1.66 으로 조정합니다. 그리고 Hold 타임을 278ms 정도로 길게하여 전체 사운드가 0dB이 넘지 않게 합니다.

03 사운드의 스테레오 범위를 조금 좁혀 타이트한 사운드가 되도록 하겠습니다. 마스터 채널의 Inserts 두 번째 슬롯을 클릭하여 메뉴를 열고, Spatila 계열의 Stereo Enhancer를 선택합니다.

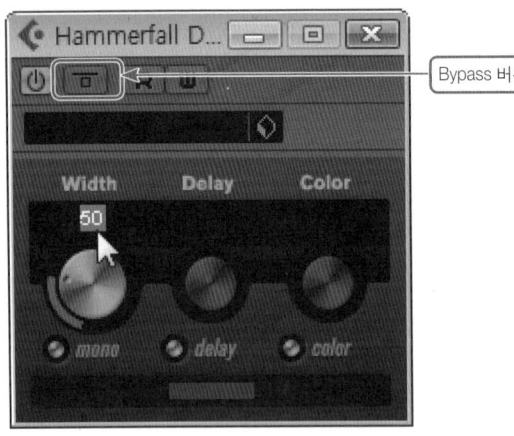

Bypass 버튼

04 Width 값을 50으로 줄입니다. 모니터 볼륨을 조금 크게해놓고, Bypass 버튼을 이용하여 Stereo Enhancer의 적용 전/후 사운드를 모니터 해보면, 보컬이 입체적으로 들리는 것을 확인할 수 있습니다.

Studio EQ

05 조금 둔탁한 사운드는 EQ를 이용해서 보정하겠습니다. 마스터 채널의 Inserts 세 번째 슬롯을 클릭하여 메뉴를 열고, EQ 항목의 Studio EQ를 선택합니다.

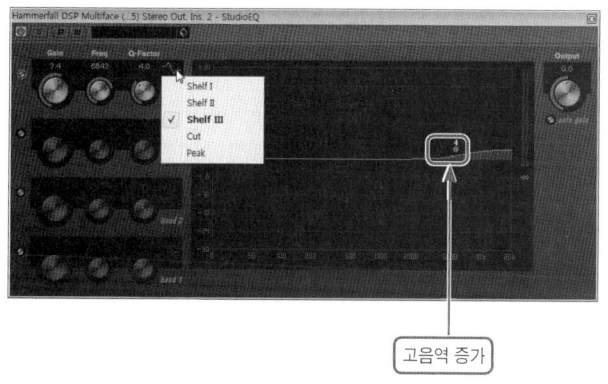

고음역 증가

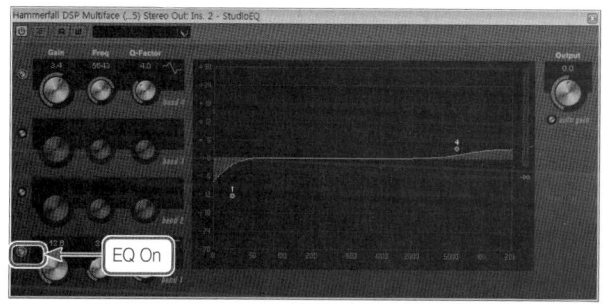

EQ On

06 상단의 4번 포인트를 On으로 하고, Gain은 3.4, Freq는 5643, Q-Factor는 4.0, 타입은 Shelf III 를 선택합니다. 5643Hz 이상의 고음역대를 조금 증가시켜 사운드를 밝게 조정하고 있습니다.

07 하단의 1번 포인트를 On으로 하고, Gain을 -12.6, Freq를 31, Q-Factor를 4.4, 타입은 Cut을 선택하여 31Hz 이하의 저음역대를 차단합니다. Bypass 버튼을 On/Off하여 EQ 적용 전/후를 사운드를 비교해보면, 둔탁한 느낌이 사라진 것을 확인할 수 있습니다.

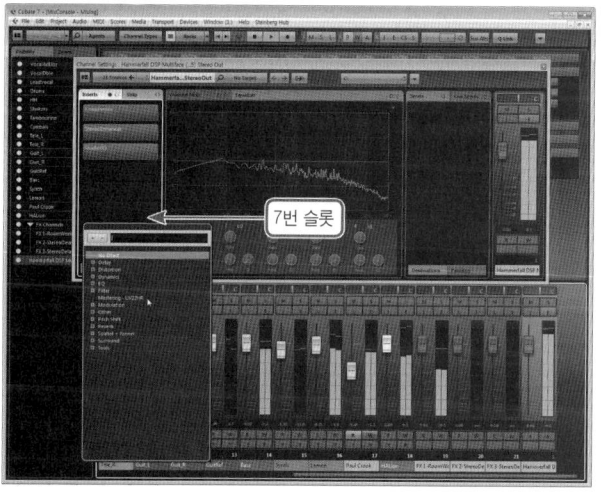

7번 슬롯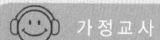

08 샘플 곡의 프로젝트 환경은 24bit입니다. 이것을 오디오 CD 표준 규격인 16Bit로 믹스 다운하면, 디지털 잡음이 발생할 수 있습니다. 이것을 방지하기 위한 이펙트를 적용하겠습니다. 채널 셋팅 창을 열고, Insert 7번 슬롯에서 Mastering - UV22HR를 장착합니다.

😊 가정교사

Insert 패널의 7, 8번 슬롯은 볼륨 페이더 이후에 적용되는 이펙트입니다.

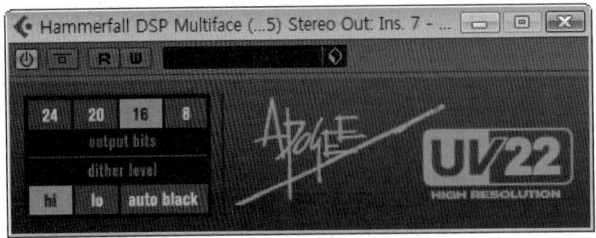

09 Uv22hr 패널이 열립니다. Output bits 를 16비트로 선택하고, Dither Level을 hi로 선택합니다. 이것으로 마스터링 작업을 완료합니다.

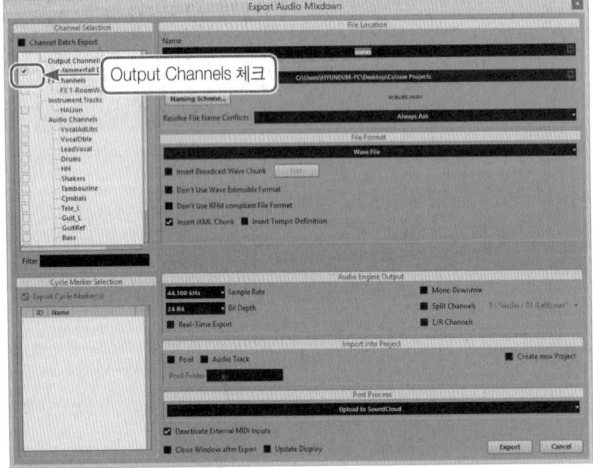

여유 있게 설정

10 큐베이스와 누엔도는 로케이터 구간만 을 믹스다운 합니다. Ctrl+A 키를 눌러 모든 이벤트를 선택하고, P 키를 눌러 로케이터 구간으로 설정합니다. 그리고 R 포인트를 한 마디 정도 늘려줍니다. 곡 엔딩의 잔향까지 믹스 다운하기 위해서 로케이터 구간을 실제 이벤트보다 조금 길게 설정하는 것입니다.

Output Channels 체크

11 File 메뉴의 Export에서 Audio Mixdown을 선택하여 창을 엽니다. 왼쪽의 Channel Selection에서 믹스 다운할 채널을 개별적으로 선택할 수 있지만, 전체 트랙을 하나의 파일로 믹스다운 할 것이므로, Output Channels을 선택합니다.

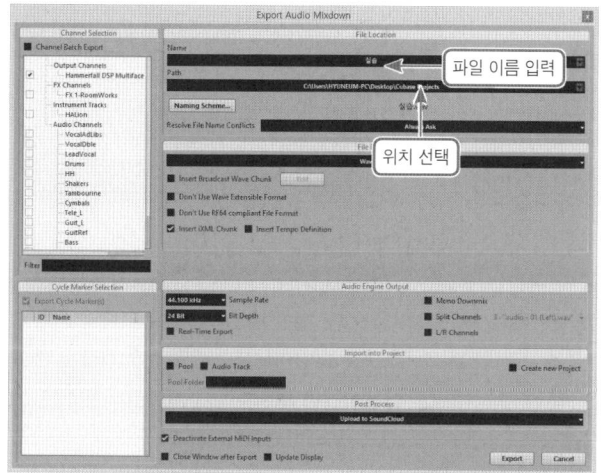

12 File Location의 Prefix에서 만들어질 파일의 이름을 입력하고, Path 항목을 클릭하여 저장 위치를 선택합니다. Path 메뉴의 Use Project Audio Folder는 프로젝트가 저장되어 있는 Audio 폴더에 저장하는 것입니다.

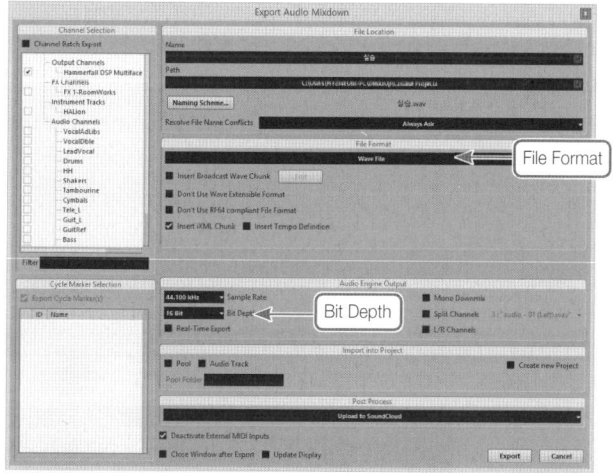

13 큐베이스와 누엔도는 Wave 파일은 물론, MP3, Ogg, WMA 등, 윈도우에서 사용되는 대부분의 오디오 파일을 제작할 수 있으며, 원하는 포맷은 File Format에서 선택하기만 하면됩니다. 오디오 CD를 제작하는 것이 목적이라면 Wave File을 선택하고, Sample Rate는 44,100Hz, Bit Depth는 16Bit를 선택합니다.

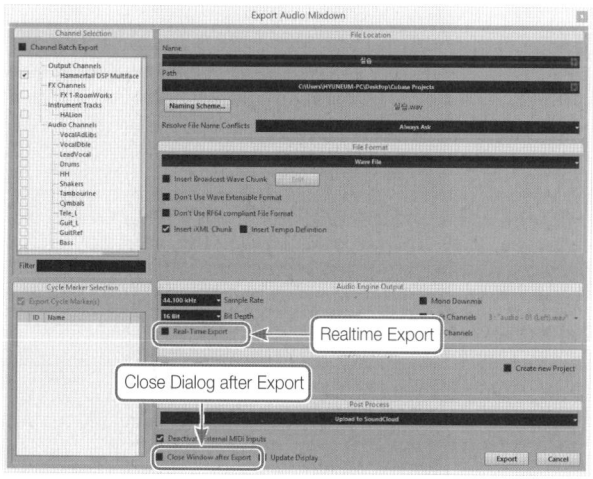

14 Export 버튼을 클릭하여 wav를 파일을 만들고, 만들어진 파일은 Nero와 같은 CD 제작 툴을 이용해서 오디오 CD를 제작합니다. 믹스다운 후에 창이 닫히도록 하려면, Close Dialog after Export 옵션을 체크하고, Realtime Export 옵션을 체크하여 믹스다운되는 음악을 모니터하는 습관도 좋습니다.

오디오 이펙트 마스터하기

02 Chapter

오디오 Insert 파라미터에는 동시에 8개의 이펙트를 사용할 수 있게 8개의 슬롯을 제공하고 있습니다. 1~6번 슬롯에 적용되는 이펙트는 볼륨 슬라이드 이전에 적용되고, 7~8번 슬롯에 적용되는 이펙트는 볼륨 슬라이드 이후에 적용된다는 특징이 있습니다. 일반적으로 7~8번 슬롯에는 볼륨값으로 제어되는 다이내믹 장치나 디더링을 사용합니다. 큐베이스와 누엔도에서 제공하는 오디오 이펙트를 폴더 단위로 살펴보겠습니다.

1 Delay

딜레이는 사운드를 일정한 시간 간격으로 반복시키는 효과를 만드는 장치입니다. 예를 들어 산의 메아리를 직접 산에서 녹음하지 않아도 시간 지연 효과를 인위적으로 만드는 딜레이 이펙트를 이용해서 연출할 수 있는 것입니다. 큐베이스와 누엔도는 Mono Delay, Stereo Delay, Ping Pong Delay, Mod Machinedml 4가지 딜레이 장치를 제공하고 있습니다.

 Mod Machine

Mod Machine은 딜레이와 필터 모듈레이션 효과를 결합한 이펙트로 사운드의 특정 주파수에 딜레이를 걸거나 변조시킬 수 있는 독특한 방식의 장치입니다.

(1) Delay

딜레이 사운드의 시간을 최대 5000ms(5초)까지의 범위로 설정합니다. 노브 아래쪽의 Sync On/Off 버튼을 클릭하면 템포와 동기 될 수 있게 비트 단위로 조정할 수 있습니다.

(2) Rate

딜레이 사운드가 반복되는 시간 간격을 설정합니다. 값이 높을수록 간격이 좁아지며, 노브 아래쪽의 Sync On/Off 버튼을 클릭하면 템포와 동기 될 수 있게 비트 단위로 조정할 수 있습니다.

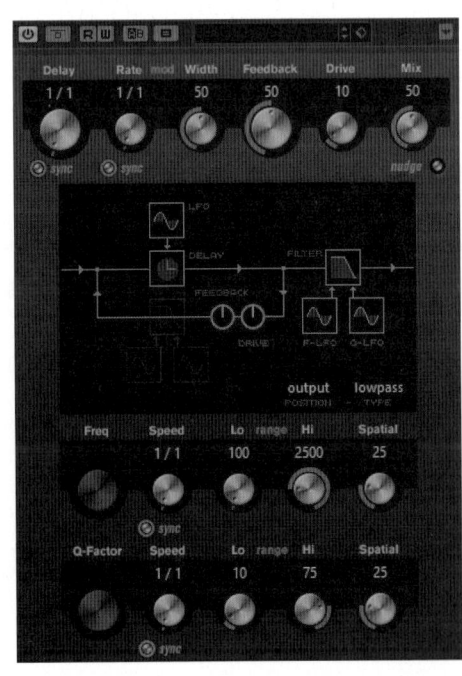

(3) Width

딜레이 사운드의 음정 변화 폭을 설정합니다. 딜레이 사운드에 비브라토를 걸거나 코러스 효과를 연출할 수 있습니다.

(4) Feedback

딜레이 사운드가 반복되는 값을 설정합니다.

(5) Drvie

피드 백되는 사운드에 디스토션 효과를 적용합니다. 디스토션은 사운드를 찌그러트려 조금 강렬한 딜레이 사운드를 연출하게 합니다.

(6) Mix

딜레이의 양을 설정합니다. 기준값 50보다 작으면 딜레이 사운드의 크기가 작아지고, 50보다 크면, 딜레이 사운드가 커지는 것입니다.

(7) Nudge

Mix 노브 아래쪽에 있는 Nudge 버튼은 마우스를 누르고 있는 동안에만 작동되는 것으로 딜레이 사운드의 속도를 높여줍니다. 마치 DJ의 스크러빙 효과를 만드는 것과 같습니다.

(8) Single path graphic

딜레이가 적용되는 경로와 필터 타입을 그래프로 표시하는 창입니다. 창 오른쪽 아래의 Position을 클릭하여 Output과 Loop 경로를 선택할 수 있고, Type을 클릭하여 Low pass, band pass, high pass 필터 타입을 선택할 수 있습니다.

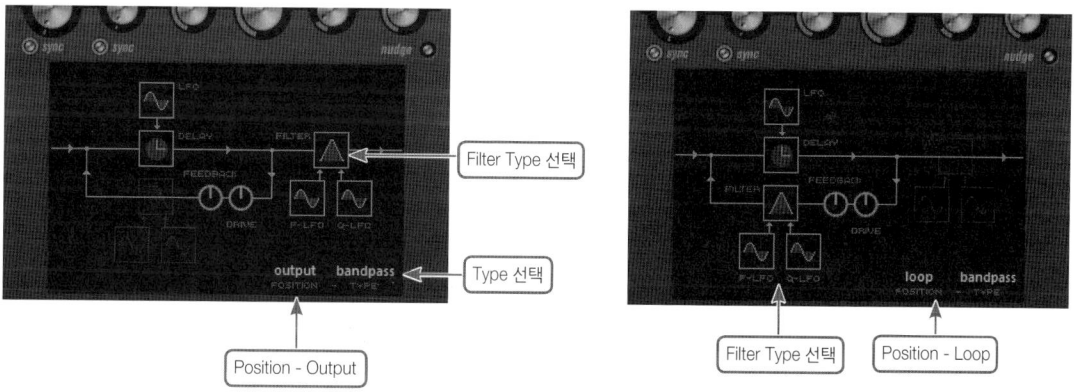

(9) Freq

Speed 값이 0일 때 사용할 수 있으며, 필터가 적용될 주파수 값을 설정합니다.

(10) Speed

필터가 적용되는 속도를 설정할 수 있으며, 노브 아래쪽의 Sync 버튼을 On으로 하면, 비트 단위로 조정할 수 있습니다.

(11) Lo

필터가 적용될 주파수 범위의 최소 값을 설정합니다.

(12) Hi

필터가 적용될 주파수 범위의 최대 값을 설정합니다.

(13) Spatial

필터가 적용되는 사운드의 좌/우 이동 폭을 설정합니다.

(14) Q-Factor

Speed 값이 0일 때 사용할 수 있으며, Freq의 변화 폭을 설정합니다.

(15) Speed

Q-Factor가 적용되는 속도를 설정할 수 있으며, 노브 아래쪽의 Sync 버튼을 On으로 하면, 비트 단위로 조정할 수 있습니다.

(16) Lo

Q-Factor가 적용될 범위의 최소값을 설정합니다.

(17) Hi

Q-Factor가 적용될 범위의 최대값을 설정합니다.

(18) Spatial

Q-Factor가 적용되는 사운드의 좌/우 이동 폭을 설정합니다.

 Mono Delay

전통적인 방식의 모노 딜레이 장치이며, 다른 채널의 신호로 해당 장치를 제어할 수 있는 사이드-체인 기능을 제공합니다.

(1) Delay

사운드가 지연되는 시간을 최대 5000ms(5초)까지의 범위로 설정할 수 있습니다. 노브 아래쪽의 Sync On/Off 버튼을 클릭하면 템포와 동기 될 수 있게 비트 단위로 조정할 수 있습니다.

(2) Feedback

딜레이 사운드가 반복되는 값을 설정합니다.

(3) Lo

딜레이가 적용될 최소 주파수 값을 설정합니다. 여기서 설정된 주파수 이상의 범위에서 딜레이가 적용되는 것이며, 노브 아래쪽의 lo filter 버튼으로 사용 유무를 결정할 수 있습니다.

(4) Hi

딜레이가 적용될 최대 주파수 값을 설정합니다. 여기서 설정된 주파수 이하의 범위에서 딜레이가 적용되는 것이며, 노브 아래쪽의 hi filter 버튼으로 사용 유무를 결정할 수 있습니다.

(5) Mix

딜레이의 양을 설정합니다. 기준값 50보다 작으면 딜레이 사운드의 크기가 작아지고, 50보다 크면, 딜레이 사운드가 커지는 것입니다.

Tip | Side-Chain의 역할

오토메이션 쓰기 버튼 오른쪽에 Activate Side-Chain 버튼이 있는 장치는 다른 채널의 신호로 해당 이펙트를 컨트롤할 수 있는 사이드-체인 기능을 이용할 수 있는 것입니다. 마이크에 컴프레서를 사이드 체인으로 걸면 DJ가 말을 할 때 음악이 자동으로 작아지는 효과를 연출할 수 있습니다.

① Side-chain 샘플을 불러옵니다. 2번 Drums트랙의 Inserts 파라미터에서 Dynamics 폴더의 Compressor를 장착합니다.

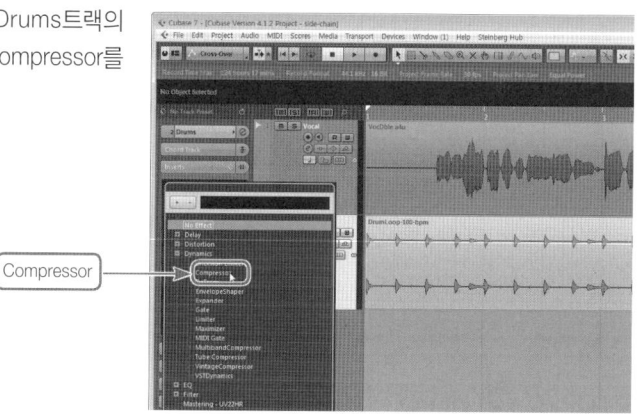

② 확실한 효과를 느껴보기 위해서 Threshold를 최소 값 -60dB로 설정하고, Side-Chanin 버튼을 클릭하여 On으로 합니다.

③ 1번 Vocal 트랙의 Sends 파라미터에서 슬롯을 클릭하여 열어보면, Sidechains 목록이 등록된 것을 확인할 수 있습니다. 이름은 사이드 체인을 걸어놓은 트랙과 이펙트의 이름입니다.

Sidechain 장치 선택

④ 센드 이펙트 On 버튼을 클릭하여 활성화 시키고, 전송 레벨을 최대로 해봅니다. 그리고 사운드를 재생해보면, 보컬이 연주될 때, 드럼 채널에 컴프레서가 작동되어 사운드가 작아지는 것을 경험할 수 있습니다.

Sends On

 Ping Pong Delay

Stereo Delay 장치를 이용해서 사운드가 좌/우로 이동하는 핑퐁 효과를 만들 수 있지만, Ping Pond Delay를 이용하면 보다 쉽게 연출 가능합니다.

(1) Delay

사운드가 지연되는 시간을 최대 5000ms(5초)까지의 범위로 설정할 수 있습니다. 노브 아래쪽의 Sync On/Off 버튼을 클릭하면 템포와 동기 될 수 있게 비트 단위로 조정할 수 있습니다.

(2) Feedback

딜레이 사운드가 반복되는 값을 설정합니다.

(3) Lo

딜레이가 적용될 최소 주파수 값을 설정합니다. 여기서 설정된 주파수 이상의 범위에서 딜레이가 적용되는 것이며, 노브 아래쪽의 lo filter 버튼으로 사용 유무를 결정할 수 있습니다.

(4) Hi

딜레이가 적용될 최대 주파수 값을 설정합니다. 여기서 설정된 주파수 이하의 범위에서 딜레이가 적용되는 것이며, 노브 아래쪽의 hi filter 버튼으로 사용 유무를 결정할 수 있습니다.

(5) Spatial

딜레이 사운드가 좌/우로 이동되는 폭을 설정합니다. 값이 클수록 이동 폭이 넓어집니다.

(6) Mix

딜레이의 양을 설정합니다. 기준값 50보다 작으면 딜레이 사운드의 크기가 작아지고, 50보다 크면, 딜레이 사운드가 커지는 것입니다.

 Stereo Delay

양쪽 채널에 독립적인 딜레이 값을 설정할 수 있는 스테레오 딜레이입니다. 앞에서 살펴본 모노 딜레이가 두 개 있는 것이라고 생각하면 되며, Pan을 제외한 모든 노브의 역할도 같습니다.

(1) Delay

사운드가 지연되는 시간을 최대 5000ms(5초)까지의 범위로 설정할 수 있습니다. 노브 아래쪽의 Sync On/Off 버튼을 클릭하면 템포와 동기 될 수 있게 비트 단위로 조정할 수 있습니다. 오른쪽의 Delay 2도 같습니다.

(2) Feedback

딜레이 사운드가 반복되는 값을 설정합니다. 오른쪽의 Delay 2도 같습니다.

(3) Lo

딜레이가 적용될 최소 주파수 값을 설정합니다. 여기서 설정된 주파수 이상의 범위에서 딜레이가 적용되는 것이며, 노브 아래쪽의 lo filter 버튼으로 사용 유무를 결정할 수 있습니다. 오른쪽의 Delay 2도 같습니다.

(4) Hi

딜레이가 적용될 최대 주파수 값을 설정합니다. 여기서 설정된 주파수 이하의 범위에서 딜레이가 적용되는 것이며, 노브 아래쪽의 hi filter 버튼으로 사용 유무를 결정할 수 있습니다. 오른쪽의 Delay 2도 같습니다.

(5) Pan

딜레이 사운드가 재생될 채널의 위치를 설정합니다. 왼쪽의 Delay 1은 기본 값이 왼쪽 채널인 -100으로 설정되어 있으며, 오른쪽의 Delay 2는 오른쪽 채널인 100으로 설정되어 있습니다.

(6) Mix

딜레이의 양을 설정합니다. 기준값 50보다 작으면 딜레이 사운드의 크기가 작아지고, 50보다 크면, 딜레이 사운드가 커지는 것입니다. 오른쪽의 Delay 2도 같습니다.

2 Distortion

디스토션은 앰프가 수용할 수 있는 한계 출력 이상의 입력 레벨로 사운드가 찌그러지는 현상을 인위적으로 만드는 장치를 말합니다. 메탈 음악의 기타 사운드를 연상하면, 쉽게 짐작할 수 있을 것입니다. 큐베이스와 누엔도는 AmpSimulaotr, DaTube, Distortion, SoftClipper 등의 7가지 디스토션 장치를 제공하고 있습니다.

 Amp Simulator

기타 앰프의 출력의 높이고, 기타 픽업을 가까이 가져가면, 사운드가 찌그러지는 효과가 연출되는데, 이것을 간단하게 시뮬레이션하는 장치입니다. 14가지 앰프 모델과 10가지 케비넷 스피커를 제공합니다.

(1) Ampliter

기본 앰플 모델 명인 Crunch 항목을 클릭하면 Read, Modern, Clean, Tube 등의 14가지 앰프 모델을 선택할 수 있는 메뉴가 열립니다.

(2) Drvie

디스토션이 적용되는 레벨을 설정합니다.

(3) Bass

디스토션이 적용되는 저음역을 조정합니다.

(4) Middel

디스토션이 적용되는 중음역을 조정합니다.

(5) Treble

디스토션이 적용되는 고음역을 조정합니다.

(6) Presence

사운드가 연주되는 공간의 벽면 특성을 시뮬레이션 합니다. 값이 높을수록 반사율이 높은 벽면을 시뮬레이션 하여 고음역의 사운드가 커집니다.

(7) Volume

디스토션 사운드의 최종 출력 레벨을 조정합니다. 앰플 항목의 Drive, Bass, Middle, Treble, Presence, Volume 값들은 디스플레이 창의 그래프를 드래그하여 조정할 수 있습니다.

(8) Cabinet

Amp Simulator에서 제공하는 10가지의 캐비닛 스피커 모델을 선택합니다.

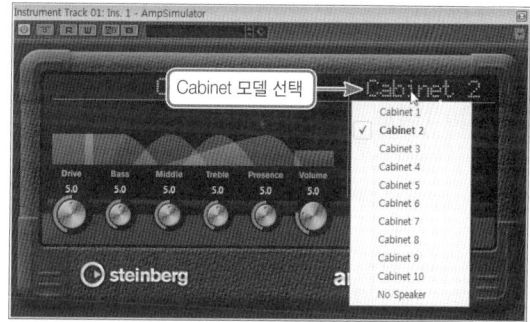

(9) Damping Lo/Hi

고음(Hi) 및 저음(Lo)의 반사 비율을 조정하여 연주 공간의 벽면 특성을 연출합니다. 각각의 값은 왼쪽(Lo) 또는 오른쪽 (Hi) 노브를 이용하거나 그래프를 드래그하여 값을 조정할 수 있습니다.

Bit Crusher

Bit Crusher은 비트를 감소하여 독특한 사운드를 만드는 역할을 합니다. 비트란 디지털 신호의 레벨 기록 단위를 나타내는 것으로 높은 비트는 기록 단위가 높기 때문에 다이내믹 범위가 넓고, 낮은 비트는 기록 단위가 낮기 때문에 다이내믹 범위가 좁습니다. 결국 낮은 비트에서는 소형 스피커에서 들리는 라디오 음질과 같이 퀄리티가 떨어지지만, 기계적인 사운드 효과를 만들 수 있습니다.

(1) Mode / Depth

상단에 있는 4개의 모드 버튼은 비트 감소 효과를 선택할 수 있습니다. 단계를 높일 수록 비트 감소 효과가 뚜렷합니다. 아래쪽에 있는 Depth 노브는 비율을 설정합니다. 최대값 24bit로 높은 음질을 얻을 수 있고, 값을 낮춰 독특한 사운드를 만들 수 있습니다.

(2) Sample Divider / Output / Mix

Sample Divider는 비트를 감소시켰을 때 제거하는 신호의 양을 설정합니다. 범위는 1에서 65까지 이며, 단위가 높을수록 변환하는 사운드의 효과를 크게 느낄 수 있습니다. 그리고 Output은 BitCrusher를 적용한 채널의 최종 출력을 조정하며, Mix는 오리지널 사운드와 Bit Crusher를 적용한 사운드의 비율을 조정합니다.

 Da Tube

Da Tube는 진공관이 첨가된 아날로그 튜브 앰프 사운드를 재현하는 효과가 있습니다. Da Tube는 높은 가격대를 형성하고 있는 튜브 앰프를 재현하고 있다는 것 자체만으로도 놀랄 수 있겠지만, 그 효과를 들어보면 감탄사가 절로 나올만한 성능을 가지고 있습니다. Da Tube는 Drive, Balance, Output의 간단한 구성으로 되어 있습니다.

(1) Drive

Drive는 튜브 효과의 강도를 퍼센트 단위로 설정합니다. 재미있는 것은 값이 커질수록 Drive 노브 오른쪽에 있는 진공관 모양의 디스플레이가 눈으로 확인할 수 있게 붉게 변한다는 것입니다.

(2) Balnce

Balnce는 다른 이펙트의 Mix와 비슷한 역할로 튜브 앰프 효과와 오리지널 사운드의 레벨 비율을 피센트 단위로 설정합니다.

(3) Output

Output은 튜브 앰프를 적용한 채널의 레벨을 조정합니다. 각각 Ctrl 키를 누른 상태에서 조정 노브를 클릭하면 Balance는 50%, Output은 -6.02dB로 설정할 수 있습니다.

Distortion

사운드의 일그러짐 효과를 인위적으로 만드는 디스토션 계열의 전통적인 방식입니다. 메탈이나 블루스 계열의 기타 연주자 들이 즐겨 사용하는 이펙트이므로, 기타에 관심있는 사용자에게는 매우 익숙할 것입니다.

(1) Boost

사운드의 일그러짐 정도를 조정합니다.

(2) Feedback

디스토션 사운드를 반복시켜 효과를 증대시킵니다.

(3) Tone

디스토션이 적용되는 주파수 범위를 조정합니다.

(4) Spatial

디스토션 사운드의 좌/우 이동 폭을 조정합니다.

(5) Output

디스토션 사운드의 최종 출력 레벨을 조정합니다.

Grungelizer

사운드에 잡음을 유입하여 주파수가 잘 잡히지 않는 상태의 라디오와 같은 독특한 사운드를 만들 수 있습니다. 요즘 댄스 음악에서 가수의 목록에 사용하여 메가폰 음색을 만드는데도 응용 가능합니다. Crackle, Noise, Distort, EQ, AC, Timeline의 6가지 잡음 유입 노브로 구성되어 있습니다.

(1) Crackle

CD 이전에 사용하던 아날로그 기록 방식의 LP 미디어에서 발생할 수 있는 클락 잡음을 만듭니다. 노브 아래쪽에 있는 RPM 스위치는 LP의 재생 속도를 시뮬레이션 하는 것입니다.

(2) Noise

아날로그 테이프를 재생할 때 음악이 없는 부분에서는 테이프가 재생하는 잡음이 들립니다. 이것을 험 노이즈라고 하는데 Noise 노브는 이러한 잡음을 만드는 역할을 합니다.

(3) Distort

정격 출력 이상의 레벨을 입력하면 사운드의 고주파 성분이 일그러지는 디스토션 잡음이 발생합니다. Distort은 이러한 잡음을 인위적으로 만드는 노브입니다. 값이 높을수록 노브 하단에 있는 LED가 둥글게 변하는 것을 확인할 수 있습니다.

(4) EQ

스피커의 방향에 따라 달라지는 위상 간섭에 의한 사운드의 변화를 시뮬레이션하고 있는 기능입니다. 특히 값이 높을수록 저음 부분에 위상 간섭을 일으키게 하여 메가폰으로 듣는 효과를 만듭니다. 노브 아래쪽에 축음기 모양의 그림이 회전하면서 조정하는 값을 표시하고 있습니다.

(5) AC / Timeline

AC는 불규칙한 전압으로 인해서 발생할 수 있는 전기 잡음을 만들고, Timeline은 노브에 표시된 년도를 보면 쉽게 짐작할 수 있듯이 시대적 연출이 가능한 종합 잡음을 만듭니다.

 Magneto II

프로젝트의 샘플 비트 변경 없이 퀄리티 높은 아날로그 사운드를 재현할 수 있는 이펙트 입니다. 흔히 아날로그 사운드를 따뜻하다고 표현하는데, 자신이 만든 디지털 음악에 따뜻함을 더해주거 싶거나 대놓고 옛날 사운드를 구현하는 등의 다양한 목적으로 사용할 수 있습니다.

(1) Saturation

아날로그 사운드의 시뮬레이션 정도를 조정합니다. 왼쪽 버튼은 Saturation을 On/Off 합니다.

(2) Dual Mode

아날로그 시뮬레이션을 두 배로 증가시킵니다.

(3) Frequency Range Low/Hi

아날로그 효과가 적용되는 주파수 범위를 설정합니다. Low에서 Hi 범위에만 적용되는 것입니다.

(4) Tape Solo

아날로그 효과가 적용되는 사운드만 모니터 할 수 있습니다. 주파수 범위를 결정하는데 용의한 기능입니다.

(5) HF-Adjust

아날로그 시뮬레이션 과정에서 손실될 수 있는 고주파 성분의 보정 값을 조정합니다. 오른쪽 버튼으로 HF-Adjust 기능을 On/Off 합니다.

(6) In/Output

VU 레벨 미터에 입력 또는 출력 값을 표시합니다. 오른쪽 노브를 이용하여 레벨을 조정할 수 있습니다.

Tip 믹스콘솔의 Magneto II

Magneto II는 믹스콘솔 또는 채널 편집 창 Strip 섹션의 Set 슬롯에서도 제공되고 있으며, 성능과 역할은 동일합니다. Tape Saturation과 Tube Saturation도 아날로그 사운드를 시뮬레이션 하는 장치이므로, 한 번씩 사운드의 변화를 모니터 해보기 바랍니다. 참고로 Strip 섹션은 믹스콘솔에 내장된 모듈이며 마우스 드래그로 신호의 흐름을 변경할 수 있습니다.

Quadrafuzz v2

주파수를 4구역으로 나누어 사운드를 왜곡시킬 수 있는 멀티밴
드 디스토션입니다. 각 밴드마다 서로 다른 5가지 모드를 적용
할 수 있기 때문에 드럼 트랙뿐만 아니라 가요 및 팝의 중심인
보컬 트랙에서도 많이 사용하는 장치 입니다.

(1) SB/Scenes

SB : Quadrafuzz v2를 멀티 밴드로 사용할 것인지 싱글로 사용할 것인지를 선택합니다.
Scenes : 각 번호에 사용자 설정을 저장할 수 있습니다. 버튼을 선택하면 노란색 불이 들어오고,
설정을 변경하면 녹색으로 저장됩니다. Copy 버튼을 누르고 번호를 선택하면 복사됩니다.

(2) Frequency Band Editor

수직 라인을 드래그하여 각 밴드의 주파수 범위를 설정하고, 수평 라인을 드래그하여 각 밴드의 출력 레벨을 조정합니다.

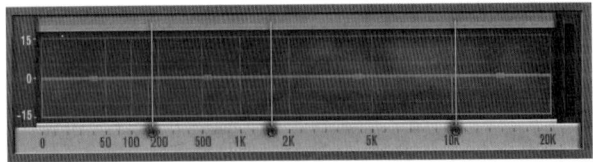

(3) Mix/Output

Mix : 이펙트와 원본 사운드의 비율을 조정합니다.
Output : 최종출력 레벨을 조정합니다.

(4) M/S/B

M : 해당 밴드를 뮤트합니다.
S : 해당 밴드를 솔로로 적용합니다.
B : 해당 밴드를 바이패스 시킵니다.

(5) Gate

모드와 관계없이 독립적으로 작동되는 노이즈 게이트 입니다. 설정 값 이하의 레벨을 차단합니다.

(6) Slider

Width : 해당 밴드의 스테레오 폭을 조정합니다.
Out : 해당 밴드의 출력 레벨을 조정합니다.
Pan : 해당 밴드의 좌/우 위치를 조정합니다.
Mix : 해당 밴드의 모드 적용 비율을 조정합니다.

(7) Tape

아날로그 테이프 사운드를 시뮬레이션 합니다. 적용 정도를 조정하는 Drive 노브가 있으며, 효과를 증가시키는 Tape Mode Dual 버튼을 제공합니다.

(8) Tube

아날로그 튜브 사운드를 시뮬레이션 합니다. 적용 정도를 조정하는 Drive 노브가 있으며, 튜브 수를 선택하는 3개의 버튼을 제공합니다.

(9) Dist

사운드를 왜곡하는 디스토션 입니다. 적용 정도를 조정하는 Drive 노브와 출력 신호를 반복시켜 강도를 높이는 FBK 노브가 있습니다.

(10) Amp

기타 앰프를 시뮬레이션 합니다. 적용 정도를 조정하는 Drive 노브가 있으며, 톤을 선택할 수 있는 3개의 버튼을 제공합니다.

(11) Dec

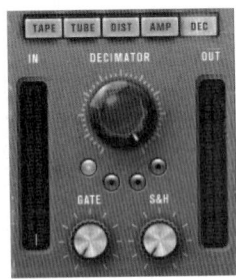

샘플 비트 값을 감소시켜 사운드를 왜곡시키는 Decimator 노브가 있으며, 타입을 선택할 수 있는 4개의 버튼과 사운드 제거량을 조정하는 S&H 노브를 제공합니다.

(12) Delay

Delay를 적용할 수 있는 패널을 엽니다.

Time : 딜레이 타임을 조정합니다. Sync 버튼을 On으로 하면 템포와 동기 됩니다.

FBK : 사운드가 반복되는 양을 결정합니다. Mode 버튼은 반복 사운드를 왜곡시킵니다.

Duck : 오디오 신호를 얼마나 지연시킬 것인지를 결정합니다.

Mix : 딜레이 사운드의 밸런스를 조정합니다.

Soft Clipper

디스토션 사운드에 제2, 제3의 배음을 추가하여 부드러운 디스토션 사운드를 연출합니다. 기타 연주에 많이 사용하는 오버드라이브와 같은 사운드를 쉽게 만들 수 있습니다.

(1) Input
앞에서 살펴본 디스토션 장치의 Drvie와 동일한 역할로 입력 사운드의 레벨을 조정합니다.

(2) Mix
디스토션 사운드의 비율을 조정합니다.

(3) Output

디스토션 사운드의 최종 출력 레벨을 조정합니다.

(4) Second

디스토션 사운드의 2배음을 만들어내며, 그 값을 조정합니다.

(5) Third

디스토션 사운드의 3배음을 만들어내며, 그 값을 조정합니다.

 VST Amp Rack

기타 녹음 시스템을 완벽하게 시뮬레이션 하고 있는 VST Amp Rack입니다. 물론, Guitar Rig이나 AmpliTube와 같이 유명한 플러그-인들이 있지만, 별도의 추가 비용 없이 사용할 수 있으며, 음색 또한 자랑할 만큼의 퀄리티를 보여주고 있습니다. 이제 앰프와 이펙트와 같은 추가 장비 없이 오디오 인터페이스 하나로 완벽한 Guitar 연주를 녹음할 수 있게 된 것입니다.

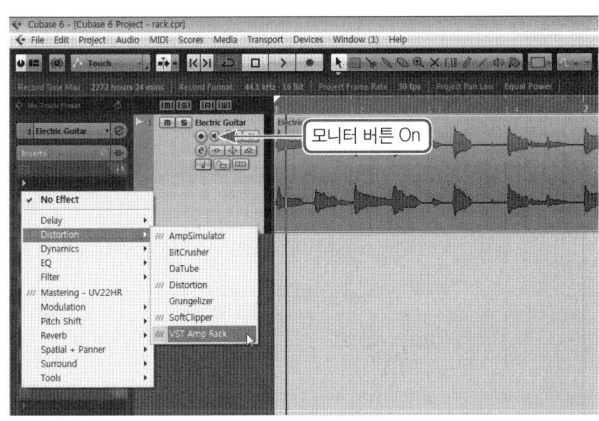

01 Guitar를 직접 연주해보면서 사운드를 모니터 하겠다면, 트랙의 모니터 버튼을 On으로 하고, VST Amp Rack을 장착합니다. Guitar를 가지고 있지 않은 사용자는 rack 샘플을 이용해도 좋습니다.

02 VST Amp Rack의 신호 경로는 Pre-Effect, Amplifiers, Cabinets, Post-Effects, Microphone Position, Master의 탭 순서 입니다.

03 Pre-Effects는 앰프 이전에 연결되는 장치를 선택합니다. 정해진 규칙은 없지만, 일반적으로 Compressor나 Gate와 같이 입력 레벨을 보정하는 다이내믹 장치를 장착합니다. No Effect라고 표시되어 있는 스톰박스를 클릭하여 메뉴를 열고, Compressor를 선택합니다.

04 Guitar 연주자에게 익숙한 모습의 스톰박스가 장착됩니다. 장치 오른쪽 또는 왼쪽에 표시되어 있는 삼각형을 클릭하면 장치를 추가 연결할 수 있습니다. 오른쪽을 클릭하여 Gate를 추가합니다.

05 두 장치의 On/Off 스위치를 클릭하여 동작시키고, Gate의 Threshold 노브를 조정하여 Guitar 잡음이 들리지 않게 해봅니다. 장치의 역할과 사용법은 모양만 다를 뿐, 큐베이스에서 제공하는 다른 것들과 동일하므로, 세부적인 내용은 생략하겠습니다.

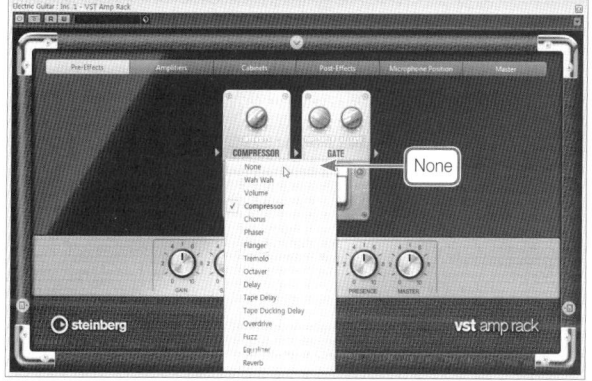

06 각 장치에 표시되어 있는 이름을 클릭하여 메뉴를 열고, None을 선택하면 장치를 제거할 수 있고, 다른 이름을 선택하면 해당 장치로 변경할 수 있습니다.

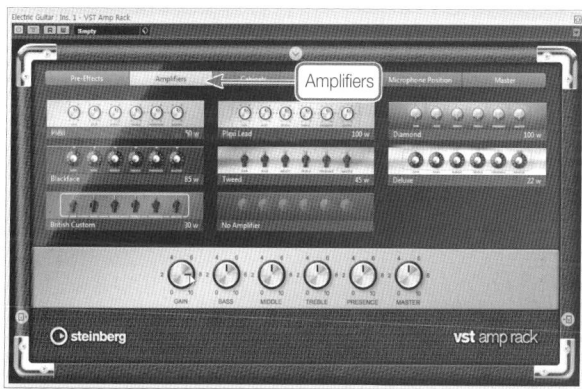

07 두 번째 Amplifiers 탭을 선택합니다. 8 종류의 기타 앰프를 제공하고 있습니다. 각 앰프를 선택하여 사운드의 변화를 모니터해보고, 마음에 드는 것을 선택합니다. 그리고 아래쪽에 보이는 노브를 이용하여 사운드를 보정합니다. 그림에서는 입력 레벨을 의미하는 Gain을 높이고 있습니다.

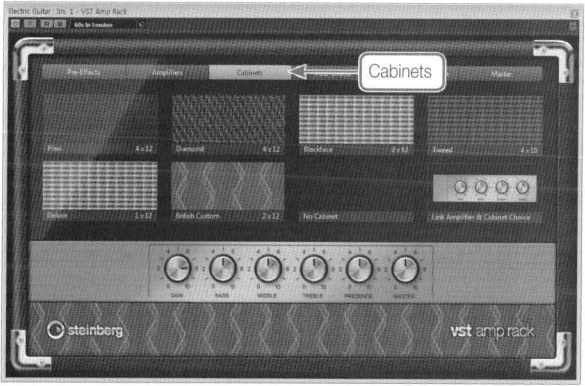

08 세 번째 Cabinets 탭을 선택합니다. 8 종류의 캐비넷을 제공하고 있습니다. 4x12는 12인치 스피커 4개를 의미합니다. 각각의 사운드를 모니터하고 마음에 드는 것을 선택합니다.

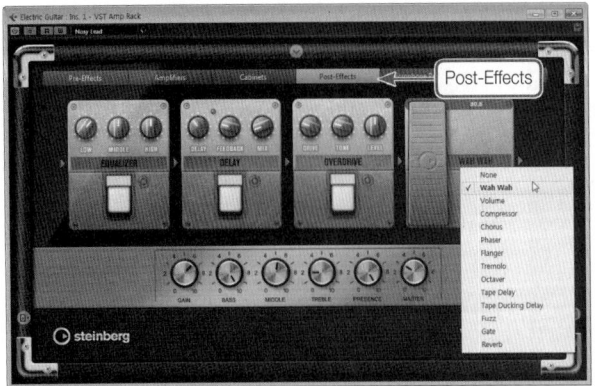

09 네 번째 Post-Effeccts는 앰프를 통과한 사운드에 적용하는 이펙트입니다. 보통 톤이나 타임 계열의 이펙트를 사용하지만, 원칙은 없습니다. EQ, Delay, Overdrive, Wah Wah 순서로 장착해봅니다.

10 미디 컨트롤러 또는 미디를 지원하는 Guitar 풋을 사용하고 있다면 Amp Rack의 장치를 연결하여 컨트롤할 수 있습니다. Quick controls 파라미터에서 WahWah PostPedal을 선택합니다.

11 Quick Contols 파라미터의 QC Learn Mode를 On으로 놓고, 컨트롤러를 움직여 인식시킵니다. 외부 장치로 WahWah 페달을 조정할 수 있습니다.

페달을 밟아 인식 시킨다

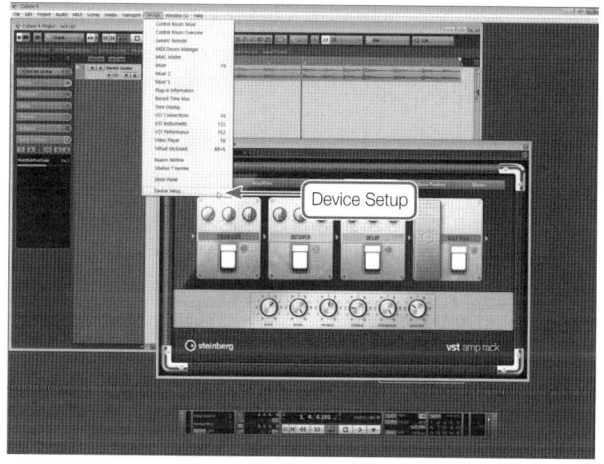

12 컨트롤러가 인식되지 않는다거나 두 개 이상의 장치를 컨트롤 하겠다면, 각 슬롯 마다 전송 정보를 설정해야 합니다. Devices 메뉴의 Device Setup을 선택합니다.

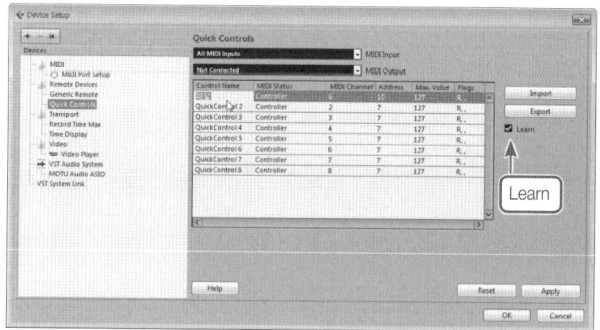

13 Remote Devices의 Quick Controls 항목에 8개의 슬롯이 준비되어 있습니다. Learn 옵션을 체크하고 컨트롤러를 움직여 각 슬롯마다 장치를 인식시킵니다. Control Name은 구분하기 쉬운 이름으로 변경 가능합니다.

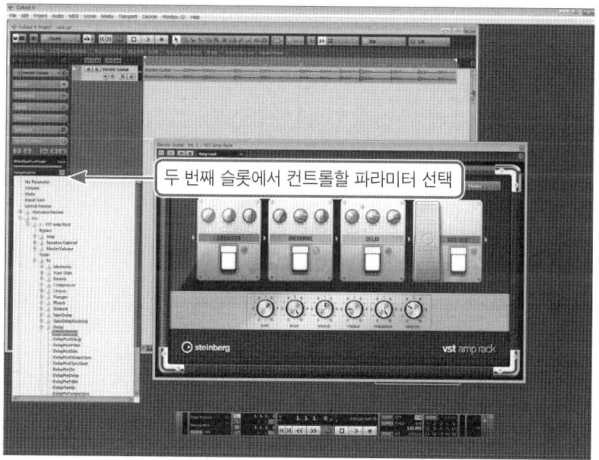

14 Quick Contols 파라미터의 두 번째 슬롯에서 DelayPostOn을 선택하면, Remote Devices의 첫 번째 항목에 연결한 장치로 와와 페달을 조정하고, 두 번째 항목에 연결한 장치로 딜레이를 On/Off 시킬 수 있는 것입니다. 나머지 슬롯도 동일합니다.

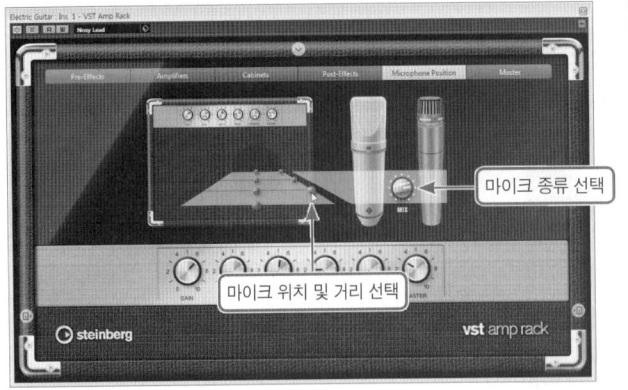

마이크 종류 선택

마이크 위치 및 거리 선택

15 다섯번째 Microphone Position은 마이크의 종류와 위치를 조정합니다. 마이크는 콘덴서와 다이내믹 타입을 제공하고 있으며, Mix 노브를 이용하여 선택합니다. 그리고 마이크의 위치는 검정색 점을 클릭하여 선택합니다. 선택된 위치는 빨간색으로 표시됩니다.

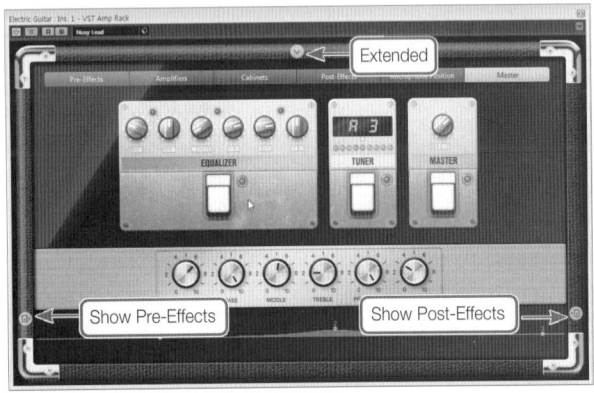

Extended

Show Pre-Effects

Show Post-Effects

16 마지막 Master 탭에서는 최종 출력 사운드의 톤을 조정하는 EQ, 레벨을 조정하는 Master, 음정을 조정하는 Tuner가 장착되어 있으며, On/Off 스위처로 사용 여부를 결정합니다. 그리고 상단에 보이는 Extended 버튼은 이펙트 패널을 닫거나 열고, 좌/우측의 Pre/Post 버튼은 각각의 장치를 보여줍니다.

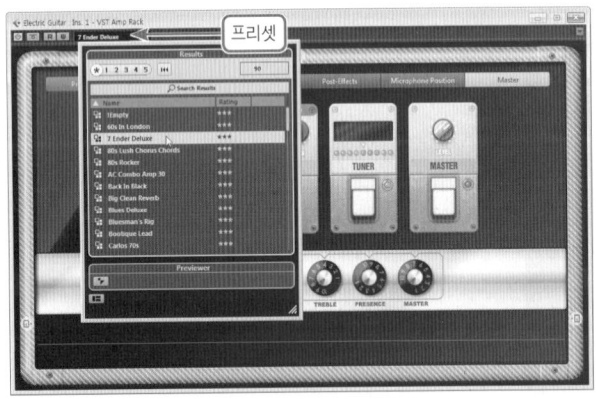

프리셋

17 VST Amp Rack은 기타 연주자 뿐만아니라 기타 톤을 쉽게 연출하고 싶은 사용자에게도 매우 반가운 장치가 될 것입니다. Guitar 톤에 익숙치 않은 사용자는 미리 만들어져 있는 프리셋을 이용하고, 마음에 드는 프리셋이 있다면, 어떻게 만들어 졌는지 체크해보기 바랍니다.

VST Bass Amp

앞에서 살펴본 VST Amp Rack과 크게 다르지 않습니다. 단지, VST Amp Rack이 기타 연주자를 위한 플러그-인이었다면, VST Bass Amp는 베이스 기타 연주자를 위한 플러그-인이라는 차이만 있습니다. 물론, 사운드는 확연한 차이를 보이며, 베이스 기타에 최적화 되어 있습니다. 기타 앰프를 시뮬레이션하고 있는 장치들은 많지만, 베이스 기타 전용 앰프가 많지 않은 와중에 세계 유명 베이스 연주자들에게 완벽한 사운드를 구현하고 있다는 평가를 받고 있는 제품이므로, 베이스 기타 사운드에 꼭 한 번 적용해 볼 것을 권장합니다. 랙의 구성이나 사용법은 VST Amp Rack과 다르지 않으므로, 자세한 설명은 생략하고 앰프 컨트롤만 간략히 살펴보겠습니다.

(1) **Gain** : 입력 레벨을 조정합니다. 깔끔한 사운드를 녹음하기 위해서는 베이스 기타의 레벨을 최대로 놓고, 게인 값을 조정하는 것이 좋습니다.

(2) **Bass** : 220Hz 이하의 베이스 레벨을 조정합니다.

(3) **Shape 1** : 로우 컷 필터의 On/Off 스위치 입니다.

(4) **Freq/Lo Mid** : 로우 미들 음역의 레벨을 조정합니다. 주파수는 220Hz-1.2KHz 범위 입니다.

(5) **Freq/Hi Mid** : 하이 미들 음역의 레벨을 조정합니다. 주파수는 1.3KHz-3KHz 범위 입니다.

(6) **Shape 2** : 하이 쉘빙 필터의 On/Off 스위 입니다.

(7) **Treble** : 3KHz 이상의 고음역 레벨을 조정합니다.

(8) **Master** : 출력 레벨을 조정합니다.

3 Dynamics

다이내믹은 사운드의 레벨 폭을 조정하는 장치입니다. 작은 소리와 큰 소리의 레벨 변화를 조정하여 안정적인 녹음이 필요한 보컬에 필수로 사용하는 컴프레서, 리미터 등이 다이내믹 계열의 이펙트입니다. 큐베이스와 누엔도는 Brickwall Limiter, Compressor, Expander, Limiter, Gate 등의 15가지 다이내믹 장치들을 제공합니다.

 Brickwall Limiter

Brickwall은 조금의 클리핑도 발생하지 않도록 빠른 압축을 제공하는 리미터입니다. 단, 1ms의 지연 현상이 발생한다는 단점을 가지고 있으므로, 디더링 전에 신호의 마지막 경로에서 사용할 것을 권장합니다.

(1) Threshold

최대 0dB 범위로 리미터가 적용될 사운드의 레벨을 설정합니다. 즉, 여기서 설정한 레벨 이상의 사운드가 발생하지 않도록 하는 것입니다. 입력(In)과 출력(Out) 외에도 압축 레벨을 나타내는 GR 레벨 미터가 있으므로, 사운드가 얼마나 압축되고 있는지 확인할 수 있습니다.

(2) Release

리미터의 작동이 멈추는 시간을 조정합니다. 노브 아래 Auto 버튼을 On으로 하면 오디오 소스에 따라 최적의 릴리즈 타임을 걸어줍니다.

(3) Link

이 버튼이 On이면 입력 신호를 분석할 수 있는 최고 수준의 채널을 사용하며, Off 이면, 각 채널이 별도로 분석됩니다.

(4) Detect Intersample Clipping

이 버튼이 On이면 디지털 신호로 변환될 때 왜곡이 발생하지 않도록 합니다.

Compressor

Compressor는 Threshold에서 설정한 레벨 이상의 사운드를 Ratio에서 설정한 비율로 압축하는 역할의 전통적인 다이내믹 조정 장치입니다. 예를 들어 발라드 곡의 보컬은 인트로와 클라이맥스 구간의 레벨 차이가 클 수 밖에 없는데, 컴프레서를 적용하여 작은 소리는 크게하고, 큰 소리는 작게 하면, 전체적인 다이내믹 범위가 좁아져 선명한 보컬 사운드를 연출할 수 있는 것입니다.

(1) Threshold

최대 0dB 범위로 컴프레서가 적용될 사운드의 레벨을 설정합니다. 여기서 설정한 레벨 이상의 사운드가 재생될 때 Ratio에서 설정한 비율로 압축되는 것입니다. Threshold 값은 노브 외에 그래프의 Threshold 포인트를 드래그하여 조정할 수 있습니다. 그리고 컴프레서에는 입력 레벨의 In과 출력 레벨의 Out 외에도 압축 레벨을 나타내는 GR 레벨 미터가 있으므로, 사운드가 얼마나 압축되고 있는지 확인할 수 있습니다.

(2) Ratio

Threshold에서 설정한 레벨 이상의 사운드가 재생될 때, 사운드를 얼마나 압축시킬 것인지의 비율을 조정합니다. 예를 들어 Threshold을 0dB로 설정하고, Ratio를 2.00으로 설정하면, 0dB 이상의 사운드를 2:1로 압축하는 것이므로, 3dB의 사운드는 1.5dB로 출력되며, 2dB의 사운드는 1dB로 출력됩니다. 노브 아래쪽의 soft knee 버튼을 On으로 하면 압축을 부드럽하여 급변하는 사운드를 피할 수 있습니다. Ratio 값은 노브 외에 그래프의 Ratio 포인트를 드래그하여 조정할 수 있습니다.

(3) Make-Up

컴프레서는 큰 소리를 피크 잡음이 발생하지 않게 줄이는 역할을 하지만, 근본적인 사용 목적은 작은 소리를 크게하는 것입니다. Make-up은 얼마만큼의 레벨을 증가시킬 것인지를 설정합니다. 노브 아래쪽의 Auto 버튼을 On으로 하면, 압축 비율에 비례하여 Make-up 레벨이 자동으로 조정됩니다.

(4) Attack

컴프레서가 작동되는 시작 타임을 최대 100ms 범위로 조정합니다. Threshold에서 설정한 레벨 이상의 사운드가 감지되었을 때, 컴프레서가 바로 작동을 하는 것이 아니라 Attack타임에서 설정한 시간이 지난 후에 작동을 합니다. 예를 들어 어택이 짧은 드럼 악기에 컴프레서를 적용할 때, Attack 타임을 짧게 설정하면, 드럼의 어택이 손상될 우려가 있지만, Attack 타임을 길게 설정하면, Threshold에서 설정한 레벨 이상의 사운드가 감지되어도 컴프레서가 바로 동작하지 않게 되므로, 드럼의 어택을 살릴 수 있는 것입니다.

(5) Hold

컴프레서의 작동이 유지되는 시간을 최대 1000ms 범위로 조정합니다. 예를 들어 -3dB에서 -4dB 정도의 레벨로 연주되는 사운드에서 Threshold를 -3dB로 설정하면, -3dB에서 컴프레서가 작동하고, -4dB에서 정지됩니다. 결국 -4dB의 사운드가 -3dB의 보다 레벨이 커지는 현상이 발생할 수 있습니다. 이때 Hold 타임을 -4dB이 연주되는 시간까지 길게 설정하면, 컴프레서로 인해서 레벨이 불규칙해지는 부작용을 방지할 수 있는 것입니다.

(6) Release

컴프레서의 작동이 멈추는 시간을 최대 100ms 범위로 조정합니다. 노브 아래 Auto 버튼을 On으로 하면 Release 타임이 자동으로 조정됩니다. Release 타임 역시 Attack이나 Hold 타임과 마찬가지로 컴프레서의 사용으로 급격하게 변하는 레벨이 발생하지 않도록 하는 것이 목적입니다. 예를 들어 릴리즈 타임이 긴 바이올린 연주에서 Release 타임을 길게 설정하면, 컴프레서가 계속 작동을 하게되므로, 바이올린의 릴리즈 레벨이 불규칙해지는 현상이 발생합니다. 이때는 Release 타임을 짧게하여 바이올린의 릴리즈 레벨를 압축하지 않도록 하는 것이 요령입니다. 이처럼 컴프레서의 Attack, Hold, Release 타임은 악기의 특성이나 연주법에 따라서 적절한 타이밍을 설정할 필요가 있습니다. 다만, 하루 아침에 터득할 수 있는 요령이 아니기 때문에 많은 실습이 필요할 것입니다.

(7) Analysis

컴프레서는 사운드의 레벨을 검출하여 작동되는 것인데, Analysis 노브를 이용해서 피크(Peak) 레벨의 검출 비율을 조정합니다. 만일 Analysis 값을 100으로 설정하면, 전체 평균 레벨인 RMS 모드로 동작합니다. 일반적으로 컴프레서는 평균 레벨을 증가시키기 위한 RMS 모드를 사용하지만, 어택이 빠른 악기 연주의 피크 레벨을 감소시키기 위해서 Peak 모드를 사용하는 경우도 많습니다. 결국 Analysis도 악기의 특성이나 연주법에 따라 적정한 모드를 선택할 수 있어야하며, 많은 경험과 실험이 필요한 기능입니다.

(8) Live

Live 버튼을 클릭하여 On으로 하면, 사운드를 미리 읽어들여 사운드를 정밀하게 분석하여 컴프레서가 작동되도록 합니다. 단, 낮은 시스템 사양에서는 사운드가 지연되는 현상이 발생할 수 있으므로 자신의 시스템에서 사용할 수 있는지의 여부를 확인하는 것이 좋습니다.

DeEsser

DeEsser는 보컬 녹음에서 흔하게 발행하는 시빌런스와 같은 잡음을 제거하는 오토 컴프레서입니다. 시빌런스는 고음의 [스]와 같은 발음에서 많이 발생하는데 DeEsser는 이러한 고음 성분만을 압축하여 원음에는 손상을 최소화 시킬 수 있습니다.

(1) Filter

주파수 대역을 설정합니다. C4 또는 60으로 노트 입력이 가능하기 때문에 입문자도 정확한 주파수 대역을 설정할 수 있습니다. 디스플레이 창의 라인의 드래그하여 설정하는 것도 가능합니다.

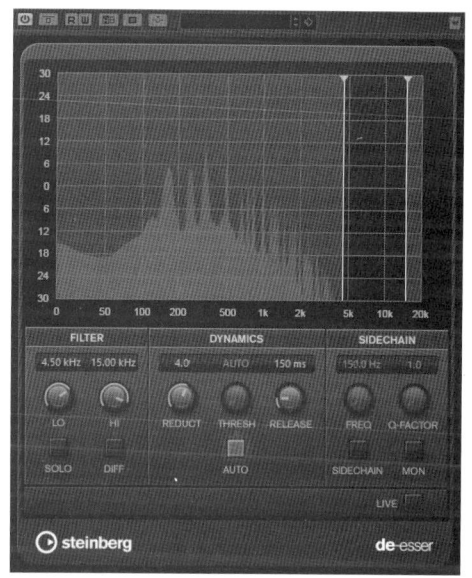

Solo : 설정한 주파수 대역의 사운드를 모니터 할 수 있습니다. 좀 더 정확한 주파수 설정이 가능한 기능입니다.

Diff : 디에서에 의해서 제거되는 사운드를 모니터 할 수 있습니다. 원음 손실을 최소화 할 수 있는 기능 입니다.

(2) Dynamics

Threshold에서 설정한 레벨 이하를 Reduction에서 설정한 만큼 줄입니다. 디에서가 적용되는 실제 값을 조정하는 것입니다. Auto 버튼을 On으로 하면 최적의 Reduction 값이 자동으로 설정됩니다. 단, -30dB 이하의 사운드에서는 작동되지 않으므로, 이 범위의 치찰음을 제거하겠다면 버튼을 Off 하고 수동으로 설정해야 합니다. Release는 신호가 Threshold 레벨 이하로 떨어졌을 때 작동이 Off 되는 시간을 설정합니다.

(3) Sidechain

Side-Chain 기능을 On으로 했을 때의 주파수 대역을 설정합니다. Freq는 Filter 항목과 동일하게 노트 번호로 설정할 수 있으며, Q-Factor로 적용 범위를 설정합니다. Mon 버튼으로 제거된 사운드를 모니터 할 수 있습니다.

(4) Live

버튼을 On으로 하면 실시간 처리되지만, 사전 분석 기능이 Off 됩니다. 레코딩할 때 유용합니다.

Envelope Shaper

사운드의 엔벨로프 라인을 조정할 수 있는 특별한 장치입니다. 예를 들어 다운 비트가 작게 녹음되었는데, 그냥 컴프레서를 걸면 업 비트가 일그러지는 경우가 발생할 수 있습니다. 이때, Envelope Shaper를 이용하여 업 비트의 어택을 조금 줄이고, 전체 사운드에 컴프레서를 적용하여 증가시키면, 보다 자연스러운 다이내믹을 연출할 수 있는 것입니다.

(1) Attack

사운드의 어택 레벨을 조정합니다. 그래프의 어택 포인트를 드래그하여 조정할 수 있습니다.

(2) Length

어택 지점에서 서스테인까지의 길이를 조정합니다. 그래프의 Length 포인트를 드래그하여 최대 200ms 길이로 조정할 수 있습니다.

(3) Release

사운드의 릴리즈 레벨을 조정합니다. 역시 그래프의 릴리즈 포인트를 드래그하여 값을 조정할 수 있습니다.

(4) Output

Envelope Shaper의 최종 출력 레벨을 조정합니다.

Expander

컴프레서는 사운드를 압축하여 다이내믹 범위를 좁히는 역할을 하지만, 익스펜더는 사운드의 레벨을 확장하여 다이내믹 범위를 넓힌다는 차이점이 있습니다. 즉, Threshold 값을 −20dB로 설정하고, Ratio를 2로 설정하면, Threshold에서 설정한 −20dB 이하의 입력 레벨을 2배로 확장하여 −40dB로 출력하는 것입니다. 결국 작은 소리와 큰 소리와의 범위를 의미하는 다이내믹 범위는 넓어지게 되는 것입니다.

(1) Threshold

익스펜더가 작동될 레벨을 설정합니다. 즉, 여기서 설정한 레벨 이하의 사운드가 입력되었을 때 익스펜더가 작동되는 것입니다.

(2) Ratio

Threshold에서 설정한 레벨 이하의 사운드가 감지될 때 얼마만큼의 비율로 확장 시킬 것인지를 최대 8:1 범위로 설정합니다. Ratio 노브 아래쪽에 soft knee 버튼을 On으로하면, 레벨 확장을 부드럽게 처리합니다.

(3) Fall

익스펜더가 작동될 시작 타임을 설정합니다. Threshold에서 설정한 레벨이 감지되면 Attack 타임에서 설정한 시간이 지난 후에 익스펜더가 작동되는 것입니다.

(4) Hold

익스펜더의 작동이 유지되는 시간을 설정합니다. 값은 최대 2000ms(2초)까지의 범위로 설정할 수 있으므로, Threshold에서 설정한 레벨 이상의 사운드가 감지되어도 익스펜더를 최대 2초 정도 작동시킬 수 있다는 것입니다.

(5) Rise

익스펜더의 작동이 정지되는 시간을 설정합니다. Threshold에서 설정한 레벨 이상의 사운드가 감지되면, Rlelease 타임에서 설정한 시간이 지난 후에 익스텐더의 작동이 멈추게 되는 것입니다.

(6) Analysis

사운드의 레벨을 감지하기 위한 피크 지점을 설정합니다. 값을 100으로 설정하면 평균 레벨을 감지하는 RMS 모드로 작동합니다.

(7) Live

Live 버튼을 클릭하여 On으로 하면, 사운드를 미리 읽어들여 보다 정밀한 사운드 분석이 가능하게 합니다. 단, 낮은 시스템 사양에서는 사운드가 지연되는 현상이 발생할 수 있습니다.

 **Gate**

Threshold에서 설정한 레벨 이하의 사운드를 차단하여 잡음을 제거하는 역할을 합니다. 스튜디오의 외부 잡음이나 마이크의 험 잡음, 전기 노이즈 등 지속적으로 들리는 잡음을 제거할 때 유용한 장치입니다.

(1) Attack / Hole / Release

게이트가 작동되는 시작 타임(Attack), 작동 시간이 유지되는 타임(Hold), 정지되는 타임(Release)을 설정합니다.

(2) Threshold

게이트가 작동될 기준 레벨을 설정합니다. Threshold 값이 높을 경우에는 실제 연주가 제거되는 경우도 있으므로, 너무 많은 욕심은 금물입니다. 노브 아래쪽의 State 색상으로 게이트의 작동 유무를 확인할 수 있습니다. 게이트가 작동될 때는 빨간색과 노란색으로 표시되며, 정지되었을 때는 파란색으로 표시됩니다.

(3) State

게이트의 동작 상태를 표시합니다. 열려 있는 경우에는 녹색, 닫혀 있는 경우에는 빨간색, 중간 상태는 노란색으로 표시됩니다.

(4) Anlaysis / Live

Anlaysis는 사운드의 분석 비율을 설정하며, 값이 100인 경우에는 RMS 모드로 작동합니다. 이때 Live 버튼을 on으로 하면 사운드를 세밀하게 분석할 수 있는데, 시스템에 따라서 지연되는 경우가 발생할 수 있습니다.

(5) Range

게이트가 동작할 때의 감쇠량을 조정합니다.

(6) Side-Chain

SC 슬롯을 열어 내부 체인 필터를 동작시킬 수 있습니다.
Monitor : 필터링 신호를 모니터 합니다.
Center : 50Hz-20KHz 범위로 필터 적용 가능합니다.
Q-Facor : 필터의 폭을 조정합니다.
Filter types : 필터 타입을 LP, BP, HP 중에서 선택합니다.

 ## Limiter

리미터는 컴프레서와 같이 특정 레벨 이상의 사운드를 압축하는 장치입니다. 다만, 컴프레서 보다 압축율이 높기 때문에 다이내믹 범위를 조정하는 용도 보다는 피크 잡음이 발생하지 않게하는 것이 주요 목적이며, 최종 출력을 담당하는 마스터 트랙에서 사용하는 것이 일반적입니다.

(1) Input

사운드의 입력 레벨을 조정합니다. 입력 레벨은 실제 사운드 레벨 보다 작게 설정하는 답답한 느낌이 들고, 높게 설정하면 사운드가 찌그러지는 현상이 발생할 수 있으므로, 원본 사운드 레벨과 동일하게 설정하는 것이 좋습니다.

(2) Output

Input에서 설정한 사운드의 레벨을 얼마만큼의 출력 레벨로 설정할 것인지를 설정합니다. 리미터를 마스터 트랙에서 사용할 경우에는 0dB을 기준으로 작업하게 될 것이므로, 기본 값을 변경할 이유는 거의 없습니다. 만일, Input 레벨과 편차가 크다면, 전체적인 믹싱 밸런스가 잘못되었을 경우가 크므로, 리미터를 조정하기 보다는 믹싱 작업을 보정하는 것이 현명합니다.

(3) Release

리미터의 작동이 정지되는 시간을 설정합니다. 노브 아래쪽의 Auto 버튼을 On으로 하면 자동으로 릴리즈 타임이 조정됩니다. 그리고 레벨 미터 중앙에 있는 GR 미터는 압축되는 레벨을 눈으로 확인할 수 있도록 해줍니다.

 ## Maximizer

Maximizer는 오디오 프로세서의 노멀라이즈와 비슷한 역할로 사운드의 전체 레벨을 증가시키는 역할의 장치입니다. 조금 작게 녹음된 사운드의 볼륨을 증가시킬 필요가 있을 때 요긴하게 사용할 수 있는 장치가 될 것입니다.

(1) Mode

맥시마이저의 알고리즘을 선택합니다. Classic은 대부분의 음악 스타일에 어울리며, Modern은 좀 더 큰 소리가 필요한 현대 음악 스타일에 어울립니다.

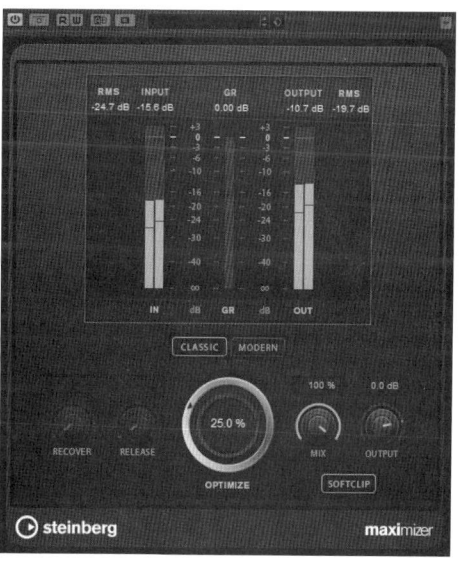

(2) Release

Modern 모드에서 사용할 수 있는 파라미터로 릴리즈 타임을 조정합니다.

(3) Recover

Modern 모드에서 사용할 수 있는 파라미터로 복구 타임을 조정합니다.

(4) Optimize

레벨 검출 기준 값을 설정합니다. Optimize 값이 클수록 입력 사운드에서 작은 소리를 기준으로 볼륨을 증가시키게 되므로, 출력 레벨이 0dB이 되는 값을 찾는 것이 요령입니다. 노브 아래쪽의 Soft Clip 버튼을 On으로 하면 레벨의 급작스런 변화를 최소화 시킬 수 있습니다.

(5) Mix

원음과 맥시마어저가 적용된 레벨의 비율을 조정합니다.

(6) Output

최종 출력 레벨을 조정합니다.

 MIDI Gate

MIDI Gate는 미디 트랙에서 연주하는 노트들에 의해서 컨트롤 하는 게이트입니다. 미디 트랙의 Out 포트를 MIDI Gate로 선택 하면, MIDI Gate를 적용한 오디오 트랙의 이벤트는 미디 노트를 연주할 경우에만 소리를 내고, 연주하지 않을 경우에는 소리를 내지 않습니다. '

(1) Attack / Hole / Release

MIDI Gate 상단의 3가지 노브는 MIDI Gate 작동 시작 시간(Attack), 유지 시간(Hole), 정지 시간(Release)을 설정합니다.

(2) Note to Attack / Release / Velocity to VCA

MIDE Gate 하단은 미디 노트의 벨로시티 값에 의한 게이트의 On/OFF를 설정하는 Note To Attack, Note To Release와 벨로시티 값에 의해서 볼륨을 컨트롤 할 수 있는Velocity To VCA 노브로 구성되어 있습니다.

(3) Hold Mode

오른쪽의 Hold Mode 스위치는 MIDI Gate가 동작하는 방법을 Note On/OFF로 선택합니다. On인 경우에는 Note On인 경우에 작동하는 것이고, Off의 경우에는 Note Off가 될 때까지 연주를 유지하는 것입니다.

MIDI Gate의 사용 방법

MIDI Gate는 오디오 신호가 아니라 미디 신호로 컨트롤 한다는 차이만 있을 뿐 Side-Chain과 비슷한 방식으로 사용합니다.

① Gate 샘플 파일을 불러오면 MIDI Gate가 적용되어 있는 오디오 트랙이 있습니다. 미디 트랙을 추가하고, Out 항목을 열어보면 오디오 트랙에서 적용한 MIDI Gate 항목이 추가되어 있는 것을 확인할 수 있습니다. 이것을 선택합니다.

③ 키보드 숫자열의 Enter 키를 누르거나 트랜스포트 패널의 재생 버튼을 클릭하여 곡을 연주합니다. 그리고 마스터 건반을 연주해보면, 건반을 누르고 있을 때만 오디오 트랙의 사운드가 연주되는 것을 확인할 수 있습니다. 즉, 게이트의 작동 시점을 미디 노트로 컨트롤 할 수 있다는 의미입니다.

Multilband Compressor ├──┐

Multiband Compressor은 주파수 범위를 최대 4개로 분할하여 각각의 주파수 범위에 서로 다른 컴프레서를 적용할 수 있는 멀티 컴프레서 입니다. 하나의 트랙으로 녹음한 드럼 사운드라도 베이스 드럼, 스네어 드럼, 하이해트 등 각각의 주파수 범위에 개별적으로 컴프레서를 작동 할 수 있는 유용한 이펙트 입니다.

(1) Frequency Bands

상단에 표시하는 Frequency Bands 디스플레이는 주파수 범위와 입력 게인을 설정합니다. 그래프 상단의 포인트를 상/하로 드래그하여 게인을 조정하고, 그래프 중간에 있는 포인트를 좌/우로 드래그하여 주파수 범위를 설정합니다.

(2) Compressor

Multiband Compressor 아래쪽에 있는 디스플레이는 선택한 주파수 대역의 Treshold와 Ratio 값을 표시하며, 각각의 포인트를 드래그하여 값을 조정할 수 있습니다.

(3) Attack / Release

Threshold와 Ratio 노브 아래쪽의 Attack 과 Release는 컴프레서의 작동 시작 타임과 정지 타임을 설정하며, auto 버튼을 On으로 하여 Release타임이 자동으로 설정되게 할 수 있습니다.

(4) Output

Multiband Compressor의 최종 출력 레벨을 설정합니다.

(5) SC

SC 버튼을 클릭하면 Side-Chain으로 사용할 때의 주파수 대역을 설정할 수 있는 패널이 열립니다. Freq로 주파수를 설정하고, Q-Factor로 범위를 설정합니다. Monitor 버튼을 On으로 하면 소스 트랙을 모니터 할 수 있습니다.

Multiband Envelope Shaper

앞에서 살펴본 Envelope Shaper와 동일한 장치 입니다. 주파수 대역을 4등분하여 각 주파수 대역별로 엔벨로프 라인을 조정할 수 있게 업그레이드 되었다는 차이점만 있습니다.

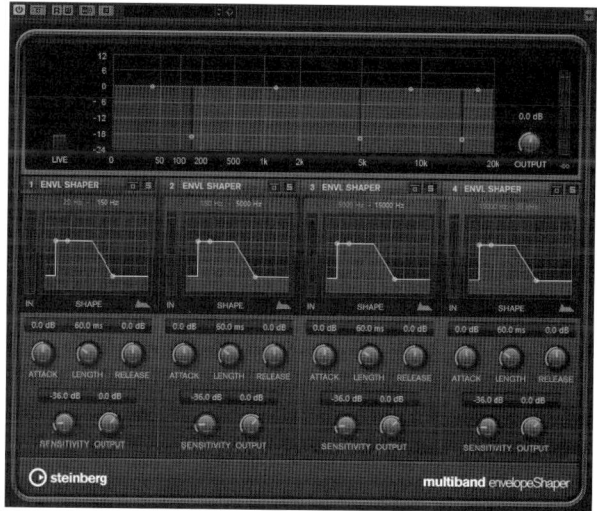

(1) Frequency Bands

Frequency Bands 디스플레이는 주파수 범위와 입력 게인을 설정합니다. 그래그 상단의 포인트를 상/하로 드래그하여 게인을 조정하고, 그래프 중간에 있는 포인트를 좌/우로 드래그하여 주파수 범위를 조정합니다.

(2) Live / Output

디스플레이 왼쪽의 Live 버튼은 신호를 사전에 분석하는 기능을 Off 하여 지연 없는 실시간 처리를 가능하게 하고, 오른쪽 Output 노브는 Multiband Envelope Shaper의 최종 출력 레벨을 조정합니다.

(3) Attack / Lengh / Release

사운드의 어택 레벨(Attack), 어택 지점에서 서스테인까지의 디케이 타임(Length), 릴리즈 타임(Relese)을 조정합니다. 각각 그래프의 포인트를 드래그하여 조정할 수 있습니다.

(4) Output

Multiband Compressor의 최종 출력 레벨을 설정합니다.

(5) Sendityvity / Output

검출 감도 및 해당 밴드의 레벨을 조정합니다.

Multiband Expander

앞에서 살펴본 Expander와 동일한 장치입니다. 주파수 대역을 4등분하여 각 주파수 대역의 사운드를 개별적으로 확장할 수 있게 업그레이드 되었다는 차이점만 있습니다.

(1) Frequency Band

상단에 표시하는 Frequency Band 디스플레이는 주파수 범위와 입력 게인을 설정합니다. 그래프 상단의 포인트를 상/하로 드래그하여 게인을 조정하고, 그래프 중간에 있는 포인트를 좌/우로 드래그하여 주파수 범위를 설정합니다.

(2) Live / Output

Live 버튼은 신호를 사전에 분석하는 기능을 Off 하여 지연 없는 실기간 처리를 가능하게 하고, 오른쪽의 Output 노브는 Multiband Expander의 최종 출력 레벨을 조정합니다.

(3) Threshold

익스펜더가 작동될 레벨을 설정합니다. 여기서 설정한 레벨 이하의 사운드가 입력되었을 때 익스펜더가 작동되는 것입니다.

(4) Ratio

Threshold에서 설정한 레벨 이하의 사운드가 감지될 때, 얼마 만큼의 비율로 확장 시킬 것인지를 설정합니다.

(5) Max red

레벨이 Threshold 이하로 떨어질 때, 레벨이 감소하는 최대 값을 설정합니다.

(6) Fall

Threshold에서 설정한 레벨이 감지되었을 때의 익스펜더 작동 타임을 조정합니다.

(7) Hold

익스펜더의 작동이 유지되는 시간을 설정합니다. 값은 최대 2000ms(2초) 까지의 범위로 설정할 수 있으므로, Threshold에서 설정한 레벨 이상의 사운드가 감지되어도 익스펜더를 최대 2초 정도 유지시킬 수 있는 것입니다.

(8) Output

해당 밴드의 최종 출력 레벨을 설정합니다.

(9) SC

SC 버튼을 클릭하여 Side-Chain으로 사용할 때의 주파수 대역을 설정할 수 있는 패널이 열립니다.

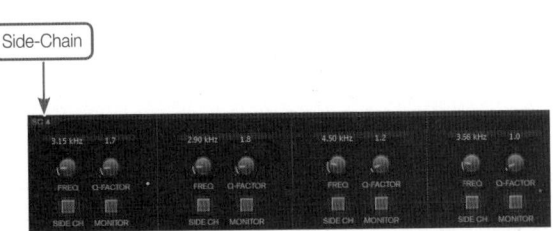

Tube Compressor

튜브 타입의 컴프레서로 압축 효과가 뛰어나고
따뜻한 느낌을 줍니다. 아날로그 감성의 VU
미터와 입력 신호를 필터링 할 수 있는 내부
사이드 체인 기능을 제공합니다.

(1) Drive : 튜브가 적용되는 양을 조정합니다.

(2) In/Output : 인/아웃 레벨을 조정합니다. 높은 입력은 더 많은 압축이 적용됩니다.

(3) Limit : 압축 비율을 증가시킵니다.

(4) Attack : 컴프레서가 작동되는 시작 타임을 조정합니다.

(5) Release : 컴프레서가 작동이 멈추는 타임을 조정합니다.

(6) Mix : 원본과 컴프레서가 적용된 사운드의 비율을 조정합니다.

(7) Mix : 내부 사이드 체인 필터의 작동여부를 On/Off 합니다. 필터는 LP, BP, HP를 제공합니다.

(8) Center : 필터의 중심 주파수를 설정합니다.

(9) Q-Factor : 필터 적용 주파수의 범위를 설정합니다.

(10) Monitor : 필터링 신호를 모니터 할 수 있습니다.

 Vintage Compressor

장치 이름에서도 짐작할 수 있듯이 빈티지 타입의 컴프레서로 Input과 Output의 간단한 구조를 갖추고 있습니다.
작게 녹음된 사운드의 입력 게인을 높이고, 그로인해서 발생할 수 있는 피크 잡음을 방지하는 목적으로 사용할 수
있습니다.

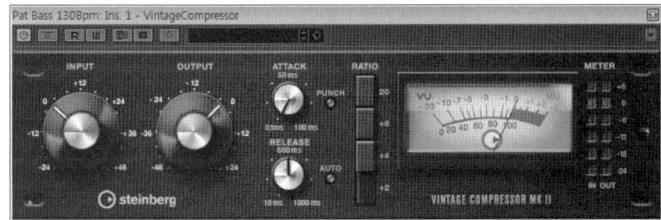

(1) Input / Ouput

입력(Input) 레벨과 출력(output) 레벨을 설정합니다. 입력 레벨을 높게 설정하면 전통적인 컴프레서 방식으로 이용할 수 있
으며, 출력 레벨을 높게 설정하면 Maximizer와 같은 효과를 연출할 수 있습니다.

(2) Attack / Relese

빈티지 컴프레서의 작동 시작 타임(Attack)과 정지 타임(Release)을 설정합니다. Attack 노브 아래쪽의 punch 버튼을 On으로 하면, 빠른 어택을 가진 사운드를 정확하게 분석할 수 있도록하며, Release 노브 아래쪽의 Auto 버튼을 On으로 하면 릴리즈 타임이 자동으로 조정됩니다.

 VST Dynamics

VST Dynamics는 앞에서 살펴본 Dynamics 장치들과 차이점은 없습니다. 다만, 하나의 장치에서 Gate, Compressor, Limiter의 모든 기능을 제공하며, 시그널 경로를 원하는 순서로 바꿀 수 있다는 특징이 있습니다.

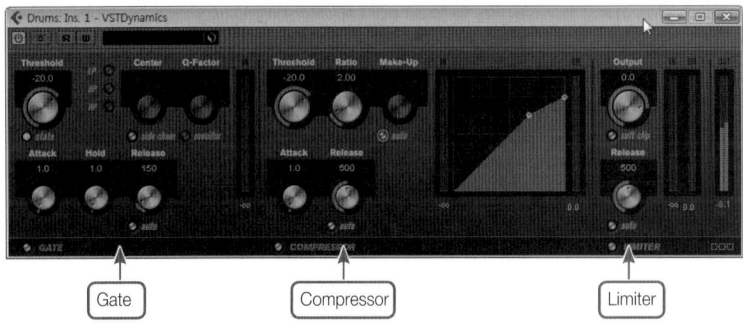

Gate   Compressor   Limiter

(1) Gate

기본적으로 패널 왼쪽에 위치하고 있는 Gate 세션은 앞에서 살펴본 Gate 장치를 그대로 옮겨 놓은 듯한 구성으로 되어 있습니다. 장치의 사용여부는 아래쪽의 Gate On/Off 버튼으로 선택합니다.

① Threshold

게이트가 작동될 기준 레벨을 설정합니다. 노브 아래쪽의 State 색상으로 게이트의 작동 유무를 확인할 수 있습니다. 게이트가 작동될 때는 빨간색과 노란색으로 표시되며, 정지되었을 때는 파란색으로 표시됩니다.

Gate On/Off

② Center / Q-Factor

게이트를 사이드 체인 방식으로 사용할 때의 타입은 Center 노브 왼쪽의 로우 패스(LP), 밴드 패스(BP), 하이패스(HP) 중에서 선택할 수 있는데, 이때의 중심 주파수(Center)와 폭(Q-Factor) 값을 설정합니다. 사이드 체인 모드의 사용 유무는 Center 노브 아래쪽의 Side chain 버튼으로 On/Off할 수 있고, Q-Factor 노브 아래쪽의 Monitor 버튼을 이용해서 사이트 체인으로 사용할 때의 사운드를 모니터 해볼 수 있습니다.

③ Attack / Hole / Release

게이트가 작동되는 시작 타임(Attack), 작동 시가이 유지되는 타임(Hold), 정지되는 타임(Release)을 설정합니다.

(2) Compressor

기본적으로 패널 중앙에 위치하고 있는 Compressor 세션 역시 앞에
서 살펴본 Compressor와 비슷한 구조로 되어 있습니다. 장치의 사
용여부는 아래쪽의 Compressor On/Off 버튼으로 선택합니다.

① Threshold

컴프레서가 적용 레벨을 설정합니다. Threshold 값은 노브 외에 그래
프의 Threshold 포인트를 드래그하여 조정할 수 있습니다. 그리고 그
래프 오른쪽에는 압축 레벨을 나타내는 GR 레벨 미터가 있습니다.

② Ratio

Threshold에서 설정한 레벨 이상의 사운드가 재생될 때, 사운드를 얼마나 압축시킬 것인지의 비율을 조정합니다. Ratio 값
은 노브 외에 그래프의 Ratio 포인트를 드래그하여 조정할 수 있습니다.

③ Make-Up

Make-up은 얼마만큼의 레벨을 증가시킬 것인지를 설정합니다. 노브 아래쪽의 Auto 버튼을 On으로 하면, 압축 비율에 비
례하여 Make-up 레벨이 자동으로 조정됩니다.

④ Attack

컴프레서가 작동되는 시작 타임을 조정합니다.

⑤ Release

컴프레서의 작동이 멈추는 시간을 조정합니다. 노브 아래 Auto 버튼을 On으로 하면 Release 타임이 자동으로 조정됩니다.

(3) Limiter

기본적으로 패널 오른쪽에 위치하고 있는 Limiter 세션은 앞에서 살펴본
Limiter 장치와 비슷한 구조로 되어 있으며, 장치의 사용 여부는 아래쪽의
Limiter On/Off 버튼으로 선택합니다. 그리고 오른쪽 하단의 3개의 작은 사각
형으로 표시되어 있는 모듈 버튼을 클릭하여 VST Dynamics에서 제공하는
Gate, Compressor, Limiter의 사용 순서를 선택할 수 있습니다.

① Output

사운드의 출력 레벨를 설정합니다. 노브 아래쪽의 Soft Clip 버튼을 On으로 하
면 Output에서 설정한 레벨을 미리 감지하여 2단계로 압축을 합니다. Soft Clip
기능은 아날로그 장비에서나 구현할 수 있는 따듯함을 느끼게 해줍니다.

② Release

리미터의 작동이 정지되는 시간을 설정합니다. 노브 아래쪽의 Auto 버튼을 On으로 하면 자동으로 릴리즈 타임이 조정됩니
다. 그리고 레벨 오른쪽의 GR 미터는 압축되는 레벨을 눈으로 확인할 수 있도록 해주고, VST Dynamics 가장 오른쪽에 있
는 Out 레벨 미터는 Gate, Compressor, Limiter를 적용한 최종 출력 레벨을 표시합니다.

4 EQ

이퀄라이저는 저음이나 고음을 증/감시켜 사운드의 음색을 조정하거나 곡 전체의 밸런스를 조정하는 목적으로 이용하지만, 녹음 과정에서 손실된 주파수를 보충하거나 간섭음, 치찰음 등의 잡음을 제거하는 목적으로도 이용할 수 있습니다. 물론, 이러한 원인은 마이크의 종류와 위치 등, 녹음 환경에 문제가 있는 경우가 많기 때문에 이 부분을 개선하려는 노력이 더 필요합니다. 큐베이스와 누엔도는 믹서의 EQ외에 DJ-EQ, GEQ-10, GEQ30, SudioEQ, CurveEQ의 5가지 EQ를 추가적으로 사용할 수 있습니다.

DJ-EQ

DJ-EQ는 전형적인 DJ 믹서의 3 밴드 파라메트릭 이퀄라이저를 시뮬레이션하고 있습니다. 각 주파수 대역의 곡선을 위/아래로 드래그하여 게인을 조정할 수 있습니다. 미세한 조정이 필요한 경우에는 Shift 키를 누르고, Ctrl 키를 누른 상태로 클릭하면 초기값으로 설정됩니다.

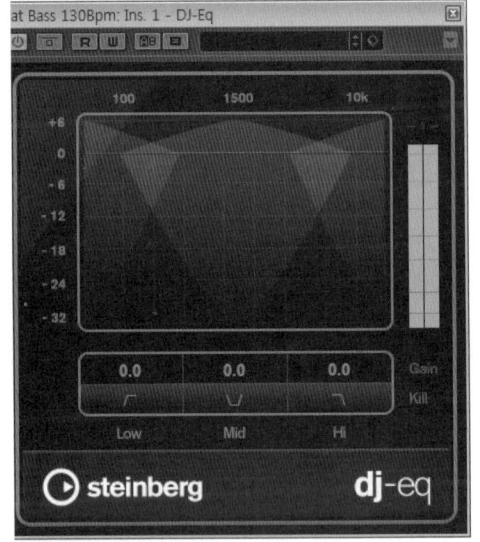

(1) Gain

100Hz, 1.5KHz, 10KHz로 구성되어 있으며, 각 주파수 대역의 조정 값을 표시합니다. 더블 클릭으로 값을 입력할 수 있습니다.

(2) Kill

해당 주파수 대역을 차단합니다.

GEQ-10

EQ는 필터 타입, 그래픽 타입, 파라메트릭 타입의 3가지 종류가 있는데, GEQ-10은 총 10밴드의 주파수 대역을 조정할 수 있는 그래픽 타입입니다. 그래픽 타입은 각 주파수 대역의 슬라이드를 위/아래로 드래그하여 주파수를 증/감시킬 수 있기 때문에 입문자가 쉽게 접근할 수 있는 방식입니다.

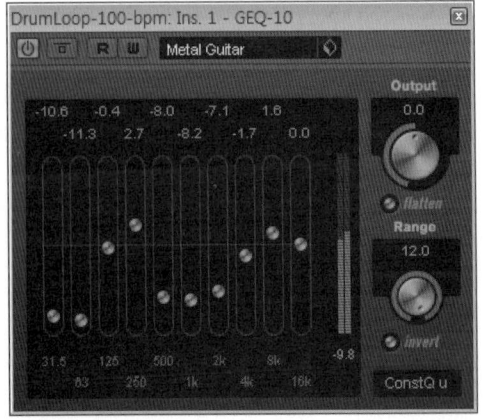

(1) 10 Band

31.5Hz에서 16KHz까지 총 10개의 밴드를 제공하고 있으며, 슬라이드를 위/아래로 드래그하여 해당 주파수 대역을 증/감 시킬 수 있습니다.

(2) Ouput

EQ를 적용한 최종 출력 사운드의 레벨을 조정합니다. 아래쪽의 flattern 버튼을 클릭하면 10 Band의 조정 값을 0dB 로 초기화 시켜 처음부터 다시 조정할 수 있습니다.

(3) Range

주파수의 조정 범위를 설정합니다. 기본 값은 한 옥타브 범위인 12dB로 설정되어 있습니다. 즉, 각 슬라이드의 최고값이 12dB이 되는 것입니다. 아래쪽의 invert 버튼을 On으로 하면, 각 슬라이드의 조정 값을 반대로 적용합니다.

(4) Mode

True Responsc, Digi Standard 등 총 6가지의 모드를 제공하고 있으며, 각 밴드의 대역 폭이 달라져 음색에 차이가 있습니다.

 GEQ-30

총 30 Band를 제공하고 있는 그래픽 타입의 이퀄라이저로 앞에서 살펴본 GEQ-10보다 밴드 수가 많다는 것 외에는 모두 동일합니다. 주파수 대역이 좀더 세분화 되어있기 때문에 정밀한 EQ 작업이 가능합니다.

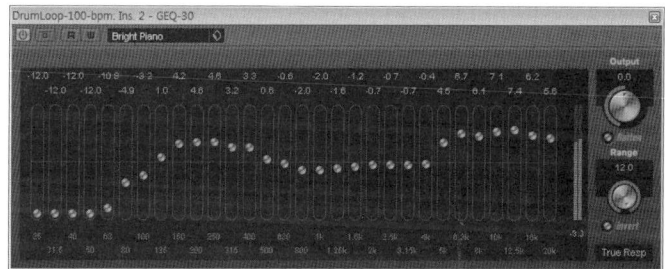

 Studio EQ

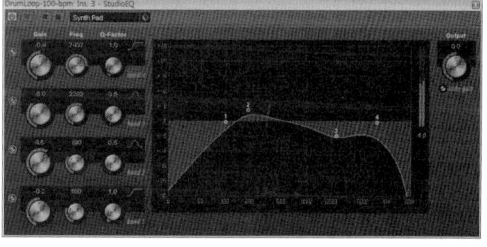

사용자가 조정하고 싶은 주파수 대역과 폭, 그리고 EQ 타입을 자유롭게 선택할 수 있는 파라메트릭 타입의 이퀄라이저 입니다. 총 4 Band를 제공하고 있으며, 저음역대(아래쪽 1번)와 고음역대(위쪽 4번)는 쉘빙(Shelf), 컷(Cut), 피크(Peak) 타입 중에서 선택할 수 있습니다. 그리고 중간의 미들 음역(2번과 3번)은 피크 타입으로 고정되어 있습니다. 각 밴드의 사용 여부는 On/Off 버튼을 이용해서 선택합니다.

(1) Gain

각 밴드의 주파수 값을 최대 24dB 범위로 증가 시키거나 감소 시킬 수 있으며, 노브를 이용하거나 그래프의 포인트를 위/아래로 드래그하여 조정할 수 있습니다.

(2) Freq

조정할 주파수 대역을 20Hz~20khz까지 설정할 수 있으며, 노브를 이용하거 그래프의 포인트를 좌/우로 드래그하여 조정할 수 있습니다.

(3) Q-Factor

각 밴드의 주파수 대역폭을 조정할 수 있으며, [Shift] 키를 누른 상태로 그래프의 포인트를 좌/우로 드래그하여 조정할 수 있습니다. 그리고 저음역 밴드와 고음역 밴드의 Q-Factor 오른쪽에는 Freq에서 설정한 주파수 이하 또는 이상의 모든 주파수 대역를 증/감하는 Shelf, 차단하는 Cut, freq 값을 중심으로 증/감하는 Peak 타입 중에서 선택할 수 있는 메뉴가 있습니다.

(4) Output

Studio EQ에서 조정한 사운드의 최종 출력 레벨을 조정하며, 노브 아래쪽의 auto gain 버튼을 On으로 하면, 출력 값이 자동으로 조정됩니다.

 Curve EQ

Voxengo Curve EQ는 부드러운 라인에 의해 사운드를 디자인 할 수 있는 스플라인 방식의 EQ 입니다. 입력 사운드를 눈으로 모니터 할 수 있는 스펙트럼 분석 기능과 조정된 주파수를 비교 분석할 수 있는 A/B 기능을 제공합니다. 메인 레이아웃은 Title Bar, General Control Bar, EQ Top Control Bar, Main EQ Control Surface, EQ Bottom Control Bar, Group Bar and Hint Line, Level Meter으로 구성되어 있으며, Preset Manager, Channel Routing Window, Spectrum Mode Editor, Static Spectrums Editor 그리고 Global Plug-In Settings 창을 별도로 열 수 있습니다. 다소 복잡한 구성이지만, 큐베이스 및 누엔도에서 제공하는 EQ 중에서 가장 많이 사용하게 될 것입니다.

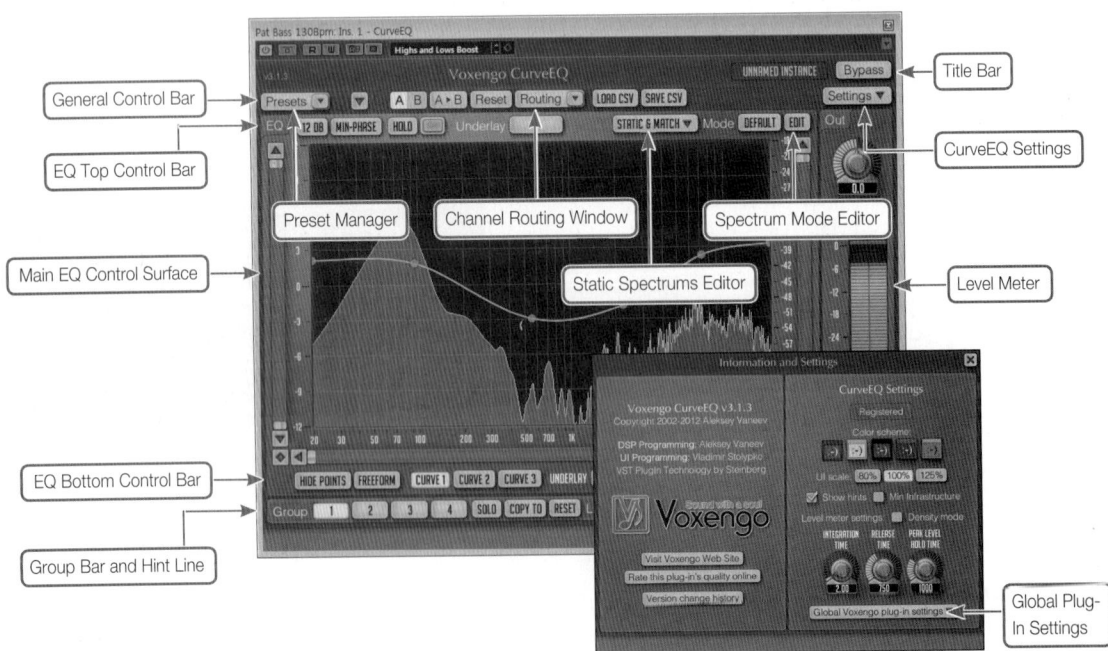

(1) Title Bar

Voxengo CurveEQ 버전이 표시되어 있는 타이틀 바에는 이름을 입력할 수 있는 Name 항목과 EQ 적용 전/후 사운드를 비교해볼 수 있는 Bypass 버튼으로 구성되어 있습니다.

- Name : Voxengo CurveEQ의 이름을 입력할 수 있는 키보드 창이 열립니다.
- Bypass : Voxengo CurveEQ 적용 전의 사운드를 모니터 할 수 있습니다.

(2) General Control Bar

Voxengo CurveEQ에서 제공하는 프리셋을 불러오거나 사용자 조정 상태를 저장하는 등의 역할을 하는 도구들로 구성되어 있습니다. 특히, 채널을 그룹별로 나누어 비교할 수 있는 유용한 기능을 제공합니다.

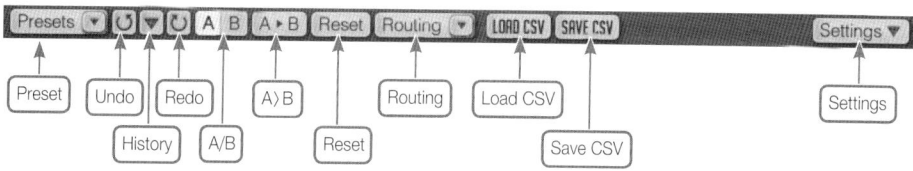

- Presets : 프리셋을 관리할 수 있는 Manager 창을 엽니다. 오른쪽 역삼각형 모양의 버튼을 클릭하면 프리셋을 선택할 수 있는 메뉴가 열립니다. Bank는 Session Bank와 Factory Rom의 두 가지가 제공되고 있으며, Factory Rom의 프리셋은 변경할 수 없습니다. Manager 창 버튼의 역할은 다음과 같습니다.

버튼	역할
+/-	Bank 및 Preset을 새로 만듭니다.
Load/Save	프리셋(*.cbf)을 불러오거나 저장합니다.
U	사용자 설정으로 업데이트 합니다.
Set as Default	사용자 설정을 기본값으로 저장합니다. 기본 값을 복구하고 싶을 때는 Factory Rom의 Preset을 선택하고, 버튼을 클릭합니다.
Activate	선택한 프리셋을 적용합니다. 프리셋을 더블 클릭해도 됩니다.

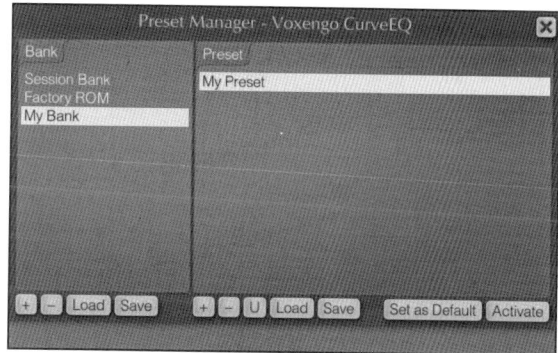

- Undo : 변경 사항을 취소합니다.
- History : 작업 내용을 32개까지 표시되며, 언제든 원하는 작업으로 취소 가능합니다.
- Redo : 취소한 내용을 다시 실행합니다.
- A/B : Voxengo CurveEQ는 A와 B 설정이 가능하며, A/B 버튼을 클릭하여 두 설정을 비교할 수 있습니다.
- A〉B : A 및 B 설정을 복사합니다.
- Reset : 초기값으로 복구합니다.

● Routing : 채널의 입/출력 라인을 변경할 수 있는 채널 라우팅(Channel Routing) 창을 엽니다. 오른쪽 역삼각형 모양의 버튼을 클릭하면 프리셋을 선택할 수 있습니다. Routing 창 버튼의 역할은 다음과 같습니다.

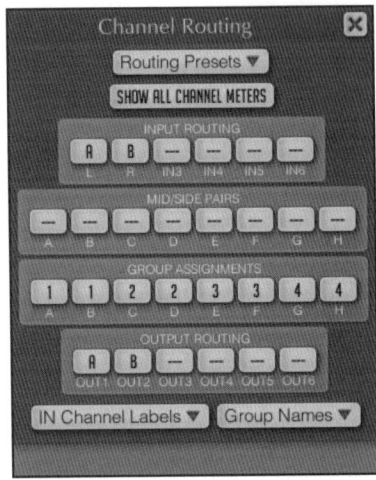

버튼	역할
Routing Presets	프리셋을 선택할 수 있는 창이 열립니다.
Show all Channel Meters	선택한 그룹의 모든 채널 미터를 표시 합니다.
In/Output Routing	입/출력 채널을 선택합니다.
Mid/Side Pairs	입력 사운드가 처리되기 전에 중간과 측면으로 분리하여 독립적으로 할당합니다.
Group Assignments	각 그룹에 채널을 할당합니다.
IN Channel Labels	입력 채널의 이름을 입력할 수 있는 창을 엽니다.
Group Names	그룹 채널의 이름을 입력할 수 있는 창을 엽니다.

● Save/Load CSV : 세팅한 EQ 곡선을 저장하거나 불러옵니다.

● Settings : CurveEQ의 색상이나 레벨 미터의 표시 시간 등, 기본적인 환경을 설정할 수 있는 Settings 창을 엽니다.

버튼	역할
Color scheme	CurveEQ의 색상을 선택합니다. 모두 5가지 아이콘을 제공합니다.
UI scale	CurveEQ의 크기를 선택합니다.
Show hints	패널 아래쪽에 파라미터의 역할을 안내합니다.
Min Infrastructure	타이틀 바를 감춥니다.
Density mode	레벨 미터의 신호가 유지될 수 있게 합니다.
Time	통합(Integration), 감소(Release), 최대 (Peak)가 유지되는 시간을 조정합니다.

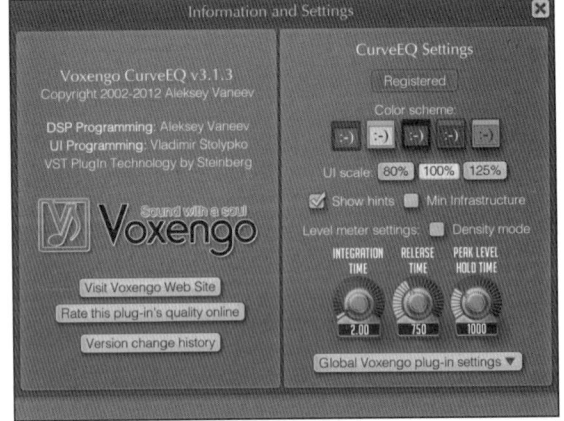

(3) EQ Top Control Bar

Main EQ Control Surface의 표시 상태 설정하고 EQ를 분석하여 일치시킬 수 있는 Static & Match 기능을 제공합니다.

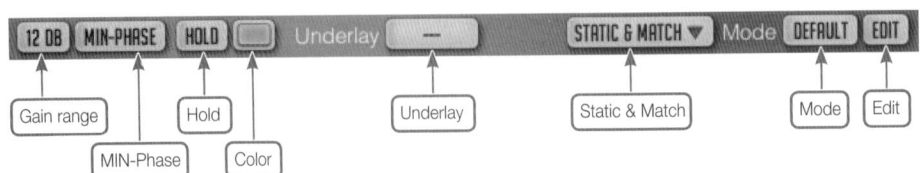

● Gain range : CurveEQ의 조정 폭을 선택합니다.

● MIN-Phase : 최소 위상 필터링을 사용하도록 합니다. 최소 위상 필터링은 라인이 거칠지만 , 처리 속도가 빨라집니다.

● Hold : 스펙트럼의 움직임을 정지시킵니다.

- Color : 스펙트럼의 표시 색상을 선택합니다.
- Underlay : 베이스 라인을 표시합니다.
- Static & Match

① 오디오의 주파수 값을 다른 오디오에 일치시킵니다. 평소에 좋아하던 사운드대로 EQ를 조정할 수 있는 기능입니다. Edit 버튼을 클릭하여 모드 편집 창을 열고, Type에서 AVG를 선택합니다. 사운드의 평균 값을 분석하겠다는 설정입니다.

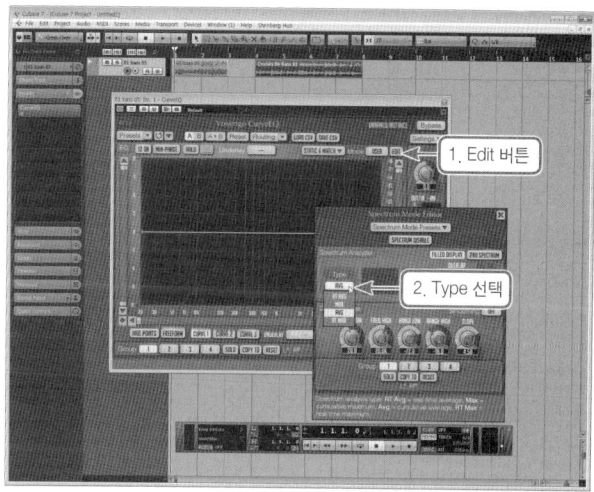

② Static & Match 창을 열고, 사용자가 원하는 사운드의 오디오를 솔로로 재생합니다. 그리고 Take 버튼을 클릭합니다.

③ 필요하다면 분석한 테이크의 이름과 스펙트럼 표시 색상을 변경할 수 있습니다.

④ 같은 방법으로 조정할 오디오를 재생하고 두 번째 슬롯의 Take 버튼을 클릭합니다. 그룹별로 4개씩 총 16개의 Take를 기록할 수 있으며, 분석한 Take는 Save 및 Load 버튼을 이용해서 저장하거나 불러올 수 있습니다.

⑤ 소스 테이크의 Reference 버튼을 On으로 하고, 조정할 테이크의 Apply To 버튼을 On으로 합니다. 그리고 Match spectrums 버튼을 클릭하면 분석된 소스 오디오 맞추어 EQ가 세팅됩니다.

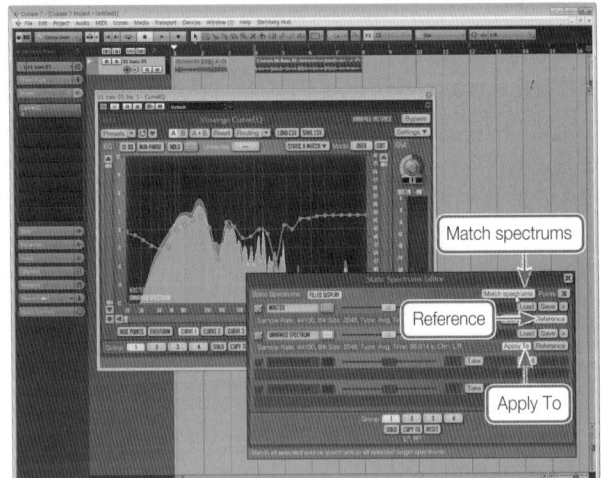

- Mode: Match spectrums의 분석 모드를 선택합니다.
- Edit : 스펙트럼 모드 편집 창을 엽니다.

버튼	역할
Spectrum Disable	스펙트럼 분석 기능을 Off 합니다.
Filled Display	스펙트럼을 반투명으로 표시합니다.
2nd Spectrum	분석 타입을 두 가지로 선택할 수 있으며, 2nd는 어두운 색으로 표시됩니다.
Type	분석 타입을 선택합니다. 최대 값 MAX와 평균 값 AVG가 있으며, RT는 실시간으로 작동합니다. 2nd Spectrum 버튼이 On으로 되어 있는 경우에는 두 가지 타입을 선택할 수 있습니다.
Block Size	분석하는 샘플의 크기를 선택합니다. 큰 값일수록 정밀한 분석이 가능하지만, 시스템 메모리가 충분해야 합니다.

버튼	역할
Overlap	Block 사이의 오버랩 크기를 조정합니다. 큰 값일수록 높은 시스템 사양을 요구합니다.
AVG Time	RT 타입을 선택한 경우에 분석 타임을 설정할 수 있습니다.
Smoothing	스펙트럼의 변화폭을 선택합니다.
Freq Low/Freq High	스펙트럼이 표시되는 주파수 범위를 조정합니다.
Range Low/Range High	스펙트럼이 표시되는 레벨 범위를 조정합니다.
Slope	스펙트럼의 기울기를 조정합니다.

(4) Main EQ Control Surface

CurveEQ의 핵심으로 분석된 오디오 주파수를 스펙트럼으로 보여주고, 마우스 드래그로 EQ를 제어할 수 있습니다.

● 마우스 더블 클릭으로 조절 점을 추가하고 드래그로 값을 조정할 수 있습니다. 조절 점을 더블 클릭하면 삭제됩니다. 미세한 조정이 필요한 경우에는 Shift 키를 누른 상태로 드래그합니다.

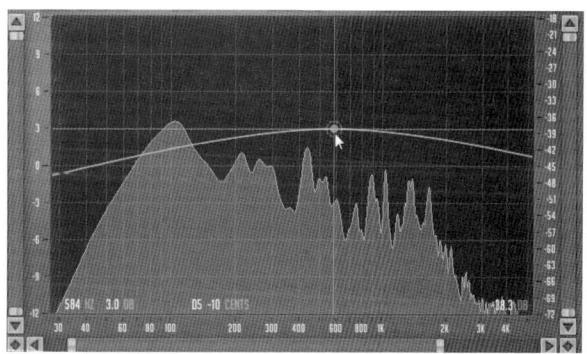

● 두 개 이상의 조절 점을 한 번에 조정하려면 마우스 드래그로 선택합니다.

● 가장자리에 보이는 스크롤 바를 드래그하여 주파수 스펙트럼 표시 범위를 조절할 수 있습니다.

(5) EQ Bottom Control Bar

조절 점을 컨트롤할 수 있는 버튼들로 구성되어 있습니다.

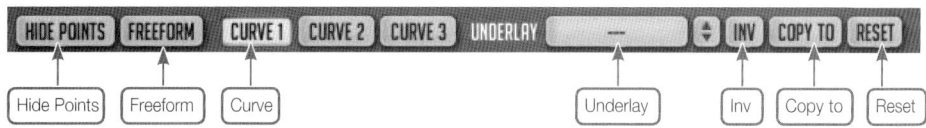

● Hide Points : EQ 조절 점을 감춥니다.

● Freeform : EQ를 마우스 드래그로 조절할 수 있게 합니다. Curve EQ의 장점입니다.

● Curve : 각 그룹 별로 Curve EQ 조정을 3개까지 정의할 수 있습니다.

● Underlay : 정의된 Curve EQ를 표시합니다.

● Inv : EQ 라인을 반대로 바꿉니다.

● Copy To : 다른 그룹으로 커브를 복사합니다.

● Reset : 조절 점을 초기화 합니다.

(6) Group Bar and Hint Line

그룹을 선택할 수 있는 버튼과 마우스 위치의 기능을 설명하는 힌트 라인이 있습니다.

- Group : 작업할 채널 그룹을 선택합니다.
- Solo : 선택한 그룹을 솔로로 출력합니다.
- Copy To : 다른 그룹을 복사합니다.
- Reset : 선택한 그룹을 초기화 합니다.
- Hint Line : 마우스 위치의 파라미터 기능을 설명합니다.

(7) Global Plug-In Settings

CuveEQ Settings 창의 Global Voxengo plug-in settings 버튼을 클릭하면 기본 환경을 설정할 수 있는 창이 열립니다.

옵션	역할
Mouse Wheel Precision	마우스 휠의 정밀도를 설정합니다.
SHIFT Key Precision	Shift 키의 정밀도를 설정합니다.
Drag Precision	마우스 드래그의 반응 속도를 설정합니다.
Flat Panels	패널의 입체감을 만드는 그라디언트 효과를 사용하지 않습니다.
Spotlight	패널의 조명 효과를 만듭니다.
Textures	패널의 고급스러움을 연출하는 텍스처 효과를 만듭니다.
Shadows	그림자 효과를 사용합니다.
Flat Level Meters	레벨미터를 평면으로 표시합니다.

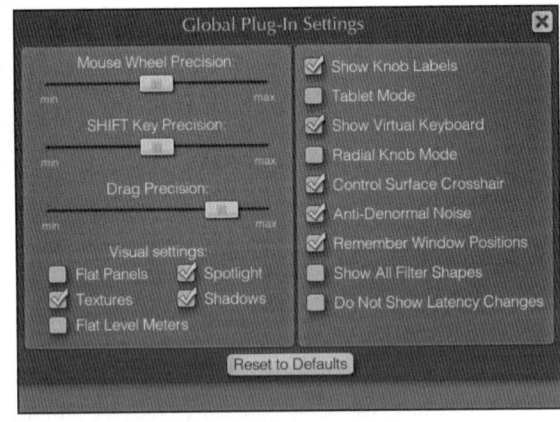

Show Knob Labels	노브의 조정 값을 표시합니다.
Tablet Mode	펜 태블을 사용할 수 있게 합니다.
Show Virtual Keyboard	문자 입력 파라미터에서 가상 키보드를 표시합니다.
Radial Knob Mode	노브 테두리를 클릭하여 값을 설정할 수 있게 합니다.
Control Surface Crosshair	스펙트럼 창에서 마우스의 위치를 열 십자로 표시합니다.
Anti-Denormal Noise	입력단에 Anti-Denormal Noise를 삽입합니다.
Remember Window Positions	플러그-인의 위치가 기억되도록 합니다.
Show All Filter Shapes	조절 점의 베이스 라인을 표시합니다.
Do Not Show Latency Changes	Latency Changed 경고창이 표시되지 않게 합니다.

Frequency |—

큐베이스에서 제공하는 EQ 중에서 미디 앤 사이드(M/S)를 지원하는 유일한 장치입니다. M/S는 Mid/Side의 약자로 중앙과 사이드를 의미합니다. 즉, 중앙과 사이드 채널의 주파수를 개별적으로 조정할 수 있기 때문에 보컬을 건드리지 않고, 전체 사운드를 이퀄라이징 할 수 있습니다. 특히, 주파수를 노트로 표시하기 때문에 믹싱과 마스터링에 익숙하지 않은 초보자도 자신이 원하는 사운드를 손쉽게 이퀄라이징 할 수 있습니다.

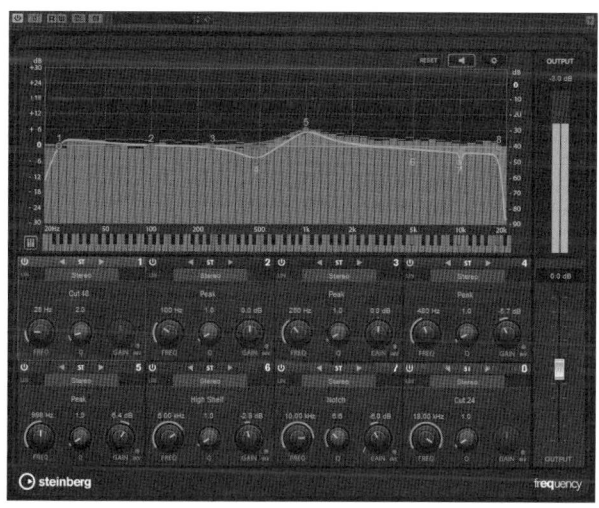

(1) Main Layout

Frequency는 총 8밴드를 제공하며, 디스플레이 포인트를 드래그하여 값을 조정할 수 있습니다. Ctrl 키를 누른 상태에서는 Gain, Alt 키를 누른 상태에서는 Freq, Shift 키를 누른 상태에서는 Q 값을 조정합니다.

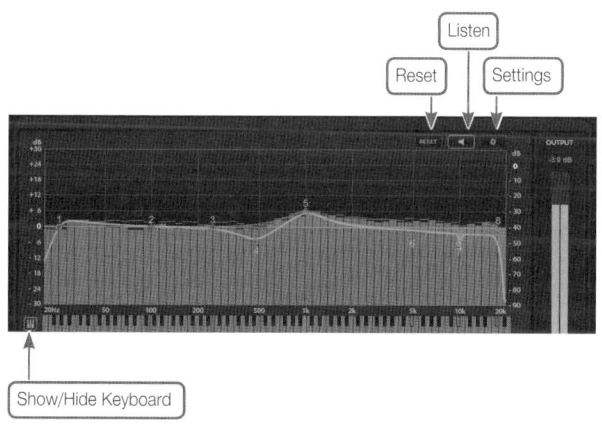

- ● Reset : 모든 조정 값을 초기화 합니다.
- ● Listen : 선택한 밴드를 솔로로 모니터 할 수 있습니다.
- ● Show/Hide Keyboard : 건반을 표시하거나 감춥니다.

● Settings : 디스플레이 표시 방법을 선택합니다.

Show Spectrum : 입력 사운드의 스펙트럼을 표시합니다.

Peak Hold : 피크 레벨을 일정 시간 표시합니다.

Smooth : 스펙트럼의 반응 시간을 설정합니다.

Bar Graph : 스펙트럼을 바 형태로 표시합니다.

Two Channels : 좌/우 채널을 별도로 표시합니다.

Slope : 스펙트럼의 기울기를 조정합니다.

Show Curve : 밴드 조정 라인을 표시합니다.

Filled : 밴드 색상을 표시 합니다.

Amount : 밴드 색상의 농도를 조정합니다.

(2) Band Section

총 8 밴드를 제공하며 파라미터를 일반 EQ와 동일하게 타입을 선택할 수 있는 Tepe와 조정할 주파수 대역을 선택할 수 있는 Freq, 폭을 조정하는 Q, 레벨을 조정하는 Gain으로 구성되어 있습니다. 단, Processing Switches로 동작 방식을 변경할 수 있다는 차이점이 있습니다. L/R 및 M/S의 경우에는 각 채널을 개별적으로 조정할 수 있는 탭을 제공합니다.

● On/Off : 밴드의 사용 여부를 결정합니다.

● Linear : 주파수 왜곡을 최소화 시킬 수 있는 선형 위상 모드의 사용 여부를 결정합니다.

● Processing Switches : 밴드의 동작 방식을 선택합니다.

● Type : 밴드 타입을 선택합니다. Low Shelf, Peak, High Shelf, Notch 타입을 제공하며, 1번과 8번 밴드는 Cut 6, Cut 12, Cut 24, Cut 48, Cut 96으로 급격한 차단까지 가능합니다.

● Freq : 조정할 주파수 대역을 설정합니다.

● Q : 주파수 폭을 설정합니다.

● Gain : 조정 값을 설정합니다.

● Invert : 조정 값을 바꿉니다. 차단음을 찾기 위해서 게인을 올렸다가 Invert 버튼을 이용하여 반대로 차단시킬 때 유용한 기능입니다.

● Output : 최종 출력 레벨을 조정합니다.

5 Filter

걸러낸다는 의미의 필터는 EQ의 부족한 부분을 보충하거나 특수한 사운드를 연출하는 목적으로 사용합니다. 큐베이스와 누엔도는 Dual filter, Step Filter, Tone Booster, MorphFilter, WahWah의 5가지 Filter를 제공합니다.

Dual Filter

누 개의 노브로 구성되어 있는 Dual filter는 저음역 또는 고음역을 간단하게 차단할 수 있는 역할의 Pass filter 타입입니다. Position을 - 값으로 설정하면, 고음역대를 차단하고, + 값으로 설정하면 저음역대를 차단합니다. 그리고 차단의 정도는 Resonance를 노브를 이용해서 조정합니다.

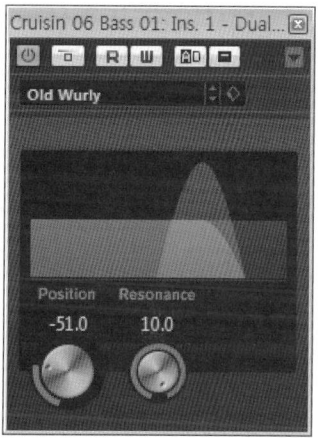

(1) Position

0을 기준으로 노브를 왼쪽으로 돌려 - 값으로 설정하면, 고음역대를 차단하고, + 값으로 설정하면 저음역대를 차단합니다.

(2) Resonance

Position에서 설정한 주파수 대역의 차단 정도를 조정합니다.

MorphFilter

MorphFilter는 두 필터 사이의 변화를 허용하여 로우 패스, 하이 패스, 밴드 패스 필터 효과를 혼합하는 독특한 방식입니다. 각 필터 타입은 디스플레이 창 위/아래에 있는 필터 타입 버튼으로 선택합니다.

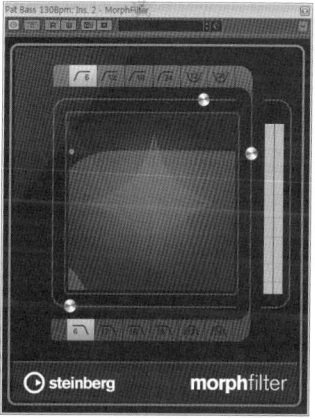

(1) Resonance Factor

필터가 적용되는 범위를 설정합니다. 각 파라미터의 조정 값은 디스플레이 창에 그래프로 표시되어 쉽게 구분할 수 있습니다.

(2) Morph Factor

두 필터의 혼합 비율을 조정합니다.

(3) Frequency

필터가 적용되는 주파수 대역을 조정합니다. 디스플레이 창에 표시되는 중심 점을 드래그하여 Morph Factor와 Frequency 를 동시에 조정할 수 있습니다.

Step Filter

Step filter는 16단계로 필터를 적용할 수 있는 이펙트로 Cutoff 필터 디스플레이와 Resonance 파라미터 디스플레이라는 2개의 창이 있습니다. 그 밖에 Base Cutoff, Base Resonance, Glide, Sync, Pattern Select, Output, Mix 등의 항목이 있습니다.

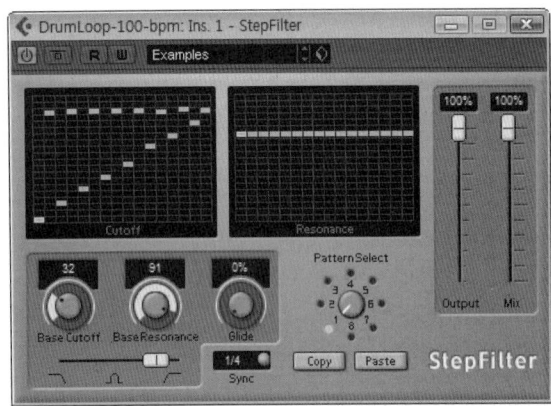

(1) CutOff / Resonance

Cutoff와 Resonance는 디스플레이에서 직접 마우스를 클릭하거나 드래그하여 설정할 수 있습니다. 모두 16단계로 구성된 디스플레이를 제공하고 있습니다.

(2) Base Cutoff / Base Resonance / Glide

각 노브들은 디스플레이에서 조정하는 기본 주파수 대역을 설정하는 것으로, 모든 값은 퍼센트 단위로 설정합니다. 그리고 하단의 주파수 형태를 선택할 수 있는 슬라이드가 있습니다. 각 슬라이드의 위치에 따라 쉘빙 타입과 피크 타입으로 조정하는 것입니다.

(3) Sync

Sync 버튼은 Step Filter를 템포와 동기 할 수 있는 것으로 주파수 변조 형태를 결정하는 Resonance에 큰 영향을 줍니다. Sync 항목에서 원하는 단위를 선택하고, 버튼을 클릭하여 On하면 그 변화를 느낄 수 있습니다.

(4) Pattern Select

독자가 원하는 스텝 필터 값을 모두 8개의 패턴으로 저장하여 사용할 수 있는 기능입니다. 먼저 디스플레이에서 효과적인 패턴을 만들었다면 Copy 버튼을 클릭하여 복사한 후에 Pattern Select 노브를 이용해서 원하는 패턴 번호를 선택하고, Paste 버튼을 클릭합니다. 이러한 과정을 반복하여 모두 8개의 패턴을 만들어 각 채널 별로 사용할 수 있습니다.

(5) Output / Mix

Output에서는 Step Filter을 적용한 채널의 최종 출력을 조정하고, Mix에서는 오리지널 사운드와 Step Filter를 적용한 사운드의 비율을 조정합니다. Shift 키를 누른 상태에서는 미세한 조정이 가능하며, Ctrl 키를 누른 상태에서 슬라이드를 클릭하여 기본값 100으로 설정할 수 있습니다.

Tone Booster

저음역 또는 고음역의 주파수를 증/감 시키는 밴드 타입의 EQ입니다. 모드는 대역폭은 적은 피크 타입과 조금 넓은 밴드 타입으로 선택할 수 있습니다.

(1) Tone :

증/감 시키고자 하는 주파수 대역을 조정합니다. 0을 중심으로 노브를 왼쪽으로 돌려 - 값으로 설정하면, 저음역대를 조정할 수 있고, 오른쪽으로 돌력 + 값으로 설정하면 고음역데를 조정할 수 있습니다.

(2) Gain

Tone에서 설정한 주파수 대역을 증감합니다. 아래쪽의 모드 스위치를 왼쪽으로 두면, 주파수 대역이 좁은 피크 타입으로 동작하고, 오른쪽으로 두면 조금 넓은 밴드 타입으로 동작합니다.

(3) Width

Tone과 Gain으로 조정한 주파수 대역의 잔향음을 만들어 공간감을 연출합니다. 값을 키우면 Tone에서 조정한 주파수 대역의 잔향음이 커져서 사운드가 좀더 가까이 들립니다.

Wah Wah

Wah Wah는 로우 및 하이 패스 필터를 번갈아 걸어 독특한 사운드를 연출하는 이펙트로 Gutiar 연주자에게 익숙한 와와 페달을 그대로 연출하고 있습니다. 미디 트랙의 아웃에서 Wah Wah를 사용하는 오디오 트랙을 선택하여 모듈레이션 휠이나 볼륨 페달 등의 외부 미디 장비로 컨트롤 할 수 있습니다.

(1) Pedal

와와가 적용될 값을 선택합니다. 아래쪽의 Automation 메뉴를 클릭하여 외부 미디 정보로 컨트롤 할 수 있는 목록을 선택할 수 있습니다. 예를 들어 Expression을 선택했다면, 미디 트랙을 추가하고, 미디 아웃을 Wha Wha 로 선합니다. 그러면 컨트롤 정보 11번 값을 전송하는 볼륨 페달을 이용해서 실제 장비를 이용하는 것과 같이 사용할 수 있는 것입니다.

(2) Freq

Lo 노브로 와와가 적용될 저주파수 대역을 설정하고, Hi에서 고주파수 대역을 설정합니다. Pedal을 Automation으로 선택했을 경우 Lo와 Hi의 범위가 100이 되는 것입니다. 주파수의 폭은 아래쪽의 Filter Slope 스위치를 클릭하여 6dB 또는 12dB 중에서 선택합니다.

(3) Width

Lo와 Hi에서 Pedal 이 적용될 범위를 설정합니다. 외부 장치를 이용해서 Wha Wha를 사용한다면, 자신이 페달을 밟은 습관에 맞춰서 범위를 조정하는 것이 효과적입니다.

(4) Gain

Freq에서 설정한 Lo와 Hi 의 이득 값을 설정합니다.

6 Mastering

Mastering 폴더에는 UV22HR의 한 가지 이펙트를 제공합니다. UV 22hr은 비트 컨버팅에서 발생할 수 있는 디지털 노이즈를 제거하는 스테레오 디더링 역할의 이펙트 입니다. 즉, 볼륨 슬라이드 다음에 적용하는 7, 8번 슬롯에 사용합니다. 이것은 채널 익스포팅을 할 때도 사용할 수 있지만, 높은 샘플 비트로 작업된 음악을 CD에 담기 위한 최종 단계에서 사용하는 경우가 많으므로 마스터 트랙에서 사용합니다.

UV22HR

UV22HR의 기본은 다운 디더링 입니다. 즉, 프로젝트 포맷을 낮추어 믹스 다운할 때 이용하는 것입니다. 24비트로 작업한 음악을 동일한 포맷의 24비트로 믹스 다운 한다거나 16비트로 작업한 음악을 24비트로 높이는 경우에는 무의미 하거나 오히려 잡음이 발생할 수 있으므로, 주의하기 바랍니다.

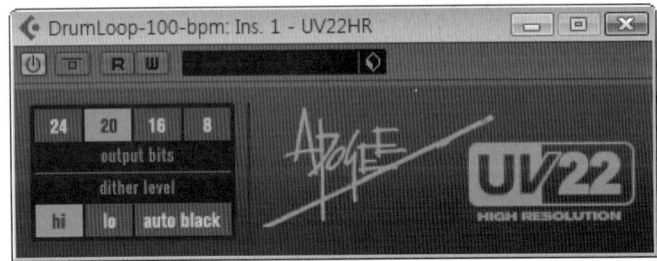

(1) Output Bits

Bit Resolution은 컨버팅할 비트 수를 선택합니다. CD제작을 위한 것이라면 당연히 16bit를 사용합니다.

(2) Dither level

컨버팅 모드를 선택합니다. Hi는 모든 사운드에 UV 22 HR이 작동되고, Lo는 노이즈가 발생하는 부분에서만 작동하게 하여 시스템의 부하를 예방합니다. 그리고 Auto black는 노이즈 발생하는 부문을 자동으로 감지하여 뮤트시키는 모드입니다.

7 Modulation

모듈레이션은 주파수를 변조하여 특별한 사운드 효과를 만드는 이펙트입니다. 큐베이스와 누엔도는 Auto Pan, Chorus, Flanger, Metalizer 등의 13가지 모듈레이션 이펙트를 제공하고 있기 때문에 녹음한 사운드를 다양하게 변조시킬 수 있습니다.

 Auto Pan

사운드기 좌/우로 이동되는 효과를 만듭니다. 이동 위치와 속도를 편집할 수 있는 라인을 제공하고 있습니다.

(1) Waveform display

포인트를 드래그하여 변조 모양을 수동으로 편집할 수 있습니다. Shift 키를 누른 상태로 드래그하여 라인을 만들거나 Ctrl 키를 누른 상태로 드래그하여 원하는 대로 그릴 수 있습니다.

(2) Presets

Sine, Triangle, Pulse 및 Random 1, 2 프리셋을 제공합니다. Random 1은 클릭할 때마다 바뀌고, Random 2는 반복될 때마다 자동으로 바뀌는 모드 입니다.

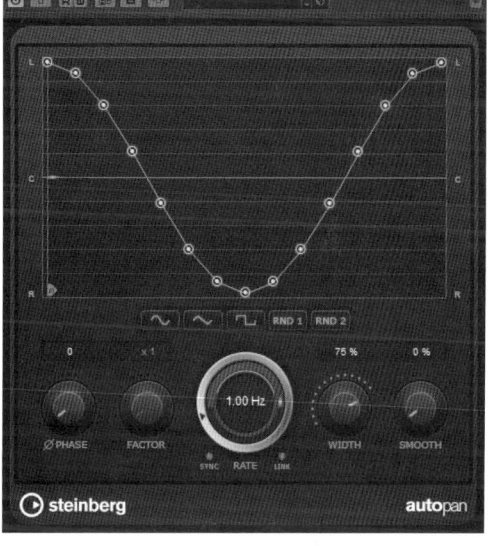

(3) Phase

커브의 시작점을 설정합니다.

(4) Factor

Sync 모드일 때 속도를 증가 시킬 수 있습니다.

(5) Rate

속도를 조정합니다. Sync 모드일 경우에는 비트 선택 메뉴가 열립니다.

(6) Sync

Sync 기능을 On/Off 합니다.

(7) Link

좌/우 채널이 동시에 변조되게 합니다.

(8) Width/Smooth

Width로 좌/우 이동 폭을 조정하며, Smooh로 포인트를 부드럽게 연결 시킵니다.

Chopper

Chopper은 전형적인 레벨 모듈레이션 효과와 오토 패닝 효과를 결합하고 있습니다. 일반적인 모듈레이션은 주파수를 변경하여 사운드가 흔들리는 효과를 만들지만, Chopper는 사운드의 볼륨을 변경하여 모듈레이션 효과를 만드는 특징이 있습니다.

(1) Mode

Chopper효과를 적용하는 파형의 형태는 Sine, Square, Saw, Reverse Saw, Triangle의 5가지로 제공하고 있으며, 마우스 클릭으로 적용할 수 있습니다. 선택한 파형의 형태는 디스플레이에서 확인할 수 있습니다.

(2) Depth

Chopper 효과의 깊이를 퍼센트 단위로 조정합니다. Depth는 디스플레이에서 마우스를 상/하로 드래그하여 조정할 수 있으며, Ctrl 키를 누른 상태에서 Depth 노브를 클릭하면 기본값 50%로 설정합니다.

(3) Tempo Sync

Tempo Sync On/Off 버튼은 마우스 클릭으로 전환하는 스위치 역할을 합니다. On일 경우에는 푸른색을 표시하며, Off 일 경우에는 흰색으로 표시합니다. 그리고 On일 경우에는 Speed를 템포와 동기 할 수 있게 비트 단위로 선택할 수 있고, Off 일 경우에는 자유로운 설정을 위해서 Hz 단위로 표시합니다.

(4) Speed

Chopper 효과의 속도를 0에서 50Hz까지 조정합니다. Tempo Sync 버튼이 On이면 템포와 동기할 수 있게 비트 단위로 조정할 수 있습니다. 이것은 Tempo Sync 목록에서 단위를 선택하는 것과 동일한 효과입니다. Speed 노브 오른쪽에 있는 Mono 버튼이 해제하면 Chopper 효과를 스테레오로 적용합니다.

(5) Mix

Mix 슬라이드는 원래 사운드와 Chopper 효과를 적용한 사운드의 비율을 퍼센트 단위로 조정합니다. Shift 키를 누른 상태에서는 미세한 조정이 가능하고, Ctrl 키를 누른 상태에서 클릭하여 기본값 100%로 설정할 수 있습니다.

 **Chorus**

모듈레이션 계열의 Chorus는 말 그대로 합창 효과를 만드는 이펙트 입니다. 합창 효과란 50명이 같은 악보를 보고 노래를 부른다고 가정했을 때, 인간인 관계로 개개인마다 미세한 시간 차이가 발생합니다. 하지만, 듣기 거북하기는 커녕 아름답고, 풍부하게 들립니다. 코러스란 이러한 시간차를 인위적으로 만드는 것입니다.

(1) Rate

잔향 사운드의 속도를 조정합니다. 노브 아래쪽의 Sync 버튼을 On으로 하면 템포에 맞출 수 있는 비트 단위로 조정할 수 있습니다.

(2) Width

잔향의 이동 범위를 조정합니다. 노브 아래쪽의 waveform 스위치를 클릭하여 이동 형태를 선택할 수 있습니다.

(3) Spatial

코러스의 스테레오 폭을 조정합니다. 값을 높여 좀더 입체적인 사운드 연출이 가능합니다

(4) Spatial

50을 중심으로 원래 사운드와 코러스 효과를 적용한 사운드의 비율을 설정합니다. Ctrl 키를 누른 상태에서 노브를 클릭하여 기본값 50로 설정할 수 있습니다.

(5) Spatial

코러스의 지연 시간을 설정합니다. 값이 커질수록 코러스 효과를 지연하며, Alt 키를 누른 상태로 드래그하여 슬라이드 방식으로 이용할 수 있습니다.

(6) Lo /Hi

코러스 효과가 적용될 주파수 범위를 설정합니다. Lo 값은 최대 1Khz 이며, Hi의 최소 값은 1.2Khz입니다.

Cloner

Cloner는 원본 사운드를 복사하여 지연 효과를 연출하거
나 하모니 효과를 연출하는 등의 역할을 하는 장치입니다.

(1) Voices / Spatial

Vocies는 원본을 몇 번 복사할 것인지를 선택합니다. 최고 4
개의 보이스를 복사할 수 있으며, 복사한 사운드의 음정이나
지연 값은 Detune과 Delay 슬라이드를 이용해서 조정할 수
있습니다. Spatial은 복사한 사운드의 스테레오 범위를 조정
합니다.

(2) Mix / Output

Mix는 원본 사운드의 복사한 사운드의 비율을 조정하며, Output은 Cloner의 최종 출력 레벨을 조정합니다.

(3) Detune / Humanize

복사한 사운드는 오른쪽의 Detune 패널에 최대 4개의 슬라이드로 표시가 되며, 각각의 슬라이드를 조정하여 음정을 조정
할 수 있습니다. Detune은 이때의 음정 폭을 설정합니다. 그리고 Humanize는 음정을 약간 불안하게 하여 인간적인 느낌
을 연출할 수 있도록 하는 것인데, 노브 아래쪽의 static detune 버튼을 On으로 하여 유동적으로 변화시킬 수 있습니다.

(4) Delay / Humanize

Delay 역시 Delay 패널의 슬라이드 조정 폭을 설정하는 것이며, Humanize 노브를 이용해서 각 딜레이 값의 시간차를 변화
시킬 수 있습니다. 일반적으로 노브 아래쪽의 Statci delay 버튼을 On으로 하여 자동으로 조정되게 합니다.

Flanger

Flanger은 입력 신호에 딜레이를 걸어 두 신호를 믹스했을 때,
특정 주파수 대역에서 일어나는 변조 방식을 이용하여 독특한
사운드를 만드는 기능입니다.

(1) Rate

주파수 변조 비율을 0에서 5까지 설정할 수 있고, 노브 아래쪽의
Sync 버튼이 On이면, 비트 단위로 템포와 일치시킬 수 있습니다.

(2) Lo/Hi

플랜저가 적용될 주파수 범위를 설정합니다. 값은 주파수 단위가 아닌 퍼센트이며, 노브 아래쪽의 waveform 스위[8]치를 클
릭하여 변조 파형의 형태를 선택할 수 있습니다.

(3) Feedback / Spatial / Mix

Feedback은 플랜저의 반복 비율을 조정하며, Spatial은 스테레오 폭을 조정합니다. 그리고 Mix는 원본과 플랜저 사운드의 비율을 조정합니다.

(4) Delay

플랜저 사운드의 반복 간격을 설정합니다. Ctrl 키를 누른 상태에서 노브를 클릭하면 기본 값인 2로 설정됩니다.

(5) Manual

노브 아래쪽의 Manual 버튼을 On으로 하여 사용 여부를 결정하며, 버튼을 On으로 하면, 노브를 이용해서 위상 변조의 비율을 조정할 수 있습니다

(6) Lo/Hi

위상 변조가 일어나는 주파수 범위를 설정합니다. Lo의 최대 값은 1Khz이며, Hi의 최소 값은 1.2Khz입니다.

Metalizer

Metalizer는 모듈레이션과 피드백 효과를 동시에 적용하여 기계적인 사운드를 만드는 이펙트입니다. 기계적인 사운드는 영화에서 뿐 아니라 가요와 팝에서도 흔하게 사용하는 기법입니다.

(1) Feedback

반복하는 사운드의 강도를 0%에서 100%까지 퍼센트 단위로 조정합니다. 조정하는 값은 디스플레이 창에 빗살무늬로 표시합니다. 값이 커질수록 빗살무늬가 굵게 변하는 것을 확인할 수 있습니다.

(2) Sharpness

Metalizer의 적용 주파수 범위를 퍼센트 단위로 조정하는 것으로 디스플레이 창에서 범위가 변경하는 것을 확인할 수 있습니다. Sharpness 값은 디스플레이에서 마우스를 좌/우로 드래그하여 조정할 수 있으며, Ctrl 키를 누른 상태로 조정을 하면 Tone이 함께 변경하는 것을 방지할 수 있습니다.

(3) Tone

피드백의 빈도수를 퍼센트 단위로 조정합니다. 조정하는 값은 디스플레이 창에서 빗살무늬 간격으로 표시합니다. 값이 커질 수로 간격이 좁아지는 것을 확인할 수 있습니다. Tone은 디스플레이에서 마우스를 상/하로 드래그하여 조정할 수 있으며, Alt 키를 누른 상태에서 드래그하면 sharpness 값이 함께 조정되는 것을 방지할 수 있습니다.

(4) Speed

모듈레이션 속도를 0에서 10Hz까지의 범위로 조정할 수 있는 노브입니다. Tempo Sync 버튼이 On이면 템포와 동조하여 사용할 수 있습니다. Speed 노브 상단에 있는 On버튼은 모듈레이션 패턴을 반복할 때 마다 변경하는 필터 기능이고, Mono 버튼은 On일 때 모노, Off 일 때 스테레오로 적용하는 기능입니다.

(5) Output / Mix

Output에서는 Metalizer를 적용한 채널의 최종 출력을 조정할 수 있고, Mix에서는 Metalizer를 적용한 사운드와 적용하기 전 사운드의 비율을 조정할 수 있습니다. Shift 키를 누른 상태에서는 미세한 조정이 가능하고, Ctrl 키를 누른 상태에서 슬라이드를 클릭하면 기본값 100%로 설정할 수 있습니다.

Phaser

Phaser는 오리지널 사운드에 짧은 딜레이 타임을 걸어 발생하는 사운드의 위상 간섭을 이용해서 특수한 효과를 만드는 이펙트 입니다. 위상 이란 파형의 각도를 말하는 것으로 사운드의 레벨을 결정하는 중요한 요소입니다. 지금 독자 앞에 있는 스피커의 위치를 변경하면 같은 볼륨인데도 레벨에 변화가 있는 것을 느낄 수 있습니다. 이것은 원음과 벽에서 반사하는 반향음과의 위상이 같은 각도로 겹치면 레벨이 증가하고, 반대 각도로 겹치면 레벨이 감소하는 현상이 발생하기 때문입니다. 그래서 가정에서는 벽에 스피커를 가까이 놓고, 저음을 높이는 효과를 만들지만, 스튜디오에서는 스피커와 벽 사이에 거리를 두어 최대한 원음을 청취할 수 있게 하는 이유가 위상 때문입니다.

(1) Rate / Width

페이저의 속도를 조정합니다, 노브 아래쪽의 Sync 버튼을 클릭하여 On으로 하면 템포에 맞출 수 있게 비트 단위로 설정할 수 있습니다. 그리고 Width 노브를 이용해서 변조 범위를 조정합니다.

(2) Feedback / Spatial / Mix

Feedback은 페이저 효과가 반복하는 양을 조정하며, Spatial은 스테레오 범위를 조정합니다. 그리고 Mix는 원본 사운드와 페이저 사운드의 비율을 조정합니다.

(3) Manual

노브 아래쪽의 Manual 버튼을 On으로 하여 사용 여부를 결정하며, 버튼을 On으로 하면, 노브를 이용해서 위상 변조의 비율을 조정할 수 있습니다.

(4) Lo/Hi

위상 변조가 일어나는 주파수 범위를 설정합니다. Lo의 최대 값은 1Khz이며, Hi의 최소 값은 1.2Khz입니다.

Ring Modulator

Ring Modulator는 피크 타입의 주파수 형태를 반음 이하로 떨어뜨려 만드는 모듈레이션 이펙트 입니다. Ring Modulator은 피치 변화로 만드는 일반적인 모듈레이션 방식이 아닌 엔벨로프 파형 변화로 만든다는 특징이 있습니다.

(1) LFO / Env Amount

Oscillator 섹션 상단에 있는 LFO Amount, Env Amount는 Ring Modulator 효과의 형태를 결정하는 노브입니다. LFO Amount에서는 모듈레이션이 발생하는 빈도를 퍼센트 단위로 조정하고, Env Amount에서는 그 양을 설정합니다. 아래에 있는 4가지 웨이브 폼은 모듈레이션 형태를 선택합니다.

(2) Range / Frequency / Roll-Off

오실레이터 섹션 아래쪽에는 Range, Frequency, Roll-off 등이 있습니다. Range는 슬라이드로 범위를 선택하며, Frequency에는 적용하는 주파수 대역의 빈도수를 2옥타브 내에서 퍼센트 단위로 설정합니다. Roll-Off에서는 High Cut 필터 역할을 합니다.

(3) Speed / Env. Amount

LFO 섹션에는 음정 변화로 발생하는 모듈레이션 효과의 속도를 조정하는 Speed, 적용 비율을 설정하는 Env Amount, 형태를 결정하는 Wave Form과 발생하는 폼의 채널을 바꾸는 Invert Stereo 버튼으로 구성되어 있습니다.

(4) Attack / Decay

엔벨로프 섹션에는 모듈레이션 효과가 적용하는 어택 타임과 디케이 타임을 설정할 수 있는 Attack과 Decay 노브가 있으며, 입력하는 스테레오 채널을 하나의 채널로 묶어 컨트롤 할 수 있는 Lock L<R 버튼이 있습니다.

(5) Output / Mix

Output에서는 Ringmodulater를 적용한 채널의 최종 출력 레벨을 조정하고, Mix에서는 오리지널 사운드와 Ringmodulate를 적용한 사운드의 비율을 퍼센트 단위로 설정합니다.

Rotary

Rotary는 과거 로터리 스피커에서 만들어내던 코러스 효과를 재현하고 있는 이펙트 입니다. 많은 노브들로 구성되어 있지만, 앰프를 사용해본 독자에게는 익숙한 것들입니다.

(1) Low / High Slow, Fast & Rate
Rotary는 Low와 High의 회전 축이 있으며, 최대 720rpm의 속도를 지원합니다. Rotary 이펙트 왼쪽에 있는 6개의 노브들은 Slow와 Fast의 회전 속도를 조정하고, 그 비율(Rate)을 조정할 수 있습니다.

(2) Overdrive ~ Mic Distance
로터리 이펙트 오른쪽 상단에 있는 Overdrive, Crossover Freq, Mic Angle, MicDistance의 4가지 노브는 마이킹 녹음 방식을 시뮬레이션 합니다. Overdrive는 퍼센트 단위로 오버 드라이브 효과를 첨가, Crossover는 200-3000Hz단위로 Low와 High의 비율을 조정, Mic Angle은0-180도 범위의 마이크 각도, Mic Distance는 1- 36인치 단위로 마이크 거리를 시뮬레이션 합니다.

(3) Low Rotor Amp Mod ~ Phasing
앞에서 살펴본 섹션의 나머지 Low Rotor Amp Mod에서 Phasing의 5가지 노브는 로터리 스피커의 EQ변조 량을 시뮬레이션 합니다. Low Rotor Amp Mod는 저음의 진폭을 조절, Low Rotor Mix Level은 저음의 레벨을 조절, High Rotor Amp Mod는 고음의 진폭을 조절, High Rotor Freq Mod는 고음의 변조 속도를 조절, Phasing는 고음의 변조 양을 조절합니다.

(4) Mode / Speed / MIDI Ctrl
Mode는 Speed를 Stop, Slow, Fast 의 3단계로 선택하거나, 순차적인 조정이 가능한 계단 모양과 라인 모양의2가지 버튼이 있습니다. Speed는 MIDI Ctrl에서 선택한 컨트롤의 속도를 결정합니다. MIDI Ctrl에서는 16개의 컨트롤을 선택할 수 있습니다. 선택한 컨트롤은 미디 트랙의 Out 항목에서 선택하여 외부 장비로 컨트롤 할 수 있습니다.

(5) Output / Mix
Output에서는 Rotary 를 적용한 채널의 최종 출력 레벨을 조정하고, Mix에서는 Rotary가 효과와 오리지널 사운드의 비율을 조정합니다.

Studio Chorus

앞에서 살펴본 Chours 장치를 두 개 갖추고 있다는 차이
만 있을 뿐 역할이나 사용 방법은 동일합니다. 단, 왼쪽과
오른쪽 값을 다르게 하여 좀더 풍부한 코러스 효과를 연
출할 수 있다는 장점이 있습니다.

(1) Rate

잔향 사운드의 속도를 조정합니다. 노브 아래쪽의 Sync 버튼
을 On으로 하면 템포에 맞출 수 있는 비트 단위로 조정할 수 있
습니다.

(2) Width

잔향의 이동 범위를 조정합니다. 노브 아래쪽의 waveform 스위치를 클릭하여 이동 형태를 선택할 수 있습니다.

(3) Spatial

코러스의 스테레오 폭을 조정합니다. 값을 높여 좀더 입체적인 사운드 연출이 가능합니다

(4) Mix

50을 중심으로 원래 사운드와 코러스 효과를 적용한 사운드의 비율을 설정합니다. Ctrl 키를 누른 상태에서 노브를 클릭하
여 기본값 50로 설정할 수 있습니다.

(5) Delay

코러스의 지연 시간을 설정합니다. 값이 커질수록 코러스 효과를 지연하며, Alt 키를 누른 상태로 드래그하여 슬라이드 방
식으로 이용할 수 있습니다.

(6) Lo /Hi

코러스 효과가 적용될 주파수 범위를 설정합니다. Lo 값은 최대 1Khz 이며, Hi의 최소 값은 1.2Khz입니다.

Tranceformer

Tranceformer는 Ring Modulation과 비슷한 역할을 하는 이펙트로서 입력하는 사운드에 새로운 알고리즘을 첨가해서 음정 변화 모듈레이션 효과를 만드는 이펙트 입니다.

(1) Wave Form

Sine, Square, Saw, Reverse Saw, Triangle 등 5가지 트랜스포머의 파형 형태를 결정합니다. 각각의 파형은 디스플레이 창에서 바로 확인할 수 있습니다.

(2) Tone

1Hz에서 5000Hz 범위로 모듈레이션을 적용하는 비율을 설정하는 것으로 값을 높일수록 음정이 높아집니다. 조정하는 값은 디스플레이 창의 파형 밀도로 확인할 수 있으며, 디스플레이 창에서 마우스를 좌/우로 드래그하여 Tone의 값을 조정할 수 있습니다.

(3) Depth

트랜스포머의 적용 폭을 설정합니다. 조정하는 값은 디스플레이 창에서 파형의 폭으로 표시되며, 마우스를 상/하로 드래그하여 조정할 수 있습니다.

(4) Speed

Tranceformer의 적용 속도를 설정합니다. 이 값은 Tempo Sync 버튼이 Off일 경우에 0Hz에서 10Hz까지 자유롭게 조정할 수 있고, Tempo Sync 버튼이 On일 경우에는 비트 단위로 설정합니다. 그리고 우측에 On 표시의 전원 버튼은 음정 모듈레이션의 반복 여부를 결정하며, Mono 버튼은 모노 또는 스테레오 적용 여부를 결정합니다.

(5) Output / Mix

Output은 Tranceformer를 적용한 채널의 최종 출력 값을 설정하고, Mix는 Tranceformer와 오리지널 사운드의 비율을 설정합니다.

 **Tremolo**

장치 이름에서도 알 수 있듯이 트레몰로 효과를 연출합니다. 단, 실제 연주에서는 노트를 연속적으로 반복시키는 테크닉이지만, 이 장치는 볼륨값을 연속으로 변화시켜 연출한다는 차이점이 있습니다. 즉, 느낌이 전혀 다른 비브라토 효과를 만들 수 있습니다.

(1) Rate / Depth

Rate 노브로 트레몰로의 속도를 조정하며, Depth로 폭을 조정합니다. Rate 노브 아래쪽이 Sync 버튼을 On으로 하면, 템포에 맞출 수 있는 비트 단위를 사용할 수 있습니다.

(2) Spatial / Output

Spatila은 트레몰로 사운드의 스테레오 폭을 조정하며 Output은 최종 출력 레벨을 조정합니다.

 Vibrato

음정을 연속으로 변화시키는 비브라토 효과를 연출합니다. 연주가 뛰어난 사용자는 마스터 건반의 피치 휠을 이용해서 연출할 수 있겠지만, 그것과는 느낌이 다른 비브라토 효과를 만들 수 있습니다.

(1) Rate

비브라토의 속도를 조정합니다. 노브 아래쪽의 Sync 버튼을 클릭하여 템포에 맞출 수 있는 비트 단위로 설정 가능합니다.

(2) Depth

비브라토의 폭을 조정합니다. 값은 최대 반음 기준인 100입니다. 이 값을 미묘하게 조정하거나 오토메이션 기능과 결합하여 Guitar 특유의 비브라토 효과를 연출할 수 있습니다.

(3) Spatial

비브라토 사운드이 스테레오 변화 폭을 조정합니다. 패닝 효과를 연출하고 싶지 않다면, 이 값을 0으로 설정합니다.

Pitch shift 폴더에는 음정을 보정하는 Pitch correct와 옥타브 음정을 만드는 Octaver가 있습니다. Pitch Correct 는 음정을 보정하거나 작업 중인 프로젝트와 스케일이 맞지 않는 샘플을 불러와 사용할 때도 유용하지만, 사운드의 음색을 변경하여 특수한 효과를 만들거나 리드 보컬 트랙을 복사하여 화음을 만드는 테크닉으로도 이용할 수 있습니다.

 Pitch Correct

Pitch Correct를 장착하고, 곡을 재생하면 해당 트랙에서 연주되는 사운드의 음정이 건반 위쪽의 디스플레이 창에 파란색 그래프로 표시되며, 음정을 조정하면, 해당 음정으로 이동됩니다. 이때 오리지널 음정은 주황색 그래프로 표 시됩니다. 그래프에 표시되는 옥타브 범위는 좌/우 방향의 삼각형 버튼을 클릭하여 이동시킬 수 있습니다.

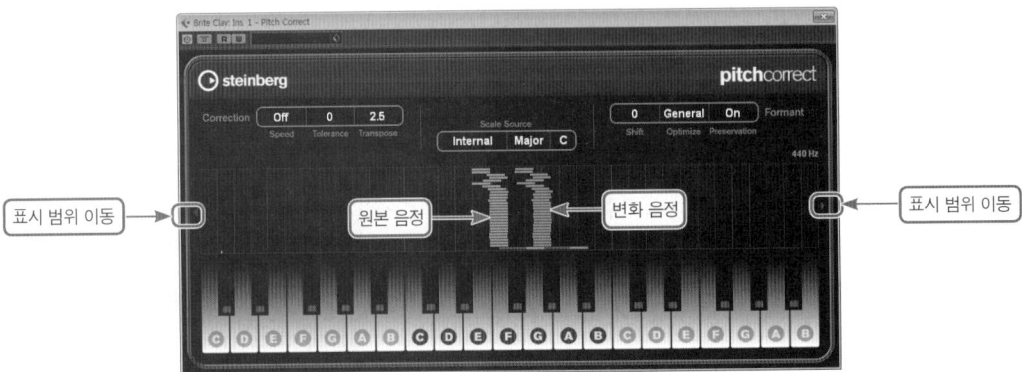

(1) Correction

① Speed: 음정이 변하는 속도를 조정합니다. Pitch Correct의 모든 값은 마우스 드래그로 조정하거나 더블 클릭으로 입력할 수 있으며, Alt 키를 누른 상태에서는 슬라이드로 조정할 수 있습니다. 그리고 Ctrl 키를 누른 상태에서 클릭하면 초기 값으로 복구됩니다.

② Tolerance: 음정 변화의 정밀도를 조정합니다. 이 값을 100으로 설정하면, 쉐어 이펙트 효과를 연출할 수 있습니다. 쉐어 이펙트는 가수 Cher(쉐어)가 Believe라는 곡에서 오토 튠을 이용하여 기계적인 음성을 만든데서 시작된 용어입니다.

③ Transpose: 음정 변화 값을 입력합니다. 1의 값이 반음이며, 최대 2 옥타브까지 올리거나 내릴 수 있습니다.

(2) Scale Source

음정 변화의 기준이 되는 스케일을 선택합니다. 기본적으로 선택되어 있는 Internal은 오른쪽에서 선택한 스케일이 기준이 되면, Custom을 선택하면, 건반을 클릭하여 사용자만의 스케일을 만들 수 있습니다.

External - MIDI Scale과 Exteranl - MIDI Note는 미디 트랙에
서 연주되는 스케일 및 노트 값을 기준으로 합니다. External
- MIDI Sacle 및 Note를 선택하면, 미디 트랙 아웃에서 Pitch
Correct를 선택할 수 있으며, 사용자가 연주하는 마스터 건반에
맞추어 조정됩니다.

미디 트랙의 아웃

(3) Formant

① Shift: 사운드의 주파수 특성을 바꿉니다. 값을 높이면, 음색
이 하이 톤으로 변하고, 값을 내리면, 베이스 톤으로 조정되는
것을 모니터 할 수 있습니다.

② Optimize: 사운드 소스의 특징을 선택합니다. 남성(Male)과 여
성(Female)이 있으며, 그 외, 악기는 General을 선택합니다.

③ Preservation: 음정을 조정하게 되면, 사운드의 음색은 변할 수 밖에 없습니다. 이때 변화를 최소화 시킬 것인지의 여부
를 선택하는 On/Off 스위치입니다.

(4) Preset

프리셋 항목을 클릭하여 사운드의 다양한 변화를 선택할 수 있
는 창이 열립니다. 각각의 프리셋을 선택해보면서 어떠한 효과
를 연출할 수 있는지 확인해보기 바랍니다. 디스플레이 오른쪽
위의 440Hz는 표준 음정을 나타내며, 430Hz~450 범위로 조
정 가능합니다.

440Hz

 Octaver

두 개의 옥타브 음정을 만들어주는 이펙트입니다. 일반적으로 단음 악기에 사
용하며, 고가의 옥타브 이펙트와 비교해도 전혀 손색없는 사운드를 연출합니다.

(1) Direct

원본 사운드의 레벨을 조정합니다. 이펙트를 사용하고 있는 사운드에서 옥타브 음
정만 연주하고 싶다면, 이 값을 0으로 합니다.

(2) Octave 1/ 2

각각의 옥타브 레벨을 조정합니다. Octave 1은 원본 사운드의 한 옥타브 아래이며, Ocatve 2는 Ocatve 1의 한 옥타브 아
래 음정입니다. 필요 없는 옥타브 사운드는 이 값을 0으로 합니다.

9 Reverb

일상 생활에서 자연적으로 리버브 효과를 경험할 수 있는 장소로는 건물 복도 또는 목욕탕 등이 있습니다. 건물 복도나 목욕탕에서 소리를 내면 그 소리는 벽에 반사하여 원래의 소리와 반사한 소리(잔향)가 우리 귀에 모두 들립니다. 이때 벽면의 재질과 공간의 크기에 따라서 반사하는 잔향 음이 다릅니다. 이러한 공간감을 인위적으로 만드는 이펙트를 리버브라고 합니다.

REVerence

리버브는 어떤 공간을 시뮬레이션하는 장치라고 했습니다. 큐베이스에서 제공하는 REVerence는 실제 현장에서 녹음한 사운드의 공간감을 샘플링한 프로그램 파일을 제공하고 있으며, 사용자가 직접 입수한 오디오 파일의 음향을 분석하여 사용할 수 있는 놀라운 기능을 제공합니다. 특히, 각각의 프리셋 마다 현장 그림을 제공하고 있기 때문에 리버브 사용에 익숙하지 않은 입문자도 자신이 원하는 공간을 쉽게 연출할 수 있다는 장점을 가지고 있습니다.

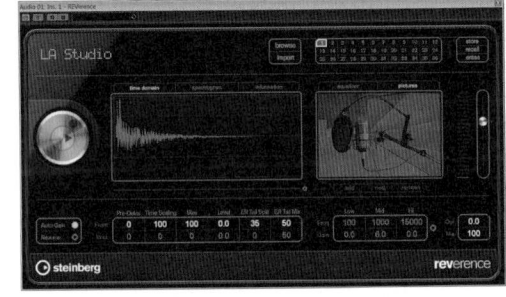

(1) Browse

리버브 사용의 가장 큰 어려움은 악기 소스마다 각각의 파라미터의 어떠한 값으로 설정할 것인지 입니다. Browse 버튼을 클릭하면 REVerence에서 제공하는 다양한 프리셋을 불러올 수 있으며, 각각의 프리셋 마다 그림을 제공하고 있기 때문에 입문자도 음원 소스에 어울리는 리버브를 손쉽게 구현할 수 있습니다.

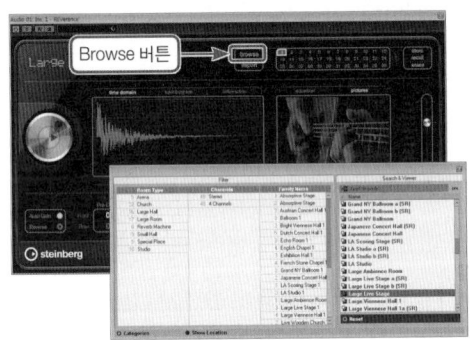

(2) Import

REVerence는 자체적으로 제공하는 프리셋 외에 사용자가 원하는 오디오 파일을 불러와 프리셋으로 만들 수 있습니다. 예를 들어 마이클 젝슨 음악에 사용된 드럼의 리버브를 내가 만드는 곡에 사용하고 싶다면, 그 부분을 편집하여 오디오 파일로 저장합니다. 그리고 Import 버튼을 클릭하여 창을 열고, 해당 파일을 불러옵니다. 오디오 파일에서 검색된 채널과 리버브 타임이 이름 항목에 표시되는 것을 확인할 수 있습니다.

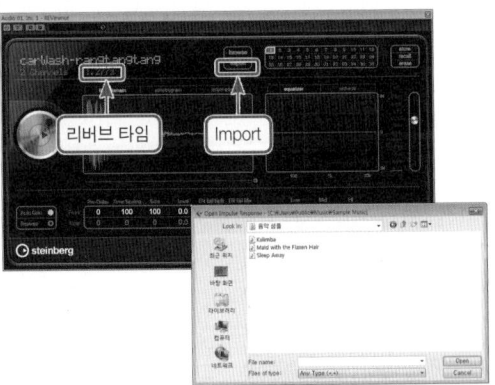

(3) Add / Next / Remove

불러온 오디오 샘플에 어울리는 그림은 Add 버튼을 클릭하여 추
가할 수 있으며, Next 버튼은 불러온 그림들 중에서 패널에 표시
할 그림을 선택합니다. 그리고 Remove 버튼은 불러온 그림을 삭
제합니다.

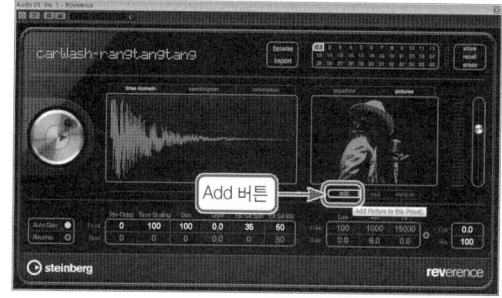

(4) store / recall / erase

사용자마다 작업하는 곡의 스타일이나 취향이 다르기 때문에 기
본 프리셋을 그대로 이용하지는 않습니다. 결국, REVerence에서
제공하는 각각의 파라미터 값을 곡에 어울리게 수정을 하게 되는
데, 이것을 36개까지 저장할 수 있는 슬롯 버튼을 제공합니다. 저
장할 슬롯 번호를 선택하고, Store 버튼을 클릭합니다.

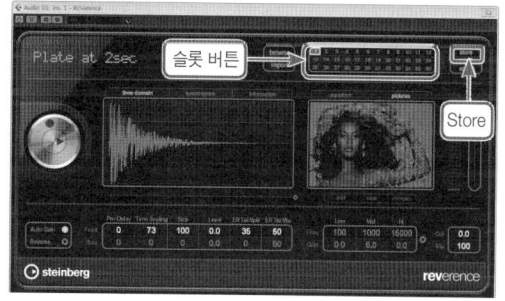

Save Program 창의 Name 항목에 프리셋 이름을 입력합니다.
Create New Folder 버튼은 프리셋을 저장할 폴더를 새로 만들
수 있으며, Tag Editor 항목에서 프리셋을 구분할 수 있는 테그
정보를 입력할 수 있습니다.

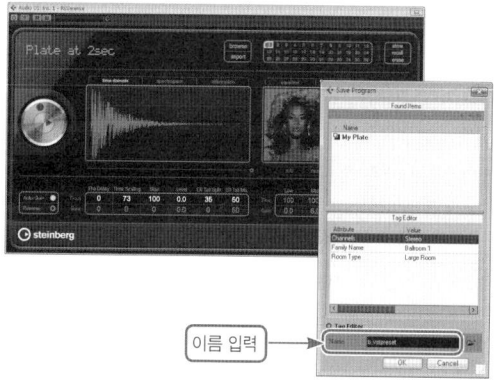

같은 과정을 반복하여 각각의 슬롯마다 설정 값을 다르게 세팅하
고, 서로의 사운드를 비교하면서 작업을 진행할 수 있습니다. 슬
롯은 마우스 더블 클릭으로 선택하며, 빈 슬롯을 더블 클릭할 경
우에는 프리셋을 불러올 수 있는 창이 열립니다. Recall 버튼은
변경한 프리셋을 초기값으로 복구하며, erase 버튼은 선택한 슬
롯의 프리셋을 삭제합니다.

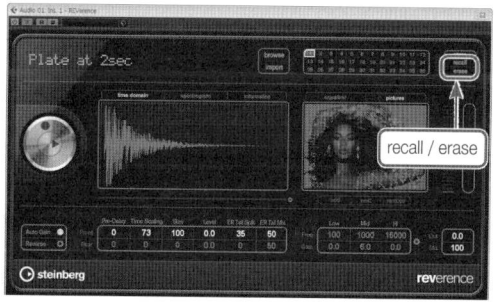

(5) Play / Wheel

재생 버튼은 리버브 사운드를 모니터하는 역할을 하며, 외각의 휠
은 Time Scaling 값을 조정합니다. Time Scaling 조정으로 인한
잔향의 변화는 time domain 창의 파형으로 직접적인 확인이 가
능합니다.

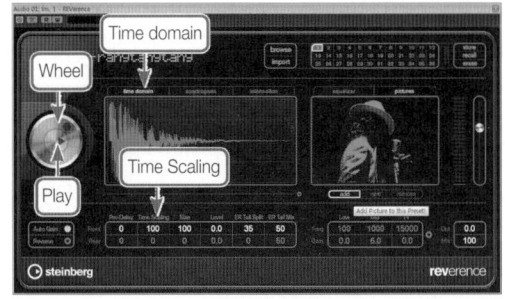

Time Scaling 휠을 미디 컨트롤러나 마스터 건반의 휠로 조정
하고 싶다면, Part 1에서 살펴본 내용과 같이 Device Setup 창
의 Remote Devices에서 Channel/Category 항목을 Selected
로 선택하고, Value/Action에서 Ins. REVerence의 Time을 선택
해주면 됩니다. 사용하고 있는 장치의 컨트롤 번호를 모르겠다면,
Learn 버튼을 클릭하여 인식시킵니다.

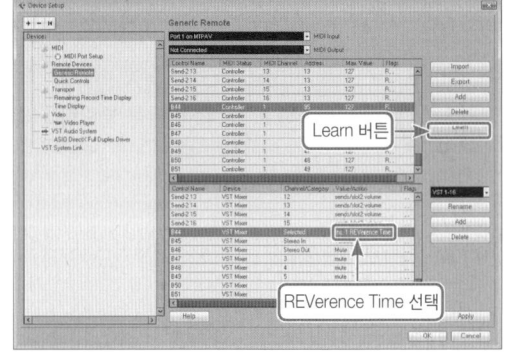

(6) Spectrogram / information

파형을 보여주는 time domain 창은 필요에 따라 잔향의 레벨을
색상으로 구분할 수 있는 스펙트럼(spectrogram) 타입으로 표시
할 수 있고, information에서 불러온 파일의 테그 정보를 확인할 수
있습니다.

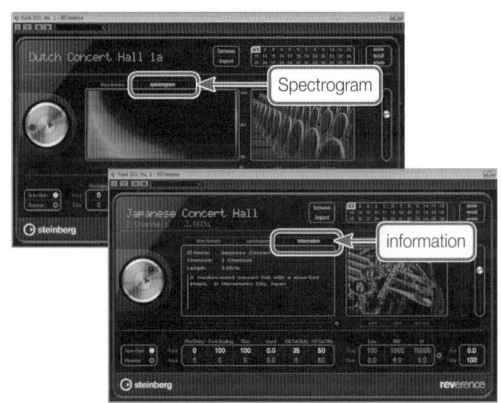

(7) Activate Impulse trimming

time domain 창 아래쪽의 Activate Impulse trimming 버튼은,
리버브의 반응 길이를 조정할 수 있는 슬라이드를 On/Off 합니
다. 반복되는 잔향의 시작과 끝 타임을 다듬고 싶을 때 이용합니
다. 특히, 외부 사운드 파일을 불러와 이용할 때 유용합니다.

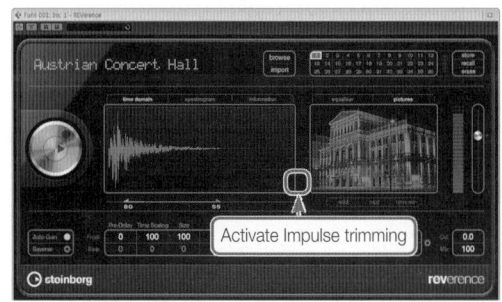

(8) Auto Gain / Reverse

Auto gain은 리버브의 레벨을 자동으로 최적화 시켜주고, Reverse는 리버브의 재생 방향을 바꿉니다. 리버브가 점점 커지는 특수 효과를 연출할 수 있는 것입니다.

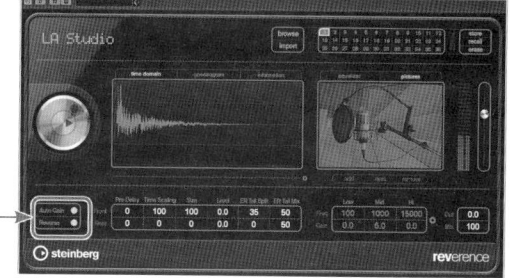

(9) Front / Rear

리버브의 초기 반사 타임(Pre-delay), 길이(Time Scaling), 공간의 크기(Size), 레벨(Level), 반복 되는 사운드의 간격(ER tail Split), 반복되는 사운드가 크로스 페이드 되는 길이(ER tail Mix)의 값을 조정하는 REVerence의 실제적인 파라미터는 스테레오 채널에서 Front만 사용할 수 있고, 서라운드 채널(SR)에서는 후면 스피커의 Rear 항목도 이용할 수 있습니다.

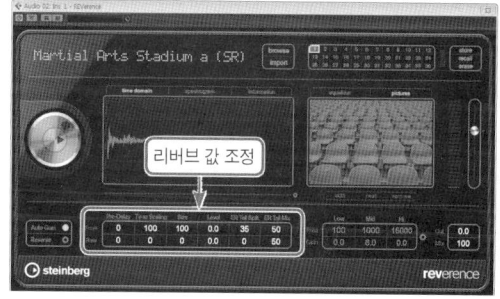

(10) Freq / Gain

리버브의 주파수를 조정하는 EQ 항목입니다. Low, Mid, Hi의 3밴드고 구성되어 있으며, Freq에서 조정할 주파수 대역을 설정하고, Gain에서 값을 조정합니다. equalizer의 패널에서 각각의 포인트를 드래그하여 조정할 수도 있으며, EQ의 적용 여부는 Active EQ 버튼으로 On/Off 합니다.

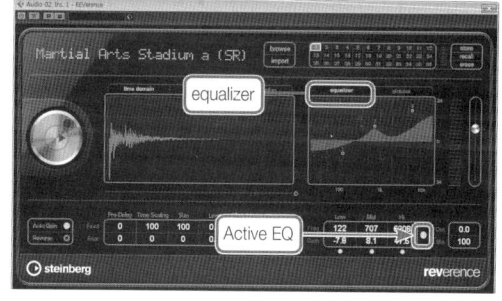

(11) Out / Mix

아웃 슬라이드는 REVerence의 출력 레벨을 조정하며, Mix는 원본 사운드와 리버브의 볼륨 비율을 조정합니다. 이펙트 적용 전/후의 사운드는 bypass 버튼을 On/Off 해가면서 비교할 수 있습니다. 마음에 드는 사운드가 만들어졌다면, Save Preset을 선택하여 저장합니다.

REVelation

REVerence와 알고리즘 자체가 다르기 때문에 전혀 다른 사운드를 구현합니다. 초기 반사음(Early reflections)과 여운(Reverb Tail)의 시각적인 판단이 가능한 그래프를 제공하고 있다는 특징을 가지고 있습니다.

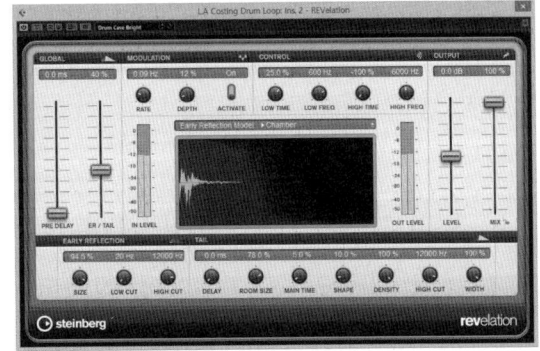

(1) Pre-Delay

리버브의 적용 시작 타임을 조정합니다. 잔향이 들리기 시작하는 데 걸리는 시간을 시뮬레이션 하는 것입니다.

(2) ER/Tail Mix

초기 잔향음(Early reflections)과 여운(Reverb tail) 사이의 밸런스를 조정합니다. 50%를 기준으로 이하의 값은 초기 잔향음을 높이고, 이상의 값은 여운을 높입니다.

(3) Early Reflection

디스플레이 상단 메뉴에서 초기 반사음의 패턴을 선택할 수 있으며, 크기(Size), 저음(Low Cut), 고음(High Cut)역을 컨트롤합니다. 크기는 100%가 Early Reflection에서 선택한 패턴이며, 값이 작아지면 작은 공간을 시뮬레이션 하게 됩니다.

(4) Tail

Delay - 여운의 시작 타임을 조정합니다.
Room Size - 공간의 크기를 조정합니다. 100%는 성당이나 홀, 50%는 스튜디오, 그 이하는 부스 공간을 시뮬레이션 합니다.
Main Time - 여운의 길이를 조정합니다. 100%는 무한대입니다.
Shape - 어택 값을 조정합니다. 드럼과 같이 빠른 어택의 경우에는 0%를 권장합니다.
Density - 밀도를 조정합니다. 값이 작을수록 잔향이 늦어집니다.
High Cut - 적용 주파수 범위를 설정합니다.
Width - 스테레오 범위를 조정합니다. 0%의 경우 모노입니다.

(5) Modulation

잔향의 피치를 변조시켜 좀 더 풍성한 여운을 만듭니다. Activate 버튼으로 사용여부를 결정하며, Rate로 변조 주파수를 설정하고, Depth로 강도를 조정합니다.

(6) Control

주파수 대역 별 잔향 타임을 조정하는 Low 및 High Time과 주파수 대역을 조정하는 Low 및 High Freq 컨트롤러를 제공합니다.

(7) Output

잔향 레벨(Level)과 밸런스를 조정할 수 있는 Mix 슬라이더를 제공합니다. Mix 슬라이더 오른쪽의 잠금 장치를 On으로 하면, 다른 프리셋을 검색할 때 Mix 값을 그대로 유지시킬 수 있습니다.

Room Work

Room Work는 높은 시스템 사양이 필요하다는 단점에도 불구하고, 별도의 플러그-인이 필요 없을 만큼 성능이 뛰어난 제품입니다. 사운드의 경로는 왼쪽에서부터 Input Filters, Reverb Charcter, Damping, Envelope, Output으로 순서입니다.

(1) Input Filters

패널 왼쪽의 Input Filters는 고가의 하드웨어 장비에서만 볼 수 있는 기능으로 리버브를 적용할 주파수 대역을 설정합니다. Lo와 Hi사이의 주파수 대역에 리버브를 적용하는 것이고, Gain에서 각 주파수 범위의 이득값을 조정합니다.

(2) Reverb Character

초기 잔향 시간을 설정하는 Predelay, 리버브 타임을 설정하는 Reverb Time, 공간의 크기를 설정하는 Size, 잔향 음의 크기를 조정하여 반사판의 특징을 시뮬레이션하는 Deffusicin, 스테레오 범위를 조정하는 Width의 5가지 노브로 구성되어 있으며, 아래쪽 Variation 버튼을 클릭하여 1000가지의 변화를 주거나 hold 버튼을 클릭하여 Reverb Time을 고정시켜 무한정 반복시킬 수 있습니다.

(3) Damping

Hi 와 Lo로 구분하여 Freq에서 주파수를 설정하고, Levle에서 각 주파수 범위의 이득값을 설정합니다. 이렇게 Damping 항목에서 설정하는 주파수대에 잔향의 빈도수를 높여 공간의 특성을 시뮬레이션 할 수 있습니다.

(4) Envelope

Envelope 항목의 Attack과 Release는 리버브의 시작 타임과 끝 타임을 설정합니다. 그리고 Amount 노브를 이용해서 Attack과 Release의 범위를 조정합니다. 어택과 릴리즈 타임의 변화는 사운드를 크게했을 때 구분하기 쉽습니다. 가정에서는 헤드폰을 이용하는 것도 요령입니다.

(5) Output

Mix 노브는 소스 사운드와 리버브를 적용한 사운드의 비율을 조정하며, wet only 버튼을 클릭하여 리버브 사운드만 모니터 해볼 수 있습니다. Effeciency 노브는 CPU 사용량을 조정하는 것이고, Export 버튼 역시 곡을 믹스 다운할 때의 CPU 사용 여부를 선택합니다. Efficiency를 90% 이상으로 하고, export 버튼을 On으로 하는 것이 최상의 퀄리티를 얻을 수 있지만, 자신의 시스템에 맞게 설정하는 것이 더욱 좋습니다.

RoomWorks SE

앞에서 살펴본 Room work와 동일한 목적으로 사용하는 리버브 장치인데, 간단한 구조로 되어 있기 때문에 초보자도 쉽게 리버브 효과를 연출할 수 있다는 장점이 있습니다.

1. Pre-Delay

초기 잔향 시간을 설정합니다. 리버브가 벽에 반사되는 잔향음을 말하는 것이므로, 초기 잔향이라 첫 번째 반사된 사운드를 말합니다. 즉, 사운드의 위치와 벽면과의 거리를 시뮬레이션 하는 것입니다.

2. Reverb Time

리버브 타임을 설정합니다. 변면에서 반사된 잔향음이 반대편 벽면에 부딛쳐 돌아오는 타임을 설정하는 것으로, 공간의 크기를 시뮬레이션 합니다.

3. Diffusion

잔향음의 길이를 설정합니다. 잔향음의 길이는 공간의 구조와 벽면의 특성에 따라 달라지는데, Diffusion 노브를 조정하여 공간의 구조를 시뮬레이션 하는 것입니다.

4. Lo/Hi

잔향음의 저주파수 또는 고주파수의 비율을 조정합니다. 타일과 같이 반사율이 높은 벽면은 고음역이 높고, 목제의 벽면은 저음이 커지듯이 Level 값을 조정하여 벽면의 특성을 시뮬레이션 하는 것입니다.

5. Mix

잔향음의 레벨을 조정합니다. 0의 값이 원본 사운드이며, 값이 커질수록 잔향음이 커집니다. 즉, 리버브의 양을 조정하는 것입니다.

10 Spatial+Panner

Spatial에는 모노 채널에서 스테레오로 사운드 효과를 연출할 수 있는 Mono to Stereo와 사운드의 스테레오 공간감을 연출하는 역할의 Stereo Enhancer의 2가지 장치를 제공합니다.

 Mono To Stereo

모노 사운드를 스테레오 사운드로 연출하는 장치입니다. 모노 사운드를 스테레오로 만들 경우에는 트랙을 복사하여 팬을 갈라도 좋지만, Mono To Stereo는 딜레이 사운드를 이용하는 방식이기 때문에 트랙을 복사하는 것 보다 부드러운 사운드를 연출할 수 있습니다.

1. Width
스테레오 사운드의 폭을 설정합니다. 노브 아래쪽의 Mono 버튼을 on으로 하여 모노 출력도 가능합니다.

2. Delay
스테레오로 생성되는 사운드의 지연 값을 설정합니다.

3. Color
스테레오로 사운드의 음색을 조정합니다.

 Stereo Enhancer

Mono to Stereo와 비슷하게 스테레오 범위를 확장하거나 좁히는 역할을 합니다. 즉, 스테레오 채널에서 사용하는 Mono to Stereo라고 보아도 좋습니다.

1. Width
스테레오 이미지의 폭을 조정합니다. 노브 아래쪽의 Mono버튼을 클릭하여 모노 출력으로 설정할 수 있습니다.

2. Delay
스테레오로 생성되는 사운드의 지연 값을 설정합니다.

3. Color
스테레오로 사운드의 음색을 조정합니다.

11 Surround

서라운드 채널을 스테레오 채널로 믹스 다운할 때의 결과물을 만드는 Mix 6 to 2와 서라운드 채널의 팬 값을 조정할 수 있는 Surround Pan의 두 이펙트로 구성되어 있습니다. 여기서 Surround Pan은 스테레오나 모노 채널을 5.1 채널로 출력할 때, 믹서의 팬 항목을 더블 클릭하여 열 수 있는 기본 장치입니다.

 Mix 6 to 2

MIX 6 to 2는 5.1채널의 서라운드 사운드를 개별적으로 컨트롤하여 스테레오 채널로 믹스 다운하는 역할을 합니다. 5.1 채널은 앞쪽의 좌/우(L/R), 앞쪽의 중앙(C), 뒤쪽의 좌/우 (Ls/Rs)로 구성된 5개의 채널과 저음 재생 전용인1개의 우퍼 (LFE) 채널을 말합니다.

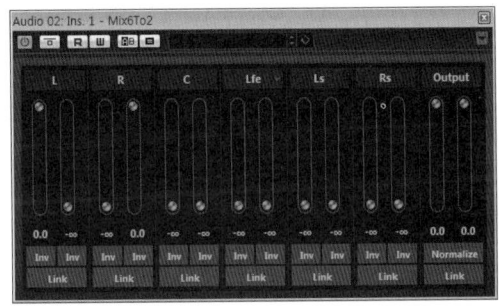

1. Link
각 채널의 Link 버튼은 좌/우 페이더가 함께 조정되도록 하는 역할을 합니다.

2. Invert
link 버튼 아래쪽의 Invert 는 위상을 바꾸는 기능입니다.

3. Normalize
마스터 채널의 Normalize버튼은 클립이 발생하는 한도로 볼륨을 증가시키는 역할을 합니다.

 MixConvert V6

해당 채널을 5.1 및 스테레오 채널로 빠르게 변경할 수 있는 플러그-인입니다. 꺾인 삼각 모양으로 되어 있는 In/Out 디스플레이 버튼을 클릭하면 스피커 배치의 구성을 볼 수 있습니다. 왼쪽이 In, 오른쪽이 Out 입니다.

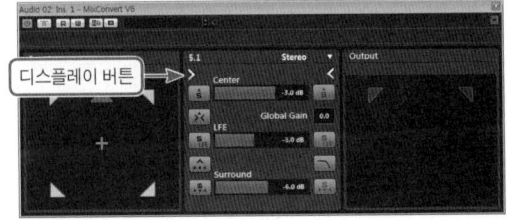

디스플레이 버튼

1. 출력 채널

출력 채널의 구성은 Out 디스플레이 창 열기 버튼 위쪽에
있는 역 삼각형 모양의 버튼을 클릭하여 선택합니다.

2. 솔로 버튼

전방(Front), 우퍼(LFE), 후방(Surround) 버튼은 해당 채널을 제외한
모든 채널을 뮤트하는 솔로 버튼입니다. 센터(Center)는 중앙 채널이
없는 경우에 양쪽 채널로 분배됩니다. 솔로 기능은 디스플레이 창의
스피커를 선택하여 이용할 수 있으며, Shift 키를 이용하면 두 채널
이상을 동시에 선택할 수 있습니다.

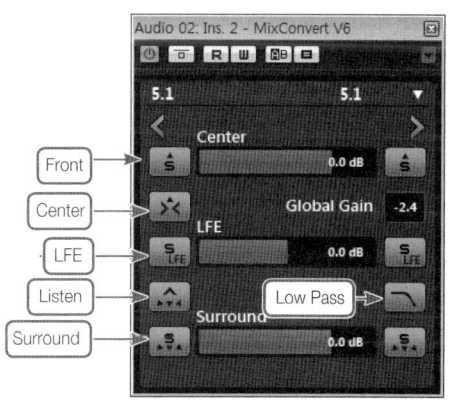

3. Listen : 서라운드 채널을 전방 채널로 믹스다운 합니다.

4. Global Gain : 출력 레벨을 조정합니다.

5. Low Pass : LFE에 적용되는 필터 입니다.

6. 페이더 : Center, LFE, Surround 각 채널의 레벨을 조정합니다.

 MixerDelay

MixerDelay는 각 채널의 타임과 레벨을 조정합니다. 극장과 같이 큰 공간에서는 전방과 후방 사운드에 시간차가
발생할 수 있는데 이를 보정하는 역할입니다.

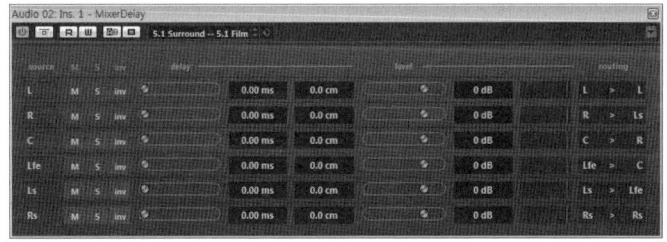

사운드의 주파수를 실시간으로 검사하거나 동기 신호를 전송하는 등의 특별한 역할을 하는 Multi Scope, SMPTE Generator, Test Generator, Tuner의 4가지 도구들을 제공합니다. 사운드에 다양한 효과를 연출하는 다른 이펙트와는 차이가 있는 것들입니다.

 Multi Scope

Multi Scope는 해당 채널에서 연주하는 주파수의 변화를 실시간으로 검색하여 그래프로 보여주는 기능을 합니다. 고가의 믹서에 장착되어 있는 Spectrum Analyzer와 동일한 역할을 하는 것으로 완벽한 믹싱과 마스터링 작업을 위한 필수 장치입니다.

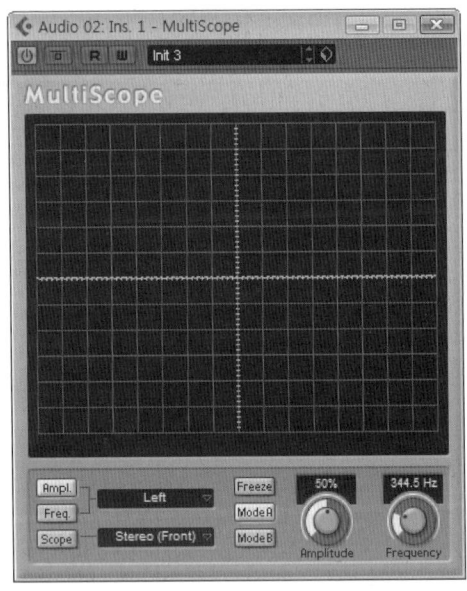

1. Ampl / Freq / Scope

사운드의 진폭을 표시하는 Ampl와 주파수를 표시하는 Freq는 오른쪽 메뉴에서 디스플레이 창에 표시할 채널을 선택할 수 있습니다. Scope 버튼은 음향의 넓이를 표시하며, 오른쪽 메뉴에서 채널을 선택할 수 있습니다.

2. Freeze, Mode A & B

Freeze 버튼은 디스플레이를 정지시켜 확인할 수 있는 역할을 하며, Mode A와 B는 표시 방법을 선택합니다.

3. Amplitude / Frequency

Amplitude는 진폭을 설정하며, Frequency는 주파수 범위를 설정합니다. 사운드를 재생하면서 각각의 노브를 조정해보면, 쉽게 이해할 수 있을 것입니다.

SMPTE Generator

SMPTE Generator는 외부 장비를 큐베이스 및 누엔도와 동기할 수 있게 하는 SAMPTE 타임 코드 신호를 전송합니다. 멀티 트랙 레코더와 큐베이스 및 누엔도를 SMPTE 신호로 동기하려면 SMPTE 신호를 MTR에 미리 녹음해야 합니다. 과거에는 이러한 작업을 위해서 SMPTE 신호를 전송할 수 있는 제너레이터를 사용했지만, 큐베이스 및 누엔도 사용자라면 SMPTE Generator 만으로 해결할 수 있습니다.

1. Generate Code/Link To Transport/Timdecode in Still Mode

Generate 버튼을 클릭하면 SMPTE 신호를 오디오 아웃 포트로 전송하며, 멀티 트랙 레코더로 SMPTE 신호를 녹음합니다. Timecode 버튼을 클릭하면 정지 모드에서 타임코드를 생성하며, Link 버튼이 ON이면 트랜스포트와 SMPTE Generator를 동조할 수 있습니다.

2. 디스플레이

상단에 있는 START TIME 디스플레이는 SMPTE 전송 시작 시간을 표시하며, 하단의 CURRENT TIME은 SAMPTE 신호 전송 시간을 표시합니다. 우측 상단에 있에 프레임 포맷을 선택할 수 있는 Rate는 Link 버튼이 Off 되어 있는 경우에만 이용 가능합니다.

Test Generator

모니터 시스템의 레벨과 EQ를 조정할 때 사용하는 테스트 톤을 재생합니다. 3개의 Noise는 모니터의 레벨을 조정할 때 사용하며, 4개의 파형은 재생 주파수의 스펙트럼 범위를 확인하기 위해서 사용합니다. 최적의 결과물을 만들기 위해서는 모니터 시스템을 정확하게 조정해야 합니다.

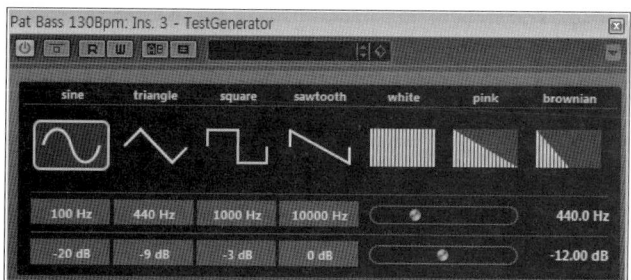

1. Wave forms

Test Generator는 사인파, 정현파, 삼각파, 톱니파를 제공하고 있습니다. 일반적으로 많이 사용하는 사인파 버튼을 클릭하여 재생하고, 100Hz, 440Hz, 1KHz, 10KHz 대역별 버튼 또는 오른쪽의 Frequency 슬라이더로 조정할 주파수를 맞춥니다. 그리고 모니터 시스템의 EQ를 조정하여 저, 중, 고 음역대의 레벨이 균등하게 들리게 조정합니다. 최소한 자신의 모니터 시스템이 어떤 주파수 대역을 재생하지 못하는지 정도만이라도 확인할 수 있어야 합니다.

2. Noise

Test Generator는 화이트, 브라운, 핑크 노이즈를 제공합니다. 일반적으로 많이 사용하는 핑크 노이즈 버튼을 클릭하여 재생하고, -20dB, -9dB, -3dB, 0dB 또는 오른쪽의 Gain 슬라이더를 이용해서 레벨을 조정합니다. 그리고 시스템의 모니터 환경을 약간 크다 싶게 조정합니다. 레벨을 크게 설정하는 것이 곤란한 환경이라면, 최종 마스터링 작업에서만이라도 큰 레벨로 모니터 할 수 있게 헤드폰을 이용합니다.

Tuner

Tuner는 어떤 효과를 연출하는 장치가 아니라 순수하게 악기의 음정을 조정하는데 사용하는 장치입니다. 섹소폰이나 Guitar 등, 녹음을 하기 전에 악기 음정을 확인하는 용도로 사용할 수 있습니다.

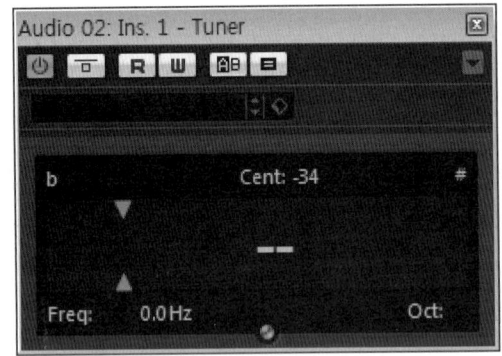

Tip **VST Plug-Ins**

큐베이스와 누엔도에서 제공하는 VST Effects 만으로도 믹싱과 마스터링 작업을 하는데 부족하지 않습니다. 그러나 개개인이 좋아하는 색깔이 다른만큼, 모든 사용자를 만족시킬 수는 없습니다. 그래서 다양한 회사에서 제작되는 VST Effects를 추가 설치하여 사용하는 것이 일반적입니다. 하지만, 자칫 잘못하면 이펙트를 사용한다기 보다는 수집가가 될 수 있으므로, 하나의 이펙트라도 완벽하게 익혀두는 습관을 갖는 것이 좋습니다. 100개를 가지고 있는 사람보다는 10개을 자유롭게 쓸 수 있는 사람이 좀 더 좋은 사운드를 만들 수 있다는 것은 고리타분한 명언을 들먹이지 않아도 짐작할 수 있는 일입니다.

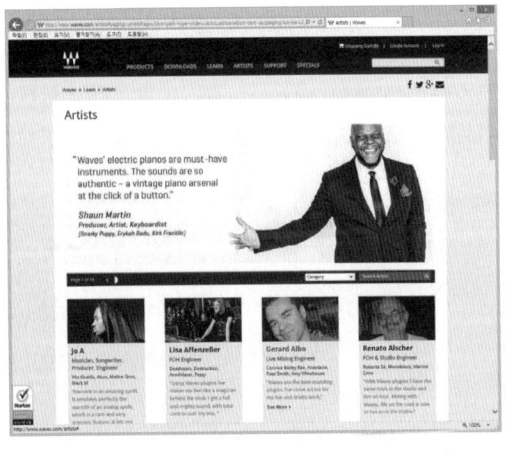

13 Other

큐베이스는 지금까지 살펴본 이펙트와는 성격이 다른 LoopMash FX와 VST Connect를 제공합니다. 이것들에 관해서 살펴보겠습니다.

 VST Connect SE

인터넷만 연결되어 있다면, 세계 어느 곳에서든 사용자가 원하는 친구와 영상 채팅을 하면서 녹음 작업을 진행할 수 있습니다. 이 기능을 이용하기 위해서는 친구에게 Steinberg 사에서 무료로 제공하는 VST Connect SE Performer를 설치하라고 해야 합니다. 녹음을 진행하는 독자의 컴퓨터에는 당연히 큐베이스가 설치되어 있어야 하지만, 상대방은 독립적으로 사용 가능합니다. 물론, 친구도 녹음 작업을 위한 마이크 및 오디오 인터페이스 등의 기본적인 셋팅은 필요합니다.

01 친구에게 http://www.steinberg.net/en/products/vst/vst_connect/vst_connect_performer.html에 접속하여 VST Connect Performer를 다운 받아 설치하라고 합니다. iPad용 어플도 지원하고 있어서 장소 상관없이 녹음이 가능합니다.

02 VST Cloud 메뉴의 VST Connect SE 에서 Create VST Connect를 선택합니다. 인풋 채널, 토크 백, 큐 채널, 상대방 연주를 녹음할 트랙(Performer Rec)을 만들고, VST Connect CUE Mix와 VST Connect SE를 로딩합니다. VST Connect 사용을 위한 환경을 한 번에 만드는 것입니다.

VST Connect SE

03 F3 키를 눌러 믹스콘솔을 열고, Create VST Connect 명령으로 이루어진 작업을 확인하겠습니다. 제일 먼저 소스 입력을 위한 인풋 채널을 만들고, Insert 슬롯에 VST Connect SE를 로딩합니다. 인풋 환경이 설정되어 있는 경우에는 수동으로 장착합니다.

인풋

04 상대방 연주를 녹음할 Performer Rec 이라는 이름의 오디오 트랙을 만듭니다. 오디오 트랙을 추가한 경우에는 Routing 랙의 인풋에서 VST Connect를 선택하면 됩니다.

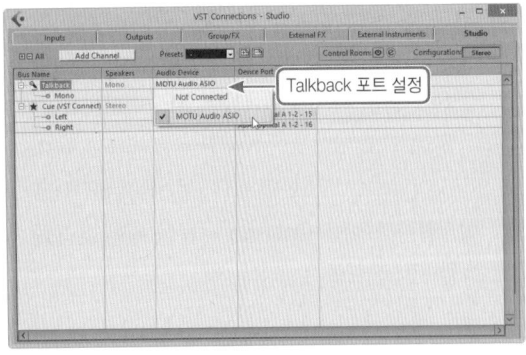

Talkback 포트 설정

05 대화를 위한 토크 백 채널과 모니터를 위한 큐 채널을 만듭니다. F4 키를 눌러 VST Connections 창을 열고, Studio 페이지의 Talkback이 마이크가 연결되어 있는 포트인지를 확인해야 합니다.

VST Connect Cue Mix

06 생성된 큐 채널은 컨트롤 룸 믹서의 Setup 페이지에서 확인할 수 있으며, VST Connect CUE Mix가 로딩되어 있습니다. 컨트롤 룸 믹서는 레이아웃 옵션의 Control Room/Meter를 체크하여 열 수 있습니다.

VST Connect Cue Mix On

07 상대방에게 들려줄 오디오 채널은 Cue 채널의 VST Connect Cue Mix를 On으로 합니다. Cue 채널은 랙 선택 메뉴의 Cue Sends를 선택하여 표시할 수 있습니다.

Remove VST Connect

08 이상의 작업들이 Create VST Connect 명령으로 이루어지는 것입니다. 작업이 끝난 후에는 VST Cloud 메뉴의 VST Connect SE에서 Remove VST Connect를 선택하여 인풋과 큐 채널을 한 번에 제거할 수 있습니다.

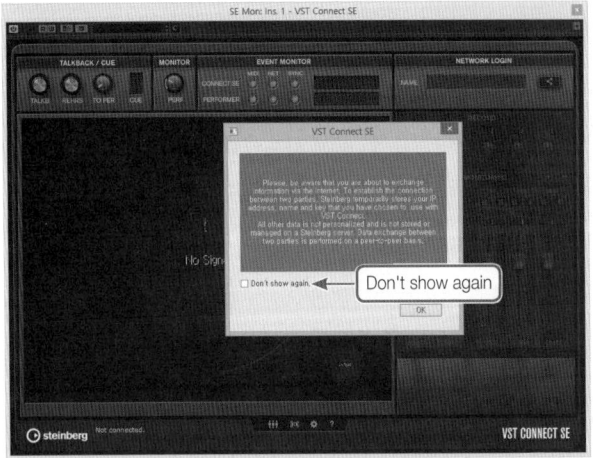

09 VST Connect를 처음 실행할 때는 Steinberg사에 일시적으로 사용자 IP 주소, 이름, 키 등의 정보가 저장된다는 안내문이 열립니다. 다음부터 열리지 않도록 하려면 Don't show again 옵션을 체크하고, OK 버튼을 클릭합니다.

10 VST Connect SE가 실행되면, Name에 이름을 입력하고, Login 버튼을 클릭하면 생성되는 Key를 상대방에게 전화로 알려줍니다.

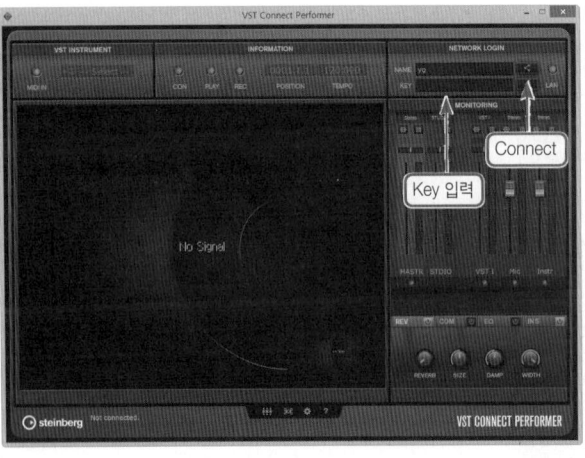

11 상대방은 VST Connect Performer를 실행하고, Key 항목에 사용자가 불러준 키를 입력합니다. 그리고 Connect 버튼을 클릭하여 연결합니다.

12 VST Connect 왼쪽 하단에 연결된 상
대방의 Name이 표시되고, 양쪽 모두
카메라가 장착되어 있는 컴퓨터라면, 디스플레
이 창으로 서로의 얼굴을 보며 작업을 진행할
수 있습니다.

13 Talkback/Cue 섹션은 상대방과의 대
화를 위한 TALKB On/Off 버튼과 볼
륨 조정을 위한 To PER 노브를 제공합니다.
TALKB은 프로젝트가 재생될 때 자동으로 Off
되는데, On 상태를 유지하고 싶은 경우에는
REHRS 버튼을 On으로 합니다.

14 Record 섹션은 녹음 레벨 및 팬을 조
정합니다. 상대방에서 연주를 하라고
하고, 적당한 레벨을 설정합니다.

15 Monitoring 섹션은 상대방 믹서를 컨트롤하는 것입니다. 상대방에게 적절한 세팅을 맡겨도 좋고, 여의치 않는 경우라면 직접 조정합니다.

16 Monitoring 아래쪽 이펙트 섹션에서는 리버브, 컴프레서, EQ와 사용자 컴퓨터에 설치되어 있는 이펙트를 4개까지 로딩할 수 있는 Insert를 제공합니다. 단, 버퍼링이 발생할 수 있으므로 권장하지는 않습니다.

17 화면에 믹서만 표시하고 싶은 경우에는 툴 바의 Large Mixer 버튼을 클릭합니다. 비디오 창은 Video Window 버튼을 클릭하여 별도로 열 수 있습니다.

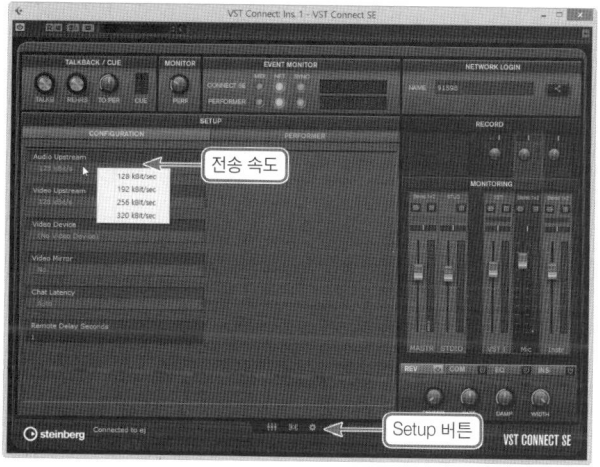

18 Setup 버튼을 클릭하면 전송 속도를 결정하는 Configuration 페이지가 열립니다. 높은 값일 수록 음질과 화질은 좋지만, 인터넷 상태에 따라 적절한 Upstream 값을 설정해야 할 것입니다.

19 Performer 페이지에서는 상대방의 오디오 및 미디 시스템을 컨트롤합니다. 멀티 시스템을 갖추고 있는 친구라면 전화로 확인을 하고, 그렇지 않은 경우라면 하나씩 테스트해볼 필요가 있습니다.

17 모든 설정이 끝나면 레코딩 버튼을 클릭하여 온라인 녹음을 진행할 수 있습니다. 인터넷 품질에 따라 약간 버퍼링이 발생할 수 있지만, 멀리 떨어져 있는 친구와 급한 작업을 진행할 때 효과적인 플러그-인 입니다.

인터넷 공유기를 사용하고 있는 경우에는 UDP Port 51111~51113를 열어주어야 VST Connect Se Performer를 이용할 수 있습니다. 포트를 열어주는 방법은 공유기마다 차이가 있으므로, 해당 제품의 매뉴얼을 참조하기 바랍니다. 여기서는 국내 사용자가 많은 제품을 기준으로 살펴보겠습니다.

● 인터넷 익스플로어 주소 표시 줄에 192.168.0.1을 입력하고 Enter 키를 눌러 공유기에 접속합니다. 메뉴 화면이 열리면 관리도구를 클릭합니다.

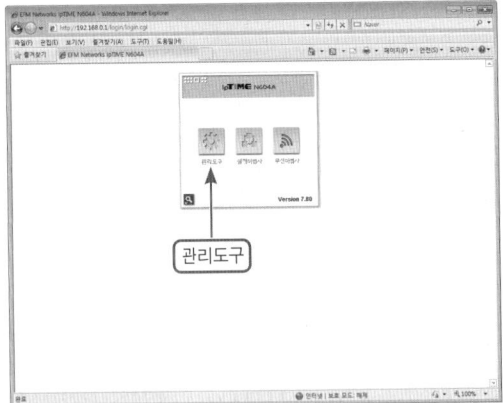

● 공유기 관리 창이 열립니다. 왼쪽 메뉴 탐색기에서 NAT/라우터 관리를 선택하여 서브 목록을 열고, 포트 포워드 선택합니다.

● 내부 IP주소는 현재 접속된 PC의 IP 주소로 설정을 선택하고, 프로토콜은 UDP를 선택하고, 외부 포트는 51111~51113을 입력합니다. 규칙이름은 적당히 입력하고, 추가 버튼을 클릭합니다. 그리고 저장 버튼을 클릭하여 완료합니다.

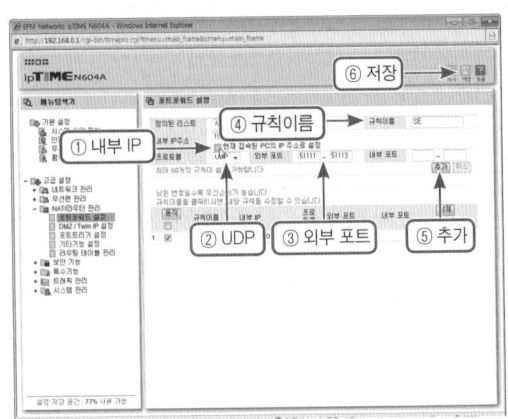

LoopMash FX

자신의 음악에 스크래치와 같은 디제잉 테크닉을 믹스하기 위해서 디제잉 공부를 한다는 것은 기타 녹음을 위해서 기타를 배우겠다는 것과 같이 현명하지 못한 생각입니다. 물론, 디제잉이니 기타 연주가 좋아서 연습을 한다면 모르겠지만, 한 두 번 정도의 효과를 위해서 수 백만 원어치의 장비를 구입하고, 몇 년간 연습을 한다는 것은 돈과 시간을 낭비하는 일입니다. 차라리 그 시간에 자신에게 부족한 공부를 더 하고, 작업이 필요할 땐 세션맨을 섭외하는 것이 효과적입니다. 그러나 이제는 돈 한푼 들이지 않고 하이 테크닉의 디제잉 효과를 연출할 수 있습니다. 이것을 가능하게 해주는 이펙트가 Loop Mash FX 입니다.

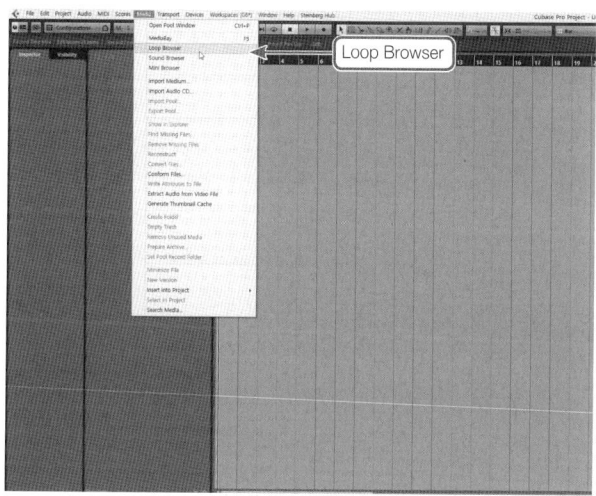

01 Empty 프로젝트를 만들고, 실습을 위한 오디오 파일을 불러오기 위해서 Media 메뉴의 Loop Browser를 선택합니다.

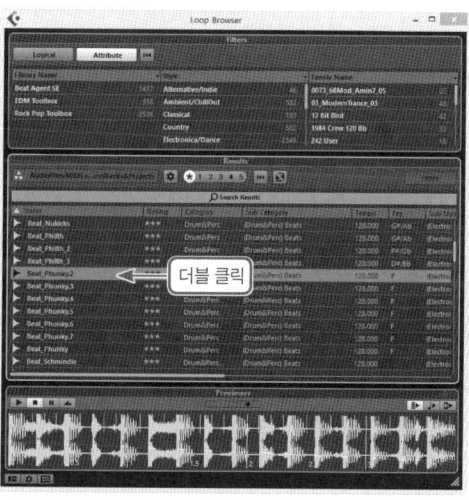

02 Loop Browser가 열립니다. 적당한 파일을 더블 클릭하여 프로젝트 창으로 임포트 합니다.

03 P 키를 눌러 로케이터 구간을 설정하고, / 키를 눌러 반복 버튼을 On 합니다. 그리고 Insert 슬롯을 클릭하여 Other 폴더의 LoopMash FX를 선택합니다.

04 Enter 키를 눌러 샘플을 재생하면 LoopMash FX 창에 파형이 표시되며, 음표 버튼으로 퍼포먼스의 기준이 될 그리드 단위를 선택할 수 있습니다.

05 컨트롤 버튼은 빨간색, 녹색, 파란색, 노란색의 4 그룹으로 이루어져 있으며, 각각의 버튼은 다음과 같은 퍼포먼스를 연출합니다. 한 번씩만 눌러보면, 디제잉 용어를 몰라도 바로 알 수 있는 효과입니다.

Backspin : 턴테이블을 거꾸로 돌리는 백 스핀을 시뮬레이션 합니다.

Reverse : 턴테이블을 당기는 리버스 동작을 시뮬레이션 합니다.

Tapestart : 턴테이블을 미는 포워드 동작을 시뮬레이션 합니다.

Scratch : 베이비 스크래치 동작을 시뮬레이션 합니다. 그리드 단위를 한 동작으로 실시합니다.

Slowdown : 베이비 스크래치 동작을 시뮬레이션 합니다. 그리드 단위를 두 동작으로 실시합니다.

Tapestop 1 : 드롭 동작을 시뮬레이션 합니다. 그리드 단위를 한 동작으로 실시합니다.

Tapestop 2 : 드롭 동작을 시뮬레이션 합니다. 그리드 단위를 두 동작으로 실시합니다.

Stutter : 그리드 단위를 8, 4, 2, 6, 3 비트로 쪼개는 힛 포인트 동작을 시뮬레이션 합니다.

Slur : 그리드 단위를 2, 4 배로 늘리는 슬러 동작을 시뮬레이션 합니다.

Cycle : 4, 2, 1 그리드 단위를 반복시키는 사이클 동작을 시뮬레이션 합니다.

Staccato : 그리드 단위로 볼륨을 내리는 컷 동작을 시뮬레이션 합니다.

Mute : 버튼을 누르고 있는 동안 음악을 뮤트 시킵니다.

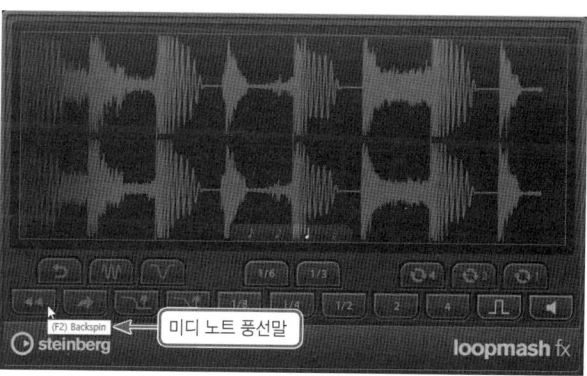

06 LoopMash FX 퍼포먼스를 음악에 믹스하기 위해서는 미디 노트로 기록해야 합니다. 트랙 리스트에서 마우스 오른쪽 버튼을 클릭하여 단축 메뉴를 열고, Add MIDI Track을 선택하여 미디 트랙을 추가합니다.

07 미디 아웃 항목을 클릭하여 LoopMash FX가 적용되어 있는 오디오 트랙을 선택합니다. 그러면 디제잉 퍼포먼스를 미디 노트로 컨트롤하거나 녹음할 수 있습니다.

08 퍼포먼스 버튼은 미디 노트 F2에서부터 B3까지로 연결되어 있으며, 마우스를 버튼 위에서 잠시 머물면 각 버튼의 미디 노트를 확인할 수 있습니다.

CUBASE PRO 9

Advanced Music Production System

10
PART

나에게 어울리는 환경으로 최적화하기

큐베이스와 누엔도의 기본 환경으로 작업을 해도 문제될 것은 없지만, 사용자마다 작업 환경과 습관, 그리고 시스템이 다르기 때문에 기본 환경을 변경할 수 있는 다양한 기능들을 알아 둘 필요가 있습니다. 특히, Preferences는 작업의 효율성을 높여주고, 문제점을 해결할 수 있는 옵션들로 구성되어 있으므로, 한번쯤 확인을 해두는 것이 좋습니다.

기본 환경 설정하기

Chapter

큐베이스와 누엔도의 기본 환경이 아무리 완벽하다고 해도 성격과 취향이 다른 모든 사용자를 만족시킬 수는 없을 것입니다. 이것에 대한 해결책으로 작업자가 원하는 스타일로 작업 환경을 변경할 수 있는 Preferences 창을 제공합니다. 그리고 변경한 환경은 프리셋으로 저장할 수 있기 때문에 여러 사람이 함께 사용하고 있는 스튜디오에서도 자신만의 환경을 사용할 수 있다는 장점이 있습니다. Preferences 창은 File 메뉴의 Preferences를 선택하여 엽니다.

1 Appearance

Appearance는 믹서, 레벨 미터, 작업 공간의 색상과 명도 등을 조정할 수 있는 General, Track Type Defaults, Project, Editor, Rulers, MIxConsole Faders, MixConsole Racks, MixConsole Channel Strip의 8가지 페이지로 구성되어 있습니다.

 Appearance-General

Appearance-General 페이지는 기본 색상을 설정할 수 있는 Focus Zon Backgroud, Focus Zone Border, Desktop Cover 등의 옵션을 제공합니다. 각 옵션의 아이콘을 클릭하면 색상을 설정할 수 있는 팔레트가 열립니다.

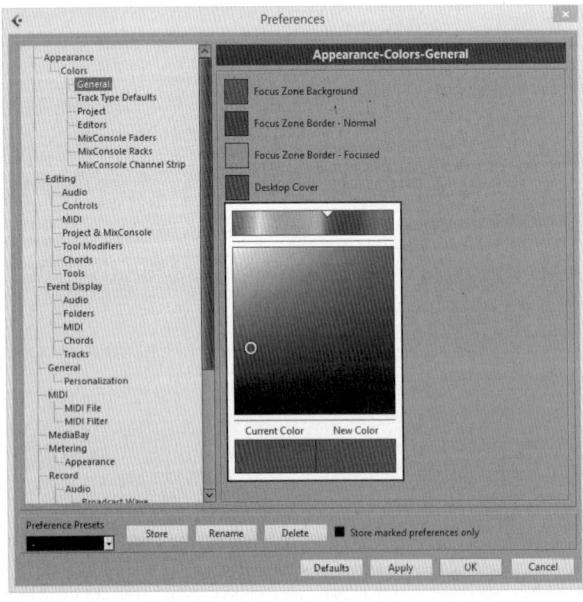

990 PART 10. 나에게 어울리는 환경으로 최적화하기

Appearance-Track Type Defaults

Appearance-Track Type Defaults 페이지에는 트랙 타입 별로 기본 색상을 지정할 수 있는 옵션을 제공합니다.

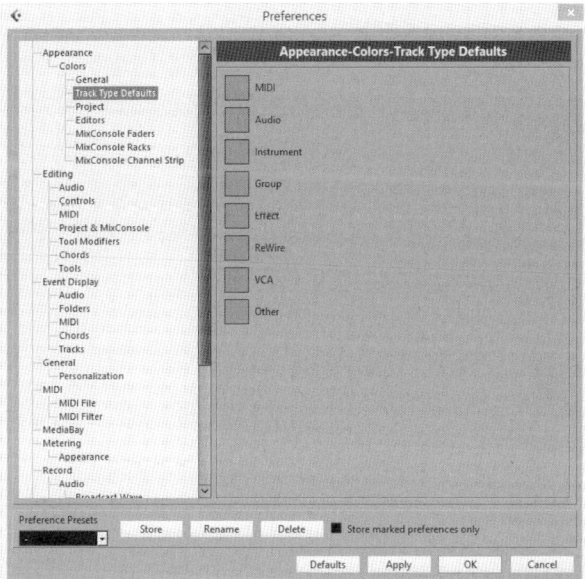

 Appearance-Project

Appearance-Project 페이지는 프로젝트의 작업 공간 색상을 조정하는 Project WorkArea Color, 그리드 라인 색상을 조정하는 Project Grid Color, 반복구간 색상을 조정하는 Project Cycle Color 옵션을 제공합니다.

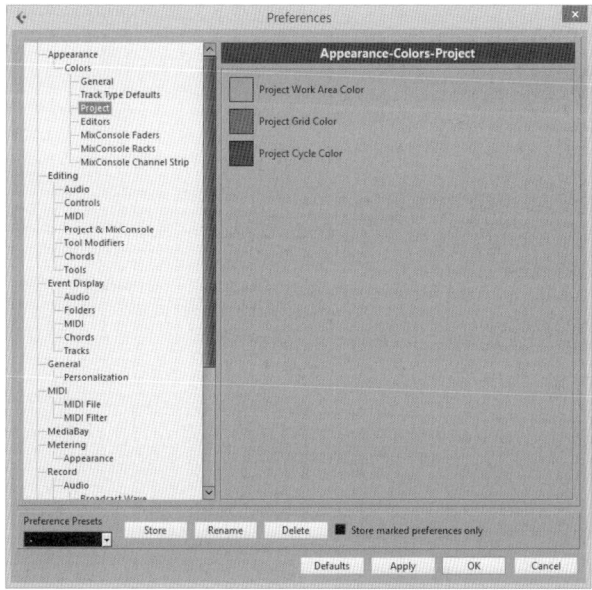

Appearance-Editor

Appearance-Editor 페이지는 큐베이스 및 누엔도에서 제공하는 편집 창의 색상을 조정하는 Editor Work Area Color, 그리드 라인 색상을 조정하는 Editor Grid Color, 반복 구간 색상을 조정하는 Editor Cycle Color 옵션을 제공합니다.

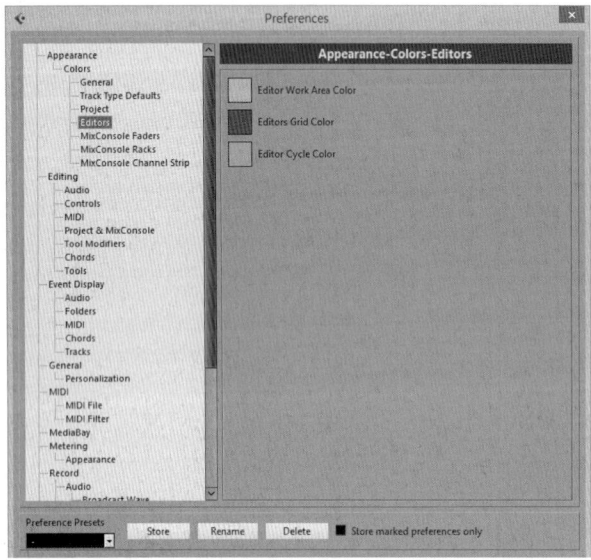

Appearance-Rulers

Appearance-Rulers 페이지는 룰러 라인의 색상을 설정합니다. Background, Cycle, Independent Loop 색상을 사용자가 원하는 것으로 설정할 수 있습니다.

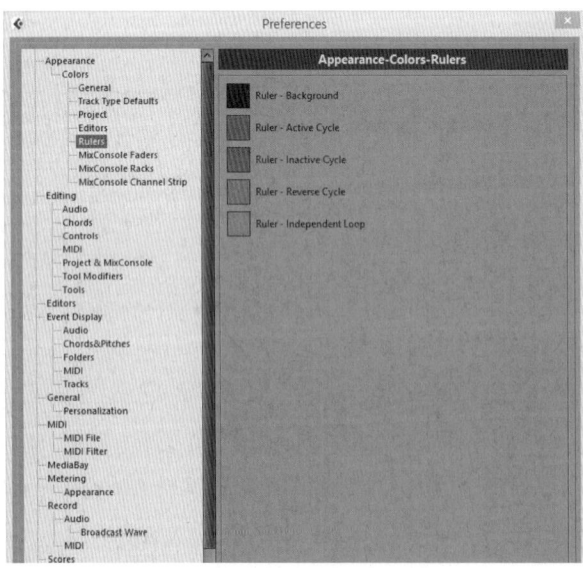

Appearance-MixConsole Faders

Appearance-MixConsole Faders 페이지는 믹스콘솔의 채널 타입에 따른 페이더 색상을 설정합니다. MIDI, Audio, Instruments, Synth, Group, FX, Rewire, Input, Output, VCA의 모든 채널 색상을 사용자가 원하는 것으로 설정할 수 있습니다.

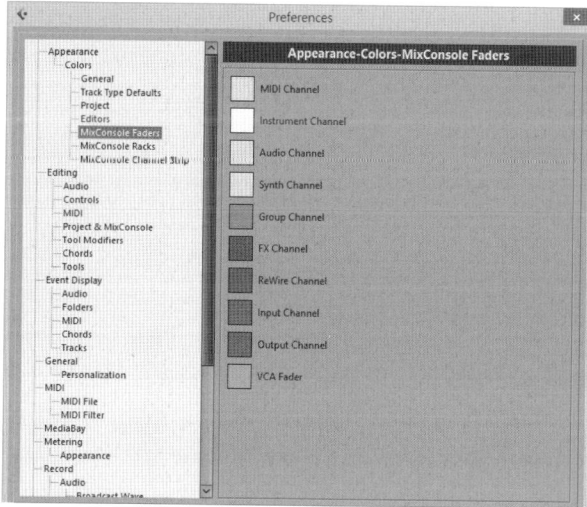

 Appearance-MixConsole Racks

Appearance-MixConsole Racks 페이지는 믹스콘솔의 랙 색상을 설정합니다. Hardware, Routing, Pre, Inserts, Equalizers, Channel Strip, Sends, Cues, Device Panel, Quick Controls, Gains, Pans의 모든 랙 색상을 조정할 수 있습니다.

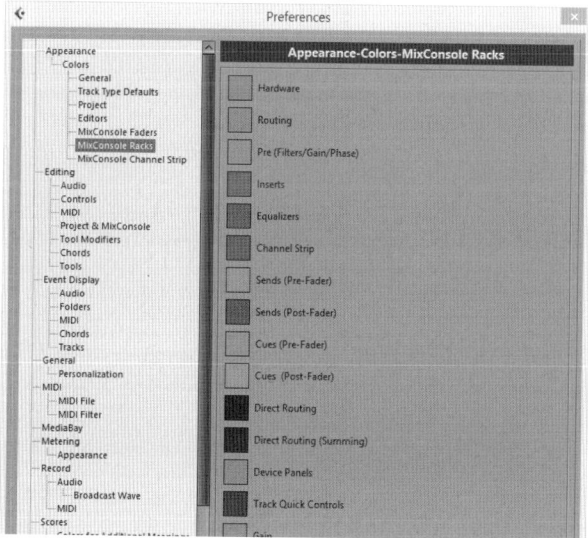

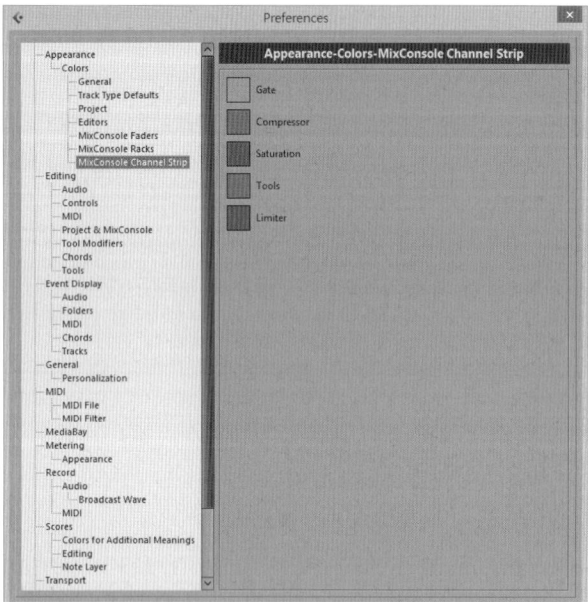

Appearance-MixConsole Channel Strip

Appearance—MixConsole Channel Strip 페이지는 믹스콘솔의 채널 스트립 색상을 설정할 수 있는 옵션을 제공합니다.

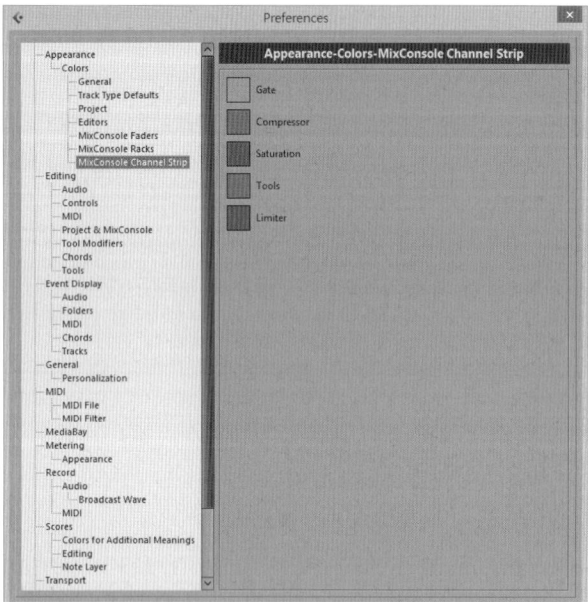

Tip Store marked preferences only 옵션

Preferences는 사용자 설정을 프리셋으로 관리할 수 있는 Presets 메뉴와 Store(저장), Rename(이름변경), Delete(삭제) 버튼을 제공합니다. 이때 Store marked prefernces only 옵션을 체크하면 목록에 Store 칼럼이 열리며, 여기서 체크한 환경만 저장할 수 있습니다.
큐베이스를 여러 사람이 사용하거나 자신의 환경을 다른 장소에서 그대로 사용하고 싶을 때 유용한 기능입니다. 그 밖에 색상을 조정할 때 창을 닫지 않고 변경 사항을 확인할 수 있는 Apply 버튼, 기본 환경으로 복구하는 Defaults 버튼, 변경 사항을 적용하고 창을 닫는 OK 버튼, 변경 사항을 취소하고 창을 닫는 Cancel 버튼을 제공합니다.

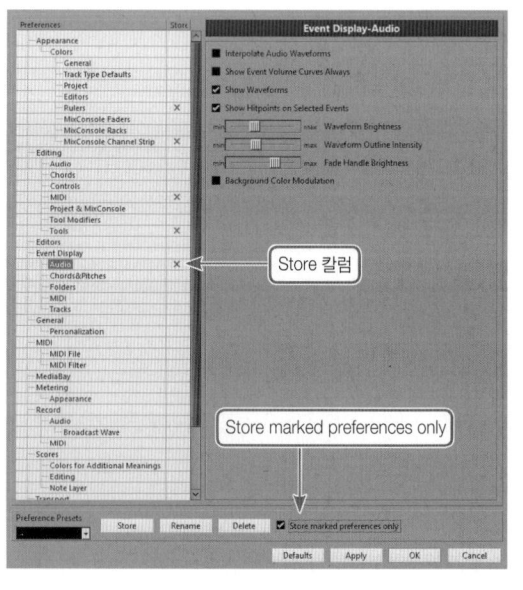

2 Editing

Editing은 Audio, Controls, MIDI 등 7가지 카테고리의 편집 옵션을 설정할 수 있는 구조로 되어 있으며, 메인 페이지에는 이벤트를 편집할 때 적용할 수 있는 14가지의 옵션으로 구성되어 있습니다.

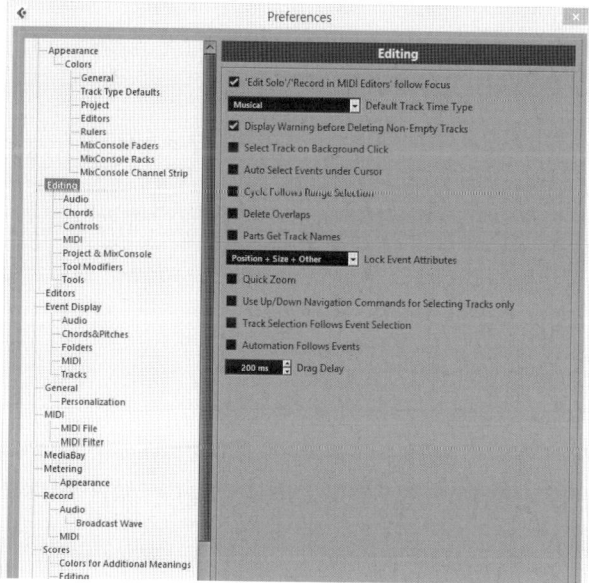

1. Edit Solo/Record in MIDI Editors follow focus

미디 에디터 창의 솔로 및 녹음 기능이 프로젝트에서 트랙을 바꿀 때도 유지되게 할 것인지를 결정합니다.

2. Default Track Time Type

트랙을 만들 때, 컨트롤 파라미터의 타입 버튼을 음표 단위(Musical)로 할 것인지, 시간 단위(Time Linear)로 할 것인지를 선택합니다. 그리고 트랜스포트 표시 단위(follow Transport Main Display)에 따르게 하는 메뉴가 있습니다.

3. Display Warning before Deleting Non-Empty Tracks

비어 있지 않은 트랙을 삭제할 때 경고 창이 열리게 합니다.

4. Select Track on Background Click

작업 공간을 클릭하여 트랙을 선택할 수 있게 합니다.

5 Auto Select Events under Cursor

옵션을 체크하면 송 포지션 라인이 있는 위치의 이벤트를 자동으로 선택하게 합니다. 단, 선택한 트랙에 한해서 작동합니다.

6. Cycle Follows Range Selection

옵션을 체크하면 Audio Part Editor 또는 Sample Editor 창에서 특정 범위를 선택했을 때, 선택한 범위를 로케이터 구간으로 자동 설정합니다.

7. Delete Overlaps

옵션을 체크하면 파트를 편집하는 과정에서 겹치는 파트를 자동으로 삭제합니다.

8. Parts Get Track Names

옵션을 체크하면 파트를 다른 트랙으로 이동할 때 파트의 이름을 이동한 트랙의 이름으로 자동 변경합니다.

9. Lock Event Attributes

Edit 메뉴의 Lock 을 이용해서 이벤트를 고정할 때 적용할 옵션을 선택합니다. 기본값인 Position+Size+Other는 모든 편집이 불가능하게 하는 것입니다. 그 밖에 Position, Size, Other등의 개별적인 선택이 가능합니다.

10. Quick Zoom

옵션을 체크하면 줌 기능을 이용해서 이벤트를 확대/축소할 때, 동작이 완료될 때 까지 이벤트를 다시 표시하지 않게 하여 좀더 빠르게 줌 기능을 사용할 수 있습니다. 하지만, 이 옵션을 사용해야 할 정도로 디스플레이에 문제가 있다면 사용하고 있는 비디오 카드의 드라이버를 업그레이드 하는 것이 좋습니다.

11. Use Up/Down Navigation Commands for Selecting Tracks only

키보드의 위/아래 방향키를 이용해서 트랙을 선택할 때, 파트의 선택을 해제합니다. 그러나 옵션을 체크하면, 파트의 선택은 그대로 두고, 트랙만 이동할 수 있습니다.

12. Track Selection Follows Event Selection

트랙을 선택할 때, 해당 트랙의 이벤트가 자동으로 선택되게 합니다. 트랙과 이벤트를 함께 편집하는 작업을 주로한다면, 옵션을 체크합니다.

13. Automation follows Events

옵션을 체크하면 오토메이션을 기록한 파트를 이동하거나 복사할 때, 오토메이션이 함께 이동하거나 복사하게 합니다.

14. Drag Delay

이벤트를 이동할 때의 지연 시간을 최대 500ms(0.5초)까지 설정할 수 있습니다. 만일 자신은 이벤트를 선택하기만 했는데 자꾸 이동되는 현상을 경험한다면 이 값을 높입니다.

Editing-Audio

Editing의 Audio 페이지는 오디오 이벤트를 편집할 때 적용할 수 있는 옵션으로 구성되어 있습니다.

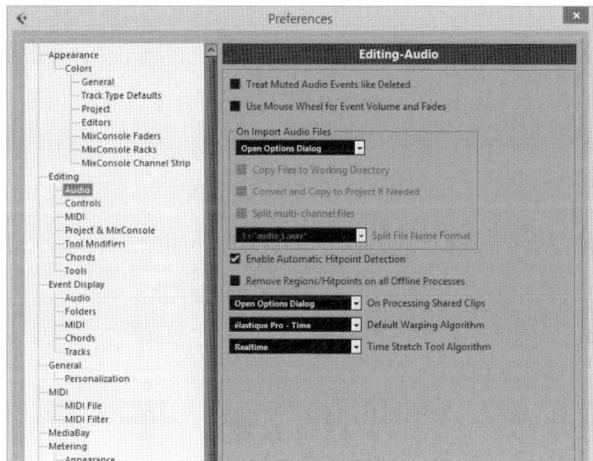

1. Treat Muted Audio Events like Deleted

두 개의 오디오 이벤트가 겹쳐있을 때, 재생되는 이벤트를 뮤트시켜도 나머지 하나가 연주되게 합니다. 옵션을 해제한 경우에는 겹쳐있는 오디오 이벤트가 함께 뮤트됩니다.

2. Use Mouse Whell for Event Volume and Fades

오디오 이벤트의 볼륨과 팬 라인을 마우스 휠로 조정할 수 있게합니다.

3. On Import Audio Files

오디오 파일을 임포팅 할 때 어떻게 처리할 것인지의 여부를 결정하는 옵션입니다. 기본값인 Open Options Dialog는 매번 옵션 처리 여부를 결정할 수 있는 창을 열고, Use Settings를 선택하면 3가지 옵션이 활성화 됩니다.

Copy Files to Working Directory - 임포팅 하는 오디오 파일을 프로젝트의 Audio 폴더에 복사합니다.

Convert and Copy Project Needed - 샘플 포맷이 다른 경우에는 복사와 컨버팅을 동시에 수행합니다.

Split multi channel files - 멀티 채널의 오디오 파일인 경우에는 모노 채널로 분리합니다. 분리된 파일의 이름 표시 형식은 Split File Name Format 옵션에서 선택합니다.

4. Enable Automatic Hitpoint Detection

녹음 및 임포트로 프로젝트에 오디오를 추가할 때 자동으로 힛 포인트를 만듭니다.

5. Remove Regions/Markers on all Offline Processes

리전이나 마커를 포함하고 있는 이벤트에 오디오 프로세싱을 적용하면, 각각의 정보를 제거합니다.

6. On Processing Shared Clips

오디오 프로세싱을 적용할 때, 선택한 이벤트에만 적용하는 Create New Versions, 사용하는 미디어 파일 전체에 적용하는 Process Exiting Clip 메뉴가 있고, 매번 적용 여부를 선택할 수 있게 창이 보이는 Open Options dialog가 있습니다.

7. Time Stretch Tool Algorithm

스트레치 툴로 사운드의 길이를 조정할 때 사용할 알고리즘을 선택합니다. 빠른 처리가 가능한 Realtime과 제작사의 기술로 높은 퀄리티를 보장하지만, 처리 속도가 늦고, 높은 시스템 사양을 요구하는 MPEX가 있습니다.

8. Defaul Warping Algorithm

기본적으로 사용되는 워프 알고리즘을 선택합니다.

 Editing-Chords

Editing의 Chords 페이지는 코드 트랙의 환경을 결정할 수 있는 3가지 옵션이 있습니다.

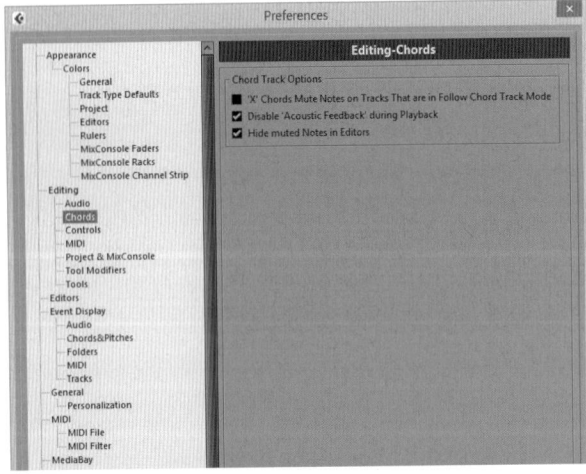

1. 'X' Chords Mute Notes on Tracks That are in Follow Chord Track Mode

코드가 정의 되지 않은 위치(X)에 도달할 때 코드 팔로우 트랙의 재생 상태를 결정합니다. 옵션을 체크하면 뮤트되고, 해제하면 이전 코드를 그대로 연주합니다.

2. Disable 'Acoustic Feedback' during Playback

재생을 할 때 Acustic Feedback이 자동으로 비활성화 되어, 코드 이벤트가 두 번 연주되지 않게 합니다.

3. Hide muted Notes in Editors

코드 팔로우가 설정된 미디 트랙에서 뮤트된 이벤트를 감춥니다.

Editing-Controls

Editing의 Controls 페이지는 큐베이스와 누엔도에서 사용하는 각종 노브와 슬라이드, 그리고 텍스트 모드의 환경을 설정할 수 있는 Knob, Slider, Value의 3가지 옵션이 있습니다.

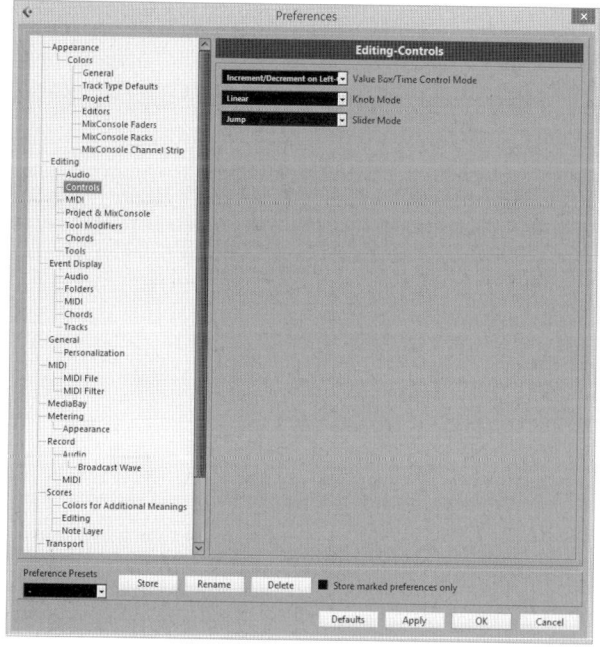

1. Value Box/Time Control Mode

값을 입력하는 박스에서 왼쪽 클릭으로 입력하는 Textinput on Left-Click, 마우스 클릭으로 조정하는 Increment/Decrement on Left/Right-Click, 마우스 드래그로 조정하는 Increment/Decrement on Left-Click and Drag의 3가지 모드가 있습니다.

2. Knob Mode

노브를 실제 하드웨어와 같이 원으로 조정할 수 있는 Circular, 마우스 클릭으로 조정할 수 있는 Relative Circular, 마우스 드래그로 조정할 수 있는 Linear의 3가지 모드가 있습니다.

3. Slider Mode

슬라이드를 클릭한 위치로 바로 이동하는 Jump, 마우스 드래그로만 조정하는 Touch, 클릭한 위치까지 슬라이드 형식으로 움직이게 하는 Ramp의 3가지 모드가 있습니다.

Editing의 MIDI 페이지는 미디 편집에 관련된 옵션으로 구성되어 있습니다.

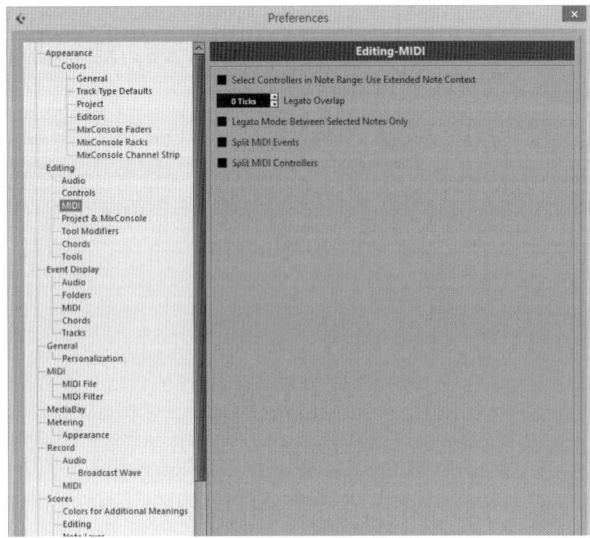

1. Select Controllers in Note Range Use Externded Note context

옵션을 체크하면, 레가토 연주로 겹쳐진 노트를 선택할 때, 겹쳐진 부분을 제외한 길이에 해당하는 컨트롤 정보만 선택되게 합니다. 옵션을 해제하면, 겹쳐진 부분에 상관없이 노트 길이에 포함되는 컨트롤 정보를 선택합니다. 컨트롤 정보의 선택 여부는 편집 창의 Auto Select Controlleres 버튼 On/Off로 결정합니다.

2. Legato Overlap

MIDI 메뉴의 Function에서 Legato의 속성을 결정합니다. 레가토를 적용할 때 노트가 겹치는 허용 값을 최대 100 Ticks까지 설정할 수 있습니다. 반대로 마이너스 값은 각 노트 사이에 설정한 값만큼의 갭을 만듭니다.

3. Legato Mode Between Selected Notes Only

MIDI 메뉴의 Function에서 Legato 명령을 이용할 때, 선택한 노트를 기준으로 적용할 수 있도록 합니다. 옵션을 해제하면, 선택하지 않은 다음 노트 까지를 기준으로 적용합니다.

4. Split MIDI Events

가위 툴이나 Split 기능을 이용해서 미디 파트를 자를 때, 자르는 위치에 있는 노트를 어떻게 처리할 것인지 결정합니다. 옵션을 체크하면 노트를 함께 자르고, 해제하면 자른 위치의 오른쪽에 있는 노트를 삭제합니다.

5. Split MIDI Controllers

자르는 위치에 있는 컨트롤 정보를 어떻게 처리할 것인지를 결정합니다. 옵션 적용은 Split MIDI Events와 동일합니다.

Editing-Project & MixConsole

Editing의 Project & MixConsole 페이지는 트랙 파라미터에 관련된 옵션으로 구성되어 있습니다.

1. Select Channel/Track on Solo

솔로 버튼을 클릭할 때, 트랙을 자동으로 선택합니다.

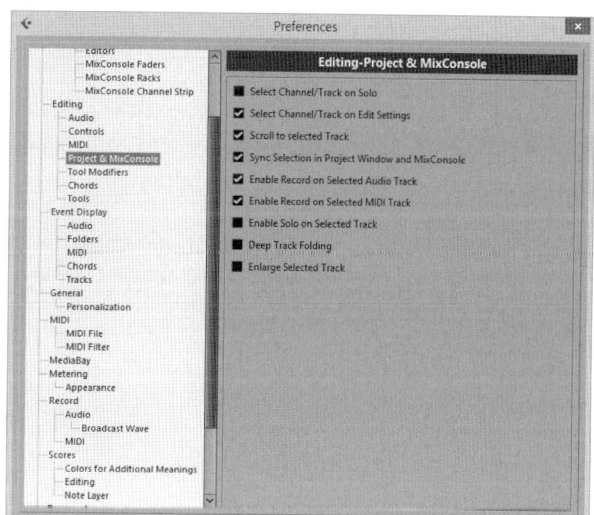

2. Select Channel/Track on Edit Settings

채널 버튼을 클릭할 때, 트랙을 자동으로 선택합니다.

3. Scroll to selected Track

한 화면에 모든 채널을 볼 수 없을 만큼 트랙 수가 많을 때, Track 또는 Channel를 선택한 경우, 각각의 창에서 선택한 트랙으로 이동합니다.

4. Sync Selection in Project Window and MixConsole

믹스 콘솔에서 채널을 선택하면 프로젝트 창에서 같은 트랙이 선택되게 합니다.

5. Enable Record on Selected Audio Track

오디오 트랙을 선택할 때 자동으로 Record Enable 버튼을 On으로 하게 합니다.

6. Enable Record on Selected MIDI Track

미디 트랙을 선택할 때 자동으로 Record Enable 버튼을 On으로 하게 합니다.

7. Enable sole on Selected Track

트랙을 선택할 때 자동으로 Solo 버튼을 On으로 합니다. 두 개 이상의 트랙을 솔로로 연주할 일이 많다면, 옵션을 해제하는 것이 편합니다.

8. Deep Track Folding

폴더 트랙을 열고, 닫을 때 하위 트랙이 함께 적용되도록 합니다.

9. Enlarge Selected Track

선택하는 트랙을 확대하여 확인할 수 있게 합니다.

Editing-Tool Modifiers

Editing의 Tool Modifiers 페이지는 편집 도구의 키를 설정할 수 있는 옵션입니다. 마우스 드래그 복사에 사용되는 Alt키를 Ctrl키로 변경하고자 한 다면 Categories 항목에서 마우스 드래그 복사 명령인 Drag & Drop을 선택하고 Action 항목에서 Copy를 선택합니다. 그리고 변경할 키(Ctrl)를 누르고, Assign 버튼을 클릭합니다.

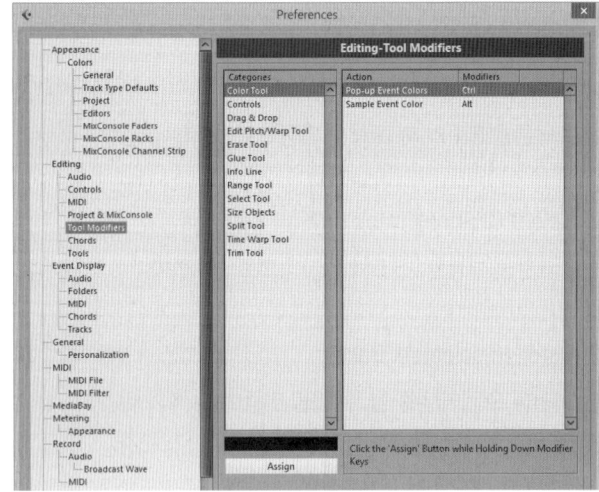

Editing-Tools

Editing의 Tools 페이지는 도구를 사용할 때 적용할 수 있는 옵션들로 구성되어 있습니다.

1. Pop-up Toolbox on Right Click
마우스 오른쪽 버튼으로 단축 메뉴를 열 때, 옵션을 선택하면, 도구 모음이 열립니다. 이것은 옵션을 해제 하고, 필요할 때 Ctrl키를 이용하는 것이 편리합니다.

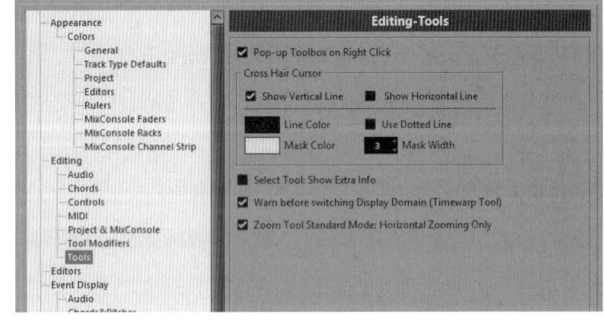

2. Cross Hair Cursor
옵션을 체크하여 이벤트를 편집할 때의 세로 및 가로 라인으로 표시합니다.

Line Color에서 라인의 색상을 선택하고, Use Dotted Line 옵션을 체크하면 점선으로 표시합니다.

Mask Color에서 외각 선의 색상을 선택하고, Mask Width에서 라인의 굵기를 설정합니다.

3. Select Tool Show Ectra Info
화살표 버튼 오른쪽에 마우스의 위치를 표시합니다.

4. Warm before switching Display Domain(Timewarp Tool)
타임 버튼을 사용할 때 마디와 박자를 모두 표시합니다. 옵션을 해제하면 마디는 표시하지 않습니다.

5. Zoom Tool Standard Mode: Horizontal Zooming Only
돋보기 버튼을 이용하여 작업 공간을 확대 할 때, 가로로 적용합니다. 옵션을 해제하면 가로와 세로로 석용합니다.

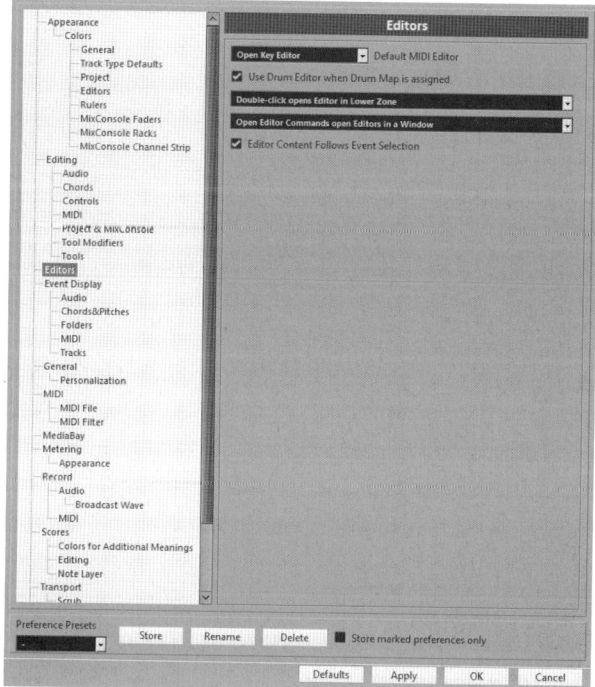

3 Editors

편집 창의 기본 환경을 설정합니다.

1. Default MIDI Editor

미디 파트를 더블 클릭했을 때 열리는 편집 창을 선택합니다.

2. Use Drum Editor when Drum Map is assigned

드럼 맵이 설정된 트랙의 미디 파트는 드럼 에디터가 열리게 합니다.

3. Double-Click opens Editor in a Window/in Lower Zone

미디 및 오디오 이벤트를 더블 클릭할 때 편집 창을 로우 존으로 열 것인지, 독립 창으로 열 것인지를 선택합니다.

4. Open Editor Commands open Editors in a Window/in Lower Zone

메뉴 및 단추키로 에디터 창을 열 때 로우 존으로 열 것인지, 독립 창으로 열 것인지를 선택합니다.

5. Editor Content Follows Event Selection

열려 있는 편집 창이 프로젝트에서 선택한 이벤트를 따르게 합니다.

4 Event Display

Event Display는 Audio, MIDI 등의 이벤트 표시 환경을 설정할 수 있는 구조로 되어 있으며, 메인 페이지에는 7가지 옵션이 있습니다.

1. Show Event Names

파트에 이름 표시 여부를 선택합니다.

2. Hide Truncated Event Names

프로젝트 줌 기능을 이용해서 이벤트 크기를 줄일 때 이름이 잘리는 경우가 있습니다. 이 옵션을 체크하면 잘리는 이벤트의 이름을 표시하지 않습니다.

3. Show Overlaps

이벤트가 중복되는 영역을 표시합니다.

4. Grid Overlay Intensity

파트에 비치는 그리드 라인의 선명도를 조정합니다.

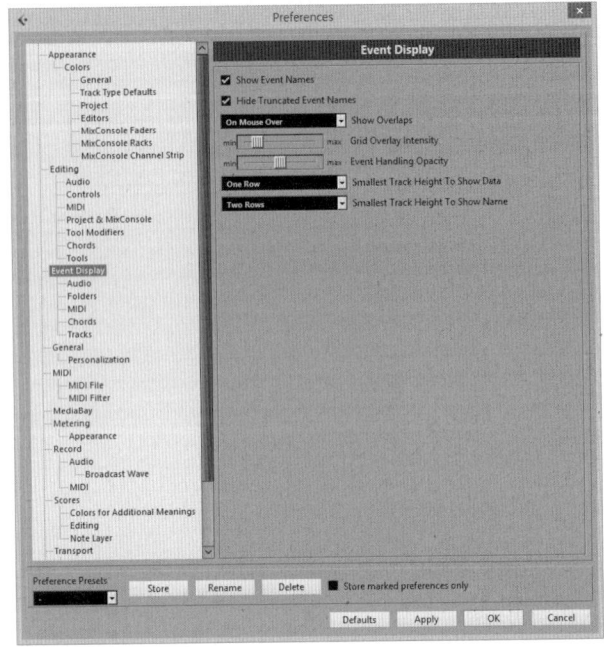

5. Event Handling Opacity

파트를 드래그하여 이동할 때의 선명도를 조정합니다.

6. Smallest Track Height To Show Data

데이터가 표시되는 최소 트랙 높이를 선택합니다.

7. Smallest Track Height To Show Name

이름이 표시되는 최소 트랙 높이를 선택합니다.

Event Display-Audio

Event Display의 Audio 페이지는 오디오 편집 창의 이벤트 표시 방법을 설정할 수 있는 옵션으로 구성되어 있습니다.

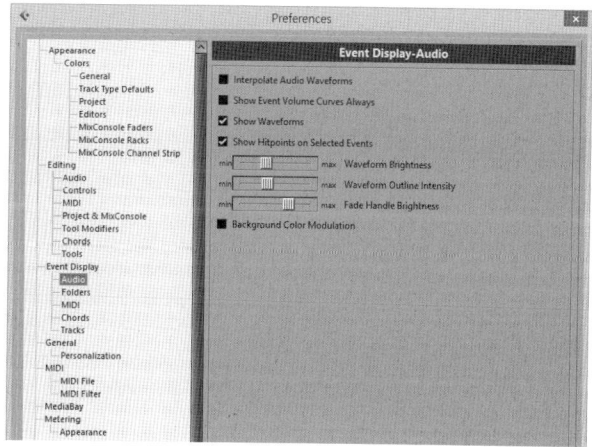

1. Interpolate Audio waveforms
오디오 파형을 확대했을 때 곡선을 다시 그립니다.

2. Show Event Volume Carvers Always
오디오 이벤트의 볼륨 라인은 모든 이벤트에 표시되지만, 옵션을 해세하면, 선택한 이벤드만 표시힙니다.

3. Show Waveforms
오디오 파형을 표시합니다.

Event Display-Chords&Pitches

노트 및 코드 표시 방법을 결정할 수 있는 옵션으로 구성되어 있습니다.

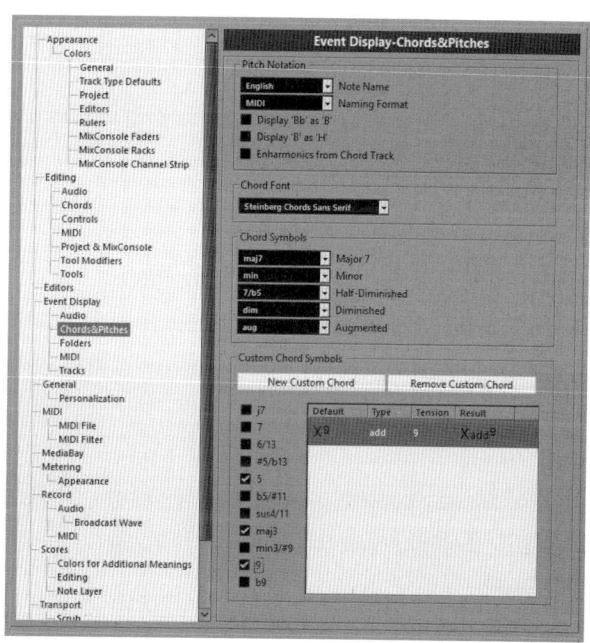

1. Pitch Notation
노트 언어, 형식 등을 선택할 수 있는 메뉴와 Bb을 B로, B를 H로 표시할 것인지를 선택할 수 있는 체크 옵션이 있습니다.

2. Chord Font
코드 표시에 사용할 폰트를 선택합니다.

3. Chord Symbols
코드 심볼의 표시 형식을 선택합니다.

4. Custom Chord Symbols
사용자가 원하는 코드 트랙의 표시 형식을 만들 수 있습니다. New Custom Chord 버튼을 클릭하여 추가하고, 원하는 타입을 입력하면 됩니다.

Event Display-Folders

Event Display의 Folder 페이지는 트랙의 이벤트 표시 여부를 선택할 수 있는 Show Event Details 옵션과 폴더 트랙의 이벤트 표시 방법을 선택할 수 있는 Show Data on Folder Tracks 메뉴를 제공합니다.

● Always Show Data
폴더 트랙의 데이터를 표시합니다.

● Never Show Data
폴더 트랙의 데이터를 표시하지 않습니다.

● Hide Data When Expanded
서브 트랙을 열었을 때 폴더 트랙의 데이터를
표시하지 않습니다.

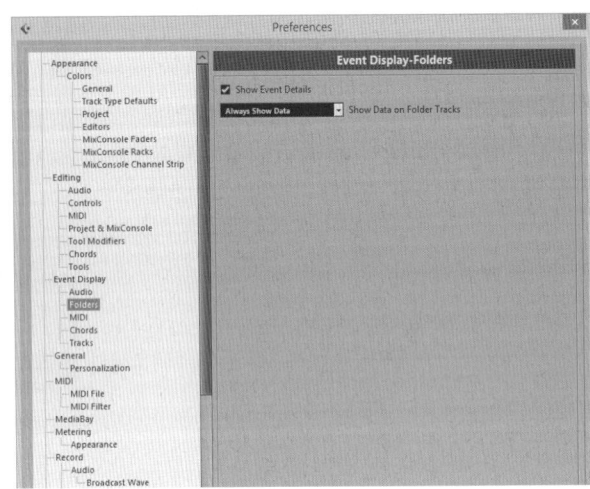

 Event Display-MIDI

Event Display의 MIDI 페이지는 미디 이벤트 표시 방법을 설정할 수 있는 옵션으로 구성되어 있습니다.

1. Part Data Mode

미디 파트에 보이는 이벤트를 라인 모양의 Lines, 음
표 모양의 Scores, 다이아몬드 모양의 Drums 중에서
선택할 수 있고, No Data옵션으로 아무것도 표시하
지 않게 할 수 있습니다.

2. Show Controllers

미디 파트에 노트의 정보뿐 아니라 컨트롤 체인지 정
보를 함께 표시하며, Note 및 Controllers의 밝기를
조정합니다.

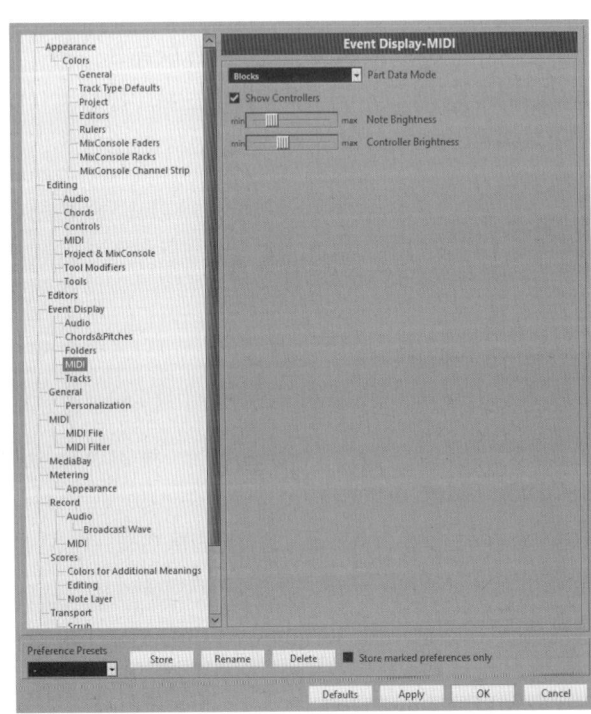

Event Display-Tracks

Event Display의 Tracks 페이지는 트랙의 색상 표시 방법을 선택할 수 있는 옵션을 제공합니다.

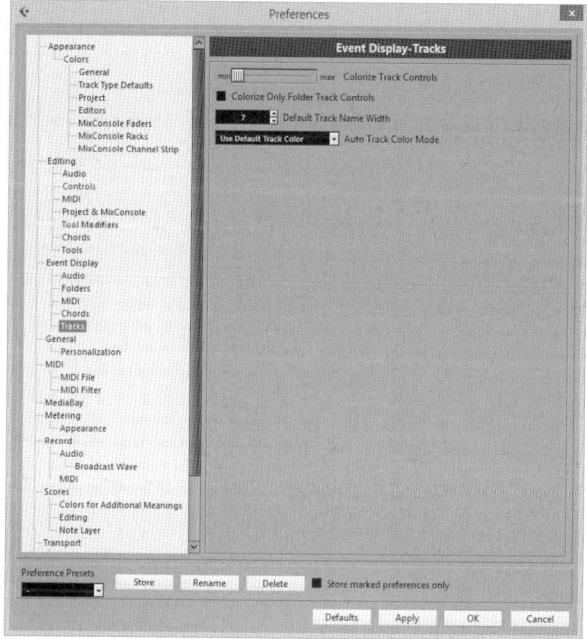

1. Colorize Track Controls

트랙 왼쪽에 표시되는 색상의 범위를 조정합니다.

2. Colorize Only Folder Track Controls

Colorize Track Controls 옵션을 폴더 트랙에 적용합니다.

3. Default Track Name Width

트랙 이름의 항목의 넓이를 조정합니다.

4. Auto Track Color Mode

추가하는 트랙의 색상 표시 방법을 선택합니다. 기본 색상을 적용하는 Use Default Event Color, 이전 트랙 색상을 적용하는 Use Previous Track Color, 다음 색상을 적용하는 Use Previous Track Color + 1, 마지막 이벤트 색상을 적용하는 Use Last Applied Color, 불규칙적으로 적용되는 Use Random Track Color 옵션이 있습니다.

5 General

General 페이지는 큐베이스와 누엔도의 기본적인 환경을 설정할 수 있는 옵션으로 구성되어 있습니다.

1. Langage

큐베이스와 누엔도의 사용 언어를 선택합니다.
English, German, French, Spanish, Italian 등의 언어를 제공하고 있지만, 국내 사용자는 기본 언어인 English를 바꿀 필요는 없을 것입니다.

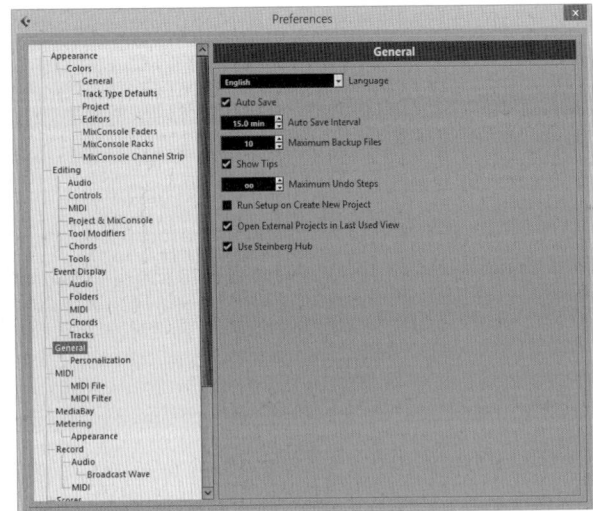

2. Auto Save

Bak 확장자를 가진 백업 파일을 자동으로 만듭니다. 옵션을 체크하고, Auto Save Interval에서 원하는 시간을 설정할 수 있습니다. Maximum Backup Files은 백업 파일이 만들어지는 수를 설정합니다.

3. Show Tips

각종 기능 버튼 위에서 마우스를 멈추고 있으면 해당 기능의 이름을 보입니다. 굳이 필요 없다면 옵션을 해제합니다.

4. Use Edge Hints

프로젝트 창 왼쪽 및 오른쪽 경계선에 마우스를 위치시켰을 때 존을 열 수 있는 메뉴를 표시합니다.

4. Maximum Undo Steps

Ctrl+Z으로 취소할 수 있는 횟수를 설정할 수 있습니다. 시스템이 너무 느리지 않다면 기본 값을 그대로 두고 사용합니다.

5. Run Setup on Create New Project

큐베이스와 누엔도를 실행했을 때, 새로운 프로젝트 만들기가 실행되게 할 것인지의 여부를 선택합니다.

6. Open External Projects in Last Used View

다른 컴퓨터에서 작업한 프로젝트를 열 때 마지막 작업 창이 열리게 합니다.

7. Use Hub

큐베이스 및 누엔도를 실행하거나 File 메뉴의 New Projects를 선택했을 때 열리는 Hub 창의 사용 여부를 결정합니다.

Genenal-Personalization 카테고리에는 회사 이름과 작업자의 이름을 입력해 놓을 수 있는 옵션을 제공합니다. 이 이름은 프로젝트 설정 창에 표시되며 익스포팅할 때 메타 데이터로 포함됩니다.

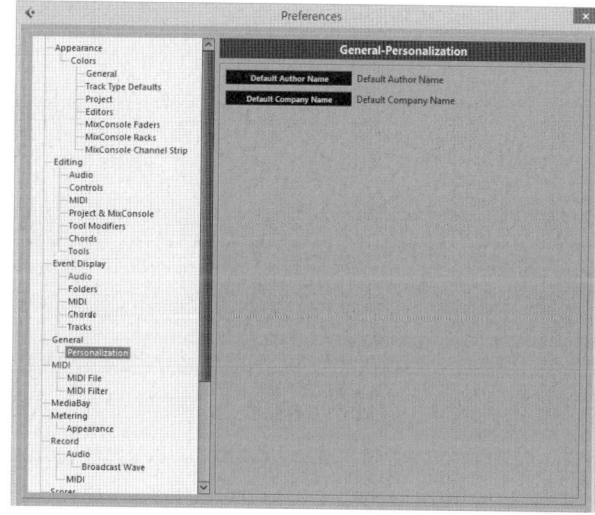

6 MIDI

MIDI 페이지는 미디를 연주하거나 녹음할 때 적용할 수 있는 환경을 설정합니다. 특히 Chase Events 항목들은 미디 연주를 어떤 위치에서 시작하든지 항상 연주 위치 전에 있는 컨트롤 값들을 읽어 정확한 컨트롤 값을 유지할 수 있게 합니다.

1. MIDI thru Active

미디 데이터를 녹음할 때의 정보를 모니터 할 수 있게 합니다. 이때 주의 할 점은 연주하는 미디 악기가 자체 음원을 가지고 있다면 모니터 하는 소리와 연주하는 소리가 겹쳐 들리게 되므로, 옵션을 해제하던가 연주하는 악기의 Local Control 기능을 Off 해야 합니다.

2. Reset on stop

정지 버튼을 클릭할 때 초기화 정보를 전송합니다.

3. Naver Reset Chased Controllers

재생을 정지하거나 프로젝트의 새 위치로 이동할 때 컨트롤 정보가 0으로 재설정되는 것을 방지합니다.

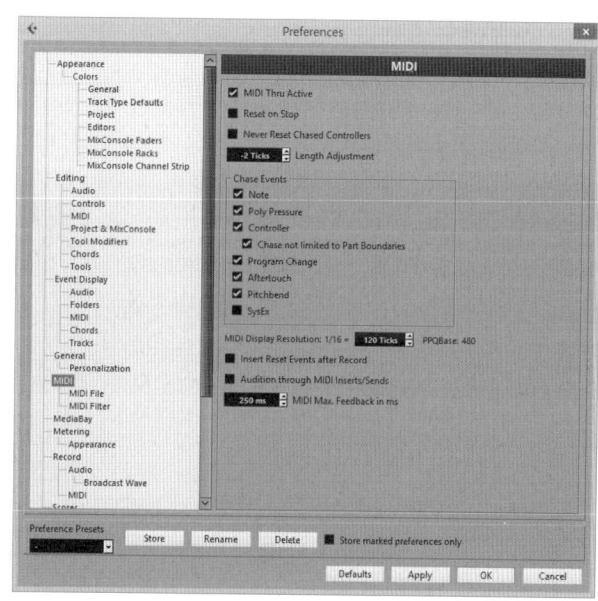

4. Length Adjustment : 미디를 연주할 때 노트가 겹쳐있다면 노트를 읽지 못하는 경우가 있습니다. 이때 겹진 노트의 시작 지점을 미리 읽게 하는 옵션입니다. 조정 범위는 최대 -20 Ticks 입니다.

5. Chase Events : Chase 기능은 미디를 연주될 때 연주하는 위치 이전에 있는 미디 이벤트를 검색하여 어떤 위치에서든 정확한 연주를 하는 기능입니다. 이때 검색할 미디 이벤트를 Chase Events 옵션에서 선택합니다.

6. MIDI Display Resolution : MIDI Display Resolution 옵션은 독자가 원하는 틱 값을 설정할 수 있는 옵션입니다. 큐베이스와 누엔도의 틱 값은 16비트를 기준으로 하므로, 기존에 많이 사용하던 960으로 설정하고 싶다면 240(240x4)으로 설정합니다.

7. Insert Reset Events after Record : 녹음을 완료한 끝 부분에 컨트롤 값을 초기화하는 이벤트를 삽입합니다.

8. Audition through MIDI Insert/Send : 미디 노트를 편집할 때, 인서트 및 센드 이펙트가 적용된 연주를 모니터할 수 있게합니다.

9. MIDI Latency Mode : 미디 재생 엔지의 대기시간을 조정합니다. Low는 지연시간을 줄이고, 미디 응답 속도를 높일 수 있지만, 컴퓨터 성능이 저하될 수도 있기 때문에 Normal 값을 권장합니다. 시스템을 많이 차지하는 VST를 사용하는 경우에는 High를 선택합니다. 버퍼 사이즈가 증가하여 지연될 수 있지만, 안정적인 재생이 가능합니다.

9. MIDI Max. Feedback in ms : 미디 노트의 입/출력 시간을 1000분의 1초 단위로 설정합니다.

 MIDI-MIDI File

MIDI의 MIDI File 페이지는 외부 미디 파일을 불러오거나 큐베이스와 누엔도에서 작업한 미디 정보를 미디 파일로 저장할 때의 옵션을 설정합니다.

1. Export Options
큐베이스와 누엔도에서 작업한 미디 정보를 미디 파일로 저장할 때 추가할 파라미터 정보를 선택합니다. 이것은 미디 파일로 저장할 때 손실되는 파라미터 정보를 유지할 수 있는 부분입니다.

2. Import Options
외부 미디 파일을 불러올 때 적용할 수 있는 옵션을 선택할 수 있는 항목으로 원하는 파라미터를 자동으로 설정할 수 있어 편리합니다.

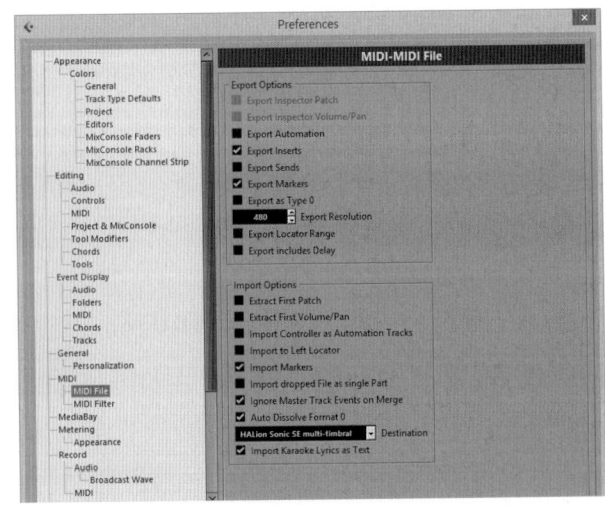

MIDI-MIDI Filter

MIDI의 MIDI Filter 페이지는 크게 4개의 섹션으로 구분되어 있으며, 각 섹션의 역할은 녹음과 재생에서 제외할 이벤트를 선택하는 것입니다.

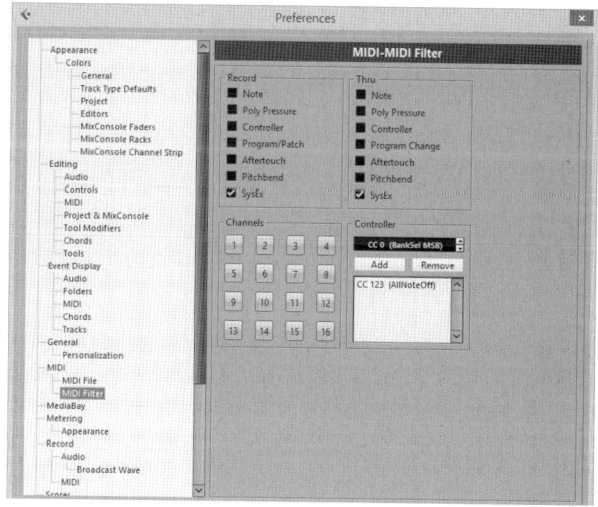

1. Record

미디 이벤트를 녹음할 때 입력되지 않기를 바라는 이벤트를 선택합니다. 간혹 시스템 익스클루시브 정보를 녹음하기 위해서 미디 악기에서 Dump 기능을 수행해도 입력이 되지 않는 다는 질문이 있는데 MIDI Filter 페이지를 보면 기본값으로 Sysex에 옵션이 체크되어 있기 때문입니다.

2. Thru

입력하는 미디 신호를 그대로 전송하여 모니터 할 수 있게 하는 Thru로 전송하지 않게 할 미디 이벤트를 선택합니다. 이것은 앞에서 살펴본 MIDI 페이지에서 MIDI Thru Active 옵션이 체크되어 있어야 확인할 수 있습니다.

3. Channels

녹음되지 않기를 바라는 미디 채널을 선택합니다. 이것은 드럼 머신 또는 미디 기타와 같이 동시에 여러 채널을 전송하는 악기를 사용할 경우, 불필요한 채널을 잠시 OFF하여 원하는 채널만을 녹음하는데 사용합니다.

4. Controller

녹음되지 않기를 바라는 컨트롤 체인지 정보를 선택합니다. 목록에서 컨트롤 정보를 입력하거나 상/하 버튼을 클릭하여 제외할 컨트롤 정보를 찾고, Add 버튼을 클릭합니다. 반대로 취소는 아래 목록에서 선택하고, Remove 버튼을 클릭합니다.

7 Media Bay

Media Bay 창의 속성을 결정할 수 있는 옵션들로 구성되어 있습니다.

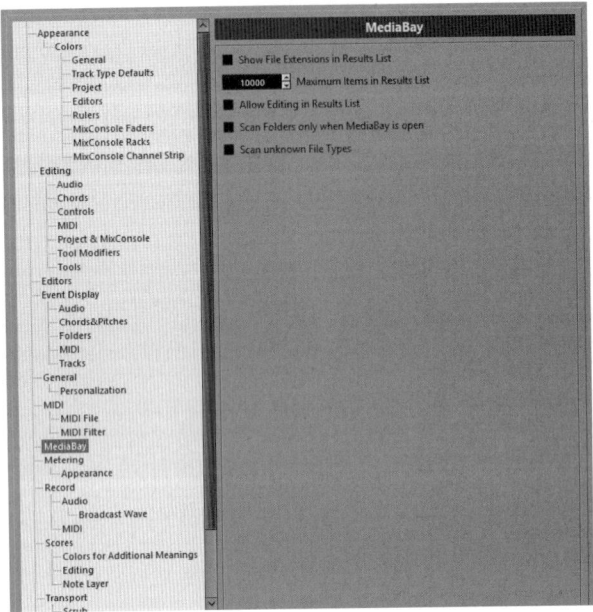

1. Show File Extensions in Results List

결과 창에 파일의 확장자 표시 여부를 선택합니다. 만일, 오디오 파일로 취급되는 Wav, Mp3 등의 파일을 구분하고 싶다면, 옵션을 체크합니다.

2. Maximum Items in Results List

결과 목록에 표시할 수를 결정합니다.

3. Allow Editing in Results List

파일의 정보는 Teg Editor 창에서 편집을 할 수 있는데, 이 옵션을 체크하면, 결과 창에서 편집할 수 있습니다

4. Scan Folders only when MediaBay is open

MediaBay 창이 열려있는 경우에만 파일을 검색합니다. 옵션이 해제되어 있는 경우에는 MediaBay 창이 닫혀도 백그라운드에서 스캔합니다. 단, 재생 및 녹음을 진행할 때는 검색하지 않습니다.

5. Scan unknown File Types

미디어 파일을 스캔 할 때 잘 알려지지 않은 파일 타입을 검색합니다.

8 Metering

레벨 미터의 속성을 결정할 수 있는 옵션들로 구성되어 있습니다.

Map Input Bus Metering to Audio Track (in Direct Monitoring)는 입력 레벨이 표시되게 하며, 레벨 미터에 피크 라인이 얼마동안 표시되게 할 것인지를 설정하는 Meters' Peak Hold Time과 낮은 값으로 반환되는 속도를 결정하는 Meters' Fallback 옵션을 제공합니다.

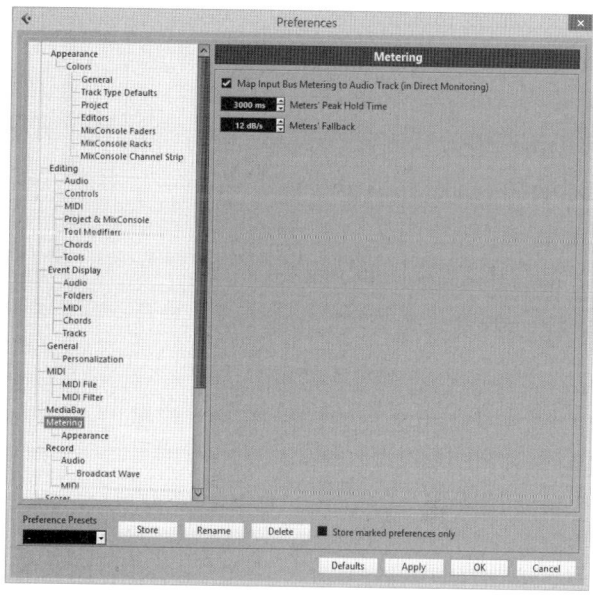

Metering-Appearance

채널 및 마스터 레벨 미터의 색상과 디지털 스케일 모드에 대한 변경 작업을 할 수 있습니다. 색상을 변경하려면 레벨 미터 오른쪽의 색상을 클릭하고, 스케일을 변경하려면 값을 드래그합니다. Add 버튼을 이용해서 색상을 추가하거나 Remove 버튼으로 삭제도 가능합니다.

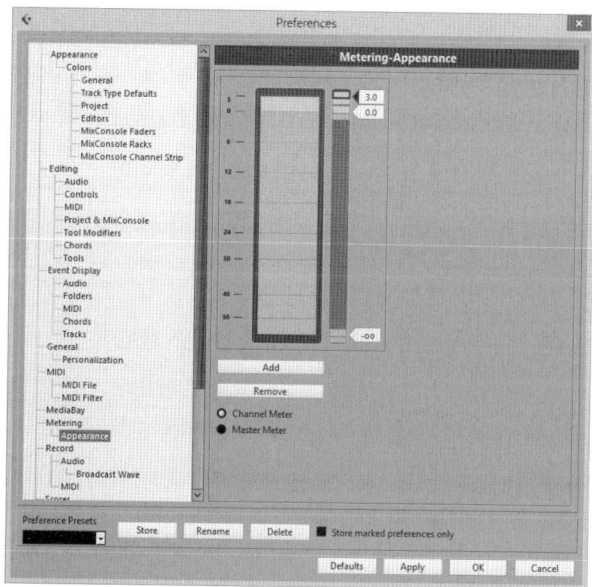

Record

Record 페이지는 펀치 인/아웃 설정에 관한 두 가지 옵션을 제공합니다.

1. Deactivate Punch In on Stop

펀치 녹음을 할 때 정지 버튼을 클릭하면 자동으로
트랜스포트 패널의 펀치 IN 버튼을 OFF합니다. 옵션
을 해제하면 정지 버튼을 클릭해도 펀치 IN 버튼을
OFF하지 않습니다.

2. Stop after Automatic Punch Out

펀치 녹음을 할 때 송 포지션 라인은 펀치 녹음 구간
에서 녹음을 기능을 활성화 하고, 구간을 지나치면
자동으로 재생 모드가 됩니다. 옵션을 체크하면 펀치
녹음 구간이 끝나는 펀치-아웃 위치에서 송 포지션
라인을 정지합니다.

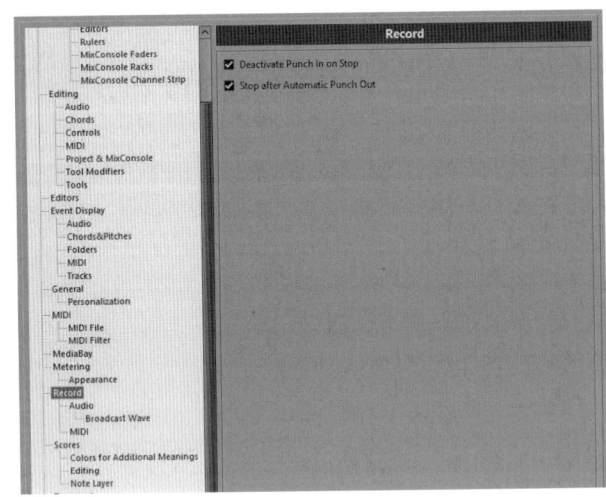

 Record-Audio

Record의 Audio 페이지는 오디오를 녹음할 때 파형을 보이게 할 것인지, 이벤트로 기록할 것인지 등을 설정할 수
있는 옵션으로 구성되어 있습니다.

1. Audio Pre-Record Seconds

오디오 녹음 시작 이전 위치의 시그널을 최대 1분 까
지 녹음할 수 있게 합니다. 큐베이스와 누엔도를 라이
브 녹음용으로 사용한다면, 만약의 사태에 대비해서
적정한 시간을 설정해두는 것이 좋습니다.

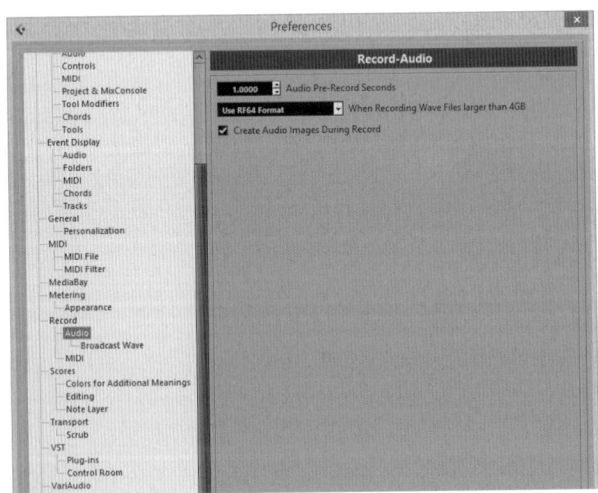

2. When Recording Wave Files larger than 4GB

4GB 이상의 웨이브 파일을 녹음하는 경우에 Split
Files를 선택하여 분할할 것인지, RF64 파일을 사용
할 것인지를 선택합니다. FAT32 비트 시스템에서는
RF64 형식을 지원하지 않습니다.

3. Create Audio Images During Record

녹음을 할 때 웨이브 폼 이미지가 실시간으로 표시되게 합니다. 저 사양인 경우에는 이 옵션을 해제합니다.

Record-Audio-Broadcast Wave

프로젝트의 Record File Type을 인터넷 스트리밍 포맷인 Broadcast Wave File은 사용자의 정보를 함께 기록할 수 있습니다. 이때 기록되는 사용자 정보를 입력해둘 수 있는 페이지입니다. 물론, 곡을 믹스다운할 때, 원하는 정보로 수정할 수 있지만, 제작자와 회사 이름 정도는 입력을 해두는 것이 편리할 것입니다.

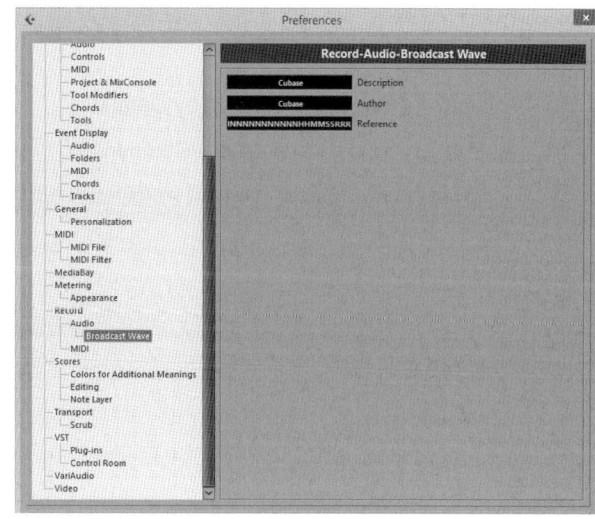

Record-MIDI

Record-MIDI 페이지는 미디 데이터를 기록할 때의 처리 방법을 선택할 수 있는 옵션으로 구성되어 있습니다.

1. Record-Enable allows MIDI Thru
미디 데이터를 녹음을 할 때 Thru 기능을 허락하여 노트가 겹치는 현상을 방지합니다.

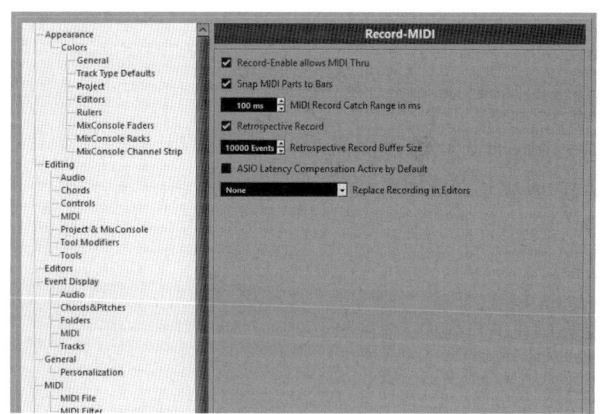

2. Snap MIDI Parts to Bars
미디 이벤트를 녹음할 때 미디 파트의 시작 위치와 끝 위치를 가장 가까운 스냅 포인트 위치까지 늘려줍니다. 이것은 녹음한 미디 파트를 이동하거나 복사할 때 편리합니다.

3. MIDI Record Catch Range in ms
미디 녹음을 할 때 기록되지 않을 수 있는 시작 이벤트를 최대 300ms 가지 여유를 두고 기록할 수 있게 합니다. 간혹 녹음이 시작되는 부분의 데이터를 놓치는 경우가 있다면 시간을 조금 늘립니다.

4. Retrospective Record
버퍼 녹음 기능을 사용할 수 있게 합니다. 버퍼 녹음이란 입력 데이터를 큐베이스 및 누엔도의 가상 메모리에 기록하고 있다가 순차적으로 프로젝트 창에 기록하는 과정으로 중간에 손실 될 수 있는 데이터를 예방할 수 있습니다.

5. Retrospective Record Buffer Size

Retrospective Record 옵션을 사용할 때의 버퍼 크기를 최대 1000까지 설정할 수 있습니다.

6. ASIO Latency Compensation Active by Default

미디 및 인스트루먼트 트랙의 ASIO Latency Compensation 버튼을 활성화 합니다. 인스트루먼트 연주를 기록할 때 오디오 인터페이스의 레이턴시 보상으로 너무 일찍 기록되는 경우가 있습니다. 이 때 옵션을 체크하여 해결합니다.

7. Replace Recrding in Editors

녹음 모드를 Replace로 선택한 경우에 변경할 이벤트를 선택합니다. 녹음을 반복할 때, 컨트롤 이벤트를 보정하고 싶다면, Controller를 선택합니다. 모든 이벤트를 변경할 수 있는 All은 권장하지 않습니다.

---

10 Scores

Scores 페이지는 스코어 편집 작업 환경을 설정할 수 있는 아이템과 각 보표의 표시 형태를 결정할 수 있는 카테고리고 구성되어 있습니다.

 Score-Colors for Additonal Meanings

선택한 악보, 뮤트된 노트 등 스코어 에디터에서 표시될 이벤트의 색상을 설정할 수 있습니다. 컬러의 사용 여부는 Active 옵션으로 결정하며, 색상은 Color 칼럼의 색상 표를 클릭하여 변경할 수 있습니다.

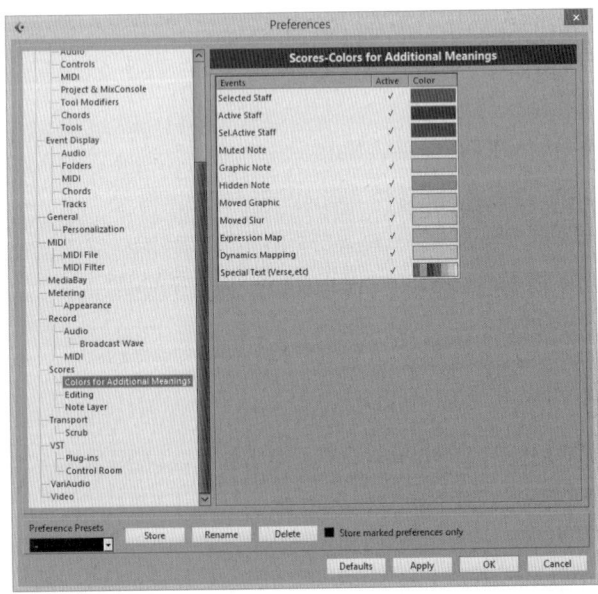

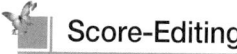

Scores-Editing 페이지는 스토어 에디터 창에서 노트를 편집할 때의 옵션을 선택할 수 있습니다.

1. Display Object Selection tool after Inserting Symbol
기본 값은 심볼을 선택했을 때 사용하는 연필 버튼이
심볼을 입력한 후에도 그대로 연필 버튼으로 남아있
지만, 옵션을 체크하면 심볼 입력 후 화살표 버튼으로
변경됩니다.

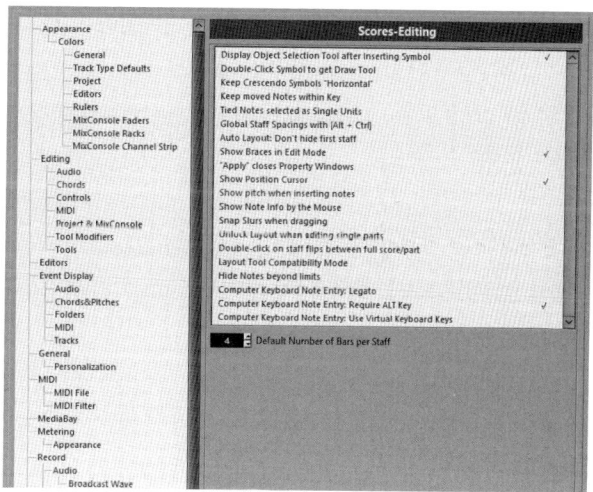

2. Double-Click Symbol to get Draw tool
기본 값은 심볼 팔레트에서 입력할 심볼을 선택할 때
자동으로 연필 버튼으로 변경되지만, 옵션을 체크하
면 심볼을 더블 클릭했을 경우에만 연필 버튼으로 변
경됩니다.

3. Keep Crescendi Symbols "Horizontal"
기본 값은 크리센토와 디크리센토와 같은 심벌을 입력할 때 라인의 기울기가 자유롭게 그려지지만, 옵션을 체크하면 수평
라인을 유지 합니다. 라인을 입력하는 것이 서둔 독자는 옵션을 체크하는 것이 좋겠습니다.

4. Keep moved Notes within Key
기본 값은 스코어 창에서 노트의 음정을 변경할 때 반음 단위로 조정하지만, 옵션을 체크하면 작업 중인 곡에 설정한 키의
스케일 단위로만 조정됩니다.

5. Tied Notes selected as Single Units : 기본 값은 붙임줄로 연결한 노트에 상관없이 노트를 개별적으로 선택할 수 있
지만, 옵션을 체크하면 붙임줄로 연결한 노트는 함께 선택됩니다.

6. Global Staff Spacingss with (Alt-Ctrl) : Score 메뉴의 Global Settings-Spacingss를 선택하면 악보에 표시하는 항
목들의 간격을 설정할 수 있는 Spacingss 창이 열립니다. 기본 값은 Spacingss 설정 값을 작업중인 파트에만 적용하고, 옵
션을 체크하면 모든 파트에 적용됩니다.

7. Auto layout don't hide first staff : Socre 메뉴의 Auto Layout 에는 비어있는 오선을 감추는 Hide Empty Staves 기
능이 있습니다. 옵션을 체크하면 첫 번째 오선만큼은 비어있어도 감추지 않습니다.

8. Show Braces in Edit Mode : 악보를 인쇄 상태(Page Mode)로 표시하거나 편집 상태(Edit Mode)로 표시할 수 있는
Editr/Page Mode 메뉴가 있습니다. 기본값은 스코어 창이 Edit Mode일 경우라도 큰 보표에 사용되는 브래스 기호를 표시
하지만, 옵션을 해제하면 Edit Mode에서는 브래스 표시를 확인할 수 없습니다.

9. "Apply" closes Property Windows

Property 창에서 속성을 결정할 때, Apply 버튼을 클릭합니다. 이때 옵션을 체크하면, OK 버튼과 동일하게 창을 닫습니다.

10. Show Position Cursor

기본 값은 음표를 편집할 때, 마우스의 위치를 표시합니다, 옵션을 해제하면 표시하지 않습니다.

11. Show pitch when inserting notes

노트에 음정을 표시합니다.

12. Show Note Info by the Mouse

옵션을 체크하면 노트를 편집할 때, 노트의 정보를 표시합니다. 이 옵션을 사용할 때, 드로우 툴의 동작이 느려진다면 옵션을 해제합니다.

13. Snap slurs when dragging

옵션을 체크하면, 슬러의 끝 부분을 스냅 단위에 맞추어 조정할 수 있게 합니다.

14. Unlock Layout when editing single parts

옵션을 체크하면, 하나의 트랙에 있는 모든 파트를 표시합니다. 악보를 인쇄할 경우가 많다면, 옵션을 체크하고, 편집 외에 사용할 일이 없다면, 해제하는 것이 좋습니다.

15. Double-click on staff filps between full score/part

두 개의 이상의 파트를 열어놓고 작업할 때, 마우스 더블 클릭으로 각각의 파트 이동이 가능하게 합니다.

16. Layout Tool compatibility Mode

이전 버전에서 작업한 레이아웃을 유지할 수 있게합니다.

17. Hide Notes beyond limits

Score Settings 창의 Options 탭에서 설정한 Note Limits 범위를 벗어나는 음표는 화면에서 감춥니다.

18. Computer Keyboard Note Entry

컴퓨터 키보드로 노트를 입력할 때 이전 노트의 길이를 변경하는 Legato, Alt 키를 누른 경우에만 입력되게 하는 Alt-Key, 버츄얼 키보드를 사용할 수 있게 하는 Use Virtual Keyboard Keys 옵션을 제공합니다.

19. Default Number of Bars per Staff

편집 모드에서 한 화면에 보이게 할 마디 수를 설정합니다. 페이지 모드에는 하나의 보표에 표시할 마디 수를 설정합니다.

Score-Note Layer

Score-Note Layer 페이지는 악보를 만들 때, 겹
치는 것을 허용하게 할 노트 및 심볼의 수를 최대
3개까지 설정합니다. 하나의 음표 머리에 위/아래
방향의 대를 표시하거나 2개 이상의 박자 표를 표
시하는 등 그래픽 프로그램을 이용해야만 가능한
악보를 만들 수 있습니다.

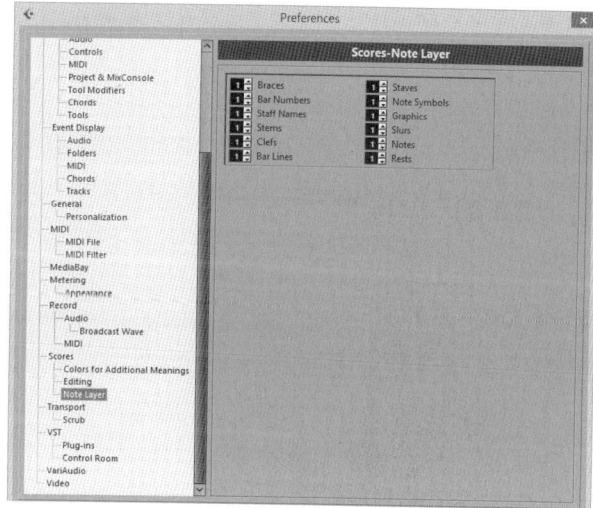

11 Transport

Transport 페이지에는 재생과 녹음, 위치 설정에 관련된 트랜스포트 패널의 옵션을 설정할 수 있는 옵션으로 구성
되어 있습니다.

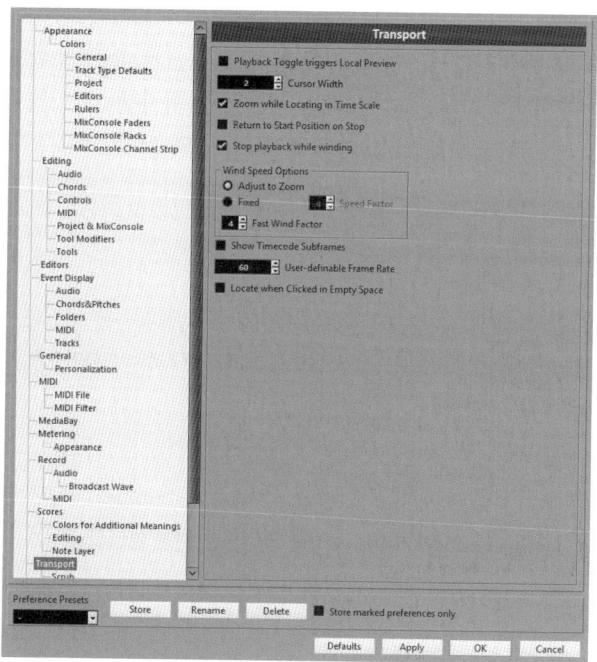

1. Playback Toggle triggers Local Preview

샘플 에디터 또는 풀 창에서 스페이스 바 키로 사운드를 모니터 할 수 있게 합니다. 옵션이 해제된 경우에는 해당 창의 재생 버튼을 마우스로 클릭하여 사운드를 모니터 할 수 있습니다.

2. Cursor Width

송 포지션 라인의 굵기는 기본적으로 2로 설정되어 있습니다. Cursor Width 옵션은 송 포지션 라인의 굵기를 1에서 4까지 모두 4단계로 변경할 수 있습니다.

3. Zoom while Locating in Time Scale

룰러 라인에서 마우스를 상/하로 드래그하여 작업 공간을 확대/축소 할 수 있습니다. 이것이 불편하다면, 옵션을 해제하여 마우스 드래그로 작업 공간을 확대하거나 축소시킬 수 없게 합니다.

4. Return to Start Position on Stop

곡을 연주하거나 녹음을 하는 과정에서 정지 버튼을 클릭하면 송 포지션 라인은 정지 버튼을 클릭했던 위치에 서게 합니다. 옵션을 체크하면 정지 버튼을 클릭했을 때 재생 또는 녹음을 시작했던 위치로 송 포지션 라인을 위치합니다.

5. Stop playback while winding

앞/뒤로 빠르게 이동하는 Rewind와 Fast Forward 를 사용할 때, 사운드의 재생을 멈춥니다.

6. Wind Speed Options

키보드 숫자열의 플러스(+)키와 마이너스(-)키는 송 포지션 라인의 위치를 빠르게 이동할 수 있는 fast forward / rewind 기능인데, Wind Speed Options은 송 포지션 라인의 이동 속도를 설정할 수 있는 옵션입니다. 옵션에는 Adjust to Zoom과 Fixed 두 가지가 있습니다. Adjust to Zoom은 줌 버튼을 이용해서 작업 공간을 확대/축소한 경우 작업에 효율적인 속도가 자동으로 조정되고, Fixed는 작업 공간의 확대/축소와 상관없이 Speed Factor에서 설정한 속도를 유지합니다. 그리고 Fast Wind Factor는 Shift키를 누른 상태에서 fast forward / rewind 버튼을 클릭했을 때 몇 배로 빠르게 할 것인지를 설정합니다.

7. Show Timecode Subframes

기본적으로 트랜스포트 패널 위치 표시 창에서 프레임 단위를 선택하면 시: 분: 초: 프레임 단위로 표시합니다. 옵션을 체크하면 시: 분: 초: 프레임: 서브 프레임 단위까지 표시합니다. 서브 프레임은 하나의 프레임을 80등분하여 표시하는 단위입니다.

8. User Definable Frame rate

트랜스포트의 위치 표시 창의 단위를 변경할 수 있는 메뉴를 보면 Bars+Beats, Seconds, Timecode, Samples 4가지 외에도 User항목이 있습니다. User Definable Frame rate은 User항목을 선택했을 때 표시할 프레임 단위를 설정합니다.

9. Locate when Clicked in Empty Space

송 포지션 라인의 위치는 기본적으로 룰러 라인을 클릭하거나 드래그하여 움직일 수 있습니다. 옵션을 체크하면 프로젝트 창의 작업 공간을 클릭하여 송 포지션 라인의 위치를 이동할 수 있습니다.

Transport-Scrub

Transport-Scrub 페이지에는 마우스 드래그로
사운드를 모니터 할 때의 레벨을 조정하는 Scrub
Volume, 음질을 높여주는 Use High Quality
Scrub Mode, 인서트 효과를 모니터 할 수 있는
Use Inserts While Scrubbing 옵션이 있습니다.

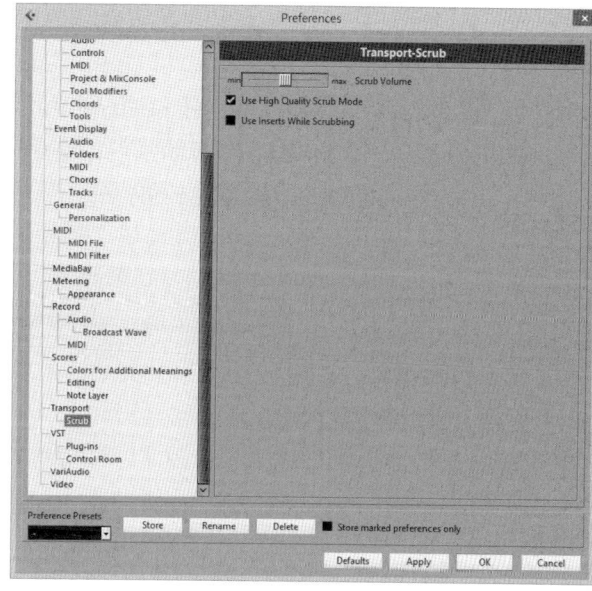

12 VST

VST 페이지는 큐베이스와 누엔도의 VST 환경을 설정하는 것으로 Plug-ins와 Control Room 카테고리로 구성되
어 있으며, 메인 페이지는 10가지 옵션이 있습니다.

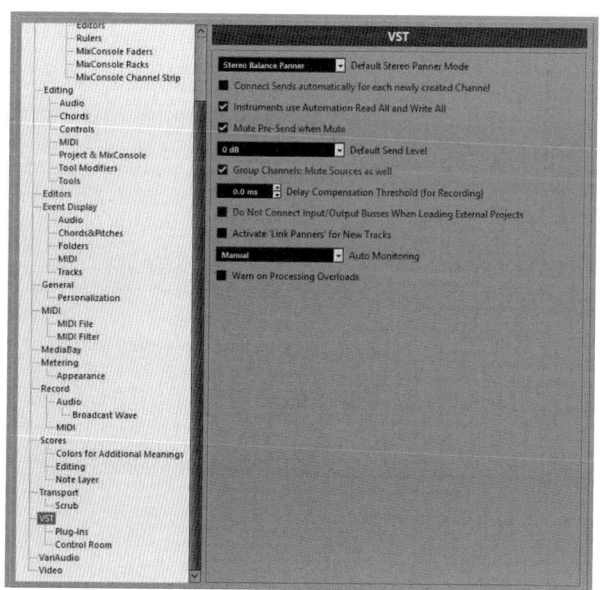

1. Default Stereo Panner Mode

스테레오 팬 모드를 Balance, Combined, Dual의 3가지 중에서 선택할 수 있습니다. Dual은 양쪽을 분리하는 것이고, Combined은 결합하는 것입니다.

2. Connect Sends automatically for each newly reated Channel

옵션을 체크하면 오디오 또는 그룹 채널을 만들 때 FX 채널에 자동으로 연결시킵니다. 센드 라우팅은 필요할 때 수동으로 연결하는 것이 좋으므로, 옵션은 체크하지 않는 것이 좋습니다.

3. Instruments use Automation Read All and Write All

VST Instruments의 모든 값들을 오토메이션 트랙에 기록하거나 읽을 수 있게 합니다.

4. Mute Pre-send when Mute

뮤트 트랙에 사용한 이펙트를 모니터 하지 않습니다. 뮤트 트랙의 입력 사운드를 모니터 하고 싶다면, 옵션을 해제합니다.

5. Default Send Level

센드 이펙트의 기본 레벨을 설정합니다.

6. Group Channels: mute Sources as well

그룹 채널을 뮤트할 때, 그룹으로 묶은 각 채널의 뮤트 버튼이 함께 동작되도록 합니다.

7. Delay Compensation Threshold

여기서 설정한 타임보다 긴 지연을 발생시키는 VST에 대해서 컨스트레인 기능을 동작시킵니다.

8. Activate 'Link Panners' for New Tracks

채널 세팅 창 메뉴의 Link Panners가 기본적으로 체크되게 합니다. 이것은 페이더 섹션의 팬 설정이 반영되게 합니다.

9. Auto Monitoring

큐베이스와 누엔도에 입력하는 오디오 신호의 모니터 방식을 선택합니다.

▶ Manual : 오디오 트랙에서 Monitor 버튼을 클릭하여 모니터 할 수 있습니다

▶ While Record Enabled : 오디오 트랙의 Record Enabled 버튼만 활성화 되어 있어도 모니터 할 수 있습니다.

▶ While Record Running : 녹음을 진행하는 동안에만 모니터 할 수 있습니다.

▶ Tapemachine Style : 과거 아날로그 녹음방식과 동일하게 정지 및 녹음 중에 모니터가 작동하고, 재생 중에 정지합니다.

10. Warn on Processing Overloads

녹음을 할 때 트랜스포트 패널 CPU clip indicator가 점등되면 경고 메시지가 열리게 합니다.

VST-Plug-ins페이지는 VST 플러그인에 관련된 옵션을 설정할 수 있는 것들로 구성되어 있습니다.

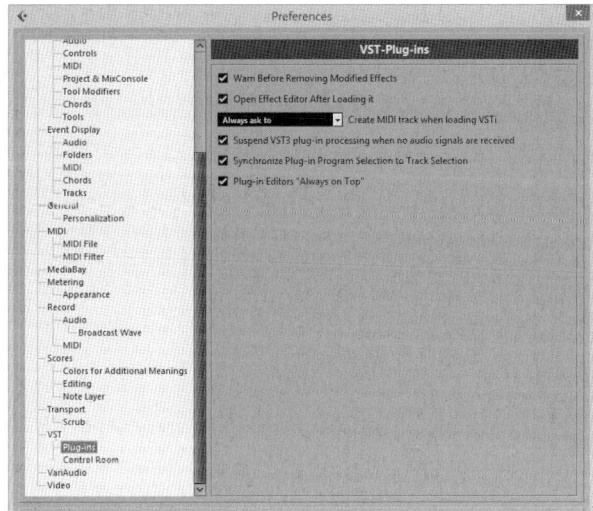

1. Warn Before Removing Modified Effects
인서트 또는 센드 슬롯에서 플러그-인을 제거할 때, 경고창이 열리게 합니다. 매번 경고창을 보고 싶지 않다면, 옵션을 해제합니다.

2. Open Effect Editor after Loading it
VST Effect를 로딩할 때, 해당 패널이 자동으로 열리게 할 것인지의 여부를 선택합니다.

3. Create MIDI track when loading VSTi
VST 패널에서 VST 악기를 로딩할 때 미디 트랙을 만들 것인지의 여부를 선택합니다. Always 는 미디 트랙을 만들고, Do not은 만들지 않습니다. 기본 값 Always ask to는 미디 트랙을 만들것인지의 여부는 묻는 창을 열어줍니다.

4. Synchronize Plug-in Program Selection to Track Selection
VST 프로그램 섹션과 트랙의 프로그램 섹션을 동기화 합니다.

5. Suspend VST3 plug-in processing when no audio signals are received
사용하고 있는 오디오 카드가 VST3를 지원하는 경우에 VST3 플러그인의 처리를 중지하여 CPU 낭비를 방지합니다. 단, 오디오 카드가 VST3를 지원하지 않는다면, 옵션을 해제하는 것이 좋습니다.

6. Plug-in Editors "Always on Top"
VST 플러그인을 로딩할 때, Always on Top 이 자동을 체크되어 다른 창에 가려지지 않게합니다. 옵션이 해제되어 있는 기본 환경에서는 해당 플러그-인에서 마우스 오른쪽 버튼을 클릭하여 단축 메뉴를 열고, Always on Top을 체크해야 합니다.

VST-Control Room

VST-Control Room페이지에는 컨트롤 룸 믹서의 환경을 설정할 수 있는 옵션으로 구성되어 있습니다.

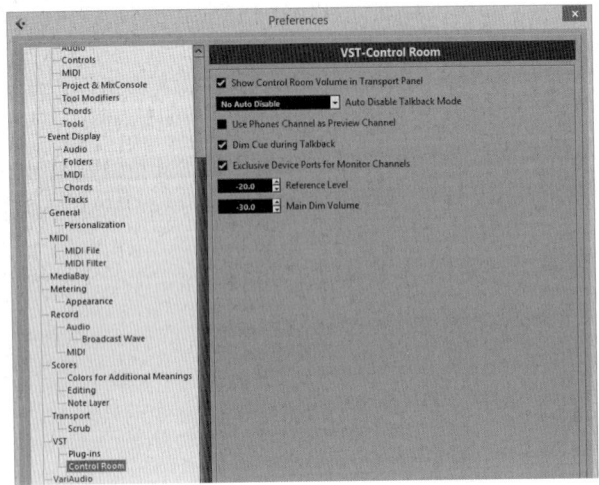

1. Show Control Room Volume in Transport Panel
트랜스포트 패널의 볼륨 페이더를 컨트롤 룸의 레벨 컨트롤러로 사용할 수 있게 합니다.

2. Auto Disable Talkback Mode
녹음 중에는 컨트롤 룸의 Talkbank 기능을 Off 합니다.

3. Use Phones Channel as Preview Channel
Phones 채널을 프리뷰 채널로 사용합니다.

4. Dim Studio during Talkback
Tackback 기능을 On으로 할 때의 큐 믹스에 Dim이 적용되도록 합니다.
옵션을 해제하면, 토크 백하는 동안 큐 믹싱 레벨이 변경되지 않습니다.

5. Exclusive Device Ports for Monitor Channels
모니터 채널에 대한 포트 할당을 하나만 선택할 수 있게 합니다.
모니터 채널과 입/출력에 대해서 같은 포트를 할당하는 실수를 피할 수 있습니다.

6. Reference Level
레퍼런스 레벨을 설정합니다.

7. Main Dim Volume
DIM 버튼이 활성화 될 때 컨트롤 룸 채널의 게인 감소 값을 설정합니다.

13 | VariAudio

반복 사용되고 있는 오디오 이벤트를 샘플 에디터에서 편집할 때의 경고 창 표시 유무를 결정하는 두 가지 옵션이 있습니다.

1. Inhibit warning when changing the Sample Data
반복 사용되고 있는 오디오 샘플의 피치와 길이 등을 편집할 때, 경고 창이 열리게 합니다.

2. Inhibit warning when applying Offline Processes
반복 사용되고 있는 오디오 샘플에 프로세스를 적용할 때, 경고 창이 열리게 합니다.

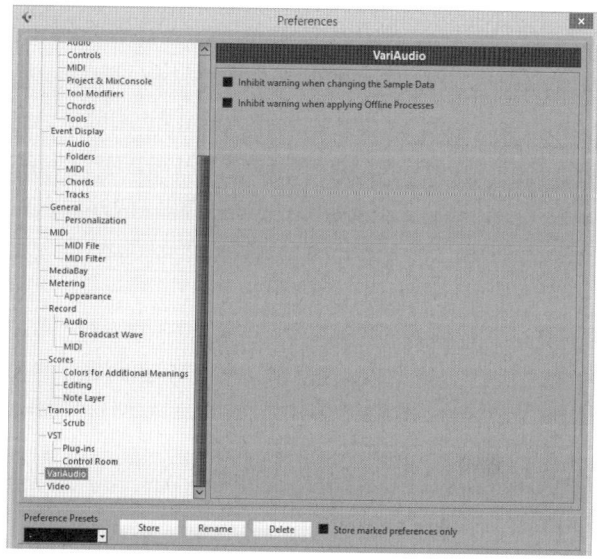

14 | Video

Video 페이지는 영상 파일을 불러올 때의 옵션을 설정합니다. Extract Audio on Import Video File은 영상을 불러올 때, 사운드 트랙을 가져올 것인지의 여부를 선택하는 것이고, Thumbnail Memory Cache Size은 영상 트랙에 프레임을 표시할 때의 임시 메모리 크기를 설정합니다.

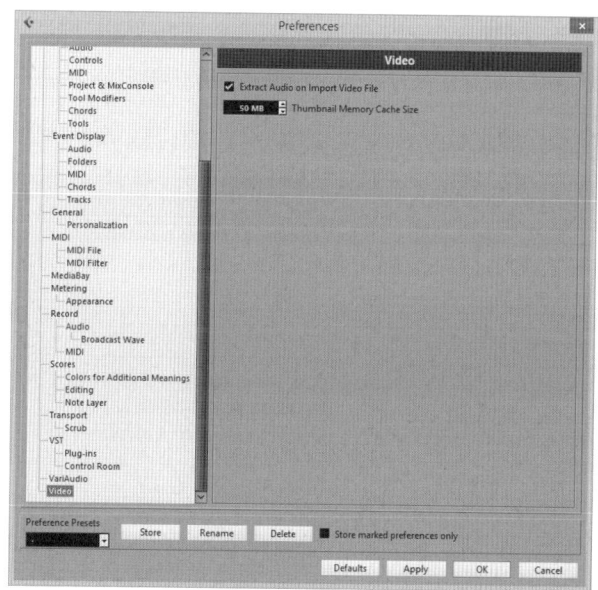

단축키 및 매크로 설정하기

02 Chapter

큐베이스와 누엔도의 Key Commands 기능을 애용해서 기본적으로 설정되어 있는 단축키를 자신에게 익숙한 단축키로 변경하거나 단축키가 없는 기능에 단축키를 설정할 수 있습니다. 큐베이스와 누엔도를 혼자서 사용하거나 다른 프로그램을 사용하다가 바꾼 독자라면, 자신에게 익숙한 단축키로 변경하는 것도 요령입니다. 그 밖에 자주 사용하는 작업 과정을 기록했다가 한번에 실행할 수 있는 매크로 기능에 관해서도 살펴보겠습니다.

1 단축키 설정하기

큐베이스와 누엔도에 기본적으로 설정되어 있는 단축키를 변경하거나 새로운 단축키를 설정하는 방법은 동일합니다. 단축키를 설정하는 역할의 Key Commands 창에 보이는 버튼들의 역할을 살펴보겠습니다.

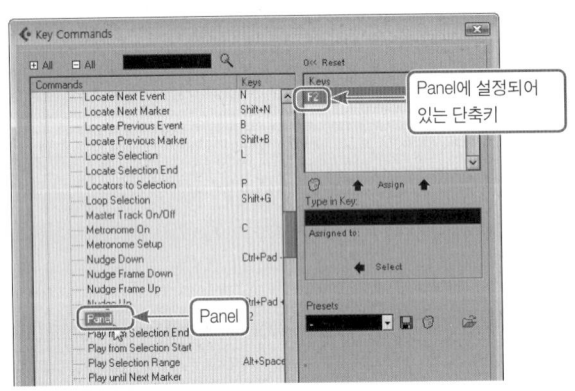

01 File 메뉴의 key Commands를 선택하여 창을 열고, 왼쪽의 Commands 칼럼에서 Transport 폴더를 더블 클릭하여 리스트를 엽니다. Panel을 보면 Keys 칼럼에 F2가 설정되어 있는 것을 확인할 수 있습니다.

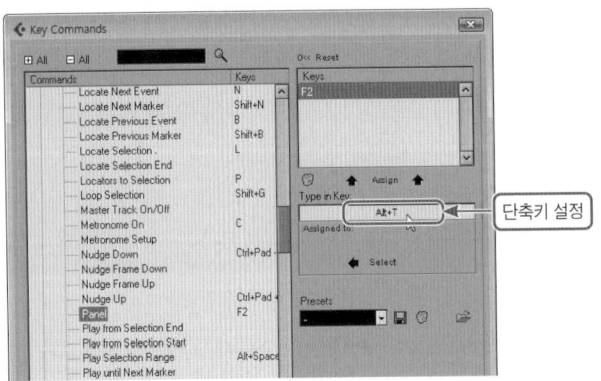

02 트랜스포트 패널을 열고, 닫는 역할의 단축키 F2를 변경하고 싶다면, Type in Key 항목에서 변경할 키를 입력합니다. 그림은 Alt 키를 누른 상태에서 T 키를 누르고 있는 모습입니다.

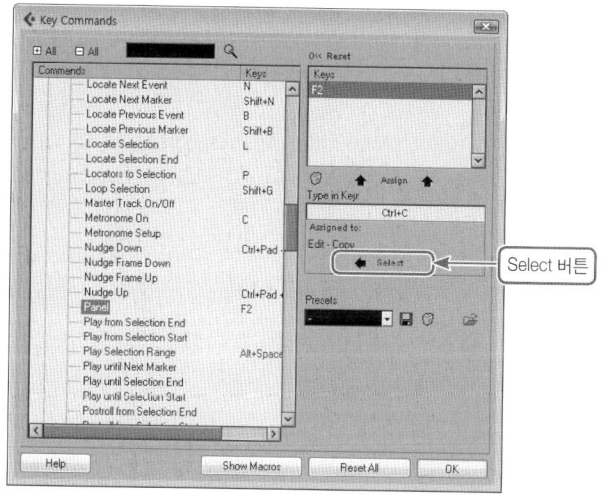

03 이미 설정되어 있는 키를 입력하면 Assigned to 목록에 기능을 표시하며, Select 버튼을 클릭하면 Commands 칼럼에서 찾아줍니다. 그림은 Ctrl + C 키를 눌러본 것으로 Edit의 Copy가 설정되어 있다는 것을 확인할 수 있습니다.

Select 버튼

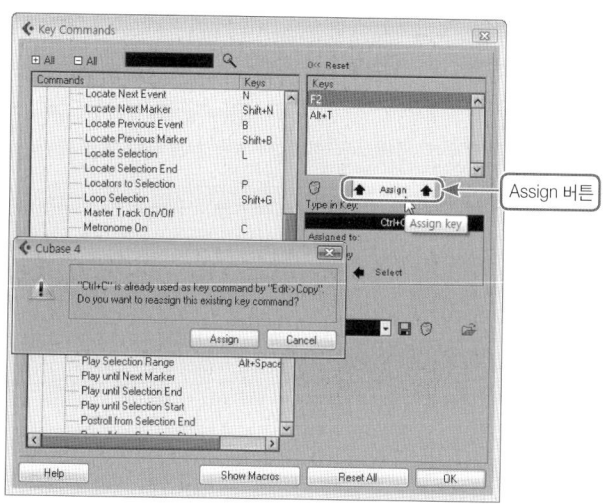

04 Type in Key 항목에 입력한 단축키는 Assign 버튼을 클릭하여 적용합니다. 이때 다른 기능에서 사용하는 단축키라면, 경고 창이 나타나며, 이것을 무시하고 연결하면, 기존의 값이 제거됩니다.

Assign 버튼

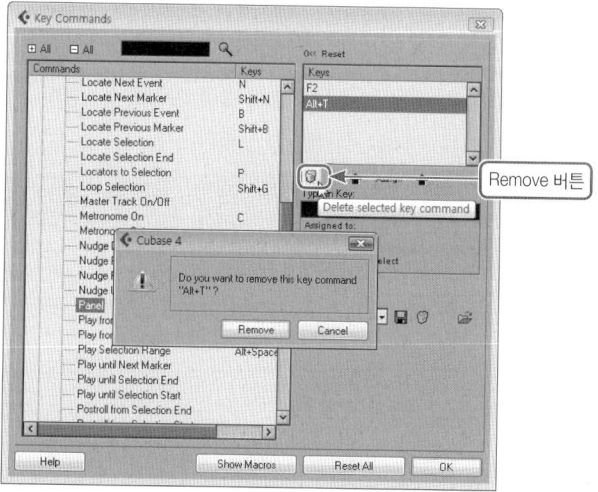

05 Keys 목록에서 선택한 단축키는 휴지통 모양의 아이콘을 클릭하여 삭제할 수 있습니다. 이때 열리는 창에서 Remove 버튼을 클릭합니다.

Remove 버튼

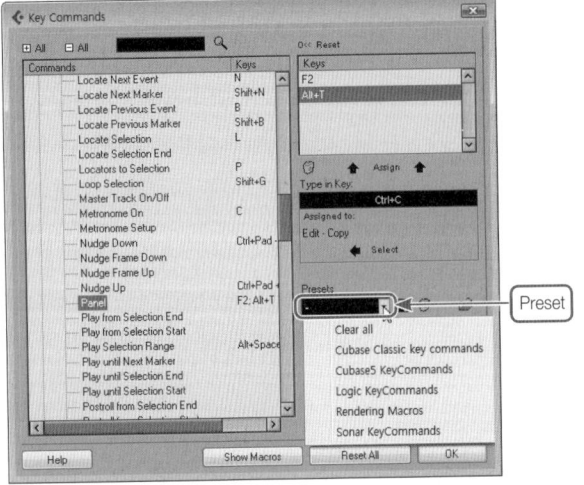

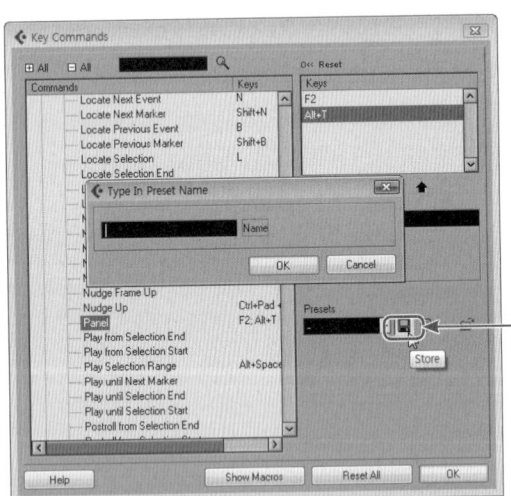

06 Pretest 항목은 기본 값으로 복구하는 Default, 소나 사용자를 위한 Sonar Key Commands, 로직 사용자를 위한 Logic Key Commands 등의 프리셋이 있습니다. 다른 프로그램을 사용하던 사람은 자신에게 익숙했던 단축키로 변경하는 것도 좋습니다.

07 프리셋 목록 오른쪽의 디스크 모양 버튼은 독자가 설정한 단축키를 프리셋으로 저장할 수 있고, 휴지통 버튼은 저장한 프리셋을 삭제하는 합니다. 그리고 휴지통 오른쪽의 열기 버튼은 프리셋 파일을 불러오는 역할 입니다.

08 Key Commands 창 하단에 보이는 Reset All 버튼은 큐베이스와 누엔도의 모든 단축키를 초기 설정 상태로 복구합니다. Reset All 버튼을 클릭하면 열리는 창에서 Reset All 버튼을 클릭합니다. Key Commands 창의 역할을 모두 살펴보았습니다. 자신이 자주 사용하는 기능에 단축키가 설정되어 있지 않다면, 지금까지의 과정을 통해서 자신만의 단축키를 만들어보기 바랍니다.

매크로 설정하기

Key Commands 창은 단축키 외에도 사용자가 원하는 기능을 한 번에 실행하는 역할의 매크로 키를 설정할 수 있습니다. 반복되는 작업이 많은 독자라면, 매우 유용하게 사용할 수 있는 기능입니다.

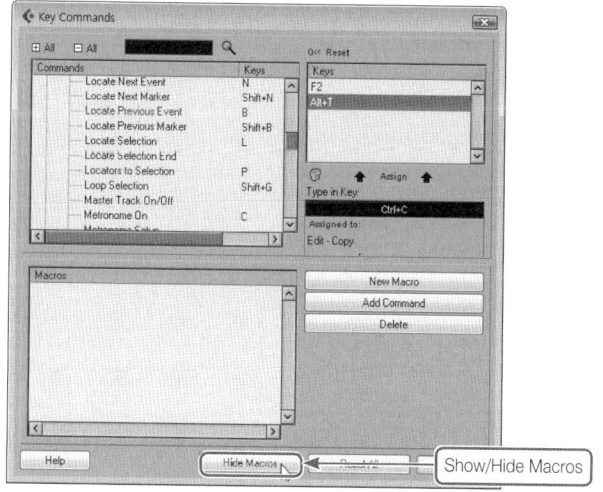

01 Key Commands 창에서 Reset All 버튼 왼쪽에 보이는 Show Macros 버튼을 클릭하면 창 아래쪽에 매크로를 설정할 수 있는 패널이 열립니다. 이때 Show Macros 버튼의 이름은 매크로 설정 창을 닫을 수 있는 역할의 Hide Macros 로 바뀝니다.

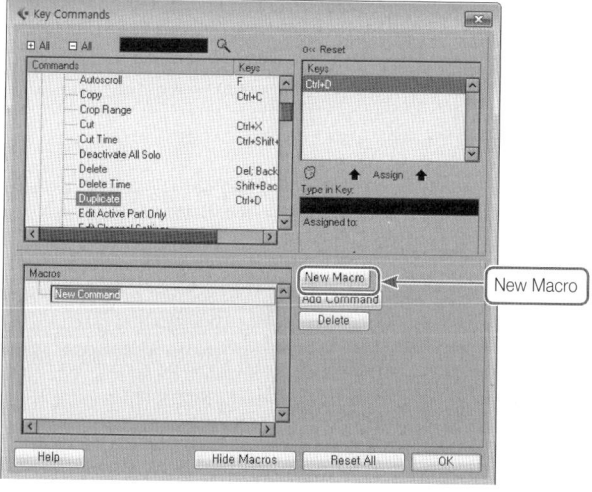

02 New Macro 버튼을 클릭하여 New Command를 추가하고, 구분하기 쉬운 이름으로 변경합니다. 한글로 입력해도 좋습니다.

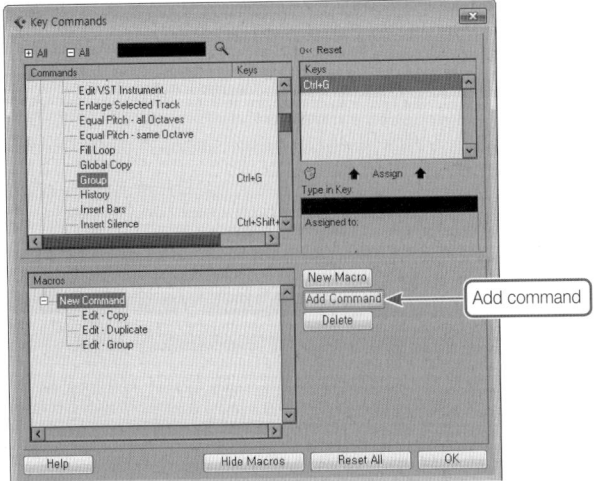

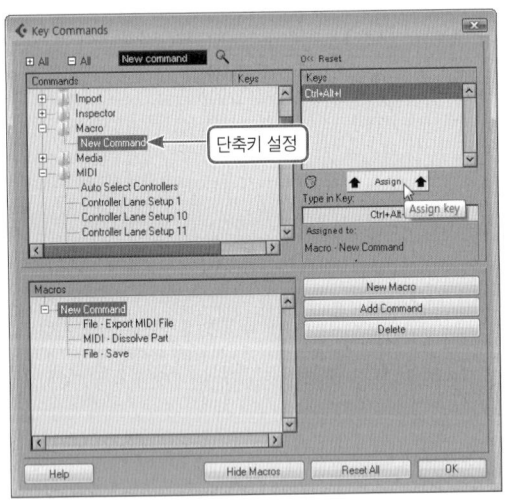

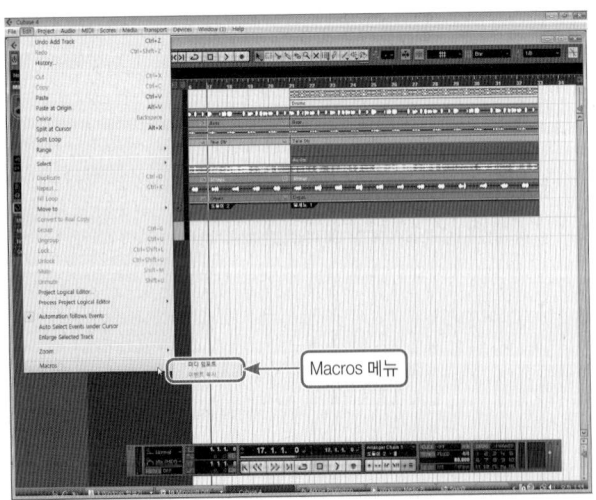

03 단축키를 눌렀을 때, 차례로 실행되게 할 명령을 찾아 Add Command 버튼을 클릭하여 추가합니다. 매크로의 실행은 목록에 추가한 차례이므로, 어떤 작업을 할 것인지 정확한 목적이 있어야 할 것입니다.

05 Commands 칼럼의 Macro 폴더에서 사용자가 만든 매크로의 이름을 찾아 단축키를 설정합니다. 단축키 설정 방법은 앞에서 살펴본 내용과 동일합니다.

05 OK 버튼을 클릭하여 Key Commands 창을 닫고, Edit 메뉴의 Macros를 보면 새로 만든 매크로가 등록되어 있는 것을 확인할 수 있습니다. 즉, 메뉴를 이용하거나 사용자가 등록한 단축키를 이용해서 필요한 작업을 한번에 처리할 수 있는 것입니다.

06 사용자 매크로는 Key Commands 창의 매크로 패널에서 Delete 버튼을 클릭하여 삭제할 수 있습니다. Key Commands 의 단축키와 매크로 설정 방법을 정확히 기억해 두면, 작업 속도를 배가 시킬 수 있는 요령을 터 득할 것입니다.

매크로 삭제

Tip 컴퓨터음악 프로그램

컴퓨터음악 프로그램에는 본서에서 학습하고 있는 큐베이스와 누엔도 외에도 Roland사의 Sonar, Apple사의 Logic Pro, Avid사의 Pro Tools 등의 다양한 종류가 있습니다.

인터넷을 보면 자기가 사용하지 않는 프로그램을 폄하하는 글들이 있고, 이를 믿는 입문자들이 있습니다. 절대 프로그램이 사운드의 질을 결정하지 않습니다. 어떤 프로그램이든 자신에게 익숙한 것이 좋습니다. 입문자는 데이터 호환이 편할 수 있도록 주변 친구들이 사용하는 것으로 시작합니다.

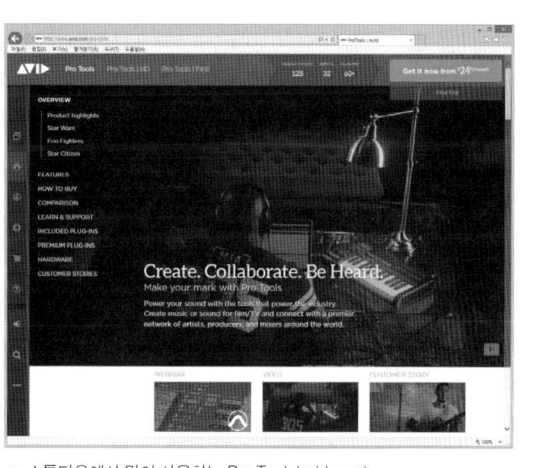

▲ 스튜디오에서 많이 사용하는 Pro Tools(avid.com)

컨트롤 룸 믹서 환경 꾸미기

큐베이스와 누엔도의 컨트롤 룸 믹서는 고가의 컨트롤 믹서를 구비한 녹음 스튜디오에서나 가능한 작업 환경을 구현하고 있는 기능입니다. DVD, DAT 등의 하드웨어 입력 소스를 위한 6개의 Input, 가수와 엔지니어의 의사 소통을 위한 Talkback, 모니터 분배를 위한 4개의 Studio와 4개의 Monitor, 그리고 Headphone 환경을 구축할 수 있습니다.

1 컨트롤 룸 믹서 환경 만들기

Device 메뉴의 Control Room Mixer를 선택하면 The Control Room is disabled! Do you want to enable it? 창이 열립니다. 컨트롤 룸 믹서는 기본적으로 Disable 되어 있기 때문에 Enable 버튼을 눌러 사용 여부를 결정해야 하는 것이며, 세부 환경은 VST Connection의 Studio 페이지에서 설정합니다.

믹서 열기 버튼

Control Room On/Off 버튼

01 Devices 메뉴의 VST Connection을 선택하거나 F4 키를 눌러 창을 열고, Studio 페이지의 Control Room On/Off 버튼을 클릭합니다. 그리고 오른쪽의 e 버튼을 클릭하여 컨트롤 룸 믹서를 열어놓습니다.

02 Add channel 버튼을 클릭하여 메뉴를 열고, 한가지씩 만들어보면서 컨트롤 룸 믹서에 추가되는 채널을 확인합니다. 먼저, 외부 소스 모니터를 위한 Add External Input을 선택합니다. Name은 사용자 오디오카드 In에 연결한 장치의 이름을 입력하고, Congifuration 에서 채널을 선택합니다.

03 Audio Device와 Port를 설정합니다. 컨트롤 룸 믹서의 Setup 페이지를 확인해 보면 Name 항목에 입력했던 이름이 External 채널이 생성된 것을 확인할 수 있습니다.

04 External Input을 추가한 것과 동일한 방법으로 Cue, Headphone, Monitor, Talkback을 추가해봅니다. Input은 최대 6개, Cue와 Monitor는 최대 4개까지 추가할 수 있습니다. 단, 모니터 채널 이외 장치는 이미 사용되고 있는 포트를 선택할 경우에 이전 포트 해제 (Continue)할 것인지를 묻는 창이 열립니다.

05 Devices 메뉴의 Control Room Overview를 선택하면, 컨트롤 룸의 환경을 한눈에 파악할 수 있는 창이 열립니다. 연결 경로는 왼쪽 상단의 Input에서부터 오른쪽 하단의 Monitor까지 녹색 불이 점등되어 있는 라인이며, 흰색 박스를 체크하여 경로를 변경할 수 있습니다. 컨트롤 룸 믹서의 각 경로를 그림으로 표시하고 있지만, 하나씩 체크를 해보면서 직접 확인을 하기 바랍니다.

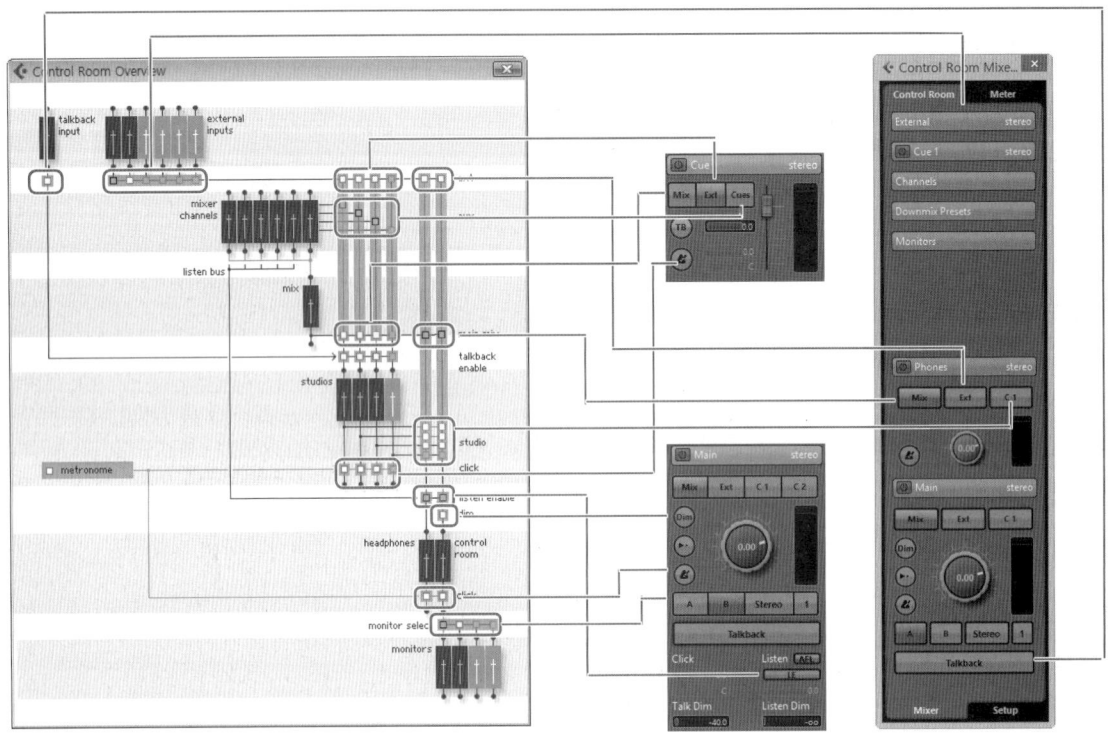

06 컨트롤 룸 믹서는 큐베이스 및 누엔도의 MixConsole에서 조작할 수 있습니다. 레이아웃 버튼에서 Control Room/Meter를 체크하면 화면 오른쪽에 Control Room 믹서와 Meter를 제공하는 섹션이 열립니다. 여기서 Control Room 탭을 선택합니다.

2 컨트롤 룸 믹서의 사용법

컨트롤 룸 믹서의 경로를 이해했다면, CD, DVD, DAT, VHS 등의 입력 소스와 녹음 부스, 컨트롤 룸 등 스튜디오 모니터 환경에 맞추어 하드웨어 라인 세팅이 완료되어 있어야 합니다. 집에서 간단한 구성으로 작업을 하고 있는 개인 사용자들은 컨트롤 룸 믹서의 막강한 위력을 실감하기 어렵겠지만, 언젠가는 자신만의 스튜디오를 꾸미게 될 것이고, 컨트롤 룸 믹서를 활용할 수 있다면, 많은 예산을 절감하게 될 것입니다.

1. 메트로놈 모니터

연주자가 대기하고 있는 룸(Cue)에 큐베이스와 누엔도의 메트로놈 사운드를 들려주고자 한다면, 해당 Cue 채널의 Click 버튼을 On으로 합니다. 오른쪽 슬라이드는 메트로놈의 볼륨과 팬을 조정합니다.

2. 인풋 모니터

CD, DVD 등 오디오 인터페이스 입력 라인에 연결한 장비를 모니터 하고 싶다면, External에서 모니터할 장비가 연결되어 있는 라인을 선택하고, 선택한 장비를 모니터할 스튜디오의 Ext 버튼을 선택합니다.

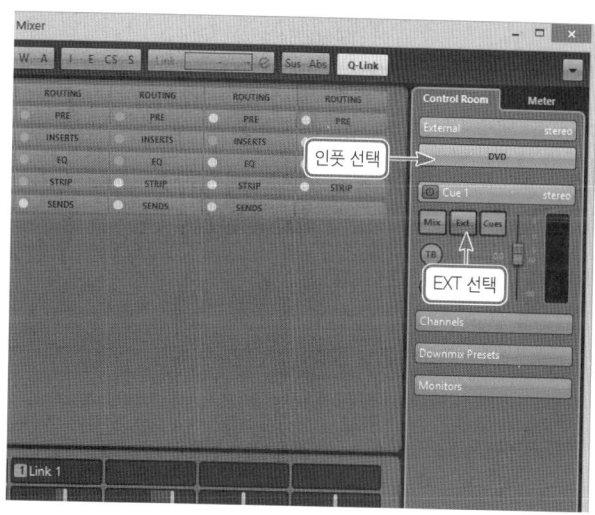

3. 모니터 섹션

모니터 라인 아웃은 총 4개까지 연결이 가능하며, 각
라인은 Monitor 섹션에서 버튼을 클릭하여 선택합니
다. 모니터 아웃 채널은 Downmix Preset에서 선택할
수 있고, Channels 패널을 더블 클릭하면 Mix 프리
셋을 설정할 수 있는 Mix Convert 창이 열립니다.

4. 메인 모니터

메인 아웃은 Main 패널의 LE 버튼을 클릭하여 모니
터 할 수 있으며, Lesten Level을 이용하여 볼륨을 조
절할 수 있습니다. 모니터는 볼륨 페이더 이전의 사운
드를 모니터하는 Pre Fader Listen (PFL) 버튼을 클릭
하여 볼륨 페이더 이후의 사운드를 모니터하는 After
Fader Listen (AFL) 모드로 전환할 수 있습니다.

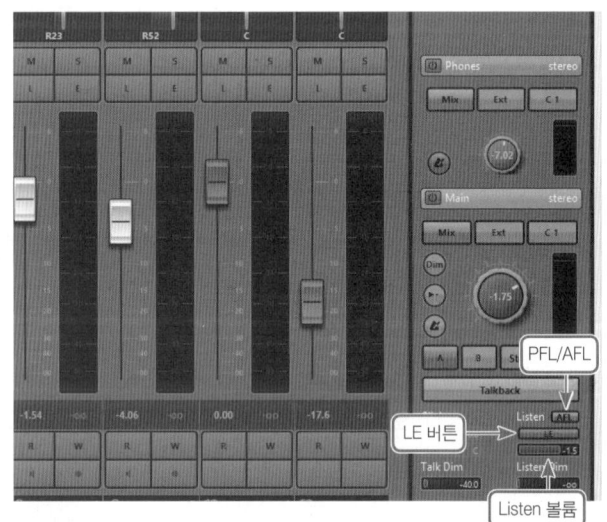

5. Talkback 모니터

컨트롤 룸의 엔지니어와 스튜디오 연주자와의 커뮤니
케이션을 위한 Talkback On/Off는 Control Room의
Talk 버튼을 이용하여 컨트롤할 수 있고, 스튜디오에
음성을 전달할 때는 해당 Cue 채널의 TB 버튼을 On
으로 합니다. 이 때의 볼륨을 Talk Dim Level 슬라이
더를 이용해서 조정합니다.

6. Dim과 레퍼런스 레벨

Dim 버튼은 컨트롤 룸의 레벨을 -30dB로 낮추며, 레퍼런스 버튼은 -20dB로 낮춥니다. 각각의 기본 값은 Preference 창의 Control Room 카테고리에서 설정할 수 있습니다.

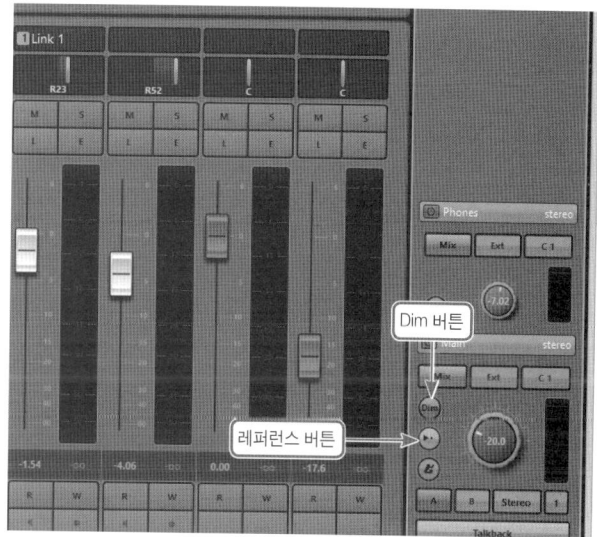

7. 인서트 패널

컨트롤 룸의 Setup 페이지에서 각 채널에 이펙트를 장착할 수 있습니다. 에를 들어 Cue 채널에 리버브를 장착하여 보컬이나 연주자에게 편안한 환경을 제공하고, 스튜디오에서는 선명한 모니터를 위해 드라이한 톤을 재생시킬 수 있는 것입니다.

8. Cue Sends 모니터

채널 세팅 창의 Cue Sends 패널은 스튜디오로 전송되는 레벨과 팬을 조정할 수 있는 슬라이더를 제공합니다. MixConsole에서는 Racks에서 Cue Sends를 선택하여 컨트롤할 수 있습니다.

가정교사

컴퓨터 한 대로 집에서 작업을 하는 사용자는 컨트롤 룸 믹서의 위력을 실감하기 어렵겠지만, 2룸 이상의 스튜디오를 꾸밀 때, 수 천 만원 이상의 비용 절감 효과를 볼 수 있습니다.

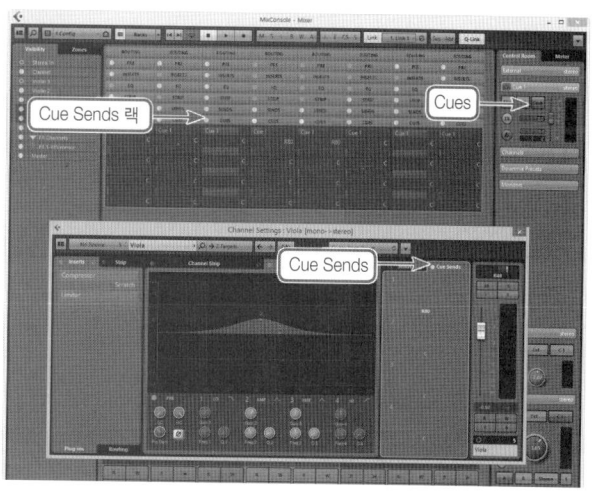

프로젝트 관리하기

큐베이스와 누엔도는 다양한 미디 편집 창과 오디오 편집 창외에 템포를 편집하는 역할의 템포 트랙 창, 미디어를 관리하는 역할의 브라우저 창, 마커를 관리하는 역할의 마커 창 등을 제공하고 있습니다. 음악 작업과는 거리가 있는 것들이 대부분이지만, 프로젝트를 체계적으로 관리하는 일 역시 중요하므로, 각 창의 역할을 충분히 익혀두기 바랍니다.

1 마커 창 익히기

Project 메뉴의 Marker를 선택하거나 단축키 Ctrl+M키를 누르면 곡의 위치를 표시하는 마커 편집 창을 열어줍니다. 마커 창은 마커 트랙이나 트랜스포트 패널의 마커 섹션에서 관리하는 마커와 동일하게 사용되지만, 프로젝트에 입력한 마커를 체계적으로 관리하는데 용의합니다.

1. Functions 및 Type 메뉴

Functions 메뉴는 마커를 삽입하거나 삭제하는 역할을 하며, Type 메뉴는 창에 표시할 마커의 종류를 선택합니다.

(1) Insert

Insert Marker를 선택하면 송 포지션 라인 위치에 포지션 마커, Insert Cycle Marker를 선택하면 로케이터 구간에 사이클 마커를 삽입합니다. Description 항목에 마커의 이름을 입력할 수 있습니다.

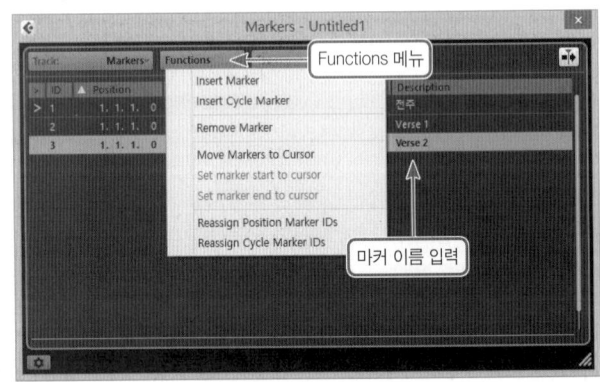

(2) Remove와 Move

Remove는 선택한 마커를 삭제하고, Move는 선택한
마커를 송 포지션 라인이 있는 위치로 이동합니다.

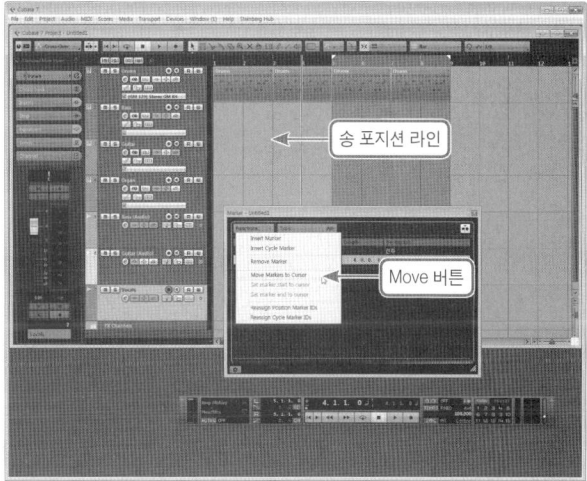

(3) Type

Type은 모든 마커를 표시하는 All, 포지션 마커를 표
시히는 Markers, 사이클 마키를 표시하는 Cycle
Markers의 3가지 메뉴가 있습니다. 사이클 마커는 ID
칼럼 번호에 괄호가 있는 것으로 구분합니다.

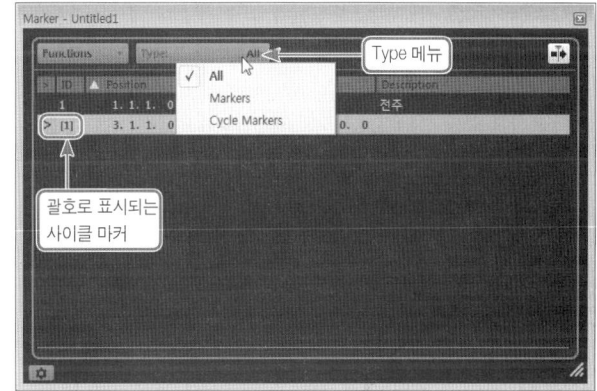

2. 칼럼

마커 창의 작업 공간에는 위치와 이름 등의 정보를 나타내는 칼럼들이 있습니다.

(1) 빈 공간과 ID

왼쪽에 있는 빈 공간을 클릭하면, 송 포지션 라인이
해당 마커의 위치로 이동합니다. ID는 키보드 숫자를
표시합니다. 1과2번은 로케이터의 위치이므로 3~9번
까지 설정합니다

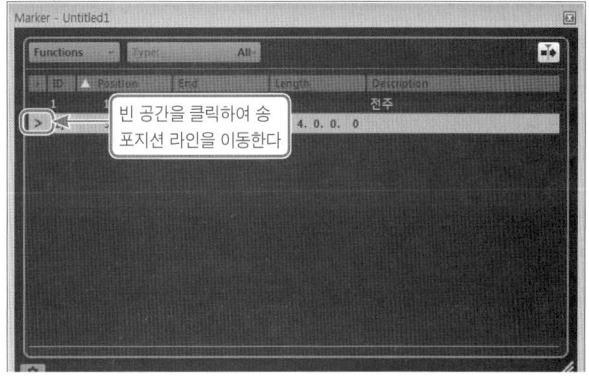

(2) Position

Position은 마커의 위치를 나타내거나 수정합니다. 마커는 마디 단위로 입력하는 것이 대부분이므로, 박자와 비트를 구분할 경우는 없습니다. 단위를 구분하여 입력을 하고 싶다면, 각 단위를 점(.)으로 구분합니다.

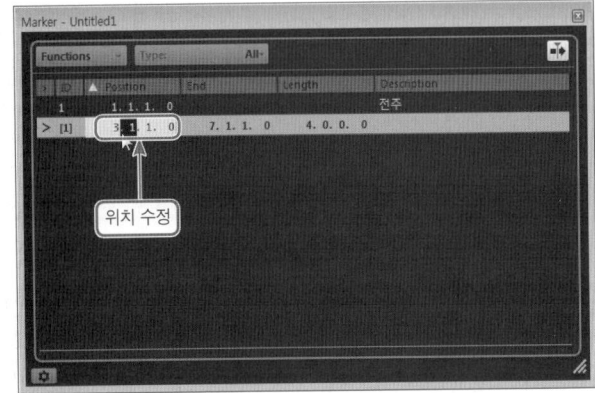

(4) End / Length

사이클 마커에 해당하는 정보입니다. End는 마커의 끝 위치를 표시하거나 수정할 수 있고, Length는 사이클 마커의 길이를 표시하거나 수정할 수 있습니다.

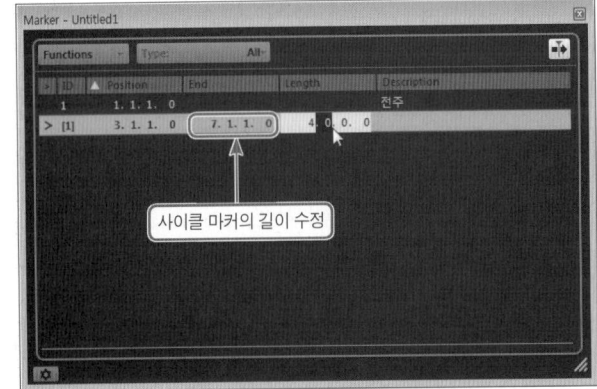

(5) Description

마커의 이름을 입력하는 칼럼입니다. 마커는 전주, 보컬 등 곡의 위치를 표시하는 역할을 하는 것이므로, 전문 용어보다는 한글로 알아보기 쉽게 입력하는 것이 좋습니다.

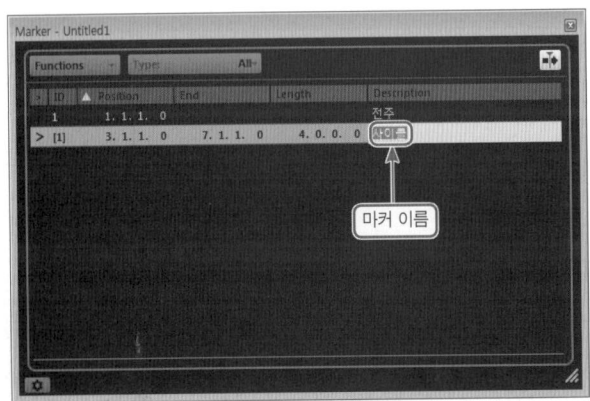

3. 마커 위치로 이동하기

프로젝트 창에서 줌 슬라이드의 메뉴 버튼을 클릭하면 사이클 마커의 목록이 열립니다. 여기서 원하는 이름을 선택하여 송 포지션 라인을 이동할 수 있습니다. 마커 트랙이나 마커 창을 열지 않았을 때, 이용할 수 있는 방법이므로 기억해두기 바랍니다.

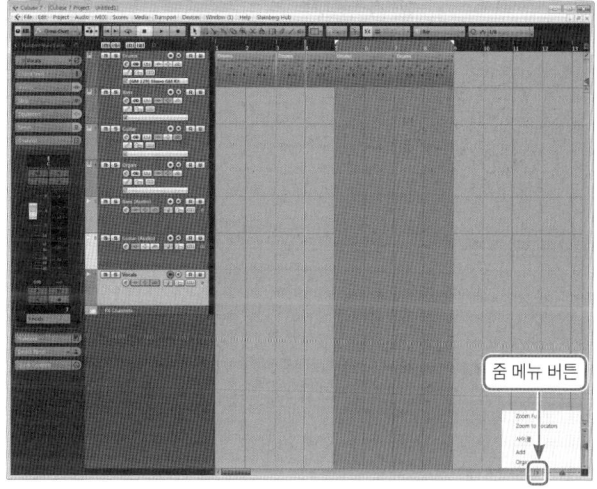

줌 메뉴 버튼

---

2 템포 트랙 창 익히기

Project 메뉴의 Tempo Track 또는 단축키 Ctrl+T키를 누르면, 템포와 박자를 편집할 수 있는 템포 트랙 창이 열립니다. 템포 트랙 창은 점점 느리게(rit), 본래의 빠르기로(a tempo) 등의 템포 변화를 만들거나, 박자 변화를 만들 때 사용합니다. 가요 작업에서 많이 사용하는 기법이므로 정확히 이해하기 바랍니다.

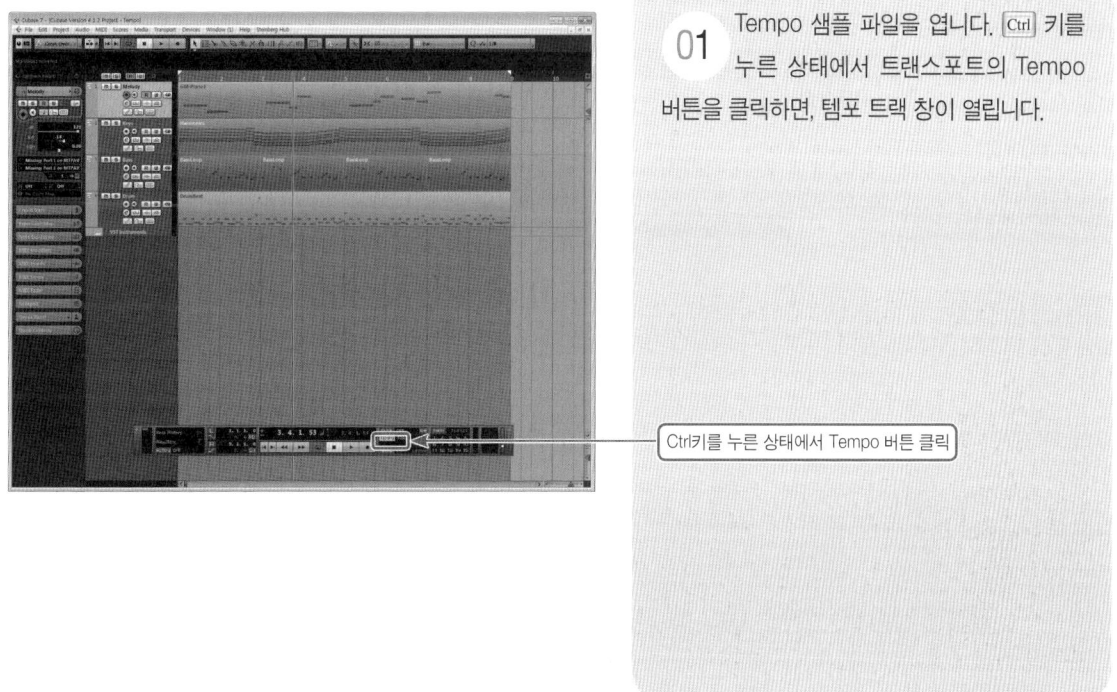

01 Tempo 샘플 파일을 엽니다. Ctrl 키를 누른 상태에서 트랜스포트의 Tempo 버튼을 클릭하면, 템포 트랙 창이 열립니다.

Ctrl키를 누른 상태에서 Tempo 버튼 클릭

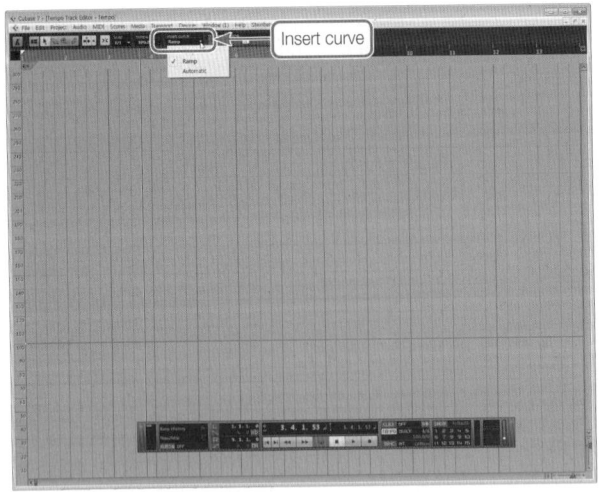

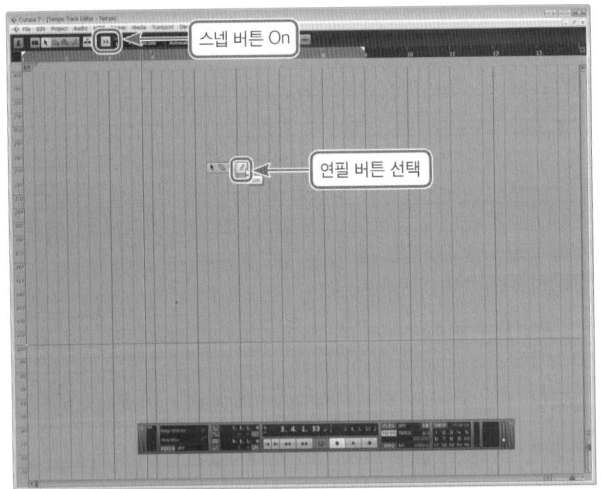

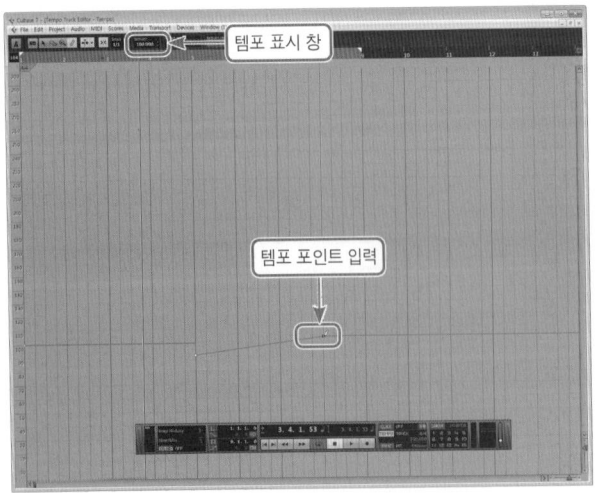

02 템포 트랙 창의 기본 커브는 템포를 순간적으로 변경할 수 있는 Jump 모드입니다. 템포를 점차적으로 변경해보기 위해서 Insert Curve를 Ramp 모드로 변경합니다.

03 도구 모음 줄에서 스넵 버튼을 클릭하여 On으로 하고, 작업 공간에서 마우스 오른쪽 버튼을 클릭하여 연필 버튼을 선택합니다. 버튼을 선택하는 메뉴의 숫자는 키보드 문자열의 숫자입니다. 즉, 8 키를 클릭하여 연필 버튼을 선택할 수 있습니다.

04 도구 모음 줄 왼쪽에 보이는 템포 표시 창 또는 마우스 포인터에 표시되는 bpm값을 확인하면서 5마디 위치에 90bpm, 9마디 위치에 100bpm의 템포 포인트를 입력합니다.

박자 입력

05 곡의 템포가 점점 느려졌다가 본래의 템포로 변경하는 효과를 만들어 보았습니다. 계속해서 박자를 변경하겠습니다. 도구 모음 줄 아래쪽에 위치한 박자 라인에서 5마디 위치를 클릭합니다.

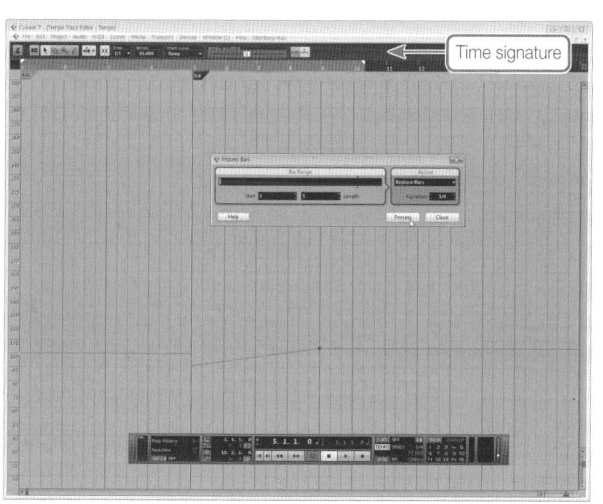

Time signature

06 입력한 박자의 분모에서 마우스 휠을 돌려 3으로 변경합니다. 도구 모음 줄의 Presess Bars 버튼을 클릭하여 창을 열고, 입력해도 좋습니다. 이때 Actions에서 Insert Bars를 선택하면 Signature 박자가 삽입되고, Replace Bars를 선택해야 변경됩니다.

변경한 박자 표

07 프로젝트 창에서 적당한 파트를 선택하고, MIDI 메뉴의 Ctrl+R 키를 눌러 스코어 창을 열어봅니다. 5마디 위치에 변경한 박자 표를 확인할 수 있습니다.

Tip 템포 트랙 도구 모음

템포 트랙 상단에 있는 도구들의 기능을 간단하게 살펴보겠습니다.

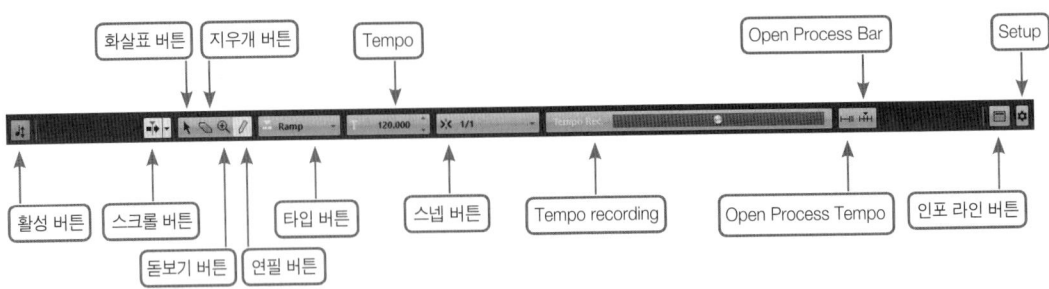

① 활성 버튼: 템포 모드를 FIXED 와 TRACK으로 전환합니다. 템포 트랙에 설정한 값들은 Track 모드일 경우에 적용합니다. 트랜스포트 패널의 TEMPO를 클릭하여 같은 역할을 할 수 있습니다.

② 스크롤 버튼 : 곡을 연주할 때 송 포지션 라인의 위치를 화면에 표시합니다. Off일 경우에는 송 포지션 라인 위치에 상관없이 원하는 위치를 화면에 표시할 수 있습니다.

③ 화살표 버튼 : 템포 포인트 또는 박자 표를 선택하고, 편집하는데 사용합니다.

④ 지우개 버튼 : 템포 포인트와 박자 표를 삭제하는데 사용합니다. 화살표 버튼으로 선택된 경우에는 Delete 키를 눌러 삭제할 수 있습니다.

⑤ 돋보기 버튼 : 작업 공간을 확대/축소 합니다. Alt 키를 누른 상태에서는 클릭하면 축소되고, Ctrl 키를 누른 상태에서는 확대/축소 전의 크기로 복구합니다.

⑥ 연필 버튼 : 템포 포인트와 박자 표를 입력하는데 사용합니다. 입력한 템포 포인트의 값을 변경할 때 사용할 수 있습니다.

⑦ 타입 버튼 : 입력할 템포 포인트의 라인을 Ramp, Jump 형태로 결정합니다.

템포 : 송 포지션 라인 위치의 템포를 표시합니다.

⑧ 스넵 버튼 : 템포 포인트와 박자 표를 입력하거나 수정할 때 마디 단위로 입력할 수 있게 합니다. Off일 경우에는 자유롭게 입력이 가능합니다. 단위는 우측의 Sanp 메뉴에서 선택합니다.

⑨ Tempo recordings : 곡을 연주할 때 슬라이드를 움직여 템포 값을 입력할 수 있게 합니다.

⑩ Open Process Tempo : 템포를 변경할 수 있는 Process Tempo 창을 엽니다. Process Range에서 구간을 설정하고, New Range에서 변경할 템포를 설정합니다. Time Display Format에서 표시 단위를 선택할 수 있습니다.

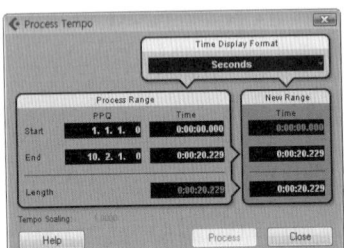

⑪ Open Process Bar : 박자를 변경할 수 있는 Process Bars 창을 엽니다. Start와 Length에서 변경할 위치와 길이를 설정하고, Signature에서 변경할 박자를 설정합니다. Action 에서 박자를 삽입할 것인지, 변경할 것인지를 선택할 수 있습니다.

⑫ 인포 라인 버튼: 도구 모음 줄 아래쪽의 선택 포인트의 정보를 확인하거나 수정할 수 있는 인포 라인을 엽니다. 인포 라인에는 위치(Start), 템포 값(Value), 라인 타입(Type)을 선택할 수 있는 정보가 있습니다.

⑬ Setup : 사용자가 원하는 도구 모음으로 구성할 수 있습니다.

Project 메뉴의 Browse를 선택하거나 단축키 Ctrl+B를 누르면, 프로젝트 창에서 사용하고 있는 모든 이벤트를 관리할 수 있는 브라우저 창이 열립니다. 브라우저 창은 윈도우 탐색기와 비슷하게 다양한 옵션을 설정할 수 있는 도구 모음 줄과 트랙을 트리 구조로 보여주는 Project Structure 창, 각 트랙에 사용되고 있는 이벤트를 보여주는 Viewing 창으로 구성되어 있습니다.

1. 도구 모음 줄

브리우저 창 상단에는 Project Structure의 트리 구조를 모두 표시하거나 감출 수 있는 +All, -All 옵션을 비롯해서 모두 6가지의 옵션이 있습니다. 각 옵션의 기능을 살펴보겠습니다.

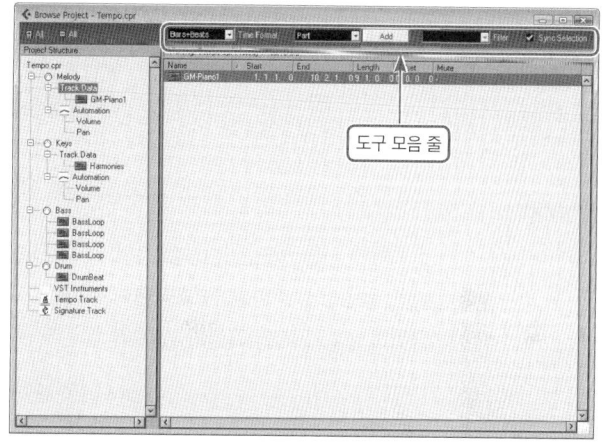

도구 모음 줄

(1) +All과 -All

Project Structure 창을 보면 각 트랙 이름 왼쪽에 + 또는 - 기호가 있습니다. 이 기호를 클릭하면 해당 트랙의 하위 구조를 표시하거나 감출 수 있습니다. 도구 모음 줄의 +All과 -All은 한 번의 클릭으로 모든 트랙의 하위 구조를 보여주거나 감출 수 있는 기능입니다.

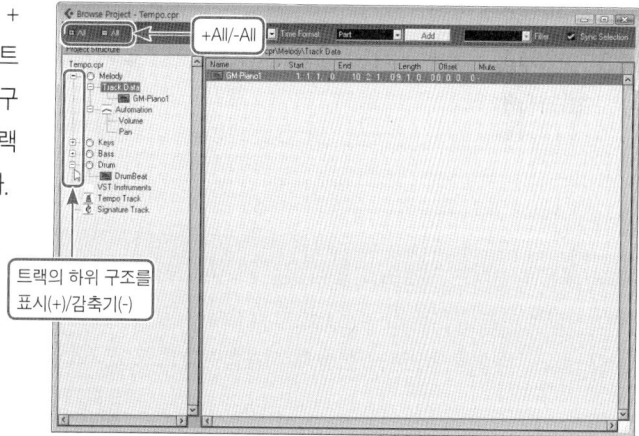

+All/-All

트랙의 하위 구조를
표시(+)/감축기(-)

(2) Time Format

Viewing 창에 표시하는 이벤트의 시작(Start), 끝 (End), 길이(Length) 등 칼럼에 표시하는 단위를 선택 하는 옵션입니다.

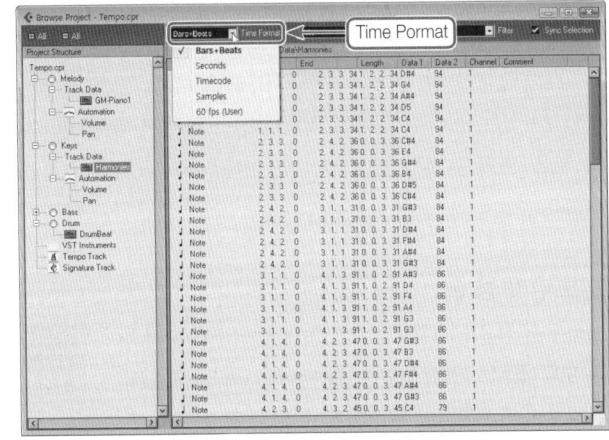

(3) Add

Add 버튼은 선택한 트랙에 파트 또는 이벤트를 추가 할 수 있는 버튼입니다. 목록에서 추가할 정보를 선택 하고, Add 버튼을 클릭하여 송 포지션 라인이 있는 위 치에 이벤트를 추가합니다.

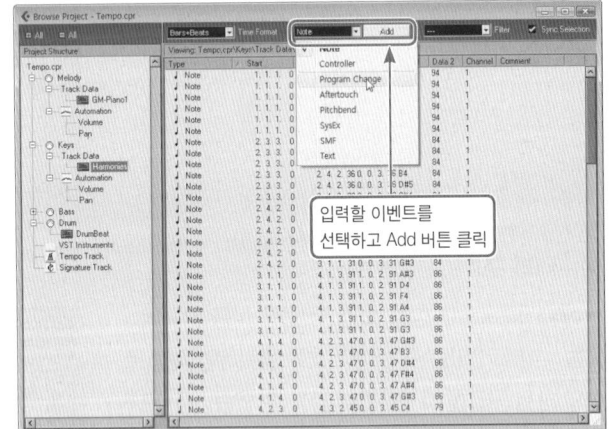

(4) Filter

Filter 옵션은 선택한 이벤트의 종류만을 Viewing 창 에 표시하게 하는 역할을 합니다. 이벤트의 종류가 많 을 때, 필요한 정보를 확인하고 싶을 때 사용합니다.

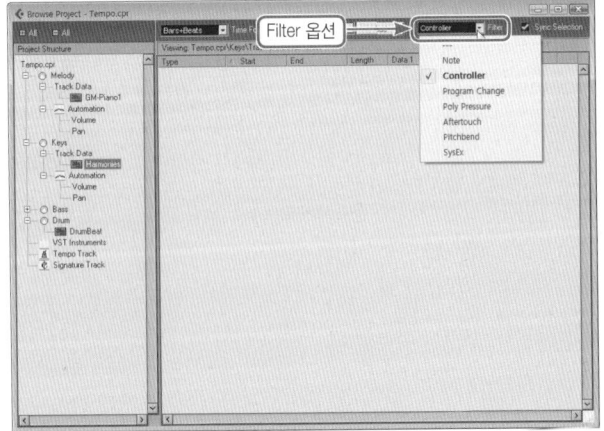

(5) Sync Selection

Sync Selection 프로젝트 창과 브라우저 창을 연결하는 옵션입니다. 이 옵션을 체크하면 어느 한쪽에서든 이벤트를 선택해도 다른 한쪽에서도 같은 이벤트가 선택되어 편집 중인 이벤트를 쉽게 구분할 수 있습니다.

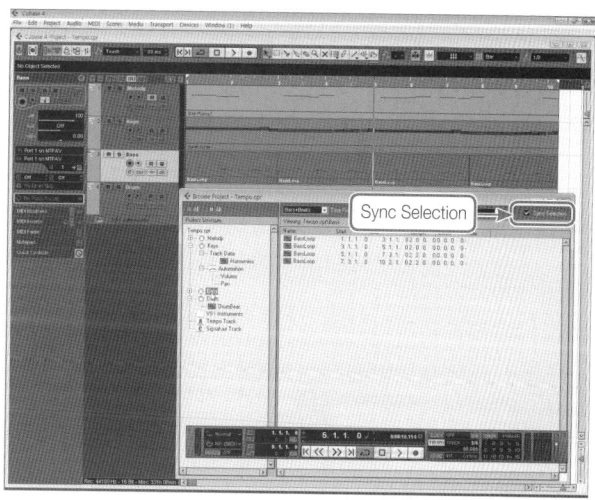

2. Project Structure 창

Project Structure 창은 트랙의 구조를 트리 형식으로 표시합니다. 트랙 이름 왼쪽의 +기호를 클릭하면 트랙에 사용하고 있는 파트를 보여주고, -기호를 클릭하면 감춥니다. 트랙과 파트의 이름은 마우스 클릭으로 변경할 수 있으며, 파트 이름 왼쪽에 표시하는 아이콘을 더블 클릭하면 해당 에디터가 열립니다.

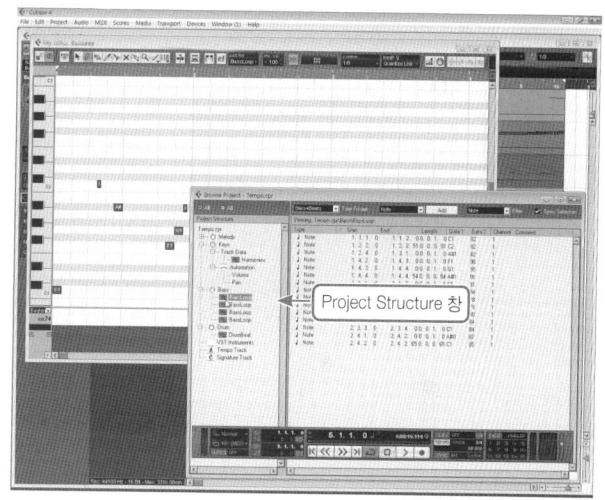

3. Viewing 창

Viewing 창은 Project Structure 창에서 선택한 이벤트의 내용을 보여줍니다. 왼쪽에서 트랙을 선택하면 파트를 보여주고, 파트를 선택하면 입력한 정보를 보여줍니다. Viewing 창의 각 칼럼 내용은 오디오는 프로젝트 창의 인포 라인 정보와 같고, 미디는 리스트 에디터와 같습니다.

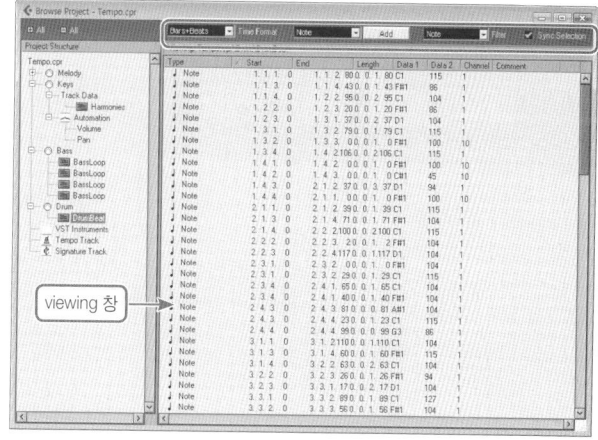

4 작업 공간 관리하기

큐베이스와 누엔도는 음악 작업을 하면서 다양한 편집 창을 열어 놓을 수 있지만, 한 화면에서 모든 작업 창을 볼 수 없습니다. 그래서 보통은 두 대의 모니터를 이용하는 편이지만, 개인 사용자의 경우에는 살짝 부담스러운 환경입니다. 이를 보완하기 위해서 로우 존을 제공하고 있지만, 이 보다는 작업 화면을 레이아웃으로 저장하여 Alt+숫자 단축키로 빠르게 전환할 수 있는 워크 스페이스 기능을 이용하는 것이 효율적입니다.

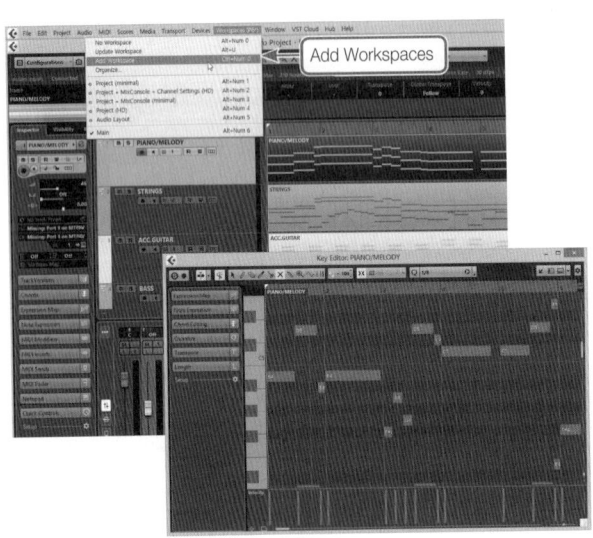

01 작업 창의 크기는 작업 창 테두리를 드래그하여 조정할 수 있고, 제목 표시줄을 드래그하여 위치를 변경할 수 있습니다. 몇 개의 작업 창을 열어놓고, 크기와 위치를 조정해봅니다. 그리고 Workspaces 메뉴의 Add Workspaces를 선택합니다.

02 현재 화면 상태를 저장할 수 있는 창이 열립니다. 타입은 기본 환경에 저장하는 Global과 현재 프로젝트에 저장하는 Project의 두 가지 입니다. 원하는 타입을 선택하고, 이름을 입력하여 저장합니다.

사용자 레이아웃

03 Workspaces 메뉴를 보면 앞에서 입력한 이름의 레이아웃 목록을 볼 수 있으습니다. 단축키를 선택하여 현재의 작업 화면을 그대로 볼 수 있는 것입니다. 같은 이름으로 상태를 변경하고 싶은 경우에는 Update Worksapce를 선택합니다.

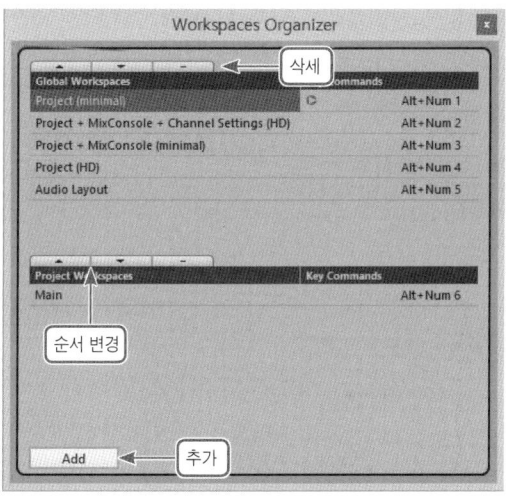

삭제

순서 변경

Add — 추가

04 Worksapce 메뉴에서 Organize를 선택하면 레이아웃을 관리할 수 있는 창이 열립니다. 위에 목록이 Global 타입이며, 아래 목록이 Project 타입입니다. 각각 순서를 변경할 수 있는 방향키와 삭제 버튼이 있고, 레이아웃을 추가할 수 있는 Add 버튼이 있습니다.

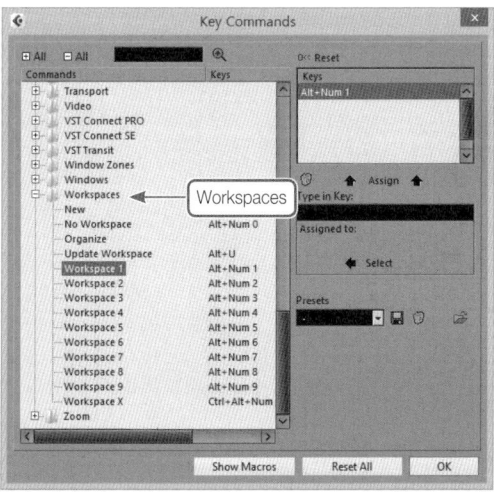

Workspaces

05 Workspaces Organizer 창의 Key Commands 칼럼을 클릭하면 단축키를 변경할 수 있는 Key Commands 창이 열립니다. 특별한 경우가 아니라면 Alt+숫자 키를 그대로 이용하는 것이 편리할 것입니다.

5 프로젝트 환경 설정하기

Project 메뉴의 Project Setup은 Empty 탬플릿 환경의 프로젝트를 만들거나 현재 작업 중인 프로젝트의 환경을 변경할 수 있는 창을 열어줍니다. 여기서 한가지 주의 할 점은 반드시 작업을 시작하기 전에 샘플 비트와 레이트를 결정하고, 이미 오디오 이벤트를 녹음한 프로젝트 작업 환경에서는 변경하지 않는 것이 좋습니다.

1. Project Setup 창

Project 메뉴의 Project Setup을 선택하거나 Shift+S 키를 눌러 Project setup 창을 엽니다. Status Line을 열어놓은 경우에는 프로젝트 정보 항목을 클릭해도 됩니다. 프로젝트 창은 크게 6가지 섹션으로 구성되어 있습니다.

2. Author / Company

첫 번째 섹션은 작업자의 성명 및 회사 이름을 입력할 수 있는 Author와 Company 입니다. 이 정보는 믹스 다운을 하게되면 iXML로 포함되며, 타이틀 바에 표시됩니다. 매번 동일한 이름을 사용한다면 Prefernece 의 Presonalization에서 입력해둡니다.

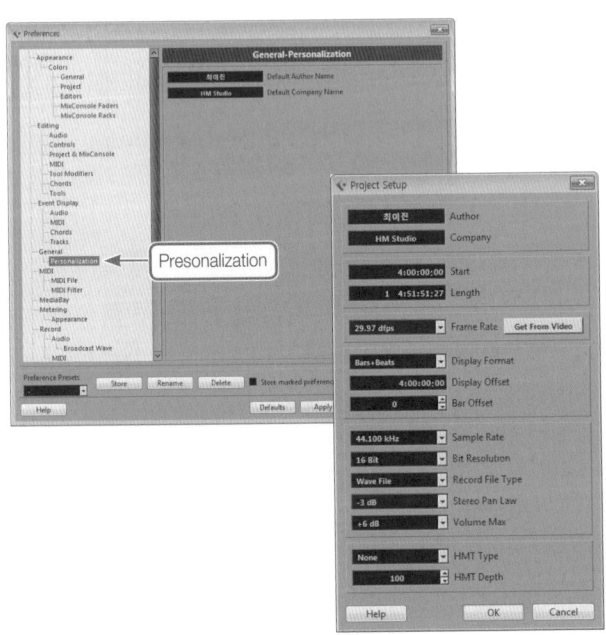

3. Start / Length

프로젝트의 시작 위치와 길이를 설정합니다. 단위는
시, 분, 초, 프레임입니다. 작업하는 음악의 최종 길이
가 4분이라고 가정을 했을 때, Length의 길이를 4분
으로 설정하면, 프로세싱 과정에서 전체 구간을 읽는
큐베이스와 누엔도의 특성상 보다 빠른 프로세싱이
가능합니다. 트랜스포트 패널의 포지션 슬라이드는
Length에서 설정한 길이를 기준으로 합니다.

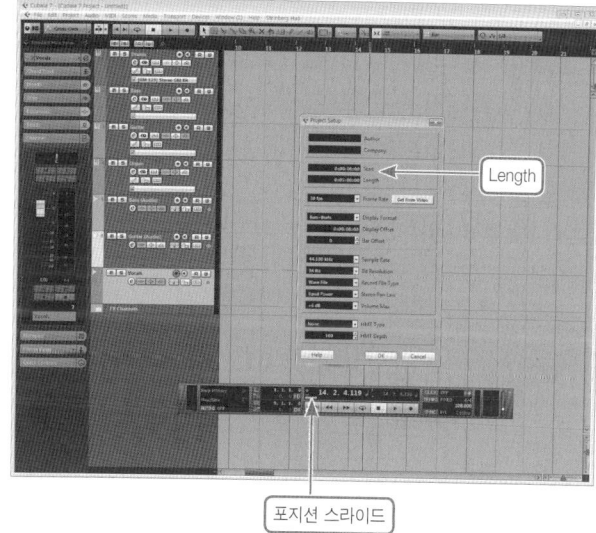

4. Frame Rate

1초에 재생하는 필름의 수를 나타내는 단위인 프레임
을 설정합니다. 프레임에는 크게 영화 표준인 24 fps,
한국, 미국, 일본 TV표준인 30 fps 과 29.7fps 등이 있
습니다. 룰러 라인에서 마우스 오른쪽 버튼을 클릭하
여 표시 단위를 변경할 수 있습니다.

5. Get From Video

Frame Rate 설정 항목 오른쪽에는 작업 중인 비디오
트랙의 샘플 레이트를 자동으로 분석하여 설정할 수
있는 Get From Video 버튼을 제공합니다. 추가 툴 없
이 비디오 샘플 레이트 값을 알아낼 수 있는 유용한
기능입니다.

6. Display Format / Offset

Display Format은 트랜스포트 패널의 디스플레이 창
또는 룰러 라인에 표시할 단위를 선택합니다. Offset
은 시작 타임을 설정하는 것으로 Display와 Bar의 두
가지가 있습니다. Display Offset은 시간 단위이고,
Bar Offset은 마디 단위입니다. 외부 소스의 시작 타
임이 다를 때 이 값을 조정하여 동기화 합니다.

7. Sample Rate / Bit Resolution

Sample Rate와 Bit Resolution은 녹음 또는 임포팅
한 오디오 샘플의 레이트와 포맷을 설정합니다. 시스
템에 설치된 오디오 인터페이스에서 지원하지 않는 포
맷으로 설정을 하면 노란색으로 표시됩니다.

8. Record File Type / Stereo Pan Law / Volume Max

Record File Type에서는 녹음하는 오디오 파일의 형
식을 선택하고, Stereo Pans Law는 패닝 효과를 적용
할 경우에 밸런스의 불균형을 보정하기 위한 중앙 레
벨을 -3 또는 -6으로 내리는 역할을 합니다. Volume
Max는 볼륨 페이더의 최대 값을 설정합니다.

9. HMT Type / Depth

미디 트랙의 Hermode Tuning 기능을 사용할 때의
모드와 값을 설정합니다. Hermode Tuning은 3, 5, 7
도 음의 간격을 튜닝하여 깔끔한 사운드를 만들어줍
니다. 단, 이를 지원하는 VST3 악기에서만 적용됩니
다. 테스트를 위해 Reference (pure 3/5) 타입을 선택
하고, Depth은 기본 값 100으로 합니다.

VST Instruments 트랙에서 HALion Sonic SE를 로딩
합니다. 음색은 모니터하기 쉬운 피아노 음색을 가지
고 간단한 C 코드를 녹음해 봅니다.

녹음한 사운드를 재생해서 모니터 합니다. 그리고
MIDI Modifiers의 HMT: Follow 기능을 활성화하고,
다시 한 번 재생합니다. 음 간격이 조율되어 좀 더 선
명한 사운드가 재생되는 것을 확인할 수 있습니다.

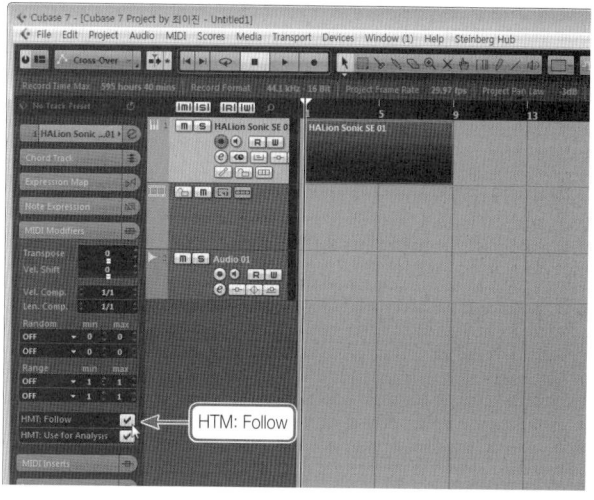

Advanced Music Production System

11
PART

출판 악보 만들기

큐베이스의 스코어 에디터는 노트 정보를 입력하거나 편집하는 기능 외에도 악보 출판을 목적으로 하는 피날레나 시벨리우스와 같은 전문 프로그램 못지않은 악보 제작이 가능합니다. 누엔도는 Expansion Kit이 추가 설치되어 있어야합니다. 여기서는 악보 제작에 관련된 기능을 살펴볼 것이므로, 악보를 제작할 일이 없거나 피날레나 시벨리우스를 사용하는 독자는 학습을 하지 않아도 좋습니다.

다양한 심벌 입력하기

Chapter

스코어 에디터의 인스펙터 창은 Symbols과 Inspector 탭으로 구성되어 있습니다. 인스펙터 창은 도구의 Show/Hide Left Zone 버튼으로 열거나 닫을 수 있으며, Symbols 탭에는 Keys, Clefs, Time Sign 등의 10가지 팔레트가 기본적으로 열려있습니다. 그 외의 팔레트는 마우스 오른쪽 버튼을 클릭하면 열리는 단축 메뉴에서 선택합니다.

1 조표 입력하기

인스펙터 창의 Keys 팔레트는 악보의 조표를 입력하는 심볼들로 구성되어 있습니다. Cb Maj에서 C# Maj까지 모든 조표를 입력할 수 있으며, 입력한 조표를 더블 클릭하여 수정할 수 있습니다.

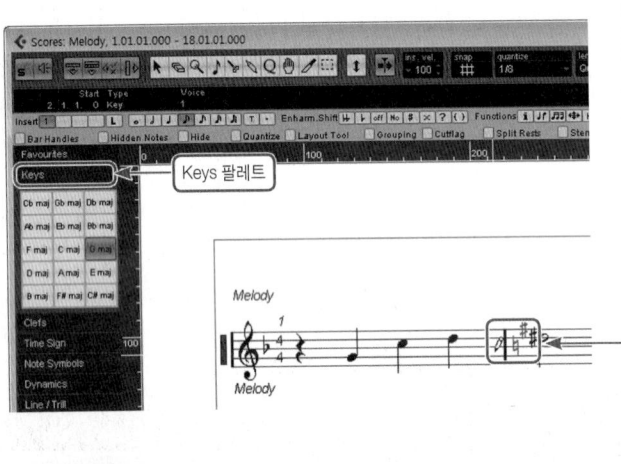

01 조표는 인스펙터 창의 Keys 팔레트에서 원하는 조표를 선택하고, 조표를 입력할 위치를 클릭하는 간단한 동작으로 입력할 수 있습니다.

02 입력한 조표는 마우스 더블 클릭으로 Edit Key 창을 열고, 수정할 수 있습니다. Edit Key 창의 Transpose 옵션은 실제 노트 값을 변경(1=반음)할 수 있게 하는 옵션입니다.

인스펙터 창의 Clefs 팔레트는 높은 음자리표와 낮은 음자리표 외에 가온 자리표, 타악기용 음자리표, 타브 악보용 음자리표를 입력할 수 있는 심볼들로 구성되어 있습니다. 입력 방법은 모두 동일합니다.

01 인스펙터 창의 Clefs 팔레트를 열고, 입력할 음자리표 버튼을 선택합니다. 그리고 음자리표를 입력할 위치를 클릭하면 사용자가 선택한 음자리표가 입력됩니다.

02 입력한 음자리표를 더블 클릭하면 음자리표를 편집할 수 있는 Edit Clef 창이 열립니다. 슬라이더를 위/아래로 조정하여 원하는 음자리표를 찾고, OK 버튼을 클릭하여 수정할 수 있습니다.

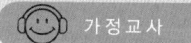 가정교사

Edit Clef 창 대신에 Clefs 팔레트에서 음자리표를 선택하고, 입력되어 있는 음자리표를 클릭하여 변경해도 좋습니다.

3 박자표 입력하기

인스펙터 창의 Time Signature은 박자표를 입력할 수 있는 심볼들로 구성되어 있으며, 클래식 곡에서 많이 사용하는 그룹 박자 표시도 가능합니다.

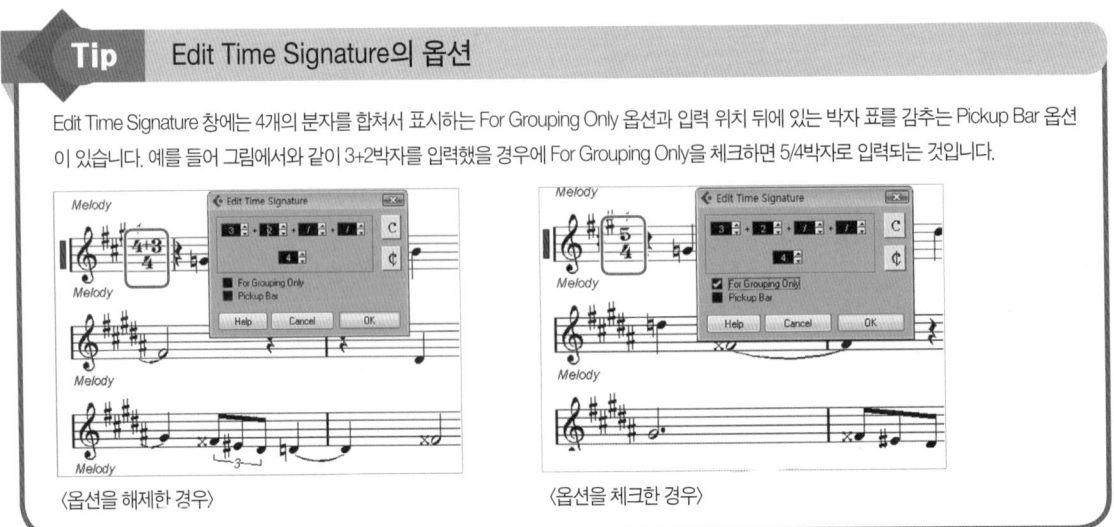

01 인스펙터 창의 Time Signature 팔레트에서 입력할 박자를 선택합니다. 그리고 입력할 위치를 클릭하여 입력하거나 입력되어 있는 박자를 수정할 수 있습니다.

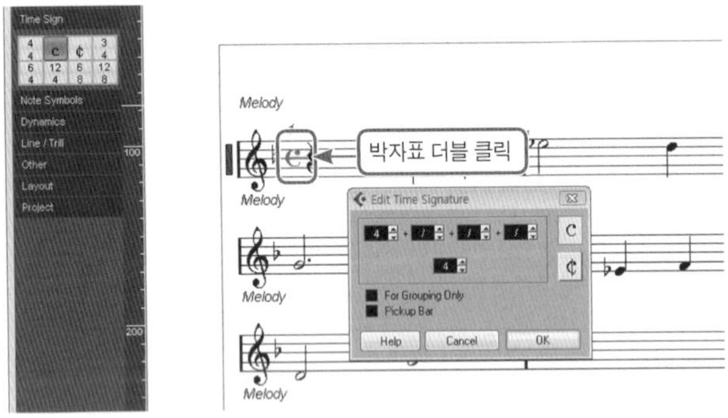

02 입력되어 있는 박자는 마우스 더블 클릭으로 Edit Time 창을 열어 편집할 수 있습니다. 가요에서는 잘 사용하지 않지만, 총 4의 그룹 박자표를 입력할 수 있으며, For Grouping Only와 Picyup Bar 옵션을 제공합니다.

Tip | **Edit Time Signature의 옵션**

Edit Time Signature 창에는 4개의 분자를 합쳐서 표시하는 For Grouping Only 옵션과 입력 위치 뒤에 있는 박자 표를 감추는 Pickup Bar 옵션이 있습니다. 예를 들어 그림에서와 같이 3+2박자를 입력했을 경우에 For Grouping Only을 체크하면 5/4박자로 입력되는 것입니다.

〈옵션을 해제한 경우〉　　　　　〈옵션을 체크한 경우〉

실제 연주에 영향을 주는 Expression Map기호를 제공합니다. 이것을 지원하는 VST 악기가 HALion Sonic SE, HALion Symphonic Orchestra 등으로 제한적이지만, 트레몰로, 슬라이드 등의 기호를 입력하는 것 만으로도 해당 주법이 표현된다는 것은 놀랄만한 기능입니다.

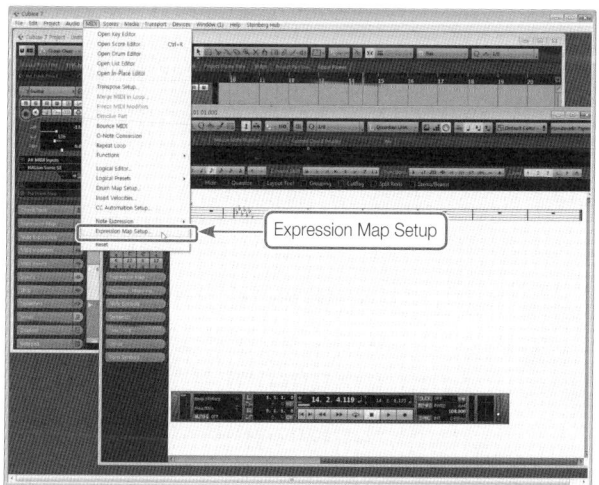

01 Expression Map 팔레트에 기호를 표시하기 위해서는 미리 맵을 설정해야 합니다. MIDI 메뉴의 Expression Map Setup을 선택하거나 프로젝트 창의 Expression Map 파라미터에서 Expression Map Setup을 선택합니다.

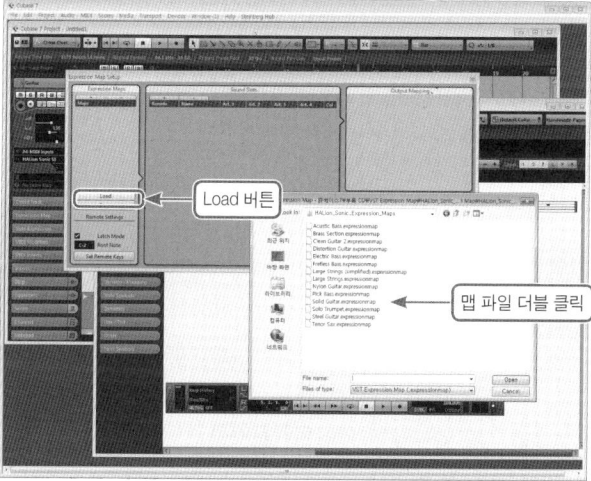

02 Expression Map Setup 창이 열립니다. Load 버튼을 클릭하여 창을 열고, 부록의 Expression Map 폴더에서 HALion Sonic SE Expression Map 폴더를 찾아 옵니다. 그리고 Large Strings expressionmap 파일을 더블 클릭하여 불러옵니다.

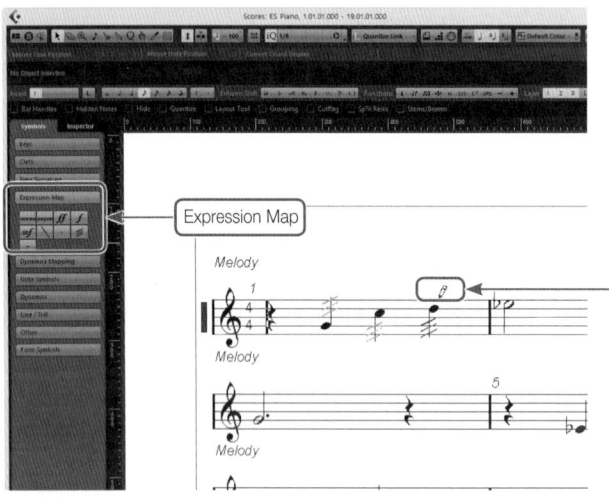

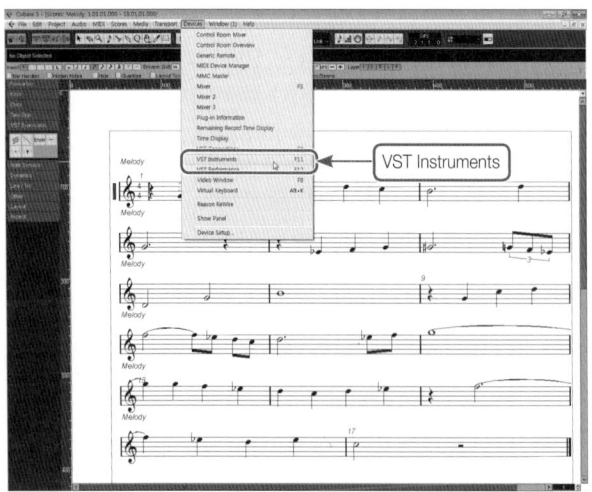

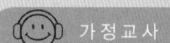

03 Enter 키를 눌러 스코어 창을 닫고, Epression Map 파라미터에서 앞에서 로딩한 Large Strings을 선택합니다. 그리고 Scores 메뉴의 Ctrl+R 키를 눌러 스코어 에디터를 다시 엽니다.

04 Expression Map팔레트를 열어보면, Large Strings 맵에 설정되어 있는 기호들을 볼 수 있으며, 음표의 머리를 클릭하여 입력할 수 있습니다. 입력된 기호는 실제 연주에 반영됩니다.

마우스 클릭으로 입력

05 단, 모든 악기가 Expressrion Map을 지원하는 것은 아니므로, 지원 가능한 악기를 불러와 테스트 합니다. 스코어 작업을 미디 트랙에서 하고 있었을 것이므로, Devices 메뉴의 VST Instruments를 선택합니다.

가정교사

VST Instruments 트랙에서 작업을 하고 있다면, 이미 악기를 로딩했을 것이므로, 이 과정이 필요없었습니다.

Expression Map

Expression Map

VST Instruments

06 VST Instruments의 슬롯을 클릭하여 목록을 열고, HALion Sonic SE을 선택합니다. 미디 트랙의 추가 여부를 묻는 창은 Cancel 버튼을 클릭하여 닫습니다.

HALion Sonic SE 선택

Cancel

07 VST eXpression(VX)을 지원하는 음색 이름에는 VX가 표시되어 있습니다. Large Strings 맵을 불러왔었으므로, Large Strings VX를 선택합니다.

VX 음색 선택

08 미디 트랙에 아웃에서 HALion Sonic SE을 선택하고, 재생을 해보면, 스코어 에디터에서 입력한 트레몰로, 슬라이드 등의 기호들이 그대로 연주되는 것을 확인할 수 있습니다. Expression Map 팔레트의 기호들은 삽입해보면서 테스트해 봅니다.

HALion Sonic SE 선택

기호가 실제로 연주된다

5 셈 여림 기호 입력하기

Dynamics과 Dynamics Mapping 팔레트는 악보에 셈 여림, 슬러 등의 다이내믹 기호를 입력할 수 있는 것들로 구성되어 있습니다. 기호를 입력한 후에 약간의 수정이 필요한 슬러 기호를 입력해보겠습니다.

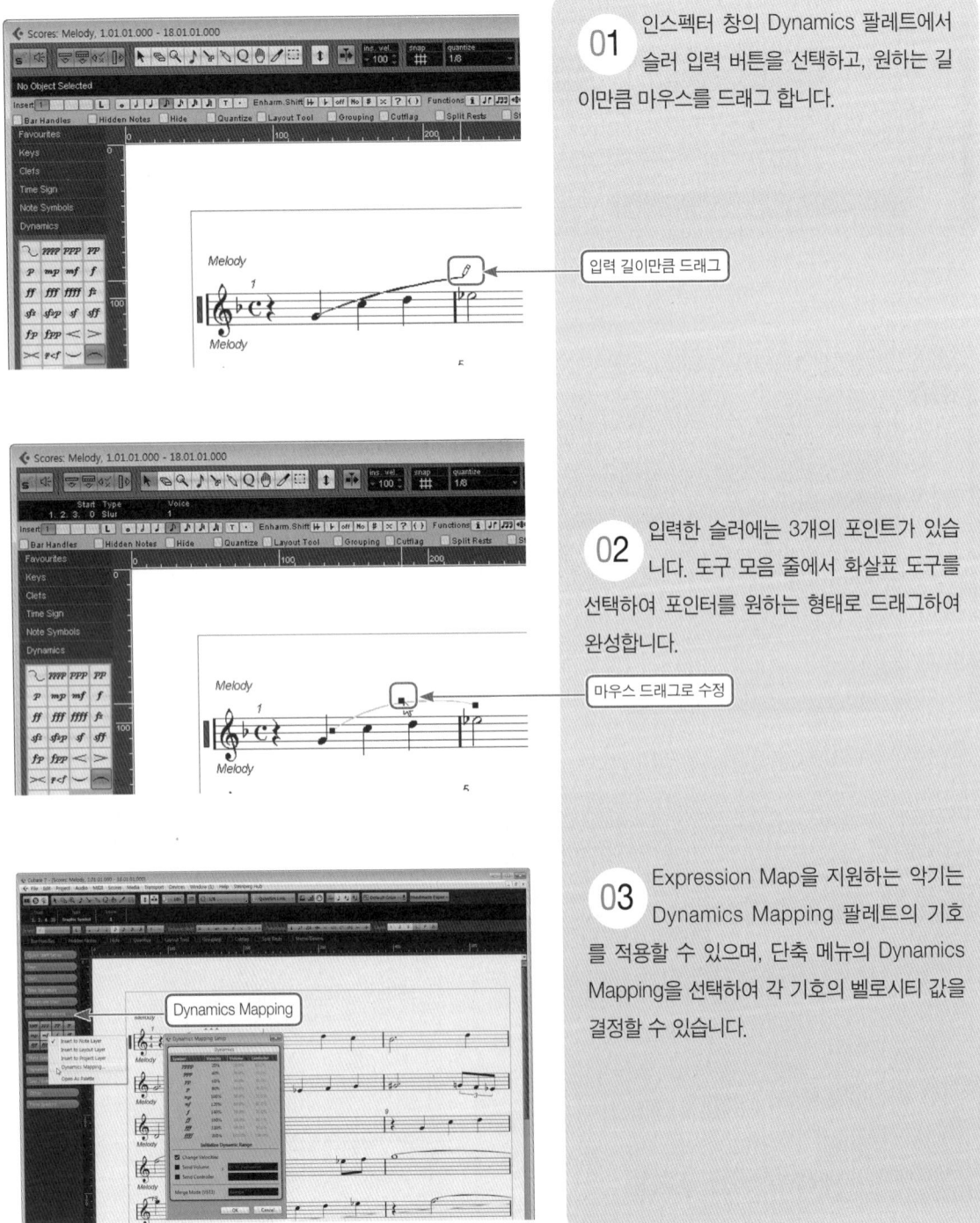

01 인스펙터 창의 Dynamics 팔레트에서 슬러 입력 버튼을 선택하고, 원하는 길이만큼 마우스를 드래그 합니다.

입력 길이만큼 드래그

02 입력한 슬러에는 3개의 포인트가 있습니다. 도구 모음 줄에서 화살표 도구를 선택하여 포인터를 원하는 형태로 드래그하여 완성합니다.

마우스 드래그로 수정

03 Expression Map을 지원하는 악기는 Dynamics Mapping 팔레트의 기호를 적용할 수 있으며, 단축 메뉴의 Dynamics Mapping을 선택하여 각 기호의 벨로시티 값을 결정할 수 있습니다.

Dynamics Mapping

6 연주 정보 입력하기

인스펙터 창의 Note Symbols 팔레트에는 음표에 스타카토, 테누노 등의 연주 정보에 관련된 심볼들로 구성되어 있습니다. 각 심볼의 입력 방법은 모두 동일합니다.

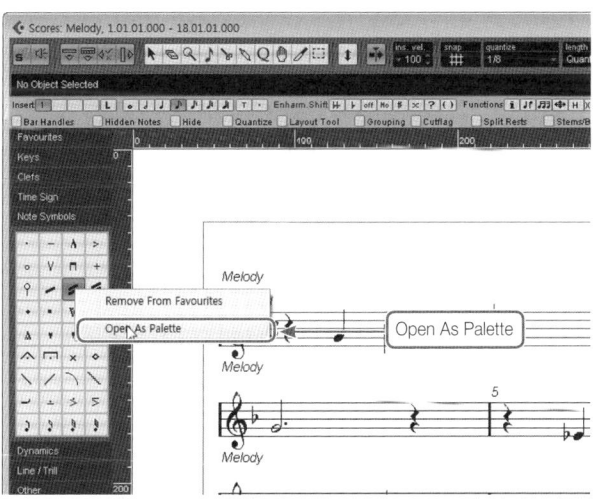

01 인스펙터 창의 모든 팔레트는 마우스 오른쪽 버튼을 클릭하여 단축 메뉴를 열고, Open As Palette를 선택하여 독립 팔레트로 열 수 있습니다. Remove From Favourites는 선택한 심볼을 팔레트에서 제거합니다.

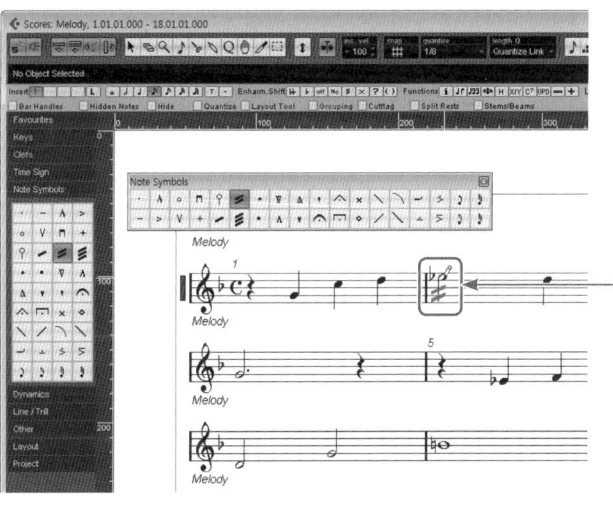

02 Note Symbols 팔레트에서 음표에 추가할 심볼을 선택하고, 입력할 노트를 선택합니다. 하나의 음표에 두 개 이상의 노트 심볼을 자유롭게 입력할 수 있습니다.

노트 클릭

7 트릴 기호 입력하기

Line/Trill 팔레트는 반복 기호로 사용하는 라인과 트릴 등의 심볼을 입력할 수 있는 것들로 구성되어 있습니다. 라인의 길이는 입력할 때 마우스 드래그로 결정하며, 도구 모음 줄의 화살표 버튼으로 길이와 위치를 조정할 수 있습니다.

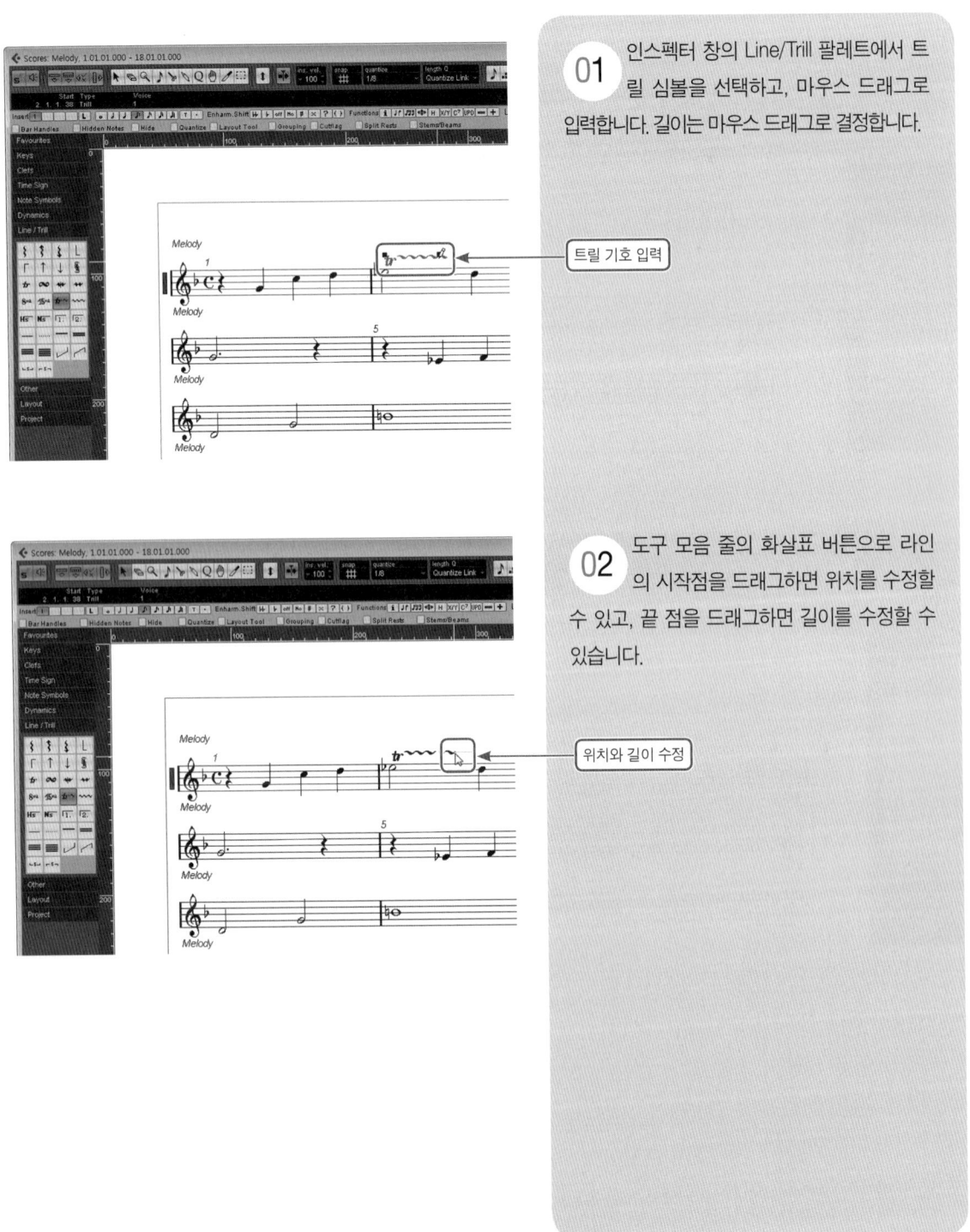

01 인스펙터 창의 Line/Trill 팔레트에서 트릴 심볼을 선택하고, 마우스 드래그로 입력합니다. 길이는 마우스 드래그로 결정합니다.

트릴 기호 입력

02 도구 모음 줄의 화살표 버튼으로 라인의 시작점을 드래그하면 위치를 수정할 수 있고, 끝 점을 드래그하면 길이를 수정할 수 있습니다.

위치와 길이 수정

8 가사 입력하기

Other 팔레트는 코드, 가사, 반복 기호 등의 심볼을 입력할 수 있는 것으로 구성되어 있습니다. 가요 악보에서 많이
사용하는 가사를 입력해보겠습니다.

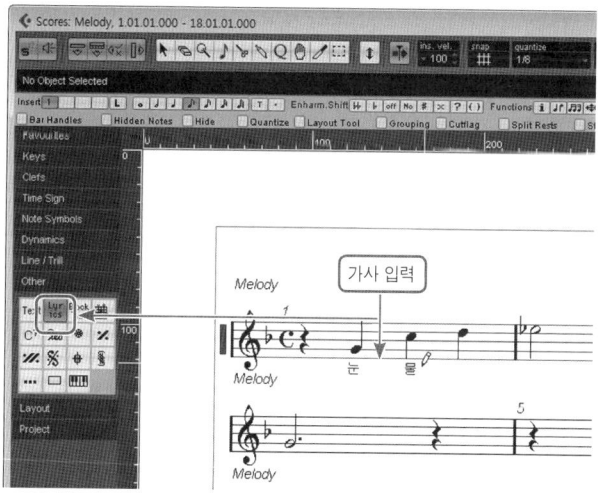

01 인스펙터 창의 Other 팔레트에서 가사
입력에 사용하는 Lyrics 버튼을 클릭하
고, 가사를 입력할 음표 아래쪽을 클릭합니다.
그리고 워드 프로그램을 사용하듯 원하는 문자
를 입력합니다.

02 다음 음표로 이동하여 가사를 입력하
는 방법은 Tab 키입니다. 워드와 같은
프로그램에서 많이 사용하는 Space bar 키와 혼
동 없길 바랍니다.

9 템포 및 반복 기호 입력하기

Form Symbols 팔레트는 반복 기호, 템포 표시 등을 입력할 수 있는 것들로 구성되어 있습니다. 템포 기호의 경우에는 프로젝트 템포가 적용되지만, 반복 기호는 악보 사보를 위한 것일 뿐이므로 착오 없길 바랍니다.

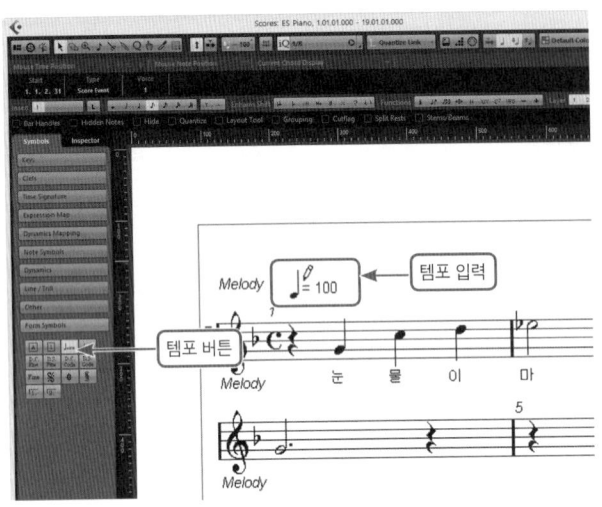

01 인스펙터 창의 Form Symbols 팔레트에서 템포 입력 버튼을 선택하고, 원하는 위치에 클릭합니다. 그러면 작업 중인 곡의 템포가 자동으로 입력되는 것을 확인할 수 있습니다.

02 트랜스포트 패널의 템포 창에서 템포 값을 변경해 봅니다. 심볼로 입력한 템포의 값이 변경되는 것을 확인할 수 있습니다.

Tip 레이어 구분

팔레트에서 입력하는 기호들은 기본적으로 노트 레이어에 입력되며, 레이아웃이나 프로젝트 레이어로 구분할 수 있습니다. 구분된 기호들은 도구 모음 줄의 L과 P 버튼을 활성화한 경우에만 편집이 가능합니다.

① From Symbols 팔레트에서 달세뇨 기호를 마우스 오른쪽 버튼으로 클릭하여 단축 메뉴를 열고, Insert to Project Layer를 선택하여 프로젝트 레이어로 설정합니다. 그리고 달세뇨 기호를 입력해봅니다.

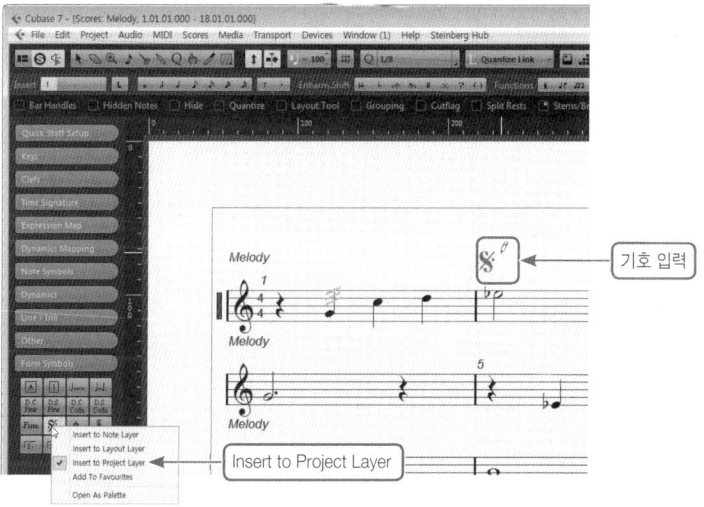

② Layout Layer 또는 Project Layer로 변경한 기호들은 해당 레이어에 종속되며, 도구 모음 줄의 L 또는 P 버튼을 Off로 하여 편집되는 것을 방지할 수 있습니다.

인스펙터 창에는 Default로 보여지는 팔레트 외에 Chord, Guitar 등의 팔레트를 표시할 수 있습니다. 먼저 자주 사용하는 문자를 등록하여 입력할 수 있는 역할의 Worlds팔레트를 살펴보겠습니다.

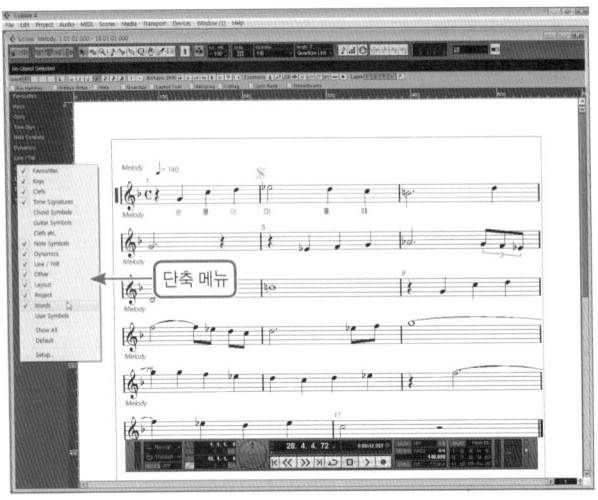

01 인스펙터 창에서 마우스 오른쪽 버튼을 클릭하면 Default 외에 제공하는 모든 팔레트를 선택하여 표시할 수 있습니다. Words 팔레트를 선택하여 표시합니다.

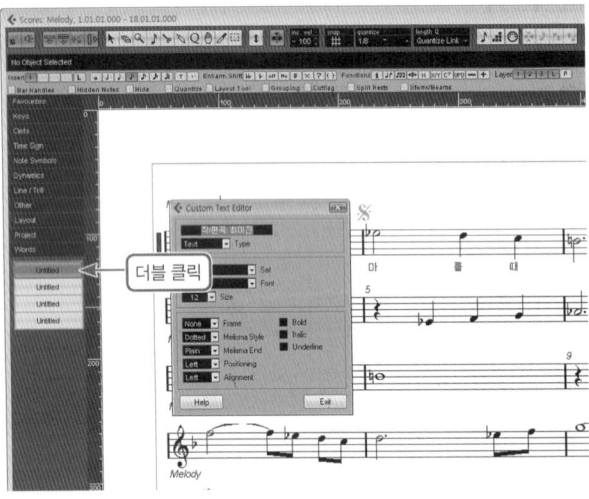

02 Words 팔레트는 기본적으로 비어있습니다. Untitled 버튼을 더블 클릭하여 Custom Text Editor 창을 엽니다. 창에서 타이틀 제목과 글꼴, 크기, 속성 등을 편집하고, Exit 버튼을 누릅니다. 자주 사용하는 문자를 같은 방법으로 등록시켜 놓습니다.

03 Untitled 버튼이 입력한 문자로 변경됩니다. 그리고 원하는 위치를 클릭하면 해당 버튼의 문자가 입력됩니다. Words 팔레트는 마우스 더블 클릭으로 Custom Text Editor 창을 열어 수정할 수 있습니다.

Tip Custom Text Editor의 옵션

문자를 입력하거나 편집하는 역할의 Custom Text Editor 창은 문자의 타입이나 크기 등을 설정할 수 있는 옵션으로 구성되어 있습니다.

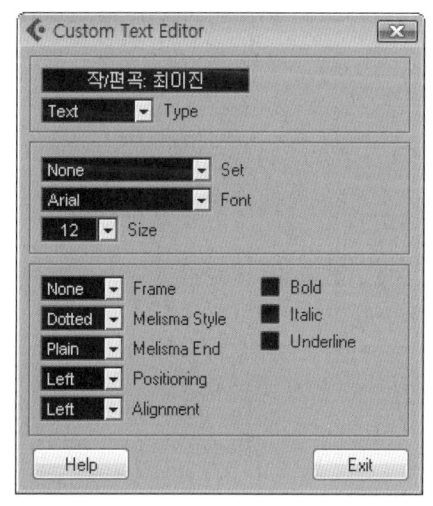

1. Type : 문자(Text), 가사(Lyric) 중에서 편집할 타입을 선택합니다.
2. Set : Score Settings의 Project-Text Settings에서 설정한 속성으로 선택합니다.
3. Font / Size : 글자체와 크기를 선택합니다.
4. Frame : 문자에 박스 표시를 할 것인지의 여부를 선택합니다.
5. Melisma Style : 문자가 입력된 오른쪽 포인트를 드래그하여 선을 만들거나 가사가 없는 음표에 입력될 라인의 형태를 선택합니다.
6. Melisma End : 선의 끝 부분을 어떻게 처리할 것인지를 선택합니다.
7. Positioning : 문자를 입력할 때의 기준 위치를 선택합니다.
8. Alignment : 문자의 정렬 위치를 선택합니다.
9. Bold / Italic / Underline : 문자를 굵게, 기울게, 밑줄로 표시할 수 있는 옵션입니다.

11 코드 입력하기

코드는 Orther 팔레트의 코드 입력 버튼을 이용해서 입력할 수 있으며, 별도의 Chord Symbols 팔레트에서 입력할 수 있습니다. Orther 팔레트를 이용하면 입력과 동시에 코드를 편집할 수 있고, Chord Symbols 팔레트를 이용하면 필요한 경우에만 편집할 수 있습니다.

01 인스펙터 창에서 마우스 오른쪽 버튼을 클릭하여 Chord Symbols 팔레트가 보이게 하고, 입력할 코드 타입을 선택합니다. 그리고 입력 위치에서 마우스 클릭으로 입력합니다.

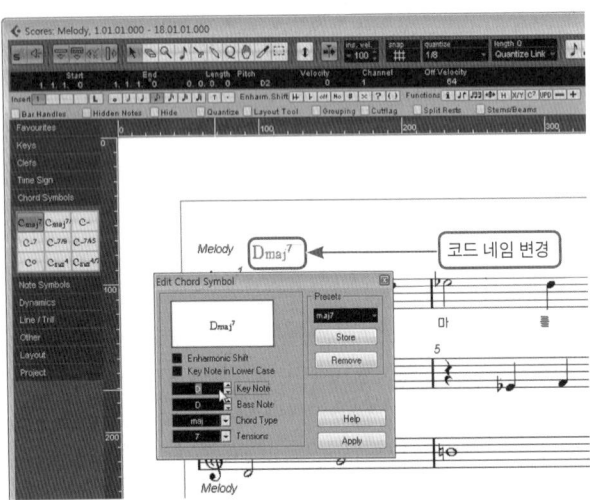

02 도구 모음 줄에서 화살표 버튼을 선택하고, 입력한 코드를 더블 클릭하여 Edit Chord symbol 창을 엽니다. 그리고 key Note에서 C 키로 입력된 코드 네임을 변경합니다.

Tip

Edit Chord Symbol 창의 옵션

입력한 코드 네임과 타입을 변경할 수 있는 Edit Chord symbol 창의 옵션을 살펴봅니다. 사용자가 설정한 코드 네임은 Apply 버튼을 이용해서 적용하거나 Preset으로 저장할 수 있습니다.

1. Display : Edit Chord Symbol 창에서 수정하는 내용이 표시됩니다.
2. Enharmonic Shift : C#가 Db과 같은 이명 동음 코드 네임을 변경합니다.
3. Key Note in Lower Case : 코드를 소문자로 표시합니다.
4. Key Note : 코드 네임을 선택합니다.
5. Bass Note : 분수 코드의 베이스 음을 선택합니다.
6. Chord Type : 코드 타입을 선택합니다.
7. Tensions : 텐션 코드를 선택합니다.

12 기타 코드 폼 입력하기

Guitar Symbols 팔레트는 Guitar 연주자들이 즐겨쓰는 기타 코드 폼을 입력할 수 있습니다. Guitar 악보를 만드는 경우에는 앞에서 살펴본 코드 외에 기타 코드 폼도 함께 입력해두는 것이 좋습니다.

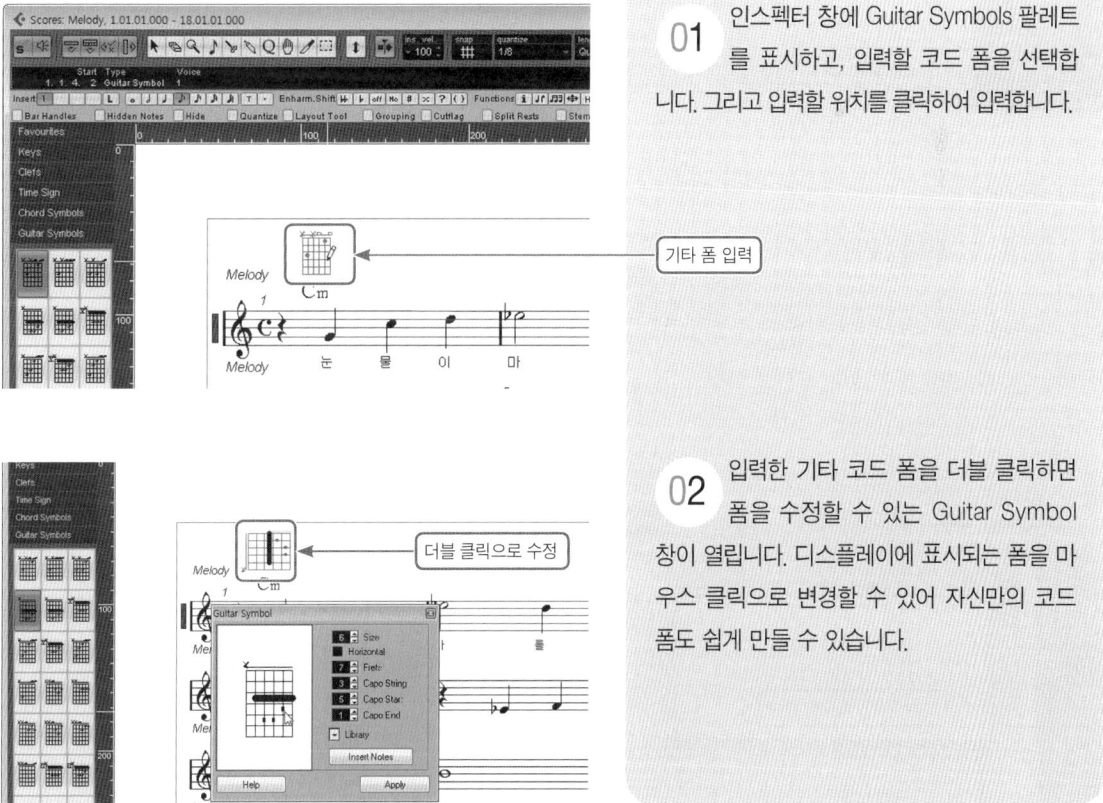

01 인스펙터 창에 Guitar Symbols 팔레트를 표시하고, 입력할 코드 폼을 선택합니다. 그리고 입력할 위치를 클릭하여 입력합니다.

기타 폼 입력

02 입력한 기타 코드 폼을 더블 클릭하면 폼을 수정할 수 있는 Guitar Symbol 창이 열립니다. 디스플레이에 표시되는 폼을 마우스 클릭으로 변경할 수 있어 자신만의 코드 폼도 쉽게 만들 수 있습니다.

더블 클릭으로 수정

13 나만의 팔레트 만들기

Favourites 팔레트는 지금까지 살펴본 팔레트에서 자주 사용하는 심볼만을 등록하여 매번 필요한 팔레트를 열지 않고도 원하는 심볼을 입력할 수 있는 역할을 합니다.

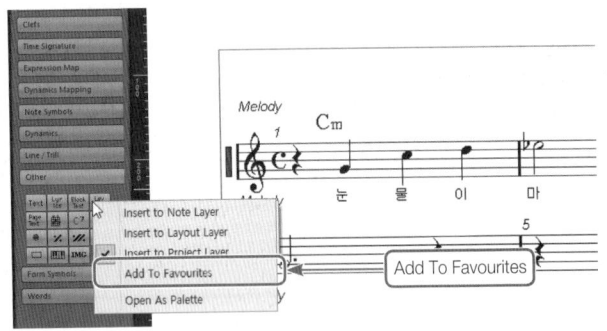

01 팔레트와 독자가 자주 사용하는 심볼을 마우스 오른쪽 버튼으로 클릭하여 단축 메뉴를 열고, Add To Favourites를 선택합니다.

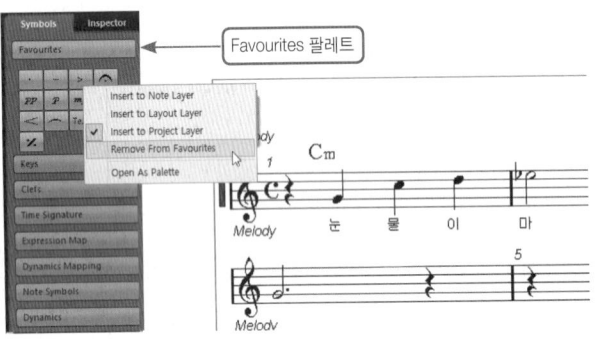

02 계속 같은 방법으로 Favourites 팔레트에 심볼을 등록할 수 있습니다. Favourites 팔레트를 열어보면, 사용자가 선택한 심볼이 등록되어 있는 것을 확인할 수 있습니다. 필요없는 심볼은 Remove From Favourites를 선택하여 제거할 수 있습니다.

14 로고 만들기

User Symbols 팔레트은 윈도 기본프로그램에서 제공하는 그림판과 같이 사용자가 원하는 심볼을 직접 그릴 수 있는 기능입니다. 회사의 로고나 자신의 싸인 등을 심볼로 만들어보기 바랍니다.

01 User Symbols 팔레트를 더블 클릭하면 도형, 선, 문자 등을 그려 넣을 수 있는 창이 열립니다. 도구에는 선이나 도형, 문자, 색상, 선의 굵기 등을 설정할 수 있는 것들로 구성되어 있습니다.

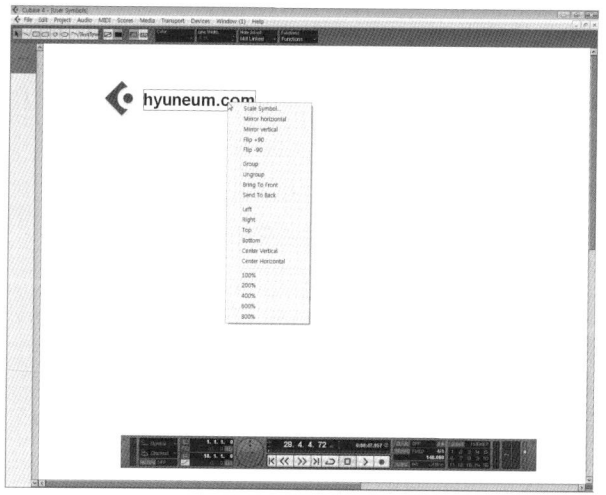

02 입력한 도형이나 문자에서 마우스 오른쪽 버튼을 클릭하면 선택한 개체의 방향이나 크기 등을 조정할 수 있는 단축 메뉴가 열립니다. 이것 역시 한번씩 선택을 해보면 쉽게 이해할 수 있습니다.

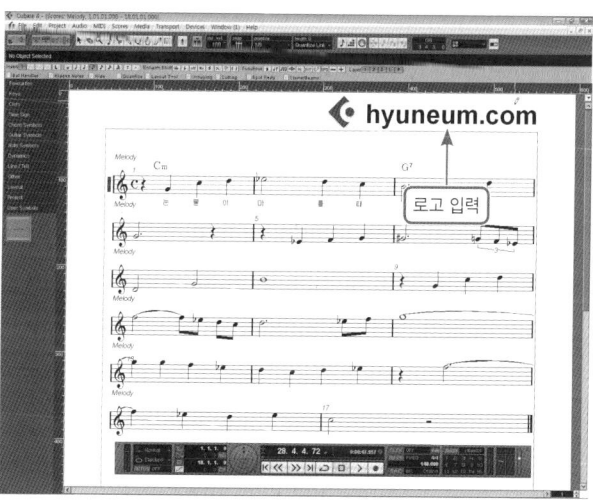

03 사용자가 만든 심볼은 다른 팔레트와 같이 원하는 곳에 입력할 수 있습니다. 크기나 심볼을 변경하고 싶다면, 입력한 심볼을 더블 클릭하여 심볼 편집 창을 다시 엽니다.

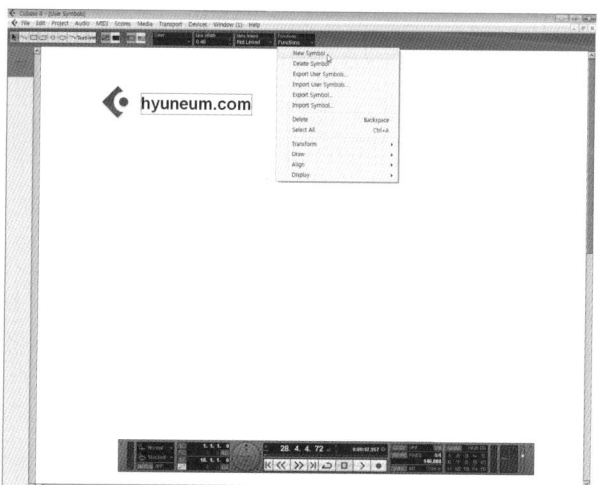

04 사용자 심볼은 편집 창의 Functions 메뉴에서 New Symbol 을 선택하여 추가할 수 있습니다. 그 밖에 심볼을 삭제하거나 저장하는 등의 메뉴들로 구성되어 있습니다.

 가정교사

스코어 창의 악보를 이미지 파일로 저장하여 포토샵과 같은 그래픽 프로그램으로 편집할 수 있기 때문에 기능이 많이 부족한 User Symbols 창은 무시하고 넘어가도 좋습니다.

스코어 창의 Inspector 탭은 레이아웃을 빠르게 적용할 수 있는 Quick Staff Setup 파라미터를 제공합니다. 많은 학습이 필요한 레이아웃 설정을 간단하게 이용할 수 있기 때문에 큐베이스 초보자도 쉽고 빠르게 원하는 악보를 만들 수 있습니다. 키 에디터에서 살펴보았던 Expression Map, Chord Editing, Quantize, Transpose, Length 파라미터는 실제 노트를 편집하기 때문에 악보 사보를 위해서라면 Save As로 원본을 보관해둬야 할 것입니다.

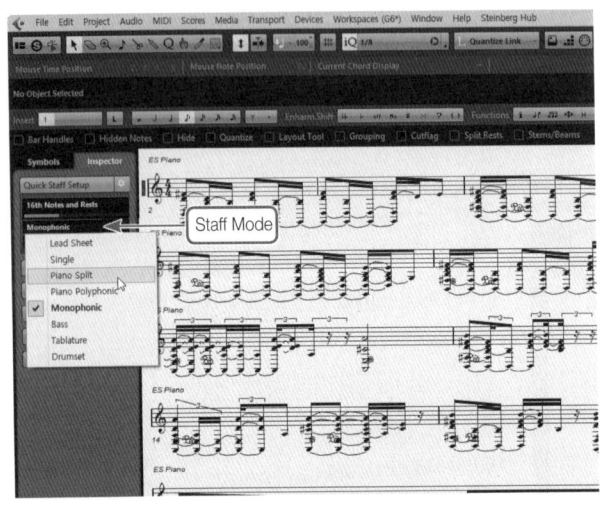

01 템포 가이드 없이 녹음된 Piano 샘플 프로젝트를 열어보면, 악보로 인쇄 하기에는 무리가 있습니다. Inspector 탭의 Quick Staff Setup 파라미터를 열고, Staff Mode 항목에서 Piano Split를 선택합니다.

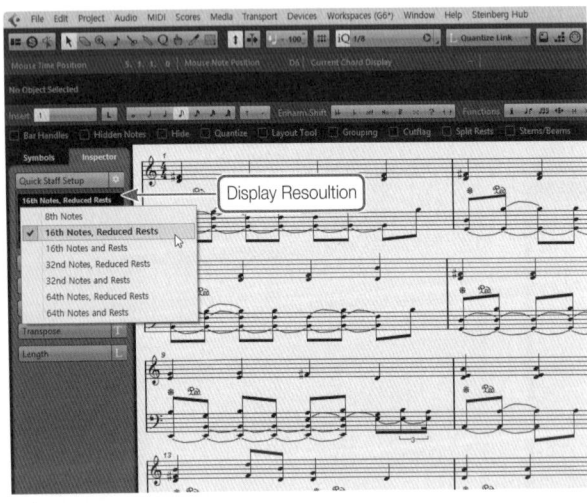

02 Display Resoultion 항목의 슬라이더를 움직이거나 메뉴를 열어 16th Notes, Reduced Rests를 선택합니다. 악보에 표시할 음표와 쉼표의 길이를 제한하는 것입니다.

03 Quick Staff Setup 설정으로 악보가 정리되면 다행이지만, 그렇지 않다면 나머지 파라미터들을 이용해서 데이터를 수정해야 합니다. Quantize 파라미터의 Gride에서 1/8를 선택합니다.

04 Quantize 버튼을 클릭하여 적용합니다. 악보 사보와 함께 데이터를 편집하는 것이 목적이라면 Iterative Quantize 버튼을 On으로 하여 조금 느슨하게 정리합니다.

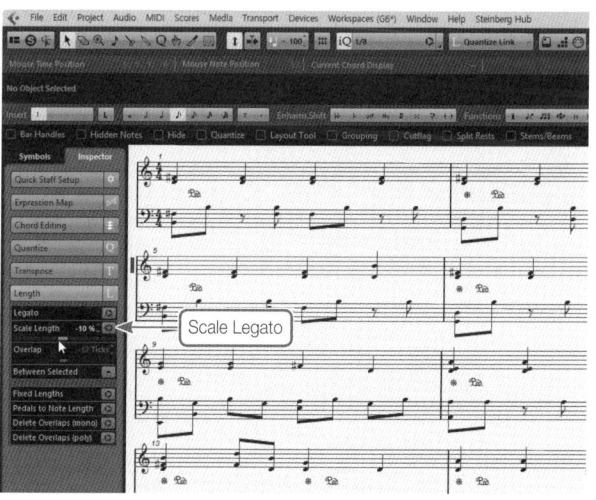

05 오버랩 되어 있는 음표는 Length 파라미터의 Scale Legato 값을 조정하거나 Fixed Lengths로 정리합니다. 단, Quick Staff Setup 이외의 파라미터는 실제 노트를 변경하는 것이기 때문에 악보 사보를 위해 조정했다면, File 메뉴의 Save as로 원본을 보관합니다.

악보의 레이아웃 설정하기

Chapter

Scores 메뉴의 Settings을 선택하거나 음자리표 왼쪽의 빈 공간을 더블 클릭하면 Project, Layout, Staff, Text 등의 환경을 설정할 수 있는 Score Settings 창이 열립니다. 이것은 악보에 입력하는 문자, 코드, 여백 등의 환경을 설정하는 역할을 합니다. 사용자마다 악보를 사용하는 목적이 다를 것이므로, 자신에게 적합한 악보를 제작하기 위해서는 각각의 환경을 설정할 줄 알아야 할 것입니다.

1 문자 환경 설정하기

악보에 표시되는 마디 번호, 트랙 이름, 박자 등의 폰트를 설정할 수 있는 Font Settings은 Score Settings 창의 Project 탭에서 Font Settings 카테고리를 선택하여 열 수 있습니다. Font Settings 페이지는 Project Text와 Attribute Sets의 두 가지 탭으로 구성되어 있습니다.

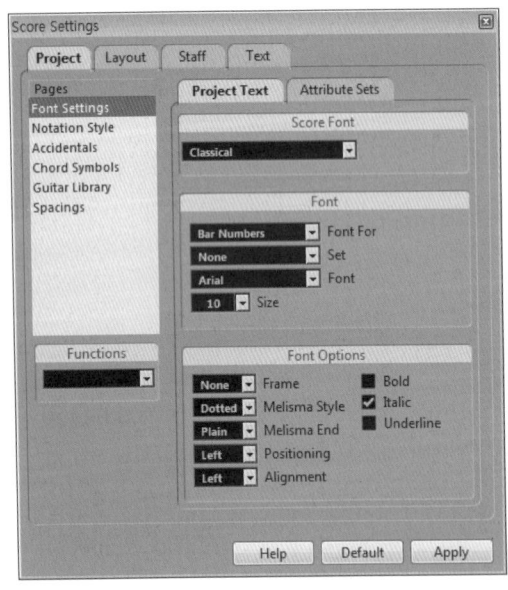

01 Project Text 탭 페이지는 악보에 표시되는 마디 번호, 트랙 이름 등 글자 모양을 변경하고 싶은 것을 Font For에서 선택하고, 나머지 옵션으로 사용자가 원하는 글꼴, 크기, 속성 등을 설정하는 페이지입니다.

각각의 옵션은 다음과 같은 역할을 합니다.

옵션	설명
Score Font	음표 및 심볼에 사용될 폰트를 선택합니다. 음표 및 심볼에 사용될 폰트를 선택합니다.
Font For	Bar Numbers, Track Name 등 환경을 설정할 폰트 목록을 선택합니다.
Set	Text Settings페이지에서 만든 환경을 선택합니다. 만들어 놓은 것이 없다면, None으로 표시되며, 만들어 놓은 것을 선택한다면, 창 아래쪽의 다양한 속성은 변경할 수 없습니다.
Font	글꼴을 선택 합니다.
Sizc	글자의 크기를 선택합니다.
Frame	문자에 사각(Box), 원형(Oval) 모양의 테두리를 만듭니다.
Melisma Style	타이로 연결된 음표에 가사 대신 Dotted(점선), solid(라인) 처리 방법을 선택합니다.
Melisma End	라인의 끝 지점을 Down/Up 하거나 화살표(Arrow)로 처리합니다.
Positioning	문자의 위치를 왼쪽/오른쪽으로 선택합니다.
Alignment	문자의 정렬 방식을 왼쪽/중앙/오른쪽으로 선택합니다.
Bold	문자를 굵게 표시합니다.
Italic	오른쪽으로 기울어진 문자를 표시합니다.
Underline	문자에 밑줄을 표시합니다.

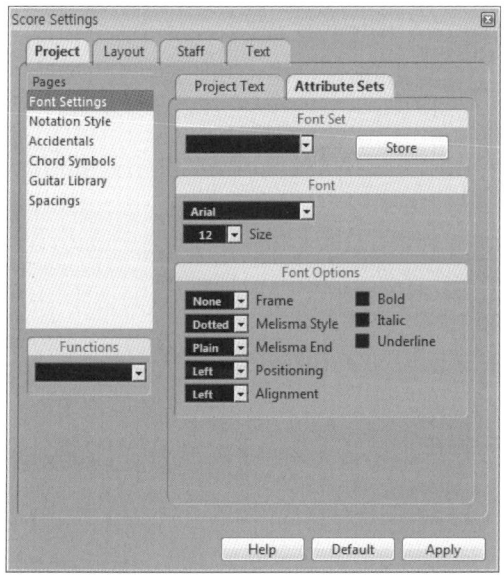

02 Attribute Sets 페이지는 사용자가 원하는 문자 속성을 만들어놓는 페이지 입니다. 옵션은 Project Text페이지와 동일하며, Set 항목에서 이름을 입력하고, Store 버튼으로 저장합니다. 저장한 Sets은 Text Editor 창의 Set 항목에서 선택하여 사용합니다.

악보의 임시표 및 텐션의 표시 환경을 설정할 수 있는 Accidentals 창은 Scores Settings 창 목록의 Accidentals 를 선택하여 열 수 있습니다. Accidentals 창은 각각의 타입 별로 예제 악보를 제공하고 있기 때문에 별다른 설명이 없어도 쉽게 사용할 수 있을 것입니다.

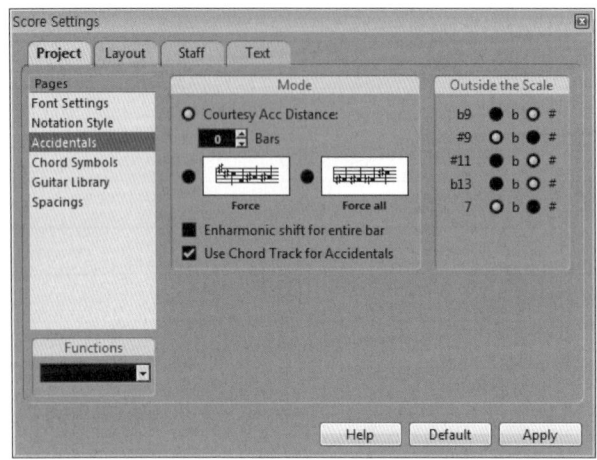

01 Mode는 임시표가 표시될 마디 수를 설정하는 Courtesy Acc Distance 항목과 같은 음의 임시표가 표시하는 Force, 옥타브 음까지 임시표를 표시하는 Force All의 선택 옵션이 있습니다. 그리고 이명 동음의 사용 여부를 선택하는 Enhamromic Shift for entir ba 와 코드 트랙을 사용하는 Use Chord Track for Accidentals 옵션이 있습니다.

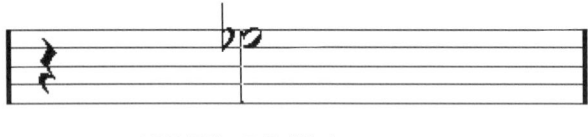

9음을 플랫으로 표시할 때

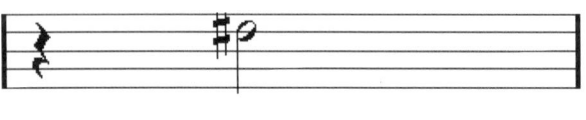

9음을 샵으로 표시할 때

02 오른쪽의 텐션은 각각의 텐션음에 해당하는 음을 플랫으로 표시할 것인지 샵으로 표시할 것인지를 선택합니다. 그림은 C 메이저 스케일에서 9텐션을 Eb로 표시할 경우와 D#으로 표시할 경우의 차이점을 보이고 있습니다.

3 코드 표시 타입 설정하기

악보에 사용하는 표시 형식 중에서 사보 하는 사람마다 가장 큰 차이를 보이는 것이 코드입니다. 서로 다른 코드 표시에 이미 익숙해져 있는 시점에서 어떤 것이 옳은 표기 방법인지를 거론하는 것 보다는 Chord Symbols 창을 이용하여 자신에게 익숙한 표시 방법을 설정하는 것이 좋겠습니다.

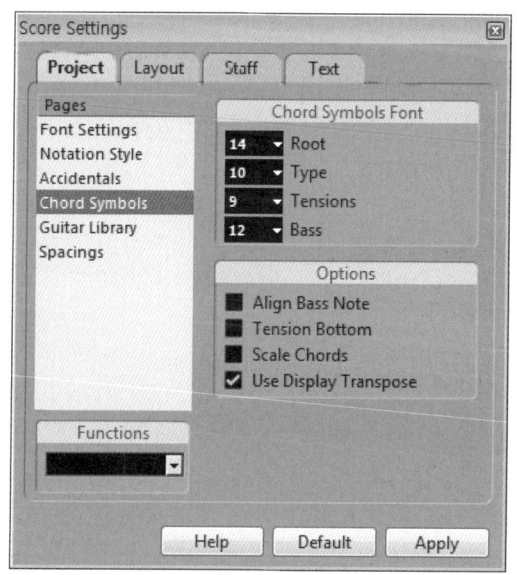

01 Chord Symbols 창은 Root, Type, Tensions, Bass의 크기를 어느 정도로 할 것인지를 결정하는 간단한 구조로 되어 있습니다.

타입 선택 아래쪽의 4가지 옵션은 다음과 같은 역할을 합니다.

옵션	설명
Align Root Note	분수 코드의 베이스를 오른쪽에 표시합니다
Tension Bottom	텐션을 아래쪽에 표시합니다.
Scale Chords	코드의 크기를 시스템에 맞추어 줍니다.
Use Display Transpose	음정을 변경할 때 코드가 변경되도록 합니다.

4 심볼의 간격 설정하기

기본적인 악보 표시는 가장 보기 좋은 공간과 간격을 유지하고는 있지만, 문자 또는 코드 등의 일부 심볼의 크기를 변경하면, 조금 어색한 사보가 될 수 있습니다. 이때 Spacings 페이지에서 각 심볼의 간격을 적절히 조정할 수 있습니다.

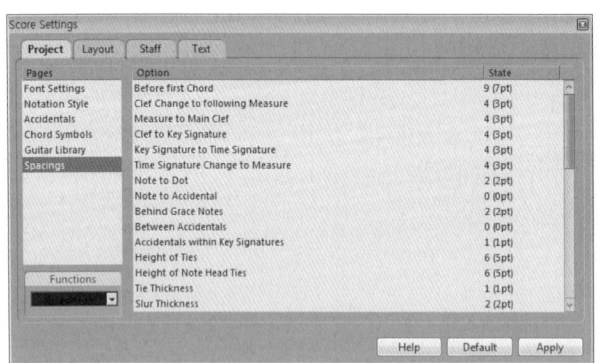

01 Spacings 창의 Option 칼럼은 입력 대상의 목록이며, State 칼럼에서 원하는 간격을 피트 단위로 설정합니다. 단위는 스코어 창의 눈금자에 표시하는 단위에 따라서 자동으로 변합니다.

각 Item의 의미는 다음과 같습니다.

Options	역할
Before first Chord	마디 선과 첫 번째 입력되는 노트와의 거리
Clef Change to following Measure	음자리표와 마디 라인의 간격
Measure to Main Clef	첫 번째 음자리표와 마디 라인과의 간격
Clef to Key Signature	조표가 삽입되는 간격
Key Signature to Time Signature	조표와 박자 표와의 간격
Time Signature Change to Measure	박자 표와 마디 선과의 간격
Note to Dot	노트와 붓 점의 간격
Note to Accidental	노트와 임시표와의 간격
Behind Grace Notes	노트와 장식음과의 간격
Between Accidentals	임시표 사이의 간격
Accidentals within Key Signatures	임시표와 박자 표 사이의 간격
Height of Ties:	노트 대의 길이
Height of Note Head Ties	노트 위/아래 붙는 심볼의 간격
Tie Thickness	노트 대의 굵기
Slur Thickness	슬러의 두께
Slur's Start & End Distance from Note Head	슬러와 노트와의 간격(시작과/끝)

Slur's Middle Distance from Note Head	슬러와 노트와의 간격(중앙)
First Bar Number - Horizontal Offset	첫 번째 마디 번호와 마디선의 간격
First Bar Number - Vertical Offset	첫 번째 마디 번호와 오선의 간격
Other Bar Numbers - Horizontal Offset	마디 번호와 마디선의 간격
Other Bar Numbers - Vertical Offset	마디 번호와 오선의 간격
Staff Separator - Horizontal Offset	오선의 세로 간격
Staff Separator - Vertical Offset	오선의 가로 간격
Track Name - Horizontal Offset:	메인 트랙 이름의 세로 간격
Track Name - Vertical Offset	메인 트랙 이름의 가로 간격
Short Track Name - Horizontal Offs	나머지 트랙 이름의 세로 간격
Short Track Name - Vertical Offset	나머지 트랙 이름의 가로 간격
Multi Rest Width	생략 쉼표의 폭
Multi Rest Height	생략 쉼표의 높이
Density of Note Placement	오선과 노트 사이의 최저 거리
Density of Lyric Placement	노트와 문자 사이의 최저 거리
Minimum Distance between Staves	오선 사이의 간격
Auto Space/Edit mode	에디트 모드에서의 자동 레이아웃
Auto Space/Page mode	페이지 모드에서의 자동 레이아웃
Add to Auto Layout Distance	자동 레이아웃의 기본 거리 추가
"Spread Page" Bottom Distance	페이지 하단의 여백
Default Line Width	기본적인 선의 두께
Line Width [for option]	개별적인 선의 폭

02 악보의 눈금자에서 마우스 오른쪽 버튼을 클릭하면 피트(PT), 인치(Inch), 센티미터(CM)로 단위를 변경할 수 있는 단축 메뉴가 열립니다. %는 화면에 표시되는 악보의 크기를 말하는 것이고, Fit Width는 가로를 화면에 채우는 크기, Fit Page는 페이지 전체를 화면에 채우는 크기로 자동 조정합니다.

Score Settings 창의 Notation Style를 선택하면 악보 스타일을 설정할 수 있는 페이지를 볼 수 있습니다. 설정 여부는 옵션의 체크 표시 여부로 결정하며, Page Number, Kesy, Time Sign 등의 항목으로 구성되어 있으며 각 옵션의 역할은 다음과 같습니다.

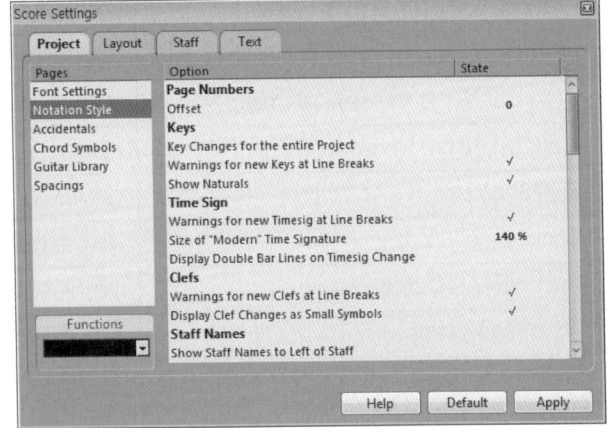

Page Numbers	
Offset	시작 페이지를 변경합니다.
Kesy	
Key Changes for the entire Project	새로 입력하는 조표에 맞추어 이전 조표를 변화시킵니다.
Warnings for new Keys at Line Breaks	새로 삽입하는 조표를 오선이 바뀌는 부분에 표시합니다.
Show Naturals	변화되는 조표에 제자리표시를 합니다.
Time Sign	
Warnings for new Timesing at line Breaks	새로 삽입하는 박자표를 오선이 바뀌는 부분에 표시합니다.
Size of `Modern' Time Signature	박자 표의 크기를 설정합니다.
Display Double Bar Lines on Timesing Change	박자표가 삽입된 마디를 더블 바로 표시합니다.
Clefs	
Warnings for new clefs ar Line Breaks	박자 변화표 앞에 더블 라인을 표시합니다
Display Clef Changes as Small Symbols	삽입한 음자리표를 작게 표시합니다.
Staff Names	
Show Staff Names to Left of Staff	트랙의 이름을 오선 왼쪽에 표시합니다.
Show Long Staff Names on new Pages	긴 트랙의 이름을 모든 오선에 표시합니다.
Bar Lines	
Grand Staff Bar Lines in old Choral Style	피아노 악보의 바 라인을 표시하지 않습니다.
Break Bar Lines with Brackets	레이아웃 세팅에 따른 라인을 표시합니다
Break Last Brackets	라인의 끝을 열어줍니다.
Hide First Barline in Parts	첫 마디에 바 라인을 표시합니다.
Lyics	
Lyrics left-aligned to Note	가사를 노트의 왼쪽으로 맞춥니다.
Don't sync Lyrics	가사를 동기화하지 않습니다.
Don't Center hyphens	하이픈을 이전 음표에 가깝게 표시합니다.

Bar Numbers	
Show every	마디 번호가 표시되는 단위를 설정합니다.
First Bar Number to Bar Line	마디 번호를 마디 시작 위치에 표시합니다.
Show Range with Multi-Rests	마디 쉼표의 번호를 범위로 표시합니다
Below Bar Line	마디 번호를 오선 아래쪽에 표시합니다.
Auto Space	자동으로 마디 번호 간격을 조정합니다.
Beams	
Thick Beams	빔을 굵게 표시합니다.
Show Small Stants as Flal Beams	빔을 약간 기울게 합니다.
Slanted Beams only Slightly Slanted	빔의 처음과 끝 간격을 유지합니다.
Multi-Rests	
Chyrch Style	멀티 쉼표를 세로 또는 가로로 표시합니다.
Numbers above Symbol	멀티 쉼표의 숫자를 위 또는 아래에 표시합니다.
Snap Rests moved with the Layout Tool	멀티 쉼표를 편집할 때 스냅 기능이 적용되도록 합니다.
Tuplets	
Tuplet Brackets	잇단음표의 빔 표시 여부를 선택합니다.
Display Tulpet values by the Beams	잇단음표의 빔 위치를 위 또는 아래로 선택합니다.
Suppress Recurring Tuplets	연속된 잇단음표는 처음에만 표시합니다.
Show Tuplet Brackets as "Slurs"	잇단음표의 괄호를 슬러로 표시합니다.
Accents	
Accents above Stems	노트 심볼을 오선 위에 표시합니다.
Accents above Staves	노트 심볼을 스텝 위에 표시합니다.
Center Note-linked symbols On Stems	노트 심볼을 노트 중앙에 연결합니다.
Miscellaneous	
Display Quantize Tool affects all Voices	디스플레이 퀀타이즈를 모든 보이스에 적용합니다.
Hide Pedal Markers	페달 심볼을 감춥니다.
Rehearsals: skip "J"	A, B, C 등, 곡의 위치를 표시하는 리허설 마크에 사용하지 않을 문자를 선택합니다.
Draw Damper Pedals as	페달 다운/업 괄호 표시 여부를 선택합니다.
H.W.Henze Style	
Centered Stems	음표의 기를 머리 중앙에 표시합니다.
Flat Ties	타이를 라인으로 표시합니다.
Beam-like Flages	음표의 꼬리를 짧게 표시합니다.
Slanted Flags	그룹 노트의 임시표를 모두 표시합니다.
Accidentals For Each Note	노트에 제자리표를 표시합니다.
Special Braces	잇단음표의 괄호를 간략화 합니다.
Beamed Rests	쉼표에 기를 표시합니다.

6 기타 코드 폼 설정하기

기타 폼은 Guitar Library창을 이용해서 사용자가 직접 작성하는 것이기 때문에 어떠한 폼도 입력이 가능하다는 장점이 있지만, 기타를 접해보기 못한 독자는 기타 폼 사전을 참조해야 할 것입니다.

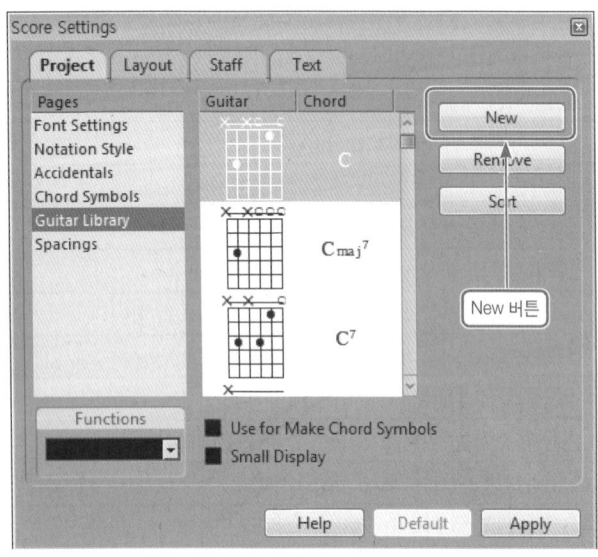

01 Scores Settings창에서 Guitar Library 목록을 선택하여 페이지를 열고, New 버튼을 클릭하여 새로운 폼을 작성할 수 있는 기타 플랫 보드를 만듭니다.

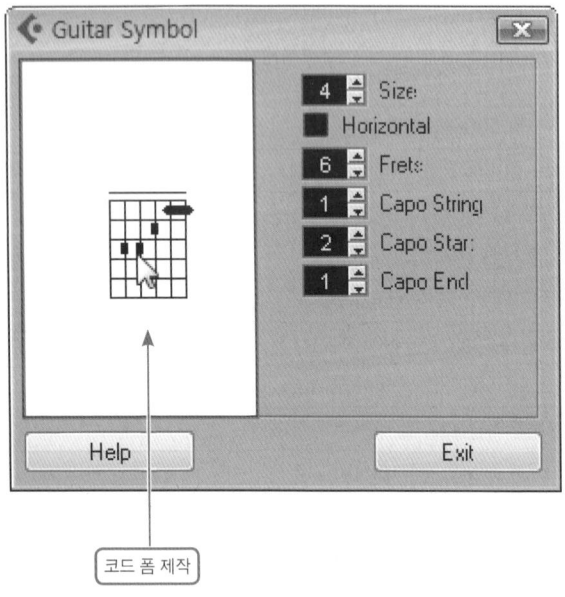

코드 폼 제작

02 Use for Make Chord Symbols 옵션을 체크하고, 플랫 그림을 더블 클릭하면 기타 폼을 작성할 수 있는 Guitar Symbol 창이 열립니다. 창 왼쪽에서 원하는 폼을 마우스로 클릭하여 만듭니다. 입력한 포지션은 다시 클릭하여 삭제할 수 있습니다.

Guitar Symbol 오른쪽에 보이는 옵션들은 역학은 다음과 같습니다.

옵션	설명
Size	보드의 크기를 조정합니다
Horizontal	수평으로 움직이도록 합니다.
Frets	플랫의 수를 조정합니다.
Capo String	카포의 위치를 조정합니다.
Capo Start	카포의 시작 위치를 조정합니다.
Capo End	카포의 끝 위치를 조정합니다.

03 인스펙터 창의 Symbols 탭에서 Guitar Symbols 팔레트를 볼 수 없다면, 마우스 오른쪽 버튼을 클릭하여 선택합니다.

03 Guitar Library에서 만든 기타 폼은 Guitar Symbols에 등록이 되어 언제든 사용할 수 있으며, 입력한 기타 코드 폼은 마우스 더블 클릭으로 Guitar Symbol 창을 열어 수정할 수 있습니다.

7 드럼 노트 설정하기

드럼 악보를 만들 때 각 노트의 음정, 음표 머리 모양 등은 미리 설정되어 있는 드럼 맵 환경을 기초로 제작됩니다. 실제로 연주하는 노트와 악보의 음정에 많은 차이를 보이는 것이 드럼 파트이므로, 앞에서 살펴본 드럼 맵 학습을 통해서 자신의 악기에 어울리는 드럼 맵 환경을 미리 설정해두는 것이 좋습니다.

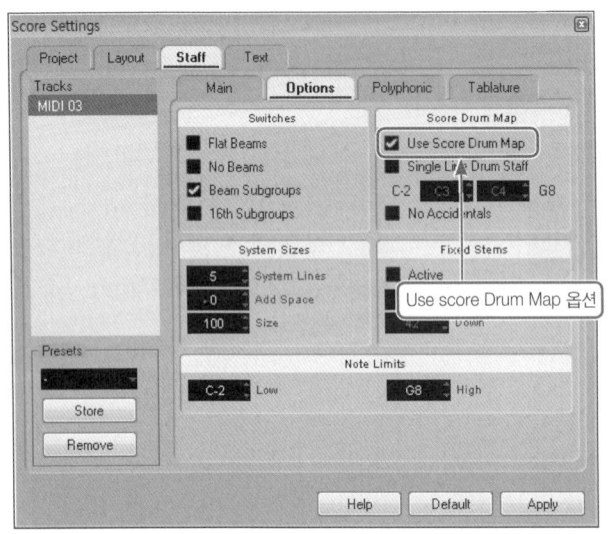

01 드럼 맵 환경이 설정되어 있는 미디 트랙의 스코어 에디터 창을 열고, Score 메뉴의 Settings을 선택하여 창을 엽니다. 그리고 Staff 탭의 Otpions 페이지에서 Use Score Drum Map 옵션을 체크하면, 간단하게 드럼 악보를 만들 수 있습니다.

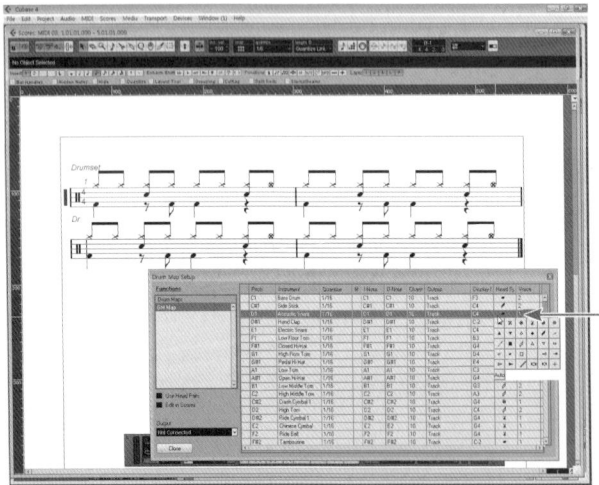

02 자신이 원하는 악보가 아니라면, MIDI 메뉴의 Drum Map Setup을 선택하여 창을 열고, 악보에 표시될 음정(Display Note), 음표 머리(Head Symbol), 보이스 (Voice) 등의 설정을 수정합니다. 자세한 내용은 드럼 맵 설정 학습편을 참조하기 바랍니다.

표기 방법 설정

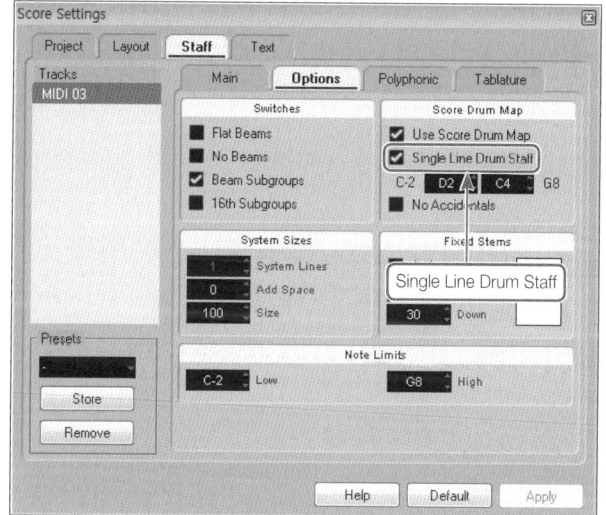

03 봉고, 콩가 등과 같이 음의 고저로 간단하게 표기하는 라틴 계열의 퍼커션은 오선이 아닌 싱글 라인 악보를 사용하는 경우가 많습니다. 싱글 라인은 Single Line Drum Staff 옵션을 체크하여 간단하게 제작할 수 있고, 이때 사용하는 음의 범위와 임시표 제거를 위한 No Accidentals 옵션을 이용할 수 있습니다.

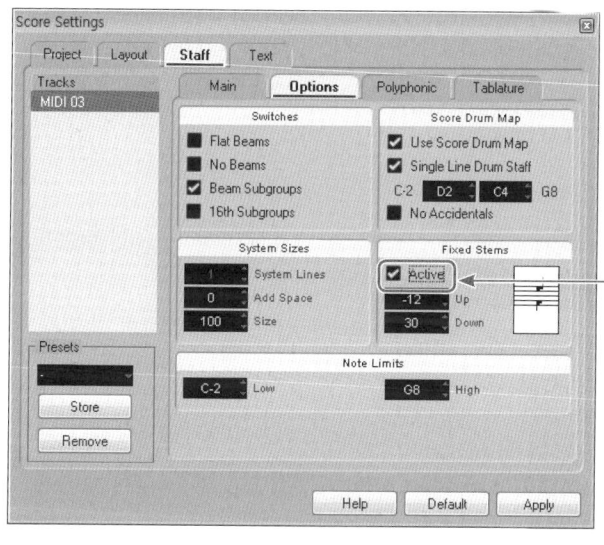

04 Fixed Stems 항목의 Active 옵션을 체크하면, 위/아래 노트 길이를 사용자가 원하는 만큼 조정할 수 있습니다. Up/Down의 길이는 오른쪽 미리 보기 창에서 확인할 수 있습니다.

다양한 악보 스타일 만들기

Chapter 03

악보는 보는 대상에 따라 많은 차이가 있습니다. 지휘자는 모든 파트의 연주를 한눈에 파악할 수 있는 리드 악보가 필요하고, 행진을 하면서 연주하는 군악대는 작은 사이즈의 악보가 필요할 것입니다. 이렇게 목적에 따라 달라지는 다양한 스타일의 악보 제작 방법을 살펴보겠습니다.

1 레이아웃 등록하기

여러 스타일의 파트 악보를 만들 때는 사용자가 원하는 형태의 레이아웃을 만들어 놓고, Score 메뉴의 Layout을 이용하여 불러올 수 있습니다. 불러온 레이아웃은 작업 중인 악보에 그대로 적용되며, 필요하다면 Score Settings 메뉴를 이용해서 사용자가 원하는 형태로 편집할 수 있습니다.

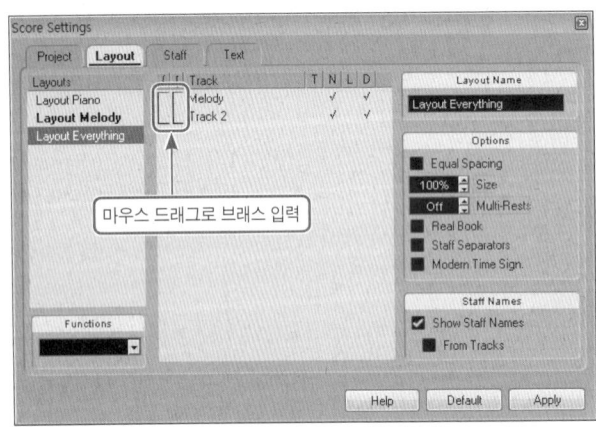

01 악보의 레이아웃은 Score Settings 창의 Layout 탭에서 설정합니다. 트랙의 이름을 보여주고 있는 왼쪽 공간은 큰 보표에 사용하는 브래스를 마우스 드래그로 그릴 수 있는 칼럼과 박자표를 위쪽으로 표시할 것인지의 여부(T), 트랙 이름 표시 여부(N), 레이아웃 심볼 표시 여부(L), Display Transpose 의 사용 여부(D)를 결정할 수 있는 옵션으로 구성되어 있습니다.

Layout Settings 창 오른쪽에 있는 옵션의 역할은 다음과 같습니다.

옵션	설명
Layout Name	레이아웃의 이름을 설정합니다.
Equal spacing	16분음표의 간격을 8분음표와 같게합니다.
Size	스코어의 크기를 설정합니다.
Multi-Rests	연속되는 쉼표 마디를 하나로 표시 합니다.
Real Book	첫 번째 오선에만 음자리표를 표시 합니다.
Staff Separators	오선의 분리표시 여부를 결정합니다.
Modem Time Sign	박자표의 상단 표시 여부를 길징합니다.
Show Staff Names	스코어의 이름 표시여부를 결정합니다.
From Tracks	트랙 이름을 스코어 이름으로 표시할 것인지를 결정합니다.

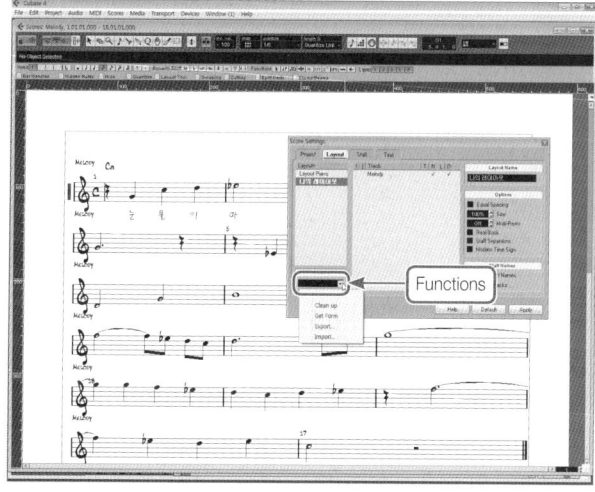

02 Functions 클릭하면, 선택한 레이아웃을 삭제하는 Remove, 결합한 레이아웃을 제거하는 Clean UP, 선택한 레이아웃을 적용하는 Get Form, 설정한 레이아웃을 저장하는 Export, 저장한 레이아웃을 불러오는 Import 메뉴를 볼 수 있습니다.

😊 가정교사

레이아웃 이름을 한글로 작성하고, 저장을 하면, 글자가 깨질 수 있으므로 권장하지 않습니다. 단, XML 파일 이름은 한글을 사용해도 좋습니다.

피아노는 2단 보표를 사용하고, 기타는 타브 악보를 사용하듯 악기마다 악보의 형태는 차이가 있습니다. 특히 테너 색소폰, 트럼펫 등 조 옮김이 필요한 악보는 음악 이론이 부족한 초보자에게 매우 낯설기만 합니다. 그러나 큐베이스와 누엔도는 각 악기에 적합한 프리셋을 제공하고 있기 때문에 별다른 어려움 없이 악기에 적합한 악보를 쉽게 만들 수 있습니다.

01 음자리표 왼쪽의 빈 공간을 마우스 오른쪽 버튼으로 클릭하면, Brass, Jazz+pop 등 기본적으로 제공하는 프리셋을 선택할 수 있는 단축 메뉴가 열립니다.

02 프리셋을 변경하거나 새로운 악보 스타일의 프리셋을 만들고 싶다면, Score Settings 창의 Staff 탭을 클릭합니다. Staff 탭은 Main, Options, Polyphonic, Tablature의 4가지 페이지로 구성되어 있습니다.

1. Main 페이지

Main 페이지에는 악보의 기본적인 스타일을 결정할 수 있는 Staff Names, Display Quantize, Interpretation Options, Key/Clef, Display Transpose 의 옵션으로 구성되어 있습니다. 각 옵션의 기능을 살펴보겠습니다.

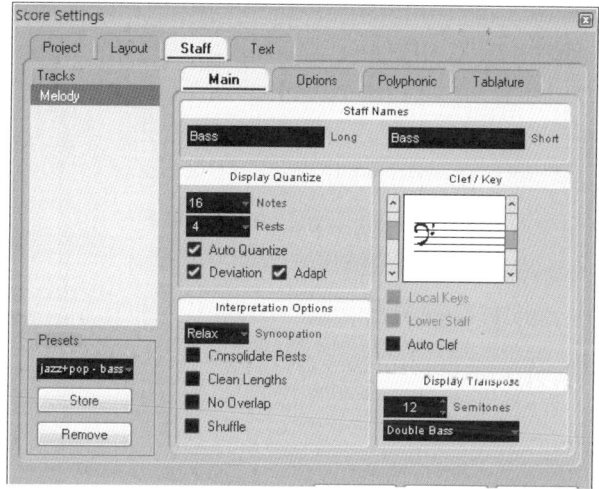

(1) Name

Long에서는 첫 번째 보표에 표시하는 이름, Shot에는 나머지 보표에서 표시하는 이름을 입력합니다. 그림은 Long의 이름을 Voilin 1, Shot의 이름을 Vin. 1을 입력하여 첫 보표에는 Voilin 1을 표시하고, 나머지 보표에는 Vin. 1으로 표시되게 설정한 모습입니다.

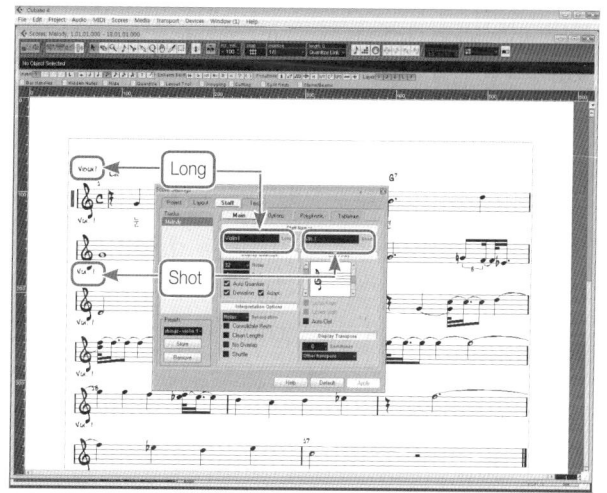

(2) Display Quantize

보표에 표시하는 최소 단위의 음표(Note)와 쉼표(Rests)을 설정하여 그 이하의 음표들은 표시되지 않게 합니다. Auto Quantize 옵션을 체크하면, 기본 단위(dev)와 잇단음표 단위(Adapt)를 동시에 사용할 수 있습니다. 그림은 Note의 길이를 기본 값(16)과 4분 음표로 설정했을 경우의 차이를 보여주고 있습니다.

▶ 기본값 16분 음표까지 보여준다

▶ 4분 음표까지만 보이게 하여 8분 음표를 표현하지 못하고 있다

(3) Key / Clef

조표를 설정하는 Key/Clef는 앞에서 학습한 Clef 팔
레트와 동일하게 사용합니다. 단, 피아노 악보와 같이
2단 보표를 사용하는 경우 Lower Staff 체크 옵션을
이용해서 높은 음자리표와 낮은 음자리표의 조표를
서로 다르게 설정할 수 있으며, Auto Clef 체크 옵션
은 2단 보표에 적용합니다. 그림은 Lower Staff 옵션
을 체크하여 각 단의 조표를 다르게 설정한 모습입니다.

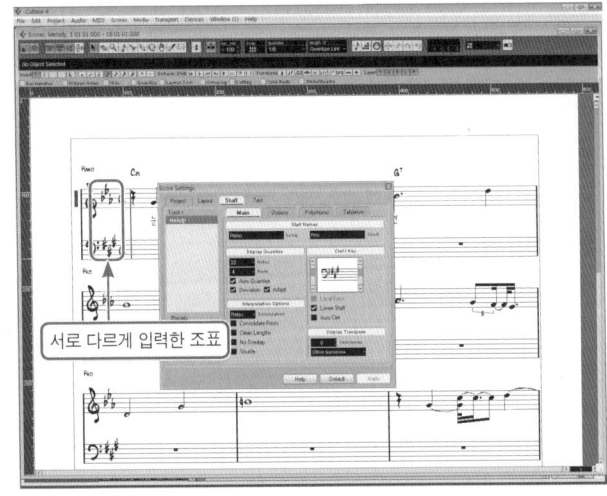

(4) Interpretation Options

싱코페이션을 정렬하는 Syncopation, 연속해서 표시
하는 쉼표를 하나로 묶는 Consolidate Rests, 입력
한 노트의 길이를 정렬하는 Clean Lengths, 겹친 노
트들을 정렬하는 No Overlap, 스윙 노트들을 정렬하
는 Shuffle의 4가지 체크 옵션을 제공합니다. 결국 이
옵션들은 보기 좋은 악보를 표시하기 위한 것들입니
다. 그림은 옵션의 한가지 예로 Syncopation 옵션의
Relax와 Full의 차이입니다.

▶ Relax

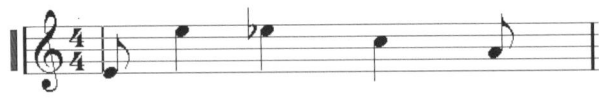

▶ Full

(5) Display Transpose

실제 노트의 음정을 바꾸지는 않고, 악보만을 바꾸는
옵션으로, 이조 악기의 악보를 사보 할 때 사용합니다.
Semitones는 반음 단위이고, 그 아래 이조 악기를 선택
할 수 있는 목록이 있습니다. 그림은 목록에서 Soprano
Sax를 선택하여 간단하게 소프라노 색소폰 악보를 만드
는 모습입니다.

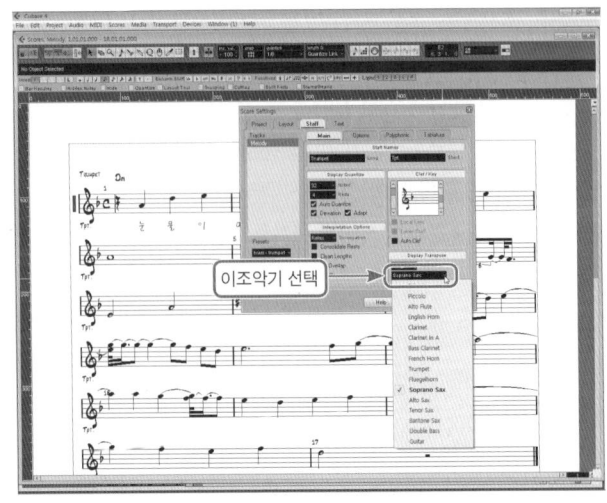

(6) Presets

Staff에서 설정한 악보 표시 형태를 새로운 이름으로 등
록하여 사용할 수 있습니다. 등록 방법은 다른 페이지에
서와 마찬가지로 Store 버튼을 클릭하면 열리는 Type In
Preset Name 상자에서 알아보기 쉬운 이름으로 입력합
니다. 여기서 저장하는 이름은 프리셋 목록에 등록되어
언제든지 사용 가능합니다.

2. Option 페이지

Option 페이지에는 Switches, Score Drums map,
System size, Fixed Stems, Note Limits의 악보 사
보에 적용할 수 있는 5가지 섹션으로 구성되어 있습
니다. 각 섹션에 대해서 살펴보겠습니다.

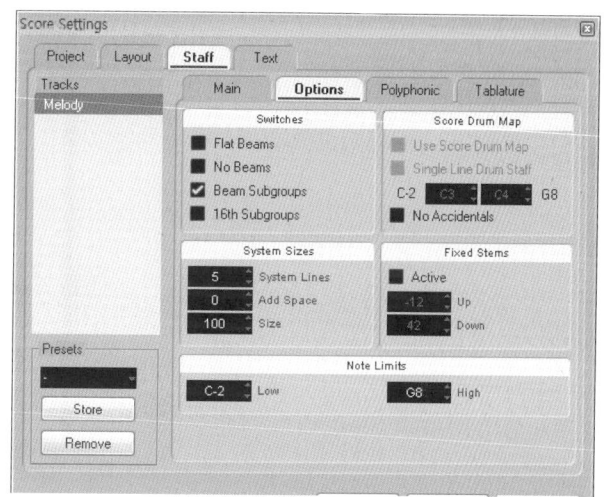

(1) Switches

빔을 수평으로 표시하는 Flat Beam, 빔을 표시하지
않는 No Beams, 4개의 16분 음표 단위로 빔을 묶는
Beat Subgroups 와 2개의 16분 음표 단위로 빔을
묶는 16th Subgroups으로 구성되어 있습니다. 그림
은 No Beams를 체크하기 전과 후의 차이점을 비교
하고 있는 모습입니다.

▶ No Beams 옵션 적용 전

▶ No Beams 옵션 적용 후

(2) Score Drums Map

Drums map에서 설정한 스코어 설정을 적용할 것인지의 여부를 결정하는 Use Score Drum Map과 드럼 악보를 싱글 라인으로 표시할 것인지의 여부를 결정하는 Single Line Drum Staff 옵션으로 구성되어 있습니다. Single Line Drum Staff를 선택한 경우에는 아래쪽에서 표시할 범위를 설정할 수 있고, 임시표를 표시하지 않게 하기 위한 No Accidentals 옵션이 있습니다. 그림은 Use Score Drum Map 옵션을 체크하여 작업 중인 스코어를 드럼 악보로 변경한 모습입니다.

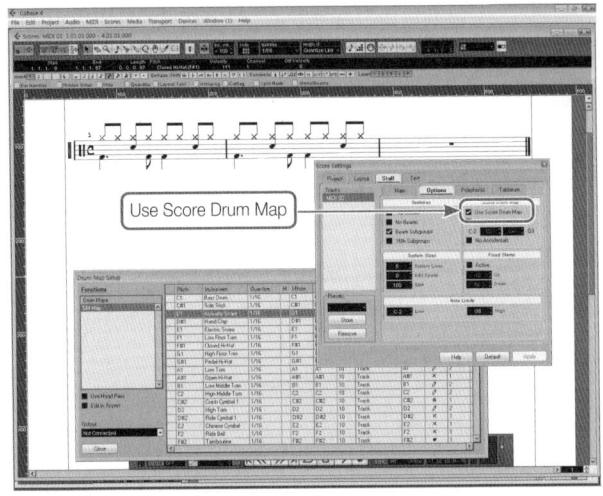

(3) System Size

보표의 크기와 라인 수 등을 설정할 수 있는 옵션으로 라인의 수를 설정하는 System Lines, 간격을 설정하는 Add Space, 크기를 설정하는 Size가 있습니다. 그림은 보표의 크기를 150%로 확대해본 것입니다.

(4) Fixed Stems

음표 대의 길이를 설정하는 옵션입니다. Active 체크 옵션을 체크 하면 위쪽으로 향하는 대의 길이(Up)와 아래쪽으로 향하는 대의 길이(Down)를 설정할 수 있습니다. 조정한 값은 오른쪽의 디스플레이 항목에서 미리 볼 수 있습니다. 그리고 Note Limits 항목에서는 악보에 표시할 노트를 제한할 수 있습니다.

3. Polyphonic 페이지

Polyphonic 페이지는 보표의 형태를 설정할 수 있는
Staff Mode와 Preset 옵션으로 구성되어 있습니다.

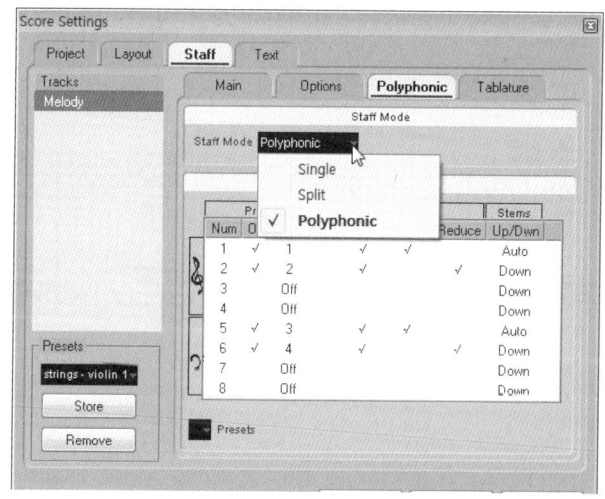

(1) Staff Mode

Staff Mode에는 솔로 악기에 적합한 Single, 피아노 악보에 적합한 Split, 합창 악보에 직합힌 Polyphonic 의 3가지 모드가
있습니다.

Single: 그림과 같이 하나의 보표를 사용하는 악보를 설정합니다.

Split: 그림과 같이 피아노 보표를 설정하는데 사용합니다. 이 경우 오른쪽의 Splitpoint에서 설정하는 음표를 기준으로 높
은 음자리표와 낮은 음자리표를 자동으로 구분합니다.

Polyphonic: 큐베이스와 누엔도는 최대 8보이스의 화성 보표를 만들 수 있기 때문에 독자가 필요로 하는 사보를 출력하는데 부족함이 없을 것입니다.

(2) Preset

Preset 항목은 Staff Mode에서 Polyphonic을 선택했을 경우에만 활성화 됩니다. Preset에 있는 역삼각형을 클릭하면 Variable Split, Optimize Two Voices, Optimize Four Voices의 3가지 형태를 선택할 수 있는 목록이 보입니다.

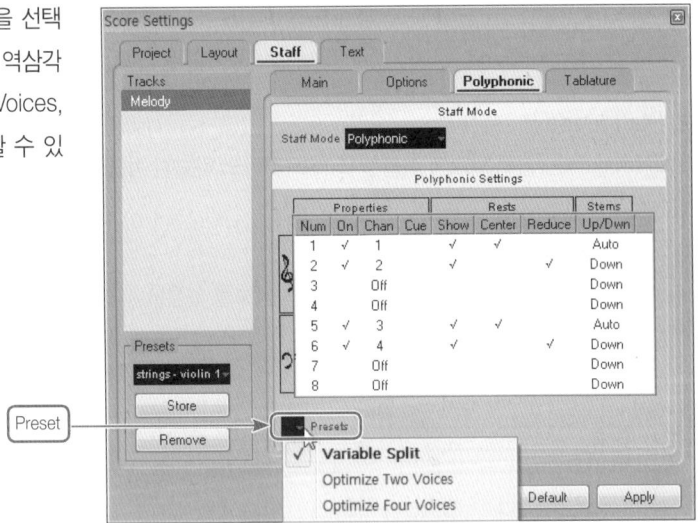

Preset 항목의 칼럼 역할은 다음과 같습니다.

칼럼	설명
Num	성부의 번호를 나타냅니다. 1-4번은 높은 음 자리, 5-8은 낮은 음 자리입니다.
On	성부의 사용 여부를 체크합니다.
Chan	각 성부에 설정되는 채널을 선택합니다. 여기서 선택되는 채널은 악기 연주와는 상관이 없고, 성부를 구분하는 역할을 합니다.
Cue	체크되면 성부에 표시되는 음표와 쉼표의 크기를 작게 합니다.
Show	쉼표를 표시할 지의 여부를 체크합니다.
Center	쉼표를 가운데로 정렬할 수 있습니다.
Reduce	쉼표의 표시여부를 체크합니다. Show 항목과 다른 점은 온 쉼표만 적용한다는 점입니다.
Up/Down	빔의 방향을 Up/Down/Auto 중에서 선택할 수 있습니다.

4. Tablature 페이지

Tablature 페이지는 기타 또는 베이스와 같은 악기에
사용하는 타브 악보를 설정합니다. 타브 악보를 적용
하기 위해서는 Tablature Mode 옵션을 체크합니다.

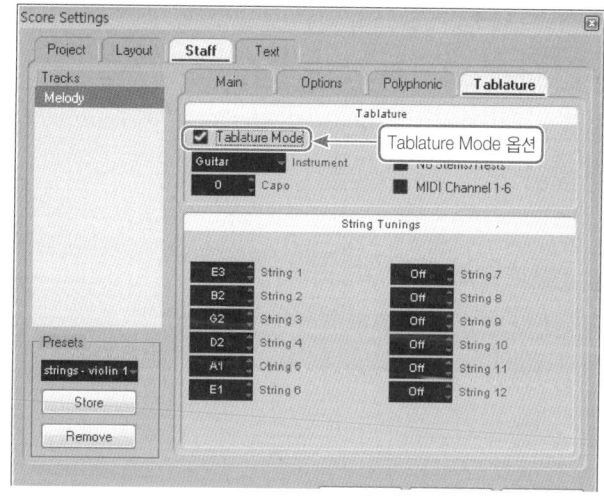

상단의 Instrument에서는 Guitar 또는 Bass로 원하
는 악기를 선택할 수 있고, No Stems/Rests은 음
표의 대와 쉼표를 악보에 표시하지 않게 하고, MIDI
Channel 1-6은 미디 기타를 사용할 때, 각각의 현에
미디 채널을 설정하여 입력하는 채널을 구분할 수 있
게 합니다. 하단의 Strings는 각 현의 음정을 설정하
는 부분입니다.

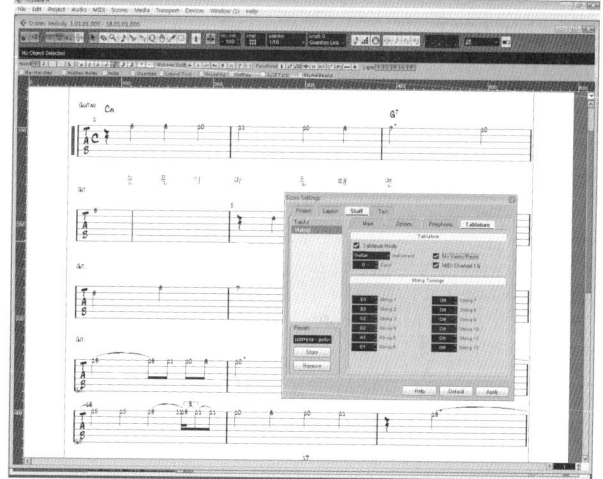

3 악보를 실제 데이터로 바꾸기

사보 작업을 하다가 보면, Score Settings 기능을 이용해서 실제 연주하는 노트 길이와 상관없이, 보기 좋은 악보를 만들기 위한 음표를 입력하는 경우가 있지만, 반대로 악보에 표시되는 음표의 길이가 실제로 연주되길 원하는 경우도 있습니다.

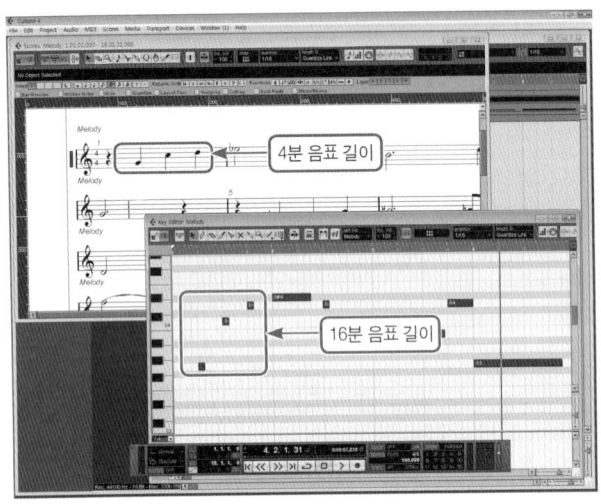

01 그림에서 확인할 수 있듯이 Key Editor 를 보면, 실제 연주하는 노트는 16분 음표지만, 악보에는 4분 음표로 표시되어 있습니다.

02 Score 메뉴의 Functions에서 Score Notes to MIDI 메뉴를 선택하면, 악보에 표시된 노트 길이로 실제 연주되는 노트의 길이가 변경되는 것을 확인할 수 있습니다.

연주를 할 때 지휘자는 모든 파트의 악보를 한눈에 확인하고, 총괄할 수 있는 in. C 악보를 봅니다. 이때 지휘자를
위한 in. C 악보를 새로 만드는 것 보다는, 모든 파트를 하나로 결합한 다음, 원하는 스타일로 다듬는 것이 손쉬울
수 있습니다. 피아노 상단과 하단을 따로 녹음한 경우에 하나의 피아노 악보를 만들 때도 응용 할 수 있습니다.

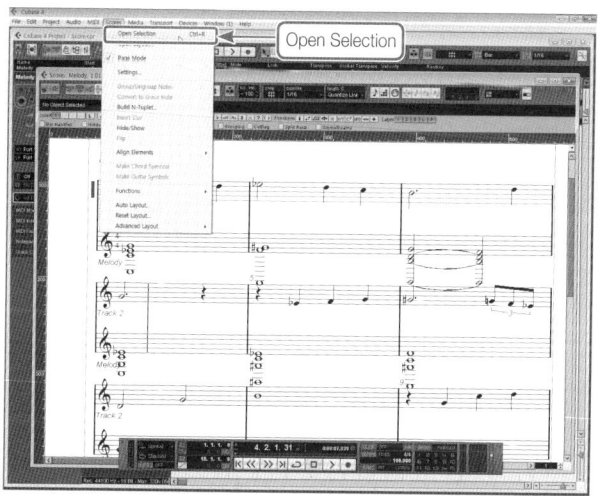

01 스코어 에디터로 표시할 미디 파트를
모두 선택하고, Scores 메뉴의 Open
Selection을 선택하거나 Ctrl + R 키를 누르면,
선택한 파트를 하나의 스코어 창에서 볼 수 있
습니다.

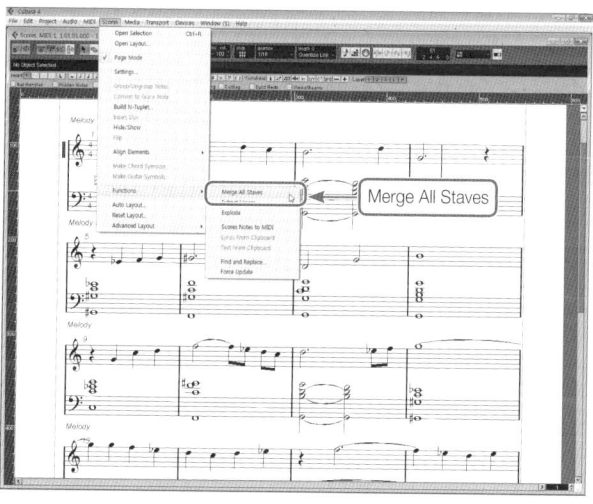

02 계속해서 Score 메뉴의 Function에서
Merge All Staves 를 선택하면, 스코어
악보에 보이는 모든 파트가 하나의 파트로 만들
어지는 것을 확인할 수 있습니다. 하나로 결합
된 악보는 앞에서 살펴본 다양한 기능을 이용
해서 보기 좋은 리드 악보를 만들 수 있습니다.

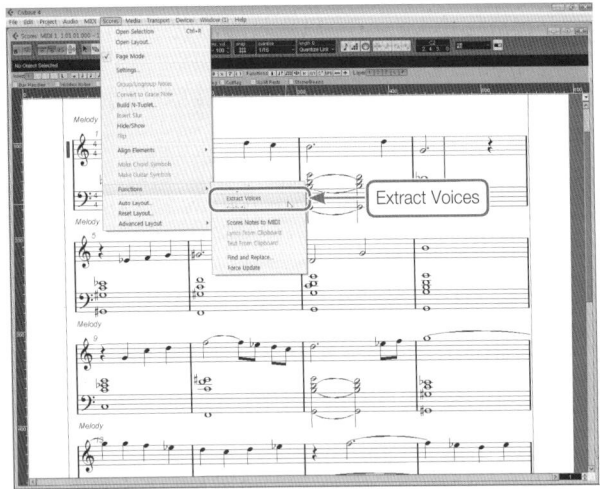

03 반대로 하나로 결합한 악보는 Score 메뉴의 Function에서 Extract Voices 를 선택하여 분리할 수 있습니다. Merge All Staves기능으로 결합한 파트의 악보를 열고, Score 메뉴의 Functions에서 Extract Voices 를 선택하여 분리해 봅니다.

04 다 성부로 제작한 파트에서 각각 성부 가 분리된 악보가 필요하다면, Score 메뉴의 Function에서 Explode 를 선택하여 간단하게 해결할 수 있습니다. 이때 열리는 Explode 창의 옵션은 다음과 같습니다.

- **To Polyphonic Voices:**
  작업 중인 트랙에서 각 노트를 성부로 분리합니다.
- **To New Tracks:**
  예제에서 익힌 것과 같이 새로운 트랙으로 성부를 분리합니다.
- **Number of New Tracks:**
  To New Track 옵션을 선택했을 경우, 분리되는 트랙의 수를 설정합니다.
- **Split Note:**
  성부를 분리할 기준 노트를 설정합니다.
- **Lines To Tracks:**
  가장 높은 성부를 현재의 트랙 성부에 유지 시킬 경우에 선택합니다.
- **Bass To Lowest Voice:**
  가장 낮은 성부를 제일 아래쪽 트랙 또는 성부에 유지시킬 경우에 선택합니다.

5 틀어진 악보 고쳐보기

스코어 윈도우에서 작업을 하다가 보면 특별한 이유 없이 삭제한 음표의 자국이 남아있거나, 붙임줄 있는 음정이 겹쳐있거나 하는 등의 디스플레이 문제가 생기는 경우가 있습니다. 이때 화면을 재 로딩하여 표시할 수 있는 기능이 있습니다.

01 스코어 에디터에서 악보가 잘못 표시되는 경우는 심볼을 입력할 때 많이 발생합니다. 그림은 음표 기의 방향을 바꿔보고 있는 경우인데, 악보가 잘못 표시되고 있습니다.

02 Score 메뉴의 Function에서 Force Update 를 선택하거나 스코어 윈도우의 Functions아이콘 모음 줄에서 UPD 버튼을 클릭하면, 악보가 재정렬되어 정상적으로 표시됩니다.

6 악보를 그림으로 저장하기

큐베이스와 누엔도의 악보는 윈도우 기본 포맷의 BMP, 인터넷 용의 JPG, GIF, PGN, 레이어를 지원하는 TIF 등의 이미지 파일로 저장할 수 있으며, 저장한 포맷은 포토샵이나 워드와 같은 윈도우용 프로그램에서 불러와 사용할 수 있습니다.

01 스코어 윈도우의 도구 모음 줄에서 Select Export Range 버튼을 선택하고, 그림으로 저장하고 싶은 범위를 선택합니다. 선택 범위는 사각형 모서리의 포인트를 드래그하여 조정할 수 있습니다.

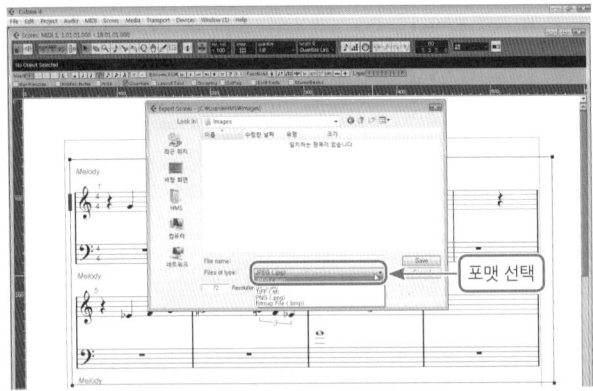

02 사각형 실선 안에서 더블 클릭하거나 마우스 오른쪽 버튼을 클릭하여 단축 메뉴를 열고, Properties 를 선택하면 선택한 범위를 JPG, GIF, TIF, PNG, BMP 등으로 저장할 수 있습니다.

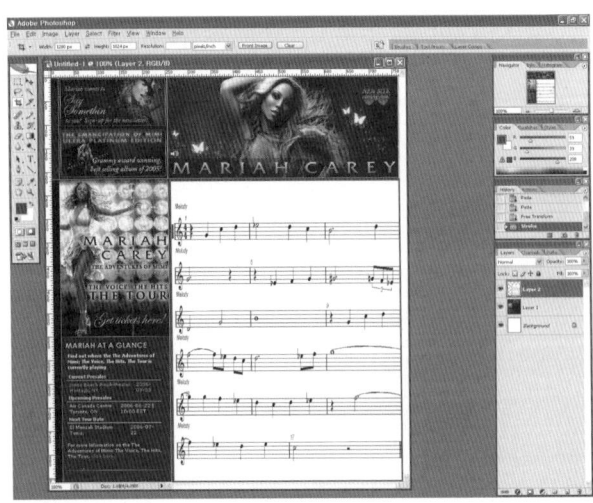

03 저장한 이미지 파일은 워드 문서에 삽입하거나 포토샵을 비롯한 이미지 편집 프로그램을 이용해서 다양한 용도로 사용할 수 있습니다. 음악 관련 홈페이지를 제작하는 사용자나 논문을 준비하는 학생, 교재를 집필중인 교수 등에게 매우 유용한 기능이 될 것입니다.

악보 꾸미기

지금까지 살펴본 인스펙터 창의 팔레트와 레이아웃, 그리고 Score Settings 기능을 충분히 익혔다면, 사용자가 원하는 악보는 무엇이든 만들 수 있습니다. 그 밖에 Score 메뉴에서 제공하는 다양한기능들을 살펴보면서 큐베이스와 누엔도를 이용한 악보 사보 학습을 마무리 하겠습니다.

1 음표 꾸미기

큐베이스와 누엔도는 기본적으로 4분음표를 기준으로 그룹이 형성됩니다. 즉, 8분음표를 4개 입력하면, 각각 두 개씩 그룹으로 묶습니다. 그러나 일반적으로는 4개를 그룹으로 묶는 표기를 많이 사용하는데, 이렇게 표현 기능들을살펴보겠습니다.

01 그룹으로 묶고 싶은 노트들을 마우스 드래그로 선택합니다. 그리고 노트 머리에서 마우스 오른쪽 버튼을 클릭하여 단축 메뉴를 열고, Group/Ungroup에서 Beam을 선택합니다.

02 선택한 노트들이 하나의 그룹으로 묶이는 것을 확인할 수 있습니다. 노트를 다시 분리하고 싶다면, 분리하고 싶은 노트들만 선택하고, 같은 방법으로 Group/Ungroup에서 Beam을 선택합니다.

03 단축 메뉴의 Group/Ungroup에는 선택한 노트를 그룹으로 묶는 Beam외에 Accelerando, Repeat, Auto Group Note의 서브 메뉴가 있습니다. 먼저, Accelerando 는 그룹의 빠르기를 선택할 수 있는 창을 엽니다.

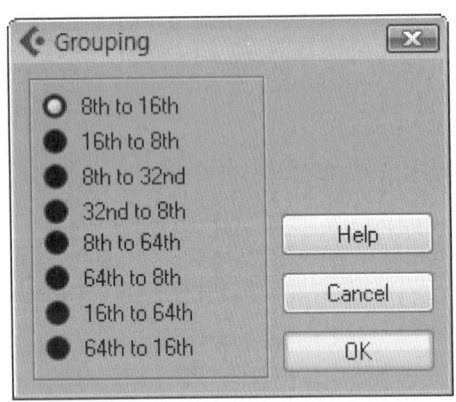

▶ 8th to 16th로 선택한 경우

▶ 32nd to 8th로 선택한 경우

04 Reapet 는 각 노트의 반복 연주의 비트 수를 표기합니다. 즉, 그룹 노트의 트릴 주법 표기입니다.

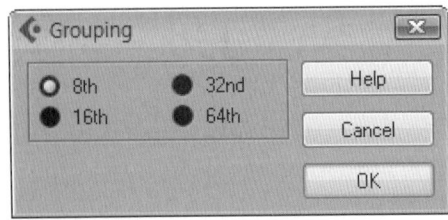

▶ 16th을 선택한 경우

 가정교사

Group/Ungroup의 마지막 서브 메뉴인 Auto Group Notes는 기로 연결할 수 있는 노트들을 자동으로 찾아서 연결합니다.

큐베이스와 누엔도는 꾸밈음이나 독립음을 입력할 수 있는 기능이 없습니다. 그러나 입력되어 있는 노트를 꾸밈음이나 독립음으로 바꿔서 사용할 수 있기 때문에 크게 불편한 문제는 되지 않을 것입니다. 입력한 음표를 꾸밈음으로 바꾸는 기능을 살펴보겠습니다.

01 꾸밈음으로 바꾸고 싶은 노트를 선택하고, Score 메뉴의 Convert to Grace Note를 선택하거나 노트를 마우스 오른쪽 버튼으로 클릭하면 열리는 단축 메뉴에서 Convert to Grace Note 를 선택합니다.

02 선택한 노트가 박자 수에 상관없이 다룰 수 있는 독립 노트로 변경됩니다. 좀 더 꾸밈음다운 표기를 위해서 Dynamics 팔레트의 이름줄 심볼을 그려넣습니다. 미세한 작업을 위해서 돋보기 버튼을 이용해서 작업 공간을 확대하는 것도 요령입니다.

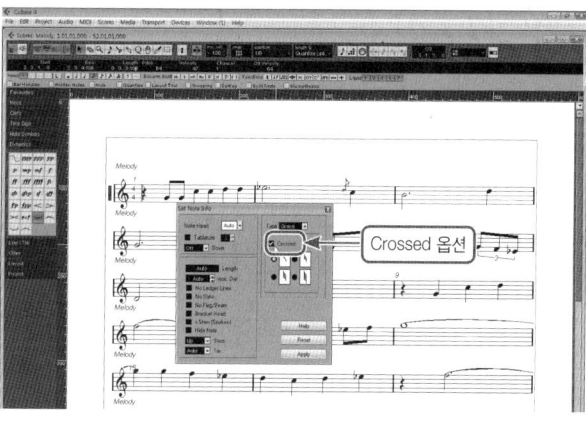

03 꾸밈은 노트를 더블 클릭하여 Set Note Info 창을 엽니다. 그리고 Crossed 옵션을 체크하여 꾸밈음 표기를 완성합니다.

3 잇단음 만들기

큐베이스와 누엔도는 기본적으로 표시되는 3잇단음표의 한계를 벗어나 5잇단음, 6잇단음, 7잇단음 등 사용자가 원하는 잇단음 표기가 가능합니다. 가요의 in C 악보 외에 Guitar나 바이올린 등의 악보에서도 자주 사용하는 표기법이므로 정확히 알아두기 바랍니다.

01 큐베이스와 누엔도는 기본적으로 3잇단음 표기만 가능합니다. 이것을 사용자가 원하는 수로 변경하고 싶다면, 노트를 선택하고, Score 메뉴의 Build N-Tuplet 를 선택합니다.

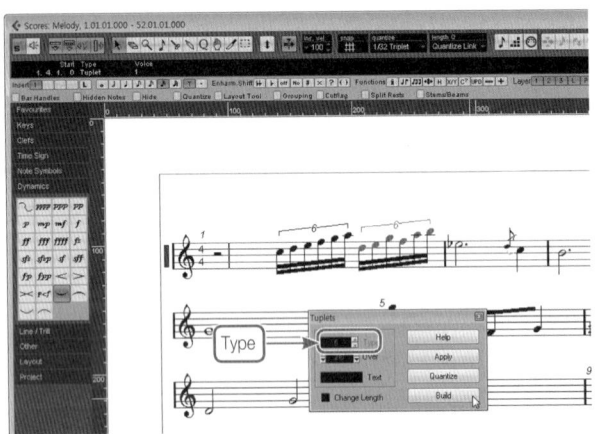

02 Tuplets 창이 열립니다. Type에서 원하는 잇단음 수를 입력하고, Over에서 단위를 설정합니다. 그리고 Bulid 버튼을 클릭하여 완성합니다. Tuplets 창의 옵션과 버튼의 기능은 다음과 같습니다.

옵션	설명
Type	만들고자 하는 잇단 음 수를 입력합니다.
Over	오른쪽에서 설정된 비트 값으로 왼쪽에 설정된 길이만큼 잇단 음의 길이가 설정 합니다.
Text	잇단 음 괄호에 표시될 문자 입력합니다.
Change Length	선택된 노트들을 Over 항목에서 설정한 노트의 길이로 변경합니다.
버튼	설명
Apply	입력되어 있는 잇단 음 표의 Text를 수정 합니다
Quantize	화면에 보이는 잇단 음표의 단위를 정렬합니다.
Build	창에서 설정된 값 적용합니다.

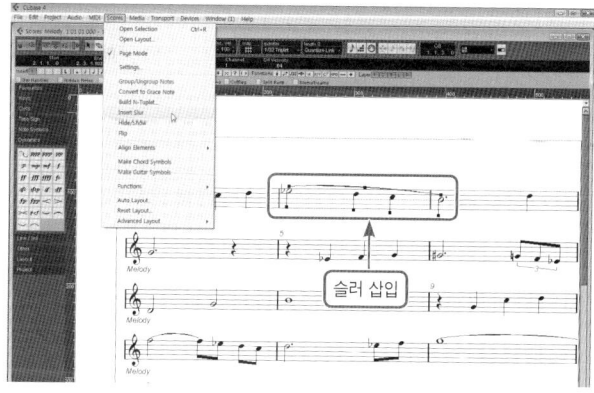

4 보표 꾸미기

인스펙터 창의 팔레트나 Functions 도구를 이용해서 사용자가 원하는 악보를 얼마든지 꾸밀 수 있습니다. Score 메뉴에는 좀더 간편하게 악보를 꾸밀 수 있는 기능들을 제공하고 있는데, 이것들에 관해서 살펴보겠습니다.

1. 슬러 입력하기

슬러로 연결하고 싶은 노트들을 선택하고, Score 메뉴의 Insert Slur를 선택하면, 선택한 노트의 시작과 끝부분에 맞추어 슬러를 삽입할 수 있습니다. 인스펙터 창의 Dynamics 팔레트에서 제공하는 슬러 심볼을 이용하는 것이 불편하다고 느낀다면, Score 메뉴를 이용해보기 바랍니다.

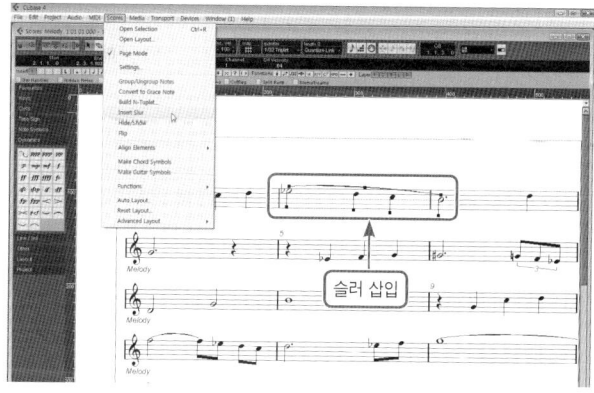

2. 기의 방향 바꾸기

음표는 B음을 기준으로 기의 방향이 자동으로 결정됩니다. 그러나 악보를 만들다보면, 오브리카토나 성부 등의 음표 입력으로 기의 방향을 바꿀일이 많습니다. 선택한 음표 기의 방향은 Score 메뉴의 Flip이나 Functions 도구의 Flip 버튼을 클릭하여 바꿀 수 있습니다.

3. 코드 입력하기

화음으로 이루어진 노트를 자동으로 분석하여 코드 네임을 붙일 수 있는 기능이 있습니다. Score 메뉴의 Make Chord Synbols이 그것이며, 기타 폼은 Make Guitar Symbols을 선택하여 입력할 수 있습니다.

4. 트릴 기호 입력하기

노트를 마우스 오른쪽 버튼으로 클릭하여 단축 메뉴를 열고, Build Trill을 선택하여 트릴 기호를 입력할 수 있습니다. Build Trill 창에서 표시 형식을 선택하거나 None으로 원하지 않는 표기는 피할 수 있으며, Help Note 옵션을 선택한 경우에는 트릴로 연주하는 2번째 노트는 괄호로 표시합니다.

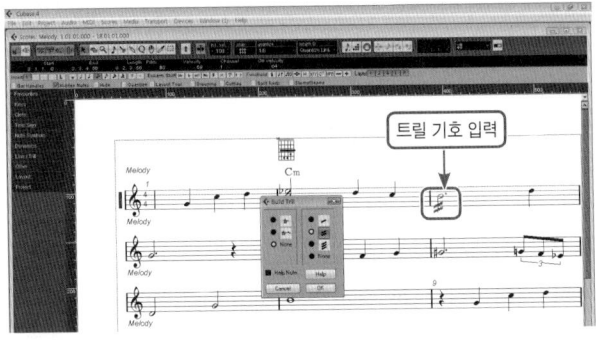

5. 음표 속성

음표를 더블 클릭하거나 마우스 오른쪽 버튼을 클릭하여 단축 메뉴를 열고, Properties 를 선택하면, 음표의 머리나 길이 등의 속성을 설정할 수 있는 Set Note Info 창이 열립니다. 실제 연주 노트와 상관없이 보기좋은 악보를 만들기 위해서는 각각의 옵션을 정확히 이해할 필요가 있습니다.

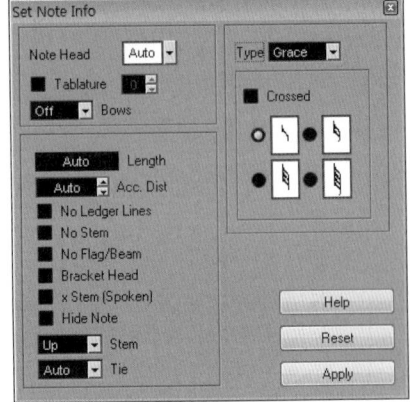

옵션	역할
Note Head	음표의 머리 모양을 변경합니다.
Tablature	타브 악보 음표로 표시하며, 오른쪽의 숫자를 이용해서 현의 위치를 설정합니다.
Bows	슬러의 위/아래 방향을 선택합니다.
Length	음표의 표시 길이를 설정합니다. 실제 노트 길이가 바뀌는 것은 아닙니다.
Acc. Dist	음표와 임시표의 거리를 조정합니다
No Ledger Lines	오선의 덧줄을 표시하지 않습니다
No Stem	음표의 기를 표시하지 않습니다
Bracket Head	음표 머리에 괄호 표시를 합니다.
X Stem	음표의 기에 X 표시를 합니다.
Hide Note	음표를 감춥니다. 필터 도구의 Hidden Notes 를 체크하여 Hide note를 확인할 수 있습니다
Stem	음표의 위/아래 방향을 선택합니다.
Tie	붙임줄의 위/아래 방향을 선택합니다.
Type	일반(Normal), 꾸밈음(Grace), 작은음표(Cue), 독립음표(Graphic)로 선택합니다.
Crossed	Grace Type음표에 사선을 표시할 것인지의 여부를 선택하며, 음표의 길이도 선택할 수 있습니다.

Score Settings 창에서 만든 사용자 레이아웃은 Score 메뉴의 Open Layout을 선택하여 불러올 수 있습니다. 그 외 사용자 레이아웃을 초기화 하거나 자동 레이아웃 기능에 관해서 살펴보겠습니다.

1. 마디 수 지정하기

Scores 메뉴의 Advanced Layout에서 Number of Bars를 선택하면 각 단에 표시할 마디의 수를 설정할 수 있는 Numbers of Bars 창이 열립니다. 창에서 원하는 마디 수를 입력하고, This Staff 버튼을 클릭하면, 선택한 보표에 적용할 수 있고, All Staves 버튼을 클릭하면, 전체 보표에 적용할 수 있습니다.

2. 마커 표시하기

악보에 마커 트랙의 내용을 표시하고 싶다면, Scores 메뉴의 Advanced layout에서 Display Markers 를 선택 합니다. 메뉴를 다시 선택하면 체크 표시가 해제되고, 마커를 표시하지 않습니다.

3. 마커 위치 표시하기

악보에 마커가 입력되어 있는 위치를 표시하고 싶다면 Scores 메뉴의 Advanced Layout 에서 Marker Track to From 를 선택합니다. 마커의 위치는 겹세로 줄로 표시되기 때문에, 악보의 연주 구역을 표시하는 데 효과적입니다.

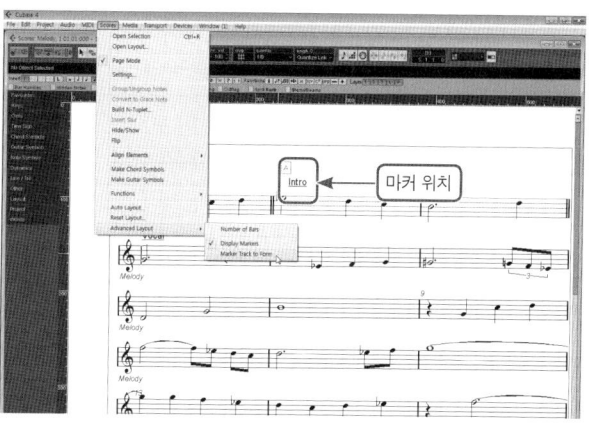

4. 레이아웃 초기화

Scores 메뉴에서 Reset Layout을 선택하면 레이아 웃의 기본값에서 변경한 항목들을 초기화 하여 새로 운 악보를 꾸밀 수 있는 Reset Layout 창이 열립니 다. Hidden Notes, Hidden, Quantize, Layout Tool, Grouping, Cutflag, Stems/Beams, Coordinates 를 초기화 할 수 있으며, 초기화 대상은 현재 작업 영역 의 오선 (This Staff) 과 모든 영역(All Staves)입니다.

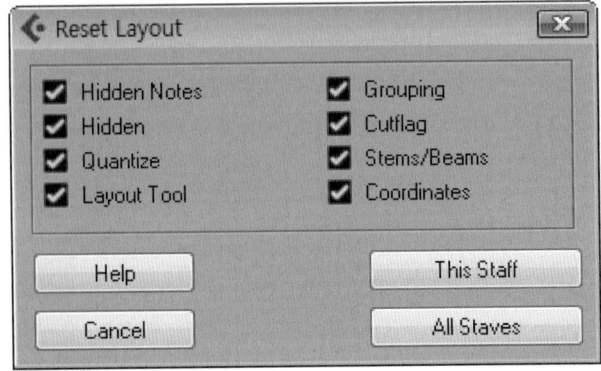

5. 자동 레이아웃

Score 메뉴의 Auto Layout을 선택하면, 작업 중인 악보의 레이아웃 을 자동으로 설정할 수 있는 창이 열립니다. Auto Layout 창을 악보 를 빠르게 정렬할 수 있는 유용한 기능입니다. 각각의 옵션은 다음과 같습니다.

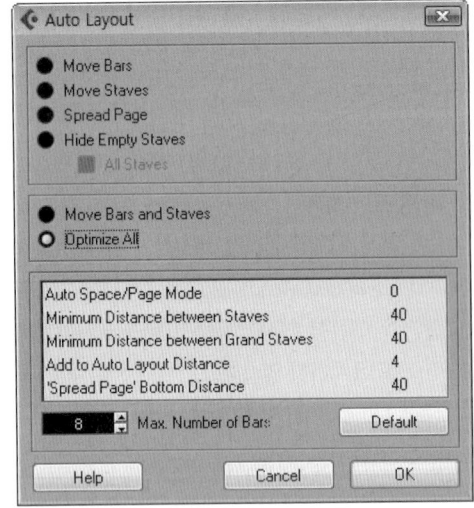

Move Bars	음표들의 간격을 계산하여 마디 폭을 조정합니다. 여유 간격은 Auto Space/page Mode 값으로 설정합니다.
Move Stave	오선의 간격을 조정합니다. 각 보표의 최소 간격은 Minimum Distance between Staves, Minimum distance between Grand Staves, Add to Auto Layout Distance에서 설정합 니다.
Spread Page	페이지 크기를 고려하여 오선을 배치합니다. 이때 종이 하단의 여백은 'Spread Page' Bottom Distance에서 설정합니다.
Hide Empty Staves	비어 있는 마디를 숨깁니다. 각 옵션을 현재 페이지에 적용할 것인지, 전체 페이지에 적용할 것인지의 여부는 All Pages 옵션으로 선택합니다.
Move Bars and Staves	마디와 오선의 간격을 조정합니다. 이때, 허용 마디 수는 Max, Number of Bar 에서 설정합 니다
Optimize All	모든 옵션을 고려하여 최적으로 레이아웃을 만듭니다

6 심볼 정렬하기

Score 메뉴의 Align Elements은 선택한 노트와 심볼 들을 정렬할 수 있는 7가지 서브 메뉴로 구성되어 있습니다. 각각의 서브 메뉴는 정렬 방법만 틀린 것이고, 사용법은 동일합니다.

01 정렬하고자 하는 심볼들을 선택합니다. 그림에서는 불규칙하게 입력되어 있는 문자를 선택하고 있습니다.

02 Score 메뉴의 Align Elements에서 정렬할 방법을 선택합니다. 왼쪽(left), 오른쪽(Right), 위쪽(Top), 아래쪽(Bottom), 수직(Center Vertical), 수평(Center Horizontal), 심볼들과 일치하는 (Dynamics) 메뉴입니다.

7 폰트 변경하기

악보에 입력한 다양한 문자는 Score Settings 창에서 사용자가 원하는 속성으로 변경할 수 있습니다. Other 팔레
트를 이용해서 적당한 가사를 입력하고, 실습을 따라 해보기 바랍니다.

01 악보에 입력한 가사를 Shift 키를 누른 상태에서 더블 클릭하여 모두 선택합니다. 가사만을 선택하고 싶다면, 마우스 드래그로 선택합니다.

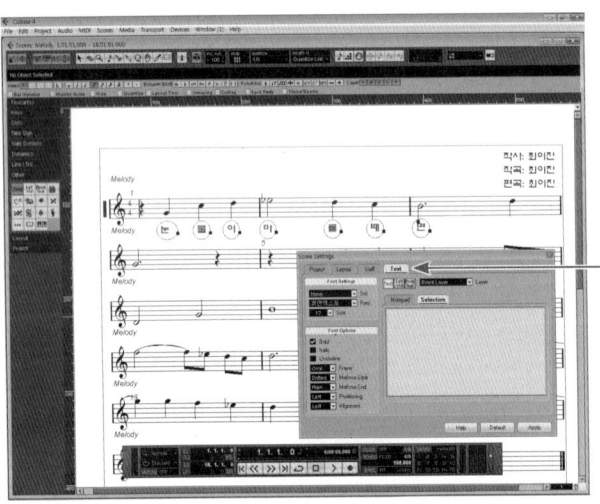

02 Score 메뉴의 Settings을 선택하여 창을 열고, Text 탭에서 원하는 속성으로 변경합니다. Score Settings 창의 옵션들은 이미 살펴본 내용이므로 생략합니다.

8 가사 변경하기

입력되어있는 가사 중에서 특정 문자를 변경하고 싶을 때, 일일이 수정하는 것 보다는 Score 메뉴의 Functions에서 Find and Replace 를 선택하여 일괄적으로 바꾸어 주는 것이 편리합니다.

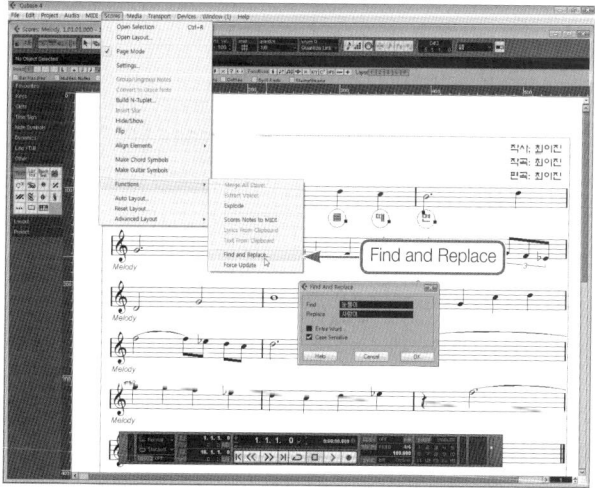

01 Score 메뉴의 Functions에서 Find and Replace 를 선택하여 창을 엽니다. Find 항목에 찾을 문자를 입력하고, Replace 항목에 바꿀 문자를 입력하고, OK 버튼을 클릭하면, 글자가 바뀌는 것을 확인할 수 있습니다.

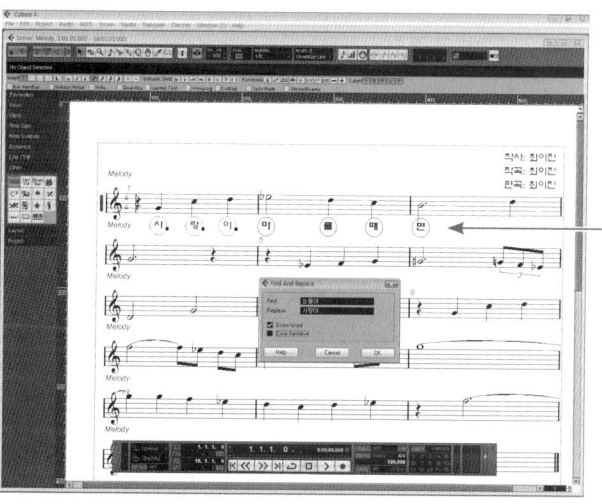

02 Find And Replace 창의 Entire Word 는 Find에 일치하는 단어만을 찾는 옵션이고, Case Sensitive는 대/소문자를 구별하지 않고 찾는 옵션입니다.

수정한 문자

악보에 가사를 입력할 때 Tab키가 불편하다면, 독자가 주로 사용하는 워드에서 가사를 입력한 후에 큐베이스와 누엔도의 악보로 복사할 수 있는 기능을 이용하면 편리할 것입니다.

Ctrl+C 키로 복사

01 윈도우에서 제공하는 메모장이나 사용자가 주로 사용하는 워드를 실행하여 간단한 문자를 입력해 봅니다. 가사로 사용할 경우에는 글자마다 간격을 띄워야 합니다. 입력한 문자를 선택하고, Ctrl + C 키를 눌러 복사합니다.

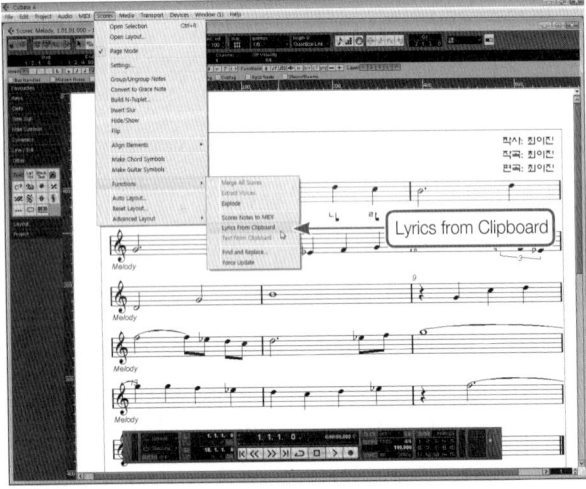

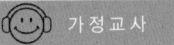
Lyrics from Clipboard

02 Find And Replace 창의 Entire Word 는 Find에 일치하는 단어만을 찾는 옵션이고, Case Sensitive는 대/소문자를 구별하지 않고 찾는 옵션입니다.

😊 가정교사

가사를 입력할 때와 같은 방법으로 문자를 입력할 때는 Function 메뉴의 Text From Clipboard 를 이용합니다.

10 성부 변경하기

큰 보표를 사용하는 피아노 악보는 오른손 연주와 왼손 연주가 정확히 C3로 구분되는 경우가 없기 때문에 자동 Split 기능으로는 완벽한 피아노 악보를 만들 수 없습니다. 그래서 각각의 음표에 성부를 설정하여 보표의 위치를 조정할 필요가 있습니다.

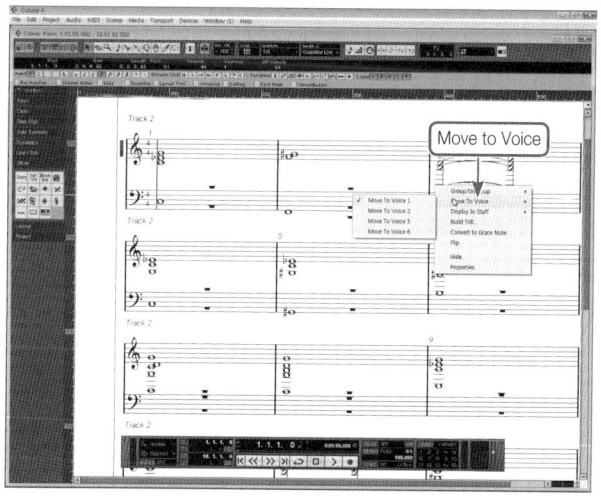

01 그림과 같이 낮은 음자리표에 있어야 할 음표가 높은 음자리표에 있다고 가정하면, 음표를 마우스 오른쪽 버튼으로 클릭하여 단축 메뉴를 열고, Move to Voice에서 이동시킬 성부를 선택합니다.

02 선택한 음표가 낮은 음자리표로 이동하는 것을 확인할 수 있습니다. 피아노 악보를 만들 때 자주 사용하는 기능이므로 반드시 기억해두기 바랍니다.

😊 **가정교사**

단축 메뉴의 Display In Staff를 이용하면 보이스는 그대로 유지하고, 보표의 위치만 이동시킬 수 있습니다. 상황에 따라 적절한 기능을 이용하기 바랍니다.

12
PART

메뉴의 역할 총정리

지금까지 큐베이스와 누엔도의 모든 기능을 살펴보았습니다. 그러나 작업
을 하다보면, 주로 사용하던 기능들만 이용하게되고, 시간이 흐르면 기억
조차 나지 않는 것들도 있게 마련입니다. 작업을 하면서 기억나지 않는 메
뉴의 역할을 쉽게 찾아볼 수 있도록 메뉴의 역할을 순서대로 정리하였습니
다. 자세한 내용은 앞의 학습을 참고하기 바라며, 메뉴 기능 총정리편은 사
전으로 이용할 수 있기를 바랍니다.

File 메뉴

File 메뉴는 새로운 프로젝트 만들기, 저장하기, 악보 인쇄하기, 외부 파일 불러오기, 완성한 곡을 CD로 제작하기 위한 스테레오 파일 만들기, 프로툴 시스템을 갖춘 스튜디오에 작업한 곡을 가져가서 녹음하기 위한 OMF 파일 만들기, 자신의 작업 스타일에 어울리는 환경 만들기 등, 큐베이스와 누엔도의 시작에서 종료까지 파일을 관리하는데 필요한 기능들로 구성되어 있습니다.

1 New Project

New Project 메뉴는 새로운 작업에 필요한 프로젝트를 만들거나 기존에 작업하던 프로젝트를 불러오는 역할입니다. 새로운 프로젝트는 기본 폴더인 C:\Users\사용자\Documents\Cubase Projects에 만드는 Used default location과 사용자가 원하는 위치에 폴더를 만들어 저장하는 Prompt for project location의 두 가지 옵션을 제공합니다. 가급적 Prompt for project location 옵션을 선택하여 Set Project Folder 창을 열고, New Folder 버튼을 클릭하여 곡 단위로 프로젝트를 관리하는 것이 좋습니다. 왼쪽의 허브 창은 새로운 소식과 영상 학습 내용을 표시하며, 사용자가 원하는 정보를 선택하여 사이트에 접속할 수 있습니다. 허브 창이 열리지 않게 하고 싶은 경우에는 Preferences의 General에서 Use Steinberg Hub 옵션을 해제합니다. 필요한 경우에는 Hub 메뉴의 Open Hub를 선택하여 열 수 있습니다.

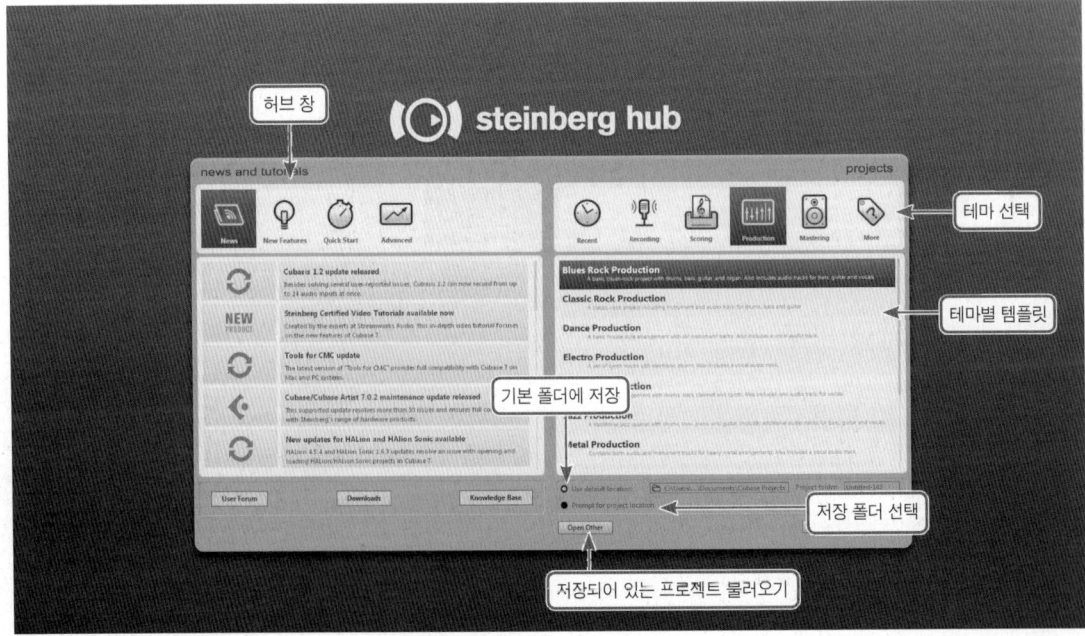

2 New Library

New Library 메뉴는 음악 작업에 자주 사용하는 오디오와 비디오 등의 샘플을 관리하는 라이브러리 파일을 만듭니다. 작업을 할 때 자주 사용하는 드럼 루프나 프레이즈 패턴 등의 샘플을 매번 임포트 명령으로 사용하는 것 보다는 라이브러리로 관리하는 것이 편합니다. 라이브러리 파일을 만들고, 샘플을 등록하는 과정을 살펴보겠습니다.

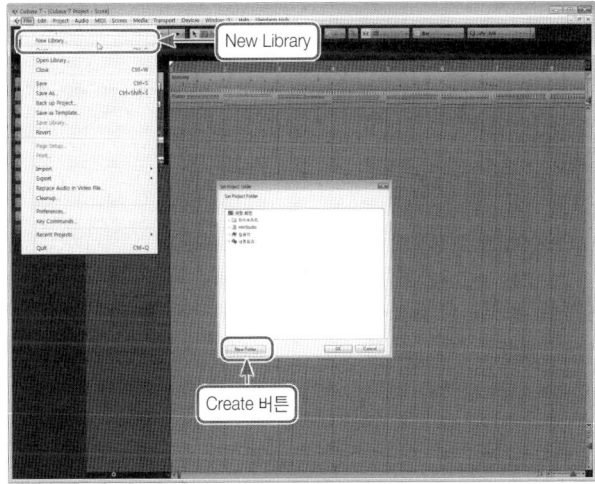

01 새로운 라이브러리를 만들기 위한 File 메뉴의 New Library를 선택합니다. 라이브러리 파일을 저장할 폴더를 선택할 수 있는 Select directory 창이 열립니다. 샘플을 모아둔 폴더를 선택하거나 Create 버튼으로 새로운 폴더를 만들고, OK 버튼을 클릭합니다.

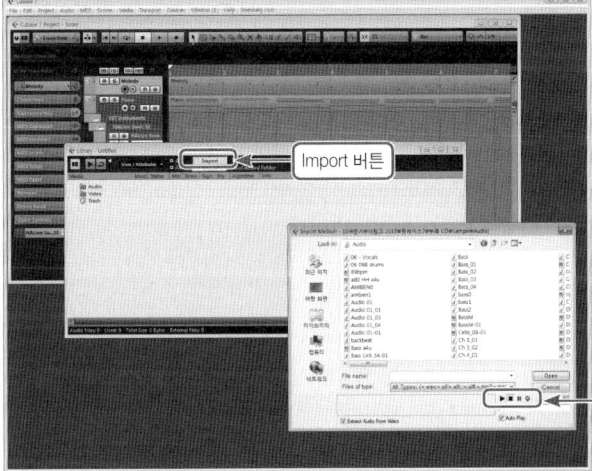

02 Library 창이 열립니다. Import 버튼을 클릭하여 창을 열고, 라이브러리에 등록할 샘플을 찾아 마우스 더블 클릭으로 불러옵니다. 선택한 샘플은 재생 버튼을 이용해서 모니터 해볼 수 있습니다.

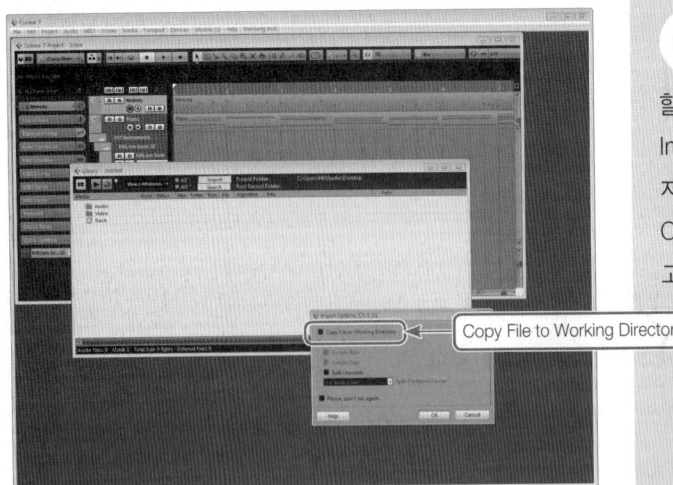

03 선택한 파일을 라이브러리가 저장될 폴더에 복사할 것인지, 샘플 포맷을 변경할 것인지 등에 관련된 옵션을 선택할 수 있는 Import Options 창이 열립니다. 라이브러리를 저장할 폴더와 샘플이 있는 폴더가 다르다면 Copy File to Working Directory 옵션을 선택하고, OK 버튼을 클릭합니다.

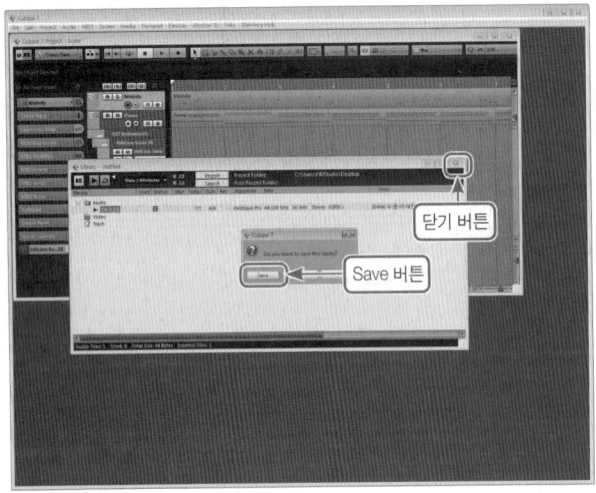

04 선택한 샘플 파일이 라이브러리 창에 등록됩니다. 추가할 샘플은 지금까지와 같은 방법으로 등록합니다. 등록을 완료하면 닫기 버튼을 클릭합니다. 라이브러리를 저장할 것인지를 묻는 창이 열립니다. Save 버튼을 클릭하여 저장합니다.

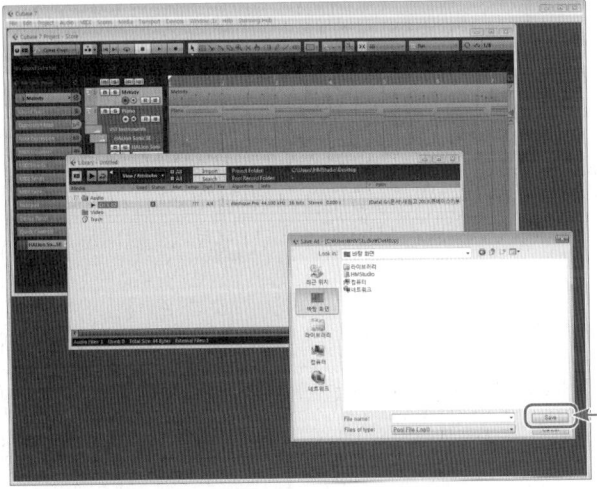

05 Save As 창이 열립니다. 나중에 구분하기 쉬운 이름으로 입력을 하고, Save버튼을 클릭합니다. 이렇게 저장한 라이브러리 파일은 Open Library 메뉴를 이용해서 언제든 불러올 수 있습니다.

Open 메뉴는 기존에 작업했던 프로젝트 파일을 불러올 수 있는 Open Proejct 창을 엽니다. 큐베이스는 cpr 파일로 저장되고, 누엔도는 npr 파일로 저장되지만, 두 프로그램은 완벽한 호환성을 보장하기 때문에 큐베이스에서 만든 프로젝트를 누엔도에서 불러와 작업하거나 반대로 누엔도에서 작업한 프로젝트를 큐베이스에서 불러와 작업할 수 있습니다. 단, 상위 버전에서 제작한 프로젝트를 하위 버전에서는 불러올 수 없다는 것에 주의하기 바랍니다.

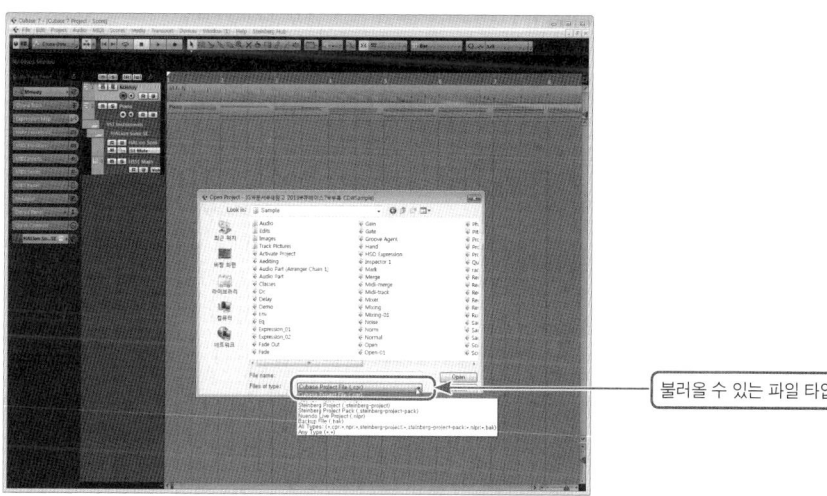

불러올 수 있는 파일 타입

Open Library 메뉴는 New Library 메뉴를 이용해서 만든 라이브러리 파일을 불러오는 역할을 합니다. 효율적인 라이브러리의 사용은 편리한 음악 작업 환경을 구축할 수 있는 방법입니다. New Library 메뉴에서 이용해서 만든 라이브러리 파일을 불러와 작업 중인 음악에 사용하는 방법을 살펴보겠습니다.

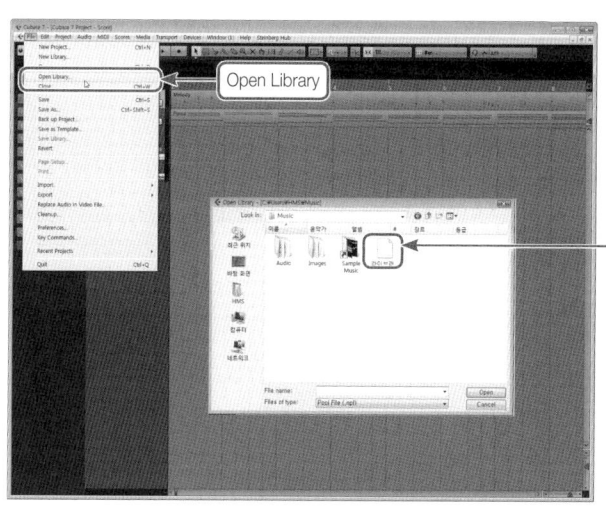

Open Library

라이브러리 파일 더블 클릭

01 File 메뉴의 Open Library를 선택하여 창을 열고, New Library메뉴를 이용하여 만들어놓은 라이브러리 파일을 더블 클릭하여 불러옵니다.

02 샘플 목록이 담겨 있는 라이브러리 창이 열립니다. 라이브러리 창의 샘플들은 작업 중인 프로젝트 창에 드래그하여 사용할 수 있으며, 작업 중인 곡과 템포가 맞질 않는다면, 화살표 버튼의 Sizing Applies Time Stretch를 선택하여 길이를 조정하면 됩니다.

5 Close

Close 메뉴는 편집 창을 선택했을 때와 프로젝트 창을 선택했을 때의 역할에 차이가 있습니다. 편집 창을 선택한 경우에는 편집 창만을 닫지만, 프로젝트 창을 선택한 경우에는 작업 중인 곡을 닫습니다. 그리고 메인 창의 닫기 버튼을 클릭하면 프로그램이 종료됩니다. 참고로 각각의 편집 창은 키보드 문자열의 Enter키를 이용해서 열거나 닫을 수 있습니다.

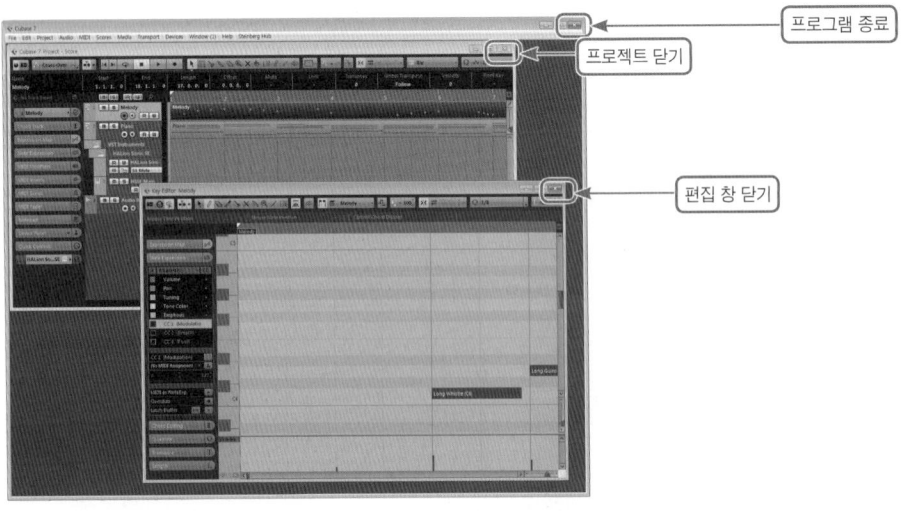

6 Save

Save메뉴는 작업 중인 프로젝트 파일을 저장하는 역할을 합니다. 새로운 프로젝트를 만들고, 작업한 내용을 저장하지 않았다면, 곡 제목이 표시되는 제목 표시줄에 Untitled 표시가 나타납니다. 그러나 기존에 작업하던 프로젝트를 불러온 경우에는 화면상에 아무런 변화가 없으므로, 틈틈이 Ctrl+S키를 눌러 작업한 내용을 저장하는 습관을 갖는 것이 좋습니다.

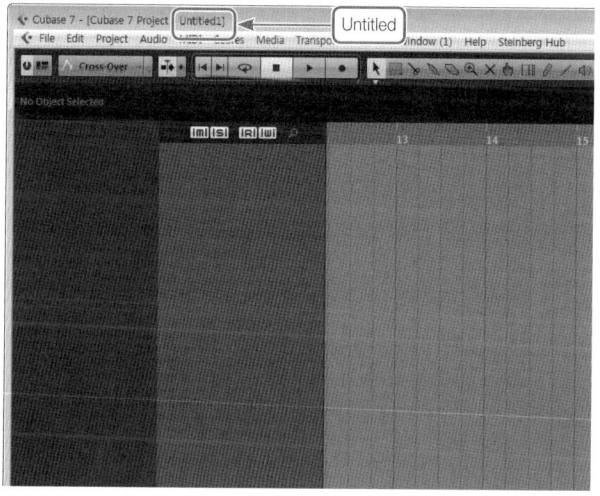

7 Save As

기존에 작업하던 프로젝트를 불러와서 새로운 이름으로 저장하는 역할을 합니다. 예를 들어 A 라는 곡을 불러와서 일부분을 수정하고, Ctrl+S키를 누르면, 작업한 내용이 A라는 곡으로 저장이 되지만, Save As 메뉴를 선택하여 창을 열고, B라는 이름으로 저장을 하면, 불러왔던 A라는 곡은 그대로 보존이되고, 일부분을 수정한 곡이 B라는 이름으로 저장되는 것입니다. 즉, 두 개의 프로젝트가 만들어집니다. Save As는 기존에 작업하던 곡을 불러와 몇 가지 입력과 수정을 했는데, 지금은 딱 마음에 들지 않아 불러온 파일과 추가 작업 내용을 따로 보관하고 싶거나 미디와 오디오 작업을 분리해서 관리하고 싶을 때 사용할 수 있습니다.

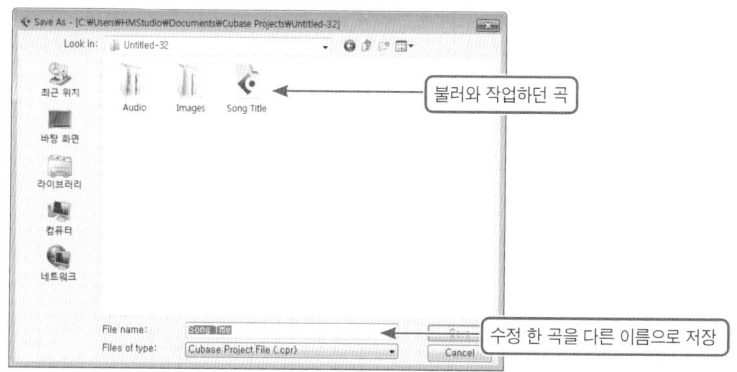

8 Save New Version

Save As와 비슷한 역할입니다. 창을 열지 않고 바로 새로운 프로젝트로 저장할 수 있다는 차이가 있습니다. 새로 만들어지는 프로젝트는 작업 중인 프로젝트 이름 끝에 -01, -02의 숫자가 붙으며 차례로 만들어집니다. 현재까지의 작업을 그대로 두고, 새로운 작업을 진행할 때 Save As 보다 유용한 기능입니다.

다만, 큐베이스의 기본 설정은 15분마다 백업 파일(*.bak)을 10개까지 자동으로 만들게 되어 있기 때문에 특별한 경우가 아니라면 Save As나 Save New Version을 이용하지 않더라도 이전 데이터를 복구할 수 있습니다. 단, 백업 파일을 불러올 때는 Files of type에서 Any Type를 선택해야 볼 수 있습니다.

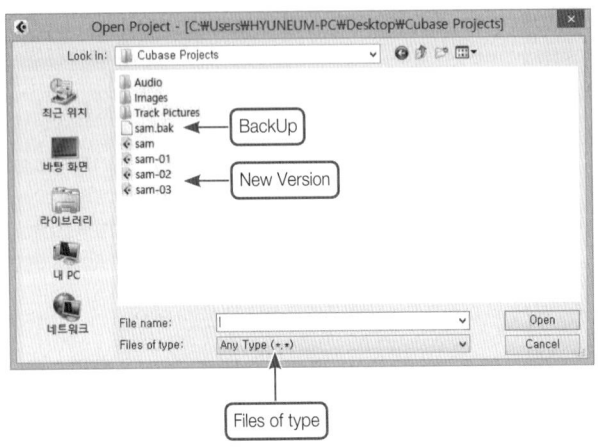

9 Revert

Revert는 마지막에 저장했던 상태로 복구하는 역할을 합니다. 어떤 이유에서든 곡을 작업하다가 보면 취소보다는 곡을 처음 불러왔던 상태로 되돌리고 싶은 경우가 있습니다. 이때 Revert 메뉴를 실행하여 곡을 처음 상태로 복구할 수 있습니다. Revert 메뉴는 마지막에 저장했던 상태로 되돌리는 것이므로 작업 도중에 저장을 했다면, 곡을 불러왔을 때로 되돌리는 것이 아니라 저장했던 시점으로 되돌린 다는 것을 기억하기 바랍니다.

10 Page Setup

Page Setup은 악보를 인쇄할 때 용지의 크기와 방향 등을 설정하는 역할을 합니다. 이 메뉴는 악보를 인쇄하는 목적으로 사용하므로 스코어 에디터가 열려있어야 합니다. 기본적으로 악보는 A4용지 크기를 많이 사용하지만, 목적에 따라 다양한 크기로 인쇄할 수 있습니다. Page Setup 창의 프린터 속성은 사용자가 사용하는 프린터에 따라 차이가 있습니다.

11 Print

Print 메뉴는 스코어 에디터의 악보를 인쇄하는 역할을 합니다. Print 메뉴 역시 독자의 컴퓨터에 장착한 프린터 종류에 따라 약간씩 차이를 보일 수 있지만, 특별한 방법이 필요한 기능이 아니므로 별다른 문제는 없을 것입니다. Page Setup에서와 같이 스코어 에디터가 열려있는 경우에 사용할 수 있습니다.

12 Import

Import 메뉴는 오디오 파일, 오디오 CD, OMF 파일 등을 가져와 사용할 수 있게 하는 역할을 합니다. 오디오, 미디, 비디오 등의 미디어 파일을 윈도우 탐색기에서 프로젝트 창으로 드래그하여 임포팅 시킬 수 있다는 것도 기억해두면 편리할 것입니다.

 Audio File

File 메뉴의 Import-Audio File은 Wav, Aif, MP3 등 다양한 오디오 포맷의 파일을 불러오는 역할을 합니다. 큐 베이스에서 불러올 수 있는 오디오 포맷은 Import Audio 창의 File of type 항목을 열어보면 알 수 있으며, 오른쪽 에는 선택한 파일을 미리 재생시켜 볼 수 있는 트랜스포트 버튼들이 있습니다. Auto play 옵션은 선택하는 파일을 자동으로 재생되게 합니다.

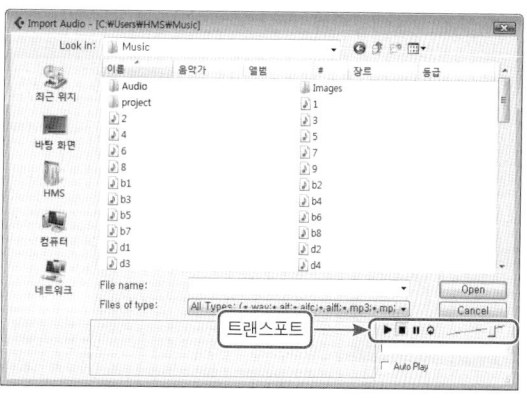

Tip Import Options 창

Import Audio 창에서 선택한 오디오 파일을 불러오면, 몇 가지 옵션을 선택할 수 있는 창이 열리며, 각 옵션의 의미는 다음과 같습니다.

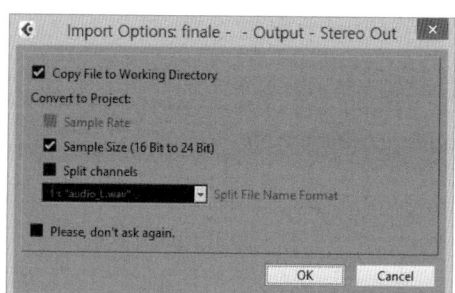

▷ Copy File to Working Directoy
프로젝트가 저장되어 있는 Audio 폴더에 복사할 것인지의 여부를 선택합니다.

▷ Convert to Project
작업 중인 프로젝트 환경과 다른 오디오 파일일 경우에는 Sample Rate 와 Sample Size(Bit)를 변경할 수 있으며, 스테레오 사운드일 경우에는 채널을 분리할 수 있는 Split channels 옵션을 선택할 수 있습니다.

▷ Please, don't ask again
오디오 파일을 불러올 때 Import Options 창이 열리지 않게합니다. 옵션 창을 다시 열리게 하고 싶다면, Preferneces 창의 Editing-Audio 페이지 에서 on Import Audio Files 항목을 Open Options Dialog로 선택합니다.

트랜스포트

01 File 메뉴의 Import - Audio CD는 일반 오디오 CD 의 음악을 불러오는 역할의 Import from Audio CD 창을 엽니다. 2개 이상의 CD-ROM 드라이브를 장착했다면, Drive 항목에서 오디오 CD를 삽입한CD-ROM 드라이브를 선택합니다.

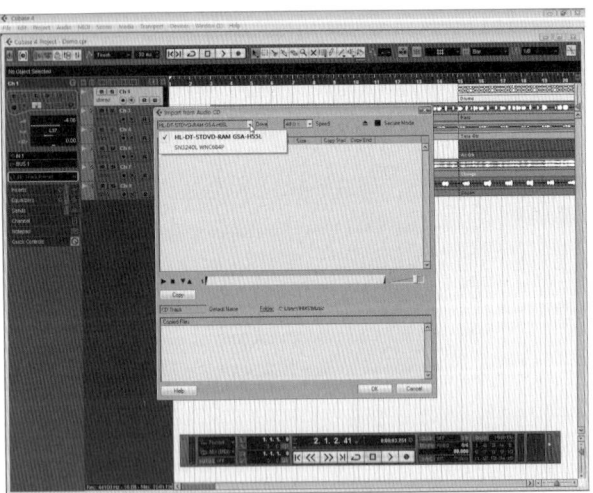

02 큐베이스와 누엔도는 선택한 트랙 또는 트랙의 일부 구간을 불러올 수 있습니다. 트랙의 일부는 Import form Audio CD 창중앙에 있는 그랩 슬라이드의 시작 포인트와 끝 포인트를 조정하여 선택할 수 있으며, Play 버튼을 이용하여 선택한 구간을 모니터할 수 있습니다.

가정교사

동시에 여러 트랙을 선택하려면 Shift키나 Ctrl키를 이용합니다.

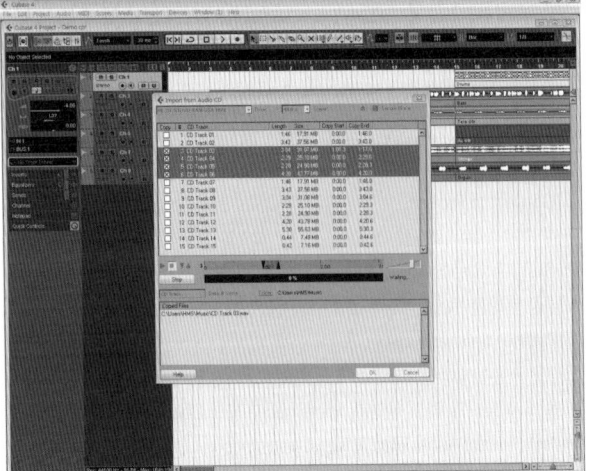

03 Copy 버튼을 클릭하면 선택한 트랙 또는 선택한 구간을 웨이브 파일로 변환하여 저장합니다. 저장 위치는 Folder 버튼을 클릭하여 선택할 수 있으며, 파일의 이름은 Default Name에서 입력할 수 있습니다.

Video File

File 메뉴의 Import - Video File은 Mov, Avi, Mpg, Wmv 등의 다양한 영상 파일을 불러옵니다. Import Video 창의 File of Type 항목을 보면 큐베이스와 누엔도에서 불러올 수 있는 포맷을 확인할 수 있습니다. 불러온 비디오 파일을 비디오 트랙에 프레임 단위로 표시되며, 단축키 F8키로 비디오창을 열이 재생할 수 있습니다. 영상 음악 제작자에게는 꼭 필요한 기능이 될 것입니다.

 Audio from Video File

File 메뉴의 Import-Audio from Video File은 영상 파일에서 오디오 사운드 만을 추출하여 프로젝트 창에 불러오는 기능입니다. 영화를 볼 때 마음에 드는 사운드를 수집하는 것도 아주 좋은 습관이므로 꼭 활용해보기 바랍니다.

 MIDI File

File 메뉴의 Import-MIDI는 서로 다른 컴퓨터 음악 프로그램과의 호환성을 위한 포맷입니다. 큐베이스는 현재 작업중인 프로젝트에 불러오는 방법과 새로운 프로젝트를 만들어 불러오는 두 가지 기능을 제공합니다. Import-MIDI를 선택하면 열리는 창의 Create는 새로운 프로젝트를 만들고, No는 현재 작업 중인 프로젝트로 불러옵니다.

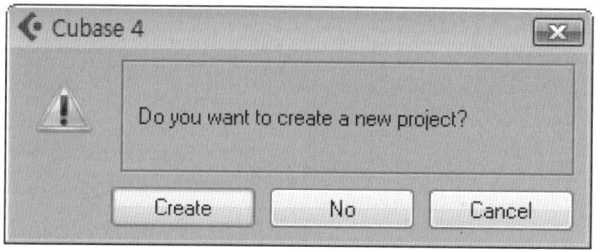

Track Acrhive/Tempo Track

File 메뉴의 Import-Track Archive와 Tempo Track는 큐베이스와 누엔도의 트랙 정보 파일인 XML과 템포 정보 파일인 SMT 파일을 불러오는 기능입니다. 각각의 파일은 File 메뉴의 Export를 이용해서 저장할 수 있으며, 트랙 정보 파일을 불러오는 경우에는 불러올 트랙을 선택하거나 미디어 파일의 복사 여부를 선택할 수 있는 옵션 창이 열립니다.

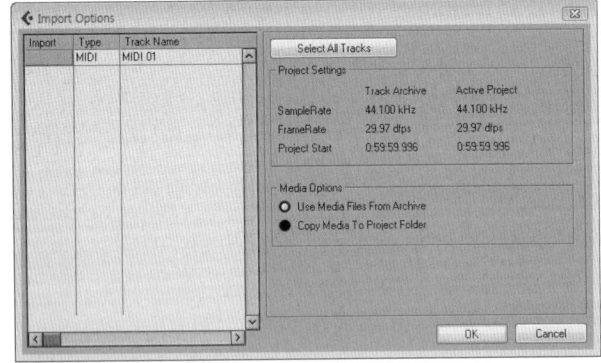

 Track from Project

트랙을 불러옵니다. 두 개의 프로젝트를 열어놓고, 복사를 하면 이벤트 외에는 가져올 수 없습니다. EQ나 Insert 등의 트랙 정보를 함께 가져오고 싶을 때 이 메뉴를 이용합니다. 가져올 트랙은 Import 칼럼에서 선택하고, 현재 프로젝트에 복사를 하겠다면 Copy To Active Project Folder 옵션을 체크합니다.

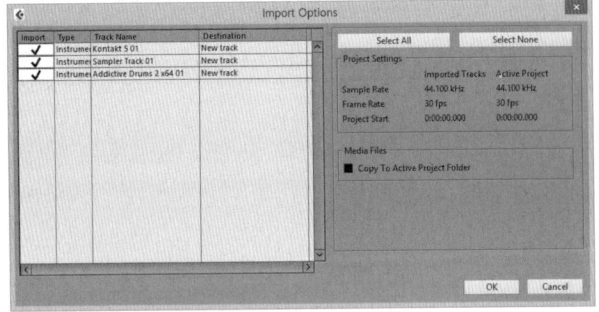

Destination 칼럼의 기본 값은 New track 입니다. 비슷한 이벤트를 불러와 현재 작업 중인 트랙과 비교해보고 싶다면, 원하는 폴더를 지정합니다. 트랙 네임에 V2로 표시되며, 기존에 있던(V1) 이벤트와 비교하거나 믹스 편집이 가능합니다.

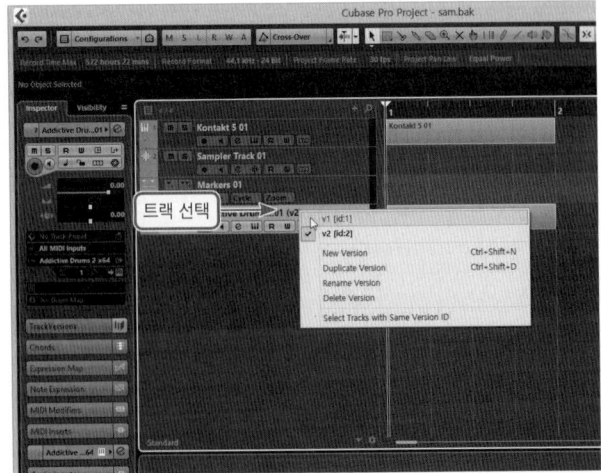

Music XML은 미국 Rrcordare 사에서 개발한 XML 표준의 악보 형식으로 현재 전자 악보의 표준으로 자리잡고 있습니다. XML 악보 형식은 사보 관련 프로그램은 물론이고, 대부분의 음악 프로그램에서 지원을 하고 있는데, 큐베이스와 누엔도에서도 Music XML 파일을 제작하거나 불러올 수 있습니다.

File 메뉴의 Import-OMF는 Pro Tools 또는 Avid Express과 같은 영상 시스템에서 사용하는 OMF 파일을 큐베이스와 누엔도에서 불러와 작업할 수 있게 하는 역할을 합니다. 메뉴를 실행하면, 불러올 트랙을 선택할 수 있는 옵션 창이 열립니다. 참고로 누엔도는 영상 시스템에서 OMF 보다 많이 사용하는 AAF 파일을 불러올 수 있는 Import 메뉴가 추가되어 있습니다.

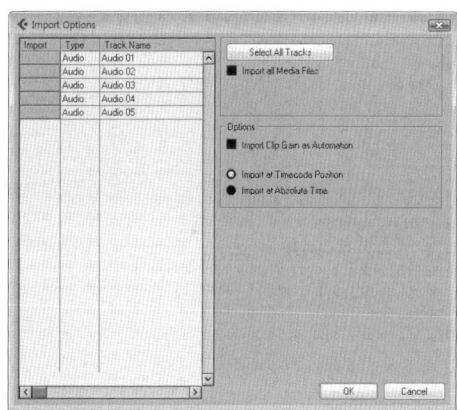

13 Export

Export 메뉴는 큐베이스와 누엔도에서 작업한 오디오 트랙을 CD로 만들기 위해 스테레오 트랙으로 믹스 다운하거나 다른 컴퓨터 프로그램에서 미디 정보를 사용할 수 있게 미디 파일로 저장할 수 있는 기능을 가지고 있습니다. 특히, 큐베이스와 누엔도는 Pro Tools, Avid Express에서 작업할 수 있는 OMF 와 AAF 파일로 저장할 수 있기 때문에 영상 시스템을 갖추고 있는 스튜디오에서의 작업이 필요한 경우에도 아무런 문제없이 사용할 수 있습니다.

 MIDI File

File 메뉴의 Export-MIDI는 다른 프로그램에서 재생 및 편집이 가능한 미디 포맷으로 저장합니다. 큐베이스와 누엔도에서는 미디 포맷으로 저장할 때 손실될 수 있는 파라미터 정보를 보존할 수 있는 옵션 설정이 가능합니다. 옵션 창은 큐베이스 파라미터에서 저장할 정보를 선택하거나 음표 분해 값인 Resolution을 조정할 수 있는 것들로 구성되어 있습니다. Export Locator Range 옵션은 로케이터 범위만 저장하는 것이며, Export includes Delay 는 딜레이 값을 포함시킵니다.

 MIDI Loop

File 메뉴의 Export-MIDI Loop는 선택한 미디 파트를 미디 루프 파일로 저장합니다. Attribute 버튼을 클릭하면 테그 정보를 입력할 수 있는 창이 열립니다.

File 메뉴의 Export-Audio Mixdown은 완성한 곡을 CD로 제작하기 위해서 Streo/16bit/44.1KHz 포맷의 Wave 파일을 비롯해서 MP3, AIF, WMA 등의 오디오 파일로 저장할 수 있는 기능입니다. Audio Mixdown은 로케이터 구간만을 믹스다운하므로 반드시 메뉴를 실행하기 전에 Ctrl+A키를 눌러 전체 파트를 선택하고, P키를 눌리 전체 파트를 로케이터 구간으로 설정해야 합니다.

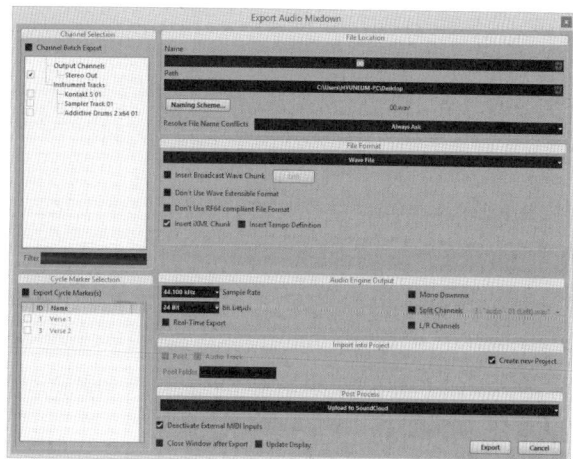

▶ Channel Selection : 믹스 다운할 트랙을 선택합니다.

- Channel Batch Export : 동시에 여러 채널을 믹스 다운할 수 있습니다. 전체 음악을 믹스 다운할 때는 마스터 트랙에 해당하는 Stereo Out을 체크합니다.

- Filter : 검색어를 입력하여 목록에 표시할 트랙 수를 제한합니다.

▶ Cycle Marker Selection : 사이클 마커의 목록이 표시되며, 원하는 마커 구간을 믹스다운 할 수 있습니다.

▶ File Location : 파일 이름 및 저장 위치를 설정합니다.

- Name : 믹스 다운할 파일의 이름을 입력합니다.

- Path : 파일이 저장될 위치를 선택합니다.

- Naming Scheme : 파일 이름이 생성될 정보를 선택합니다. Attributes 목록에서 원하는 정보를 더블 클릭하거나 Result 목록으로 드래그합니다. Result 순서는 마우스 드래그로 변경 가능합니다. 질문이 많았던 부분이므로 확실히 기억해두기 바랍니다.

▶ File Format : 저장할 파일의 포맷을 선택합니다. 오디오 CD 제작을 위한 WAV 파일 외에도 MP3, OGG, WMV 등의 파일을 제작할 수 있으며, 포맷에 따라 옵션이 달라집니다.

- Wave File : 오디오 CD 제작을 위한 파일입니다.
- Insert Broadcast Wave Chunk : 제작자 정보를 입력할 수 있습니다.
- Don't Use Wave Externsible Format : 채널과 같은 추가 정보가 포함되지 않게 합니다.
- Don't Use RF64 compliant File Format : 파일 크기가 4GB 이상 초과되지 않게 합니다.
- Insert iXML Chunk : 프로젝트 이름, 제작 등의 메타 데이터를 포함합니다.
- Insert Tempo Definition : Insert iXML Chunk를 사용할 때 템포 정보를 포함합니다.

● AIFC/AIFF File : 맥 기반의 오디오 포맷이지만, 윈도우에서 재생 가능합니다. AIFF는 Wave와 같이 무압축 방식이며, AIFC는 약 6:1 정도의 압축 방식을 사용합니다. 옵션은 Wave File과 동일합니다.

● MPEG 1 Layer 3 File : 현재 가장 많이 사용하는 MP3 파일입니다.

- Bit Rate : 파일의 전송률을 결정합니다. 멜론이나 지나 등, 대부분의 음원 사이트에서는 320kBit 포맷을 사용합니다.

- Sample Rate : 전송률에 따른 음질을 표시합니다. 오디오 CD 표준이 44,100Hz 입니다.

- High Quality Mode : 옵션을 해제하면 Sample Rate를 선택할 수 있습니다.

- Insert ID3 Tag : 곡 제목, 제작자 등의 테크 정보를 포함합니다.

● Windows Media Audio File : 윈도우 미디어 오디오의 준말로 마이크로 소프트 사에서 개발한 WMA 형식의 미디어 파일을 만듭니다. MP3 보다 적은 용량으로 높은 음질을 구현하지만, 거의 사용하지 않습니다. Codec Settings 버튼을 클릭하면 샘플 레이트 및 비트 등의 인코딩 정보를 선택할 수 있는 창이 열립니다.

● FLAC File : 웨이브 포맷 보다 적은 용량으로 대등한 음질을 구현할 수 있다고 해서 주목을 받았던 포맷입니다. 하지만, 보급에서 실패한 포맷 입니다. 옵션은 압축 비율을 조정할 수 있는 Compression Level 슬라이더가 있습니다.

● OggVorbis File : MP3 유료화에 대체 목적으로 개발된 OGG 포맷을 만듭니다. 무료로 공개된 코덱을 사용하는데도 불구하고 사용률은 매우 낮은 편입니다. 옵션은 음질을 조정할 수 있는 Quality 슬라이더가 있습니다.

● Wave 64 File : 32비트 웨이브 포맷을 용량제한 없이 제작할 수 있도록 Sonic Foundry Inc에서 개발한 포맷입니다. 하지만, 웨이브 포맷도 RF64 호환 형식을 사용하면서 큰 의미가 없어지게 되었습니다. 옵션은 Wave File과 동일합니다.

※ 큐베이스에서 제작 가능한 오디오 포맷의 종류를 살펴보았지만, 실제로 사용되는 것은 음원 제작을 위한 MPEG 1 Layer 3 Files(MP3)과 오디오 CD 제작을 위한 Wave File 뿐입니다.

▶ Audio Engine Output : 믹스다운하는 파일의 샘플 레이트와 비트를 선택합니다.

　● Realtime Export : 믹스다운할 때 음악을 모니터합니다.

　● Mono Downmix : 멀티 채널을 한 개의 모노 패널로 믹스다운 합니다.

　● Split Channels : 멀티 채널의 각각의 패널로 믹스다운 합니다.

　● L/R Channels : 멀티 채널의 좌/우 채널만 스테레오로 믹스다운 합니다.

▶ Import into Project : 믹스다운 파일을 작업 중인 프로젝트에 불러올 수 있는 옵션으로 구성되어 있습니다.

　● Pool : 믹스다운한 파일을 풀 창으로 불러옵니다. 폴더 이름을 입력할 수 있는 Pool Foler가 활성화 됩니다.

　● Audio Track : 믹스다운 파일을 트랙으로 불러옵니다.

　● Create new Project : 믹스다운 파일을 새로운 프로젝트로 불러옵니다.

▶ Post Process : 믹스다운 후의 작업을 선택합니다.

　● Upload to SoundCloud : 믹스 다운한 음악을 Soundcloud. com에 바로 업로드하여 다른 뮤지션들과 공유할 수 있습니다.

　● Deactivate External MIDI Inputs : 믹스다운 하는 동안 외부 미디 장치의 인풋을 무시합니다.

　● Close Window after Export : 믹스다운 후에 창을 닫습니다.

　● Update Display: 믹스다운 후에 레벨 미터를 체크합니다.

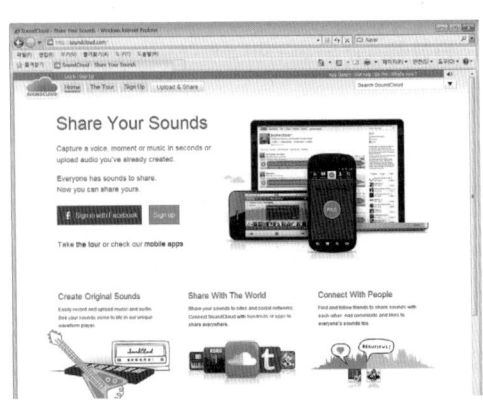

Select Tracks / Tempo Track

File 메뉴 Export의 Select Track과 Tempo Track는 선택한 트랙과 템포 정보를 개별적으로 저장할 수 있는 기능입니다. 트랙은 XML 포맷이며, 템포는 SMT 포맷으로 저장되며, Import 메뉴를 이용해서 불러올 수 있습니다. 즉, 특정 트랙이나 템포를 서로 다른 곡에서 공유하고 싶을 때 유용하게 사용할 수 있습니다.

Score / Music XML

File 메뉴 Export의 Score는 큐베이스와 누엔도의 악보를 JPG, GIF 등의 이미지 파일로 저장하는 역할을 하며, Export - Music XML은 전자 악보의 표준으로 자리잡고 있는 XML 포맷의 언어로 저장합니다. 두 가지 메뉴는 스코어 창이 열려있는 상태에서만 사용할 수 있습니다.

Notepad Date

File 메뉴 Export의 Note Date는 각 채널에 입력한 Notepad 내용을 텍스트 파일로 저장합니다.

File 메뉴의 Export-OMF는 큐베이스와 누엔도에서 작업한
음악을 영상 시스템에서 사용할 수 있는 OMF 파일로 저장하
는 기능입니다. 메뉴를 실행하면 OMF 파일을 저장할 위치와
버전, 샘플 포맷 등을 선택할 수 있는 Export Options 창이
열립니다. 대부분의 영상 시스템은 버전 2.0을 지원하며, 버전
2.0으로 저장할 경우에는 볼륨과 페이드 값을 보존할 수 있습
니다. 누엔도는 AAF로도 익스포팅이 가능합니다.

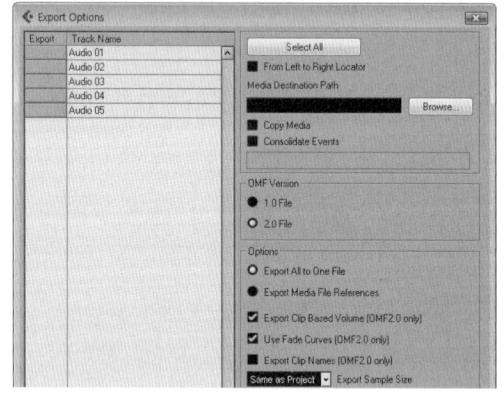

14 Replace Audio in Video File

Replace Audio in video File은 영상 사운드를 사용자가 원하는 사운드로 간단하게 바꿀 수 있는 기능입니다. 이것
은 작업 중인 프로젝트와 무관하게 개별적으로 사용하는 메뉴이므로 작업 중인 음악을 영상에 삽입하고 싶은 경우
에는 영상에 사용하는 포맷으로 믹스다운 한 후에 사용해야 합니다. 메뉴를 실행하면, 비디오 파일을 선택할 수 있
는 Select video file 창을 열리고, 계속해서 사운드를 선택할 수 있는 Select audio file 창이 열립니다. 즉, Select
video file 창에서 선택한 영상의 사운드가 Select audio file 창에서 선택한 것으로 바뀌는 것입니다.

15 Profile Manager

프로젝트 셋팅 외에 Preferences,VST Conncextions In/
Ouput presets, 툴바 및 윈도우 셋팅, 툴바 프리셋, 트랙
컨트롤 셋팅 및 프리셋, 워크스페이스, Key Commands,
플러그-인 구성, 퀀타이즈 프리셋, 크로스 페이드 프리셋
등의 환경을 기본값으로 설정할 수 있습니다. 원하는 작업
환경을 만들고, Export로 저장하고, Import로 불러온 다
음에 Activate Profile 버튼을 클릭하여 적용합니다. 단,
프로그램을 다시 시작할 때 적용됩니다.

16 Cleanup

Cleanup은 큐베이스와 누엔도에서 사용하지 않는 오디오 파일을 찾아 자동으로 삭제하는 기능입니다. 음악 작업을 하다 보면 수 많은 오디오 파일을 만들거나 편집하는 과정에서 사용하지 않는 파일도 많아집니다. 이 경우 개별적으로 Remove Unused Files 기능을 이용해서 디스크를 정리할 수 있지만, Cleanup 기능을 이용해서 일괄적으로 삭제 작업을 처리할 수 있어 편리합니다.

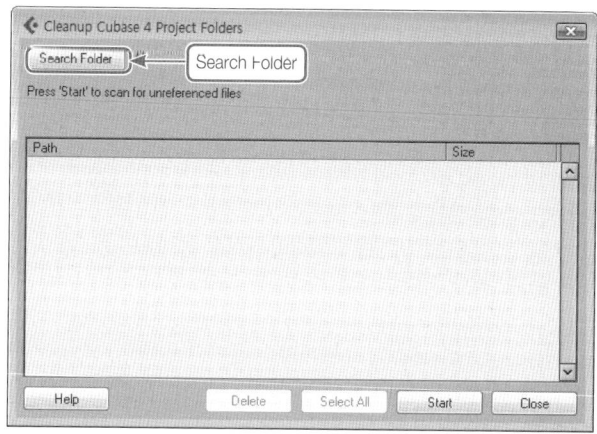

01 File 메뉴의 Cleanup을 선택하면 Ceanup Cubase Project Folders 창이 열립니다. 상단에 있는 Search Folder 버튼을 클릭하여 검색할 폴더를 선택합니다. 폴더를 선택하지 않으면 독자의 모든 시스템을 검색합니다.

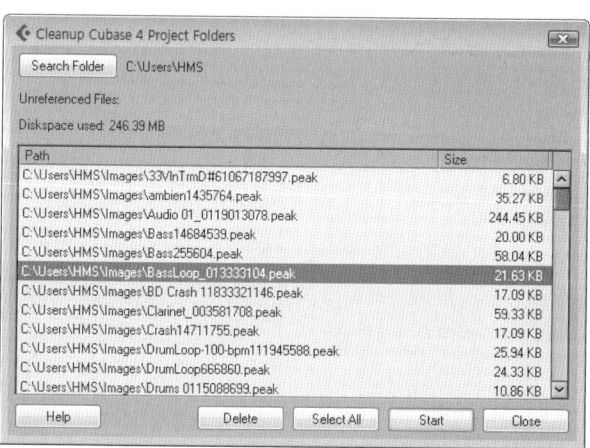

02 Start 버튼을 클릭하여 프로젝트에서 사용하지 않는 오디오 파일을 검색합니다. 리스트에서 검색한 파일을 선택하고, Delete 버튼을 클릭하여 삭제할 수 있습니다. 그 외 Select All 버튼은 검색된 파일을 모두 선택하는 것이며, Close는 Cleanup 창을 닫습니다.

17 Back up Project

Back up Project는 작업중인 프로젝트에서 사용하고 있는 모든 미디어들을 새로운 폴더를 만들어 저장할 수 있는 역할을 합니다. 프로젝트는 처음 만들 때부터 곡 단위로 폴더를 만들어 관리하는 것이 좋습니다. 만일, 하나의 폴더에서 여러 곡을 작업했다면 녹음실로 가져가기 위한 백업을 할 때, 작업에 사용한 모든 미디어를 찾아야만 하는 번거로움이 있습니다. 이때 Back up Project기능을 이용하면, 프로젝트에 사용한 미디어와 작업 폴더를 한번에 추출하여 백업할 수 있습니다.

01 File 메뉴의 Back up Project를 선택하면, 프로젝트를 저장할 폴더를 선택할 수 있는 Select directory 창이 열립니다. 프로젝트는 폴더 단위로 관리하는 것이 좋으므로, Crate 버튼을 클릭하여 새로운 폴더를 만듭니다.

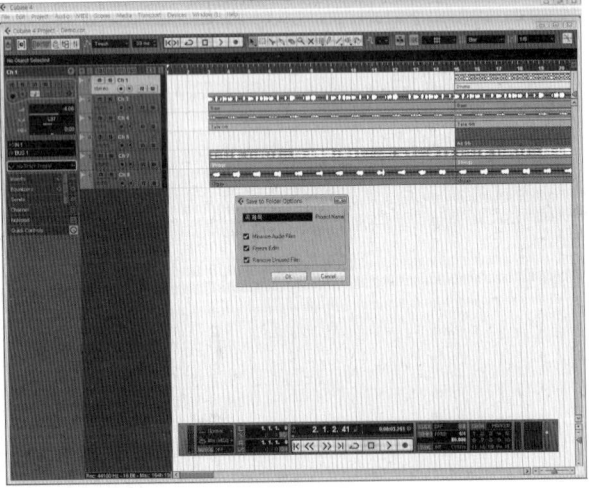

02 Back up Project Options 창이 열립니다. 곡의 제목을 입력하고, OK 버튼을 클릭하면, Select directory 창에서 만든 폴더로 프로젝트가 저장됩니다. 즉, 녹음실로 곡을 가져갈 때, 폴더를 USB 메모리나 외장 하드에 담아가면 됩니다.

Back up Project Options 창

새로운 폴더에 프로젝트를 저장하는 과정에서 보여지는 Back up Project Options 창에는 프로젝트의 이름을 입력할 수 있는 Project
Name 항목을 비롯해서 5가지의 옵션이 있습니다.

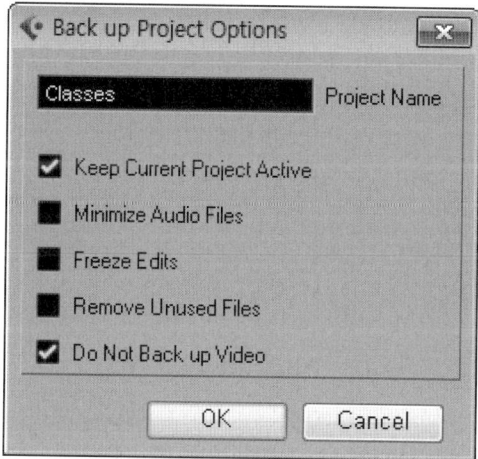

▷ Project Name

저장할 프로젝트의 이름을 변경할 수 있습니다.

▷ Keep Current Project Active

Active 버튼이 On으로 되어 있는 프로젝트를 저장합니다. 옵션을 해제하면 선택되어 있는 프로젝트를 저장합니다.

▷ Minimize Audio Files

실제로 사용하고 있는 오디오 파일만을 저장합니다. 예를 들어 1분짜리 샘플을 가지고 프로젝트 창에서 10초 길이를 사용한다고 했
을 때, 옵션을 체크하면 10초 길이에 해당하는 샘플만을 저장합니다.

▷ Freeze Edits

오디오 편집 내용을 적용하여 저장합니다. 큐베이스와 누엔도는 오디오 사운드의 편집 내용을 Edit 폴더에 저장하여 언제든 되돌릴
수 있게 합니다. 이때의 단점은 전체 용량이 커진다는 것인데, 이 옵션을 체크하면 편집 내용을 실제 오디오에 적용하여 용량을 줄일
수 있습니다. 단, 편집 내용을 되돌릴 수 없으므로 변경을 예상하고 있다면 옵션을 해제합니다.

▷ Remove Unused Files

프로젝트 창에서 사용되고 있는 미디어 파일만을 저장합니다. 음악 작업을 하다가 보면 프로젝트에서 사용하지 않은 미디어 파일들
도 Pool 창에 저장하기 마련입니다. 이때 옵션을 체크하면 프로젝트에서 사용하지 않는 미디어 파일은 저장하지 않습니다.

▷ Do Not Back up video

영상 파일을 임포트하여 작업한 경우에, 해당 비디오 파일을 저장할 것인지의 유무를 선택합니다.

18 Save as Template

Save as Template는 작업하고 있는 프로젝트 환경을 템플릿으로 저장하는 역할을 합니다. 처음에는 기본적으로 제공하는 템플릿을 사용하거나 매번 새로운 프로젝트 환경을 만들면서 곡 작업을 합니다. 그러나 어느 정도 작업을 반복하다가 보면 자신의 작업환경에 어울리는 프로젝트 환경이 일정하다는 것을 느낄 것입니다. 이때 작업하던 프로젝트 환경을 템플릿으로 저장해두면, 동일한 프로젝트 환경을 템플릿 선택만으로 간단하게 사용할 수 있습니다.

19 Save Library

Save Library는 라이브러리 파일을 저장하는 역할을 합니다. 현대 음악에서 샘플의 사용은 큰 비중을 차지합니다. 특히, 좋은 연주와 녹음이 어려운 경우에는 절대적으로 샘플에 의존할 수 밖에 없습니다. 이러한 샘플을 효과적으로 사용하기 위해서는 관리가 중요합니다. 큐베이스와 누엔도에서는 샘플 관리에 편리한 라이브러리 기능을 제공하고 있으며, 사용자가 만든 라이브러리는 Save Library 메뉴를 이용해서 저장할 수 있습니다.

20 Preferences

File의 Preferences 메뉴는 큐베이스와 누엔도의 환경을 자신의 시스템이나 작업 습관에 어울리게 설정할 수 있는 Preferences 창을 엽니다. Preferences 창에는 Appearance, Editing 등 각각의 페이지를 쉽게 찾아볼 수 있는 트리 구조입니다.

21 Key Commands

Key Commands는 큐베이스와 누엔도의 단축키를 자신에게 익숙한 단축키로 변경하거나 단축키가 없는 기능에 단축키를 설정할 수 있는 Key commands 창을 엽니다. 큐베이스를 혼자서 사용하거나 다른 프로그램을 사용하다가 바꾼 독자라면, 자신에게 익숙한 단축키로 변경해서 사용하는 것도 요령입니다.

22 Recent Projects

File 메뉴의 Recent Projects는 최근에 작업하던 프로젝트의 목록을 최대 9개까지 표시하며, 마우스 선택만으로 불러올 수 있는 역할을 합니다. 즉, 프로젝트를 불러오기 위해 File 메뉴의 Open을 실행하여 창을 열고, 프로젝트가 저장되어 있는 위치를 찾는 번거로움 없이 최근에 작업하던 프로젝트를 빠르게 불러올 수 있다는 것입니다.

23 Quit

File 메뉴의 Quit는 작업하던 프로젝트를 닫고, 큐베이스와 누엔도를 종료하는 역할을 합니다. 키보드 사용자는 Ctrl+Q보다 윈도우 프로그램의 공통 단축키인 Alt+F4를 더 많이 사용하며, 마우스 사용자는 제목 표시줄의 닫기 버튼을 더 많이 사용합니다. 어떤 기능을 이용하든 자신에게 편리한 방법을 이용합니다.

EDIT 메뉴

Edit 메뉴는 실수한 작업을 취소하거나 선택한 이벤트를 이동, 복사 하는 등의 편집 작업에서부터 이벤트의 반복을 한번에 처리하는 매크로 기능까지 단축키를 가장 많이 사용하게 될 기능들로 구성되어 있습니다. 어떤 프로그램이든 편집 기능에 해당하는 단축키는 반드시 외우고 있어야 작업을 능률적으로 할 수 있습니다.

1 Undo

Edit 메뉴의 Undo는 작업한 내용을 역순으로 취소하는 역할을 합니다. 예를 들어 이벤트를 자르고, 삭제했다면, Undo 메뉴를 한 번 실행할 때, 삭제 했던 이벤트가 복구되고, 한 번 더 실행할 때, 자른 이벤트가 붙는 것입니다. 자주 사용하는 기능이므로 단축키 Ztrl+Z키를 외워두는 것이 좋습니다.

2 Redo

Edit 메뉴의 Redo는 취소한 내용을 다시 실행합니다. 예를 들어 이벤트를 삭제하고, Undo 메뉴로 삭제 한 이벤트를 복구했다가 Redo메뉴를 실행하면, 복구한 Undo의 작업을 취소하는 것이므로, 이벤트를 다시 삭제합니다. 직접 실험을 해보면 쉽게 이해할 수 있습니다.

3 History

Edit 메뉴의 History는 독자가 작업한 내용을 모두 기록하고 있는 Edit History 창을 열어주며, 목록을 선택하는 것만으로 작업을 취소 시킬 수 있습니다. Edit History 창을 이용하면 Undo와 Redo의 반복적인 실행을 한번에 처리할 수 있습니다.

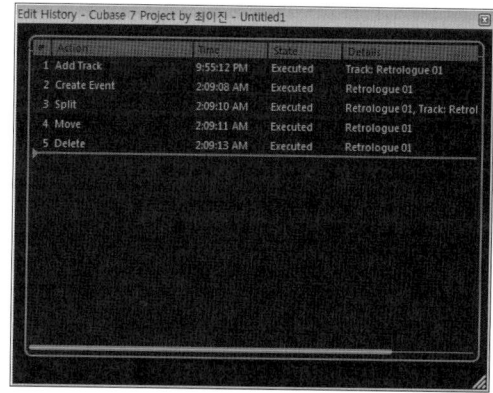

4 Cut & Paste

Edit 메뉴의 Cut은 선택한 이벤트를 잘라내고, Paste는 송 포지션 라인이 있는 위치에 붙입니다. Cut과 Paste 메뉴를 이용해서 이벤트를 이동시키는 것입니다. 이것은 자주 사용하는 기능이므로, Cut의 단축키인 Ctrl+X와 Paste의 단축키인 Ctrl+V키를 외워두기 바랍니다. 가까운 거리는 마우스로 드래그해도 좋습니다.

5 Copy & Paste

Edit 메뉴의 Copy는 선택한 이벤트를 복사하고, Paste는 송 포지션 라인이 있는 위치에 붙입니다. Copy와 Paste 메뉴를 이용해서 이벤트를 복사하는 것입니다. 이것 역시 이동과 마찬 가지로 자주 사용하는 기능이므로, Copy 의 단축키인 Ctrl+C와 Paste의 단축키인 Ctrl+V키를 외워두기 바랍니다. 가까운 거리는 Atl키를 누른 상태에서 드래그해도 좋습니다.

6 Delete

Edit 메뉴의 Delete는 선택한 이벤트를 삭제하는 역할입니다. 단축키는 Delete키 외에 Back Space 키를 사용할 수 있습니다. 프로젝트 창에서 선택한 이벤트가 없을 경우에는 선택한 트랙이 삭제되므로, 프로젝트 창에서 Delete키는 주의해서 사용하기 바랍니다.

7 Functions

Edit 메뉴의 Functions에는 효율적인 미디 편집 명령들이 서브 메뉴로 존재합니다.

 Paste at Origin

Paste at Origin은 송 포지션 라인 위치에 상관 없이 선택한 이벤트가 있던 위치에 이동과 복사 명령을 적용할 수 있는 기능입니다. 동일한 기능으로 마우스를 이용해서 이벤트를 편집할 때 Ctrl 키를 누르는 방법이 있습니다. 이벤트의 위치를 유지하면서 트랙만 바꾸고 싶을 때 많이 이용하므로, 기억해두기 바랍니다.

 Paste Relative to Cursor

이벤트를 송 포지션 라인 위치와 함께 복사합니다. 비트가 벗어난 이벤트를 복사할 때 송 포지션 라인을 가이드로 정확한 위치에 복사할 수 있는 기능입니다.

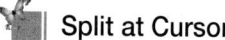 **Split at Cursor**

Split at Curso는 송 포지션 라인 위치에 있는 이벤트들을 자르는 역할을 합니다. 이것은 서로 다른 트랙에 있는 파트나 미디 노트를 동일한 위치에서 자르고 싶을 때 사용할 수 있습니다. 이벤트의 이동과 복사 등의 편집 작업을 할 때 자주 사용하게 될 것이므로 기억해두기 바랍니다.

 Split Loop

Split Loop는 로케이터 구간으로 설정한 부분에 위치한 이벤트의 시작 지점과 끝 지점을 동시에 자르는 역할을 합니다. Split a Cursor 메뉴와 마찬가지로 선택한 이벤트가 있을 경우에는 선택한 이벤트에만 적용됩니다. 도돌이나 달 세뇨 등으로 특정 범위를 반복할 때 많이 사용하는 기능입니다.

 Duplicate

Duplicate는 선택한 이벤트 또는 구간을 복사하는 기능입니다. 드럼 루프와 같이 반복하는 이벤트를 사용할 때 많이 사용하므로 단축키 Ctrl+D를 외워두기 바랍니다. 트랙을 복사할 때는 복사할 트랙에서 마우스 오른쪽 버튼을 클릭하여 단축 메뉴를 열고, Duplicate를 선택합니다.

 Repeat

선택한 이벤트를 복사하는 기능은 Duplicate와 같습니다. 다만, Duplicate는 명령은 실행할 때 마다 한 번씩 복사하지만, Repeat는 하는 반복 횟 수를 직접 입력할 수 있습니다. Shared Copies 옵션을 체크하고 복사를 하면, 이벤트를 수정할 때, 복사한 모든 파트의 이벤트가 동일하게 수정되도록 합니다. 이것을 가상 복사라고 합니다.

 Fill Loop

Fill Loop는 선택한 이벤트를 로케이터 구간으로 설정한 범위 안에 꽉 차게 반복하여 복사하는 기능입니다. 다른 트랙에 있는 파트 길이에 맞추어 파트를 반복하고 싶을 때 유용합니다. 앞에서 살펴본 Repeat 메뉴와의 차이점은 로케이터 구간만큼만 반복한다는 것입니다.

 Convert to Real Copy

Convert to Real Copy 는 Repeat창의 Shared Cpies 옵션을 체크하여 가상으로 복사한 파트를 실제 이벤트가 담긴 파트로 변경하는 기능입니다. 특히, 오디오 이벤트는 항상 Shared로 복사되기 때문에 별도의 편집이 필요한 경우에는 Convert to Real Copy를 적용하여 독립 이벤트로 바꿉니다.

8 | Render in Place

오디오와 인스트루먼트 트랙을 새로운 오디오 파일로 만들어 줍니다. 많은 이펙트를 사용하고 있는 오디오 트랙이나 시스템 자원을 많이 차지하는 인스트루먼트 트랙의 경우에는 오디오 파일로 렌더링을 한 후에 믹싱 작업을 진행하는 것이 일반적인데, 이것을 간단하게 실행할 수 있는 기능입니다. Render 서브 메뉴를 선택하면 기본 설정에 의한 오디오 파일을 만들 수 있으며, Render Setup 서브 메뉴를 이용하면 사용자가 원하는 타입으로 진행할 수 있습니다.

 Render

기본 설정으로 렌더링을 즉시 실행합니다. 렌더링을 실행하기 전에 트랙 및 이벤트 또는 구간 등, 렌더링 소스를 선택하는 것이 우선입니다. 렌더링 기본 설정은 인서트, 스트립, EQ 등의 채널 설정일 적용된 오디오 이벤트를 별도의 파일로 저장하며, 포맷은 32bit Float로 되어 있습니다.

 Render Settings

사용자가 원하는 타입 및 포맷을 설정할 수 있는 Render Selection 창을 열며, 옵션을 선택하고 OK 버튼을 클릭하여 진행합니다.

[Reder]
파일 제작 방법을 선택할 수 있는 메뉴와 채널 세팅 적용 여부를 선택할 수 있는 옵션을 제공합니다.

- As Separate Events : 각각의 이벤트를 오디오 파일을 만듭니다.
- As Block Event : 각각의 이벤트를 오디오 파일을 만듭니다. 근접한 이벤트는 하나로 취급합니다.
- As One Event : 모든 이벤트를 하나의 오디오 파일로 만듭니다.
- Dry : 채널 세팅 환경이 새로운 트랙으로 전송됩니다.
- Channel Settings : 채널 세팅이 적용된 오디오 파일을 만듭니다.
- Complete Signal Path: 그룹 및 FX 채널의 신호 경로를 포함한 오디오 파일을 만듭니다.
- Complete Signal Path + Master FX : 마스터 트랙을 포함잔 전체 신호 경로의 오디오 파일을 만듭니다.
- 두 개 이상의 트랙을 하나의 트랙으로 렌더링 할 수 있도록 하는 옵션입니다. 새로 생성되는 이벤트의 이름(Name)과 이펙트 잔향을 유지할 수 있는 여유 길이(Tail Size), 소스 트랙의 처리 방법(Mute & Keep)을 설정할 수 있습니다.
- Hide Source Tracks : 소스 트랙에 감춤 속성을 적용합니다.

[File Settings]
샘플 비트(Bit Resolution)과 저장 위치(Path)를 선택할 수 있는 옵션을 제공합니다.

9 Range

Edit 메뉴의 Range는 Global Copy, Cut Time, Delete Time, Paste Time, Paste Time at Origin, Split, Crop, Insert Silenced의 8가지 서브 메뉴가 있습니다. 이것은 로케이터 범위로 설정한 구간이나 도구 모음 줄의 범위 선택 도구를 이용해서 선택한 부분이 있을 경우에 사용할 수 있습니다. 특정 구간을 이동하거나 복사할 때 많이 사용하는 기능입니다.

Global Copy

로케이터 구간의 이벤트를 모두 복사합니다. 복사한 이벤트는 Ctrl+V키를 이용해서 송 포지션 라인이 있는 위치에 붙일 수 있습니다. 특정 범위를 복사하고 싶을 때 이용합니다.

로케이터 범위의 이벤트 모두 복사

Cut Time

범위 선택 버튼으로 선택한 구간을 잘라내고, 오른쪽에 있던 이벤트를 왼쪽으로 이동시킵니다. 이벤트의 길이를 A-B-C로 3등분 하고, B 구간의 이벤트를 범위 선택 버튼올 선택했다면, Cut Time 메뉴를 적용했을 때의 결과가 A-C가 됩니다.

범위 선택 버튼

선택한 범윌르 잘라내고, 오른쪽의 이벤트를 이동시킨다

 **Delete Time**

선택한 범위를 삭제합니다. 앞의 Cut Time은 다른 곳으로 이동 할 수 있게 잘라낸 구간을 컴퓨터가 기억하고 있지만, 이것은 선택한 범위를 완전히 삭제하는 것입니다.

 Paste Time

Cut Time 메뉴로 잘라낸 이벤트를 범위 선택 버튼으로 클릭한 위치에 붙입니다. Cut Time과 Paste Time 메뉴를 이용해서 특정 범위의 이벤트를 이동시키는 것입니다. 이때 붙여지는 위치는 송 포지션 라인이 있는 위치가 아니라 범위 선택 버튼으로 클릭한 위치라는 점에 주의하기 바랍니다.

Paste Time at Origin

앞의 Paste Time은 범위 선택 버튼으로 지정한 위치에 붙이지만, Paste Time at Origin은 이벤트의 원래 위치에 붙이는 것입니다. 앞에서와 같은 과정으로 일부 구간을 선택하고, Cut Time으로 잘라낸 다음 Paste Time at Origin를 선택해보면, 이벤트를 잘라낸 위치에 붙는 것을 확인할 수 있습니다.

 Split

범위 선택 버튼으로 선택한 범위의 시작점과 끝 지점을 자릅니다. 특정 범위의 이벤트를 잘라서 다른 위치로 복사할 때 이용할 수 있습니다.

Crop

범위 선택 버튼으로 선택한 이벤트를 남기고 나머지 이벤트를 모두 삭제합니다. 이벤트의 일부분만 남기고 싶을 때 이용할 수 있습니다.

 Insert Silence

범위 선택 버튼으로 선택한 범위에 공백을 삽입합니다. 특정 범위에 새로운 이벤트 작업을 삽입시키고 싶을 때 이용할 수 있습니다.

10 Select

Edit 메뉴의 Select에는 작업 창의 이벤트를 선택할 때 사용하는 13가지 서브 메뉴로 구성되어 있습니다. 간혹 큐베이스와 누엔도의 많은 기능을 모두 사용하는가의 여부를 묻는 독자가 많습니다. 개인의 작업 스타일에 따라 다를 뿐, 큐베이스와 누엔도에서 의미 없는 기능은 없습니다. 큐베이스와 누엔도에 어떤 기능들이 있는지 기억만 해두면, 나중에라도 반드시 필요할 때가 있을 것입니다.

 All

작업 중인 창의 모든 이벤트를 선택하는 메뉴로 단축키는 Ctrl+A입니다.

 None

선택한 이벤트가 있는 경우에 선택을 해제하는 메뉴로 단축키는 Ctrl+Shift+A입니다.

 Invert

선택한 이벤트가 있는 경우에 선택한 것을 해제하고, 선택되어 있지 않았던 이벤트를 선택합니다.

 In Loop

로케이터 범위 안에 있는 이벤트를 선택합니다.

 From Start to Cursor

송 포지션 라인이 있는 위치의 왼쪽에 있는 이벤트를 모두 선택합니다.

From Cursor to End

송 포지션 라인이 있는 위치의 오른쪽에 있는 이벤트를 모두 선택합니다.

 Equal Pitch - all Octaves

미디 편집 창이나 VariAudio에서 선택한 노트와 같은 이름의 노트를 옥타브에 상관없이 선택합니다.

 Equal Pitch - same Octave

미디 편집 창에서 이미 선택한 노트와 같은 음정의 노트를 선택합니다.

 Select Controllers in Note Range

선택한 노트 범위의 컨트롤 정보를 모두 선택합니다. 익스프레션, 서스테인 등, 노트와 함께 편집되어야할 컨트롤 정보를 빼먹는 실수를 예방할 수 있습니다.

 All on Selected Tracks

선택한 트랙에 존재하는 모든 이벤트를 선택하는 메뉴로 트랙에서 마우스 오른쪽 버튼을 클릭해도 같은 단축 메뉴를 볼 수 있습니다.

 Select Event

Sample Editor에서 작업 중인 샘플을 모두 선택합니다.

 Left Selection Side to Cursor

범위 선택 도구로 이벤트가 선택되어 있고, 송 포지션 라인이 왼쪽에 있을 경우에 선택 범위를 송 포지션 라인이 있는 위치까지 확장합니다. 단축키는 E 입니다.

 Right Selection Side to Cursor

범위 선택 도구로 이벤트가 선택되어 있고, 송 포지션 라인이 오른쪽에 있을 경우에 선택 범위를 송 포지션 라인이 있는 위치까지 확장합니다. 단축키는 D 입니다.

11 Quantize

Quantize 메뉴는 노트의 시작 지점을 그리드 라인에 맞추는 역할을 합니다. 퀀타이즈란 정확한 타임에서 어긋난 노트들을 자동으로 정렬하는 편리한 기능이지만, 모든 파트에 퀀타이즈를 적용하면 인간미가 없다는 평가를 들을 수 있습니다. 그러므로 곡의 시작 또는 세션 부분에서만 퀀타이즈를 적용하는 것이 요령입니다. 반대로 마우스 또는 스텝 방식으로 입력한 노트들은 랜덤 기능을 이용해서 어긋나도록 해야 하는 경우도 있습니다.

12 Reset Quantize

적용한 퀀타이즈를 취소합니다. Edit 메뉴의 취소 기능인 Ctrl+Z 키와 차이는 없지만, 퀀타이즈 적용 후 다른 작업을 했다면 Ctrl+Z 키로는 퀀타이즈 만을 취소할 수 없으므로 기억해두면 편리합니다.

13 Quantize Panel

Quantize Panel 메뉴는 퀀타이즈를 사용할 때의 범위와 값을 설정하는 창을 엽니다. Iterative Quantize의 값이 60%인 것도 Quantize Panel의 iQ Mode가 60%로 설정되어 있기 때문입니다. Quantize Panel를 이용하면 이미 설정되어 있는 값을 변경하거나 자신만의 퀀타이즈 항목을 만들 수 있습니다.

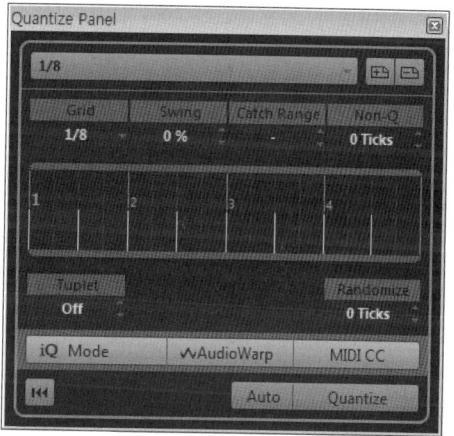

14 Advanced Quantize

Advanced Quantize 메뉴는 단순히 시작 위치만 정렬하는 것이 아니라 길이와 끝 위치 등을 정렬할 수 있는 서브 메뉴로 구성되어 있습니다.

 Quantize MIDI Event Lengths

노트의 길이를 정렬합니다. 미디 편집 창의 Quantize 항목에서 1~8 note를 선택하고, 이 메뉴를 선택하면, 입력한 각 노트의 시작 지점을 기준으로 8개의 가상 라인을 만들어 가장 가까운 라인까지 노트의 길이를 정렬합니다.

Quantize MIDI Event Ends

Quantize Lengths와 비슷한 기능으로 노트의 끝 지점을 정렬합니다. Quantize Lengths와의 차이점은 시작 지점에 상관 없이 무조건 퀀타이즈 라인에 맞추어 길이를 정렬한다는 것입니다.

 Freeze MIDI Quantize

적용한 퀀타이즈를 고정합니다. 하나의 파트에서 2가지 이상의 퀀타이즈 값을 적용하고 싶을 때 사용합니다. 예를 들어 8비트 노트와 12비트 노트를 함께 퀀타이이즈 할 경우, 12비트 노트만을 정렬한 후 고정하고, 나머지 8비트를 정렬하는 것입니다.

 Create Groove Quantize Preset

선택한 파트의 노트 값을 기준으로 퀀타이즈를 만듭니다. 작업 중인 파트의 노트를 기준으로 다른 파트를 정렬하고 싶을 때 사용할 수 있습니다. Create Groove Quantize Preset 메뉴를 선택하여 작업 중인 파트의 이름이 퀀타이즈 목록에 추가할 수 있습니다.

15 Move to

선택한 이벤트를 이동 할 수 있는 Move to 메뉴에는 Curosr, Origin, Front, Back의 4가지 서브 메뉴가 있습니다. 선택한 이벤트를 독자가 원하는 위치로 이동 하기 위한 방법에는 마우스와 단축키 등, 여러 가지 방법이 있다는 것을 알고 있을 것입니다. 여기서는 메뉴의 기능만 간단하게 설명하겠습니다.

 Curosr

선택한 이벤트의 시작 지점을 송 포지션 라인이 있는 위치로 이동합니다.

 Origin

선택한 이벤트를 처음 녹음했던 위치로 이동합니다. 녹음을 완료한 후 위치를 이동 했지만, 원래 위치로 되돌려 놓고 싶을 때 사용할 수 있습니다.

Front

두 개 이상의 이벤트가 서로 겹쳐있을 경우에 선택한 이벤트를 앞으로 이동합니다.

Back

두 개 이상의 이벤트가 서로 겹쳐있을 경우에 선택한 이벤트를 뒤로 이동합니다. 이벤트를 선택하고 마우스 오른쪽 버튼을 클릭하면 상단에 To Front 라는 단축 메뉴가 열립니다. 두 개 이상의 이벤트가 같은 위치에 있는 경우에는 Edit 메뉴의 Front나 back을 이용하는 것 보나 편리할 것입니다.

16 Group & Ungroup

Edit 메뉴의 Group 과 Ungroup 은 선택한 파트들을 그룹으로 만들거나 그룹 파트를 해제하는 기능입니다. 이동과 복사 등의 편집을 하다가 보면, 반드시 함께 이동하거나 복사해야 할 파트들이 있게 마련입니다. 이때 원하는 파트들 을 그룹으로 만들면 항상 같이 움직일 수 있어 편리합니다.

17 Lock & Unlock

Edit 메뉴의 Lock과 Unlock은 선택한 파트를 편집할 수 없게 잠그거나 해제하는 기능입니다. 편집 작업을 하다 보면 실수로 편집되어서는 안 될 파트들이 함께 편집되는 경우가 종종 있습니다. 편집할 필요 없는 파트가 있다면 Look 기능으로 실수를 예방할 수 있습니다. Lock으로 잠근 이벤트는 자물쇠 모양을 구분할 수 있습니다.

18 Mute & Unmute

Edit 메뉴의 Mute는 선택한 이벤트를 뮤트하고, Unmute 메뉴는 뮤트한 이벤트를 해제합니다. 작업을 하다보면 실 제로 연주해서는 안 되지만 삭제하기에는 아까운 이벤트들이 존재하게 합니다. 이때 Mute 기능을 이용해서 연주하 지 않게 할 수 있으며, 필요할 때 Unmute 기능으로 연주할 수 있습니다.

19 Project Logical Editor

Project Locical Editor를 엽니다. MIDI 메뉴의 Logical Editor와 동작 원리가 동일하지만, 이벤트를 대상으로 동작되는 것이 아니라 특정 트랙을 찾아 이동시키거나 삭제하는 등, 프로젝트를 대상으로 한다는 차이가 있습니 다. 검색 대상은 미디어 종류(Media Type), 컨테이너 타입(Container Type), 이름(Name), 위치(Position), 길이 (Length), 속성(Property) 등이 있으며, 액션 타입은 위치, 길이, 트랙 상태, 이름, 오토메이션 트림, 컬러 등을 변경 합니다. Logical Editor를 이해하고 있다면 별다른 어려움 없이 사용할 수 있겠지만, 프리셋을 실행시켜 각각의 결 과를 확인해보는 시간을 가져보기 바랍니다.

20 Process Project Logical Editor

Project Locical Editor의 프리셋 목록이 서브 메
뉴로 존재합니다. Project Locical Editor를 열
지 않고, 프리셋을 실행시킬 수 있는 것입니다. 사
용자가 만든 프리셋은 Store 버튼을 이용해서 저
장할 수 있고, 저장한 프리셋은 Process Project
Logical Editor의 서브 메뉴로 등록됩니다.

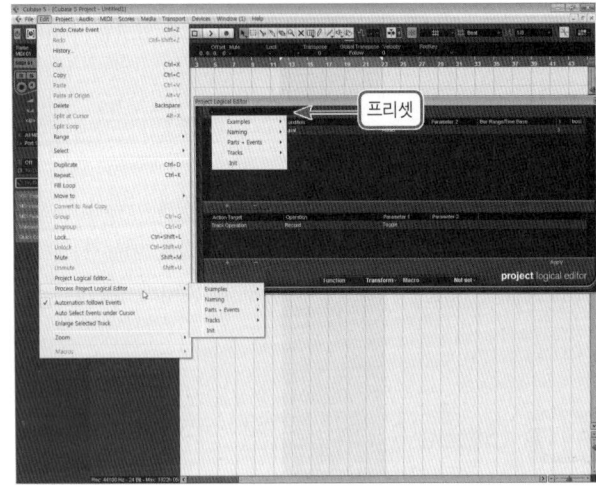

21 Automation follows Events

Edit 메뉴의 Automation follows Events는 선택할 때 마다 체크 표시 여부로 ON/OFF를 설정할 수 있는 스위치
메뉴입니다. 메뉴를 선택한 경우에는 파트를 이동하거나 복사하는 등의 편집을 할 때, 기록된 오토메이션이 함께 편
집할 수 있게 하며, 메뉴를 해제한 경우에는 파트만 편집합니다.

22 Auto Select Events under Cursor

Edit 메뉴의 Auto Select Events under Cursor는 앞에서 살펴본 Automation follows Events와 같이 체크 표
시 여부로 ON/OFF 기능을 하는 스위치 방식의 메뉴입니다. 이것은 송 포지션 라인 위치의 이벤트를 자동으로 선택
하는 기능인데, 필요할 때 마다 메뉴를 체크하거나 Preferences창의 Editing 페이지에 Auto Select Events under
Curosr 옵션을 체크하여 기본 환경으로 설정할 수 있습니다.

23 Enlarge Selected Track

Edit 메뉴의 Enlarge Selected Track은 선택한 트랙을 자동으로 확대하는 역할의 On/Off 메뉴입니다. 작업
을 하다 보면, 선택한 트랙을 확대할 경우가 많은데, 필요할 때 마다 Enlarge Selected Track메뉴를 체크하거나
Preferences창의 Editing-Project & MixConsole 페이지에서 Enlarge Selected Track 옵션을 체크하여 기본
환경을 설정할 수 있습니다.

24 Zoom

Edit 메뉴의 Zoom에는 Zoom In, Out 등, 작업 공간을 확대하거나 축소할 수 있는 13가지의 서브 메뉴가 있습니다. 작업 공간은 도구 모음 줄의 돋보기 버튼을 이용하거나 작업 표시줄의 줌 슬라이드를 이용하는 것도 좋지만, 세부적인 확대와 축소 기능을 이용하기 위해서는 Zoom 메뉴를 알아두는 것이 좋습니다.

Zoom In / Out

Zoom In과 Zoom Out 메뉴는 작업 공간을 가로로 확대/축소합니다. 이것은 작업 표시줄 우측 끝에 있는 가로 줌 바의 좌/우측에 있는 플러스(+)/마이너스(-) 버튼을 한번 클릭하는 것과 동일합니다. Zoom In / Out 의 단축키는 H키와 G키입니다.

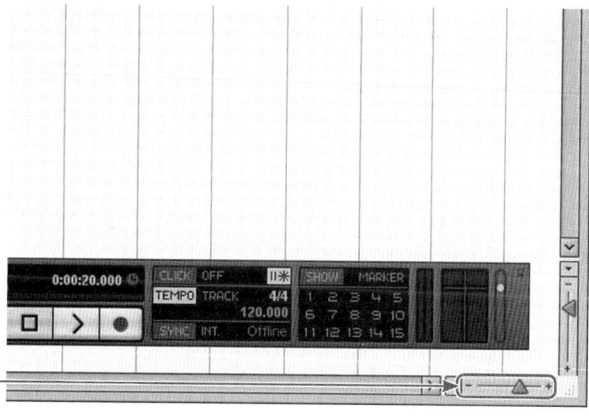

줌 바

Zoom Full

Zoom Full 메뉴는 작업 공간의 이벤트들이 한 화면에 모두 보이게 확대/축소합니다. 이것은 가로 줌 바 왼쪽에 있는 역 삼각형 모양의 아이콘을 클릭했을 때 열리는 메뉴의 Zoom Full과 동일합니다. Zoom Full의 단축키는 Shift+F입니다.

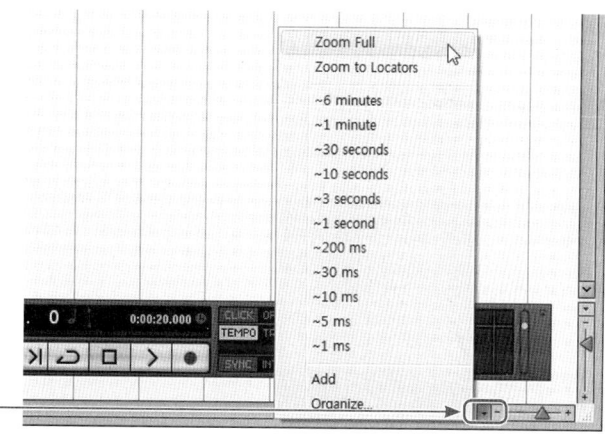

줌 바의 메뉴 열기

Zoom to selection

Zoom to Selection 메뉴는 선택한 이벤트를 한 화면에 보이게 확대/축소합니다. 이와 비슷한 Zoom to Selection (Horiz) 메뉴는 선택한 이벤트를 한 화면에 보이게 가로로만 확대합니다.

Zoom to Event

Zoom to Event 메뉴는 작업 중인 이벤트의 총 길이가 한 화면에 보이게 확대/축소 합니다. 실제 이벤트가 입력되어 있는 길이가 아니라 Event Start와 End의 파트 길이를 기준으로 합니다.

 Zoom In/Out Vertical

Zoom In Vertical과 Zoom Out Vertical메뉴는 작업 공간을 세로로 확대/축소합니다. 확대/축소의 단계는 우측 이동 바 하단에 있는 세로 줌 바의 위/아래에 있는 플러스(+)/마이너스(−) 버튼을 한번 클릭하는 것과 동일합니다.

 Zoom In/Out Tracks

Zoom In Tracks와 Zoom Out Tracks 메뉴는 선택한 트랙만을 세로로 확대/축소합니다. 세로 줌 바 상단에서 역삼각형 모양의 아이콘을 클릭하면 한 화면에 원하는 단계만큼 확대하는 Zoom Tracks 1~4 & N Rows와 트랙 수만 보이게 확대하는 Zoom 4, 8, N Tracks 등의 메뉴가 열립니다. 작업 과정에서 유용하게 사용할 수 있으므로 한 번씩 메뉴를 선택하여 확인해 보기 바랍니다.

 Zoom selected Tracks

Zoom selected Tracks 메뉴는 선택한 트랙만을 확대하고 나머지 트랙은 축소합니다. 이것은 작업하는 트랙이 많은 경우 유용하게 사용할 수 있으므로 단축키 Ctrl+Down 을 외워두기 바랍니다.

 Undo / Redo Zoom

Undo Zoom은 확대/축소 명령을 취소하고, Redo Zoom은 확대/축소 명령을 반복합니다. 가로 줌 바 메뉴의 Add는 현재 작업 공간의 크기를 프리셋으로 기록하여 필요할 때 마다 작업 공간을 관리할 수 있고, Organize는 프리셋의 이름을 바꾸거나 삭제합니다.

25 Macros

Edit 메뉴의 마지막인 Macros는 File 메뉴의 Key Commands에서 살펴보았던 매크로 키들을 서브 메뉴로 선택할 수 있는 기능입니다. 설정한 매크로 키가 없다면, 사용할 수 있는 메뉴가 없습니다. 매크로 기능은 큐베이스와 누엔도의 모든 작업을 등록할 수 있으므로, 자주 사용하는 기능을 등록해두면 편리할 것입니다.

PROJECT 메뉴

트랙을 만들거나 삭제하는 역할에서부터 프로젝트의 환경 설정까지 음악 작업의 바탕이 되는 프로젝트를 다루는 기능들로 구성되어 있으며, 풀 창, 마커 창, 브라우저 창 등, 프로젝트에서 사용하는 미디어를 관리할 수 있는 창들도 제공합니다. 프로젝트를 어떻게 다루느냐에 따라 음악의 퀄리티를 결정할 수 있으므로, 독사가 사봉하고 있는 시스템과 함께 정확히 이해할 수 있어야 합니다.

1 Add Track

Project 메뉴의 Add Track은 Audio, Instrument, MIDI 등의 트랙을 만들 수 있는 서브 메뉴와 트랙 프리셋을 이용할 수 있는 Using Track Preset으로 구성되어 있습니다.

2 Duplicate Track

Project 메뉴의 Duplicate Track은 선택한 트랙을 복사합니다. 권장할 만한 것은 아니지만, 음악이 비는 느낌을 채우기 위해서 동일한 트랙을 하나 만들어 팬과, 이펙트를 조정하는 허전함을 채우는 기법은 솔직히 많은 뮤지션들이 사용하는 방법입니다. 하지만, 음악을 공부하는 학생은 시간에 쫓길 이유가 없으므로, 이런 트릭을 사용하지 않길 바랍니다. 습관이 되면 음악 발전에 큰 방해가 합니다.

3 Remove Selected Tracks

Project 메뉴의 Remove Selected Tracks은 선택한 트랙을 삭제합니다. 선택한 트랙에 파트가 있을 경우에는 파트까지 함께 삭제하므로 주의하기 바랍니다. 물론 선택한 트랙의 파트를 한꺼번에 제거하는 목적으로 사용할 수 있습니다. 메뉴를 사용하기 전에 비어있는 트랙을 제거할 것인지, 트랙의 파트를 함께 제거할 것인지 미리 확인합니다.

4 Remove Empty Tracks

Project 메뉴의 Remove Empty Tracks은 파트가 없는 트랙을 모두 삭제합니다. 곡 작업을 하다 보면, 여러 개의 파트를 만들고, 통합하는 과정을 반복하면서 비어있는 트랙들이 생기기 마련입니다. 그리고 비어있는 트랙인 줄 알고 삭제하다 보면, 중요한 데이터를 잃는 실수를 할 수도 있습니다. Remove Empty Tracks 메뉴는 비어있는 트랙만 삭제하는 기능이므로, 중요한 데이터를 잃는 실수를 피할 수 있습니다.

5 Divide Track List

트랙을 상하로 나눕니다. 영상 음악 작업을 할 때 클라이언트가 보내준 비디오와 오디오 트랙을 상위 트랙에 배치하고, 하위 트랙에서 음악 작업을 하는 등의 분리 작업이 가능합니다. 프로젝트 레벨 슬라이드 바 위쪽에 있는 Divide Track List 버튼을 제공하고 있습니다.

6 Track Folding

Project 메뉴의 Track Folding에는 Toggle Selected Track, Fold Tracks, Unfold Tracks, Flip Fold States, Show Used Automation, Hide All Automation 등, 서브 트랙을 열거나 닫을 수 있는 메뉴로 구성되어 있습니다.

 Toggle Selected Track

선택한 트랙의 서브 트랙을 열거나 닫습니다.

 Fold Tracks

모든 서브 트랙을 닫습니다.

 Unfold Tracks

모든 서브 트랙을 엽니다.

 Flip Fold States

열려있는 서브 트랙은 닫고, 닫혀있는 트랙은 엽니다.

 Move Selected Tracks to New Folder

선택한 트랙을 새로운 폴더 트랙을 만들어 이동시킵니다.

Show Used Automation

오토메이션을 기록한 모든 트랙을 엽니다. 어떤 트랙에 오토메이션을 기록했는지 확인할 때, 요긴하게 사용할 수 있습니다.

Hide All Automation

열려 있는 오토메이션 트랙을 모두 닫습니다. Show Used Automation으로 열어놓은 오토메이션 트랙을 닫을 때 사용합니다. Show Used Automation과 Hide All Automation은 단축 메뉴로도 이용할 수 있습니다.

7 Track Versions

트랙에 다양한 버전의 이벤트를 기록할 수 있는 기능입니다. 인스펙터 창의 Track Version 파라미터를 이용하여 컨트롤할 수 있는 메뉴입니다.

New / Duplicate / Rename / Delete Version

새로운 버전의 트랙을 만드는 New Version, 선택한 버전을 복제하는 Duplicate Version, 선택한 버전의 이름을 변경하는 Rename Version, 선택한 버전을 삭제하는 Delete Version은 트랙 이름 항목을 클릭하면 열리는 메뉴 또는 인스펙터 창의 Track Versions 파라미터에서 제공하는 것들과 동일합니다.

Next / Previous Version

선택한 버전의 이전/다음 버전을 선택합니다. 버전
은 트랙 이름 또는 Track version 파라미터에서
직접 선택하는 것이 편리하기 때문에 메뉴를 이용
할 경우는 없을 것입니다.

 ## Create Lanes from Versions

버전을 레인 트랙으로 만듭니다. 3개의 버전을 사용하고 있다면 3개의 레인 트랙이 만들어지는 것입니다.

 ## Create Versions from Lanes

레인 트랙의 이벤트를 버전 트랙으로 만듭니다. 정리된 버전 트랙을 만들기 위해서는 레인 트랙의 컴핑 작업이 완료
되어 있어야 합니다.

 ## Select Tracks with Same Version ID

프로젝트에서 같은 ID를 가지고 있는 버전 트랙을 선택합니다. 버전 ID는 생성 순서대로 만들어지기 때문에 Assign
Common Version ID 메뉴를 이용해서 연결을 한 경우에만 결과를 확인할 수 있습니다.

 ## Assign Common Version ID

선택한 트랙을 같은 ID로 연결합니다. 트랙을 Ctrl 및 Shift 키를 이용해서 선택할 수 있으며, 해당 트랙에서 선택되
어 있는 버전들이 같은 ID로 연결됩니다. 같은 ID로 연결할 버전들을 미리 선택해야 한다는 것입니다.

 ## Delete Inactive Versions of Selected / All Tracks

Delete Inactive Versions of Selected는 선택한 트랙의 버전을 삭제을 삭제하고, Delete Inactive Version of All
Tracks은 프로젝트의 모든 버전 트랙을 삭제합니다.

음악 작업에서 사용하는 오디오와 비디오 파일을 관리할 수 있는 풀 창을 열어줍니다. 단축키 Ctrl+P를 이용하거나
프로젝트 창의 풀 창 열기 버튼을 클릭해도 결과는 같습니다.

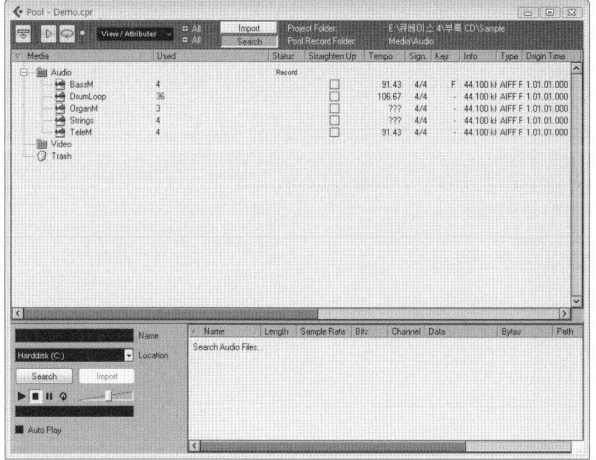

Project 메뉴의 Marker를 선택하거나 단축키 Ctrl+M 키를 누르면 곡의 위치를 표시하는 마커 편집 창을 열어줍니
다. 프로젝트 창에서 마커 트랙이나 트랜스포트 패널의 마커 섹션에서 관리하는 마커와 동일하게 사용합니다.

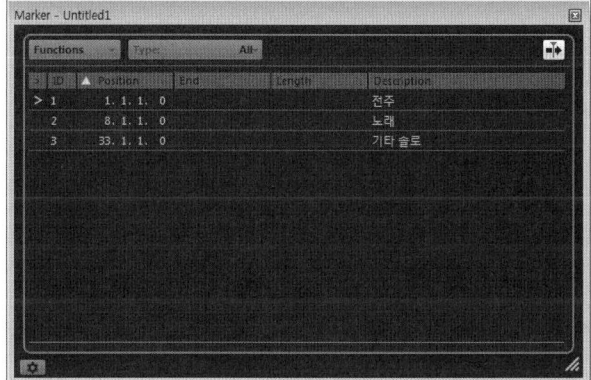

10 | Tempo Track

Project 메뉴의 Tempo Track 또는 단축키 Ctrl+T를 누르면, 템포와 박자를 편집할 수 있는 템포 트랙 창이 열립니다. 템포 트랙 창은 점점 느리게(rit), 본래의 빠르기로(a tempo) 등의 템포 변화를 만들거나, 박자 변화를 만들 때 사용합니다. 가요 작업에서 많이 사용하는 기법이므로 정확히 이해하기 바랍니다.

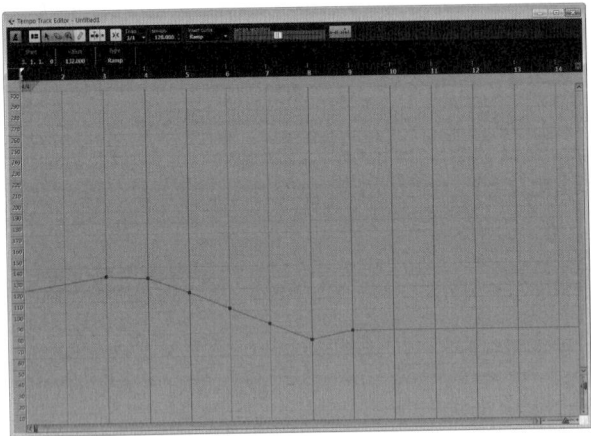

11 | Browser

Project 메뉴의 Browse를 선택하거나 단축키 Ctrl+B를 누르면, 프로젝트 창에서 사용하고 있는 모든 이벤트를 관리할 수 있는 브라우저 창이 열립니다. 브라우저 창은 윈도우 탐색기와 비슷한 형식을 갖추고 있기 때문에 쉽게 사용할 수 있다는 장점이 있습니다.

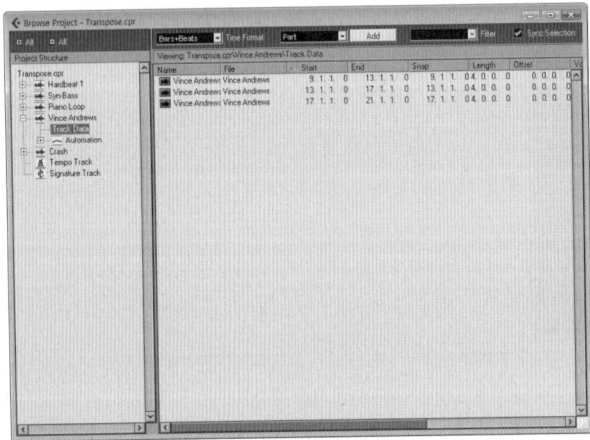

12 Automation Panel

작업 중인 프로젝트의 오토메이션 트랙을 하나의 창에서 관리할 수 있는 패널을 엽니다.

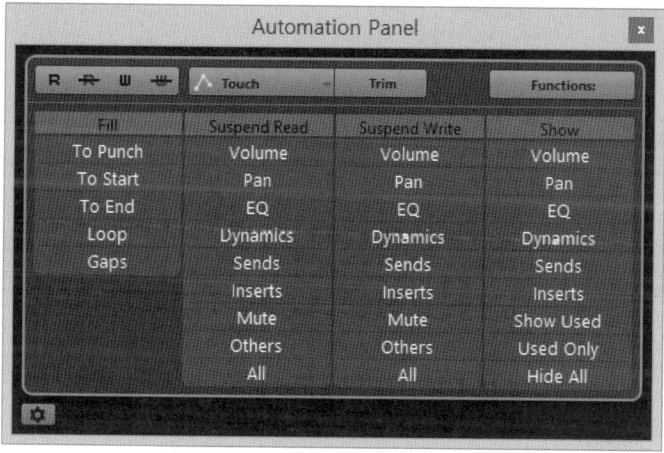

● 모드 선택

오토메이션의 기록 모드를 선택하는 것으로 프로젝트 창의 오토메이션 모드 선택 도구와 동일합니다. 왼쪽의 R, W 버튼은 전체 트랙 오토메이션 읽기, 쓰기 버튼을 On/Off합니다

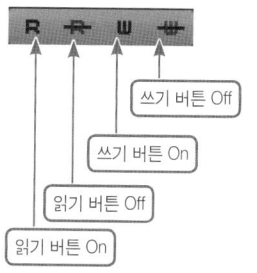

● 칼럼 버튼

Fill 칼럼 버튼은 오토메이션 기록 시작과 끝 값을 기준으로 채워주며, Suspend 칼럼 버튼은 해당 오토메이션의 읽기 및 쓰기를 작동시킵니다. 그리고 Show 칼럼 버튼은 해당 오토메이션 트랙을 엽니다.

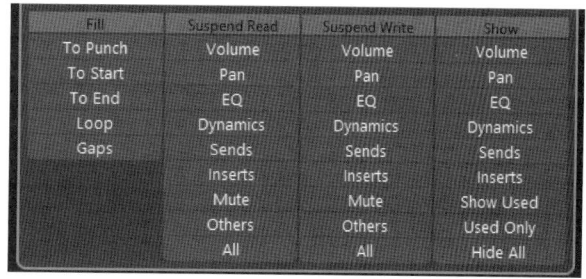

● Function

오토메이션 기록을 삭제하거나 타임을 조정할 수 메뉴를 제공합니다.

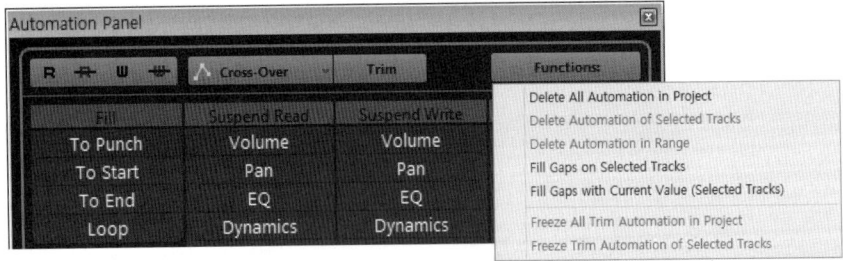

Delete All Automation in Project : 프로젝트 오토메이션 기록을 모두 삭제합니다.

Delete Automation fo Selected Tracks : 선택한 트랙의 오토메이션 기록을 삭제합니다.

Delete Automation in Range : 로케이터 범위의 오토메이션 기록을 삭제합니다.

Fill Gaps on Selected Tracks : 부분적으로 기록된 오토메이션 라인을 연결합니다.

Fill Gaps with Current Value(Selected Tracks) : 부분적으로 기록된 오토메이션 라인을 컨트롤러의 값으로 연결합니다.

Freeze All Trim Automation in Project : 프로젝트의 트림 오토메이션을 고정합니다.

Freeze Trim Automation of Selected Tracks : 선택한 트랙의 트림 오토메이션을 고정합니다.

● Options

오토메이션 환경을 설정할 수 있는 옵션을 제공합니다.

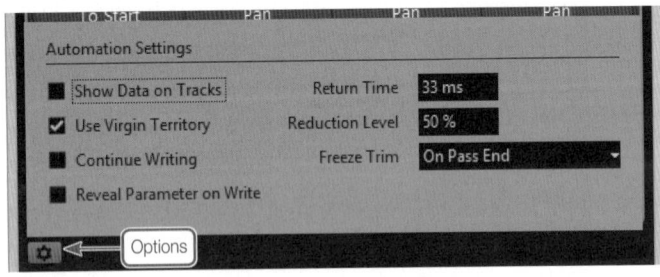

Show Data on tracks : 오토메이션 트랙에 미디 및 오디오 이벤트를 표시합니다.

Use Virgin Territory : 오토메이션 라인을 컨트롤러의 움직임이 있을 때만 기록합니다. 라인 사이에 갭이 발생하며, 갭 구간에서 컨트롤러 값을 변경할 수 있다는 장점이 있습니다.

Continue Writing : 로케이터 구간이 반복될 때, 기록이 자동으로 멈추어 기록된 값을 유지 합니다.

Reveral Parameter on Write : 오토메이션이 기록되는 파라미터를 트랙에 표시합니다.

Return Time : 오토메이션 기록을 멈추었을 때의 복구 타임을 설정합니다.

Reduction Level : 오토메이션의 기록 간격을 설정합니다.

Freeze Trim : 트림 오토메이션 라인을 고정합니다. 기록 작업이 완료 될 때까지 고정하려면 On Pass End를 선택하고, 트림 모드가 Off 될 때까지 고정하려면 On Leaving Trim Mode를 선택합니다. Manually는 Function에서 선택한 것으로 고정하는 수동 모드입니다.

13 Beat Calculator

Beat Calculator 메뉴는 작업하는 프로젝트에 임포팅한 오디오 샘플의 템포를 계산하는 역할을 합니다. 사용 방법은 임포팅한 오디오 샘플을 모니터 하면서 박자 수를 세어보고, Beat 항목에 해당 박자 수를 입력합니다. 계산된 템포는 At Tempo Track Start 버튼을 클릭하여 템포 트랙의 시작 위치에 넣거나 At Selection Start를 선택하여 선택한 이벤트의 시작 위치에 넣을 수 있습니다.

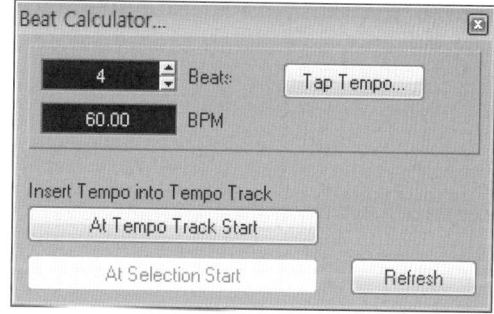

14 Tempo Detection

Tempo Detection은 메트로놈 없이 연주한 오디오 또는 미디 이벤트의 템포를 분석합니다. 외부 파일을 임포트하여 작업을 진행하는 유저에게는 매우 유용한 기능이 될 것입니다. Analyze 버튼을 눌러 타임을 추출합니다. 그리고 Multiply by 2 또는 Divide by 2로 템포 값을 두 배 또는 반으로 추출하거나, Multiply by 4/3 또는 Multiply by 3/4를 이용해서 3연음 및 12 비트로 추출합니다. Offbaet Correction은 못 갖춘 마디 곡을 분석하고, 템포가 불규칙하게 감지되었을 때 Smooth Tempo를 이용할 수 있습니다.

15 Notepad

Project 메뉴의 Notepad는 곡 작업을 하면서 필요한 정보를 메모 할 수 있는 노트 패드를 엽니다. 곡 작업을 하면서 생각나는 가사를 적어둔다거나, 친구와 함께 작업을 할 때, 주의 사항을 적어놓은 등 여러 가지 용도로 사용할 수 있습니다. 큐베이스와 누엔도는 각 트랙마다 메모를 할 수 있는 파라미터를 가지고 있으며, Project 메뉴의 Notepad를 선택하면, 이를 별도로 열 수 있는 것입니다. 노트 패드의 크기는 가장 자리를 드래그하여 변경할 수 있습니다.

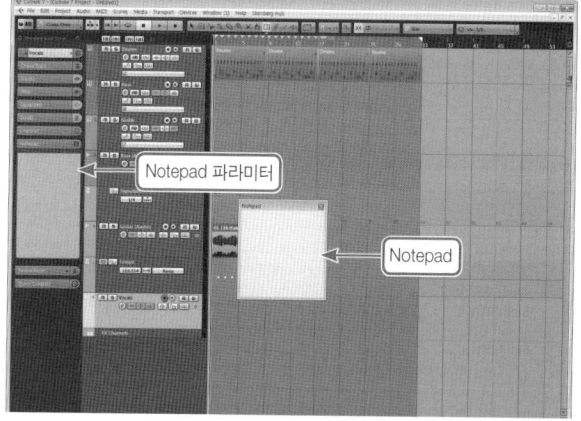

16 Chord Pads

코드 패드를 엽니다. 인스펙터 창의 Chords 파라
미터에서 Chord Pads 버튼을 클릭해도 되지만,
단축키 Ctrl+Shift+P를 외워둘 것을 권장합니다.
Virtual Keyboard와 함께라는 사용자가 머무는
장소가 스튜디오가 됩니다.

17 Chord Track

코드 트랙을 생성하고, 노트를 조정하는 서브 메뉴들로 구성되어 있습니다. 코드 트랙 학습 편에서 살펴보았듯이 미
디뿐만 아니라 오디오 이벤트에 코러스를 적용할 수 있는 코드 트랙은 개인 작업자에게 많은 가능성을 가져다 줄 수
있는 기능입니다.

 Make Chords

선택한 트랙, 파트, 노트 등을 분석하여 코드 트랙
을 만듭니다. 옵션 창의 Include Bass Notes는 전
위 코드, Include Tensions은 텐션 코드를 분석할
수 있게 하며, Ignore Notes Shorter Than은 분
석에서 제외시킬 최소 노트 길이를 설정합니다.

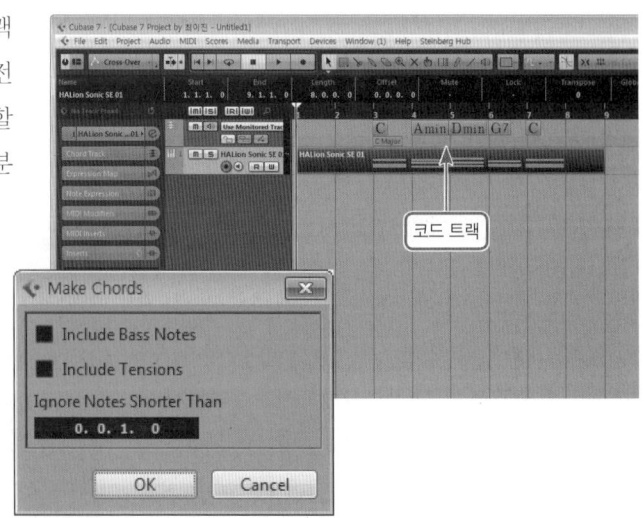

Move Notes to Voices

Follow Chord Track이 설정된 트랙의 미디 노트
는 자동으로 코드 트랙 이벤트에 맞추어 보이싱됩
니다. 만일, 노트가 일치되지 않는 경우에는 Move
Notes to Voices 메뉴를 이용해서 수동으로 조정
할 수 있습니다.

 Map to Chord Track

Follow Chord를 적용하지 않은 트랙의 노트를 코
드 트랙의 이벤트에 맞춥니다. Auto는 코드 간격을
최소화하고, Chords는 보이싱 일치시키고, Scale
은 스케일을 일치시키고, Voicing은 코드 트랙 라
이브러리에 일치되도록 합니다.

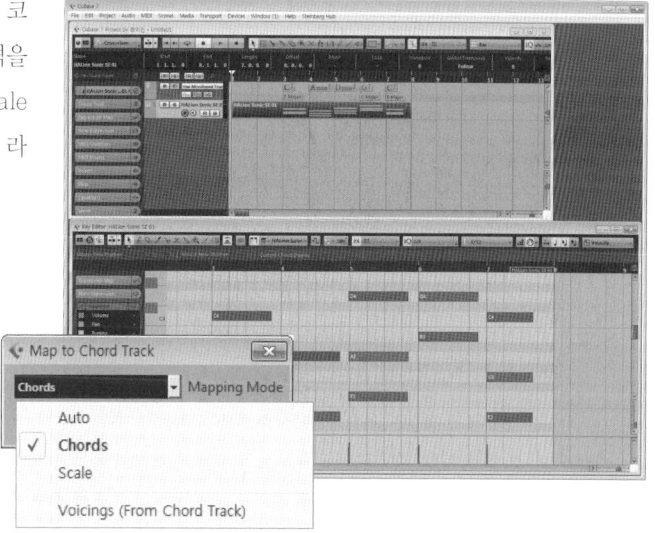

Chords to MIDI

코드 트랙의 정보를 미디 노트로 만들어줍니다. 노트가 생성되게 할 트랙을 선택하고, Chords to MIDI 메뉴를 실행하면 코드 트랙의 정보를 바탕으로 미디 노트가 생성되는 것을 확인할 수 있습니다. 코드 트랙의 이벤트를 미디 트랙으로 드래그하여 만들 수도 있습니다.

18 Project Setup

Project 메뉴의 Project Setup은 Empty 템플릿 환경의 프로젝트를 만들거나 현재 작업 중인 프로젝트의 환경을 변경할 수 있는 창을 열어줍니다. 여기서 한가지 주의 할 점은 작업을 시작하기 전에 샘플 비트와 레이트를 결정하고, 이미 오디오 트랙이 사용되고 있는 작업 환경에서는 변경하지 않는 것이 좋습니다.

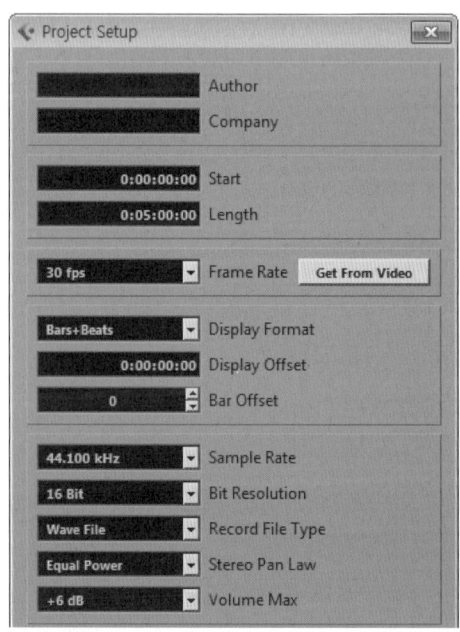

19 | Set Timecode at Cursor

Set Timecode at Cursor는 송 포지션 라인 위치에 시작 타임 값을 설정합니다. 여기서 시작 타임 값이란 외부 장비와의 동기 시작 신호를 의미합니다. 시작 타임을 기본적으로 Project Setup 창의 Start 값을 가지고 있지만, 일시적으로 타임을 변경하고 싶을 때 사용할 수 있습니다.

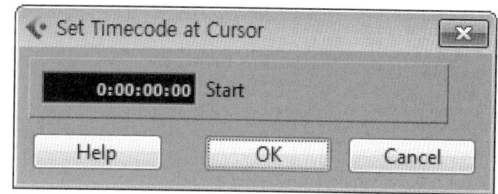

20 | Auto Fades Settings

Project 메뉴의 Auto Fades Settings를 선택하면 자동 페이드 인/아웃 환경을 설정할 수 있는 창이 열립니다. 재생하는 오디오 파일의 시작 위치에서 피크 잡음이 발생한다면, 각 파트의 시작 부분과 엔딩 부분에 자동 페이드 인/아웃을 효과를 적용하여 해결할 수 있습니다. 페이드 인이 소리를 점점 크게 하고, 페이드 아웃이 소리를 점점 작게 한다는 뜻만 알고 있다면 Auto Fades Settings 창은 쉽게 사용할 수 있습니다.

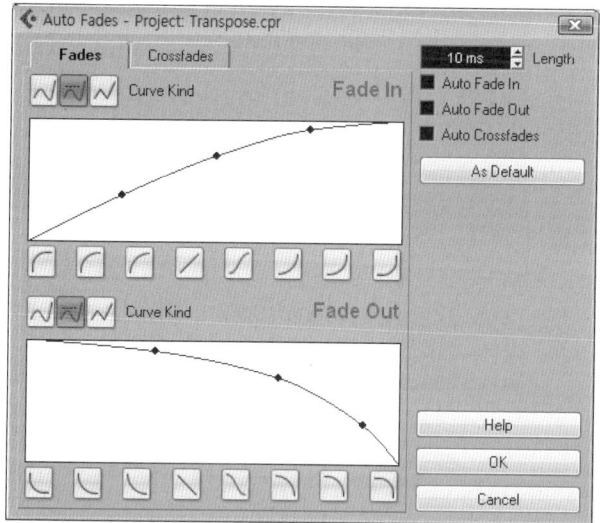

AUDIO 메뉴

Audio 메뉴에는 선택한 오디오 샘플을 편집하거나 프로세싱하는데 필요한 기능들로 구성되어 있습니다. 큐베이스가 컴퓨터 음악 프로그램 선호도 1위가 될 수 있었던 이유가 막강한 오디오 편집 기능과 VST의 완벽한 호환성 때문입니다. 오디오 메뉴의 학습을 충분히 해두면, 별도의 오디오 편집 프로그램을 익히지 않아도 독자가 원하는 오디오 작업이 가능해질 것입니다. 진정한 큐베이스와 누엔도 유저가 되고자 한다면, 확실하게 익혀두기 바랍니다.

1 Open Sample Editor

샘플 에디터를 독립창으로 엽니다. 큐베이스의 기본 환경은 프로젝트에서 오디오 이벤트를 더블 클릭하면 샘플 에디터가 로우 존으로 열리고, 로우 존의 분리 버튼을 클릭하여 독립창으로 열 수 있게 되어 있지만, 메뉴를 이용하면 바로 독립창을 열 수 있습니다.

2 Open Audio Part Editor

오디오 파트 에디터를 독립창으로 엽니다. 모든 에디터의 독립창에는 Lower Zone 버튼을 제공하고 있으며, 이를 클릭하여 로우 존으로 열 수 있습니다.

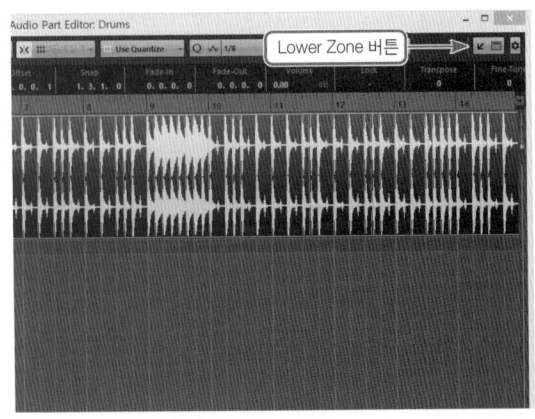

큐베이스는 기본적으로 오디오 이벤트 및 파트를 더블 클릭하면 로우 존으로 열립니다. 만일, 독립 창으로 열리게 바꾸고 싶다면 Preferences 창에서 Double-click opens Editor in a Window를 선택해줘야 하는데, 이 메뉴를 선택하면 해당 카테고리가 바로 열립니다.

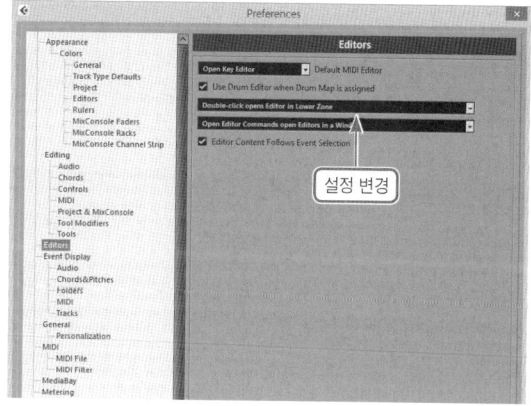

4 Process

Audio 메뉴의 Process는 선택한 오디오 이벤트의 음정을 조정하거나 잡음을 제거하는 등의 프로세싱 작업을 할 수 있는 15가지 서브 메뉴로 구성되어 있습니다. 프로세싱이란 사운드를 가공하여 사용자가 원하는 색체를 만드는 것으로 다이아원석을 가공하여 상품을 만들듯이 음악 작업에 사용하는 오디오 이벤트를 전체 사운드에 어울리게 가공하는 작업은 반드시 필요합니다.

5 Plug-ins

Plug-ins 메뉴에는 오디오 Inserts 파라미터에서 살펴보았던 VST Effects와 동일한 서브 메뉴로 구성되어 있습니다. Inserts 파라미터는 선택한 트랙에 전체적으로 사용하는 것이고, Plug-ins 메뉴는 선택한 이벤트에 부분적으로 적용할 수 있다는 차이점이 있습니다. 그래서 이펙트를 적용할 수 있는 Process 버튼이 추가되어 있습니다.

6 Spectrum Analyzer

Spectrum Analyzer는 선택한 오디오 이벤트의 정보를 분석하여 2차원 그래프인 스펙트럼 방식으로 표시합니다. 곡에서 사용하고 있는 사운드의 주파수 특성이나 레벨 분포도를 관찰할 수 있는 Spectrum Analyzer는 사운드를 분석하는데 유용한 도구가 될 것입니다.

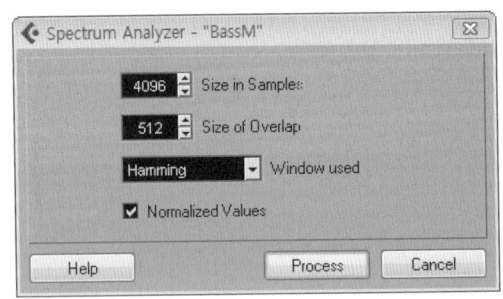

01 오디오 이벤트를 선택하고, Aduio 메뉴의 Spectrum Analyzer을 선택하면, 이벤트 분석 옵션을 설정할 수 있는 창이 열립니다.

- Size in Samples: 샘플을 분석하는 최대 값을 설정합니다.
- Size of Overlap: 한번에 처리할 수 있는 값을 설정합니다.
- Windows used: 스펙트럼 분석 창의 유형을 선택합니다.
- Normalized Values: 최대값을 0dB로 표시합니다.
- From Stereo: 분석 채널을 선택합니다.

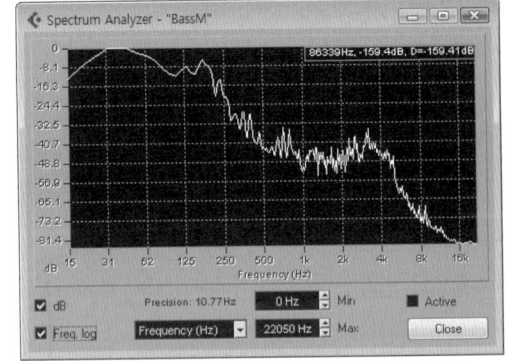

02 창에서 Process 버튼을 클릭하면 설정한 값에 따라 분석된 스펙트럼을 보여줍니다. 하단에는 가로 축을 dB로 표시하는 dB 빈도수를 표시하는 Freq log, 분석된 값을 표시할 범위를 결정하는 Precision, 새롭게 분석되는 그래프를 같은 창에 표시할 것인지의 여부를 결정하는 Active 옵션이 있습니다.

7 Statistics

Statistics는 선택한 오디오 이벤트의 정보를 표시합니다. 앞에서 살펴본 스펙트럼은 주파수와 레벨을 분석하는 것이고, 이것은 샘플 레이트, 레벨 평균값, 전류 잡음의 비율 등 오디오의 다양한 정보를 수치화해서 표시합니다. 샘플을 편집하기 전에 정보를 먼저 살펴보면, 정확한 편집을 할 수 있습니다.

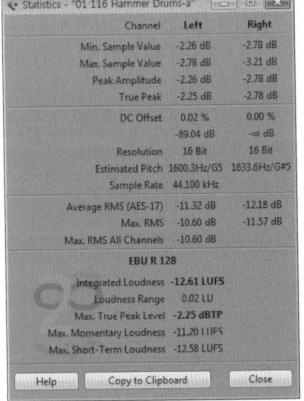

Statistics 정보의 의미는 다음과 같습니다.

항목	의미
Min / Max Sample Value	가장 낮거나 높은 레벨을 표시합니다
Peak Amplitude	최대 평균 레벨을 표시합니다.
DC Offset	전류 잡음의 값을 표시합니다.
Estimated Resolution	비트 값을 표시합니다.
Estimated Pitch	음정을 표시합니다.
Sample Rate	주파수 값을 표시합니다
Min / Max RMS Power	평균 레벨의 최수 값과 최대 값은 표시
Average	전체 평균 레벨을 표시합니다.

8 Hitpoints

샘플의 비트를 분할하고, 새로운 글루브 감을 만드는데 사용하는 힛 포인트에 관한 서브 메뉴가 있습니다. 모두 샘플 에디터의 Hitpoints 파라미터에서 제공하는 기능이므로, 샘플 에디터 학습을 충분히 했다면, 각 메뉴의 역할을 이해하는데, 별다른 어려움은 없을 것입니다.

 Calculate Hitpoints

샘플 에디터를 열었을 때 사용할 수 있는 메뉴로 힛 포인트를 만듭니다. 샘플 에디터의 Hitpoints 파라미터와 동일한 역할입니다.

Create Audio Slices form Hitpoints

힛 포인트를 중심으로 이벤트를 자릅니다. 잘린 이벤
트는 하나의 오디오 파트에 포함됩니다. 샘플 에디터
Hitpoints 파라미터의 Clise & Close와 동일한 역할로
비트가 다른 샘플을 작업중인 곡에 맞추고자 할 때 이
용할 수 있습니다.

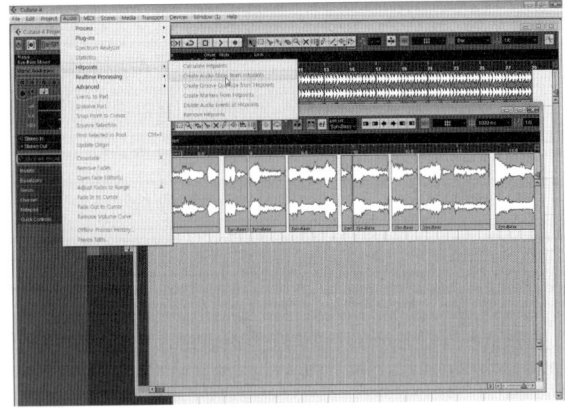

 Create Markers from Hitpoints

힛 포인트를 기준으로 마커를 만듭니다. 샘플 에디터
hitpoint 파라미터의 Create Markers와 동일한 역할
입니다. 힛 포인트를 기준으로 마커를 만들면, 루프 샘
플을 믹싱할 때 편리하게 이용할 수 있습니다.

 Divide Audio Events at Hitpoints

힛 포인트를 기준으로 샘플을 자르는 기능은 Create
Audio Slices form Hitpoints와 같습니다. 다만, 파
트로 묶지않고, 개별적인 이벤트로 만든다는 차이가
있습니다. 샘플 에디터 Hitpoint 파라미터의 Create
Events가 같은 역할입니다.

Remove Hitpoints

힛 포인트를 제거합니다. 힛 포인트의 설정을 취소하
거나 재 조정하고 싶을 때 사용합니다. 샘플 에디터
Hitpoint 파라미터의 Remove All과 동일합니다.

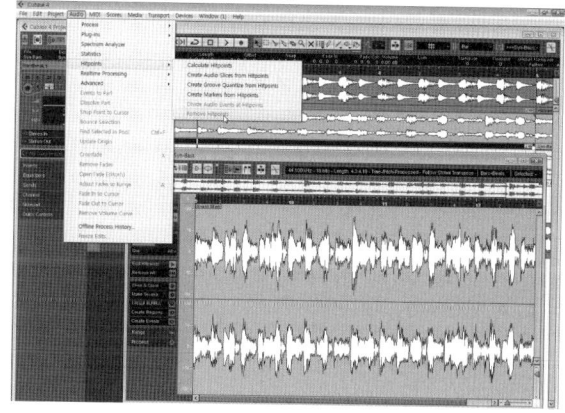

9 Realtime Processing

Audio 메뉴의 Realtime Processing는 워프 탭을 만들거나 오디오 샘플을 퀀타이즈 할 수 있는 등 놀라움을 금치
못하는 서브 메뉴로 구성되어 있습니다. 샘플을 사용할 때 비트와 길이 등을 조정할 수 있다는 것은 외부의 편집 프
로그램을 이용할 필요 없이 큐베이스와 누엔도만으로 세부적인 샘플 작업이 가능하다는 것입니다. 이미 샘플 에디터
에서 살펴보았던 내용이므로, 각 메뉴의 역할만 간단하게 살펴보겠습니다.

Create Warp Tab from Hitpoint

힛 포인트를 기준으로 워프 탭을 만듭니다. 워프
탭을 만든 이벤트는 오른쪽 하단에 좌/우 방향의
화살표 모양으로 표시되어 템포와 음정을 자유롭
게 조정할 수 있는 이벤트로 이용할 수 있습니다.
워프 탭은 샘플 에디터에서 미세하게 편집할 수 있
습니다.

Flatten

오디오 샘플의 길이와 음정 조정을 고정합니다. 힛
포인트 또는 워프 탭으로 비트를 변형한 샘플을 다
시 변경하고 싶을 때, 기존의 변경 값을 유지할 수
있게 합니다. 메뉴를 선택하면, 오디오 알고리즘을
선택할 수 있는 창이 열립니다.

 Unstretch Audio

워프 탭을 이용한 퀀타이즈나 길이 조정을 한 샘
플을 초기화 합니다. Freeze Timestretch and
Transpose 을 적용한 후에는 Ctrl+Z으로 취소한
후 Unstretch Audio 메뉴를 이용할 수 있습니다.

10 Advanced

Audio 메뉴의 Advanced에는 샘플을 리전 단위로 나누어 하나의 이벤트를 사용하듯 자유롭게 사용할 수 있는 서브 메뉴로 구성되어 있습니다. 큐베이스와 누엔도의 힛 포인트, 워프 탭, 리전 등은 모두 외부 샘플을 작업 중인 곡에 가장 어울리게 사용하기 위한 역할들을 합니다. 방법은 차이가 있지만, 목적은 같기 때문에 한 가지 기능에만 치중하는 경우가 있는데, 모두 개별적으로 사용하는 기능이 아니므로, 각각의 역할을 충분히 이해할 수 있어야 합니다.

Detect Silence

사운드의 시작과 끝 레벨을 설정하여 필요한 연주 구간만 남기는 역할의 Detect Silence 창을 엽니다. 시작 레벨은 녹색 포인트이며, 끝 레벨은 빨간색 포인트입니다. Linked 옵션을 체크하여 동시에 조정되게 하거나 개별적으로 조정할 수 있습니다.

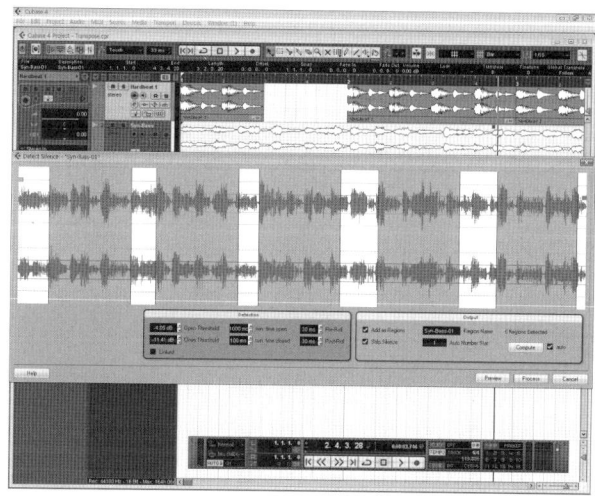

Event or Range as Region

선택한 이벤트를 리전으로 만들 수 있는 Create Regions 창을 엽니다. 선택한 이벤트 수에 따라 자동으로 리전을 만들기 때문에 다수의 리전을 만들 때 편리합니다. Create Regions 창의 Region Names은 만들어질 리전의 이름을 입력하는 항목이고, Start Count는 이름에 순서대로 붙여질 시작 번호를 설정합니다.

Events from Regions

리전을 포함하고 있는 이벤트에 적용할 수 있는 메
뉴로 각각의 리전을 이벤트로 분리하는 기능입니
다. 리전으로 개별적인 이벤트로 다루고 싶을 때
이용할 수 있습니다.

 Set Tempo From Event

힛 포인트 범위에 맞는 템포를 설정합니다. 리듬 샘
플을 사용하는 경우 힛 포인트를 설정하고, Set
Tempo from Event 메뉴를 선택하면, 샘플 길이
에 맞는 템포가 자동으로 설정되는 것을 확인할 수
있습니다.

 Set Definition From Tempo

자유롭게 녹음된 오디오에 현재 작업중인 템포를
기록하여 어디서든 사용 가능한 샘플을 만듭니다.
Set Definition from Tempo를 실행하면 프로젝
트에만 저장할 것인지, 오디오 파일에 기록할 것
인지를 선택할 수 있는 옵션 창이 열립니다. 어느
프로젝트에서나 사용할 수 있는 샘플을 만들려면
Write Definition to Audio Files을 선택하여 오
디오 파일에 기록합니다.

Close Gaps

오디오 사이의 갭을 자동으로 채우는 기능입니다. 리듬 샘플을 힛 포인트를 이용하여 자르고, 템포를 소스 보다 느리게 조정한다면, 각 샘플마다 갭이 발생합니다. 이때, Close Gaps 메뉴를 이용하여 샘플 사이의 공백을 자연스럽게 연결할 수 있습니다. 오디오 딱 맞게 채우는 Time Stretch와 겹쳐 채우고 크로스 페이드를 적용하는 Crossfade의 두 가지 메뉴를 제공합니다.

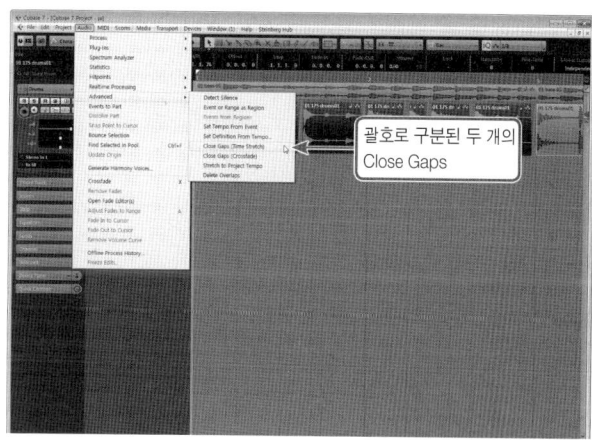

Stretch to Project Tempo

힛 포인트를 기준으로 이벤트의 템포를 변경합니다. 힛 포인트를 만들고, 트랜스포트 패널의 템포를 조정합니다. 그리고 Stretch to Project Tempo 메뉴를 선택하면, 조정된 템포에 맞추어 이벤트의 길이가 조정되는 것을 확인할 수 있습니다.

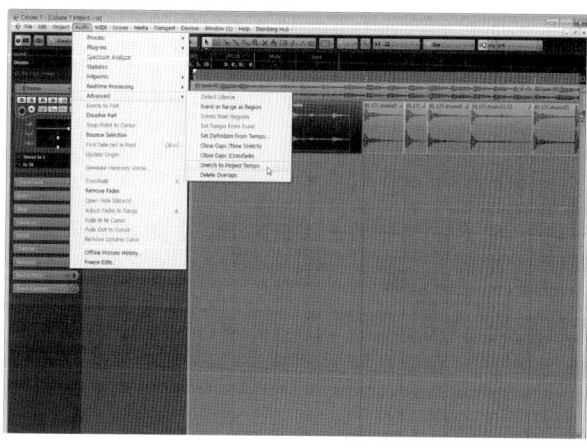

Delete Overlaps

Stacked 녹음 모드로 이벤트를 녹음을 했을 경우에 녹음이 잘된 부분만을 연주할 수 있게 편집을 하게 됩니다. 이때 Delete Overlaps 메뉴를 선택하면 겹쳐있는 부분을 삭제하여 용량을 줄일 수 있습니다.

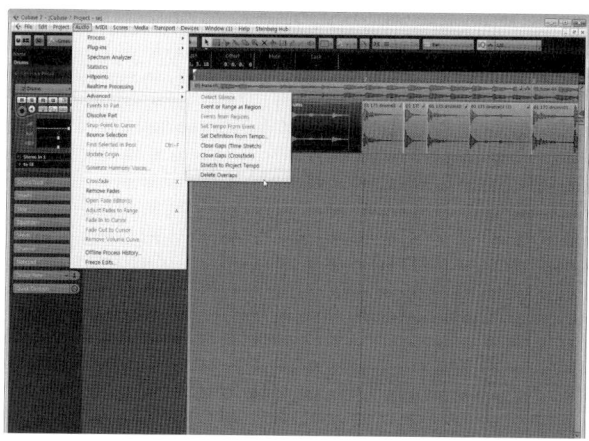

11 | Events to / Dissolve Part

Events to Part 메뉴는 선택한 이벤트를 하나의 파트로 만들고, Dissolve Part는 다수의 이벤트를 포함하고 있는 파트를 개별적인 이벤트로 분리합니다. 보컬이나 연주를 녹음할 때 다수의 이벤트를 만듭니다. 이때 이 두 가지 메뉴는 녹음한 이벤트를 하나의 파트로 만들어 잘된 부분만 연주할 수 있게 편집하거나, 반대로 이벤트를 분리해서 사용하고 싶을 때 사용하는 기능입니다.

12 | Snap Point to Cursor

Snap Point to Cursor 메뉴는 선택한 이벤트의 스넵 포인트를 송 포지션 라인이 있는 위치로 이동합니다. 이것은 다른 트랙의 이벤트와 시작 위치를 맞추거나 작업 중인 이벤트의 스넵 포인트를 송 포지션 라인이 있는 위치에 맞출 때 유용하게 사용할 수 있습니다.

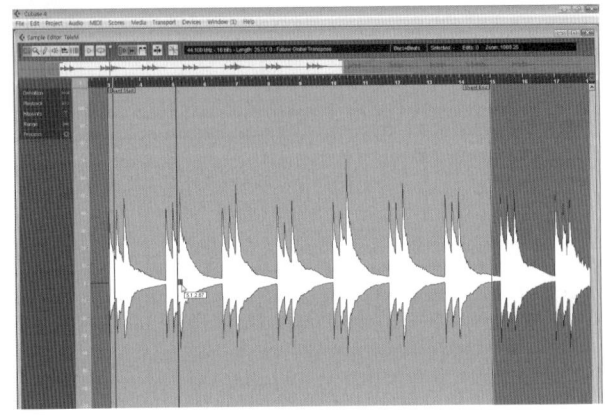

13 | Bounce Selection

Bounce Selection 메뉴는 프로세싱 작업을 적용한 이벤트를 새로 만듭니다. 큐베이스와 누엔도의 프로세싱 작업은 모두 실제 오디오 파형을 변경하지 않는 비 파괴 방식입니다. 그러므로 같은 프로세싱 작업이 필요하거나 파일의 크기를 줄이기 위해서는 이벤트를 바운싱할 필요가 있습니다. 바운싱을 적용하면, 이벤트를 바꿀 것인지의 여부를 묻는 창이 열립니다. Replace는 바운싱한 이벤트로 바꾸고, No 버튼은 풀 창에만 등록합니다.

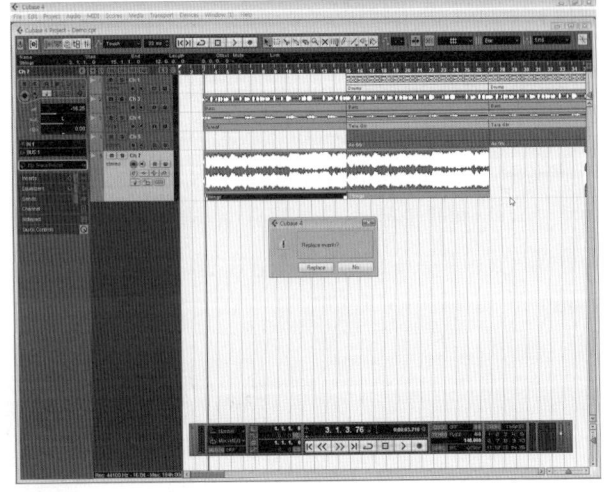

14 Fine Selected in Pool

Fine Selected in Pool 메뉴는 선택한 이벤트의 원
본 샘플이 어떤 것인지 Pool 창에서 찾아줍니다. 음악
작업을 하다가 보면 하나의 샘플을 가지고 다양한 위
치에서 반복하여 사용합니다. 이때 사용하고 있는 이
벤트가 많으면, 자신이 작업한 음악이지만, 원본 샘
플이 어떤 것인지 혼동될 때가 있습니다. 이때 Fine
Selected in Pool 메뉴를 이용하여 원본 샘플을 찾을
수 있습니다.

15 Update Origin

녹음을 할 때 기록되었던 시작 타임을 현재 위치로
변경합니다. 녹음한 오디오 이벤트의 위치를 변경
해도 최초에 기록되었던 시작 타임 정보는 변하지
않는데, Update Origin 메뉴를 이용해서 변경할
수 있는 것입니다.

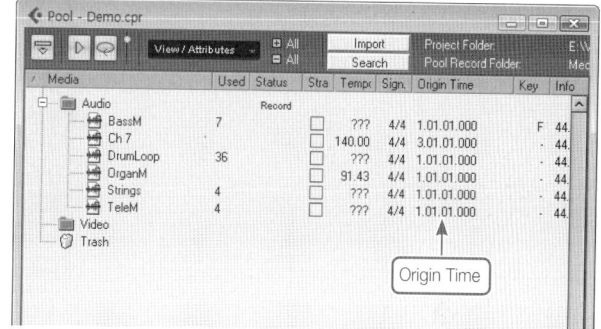

16 Generate Harmony Voices

독자가 녹음한 단 선율 보컬 및 연주를 하모니로
만들어줍니다. 이때 만들어지는 하모니는 코드 트
랙에 입력되어 있는 것을 기준으로 하며, 완성된 하
모니의 부족한 부분은 VariAudio에 편집할 수 있
습니다. 코드 트랙을 만들고, Generate Harmony
Voices를 선택합니다.

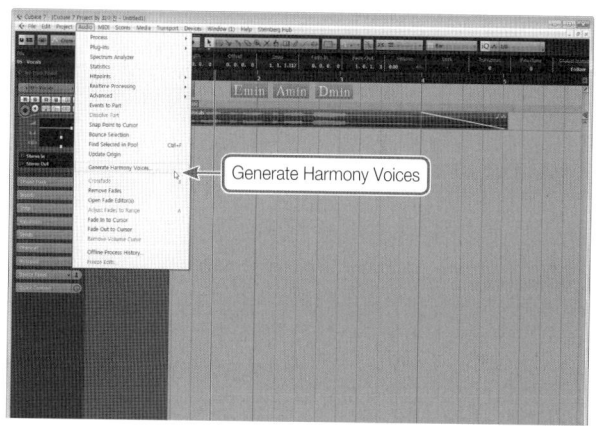

몇 개의 성부를 만들 것인지를 선택할 수 있는 옵
션 창이 열립니다. 여기서 Open Sample Editor
After Completion 옵션을 체크하면 하모니가 만
들어진 후에 샘플 편집 창을 열어 편집할 수 있게
합니다.

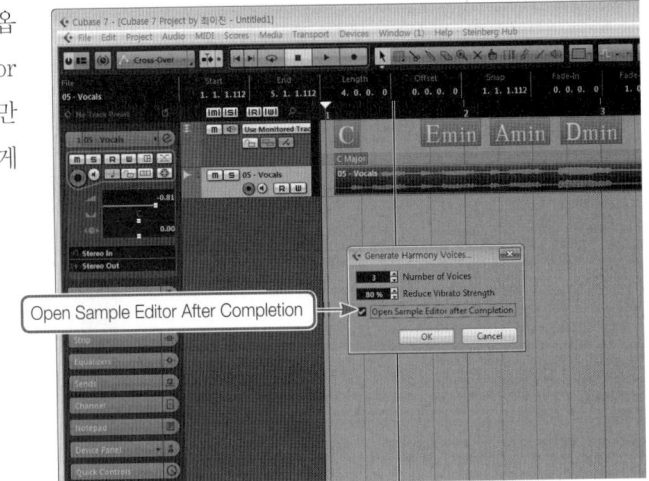

기본 값은 Soprano, Alto, Tenor의 3 성부 화음
을 만들어줍니다. 샘플 에디터에서는 각각 녹색, 파
란색, 노란색 이벤트를 표시하며, 이벤트 선택 도구
를 이용해서 음정과 박자 등을 편집할 수 있습니다.

17   Crossfade

Crossfade 메뉴는 겹쳐있는 이벤트에 크로스 페이드
효과를 적용합니다. 이미 크로스 페이드가 적용된 경
우라면, 값을 변경할 수 있는 창을 열어줍니다. 크로
스 페이드 기법은 사운드를 자연스럽게 겹치도록 할
때 자주 사용하는 기능이므로 단축키 X키를 기억해
두기 바랍니다.

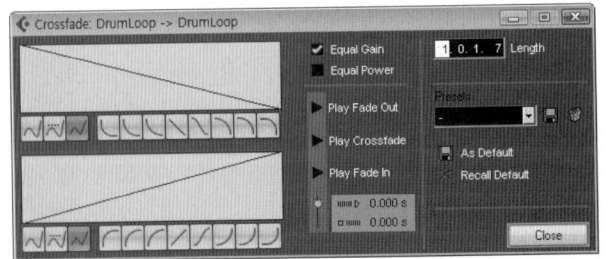

18 Remove Fades / Open Fade Editor

Remove Fades 메뉴는 이름에서도 알 수 있듯이
이벤트에 적용한 페이드 인/아웃 또는 크로스 페
이드 효과를 모두 제거합니다. 그리고 Open Fade
Editor는 페이드 효과를 편집할 수 있는 창을 모두
열어줍니다.

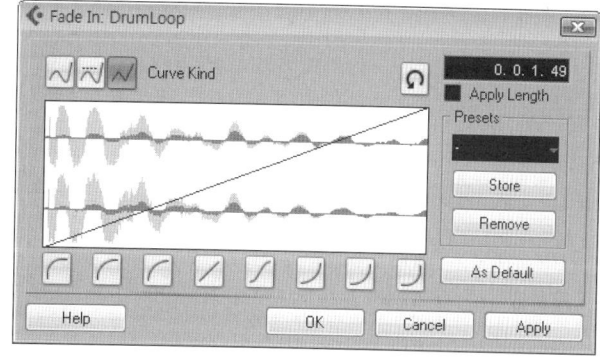

19 Adjust Fades to Range

Adjust Fades to Range 메뉴는 범위 선택 버튼으
로 선택한 구간의 전/후에 페이드 인/아웃 효과를
자동으로 만드는 기능입니다. 특정 파트의 전, 후
에 페이드 인/아웃 효과를 적용하거나, 곡의 특정
부분에 페이드 인/아웃 효과를 적용할 때 편리하게
사용할 수 있습니다.

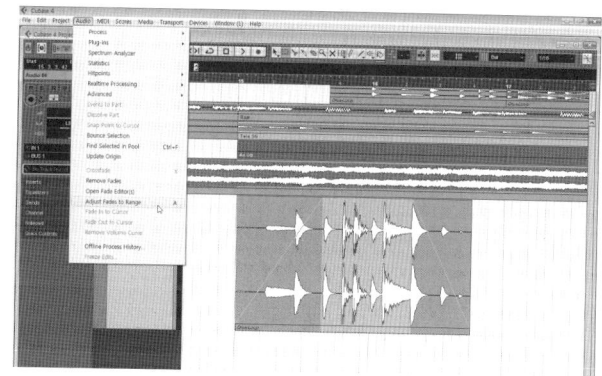

20 Fade In / Out to Cursor

Fade In to Cursor 메뉴는 이벤트의 시작 위치에
서부터 송 포지션 라인이 있는 위치까지 페이드 인
효과를 만들고, Fade Out to Cursor는 송 포지션
라인의 위치에서부터 이벤트의 끝까지 페이드 아웃
효과를 만듭니다. 각각의 효과는 Fade Editor에
서 설정한 값이 기준입니다. 값을 변경하고 싶다면
Audio 메뉴의 Fade Editor를 이용합니다.

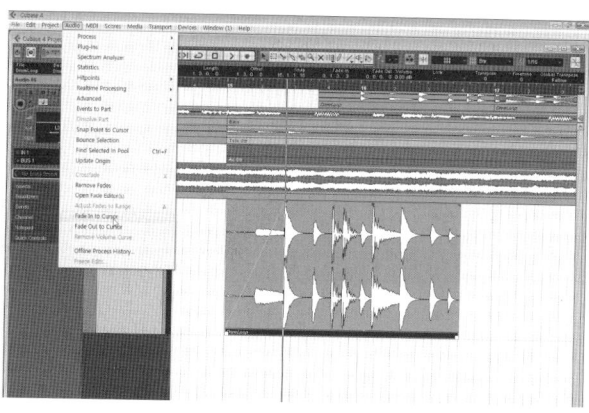

21 Remove Volume Curve

이벤트의 볼륨은 연필이나 라인 버튼을 이용해서
실시간으로 조정할 수 있는데, Remove Volume
curve은 선택한 이벤트의 볼륨 조정 값을 모두 제
거합니다.

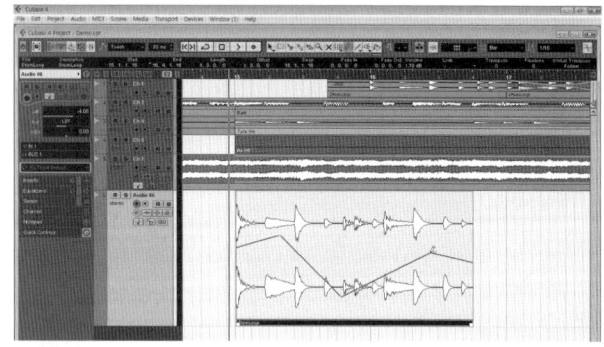

22 Offline Process History

Offline Process History 메뉴는 오디오 프로세
싱을 적용한 내용을 담고 있는 창을 엽니다. 창은
적용한 프로세싱을 취소하거나 편집할 수 있는 기
능을 합니다. 선택한 샘플에 어떠한 프로세싱을 적
용했었는지 확인하거나 프로세싱 값을 변경하고 싶
을 때 유용하게 사용할 수 있습니다.

23 Freeze Edits

큐베이스와 누엔도에서 적용하는 모든 프로세싱은 원본 사운드를 변경하지 않는 비 파괴 편집 방식입니다. 그래서
프로세싱을 적용한 효과는 큐베이스에서만 재생이 가능합니다. 프로세싱을 적용한 파일을 다른 프로그램에서 편집
하고 싶다면, Freeze Edits 메뉴를 이용해서 원본 파일을 변경해야 합니다. 메뉴를 실행하면, 원본을 보존할 것인지
의 여부를 묻는 창이 열립니다. 원본 보전할 것이라면, New File 버튼을 클릭하여 새로운 파일을 만들고, 원본을 바
꿀 것이라면 Replace를 클릭하여 원본 파일에 프로세싱을 적용합니다.

24 Create Sampler Track

프로젝트에서 선택한 오디오 이벤트 또는 샘플 에디터에서 선택한 구간을 로딩한 샘플러 트랙을 만듭니다. 특정 오디
오 구간을 샘플로 이용할 때 유용한 메뉴입니다.

큐베이스의 샘플 에디터는 전문 사운드 편집 툴과 비교해도 손색이 없습니다. 그래서인지 큐베이스는 외부 사운드 에디터를 바로 연결해서 사용할 수 있는 기능이 없습니다. 익숙한 것에 손이 가는 것이 사람인지라 무척 아쉬운 부분입니다. 하지만, 단축키를 설정해두고, 프로그램을 연결해 놓기만 하면, 큰 번거로움 없이 외부 사운드 에디터를 이용할 수 있습니다.

① 큐베이스 자체적으로는 외부 사운드 에디터를 바로 연결하는 기능이 없기 때문에 해당 파일을 찾아서 실행시켜야 합니다. 편집하고자 하는 오디오 이벤트를 선택하고, Audio 메뉴의 Find Selected in Pool을 선택합니다. 외부 에디터를 자주 사용한다면, Key Commands로 난축키를 설정해 놓습니다.

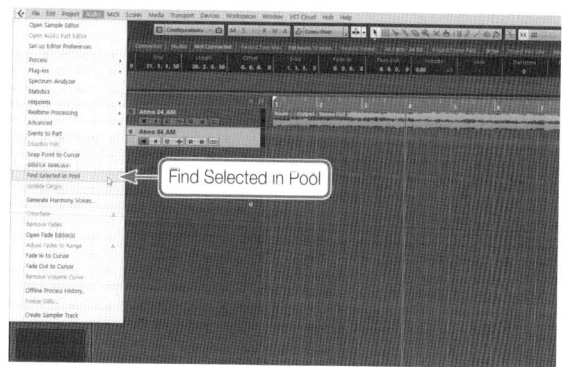

② 풀 창이 열립니다. 선택되어 있는 파일을 마우스 오른쪽 버튼으로 클릭하여 단축 메뉴를 열고, Show in Explorer를 선택합니다. 이것 역시 단축키를 설정해 놓습니다. 작업을 하다 보면 수 많은 이벤트가 생성되기 때문에 이 방법으로 찾는 것입니다.

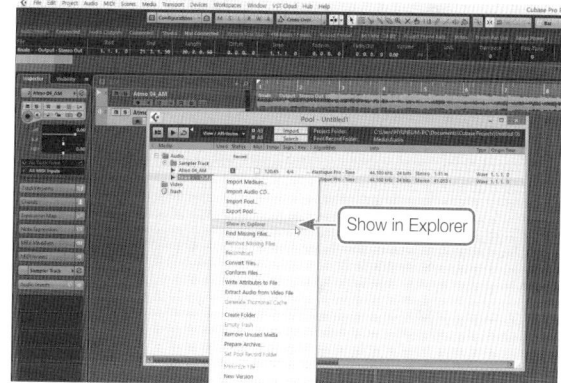

③ 해당 파일이 선택된 탐색기가 열립니다. 마우스 오른쪽 버튼을 클릭하여 단축 메뉴를 열고, 연결 프로그램에서 자신이 사용하는 사운드 에디터를 기본 프로그램으로 선택합니다. 다음부터는 Enter 키를 눌러 실행할 수 있습니다. 해당 툴에서 편집을 하고, 저장을 하면 큐베이스 이벤트에 바로 적용됩니다. 앞의 두 명령을 단축키로 설정해 놓으면, 다음부터는 ① ② Enter로 바로 사용할 수 있습니다.

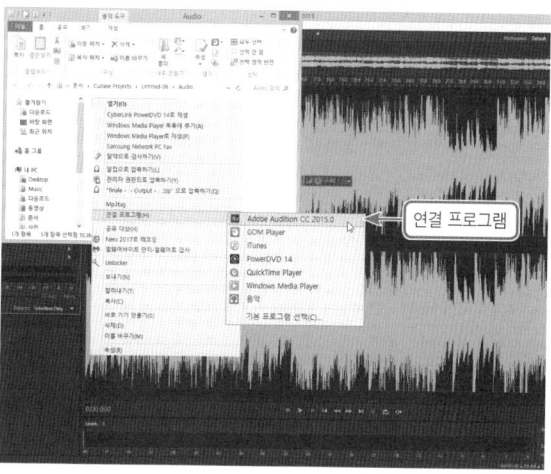

MIDI 메뉴

MIDI 메뉴는 미디 편집 에디터를 열 수 있는 5개의 Open 메뉴와 16가지 미디 편집 기능들로 구성되어 있습니다. 미디는 컴퓨터 뮤지션이 되기 위한 학습 중에서 입문자들이 가장 싫어하는 학습입니다. 특히 샘플을 이용한 믹싱 창작 기법들이 발달하고 있기 때문에, 처음부터 미디를 젖혀두고 학습을 시작하는 독자들도 있습니다. 그러나 미디를 모르면 작/편곡이 필요한 창작 부분에서 한계를 느끼게 됩니다.

1 Open Editor

Open Key Editor, Score Editor, Drum Editor, List Editor를 독립창으로 엽니다. 기본 환경은 미디 파트를 더블 클릭하면 로우 존으로 Key Editor가 열리며, Editor 탭에서 Drum 또는 Score Editor로 바꿀 수 있습니다. 미디 파트를 더블 클릭할 때 독립창으로 열리게 하려면 Set up Editor Preferences를 선택하여 창을 열고, Double-click opens Editor in a Window를 선택합니다.

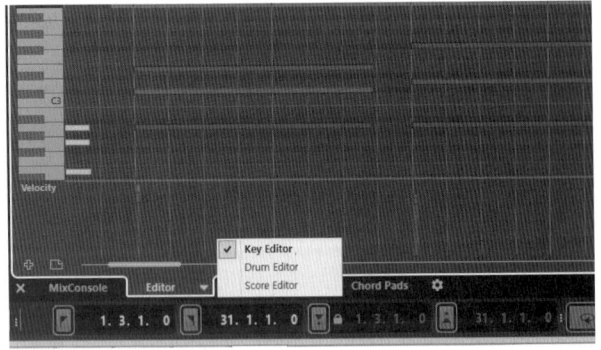

2 Open In-Place Editor

큐베이스와 누엔도에서 제공하는 4가지 미디 편집 창 중에서 가장 많이 사용하는 것이 키 에디터 입니다. 키 에디터는 Logic Pro, Ableton Live 등, 미디 편집 기능이 있는 프로그램이라면, 대부분 사용하고 있는 미디 데이터 편집의 표준입니다. 이러한 편집 창을 별도로 열지 않고, 프로젝트 창에서 사용할 수 있게 하는 것이 Open Edit In-Place의 역할입니다.

3 Transpose Setup

Transpose Setup 메뉴는 선택한 파트 또는 노트의 음정을 조
정합니다. 인스펙터 파라미터의 Transpose는 트랙에 영향을
주지만, MIDI 메뉴의 Transpose는 선택한 파트에 영향을 줍
니다. 그리고 인스펙터 파라미터는 실제 노트를 변경하지 않지
만, MIDI 메뉴는 실제 노트를 변경한다는 차이점이 있습니다.

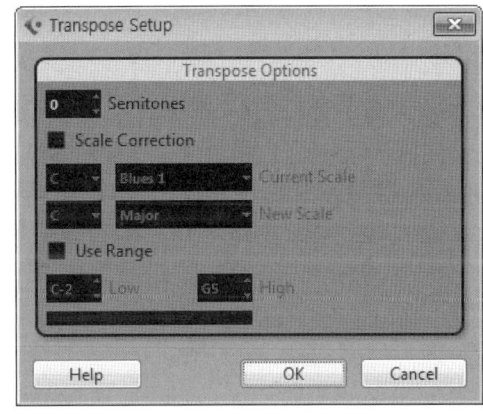

4 Merge MIDI in Loop

Merge MIDI in Loop 메뉴는 로케이터 범위 안에 있는 미디
파트를 하나로 만듭니다. 음악 작업하면서 만드는 수 많은 미디
파트를 정리한다거나 Insert 또는 Send 파라미터에서 사용한
효과를 실질적으로 적용하기 위해서 사용할 수 있습니다. 적용
할 파라미터는 옵션 창에서 선택합니다.

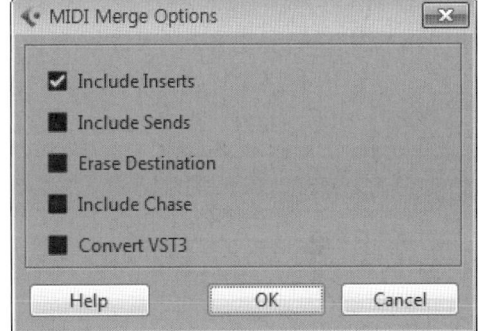

5 Freeze MIDI Modifiers

인스펙터 창의 MIDI Modifiers와 MIDI Inserts 효과는 큐베
이스와 누엔도에서만 적용되기 때문에 미디 파일로 저장할 필
요가 있을 때는 Freeze midi Modifiers 메뉴를 이용하여 실
제 데이터로 바꿔줘야 합니다. MIDI Inserts는 데이터를 입력
할 때 실제 데이터로 바꿔주는 Record Output to Track 버
튼을 제공합니다. 버튼을 On으로 놓고, 녹음을 하면 이펙트가
적용된 결과로 입력되는 것입니다.

6 Dissolve Part

Dissolve Part는 선택한 파트를 채널 또는 노트 별로 분리하는 기능입니다. 미디 드럼 파트를 오디오로 녹음할 때는 베이스 드럼, 스네어 드럼 등 각각의 파트를 개별적으로 녹음합니다. 이때 드럼 에디터의 솔로 기능을 이용해도 되지만, 녹음을 완료한 파트를 제거하는 작업 습관을 가지고 있다면, 각 파트 별로 분리하여 녹음을 하는 것이 좋겠습니다.

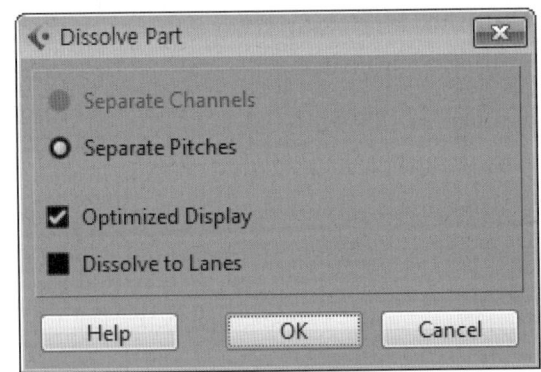

7 Bounce MIDI

미디 트랙에 생성된 여러 개의 파트를 하나로 정리합니다. 특히, 뮤트된 이벤트를 자동으로 제거하기 때문에 편집 과정에 엉켜있는 파트를 정리할 때 유용합니다. 물론, 드럼 작업을 할 때 많이 사용하는 레인 트랙을 정리할 때도 자주 사용하게 될 것입니다.

8 O-Note Conversion

O-Note Conversion 메뉴는 드럼 맵에서 설정한 미디 아웃 노트를 실제 노트로 바꾸는 기능입니다. 큐베이스에서 작업한 곡을 미디 파일로 저장할 때, 드럼 맵의 아웃 환경은 실제 노트 값으로만 저장합니다. 그러므로 독자의 악기 설정에 맞추어 노트의 아웃을 변경했다면, 미디 파일로 저장하기 전에 O-Note Conversion 메뉴를 이용해서 실제 노트로 바꿔야 합니다.

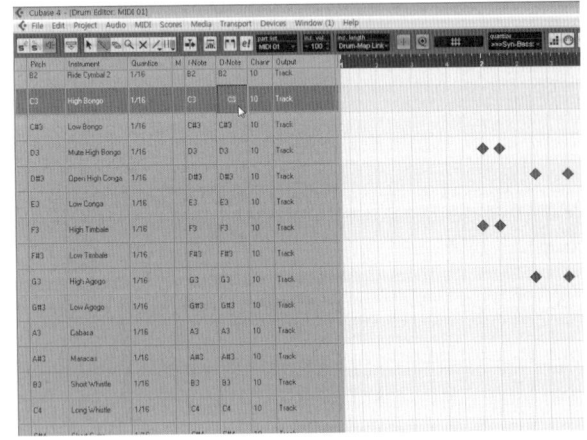

9 Repeat Loop

Repeat Loop 메뉴는 미디 에디터의 반복 구간을 파트의 길이만큼 반복합니다. 큐베이스와 누엔도에서 제공하는 미디 에디터의 도구 모음 줄에는 편집 중인 미디 에디터의 특정 구간만을 반복하는 반복 버튼이 있습니다. Repeat Loop 메뉴는 반복 버튼이 On일 때, 반복 구간으로 설정한 범위를 파트의 길이만큼 복사하는 기능입니다.

10 Functions

MIDI 메뉴의 Functions에는 선택한 미디 정보에 다양한 효과를 줄 수 있는 16가지의 서브 메뉴로 구성되어 있습니다. 선택한 노트의 길이를 자동으로 변경한다거나 겹쳐있는 노트들을 삭제하는 기능들은 작업하면서 자주 사용하는 기능입니다. 특히 노트가 겹쳐있으면, 소리가 일그러지거나 끊어지는 현상을 경험할 수 있는데, 눈으로는 확인이 안되는 경우가 있습니다. 이때 Functions 메뉴를 이용하여 간단하게 해결할 수 있습니다.

 Legato

Functions 메뉴의 Legato는 선택한 노트 또는 파트의 노트들을 다음 노트의 시작 지점까지 연장하여 레가토 효과를 만듭니다.

 Fixed Lengths

Functions 메뉴의 Fixed Lengths는 선택된 노트 또는 파트의 노트 길이를 퀀타이즈에서 설정한 길이로 조정합니다.

 Pedals to Note Length

Functions 메뉴의 Pedals to Note Length는 선택한 파트에서 컨트롤 정보 64번인 서스테인 페달 값을 검출하여 실제 노트 길이를 만들고, 컨트롤 정보 64번을 제거합니다.

Delete Overlaps (Mono)

Functions 메뉴의 Delete Overlaps(Mono)는 같은 음정에 겹쳐있는 노트를 제거합니다. Delete Doubles과 비슷하지만, 시작 위치가 다르게 겹쳐진 경우에도 제거한다는 차이점이 있습니다.

 Delete Overlaps (Poly)

Functions 메뉴의 Delete Overlaps(Poly)는 음정에 상관없이 겹쳐있는 노트들을 다음 노트의 시작점까지 줄여줍니다.

 Velocity

Functions 메뉴의 Velocity는 선택한 노트 또는 파트의 벨로시티 값을 변경할 수 있는 창을 열어줍니다. 창의 Type에서 Add/Subtract를 선택하면 Amount 값을 더하거나 빼주고, Compress/Expand를 선택하면 Ratio 값 범위로 확대하거나 축소합니다. 그리고 Limit를 선택하면 Upper와 Lower 값 사이로 제한합니다.

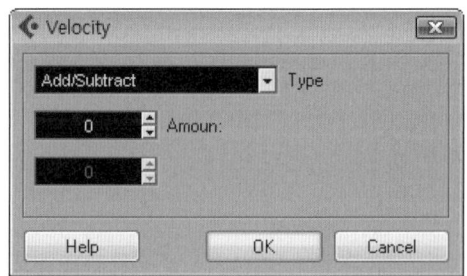

 Fixed Velocity

Functions 메뉴의 Fixed Velocity는 선택한 노트 또는 파트를 미디 에디터의 도구 모음 줄에 있는 Insert Velocity에서 설정한 벨로시티 값으로 변경합니다.

 Delete Doubles

Functions 메뉴의 Delete Doubles은 선택한 노트 또는 파트에서 겹쳐있는 노트들을 삭제합니다.

 Delete Notes

연주 도중 잘못 입력한 짧은 노트들을 삭제할 때 유용합니다. Minimum Length에서 노트의 길이를 직접 입력하거나 아래쪽의 Bar에서 마우스 드래그로 길이를 설정합니다. Minimum Velocity에서 벨로시티 값을 설정할 수 있으며, Length와 Velocity를 모두 적용한 노트를 삭제할 것인지(Both), 둘 중 하나만 만족하는 노트도 삭제(One of)할 것인지를 선택할 수 있는 Remove when under 옵션이 있습니다.

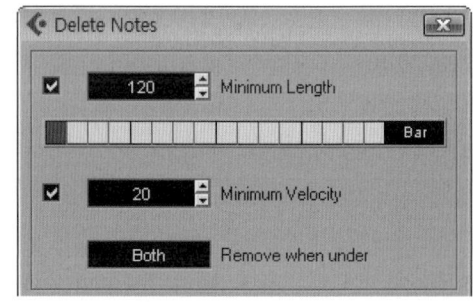

Delete Controllers

Functions 메뉴의 Delete Controllers는 선택한 파트에 있는 컨트롤 정보를 삭제합니다.

Delete Continuous Controllers

Functions 메뉴의 Delete Continuous Controllers 는 컨트롤 정보를 삭제하는 Delete Controllers 메뉴와 같습니다. 다만, 서스테인 페달과 같이 On/Off 역할을 하는 정보는 삭제하지 않습니다.

Restrict Polyphony

선택된 파트에서 연주할 동시 발음 수를 제한합니다. 동시 발음 수란 동시에 연주할 수 있는 노트의 수를 말합니다. 악기를 구입하면 16보이스, 32보이스 등으로 표시되어 있는 것이 동시 발음 수 입니다. 독자가 만든 곡이 사용하는 악기의 동시 발음 수를 넘는다면 이것을 제한할 필요가 있습니다.

Thin Out Data

Functions 메뉴의 Thin Out Data는 너무 많이 입력한 컨트롤 정보를 정리합니다. 여러 트랙에 너무 많은 컨트롤 정보를 입력하면, 연주 신호가 끊어지는 현상이 발생할 수 있는데, Thin Out Data를 선택하여 해결할 수 있습니다.

Extract MIDI Automation

Functions 메뉴의 Extract MIDI Automation은 미디 파트에 입력한 컨트롤 정보를 오토메이션 트랙으로 전환하는 기능입니다. 그림에서와 같이 팬 정보를 입력하고 Extract MIDI Automation를 선택합니다.

Reverse

Functions메뉴의 Reverse는 선택한 노트 또는 파트의 연주 방향을 바꿉니다. 이것은 오디오 프로세싱에서 학습한 Reverse와 동일한 효과입니다.

Merge Tempo from Tapping

Functions 메뉴의 Merge Tempo from Tapping은 자유롭게 녹음한 연주를 가이드 파트에 입력한 노트에 맞추어 템포를 설정합니다.

11 | Logical Editor

Logical Editor 메뉴는 선택한 미디 이벤트에서 특정 이벤트를 골라내어 일괄적으로 편집할 수 있는 창을 열어줍니다. 만일 선택한 미디 이벤트가 없을 경우에는 현재 작업중인 미디 에디터 창의 모든 이벤트에 영향을 줍니다. 큐베이스와 누엔도의 고급 기능에 해당하므로, 처음에는 어려울 수 있겠지만, 반복해보면, 이해할 수 있을 것입니다.

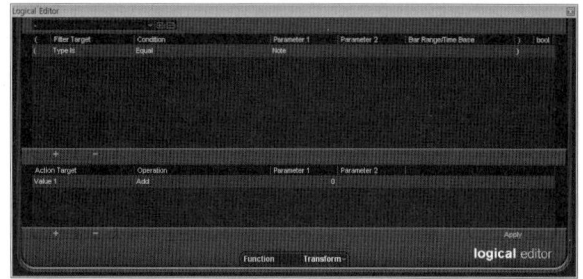

12 | Logical Presets

Logical Editor의 프리셋을 제공하는 메뉴입니다. 프리셋은 큐베이스와 누엔도에서 제공하는 것 외에 사용자가 설정한 것들을 저장할 수 있으며, 저장한 프리셋을 Logical Presets 메뉴에 등록되어 언제든 사용할 수 있습니다. 프리셋을 연구하는 것은 Logical Editor 사용의 원리를 빠르게 익힐 수 있는 방법이므로, 큐베이스와 누엔도에서 기본적으로 제공하는 것들을 틈틈이 적용하여 연구해보기 바랍니다.

13 | Drum Map setup

Drums Map Setup 메뉴는 드럼 맵을 구성할 수 있는 Drum Map Setup 창을 열어줍니다. 이것은 독자가 사용하고 있는 악기의 드럼 파트 이름과 경로 등을 구성한다거나 다른 곳에서 입수한 드럼 파트의 섹션을 독자가 사용하는 악기의 드럼 섹션으로 변경하는 등 여러 가지 용도로 사용할 수 있습니다.

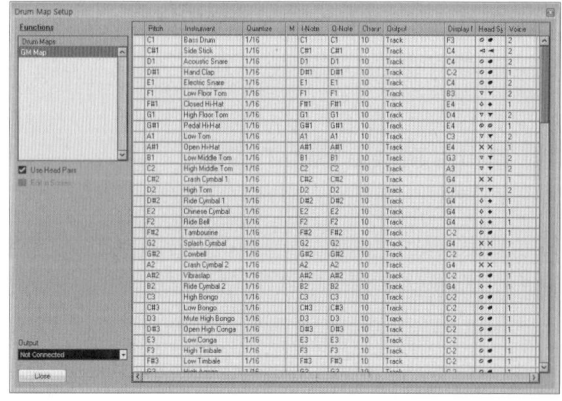

14 Insert Velocities

Insert Velocities 메뉴는 미디 에디터의 ins. Vel 항목의 벨로시티 리스트를 설정합니다. 큐베이스와 누엔도에서 제공하는 미디 에디터들의 도구 모음 줄에는 ins vel 항목이 있고, 마우스로 입력하는 노트는 여기서 선택한 벨로시티 값으로 입력됩니다. Ins.Vel 항목에는 모두 5가지 레벨의 리스트를 설정할 수 있습니다.

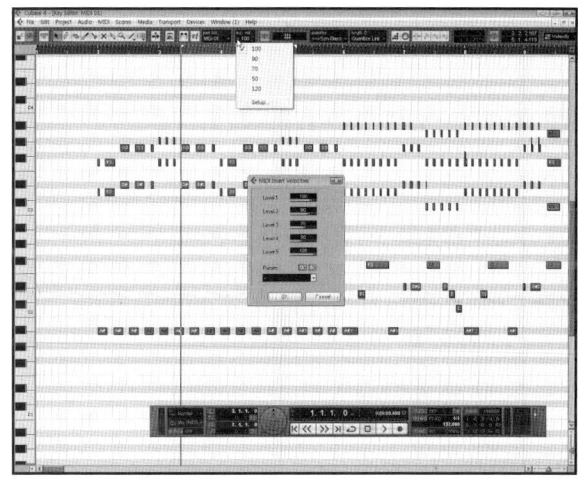

15 CC Automation Setup

파트와 오토메이션 트랙에 기록된 컨트롤 정보의 우선권을 설정합니다. 기본값은 Record Destination on conflict가 MIDI Port로 되어 있고, Automation Merge Mode가 Average로 되어 있기 때문에 미디 파트를 기준으로 평균 값을 산출하여 재생합니다.

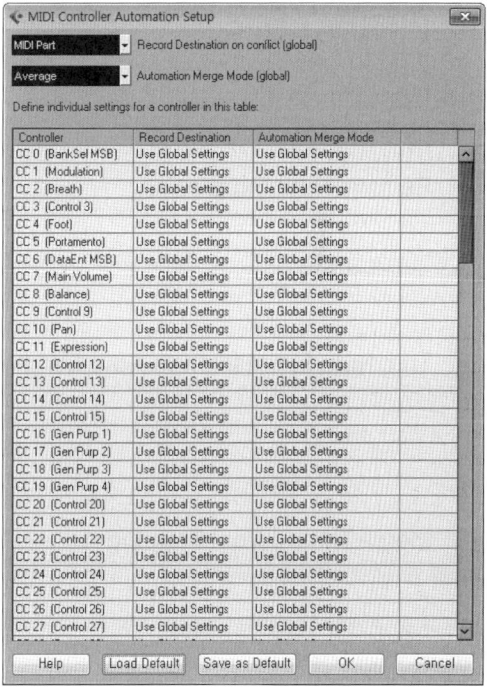

Note Expression

Note Expression을 관리할 수 있는 서브 메뉴를 제공합니다.

 Convert to Note Expression

미디 컨트롤 정보를 노트 익스프레션 데이터로 변경합니다.

 Consolidate Note Expression Overlaps

컨트롤 정보와 겹쳐있는 노트 익스프레션 데이터를 제거합니다.

 Distribute Notes to MIDI Channels

노트 익스프레션 데이터를 채널 별로 분리합니다.

 Dissolve Note Expression

노트 익스프레션 데이터를 미디 컨트롤 정보로 변환합니다.

 Remove Note Expression

노트 익스프레션 데이터를 삭제합니다.

 Trim Note Expression to Note Length

노트 길이에 맞추어 노트 익스프레션 데이터를 정리합니다.

 Merge Tempo from Tapping

노트 익스프레션 데이터로 사용할 컨트롤 정보를 설정할 수 있는 창을 엽니다. 옵션의 체크 여부로 사용 유무를 결정합니다.

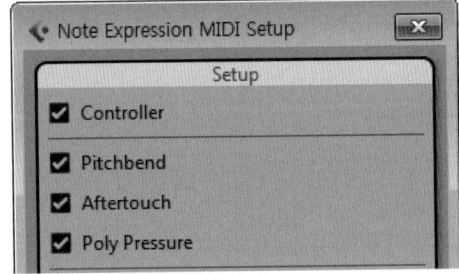

17 Expression Map Setup

프로젝트 창 또는 스코어 에디터의 Expression Map
파라미터에서 사용할 설정 창을 엽니다. 다양한 VST
Instruments를 지원하는 것이 아니기 때문에 사용자
가 직접 만드는 것 보다는 Steinberg.net에서 제공하
는 프리셋을 Lead하여 사용하는 것이 좋습니다.

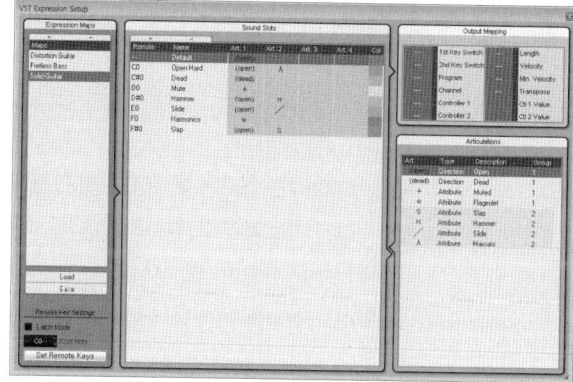

18 Reset

Reset은 모든 미디 채널에 All Note off 컨트롤 정보
를 전송하여 초기화합니다. 미디 작업을 할 때 흔하게
격는 에러가 연주를 중단했는데도 비프 음과 비슷한
소리를 계속해서 연주되는 현상입니다. Preferences
의 MIDI 페이지에서 Reset on Stop 옵션을 체크해
두면, 정지 버튼을 누를 때 Reset 메뉴를 자동으로
실행합니다.

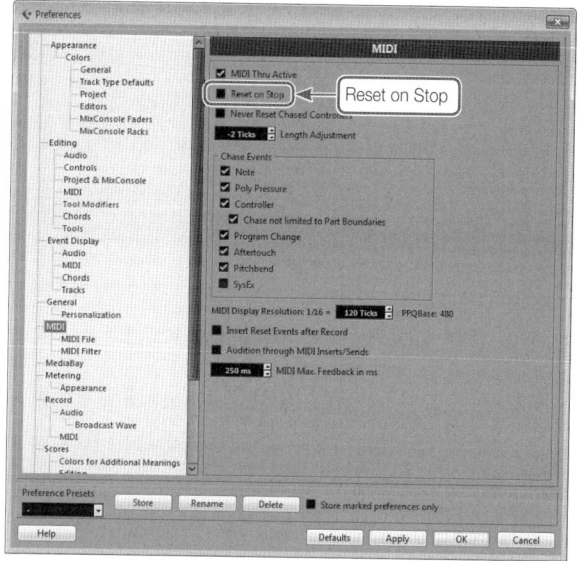

Scores 메뉴

Scores는 스코어 에디터가 열려있을 경우에만 사용할 수 있는 메뉴로 편집 보다는 악보 사보에 관련된 기능들로 구성되어 있습니다. 악보 사보 전문 프로그램으로는 피날레, 시벨리우스 등이 유명하지만, 큐베이스와 누엔도 사용자는 스코어 에디터와 메뉴를 익혀서 전문 사보 프로그램에 못지 않은 악보를 만들 수 있습니다. 반대로 악보 사보가 필요없는 독자는 Scores 메뉴 설명을 가벼운 마음으로 넘어가도 좋습니다.

1 Open Score Editor

Open Score Editor는 MIDI 메뉴의 Open Score Editor와 같은 역할로, 선택한 파트의 미디 정보를 악보 형태로 편집할 수 있는 스코어 에디터를 독립 창으로 열어줍니다. 스코어 에디터는 다른 미디 편집 창과는 다르게 선택한 트랙에 있는 파트 길이만큼의 편집 창을 열어줍니다. 단, 노트는 선택한 파트의 것만 표시됩니다.

2 Open Layout

Open Layout은 사용자가 만들어놓은 레이아웃을 선택하여 악보에 적용할 수 있는 창을 엽니다. 사용자 레이아웃은 Score Settings 창의 layout 탭에서 만들 수 있습니다.

3 Page Mode

Page Mode 메뉴는 스코어 에디터에 표시되는 악보
를 실제 인쇄하는 Page Mode 형태로 볼 것인지, 작
업에 편리한 편집 모드로 볼 것인지를 선택합니다.
스코어 에디터를 열었을 때 편집 모드라면, Score
메뉴의 Page Mode 메뉴를 선택하여 체크 표시를
합니다. 체크 표시하 해제되어 있는 경우에는 편집
모드입니다.

4 Settings

Settings 메뉴는 악보의 레이아웃을 결정하는 모든 속성을 편집할 수
있는 Score Settings 창을 열어줍니다. 이것은 오선 왼쪽의 빈 공간을
더블 클릭하여 열 수 있습니다. 악보 사보의 결정적인 역할을 하는 것
이므로, 각 탭의 옵션을 정확하게 이해해둘 필요가 있습니다.

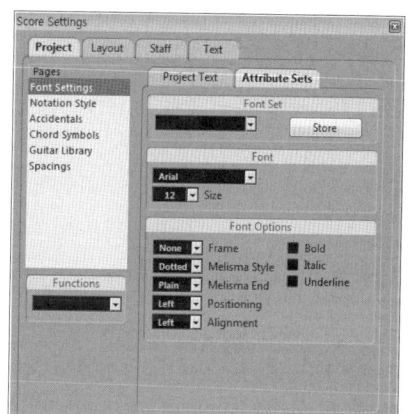

5 Group/Ungroup Notes

Group/UnGroup Notes 메뉴는 선택한 노트의 기
를 연결하거나 해제합니다. 어떤 음표든지 연결과
해제가 가능하므로, 사용자가 원하는 악보를 손쉽
게 만들 수 있습니다.

6 Convert to Grace Note

선택한 노트를 꾸밈음으로 바꿔줍니다. 음표를 슬러로 연결하고, 사선을 만들어 주는 등의 추가 작업을 더 하면, 보기 좋은 악보를 만들 수 있습니다.

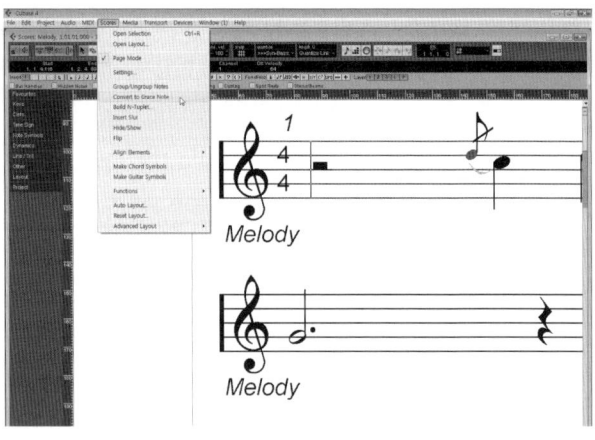

7 Build N-Tuplet

Build N-Tuplet는 잇단음표를 만들 수 있는 창을 열어줍니다. 큐베이스와 누엔도에서 기본적으로 만들어주는 3잇단음 외에 사용자가 원하는 잇단음 음표를 만들 수 있습니다.

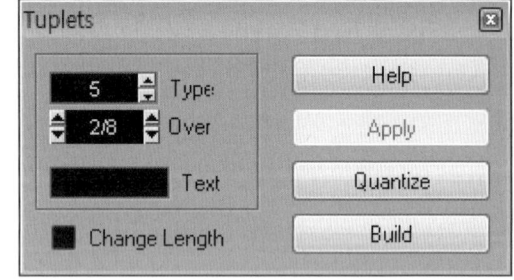

8 Insert Slur

Insert Slur 메뉴는 선택한 두 개 이상의 노트를 슬러 심볼로 연결합니다.

9 Hide/Show

Hide 메뉴는 선택한 이벤트를 감추고, Show 메뉴
는 감춘 이벤트를 표시합니다. 감춘 음표는 필터 도
구의 Hidden Notes 옵션을 체크하여 확인할 수 있
습니다.

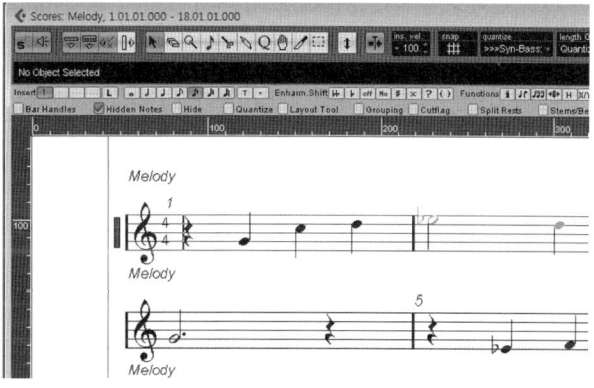

10 Filp

Flip 메뉴는 선택한 노트의 기 방향을 위/아래로 변
경합니다. Fuctions 메뉴의 Flip 버튼을 이용하는 것
이 편리할 것입니다.

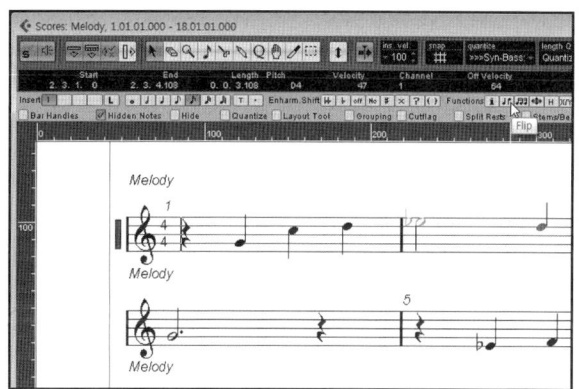

11 Align Elements

Align Elements은 선택한 노트와 심볼 들을 정렬할 수 있는 Left, Right, Top, Bottom, Center Vertical,
Center Horizontal, Dynamics의 7가지 서브 메뉴로 구성되어 있습니다. 각 메뉴는 정렬 방법만 틀린 것이고, 사용
법은 동일합니다.

Left: 왼쪽을 기준으로 정렬합니다   Right: 오른쪽을 기준으로 정렬합니다.   Top 위쪽을 기준으로 정렬합니다.

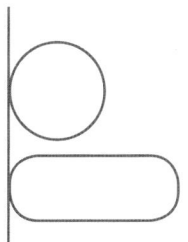 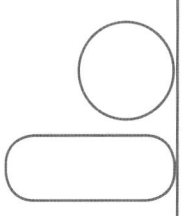 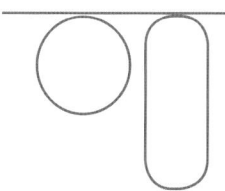

Bottom: 아래쪽을 기준으로 정렬합니다.　　Center Vertical: 가로축 중심을 기준으로 정렬합니다.　　Center Horzontal: 세로축 중심을 기준으로 정렬합니다.

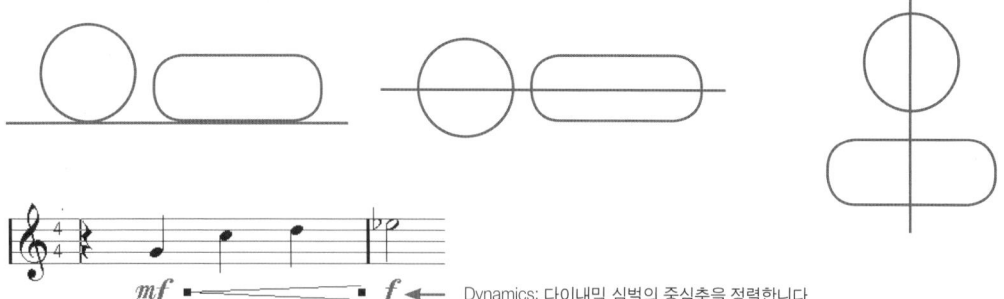

Dynamics: 다이내믹 심벌의 중심축을 정렬합니다.

12 Make Chord Symbols

Make Chord Symbols 메뉴는 선택한 노트 또는 기
타 폼에 어울리는 코드 네임을 입력합니다. 단, 선택
한 노트가 화성으로 이루어져 있어야 합니다.

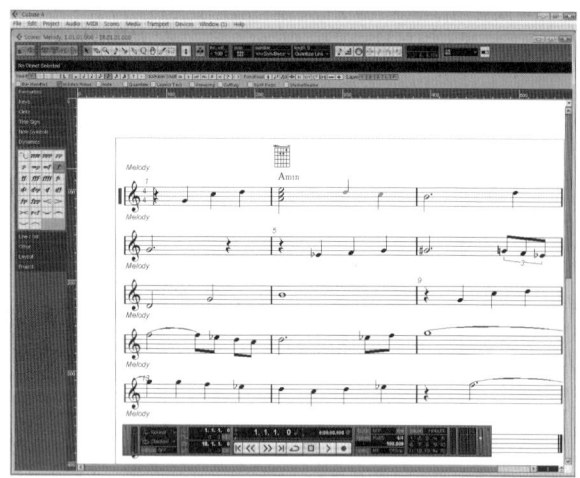

13 Functions

Make Chord Symbols 메뉴는 선택한 노트에 어울리는 코드와 기타 폼을 입력하며, Make Gyiar Symbols은 기
타 폼만 입력합니다. 단, 선택한 노트가 화성으로 이루어져 있어야 합니다.

 Merge All Staves

Merge All Staves 메뉴는 선택한 파트의 악보를 하나로 결합하는 기능입니다. 연주를 할 때 지휘자는 모든 파트의
악보를 한눈에 확인하고, 총괄할 수 있는 in. C 악보를 봅니다. 이때 지휘자를 위한 in. C 악보를 새로 만드는 것 보
다는, 모든 파트를 하나로 결합한 다음, 원하는 스타일로 다듬는 것이 손쉬울 수 있습니다. 피아노 상단과 하단을 따
로 녹음한 경우에 하나의 피아노 악보를 만들 때도 응용 할 수 있습니다.

Extract Voices

Extract Voices 메뉴는 앞에서 살펴본 Merge All Staves와 반대 개념으로, 결합한 악보 또는 다 성부를 분리하는 역할을 합니다. 다음의 Explode 메뉴는 분리하는 파트의 수를 설정할 수 있고, Extract Voices 메뉴는 악보에 설정 한 성부의 수에 의해서 파트의 수가 결정된다는 차이점이 있습니다.

Explode

Explode 메뉴는 다 성부 악보의 노트를 분리하여 새로운 파드로 민드는 역할을 합니다. 컴퓨터 음아 작업에서는 코 러스나 스트링 섹션의 다 성부를 하나의 트랙으로 해결하는 경우가 많습니다. 그러나 실제 연주에서는 각 성부를 분 리한 악보를 보고 연주를 합니다. 이때 Explode 메뉴를 이용하면, 간단하게 성부 별로 악보를 만들 수 있습니다.

Scores Notes to MIDI

Score Notes to MIDI 메뉴는 악보에 표시하는 음표 길이를 실제 연주하는 노트의 길이로 바꿉니다. 사보 작업을 하다가 보면, Staff Settings 기능을 이용해서 실제 연주하는 노트 길이와 상관없이, 보기 좋은 악보를 만들기 위한 음표를 입력하는 경우가 많습니다. 반대로, 악보에 표시하는 음표의 길이가 실제로 연주되길 원하는 경우도 있습니다.

Lyrics /Text from Clipboard

Lyrics from Clipboard와 Text From Clipboard는 모두 클립보드에 복사한 문자를 삽입하는 기능입니다. 이 기능 은 문자를 입력하고, 편집하는데 사용하는 워드, 한글, 메모장 등의 문서 작성 프로그램에서 입력한 문자를 큐베이 스와 누엔도의 악보에 가사 또는 문자로 입력할 수 있는 편리함을 제공합니다

Find and Replace

Find and Replace 메뉴는 악보에서 문자를 찾아 바 꾸어 주는 기능입니다. 입력되어있는 가사 중에서 특 정 문자를 변경하고 싶을 때, 일일이 수정하는 것 보 다는 Find and Replace 메뉴를 이용해서 일괄적으 로 바꾸어 주는 것이 편리합니다.

Force Update

Force Update 메뉴는 악보를 다시 로딩하여 표시합니다. 스코어 창에서 작업을 하다가 보면 특별한 이유 없이 삭제한 음표의 자국이 남아있거나, 붙임줄 있는 음정이 겹쳐있거나 하는 등의 디스플레이 문제가 생기는 경우가 있습니다. 이때 화면을 재로딩하여 표시함으로써 문제를 해결합니다.

14 Rhythm Notation

리듬 악보를 간편하게 만들 수 있는 서브 메뉴를 제공합니다.

 Show Rhythmic Notation

선택한 보표의 음표를 리듬 표기로 바꿔줍니다. 노트를
선택하면 해당 마디만 바꿀 수 있습니다.

 Show Bar Repeat Sign

선택한 보표에 반복 기호를 삽입합니다. 노트를 선택하면
해당 마디만 바꿀 수 있습니다.

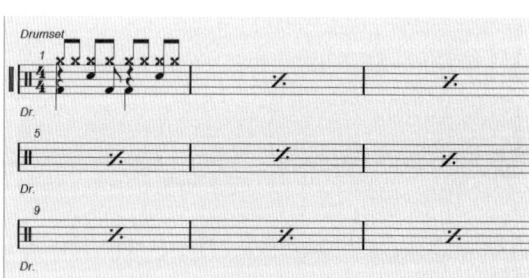

 Clear Bar

선택한 보표 및 마디의 노트를 감춥니다. 실제 데이터를 제거하는 것이 아니라 화면에서만 보이지 않게 합니다. Filter 라인의 Cut/Rhythm을 선택하여 Rhythmic Bar를 표시할 수 있습니다.

리듬 표기를 일반 음표로 바꿉니다. 노트를 선택하면
해당 마디만 바꿀 수 있습니다.

15 Auto Layout

레이아웃의 구성을 자동으로 적용할 수 있는 Auto Layout
창을 엽니다. 각각의 선택 옵션으로 적용할 레이아웃을 선택
하고, 목록에서 설정값을 수정할 수 있습니다.

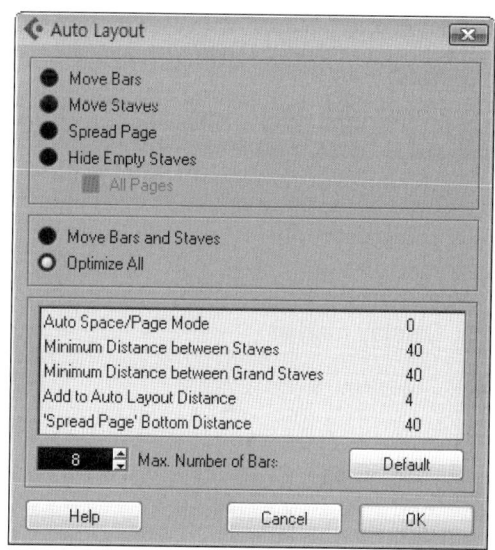

16 Reset Layout

Reset Layout은 악보의 레이아웃을 초기값으로 복구합니다.
Reset Layout 옵션 창에서 복구할 것들을 선택할 수 있으며,
This Staff로 작업 중인 악보를 초기화 하거나 All Staves로
모든 악보를 초기화 할 수 있습니다.

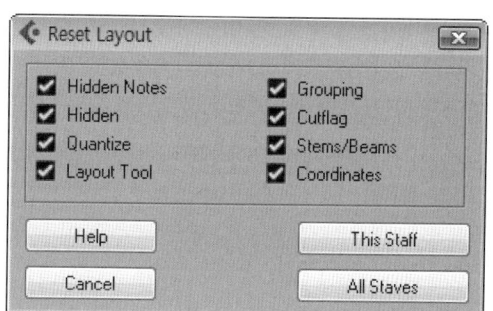

17 Advanced Layout

Advanced Layout에는 마디의 수를 결정하는 Numbers of Bars, 마커의 정보를 표시하는 Display Marker, 코드를 표시하는 Show Chord Track, 리허설 마크 입력을 위한 Marker Track to From의 4가지 서브 메뉴로 구성되어 있습니다.

 Numbers of Bars

Number of Bars 메뉴는 각 단에 표시할 마디의 수를 설정할 수 있는 Numbers of Bars 창을 엽니다. 창에서 원하는 마디 수를 입력하고, This Staff 버튼을 클릭하면, 선택한 보표에 적용할 수 있고, All Staves 버튼을 클릭하면, 전체 보표에 적용할 수 있습니다.

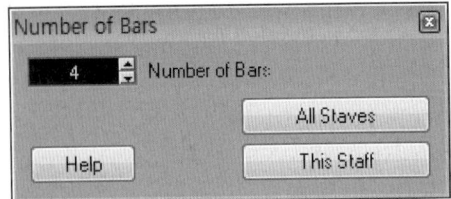

 Display marker

Display Marker 메뉴는 악보에 마커 정보를 표시합니다. 물론, 마커 정보가 입력되어 있어야 합니다.

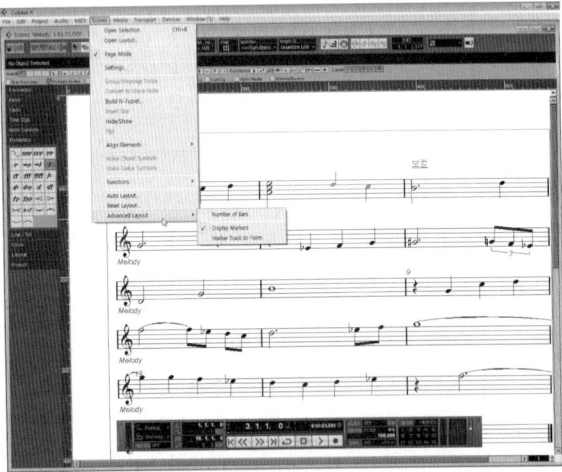

Show Chord Track

Show Chord Track 메뉴는 코드 트랙에 입력되어 있는 코드 네임을 스코어 창에 표시합니다.

코드 트랙

Marker Track to From

Marker Track to From 메뉴는 마커를 기준으로 악보에 리허설 마크를 입력합니다 리허설 마크는 밴드 연습을 할 때, 연주자 들간의 정보 교환을 목적으로 사용하는데, Marker Track to From 메뉴를 선택할 때 마다 마커의 정보를 새로 적용하며, 마우스 드래그로 수정 가능합니다.

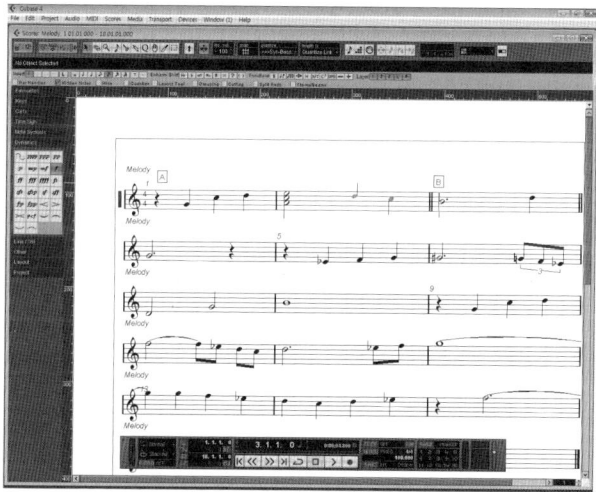

Media 메뉴

Chapter 07

Media 메뉴는 루프 사운드를 관리하는 Open 메뉴와 풀 창이 열려있을 경우에만 사용할 수 있는 것들로 구성되어 있습니다. 풀 창은 곡 작업을 할 때 사용하는 오디오, 비디오 등의 미디어 파일을 관리하는 창입니다. 미디어 파일을 체계적으로 관리하지 못할 경우에는 사용하지도 않는 미디어 파일 때문에 용량이 커지고, 시스템이 느려지는 현상을 경험할 수 있습니다. 능률적인 미디어 관리를 위해서 Pool 메뉴의 역할을 정확히 알아두는 것이 좋습니다.

1 Open Pool /MediaBay/Loop/Sound/Mini Browser

Open Pool Window 메뉴는 프로젝트에서 사용하는 미디어를 관리할 수 있는 풀 창을 열고, Open MediaBay, Loop Browser, Sound Browser, Mini Browser는 프로젝트에서 사용할 미디어를 관리하는 역할의 창을 엽니다. MediaBay, Loop Browser, Sound Browser, Mini Browser는 초기 패널의 구성만 다를뿐 모두 같은 역할입니다.

Pool Window

MediaBay

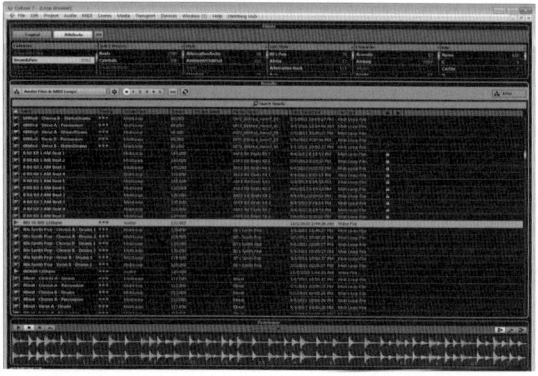

Loop Browser

Sound 및 Mini Browser

2 **Import Medium**

Import Medium 메뉴는 외부 오디오 파일을 풀 창에 등록할 수 있는 Import Medium 창을 여는 것으로, 풀 창의 Import 버튼과 동일합니다. Import Medium 창에는 연주와 볼륨을 조절할 수 있는 미리 듣기 관련 기능을 가지고 있으며, Auto Play 옵션을 체크하면 선택한 오디오 파일을 자동으로 재생하여 원하는 파일을 쉽게 찾을 수 있습니다.

3 **Import Audio CD**

Import Audio CD 메뉴는 오디오 CD에서 샘플을 불어올 수 있는 Import from Audio CD 창을 엽니다. Import from Audio CD 창은 File 메뉴의 Import-Audio CD를 선택했을 때 열리는 창과 동일합니다. 단, Pool 메뉴의 Import Audio CD는 프로젝트 창에 바로 등록하는 것이 아니라 풀 창에 먼저 등록한다는 차이점이 있습니다.

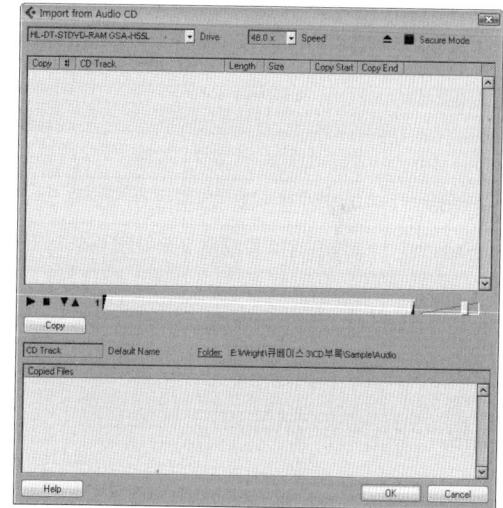

4 **Import Pool & Export Pool**

Export Pool 메뉴는 작업 중인 풀 창을 저장하는 것이고, Import Pool은 저장한 풀 창 파일을 불러오는 기능입니다. 큐베이스에서는 라이브러리 기능을 제공하고 있기 때문에 풀 창을 별도로 관리할 경우가 없을 것 같지만, 라이브러리는 샘플 파일만을 관리하는 용도로 사용하고, 풀 창은 프로세싱을 완료한 미디어 파일을 관리하는 용도로 사용하면 효과적입니다.

5 **Show in Explorer**

샘플이 저장되어 있는 위치를 윈도우 탐색기에서 엽니다. 프로젝트를 스튜디오로 이동할 일이 있을 때는 File 메뉴의 Back Up Project를 이용하거나 처음부터 하나의 폴더로 관리하는 습관을 갖는 것이 좋습니다. 외부 파일을 임포트할 때도 Copy File to Working Directory 옵션을 꼭 체크합니다.

6 Find Missing Files

Find Missing Files 메뉴는 미싱 파일을 찾는 기능입니다.
곡 작업을 할 때 사용하던 미디어 파일의 위치를 이동하여 풀
창에 등록한 경로에 없을 경우 파일을 없는 것으로 인식하는
파일을 말합니다. 미싱 파일은 폴더에서 삭제한 경우에도 같
은 창이 열리지만, 삭제한 파일을 찾을 방법이 없으므로 사용
할 수 없습니다.

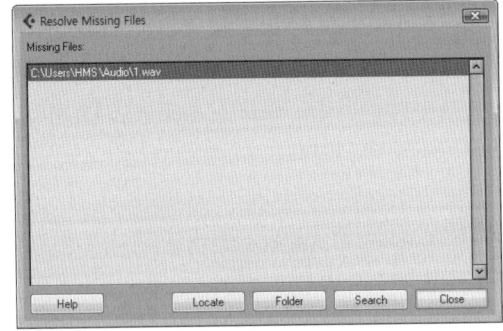

창의 각 버튼 기능은 다음과 같습니다.

버튼	설명
Locate	파일을 찾을 수 있게 Locate File 창을 엽니다.
Folder	파일이 있는 폴더를 찾을 수 있도록 Select directory 창을 엽니다.
Search	파일의 위치를 모를 경우 이름으로 찾을 수 있는 Search for file 창을 엽니다.
Close	Resolve Missing Files 창을 닫습니다.

7 Remove Missing Files

Remove Missing Files 메뉴는 찾을 수 없는 미싱 파일을 풀 창 목록에서 삭제하는 기능입니다. 이미 독자의 시스
템에서 삭제한 파일은 Find Missing Files 메뉴를 이용해서 찾을 수 없습니다. 찾을 수 없는 파일 정보가 풀 창에
남아있으면, 파일을 열 때 마다 Resolve Missing Files 창이 열립니다. 창을 보고 싶지 않다면, 미싱 파일 정보를
풀 창에서 삭제해야 합니다.

8 Reconstruct

Reconstruct 메뉴는 프로세싱 작업을 적용한 오디오 파일을
실수로 삭제했을 경우 복구하는 기능입니다. 하드를 정리하거
나, 작업한 음악을 백업하여 이동할 경우, 필요 없다고 생각하
여 의도적으로나 실수로 Edit 폴더에 있는 프로세싱 파일을
삭제하여 당황한 적이 있을 것입니다. 그러나 원본 파일이 남
아있다면, 복구할 수 있습니다. 원본 파일이 남아 있는 파일은
Status 칼럼에 reconstructible라는 문자가 표시가 있습니다.

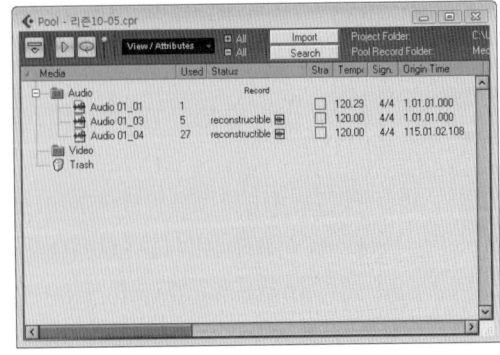

9 Convert Files

Convert Files 메뉴는 선택한 파일의 포맷을 변경할 수 있는 Convert Options 창을 엽니다. 오디오 파일의 포맷을 변경할 때 기억해야 할 것은, 낮은 샘플 포맷을 높은 샘플 포맷으로 변경한다고 해서 사운드가 좋아지지 않는다는 것입니다. 포맷을 바꾸는 목적은 높은 샘플 포맷을 낮추어 용량을 확보하는 용도로 사용하는 것이 현명합니다.

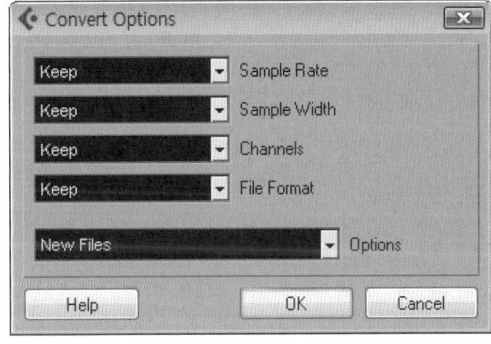

10 Conform Files

Conform File 메뉴는 작업중인 프로젝트 환경과 다른 포맷으로 만들어진 파일을 프로젝트의 환경과 일치하는 포맷으로 변경합니다. 외부 오디오 파일을 등록할 때, 작업 중인 프로젝트 환경의 포맷과 다른 포맷인 경우에는 컨버팅 여부를 묻는 창이 열립니다. 창에서는 포맷을 바꾸지 않았지만, 생각이 바뀌어 포맷을 변경하고 싶다면, Conform Files 메뉴를 이용합니다. Replace 버튼을 클릭하면 소스를 바꾸고, Keep 버튼을 누르면 소스는 바꾸지 않으며, Replace를 누른 경우에는 복구할 수 없다는 경고 창이 열립니다.

11 Write Attributes to File

편집한 Attribute 정보를 파일에 기록합니다. 새롭게 녹음한 오디오의 샘플이나 속성 정보를 변경한 샘플을 다른 프로젝트에서도 동일하게 사용하려면 Write Attributes to File를 선택하여 정보를 기록하는 것이 좋습니다.

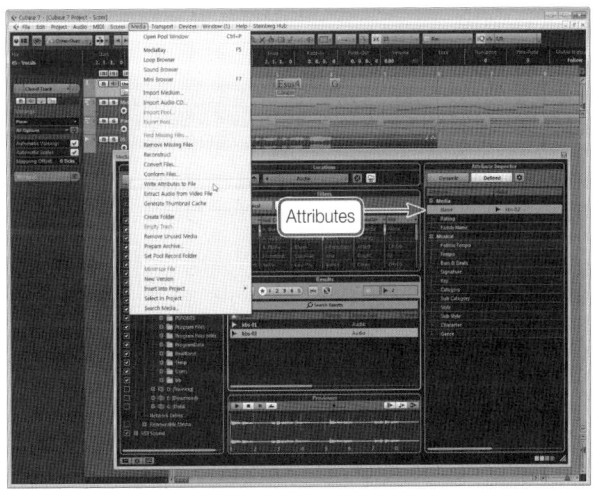

12 Extract Audio from Video File

Extract Audio from Video File 메뉴는 비디오 파일에서 오디오 사운드만을 추출하여 풀 창에 등록하는 기능입니다. File 메뉴의 Import–Audio from Video File과 같은 기능입니다. File 메뉴를 이용하면 프로젝트 창에 등록을 하고, Pool 메뉴를 이용하면 풀 창에 등록한다는 차이점만 있습니다.

13 Generate Thumbnail Cache

Generate Thumbnail Cache은 비디오 캐치 파일을 만드는 역할을 합니다. 영상 음악 작업을 위해서 비디오 파일의 임포팅 작업을 할 때, 시스템이 현저하게 느려지는 경험을 해본 독자가 있을 것입니다. 이때 임포팅한 영상 파일의 프레임을 캐치 파일로 기록하면, 보다 원활한 작업이 가능합니다.

14 Create Folder

Create Folder 메뉴는 풀 창에 새로운 폴더를 만듭니다. 새로 만드는 폴더는 Audio 또는 Video 폴더의 하위 폴더로 생성됩니다. 그러므로 작업 목적에 따라 이름뿐 아니라 관련 폴더를 구분하는 것이 좋겠습니다.

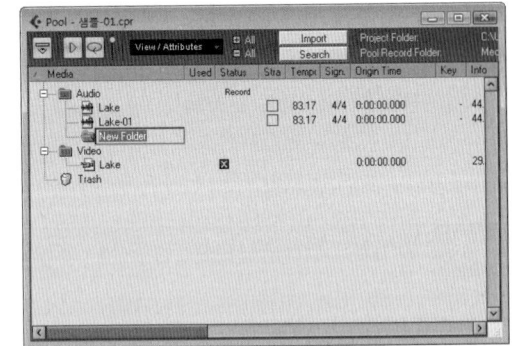

15 Empty Trash

Empty Trash 메뉴는 휴지통 폴더에 있는 파일을 제거합니다. 풀 창에서 원하는 폴더 또는 파일을 선택하고, Delete 키를 누르면, 이것을 휴지통에 보관할 것인지, 아주 삭제할 것인지를 묻는 창을 볼 수 있습니다. 이때 Trash 버튼을 클릭하여 휴지통으로 옮긴 파일들은 언제든지 필요할 때 복구할 수 있지만, 휴지통에 있는 파일들이 정말 필요 없다면 Empty Trash 메뉴를 이용해서 비울 수 있습니다.

16 Remove Unused Media

Remove Unused Media 메뉴는 프로젝트 창에서 사용하지 않는 파일을 풀 창에서 제거하는 기능입니다. 실제 음악 작업을 하다가 보면 프로젝트 창에서 사용하지 않는 파일들도 풀 창에 등록되어 파일의 용량만 크게 합니다. 그러므로 필요 없는 파일들은 제거하여 용량을 줄이는 것이 현명하며, 이때도 휴지통에 버릴 것인지 삭제할 것인지를 묻는 창이 열립니다.

17 Prepare Archive

Prepare Archive 메뉴는 풀 창에 등록한 미디어 파일들을 작업 중인 프로젝트의 Audio 폴더에 한꺼번에 복사합니다. 작업을 하다 보면 여러 개의 폴더에서 파일을 가져다가 사용하게 됩니다. 이때 임포팅하는 파일을 작업중인 프로젝트 폴더에 복사할 것인지를 묻지만, 이것을 무시한 경우에는 완성한 음악을 다른 작업실로 옮길 때 빼먹을 수 있습니다. 이런 실수를 예방할 수 있는 기능이 Prepare Archive 입니다.

18 Set Pool Record Folder

Set Pool Record Folder 메뉴는 선택한 폴더를 녹음 폴더로 지정합니다. 프로젝트 창에서 녹음하는 오디오 파일은 풀 창의 Status 칼럼에 Record라고 표시한 폴더에 등록합니다. 독자가 녹음하는 오디오 파일을 별도로 관리하고 싶은 폴더를 만들었다면, Set Pool Record Folder 메뉴를 이용해서 선택해야 합니다.

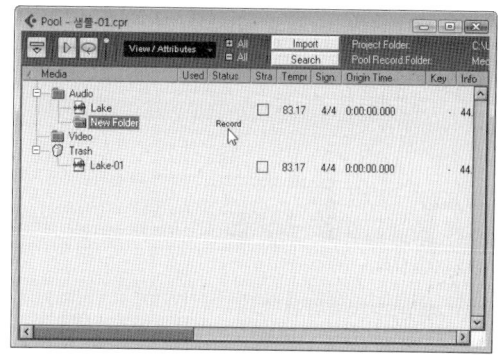

19 Minimize File

Minimize File 메뉴는 프로젝트 창에서 사용하는 범위만 남기고 나머지는 삭제하는 기능입니다. 작업을 완료한 음악을 백업할 때 가장 큰 문제는 용량입니다. 물론 USB 메모리가 보급화 되어 있는 시대에 큰 문제가 되지 않는다고 할 독자도 있겠지만, 용량 문제에 난처한 경우는 흔하게 있는 일입니다. 그러므로 프로젝트 창에서 사용하고 있지 않는 범위는 삭제할 필요가 있습니다.

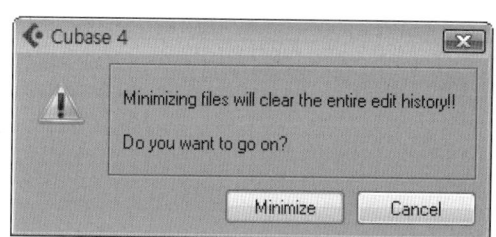

20 New Version

New Version 메뉴는 선택한 미디어 파일을 복사합니다. 큐베이스와 누엔도에서 제공하는 프로세싱 작업은 원본을 변경하지 않습니다. 그러나 옵션 설정에 따라 원본을 변경하는 작업을 할 수 있습니다. 변경한 프로세싱을 적용할 때 원본을 보존하고 싶다면, New Version 메뉴를 이용해서 복사합니다.

21 Insert into Project

Insert into Project 메뉴는 풀 창에서 선택한 파일을 프로젝트 창에 등록하는 역할의 3가지 서브 메뉴가 있습니다. At Curosr는 송 포지션 라인 위치에 등록하며, At Left Locattor는 로케이터 시작 위치, Origin Time은 파일이 처음 만들어진 위치에 등록합니다. 물론 마우스 드래그로 입력하는 것이 편하다면, 군이 메뉴를 이용할 필요는 없습니다.

22 Select in Project

Select in Project 메뉴는 선택한 미디어 파일을 프로젝트 창의 어느 부분에서 사용하고 있는지 찾습니다. 풀 창의 Used 칼럼에는 프로젝트 창에서 사용하고 있는 미디어의 횟수를 표시하고 있습니다. Used 칼럼에 5라는 표시는 동일한 미디어를 프로젝트 창에서 5번 사용하고 있다는 것입니다. 각각 어느 위치에서 사용하고 있는지 알고 싶을 때 사용하는 메뉴입니다.

23 Search Media

Pool 메뉴의 마지막인 Search Media는 독자의 시스템에서 원하는 미디어 파일을 찾을 때 사용합니다. 곡 작업을 하다가 보면 수 많은 미디어 파일을 등록하여 사용하게 됩니다. 이때 자신이 원하는 미디어 파일을 간단하게 찾을 수 있는 Search Media 메뉴의 기능을 알아두면, 파일을 보다 손쉽게 찾을 수 있습니다.

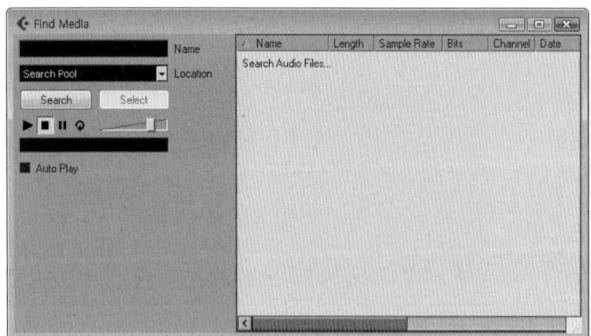

Transfort 메뉴

08
Chapter

트랜스포트 메뉴는 트랜스포트 패널에서 살펴보았던 컨트롤 기능과 동일합니다. 각 메뉴의 오른쪽에는 단축키가 표시되어 있으므로, 생각나지 않을 때 마다 확인하는 수고를 하더라도 컨트롤 기능만큼은 단축키를 이용하는 습관을 갖길 바랍니다.

1 Transport Panel

트랜스포트 패널을 열거나 닫는 메뉴입니다. Transport Panel 메뉴를 선택하여 체크 표시를 해제하면 닫고, 또 다시 선택하여 체크 표시를 하면 열립니다. 메뉴 보다는 단축키 F2를 사용합니다.

2 Transport

트랜스포트 컨트롤 기능을 수행하는 서브 메뉴로 구성되어 있습니다. 메뉴를 확인하는 번거로움이 있더라도 단축키 이용 습관을 들이기 바랍니다.

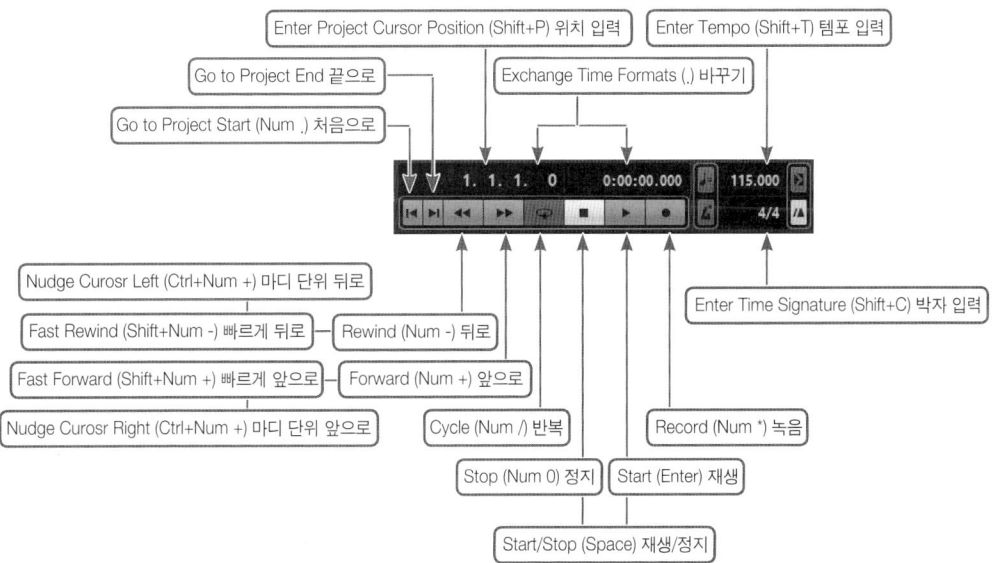

3 Locators

로케이터 구간의 컨트롤 기능을 담당하는 서브 메뉴로 구성되어 있습니다.

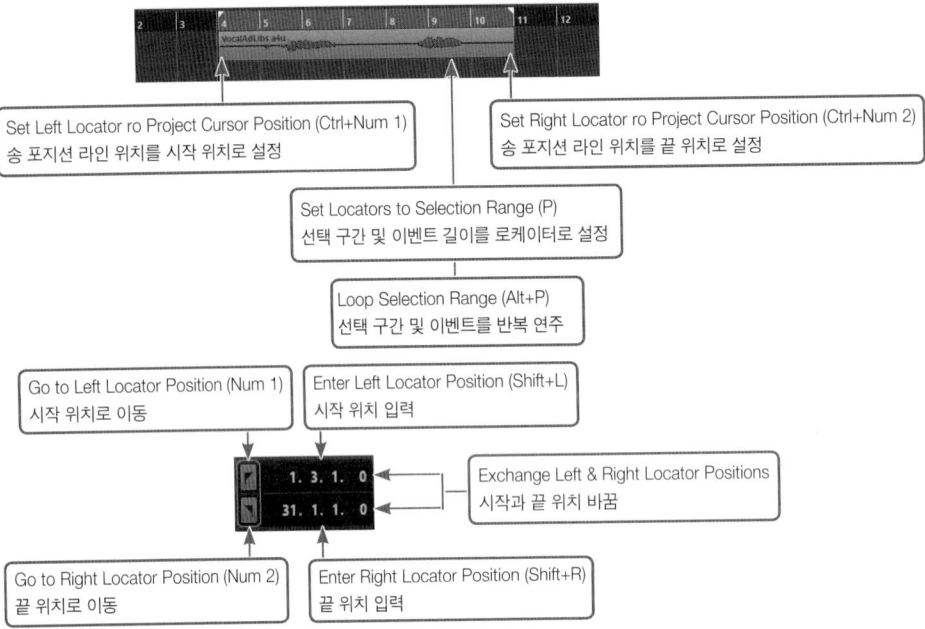

Set Left Locator ro Project Cursor Position (Ctrl+Num 1)
송 포지션 라인 위치를 시작 위치로 설정

Set Right Locator ro Project Cursor Position (Ctrl+Num 2)
송 포지션 라인 위치를 끝 위치로 설정

Set Locators to Selection Range (P)
선택 구간 및 이벤트 길이를 로케이터로 설정

Loop Selection Range (Alt+P)
선택 구간 및 이벤트를 반복 연주

Go to Left Locator Position (Num 1)
시작 위치로 이동

Enter Left Locator Position (Shift+L)
시작 위치 입력

Exchange Left & Right Locator Positions
시작과 끝 위치 바꿈

Go to Right Locator Position (Num 2)
끝 위치로 이동

Enter Right Locator Position (Shift+R)
끝 위치 입력

4 Punch Point

펀치 구간의 컨트롤 기능을 담당하는 서브 메뉴로 구성되어 있습니다.

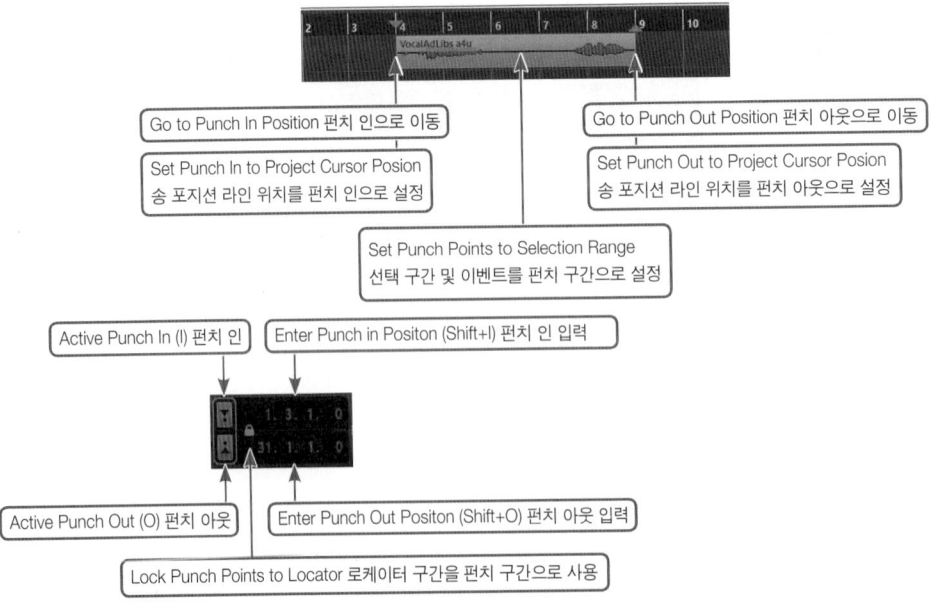

Go to Punch In Position 펀치 인으로 이동

Go to Punch Out Position 펀치 아웃으로 이동

Set Punch In to Project Cursor Posion
송 포지션 라인 위치를 펀치 인으로 설정

Set Punch Out to Project Cursor Posion
송 포지션 라인 위치를 펀치 아웃으로 설정

Set Punch Points to Selection Range
선택 구간 및 이벤트를 펀치 구간으로 설정

Active Punch In (I) 펀치 인

Enter Punch in Positon (Shift+I) 펀치 인 입력

Active Punch Out (O) 펀치 아웃

Enter Punch Out Positon (Shift+O) 펀치 아웃 입력

Lock Punch Points to Locator 로케이터 구간을 펀치 구간으로 사용

5 Set Project Cursor Position

송 포지션 라인을 어디로 이동시킬 것인지에 대한 서브 메뉴로 구성되어 있습니다.

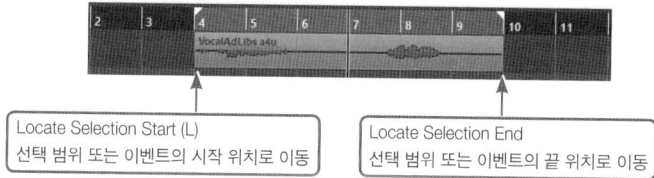

Locate Selection Start (L)
선택 범위 또는 이벤트의 시작 위치로 이동

Locate Selection End
선택 범위 또는 이벤트의 끝 위치로 이동

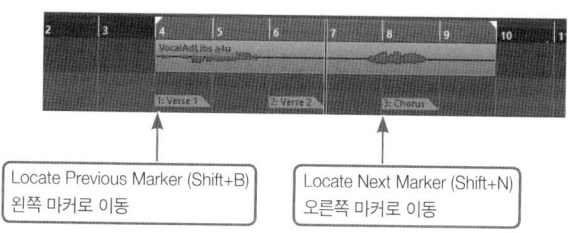

Locate Previous Marker (Shift+B)
왼쪽 마커로 이동

Locate Next Marker (Shift+N)
오른쪽 마커로 이동

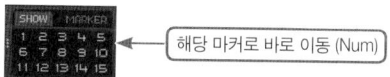

해당 마커로 바로 이동 (Num)

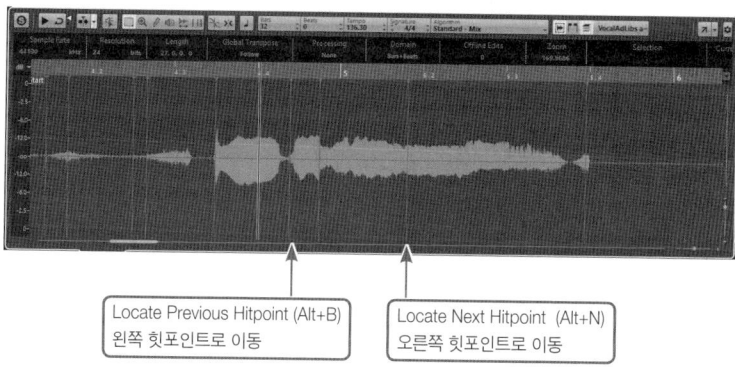

Locate Previous Hitpoint (Alt+B)
왼쪽 힛포인트로 이동

Locate Next Hitpoint (Alt+N)
오른쪽 힛포인트로 이동

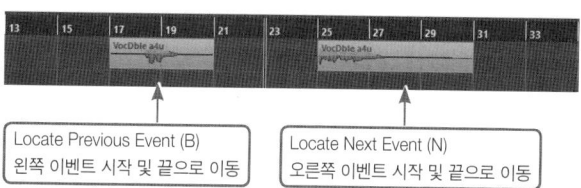

Locate Previous Event (B)
왼쪽 이벤트 시작 및 끝으로 이동

Locate Next Event (N)
오른쪽 이벤트 시작 및 끝으로 이동

6 Play Project Range

선택 범위 또는 이벤트의 재생에 관한 서브 메뉴로 구성되어 있습니다.

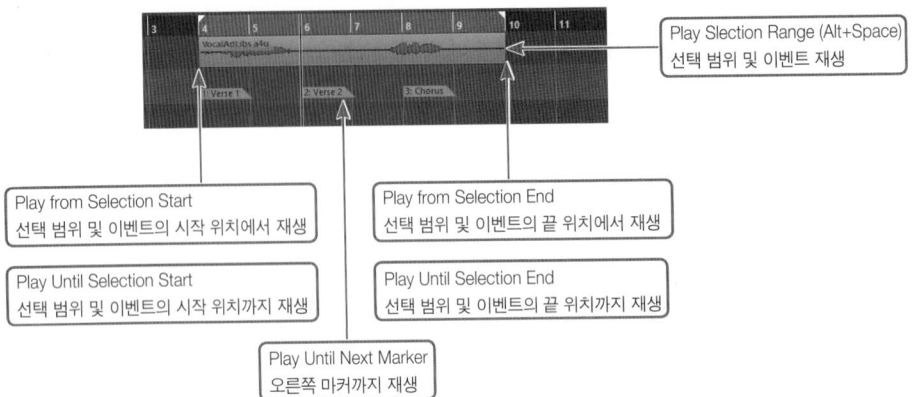

Play Slection Range (Alt+Space)
선택 범위 및 이벤트 재생

Play from Selection Start
선택 범위 및 이벤트의 시작 위치에서 재생

Play from Selection End
선택 범위 및 이벤트의 끝 위치에서 재생

Play Until Selection Start
선택 범위 및 이벤트의 시작 위치까지 재생

Play Until Selection End
선택 범위 및 이벤트의 끝 위치까지 재생

Play Until Next Marker
오른쪽 마커까지 재생

7 Pre-roll & Post-roll

프리-롤과 포스트-롤을 컨트롤 하는 서브 메뉴로 구성되어 있습니다.

Pre-roll to Selection Start
선택 범위 및 이벤트의 시작 위치까지 Pre-roll

Pre-roll to Selection Start
선택 범위 및 이벤트의 끝 위치까지 Pre-roll

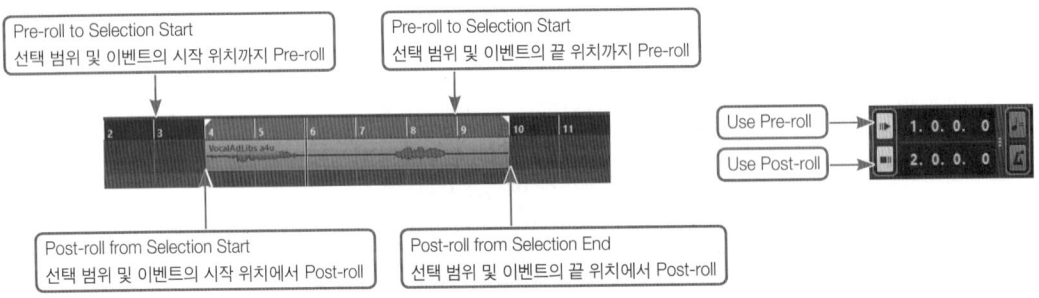

Use Pre-roll

Use Post-roll

Post-roll from Selection Start
선택 범위 및 이벤트의 시작 위치에서 Post-roll

Post-roll from Selection End
선택 범위 및 이벤트의 끝 위치에서 Post-roll

8 Use Tempo Track

큐베이스의 템포는 Fixed와 Track의 두 가지 모드를 지원하며, 이 메뉴를 선택하여 체크 표시를 하면 Track 모드로 동작합니다. 메뉴 보다는 트랜스포트의 템포 버튼을 이용합니다.

템포 버튼

9 Record Mode

녹음 방식을 결정하는 Common Record Modes, Audio Record Mode, MIDI Record Mode, MIDI Cycle Record Mode의 4가지 모드 메뉴가 있습니다. 모두 트랜스포트 패널에서 선택할 수 있습니다.

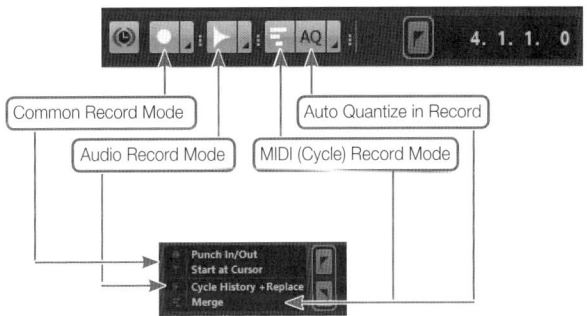

10 Retrospective Record

Retrospective Record는 연주하는 미디 이벤트를 기록합니다. 미디 녹음을 할 때 녹음 버튼 기능이 Off되어 있어서, 열심히 연주한 것이 녹음되지 않았던 경험이 있을 것입니다. Retrospective Record 메뉴를 기억해 두면, 이제는 더 이상 아까운 연주를 놓치지 않을 수 있습니다.

11 Metronome Setup

녹음을 할 때 가이드로 사용하는 메트로놈의 소리를 설정할 수 있는 Metronome Setup 창을 엽니다. 댄스 음악을 작업할 경우 대부분의 뮤지션들은 드럼 루프 샘플을 깔아놓고 작업을 하기 때문에 사용 빈도가 높지 않을 것 같지만, 피아노 또는 바이올린 등의 악기를 전공한 학생의 경우에는 메트로놈 소리를 더욱 선호합니다.

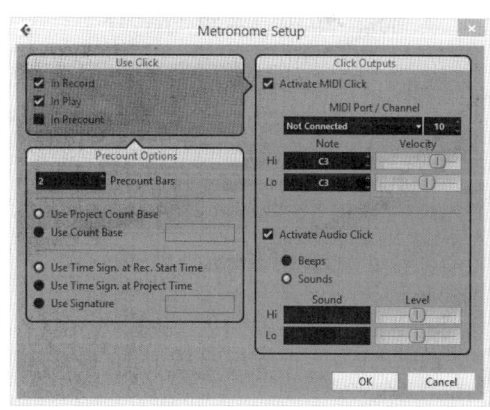

Use Click

Use Click 항목에는 메트로놈을 녹음할 때 사용할 것인지 연주할 때 사용할 것인지를 선택할 수 있는 in Record와 in Play 옵션, 그리고 카운트의 사용 여부를 선택하는 In Precount가 있습니다.

Precount Options

Precount Options 항목은 녹음 버튼을 클릭할 때 바로 녹음을 시작하지 않고, 미리 몇 마디의 메트로놈 소리를 들려줄 것인지를 설정할 수 있는 Precount Bars 옵션이 있습니다. 그리고 Use Project Count Base를 선택하면 프리카운트를 트랜스포트의 Tempo 항목에서 설정한 비트에 맞추어주고, Use Count Base는 창에서 설정한 비트에 맞춥니다. 단, 이것은 트랜스포트 패널의 프리카운트 버튼이 On인 경우에만 작동합니다.

 Activate MID Click

Activate Midi Click 옵션을 선택하여 체크 표시를 하면 독자의 컴퓨터에 연결한 미디 악기에서 메트로놈 소리를 사용하겠다는 의미입니다. 각 옵션은 다음과 같습니다.

1. MIDI Port /Channel
메트로놈 사운드로 사용할 악기가 연결된 미디 포트와 채널을 선택합니다. GM/GS악기의 경우 드럼 채널이 10번이므로 기본값이 10번으로 되어있습니다.

2. High Note / Velocity
메트로놈 사운드 첫 박자에 해당하는 노트와 세기를 설정합니다. GM/GS악기의 경우 C3는 High Bongo 소리 입니다. 이것을 base Drums 소리로 바꾸고 싶다면 C1으로 설정합니다.

3. Low Note / Velocity
메트로놈 전체 사운드에 해당하는 노트와 세기를 설정합니다. GM/GS의 경우 Hi-Hat 소리를 사용하고 싶다면 F#1으로 설정합니다.

 Activate Audio Click

Activate Audio Click 옵션을 선택하여 체크 표시를 하면 독자의 컴퓨터에 장착한 사운드 카드 또는 오디오 카드 Out으로 메트로놈 소리를 사용하겠다는 의미입니다. 여기에는 메트로놈 사운드를 비프(Beeps)음으로 사용할 것인지 사운드 파일(Sounds)를 사용할 것인지를 선택할 수 있고, Pitch와 Level에서 Hi와 Lo의 음정 및 볼륨을 조절할 수 있습니다.

12 Use Metronome

메트로놈 기능을 On/Off 합니다. 메뉴 보다는 트랜스포트의 메트로놈 버튼 또는 단축키 C를 이용합니다.

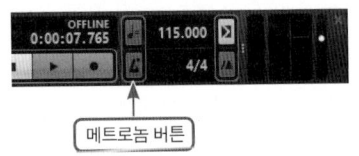

메트로놈 버튼

13 Project Synchronization Setup

Project Synchronization Setup은 외부 장비와 큐베이스의
동기 설정을 할 수 있는 창을 열어줍니다. 트랜스포트 패널의
Sync 버튼을 Ctrl 키를 누른 상태로 클릭하여 열 수 있습니
다. 동기란 큐베이스 및 누엔도와 외부 장비를 동시에 컨트롤
할 수 있도록 하는 것을 말합니다. 여기서 동기 조정을 하는
쪽을 마스터라 하고, 동기되는 쪽은 슬레이브라고 합니다. 예
를 들어 외부 장비의 재생 버튼을 눌렀을 때 큐베이스와 누엔
도가 함께 재생된다면, 외부 장비가 마스터이고, 큐베이스가
슬레이브 입니다. 큐베이스와 누엔도는 마스터와 스레이브 역
할을 모두 할 수 있습니다.

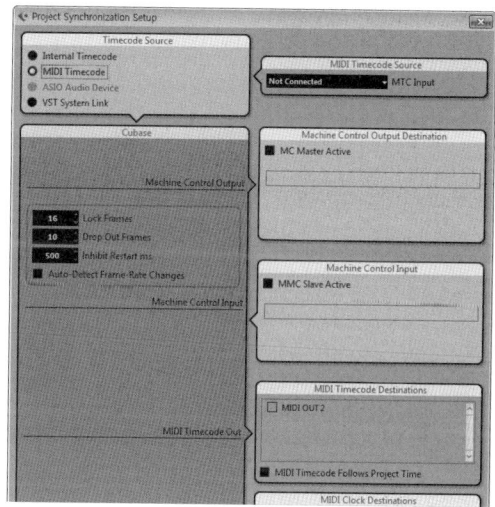

창의 각 섹션은 다음과 같은 역할을 합니다.

섹션	설명
Timecode Source	큐베이스와 누엔도의 동조 방식을 선택합니다.
Midi Timecode Source	Midi timecode를 선택했을 때의 입력 포트를 선택합니다.
Cubase	Lock Frames는 동기 신호의 제한 값을 설정하며, Drop Out Frames은 동기 신호를 놓쳤을 때의 허용 값을 설정합니다. 그리고 Inhibit Restart ms는 동기 신호의 재시작 타임을 설정합니다.
MIDI Machine Control In/Out	Master machine Control Device와 MIDI Maschine Control Slave에서 외부 컨트롤러를 연결한 미디 포트의 In/Out을 선택합니다.
MIDI Timecode Destinations	미디 타임 코드를 전송할 포트를 선택합니다. 연주 위치를 변경할 때도 신호가 출력되도록 하려면, MIDI Timecode Follows Project time 옵션을 체크합니다.
Midi Clock Destiantions	미디 클락 신호를 전송할 포트를 선택합니다. 연주 위치를 변경할 때도 신호가 출력되도록 하려면, MIDI Clock Follows Project Posion 옵션을 체크하고, 시작 신호가 계속 전송되게 하려면, Always Send Start Message 옵션을 체크합니다.

14 Use External Synchronization

외부 장비와의 동기 기능을 On 합니다. Project Synchronization Setup
창에서 설정한 값에 따라 큐베이스가 마스터 또는 슬레이브로 동작합니다.
개인 사용자의 경우에는 거의 사용할 일이 없지만, 포스트 스튜디오에서 자
주 사용하기 때문에 트랜스포트 패널에 Sync 버튼을 제공하고 있습니다.

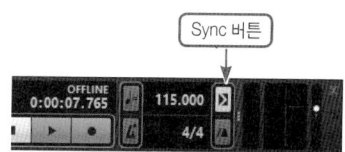

Devices 메뉴

미디 또는 오디오 입/출력을 관리할 수 있는 메뉴들로 구성되어 있습니다. Devices 메뉴는 음악 작업 환경과 밀접한 관계가 있고, 큐베이스와 누엔도에서 발생하는 대부분의 문제점들을 해결할 수 있는 핵심입니다. 디바이스 메뉴 학습을 확실히 하여 큐베이스와 누엔도에서 발생하는 여러 가지 문제점을 스스로 해결할 수 있길 바랍니다.

1 Control Room Mixer

Control Room Mixer는 오디오 인터페이스만으로 스튜디오의 컨트롤 믹서를 구현합니다. 엔지니어는 스튜디오 콘솔 앞에서 앉아서 부스 안의 가수나 연주자와 얘기를 나눠야하고, 각종 입/출력 사운드를 컨트롤 할 수 있어야 하는데, 이러한 역할의 핵심적인 장비가 콘솔입니다. 그러나 그 가격이 상상을 초월하기 때문에 개인 사용자가 갖추기에는 무리가 있습니다. 큐베이스와 누엔도는 오디오 인터페이스만으로 스튜디오의 컨트롤 믹서를 구현할 수 있는 Control Room Mixer를 제공하며, 메뉴를 이용해서 단독 창으로 열거나 MixConsol에서 이용할 수 있습니다.

2 Control Room Overview

Control Room Overview는 컨트롤 룸 믹서의 언결 경로를 확인하거나 변경할 수 있는 역할을 합니다. 컨트롤 룸 믹서 환경을 꾸미기 위해서는 입/출력에 해당하는 장비들 외에 각각의 장치를 연결하는 케이블 작업이 필요한데, 이것을 시뮬레이션 하는 것이 Control Room Overview 인데, 단순히 배선도를 확인하는 것 외에도 On/Off 버튼을 이용하여 경로를 변경할 수 있습니다.

Generic Remote

미디 컨트롤러를 선택할 수 있는 패널을 엽니다. 메뉴 이름은 Device Setup 창에서 설정한 Remote Deivces 목록에 따라 달라집니다. Generic Remote를 설정한 경우에는 Generic Remote 메뉴가 보이며, Yamaha DM 2000을 설정한 경우에는 Yamaha DM 2000이라는 메뉴가 보입니다. 메뉴는 알파벳 순서로 정렬되므로, 설정 디바이스에 따라 순서도 달라지므로, 착오없길 바랍니다.

4 MIDI Device Manager

MIDI Device Manager 메뉴는 미디 입/출력 경로를 설정하여 독자가 사용하는 악기의 프로그램 리스트를 만들거나 각 뱅크의 채널을 설정할 수 있습니다. 이미 MIDI Device 파일을 적용하는 방법은 살펴보았으므로 독자가 직접 MIDI Device 파일을 만드는 방법을 살펴보겠습니다.

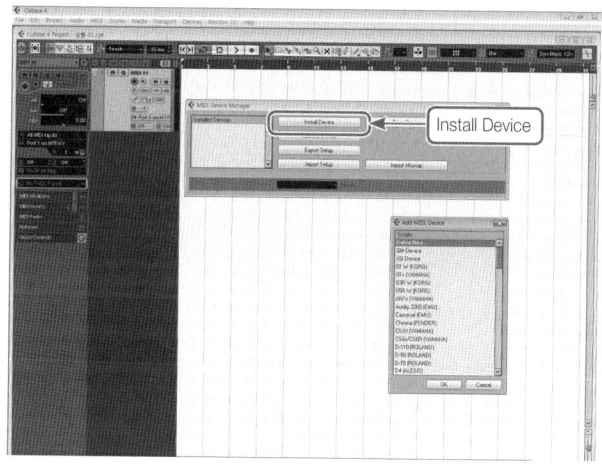

01 MIDI Devices manager 에서 Install Device 버튼을 클릭하여 Add MIDI Device 창을 열고, 자신이 사용하는 악기 이름을 선택합니다. 자신이 사용하는 악기가 없다면, Define New 을 선택하고, OK 버튼을 클릭합니다.

🎧 **가정교사**

실습에서는 Define New를 선택하여 새로운 악기 리스트를 만들고 있지만, 실제로는 GM Device나 비슷한 계열의 악기를 선택하여 편집하는 것이 편리합니다.

02 Create New MIDI Device 창이 열립니다. 독자가 가지고 있는 악기의 이름을 입력하고, OK 버튼을 클릭합니다. 필요하다면, 사용할 채널과 환경을 설정합니다. 이것은 File 메뉴의 Preference에서 살펴본 내용입니다.

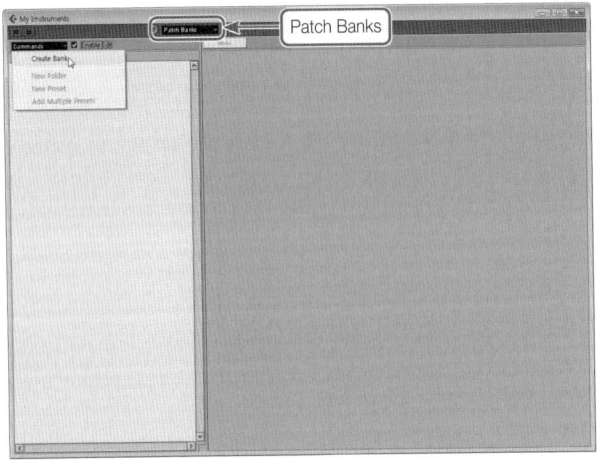

03 Patch Banks를 선택하고, Enable Edit 옵션을 체크하여 프로그램 리스트를 편집할 수 있는 상태로 만듭니다. 그리고 목록에서 Create Bank를 선택하여 뱅크를 만듭니다.

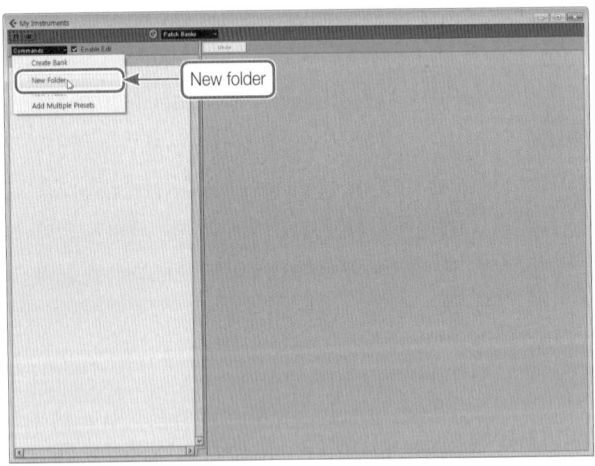

04 새로 만든 New Bank를 더블 클릭하여 이름을 변경하고, 목록을 클릭하여 New Folder를 선택합니다. 뱅크와 폴더의 이름은 독자가 사용하는 악기 메뉴얼을 참조하여 입력하는 것이 좋습니다.

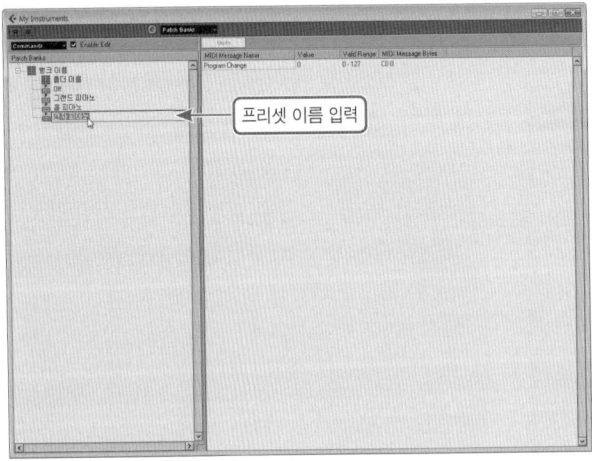

05 목록에서 New Preset을 선택하여 프리셋을 만들고, 악기 이름으로 변경합니다. New Preset을 계속 추가하여 악기를 하나씩 만들거나 Add Multiple Presets을 선택하여 128개를 한번에 만들 수 있습니다.

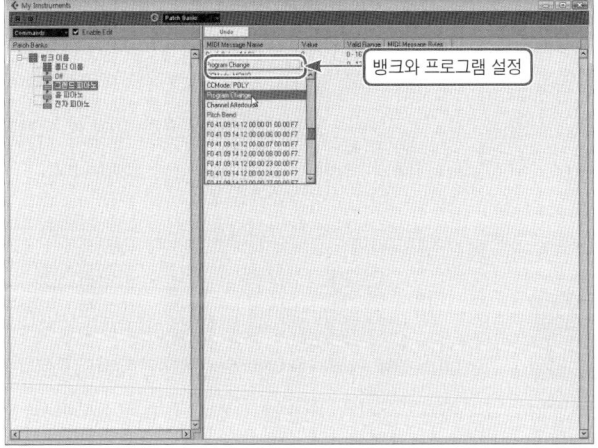

06 프리셋을 선택하고, 우측의 MIDI Message Name에서 뱅크 번호와 프로그램 번호를 설정합니다. Value 에서는 값을 입력합니다. 이것은 악기 메뉴얼을 참조해서 정확히 입력해야 합니다.

뱅크와 프로그램 설정

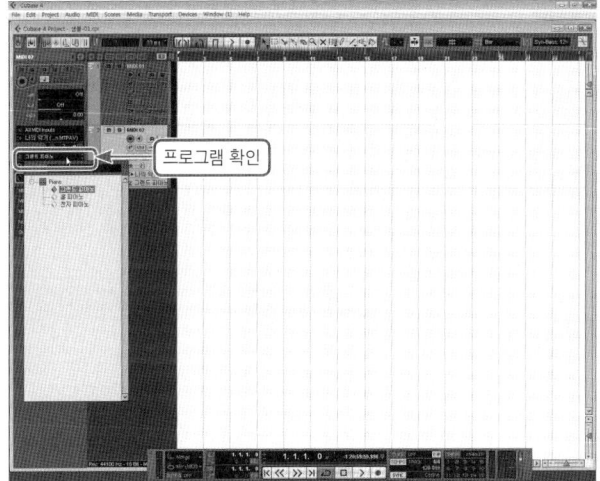

프로그램 확인

07 프리셋을 만들고, 뱅크와 프로그램 번호를 설정하는 과정을 반복하여 큐베이스용 패치를 완성합니다. 그리고 인스펙터 창에서 확인을 해보고, MIDI Device manger 창의 Export Setup 버튼을 클릭하여 XML 파일로 저장합니다.

😊 가정교사

국내에는 독자와 똑 같은 악기를 사용하고 있는 사용자가 의외로 많습니다. 자신이 만든 악기 리스트 파일을 인터넷 자료실에 올려 나누는 기쁨을 누려보기 바랍니다.

MMC는 MIDI Machine Control의 약자로 MMC를 지원하는 장비를 사용하고 있다면, 큐베이스와 누엔도에서 컨트롤 할 수 있는 역할을 합니다. 일반인이 별도의 MTR을 사용하고 있는 경우는 드물겠지만, 나중을 위해서 MMC를 지원하는 MTR을 사용하고 있다는 가정하고 MMC Master 컨트롤을 사용하기 위한 설정 방법을 살펴보겠습니다.

Sync 버튼

01 MTR을 미디 인터페이스에 연결합니다. 양 방향 송신이 이루어져야 하므로, In/Out 포트 모두 연결합니다. 그리고 트랜스포트 패널의 SYNC 버튼을 Ctrl 키를 누른 상태에서 클릭합니다.

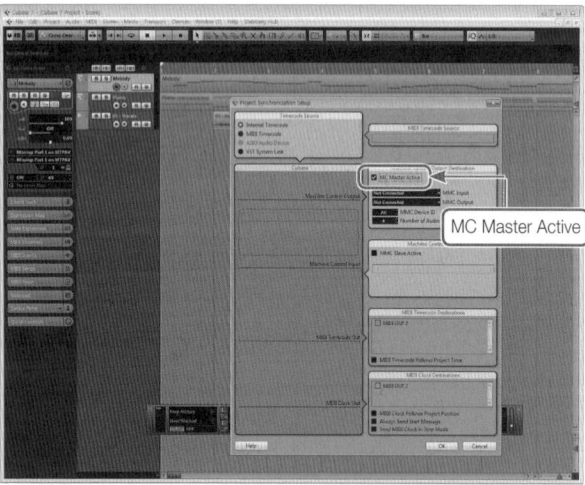

MC Master Active

02 Project Synchronization Setup 창이 열립니다. MC Master Active 옵션을 체크하고, MTR을 연결한 미디 인/아웃 포트와 MTR의 Device ID 및 Tracks 수를 선택합니다. 한 대의 MTR을 사용하고 있다면, All을 선택합니다.

03 필요하다면, Project 메뉴의 Project
Setup을 선택하여 창을 열고, Start 타
임과 Display Offset 값을 설정합니다. 처음부
터 동기 시키겠다면, 이 부분은 필요 없습니다.
그 밖에 MTR 설정은 제품마다 차이가 있으므
로, 해당 메뉴얼을 참조합니다.

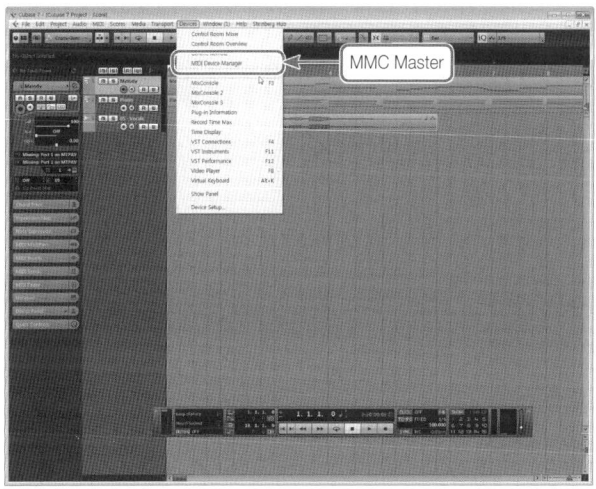

04 트랜스포트 패널의 SYNC 버튼을 On
으로 하면 MTR을 큐베이스와 누엔도
에서 컨트롤할 수 있습니다. 여기까지 기존의
방식입니다. 새로 추가된 MMC Master 을 선택
하여 패널을 엽니다.

05 ONLINE 버튼을 클릭하여 ON으로 놓
으면, 외부 MTR를 컨트롤할 수 있습니
다. 왼쪽에는 녹음 트랙을 선택할 수 있는 번호
와 VTR 장치 디바이스를 선택할 수 있는 A1,
A2, TC, VD의 버튼이 있습니다.

6 MixConsol

큐베이스는 프로젝트 로우 존에 믹스콘솔을 여는 MixConsole Lower Zone과 독립창으로 열 수 있는 3개의 MixConsold을 제공합니다. 이것은 서로 다른 기능을 하는 것이 아니고, 각 창별로 서로 다른 타입의 트랙들을 열어 놓고, 작업할 수 있도록 한 것입니다.

▲ 로우 존에 믹스콘솔을 연 모습

▲ 믹스콘솔을 독립창으로 연 모습

7 Plug-In Information

MIDI Plug-ins, Audio-Codec Plug-ins, Program Plug-ins, Project Import-Ixport Ilug-ins, Virtual File System Plug-ins 정보를 확인할 수 있습니다. 간혹 문제가 되는 플러그-인은 프로그램을 실행할 때 에러가 발생합니다. 이때 해당 플러그-인을 삭제하는 것이 좋지만, 여의치 않은 경우에는 Information 창에서 해당 플러 그-인의 체크 옵션을 해제합니다.

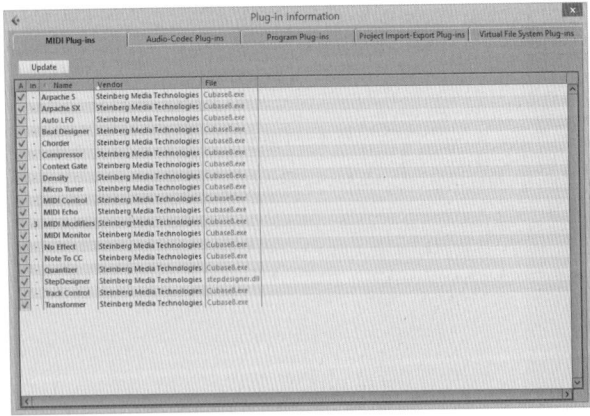

8 Plug-In Manager

Plug-in Manager는 컴퓨터에 설치한 VST Effects와 Instruments를 관리합니다. 대부분의 플러그-인은 설치를 할 때 큐베이스와 누엔도의 Vstplugins 폴더에 자동으로 설치가 되지만, 그렇지 않은 경우도 있고, 여러 가지 음악 프로그램을 사용하고 있는 독자들의 경우에는 플러그-인을 따로 관리하는 폴더를 만들어 사용하는 경우도 있습니다. 이때 해당 플러그-인들이 설치되어 있는 폴더를 알려줘야 큐베이스와 누엔도에서 사용할 수 있는데, 이러한 관리 역시 Plug-in Manager에서 합니다.

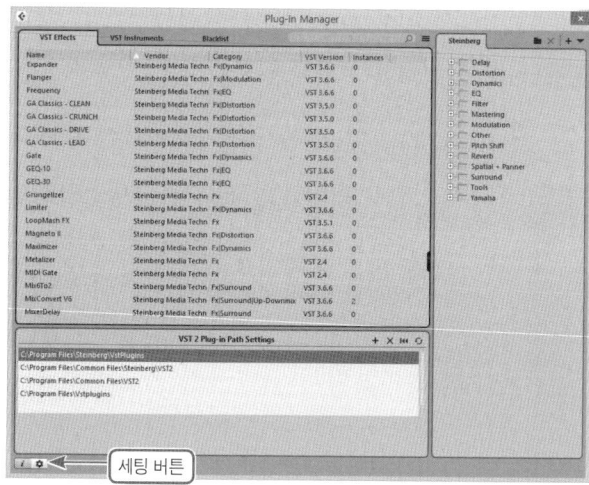

세팅 버튼

01 사용자가 새로 설치한 VST를 Insert 및 Instrument 목록에서 볼 수 없다면 폴더 지정이 되어 있지 않은 경우입니다. Plug-In Manager의 세팅 버튼을 눌러 확인합니다.

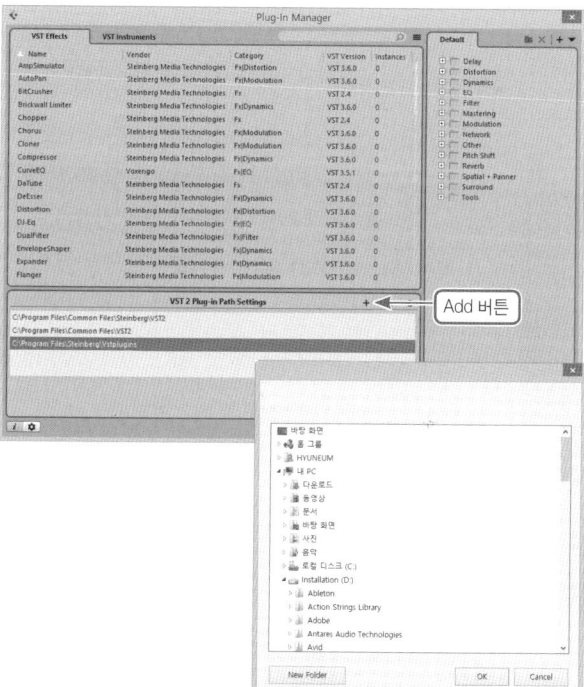

Add 버튼

02 목록에 새로 설치한 VST 폴더 경로가 없는 것을 확인했다면 Add 버튼을 클릭하여 창을 열고, 새로 설치한 VST 폴더를 지정합니다.

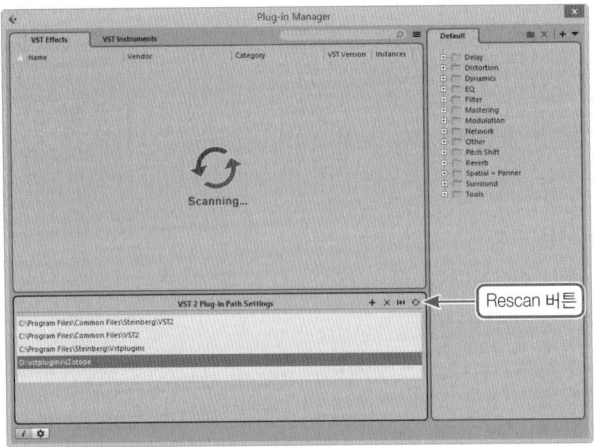

03 Rescan 버튼을 클릭하여 추가한 폴더의 VST를 큐베이스에 인식시킵니다. 검색된 VST 수를 알려주는 창은 OK 버튼을 클릭하여 닫습니다.

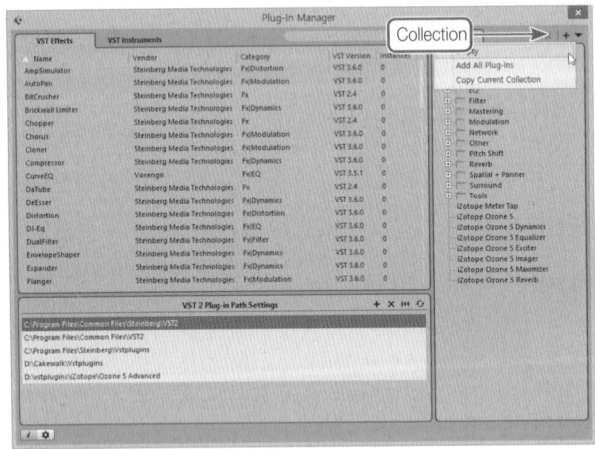

04 추가된 VST를 폴더 또는 콜렉션 단위로 관리할 수 있습니다. 콜렉션 단위로 관리를 하겠다면 + 기호의 Collection 버튼을 클릭하여 메뉴를 열고, Empty를 선택하여 빈 콜렉션을 만듭니다.

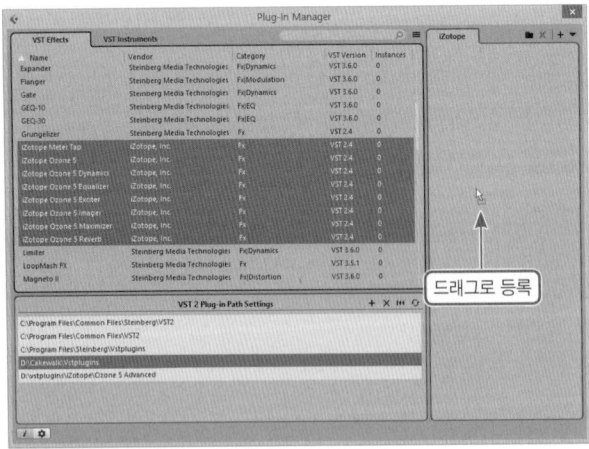

05 VST 목록에서 새로 추가한 플러그-인을 Shift 키를 이용해서 모두 선택하고, 새로 만든 콜렉션으로 드래그하여 등록합니다.

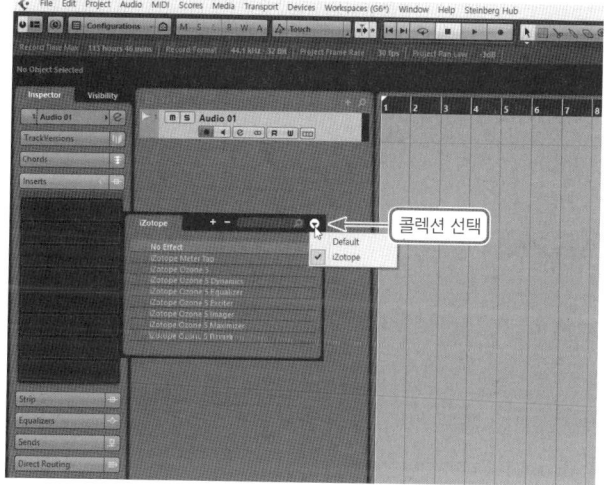

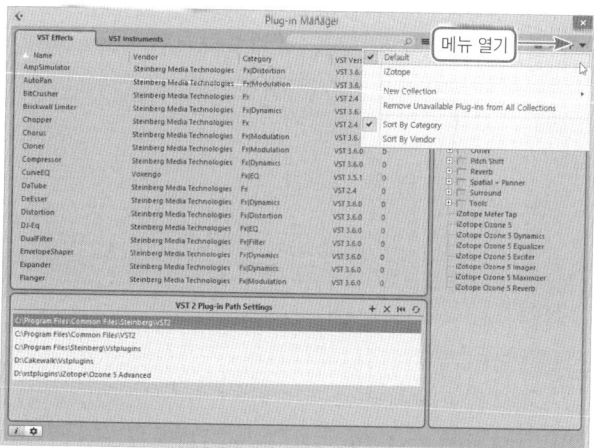

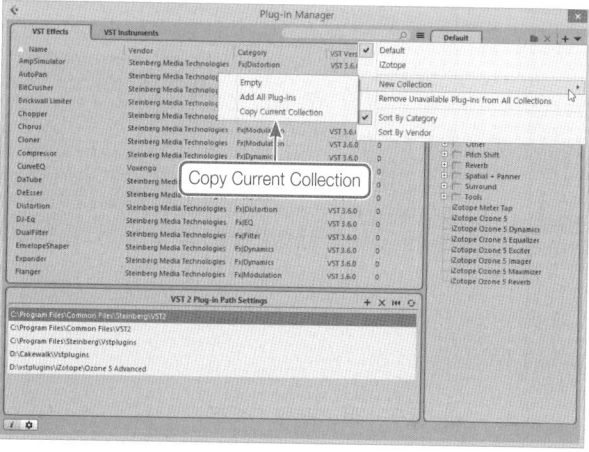

06 콜렉션으로 등록을 하면, Insert 창의 플러그-인 목록에서 해당 콜렉션을 선택하여 표시할 수 있습니다. 많은 VST를 사용할 때 유리합니다.

07 큐베이스 기본 플러그-인과 함께 하나의 콜렉션에서 관리하고 싶은 경우에는 폴더 관리 방법을 이용합니다. 메뉴를 클릭하여 Default를 선택합니다.

08 메뉴를 다시 열어 New Collection의 Copy Current Collection을 선택하여 Default를 다른 이름으로 복사합니다.

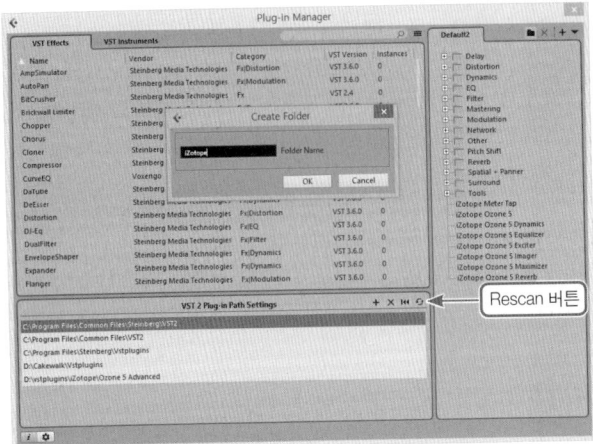

Rescan 버튼

09 New Folder 버튼을 클릭하여 폴더를 추가합니다. 추가한 폴더는 마우스 드래그로 위치를 이동시킬 수 있습니다.

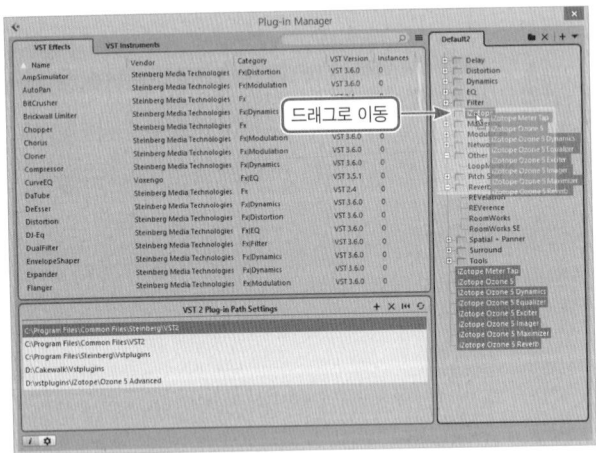

드래그로 이동

10 새로 만든 폴더를 드래그하여 정렬하고, 추가한 VST들을 새로 만든 폴더로 이동시키면, 프로젝트 Insert 슬롯에서 폴더 단위로 정리된 목록을 볼 수 있습니다.

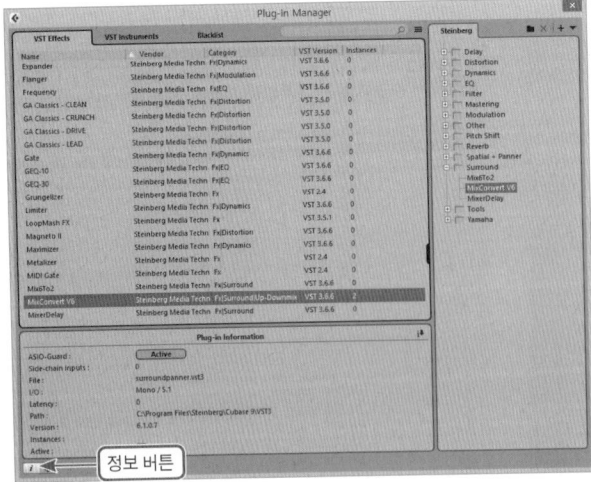

정보 버튼

11 Plug-in Manager 창의 정보 버튼을 클릭하면 선택한 플러그-인의 버전 및 경로 등의 정보를 확인할 수 있으며, Active 옵션으로 사용 유무를 결정할 수 있습니다.

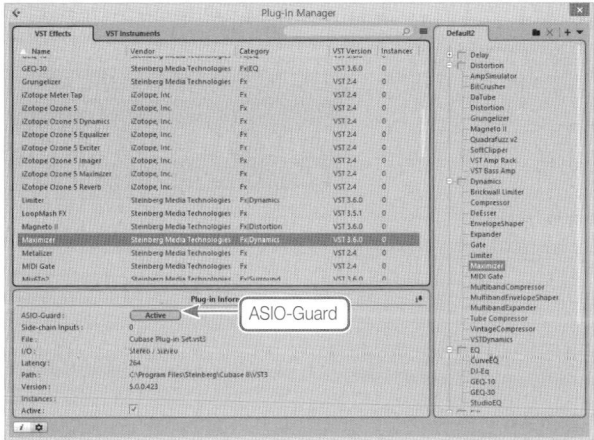

12 ASIO-Guard를 지원하는 플러그-인 정보도 확인할 수 있으며, Active 버튼을 클릭하여 사용 유무를 결정할 수 있습니다. 큐베이스에서 제공하는 플러그-인들은 모두 지원하여 보다 안정적인 시스템 확보가 가능합니다.

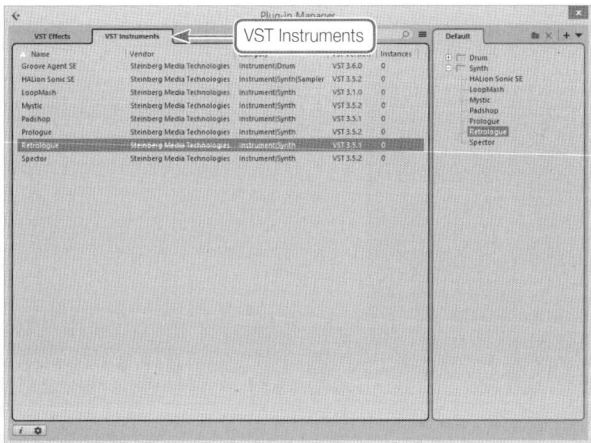

13 VST Instruments 탭의 관리도 지금까지와 동일합니다. 새로운 VST를 설치할 때마다 Plug-in Manager로 관리하는 습관은 효율적인 작업을 위해 매우 좋습니다.

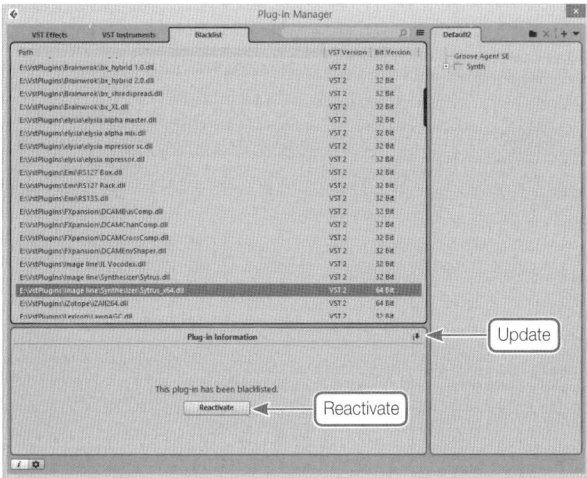

14 Blacklist 탭은 큐베이스에서 지원하지 않는 32Bit와 안전성에 문제가 있는 VST 목록이 표시됩니다. 64Bit는 Reactivate 버튼을 클릭하여 사용할 수 있지만, 권장하지는 않습니다. Update 버튼을 클릭하면 모든 플러그-인의 정보를 업그레이드 합니다.

9 Record Time Max

하드 디스크의 여유 공간을 자동으로 검색하여 작업 중인 프로젝트의 포맷으로 녹음 가능한 시간을 표시합니다. 1TB 용량 시대에 하드 디스크의 여유 공간을 운운하는 것 보다는 작업한 곡을 관리할 수 있는 별도의 하드 디스크를 추가하여 사용할 것을 권장합니다.

10 Time Display

Time Display 메뉴는 송 포지션 라인의 위치를 표시하는 디스플레이 창을 엽니다. 모니터를 바로 책상 앞에다 두고 작업을 하는 독자의 경우에는 별로 쓸모 없는 기능이지만, 넓은 작업 공간을 가지고 있는 독자라면 타임 디스플레이 창을 열어놓고, 작업을 하는 경우가 많습니다. 타임 디스플레이 창은 경계선을 드래그하여 크기를 변경할 수 있으며, 마우스 오른쪽 버튼을 클릭하여 표시 단위를 변경할 수 있습니다.

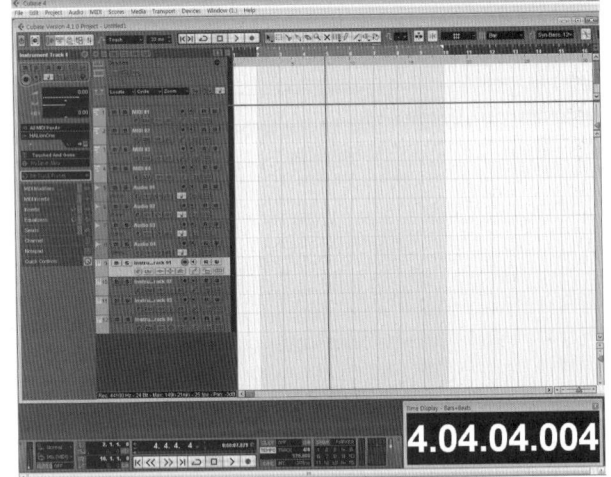

11 VST Connections

VST Connections은 독자가 사용하고 있는 멀티 포트 오디오 카드의 In/Out을 비롯해서 Group/FX, External FX, External Instruments, studio 채널을 설정 할 수 있는 창을 엽니다. 멀티 녹음이 필요한 경우나 DVD 등의 서라운드 출력 작업이 필요한 경우에는 작업 전에 사용할 In/Out 포트를 설정해야 합니다.

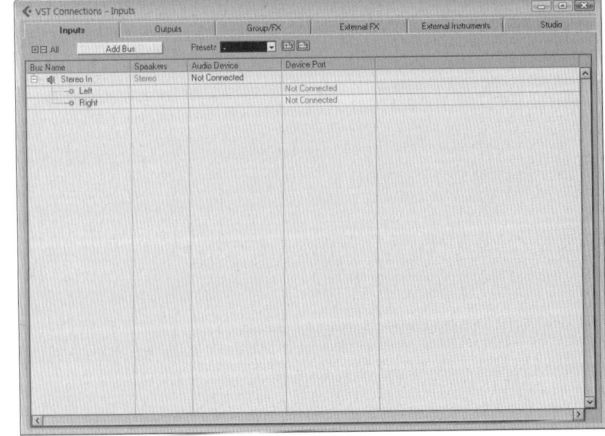

12 VST Instruments

큐베이스와 누엔도에서 소프트 음원을 사용할 수
있는 VST Instruments 랙을 독립 창으로 엽니다.
HALion Sonic SE나 Grrove Agent SE와 같이
멀티 트랙을 지원하는 악기는 VST Instruments
랙에 장착하여 시스템 낭비를 막을 수 있습니다.

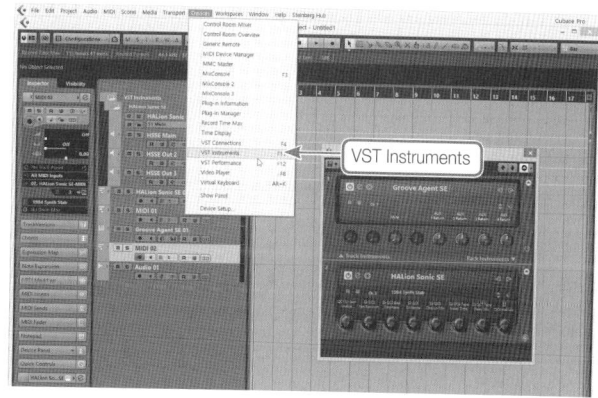

VST Instruments 랙은 레이아웃 옵션의 Rack 을
체크하여 프로젝트에 표시할 수 있습니다. 단, 작업
화면이 좁아지기 때문에 독립 창을 이용하는 경우
가 많으므로, 단축기 F11를 기억해두길 권장합니다.

13 VST Performance

VST Performance 메뉴는 큐베이스와 누엔도가
사용하고 있는 시스템 자원을 모니터 할 수 있는 창
을 엽니다. 트랜스포트 패널의 왼쪽에서도 확인할
수 있기 때문에 굳이 VST Performance를 열어
놓고 작업할 경우는 없겠지만, 무엇보다도 틈틈히
Ctrl+S 키를 눌러 작업 내용을 저장하는 습관을
갖는 것이 좋습니다. 만일, 별다른 작업을 하지 않
았는데도 Over 항목에 붉은색이 표시된다면, 꼭 필
요한 이펙트와 트랙만을 사용하거나 시스템 업그레
이드를 고려하는 것이 좋습니다.

14 Video Player

Video 메뉴는 비디오 트랙에 로딩한 영상을 볼 수
있는 비디오 디스플레이 화면을 엽니다. 큐베이스
와 누엔도에서의 영상 음악 작업은 외부 영상 모니
터 시스템을 가지고 있지 않아도 충분합니다.

15 Virtual Keyboard

컴퓨터 키보드를 미디 건반처럼 이용할 수 있는 가상 건반을 엽니다. 가상 건반은 키 모드와 건반 모드를 지원하고
있으며, 익숙해진다면, 언제 어디서든 음악작업을 할 수 있는 도구가 될 것입니다.

16 ReWire

컴퓨터 사양과 소프트웨어가 발전하면서 실제 스튜디오에서나 볼 수 있었던 악
기와 이펙트 등의 하드웨어 장비들이 소프트웨어로 구현되고 있으며, 큐베이스
와 누엔도는 이러한 프로그램들을 자유롭게 사용할 수 있습니다. 이때 자체 기
능처럼 사용할 수 있는 것들을 플러그-인 방식이라고 하며, 프로그램을 연결
하여 사용하는 방식을 리와이어라고 합니다. 이러한 리와이어 프로그램을 컴퓨
터에 설치하면, Device 메뉴에 Rewire가 추가되며, 이것을 선택하여 패널을
열고, 인풋 채널을 On으로 켜기만 하면됩니다. 이때 주의해야 할 것은 어떤 리
와이어를 사용하든 큐베이스와 누엔도가 메인이므로, 큐베이스와 누엔도를 먼
저 실행하고, 리와이어 프로그램을 실행해야 한다는 것입니다. 프로그램을 종
료할 때는 반대로 리와이어 프로그램을 먼저 종료합니다.

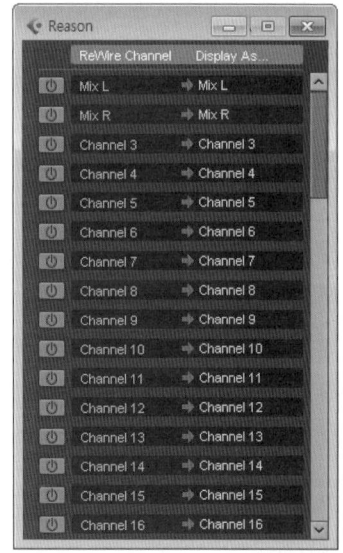

17 Show Panel

Show Panel은 Devices 메뉴를 별도의 패널로 열
어놓고, 필요할 때 각각의 메뉴를 실행할 수 있게
하는 역할을 합니다. Devices 메뉴의 대부분은 음
악 작업을 하면서 자주 선택해야 하는 기능들로 구
성되어 있습니다. 메뉴를 선택하는 것이 불편하다
면 패널을 열어놓고, 패널의 메뉴 버튼을 이용해서
원하는 기능을 On/Off 할 수 있습니다.

18 Device Setup

Device Setup은 컴퓨터에 설치한 미디 인터페이스, 오디오 카드, 컨트롤 디바이스 등의 환경을 자신의 작업 환경이
나 습관에 어울리게 설정할 수 있는 창을 엽니다. 창의 내용은 컴퓨터에 설치한 장치에 따라서 차이가 있을 수 있지
만, 크게 혼동할 만한 부분은 없을 것입니다.

 MIDI

MIDI 폴더의 MIDI Ports Setup 페이지는 큐베이
스와 누엔도에서 사용할 미디 인터페이스 환경을 설
정합니다. 칼럼은 시스템에 설치되어 있는 Device,
인/아웃 포트 구분의 I/O, 인터페이스 이름의 Port
System Name, 표시 이름의 Show As, 사용 여
부의 Visibel, 동작 상태의 State, 인 포트에서 All
Input을 선택했을 때 인식되는 인 포트의 In 'All
Input'로 구성되어 있습니다.

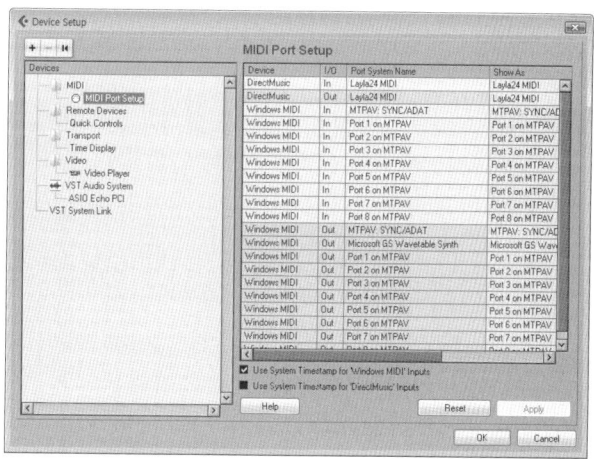

Rmoete Devices

큐베이스와 누엔도의 믹서나 VST 의 각종 노브 및 슬라이드를 조정할 수 있는 미디 컨트롤러 사용자는 자신이 사용하는 컨트롤러 디바이스와 연결 포트를 설정해야 합니다. 국내에서 많이 사용하는 Mackie Control, Steinberg Houston, Yamaha 02r96v2 등의 프리셋은 기본적으로 제공하고 있기 때문에 별다른 설정이 필요없고, 그 외의 장치들도 큐베이스용 프리셋 파일을 제공하고 있기 때문에 Import 버튼으로 불러오기만 하면됩니다.

 Transport

Transport 폴더의 Record Time Max와 Time Display 페이지에서는 창의 배경색, 글자 색, 기본 포맷 등을 설정할 수 있습니다. 기본적인 환경을 바꿀 이유는 없다고 생각하지만, 특수한 상황이나 개인적인 취향에 따라서 자신이 원하는 색상을 설정할 수 있다는 것은 기억해두기 바랍니다.

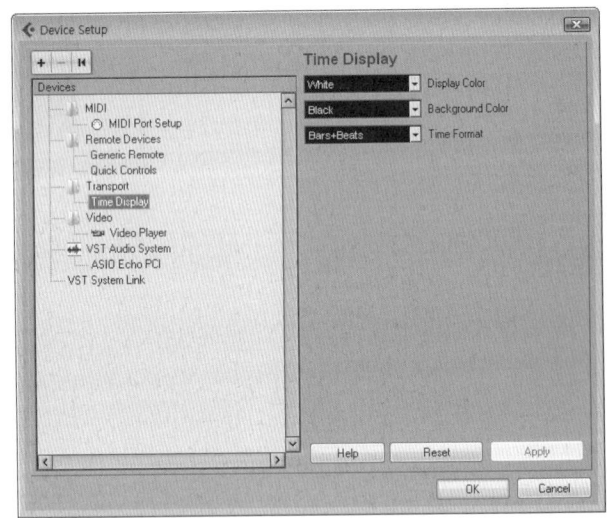

 Video

비디오 출력 장치에 대한 설정을 합니다. 목록은 미디 및 오디오에서와 같이 사용자 컴퓨터에 설치되어 있는 드라이브에 따라 다르며, 영상이 지연되는 경우에는 offset 값으로 보정 가능합니다. 장치 포맷에 따라서 버퍼링 현상이 발행하는 경우에는 시스템을 영상 재생에 사용할 수 있게 하는 Boost Video 옵션을 이용할 수 있지만, 오디오 작업에 문제가 있을 수 있으므로, 반드시 테스트를 해보고, 시스템이 여의치 않은 경우에는 Video Quality를 낮춰 보는 것도 좋습니다.

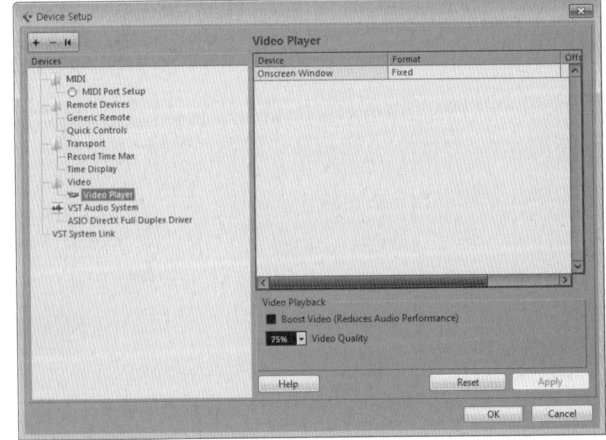

 **VST Audio system**

VST Audio System 폴더의 ASIO 페이지 이름은 시스템에 장착되어 있는 사운드 및 오디오 카드의 이름으로 표시됩니다. 페이지는 시스템에 장착되어 있는 사운드 및 오디오 카드의 컨트롤 패널을 열 수 있는 Control Panel 버튼과 인/아웃 포트 설정 리스트로 구성되어 있습니다. Direct Monitoring 옵션은 큐베이스의 VST 엔진을 사용하지 않고, 바로 모니터 할 수 있게하는 것입니다. 오디오를 녹음할 때, 큐베이스와 누엔도의 VST를 사용하고 싶다면, 옵션을 해제합니다.

 VST System Link

VST System Link 페이지는 VST 시스템을 갖춘 두 대의 컴퓨터를 하나의 컴퓨터에서 컨트롤 할 수 있게하는 역할을 합니다. 단, 두 개의 시스템은 ASIO 2 이상의 드라이버를 지원하는 오디오 카드가 SPDIF, TDIF, AES/EBU 등의 디지털 단자로 연결되어 있어야 합니다.

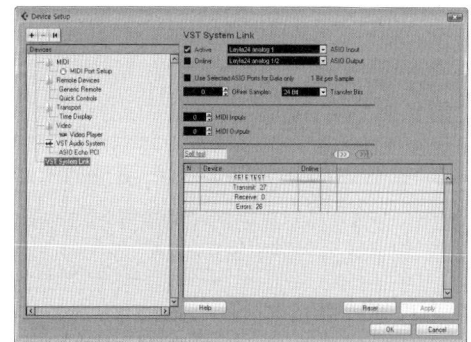

● Active

옵션을 체크하여 두 대의 시스템을 동기 시킬 것인지의 작동 여부를 On/Off합니다. 신호의 입/출력은 ASIO Input과 ASIO Output에서 선택합니다. 동기 시킬 컴퓨터들 모두 같습니다.

● Online

옵션을 선택하여 ASIO Input과 ASIO Output에서 선택한 포트로 타임 코드와 트랜스포트 정보를 수신 할 수 있게합니다.

● Use Selected ASIO Ports for Data only

옵션을 체크하여 ASIO In/Output에서 선택한 포트로만 동기 신호를 전송합니다. 미디 채널에도 신호를 전송하겠다면 옵션을 해제합니다.

● Offset Sample / Transfer Bits

Offset sample 은 동기 타임을 설정하고, Transfer Bits는 신호의 비트 수를 선택합니다. 두 컴퓨터에 지연현상이 발생한다면, Offset sample 값으로 보정할 수 있습니다.

● MIDI Inputs / Outputs

VST instruments 를 컨트롤할 미디 채널을 선택합니다. 총 16채널까지 설정이 가능하며, 프로젝트에서 해당 채널의 미디 포트를 선택해줘야 합니다.

● Self test

동기 신호가 정상적으로 전송되고 있는지의 여부를 체크합니다. 연결이 잘못 되었거나 문제가 있는 경우에는 각각의 사항을 목록에 표시하여 확인할 수 있게 합니다. 자세한 내용은 사용하고 있는 장치의 메뉴얼을 참고하기 바랍니다.

Workspaces–Help

큐베이스와 누엔도에서 제공하는 마지막 메뉴에는 작업중인 창을 관리하는 Workspaces 및 Window 메뉴와 도움말을 얻을 수 있는 Help 및 Hub 메뉴가 있습니다. 사용법이 간단한 메뉴들을 다룬다는 것이 별 의미는 없겠지만, 큐베이스 및 누엔도의 모든 기능을 단 하나도 빠트리지 않고 살펴본다는 본서 취지에 맞게 간단하게 살펴보면서 마무리하겠습니다.

1 Workspaces 메뉴

작업을 하다가 보면 몇 개의 창을 열게 되며, 각 창의 크기와 위치 등을 조정하며 사용합니다. 이렇게 조정한 작업 화면을 저장하여 필요할 때 전환할 수 있는 기능이 Workspaces 메뉴입니다.

▶ Add Workspace

큐베이스 및 누엔도에서 제공하는 작업 창들을 취향대로 배치하고, Workspaces 메뉴의 Add Worksapce를 선택합니다. 위치는 타이틀 바를 드래그하여 이동시킬 수 있으며, 크기는 테두리를 드래그하여 조정할 수 있습니다.

프리셋 이름을 입력할 수 있는 창이 열립니다. Golbal Workspace는 프로그램 기본으로 저장하는 것이고, Project Workspace는 현재 작업중인 프로젝트로 저장하는 것입니다.

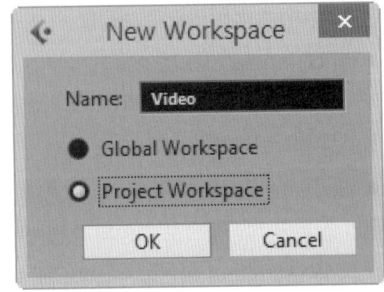

▶ No / Update Workspce

No Woprksapce를 선택하여 작업 전으로 배치하거나 기본적으로 제공하는 Global 프리셋 중에서 적당한 것을 선택합니다. Update Worksapce는 배치를 변경하고 현재 선택되어 있는 프리셋으로 저장하는 메뉴입니다.

▶ Preset

Workspaces 메뉴에서 사용자가 저장한 프리셋을 선택하면, 한 번의 동작으로 창들이 배치되는 것을 확인할 수 있습니다. 기본적으로 제공되고 있는 Project(minimal) Project+MixConsole+Racks 등의 프리셋은 Global Workspace로 이름 앞에서 G 표시가 있습니다. Project Workspace는 P로 표시됩니다.

▶ Organize

Organize 메뉴는 Workspaces를 관리하는 창을 엽니다. 상단에 Global, 하단에 Project 목록이 있으며, 위/아래 모양의 삼각형으로 순서를 변경하거나 - 버튼으로 삭제 가능합니다. 화면 아래쪽의 Add 버튼은 새로운 Workspaces를 등록합니다.

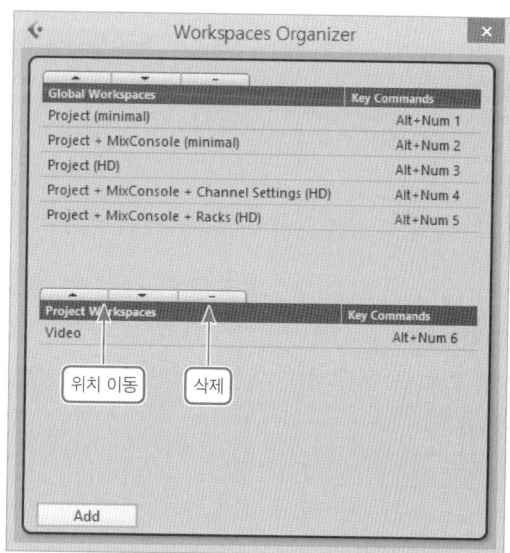

Window 메뉴

Window 메뉴에는 minimzie, Maximize, Minimize All, Restore All 등의 서브 메뉴가 있습니다. 그리고 작업 창을 열 때 마다 각 작업 창의 이름이 서브 메뉴 아래쪽에 추가 됩니다.

1. Minimize / Maximize
Minimize는 작업 창을 아이콘화 시키며, Maximize는 최대 화면으로 복구합니다. 실제로는 작업 창 제목 표시 줄에 있는 최소화, 최대화, 닫기 버튼이 익숙할 것입니다.

2. Close All
Close All 메뉴는 열려있는 모든 작업 창을 닫습니다. 결국 작업 중인 파일을 닫는 것과 동일하므로 저장 여부를 묻는 창을 볼 수 있습니다. 이것 역시 프로젝트 창의 닫기 버튼을 이용하는 것이 편리합니다.

3. Minimize All
Minimize All 메뉴는 열려있는 모든 작업 창을 아이콘화하여 좌측 하단에 나열합니다. 작업 중인 창이 너무 많을 경우에 아이콘으로 만들어놓고, 필요한 작업 창만 열어서 작업하고 싶을 때 편리합니다.

4. Restore All
Restore All 메뉴는 Minimize All과 반대 기능으로 아이콘화 되어있는 작업 창들을 모두 원래의 크기로 복구합니다.

5. Windows
Windows 메뉴는 하나의 창에서 Window 메뉴를 컨트롤 합니다. 현재 열려있는 작업 창들의 목록이 보이고, 이것들을 컨트롤 할 수 있는 버튼들로 구성되어 있습니다. Mode 항목에서 적용 대상을 설정하고, Activate(활성), Minimize(아이콘화), Restore(복구), Close Windows(닫기) 등을 명령을 사용할 수 있습니다.

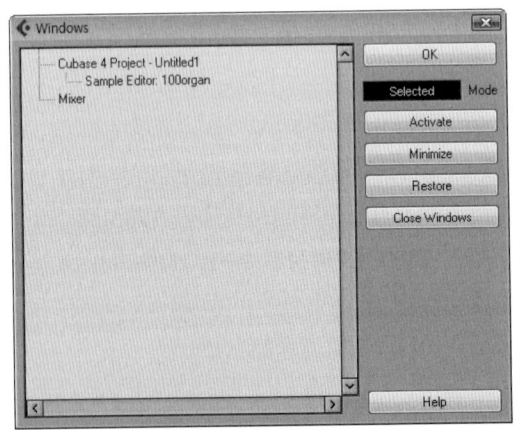

6. 작업창
Window 메뉴 하단에는 현재 열려있는 작업 창의 이름이 표시되어 있으며, 메뉴를 선택하여 각각의 작업 창으로 이동할 수 있습니다.

3 VST Cloud

인터넷 연결만 가능한 곳이라면 그 곳이 어디든 연주자 및 보컬의 오디오 소스를 녹음할 수 있는 VST Connect 기능을 쉽고 간편하게 이용할 수 있는 서브 메뉴를 제공합니다.

 Create VST Connect

인풋 채널을 만들고 VST Connect 로딩, 큐 채널을 만들고 Cue Mix 로딩, 대화를 위한 토크 백 채널, 사용자 연주 녹음을 위한 오디오 트랙을 만듭니다. VST Connect를 사용하는데 필요한 환경을 한 번에 만드는 것입니다.

 Remove VST Connect

인풋과 큐 채널, VST Connect와 Cue Mix 플러그인 등을 제거합니다. 녹음 완료 후 필요 없는 채널과 플러그-인을 한 번에 제거하는 것입니다.

 Open VST Connect Editor

VST Connect 창을 닫았을 경우에 활성화되며, VST Connect 창을 엽니다.

 Add Talkback Channel

토크 백 채널을 만듭니다. Create VST Connect 명령을 실행한 경우라면 이미 생성되어 있을 것입니다. 단, VST Connection 창을 열어 Studio 탭에서 Talkback이 마이크가 연결되어 있는 포트인지를 확인합니다.

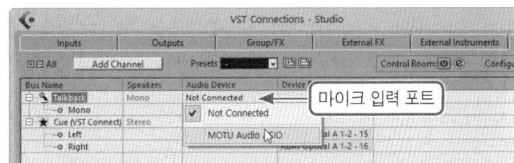

Open Performer Video

비디오 창을 별도로 엽니다. 이것은 VST Connect의 Performer Video 아이콘을 클릭해도 됩니다.

 Create Performer Track

상대방 녹음을 위한 오디오 트랙을 만듭니다. 일반적인 방법으로 오디오 트랙을 추가해도 됩니다. 모니터가 필요한 경우에는 큐 채널의 Mix를 On 합니다.

 Check and Repair Configuration

VST Connect 입력 채널을 체크합니다. 없는 경우에는 Information 창이 열리며, Yes 버튼을 클릭하여 만들 수 있습니다.

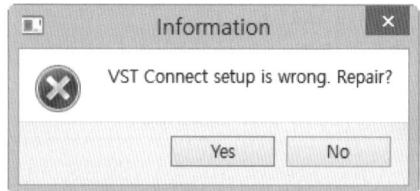

 VST Transit

큐베이스는 사용자가 만든 음악이나 프로젝트를 클라우드 드라이브에 저장하여 친구들과 함께할 수 있는 VST Transit 서비스를 제공합니다. 서비스는 프로그램을 다운로드할 때 등록했던 이메일과 패스워드를 입력하여 접속할 수 있습니다. 무료로 제공되는 용량은 750MB이고, 30GB까지 유료로 확장할 수 있습니다. 친구와 함께 프로젝트 작업을 진행할 수 있는 유용한 기능입니다. 그러나 이미 수 많은 무료 클라우드 서비스와 대용량 이메일을 마음껏 누릴 수 있는 시점에서 유료로 진행되는 VST Transit 서비스의 매력은 거의 없어 보입니다. 물론, 누군가에게는 절대적인 기능이 될 수 있으므로, 체험을 해보고 결정하기 바랍니다.

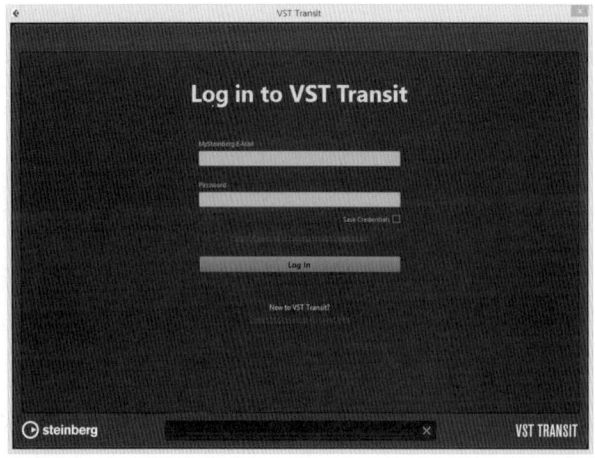

Preferences 창의 General 페이지에서 Use Hub 옵션을 해제하여 프로그램을 실행할 때 Hub 창이 열리지 않게 해 놓았다면, Open Hub를 선택하여 열 수 있습니다. 그 밖의 Register Now, Community, Support 등은 사용자 등록 및 다른 사람과의 정보 공유를 위한 제작사 홈페이지로 연결되는 메뉴입니다.

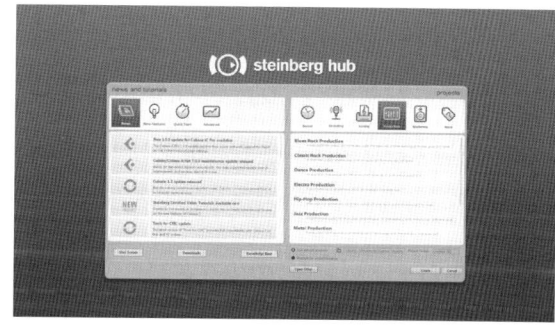

5 Help 메뉴

Help는 큐베이스 메뉴얼의 Cubase Help, 제작사의 홈페이지를 연결하는 Credits and Copyrights 버전 정보를 표시하는 About Cubase로 구성되어 있습니다. 본서는 큐베이스와 누엔도의 모든 기능을 초보자도 완벽하게 습득할 수 있는 따라 하기 방식으로 설명하였고, 실무자들은 타이틀만 읽어 보아도 기능을 짐작할 수 있게 구성하였기 때문에 Help 메뉴는 열어볼 이유가 없겠지만, 다른 각도로 설명하고 있는 부분도 있으므로 필요한 독자는 참조하기 바랍니다.

1. Cubase Help
Steinberg.help에 접속되며, Online help와 PDF manual을 제공합니다. Online help는 원하는 기능을 빠르게 찾아 볼 수 있다는 장점이 있으며, PDF maunal은 제품 구성에서 빠진 메뉴얼 입니다.

2. Credits and Copyrights
큐베이스와 누엔도를 판매하고 있는 제작사 홈페이지로 연결하는 서브 메뉴로 구성되어 있습니다.

3. About Cubase
독자가 사용하고 있는 프로그램의 버전 정보를 확인할 수 있는 About Cubase 창이 열립니다. 열려있는 화면을 클릭하면 창이 닫힙니다.

학원 선택?
누구에게 배울 수 있는지가 중요합니다!

음악 프로듀서 겸 작가로 활동하고 있는 최이진은 프로 뮤지션과 음대 교수 및 학원 강사 등을 컨설팅 해온 교육 전문가이며, 재능 있는 뮤지션을 발굴하고 양성하는데 삶의 목적을 두고 있는 사람입니다.

🔊 수강 과목 (입시/취미/프로반)

보컬	구전으로 노래 교육을 받는 시대는 끝났습니다. 각종 언론 보도로 검증된 디지털 보컬 트레이닝을 받을 수 있는 국내 유일의 교육기관 입니다.
작/편곡	전세계 유일 특허 출원 화성학 이론서 저자의 교육 시스템 그대로 그 어떤 학교나 학원 에서도 만나 보지 못한 수업을 접할 수 있습니다.
재즈피아노	수 많은 피아노 석사와 프로 연주자를 배출한 교육 시스템. 초, 중, 고급 개인차를 고려한 수업 방식으로 누구나 프로 연주자가 될 수 있습니다.
컴퓨터음악	국내 대부분의 실용음대에서 표준 교재로 사용되고 있는 저자의 교육 시스템. 큐베이스 및 로직의 실무 작업 테크닉을 전수받을 수 있습니다.
디제잉	현장 경험과 다양한 교육으로 축적된 노하우를 제공합니다. 초급자부터 화려한 테크닉 을 숙련시키고 싶은 프로까지 개인별 목적에 맞추어 올바른 DJing 길로 안내합니다
기타	포크, 클래식, 재즈, 일렉 스타일별 맞춤 교육. 십 년 이상의 공연과 수 많은 앨범 세션 경 험을 바탕으로 한 실무 테크닉을 배울 수 있습니다.

🔊 위치 : 2호선 서울대입구역 8번 출구

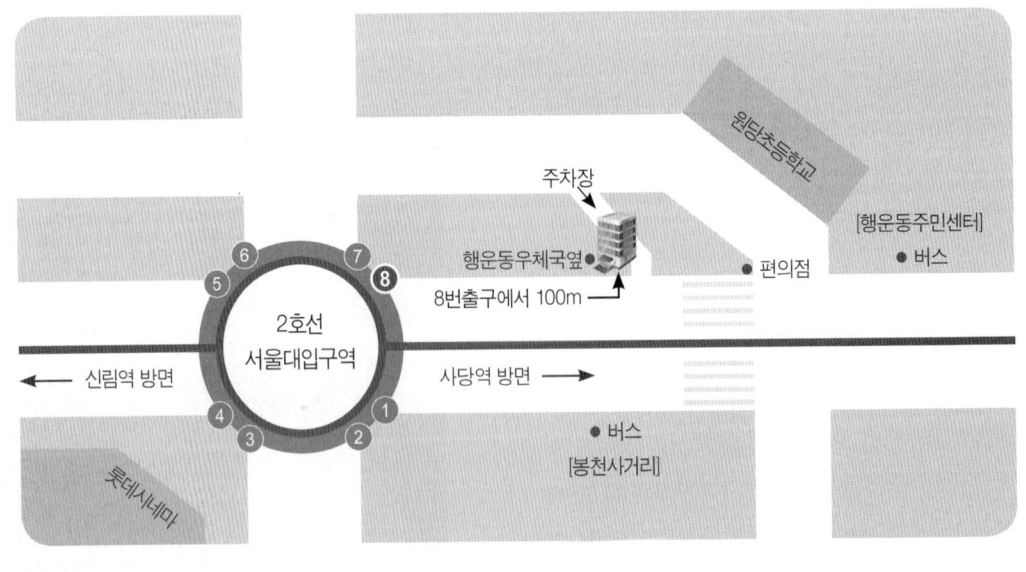